VERS UNE ÉCOLE INCLUSIVE

ÉTUDES DE PHILOSOPHIE MÉDIÉVALE

XCIX

SCIENCE ET NATURE

La théorie buridanienne du savoir

par

Joël BIARD

PARIS

LIBRAIRIE PHILOSOPHIQUE J. VRIN

6 place de la Sorbonne, V^{e}

2012

Imprimé en France

ISSN 0249-7921

ISBN 978-2-7116-2384-6

www.vrin.fr

INTRODUCTION

> Τοῦτ' αὐτὸ τοίνυν ἐστὶν ὅ ἀπορῶ καὶ οὐ δύναμαι λαβεῖν ἱκανῶς παρ' ἐμαυτῷ, ἐπιστήμη ὅτι ποτέ τυγχάνει ὄν
>
> Voilà justement la chose même qui m'embarrasse, et que je ne suis pas capable de saisir suffisamment par moi-même : la science, ce qu'elle peut bien être.
>
> Platon, *Théétète*, 145 e

Rien ne paraît au premier abord plus équivoque que la notion de *scientia* au Moyen Âge. En premier lieu, elle est utilisée à propos de domaines les plus divers. Ainsi, ce ne sont pas seulement la physique, la cosmologie ou les mathématiques, voire la psychologie qui sont désignées comme des « sciences », mais à partir du XIIe et surtout du XIIIe siècle les arts du langage, tels que la grammaire, soumise par les modistes aux canons de scientificité, ou la logique, dont on se demande régulièrement si c'est un art ou une science, ainsi que la théologie elle-même à tel point que les commentaires sur le *Livre des Sentences* deviennent un lieu essentiel de réflexion sur les critères de scientificité. En second lieu, la notion de *scientia* recouvre des modes très divers de rapport à l'objet connu, alliant notamment des modes de saisie intuitive pensés sur le modèle de la vision et des formes de discursivité, dont la plus rigoureuse serait le syllogisme démonstratif. On peut par conséquent se demander jusqu'à quel point il est légitime de traduire *scientia* par « science ». N'est-ce pas facteur de confusion? Aussi, le terme se trouve-t-il très souvent rendu par « savoir », voire en anglais par « knowledge », ce qui en tire encore davantage le sens vers la « connaissance ». L'usage du terme « science » ne serait-il pas trompeur lorsque l'on cherche à comprendre ce que les Médiévaux entendaient par *scientia ?*

Assurément, il convient de ne pas projeter une idée moderne de « science » sur des périodes où le terme de *scientia* n'a ni le même sens, ni le même champ d'application. Ce décalage sémantique peut d'ailleurs expliquer le caractère aporétique de quelques questions qui sont parfois posées à propos du rapport entre science médiévale et science moderne, ou du caractère scientifique de telle ou telle doctrine médiévale. Il convient donc d'analyser le contenu conceptuel de l'idée de *scientia* dans toute son ampleur, dans sa généralité comme dans ses divisions, au Moyen Âge et à la Renaissance.

Cependant, la diversité des usages du mot *scientia* n'est pas forcément un obstacle. L'équivocité apparente peut se retourner en instrument de discernement. Il suffit de prendre au sérieux un type de pensée qui n'hésite pas à multiplier les distinctions, non pas seulement pour le pire comme on le croira parfois du XVe au XVIIe siècle, mais aussi pour le meilleur. Car penser, c'est discerner. Le problème philosophique consiste en la matière à différencier finement les manières qu'a l'esprit humain de se rapporter à ses objets, donc au monde qui l'entoure et auquel il a constitutivement un double rapport cognitif et pratique. Ces manières diverses doivent d'une façon ou d'une autre être insérées dans tout un spectre de relations cognitives. Or la réflexion sur la « science », telle qu'elle se développe au Moyen Âge, notamment à partir de la redécouverte des *Analytiques*, mais sans oublier pour autant les analyses antérieures fondées sur l'héritage de Boèce et d'Augustin, est précisément un cadre dans lequel peuvent varier, se différencier et se rapporter l'un à l'autre ces usages et ces significations de « savoir ».

Tout d'abord la science médiévale conjugue d'emblée la dimension discursive de l'ἐπιστήμη grecque et la dimension intuitive de l'intellection, renforcée par le modèle de la vision intellectuelle chez Augustin. Certes, il s'agit là d'une opposition, au mieux d'une combinaison, et non d'une continuité. Mais il se trouve établi que la notion de science recouvre des rapports cognitifs qui sont tantôt immédiats tantôt médiatisés, et que cette médiation débouche sur des procédures de justification des croyances ou des adhésions, dont l'idéal démonstratif ne sera qu'un cas particulier quoique privilégié. La connaissance justifiée le sera en effet par divers facteurs sensibles ou intellectifs, empiriques ou réflexifs. Ensuite, la science médiévale croise en permanence une dimension psychologique et une dimension logico-linguistique. Car la *scientia* désigne d'abord, tout comme l'ἐπιστήμη dans la philosophie grecque, une disposition de l'esprit qui connaît, ou, corrélativement, un type d'acte de l'esprit. On peut encore dire un certain type de « croyance ». Une croyance qui a ses caractéristiques propres et fait dans les textes logiques l'objet de descriptions : certitude (et rapport à la vérité), fermeté de l'assentiment donné à une proposition, justifications possibles ou explicites, etc. Autant de problèmes qui donnent naissance à des développements et à des débats qui sont particulièrement vifs au XIVe siècle mais qui réactualisent des discussions remontant au moins au XIIe siècle sur le rapport entre croyance et certitude. À partir de là, la notion médiévale de *scientia* en vient aussi à prendre en compte le langage au moyen duquel se formulent certaines relations entre sujets et propriétés. Et elle ne doit pas seulement analyser les fonctions sémantiques de la proposition et de ses termes, en tant qu'unité de base par laquelle s'affirme une propriété d'une chose, ou une relation causale entre choses, mais des séquences par lesquelles se structurent des démonstrations ou plus largement des argumentations, et des ensembles plus complexes constituant telle ou telle « discipline ». Il en résulte une nouvelle série d'interrogations sur l'objet de la science : s'agit-il de propositions ? de choses signifiées par les propositions ? d'un signifié propre de la proposition ? d'états de fait ? De même on doit s'interroger encore sur ce qui fait l'unité de telle ou telle discipline.

En raison des critères mis en avant, certaines disciplines qui pour nous seraient extérieures aux sciences s'y trouvent intégrées. Nous avons déjà mentionné le cas de la théologie. Mais d'autres domaines jouent un grand rôle dans les modèles de scientificité, depuis l'astrologie, que dans bien des cas il est difficile de séparer de l'astronomie et qui témoigne de la causalité des corps célestes sur les corps terrestres, jusqu'à la médecine, dont les procédures empiriques, observationnelles et inductives jouent souvent un rôle de « contre-modèle » face au déductivisme des *Analytiques* d'Aristote.

Il n'en reste pas moins que cette diversité et cette richesse, si elles permettent de comparer diverses formes de connaissance, selon leurs objets comme selon leurs procédures de justification, paraissent nous éloigner du sens plus strict de la science dans la philosophie moderne et contemporaine. Pourtant, ces usages parfois éloignés des nôtres ne conduisent pas à une totale hétérogénéité, comme si l'idée moderne de science surgissait ultérieurement d'une coupure radicale. Car bien des critères aujourd'hui encore mis en avant pour expliciter ce qui fait la scientificité de telle ou telle discipline sont déjà discutés, d'une façon qui peut aussi intéresser la philosophie contemporaine des sciences. Je mentionnerai trois exemples. Premièrement, d'Aristote à la fin du XVIe siècle, l'un des problèmes essentiels posé par le modèle de scientificité hérité des *Analytiques* est la place des principes dans la démonstration scientifique. Comment se justifie le point de départ d'une démonstration ? Peut-on, au sein d'une discipline, remonter à des principes indémontrables ? Quelle est alors leur mode de justification ? Comment les principes d'une science se rapportent-ils aux principes (ou aux conclusions) d'une autre science ? Quelle est la place de l'évidence et celle de l'induction dans la constitution de principes ? Toutes ces interrogations se retrouvent dans l'épistémologie classique, et pour une part dans l'épistémologie contemporaine. Deuxièmement, la philosophie naturelle aristotélicienne se donne comme une analyse conceptuelle des principes du monde naturel plus que comme une science expérimentale. De ce point de vue, la pratique de l'expérimentation comme protocole théoriquement programmé devra beaucoup à la science classique. Néanmoins, l'exigence de rendre compte des phénomènes est forte dans la science antique et médiévale. Sur cette base se mettent en place différentes stratégies visant à articuler observations (parfois transmises de façon livresque mais parfois effectives, tantôt purement empiriques tantôt imaginaires) et raisonnement. Comment se rapportent l'une à l'autre la forme d'un raisonnement déductif et la causalité effective dans le monde ? Quelle est la place de l'induction, entendue à la fois comme saisie de l'universel dans le singulier et comme constitution d'une règle générale à partir de phénomènes observés ? Troisièmement, la philosophie naturelle péripatéticienne, que ce soit dans le monde antique, dans le monde arabe ou dans le monde médiéval latin, est une physique non mathématisée. Pourtant, elle n'est pas exempte d'interrogations sur le statut des mathématiques et leur usage éventuel dans la connaissance du monde naturel, même si ces interrogations doivent beaucoup à d'autres traditions et au développement des mathématiques elles-mêmes. Comment se rapportent les uns aux autres des concepts mathématiques comme ceux de corps, de point, de centre, d'unité, et les concepts physiques correspondants ? La théorie aristotélicienne de l'abstraction se trouve au moins approfondie, sinon modifiée, dans les réflexions sur le continu, sur l'infini, sur les règles du mouvement, etc. Dans tous ces domaines et dans quelques autres, les questions posées par la *scientia* médiévale et l'éventail des réponses possibles ne sont pas étrangères à l'épistémologie.

Le présent ouvrage est consacré à la théorie de la science, dans toutes ces dimensions, chez Jean Buridan. Par la longévité de sa carrière à la faculté des arts de l'université de Paris au XIVe siècle, par son rayonnement à Paris même puis dans d'autre pays, par l'ampleur de son œuvre, Jean Buridan est l'une des grandes figures, encore trop méconnue en France, de l'histoire de la philosophie. C'est sans aucun doute l'un des philosophes célèbres en son temps, l'un de ceux dont la mémoire s'est perpétuée durant quelques siècles, à travers des anecdotes d'origine et d'authenticité douteuses mais significatives d'une légende qui s'était forgée à son sujet. Mais ce n'est pas tout : sa façon de faire de la philosophie et d'interpréter les textes a marqué la faculté des arts au point qu'on peut le considérer comme le véritable inspirateur du mouvement qui fut ensuite désigné comme « nominalisme » et qui connut alternativement des périodes de succès et de déboires jusqu'au début du XVIe siècle. Les textes de Buridan couvrent tous les champs de la philosophie tels qu'ils ont été tracés dès l'Antiquité : logique, métaphysique, philosophie naturelle (incluant la psychologie), philosophie morale (incluant la politique). Le document pontifical le nommant en 1342 chanoine d'Arras le présente comme « enseignant à Paris les livres naturels, métaphysiques et moraux » [1]. Dans chacun de ces domaines, il a marqué son temps. En logique, sa réputation fut grande. Ses textes couvrent l'ensemble de la logique ancienne et moderne, des propriétés des termes (objet des manuels compilés à partir des traités de Pierre d'Espagne) jusqu'à la théorie des conséquences et aux sophismes, et il construit sur cette base toute une théorie du langage. Considérée dans sa fonction pratique, cette logique investit les autres disciplines. En physique, il réélabore en grande partie le discours de la philosophie naturelle, en y investissant massivement les procédures logiques d'analyse sémantique. On sait par ailleurs qu'il réélabore la théorie de l'*impetus*, quoi qu'il en soit des antécédents antiques et arabes de cette théorie, et que même si cela n'a pas eu de postérité directe, cela impliquait une vision du monde qui modifiait la philosophie naturelle péripatéticienne sur des points essentiels, tels que la théorie des projectiles ou l'unification du monde sublunaire et du monde supralunaire. En éthique, tout en reprenant le cadre de l'*Éthique à Nicomaque* et en défendant l'idée de félicité intellectuelle, il développe une approche fondée sur

1. Voir E. Faral, *Jean Buridan, maître ès arts de l'université de Paris*, extrait de l'*Histoire littéraire de la France*, t. XXVIII, 2e partie, Paris, Imprimerie nationale, MDCCCCL, p. 33 : « naturales, metaphysicales et morales libros Parisius legens ».

les livres de Cicéron et de Sénèque, en même temps qu'il insiste sur la liberté de l'arbitre humain.

Le fait qu'il ait passé toute sa vie à la faculté des arts explique en partie la richesse de sa production philosophique. Alors que les plus célèbres parmi les penseurs du XIIIe siècle, une fois arrivés à maturité, sans jamais rompre pour autant avec les problèmes et théories élaborées dans la faculté des arts, n'en consacraient pas moins l'essentiel de leur énergie à des œuvres théologiques, Buridan toute sa vie durant réfléchit sur les questions logiques, métaphysiques, physiques ou éthiques. En ce sens, il est bien l'héritier des « philosophes de profession » du siècle précédent.

Sa vie est mal connue [1]. Il suffit pour le présent ouvrage de rappeler quelques rudiments. Il est né entre 1295 et 1300. Originaire du diocèse d'Arras, il est membre de la nation picarde. Il a commencé à donner des leçons au milieu des années 1220. Il fut recteur de la faculté des arts en 1327-1328 et en 1340. Il entreprit un certain nombre de voyages en Avignon, ce qui lui donna l'occasion de gravir le Ventoux et de faire quelques expériences, témoignant du fait que sa physique n'est pas seulement une analyse logique, mais qu'elle accorde une grande place aux observations. Il est mort après 1358 (dernière date mentionnée), sans doute en 1361. Jean Buridan est un enseignant, qui lit les textes au programme à plusieurs reprises, ce qui rend très difficile la datation de ses œuvres. Il rédige aussi des manuels, notamment en logique. Ses commentaires comprennent des expositions littérales, comme il était d'usage, mais que ce soit en logique ou en physique, il écrit aussi des recueils de questions qui réorganisent les matériaux textuels en fonction des problèmes qui soit s'imposent parce qu'ils ont traditionnellement été au centre de discussions, soit sont perçus à son époque comme particulièrement aigus.

Cet ouvrage aura donc pour fil conducteur la théorie buridanienne de la science, dans l'acception large et diverse qui fut indiquée plus haut. Car Buridan, comme avant lui Grosseteste ou Ockham, distingue explicitement divers usages du terme « science », du plus large au plus strict. Ce dernier est une disposition mentale ayant pour « terme » une conclusion démontrée. Mais on parle aussi de science pour toute connaissance certaine et évidente, quel que soit le mode de certitude et quel que soit le fondement de cette évidence. Nous chercherons à analyser tous les aspects de ce concept de science, et toutes ses implications dans la philosophie de Buridan. Notre conviction est en effet que c'est un terme central pour la philosophie du XIVe siècle, qui redéfinit globalement le rapport cognitif de l'intellect humain au monde, dans ses aspects linguistiques, logiques et psychologiques. Cela se fait à travers des contributions variées, des débats, des oppositions doctrinales. Mais ce champ de problèmes est en tout cas central pour notre auteur.

1. Les indications les plus précises se trouvent rassemblées dans B. Michael, *Johannes Buridan : Studien zu seinem Leben, seinen Werken und zur Rezeption seiner Theorien im Europa des Späten Mittelalters*, 2 vol., Berlin, 1985, vol. I, p. 79-238.

Dans un premier temps, nous examinerons un ensemble de questions d'ordre psychologique ou noétique, à partir de l'idée de science comme disposition mentale (*habitus*). Cette interrogation nous place d'emblée au cœur d'une des innovations majeures du siècle, à la suite de Scot, ici intégrée dans un cadre noétique péripatéticien : le lien entre science et certitude, et l'exigence d'analyser les actes mêmes de connaissance, leur structure, leurs qualités. Cette partie commencera par exposer la théorie buridanienne de la certitude et de l'évidence. Nous verrons comment sont distingués et combinés différents ordres de certitude, différentes formes d'évidence, comment Buridan intervient dans les débats de l'époque sur le statut du premier principe de la pensée (le principe de non-contradiction). Nous devrons aussi voir comment Buridan se situe dans le débat sur l'objet de la science, ou plus précisément ce à quoi se termine l'acte de savoir. Le maître picard intervient dans un contexte où la thèse ockhamiste faisant de la proposition l'objet du savoir est le point de référence, diversement critiqué. Il partage avec le théologien anglais une certaine approche linguistique de ces questions, mais il accentue la visée réaliste de la science. Cette partie nous conduira aussi à examiner comment, dans ce contexte, sont redéfinis les critères traditionnels de la connaissance scientifique que sont l'universalité et la nécessité, même si Buridan cherche à élargir les formes du savoir rigoureux et certain jusqu'à l'appréhension d'objets contingents.

Une deuxième partie sera consacrée aux aspects proprement linguistiques et logiques de la science. Même si la science est fondamentalement une disposition mentale, celle-ci s'adresse à des propositions disposées selon un certain enchaînement, ou des conclusions résultant d'un tel enchaînement. Le tournant linguistique de l'analyse, la force d'une approche en termes de signification des mots et des concepts, qui s'était exprimée dans la révolution sémiologique ockhamiste, sont ici présupposés. Non seulement Buridan accorde une place importante à la logique elle-même, mais il l'utilise constamment dans ses œuvres de métaphysique et de philosophie naturelle. Sous ce second aspect, la science est un langage ou plus exactement elle articule des dispositions mentales avec le langage auquel ces dispositions s'adressent, langage de la science qui doit constamment être abordé sous le double aspect sémantique (il doit en dernière analyse se rapporter au monde naturel et humain), et argumentatif (il déploie certaines formes de raisonnement, dont la démonstration *propter quid* est la forme la plus haute). Mais cet aspect nous fera aussi examiner d'autres problèmes comme par exemple celui de la nature et du statut des principes, ici encore au centre de vigoureux affrontements dans les années 1340, ou des règles d'interprétation des énoncés, qu'ils soient courants, scientifiques ou théologiques, avec les discussions sur la valeur des mots (*virtus sermonis*). Nous y verrons Buridan mettre en œuvre une démarche qui multiplie et diversifie la notion de principe d'un raisonnement scientifique. Nous verrons aussi que le modèle de la démonstration scientifique, s'il reste fort et efficace, n'est pas isolé d'autres formes d'argumentation, Buridan cherchant là encore à faire de la science au sens fort, produit de la démonstration, une composante essentielle mais non exclusive du savoir certain.

La troisième partie nous permettra d'esquisser la cartographie buridanienne des savoirs. Bien qu'elle entre parfois dans les détails, cette partie ne peut nous donner que les grandes lignes de l'encyclopédie buridanienne. Il nous faudra pour commencer rappeler que les formes de savoir plus ou moins certain renvoient en dernière analyse à un monde fait de singuliers, ce qui a impliqué la redéfinition de l'universalité du raisonnement scientifique et de la nécessité des règles de la nature. Comment la science, universelle et nécessaire, côtoie-t-elle la connaissance des singuliers et des accidents ? Comment s'y articule-t-elle ? Ces interrogations sont centrales dans le cadre d'une philosophie comme celle de Jean Buridan. Nous devrons ensuite voir comment, selon le maître picard, se distinguent les différentes disciplines. En ce lieu, les sciences se définissent fondamentalement par des points de vue sur le monde plus que par un domaine d'objets. Ce sont pour l'essentiel les mêmes choses qui sont considérées selon leur être (leur subsistance, leur production, leur quidité), ou selon leurs mouvements, ou selon la quantité, pour en rester aux principales sciences spéculatives suivant Aristote. Nous évoquerons quelques questions clés de la métaphysique puis nous nous attarderons davantage sur les principaux concepts physiques. Car il est incontestable que la science selon Buridan se déploie de façon privilégiée dans la philosophie naturelle. Celle-ci cependant est loin d'avoir un statut homogène. Car Buridan n'hésite pas à s'engager dans des études parfois très empiriques, mettant en œuvre comme toujours ses distinctions des modes d'argumentation, analysant au cas par cas le type d'étude dont est susceptible tel ou tel domaine, précisant le statut des principes et leur rapport aux autres sciences, insistant sur la place plus ou moins grande des observations.

Dans ce parcours qui cherchera donc à restituer tous les aspects et toutes les composantes de l'idée buridanienne de science, nous espérons présenter un style de philosophie qui est singulier, mais qui marque ses contemporains et successeurs. De Marsile d'Inghen à Jean Mair au début du XVIe siècle, Buridan reste une référence en matière de logique et de philosophie naturelle. En Italie, Blaise de Parme s'avère assez au fait de discussions et de théories parisiennes, y compris de certaines thèses buridaniennes. On sait aussi que le buridanisme sera très influent dans les universités d'Europe centrale, où les manuscrits sont très nombreux, et ou certains commentaires prennent Buridan pour guide, voire pour objet d'étude. Le XIVe siècle n'est pas le siècle de Buridan, pas plus qu'il n'est celui d'Ockham, pas plus que le XVIIe siècle n'est celui de Descartes. Mais Buridan est l'un des grands philosophes de son siècle et, au delà, de l'histoire de la pensée occidentale. Sa pensée est forte, systématique, originale. Si la philosophie ne se réduit pas aux grandes figures, en particulier à une époque où la notion d'auteur n'a pas cours comme ce sera le cas à partir du XVIe siècle, tous les textes, tous les ensembles de textes référés à tel ou tel nom, ne se valent pas. J'espère que cet ouvrage montrera la force et la singularité de cet ensemble doctrinal.

Première partie

LA SCIENCE COMME DISPOSITION MENTALE

Chapitre premier

L'ASSENTIMENT ET SES OBJETS

L'*Éthique à Nicomaque* a fait de l'ἐπιστήμη l'une des vertus intellectuelles [1]. Dans le prolongement d'Aristote, les Médiévaux traitent d'abord la science non pas comme un corpus d'énoncés susceptibles d'apprentissage et de transmission, constituant une discipline donnée (même si cet aspect est aussi pris en compte) mais comme un *habitus* (traduction du grec ἕξις), une disposition stable constituée par la répétition d'un certain nombre d'actes et favorisant leur réitération. Si une telle approche s'appuie sur l'*Éthique à Nicomaque*, elle est confortée d'un côté par les anciens usages, remontant à Augustin et Boèce, qui faisaient de la *scientia* un mode d'exercice de la raison ou de l'intellect, de l'autre par la venue au premier plan, au tournant des XIIIe et XIVe siècles, de l'analyse des modalités épistémiques, c'est-à-dire des caractéristiques internes de l'acte par lequel on *sait* quelque chose.

Science, certitude, évidence

La science comme créance

L'attention portée par Buridan, dans l'ensemble de ses ouvrages et notamment dans ses œuvres de physique, aux aspects logiques et linguistiques des questions traitées pourrait inciter à penser que la science est essentiellement un langage, ou du moins un discours, un ensemble organisé d'énoncés. Pourtant, en son sens premier, la science n'est pas une proposition ou un ensemble de propositions ; au sens fondamental, c'est une certaine disposition de l'esprit portant sur une proposition : « À proprement parler, la science est une disposition mentale acquise

1. Aristote, *Éthique à Nicomaque*, VI, 3, 1139 b 14-34, trad. J. Tricot, Paris, Vrin, 7e tirage 1990, p. 280-282 ; voir *Aristoteles latinus*, XXVI. 1-3, *Ethica Nicomachea*, Translatio antiquissima lib. II-III sive Ethica vetus, et Translationis antiquioris quae supersunt, sive Ethica nova, Hofneriana, Borghesiana, translatio Roberti Grosseteste Lincolniensis sive Liber Ethicorum (recensio pura et recensio recognita), éd. R. A. Gauthier, Leiden-Bruxelles, Brill - Desclées de Brouwer, fasc. 4, 1973, p. 480.

par une démonstration ou par des démonstrations »[1]. Une telle disposition de l'esprit, accident de la substance immatérielle qu'est l'âme, peut être définie plus précisément comme ce qui résulte d'un assentiment (*assensus*) portant sur une proposition. C'est ce que pose le lemme du texte commenté par Buridan dans les *Petites sommes de logique*[2], texte que Lambert Marie De Rijk désigne comme *Compendium parisiense* et qui est une adaptation libre et étendue des *Tractatus* de Pierre d'Espagne[3] : « ni la science ni l'opinion ne sont une proposition, mais une disposition mentale ajoutée, par laquelle nous donnons notre assentiment à une proposition »[4].

Que la science ne soit pas constituée de propositions et qu'un tel assentiment soit autre chose que les propositions elles-mêmes, Buridan prend la peine de le justifier. Ainsi, je puis avoir présentes à l'esprit des propositions contradictoires, alors que je n'accorde pas mon assentiment à chacune d'elles mais, au plus, à l'une d'entre elles. Car non seulement deux propositions contradictoires ne peuvent pas être vraies en même temps, mais il est impossible à quiconque de les juger vraies (*opinari*) en même temps[5]. On peut aussi avoir à l'esprit une proposition sans lui

1. Johannes Buridani *Questiones super octo libros Aristotelis Physicorum* (désormais cité *Qu. Phys.*), Parisiis, 1509 (nachdruck Frankfurt a. M., Minerva, 1964), I, 1, f° IIva : « Scientia proprie dicta est habitus per demonstrationem vel demonstrationibus acquisitus ». Je citerai cette édition, vérifiée et quelque fois amendée d'après le manuscrit København, Kongelige Bibliotek, Cod. Ny kgl. Saml. 1801 (désormais cité ms. C). Le terme *habitus* sera selon le cas traduit par « disposition » (parfois avec la précision « mentale » puisqu'il s'agit d'un état de l'intellect), parfois dans le corps du texte laissé en latin. On n'oubliera pas qu'Aristote distingue ἕξις et διάθεσις (que Boèce traduit respectivement par *habitus* et par *affectio*, Guillaume de Moerbecke par *habitus* et *dispositio*) la première étant plus stable et durable que la seconde (*Catégories*, 8, 8 b 26-28), et que la science et la vertu sont de la première sorte. Voir *Categoriae uel Praedicamenta, Aristoteles latinus*, I. 1-5, translatio Boethii, editio composita, translatio Guillelmi de Moerbeka, Lemmata e Simplicii commentario decerpta, Pseudo-Augustini paraphrasis Themistiana, éd. L. Minio-Paluello, Paris, Desclées de Brouwer, 1961, p. 23. En dépit de cet usage qui s'est conservé dans les traductions françaises des *Catégories*, il m'a semblé que le mot « disposition » pouvait être entendu largement comme incluant aussi les états mentaux stables. C'est d'ailleurs ce que concède Buridan lui-même dans *Summulae in Praedicamenta* (désormais cité *SL* III), 5, 2, ed. by par E. P. Bos, Nijmegen, Ingenium Publishers, 1994, p. 65 : « [...] tamen aliquando hoc nomen "dispositio" accipitur communiter, prout se extendit ad praedictas qualitates [...] ».

2. Cette œuvre a été désignée par divers titres : *Summa logice, Summa dialectice, Summule logicales, Summule dialectices* ; j'adopte le titre privilégié par l'édition en cours sous la direction de Sten Ebbesen, à savoir *Summule logicales*. Le VIIIe traité des *Petites sommes de logique* contient un exposé général de l'idée buridanienne de science. On trouve des analyses complémentaires dans les premières questions sur les *Seconds Analytiques*, dans la *Métaphysique* et dans l'*Éthique*.

3. Voir L. M. De Rijk, « John Buridan on Man's Capability of Grasping the Truth », dans I. Kraemer-Rugenberg and A. Speer (hsgb.), *Scientia und Ars im Hoch- und Spätmittelalter*, « Miscellanea Mediaevalia » 22/1, Berlin - New York, Walter de Gruyter, 1994, Bd. I, p. 282-303.

4. *Johannes Buridanus Summulae de demonstrationibus* (désormais cité *SL* VIII), 4, 3, ed. by L. M. De Rijk, « Artistarium » 10-8, Groningen-Haren, 2001, p. 107 : « [...] neque scientia neque opinio est propositio, sed assensus additus quo propositioni assentimus » ; voir aussi *Questiones in duos Aristotelis libros Posteriorum Analyticorum* (désormais cité *QAPost.*), I, 32 – transcription inédite par Hubert Hubien, d'après le manuscrit de Liège, Bibliothèque de l'université, cod. 44 C.

5. Buridan renvoie au livre IV de la *Métaphysique* : voir *op. cit.*, IV, 3, 1005 b 30-31 ; cf. *Aristoteles latinus*, XXV. 3-2, *Metaphysica*, lib. I-XIV, recensio et translatio Guillelmi de Moerbeka, editio textus,

accorder ni lui refuser son assentiment, ce que l'on fera ultérieurement sur la base de certaines justifications [1]. De même, deux individus peuvent avoir en l'esprit deux propositions absolument semblables, dont l'une est jugée vraie par le premier et l'autre fausse par le second [2].

La même distinction est faite dans les *Questions sur la Métaphysique*. Se demandant si l'unité d'une science vient de la conclusion ou des principes [3], Buridan fait remarquer que la question est difficile car ce qu'est la science n'est pas bien clair. Et il mentionne l'opinion de certains pour lesquels « la science n'est pas autre chose que la conclusion » [4]. En termes plus rigoureux, le terme « science » se référerait à la conclusion elle-même en connotant qu'elle est démontrée. Mais on peut opposer à cela une autre opinion, que Buridan juge « plus probable » et qui consiste à distinguer la conclusion elle-même de l'assentiment qu'on lui accorde : « Il me semble que lorsque nous donnons notre assentiment à une conclusion, cet assentiment est une disposition mentale ajoutée à la conclusion, et n'est pas cette conclusion » [5]. Les raisons invoquées sont les mêmes que celles qui ont été présentées plus haut. On peut seulement remarquer que ce dernier texte semble aplatir l'un sur l'autre l'acte et la disposition. Au sens strict, l'assentiment est un acte par lequel j'estime vraie une proposition (ou bonne une action). L'*habitus* en revanche est une qualité, disposition acquise (en l'occurrence par l'âme) et dotée d'une certaine stabilité. C'est cette disposition qui au sens propre est la *scientia*. Mais elle est inséparable d'un certain nombre d'actes [6]. En premier lieu, les actes qu'elle présuppose et par lesquels cette disposition s'est constituée (un certain nombre de représentations cognitives, qu'elles soient sensibles, imaginatives ou intellectives) ; en second lieu, l'acte qui réactualise cette disposition : la *scientia* s'éprouve à travers l'acte de *scire*. Dans l'exercice du savoir, dans la constitution effective d'une croyance par un individu humain, différents actes ou dispositions mettant en jeu les passions, la

éd. G. Vuillemin-Diem, Leiden -New York - Köln, Brill, 1995, p. 73 : « [...] inpossibile est simul existimare eundem esse et non esse idem ; simul enim haberet contrarias opiniones qui de hoc est mentitus ».

1. Voir *QAPost.*, I, qu. 32 : « Possibile enim esset quod aliquis habeat propositionem formatam in mente, tamen nec ei assentit nec ei dissentit, et postea per rationem vel per experientiam vel per sensum generatur sibi assensus, qui iam est scientia vel opinio ».

2. Voir par exemple *QAPost.*, I, qu. 32.

3. Voir *Iohannis Buridani In Metaphysicen Aristoteles questiones argutissime*, Parisiis, MDXVIII (désormais cité *Qu. Metaph.*), livre IV, qu. 2 : « Utrum scientie demonstrative habeant unitatem vel distinctionem a conclusionibus an a principiis, vel a quibus » ; une question identique se retrouve dans les *Questions sur les Seconds Analytiques*, I, qu. 30.

4. *Qu. Metaph.*, IV, qu. 2, f° XIIIva : « De hoc enim diverse sunt opiniones. Quidam dicunt quod scientia non est aliud quam ipsa conclusio, ita quod hoc nomen "scientia" supponit pro ipsa conclusione connotando tamen quod ipsa sit demonstrata ».

5. *Qu. Metaph.*, IV, qu. 2, f° XIIIva : « Videtur mihi quod quando assentimus alicui conclusioni, ille assensus est habitus illi conclusioni additus et non est illa conclusio ».

6. La dialectique de l'acte et de la disposition apparaît clairement dans la question 11 sur le livre III du traité *De l'âme* : voir *Questiones de anima* (désormais cité : *Qu. An.*), ed. by J. Zupko, *John Buridan's Philosophy of Mind : An Edition and Translation of Book III of his « Questions on Aristotle's De anima (3rd redaction), with commentary and critical and interpretative essays*, UMI, Ann Arbor, 1989, III, qu. 11, p. 114-125.

volonté ou la raison peuvent d'ailleurs s'entremêler ou se contrarier[1]. Mais lorsqu'il s'agit simplement d'opposer la dimension psychologique à la dimension linguistique du savoir, on peut traiter ensemble acte et disposition.

Ces précisions sur le rapport de l'assentiment et de la proposition rappellent celles qui sont données par Guillaume d'Ockham dans la première question du Prologue de son *Écrit sur les Sentences*. Là, le *Venerabilis Inceptor* distingue le fait de former une proposition et le fait de lui accorder ou non son assentiment (*assentire* ou *dissentire*). Les arguments sont semblables, notamment en ce qui concerne les contradictoires auxquelles on ne peut accorder simultanément son assentiment. Un tel acte d'accorder ou non son assentiment définit proprement le jugement, qui est second par rapport à l'appréhension du *complexum*[2]. L'approche est cependant quelque peu différente. Guillaume d'Ockham oppose plus simplement la proposition elle-même et l'attitude de l'esprit à l'égard de cette dernière[3]. Il s'agit donc de décrire les différents actes de l'intellect impliqués dans le processus d'appréhension et d'acceptation (ou de refus) d'une proposition comme vraie, et constitutifs de l'*habitus* scientifique, dans le cas d'une vérité théologique comme dans celui de toute autre vérité scientifique. Mais c'était alors surtout la structure du langage (et notamment, dans le Prologue de *l'Écrit sur les* Sentences, du langage mental dans et par lequel ces vérités sont formulées) qui était sa principale préoccupation. En opposant tout simplement la proposition à l'assentiment, et en soulignant que la science n'est pas la proposition elle-même, Buridan met au fondement de sa théorie de la science un aspect « psychologique ». Une telle psychologie décrit des *modalités générales* de toute appréhension par l'âme d'un objet quelconque ; et elle ne concerne que les aspects cognitifs de l'esprit – quelle que soit la puissance cognitive considérée, du sens à l'intellect[4].

1. Voir *Qu. An.*, III, qu. 20, p. 219. On trouvera une présentation synthétique des procédures de constitution de la croyance chez Buridan au début de l'article de Chr. Grellard, « How is it Possible to Believe Falsely ? John Buridan, the *vetula* and the Psychology of Error », dans D. Denery, R. Copeland, K. Gosh, N. Zeeman (eds), *Uncertainty in the Middle Ages*, à paraître.

2. Voir Guillaume d'Ockham, *Scriptum in primum librum Sententiarum Ordinatio*, Prol., qu. I, éd. Gedeon Gál, adlab. Stefano Brown, « Opera theologica » I, St. Bonaventure, N. Y., The Franciscan Institute Publications, 1967, p. 7.

3. Dans ses *Quodlibeta*, Ockham distingue la proposition elle-même de son appréhension par l'esprit (Voir *Quodlibeta septem*, éd. J. C. Web, « Opera theologica » IX, St. Bonaventure, N. Y. The Franciscan Institute Publications, 1980, quodl. V, qu. 6, p. 500-503) ; sur ces questions, voir J. Biard, *Guillaume d'Ockham. Logique et philosophie*, Paris, PUF, 1997, p. 56-58. Claude Pannacio a montré que Guillaume admet plusieurs actes de l'esprit (appréhension, jugement…) mais que ceux-ci s'adressent tous à un seul et même objet qu'est la proposition mentale : voir « Le jugement comme acte mental selon Guillaume d'Ockham », dans J. Biard (éd.), *Le Langage mental du Moyen Âge à l'Âge classique*, « Philosophes médiévaux » L, Louvain-la-Neuve - Louvain - Paris, Éditions de l'Institut supérieur de Philosophie - Éditions Peeters, 2009, p. 117-133.

4. Je préfère parler ici de « psychologie cognitive » plutôt que de « noétique », réservant ce terme au champ à la théorie de l'intellect telle qu'elle a été développée tant dans le monde arabe que dans le monde latin à partir du XIIIe siècle. Buridan n'est pas étranger à ce champ, puisqu'il commente lui-même le *Traité de l'âme* et connaît les grandes traditions noétiques, d'Alexandre d'Aphrodise à Thomas d'Aquin en passant par Averroès. Mais ce qui est ici en question déborde la théorie de l'intellect. Cette psychologie n'est ni la description empirique des vécus de conscience, ni la psychologie rationnelle de

Dans aucun texte l'*assensus* n'est vraiment défini. Il est simplement distingué de la proposition qui en est l'objet premier. Il peut être rapporté aux motivations qui le suscitent (ou le contrarient) en l'intellect. Et il est qualifié en raison de la plus ou moins grande « fermeté » de l'adhésion par laquelle nous tenons telle ou telle proposition pour vraie. En réalité, son explicitation se fait par comparaison de la science avec d'autres dispositions mentales. Cela passe par l'inclusion de la science dans le genre de la *fides*.

La science est ainsi une espèce de la *fides* ou *credulitas*, l'opinion en étant l'autre espèce principale :

> [...] toute science et toute opinion sont une certaine confiance ou créance par laquelle, au sujet d'une proposition, nous pensons ou croyons qu'elle est vraie, ou qu'il en est comme elle signifie, au sens qui a été précisé ailleurs [1].

Confronté à une proposition ou à un jugement, l'intellect peut ou non accorder son assentiment ; la connaissance repose donc sur un acte d'adhésion à ce qui est proposé, un acte de tenir pour vrai, d'accorder créance sur la base de certaines *justifications* – lesquelles peuvent être de nature différente selon les domaines. Dans le présent texte les deux termes *fides* ou *credulitas* sont tenus pour synonymes [2], et à vrai dire, Buridan semble peu soucieux du nom : « Et nous appelons "assentiment" cette confiance ou créance (de quelque nom qu'on la désigne) » [3].

La *fides* ne se réduit donc aucunement dans un tel contexte à la foi religieuse, puisqu'elle inclut l'adhésion à des vérités démontrées ; la créance n'implique nulle crédulité. Il s'agit d'une adhésion, que l'on accorde ou refuse. L'assentiment consiste alors à reconnaître une proposition comme vraie, ou à admettre qu'il en est dans la réalité comme il est signifié par la proposition.

La science et l'opinion reposent donc l'une et l'autre sur un assentiment que l'on accorde, chacune est un *habitus adhesivus* [4]. L'une et l'autre sont une connaissance

la métaphysique scolaire, mais une caractérisation à la fois « subjective » et impersonnelle d'actes psychiques requis par la connaissance et la science. On pourrait donc parler de « psychologie transcendantale » pour désigner cette description des conditions de l'intellection, mais en un sens radicalement non kantien.

1. *SL*, VIII, 4, 3, p. 107 : « [...] omnis scientia et omnis opinio est fides seu credulitas quaedam qua de propositione putamus vel credimus quod ipsa sit vera, vel quod ita sit sicut ipsa significat, ad sensum alias datum ».

2. Pour traduire *fides*, je reprends généralement « créance » (utilisé par Christophe Grellard dans sa traduction de Nicolas d'Autrécourt, *Correspondance. Articles condamnés*, texte latin établi par L. M. De Rijk, intro., trad. et notes par Chr. Grellard, Paris, Vrin, 2001) plutôt que celui de « croyance », même si j'utilise aussi celui-ci dans cette étude ; bien que souvent utilisé, notamment dans des reprises ou traductions d'ouvrages anglo-américains, le terme « croyance » conserve une connotation très subjective-individuelle et évoque trop la crédulité. *Fides* et *credulitas* sont souvent synonymes ; lorsque Buridan les distingue, Christophe Grellard propose de traduire *fides* par « confiance » (*op. cit.*, p. 233).

3. *SL*, VIII, 4, 3, p. 107 : « Et hanc fidem seu credulitatem (aut quocumque nomine vocetur) vocamus "assensum" ».

4. Voir par exemple *QAPost.*, I, 32 : « Notandum est quod scientia et opinio sunt habitus adhesivi quibus aliquis adheret sive assentit aliquibus conclusionibus ».

(une *notitia*[1]) qui adhère à quelque chose qui lui est proposé : à la fois une proposition donnée et une certaine corrélation entre les termes de cette proposition et les choses qu'elle signifie. Une telle structure reste constante et fondatrice, quelles que soient les variations d'usage dont est susceptible le mot « science ». Si en effet la science peut être entendue en plusieurs sens, ainsi que nous le verrons, c'est seulement en raison de la nature de la proposition (contingente, nécessaire, démontrée…) qui en est l'objet immédiat. Dans son acception la plus générale, la science est simplement un jugement *certain* et suscitant l'adhésion, quel qu'en soit le sujet (sens ou intellect) et l'objet (nécessaire ou contingent), alors que l'opinion serait un jugement d'adhésion mais non certain. La science est donc une disposition qui relève de l'intellect, et elle requiert une certitude (*certitudo*). La certitude n'est pas une simple conviction, qu'elle soit fondée ou non, mais elle est le produit d'une adhésion justifiée. Toute science devra donc être une « une connaissance qui adhère avec certitude et évidence à une proposition »[2].

La certitude et les modes d'évidence

Après Duns Scot, la réflexion sur l'évidence, en tant que trait distinctif de certains actes de l'esprit, passe au premier plan de la théorie de la connaissance[3]. Ce glissement prend place dans une modification générale des doctrines de la science, où le point de départ se situe moins dans les caractères de l'objet que dans ceux des actes mentaux. Si Scot est largement à l'origine de cette évolution, Guillaume d'Ockham en représente une étape majeure, ainsi que l'a montré Ernesto Perini-Santos[4]. Ces innovations sont apparues dans le cadre des commentaires au *Livre des Sentences* : l'enjeu principal est la possibilité de connaître certaines vérités théologiques, sur cette terre ou bien auprès de Dieu, et une telle enquête conduit à une réflexion générale sur les capacités de l'intellect humain. Dans sa critique d'Henri de Gand, Jean Duns Scot a ainsi dissocié les caractères de l'objet (mutabilité des choses créées) de la certitude (ou incertitude) de la connaissance que l'on peut en avoir[5]. Ces discussions sur la nature de la connaissance, les différents actes mentaux et leur rapport à l'objet, le caractère discursif ou non de la science, ont

1. La terme « notitia » est parfois traduit par notion, pour indiquer le rapport le plus indéterminé d'une puissance cognitive à son objet. Ce terme a l'avantage de ne pas suggérer une connaissance qui serait déjà le fruit d'une élaboration à plus forte raison d'une réflexion, mais il suggère un élément ou un rapport ponctuel alors que la *notitia* peut être simple ou complexe.

2. *SL*, VIII, 4, 3, p. 109 : « notitia propositionis adhaesiva cum certitudine et evidentia » ; cf. *QAPost.*, 2 : « Scientia est notitia certa et evidens ».

3. Voir A. Maier, « Das Problem der Evidenz in der Philosophie des 14. Jahrhunderts », dans *Ausgehendes Mittelalter. Gesammelte Aufsätze zur Geistesgeschichte des 14. Jahrhunderts*, II, Roma, Edizioni di storia e letteratura, 1967, p. 367-418 ; en ce qui concerne plus précisément Buridan, voir L. M. De Rijk, « John Buridan on Man's Capability of Grasping the Truth », dans I. Kraemer-Rugenberg et A. Speer (hsgb.), *Scientia und Ars im Hoch- und Spätmittelalter*, « Miscellanea Mediaevalia » 22/1, Berlin - New York, Walter de Gruyter, 1994, Bd. I, p. 282-303.

4. E. Perini-Santos, *La Théorie ockhamienne de l'évidence*, Paris, Vrin, 2006.

5. Voir Jean Duns Scot, *Ordinatio*, I, dist. 3, pars 1ª, q. 4, § 219-222, dans Iohannis Duns Scoti *Opera omnia*, éd. C. Balić, vol. III, Civitas Vaticana, Typis polyglottis Vaticanis, MCMLIV, p. 133-135.

imprégné de nombreux prologues des commentaires des *Sentences* après Scot, qu'il s'agisse de Jean de Reading, de Guillaume d'Alnwick, de Pierre d'Auriole, de Guillaume d'Ockham, et jusqu'aux commentaires parisiens du milieu du siècle, tels que ceux de Grégoire de Rimini puis de Pierre d'Ailly.

La réflexion sur l'évidence est omniprésente à l'époque de Buridan. Elle l'est dans le prolongement de ces discussions qui sont nées dans un cadre théologique. Elle l'est tout autant dans le milieu de la faculté des arts de Paris comme en témoignent les controverses entre Nicolas d'Autrécourt et le maître flamand Gilles du Foin [1]. Or Buridan fut lui-même engagé (quoique ce fût sur d'autres sujets) dans des polémiques avec Gilles [2] ; de même l'on peut repérer dans ses textes des passages où, sans le nommer, il s'attaque à des positions épistémologiques caractéristiques de Nicolas d'Autrécourt, ainsi que nous le verrons plus loin.

Le croisement de la certitude et de l'évidence

Buridan s'explique assez longuement sur l'évidence et sur la certitude dans les *Petites Sommes de logique* et dans les *Questions sur les Seconds Analytiques* [3]. C'est d'abord la certitude qui est mise en avant en tant que caractère distinctif de la science : « c'est par là que la science diffère de l'opinion : la science requiert la certitude, que l'opinion ne requiert pas » [4]. L'idée de *certitude* semble, dans le langage moderne, renvoyer principalement à quelque chose de subjectif, le plus souvent au sens d'une donnée immédiate (certitude sensible), ou d'une conviction intime : je suis certain (convaincu) de quelque chose, puis si je produis des justifications je m'oriente vers un autre plan, celui du jugement, de la vérité. La notion buridanienne de certitude inclut cet élément, désigné comme fermeté de l'assentiment, mais elle est plus complexe. Sa force et son originalité, sa difficulté aussi, sont d'articuler explicitement deux plans, celui de l'objet de l'assentiment, c'est-à-dire (nous y reviendrons) la proposition elle-même considérée selon ce qu'elle signifie, et celui de l'acte d'assentiment, qui doit avoir certaines qualités.

1. Voir Nicholas of Autrecourt, *His Correspondence with Master Giles and Bernard of Arezzo*, ed. by L. M. De Rijk, Leiden - New York - Köln, Brill, 1994 ; Nicolas d'Autrécourt, *Correspondance. Articles condamnés*, intro., trad. et notes par Chr. Grellard, Paris, Vrin, 2011. Nous aurons l'occasion d'évoquer à plusieurs reprises Nicolas d'Autrécourt. Voir *Histoire littéraire de la France*, t. XLII, fasc. 1, Paris, MCMXCV : Z. Kaluza, *Nicolas d'Autrécourt, ami de la vérité ;* et Chr. Grellard, *Croire et savoir. Les principes de la connaissance selon Nicolas d'Autrécourt*, « Études de philosophie médiévale » LXXXVIII, Paris, Vrin, 2005.

2. Voir B. Michael, *Johannes Buridan : Studien zu seinem Leben, seinen Werken und zur Rezeption seiner Theorien im Europa des Späten Mittelalters*, 2 vol., Berlin, 1985, p. 429, p. 441, p. 443.

3. La notion buridanienne de certitude a été étudiée par J. Zupko, « On Certitude », *in* J. M. M. H. Thijssen and J. Zupko, *The Metaphysics and Natural Philosophy of John Buridan*, Leiden-Boston-Köln, Brill, 2001, p. 165-182 ; voir aussi Id., « Buridan and Skepticism », *Journal of the History of Philosophy*, 31 (1993), p. 91-221. Pour la notion de certitude en relation avec les *Seconds Analytiques* dans la philosophie arabe, voir D. Black, « Knowledge (*'ilm*) and Certitude (*yaqīn*) in al-Fārābī's Epistemology » *Arabic Sciences and Philosophy*, 16 (2006), p. 11-45.

4. *QAPost.*, I, qu. 2 : « per hoc differt scientia ab opinione, scilicet quia scientia requirit certitudinem, quam opinio non requirit ».

D'un côté la proposition doit être vraie, ce qui interdit toute conception de la certitude comme conviction immédiate :

> La certitude requiert deux choses. L'une du côté de la proposition à laquelle nous donnons l'assentiment, à savoir qu'elle soit vraie ; en effet, la croyance par laquelle nous donnons l'assentiment à une proposition n'est pas certaine, mais est incertaine et fallacieuse [1].

Dans les *Questions sur les Seconds Analytiques*, Buridan désigne cet aspect comme « certitudo veritatis » :

> Je dis d'abord « certitude de vérité » puisque si nous donnions notre assentiment de façon tout à fait ferme et sans crainte de nous tromper à une proposition fausse, comme le font les hérétiques, qui parfois préfèrent mourir plutôt que de nier ce à quoi ils ont accordé assentiment, cependant par un tel assentiment on n'a pas la science puisque manque la vérité, et la certitude et la fermeté de la vérité [2].

La foi est considérée par Buridan comme un cas extrême d'adhésion par volonté, que son objet soit vrai (comme dans le cas de la foi chrétienne) ou qu'il soit faux (dans le cas des hérétiques obstinés). À l'opposé, cette première composante de la certitude réinvestit donc l'adage traditionnel : « nihil scitur nisi verum » [3]. Dans les *Questions sur la métaphysique,* à propos de la question de savoir si la métaphysique est la science la plus certaine, se trouvent distinguées cinq manières d'atteindre la « certitude de la vérité ». Premièrement, elle est atteinte du côté des choses considérées en raison de leur fermeté et immutabilité ; deuxièmement, du fait qu'une science laisse peu de doutes sur ce qui est susceptible d'être su dans son domaine ; troisièmement, par l'évidence des principes ; quatrièmement par l'évidence du mode de démonstration ; cinquièmement par la facilité avec laquelle on l'acquiert [4].

La seconde composante de la certitude concerne la qualité de la créance qui accompagne l'assentiment. Celui-ci doit être « ferme » (*firmus*) ou inébranlable ; dans les *Questions sur les Seconds Analytiques*, cet aspect est appelé « certitudo seu

1. *SL*, VIII, 4, 4, p. 111 : « Certitudo autem requirit duo. Unum ex parte propositionis cui assentitur, scilicet quod sit vera ; non enim est certa credulitas qua falso assentimus, sed incerta et fallax » ; cf. *Qu. Metaph.*, I, qu. 2, f° IVva : « Notandum est primo quod ad omnem certitudinem requiritur veritas ».

2. *QAPost.*, I, qu. 2 : « Dico primo "certitudo veritatis", quia si firmissime et sine aliqua formidine assentiremus propositioni false, sicut faciunt heretici, qui aliquando magis volunt mori quam negare illud cui ipsi assenserunt, tamen non est scientia propter talem assensum, quia deficit veritas et certitudo et firmitas veritatis ». On retrouve les mêmes thèses exposées, en des termes très voisins, dans la question 32 sur le livre I.

3. Voir *QAPost.*, I, qu. 8 : « cum non scitur nisi verum (nam absurdum esset dicere quod tu scires hominem esse asinum) » ; et *Quaestiones super libros* De generatione et corruptione *Aristotelis*, ed. by M. Streijger, P. J. J. M. Bakker, J. M. M. H. Thijssen, « History of Science and Medicine » 17, Leiden-Boston, Brill, 2010, I, qu. 2, p. 44 : « Quia nihil scitur nisi verum, ut patet primo *Posteriorum* ». À ma connaissance, la formule ne se trouve pas littéralement chez Aristote ; mais l'idée est tirée du livre I, chapitre II, 71 b 25-26, et la référence est devenue usuelle.

4. Voir *Qu. Metaph.*, I, qu. 4, f° IVva.

firmitas assensus »[1]. Cette fermeté veut dire que l'on accorde l'assentiment « sans doute ni crainte de l'opposé » (*sine dubitatione seu formidine ad oppositum*)[2]. Cette expression, caractéristique de la certitude selon Buridan, implique qu'il n'y ait aucun motif de croire que l'opposé soit vrai, ou du moins que, bien considérés, ces motifs ne fassent pas le poids. Ainsi considérée la certitude est caractéristique de la science, et si ces conditions ne sont pas satisfaites nous sommes dans le domaine de l'opinion :

> L'autre [caractère requis] est de notre côté, à savoir que notre assentiment doit être ferme, c'est-à-dire sans doute ni crainte de l'opposé ; et cela aussi est requis par la science, puisque un assentiment dubitatif et craintif ne dépasse pas les limites de l'opinion[3].

La certitude ne suffit pourtant pas. Dans la caractérisation buridanienne de la science, la certitude est toujours redoublée par l'*évidence*. Dans les *Petites sommes de logique*, cette notion est introduite pour opposer la science à la créance de nature religieuse ou théologique, et elle apparaît comme un réquisit supplémentaire par rapport aux deux « côtés » de la certitude : « [...] je dis qu'avec la double fermeté ou certitude de cette sorte est requise l'évidence, à la différence de la croyance ou de l'opinion »[4]. Buridan admet en effet que certains articles de foi sont non seulement vrais mais certains. Au sens qui a été défini, cela veut dire que non seulement ils sont vrais, mais encore qu'on leur accorde un assentiment qui n'est pas sujet au doute et qui ne risque pas d'être contrebalancé par la créance opposée. Ainsi la créance selon laquelle « Dieu est un et trine » est « la plus certaine du côté de la proposition », puisque c'est un jugement on ne peut plus vrai. La certitude a ici d'autres motifs que la certitude naturelle, mais ceux-ci ne poussent pas moins fortement à accorder un assentiment « ferme » :

> Car cette croyance est la plus certaine du côté de la proposition ; en effet, la proposition selon laquelle Dieu est un et trine est tout à fait vraie. Et elle doit aussi être tout à fait ferme, sans aucune crainte de l'opposé, de notre côté, d'après ce passage

1. Dans son article « On Certitude », Jack Zupko insiste sur la « fermeté », qu'il comprend comme stabilité, de la proposition elle-même en tant qu'objet premier de la science, laquelle reflète en dernière analyse la stabilité de l'ordre naturel. Cet aspect est certes présent chez Buridan, en relation à son « fiabilisme », et certains usages de *firmitas* vont en ce sens, comme le premier sens de la certitude de la vérité dans les *Questions sur la Métaphysique* que nous venons de citer ; néanmoins la *firmitas* vient le plus souvent qualifier l'assentiment lui-même.

2. *SL.*, VIII, 4, 4, p. 111 ; cf. *Qu. Metaph.*, II, qu. 1, f° VIIIvb : « Sed firmitas assensus est que nos adheremus et assentimus propositioni absque formidine ad oppositum » ; *QAPost.*, I, 32, arg. 3.

3. *SL*, VIII, 4, 4, p. 111 : « Et aliud ex parte nostra, scilicet quod assensus noster sit firmus, scilicet sine dubitatione seu formidine ad oppositum ; et hoc etiam requiritur ad scientiam, quia assensus dubitativus et formidinalis non transcendit metas opinionis ».

4. *QAPost.*, I, qu. 2 : « [...] dico quod cum huiusmodi duplici firmitate seu certitudine, requiritur evidentia ad differentiem fidei vel opinionis ».

> du Symbole, à la fin : « Telle est la foi catholique ; et si quelqu'un ne l'aura pas cru fermement et fidèlement, il ne pourra être sauvé »[1].

Buridan fait ainsi place à un usage ancien de la *certitudo*, qui vient de la tradition patristique et théologique, et qui liait la certitude à l'objet de la foi[2]. C'est donc un autre critère qui départagera ici la science de la foi : c'est l'évidence.

> Je dis aussi « avec évidence », à la différence de la croyance que nous, fidèles, devons avoir des articles de la foi catholique[3].

> Car la foi porte sur la vérité la plus ferme et la plus certaine, et doit être accompagnée de l'assentiment le plus ferme, mais elle n'est pas dite science, puisque cet assentiment ne se fait pas par évidence[4].

Si l'on parle parfois d'évidence en matière de foi religieuse, c'est de façon impropre. La fermeté de l'assentiment peut en effet s'appuyer sur des bases diverses : si elle s'appuie sur l'évidence, il s'agit d'un assentiment scientifique ; mais elle peut s'appuyer sur la volonté et l'autorité des Saintes Écritures, et telle est la foi catholique chez les saints, qui la soutiennent jusqu'à la mort ; elle peut enfin s'appuyer aussi sur une apparence fausse et sur la volonté, comme c'est le cas des hérétiques obstinés – auquel cas cependant, on ne parlera pas de certitude, mais seulement de fermeté de la croyance.

Comment dès lors comprendre cette évidence qui est requise en sus de la certitude[5] ? L'évidence ne peut faire l'objet d'une définition au sens strict, par genre

1. *SL*, VIII, 4, 4, p. 111 : « Nam certissima est illa credulitas ex parte propositionis ; est enim verissima propositio quod Deus est trinus et unus. Et debet etiam esse firmissima, sine aliqua formidine, ex parte nostra, iuxta illud in Symbolo, in fine videlicet "Haec est fides katholica ; quam nisi quisque firmiter fideliterque crediderit, salvus esse non poterit" ». Dans un certain nombre de textes, par exemple les *Questions sur l'Éthique (Questiones Joannis Buridani super decem libros Ethicorum Aristotelis ad Nicomachum*, VI, 11, Parisiis, Ponset-le-Preux, 1513, f° CXXVII vb) ou sur la *Métaphysique (Qu. Metaph.*, II, qu. 2 ; II, qu. 4), si on met en opposition une telle adhésion ferme à un article de foi et un principe évident tel que le principe de non-contradiction, serait-ce par tromperie et argument sophistique, c'est ce dernier qui sera affaibli, et non l'article de foi tel que la croyance à la toute-puissance divine. Voir J. Zupko, « On Certitude », p. 177. *Cf.* Thomas d'Aquin, *In quattuor libros Sententiarum*, qu. 1, art. 3 C, S. Thomae Aquinitatis *Opera omnia*, cur. R. Busa S.I., vol. 1, Stuttgart - Bad Cannstaatt, Fromann-Holzboog, 1980, p. 3 : « magis enim fidelis et firmius assentit his quae sunt fidei quam etiam primis principiis rationis ».

2. Voir J. Biard, « Certitudo », dans I. Atucha, D. Calma, C. König-Pralong, I. Zavattero (éds), *Mots médiévaux offerts à Ruedi Imbach*, Porto, FIDEM, 2011, p. 129-138.

3. *SL*, VIII, 4, 4, p. 111 : « Dico etiam "cum evidentia" ad differentiam illius credulitatis quam nos fideles habere debemus de articulis fidei katholica » ; voir aussi *QAPost.*, I, 32. Buridan y explique qu'en un sens large, l'opinion inclut la foi, les deux manquant d'évidence ; en un sens strict, elles se distinguent car la foi n'en requiert pas moins la fermeté de l'assentiment, ce qui n'est pas nécessairement le cas de l'opinion, serait-elle vraie.

4. *QAPost.*, I, qu. 2 : « Nam fides est firmissime et certissime veritatis, et debet esse cum assensu firmissimo, sed non dicitur scientia, quia ille assensus non est per evidentiam ».

5. Buridan procède différemment de Nicolas d'Autréourt. Pour ce dernier, le concept fondateur est celui d'évidence, caractérisé par son champ d'application (les apparences sensibles, les actes réflexes de l'intellect, le premier principe) ; la certitude, selon l'analyse de Christophe Grellard, y ajoute quelque

et différence spécifique. Elle est en revanche décrite de manière opérationnelle (ou dispositionnelle) ; elle est ce par quoi « la puissance cognitive, par sa nature, avec le concours de certaines circonstances, est déterminée à assentir » [1]. L'évidence n'est pas la seule fermeté de l'assentiment, ni la certitude sous sa double face, qui sont présentes même dans certains cas d'inévidence comme dans la foi des hérétiques. Elle n'est pas non plus la seule présence de motifs pour adhérer, car le fidèle est motivé à croire fermement (par conviction et volonté personnelles, mais aussi par les Écritures, les témoignages, le magistère de l'Église, etc.). Pour qu'il y ait évidence, il faut que par sa nature et les circonstances présentes, la faculté cognitive soit déterminée à consentir à une vérité. L'évidence a donc un caractère contraignant vis à vis de l'esprit. Elle s'impose à l'intellect. C'est cette trait qui se retrouve dans d'autres textes : « [...] au sens le plus propre [...] on appelle évidence d'une proposition ce d'après quoi l'intellect, par sa nature, est forcé d'accorder son assentiment (*assentire*) à une proposition et ne peut pas lui refuser (*dissentire*) » [2].

Une contrainte telle que l'intellect ne peut pas ne pas donner son assentiment, tel est sans doute le point commun de toutes les théories de l'évidence à l'époque. Ainsi pour Guillaume d'Ockham, il y a trois sortes de motifs qui conduisent à l'assentiment : l'évidence, la volonté ou l'autorité ; or la volonté n'entre pour rien dans l'assentiment évident, qui s'impose à l'intellect dans les conditions normales de son exercice [3]. L'évidence pourrait ainsi paraître tout entière du côté de l'intellect qui perçoit la vérité. Mais elle ne se réduit pas à une conviction purement subjective. Car on peut avoir une croyance ferme, sans crainte d'être démenti, de quelque chose qui pourtant n'est pas évident, comme lorsque l'on donne une adhésion ferme à quelque chose que l'on croit démontré alors que l'on n'en a en réalité qu'une argumentation probable [4]. Par conséquent, ce n'est pas une représentation

chose de plus ; elle relève « d'un degré de justification épistémique supérieur » : la reconnaissance du lien entre évidence et vérité. Voir *Croire et savoir...*, p. 63 ; *Tractatus utilis ad videndum an sermones peripatheticorum fuerint demonstrativi* [dit *Exigit ordo*] ed. by J. R. O'Donnell, *Medieval Studies*, 1 (1939), p. 176-266 : ici, voir p 237. Par conséquent, pour Nicolas la certitude implique l'évidence mais non l'inverse. Pour Buridan au contraire, certaines propositions sont certaines sans être évidentes.

1. *SL*, VIII, 4, p 111 : « [...] virtus cognoscitiva, ex sua natura cum ipsis suis circumstantiis concurrentibus est determinata ad assentiendum veritati ».

2. *QAPost.*, I, 2 : « [...] propriissime [...] evidentia propositionis dicitur secundum quam intellectus per suam naturam cogitur propositioni assentire et non potest ei dissentire ». Buridan donne alors l'exemple du « premier principe » ; cf. *Qu. Metaph.*, II, 1, f° VIIIvb.

3. Voir Guillaume d'Ockham, *Ordinatio*, Prol., qu. 7, p. 192 : « [...] quicumque scit evidenter aliquod complexum, non potest dissentire illo complexo solo imperio voluntatis, sed oportet quod persuadetur per rationem fortius moventem intellectum suum ad dissentiendum [...] » ; *Quaestiones variae*, qu. 5, p. 185 ; E. Perini-Santos, *op. cit.*, p. 71 *sq*.

4. Buridan, *QAPost.*, I, qu. 2 : « Similiter etiam de aliquo verissimo et firmissimo in sua veritate assentimus per rationem solum probabilem licet forte credamus eam esse demonstrativam. [...] et tamen ille habitus non est scientia, quia non est per rationem simpliciter evidentem, quamvis illi repurarent illam evidentem ». Buridan se réfère à l'*Éthique à Nicomaque* : voir VII, 3, 1146 b 29-30 : « Certains en effet de ceux qui professent une opinion n'ont aucune hésitation et croient posséder une connaissance exacte » (trad. J. Tricot. p. 329).

par elle-même qui est ou non évidente, ce n'est pas même, pour en rester à la conceptualité ici adéquate, un acte de l'intellect, mais l'évidence est un type particulier de contrainte exercée par l'objet sur tout intellect.

L'absolu et le relatif

Ce qui permet de cerner davantage la nature de l'évidence, ce sont des considérations sur les différentes forme d'évidence.

Dans les *Petites sommes de logique*, Buridan introduit une différence entre formes d'évidence en fonction des divers champs du savoir. Il commence par réfuter la position de ceux qui refusent toute évidence dans l'ordre de la connaissance naturelle. C'est le fameux passage contre les *theologizantes*, sur lequel Lambert Marie De Rijk a attiré l'attention [1] :

> Il est vrai que, en raison des exigences mentionnées plus haut concernant la nature de la science, certains, voulant théologiser, ont nié que nous puissions avoir la science des choses naturelles ou morales. Par exemple nous ne pouvons savoir que le soleil se meut, que le soleil est lumineux et que le feu brûle, car cela ne nous est pas évident [2].

Mais Christophe Grellard a remis en cause l'idée de De Rijk, adoptée par d'autres commentateurs après lui, selon laquelle à travers ces « theologizantes » Buridan viserait Nicolas d'Autrécourt [3]. Buridan vise plutôt la « théologie post-scotiste » [4] ; selon ces théologiens (parmi lesquels on peut compter Bernard d'Arezzo), la toute-puissance divine est telle que Dieu peut se substituer aux causes secondes, au point de pouvoir susciter la vision d'une chose en son absence. À l'origine cette thèse n'est pas avancée dans un esprit sceptique : il s'agit seulement d'insister sur la toute-puissance et sur la liberté divines. Mais il y eut sans doute une dérive sceptique dans son usage, et quoi qu'il en soit Buridan l'interprète ainsi. D'après lui, ceux qui invoquent mal à propos la théologie en philosophie, inversant en quelque sorte l'interdit fait aux artiens de se mêler de théologie, ouvrent la voie au scepticisme puisqu'ils refusent toute évidence aux connaissances naturelles, la réservant aux vérités théologiques. Cette absence d'évidence, fondée sur la toute-puissance, ruine la certitude de la connaissance humaine, tant en ce qui concerne l'existence des choses qu'en ce qui concerne l'ordre de la nature :

1. L. M. De Rijk, « Foi chrétienne et savoir humain. La lettre de Buridan contre les *theologizantes* », dans A. Elamrani-Jamal, A. Galonnier, A. de Libera (éds), *Langage et philosophie. Hommage à Jean Jolivet*, Paris Vrin, 1997, p. 393-409.

2. *SL*, VIII, 4, 4, p. 112 : « Verum est quod, propter requisitionem praedictorum ad rationem scientiae, quidam theologizare volentes, negaverunt quod de naturalibus vel moralibus possemus habere scientiam. Verbi gratia, non possemus scire quod caelum movetur, quod sol est lucidus et quod ignis est calidus, quia haec non sunt evidentia ».

3. Voir Chr. Grellard, *Croire et savoir...*, p. 259-261.

4. Voir E. Randi et L. Bianchi, *Vérités dissonantes. Aristote à la fin du Moyen Âge*, Fribourg-Paris, 1993, p. 111-151.

> Dieu peut en effet annihiler toutes ces choses, or qu'il veuille les annihiler ou non n'est pas évident pour toi ; donc ce n'est pas évident pour toi qu'elles soient. Ou Dieu peut encore arrêter le ciel ou enlever la lumière du soleil et la chaleur du feu [1].

Si la toute-puissance est généralement utilisée comme principe méthodologique pour éprouver la structure du réel (c'est notamment le cas de la puissance absolue comme facteur de séparation de ce qui est réellement différent chez Guillaume d'Ockham), ou pour fonder, par sa puissance ordonnée, la factualité contingente de l'ordre du monde (tel est le cas chez Buridan lui-même), et si l'on ne saurait en faire un instrument de promotion générale du scepticisme [2], il existait malgré tout certains usages du principe de la toute-puissance visant à miner la certitude. Ces premières figures d'un Dieu trompeur ont été développées à Oxford après Ockham, même si elles s'éloignaient de l'esprit de l'ockhamisme. Il est manifeste que des échos s'en firent entendre à Paris, même s'il est difficile d'assigner une date à la pénétration de tels arguments [3].

Buridan, de façon générale, est soucieux d'écarter toute tentation sceptique [4]. La question 2 sur le livre premier des *Seconds Analytiques*, intitulée « Est-ce qu'il nous est possible de savoir quelque chose ? » présente une réfutation explicite du scepticisme comme position philosophique ; on peut la compléter par la 1re question sur le livre II de la *Métaphysique* : « Est-ce que la compréhension de la vérité est possible ? » Parmi les arguments qui pourraient être invoqués en faveur du scepticisme, tant du côté des sens (avec les traditionnels exemples de variations de goût ou d'illusions optiques) que du côté de l'intellect, Buridan évoque brièvement la tromperie divine :

> De plus, cette image (*species*) que tu as dans la sensation (*in sensu*) des choses qui t'apparaissent maintenant, Dieu peut tout à fait la conserver parfaitement dans le sens alors que les choses ne sont pas présentes, et alors elle t'apparaîtra tout à fait comme elle t'apparaît maintenant ; ainsi, en croyant juger comme maintenant, tu ne jugerais pas droitement, puisque ce serait faux [5].

1. *SL*, VIII, 4, 4, p. 112 : « Deus enim potest omnia ista annihilare, et non est tibi evidens utrum ista vult annihilare vel non vult ; ideo non est tibi evidens utrum sint. Vel potest Deus etiam quietare caelum vel auferre lucem a sole et caliditatem ab igne ».

2. L'interprétation générale du XIVe siècle comme tendant au scepticisme a été développée à la suite de K. Michalski, « Le scepticisme et le criticisme dans la philosophie du XIVe siècle », publié pour la première fois en polonais en 1925, et repris en français dans *La Philosophie au XIVe siècle*, Frankfurt, Minerva, 1969. Quelles que fussent les mérites de ces études, qui ont attiré l'atttention sur le XIVe siècle, une telle interprétation est aujourd'hui devenue intenable.

3. Le *Commentaire des Sentences* de Grégoire de Rimini, en 1242-1243, manifeste déjà une bonne connaissance des textes de Wodeham et d'autres anglais tels que Richard FitzRalph.

4. Voir J. Zupko, « Buridan and Skepticism », *Journal of the History of Philosophy*, 31 (1993), p. 191-221.

5. *QAPost.*, I, qu. 2 (ms. f° 201ra) : « Item illam speciem quam tu habes in sensu de his que tibi modo apparent, Deus omnino potest eam conservare in sensu tuo perfecte rebus non presentibus, et tunc omnino et penitus tibi apparebit ut nunc apparet ; et ita credens te iudicare <ut> nunc, non recte iudicares, quia falsum » (ut : *add.* JB).

Dans tous ces textes, Buridan répond par la pluralité des modes de certitude. Il se réfère à un célèbre passage de la *Métaphysique* d'Aristote pour attester qu'il ne faut pas attendre en tout la même certitude que dans les mathématiques[1] ; en fait, le texte grec parlait plutôt d'exactitude, ἀκριβολογία, mais la tradition arabe, les premières traductions latines, puis la tradition des commentaires ont privilégié le terme « certitudo »[2]. En vérité, dans les *Petites Sommes*, la thèse est plus générale et concerne assez peu les mathématiques : « Nous disons donc que les modes de certitude et d'évidence sont nombreux et divers »[3]. Les modes d'évidence aussi bien que les modes de certitude sont donc pluriels. Il importe sur ce point d'être précis mais c'est parfois difficile car lorsqu'il aborde cette question Buridan traite en même temps de la certitude et de l'évidence, dont nous avons vu pourtant qu'elles ne sont pas équivalentes.

Prenons le texte des *Petites Sommes*. En un premier sens, la certitude et l'évidence absolues ne peuvent être atteintes que par la sagesse divine (*divina sapientia*). Est-ce à dire que Buridan réintroduit la science divine, par laquelle Dieu se connaît lui-même et connaît toutes les créatures, à titre de paradigme de la connaissance ? Oui et non. Certes, c'est là la norme absolue de l'évidence. Mais cette allusion fort rapide à la sagesse divine sert simplement de point de repère négatif : « il y a en effet la certitude et l'évidence de la sagesse divine, à laquelle aucune connaissance créée ne peut atteindre »[4]. En revanche, dans le champ de la connaissance humaine (*humana cognitio*), certitude et évidence ne sont pas unes mais multiples.

Dans les *Questions sur les Seconds Analytiques*, à propos de la certitude des mathématiques, sont distinguées non pas exactement quatre modes de certitude, mais, ce qui paraît différent, quatre manières d'atteindre la certitude[5]. La première manière se fonde sur le statut des choses signifiées par les propositions scientifiques : la « fermeté » de la certitude se fonde alors sur leur immutabilité[6]. La deuxième manière dépend du fait que ladite science ne laisse aucun doute sur ses conclusions[7]. La troisième vient de l'évidence des principes et du fait

1. Voir Aristote, *Métaphysique*, α, 3, 995 a 14-16.

2. La *recensio Guillelmi* donne bien « Acribologia vero mathematica non in omnibus est expetenda » : *Arist. lat.*, XXV. 3-2, *Metaphysica*, rec. et transl. Guillelmi de Moerbeka, p. 47 ; mais la *translatio Iacobi* donnait quant à elle « Certitudini autem mathematice non in omnibus obviandum est » : *Aristoteles latinus* XXV. 1-1ª, *Metaphysica*, lib. I-IV-4, Translatio Iacobi sive vetustissima cum scholiis et Translatio composita sive vetus, éd. G. Vuillemin-Diem, Bruxelles-Paris, Desclées de Brouwer, 1970, p. 40.

3. *SL*, VIII, 4, 4, p. 113 : « Dicemus ergo quod multi sunt et diversi modi certitudinis et evidentiae » ; voir aussi : « Est autem in genere humanae cognitionis certitudo multiplex et etiam evidentia ».

4. *SL*, VIII, 4, 4, p. 113 : « Est enim certitudo et evidentia sapientiae divinae, ad quam nulla notitia creata potest attingere » ; cf. *Qu. Phys*, I, qu. 5, f° 6vb : « nulla est perfecta scientia nisi scientia divina, quod est ipse Deus ».

5. Voir *QAPost.*, I, qu. 25 : « Ista questio breviter solvenda est per distinctionem diversorum modorum secundum quod attendi potest certitudo scientie ».

6. Voir *QAPost.*, I, qu. 25 : « Primo modo, ex parte rerum significatarum, propter earum firmitatem et immutabilitatem ».

7. Voir *QAPost.*, I, qu. 25 : « Secundo modo, scientia dicitur certior inter alias scientias ex eo quod scibile suum relinquit pauciores dubitationes ».

que rien d'autre n'est présupposé [1]. Enfin, la dernière manière vient du mode de démonstration lui-même [2]. Quoique la certitude soit ici la fin et qu'elle semble une sorte d'invariant à atteindre en combinant divers réquisits (objet, principes, modes de démonstration…), la diversité des voies réagit sur le type de certitude auquel peut prétendre chaque discipline.

On retrouve des variations similaires dans les *Petites sommes de logique*. Du côté de l'intellect qui adhère, la certitude requise par la science doit être dans tous les cas ferme et sans aucune crainte que l'opposé soit vrai [3]. De ce point de vue, elle paraît invariable. En revanche, les propositions auxquelles est accordé l'assentiment sont de nature différente, de sorte que l'on peut parler de différentes sortes de certitude.

Il y a d'abord des propositions qui ne peuvent être infirmées par aucune puissance. De quoi s'agit-il ? Le texte des *Petites sommes* reste très prudent. Il écarte d'abord les propositions catégoriques affirmatives d'inhérence, sauf si leurs termes portent sur Dieu ; sont donc écartés les jugements portant sur les étants créés, singuliers et contingents puisque la toute-puissance divine peut invalider leurs conditions de vérification. Ce premier sens se présente explicitement comme une concession (mais toute limitée et provisoire) aux *theologizantes* : « et ainsi on peut bien concéder, comme ceux-ci le soutenaient… » [4]. Ainsi donc les propositions affirmatives d'inhérence qui se réfèrent à des choses naturelles ne sont pas susceptibles d'une telle certitude, puisqu'il est vrai que Dieu peut toujours par miracle changer le cours des choses. En revanche, des propositions portant sur Dieu lui-même peuvent relever de cette certitude-là. Mais Buridan ajoute d'ores et déjà une remarque qui ouvre une possibilité de sauver de tels phénomènes : « ou à moins peut-être que l'on n'adopte la supposition naturelle, dont on a parlé ailleurs » [5]. La supposition naturelle est exposée dans le IVe traité – nous y reviendrons dans la deuxième partie de cet ouvrage. Il s'agit d'un mode de supposition que Buridan réserve aux propositions scientifiques, formulées dans un « présent » intemporel qui échappe à la contingence. On peut se demander si ces propositions ne relèvent pas davantage du second mode de certitude. Mais le maître ès arts évoque cette possibilité sans doute pour marquer d'emblée qu'il peut bien y avoir des propositions scientifiques dans le champ de la nature.

En effet, Buridan ne vise aucunement à dévaloriser les connaissances naturelles par rapport à un absolu qui serait le savoir portant sur des sujets théologiques ; son propos est d'opposer à la certitude divine un ou plusieurs autres modes de certitude qui suffisent pour les sciences naturelles, les arts mécaniques ou les

1. Voir *QAPost.*, I, qu. 25 : « Tertio modo attenditur certitudo scientie ex evidentia principiorum, et non suppositione eorum ab alio ».

2. Voir *QAPost.*, I, qu. 25 : « Ultimo <modo> certitudo attenditur ex certo modo demonstrandi suppositis principiis ».

3. Voir *SL*, VIII, 4. 4, p. 113.

4. Voir *SL*, VIII, 4, 4, p. 113 : « et sic bene concedendum est, sicut illi arguebant […] ».

5. *SL*, VIII, 4, 4, p. 113 : « […] vel forte nisi ponatur suppositio naturalis, qua alias dictum est ».

sciences morales ; la certitude naturelle notamment, du côté des propositions certifiées vraies, ne requiert que la constance naturelle du cours des choses :

> Mais une telle certitude n'est pas requise pour les sciences naturelles ou mécaniques, ni encore pour les arts ou la prudence. Autre est la certitude humaine du coté de la proposition, puisque certaines propositions sont vraies et ne peuvent être falsifiées par aucune puissance naturelle et aucune manière naturelle d'agir, bien qu'elles puissent être rendues fausses par une puissance surnaturelle et d'une manière miraculeuse. Et une telle certitude suffit aux sciences naturelles, et ainsi je sais vraiment, d'une science naturelle, que le ciel se meut et que le soleil est lumineux [1].

Ce qui est crucial, c'est donc la distinction entre une certitude et une évidence absolues et une certitude et une évidence conditionnées ou *secundum quid*, c'est-à-dire relatives à l'ordre du monde, un ordre que l'on suppose régulier même si les miracles sont toujours possibles. Buridan traite à nouveau de façon solidaire la certitude (qui vient de faire l'objet de telles distinctions) et l'évidence :

> [...] l'assentiment par lequel je consens fermement à la proposition « le soleil est lumineux » est une vraie connaissance scientifique naturelle, évidente et certaine, de l'évidence et de la certitude requises pour la science naturelle [2].

Mais cela ne contrevient nullement à la définition de l'évidence comme contrainte qui s'exerce sur l'intellect. Elle s'exerce même nécessairement, mais de façon conditionnée comme tout processus naturel :

> On fait à propos de l'évidence une distinction analogue à celle que l'on fait pour la certitude. Car il y a une certaine évidence humaine selon laquelle la puissance cognitive, par sa nature ou par une raison évidente est déterminée à donner son assentiment à une vérité ou à une proposition vraie qu'il n'est possible de falsifier par aucune puissance ; et celle-là n'est pas requise pour la science naturelle. Il y en a une autre selon laquelle la puissance cognitive est déterminée par sa nature ou par une raison évidente à donner son assentiment à une vérité ou à une proposition vraie qu'il n'est pas possible de falsifier naturellement, bien qu'elle puisse être falsifiée surnaturellement. Et celle-ci est requise pour la science naturelle [3].

1. *SL*, VIII, 4, 4, p. 113 : « Sed haec certitudo non requiritur ad scientias naturales vel mechanicas, vel etiam ad artes vel prudentias. Alia vero est certitudo humana ex parte propositionis quia est propositio vera et per nullam potentiam naturalem et <nullum> modum agendi naturaliter talis propositio potest fieri falsa, licet per potentiam supernaturalem et modo miraculoso posset fieri falsa. Et talis certitudo sufficit ad scientias naturales. Et ita vere scio, scientia naturali, quod caelum movetur vel quod sol est lucidus ».

2. *SL*, VIII, 4, 4, p. 114 : « [...] assensus quo firmiter et certe assentio huic propositioni "sol est lucidus" est vera naturalis scientia evidens et certa, evidentia et certitudine requisitis ad scientiam naturalem ».

3. *SL*, VIII, 4, 4, p. 114 : « Proportionabili modo distinguitur de evidentia sicut de certitudine. Nam evidentia quaedam humana est secundum quam virtus cognoscitiva ex eius natura vel per rationem evidentem determinatur ad assentiendum veritatem seu propositioni verae, non possibili falsificari per aliquam potentiam ; et ista non requiritur ad scientiam naturalem. Alia est secundum quam virtus cognoscitiva determinatur ex natura sua <vel per rationem evidentem> ad assentiendum veritati seu

Dans les deux cas, l'intellect est contraint d'assentir. Dans le premier, il l'est à l'égard d'une proposition qu'aucune puissance (pas même Dieu) ne peut falsifier, dans le second à l'égard d'une proposition qui ne peut aucunement être fausse selon le cours naturel des choses, quoiqu'elle puisse être rendue fausse par une intervention surnaturelle. Une fois posée cette condition, qui est aussi celle de l'exercice « naturel » de l'intellect, l'évidence n'est pas moins contraignante.

Dans les *Questions sur le traité de l'âme* aussi, Buridan insiste à plusieurs reprises sur l'évidence que l'on a si l'on s'en tient aux principes naturels, en faisant abstraction de toute considération divine (révélation, ou hypothèse miraculeuse) [1]. Dans les *Questions sur la génération et la corruption*, l'évidence humaine est distinguée de l'évidence angélique et de l'intelligence divine. Or l'évidence humaine est de deux sortes. Si l'on cherche une évidence parfaite, elle semble minée par la possibilité d'une intervention surnaturelle. Mais l'*évidence humaine naturelle*, en dehors du miracle et du surnaturel, suffit à attester que ceci est du bois ou une pierre, ou que ceci est engendré : « Et cette évidence suffit aux sciences naturelles. Et il est absurde de récuser les sciences naturelles parce qu'il n'y a pas en elles une évidemment absolument parfaite » [2].

Buridan oppose encore ces deux plans dans les *Questions sur la métaphysique* lorsqu'il se demande si la compréhension de la vérité est possible. La question n'est pas de savoir si l'on peut saisir intellectuellement une proposition vraie, ce qui va de soi, mais si l'on peut lui accorder un assentiment avec certitude; on retrouve les deux « cotés » de la certitude distingués plus haut puisque assentir à une vérité avec certitude requiert la « fermeté de la vérité » et la « fermeté de l'assentiment ». La fermeté de la vérité peut être de deux sortes. En un sens, c'est une vérité qui ne peut en aucun cas être falsifiée : tel est le cas de la proposition « Deus est », qui ne peut être rendue fausse par aucune puissance; l'autre est la fermeté de vérités qui pourraient être falsifiées par la puissance divine (« le feu chauffe », « le ciel se meut »...) mais qui sont vraies « selon le cours commun de la nature ». Ainsi, pour les sciences naturelles ou morales, comme pour les arts mécaniques, il suffit que les propositions ne puissent être falsifiées par aucune puissance naturelle. La toute-puissance est mise à l'écart comme non pertinente en cet ordre. Elle s'oppose à la nature comme le sur-naturel, assimilé au miraculeux. À côté de ces différentes *fermetés de la vérité*, on peut définir différentes *fermetés de l'assentiment* qui est accordé. D'une première manière, la fermeté de l'assentiment

propositioni verae, non possibili falsificari naturaliter, licet falsificari <posset> supernaturaliter. Et haec requiritur ad scientiam naturalem ».

1. Voir *Qu. An.*, III, qu. 6, p. 48-49 : « Et enumero primo conclusiones quas aliquis poneret si sine fide catholica solum rationibus naturalibus uteretur, per principia ex speciebus habentibus evidentiam per naturam sensus et intellectus, sine speciali et supernaturali revelatione ». Ces conclusions concernent le caractère engendré et éternel, *a parte ante* comme *a parte post*, de l'intellect.

2. *Questiones super libros de generatione et corruptione*, ed. by M. Streijger, P. J. J. M. Bakker, J. M. M. H. Thijssen, « History of Science and Medicine » 17, Leiden-Boston, Brill, 2010, I, qu. 6, p. 72 : « Haec evidentia sufficit ad scientias naturales. Unde absurdum est negare scientias naturales ex eo quod non est circa eas evidentia simpliciter perfecta ».

repose sur la seule volonté, comme lorsque des chrétiens accordent leur assentiment à des articles de foi, ou des hérétiques à des opinions fausses [1]. En un deuxième sens, la fermeté de l'assentiment provient d'apparences naturelles ou de raisonnements, et cela peut valoir tant pour certaines vérités que pour certaines faussetés [2]. Enfin, l'assentiment ferme est celui qui repose sur l'évidence [3].

Seul ce dernier cas est ici pertinent. Mais l'évidence est elle-même susceptible de deux formes. L'une est l'évidence absolue : « [...] et elle est appelée évidence de la proposition de façon absolue (*simpliciter*) lorsque l'homme est forcé avec nécessité, par la nature du sens ou de l'intellect, de donner son assentiment à une proposition, de sorte qu'il ne peut pas le refuser » [4]. L'autre est une évidence relative, dite *secundum quid* ou *ex suppositione*, et telle est l'évidence des propositions portant sur des étants naturels :

> Mais en un autre sens, on entend l'évidence relativement ou par supposition, comme on le disait plus haut ; et elle s'exercerait dans les étants du cours commun de la nature, et telle serait pour nous l'évidence que tout feu est chaud, et que le ciel se meut, même si le contraire est possible par la puissance de Dieu. Et une évidence de cette sorte suffit pour les principes et le conclusion de la science naturelle [5].

C'est exactement la même distinction que nous avons dans la question 2 sur le livre I des *Seconds Analytiques* [6]. On définit ainsi une évidence suffisante, d'un autre statut métaphysique mais non moins certaine, quoique ma science puisse être changée par Dieu en non-science si d'aventure il lui prenait de changer le cours des choses. Je n'en ai pas moins une « vraie science naturelle, évidente et certaine, par l'évidence et la certitude requises par la science naturelle » [7]. Cette

1. *Qu. Metaph.*, II, qu. 1, f° VIIIvb : « Uno modo ex voluntate sine [*corr.* sive] apparentia naturali, et sic christiani assentiunt et adherent firmiter articulis fidei catholice et etiam aliqui haeretici adherent suis falsis opinionibus [...] ».

2. *Qu. Metaph.*, II, qu. 1, f° VIIIvb : « Secundo modo firmitas provenit nobis ex apparentiis naturalibus per aliquas rationes, et isto modo adhuc est possibile quod firmiter possumus assentire non solum veritati, immo etiam falsitati ».

3. *Qu. Metaph.*, II, qu. 1, f° VIIIvb : « Tertio modo firmitas assensus provenit ex evidentia [...] ».

4. *Qu. Metaph.*, II, qu. 1, f° VIIIvb : « [...] et vocatur evidentia propositionis simpliciter quando ex natura sensus vel intellectus homo cogitur cum [*corr.* sine] necessitate ad assentiendum propositioni ita quod non potest dissentire ». Il faut à l'évidence corriger le « sine » de l'édition incunable » en « cum ».

5. *Qu. Metaph.*, II, qu. 1, f°s VIIIvb-IXra : « Sed alio modo accipitur evidentia secundum quid sive ex suppositione, ut prius dicebatur, quod observaretur in entibus communis cursus naturae, et sic esset nobis evidentia quod omnis ignis est calidus et quod celum movetur, licet contrarium sit possibile per potentiam Dei. Et huiusmodi evidentia sufficit ad principia et conclusiones scientie naturalis ».

6. *QAPost.*, I, qu. 2 : « [...] "evidentia" multipliciter accipitur. Uno modo propriissime, et tunc evidentia propositionis dicitur secundum quam intellectus per suam naturam cogitur propositioni assentire et non potest ei dissentire ; et isto modo diceret Aristotiles quod primum principium est nobis evidens. Secundo modo "evidentia" dicitur quia cuilibet apparet et per nullam rationem humanam [nisi subiectivam] posset oppositum apparere ; et isto modo sunt evidentia principia naturalia et conclusiones naturales ».

7. *SL*, VIII, 4, 4, p. 114 : « [...] est vera naturalis scientia evidens et certa, evidentia et certitudine requisitis ad scientiam naturalem » ; *Qu. Metaph.*, II, 1, f° IXra : « et huiusmodi evidentia sufficit ad principia et conclusiones scientie naturalis ».

évidence est même plus forte qu'une troisième sorte d'évidence, celle qui est à l'œuvre dans les disciplines morales et qui permet de juger de façon suffisamment évidente ce qu'il faut faire pour bien agir dans certaines circonstances :

> Il y a même encore une évidence plus faible, qui suffit à bien agir moralement, à savoir quand, ayant vu et recherché les circonstances données, un homme peut chercher avec diligence s'il juge selon ce qu'exigent des circonstances de cette sorte ; ce jugement sera évident d'une évidence suffisante pour bien agir moralement, et cela même si le jugement était faux en raison de l'ignorance insurmontable de quelque circonstance [1].

Laissons provisoirement le cas de l'action, pour lequel il faudrait encore distinguer entre la science pratique (morale ou politique) et la conduite prudente ; mais dans le cas d'une science naturelle il ne s'agit aucunement d'un défaut de science. L'essentiel est que la science humaine n'en soit pas moins science que la science divine.

Des degrés d'évidence ?

Peut-on dès lors parler de « degrés d'évidence » ? La question doit être posée puisque dans une lettre à Nicolas d'Autrécourt, Gilles du Foin avait estimé que dans une inférence ce qui dépend d'autre chose est moins évident que ce dont il dépend, et que celui qui voit plus clairement a une connaissance plus évidente, d'où il concluait : « Donc la certitude de l'évidence a des degrés » [2]. À cette conception s'oppose Nicolas d'Autrécourt, pour qui l'évidence sert de fondement absolu et n'est pas susceptible de degrés [3].

Pour Jean Buridan, à strictement parler, il s'agit plutôt de modes différents de l'évidence, dans la mesure où l'on ne passe pas de degré en degré dans l'évidence, que ce soit de façon continue ou discontinue. On pourrait néanmoins les ordonner selon le plus et le moins, puisque, en comparant les sciences morales aux sciences naturelles, Buridan a parlé d'« évidence plus faible » (*debilior evidentia).* En outre, dans un cas au moins, au cours d'une discussion comparant des principes plus ou moins universels, Buridan met en balance leur évidence respective. L'argument est le suivant : « Des principes plus évidents font une science plus évidente. Or des principes particuliers sont plus évidents et plus indubitablement connus que des principes universels. Donc etc. [...] » [4]. Buridan récusera l'argument, qui ferait

1. *Qu. Metaph.*, II, 1, f° IXra : « Immo est adhuc alia debilior evidentia que sufficit ad bene agendum moraliter, scilicet quando, visis et inquisitis circumstantiis factis, quis homo cum diligentia potest inquirere, si iudicet secundum exigentiam huiusmodi circumstantiarum illud iudicium erit evidens evidentia sufficiente ad bene agendum moraliter, etiam licet iudicium sit falsum propter invicibilem ignorantiam alicuius circumstantie ».

2. Voir *Epistola Egidii ad Nicholaum*, dans Nicholaus of Autrecourt, *His Correspondence...*, ed. by L. M. De Rijk, III, § 13, p. 84 : « Certitudo evidentie habet gradus » ; trad. Chr. Grellard p. 100.

3. Voir Chr. Grellard, *Croire et savoir...*, p. 75-77.

4. Voir *SL*, VIII, xi, 5, p. 222 : « Principia evidentiora faciunt scientiam evidentiorem. Sed principia particularia sunt evidentiora et plus indubitanter scita quam universalia. Ergo etc. [...] ».

du sensible l'évidence première. Mais l'important pour nous est que, dans le premier temps de sa réponse, Buridan semble accepter la comparaison des évidences : « des démonstrations plus communes sont plus évidentes et produisent une connaissance ou une science plus évidente, parce que les universels sont plus connus pour nous » [1]. De même, une connaissance qui en présuppose une autre est moins évidente que celle qui est présupposée [2].

De tels passages, pris à la lettre, impliquent qu'il y ait des évidences plus fortes ou plus faibles que d'autres. On pourrait faire l'hypothèse qu'à un moment de sa carrière (dont on pourrait avoir trace dans tel ou tel passage des *Petites sommes*), Buridan aurait adopté sur ce point une position proche de celle de Gilles du Foin. Mais ne risque-t-on pas alors de perdre l'idée selon laquelle l'évident est ce qui contraint nécessairement l'intellect à assentir ? En vérité, il semble que ce qui est susceptible de variation soit moins l'évidence elle-même que les raisons qui nous font reconnaître cette évidence.

Dans le traité pseudo-buridanien contenu dans le manuscrit 477 de Bruges, ainsi que l'a souligné L. M. de Rijk [3], les variations de l'*assensus* sont mises en rapport avec l'idée d'intension et de rémission des formes – accroissement ou diminution d'intensité d'une forme accidentelle. Là, Buridan énumère différents cas selon que l'assentiment est produit avec ou sans crainte de l'opposé, mais aussi, dans l'hypothèse où il est sans crainte de l'opposé, avec une évidence parfaite ou non ; l'évidence peut porter sur les principes innés, sur des principes acquis, ou sur des conséquences, et dans ce dernier cas soit sur des conséquences déduites des premiers principes, soit sur des conclusions déduites de principes acquis [4]. Cependant, ce n'est pas l'évidence elle-même qui paraît sujette à des degrés [5], c'est l'assentiment qui résulte de ces différents cas qui est susceptible d'accroissement ou de diminution. C'est notamment le cas lorsque une proposition n'est pas certaine, mais qu'il y a des arguments plutôt en faveur de *p* que de *non-p ;* l'assentiment est alors susceptible de s'intensifier ou de diminuer [6].

Nous trouvons dans la 3ᵉ question sur le livre IV de la *Métaphysique* des développements qui peuvent être rapprochés de ce texte. L'assentiment y est également présenté comme susceptible d'*intensio* et de *remissio*. Il s'agit de se demander si l'unité ou la distinction des sciences provient de l'unité ou de la

1. Voir *SL*, VIII, XI, 5, p. 222 : « demonstrationes communiores sont evidentiores et evidentiorem faciunt notitiam sive scientiam, propter hoc quod universalia sunt nobis magis nota » ; de la même façon dans les *Questions sur la Métaphysique*, il accorde que certaines conclusions sont *plus certaines* que d'autres : « [...] conclusionum simpliciter demonstrativarum multe sunt aliis certiores, quamvis omnes sint cognite sine formidine ad oppositum » (*op. cit*, I, qu. 3, fᵒ Vra).

2. Voir *QAPost.*, I, qu. 29 : « [...] illa notitia est minus certa et minus evidens que presupponit aliam quam que presupponitur ».

3. L. M. De Rijk, « John Buridan on Man's Capability of Grasping the Truth ».

4. B. Patar, *Le Traité de l'âme de Jean Buridan [de prima lectura]...*, édition, étude critique et doctrinale, III, qu. 13, Louvain-la-Neuve - Longueuil, Éditions de l'Institut supérieur de Philosophie - Éditions du Préambule, 1997, p. 474.

5. Voir *ibid.*, p. 475 : « assensus cum evidentia non potest intendi nec remitti ».

6. *Ibid.*, 1ª concl., p. 474.

distinction des conclusions, ou bien des principes. Traitant alors de la science au sens d'assentiment à telle ou telle conclusion, Buridan est conduit à poser, au cours de sa détermination, que l'assentiment s'accroit : « par plusieurs actes qui démontrent, ou encore par plusieurs raisons probables, l'assentiment s'intensifie » [1]. L'assentiment sera plus fort si l'on a plusieurs démonstrations et non pas une seule. C'est dans le même sens que, dans les *Questions sur les Seconds Analytiques*, Buridan évoque une accumulation de probabilités qui conduit à une sorte d'intensification de notre croyance, si bien que la conclusion est jugée vraie plus fortement que ne l'était chaque prémisse [2]. Un tel argument pourrait laisser dubitatif : une seule démonstration, au sens strict, ne suffit-elle pas à engendrer la certitude ? Mais le propos de Buridan est en fait moins précis : il veut simplement montrer que notre assentiment est susceptible d'être affermi, à tel point que l'on peut même passer de l'opinion à la science :

> Cependant, il faut bien concéder que la même chose peut maintenant être une opinion et ensuite une science. Quand en effet, nous accordons notre assentiment par une raison seulement probable à une conclusion, cet assentiment est une opinion et n'est pas encore une science. Et si ensuite nous est donnée une démonstration de cette même conclusion, il ne faut pas croire que l'assentiment que l'on possédait avant périsse, il est plutôt intensifié et affermi, et alors cet assentiment est une science [3].

Réciproquement, dans les *Questions sur l'Éthique*, Buridan montre comment l'*assensus* ou l'*adhesio* peut être affaibli, *debilitatur*. Il évoque des raisonnements sophistiqués (*sophisticationes*) qui peuvent obscurcir certaines principes et rendre « insolubles » certaines questions :

> [...] comme tu le vois à propos de conclusions, il faut l'imaginer à propos des principes. En effet, lorsque quelque conclusion t'a été démontrée, cependant en raison de sophistications qui sont produites en sens opposé, peut-être insolubles pour toi, l'assentiment ou l'adhésion que tu as en vertu de la démonstration se trouve affaibli, bien que tu ne puisses pas refuser ton assentiment à ladite conclusion [4].

1. *Qu. Metaph.*, IV, 3, f° XIIIva : « Item ex pluribus actibus demonstrantibus vel etiam ex pluribus rationibus probabilibus *intenditur* assensus » (je souligne) ; cet énoncé s'inscrit dans un passage où le maître picard met en avant l'exigence de distinguer entre la conclusion et l'assentiment accordé ou non à cette conclusion : « intenditur assensus et non intenditur conclusio ».

2. Voir *QAPost.*, I, qu. 12 : « si aliqua conclusio sit nobis conclusa per multas et diversas rationes probabiles, possibile est quod, propter congregationem probabilitatum, nos credimus multum illi conclusioni et magis quam alicui premissarum, quia intensio credulitatis conclusionis non fit nobis solum per hunc syllogismum vel per illum, sed per quemlibet ».

3. *Qu. Metaph.*, IV, qu. 3, f° XIIIva-vb : « Et tamen bene concedendum est quod eadem res potest nunc esse opinio et postea scientia. Quando enim per rationem solum probabilem assentimus conclusioni ille assensus est opinio et nondum est scientia. Et si postea ad eandem conclusionem occurrat nobis demonstratio, non est credendum quod assensus prehabitus pereat, immo potius intenditur et firmatur, et tunc ille assensus est scientia ».

4. *Qu. Eth.*, VI, qu. 11, Paris, 1513, f° XCCVIIrb : « [...] sicut tu vides circa conclusiones, oportet imaginari circa principia. Cum enim conclusio aliqua fuerit tibi demonstrata, tamen propter sophisticaiones ad oppositum occurrentes, forte tibi insolubiles, assensus seu adhesio quam virtute demonstrationis habes debilitatur, licet non possis dicte conclusioni dissentire ».

Ces sophistications entravent l'esprit : « en effet, l'esprit entravé (*mens ligata*) ne peut pas être aussi ferme que s'il était libre de toute lien »[1]; et il éprouve une certaine perplexité, sous la forme de cette « crainte » (crainte que l'opposé puisse être vrai) souvent évoquée par Buridan : « considérant cette entrave, il est dans une situation de crainte »[2]. Buridan prend l'exemple de la petite vieille que l'on interroge sur le principe de non-contradiction pour illustrer cet affaiblissement de l'assentiment[3].

L'assentiment est une qualité de l'âme. En tant que qualité, comme la blancheur ou la charité, il est susceptible de s'accroître ou de décroître. Dans ces conditions, c'est l'assentiment qui serait susceptible de degrés, en fonction des justifications qui renforcent ou au contraire contrarient nos raisons d'accorder notre assentiment. Une telle variation est indispensable pour expliquer les hésitations, les erreurs. Dans bien des cas, mes représentations cognitives sont complexes, elles peuvent me pousser à des jugements contraires; la force de l'habitude, les croyances fausses de mon enfance ou d'une foi naïve, les passions, voire une volonté mal orientée, font que l'adhésion à un jugement n'est pas spontanée, encore moins nécessaire. L'assentiment qui en résulte sera donc plus ou moins ferme. L'évidence d'une proposition est (dans son ordre propre, absolu ou relatif) le motif le plus contraignant.

Ainsi, Buridan met lui aussi l'analyse de la certitude et de l'évidence, deux notions qui jouent corrélativement, au centre de son étude de l'assentiment scientifique. L'évidence est une qualité de certaines propositions qui, selon le cours naturel des choses, conduit l'intellect à donner son assentiment. Il s'agit là d'une simple description du fonctionnement normal de l'esprit humain. Il n'y a pas à proprement parler à fournir de justifications à l'évidence, même si l'on doit éclairer son fonctionnement par des comparaisons ou si l'on doit décrire ce qu'elle permet de faire – c'est de l'assentiment qu'il convient fournir des causes. En ce sens, on a pu qualifier la doctrine buridanienne de « fiabiliste »[4]; la connaissance est évidente si elle est produite de telle ou telle façon, selon le cours naturel des choses. Cette dimension naturaliste sera pleinement manifeste quand nous examinerons les modalités d'assentiment aux principes de la science. L'évidence est ainsi une notion fondatrice. La théorie de la science doit déterminer non seulement quelles connaissances sont évidentes, mais encore lesquelles peuvent être reconduites à l'évidence et selon quelles modalités. Cependant l'évidence a un caractère moins absolu qu'elle n'en avait chez Nicolas d'Autrécourt. La diversification des modes d'évidence (absolue et conditionnée, voire parfois « plus faible ») lui fait perdre

1. *Qu. Eth.*, VI, qu. 11, f° XCCVIIrb : « mens enim ligata non potest ita firma esse sicut esset libera ab omni impedimeto ».

2. *Qu. Eth.*, VI, qu. 11, f° XCCVIIrb : « Ad ligamentum aspiciens, formidat ».

3. Voir *infra*, IIe partie, chap. III, p. 187-188.

4. Voir J. Zupko, « Buridan and Skepticism », p. 192; Chr. Grellard, *Croire et savoir...*, p. 258. Ernesto Perini-Santos a également appliqué cette qualification à Guillaume d'Ockham : voir *La Théorie occamienne de la connaisance évidente*, Paris, Vrin, 2006, p. 93.

son caractère de repère absolu. Cette stratégie discursive permet au maître picard de décliner de façon souple différentes formes de scientificité. Loin de poser une norme absolue par rapport à laquelle la grande majorité des connaissances (et des disciplines qui les produisent) seraient déclarées non vraies ou seulement probables, ce qui est la stratégie de Nicolas d'Autrécourt, le maître picard quant à lui, en admettant la valeur de l'évidence conditionnée, peut considérer comme vraies et suffisamment justifiées pour être dites scientifiques, selon leur régime propre de vérité, un grand nombre de connaissances.

Sujet et objet de la science

Disposition mentale singulière et science totale

Dans l'ontologie buridanienne, comme dans celle de Guillaume d'Ockham, une disposition mentale existe à titre de qualité singulière dans tel ou tel intellect. Cette théorie fait surgir un certain nombre de difficultés à propos de l'unité de la science, puisque, dans l'élaboration et dans la transmission des connaissances, on a affaire à de nombreuses démonstrations, de nombreuses conclusions, de façon générale de nombreuses propositions, de nombreux actes ou dispositions de l'intellect. Or s'il y a de multiples conclusions et que de surcroît chacune peut être l'objet d'actes divers, la notion de science se trouve éclatée en autant d'assentiments répondant aux critères énumérés plus haut. Pourtant l'idée de science renvoie aussi souvent à une collection de dispositions mentales – ou à un ensemble de propositions auxquelles s'adressent ces dispositions puisque dans les passages concernés ces deux niveaux ne sont pas toujours explicitement distingués. Un tel usage s'appuie simplement sur l'idée de discipline, un domaine du savoir que l'on enseigne, et qui se définit par un domaine d'objets, ou un genre de l'être, ainsi que par une méthode, une manière d'élaborer, de valider et de transmettre les connaissances. L'encyclopédie du savoir au sein des « divisions des sciences » aussi bien que l'organisation des enseignements au sein des universités sont à la base de cette idée de science comme discipline. Buridan est tout à fait conscient que cet usage n'a rien de nouveau, il le fait remonter à Aristote lui-même : « [...] comme l'établit Aristote au livre I des *Premiers Analytiques*, une science agrégée de nombreuses conclusions et de nombreux raisonnements, comme l'est la géométrie dans sa totalité (*geometria totalis*) est bien dite une science » [1].

Buridan distingue donc explicitement la *scientia simplex*, disposition mentale s'adressant à une conclusion démontrée, et la *scientia congregata*, qui est un ensemble unifié de conclusions :

1. *Questiones in Analytica priora* (désormais cité *QAPr*), transcription inédite par Hubert Hubien, d'après le manuscrit de Liège, Bibliothèque de l'université, cod. 44 C, livre I, qu. 2 : « [...] sicut Aristotiles determinat in primo *Posteriorum*, scientia aggregata ex multis conclusionibus et processibus, sicut est totalis geometria, dicitur bene una scientia ».

> Si nous parlons de science simple, on a autant de sciences de la ligne qu'on a de conclusions connues à propos du terme « ligne » ou de ses propriétés ; mais si nous parlons de science agrégée (*congregata*), alors on aura une science unique de la ligne, agrégée à partir de tous les raisonnements et conclusions formés au sujet du terme « ligne » ou de ce qui lui est attribué par soi, tant que cela n'en excède par les limites[1].

La science en ce sens est désignée comme *scientia congregata*, *scientia totalis*, ou encore *scientia magna*. L'expression de « science totale » se trouvait déjà à propos de la géométrie ou de l'arithmétique chez Thomas d'Aquin, qui estimait même que l'agrégation de plusieurs conclusions ne multipliait pas les dispositions mentales à l'égard d'une conclusion, mais renforçait la disposition initiale[2].

Un tel usage se trouve conforté par la conscience aiguë de la différence entre disciplines ou entre types de disciplines, qui a ses sources dans la tradition parisienne depuis Boèce de Dacie[3]. Zénon Kaluza a mis en relation cette attention à la « science totale » avec l'idée de *materia subiecta*[4], pour laquelle Buridan renvoie à l'*Éthique* aristotélicienne[5]. Aussi bien les règles d'interprétation que la méthode mise en œuvre dépendent de la *materia subiecta*, c'est-à-dire du sujet dont traite une science.

Tout cela n'explique pas, cependant, comment faire tenir ensemble une série ordonnée de propositions ou de dispositions mentales. Dans une question sur le livre IV de la *Métaphysique*, le problème de l'unité de la science démonstrative est abordé à partir du rapport entre principes et conclusions[6]. On se demande ainsi si ce n'est pas un ensemble de principes qui fait l'identité d'une discipline. Ce problème est présenté dans les arguments *ad oppositum :* un même énoncé, tel que « la terre est ronde » ne peut-il pas être considéré de différents points de vue,

1. *QAPost.*, I, qu. 27 : « si loquamur de scientia simplici, tu habes tot scientias de linea quot sunt conclusiones tibi scite de isto termino "linea" vel de suis per se passionibus ; sed si loquamur de scientia congregata, tunc de linea tu haberes unicam scientiam, congregatam ex omnibus processibus et conclusionibus formatis de isto termino "linea" vel <de> habentibus per se attributionem ad ipsum, dum tamen non transcendant <metas> ».

2. Voir *Summa theologiae*, pars Ia IIae, qu. LIV, art. 4 : « Utrum unus habitus ex pluribus habitibus constituatur », Sancti Thomae Aquinitatis doctoris angelici *Opera omnia*, t. VI, Romae ex typographia polyglotta, MDCCCXCI : « [quod sic, 3] multae conclusiones pertinent ad unam scientiam totam, sicut ad geometriam vel arithmeticam [...]. Ad tertium dicendum quod ille qui in aliqua scientia acquirit per demonstrationem scientiam conclusionis unius, habet unum habitum, sed imperfecte. Cum vero acquirit per aliam demonstrationem scientiam conclusionis alterius, non aggeneratur in eo alius habitus ; sed habitus qui prius inerat fit perfectior ».

3. Voir *infra*, IIIe partie, chap. III, p. 359-360.

4. Voir Z. Kaluza, « Les sciences et leur langage. Note sur le statut du 29 décembre 1340 et le prétendu statut perdu contre Ockham », dans L. Bianchi (éd.), *Filosofia e teologia nel Trecento. Studi in ricordi di Eugenio Randi*, Louvain, 1994, p. 197-258.

5. Voir *Éthique à Nicomaque*, II, 2, 1104 a 3-4 : « les exigences de toute discussion dépendent de la matière que l'on traite » ; *Arist. lat.*, *Ethica Nicomachea*, fasc. 4, p. 398 (transl. Grosseteste, rev. Guillelmi) « Quoniam sermones secundum materiam sunt expetendi ».

6. *Qu. Metaph.*, IV, qu. 2, f° XIIIrb-vb : « Utrum scientie demonstrative habeant unitatem vel distinctionem a conclusionibus an a principiis, vel a quibus ».

selon qu'on le traite comme une conclusion physique ou comme une conclusion astronomique[1] ? Une même conclusion, établie par des moyens de nature diverse[2], sera-t-elle l'objet du même assentiment ? Ne pourra-t-on pas connaître l'une et ignorer l'autre, ou ne pas y consentir ?

La question n'a pas pour objet principal l'unité d'une science en tant que discipline totale, elle porte d'abord sur la structure démonstrative, et sur l'unité complexe d'une pluralité d'actes concourant à établir une conclusion. Si l'essentiel de la réponse consiste à réaffirmer que la science n'est pas, au sens premier, une conclusion mais l'assentiment à une conclusion, le problème subsiste de savoir si cet assentiment porte sur la conclusion ou aussi sur les principes. Certaines connaissances sont telles que l'assentiment porte seulement sur le fait signifié par la conclusion[3]. Toutefois, pour parler à bon droit de science et non pas seulement d'opinion, la conclusion doit être démontrée. La science qui fournit la raison du fait implique non seulement l'assentiment à la conclusion mais encore l'assentiment aux prémisses, elle suppose donc un agrégat ou conglomérat d'*assensus*. À ce stade, non seulement le risque d'avoir autant de sciences (d'assentiments certains) que de conclusions n'est pas conjuré, mais l'assentiment requis pour une conclusion proprement scientifique est lui-même complexe : « une disposition mentale d'adhésion à la conclusion et aux principes en même temps »[4]. Par conséquent, si une conclusion est démontrée par divers moyens, il s'agira d'*habitus* différents.

Unité et pluralité du sujet

Ce qui permet de dépasser cette situation, c'est la réflexion sur le « sujet » d'une science. Cette question a été soulevée dès le XIIIe siècle, notamment à propos de la métaphysique. Duns Scot lui ayant donné dans ses *Questions sur la Métaphysique* la forme d'une alternative entre l'étant en tant qu'étant d'une part, Dieu et les intelligences immatérielles d'autre part[5], les commentaires sur la *Métaphysique*, y compris chez les auteurs qui développent une lecture purement philosophique d'Aristote, sont devenus un lieu majeur de réflexion sur le sujet de cette discipline et, par là, sur ce qui fait l'unité d'une discipline en général.

1. *Qu. Metaph.*, IV, qu. 2, f° XIIIrb-va : « Ista conclusio "terra est rotunda" scitur in II° *Celi* per scientiam naturalem, et eadem conclusio scitur un libro *De sphera* per scientiam mathematicam scilicet per astrologiam ».

2. *Qu. Metaph.*, IV, qu. 2, f° XIIIva : « [...] hec enim conclusio "terra est rotunda" pertinet ad scientiam naturalem prout demonstratur per medium naturale, sive per principia naturalia, et eadem conclusio pertinet ad astrologiam prout demonstratur per media astrologica, scilicet per aspectus ad astra ».

3. À cet effet, Buridan fait appel à la distinction entre la science *quia est*, science de fait ou par le fait, et la science *propter quid*, science de raison ou par la raison. Nous aurons l'occasion de revenir sur cette distinction : voir *infra*, IIe partie, chap. II, p. 171 *sq*.

4. Voir *Qu. Metaph.*, IV, qu. 2, f° XIIIva : « habitus adhaesivus conclusioni simul et principiis ».

5. Voir B. Iohannis Duns Scot, *Questiones super libros Metaphysicorum Aristotelis*, ed. by R. Andrews *et alii*, The Franciscan Institute, St. Bonaventure, New York, 1997, I, qu. 1, p. 15-72. Nous reviendrons sur ce problème dans notre IIIe partie.

Buridan en est représentatif, avec les questions 4 et 5 sur le livre IV de la *Métaphysique*. La question 5 demande « Est-ce que le sujet propre de la métaphysique est l'étant ? » ; nous y reviendrons dans notre troisième partie. La question 4, qui nous intéresse davantage pour le moment, est la suivante : « Est-ce qu'il faut assigner à la métaphysique un sujet propre et adéquat ? ». On ne peut répondre positivement qu'en admettant une certaine *unité* du sujet de cette discipline, à travers toutes les propositions qu'elle contient. Jean Buridan est explicite : « Et dans cette question il s'agit de la métaphysique qui est une par agrégation, contenant intégralement tous les raisonnements et toutes les conclusions contenus dans les livres métaphysiques » [1]. Une telle unité « par agrégation » est assurément une unité faible, comme celle d'une armée ou d'un peuple, elle suppose néanmoins quelque chose qui, à un titre ou à un autre, l'unifie. Et la question en vaut pas seulement pour la métaphysique : « Et de même que je cherche à propos la métaphysique, de même il faudrait chercher à propos de chacune des autres sciences, comme la physique et la géométrie, et les autres semblables » [2]. Le même problème est traité dans la question 3 sur *l'Isagoge* de Porphyre, dans la question 2 sur les premier livre des *Premiers Analytiques* et dans la question 1 sur le livre I de la *Physique*.

Le terme *subiectum* peut s'entendre en plusieurs sens. Dans la *Métaphysique*, Buridan décline trois sens – dans les *Questions sur les Analytiques*, il ajoute d'autres acceptions. En un premier sens, le sujet est le substrat, c'est ce en quoi une forme est inhérente [3]. En ce sens, le sujet de la science est l'âme humaine, en tant que substrat des actes et dispositions scientifiques [4]. En un deuxième sens, le sujet est le sujet grammatical ou logique [5]. En ce sens, le sujet de toute « science simple » est le sujet de la proposition conclue [6]. La science simple est ici l'acte simple d'assentiment, ou plutôt la disposition acquise qui en résulte, portant sur une

1. *Qu. Metaph.*, IV, qu. 4, f° XIVvb : « Et in ista questione intenditur de metaphysica que est una per aggregationem, continens integraliter omnes processus et conclusiones contentas in libris metaphysicalibus ».

2. *Qu. Metaph.*, IV, qu. 4, f° XIVvb : « Et sicut ego quero de metaphysica, ita similiter esset querendum de unaquaque aliarum scientiarum, ut de physica et geometria, et de aliis similibus ».

3. *Qu. Metaph.*, IV, qu. 4, f° XVra : « Uno modo pro eo cui aliqua forma inheret, sive substantialis sive accidentalis ».

4. *Qu. Metaph.*, IV, qu. 4, f° XVra : « [...] et sic statim diceretur quod omnis scientie humane anima est subiectum, scilicet intellectiva » ; cf. *Quaestiones libri Porphyrii* (désormais cité *Qu. Porph.*), éd. par R. Tatarzyński, *Przezglad Tomistyczny*, II (1986), qu. 3, p. 135 ; *Questiones in Analytica priora*, I, qu. 2.

5. *Qu. Metaph.*, IV, qu. 4, f° XVra : « Alio modo "subiectum" accipitur pro termino propositionis de quo alter terminus predicatur ». Dans les *Questions sur les Premiers Analytiques*, Buridan introduit entre le premier sens et celui-ci trois autres sens du sujet. D'abord le sens politique : « Secundo modo accipitur "subiectum" pro "subdito" et refertur ad "dominum", et sic accipitur in politica scientia » ; ensuite ce qui est « inférieur », au sens d'une « partie subjective » ; enfin le sujet comme terme d'un mouvement (voir *QAPr.*, I, qu. 2).

6. *Qu. Metaph.*, IV, qu. 4, f° XVra : « Et si de tali subiecto quereretur, manifestum est quod omnis scientie simplicis, scilicet que est habitus unius conclusionis demonstrate, posset assignari unum subiectum proprium, scilicet subiectum conclusionis, de quo in conclusione dicitur predicatum ».

proposition « sue » – ce qui suppose qu'elle soit démontrée. Ce qui dans un premier temps ressort de ce deuxième sens, c'est qu'on ne saurait trouver un sujet unique à une discipline. La métaphysique « totale », science au sens d'un agrégat de conclusions [1], a inévitablement une pluralité de sujets. Toutefois, Buridan fait remarquer que ce sens n'est pas encore celui que les philosophes ont en vue lorsqu'ils cherchent le sujet d'une discipline telle que la métaphysique.

Dans les *Questions sur les Premiers Analytiques*, Buridan attaque en effet ceux qui s'en tiennent à ce sens et en concluent que dans une science on ne saurait poser un seul sujet propre [2]. Il n'est pas impossible qu'il vise Guillaume d'Ockham ou ses épigones parisiens. Pour Buridan, une telle position est contraire à Aristote et à la vérité. D'abord parce que les exigences requises à l'égard du sujet, telles que présupposer du sujet qu'il est et ce qu'il est, ne conviendraient pas ; ensuite et surtout parce que, ainsi que nous l'avons vu, Aristote considère bien une science totale, faite d'une congrégation de conclusions.

On doit donc prendre en considération un troisième sens, qui est jugé ici plus pertinent. Il n'est pas sans rapport avec le précédent, puisqu'il s'agira toujours d'un terme. Seulement il n'est pas considéré en lui-même mais en relation avec la « propriété » (*passio*) [3]. On pourrait penser qu'une telle *propriété* est une chose réelle, dont on considère la relation d'inhérence au *sujet* entendu comme chose dont on parle. En réalité, Buridan opère immédiatement une transposition logico-linguistique : « On appelle en effet "sujet" et "propriété" deux termes supposant pour la même chose, et ainsi prédicables véridiquement l'un de l'autre, dont l'un ajoute à la signification de l'autre quelque connotation » [4]. Le sujet de la science n'est pas seulement le sujet de la conclusion, mais un terme considéré dans sa relation avec un autre, lequel renvoie à la même chose mais avec une signification seconde, supplémentaire [5].

1. Voir *Qu. Phys.*, I, qu. II, f° IIIra : « [...] voco totalem scientiam naturalem habitum congregatum ex omnibus conclusionibus demonstratis in libris naturalibus per demonstrationes naturales [...] ».

2. Voir *QAPr.*, I, 2 : « Et aliqui dicunt quod isto modo accipiendo "subiectum" loquebatur Aristotiles in libro *Posteriorum* quando loquebatur de subiectis scientiarum. Ideo ipsi dicunt quod subiectum in scientia non dicitur aliud nisi iste terminus de quo predicatum predicatur in conclusione scita. Et quia in qualibet scientia sunt multe conclusiones habentes diversa subiecta, capiendo dicto modo "subiectum", ideo ipsi concludunt quod in scientia una aggregata ex multis conclusionibus [...] non est ponendum aliquid unum subiectum proprium, immo etiam tot subiecta essent ponenda quot sunt conclusiones ibi demonstrate habentes diversa subiecta ».

3. *Qu. Metaph.*, IV, qu. 4, f° XVra : « Et ideo oportet "subiectum" accipere tertio modo, scilicet in ordine ad passionem ».

4. *Qu. Metaph.*, IV, qu. 4, f° XVra : « "Subiectum" enim et "passio" vocantur duo termini pro eodem supponentes, et sic vere de se invicem predicabiles, cuius unum addit super significationem alterius aliquam connotationem » ; cf. *QAPr.*, I, qu. 1 : « [...] sicut Aristotiles determinat in primo *Posteriorum*, scientia aggregata ex multis conclusionibus et processibus, sicut est totalis geometria, dicitur bene una scientia [...] ».

5. Dans les *Questions sur les Premiers Analytiques*, on lit que le sujet n'est pas forcément un terme absolu en relation à un terme connotatif, mais peut être un terme « moins connotatif » en relation à un terme « plus connotatif ». En effet, le terme mouvement, sujet de la physique, n'est pas un terme absolu.

À partir de là, on peut énoncer deux « conclusions » complémentaires. D'une part, dans une science considérée dans son ensemble, toutes les propriétés qui font l'objet de démonstrations ne sont pas attribuées à un seul et unique sujet[1]; on considère des sujets différents auxquels sont attribués telle ou telle propriété. D'autre part, il convient bien d'assigner à une science un sujet propre et adéquat :

> Une autre conclusion est posée; dans la métaphysique, et aussi dans toute autre science une par l'unité d'ordre et d'agrégation de nombreux raisonnements et de nombreuses conclusions, on doit assigner un sujet propre et adéquat de sorte que rien ne soit considéré dans cette science si ce n'est pour la raison qu'il a une attribution à lui[2].

> Dans toute science totale, formée par congrégation de plusieurs conclusions et raisonnements, il faut assigner quelque chose d'un, par l'unité duquel la science totale est dite une. Par exemple, il faut assigner quelque chose d'un par l'unité duquel la physique dans sa totalité est dite une science distincte de la métaphysique et de la mathématique, et assigner quelque chose d'un par l'unité duquel la métaphysique totale est dit une science distincte de la physique et de la mathématique, et ainsi de suite[3].

L'unité de la science n'est pas seulement une unité d'agrégation mais plutôt une unité d'ordre : « si une congrégation de plusieurs choses existant en acte est dite une, il faut que ce ne soit pas par soi mais par reconduction à quelque chose d'un, d'où de telles choses soient dites unes quant à l'ordre »[4]. Cet ordre, c'est celui qui s'établit par les raisonnements (de prémisses à conclusions, de principes à

1. *Qu. Metaph.*, IV, qu. 4, f° XVrb : « in totali metaphysica, vel etiam in alia totali scientia sic aggregata, non debet poni aliquid subiectum sic proprium et adequatum quod de illo deberent demonstrari omnes passiones considerate in illa scientia, vel etiam quod illud sit proprium subiectum et adequatum respectu cuiuslibet passionis considerate in illa scientia ».

2. *Qu. Metaph.*, IV, qu. 4, f° XVrb : « Alia conclusio ponitur quod in metaphysica, et etiam in omni alia scientia una unitate ordinis et aggregationis multorum processuum et conclusionum debet assignari subiectum sic proprium et adequatum quod in illa scientia nihil consideretur nisi ea ratione qua habet attributionem ad ipsum [...] ».

3. *Qu. Phys.*, I, qu. II, f° IIIrb : « in omni scientia totali congregata ex pluribus conclusionibus et processibus, oportet assignari aliquod unum ex cuius unitate totalis scientia dicitur una. Verbi gratia, oportet assignari aliquod unum ex cuius unitate totalis physica dicitur una scientia distincta contra metaphysicam et mathematicam, et aliud unum assignari ex cuius unitate totalis metaphysica vocatur una scientia distincta contra physicam et mathematicam, et sic de aliis »; voir aussi *QAPost.*, I, 30, où Buridan qualifie de « simple » la science formée d'*habitus* spécifiquement identiques, relevant d'une même raison : « Et voco scientiam "simplicem" que non est congregata ex pluribus scientiis diversarum rationum, sicut totalis scientia naturalis diceretur unum simplex quia congregata est ex scientiis multarum conclusionum diversarum. [...] illa dicuntur diversa specie que sunt diversarum vel dissimilium specierum ».

4. *QAPost.*, I, 31 : « congregatio plurium in actu exsistentium si dicatur una, oportet quod hoc non sit per se, sed ex reductione ad aliquod unum, unde talia dicantur unum secundum ordinem ». Cette idée de « reconduction » à quelque chose d'un se trouve aussi exprimée dans la *Métaphysique*, IV, qu. 5, f° XVIra : « [...] illud debet poni subiectum proprium alicuius scientie ad quod omnia in ea considerata habent attributionem et reductionem ».

conséquences...) au sein d'une discipline. Sans cet élément unificateur, on ne pourrait pas unifier les conclusions et l'on ne voit pas pourquoi on parlerait d'*une* science ou d'*une* discipline [1]. Comment satisfaire une telle exigence ? Il faut qu'il y ait entre les sujets multiples des conclusions et ce sujet unique une relation dite d'« attribution » – expression qui désigne chez Buridan une sorte d'analogie, une relation à un terme premier par rapport auquel les autres se disposent :

> [...] à savoir ou comme une de ses parties, ou comme principe, ou comme sa propriété ou une partie de propriété, ou encore une propriété de propriété, ou parce qu'il est le contraire ou l'opposé de ce sujet, ou de l'une de ses parties ou propriétés, et ainsi de suite de diverses attributions [2].

Nous verrons que ce terme est « mouvement » pour la physique ou « étant » pour la métaphysique. C'est le terme le plus général que considère ladite discipline puisque tous les autres termes qui sont les sujets de conclusions démontrables doivent se rapporter à lui d'une certaine façon. C'est précisément parce qu'il est le plus commun qu'on l'a parfois appelé « genre » [3]. En revanche, il ne doit pas en excéder les limites, c'est-à-dire être sujet dans certaines conclusions d'une autre discipline [4]. C'est pourquoi on pourra dans ces conditions le dire sujet propre et adéquat, ou encore « sujet premier » :

> Une autre conclusion est qu'une telle science agrégée, si elle doit être dite une, tire son unité de l'unité de son premier sujet, en ne prenant pas « sujet » pour en quoi la science inhère, mais en prenant « sujet » relativement à la propriété ou aux propriétés [5].

L'unité de la science est par là réalisée. Certes, il s'agit d'une unité faible. La science, pluralité de dispositions de l'intellect, est une comme une armée est une par son chef [6]. Cette image confère à « une science » une forme d'unité qui, si elle

1. Voir *Qu. Metaph.*, IV, qu. 4, f° XVrb : « [...] aliter nulla posset reddi ratio quare talis scientia diceretur una, vel etiam quare diversae conclusiones dicerentur de una scientia ».

2. *Qu. Metaph.*, IV, qu. 4, f° XVrb : « [...] scilicet vel sicut pars eius, vel sicut principium, vel sicut passio eius aut passio alicuius partis, vel etiam passio passionis, aut quia est contrarium vel oppositum illi subiecto, aut alicui parti eius vel passioni, et sic de aliis diversis attributionibus ».

3. Voir *QAPr.*, I, qu. 1 : « Et tunc ille terminus vocabitur genus, sive subiectum, proprium illius scientie, quia de eo universaliter et de suis partibus et passionibus consideratur in illa scientia » ; cette réinterprétation de l'adage aristotélicien selon lequel une science se définit par un genre l'éloigne de son sens originaire puisque, nous y reviendrons, une science ne se définit pas par un objet ou une classe spécifique d'objets.

4. Voir *QAPr.*, I, qu. 1 : « [...] nos debemus considerare communissimum genus quod tamen non transcendat metam illius scientie [...] ». Sans doute peut-il être le sujet de propositions qui servent de principes dans d'autres disciplines, mais cela ne contredit pas les exigences formulées ici.

5. *QAPost.*, I, qu. 31 : « Alia conclusio est quod talis scientia congregata, si debeat dici una, habet unitatem ex unitate sui primi subiecti, non capiendo "subiectum" pro illo cui scientia inheret, sed capiendo "subiectum" correlative ad passionem vel passiones ».

6. Voir *Qu. Metaph.*, IV, qu. 4, f° XVva : « Postea dicitur quod secundum unitatem subiecti scientia dicitur una. Et hoc est verum, sicut secundum unitatem ducis, ad quem alia de exercitu ordinantur, totus exercitus dicitur unus » ; cf. *QAPost.*, I, qu. 31 – dans ce dernier texte, Buridan met en parallèle l'ordre de l'armée par rapport à son chef et celui du monde par rapport à la cause première.

n'est pas l'unité d'une substance singulière, est suffisante pour distinguer une science (totale) d'une autre.

Si les sciences se distinguent, ce ne peut être en effet par les choses réelles auxquelles elles renvoient puisque, dans ce cas, la métaphysique et la physique parleraient pour une part des mêmes choses [1] ; ce qui définit une science, ce n'est pas un « genre » qui constituerait son objet; c'est un point de vue conceptuel sur les choses. Ce point de vue s'exprime en un terme mental [2] (mouvement, quantité, étant...) qui est le sujet propre et adéquat de cette science, sujet premier par rapport auquel tous les sujets logico-linguistiques des conclusions de ladite science sont reliés par une certaine analogie d'attribution.

L'objet de la science

Si la science est une disposition de l'esprit, il reste à savoir sur quoi porte, à quoi s'adresse, à quoi se « termine » une telle disposition. Jean Buridan reprend la démarche d'analyse linguistique qui est celle de Guillaume d'Ockham, lequel faisait de la proposition l'objet de la science, mais en la nuançant et en accentuant l'ancrage ultime dans la chose signifiée.

De quoi a-t-on la science? Telle est la question et, dans ce cadre, Buridan emploie des notions variables pour désigner ce qui est scientifiquement connaissable. Parfois, il parle simplement du *scibile*, opposé à l'*opinabile;* parfois il reprend les notions de sujet et d'objet. Le terme usuel au Moyen Âge est celui de « sujet », compris comme ce dont il est question, ce dont on traite, au sens où l'on parle du sujet d'un livre ou d'une dissertation. Mais la notion d'objet, qui vient plus spontanément à l'esprit d'un lecteur moderne, est aussi apparue depuis le XIIIe siècle pour désigner généralement ce à quoi se termine tel ou tel acte psychique. On parle d'objet pour ce qu'appréhendent les sens, mais aussi pour ce que visent intentionnellement la volonté ou l'intellect, dimension renforcée par le notion d'*esse obiectivum* distingué de l'être subjectif, c'est-à-dire de la subsistance même de la *res*, qu'elle soit extra-mentale ou intra-mentale [3].

La prise de position de Buridan sur ce point n'est pas compréhensible en dehors de la révolution introduite par Guillaume d'Ockham [4], qui consiste à faire

1. Voir *Qu. Metaph.*, IV, qu. 4, f° XVva : « [...] et per illas res intelligit propria subiecta earum, et non res extra significatas; quoniam sic physica et metaphysica essent de eisdem rebus : utraque enim considerat de omnibus rebus ».

2. Dans la réponse à l'une des objections, Buridan souligne ici la primauté du terme mental : « [...] dicitur quod metaphysice subiectum proprium est unus terminus, et proprie terminus mentalis, quoniam termini vocales et scripti non dicuntur termini nisi per attributionem ad mentales » (*Qu. Metaph.*, IV, qu. 4, f° XVva).

3. Voir à ce propos N. L. Dewan, « "Obiectum" : Notes on the Invention of a Word », *Archives d'histoire doctrinale et littéraire du Moyen Âge*, 48 (1981), p. 37-96.

4. Je ne m'interrogerai pas ici sur le degré de connaissance des théories ockhamistes ni sur leurs voies de pénétration à Paris. C'est une question controversée, rendue complexe par les difficultés de datation des écrits de Buridan qui se répète de texte en texte. Michel de Massa cite Ockham dès 1325-1326, et Gautier Burley le critique dans son *De puritate artis* logicae; dès le milieu des années 1320,

de la proposition l'objet de la science[1]. Pour dire les choses autrement, l'acte d'assentiment ou la disposition mentale qui suit cet acte se « terminent » à la proposition – du moins à certaines propositions, vraies et démontrées. Cette doctrine est déjà à l'œuvre dans le « Prologue » de l'*Écrit sur les Sentences*, où Guillaume d'Ockham distingue la proposition et l'assentiment. Car ce sont bien des propositions qui sont objet d'assentiment, de dissentiment ou de doute. Ce sont des propositions qui sont démontrées ou qui sont objet de foi. Si l'unité de la théologie comme science est en dernier ressort pratique (il s'agit de l'ensemble des vérités utiles au salut), son objet est formé de propositions dont les instruments d'analyse logique et sémantique seront fournis quelques années plus tard dans la *Somme de logique*.

Mais c'est dans le « Prologue » de l'*Exposition sur les livres de la Physique* que Guillaume explicite la définition de la science, et ses implications quant à l'objet de la science[2]. Il rappelle d'abord que la science est une certaine qualité de l'âme, ou une collection de qualités. Il rappelle ensuite, comme il le fait aussi dans la logique, que l'on peut distinguer plusieurs sens de la science, le plus large incluant toute connaissance certaine de quelque chose de vrai, le plus strict étant réservé à la connaissance certaine de ce qui est démontré. Puis il en tire des conclusions, d'abord sur l'unité, ensuite sur les causes, enfin sur le sujet de la science. C'est bien de l'idée de « sujet » que part Guillaume, conformément à la tradition, tant en physique qu'en métaphysique ou en théologie. Il va toutefois en déplacer le sens. En premier lieu, « sujet de la science » s'entend de deux façons. Il y a ce qui reçoit en soi la science à titre de sujet-support ; en ce sens, le « sujet » est l'intellect qui sait. Nous trouvons ici l'une des composantes du sens moderne du sujet, celle qui part du sujet-substrat et l'applique façon privilégiée à la pensée[3]. Toutefois ce n'est

donc, sont connues sa théorie de la quantité et sa réinterprétation des catégories d'une part, sa théorie de l'universel et de la supposition simple d'autre part : voir à ce propos W. J. Courtenay, « The Reception of Ockham's Thought at the University of Paris » [1984], in *Ockham and Ockhamism. Studies in the Dissemination and Impact of His Thought*, Leiden-Boston, 2008, 127-153 ; « The Debate over Ockham's Physical Theories at Paris" [1997], *op. cit.*, p. 267-284 ; « The Categories, Michael de Massa and Natural Philosophy » [2003], *op. cit.*, p. 329-346. Dans leur introduction aux *Questions sur les Réfutations sophistiques*, R. van der Lecq et H. A. G. Braakhuis estiment que le jeune Buridan a disposé de la *Somme de logique* de Guillaume d'Ockham : voir Johannes Buridanus *Questiones Elenchorum*, ed. by R. van der Lecq and H. A. G. Braakhuis, « Introduction », Nijmegen, Ingenium Publishers, 1994, p. XXXI.

1. Ce point est bien connu et se trouve exposé chez de nombreux commentateurs ; sur les enjeux de cette mutation, voir J. P. Beckmann, « *Nihil notum nisi complexum* – Von des Sach- zur Satzwissenschaft am Beispiel der Metaphysik », dans Ingrid Craemer-Ruegenberg und Andreas Speer (hsgb.), *Scientia und Ars in Hoch- und Spätmittelalter*, « Miscellanea Mediaevalia » 22/1, Berlin - New York, Walter de Gruyter, 1994, Bd. I, p. 266-280.

2. Sur tout ce qui suit, voir *Expositio in libros Physicorum Aristotelis*, Prol. et liber I, éd. V. Richter, « Opera philosophica » IV, St. Bonaventure N. Y., Th Franciscan Institute, 1985, « Prologus » p. 4 *sq.*; trad. fr. dans *Philosophes médiévaux des XIIIe et XIVe* siècles, sous la direction de R. Imbach et M.-H. Méléard, Paris, UGE 10/18, 1986, p. 293 *sq.*

3. Voir A. de Libera, *Archéologie du sujet*, Paris, Vrin, 2 vol. parus, 2007 et 2008 ; il met en évidence le tournant que constitue à cet égard l'application par Thomas d'Aquin des concepts de sujet et d'accident au rapport entre l'âme, ses puissances et leurs opérations.

pas ici le sens le plus pertinent. Au second sens, le sujet est « ce dont on connaît quelque chose ». Mais alors que d'Aristote aux auteurs du XIIIe siècle, on entendait ontiquement ce sujet, Guillaume opère dès ce moment un basculement linguistique : le sujet est d'abord le sujet de la conclusion, dont on énonce des prédicats, et ceux-ci signifient des propriétés de la chose à laquelle se réfère le dit sujet. À partir de là, Guillaume introduit en un sens lui-même renouvelé la distinction entre sujet et objet : si le sujet est le sujet de la conclusion, l'objet est « toute la proposition connue ».

La position ockhamiste va être attaquée très tôt à Oxford dans le cadre des Prologues des commentaires au *Livre des Sentences*, donc dans un cadre théologique mais avec une portée épistémologique plus large. Elle va aussi faire l'objet d'une rectification critique à Paris de la part de Jean Buridan.

Un premier texte sur ce problème se trouve dans les *Questions sur Porphyre*. La question 3 demande « Est-ce que l'universel est le sujet propre dans le livre de Porphyre[1] ? » Au cours de l'argumentation, Buridan emploie souvent de façon équivalente ou corrélative « sujet » et « objet ». Ainsi, lorsqu'il souligne l'exigence, que nous avons déjà étudiée plus haut, de poser *un* sujet propre dans une science, il écrit « comme tout sens qui est un concerne un genre de sensible approprié, de même toute science concerne un genre approprié de connaissable (*scibilis*), et c'est ce que nous appelons "sujet propre" ou "objet propre" du sens ou de la science »[2]. Il introduit toutefois une nuance entre ces termes :

> Il est en effet appelé « sujet » puisque les propriétés premières et principales de cette science lui conviennent comme à son sujet et à ses parties subjectives, et il est appelé « objet » puisque c'est lui que cette science considère principalement[3].

« Objet » connote le fait que la science prend telle chose en considération ; « sujet » indique que l'on va en énoncer des propriétés. Mais il s'agit de rendre compte de l'usage plutôt que d'introduire une différence fondamentale. D'ailleurs, immédiatement après, l'auteur reprend le cours de son raisonnement en utilisant les deux termes. Quand il en privilégie un, c'est celui de « sujet ». En tout cas dans ce texte Buridan ne reprend pas à son compte la distinction que tentait d'introduire Ockham, entre le terme comme sujet et la proposition comme objet.

Le texte le plus précis sur cette question se situe au début des *Questions sur la Physique* ; ce n'est sans doute pas un hasard, on peut penser qu'il s'agit d'une réponse à Ockham ou du moins aux idées ockhamistes qui se sont introduites à

1. Jean Buridan, *Qu. Porph.*, p. 111-195, ici p. 137.

2. *Qu. Porph.*, qu. 3, p. 134 : « [...] sicut omnis sensus unus est unius generis sensibilis appropriate, ita omnis scientia est appropriate unius generis scibilis, et hoc vocamus "subiectum proprium" seu "obiectum proprium" sensus vel scientiae » ; cf. *ibid.* : « [...] tale unum primo consideratum [...] vocatur a philosophis "subiectum primum et proprium" seu "obiectum primum et proprium" illius scientiae ».

3. *Qu. Porph.*, qu. 3, p. 135 : « Vocatur enim "subiectum " quia sibi tamquam subiecto suo et suis partibus subiectivis conveniunt passiones primae et principales illius scientiae, et vocatur "obiectum" quia de eo illa scientia principaliter considerat ».

Paris. La question 1 sur le livre I de la *Physique* est : « Est-ce que la science naturelle est science de toutes choses [1] ? » C'est l'une des questions qui précisent comment, selon le maître picard, les sciences théorétiques se distinguent les unes des autres, et quelle est, dans ce cadre, la spécificité de la physique. Mais pour ce faire il convient de déterminer de quoi il y a science, à quoi se termine l'acte mental que l'on appelle *scientia*.

Dans un premier temps, Buridan va pleinement intégrer l'approche linguistique initiée par Guillaume d'Ockham. La science est une disposition d'esprit, ainsi que nous l'avons vu, mais au sens le plus strict elle est acquise par une démonstration, donc suppose un procès discursif, un ensemble ordonné de propositions, qu'elles soient parlées ou mentales. Mais que la science soit une disposition acquise par démonstration ne veut pas dire qu'elle se termine, univoquement, à la conclusion de la démonstration. Buridan énumère tout ce qui concourt à la démonstration, et il y a science de toutes ces composantes, en une pluralité de sens qui visent des « niveaux d'objets » différents.

> Or plusieurs éléments [*plura*] concourent à la démonstration, à savoir les prémisses, la conclusion, les termes à partir desquels sont constituées les prémisses et les conclusions, et les choses signifiées par ce termes. Et de tout cela on dit avoir la science, bien que ce ne soit pas au même sens mais de façon équivoque [2].

Cette équivocité suppose comme souvent une forme d'analogie *ad unum*, c'est-à-dire qu'il y a un sens premier, d'après lequel le terme a été institué, puis des sens seconds et dérivés.

Selon une première ligne de dérivation, c'est le concept de démonstration qui est décisif pour déterminer ce sur quoi porte la science. On parle donc de science au sujet de la conclusion démontrée, qui est une proposition [3]. À partir de là, on peut énumérer plusieurs autres sens de ce dont on a la science. Et d'abord on n'a pas seulement la science de la conclusion mais des prémisses [4], donc toujours de propositions. Puisque la connaissance scientifique de la conclusion présuppose celle des prémisses, et que le transfert de vérité des prémisses à la conclusion suppose une certitude et une évidence au moins égales, on peut dire que l'on doit avoir la science des prémisses. Toutefois, ce n'est plus un sens aussi strict de « science » puisque ces propositions ne sont pas forcément démontrées : elles peuvent être des principes évidents par soi, ou établis par induction. En un troisième sens, on doit aussi avoir la science des termes qui composent ces propositions

1. *Qu. Phys.*, I, qu. 1, f° IIrb.

2. *Qu. Phys.*, I, qu. 1, f° IIva : « Ad demonstrationem autem plura concurrunt, scilicet premisse et conclusio et termini ex quibus constituuntur premisse et conclusiones, et res significate per illos terminos, et de omnibus illis dicitur haberi scientia, licet non eodem modo sed equivoce [...] ».

3. *Qu. Phys.*, I, qu. 1, f° IIva : « [...] proprie scientia demonstrativa dicitur esse de conclusione que demonstratur ».

4. *Qu. Phys.*, I, qu. 1, f° IIva : « Secundo etiam dicibile esse de premissis scientia quia per eas conclusio demonstrative scita est ».

(prémisses et conclusion)[1]. Nouvelle remontée de la présupposition : on doit « savoir » les termes. On change de plan, on n'est plus face à des propositions, mais on est toujours dans le langage. Avoir la science des termes, qu'est-ce à dire ? C'est non pas simplement appréhender les termes dans leur être matériel ou mental, mais connaître leur signification, savoir à quoi ils sont susceptibles de se référer dans les propositions où ils sont utilisés pour la démonstration. Enfin, en un quatrième et dernier sens, on quitte le domaine des propositions et du langage :

> En un quatrième sens, on dit que l'on a la science démonstrative des autres choses qui ne sont pas des propositions ni des termes significatifs, puisque elles sont signifiées par les termes à partir desquels la conclusion ou les prémisses de la démonstration sont sues[2].

On a donc la science des choses signifiées par les termes de la conclusion qui énonce une propriété d'un sujet. C'est en ce sens qu'on dit avoir la science du ciel, des astres, des plantes, etc. C'est l'usage courant, qu'on ne saurait abandonner. La physique est la science des corps en mouvement, la médecine est science de la santé, elle ne sont pas ou pas seulement sciences de propositions. Or d'un certain point de vue, ce dernier sens est le plus important, c'est celui qui oriente tout le processus qui précède :

> Plus, il est manifeste que nous ne cherchons à avoir la science au trois premiers sens que pour avoir la science en ce quatrième sens. L'artisan ne se soucierait pas en effet des propositions et des termes si par là il ne croyait avoir la science des choses sur lesquelles il entend agir et qu'il pense utile de se procurer[3].

On retrouve des accents fortement réalistes qui rappellent ce que Thomas d'Aquin affirmait, par exemple, dans *De l'unité de l'intellect contre les Averroïstes*, même si le réalisme de celui-ci impliquait l'affirmation de natures communes que récuserait Buridan : « c'est en effet sur les choses mêmes que portent la science naturelle et les autres sciences, non sur les espèces pensées »[4]. Mais cette position n'est pas non plus sans évoquer l'un des articles du statut du 29 décembre 1340 :

1. *Qu. Phys.*, I, qu. 1, f° IIva : « Tertio vero dicitur esse scientia de terminis significativis propterea quod ex eis constituta est conclusio demonstrativa scita vel etiam premisse per quas illa scitur ».

2. *Qu. Phys.*, I, qu. 1, f° IIva : « Quarto modo scientia demonstrativa dicitur esse de aliis rebus que non sunt propositiones neque termini significativi, quia ille significantur per terminos ex quibus conclusio sive premisse demonstrationis sciuntur ».

3. *Qu. Phys.*, I, qu. 1, f° IIva : « Immo manifestum est quod non querimus habere scientiam de tribus primis modis nisi propter habere scientiam isto quarto modo. Non enim curaret artifex de propositionibus et terminibus nisi propter hoc crederet habere scientiam de rebus circa quas intendit agere et sibi utilia procurare » ; cf. *Qu. de gen. et corr.*, I, 2, p. 44 : « Unde absurdum est dicere quod medicus non habeat scientiam de infirmitate et herbis. Absurdum etiam est dicere quod nullam habeamus scientiam de animalibus et lapidibus ».

4. Voir *De unitate intellectus contra Averroistas*, dans Thomas d'Aquin, *Contre Averroès*, trad. d'A. de Libera, Paris, GF Flammarion, 1994, p. 182-183 : « Est ergo dicendum secundum sententiam Aristotelis quod intellectum quod est unum est ipsa natura vel quiditas rei ; de rebus enim est scientia naturalis et alie scientie, non de speciebus intellectis ».

> Que personne ne dise qu'il n'y a aucune science des choses qui ne sont pas des signes, c'est-à-dire qui ne sont pas des termes ou des énoncés, puisque dans les sciences nous nous servons des termes à la place des choses [...] c'est pourquoi nous avons la science des choses, même si c'est au moyen de termes et d'énoncés [1].

On trouve une position similaire, quoique simplifiée, dans la question 2 sur le livre premier des *Seconds Analytiques*, qui distingue trois sens de *scibile*, ce qui est susceptible d'être su par démonstration – la conclusion, les termes de la conclusion et les choses signifiées par les termes de la conclusion [2] –, ainsi que dans la question 15, à nouveau, à propos du caractère nécessaire et éternel de ce sur quoi porte la science, ou encore dans la première question sur Porphyre, qui distingue plus succinctement un *scibile propinquum* (la proposition) et un *scibile remotum* (les termes ou les choses signifiées) [3].

Au terme de ces précisions, la position de Buridan apparaît subtile et nuancée. D'un certain point de vue, le premier sens, selon lequel la science porte sur une conclusion démontrée, est le plus strict et les autres en sont dérivés, à la fois par élargissement de la notion de science et par remontée aux présuppositions. D'un autre point de vue cependant, l'importance se renverse puisque le dernier sens, loin d'apparaître comme un sens affaibli, apparaît comme la finalité orientant tout le processus scientifique. Par là, Buridan accentue l'orientation réaliste de son épistémologie. À lire ces lignes, nul ne peut soutenir sérieusement que le « nominalisme » du XIVe siècle est un enfermement dans le langage, ou une perte du réel. Bien au contraire, Buridan nous rappelle que son épistémologie vise à rendre compte de la connaissance des choses extra-mentales, et ici du monde naturel. Est-ce un renversement par rapport à l'épistémologie ockhamiste ? Certes, dans tous ces développements, Buridan a pour cible l'« ockhamisme », interprété comme il le sera jusqu'à la fin du Moyen Âge : la science se terminerait à des propositions. En vérité, le *Venerabilis Inceptor* avait le même souci de réalisme épistémologique. Mais comme en témoignent les débats qui se nouèrent très tôt à Oxford, sa thèse paradoxale visant à affirmer la nécessaire médiation du langage

1. Statut de la faculté des arts de Paris, 29 décembre 1340, *Chartularium universitatis Parisiensis*, éd. H. Denifle adj. Æ. Chatelain, Parisiis, ex typis fratrum Delalain, MDCCCLXXXXI, vol. II, n. 1042, p. 506 : « Item, quod nullus dicat scientiam nullam esse de rebus que non sunt signa id est que non sunt termini vel orationes quoniam in scientiis utimur terminis pro rebus quas portare non possumus ad dispuationes. Ideo scientiam habemus de rebus licet mediantibus terminis vel orationibus ». Nous aurons l'occasion de revenir dans la IIe partie sur ce statut et certaines positions de Buridan qui peuvent en être rapprochées.

2. Voir *QAPost.*, I, qu. 2 . « Et tunc sciendum est quod triplex est scibile, scilicet per demonstrationem. Primum et immediatum scibile est conclusio demonstrabilis, que ex eo dicitur sciri quia ex premissis notis concluditur. Secundo modo, scibilia dicuntur ex quibus conclusio demonstrabilis componitur. Unde, sicut dicimus nos scire talem conclusionem et eam nobis esse demonstratam, ita sepe dicimus tale predicatum esse scitum et demonstratum de tali subiecto. Deinde, tertio modo, scibilia sunt res significate per terminos conclusionum demonstrabilium, et ita dicimus nos habere scientiam de animalibus et lapidibus, de Deo et intelligentiis, et sic de aliis ».

3. Voir *Qu. Porph.*, qu. 1, p. 127.

dans le processus du connaître a été perçue comme faisant courir le risque d'une perte du réel. D'où la présente rectification. La position buridanienne n'en partage pas moins avec Ockham l'essentiel, à savoir l'idée que la science est une disposition mentale portant sur des entités langagières dont on doit analyser la signification et les modes de référence. Toute la pratique de sa physique est pour une large part une analyse logique et linguistique ; la même chose vaut, de façon peut-être moins spectaculaire mais non moins vraie, pour la métaphysique ou pour l'éthique. La rectification buridanienne ne prend donc sens que sur le fond de la révolution ockhamiste.

Cela étant dit, en insistant sur la visée ultime de l'entreprise scientifique, qui s'adresse aux choses mêmes, Jean Buridan est aussi conduit à écarter une autre solution qui avait pu être avancée, d'abord à Oxford puis à Paris, au problème de l'objet de la science : la doctrine du *complexe significabile*, en tant que signifié propre et adéquat de la proposition. Nous y reviendrons lorsque nous examinerons les principes de la sémantique buridanienne. Mais il convient de rappeler dès maintenant que dans les années 1330 le débat qui se noua à Oxford entre Gautier Chatton, Guillaume Crathorn, Robert Holcot et Adam Wodeham avait un enjeu principalement épistémologique, il s'agissait bien de se demander quel est l'objet de la science – ce à quoi elle s'adresse[1]. Dans plusieurs textes, nous le verrons, Buridan critique vigoureusement cette doctrine. En refusant ce qui lui paraît comme une échappatoire inacceptable du point de vue sémantique, il ne fera que confirmer l'exposé qu'il a fait de l'objet de la science et l'énumération des différents niveaux d'objets, en confortant son affirmation de la *res ipsa* comme visée ultime de l'acte de savoir.

1. Voir J. Biard, « Les controverses sur l'objet du savoir et les *complexe significabilia* à Paris au XIVe siècle », dans J. Celeyrette et S. Caroti (éds), *Quia inter doctores est magna dissensio. Les débats de philosophie naturelle à Paris au XIVe siècle*, Firenze, Leo S. Olschki, MMIV, p. 1-32.

Chapitre II

SCIENTIFICITÉ, UNIVERSALITÉ ET NÉCESSITÉ

Universalité et nécessité sont les deux caractères traditionnellement attribués à la science dans la tradition péripatéticienne, tout comme ils se retrouveront dans la notion moderne de « loi ». Il n'y a de science que de l'universel, ou du moins du « général », puisque la science est une activité ou un état de l'intellect, lequel est la faculté de l'universel par opposition aux sens, puisque la science au sens strict procède par des syllogismes qui ne comportent que des termes communs, et puisqu'elle tend à formuler des règles générales concernant tout homme, tout triangle équilatéral, toute éclipse de lune etc. Il n'y a de science que du nécessaire puisque – c'est l'héritage platonicien de l'aristotélisme – le caractère nécessaire et éternel de l'objet conditionne la fermeté et la stabilité du jugement que l'on porte sur lui. Tout au long du Moyen Âge, ces exigences sont au premier plan de la réflexion épistémologique. Dans le même temps, d'autres tendances viennent les compléter ou les contrecarrer. L'idée de science divine, qui à partir de la théologie vient nourrir la réflexion générale sur la scientificité, rend problématiques certains traits de la science aristotélicienne tels que l'opposition entre science discursive et intuition intellectuelle. Si la science de vision qui a Dieu comme objet peut renforcer l'idéal de nécessité et d'éternité, la science que Dieu a de lui-même et des créatures est plus complexe : elle doit être immuable, mais elle doit en même temps saisir les choses changeantes et contingentes, ou ce qui nous apparaît tel, et même la singularité puisque c'est tel ou tel individu déterminé qui sera damné ou bien sauvé. La philosophie buridanienne, qui se déploie à l'écart de la théologie, ne nous permet pas d'aborder cette confrontation. Elle doit néanmoins intégrer certains aspects de contingence dans le monde, ainsi qu'une ontologie de la singularité qui ne peut faire reposer la théorie de la connaissance sur l'universalité des natures communes ou sur l'éternité des espèces.

D'une part la science porte en dernier ressort sur des choses signifiées, lesquelles sont toujours singulières ; d'autre part elle est une disposition de l'esprit dont les réquisits ne sont pleinement satisfaits qu'au terme d'une démonstration nécessaire et universelle. Les propositions qui servent de prémisses ou de conclusions dans des démonstrations scientifiques sont composées de mots ou de concepts universels. Cela soulève à la fois des questions sémantiques et des questions psychologiques.

La critique de l'innéisme

Examinons brièvement comment se constitue, en l'homme, la capacité à proférer des jugements universels. Il ne s'agit pas de restituer ici toute la psychologie (théorie de l'âme) ni même la noétique (théorie de l'intellect) buridanienne, mais d'en indiquer quelques éléments importants pour notre propos.

Chez tous les auteurs de cette période, il est requis d'articuler entre elles la théorie logique des termes et des propositions d'une part, la théorie des puissances de l'âme d'autre part. Chez Guillaume d'Ockham, une telle exigence est remplie *a minima* : le *Venerabilis Inceptor* élabore dans certains passages de son *Écrit sur les Sentences* ou de ses *Questions sur la physique* une théorie de la formation du concept [1], et dans sa *Somme de logique* il se contente de présupposer que celui-ci est un signe naturel ; s'il n'y a aucun conflit entre ces deux pans de la doctrine, ils ne sont guère articulés de façon explicite, si ce n'est par un usage régulier de la théorie de la supposition à propos des concepts dans l'*Écrit sur les Sentences*. La même dissociation peut encore apparaître parfois avec Buridan, dans la mesure où sa théorie des puissances de l'âme, de leurs actes et de leurs objets est élaborée pour l'essentiel dans son commentaire du *Traité de l'âme* d'Aristote [2] et que les *Petites sommes de logique* n'ont pas à se poser la question de la genèse des concepts. On trouve néanmoins dans les textes logiques des éléments de psychologie humaine ou animale qui viennent nourrir la réflexion logique et épistémologique. Par ailleurs, les éléments fondamentaux de sa théorie de la connaissance universelle se trouvent de façon récurrente dans tous ses textes.

On y trouve notamment un rejet constant de l'innéisme qui conduirait à admettre des concepts ou des principes universels en notre esprit. Dans la question 3 sur le premier livre des *Seconds Analytiques*, Buridan demande : « Est-ce que, en apprenant, nous savons quelque chose que nous n'avons jamais su avant ? » Il introduit ainsi le paradoxe du *Ménon*, en ayant principalement en vue la question de savoir si, pour obtenir une démonstration et une connaissance scientifique, on doit posséder certains principes innés. La première raison *quod non* fait référence à Platon, même si c'est en des termes curieusement mêlés de théologie créationniste [3].

1. Voir par exemple *Questiones in libros Physicorum Aristotelis*, éd. St. Brown, « Opera philosophica » VI, St. Bonaventure, N. Y, The Franciscan Institute Publications, 1984, qu. 6 et 7, p. 406-412 ; mais on trouve beaucoup d'indications dispersées dans l'*Écrit sur les Sentences* : voir J. Biard, *Guillaume d'Ockham. Logique et philosophie*, Paris, PUF, 1997, p. 67-75.

2. Il y a plusieurs versions de ce commentaires. Je renvoie pour cela à B. Michael, *op. cit.*, vol. II, p. 704-717. Je m'appuierai essentiellement sur la troisième et dernière lecture (datée par B. Michael entre 1347 et 1357-1358), dont une édition a été procurée par P. Sobol (livre II) et par J. Zupko (livre III).

3. Voir *QAPost.*, I, qu. 3 : « Arguitur primo quod non per rationes Platonis, quia Deus creat animam intellectivam humanam, prout ponit fides ; modo Deus est agens perfectissimum, omnipotens et infinitum, et a tali agente non debet provenire nisi effectus perfectus ; ergo anima humana fuit creata perfecta ; et non est perfecta nisi per virtutes et scientias ; ergo a principio creationis anima nostra repleta erat scientiis et virtutibus ; ideo quecumque addiscimus, ea ante sciebamus ».

L'âme humaine aurait été crée parfaite, donc emplie de vertus et de sciences. On voit ainsi Platon et la foi s'opposer de façon convergente à des raisons aristotéliciennes. Parmi les arguments « innéistes », on trouve aussi une référence à Averroès. Aristote, quant à lui, est présenté comme le défenseur d'une doctrine opposée, celle de l'intellect comme table rase :

> Aristote soutient l'opposé dans le livre III *De l'âme*, disant que notre intellect est au début comme une table rase sur laquelle rien n'est écrit, c'est-à-dire qu'il est vide de toute science et connaissance [1].

La réponse prend la forme d'un exposé de trois opinions : celle d'Averroès, celle de Platon et celle d'Aristote. Celle d'Averroès est résumée en quelques lignes, d'après lesquelles « notre intellect » sait tout depuis le début et perpétuellement. On trouve une brève allusion à la conjonction de l'âme humaine avec l'intellect impersonnel, qui serait indispensable pour penser et savoir quelque chose ; enfin on trouve une allusion, sur un mode interrogatif, au rôle des *phantasmata* dans cette conjonction. Cette théorie est récusée brutalement : « Mais puisque cette opinion est hérétique et contraire à la nature, et puisqu'elle doit être traitée dans le livre III *De l'âme*, je la laisse de côté pour l'instant » [2]. Il renvoie ainsi à la question 5 sur le livre III du *Traité de l'âme*, dans la *tertia lectura* : « Est-ce qu'il y a un intellect unique par lequel tous les hommes intelligent [3] ? » Là, Buridan rejette cette théorie, d'abord au nom de la foi, puis en ajoutant quelques raisons naturelles. Il admet toutefois que selon la « raison naturelle », on devrait concéder que si l'intellect est perpétuel, il n'est pas multiplié.

Mais dans la question sur les *Analytiques*, contrairement à ce qui est fait dans les *Questions sur le Traité de l'âme*, l'essentiel n'est pas de mener une discussion avec Averroès. C'est Platon qui est l'adversaire principal. Or selon Platon, ce serait en raison de l'inaptitude du corps et des sens que l'âme ne se souviendrait pas spontanément de ses connaissances innées, et que seul l'enseignement lui permettrait de les retrouver. Les objections formulées contre cette théorie sont au nombre de

1. *QAPost.*, I, qu. 3 : « Oppositum arguitur per Aristotilem, tertio *De anima*, dicentem quod intellectus noster est in principio sicut tabula rasa, in qua nihil depictum est, id est quod ipse est omni scientia et cognitione vacuus » ; cf. *QAPost.*, II, qu. 11. En *SL*, VIII, 3, 7, p. 90, l'approche anti-innéiste est formulée un peu différemment, mais Buridan renvoie encore au *Traité de l'âme* : « Negetur ergo quod Deus creet intellectum scientiis repletum, sed potius nudum, potentem tamen se perficere, sicut habetur II° *De anima* ». L'idée d'un tableau sur lequel rien n'est écrit vient directement de 430 a 1, *Aristoteles latinus, De anima*, translatio noua, Iacobi Venetici translationis recensio, Guillelmus de Morbeka reuisor secundum Aquinatis librum, Clavis 12.2, lib. 3, c. 4 : « sicut in tabula nichil est actu scriptum » (*cf.* Sancti Thomae de Aquino *Opera omnia*, t. XLV-1, *Sentencia libri de anima*, Roma - Paris, Commissio leonina - Vrin, 1984, p. 214) ; on retrouve l'expression dans tous les commentaires sur le *De anima*. Gautier Burley l'introduit dans ses *Questions sur les Seconds Analytiques* : voir Walter Burley, *Quaestiones super librum Posteriorum*, III. 2, ed. by M. C. Sommers, Toronto, Pontifical Institute of Medieval Studies, 2000, p. 65 : « et per Philosophum tertio *De anima* intellectus ante intelligere est sicut tabula rasa in qua nihil est scriptum ».

2. *QAPost.*, I, qu. 3 : « Sed quia ista opinio est heretica et innaturalis, et quia debet tractari tertio *De anima*, ideo dimitto eam ad presens ».

3. *Qu. An.*, III, qu. 5, p. 39-46.

quatre, que je résume ici brièvement. La première est une analogie : une occasion devrait subitement conduire l'enfant à se souvenir d'une connaissance innée, à la manière d'un adulte qui a oublié quelque chose et qui, à telle occasion, se le rappelle brusquement. La deuxième est que ceux qui ont une grande mémoire devraient être les plus savants, alors que « communément, ceux qui ont une mémoire plus puissante sont plus difficiles à instruire et sont moins ingénieux » [1]. Le troisième concerne le chien qui juge et reconnaît quelque chose qu'il n'a pas connu (le modèle animal a une grande importance chez Buridan pour déterminer les opérations élémentaires de perception et de jugement) ; on ne voit donc pas pourquoi il ne pourrait en aller de même de notre intellect. Enfin, l'ordre naturel conduit du moins parfait au plus parfait si bien que l'intellect ne doit pas être considéré comme parfait dès sa première opération.

Paradoxalement, la position d'Aristote est évoquée très succinctement. Elle pose que l'intellect est au départ « dénué (*nudum*) de sciences et de vertus ». L'argumentation est expéditive : « Et s'ensuit cette opinion, car ou il faut la concéder ou il faut concéder l'une des opinions précédentes, or celles-là ont été réfutées, donc celle-ci est à soutenir » [2]. Sans aucun doute, cette brièveté s'explique parce que l'objectif était simplement d'établir que les principes de la démonstration ne sont pas innés ; il restera à trouver une autre explication à leur formation [3]. Mais la critique de l'innéisme est régulièrement réaffirmée, ainsi que l'affirmation du caractère « nu » de l'intellect.

Ce dernier problème est abordé et de façon approfondie dans la question 2 sur le livre III du *Traité de l'âme*, qui demande s'il est nécessaire que l'intellect soit démuni (*denudatum*) de ce qu'il intellige. Même si la question naît d'Aristote [4], c'est à partir d'Averroès que l'expression est devenue usitée [5]. Si l'on s'en tient au cas de l'intellect humain, pour autant qu'il intellige autre chose que soi, il conviendrait que cet intellect soit « démuni » de ce qu'il intellige.

> [...] il est nécessaire que l'intellect humain, avant d'intelliger quelque chose, soit démuni de toute intellection et de toute espèce intelligible, et de façon générale de tout intelligible suffisamment représentatif pour que, sans rien d'autre qui survienne, l'intellect puisse former une intellection [6].

1. *QAPost.*, I, qu. 3 : « [...] immo communiter illi qui sunt fortioris memorie sunt difficilioris doctrine et minoris ingenii ». Faut-il y voir une allusion sournoise au pape Clément VI ?

2. *QAPost.*, I, qu. 3 : « Et sequitur hec opinio : quia vel oportet eam concedere vel aliqua precedentium, et ille fuerunt improbate ; igitur hec est tenenda ».

3. Nous reviendrons sur cet aspect dans la deuxième partie de cet ouvrage.

4. Aristote, *Traité de l'âme*, III, 4, 429 a 18-20.

5. Buridan, *Qu. de an.*, III, qu. 2, éd. J. Zupko, p. 12 : « Et super hoc dicit Commentator quod recipiens "necesse est ut sit denudatum a natura [*corr.* naturae] recepti" ». Voir Averroès, *In de anima* III, comm. 4, Averrois Cordubiensis *Commentarium magnum in Aristotelis De anima libros*, ed. by F. Stuart Crawford, Cambridge (Mass.), The Medieval Academy of America, 1956, p. 385.

6. Buridan, *Qu. de an.*, III, qu. 2, p. 14 : « [...] necesse est intellectum humanum, antequam aliquid intelligat, esse ab omni intellectione et ab omni specie intelligibile denudatum, et universaliter ab omni sufficienti repraesentativo intelligibili per quod sine alio superveniente intellectus est potens formare intellectionem ».

Une telle vacuité s'accorde certes avec l'idée d'intellect possible chez Aristote. Mais elle n'explique pas comment l'intellect, sans être lui-même une forme matérielle et corporelle, peut intelliger toutes les formes matérielles et corporelles. L'argumentation d'Aristote et d'Averroès, se fondant sur une analogie avec le sens, ne vaut selon Buridan que pour les sens externes et non pour les sens ou puissances internes. Il convient par conséquent d'examiner comment coopèrent les diverses puissances de l'âme.

Buridan est fort éloigné de l'idée d'intuition intellectuelle directe du singulier telle qu'elle fut développée par certains théologiens franciscains. On trouvait l'un des aboutissements de cette théorie chez Guillaume d'Ockham : c'est proprement et directement que l'on possède une connaissance intellectuelle intuitive du singulier, sur la base de laquelle s'élaborent ensuite des concepts abstractifs. Jean Buridan se situe dans une perspective qui est davantage marquée par la tradition parisienne des commentaires au *Traité de l'âme*[1]. La connaissance s'élabore sur la base d'une certaine coopération des facultés conduisant du sensible à l'intelligible[2].

Ainsi, les sens externes sont relayés par le sens interne, qui n'a pas pour seule fonction de saisir les « sensibles communs » tels que le mouvement, le repos, le nombre, la figure, la grandeur[3], mais qui permet aussi un début de réflexivité : c'est avec lui que l'on est conscient de sentir[4]. Il permet de se représenter quelque chose en son absence, ce que ne peut pas le sens externe qui reste lié à la présence[5]. Il permet enfin de composer et de diviser les différents sensibles extérieurs, comme l'atteste l'exemple du chien qui entend son maître l'appeler en même temps qu'il le voit, et qui estime que c'est lui qui l'appelle[6].

Buridan refuse de cloisonner les différentes puissances internes de l'âme. Outre le sens commun, est requise une puissance « conservatrice des espèces sensibles ». Il s'agit de recevoir les images sensibles et de les présenter aux puissances proprement cognitives. Cette puissance « reservativa non cognoscitiva » est double, ou plutôt elle peut recevoir deux noms : *phantasia* ou *imaginativa*. À côté d'elle, il convient de poser plusieurs puissances cognitives. La première d'entre elles, qui n'est pas encore l'intellect, permet de dégager les intentions telles que l'amitié ou l'inimitié,

1. Voir à ce propos P. Marshall, « Parisian Psychology in the Mid-Fourteenth Century », *Archives d'histoire doctrinale et littéraire du Moyen Âge*, L (1982), p 101-193.

2. Si d'un côté Buridan défend une conception de l'âme qui insiste sur son unité, il n'en admet pas moins l'exigence de poser une pluralité de puissances : voir J. Biard, « Diversité des fonctions et unité de l'âme dans la psychologie péripatéticienne (XIVe-XVIe siècles) », *Vivarium*, 46 (2008), p. 342-367, en part. p. 345-350.

3. Voir Aristote, *De l'âme*, 418 a 17-18 ; *De sens et de la sensation*, 437 a 8-9.

4. Voir *Qu. An.*, II, qu. 22, éd. P. Sobol, *John Buridan on the Soul and the Sensation. An Edition of his Book II of his Commentary on Aristotle's Book...* UMI, 1984, p. 367 : « Et cum quilibet videns vel audiens iudicat de actu videndi vel audiendi si attendat [...] igitur est virtus interior per quam ipse hoc iudicat ».

5. Voir *Qu. An.*, II, qu. 22, p. 368 : « Secunda ratio est quia sensus exteriores non reservant, saltem longo tempore, species sensibiles in absentia sensibilium ».

6. Voir *Qu. An.*, II, qu. 22, p. 368 : « et canis, audiens dominum suum vocantem eum, iudicat esse dominum suum et illum que videt, et per visum vadit ad eum ».

la convenance ou la disconvenance : on aura reconnu une faculté dont l'importance est mise en avant depuis le *Traité de l'âme* d'Avicenne et que selon Buridan l'on nomme « cogitative » dans le cas des hommes, « estimative » dans les cas des bêtes. Le double nom de la faculté « conservatrice » des *species* vient quant à lui de ce qu'on l'appelle fantaisie lorsqu'elle sert au sens commun (dont on a vu le rôle dans la mémoire), et faculté imaginative lorsqu'elle sert à la cogitative [1].

Cette hiérarchisation des puissances permet d'expliquer l'élaboration de premières formes de connaissance qui, à partir des sensations et des représentations (*species*) qu'elles suscitent, nous conduisent jusqu'à de premières formes de reconnaissance et de jugement pratique, communes aux animaux et aux hommes. Ces étapes nous mènent au seuil de l'intellection. En vérité, Buridan essaie autant que possible de marquer une continuité entre toutes ces formes d'appréhension cognitive. Cette mise en continuité complète la critique de l'innéisme, et l'ensemble confère à la philosophie de Buridan un aspect indiscutablement empiriste. Certes, il faut être prudent avec la notion d'« empirisme », qui évoque les problématiques du XVIIIe siècle, avec une autre conception de l'esprit et de la nature. Certains aspects du texte buridanien ne sont cependant pas sans évoquer la démarche de Locke, d'autant que chez ce dernier la critique de l'innéisme ne concerne pas en premier lieu les notions ou idées, mais bien les principes, théoriques ou pratiques [2]. Or nous retrouverons cette critique de l'innéisme lorsque sera examiné le mode de saisie des principes [3].

Si donc la science se meut dans l'élément de l'universel, cet élément n'est pas un monde séparé de formes, il n'est pas non plus directement actualisé par l'intellect agent, il doit être élaboré dans un processus auquel concourent les différentes puissances de l'âme. Néanmoins, l'intellect suppose un saut dans la mesure où lui seul semble pouvoir assurer le passage à l'universel. Or dans la tradition péripatéticienne, du singulier comme tel il n'y a pas de science. Et dans les *Questions sur la Physique* on peut bien lire : « En effet je ne parle pas des singuliers absolument puisque à leur sujet il n'y a pas de science » [4]. Mais Jean Buridan reprend-il sans distance cette tradition ?

1. Sur ces différentes puissances internes voir *Qu. de an.*, II, qu. 23, p. 373-389.

2. Voir John Locke, *Essai philosophique concernant l'entendement humain*, traduit de l'anglais par M. Costes, Amsterdam-Leipzig, chez J. Schreuder & Pierre Mortier le Jeune, MDCCLV, rééd. Paris, Vrin, 1972, p. 7 *sq.* La question de l'empirisme buridanien a été soulevée par l'article pionnier, quoique aujourd'hui daté, de E. A. Moody, « Empiricism and Metaphysics in Medieval Philosophy », *The Philosophical Review*, 67 (1958), p. 145-163 ; voir à ce propos J. Zupko, *John Buridan...*, p. 204-205.

3. Voir *infra*, IIe partie, chap. III, p. 199-202.

4. *Qu. Phys.*, I, 7, f° VIIIva : « Non enim loquor de singularibus simpliciter quia de hiis non est scientia ».

Connaissance universelle, connaissance du singulier

Critique d'une séparation

Dans le premier livre des *Questions sur le Traité de l'âme*, Buridan semble réserver à l'intellect la dimension universalisante de la pensée. « Seul l'intellect peut appréhender l'universel : le sens en effet appréhende toujours le singulier »[1]. Même la cogitative ne donne lieu qu'à des formes de jugement pratique, et non à la formulation d'une règle universelle telle que « tout oiseau de proie doit être fui », « tout loup est dangereux », etc. Cela n'empêche pas l'importance de la sensation, point de départ de toute connaissance humaine ; mais le sens reste rivé au singulier. Certes, quelques argumentations du livre III *De l'âme* ou de la *Physique* émettent bien des hypothèses qui paraissent mettre en cause cette limitation : ainsi un cheval ou un chien ont soif d'eau en général, si bien que l'appétit sensible se porterait déjà vers l'universel[2]. Mais l'appétit n'est pas le sens en tant que puissance cognitive, qui quant à lui appréhende toujours telle chose matérielle singulière.

Du côté de l'intellect en revanche, les choses sont plus complexes. Buridan critique ceux pour qui connaissance singulière et connaissance universelle seraient séparées comme relevant de deux facultés distinctes : le sens, du fait qu'il est étendu et situé de façon précise dans un organe corporel, ne pourrait par nature connaître que singulièrement, tandis que l'intellect, immatériel et inétendu, aurait pour nature de connaître universellement et non singulièrement[3]. Cette opinion est jugée « défectueuse » pour de nombreuses raisons. Ainsi, de même qu'il faut un sens commun pour percevoir la différence et la convenance entre une sensation et une autre, de même il faut une faculté qui perçoive la différence entre l'universel et le singulier, ou mieux entre connaître universellement et connaître singulièrement ; or cela suppose qu'elle connaisse selon les deux modes, et cela ne peut être le cas

1. *Qu. de* an., I, qu. 5, éd. Lockert reprise dans B. Patar *Le Traité de l'âme de Jean Buridan [de prima lectura]*, p. 512 : « Solus intellectus apprehendit universale, sensus enim semper apprehendit singulare ». Faute d'édition critique du livre premier de la *tertia et ultima lectura*, je citerai l'édition Lockert, dont on considère généralement qu'elle contient un texte composite, mêlant la deuxième et la troisième lecture de Buridan.

2. *Qu. Phys.*, I, 7, f° VIIIva : « [...] appetitus sensitivus ita est extensus et materialis sicut sensus, et tamen equus et canis per famem et sitim appetunt modo universali, non enim hanc aqua vel avenam magis quam illam, sed quamlibet indifferenter » ; on trouve un argument semblable dans les *Questions sur le traité de l'âme*, III, qu. 8, p. 225.

3. *Qu. de an.*, III, qu. 8, p. 70 : « [...] visum fuit aliquibus quod sensus, ex eo quod habet extensionem et situm determinatum in organo corporeo, non habet naturam cognoscendi universaliter sed singulariter. E converso autem intellectus, quia est immaterialis et inextensus, et non determinans sibi situm in organo corporeo, habet naturam intelligendi universaliter et non singulariter » ; *Qu. Phys.*, I, qu. 7, f° VIIIvb : « quidam dicunt quod hec est natura intellectus quod nunquam intelligit nisi universaliter et etiam hec est natura sensus quod nunquam sentit nisi singulariter. Sed hoc est male dictum [...] ».

que de l'intellect[1]. Ensuite, par la faculté de connaître (*virtus cognoscitiva*) nous formons des propositions telles que « Socrate est un homme » ou « toute pierre est Socrate », et il faut bien juger de leur vérité ou de leur fausseté ; seul l'intellect est à même de le faire, en rapportant l'un à l'autre un concept singulier et un concept universel. Enfin, puisque Dieu, qui est un pur intellect, intellige le singulier, il n'est pas de la nature de l'intellect comme tel de n'intelliger qu'universellement. Tout cela concourt à mettre en cause une répartition qui corrélerait strictement puissances et types de connaissance.

On se demande toutefois comment une connaissance universelle est possible, s'il n'existe que des singuliers[2]. Il faut que ce soit la même chose singulière qui tantôt est connue dans sa singularité, tantôt universellement, par le sens et par l'intellect. Il convient alors de faire appel au transfert d'information assuré par la *species*, et à l'homologie exprimée par l'idée, en vérité assez équivoque, de « ressemblance » (*similitudo*). Si l'intellect immatériel peut intelliger universellement des choses, y compris des choses matérielles, qui sont singulières, c'est grâce à la médiation des *species* :

> Si donc nous voulons assigner une cause, quoique non suffisante, en raison de laquelle l'intellect peut intelliger universellement, bien que les choses intelligées n'existent pas universellement ni ne soient universelles, je dis que la cause en est que les choses sont intelligées non parce qu'elles seraient elles-mêmes dans l'intellect, mais parce que leurs *species*, qui sont des similitudes représentatives d'elles, sont dans l'intellect[3].

1. *Qu. de an.*, III, qu. 8, p. 71 : « [...] ita etiam, cum ponimus differentiam inter universalem et singularem, vel inter universaliter et singulariter cognoscere, necesse est nobis ponere unam virtutem quae ambo vel utroque modo cognoscat. Et si est aliqua una virtus talis, tunc omnes ponerent intellectum esse talem » ; cf. *Qu. Phys.*, I, 7, f° VIIIvb.

2. Jean Buridan rappelle au début de la question 8 sur le livre III du *Traité de l'âme*, p. 64, le résultat de la critique de l'universel dans les *Questions sur la Métaphysique* (voir *infra*, IIIe partie, chap. Ier, p. 238-245) : « [...] praeter animam nostram, scilicet extra, non est equus universalis distinctus ab equo singulari vel equis singularibus, nec lapis universalis praeter lapides singulares, et sic de aliis (prout supponimus ex septimo *Metaphysicae*) [...] » ; de même dans les *Questions sur la Physique*, I, qu. 7, f° VIIIrb : « Sed iterum secundum Platonem alio modo dicuntur universalia in essendo extra animam, vel illud quod ad extra significatur immediate per terminum singularem est res singularis, ut Sortes vel Plato, hoc homo vel ille, et id quod ad extra immediate significatur per terminum universalem est res universalis exta animam distincta a singulari et a rebus singularibus [...]. Sed in VII° *Metaphysice* reprobata sunt huiusmodi universalia, immo omnis res singulariter existit ita ut sit diversa ab unaquaque aliarum rerum et nunquam possibile est terminum supponentem precise pro una re affirmari vere pro termino supponente pro alia precise. Immo si Sortes est homo, eadem res penitus est Sortes et homo. Ideo sic non sunt ponenda universalia preter animam a singularibus distincta ».

3. *Qu. An.*, III, qu. 8, p. 73 : « Si ergo volumus assignare unam causam, licet non sufficientem, quare intellectus potest intelligere universaliter, quamvis res intellectae nec universaliter existant nec universales sint, ego dico quod haec est causa, quia res intelliguntur non propter hoc quod ipsae sint in intellectu, sed quia species earum, quae sunt similitudines repraesentivae earum, sunt in intellectu » ; cf. *Qu. Phys.*, I, 7, f° VIIIvb : « Dico ergo sicut mihi videtur quod una causa est in hoc quod intellectus intelligit universaliter licet existat singulariter et res intellecta singulariter, et intentio etiam singulariter, et ratio

L'intellect à donc affaire à des images mentales, qui sont des « similitudes » au sens où elles sont « représentatives » des choses. À partir de là, le concept universel rend possible la signification indifférente d'une pluralité rassemblée en raison de la « ressemblance » de telles images. Il n'y a pas signification d'un universel, mais signification universelle, laquelle se résout en dernière analyse en (possibilité d'une) référence multiple, comme chez Guillaume d'Ockham, à cette différence importante près que l'intellect, selon Buridan, ne pense les choses que grâce à des images mentales (*species*) qui en sont représentatives. Tout comme Guillaume d'Ockham, Buridan admet que dans le monde les choses ont entre elles des ressemblances, substantielles et accidentelles[1]. C'est entre les choses de même espèce dernière que cette ressemblance essentielle est la plus grande, si bien que l'on ne peut les distinguer que par des différences accidentelles, voire par une différence de lieu (*per alietatem locorum vel situs*). Buridan en conclut que ce qui est représentatif de l'un est alors représentatif de l'autre[2], si bien que cette représentation est plurielle. C'est de cette façon qu'on peut comprendre que tous les hommes soient intelligés indifféremment (*indifferenter*) par un seul et même concept, dont est tiré le nom commun « homme »[3].

Ainsi donc, l'intellect intellige par des concepts communs les choses singulières. Mais nous avons vu plus haut qu'il devait aussi pouvoir les intelliger sur un autre mode, dans leur singularité. Comment est-ce possible ?

Connaître le singulier

La question est soulevée dans la question 20 sur le livre VII de la *Métaphysique* : « Est-il possible de connaître quelque chose singulièrement sans en avoir de sensation[4] ? » À cette question « fort difficile », Buridan répond principalement par des considérations logico-linguistiques sur le nom propre logique et le concept singulier. À la différence des termes qui sont singuliers du seul point de vue

huius est quia res intelliguntur non per hoc quod sunt apud intellectum sed per sua similitudinem existentem apud intellectum ».

1. *Qu. An.*, III, qu. 8, p. 73 : « Tunc accipimus quod res extra animam singulariter existentes de eadem specie vel de eodem genere habent ex natura sui similitudinem seu convenientiam essentialem maiorem quam illae quae sunt diversarum specierum vel diversorum generum » ; *Qu. Phys.*, I, 7, f° VIIIvb : « Res autem extra ex natura et ex essentia sua habent inter se convenientiam et similitudinem ut suppono et postea declarabo ».

2. *Qu. An.*, III, qu. 8, p. 75 : « Ideo consequitur, ex quo repraesentatio fit per similitudinem, quod illud quod erat repraesentativum unius erit indifferenter repraesentativum aliorum ».

3. *Qu. An.*, III, qu. 8, p. 75 : « Ex hoc finaliter infertur quod cum species (et similitudo) Sortis fuerit apud intellectum et fuerit abstracta a speciebus extraneorum, illa non magis erit repraesentatio Sortis quam Platonis et aliorum hominum ; nec intellectus per eam magis intelliget Sortem quam alios homines. Immo sic per eam omnes homines indifferenter intelliget uno conceptu, scilicet a quo sumitur hoc nomen "homo". Et hoc est intelligere universaliter » ; *Qu. Phys.*, I, 7, f° VIIIvb : « Ideo si omnes asini ex natura rei habent adinvicem convenientiam et similitudinem, oportet quod quando species intelligibilis in intellectu representabit per modum similitudinis aliquem asinum, ipsa simul indifferenter representabit quemlibet asinum ».

4. *Qu. Metaph.*, VII, qu. 20, f° LIVra-va.

grammatical, il convient de limiter le champ des noms propres logiques à ceux dont le signifié immédiat est un concept simple [1] qui ne peut, par nature c'est-à-dire en raison de son mode d'imposition, supposer que pour un individu [2]. Une série d'exclusions aboutit ainsi à poser que « il n'y a d'autre concept singulier que celui d'une chose sur le mode de l'existant, en présence et dans le champ du connaissant » [3].

Percevoir le singulier, l'appréhender par une puissance cognitive quelle qu'elle soit, ou mieux percevoir une chose singulièrement, *singulariter*, c'est la percevoir « sur le mode de l'existant » (*per modum existentis*) et face à face « dans le champ du connaissant » (*in prospectu cognoscentis*) [4]. Ces deux critères se renforcent l'un l'autre. Connaître sur le mode de l'existant, c'est principalement connaître quelque chose comme présent, mais aussi comme donné à une puissance cognitive qui le perçoit actuellement. Le *prospectus* introduit un modèle visuel, tout en suggérant une ouverture à ce qui fait face. Selon cette double exigence, le sens externe peut sans aucun doute connaître singulièrement (*singulariter*) et par une monstration déterminée (*demonstratione signata, consignate*). Mais percevant les substances matérielles (puisqu'il est lié à un organe corporel) il ne perçoit que « ceci » ou « cela ». Qu'est-ce à dire ? Il perçoit certes un individu, mais en mêlant de façon confuse la substance, les qualités telles que la couleur et la grandeur, et le lieu où il apparaît. Pour démêler ces composantes, il faudrait procéder à une abstraction, séparer la *species* de la substance de celle de la blancheur, ce que le sens ne peut faire.

Or cette exigence primordiale a pour conséquence que je ne connais pas Aristote comme singulier de façon absolue et propre (*per modum simpliciter singularem*), puisque je ne l'ai jamais perçu « in prospectu cognoscentis ». Je ne le connais jamais que par quelque description définie [5]. « Aristote » est incontesta-

1. Ce qui exclut un terme tel que « Antéchrist ».

2. Ces précisions excluent les termes tels que « dieu » ou « soleil », qui ne supposent effectivement dans ce monde que pour un individu, mais qui sont institués de telle sorte qu'ils pourraient supposer pour plusieurs sans nouvelle institution.

3. *Qu. Metaph.*, VI, qu. 20, f° LIVva : « nullus est conceptus singularis nisi sit conceptus rei per modum existentis in presentia et in prospectu cognoscentis ».

4. Voir *Qu. Phys.*, I, 7, f° VIIIvb (ms. C f° 10va) : « [...] ex eo aliquid [aliud 1059] percipitur singulariter quia percipitur per modum existentis in prospectu cognoscentis » ; cf. *Qu. An.*, III, 8, p. 75-76 : « Ad solvendum illas dubitationes debemus ex septimo *Metaphysicae* videre modum percipiendi rem singulariter, scilicet quia oportet eam percipere per modum existentis in prospectu cognoscentis ». Dans *QAPost.*, I, qu. 4, Buridan utilise dans un argument le même concept mais appliqué au sens : « oportet sensum vel intellectum primo moveri ab aliquo ente quod manifeste appareat esse, et non posset evidentius probari quam quia apparet in prospectu sensus ». On pourrait être tenté d'assigner comme source lointaine Aristote, *Métaphysique*, Z, 15, 1041 a 2-4 : « Les êtres corruptibles, en effet, ne se manifestent plus à la connaissance quand ils disparaissent du champ de la sensation » ; mais dans les traductions latines ne se trouve nullement l'expression « in prospectu cognoscentis », et la problématique est à l'évidence toute différente.

5. *Qu. An.*, III, qu. 8, p. 77 : « Sed rem significatam isto nomine tu non cognoscis per modum simpliciter et proprie singulare, quia tu nunquam cognoscis Aristotelem distincte a Platone vel Roberto, nisi per circumscriptionem tibi datam ab aliquibus, ut quod Aristoteles fuit unus homo natus in

blement à l'origine un nom singulier, qui a été donné à un individu, et qui était associé chez celui qui l'a nommé et chez tous ceux qui l'ont connu, à un concept singulier. Mais mon intellect est dans une situation différente; car qu'est-ce qu'un *concept* singulier ?

On doit repartir de la division proposée par Porphyre dans l'*Isagoge*[1]. Il convient de distinguer trois sortes de singuliers : Socrate, ce blanc et le fils de Sophronisque. Guillaume d'Ockham semblait privilégier le critère du nom propre[2]. Pour Buridan, la première sorte de singulier considérée est ce blanc, ce qui vient (*hoc veniens*)[3], et c'est là selon lui le singulier par excellence. Pourquoi ? Parce que ce n'est pas la forme linguistique qui nous guide (s'agit-il d'un nom propre ou d'un nom commun ?), mais un processus gnoséologique dans lequel c'est la présence *in prospectu cognoscentis* qui est décisive. Or de ce donné-là, face à une puissance cognitive, c'est le déictique qui est le signe. C'est donc la formulation la plus propre du concept singulier :

> Au sens le plus propre, « ce blanc », « ce qui vient », etc. ont des concepts singuliers qui leur correspondent, puisque le pronom démonstratif « ce » n'est adjoint correctement selon le mode de signifier que si l'on a une connaissance de la chose sur le mode de l'existant dans le champ du connaissant[4].

Quant aux noms tels que « Socrate » ou « Aristote », ils ont bien été institués pour correspondre[5] à des concepts singuliers, par mode de donation et de saisie dans le champ perceptif du connaissant. Mais ils sont ensuite utilisés en l'absence des choses ainsi désignées. La relation primordiale n'est pas réactualisée par l'acte démonstratif comme lorsque je dis « cet homme ». Ils deviennent alors des singuliers par « circonlocution », c'est-à-dire par une description qui, si elle est suffisamment précise, ne convient qu'à un seul[6]. Le troisième type est formé d'une description

Graecia, discipulus Platonis, consultor Alexandri, qui composuit tales libros » ; cf. *Qu. Phys.*, I, 7, f° IXra ; *Qu. Metaph.*, VII, 20, f° LIVva.

1. Porphyre, *Isagoge*, II, § 15, texte grec et latin, traduction par A. de Libera et A.-Ph. Segonds, intro. et notes par A. de Libera, Paris, Vrin, 1998, p. 9. *Cf.* Jean Buridan, *Questions sur Porphyre*, qu. 9, p. 159-160 ; *Qu. An.*, III, qu. 8, p. 78.

2. Guillaume d'Ockham, *Summa logica*, I, c. 19, éd. Ph. Boehner OFM, G. Gál et St. Brown, « Opera philosophica » I, St. Bonaventure N. Y. The Franciscan Institute, 1974, p. 65-67 ; trad. fr. par J. Biard, Mauvezin, TER, 2ᵉ édit. 1993, p. 68-70.

3. En français, on ne dit pas « ce venant », pas plus (*contra aeres*) que « ce publiant », « ce produisant »...

4. *Qu. An.*, III, qu. 8, p. 78 : « Modo propriissime, ille modus "hoc album", "hoc veniens", etc., habet conceptus singulares sibi correspondentes quia illud pronomen demonstrativum "hoc" non apponitur bene secundum modum significandi nisi sit cognitio rei per modum existentis in prospectu cognoscentis ».

5. Buridan emploie ici ce terme vague ; la relation sémantique du nom et du concept est analysée ailleurs.

6. On retrouve ce que Guillaume d'Ockham considérait comme un concept propre mais abstractif, tel que celui par lequel on conçoit Dieu.

qui peut convenir à plusieurs, même si de fait elle ne s'applique qu'à un seul : « le fils de Sophronisque », si Sophronisque n'a qu'un fils, mais pourrait en avoir d'autres.

Ces précisions étant données, on peut mieux comprendre comment l'intellect connaît le singulier. L'intellect doit recevoir une *species*, une image mentale, par l'intermédiaire d'un fantasme, c'est-à-dire d'une image dans la fantaisie ou imagination. Dès lors qu'il reçoit une image correspondant à un tel individu au sens fort, tel qu'il donné dans le champ du connaissant, on peut estimer qu'il le conçoit singulièrement :

> Lorsque l'intellect reçoit du fantasme une image mentale ou une intellection de Socrate avec une telle confusion de grandeur et de site, faisant apparaître la chose sur le mode de l'existant dans le champ du connaissance, l'intellect l'intellige sur un mode singulier [1].

Dans ce cas, il le reçoit encore dans une certaine indistinction de la substance et des accidents, mais comme un singulier, car le sens interne, la mémoire ou et le fantasme, bien qu'ils ne soient plus dépendants de l'existence actuelle, représentent les choses comme elles étaient dans la sensation [2]. C'est seulement en analysant ces différentes composantes qu'il le concevra universellement, par exemple comme « homme », ou comme « blanc ». Et c'est évidemment l'intellect qui se révèle alors puissance d'universalisation :

> Si l'intellect peut distinguer dans cette confusion et abstraire un concept de substance ou de blancheur du concept de site, de sorte que la chose ne soit plus perçue sur le mode de l'existant dans le champ du connaissant, on aura alors un concept commun [3].

1. *Qu. An.*, III, qu. 8, p. 79 : « cum intellectus a phantasmate recipit speciem vel intellectionem Sortis cum tali confusione magnitudinis et situs, facientem apparere rem per modum existentis in prospectu cognoscentis, intellectus intelligit illum modo singulari » ; cf. *Qu. Phys.*, I, 7, f° IXra : « Sed iterum considerandum est quo intellectus qui supra sensum est virtus multo potentior et nobilior potest distinguere huius confusionem [...]. Intellectus poterit abstrahere speciem vel noticiam lapidis a specie vel noticia huius situs vel alterius, et sic intelligitur lapis [...] et tunc indifferenter omnis lapis intelligitur conceptu communi, non magis hic quam ille ».

2. Voir *Qu. Phys.*, I, 7, f° IXra : « [...] in sompno per fantasiam et sensum communem apparet totum ita esse in prospectu sensus secundum determinatum situm sicut in vigilio ».

3. *Qu. An.*, III, 8, p. 79 : « Si intellectus potest illam confusionem distinguere et abstrahere conceptum substantiae vel albedinis a conceptu situs, ut non amplius res percipiatur per modum existentis in prospectu cognoscentis, tunc erit conceptus communis ». Buridan estime en fait que toute puissance qui serait capable d'une telle abstraction, d'une certaine façon connaîtrait universellement, y compris si c'était le sens ; voir *Qu. An.*, III, 8, p. 80 : « Et quaecumque virtus potest facere huiusmodi abstractionem, sive illa sit sensus sive intellectus, illa potest universaliter cognoscere » ; cette éventualité n'est pas développée ; on peut se demander si ce n'est pas une hypothèse purement formelle, même si elle introduit une référence à Alexandre.

La primauté de la connaissance singulière

La question de l'antériorité et de la priorité de la connaissance universelle ou de la connaissance singulière est examinée en deux lieux principaux : la question 7 sur le livre I de la *Physique*, qui demande « Est-ce que les universels nous sont plus connus que les singuliers ? » (*Utrum universalia sunt nobis notiora singularibus*), et la question 8 sur le livre III *De l'âme*, qui demande « Est-ce que l'intellect intellige l'universel avant le singulier ou inversement ? » (*Utrum intellectus prius intelligat universale quam singulare, vel e converso*). Chaque fois la question est qualifiée de difficile [1]. Dans les deux cas, on suppose que ce sont les mêmes choses qui sont connues tantôt singulièrement, par des concepts singuliers, tantôt universellement, par des concepts universels, et l'on trouve de longs développements visant à préciser comment se combinent appréhension singulière et appréhension universelle.

Dans les *Questions sur le Traité de l'âme*, l'occasion de cette interrogation est fournie par le passage où Aristote écrit que l'universel ou bien est postérieur ou bien n'est rien [2]. Dans le cas de l'universel par causalité, la cause universelle est clairement antérieure aux causes singulières. La cause la plus universelle est Dieu, dont la priorité ontologique est indiscutable, mais il faut aussi compter les intelligences et les corps célestes. D'un point de vue physique, cela suppose, quoique ce ne soit pas explicité, que Buridan accepte une forme de causalité céleste sur les corps ici-bas. Cela permet aussi de donner une explication à une phrase souvent citée de la *Métaphysique* d'Aristote selon lequel le plus universel est le plus éloigné de nous [3]. Mais c'est l'universel par prédication et signification qui nous intéresse le plus. Dans ce cas, la réponse est complexe et nuancée.

D'un certain point de vue, le singulier est antérieur à l'universel. Les deux, en effet, sont des concepts de l'âme par lesquels des choses sont connues et conçues : les universels sont « des termes communs prédicables de plusieurs suppôts, signifiant plusieurs ou encore supposant pour plusieurs » [4], tandis que les singuliers sont des termes discrets, qui par conséquent signifient une seule chose et peuvent supposer pour une seule. Or la chose est d'abord connue singulièrement :

1. Qu. *Phys.*, I, qu. 7, f° VIIIra « In ista questione latent multe difficultates » ; f° VIIIva : « Sed tamen de singularibus simpliciter est ista questio valde difficilis » ; *Qu. An.*, III, qu. 8, p. 70 : « Ista quaestio implicat in se plures maximas difficultates ».

2. Voir Aristote, *De l'âme*, I, 1, 402 b 7-8 : « [...] alors que l'animal, dans sa généralité, soit n'est rien soit est secondaire [...] » ; *Aristoteles latinus*, Guillelmus de Morbeka reuisor translationis Aristotelis secundum Aquinatis librum *De anima* (transl. noua, Iacobi Venetici translationis recensio), Clavis 12.2, lib. 1, c. 1 : « animal autem uniuersale aut nichil est, aut posterius ». Mais dans le texte d'Aristote il s'agit d'une simple question.

3. *Qu. An.*, III, 8, p. 68 : « Item in Prohemio *Metaphysicae* dicitur quod maxime universalia sunt difficillima ad cognoscendum quia sint a sensu remotissima » ; *cf.* Aristote, *Métaphysique*, A, 2, 982 a 22-25 ; *Arist. lat.*, Iacobus Veneticus translator Aristotelis, *Metaphysica* libri I - IV. 4 (siue translatio uetustissima), Clavis : 25.1.1 (M), lib. 1, c. 2, p. 8 : « fere autem et difficillima hec cognoscere hominibus, maxime universalia ».

4. *Qu. An.*, I, 5, éd. Lokert, dans B. Patar, *op. cit.*, p. 512 : « [...] termini communes praedicabiles de pluribus suppositis, significantes plura vel etiam supponentes pro pluribus ».

> Or nous connaissons d'abord la chose singulièrement avant de la connaître universellement ou communément, pour autant que seul l'intellect appréhende l'universel : le sens appréhende en effet le singulier, et il nous est nécessaire de connaître les choses par le sens avant de les connaître par l'intellect [1].

À ce stade, on en reste à la priorité de l'appréhension sensible sur l'appréhension intelligible ; or la première à affaire seulement au singulier ; donc la connaissance commence par le singulier. Dès ce moment, Buridan parle de concept : « Donc nous avons un concept ou un terme singulier avant un universel » [2]. Il semble cependant que cette expression ne désigne encore guère plus qu'une représentation mentale de ce qui est saisi par le sens, ce que l'on appelle ailleurs une « notitia sensitiva ». Mais le plus important concerne la connaissance intellectuelle ou intellective : « Il reste encore la question de la connaissance intellective, à savoir si nous intelligeons la chose universellement avant de l'intelliger singulièrement » [3].

En ce domaine aussi, on commence par la connaissance du singulier : « Je dis en outre que par l'intellect nous avons un concept singulier avant d'avoir un concept universel » [4]. Une fois de plus, cependant, c'est la primauté de l'appréhension sensible qui fournit la justification, compte tenu de la hiérarchie des instances de l'âme et du transfert des *species*. L'âme comprend des puissances qui conservent les images et les présentent aux facultés proprement cognitives. Le point de départ est donc toujours singulier.

À plusieurs reprises, Buridan souligne que cette connaissance intellective singulière est première par rapport à la connaissance universelle, ce qui invalide la doctrine selon laquelle l'intellect connaîtrait certes le singulier, mais de façon indirecte, seconde, réflexive [5]. Nul ne doutera que Thomas d'Aquin et ceux qui le suivent ne soient visés sur ce point. Dans la *Somme de théologie*, Thomas pose que l'intellect ne peut connaître le singulier directement, en revanche il le peut

1. *Qu. An.*, I, 5, p. 512 : « Modo prius cognoscimus rem singulariter quam universaliter sive communiter pro tanto, quia solus intellectus apprehendit universale : sensus enim semper apprehendit singulare, et necesse est nos prius cognoscere res secundum sensum quam secundum intellectum ». Ce point sera repris et approfondi dans le livre III ; cf. *Qu. Phys.*, I, 7, f° VIIIva : « [...] necesse est hominem cognoscere prius [esse] singulariter quam universaliter, quia necesse est hominem prius cognoscere aliquid cognitione sensitiva quam intellectiva. Et tamen nos supponimus quod cognitione sensitiva nichil cognoscatur nisi singulariter, ergo etc. ».

2. *Qu. An.*, I, 5, p. 512 : « Ergo prius habemus conceptum sive terminum singularem quam universalem ».

3. *Qu. Phys.*, I, qu. 7, f° VIIIva : « Sed tunc restat questio de cognitione intellectiva, scilicet utrum prius intelligimus rem universaliter quam singulariter ».

4. *Qu. An.*, I, 5, p. 512 : « Sed adhuc ultra dico quod per intellectum habemus prius conceptum singularem quam universalem » ; cf. *Qu. Phys.*, I, 7, f° IXra : « prius intellectus cogoscit res singulariter quam universaliter [...] ».

5. *Qu. Phys*, I, 7, f° IXra : « Aliqui enim fingunt quod intellectus propter suam immaterialitatem est primo natus [*corr.* ignatus 1509] cognoscere sic universaliter. Sed postea reflectitur super sensum et reflectendo cognoscit singulariter ».

« indirectement et comme par une certaine réflexion »[1]. Bien que ses partisans en appellent à plusieurs passages d'Aristote et d'Averroès, une telle doctrine est déclarée « valde extranea » ; c'est d'ailleurs le concept même de « réflexion » que Buridan récuse, car c'est selon lui un concept qui ne convient que dans le domaine corporel.

À la question de savoir si l'intellect connaît d'abord universellement ou d'abord singulièrement, il faut donc répondre, du moins dans un premier temps, que l'intellect connaît d'abord singulièrement. Le primat de la relation cognitive au singulier est ainsi consolidé. L'esprit connaît d'abord l'individu, et cette primauté prend son sens dans le cadre d'une ontologie du singulier et d'une théorie de la connaissance à tendance empiriste.

Individu vague et individu déterminé

Mais pour le comprendre pleinement, il faut encore faire appel à une distinction exposée longuement aussi bien dans le livre I et le livre III des *Questions sur le traité de l'âme* que dans les *Questions sur la Physique*, à savoir la distinction de l'individu vague et de l'individu déterminé : « pour le sens, il y a deux sortes de singulier, l'un déterminé, l'autre confus ou vague »[2]. La théorie buridanienne est originale, même si elle s'appuie sur une notion dont on pourrait trouver des antécédents en logique[3]. Cette distinction est introduite d'abord pour l'individu tel qu'il est perçu par le sens. Et elle s'applique aux *termes* singuliers, non aux substances – lesquelles sont par soi individuelles. L'individu vague correspond à une expression telle que « hic homo ». C'est là en vérité l'individu « absolument et proprement » (*simpliciter et proprie*), contrairement à ce que pourrait laisser croire le qualificatif « vague » ; une telle désignation est arbitraire, dit Buridan[4] ! C'est un concept proprement individuel puisque par lui on conçoit ce qui est montrable dans le champ de celui qui connaît ; mais il est encore inanalysé et en ce sens confus. L'individu déterminé, au contraire, est nommé par une expression telle que « Socrate » ou « Platon », et s'il n'est pas perçu comme existant dans le

1. *Summa theologiae*, Iª pars, qu. LXXXVI, art. 1, resp., Sancti Thomae Aquinitatis doctoris angelici *Opera omnia*, t. V : prima pars Summae theologiae a questione L usque ad questionem CXIX, Romae, ex typographia polyglotta, MDCCCLXXXIX, p. 347 : « Respondeo dicendum quod singulare in rebus materialibus, intellectus noster directe et primo cognoscere non potest. [...] Indirecte autem, et quasi per quandam reflexionem, potest cognoscere singulare ». Voir F.-X. Putallaz, *Le Sens de la réflexion chez Thomas d'Aquin*, Paris, Vrin, 1991.

2. *Qu. An.*, I, 5, p. 512 : « [...] apud sensum est duplex singulare, quoddam determinatum, aliud confusum sive vagum ». Dans les *Questions sur la Physique*, on trouve un long développement en I, 7, fº IXvb.

3. On en retrouvera aussi l'écho jusque dans l'« Adam vague » de Leibniz, voir par exemple *Lettre au Landgrave Ernest de Hesse-Rheinfels du 12 avril 1686*, dans *Discours de métaphysique et correspondance avec Arnauld*, Paris, Vrin, 1970, p. 85.

4. *Qu. An.*, III, 8, p. 80-81 : « [...] vocatur ad placitum vagum, quia similis vox convenit pluribus secundum diversas demonstrationes ».

champ de celui qui connaît il est descriptible par une collection de propriétés qui correspond, dans le meilleur des cas, à une seule chose signifiée par ce terme.

Or selon que l'on considère l'individu en l'un ou l'autre de ces sens, le rapport de la connaissance du singulier à la connaissance de l'universel varie. Ainsi, en ce qui concerne l'individu déterminé, il n'est pas exact que je le connaisse d'abord singulièrement. Quand on voit quelqu'un, on commence par l'appréhender à travers des concepts communs et confus, avant de le préciser et particulariser. Je perçois d'abord un corps, puis un animal, puis par exemple un cheval :

> Ainsi, si tu vois quelque chose de loin, tu jugeras par la vue que ceci est un corps avant de juger que ceci est un animal ; et quand tu en approcheras, tu jugeras que c'est un animal, cependant tu ignoreras si c'est un cheval ou un âne ; ensuite, en t'approchant davantage, tu jugeras que c'est un cheval, mais tu ignoreras encore si c'est Brunel ou Favel ; et enfin tu verras que c'est ton cheval, Brunel [1].

Il se peut même que je croie percevoir un âne avant de me raviser et de voir que c'est un homme [2]. Dans un des arguments avancés au cours des *Questions sur la physique*, Buridan fait appel sur ce point à Avicenne [3]. Je progresse de détermination en détermination avant d'avoir à l'esprit une description suffisamment complète à laquelle je subordonnerai le nom « Socrate ». En revanche, concernant l'individu vague désigné par le terme « cet homme », il est perçu en premier et par le sens et par l'intellect, et c'est seulement ensuite que, progressivement, sont abstraits des concepts de plus en plus universels.

Le processus proprement psychologique d'appréhension de l'individu sensible, pour peu qu'on le considère dans son effectivité complexe, ne se réduit donc pas à la sensation singulière. L'individu vague, qui est absolument individuel, est le référent du terme universel auquel il correspond directement (cet homme). Mais en tant que terme singulier, il dépend du sens, tandis que l'universel relève de l'intellect. L'individu vague est donc par lui-même un trait d'union entre le sens et l'intellect. Buridan décrit la perception comme impliquant déjà cette forme d'universalité. C'est en dernier et par approximation qu'on détermine le singulier, et c'est le plus difficile [4]. Sur la base de ce *procès de détermination*, on peut en tirer

1. *Qu. An.*, I, 5, p. 513 : « Ut si aliquid videas a longe, prius iudicabis per visum quod ipsum est hoc corpus quod iudices ipsum esse hoc animal ; et cum magis prope veneris, iudicabis ipsum esse hoc animal, ignorabis tamen utrum equus an asinus ; postea magis appropinquans iudicabis esse hunc equum, ignorabis adhuc utrum Brunellus an Favellus ; et ultimo videbis quod est Brunellus equus tuus ».

2. C'est ce qui donne lieu au sophisme « Tu crois que tu es un âne », déduit de la croyance que ton père est un âne : voir *Summulae de practica sophismatum* (*SL* IX), ed. by Fabienne Pironet, Turnhout, Brepols, 2004, c. IV, soph. 11, p. 80 ; *Sophismes*, trad. fr. par J. Biard, Paris, Vrin, 1993, p. 142.

3. *Qu. Phys.*, I, qu. 7, f° VIIIra. Ce argument fait suite à un autre, que l'on trouve aussi dans le *Traité de l'âme*, selon lequel les enfants commencent par appeler tout homme « papa » et toute femme « maman ».

4. Voir sur tout ce processus *Qu. Phys.*, I, 7, f° IXvb.

la conséquence que les concepts les plus universels sont formés dans l'intellect avant les moins universels [1].

Si l'on en revient à l'autorité d'Aristote, posant au début de la *Physique* que les choses sont connues plus universellement avant de l'être moins universellement [2], elle doit être interprétée à la lumière de ces deux sortes de connaissance, qui se terminent à l'individu vague ou à l'individu déterminé. Nous connaissons d'abord le singulier, ainsi que cela a été établi, mais il s'agit de l'individu vague. Et nous allons par séparation des déterminations vers des concepts universels qui se référeront à une pluralité de substances individuelles (ou de qualités, ou de lieux, etc.). Dans le processus d'approximation en revanche, nous allons du plus universel (ce corps, cet animal...) au moins universel (ce cheval, Brunel...). Mais il est parfois difficile de parvenir à un individu déterminé, car il est plus facile de concevoir confusément que de concevoir les différences [3].

Il ne s'agit pas pour autant de remettre en cause la priorité de l'appréhension des singuliers à travers les sens. Il n'est pas question de connaissance intellective intuitive directe, du moins si elle devait être indépendante du sens. Au contraire, c'est dans la complexité de l'appréhension sensible que s'enracine cette primauté de l'universel. Il convient donc d'être prudent et précis. Puisque l'universel n'existe pas séparément, mais n'a d'être que dans l'intellect, on peut dire, en un certain sens, qu'il est postérieur au singulier puisqu'il provient d'une abstraction à partir du singulier. J'ai constitué mon concept de cheval à partir de la représentation de chevaux singuliers. Cependant, cela ne veut pas dire que tous les termes singuliers précèdent en moi les termes universels. Qu'est-ce à dire ? Sans doute qu'on a affaire à un processus complexe de va et vient, qui fait que je suis progressivement équipé de concepts universels qui me permettent de reconnaître et de penser les substances singulières. Ce va et vient est remarquable, en ce que d'un côté, le point de départ est sans aucun doute l'appréhension (sensible puis intellective) du singulier (vague), mais de l'autre, le processus d'abstraction va de pair avec un processus de détermination progressive qui fait que je cerne de mieux en mieux l'individu déterminé. La science universelle est bien alors au service de la connaissance du singulier.

1. Voir *Qu. An.*, I, 8, p. 81 : « in abstrahendo, intellectus prius iudicat magis universale quam minus universale, ut corpus prius quam animal » ; *Qu. Phys.*, I, 7, f° IXva « [...] prius et facilius cognoscimus ers secundum conceptus earum communiores quam secundum magis speciales ».

2. *Qu.* Phys., I, 7, f° VIIIra : « Oppositum determinat Aristotelis in isto Prohemio. Dicit enim quod oportet nos procedere ex nobis notioribus in ea que sunt nobis minus nota, ideo concludit dicens unde ex universalibus in singularia oportet procedere, scilicet quod universalia sunt nobis notiora ».

3. *Qu. Phys.* I, 7, f° IXvb : « [...] facilius est cognoscere confuse quam concipere differentias, specialiter si sint parve. ».

Science et nécessité

L'objet nécessaire : de la chose à la proposition

Tous les auteurs médiévaux répètent après Aristote qu'il n'y a de science que du nécessaire. « Nous concevons tous que les choses dont nous avons la science ne peuvent être autrement qu'elles ne sont » [1]. Un tel lien entre science et nécessité n'est d'ailleurs pas spécifique à la philosophie antique et médiévale, on le retrouve dans les descriptions modernes et contemporaines. La loi scientifique est un rapport nécessaire entre les phénomènes. Mais derrière ces convergences verbales, bien des différences d'approche se cachent. Pour Aristote, qui suit Platon sur ce point, la nécessité est liée à l'éternité, alors que pour les Médiévaux seul Dieu est éternel. Depuis la fin du XIIIe siècle, on insiste sur la contingence du créé, ce qui exige de redéfinir la notion de science, en écartant l'un de l'autre le statut de ce qui est visé ou signifié et le statut des propositions scientifiques.

Guillaume d'Ockham, nous en avons déjà parlé et cela a suscité bien des débats parmi ses contemporains, a modifié considérablement la nature et le statut de l'objet de la science. Dès lors que la science se termine à des propositions, dire qu'il n'y a de science que du nécessaire revient à dire qu'elle porte sur des propositions nécessaires. La nécessité scientifique se déploie alors entre deux pôles : d'une part la nécessité des prémisses du syllogisme démonstratif (principes, propositions connues par soi, propositions déjà démontrées), d'autre part la nécessité de la conséquence, c'est-à-dire un certain type de validité des inférences.

Guillaume d'Ockham distingue deux sens de « nécessaire » (mais aussi de « perpétuel » et de « éternel »). « En un sens quelque chose est dit nécessaire [...] parce qu'il ne peut commencer ou cesser d'être par aucune puissance » [2]. Mais en ce sens, seul Dieu est nécessaire. Autrement dit, toute créature est contingente, au sens large où tout ce qui est et qui pourrait ne pas être est contingent [3]. En un autre sens, on appelle nécessaire une proposition qui ne peut pas être fausse, du moins dès lors qu'elle est formulée (oralement ou dans l'esprit) [4]. Le problème n'est donc pas de trouver des réalités nécessaires et éternelles sur lesquelles pourrait porter le savoir, mais de préciser quelle sorte de nécessité l'on peut attribuer à des propositions dans un monde radicalement contingent, dès lors que ces propositions doivent bien se référer d'une manière ou d'une autre aux choses signifiées par ces

1. Aristote, *Éthique à Nicomaque*, VI, 3, 1139 b 19-21 ; *Aristoteles latinus*, XXVI. 1-3, *Ethica Nicomachea*, p. 480 ; cf. *Auctoritates Aritotelis*, ad Eth. VI, n° 109, éd. par J. Hamesse, p. 240 : « Scientia est de hiis que non possunt se aliter se habere, id est de aeternis ».

2. Guillaume d'Ockham, *Summa logicae*, III-2, chap. 5, OT I, p. 512 : « Uno modo dicitur aliquid necessarium [...] quia per nullam potentiam potest incipere vel desinere esse » ; trad. vol. III, p. 165.

3. En un sens plus étroit, la contingence qualifie ce qui est produit par un agent libre. À un premier niveau d'analyse ces deux sens sont très différents, même si, à un second niveau, la contingence ontologique de l'étant naturel peut découler elle-même d'un acte libre : la création divine. Voir par exemple Guillaume d'Ockham, *Scriptum in primum librum Sententiarum Ordinatio*, dist. 1, qu. 6, OP I, p. 501-503.

4. Voir Guillaume d'Ockham, *Summa logicae*, III-2, chap. 5, OT I, p. 512 : « Aliter dicitur necessarium, perpetuum et incorruptibile propositio quae non potest esse falsa » ; trad., vol. III, p. 165.

propositions. C'est ce à quoi s'emploie Guillaume d'Ockham dans la chapitre IV de la seconde partie du IIIe traité de sa *Somme de logique*.

Jean Buridan reprend, en l'infléchissant, la conception ockhamiste de l'objet de la science. Pour lui aussi, en un sens, la science se termine à des propositions; il reprend donc de façon générale la démarche ockhamiste consistant à localiser dans les propositions la nécessité requise par la science au sens fort. Mais son intérêt pour la nature le conduit aussi à énumérer et caractériser minutieusement différents types de nécessité, qu'elle soit logique ou ontologique [1].

Dans une question sur les *Seconds Analytiques*, Buridan s'interroge sur la nécessité requise par la démonstration : « Est-ce que la démonstration est faite de choses nécessaires, dont il est impossible qu'elles soient autrement, perpétuelles et incorruptibles [2] ? » Le sens patent renvoie à ce dont est formée une démonstration, donc à des propositions; mais la formulation est suffisamment ambiguë pour appeler quelques mises au point. Les trois brefs arguments *quod non* sont à cet égard instructifs. Le premier évoque la contingence de toute créature : « en dehors de Dieu, toutes choses sont muables, et par conséquent il est possible qu'elles soient autrement (*possibilia aliter se habere*) » [3]. Le troisième souligne qu'il faut rendre compte de la science des choses naturelles, qui sont engendrables et périssables :

> Il y a de nombreuses connaissances scientifiques des choses naturelles, et cependant celles-ci sont engendrables et périssables, puisqu'il est possible qu'elles se tiennent autrement; en effet, au sujet des éclipses il y a des connaissances démonstratives, cependant les éclipse ne sont pas perpétuelles, ni selon l'individu ni selon l'espèce [4].

Mais les précisions qui sont apportées en préalable à la réponse recentrent le débat sur les propositions :

> Il faut noter que la démonstration est dite, à proprement parler, de la conclusion et à partir des prémisses ou par les prémisses; une conclusion est en effet ce qui est dit être démontré par des prémisses. C'est pourquoi demander si la démonstration se fait à partir de choses nécessaires et dont il est impossible qu'elle soient autrement, ce n'est rien d'autre que demander si les prémisses de la conclusion sont nécessaires et s'il est impossible qu'elles soient autrement [5].

1. Il convient toutefois de noter que l'on trouve aussi dans les œuvres théologiques et physiques d'Ockham de nombreuses précisions sur les différentes acceptions du nécessaire et le contingent; ce n'est pas le lieu de les rappeler ici.

2. *QAPost.*, I, 15. Le terme employé est simplement le neutre « necessaria ».

3. *QAPost.*, I, 15 : « omnia preter deum sunt mutabilia, et, per consequens, possibilia aliter se habere ».

4. *QAPost.*, I, 15 : « multe scientie de naturalibus sunt, et tamen sunt generabiles et corruptibiles, quia possibilia sunt aliter se habere : nam de eclipsibus sunt scientie demonstrative; tamen huiusmodi eclipses non sunt perpetue, nec secundum individuum nec secundum species » – non seulement telle éclipe n'a pas toujours lieu, mais, en dépit de leur régularité, il n'y a pas toujours des éclipses.

5. *QAPost.*, I, 15 : « Notandum est quod demonstratio proprie dicitur ipsius conclusionis et ex premissis vel per premissas; conclusio enim est quod per premissas dicitur demonstrari. Et ideo querere utrum demonstratio sit ex necessariis et ex impossibilibus aliter se habere non est aliud querere quam utrum premisse conclusionis sint necessarie et impossibiles aliter se habere.

Quant au nécessaire, il suffit pour l'heure de rappeler qu'au sens strict, seul ce qui a toujours été, est, et sera toujours est nécessaire [1]. Comment dans ces conditions qualifier de nécessaire un ensemble de propositions ?

Il convient de commencer par écarter plusieurs sens en lesquels on aurait pu entendre la science du nécessaire, mais qui ne conviennent pas ici. En premier lieu, aucune proposition n'est nécessaire au sens où elle existerait de tout temps, car elle peut disparaître de notre esprit et n'être pensée par personne. Que les dispositions de l'esprit composant la connaissance ou la science ne s'adressent pas à des propositions types mais à des instances singulières est souligné dans d'autres textes, notamment dans les *Sophismes*. De même, si l'être d'une proposition n'est pas nécessaire, son être-vrai ne saurait l'être non plus. Par conséquent être-ainsi (*ita esse*) non plus n'est pas nécessaire en ce sens. Une telle expression évoque le signifié de la proposition or, il ne saurait y avoir de signifié intemporel des propositions : « troisièmement, je pose qu'aucun être-ainsi que la proposition signifie n'est nécessaire, à moins que cet être-ainsi ne soit Dieu puisque aucun étant n'est absolument nécessaire si ce n'est Dieu » [2]. Même dans le cadre aristotélicien de l'éternité du monde, on ne peut admettre qu'il en soit éternellement ainsi qu'il est signifié par une proposition telle que « un homme existe », puisque les genres et les espèces n'ont pas d'être par soi, que le signifié d'une proposition comme « homo est » renvoie toujours un homme singulier, et que tel ou tel homme n'a pas toujours existé [3].

C'est par conséquent dans un autre sens, qualifié d'« impropre » ou de « métaphorique », que les propositions sont dites nécessaires :

> Cependant, il faut concéder, comme autre conclusion, que des propositions sont dites nécessaires selon une nécessité impropre, ou métaphorique, à savoir au sens où [...] une proposition est appelée nécessaire parce que toujours, si elle est formée, elle est vraie, ou encore parce qu'elle-même ou une proposition qui lui est semblable, chaque fois qu'elle est formée, est vraie, et ne peut pas ne pas être vraie, si sa signification reste stable [4].

1. Voir *QAPost.*, I, 15 : « [...] proprie loquendo omne illud et solum illud dicitur "necessarium" quod semper est, fuit et erit ». Buridan adopte donc ici une définition « statistique » de la nécessité : est nécessaire ce qui est (ou est vrai) à tout moment du temps.

2. *QAPost.*, I, 15 : « Tertio pono quod nullum ita esse sicut propositio significat est necessarium nisi illud ita esse sit deus, quoniam nullum ens est simpliciter necessarium nisi deus ».

3. Voir *QAPost.*, I, 15 : « Nullus homo fuit semper nec nulli homines fuerunt semper, nec etiam nullus accidens hominis fuit semper, loquendo de tali accidente quod esset ita esse sicut propositio significat ». Comme le précise la suite de l'argument, la situation est plus complexe dans la cas de propositions comme « homo est animal » ou « Deus est » et « Deus est bonus ». Dans ces derniers cas, le signifié, selon Buridan est seulement Dieu lui-même, qui est nécessaire et éternel. Dans le premier cas, *si l'on admet l'éternité du monde* et celle des espèces, alors on peut estimer qu'il y a toujours eu un homme, et que celui-ci était un animal ; par conséquent, si par « ita esse » on entend ce que signifient ces termes ou la vérité de la proposition, alors on peut concéder qu'il en a toujours été comme une telle proposition signifie.

4. *QAPost.*, I, 15 : « Tamen, pro alia conclusione, concedendum est quod propositiones dicuntur necessarie secundum impropriam, seu similitudinariam necessitatem, scilicet ad talem

C'est la même définition que l'on retrouve dans la question 19, qui examine si toute proposition par soi est nécessaire[1]. La précision « elle-même ou une proposition semblable » est couramment utilisée dans les analyses sémantiques des *Sophismes*. Buridan tire toutes les conséquences de son ontologie de la singularité : une proposition est elle-même une chose singulière, qui n'existe que pour autant qu'elle est écrite, parlée ou formée dans l'esprit, à tel point que si je récris ou formule « la même » proposition demain, il s'agira en toute rigueur d'une proposition distincte. Nous appelons donc ici « proposition », comme Buridan, un énoncé complexe, susceptible d'être vrai ou faux, non un contenu mental ou signifié qui en serait distinct. C'est pourquoi il parle toujours d'une proposition « ou de propositions semblables ». Quant à la seconde précision, « stante eius significatione », elle est destinée à prévenir un changement de signification des termes puisque ceux-ci sont arbitraires, par exemple si l'on utilisait dorénavant le mot « dieu » pour signifier « une chimère », auquel cas la proposition « Deus est » ne serait plus vraie et à plus forte raison ne serait pas nécessaire.

Chez Aristote, la nécessité était fortement liée à l'éternité de l'objet. Ici, un certain lien avec l'intemporalité subsiste, mais différemment. Lorsque dans la question 19, la nécessité est assimilée au fait d'être vrai intemporellement, Buridan est conduit à apporter une précision, sous la forme d'une nouvelle distinction. On parle en deux sens de nécessité (comme de possibilité ou d'impossibilité). En un sens absolu, on l'entend sans références aux déterminations temporelles de la proposition[2]. Il s'agit en fait de propositions dont la modalité, entendue en ce sens, ne peut pas varier ; en ce sens, « un certain homme court » ne peut pas être (ni devenir) nécessaire. Le second sens tient compte des déterminations temporelles[3], de sorte qu'une proposition qui est maintenant possible peut, à un moment donné, devenir impossible ou nécessaire. Cette distinction permettra un approfondissement de la nécessité logique : les modalités logiques pourront ainsi faire l'objet d'une réflexion différenciée selon qu'il s'agit de propositions au passé, au présent ou au futur.

sensum quod [...] propositio vocatur necessaria quia semper si formetur est vera, vel etiam quia ipsa vel sibi consimilis quandocumque formatur est vera, et non potest non esse vera stante eius significatione ».

1. Voir *QAPost.*, I, 19 : « Ex eo propositio dicitur necessaria quia omnis talis si proponatur et quandocumque proponitur est vera et non potest esse falsa, vel saltem propositio dicitur necessaria quia quandocumque proponitur qualitercumque significat ita est et non potest non esse ita, modificando istum sermonem secundum sensus alias datos ».

2. Voir *QAPost.*, I, 19 : « [...] uno modo simpliciter et secundum indifferentiam ad omne tempus [...]. Unde necessarium simpliciter dicitur ex eo quod quandocumque propositio proponebatur vel quandocumque proponetur ita est vel erit sicut significabatur et impossibile est quin ita erit vel fuit ».

3. Voir *QAPost.*, I, 19 : « [...] et alio modo secundum quid, attendendo ad differentias temporum ».

Nécessité logique, nécessité réelle

Que la nécessité requise par la science soit une nécessité logique, qui concerne le langage, conduit à formuler de façon plus fine les oppositions et relations entre nécessité logique et nécessité réelle. Simo Knuuttila a montré qu'à la fin du XIIIe siècle et au XIVe se met en place une distinction plus claire de la nécessité conceptuelle, ou logique, et de la nécessité nomique, ou réelle. Duns Scot et Ockham représentent des moments cruciaux de cette évolution [1]. Chez Buridan, la position d'un cours régulier de la nature manifeste cet écart entre l'idée de nécessité naturelle et les critères strictement logiques de la nécessité.

Les principaux développements sur ces questions se trouvent dans les *Questions longues sur le Peri hermeneias,* qui semblent avoir été composées très tôt par Buridan [2], dans les *Questions sur les Premiers Analytiques*, dans les *Questions sur la Métaphysique*, dans les *Questions sur les livres De la génération et la corruption.*

Ce dernier ouvrage propose une exposé sommaire et synthétique de ces différents niveaux de nécessité [3]. En un sens, la nécessité est attribuée aux choses mêmes, *rebus in essendo.* Dans ce cas « est dite nécessaire ou perpétuelle une chose qui est toujours et ne peut pas ne pas être » [4]. Il est clair qu'en ce sens une conclusion ne peut pas être nécessaire, puisqu'elle peut ne pas être, si elle n'est pas formulée. En un autre sens (qualifié de « moins propre »), la nécessité est la modalité d'une proposition, *in essendo vera* – qui fait ici pendant à l'expression *in essendo* utilisée plus haut. Mais il faut encore préciser que cet « être-nécessairement-vrai » peut lui-même être entendu de deux façons, l'une correcte l'autre non. Si on l'entend en un sens absolu, même en ce second sens la nécessité ne s'applique à aucune proposition puisque si elle n'était pas formulée, elle ne serait pas vraie (donc à plus

1. Voir S. Knuuttila, « Natural Necessity in John Buridan », *in* St. Caroti (éd.), *Studies in Medieval Natural Philosophy*, Firenze, 1989, p. 155-176 – contrairement à ce que suggère son titre, cet article ne se limite pas à Buridan, et il reste le meilleur exposé synthétique des théories médiévales de la nécessité ; *cf.* Id., « Nomic Necessity in Late Medieval Thought », *in* S. Knuuttila, R. Työrinoja, St. Ebbesen (eds), *Knowledge and the Sciences in Medieval Philosophy*, Proceeding of the Eighth International Congress of Medieval Philosophy (SIEPM), vol. II, Helsinki, 1990, p. 222-240 ; A. Maier, *Die Vorlaüfer Galileis im 14. Jahrhundert*, « Studien zur Naturphilosophie der Spätcholastik » I, Roma, Edizioni di Storia e Letteratura, 1949, III, chap. 8, « Notwendigkeit, Kontingenz und Zufall », p. 219-250.

2. Même s'il est extrêmement difficile de dater les textes de Buridan, on peut noter que les *Questions sur le Peri hermeneias* sont citées à plusieurs reprises par les *Petites sommes de logique*, lesquelles auraient pu être enseignées pour la première fois à la fin des années 1320 : cf. R. van der Lecq, « Introduction » dans Johannes Buridanus *Questiones longe super Perihemeneias*, Nijmegen, Ingenium Publishers, 1983, p. XIII.

3. Voir John Buridan, *Quaestiones super libros* De generatione et corruptione *Aristotelis*. A Critical Edition with an Introduction, ed. by M. Streijger, P. J. J. M. Bakker, J. M. M. H. Thijssen, « History of Science and Medicine » 17, Leiden-Boston, Brill, 2010, I, qu. 1 : « Utrum de generalibus et corruptibilibus sit scientia », p. 37-42.

4. Voir *Quaestiones super libros De generatione et corruptione* (désormais cité *Qu. de gen. et corr.*), I, 1, p. 39 : « Uno modo prout necessitas attribuitur rebus in essendo ; et sic illa res dicitur necessaria vel etiam perpetua quae semper est et non potest non esse ».

forte raison nécessairement vraie)[1]. Il faut donc l'entendre « sous condition », à savoir que si elle est formulée elle est vraie et ne peut pas être fausse[2]. C'est cette nécessité conditionnelle qui est requise pour une conclusion scientifique. Mais une telle propriété ne dépend pas seulement de la proposition.

Les *Questions sur les premiers Analytiques* examinent la phrase « omnis homo est animal », qui avait donné lieu à des débats depuis le XIIIe siècle. Dans le cadre d'un aristotélisme posant l'éternité d'essences ou de natures, une telle phrase est toujours vraie. Il en va différemment si n'existent que des individus, ou simplement si la vérité des propositions se fonde sur la référence des termes car il convient alors que ces natures soient toujours instanciées – ce qui est une hypothèse supplémentaire, en plus de la seule position de natures intemporelles.

La mise au point qui permet d'éviter la thèse paradoxale selon laquelle « un homme est un animal » ne serait pas une proposition nécessaire consiste à distinguer « nécessité absolue » (*simpliciter*) », « nécessité conditionnelle » et « nécessité *de quando* ». Ce sont trois acceptions de plus en plus restreintes. Dans les *Petites sommes de logique*, Buridan distingue même des « degrés de nécessité », qui recoupent les différents sens énoncés ci-dessus : nécessité absolue d'une proposition qui ne peut en aucun cas être falsifiée, nécessité d'une proposition qui ne peut être falsifiée par aucune puissance naturelle, et nécessité d'une proposition « ex suppositione constantia subiecti » ; on peut même ajouter un quatrième degré, qui restreint le possible au présent et au futur, et qui utiliserait par conséquent les modalités du nécessaire et de l'impossible sur un domaine restreint[3].

Dans les *Questions sur le Peri hermeneias*, Jean Buridan consacre deux questions à la nécessité : l'une dédiée aux futurs contingents : « Utrum omnia futura de necessitate eveniant ? », et l'autre qui revient sur le sens en lequel il convient d'entendre la nécessité logique du présent « Utrum haec sit vera "omne quod est necesse est quando est" ? » Il commence par quelques précisions visant à éviter la confusion entre modalité *de dicto*, portant sur ce que dit une proposition ou sur la proposition elle-même, et modalité *de re*, qui concerne le signifié de la proposition ou de ses termes. Ainsi, on peut admettre qu'il est nécessaire que tout futur soit futur ou qu'il est nécessaire que tout ce qui arrivera arrivera, si la modalité porte sur une proposition puisque celle-ci formule une identité simple, donc toujours vraie, pourvu qu'il y ait quelque chose à quoi se réfère le sujet (ce que l'on nomme la *constantia subiecti*)[4]. En revanche, Buridan pose en deuxième conclusion que « beaucoup de choses arriveront, telles qu'il n'est pas nécessaire qu'elles arrivent »[5], et que « beaucoup n'arriveront pas qui sont telles qu'elles

1. Voir *Qu. de gen. et corr.*, I, 1, p. 39 : « Si dicamus simpliciter quod aliqua propositio sit necessario vera, hoc est falsum, quia omnis propositio potest non esse vera, eo quod ipsa potest non esse ».

2. Voir *Qu. de gen. et corr.*, I, 1, p. 39 : « Alio modo potest intelligi necessitas propositionis sub condicione, scilicet quod quandocumque talis propositio formetur, ipsa est vera et non potest esse falsa ».

3. Voir *SL*, VIII, 6, 3, p. 141.

4. Voir *Questiones longe super Perihemeneias* (désormais cité *Qu. PH*), I, qu. 11, p. 52.

5. *Qu. PH*, I, qu. 11, p. 52 : « multa eveniant que non est necesse evenire ».

peuvent arriver »[1]. Cet argument n'a pourtant pas d'autre fondement que la foi[2]. Il est rare que Buridan fasse appel à un fondement religieux ou théologique. La chose est d'autant plus paradoxale qu'il commente un texte logique qui défend la contingence des choses et des événements, le célèbre chapitre IX du *Peri Hermeneias*, qui faisait certes appel à la délibération mais en donnant à la contingence dans le monde sublunaire une extension plus large que la seule action humaine. En vérité, la problématique des futurs contingents avait connu de nombreux enrichissements et infléchissements tout au long de l'Antiquité tardive et du Moyen Âge. La défense de la contingence qu'Aristote opposait aux Mégariques avait été relayée par les débats entre Aristotéliciens et Stoïciens, dont témoignent le *De fato* d'Alexandre d'Aphrodise puis celui de Cicéron, source majeure transmise au Moyen Âge occidental par Augustin[3] et Boèce. L'antinomie que formule Cicéron entre liberté et prévisibilité (à travers la divination) est transposée par Boèce sur le plan de la prescience divine, fournissant ainsi aux théologiens médiévaux l'occasion de débats riches et complexes[4]. C'est dans ce cadre qu'ont été affinées les théories du possible et du nécessaire, ainsi que la distinction de différents sens de la nécessité.

La première explication fournie par Buridan pour affirmer que peuvent survenir des événements non nécessaires est la liberté divine : Dieu peut créer des hommes en nombre infini ou bien les annihiler tous, ce qu'il ne fait pas. Il s'agit bien d'une croyance : *credimus*... Buridan reprend l'idée, développée notamment par Scot, selon laquelle de nombreux possibles ne sont jamais réalisés en raison de l'infinité de la puissance divine. De même, il transfère ce schéma à la volonté humaine[5] : nous *jugeons* posséder une liberté de choix (*libertas arbitrii*) selon laquelle nous pourrions faire beaucoup de choses que nous ne faisons pas, et pourrions nous abstenir de beaucoup de choses que nous faisons. Cette croyance est indispensable pour que l'on puisse nous imputer les bonnes et mauvaises actions – c'est en quelque sorte un postulat de la raison pratique, mais qui s'appuie sur les motifs concordants de la foi, de l'expérience et des autorités tant philosophiques que théologiques[6]. À partir de là, on peut en tirer des conclusions telles que « ce n'est pas le cas que tout futur arrive par nécessité », « ce n'est pas le cas que tout futur

1. *Qu. PH*, I, qu. 11, p. 52 : « multa non eveniant que possunt evenire ».

2. Voir *Qu. PH*, I, 11, p. 52 : « Et hec conclusio est theologica et ex fide credenda ».

3. *La Cité de Dieu*, V, II, dans *Œuvres de saint Augustin*, vol. 33 : *La Cité de Dieu*, livres I-V, texte de B. Dombart et A. Kalb, Intro. et notes par G. Bardy, trad. fr. par G. Combès, Paris, Desclées de Brouwer, 1959, p. 649 *sq*.

4. Voir résumé dans C. Michon, introduction à Guillaume d'Ockham, *Traité sur la prédestination*, Paris, Vrin, 2007 ; J. Marenbon, *Le Temps, l'Éternité et la Prescience de Boèce à Thomas d'Aquin*, Paris, Vrin, 2005.

5. Précisons cependant que Scot partait à l'inverse de l'expérience de la volonté libre en nous pour donner à penser la liberté en Dieu : voir Duns Scot, *Ordinatio*, I, dist. 44, qu. un., dans *Opera omnia*, éd. C. Balić, vol. VI, Civitas Vaticana, typis polyglottis Vaticanis, MCMLXIII, p. 363-369 ; trad. fr. par O. Boulnois, dans Id. (dir.), *La Puissance et son ombre de Pierre Lombard à Luther*, Paris, Aubier, 1994, p. 284-285.

6. Voir *Qu. Eth.*, III, qu. 1, f° XXXVIIva : « Et ideo simpliciter et firmiter credere volo fide una cum aliqua experientia et dictis [*corr.* J. Zupko, *John Buridan*..., n. 20, p. 392 : actibus *incun.*] sanctorum et

soit futur par nécessité », « ce n'est pas le cas que ce qui arrivera arrivera par nécessité »[1].

Assurément, Buridan manifeste une certaine prudence. La *ratio theologica* qui concerne la prescience divine ne sera pas discutée. En outre « si quelque chose en elle concerne la philosophie, cela doit être laissé à [...] la *Métaphysique*[2] ». Alors pourquoi côtoyer ainsi le terrain théologique ? En premier lieu, peut-être, parce que la question de la liberté humaine sera centrale dans son *Éthique*, et qu'elle apparaît ici comme une donnée de foi[3]. En second lieu, surtout (et c'est ce qui nous intéresse pour l'instant), parce qu'il est essentiel d'isoler cette question afin de libérer le champ d'une certaine nécessité naturelle. Buridan va donc déplacer le point de vue, sans invalider les conclusions précédentes mais en les cantonnant clairement au cas de la volonté libre, sans généraliser à la contingence du monde créé :

> Mais je crois qu'il faut encore poser une conclusion autre que les précédentes : s'il n'existait aucune puissance libre telle que, toutes choses égales par ailleurs, elle puisse produire quelque acte et puisse aussi ne pas le produire, alors toutes les choses qui se produiraient, quand elles se produiraient, il serait nécessaire qu'elle se produisent, et il serait impossible qu'elles ne se produisent pas à ce moment-là, et encore tout ce qui alors ne se produirait pas, il serait impossible que cela se produise[4].

Cette antinomie de la liberté et de la nécessité est amplement développée dans la *Physique* et la *Métaphysique*[5]. Si l'on met de côté la finalité intentionnelle de certains vivants, qui agissent en raison de la représentation qu'ils se font de l'effet que doit avoir leur action, les opérations des étants qui agissent par nature et non par volonté sont régies quant à elles par la nécessité. Cette nécessité, ordonnée temporellement à la manière de la causalité efficiente, est certes une nécessité conditionnée. Conditionnée, en premier lieu, parce qu'elle repose sur la volonté divine qui a créé un tel ordre, lequel n'a pas de nécessité interne – on ne saurait

philosophorum huic credulitate concordantibus et firmiter adhaerentibus quod voluntas ceteris omnibus eodem modo se habentibus, potest in actus oppositos ».

1. Voir *Qu. PH*, I, 11, p. 52.

2. Voir *Qu. PH*, I, 11, p. 53-54.

3. Voir *Qu. Eth.*, VI, 11, Paris, 1513, f° CCIIIra-CCVrb.

4. *Qu. PH*, I, 11, p. 52 : « Sed credo quod adhuc sit conclusio ponenda alia ab istis, scilicet quod si nulla esset potentia sic libera quod ipsa, omnibus rebus eodem modo se habentibus, posset actum aliquem producere et posset etiam illum non producere, tunc omnia que evenient et quando evenient, necesse esset ea tunc evenire et impossible [*corr.* inevitabile] esset quin tunc evenirent, et quecumque etiam tunc non evenirent, inpossibile esset quod evenirent ».

5. Voir *Qu. Metaph.*, IX, qu. 4 ; XII, qu. 1. Une telle « antinomie » ne vaut toutefois que relativement à la nécessité naturelle, et ce point de vue ne constitue qu'un aspect de la doctrine buridanienne de la liberté, qui ne saurait être traitée comme un pouvoir mystérieux, d'origine ou de statut surnaturel. Buridan développe au contraire une analyse complexe du libre arbitre comme propriété naturelle de l'agent volontaire : voir à ce sujet J. Zupko, *John Buridan...*, ch. XV : « Freedom », p. 243-270. Une interprétation mettant la liberté de la volonté au centre de la philosophie buridanienne se trouve chez G. Krieger, *Der Begriff der praktischen Vernunft nach Johannes Buridanus*, Münster, Aschendorff, 1986 ; voir notamment chap. IV : « Die Freiheit des Willens ».

le déduire métaphysiquement –, c'est donc une *nécessité de fait.* Conditionnée, en second lieu, parce qu'elle ne se réalise que sous certaines conditions épistémologiques, c'est-à-dire en faisant abstraction non seulement de la présence, indubitable, d'agents libres (lesquels s'insèrent, d'un autre point de vue, dans ce réseau de causes efficientes ou finales), mais encore des cas surnaturels ou miraculeux. Elle suppose en effet que l'on mette entre parenthèses la possibilité d'une intervention miraculeuse, désignée comme *casus supernaturalis :*

> Autre est la nécessité qui est appelée naturelle, qui n'est pas absolument nécessité. Mais elle est nécessité abstraction faite du cas surnaturel, comme en disant « un âne est un animal », puisque, en faisant abstraction du cas surnaturel, il est nécessaire qu'il y ait toujours quelque âne et ainsi la proposition « un âne est un animal » est par soi, puisque le sujet détermine le prédicat, c'est-à-dire contraint le prédicat à supposer pout tout ce pour quoi suppose le sujet [1].

Comme l'a montré Luca Bianchi, une telle mise à l'écart du miracle remontait à Albert le Grand, et elle était devenue un lieu commun parmi les maîtres parisiens [2]. On en retrouve même l'expression dans les florilèges : « Albert : qu'ai-je à faire des miracles divins quand je parle des choses naturelles [3] ? » Chez Buridan, elle se relie à sa conception d'un cours commun de la nature, qui autorise une évidence conditionnée. Un tel cours commun présuppose sans doute, sur un plan métaphysique, ou de théologie naturelle, l'instauration initiale d'un ordre, ce qui s'exprime à travers l'idée d'une finalité interne et globale (la fin *prima intentione*) [4] ; cette dernière doit être distinguée de finalité externe et particulière, elle ne signifie précisément rien d'autre que la reconnaissance d'un ordre de la nature :

1. *Qu. Metaph.*, V, qu. II, f° XXVIIva-vb : « Alia autem necessitas est que vocatur naturalis, que non est simpliciter necessitas. Sed est necessitas *circumscripto casu supernaturali*, sicut dicendo "asinus est animal", quia *circumscripto casu supernaturali* necesse est semper esse aliquem asinum et sic illa propositio est per se "asinus est animal", quia subiectum determinat sibi predicatum id est determinat quod pro quocumque supponit subiectum predicat pro illo supponit » – c'est moi qui souligne [J. B.]. Dans la *Physique*, Buridan souligne qu'il n'est pas dans le propos du physicien de recourir à Dieu : « [...] nisi recurrens ad universale generans, scilicet a Deum, quod [ms C : qui] in proposito non est naturalis recursus » (*Qu. Phys.*, III, qu. 5, f° XLVIvb ; ms. C f° 69ra).

2. Voir L. Bianchi et E. Randi, *Vérités dissonantes. Aristote à la fin du Moyen Âge*, « Vestigia » 11, Fribourg-Paris, Éditions universitaires - Éditions du Cerf, 1993, p. 59.

3. Voir J. Hamesse, *Les Auctoritates Aristotelis. Un florilège médiéval*, Louvain-Paris, 1974, « Auctoritates super primum librum de generatione », n° 21, p. 168 : « Albertus : Quid mihi de miraculis divinis cum de rebus naturalibus loquor ? » *Cf.* Alberti Magni, *De generatione et corruptione*, I, 1, c. 22, éd. P. Hossfeld, *Opera omnia*, t. V, pars II, Monasterii Westfalorum in aedibus Aschendorff, 1980, p. 129 : « Dico quod nihil ad me de Dei miraculis, cum ego de naturalibus disseram ».

4. Voir J. Biard, « Le système des causes dans la philosophie naturelle de Jean Buridan », dans A. Hasnawi, A. Elamrani-Jamal et M. Aouad (éds), *Perspectives arabes et médiévales sur la tradition scientifique et philosophique grecque*, Leuven-Paris, Peeters - Institut du monde arabe, 1997, p. 490-504, en part. p. 494-498.

> [Dieu] nécessite en effet et ordonne le ciel en son mouvement, et en conséquence, par le ciel et le mouvement du ciel sont nécessitées et ordonnées les choses d'ici-bas davantage que par les agents particuliers [1].

La nature, autonomisée par rapport à la création divine et encadrée par l'ordre nécessitant du « ciel », se trouve ainsi soumise à une nécessité de fait, qui n'est déductible d'aucun plan providentiel, mais qui est contraignante si l'on fait abstraction des agents libres ; seules la présence et l'activité de ces derniers empêchent d'imaginer un nécessitarisme total, comme celui qui est ici attribué à Platon ; selon celui-ci en effet « il est impossible que quelque chose se fasse si ne précèdent pas les causes suffisantes pour que cela se fasse » [2]. Mais dans l'ordre de la nature, pour autant qu'on le distingue de l'ordre de la liberté, on peut poser une sorte de principe de raison suffisante :

> [...] la seconde proposition serait niée d'un agent libre, mais serait concédée d'un agent non libre. à savoir la proposition qui pose que, les causes suffisantes étant posées, de la manière dont elles sont suffisantes pour produire quelque chose, s'ensuit nécessairement cette production, de sorte que rien ne l'empêche [3].

De là résulte un *principe déterministe restreint*, qui vaut pour la causalité naturelle, abstraction faite à la fois des « cas surnaturels » et des actions libres :

> [...] en ce qui concerne la nécessité quant aux actions des agents non libres, des choses qui sont et précèdent suit l'être et l'ordre de toutes celles qui arrivent ensuite, pour autant que, si l'on considérait que Dieu meuve toujours les corps célestes comme ils sont mus maintenant, et n'agirait ensuite que sur un mode naturel, sans miracle particulier, et si l'on ne posait pas d'autres agents ayant une volonté libre, alors, de tout ce qui arriverait, il serait nécessaire que cela arrive, et il serait impossible que cela n'arrive pas [4].

1. *Qu. Phys.*, II, qu. 7, f° XXXVrb : « Necessitat enim et ordinat celum in motu suo, et consequenter per celum et motum celi necessitantur et ordinantur ista inferiora principalius quam per agentia particularia ».

2. *Qu. Metaph.*, VI, q. 5, f° XXXVvb : « impossibile est quod aliquod fiat nisi precedant cause sufficientes ad hoc quod ipsum fiat ».

3. *Qu. Metaph.*, VI, q. 5, f° XXXVI vb : « [...] sua secunda propositio negaretur de agente libero, sed concederetur de non libero, scilicet illa propositio que dicit quod positis causis sufficientibus, eo modo quo sunt sufficientes ad aliquid producendum, sequitur necessario productio ita quod nihil sit impediens ».

4. *Qu. Phys.*, II, q. 13, f° XXXIX vb (ms. C f° 58rb) : « [...] de necessitate quantum ad actiones non liberorum agentium, ex eis que sunt et precedunt [1509 : procedunt] sequitur esse et ordo omnium que posterius eveniunt, in tantum quod, si Deus poneretur movere semper corpora celestia sicut nunc moventur, et nunquam agere de cetero nisi modo naturali, sine miraculo speciali, et non ponerentur alia agentia libere voluntatis, tunc de eo omni quod eveniret, necesse esset [ms. C : est] ex nunc quod ipsum eveniret, et impossibile [*corr.* inevitabile, ms. C et 1509] esset quin [quoniam 1509] ipsum eveniret ». Ce passage reprend parfois littéralement en le complétant le passage des *Questions sur le Peri Hermeneias* cité plus haut (n. 5, p. 77). Dans les deux textes, on lit « inevitabile », que je me permets toutefois de corriger.

Une telle nécessité régissant l'action des agents non libres ou aveugles est clairement celle de rapports, ou de consécutions entre une chose et une autre, entre un événement et un autre; elle laisse ouverte l'hypothèse de la contingence de telle ou telle existence.

C'est en ayant en vue cette nécessité réelle qu'il est possible de revenir sur la nécessité logique pour en préciser le sens. Dans la question 12 sur le premier livre du *Traité de l'interprétation*, Buridan se penche sur la difficulté majeure de la théorie des modalités depuis le débat entre les Mégariques et Aristote, à savoir le sens de la proposition « il est nécessaire que tout ce qui est soit, lorsque cela est ». Car Aristote lui-même semble tisser le piège lorsqu'il accepte « omne quod est de necessitate est quando est », tout en refusant « omne quod est de necessitate est », autrement dit en acceptant une forme, qui reste à préciser, de nécessité *du présent*. Car si l'irrévocabilité du passé est admise par tout le monde à l'exception de Pierre Damien [1], la nécessité du présent ne risque-t-elle pas d'exclure toute contingence, y compris par transition pour le futur. Quand je suis assis à mon bureau, je ne peux pas ne pas y être assis; dire le contraire serait une contradiction dans les termes. Mais s'il est vrai que je sois assis en un temps t1, il aura toujours été vrai que je serais assis en ce temps t1, donc de toute éternité il était nécessairement vrai que je sois assis en t1 ; à plus forte raison si l'on imagine un sujet absolu qui verrait tout dans un éternel présent [2]. Comment éviter dès lors le nécessitarisme mégarique, selon lequel seul le nécessaire est possible [3] ? Il ne s'agit pourtant pas de réitérer le débat sous la forme qu'il avait prise dans le traité *De l'interprétation*. Buridan répond, dans le prolongement d'indications déjà données par Aristote lui-même, par l'un des outils préférés des médiévaux, à savoir la distinction du sens composé et du sens divisé des propositions.

Il commence par poser comme indubitable la nécessité de « tout ce qui est est quand il est » [4]. Il admet même que la proposition « tout ce qui est est » est nécessaire, puisqu'elle est toujours vraie. Il refuse en revanche le passage de la nécessité qui porte sur l'une ou l'autre de ces propositions – la proposition totale telle que « omne quod est necesse est esse quando est » étant alors entendu en un sens composé – à une nécessité *de re* qui serait impliquée par le sens divisé : « Hec est falsa et neganda : "omne quod est necesse est esse", vel "omne quod est de necessitate est" ». La raison est la contingence de ma propre existence, avancée comme argument

1. Pierre Damien, *Lettre sur la toute-puissance divine*, en part. § 2-5, intro., texte critique, trad. et notes par A. Cantin, « Sources Chrétiennes » 191, Paris, Les Éditions du Cerf, 1972, p. 387-407.

2. C'est ainsi qu'a été comprise la solution boécienne au problème de l'antinomie entre liberté de l'arbitre et prescience divine. Voir J. Marenbon, *Le Temps, l'Éternité et la Prescience de Boèce à Thomas d'Aquin*, p. 31-54.

3. Cette interrogation traverse toute l'histoire de la philosophie. Voir à ce propos J. Vuillemin, *Nécessité ou contingence. L'aporie de Diodore et les systèmes philosophiques*, Paris, Minuit, 1984.

4. Voir *Qu. PH*, I, 12, p. 55 : « Hec conclusio est ponenda indubitanter quod hec est necessaria "omne quod est est quando est". Quandocumque enim proponeretur, ipsa esset vera et inpossibile est ipsam esse falsam ».

« de bon sens ». Or une telle interprétation *de re* apparaît pourtant comme le sens propre des mots, d'où la réponse ultime à la question posée :

> La quatrième conclusion est que la proposition « tout ce qui est, il est nécessaire que cela soit quand cela est » est fausse et doit être refusée si elle est prise au sens propre des mots [1].

Par conséquent, c'est d'abord une affirmation de non-nécessité, plus forte que celle d'Aristote lui-même, qui ressort de l'équilibre global de la question, puisque Aristote distinguait deux expressions dont l'une était vraie et l'autre fausse [2], tandis que pour Buridan elles sont toutes deux fausses, du moins *au sens propre.*

Mais le maître picard cherche ensuite à sauver Aristote en revenant sur le rapport entre nécessité et déterminations temporelles. Loin de vouloir étendre au présent l'irrévocabilité reconnue au passé, Aristote aurait au contraire voulu souligner la spécificité du présent par rapport à une appréhension intemporelle de l'être. Dans les années 1980, tout un débat a été lancé par Simo Knuuttila, à la suite des théories de Jaakko Hintikka, à propos de l'émergence d'une conception non statistique des modalités au Moyen Âge [3]. Il y a des possibles qui ne se réalisent pas, donc des propositions au possible qui pour autant ne sont pas vraies à un moment ou à un autre. Scot serait l'agent majeur de cette innovation selon laquelle si *p* est vrai au moment *t*, dans le même temps il est possible que *non-p*, bien que seulement l'une de ces deux éventualités contradictoires se réalise [4]. Simo Knuuttila, ayant montré l'émergence progressive d'une telle approche, avec des moments forts chez Gilbert de Poitiers et chez Jean Duns Scot, en a noté la présence chez Jean Buridan. Cette lecture à toutefois été nuancée par Ria van der Lecq [5]. En vérité, Knuuttila admet qu'il y a chez Buridan une tentative pour concilier ou combiner les deux modèles [6]. Au XIVe siècle, ceux-là mêmes qui reprennent la conception

1. *Qu. PH*, I, 12, p. 55 : « Quarta conclusio est quod hec est falsa et neganda "omne quod est necesse est esse quando est" si secundum sensum proprium sermonis accipiatur ».

2. « Omne quod est necesse est esse quando est » et « omne quod est necesse est esse ». Voir *De interpretatione vel Peri hermeneias*, c. 9, 19 a 24-25, *Aristoteles latinus* II. 1-2, translatio Boethii [...], translatio Guillelmus de Moerbeka, éd. G. Verbecke, rev. L. Minio-Paluello, Leiden, Brill, 1965, p. 17 (transl. Boethii) : « Igitur esse quod est quando est, et non esse quod non est quando non est, necesse est ; sed non quod est omne necesse est esse, nec quod non est necesse est non esse (non enim idem est omne quod est esse necessario quando est, et simpliciter esse ex necessitate) ; similiter autem et in eo quod non est ».

3. La conception dite « statistique », traditionnellement attribuée à Aristote, considère comme nécessaire ce qui est vrai à tout moment du temps, comme impossible ce qui n'est vrai à aucun moment, et comme possible ce qui est vrai à certains moments et faux à d'autres. On pourrait en tirer comme conséquence que ce qui est possible doit être réalisé à un moment ou à un autre.

4. Voir S. Knuuttila, « Time and Modality in Scholasticism », *in* Id., *Reforging the Great Chain of Being*, Dordrecht-Boston-Leiden, D. Reidel, 1981, p. 163-258 ; art. cit. *supra ;* « Possibility and Necessity in Gilbert of Poitiers », dans J. Jolivet et A. de Libera (éds), *Gilbert de Poitiers et ses contemporains. Aux origines de la Logica modernorum*, Napoli, Bibliopolis, 1987, p. 199-218.

5. Voir « Introduction » à l'édition des *Questions sur le Peri Hermeneias*, p. XLII-LI.

6. S. Knuuttila, « Natural Necessity in John Buridan », p. 174 : « attempt to join statistical and diachronical modalities ».

scotiste, comme Ockham, n'abandonnent pas toujours pour autant toute formulation de la nécessité de la proposition comme vérité omnitemporelle, n'étant pas en mesure de donner une formulation alternative, comme les interprètes contemporains ont cherché à le faire en termes de « mondes possibles ». Buridan revient donc ici sur le basculement incessant de la contingence en nécessité au moment du présent. Dans le passé, une chose a acquis à un certain moment une « détermination », telle qu'ensuite une proposition énonçant qu'elle a été ne pourra pas être fausse. De la même façon, dans le présent, la chose, quand elle est, « acquiert ou a acquis » une détermination, en raison de laquelle une proposition, énonçant que cette chose est ou a été, sera dite nécessaire au sens où ensuite elle ne pourra pas être fausse. Les formules sont flottantes, car on passe du présent au passé, mais Buridan assume : « Il faut en effet *parler ainsi disjonctivement* parce que le temps passe et que le présent devient tout de suite passé »[1]. En revanche, le futur, tant qu'il est futur, n'est pas encore soumis à un tel régime qui le ferait ainsi basculer[2]. La conception purement statistique, selon laquelle est possible ce qui est vrai à certains moments du temps, et est nécessaire ce qui est vrai en tous moments du temps, manquerait cette faille qu'exprime la disjonction « acquiert ou a acquis ». On peut donc distinguer deux sens en lesquels on dit qu'une proposition est nécessaire, possible ou impossible.

En un sens, les modalités se disent d'une façon qu'on peut qualifier de « statistique », ce qui revient à traiter sur le même plan tous les moments du temps :

> En un sens, une proposition peut être dite nécessaire, possible ou impossible, absolument en regard de tout temps, indifféremment. Je la dis « nécessaire » parce que toujours, si elle est proposée, elle a été, est ou sera vraie, et elle ne peut pas, n'a pas pu ni ne pourra être fausse [...]. Nous disons « impossible » une proposition qui ne peut pas, n'a pas pu et ne pourra pas être vraie. Et nous disons « possible » celle qui peut, a pu ou pourra être vraie[3].

En un autre sens, on refuse de traiter ainsi sur le même plan, *indifferenter*, les déterminations temporelles puisque le passé est irrévocable de telle sorte que l'idée de puissance, *potentia*, ne lui convient pas – autrement dit, *en ce sens*, on ne peut pas dire d'une proposition portant sur un fait passé qu'elle est possible. La tripartition des modalités est donc restreinte au présent et au futur – qui de ce point de vue se trouvent mis sur le même plan. En ce sens :

1. *Qu. PH*, I, 12, p. 55 : « Oportet enim *sic disiunctive loqui* propter hoc quod tempus fluit et presens cito efficitur preteritum » (c'est moi qui souligne – J. B.).

2. Voir *Qu. PH*, I, 12, p. 55 : « Sed res que erit, ex eo quod ipsa erit non acquisivit sibi aliquam determinationem [...] que dicit sub disiunsctione quod illa res est vel fuit vel erit ».

3. *Qu. PH*, I, 12, p. 56 : « Uno modo propositio simpliciter secundum respectum ad omne tempus indifferenter potest dici necessaria, possibilis vel inpossibilis. Dico "necessaria" quia semper est, fuit et erit vera, si proponatur, et non potest nec potuit nec poterit esse falsa [...]. Et propositio dicimus "inpossibilem" que non potest nec potuit nec poterit esse vera. Et "possibilem" dicimus que potest, potuit vel poterit esse vera ».

> [...] est dite « nécessaire » celle qui est et toujours sera vraie, et qui ne pourra être fausse, bien qu'avant elle fût fausse. Est dite « impossible » celle qui n'est ni ne pourra être vraie, bien qu'elle pût être vraie. Et est dite « possible » celle qui est ou ensuite pourra être vraie [1].

Une telle distinction a plusieurs conséquences. En premier lieu, un tel basculement incessant des modalités, dans ce creuset insaisissable qu'est le présent, interdit de considérer, du moins sans précision et restriction, qu'une proposition est affectée d'une modalité immuable, comme paraît l'impliquer la conception de la science divine traditionnellement attribuée à Boèce. Ce point sera également souligné dans les *Questions sur la génération et la corruption*, qui opposent deux sens de la possibilité, de l'impossibilité et de la nécessité, le premier indifférent à toute temporalité et le second se rapportant de façon déterminée au présent et au futur. En ce second sens, une proposition qui est vraie et par conséquent possible (« Aristote parle », qui fut vraie ou possible à un moment donnée) peut devenir impossible (une fois qu'Aristote n'est plus), et une proposition fausse devenir nécessaire; au premier sens en revanche, les modalités ne peuvent pas être modifiées [2].

En deuxième lieu, puisque Buridan refuse une sorte d'atomisme temporel qui réifierait l'instant présent [3], un tel flux ne fait que souligner la factualité de l'événement contingent, formulée cette fois de façon non théologique, par des moyens purement logiques.

Enfin, en troisième lieu, une solution originale est proposée à la question initiale : au premier sens des modalités, la proposition « tout ce qui a été, il est nécessaire que cela ait été » (*omne quod fuit necesse est fuisse*) est fausse, puisque l'existence d'Aristote, par exemple, était contingente ; le second sens de la nécessité, en revanche, s'applique bien à une telle proposition : « Au second sens de la nécessité, tout qui a été, il est nécessaire que cela ait été parce qu'ensuite il ne peut pas être faux de dire que cela a été » [4].

Les objets contingents

La science procède de démonstrations, et une démonstration se fait à partir de prémisses nécessaires. Mais les analyses détaillées de la nécessité, tant réelle que logique, auxquelles s'est livré Buridan, permettent de revenir brièvement sur le rapport entre nécessité de la science et contingence de l'objet. C'est parce qu'il est soucieux d'affirmer l'ordre naturel, de préciser le sens acceptable de la finalité,

1. *Qu. PH*, I, 12, p. 56 : « [...] ista dicatur "necessaria" que est et semper erit vera et quod non poterit esse falsa, licet ante fuit falsa. Et dicitur "inpossibilis" que nec est nec poterit esse vera, licet potuit esse vera. Et dicitur "possibilis" quia est vel de cetero poterit esse vera ».

2. Voir *Qu. de gen. et corr.*, I, qu. 4, p. 57-58.

3. Voir *Qu. de gen. et corr.*, I, qu. 6, p. 70-71, où l'on trouve une analyse du terme « instant » à propos de l'hypothèse d'un changement instantané.

4. *Qu. PH*, I, 12, p. 56 : « De secundo modo necessitatis omne quod fuit, necesse est fuisse, quod de cetero non potest esse falsum dicere quod ipsum fuit ».

de souligner la force de l'efficience, que Buridan est plus attentif que d'autres à expliciter le sens de la *nécessité naturelle*. Mais cela ne le conduit ni à affirmer un pur nécessitarisme de type mégarique, ni à nier toute contingence dans le monde, ne serait-ce qu'en raison de la présence d'agents libres. Comment tout cela est-il compatible avec sa définition de la science ?

La science comme disposition de l'esprit est définie, de manière générale, comme une connaissance adhésive, accompagnée de certitude et d'évidence. Or une telle connaissance ne se limite pas aux propositions nécessaires, à plus forte raison aux conclusions démontrées nécessairement. En premier lieu, les principes indémontrables sont évidents par soi. Mais ces principes ne sont pas à proprement parler objet de science ; comme il est précisé dans les *Questions sur les Seconds Analytiques* [1], il sont objet d'intuition (νοῦς, *intellectus*). En second lieu, Buridan cherche constamment à maintenir l'idée d'une « science du contingent ». Pour cela, il recourt à la diversification des sens du mot « science » qu'avait proposée Robert Grosseteste. Pour celui-ci, la *scientia* au sens le plus large est la « compréhension d'une vérité », et elle peut alors inclure un savoir portant sur des « contingents erratiques » ; au sens propre, elle ne concerne que des vérités portant sur ce qui est « toujours ou le plus fréquemment », et ainsi sont connues les choses naturelles, par nature contingentes (*contingentia nata*) ; à ces vérités correspond la démonstration au sens commun. Au sens le plus strict, la science est la compréhension d'une vérité portant sur ce qui est toujours de la même façon ; pour l'Évêque de Lincoln, ce sens est réservé aux mathématiques [2].

Déjà Guillaume d'Ockham, à la suite de Grosseteste, énumérait divers sens de « savoir » (*scire*) [3]. Au sens le plus large, le savoir est l'appréhension évidente d'une vérité ; en ce sens, sont concernées non seulement les vérités nécessaires mais aussi les vérités contingentes, telles que « je sais que tu es assis ». Au deuxième sens, le savoir est l'appréhension évidente d'une vérité qui ne peut pas être fausse, donc d'une vérité nécessaire. Au troisième sens, le savoir est l'appréhension évidente d'une vérité nécessaire, connue au moyen de deux autres vérités nécessaires disposées en mode et en figure ; c'est donc une vérité démontrée.

De même pour Buridan, il convient de distinguer trois sens de *scientia :*

1. *QAPost.*, I, qu. 7 : « Item, notandum est quod habitus, seu notitia, principiorum indemonstrabilium non dicitur "scientia" appropriato nomine, sed vocatur "intellectus" » ; *SL* VIII, 5, 3, p. 123 : « Aristoteles habitum primorum principiorum vocat "intellectum" et habitum conclusionum vocat "scientiam" ».

2. Voir Robertus Grosseteste, *Commentarius in Posteriorum Analyticorum libros*, I, 2, éd. par P. Rossi, Firenze, L. Olschki editore, MCMLXXXI, p. 99 : « Est enim scientia communiter veritatis comprehensio, et sic sciuntur contingentia erratica ; et dicitur scientia proprie comprehensio veritatis eorum que semper vel frequentius uno modo se habent, et sic sciuntur naturalia, scilicet contingentia nata, quorum est demonstratio communiter dicta. Dicitur etiam scientia magis proprie comprehensio veritatis eorum que semper uno modo se habent, et sic sciuntur in mathematicis tam principia quam conclusiones ».

3. Voir *Summa logicae*, III-2, chap. 1er, OP I, p. 506 ; trad. fr. par J. Biard, Chr. Grellard et K. S. Ong-Van-Cung, Mauvezin, TER, 2003 p. 159.

> Il faut cependant noter que, pour sauver les écrits des philosophes, il convient de faire une distinction au sujet du nom « science », comme le fait le Commentateur, au livre I des *Premiers Analytiques*[1].

En un sens large, la science inclura toute connaissance intellectuelle qui accorde son assentiment avec évidence et certitude à des propositions nécessaires ou contingentes : « En effet, la science prise communément est en nous une connaissance adhésive accompagnée de certitude et d'évidence, de sorte qu'elle se distingue de l'opinion [...], qu'elle porte sur une connaissance nécessaire ou sur une proposition contingente »[2]. Le sens propre est plus limité : « Mais proprement le nom de science se restreint à la connaissance intellectuelle d'une proposition nécessaire »[3]. En ce sens, elle inclut la connaissance de conclusions démontrées, mais aussi de principes indémontrables. En un sens plus strict encore, le terme est réservé à la connaissance de vérités qui peuvent être démontrées : « Encore plus proprement, le nom de science est restreint à la connaissance intellectuelle d'une conclusion démontrable »[4]. En ce sens, suivant Aristote, il ne saurait y avoir de science du contingent :

> [...] c'est ainsi proprement et strictement que s'exprime Aristote, chaque fois qu'il dit qu'il n'y a pas de science des contingents ou des singuliers[5].

À propos des *Seconds Analytiques*, on pose la question « Est-ce que la définition de "savoir" dans laquelle il est dit "savoir est connaître la cause de la chose, pourquoi c'en est la cause, et qu'il n'est pas possible que cela soit autrement" est bonne[6] ? » La science au sens strict est produite par la démonstration au sens le plus fort, et elle ne porte que sur le nécessaire et l'immuable :

> [...] la démonstration la plus puissante, dont il est ici question, fait savoir le plus fortement. Donc ici on ne décrit pas « savoir » de façon commune, mais de la façon la plus propre et la plus forte. Un tel « savoir » exige l'évidence, la certitude et la fermeté ; or la connaissance des conclusions contingentes ne peut pas avoir de

1. *SL*, VIII, 4, 3, p. 109 : « Sed tamen oportet notare quod ad salvandum dicta philosophorum oportet distingui de hoc nomine "scientia" sicut distinguit Commentator, primo *Posteriorum* ». Le « Commentateur » est ici Robert Grosseteste.

2. *SL*, VIII, 4, 3, p. 109 : « Scientia namque [quamcumque *del.* J.B.] communiter accepta in nobis est notitia adhaesiva cum certitudine et evidentia, ut distinguatur ab opinione [...], sive sit propositionis necessariae, sive contingens ».

3. *SL*, VIII, 4, 3, p. 109 : « Sed proprie nomen scientiae restringitur ad notitiam intellectualem necessaria propositionis ».

4. *SL*, VIII, 4, 3, p. 110 : « Adhuc magis proprie nomen "scientiae" restringitur ad notitiam intellectualem conclusionis demonstrabilis » ; cf. *Qu. Phys.*, I, qu. 1, Paris 1505, f° IIva : « scientia proprie dicta est habitus per demonstrationem vel demonstrationibus acquisitus ».

5. *SL*, VIII, 7, 9, p. 159 : « [...] ita proprie et ita stricte loquitur Aristoteles ubicumque dicit non esse scientiam contingentium vel singularium » ; voir aussi *SL*, VIII, 6, 2, p. 137 ; cf. *Qu. Phys.* I, qu. 1, 1er arg. *quod non*, f° IIra : « nulla scientia est de casualibus et fortuitis » – argument qui sera toutefois nuancé dans les réponses.

6. *QAPost.*, I, qu. 7 : « Utrum diffinitio ipsius scire sit bona in qua dicitur "scire est rei causam cognoscere, et quoniam illius est causa et non est possibile aliter se habere" ».

> fermeté (et je parle de connaissance adhésive) ; donc le « savoir », comme il est défini ici, ne porte que sur le nécessaire et ce qui ne peut pas être autrement. Donc on peut bien ajouter la clause « et il est impossible que cela soit autrement »[1].

En un sens encore plus restreint, il convient d'ajouter une clause supplémentaire : la science porte sur des conclusions nécessaires, démontrées, et relevant d'une science spéculative, à l'exclusion de l'art et de la prudence. « Et encore plus proprement, nous restreignons le nom "science" à la connaissance intellectuelle adhésive avec certitude et évidence, d'une conclusion spéculative, nécessaire et démontrable »[2].

Tout cela n'empêche qu'on peut bien avoir une connaissance « adhésive accompagnée de certitude et d'évidence » de certaines conclusions singulières aussi bien qu'universelles, contingentes aussi bien que nécessaires, comme le pose le lemme du chapitre VII du VIIIe traité des *Petites sommes*[3]. Selon Buridan, c'est simplement le sujet des *Analytiques* qui a conduit Aristote à se limiter aux sens qui impliquent la nécessité[4], mais il évoque la possibilité d'entendre autrement la science à propos de certains raisonnements pratiques : « En effet, si la science est prise au premier des sens qui sont ici distingués, elle est bien contingente, ou porte sur une conclusion contingente, et les principes la démontrant sont contingents, ou l'un d'entre eux l'est »[5].

La science démonstrative, nécessaire, est donc ouverte sur le contingent de deux côtés. Premièrement, du côté de l'art et de la prudence. Si en effet la science et la prudence doivent être distinguées l'une de l'autre à la suite d'Aristote, Buridan est soucieux de les comparer et même de les rapprocher, y compris dans les *Petites sommes de logique*. La prudence, c'est-à-dire la vertu pratique qui permet de guider l'action morale, procède aussi à partir de principes indémontrables et évidents, mais souvent contingents ; les conclusions surtout sont contingentes puisqu'elles ont trait à une conduite dans une situation donnée :

1. *QAPost.*, I, qu. 7 : « [...] demonstratio potissima, de qua hic intelligitur, facit potissime scire. Ideo hic describitur "scire" non communiter acceptum, sed propriissime et potissime. Tale autem scire exigit evidentiam, certitudinem et firmitatem ; modo notitia conclusionum contingentium non potest habere firmitatem (et loquor de notitia adhesiva) ; ergo "scire", prout hic diffinitur, non est nisi necessarii et impossibilis aliter se habere. Ideo bene ponitur illa clausula "et impossibile aliter se habere" » ; voir aussi qu. 15 : « [...] omnis demonstratio est conclusionis necessarie et ex premissis necessariis et impossibilibus aliter se habere, et hoc intendebat Aristotiles in isto libro ».

2. *SL*, VIII, 4, 3, p. 110 : « Et adhuc propriissime restringimus nomen « scientiae » ad notitiam intellectualem adhaesivam cum certitudine et evidentia speculativae conclusionis necessariae et demonstrabilis ».

3. Voir *SL*, VIII, 7, lemme p. 148 : « [...] notitiam conclusionis adhaesivam cum certitudine et evidentia, sive sit conclusio universalis sive singularis, et sive sit contingens sive necessaria ».

4. Voir *SL*, VIII, 4, 3, p. 110 : « Et Aristoteles in libro *Posteriorum* aliquando capit "scientiam" in secundo praedictorum modorum et aliquando in tertio, et non communissime, ut in primo modo, nec strictissime, ut in quarto ».

5. *SL*, VIII, 5, 3, p. 123 : « Scientia enim capta primo modo illic distincto, ipsa bene est contingens, seu conclusionis contingentis, et principia eam demonstrantia bene sunt contingentia, vel aliquod eorum ».

> Il y a en effet de nombreuses conclusions contingentes de la prudence qui pourtant de fait sont évidentes et sues selon le premier sens de savoir, bien qu'elles ne le soient pas au deuxième, au troisième ou au quatrième sens. Et elles sont évidentes et sues par des raisons qui méritent d'être dites « démonstrations » au sens commun, à savoir celui qui correspond à la science dite au premier sens [...] puisque ainsi elle font savoir leurs conclusions [1].

Buridan donne l'exemple d'un juge qui condamne Platon à tort, sur la base de faux témoignages, mais au moyen d'un raisonnement correct [2]. Quant à l'art, Buridan évoque le domaine de l'art médical, qui n'ignore pas la déduction syllogistique pour l'application à un individu particulier d'un précepte général [3]. Les domaines ne sont donc pas hermétiques l'un à l'autre.

Deuxièmement, la nécessité est articulée au contingent du côté des signifiés de la démonstration. Dans la question de la *Physique* qui a détaillé les différents « niveaux d'objet », comme nous avons dit plus haut, Buridan a posé que l'on n'a de science en tant que disposition portant sur des conclusions démontrées que pour connaître les choses du monde, telles que Dieu et les intelligences, mais aussi les corps, les plantes, les animaux, la santé... La « science naturelle » considère donc toutes les choses signifiées par les termes des conclusions physiques [4], or de telles choses sont muables et contingentes. En ce sens donc, par transition si l'on veut, la science porte sur le contingent. Les difficultés soulevées à ce propos se résolvent aisément pour peu que l'on distingue et articule le niveau des propositions et celui des choses signifiées. En dehors de l'art et de la prudence, dans la champ même des connaissance spéculatives, on peut donc parler de science en un sens large à propos de choses contingentes, dès lors qu'il s'agit de propositions auxquelles on accorde un assentiment ferme, avec certitude et évidence. Ainsi, l'on prévoit avec toute l'évidence et la certitude requises pour la science naturelle qu'il y aura dans telles ou telles conditions une éclipse de lune :

1. *SL*, VIII, 5, 3, p. 124 : « Sunt enim multae conclusiones contingentes prudentiae, quae tamen de facto sunt evidentes et scitae secundum primum modum sciendi, licet non in secundo modo tertio vel quarto. Et illae sunt evidentes et scitae par rationes quae merentur dici "demonstrationes" communiter, scilicet correspondeter scientiae primo modo dictae [...] quia sic faciunt scire suas conclusiones » ; cf. *ibid.* : « Harum ergo demonstrationum prudentialium praemissae sunt scitae cum certitudine et evidentia, cum sic faciant scire suas conclusiones et non procedunt in infinitis in suis praemissis », et en ce qui concerne les principes, *ibid.* : « Quod ergo principium de se evidens et indemonstrabile sit contingens apparet per ea quae dicuntur de prudentia in sexto *Ethicorum* ». Nous reviendrons sur la prudence dans notre deuxième partie.

2. Voir *SL*, VIII, 7, 5, p. 155.

3. Voir *SL*, VIII, 7, 5, p. 154 : « Omnis homo febricitas febre acuta debet se abstinere a vino ; iste homo acute febricitat ; igitur etc. ».

4. Voir *Qu. Phys.*, I, qu. 1, f° IIvb : « Tertia conclusio <est> quod quarto modo scientia naturalis considerat vel est de omnibus rebus, scilicet tanquam de significatis per terminos conclusionum et premissarum quarum et per quas ipsa est demonstrativa, quia [...] "generabile", "ingenerabile", "corruptibile", "incorruptibile", "mobile", "immobile" significant omnes res et supponunt pro omnibus rebus ».

> [...] personne n'a de science démonstrative de la proposition « tel jour la lune subira une éclipse » [...] et il en va de même de la proposition « en telle année, les jours de canicule seront pluvieux » ; cependant l'astronome a bien la science de ce que, le ciel étant dans telle disposition, il y aura une éclipse de lune de telle durée, ou encore que dans tant de temps l'été sera pluvieux [1].

C'est sans doute dans les *Questions sur les livres de la génération et de la corruption* que l'on trouve les développements les plus précis en ce sens, puisqu'on s'y demande, en question liminaire, s'il y a une science des choses engendrables et périssables. Buridan y affirme en premier lieu qu'en prenant la science au premier sens (science des conclusions démontrables) ou au second (science des termes), alors la science porte bien sur des choses engendrables et périssables, à savoir les termes, les propositions et les termes eux-mêmes [2]. En deuxième lieu, et c'est le plus important pour notre propos, en prenant « nécessaire » au sens où ce terme s'applique aux propositions nécessairement vraies, alors il y a une science, au sens qui s'applique aux choses signifiées, tant des nécessaires que des périssables [3]. La raison en est qu'il y a une science, en ce sens, de toutes les choses du monde, puisque toute chose au monde peut être signifiée par les termes « étant », « cause » ou « causé », etc. En troisième lieu, en prenant le nécessaire pour ce qui est nécessairement vrai, au sens conditionné, alors toute science porte sur le nécessaire en tant que conclusion démontrée [4].

La réponse à l'un des arguments initiaux met clairement les étants singuliers en position d'objet ultime de toutes les sciences :

> Quand on dit « des singuliers il n'y a pas de science », moi je réponds que la science démonstrative ne porte pas sur des propositions singulières en tant que conclusions démontrées. Cependant toute science porte sur des choses singulières dans le monde, plus, toute chose au monde existe singulièrement [5].

1. *Qu. Metaph.*, VI, qu. 4, f° XXXIVvb : « [...] nullus habet scientiam demonstrativam de illa propositione "tali die luna eclipsabitur" [...], et sic est etiam de illa propositone "tali anno dies caniculares erunt pluviosi". Sed tamen astrologus bene habet scientiam quod celo existente in tali dispositione fiet eclipsis lune per tantum tempus [*del.* post], vel etiam fiet estas pluviosa per tantum tempus post ».

2. Voir *Qu. de gen. et corr.*, I, qu. 1, p. 39 : « [...] si loquamur de necesitate vel de perpetuitate rei in essendo, tunc omnis scientia quae est de aliquo primo vel secundo modo est de illis tamquam de quibusdam generabilibus et corruptibilibus ».

3. Voir *Qu. de gen. et corr.*, I, qu. 1, p. 39 : « Secunda conclusio quod capiendo secundo modo "necessarium" vel "perpetuum", tam de necessariis quam de corruptibilibus est bene scientia tertio modo dicta » ; je restitue « secundo », qui d'après l'apparat critique est donné par les manuscrits, contre « primo » qui est une conjecture des éditeurs : il me semble en effet qu'ici « primo » n'a ici aucun sens.

4. Voir *Qu. de gen. et corr.*, I, qu. 1, p. 40 : « Tertia conclusio est quod capiendo "necessarium" vel "perpetuum" pro necessitate attributa propositioni in essendo verae modo prius dicto condicionali, omnis scientia est de necessario tamquam de conclusione demonstrata ».

5. Voir *Qu. de gen. et corr.*, I, qu. 1, p. 40-41 : « Ad secundam, quando dicitur "de singularibus non est scientia", ego dico quod scientia demonstrativa non est de propositionibus singularibus tamquam de conclusionibus demonstatis. Tamen omnis scientia est de rebus singulariter existentibus, immo omnis res de mundo singulariter existit ».

Ainsi, la combinaison des différents sens de la science, leur déclinaison du plus strict au plus large, croisée avec l'analyse des divers aspects de la nécessité, permet d'infléchir la science vers une prise en compte fine des choses contingentes, singulières, périssables. C'est sans aucun doute le recentrement sur les critères d'évidence et de certitude qui a permis cet assouplissement des normes de scientificité ; l'étagement des niveaux d'objet, la précision des types de nécessité, la diversification de types de raisonnements, la diverses combinaison de dispositions mentales, convergent vers l'appréhension du monde naturel, en précisant chaque fois les procédures argumentatives mises en œuvre et leur force épistémique.

Deuxième partie

LA SCIENCE ET SON LANGAGE

Chapitre premier

SIGNIFICATION ET RÉFÉRENCE DES TERMES

La science comme disposition de l'esprit s'adresse à des propositions, mais la science des propositions a pour finalité la science des choses que signifient les termes de ces propositions. Une proposition est dans ce contexte un certain énoncé (une suite de signes) susceptible de vérité ou de fausseté, conformément à la définition du traité *De l'interprétation;* c'est un énoncé « déclaratif », un énoncé qui dit quelque chose sur le monde. Toutefois, l'ontologie de Jean Buridan, pas plus que celle de Guillaume d'Ockham, ne saurait admettre d'énoncés ou de mots « types ». Si vous répétez ce que je dis, et que quelqu'un constate que nous utilisons « les mêmes mots », il paraît ainsi supposer l'existence de « mots types » ayant une existence au delà des occurrences singulières, au delà de tel ou tel son signifiant dans votre bouche ou dans la mienne, spatio-temporellement situé, au delà de ce qu'en anglais on appelle des *token sentences*. Si Guillaume d'Ockham n'était pas toujours très précis à cet égard, le sens général de ses textes était sans équivoque : de tels mots-types ou de telles propositions-types, au sens propre, n'existent pas. Buridan, quant à lui, dans ses *Sophismes* [1], fait toujours très attention à considérer une proposition comme une occurrence singulière. Comment dans ces conditions éviter les paradoxes ? Comment pouvoir dire qu'une proposition telle que « Socrate est assis », qui est vraie aujourd'hui si Socrate est assis, sera fausse demain s'il est debout ? Dans de tels cas, Buridan précise toujours que l'on considère une proposition ou une autre qui lui est « semblable », *consimilis* [2]. Certes, une telle caractérisation paraît vague et demande à être précisée : il y a des variations qui doivent être tenues pour inessentielles : « la même » phrase peut-être prononcée avec l'accent provençal ou avec l'accent picard, par exemple, sans que cette variation soit pertinente quant à sa signification et sa valeur de vérité; mais elle nous indique une procédure permettant de déterminer des classes de propositions « semblables » ou équivalentes de ce point de vue. Il faudrait énoncer des critères (et des limites à la variation)

1. Voir *Summulae de practica sophismatum (SL*, IX*)*, ed. by F. Pironet, Turnhout, Brepols, 2004, notamment les chapitres 6 et 7 ; *Sophismes*, trad. fr. par J. Biard, Paris, Vrin, 1993.

2. Voir par exemple *SL*, IX, c. 6, 5 [e] concl., p. 118, trad. p. 196 ; c. 8, soph. 6, p. 150, trad. p. 243.

permettant de combiner une similarité matérielle et une certaine similitude formelle, mais en droit cela semble envisageable.

Cependant, si la disposition mentale qu'est la science doit être une créance justifiée, la proposition à laquelle elle s'adresse n'est pas isolée d'autres propositions, organisées en un discours. La science est alors un langage, entendu comme un ensemble de propositions (au sens précisé ci-dessus) ayant entre elles une certaine organisation, des relations de principes à conséquences ou de prémisses à conclusions.

Un tel usage du mot *scientia* pour désigner un corpus organisé d'énoncés est fréquent. Ainsi dans la *Métaphysique*, la question 3 du livre I demande si la métaphysique est la plus haute des sciences, si elle est la plus noble, la plus certaine ; ou encore dans le livre VI, on s'interroge sur les relations et la hiérarchie entre les sciences que sont la métaphysique, la physique et les mathématiques. On peut encore distinguer les sciences spéculatives et les sciences pratiques. La physique est dite *scientia naturalis*...

En vérité, nombre de ces passages concernent à titre premier un ensemble de dispositions psychiques. Buridan continue non seulement à se référer à la classification du livre VI de l'*Éthique à Nicomaque* [1], mais encore à traiter la science essentiellement comme un *habitus* :

> On prouve la mineure, parce que toute disposition intellectuelle acquise par une démonstration ou par des démonstrations est une science, comme on l'établit dans le livre Ier des *Seconds Analytiques* ; or la métaphysique est une disposition acquise par de nombreuses démonstrations, comme cela ressortira du raisonnement [2].

Il est possible cependant d'interpréter certains passages, notamment dans les *Questions sur la Métaphysique*, comme traitant de telle ou telle science entendue comme une discipline transmise dans des livres, et par conséquent d'un discours rationnellement organisé, même si celui-ci peut et doit susciter une certaine adhésion de notre esprit [3]. Il n'y a pas d'opposition entre ces deux approches, mais plutôt complémentarité puisque la science comme disposition de l'esprit porte

1. Voir par exemple *Iohannis Buridani in Metaphysicen Aristoteles questiones argutissime*, Parisiis, MDXVIII, I, qu. 1, f° IIrb : « Prudentia et ars sunt practice, sapientia et scientia sunt speculative, et intellectus invenitur tam in practicis quam in speculativis ».

2. *Qu. Metaph*, I, qu. 2, f°s IIvb-IIIra : « [...] omnis habitus intellectualis acquisitus per demonstrationem vel demonstrationes est scientia, ut habetur primo *Posteriorum*; modo metaphysica est habitus acquisitus per multas demonstrationes, ut patebit in processu » ; ou encore, passage particulièrement explicite, f° IIIra : « Notandum est quod aliquando "scientia", etiam "demonstrativa", capitur large, pro omni habitu demonstrativo, et sic "scientia" non distinguitur contra "sapientiam", contra "artem", contra "prudentiam", immo tam sapientia quam ars vel prudentia est dicto modo scientia. Alio modo capitur "scientia" propriissime, sive strictissime, et tunc, in sexto *Ethicorum*, distinguitur contra sapientiam, artem et prudentiam. Ars enim et prudentia sunt habitus practici, sapientia vero et scientia sunt habitus speculativi. Sed differunt, quia sapientia est considerativa causarum primarum et primorum principiorum, scientia vero versatur circa causas inferiores et posteriores, sicut habet videri in sexto *Physicorum*. ».

3. Voir par exemple *Qu. Metaph.*, VI, qu. 3, f° XXXIIIrb : « de facto Aristoteles in isto sexto tradit nobis scientiam de entia per accidens [...] et etiam secundo *Physicorum* tradidit scientiam de casualibus et fortuitis [...] ».

sur des propositions. La science présuppose une certaine « énonciation », *enuntiatio* – terme qui ne renvoie pas forcément à l'acte même d'énoncer mais qui, parfois utilisé comme synonyme d'*interpretatio* dans les commentaires du *Peri hermeneias* [1], désigne plutôt un énoncé ou une expression : « La science n'est en nous que s'il y a une énonciation, et il est requis pour la science que l'homme donne son assentiment avec certitude et évidence à une énonciation vraie » [2]. Buridan passe constamment du plan de l'énonciation à celui de l'assentiment qu'on lui accorde. Ainsi :

> Dans la métaphysique totale transmise dans les livres de la *Métaphysique*, sont contenues de très nombreuses conclusions, comme dans la géométrie totale, et cependant la disposition mentale portant sur n'importe quelle conclusion démontrée, à laquelle nous accordons notre assentiment, est dite une science [3].

Pourtant, selon que l'on considère plutôt l'un ou l'autre de ces aspects, ce ne sont pas les mêmes questions qui sont au premier plan. Nous avons examiné dans la première partie un ensemble de questions psycho-gnoséologiques ; nous voudrions maintenant mettre au premier plan certains problèmes logico-linguistiques.

Statut et fonction de la logique

Buridan connut une grande réputation comme logicien. Nombre des anecdotes (la plupart assignées à tort) dont on a agrémenté sa vie y font référence, de même qu'elles évoquent des jeux subtils avec le langage – de sa prétendue réponse malicieuse au pape Clément VI [4] jusqu'au billet qu'il aurait fait distribuer après s'être évadé ingénieusement de la Tour de Nesle : « Nolite timere reginam interficere ». Certes, c'est un trait général de la pensée médiévale que d'avoir développé du XIIe au XIVe siècle, à un point d'extrême sophistication, les instruments logiques ; si Buridan y contribue, il est en nombreuse et bonne compagnie. Mais sans aucun doute, le fait que toute sa carrière se soit déroulée à la faculté des arts l'a conduit à enseigner de façon répétée et approfondie la logique, à côté de la philosophie naturelle.

1. Voir Gualterus Burlaeus, *Questiones in librum Peri hermeneias Aristotelis*, 3.0, ed. by Stephen Brown, *Franciscan Studies*, 37 (1974), p. 200-305, ici p. 238.

2. *SL*, IX, c. 8, soph. 13, p. 170 ; trad. p. 268-269.

3. *Qu. Metaph.*, IV, qu. 3, f° XIIIIrb : « [...] in totali metaphysica tradita in libris *Metaphysice* continentur valde multe conclusiones, sicut in totali geometria, et tamen cuiuslibet conclusionis demonstrate habiutus cui assentimus dicitur una scientia ».

4. Voir « Introduction » aux *Sophismes*, Paris, 1993, p. 7.

Jean Buridan rédige un ensemble de traités, appelés *Summulae logicales*, *Summa logicae*, ou *Summa dialecticae*, selon les manuscrits [1]. Ils se présentent comme un commentaire libre des *Traités* de Pierre d'Espagne [2] :

> Et pour cette raison, voulant traiter sans rechercher trop d'approfondissement certaines connaissances communes, j'ai choisi de me pencher particulièrement sur le bref traité que maître Pierre d'Espagne, docteur qui doit être vénéré, a composé naguère, en l'exposant et en le complétant, parfois même en disant et en écrivant autrement qu'il avait lui-même dit et écrit, dans la mesure où cela me semblera opportun [3].

De fait, Jean Buridan ne se prive pas de s'écarter de son prédécesseur. Les traités I à VII sont une révision des traités de Pierre d'Espagne ; mais le traité sur les suppositions se trouve placé en quatrième position, si bien qu'il précède les trois traités sur les raisonnements, à savoir le traité sur les topiques, inspiré quant à lui de Cicéron, le traité sur les fallacies et le traité sur les syllogismes. Quant à ce dernier (le traité VIII), il est original, de même que les *Sophismes* (traité IX) qui ont un statut à part. Prendre le texte de Pierre d'Espagne comme modèle ou comme guide nous confirme néanmoins que ces traités sont devenus à Paris une référence en matière de logique [4], bien avant que les « Parva logicalia » soient officiellement inscrits, en 1452, au programme de la faculté des arts [5]. Avec eux, c'est toute l'approche privilégiant l'étude des « propriétés des termes », c'est-à-dire essentiellement de leurs propriétés référentielles liées à leur usage propositionnel, qui passe au premier plan, comme ce fut aussi le cas dans la tradition oxonienne avec les *Introductiones in logicam* de Guillaume de Sherwood, la *Logica « Cum sit nostra »* puis la *Summa logicae* de Guillaume d'Ockham.

Dans le « Prologue » des *Petites sommes de logique*, la logique apparaît comme un « guide » (*dux*) pour la connaissance, et elle nous enseigne les manières de

1. J'adopte ici la désignation de *Summulae* qui est celle de l'édition réalisée sous la direction de St. Ebbesen, Ingenium Publishers, Nijmegen, à partir de 1994 ; je traduirai en français par *Petites sommes de logique* (en abrégé : *SL*).

2. Peter of Spain (Petrus Hispanus Portugalensis), *Tractus called afterwards Summule logicales*, ed. by L. M. De Rijk, Assen, Van Gorcum, 1972.

3. *SL*, « Proemium », dans Johannes Buridanus, *Summulae de propositionibus* [*SL*, I], ed. by Ria van der Lecq, Turnhout, Brepols, 2005, p. 8 : « Propter quod de logica tota volens sine nimis exquisita perscrutatione disserere quaedam communia elegi specialiter descendere ad illum logicae tractatum brevem quem venerandus doctor magister Petrus Hispanus dudum composuit exponendum et supplendum, immo etiam aliter aliquando quam ipse dixerit et scripserit dicendum et scribendum, prout mihi videbitur oportunum ». Je corrige *nimia* en *nimis*, conformément à la leçon du même passage citée dans l'« Introduction » (p. XIV).

4. Selon De Rijk, les *Traités* de Pierre d'Espagne sont commentés dès les années 1240 dans le Sud de la France, et dans les années 1260 à Paris : voir « On the Genuine Text of Peter of Spain's *Summulae logicales* I-IV, *Vivarium* 6 (1968), p. 1-34 et 69-101 ; 7 (1969), p. 8-61 et 121-162 ; 9 (1979, p. 10-55 ; voir aussi « Introduction » à Peter of Spain, *Tractatus*..., p. XCV-C.

5. Voir *Chartularium universitatis Parisiensis*, n° 2690, « Reformatio universitatis Parisiensis... », 1er juin 1452, éd. H. Denifle adj. Æ. Chatelain, t. IV, Parisiis, ex typis fratrum Delalain, MDCCCLXXXXVII, p. 728.

raisonner requises par toute science[1]. Elle concerne tout type de raisonnement. Elle vaut autant pour la partie pratique que pour la partie spéculative de la philosophie, elle est le chemin (*via*) tant pour la vie active que pour la vie contemplative. Dans le Proème des *Questions sur les Seconds Analytiques*, livre I, Buridan fait même de la logique l'art qui nous rapproche le plus de la félicité, excepté l'éthique elle-même, pour autant qu'elle nous fournit l'instrument susceptible de connaître par les causes, et ainsi d'atteindre la sagesse qui est connaissance des causes premières.

Ce proème propose aussi une division de la logique. La logique étant définie comme « art de discerner le vrai du faux », elle doit nous fournir les outils pour cela, c'est-à-dire les argumentations. Elle comprend deux parties principales, l'une qui fait connaître la matière des argumentations, à savoir les termes et les propositions, l'autre qui étudie les argumentations qui en sont composées. La première partie est appelée *logica vetus*, la seconde *logica nova*, ce que Buridan explique en éliminant toute référence à l'histoire de la discipline, par une priorité logique des éléments sur le tout[2]. La « vieille logique » est divisée en deux : les termes sont étudiés dans les *Catégories*, ouvrage auquel il convient ajouter l'*Isagoge* et les *Six principes ;* les propositions sont étudiées dans le traité *De l'interprétation*. La « nouvelle logique » est divisée en une partie qui étudie l'argumentation pour autant qu'elle permet d'inférer les conclusions des prémisses[3] (il s'agit des *Premiers Analytiques*), la seconde en tant qu'elle permet de prouver et non pas seulement d'inférer[4] (elle comprend les autres livres). Il est remarquable qu'ici, les *Analytiques* soit éclatés, ce qui semble contraire à l'intention d'Aristote même si les interprétations du plan de l'Organon ont été diverses dès l'Antiquité; la partie considérant la validité formelle est mise à part, tandis que la théorie de la démonstration est mise sur le même plan que les autres modes d'argumentation. Au sein de ce second groupe, les types d'argumentation sont distingués selon leur fin : celles qui, à partir d'un doute, engendrent une opinion qui n'est par certaine sont des argumentations dialectiques, au sens large, et incluent ce qui est étudié dans les *Topiques* et dans les *Réfutations sophistiques* s'il s'agit de connaissances spéculatives, dans la *Rhétorique* et dans la *Poétique* s'il s'agit de connaissances liées à la pratique et aux mœurs. L'art démonstratif en tant que tel est étudié dans les *Seconds Analytiques*.

On peut diviser autrement la logique et dire qu'elle a une partie réfutative, qui permet de débusquer et de détruire tous les raisonnements faux ou sophistiques, et une autre proprement productive, qui permet de trouver et de démontrer

1. Voir *SL*, Prooemium, p. 7 : « in omni modo ratiocinandi circa omnem scientiam ad ignotorum notitiam inquirendam erudit nos ».

2. Voir *QAPost.*, I, Prooemium : « Et forte quod huiusmodi nominatio ex hoc venit quia partes materiales sunt priores via generationis et temporis partibus formalibus; quod autem est prius via generationis et temporis solet vocari "vetus" et "antiquum" ».

3. Voir *QAPost.*, I, Prooemium : « Prima pars enim determinat de argumentatione secundum quod est illativa conclusionis ex premissis ».

4. Voir *QAPost.*, I, Prooemium : « Alia pars tractat de argumentatione secundum quod est probativa conclusionum, non solum illativa, et illa pars traditur in aliis libris nove logice ».

les « vraies raisons » des choses [1]. Un tel rôle méthodique (voie universelle vers les vérités démontrables) ne saurait pour Buridan, comme semble-t-il pour aucun de ses contemporains, être assigné à aucune autre discipline, y compris aux mathématiques. La seule science avec laquelle la logique pourrait être en compétition est la grammaire, dont Isidore de Séville avait dit qu'elle était « l'origine et le fondement des arts libéraux » [2]. Elle semble en effet devoir précéder la logique. Soulever la question en ces termes suppose que la logique ait affaire principalement au langage en tant que langage parlé. Or, de fait, elle peut être dite « scientia de sermone ratiocinativo » [3]. Certes, elle s'occupera aussi des concepts et des propositions mentales. Mais alors que chez Guillaume d'Ockham, la logique a principalement affaire aux signes conceptuels, qui sont les signes premiers auxquels les signes parlés (ou écrits) sont subordonnés [4], ici c'est le langage tel qu'on le parle qui est l'objet premier de l'analyse. C'est pourquoi la grammaire, du moins sous certains aspects, semble présupposée : avant de raisonner ou démontrer, il faut savoir former des propositions correctes, congruentes, ce qui est traditionnellement l'objet de la grammaire. Cependant, Buridan introduit une distinction qui permet de sauver la primauté instrumentale de la logique. Il y a deux sortes de grammaire, ou deux parties dans la grammaire. L'une, la *grammatica positiva*, est antérieure à la logique ; c'est une discipline qui apprend précisément à parler et à former des propositions congruentes dans quelque langue parlée que ce soit :

> [...] avant la logique, doit d'abord être apprise la grammaire positive, par laquelle le maître peut parler avec le disciple, que ce soit en latin ou en français, en grec ou en hébreu, ou une autre langue quelconque [5].

Mais il convient d'en distinguer la *grammatica regularis*, qui seule a une dimension démonstrative, proprement scientifique, et qui quant à elle présuppose la logique à titre d'instrument :

1. Voir *SL*, Prooemium, p. 7 : « Habet enim unam partem sophisticam, quae est exstirpativa falsarum rationum, et aliam inquisitivam, puta dialecticam, et demonstrativam, quae est directiva verarum rationum ».

2. Isidori Hispalensis Episcopi, *Etymologiarum sive originum libri XX*, éd. W. M. Lindsay, Oxonii, e typographeo clarendoniano, [1911], I, v, 1 : « Grammatica [...] est origo et fundamentum liberalium litterarum ».

3. Jean Buridan, *Quaestiones libri Porphyrii*, éd. par R. Tatarzyński, *Przezglad Tomistyczny*, II (1986), p. 111-195, qu. 1, p. 125 : « Logica enim dicitur a "logos" quod est sermo, et "lexis" quod est ratio, quasi scientia de sermone ratiocinativo ».

4. Voir Guillaume d'Ockham, *Summa logica*, I, c. 1, éd. Ph. Boehner OFM, Gedeon Gál et St. Brown, « Opera philosophica » I, St. Bonaventure N. Y., The Franciscan Institute, 1974, p. 7-8 ; trad. fr. J. Biard, Mauvezin, TER, 2e édit. 1993, p. 5-6.

5. *SL*, I, 1, 1, p. 11 : « [...] ante logicam grammatica positiva bene primo addiscenda est, qua magister cum discipulo possit conferre, sive sit in lingua latina sive gallica, graeca vel hebraica, aut quacumque alia ».

> Mais ni la grammaire régulière[1], ni un autre art ou une autre science, faisant connaître par des propositions plus connues certaines qui auparavant étaient douteuses ou inconnues, ne peut être acquise suffisamment sans logique préalable, puisqu'elle a besoin d'utiliser des syllogismes ou d'autres argumentations, dont la théorie est transmise par la logique[2].

Lorsque Buridan évoque la grammaire, c'est comme théorie des « modes de signifier » qui régissent la construction[3]. Dans son traité sur la démonstration, à propos des parties du discours, il mentionne Donat[4]. Mais on peut penser que pour lui la grammaire théorique est représentée par la théorie des modes de signifier[5], telle qu'on la trouve dans la *Grammaire spéculative* de Thomas d'Erfurt. Lorsqu'il doit évoquer la congruence ou la non-congruence des propositions, Buridan cherche à concilier autant que possible le point de vue grammatical avec le point de vue logique, car « tout vrai s'accorde avec le vrai »[6]. Les propositions mentales permettront de déterminer la signification et d'évaluer la vérité des propositions parlées ou écrites, mais la consistance propre du langage parlé ne saurait être écartée. On en a des exemples fréquents dans les *Sophismes*, par exemple au chapitre VI, 3e sophisme, où les conditions de congruence grammaticale ne sont pas respectées dans l'énoncé « Socrates currit est bonum » alors qu'elles le sont dans « Socratem studere est sibi bonum »[7]. Cependant, Buridan refuse la théorie du langage que les modistes avaient élaborée à partir de leur analyse des modes de signifier, et en particulier il nie que les modes de signifier soient dérivés de modes d'être. Dans le traité sur les fallacies, il voit même dans cette doctrine l'origine de certains raisonnements sophistiques :

> À l'apparition de ce troisième mode [de la fallacie de la figure du discours] contribue l'opinion des grammairiens selon laquelle les modes de signifier sont tirés des modes d'être, c'est pourquoi aux modes de signifier attribués aux mots ils croient que correspondent des modes d'être semblables dans les choses signifiées[8].

1. Il s'agit de la grammaire qui démontre les règles.

2. *SL*, I, 1, 1, p. 11 : « Sed nec grammatica regularis nec alia ars vel scientia ex notioribus nota faciens quae prius erant dubia vel ignota potest sine logica praevia sufficienter acquiri, cum indigeat uti syllogismis vel aliis argumentationibus, quorum logica tradit doctrinam ».

3. Voir par exemple *SL*, VIII, 2, 4, p. 44, à propos de « album currit » et « albus currit ».

4. Voir *SL*, VIII, 2, 3, p. 31.

5. Voir *SL*, I, II, 1, à propos du nom qui signifie « sine tempore » : « non intendimus significare tempus vel non significare tempus de principali significato, sed connotare vel non connotare tempus *quantum ad modos significandi grammaticales*, ut quod "lego" vel "legi" significant non tempus sed lectionem per modum praesentis vel praeteriti temporis » – c'est moi qui souligne (J. B.).

6. Voir *SL*, IV, II, 6, p. 26 : « Sed dicendo "hominis asinus est currens" apparet manifeste quod iste terminus "currens" mediante hoc verbo "est" dicitur non de "hominis" solum, sed de hoc toto "hominis asinus", vel principalius de "asinus" quam de "hominis" secundum grammaticam, cui nulla scientia potest contradicere, quia omni vero omne verum consonat, et omnis scientia est vera ».

7. *SL*, IX, 6, 3[e] soph., p. 122 ; trad. p. 201.

8. *SL*, VII, 3, 10 : « Ad apparentiam autem tertii modi iuvat ista opinio grammaticorum quod modi significandi sumuntur a modis essendi, ideo similibus modis significandi attributis vocibus credunt correspondere similes modos essendi in rebus significatis ».

La primauté de la logique vient de sa fonction d'instrument universel. De là est née l'interrogation, récurrente au Moyen Âge, sur son statut d'art ou bien de science [1]. Si nous prenons les deux termes *ars* et *scientia* en un sens large, alors les deux expressions peuvent être tenues pour synonymes. Mais si nous les prenons en un sens plus strict, c'est la fonction instrumentale universelle de la logique qui est soulignée. Si elle a une certaine primauté (une « excellence ») c'est seulement dans la mesure où elle s'applique à tous les arts et à toutes les sciences :

> [...] à juste titre la dialectique (ou logique) est dite art des arts selon une certaine excellence en regard de tous les autres arts, selon son utilité, et son application générale à tous les autres arts et sciences [2].

Les modalités de cette « application » ne sont pas détaillées. Il s'agit à l'évidence d'une fonction de mise en forme des raisonnement (on évoque aussi bien les principes que les conclusions), de réfutation des argumentations fallacieuses (elle est « extirpativa falsarum ») et de production de connaissances nouvelles (elle est « inquisitivam »), incluant pour ce faire aussi bien la dialectique, au sens aristotélicien de science des raisonnements probables, que la syllogistique.

Dans les deux premières questions sur Porphyre aussi, Buridan s'interroge sur la scientificité de la logique [3]. Après avoir rappelé la diversité de sens de la science, selon qu'on l'entend en un sens large ou qu'on l'entend en un sens qui la différencie des autres vertus intellectuelles, on doit noter qu'en un sens strict l'art et la prudence s'opposent à la sagesse, à l'intuition et à la science, pour autant que ce sont des dispositions mentales d'ordre pratique et non spéculatif. De ce point de vue, la logique n'est pas une science :

> La logique n'est pas une science en parlant proprement de science [...] puisque toutes science est une disposition intellectuelle spéculative, si nous parlons proprement de science [...] or la logique n'est pas une disposition spéculative mais pratique comme on le dira dans une autre question [4].

1. Voir Kl. Jacobi, « Diale<c>tica est ars artium, scientia scientiarum », dans I. Craemer-Ruegenberg und A. Speer (éds), *Scientia und Ars im Hoch- und Spätmittelalter*, « Miscellanea Mediaevalia » 22/1, Berlin - New York, Walter de Gruyter, 1994, Bd. I, p. 307-328 ; sur le statut de la logique chez Buridan, voir Chr. Kann, « Wissenschaftstheoretische Differenzierungen zur Logik bei Johannes Buridan », *ibid.*, p. 329-340.

2. *SL*, I, 1, 1, p. 11 : « [...] merito dialectica sive logica dicitur ars artium, secundum quandam excellentiam eius ad omnes alias artes, scilicet secundum utilitatem et communitatem in applicatione eius ad omnes alias artes et scientias ». La formule « ars artium » reprend en partie, mais en partie seulement, la définition de la philosophie selon les *Institutions* de Cassiodore, citée par Isidore de Séville : « Philosophia est ars artium et disciplina disciplinarum » (Isidore of Seville, *Etymologies*, II, 24, 9, éd., transl. and notes P. K. Marshall, Paris, 1983, p. 107 ; Isidori Hispalensis Episcopi *Etymologiarum sive originum libri XX*, éd. W. M. Lindsay, Oxonii, e typographeo clarendoniano, [1911], s. p.,). Pierre d'Espagne, dans ses *Tractatus*, I, § 1, p. 1, définissait ainsi la dialectique : « dialectica est ars ad omnium methodorum principia viam habens ».

3. Nous trouvons encore des passages équivalents ou complémentaires dans les *Questions sur la Métaphysique*, I, qu. 4, premier argument sur primauté de la logique.

4. *Qu. Porph.*, qu. 1, p. 126 : « Logica non est scientia loquendo proprie de scientia [...] quia omnis scientia est habitus intellectualis speculativus, si proprie loquamur de scientia, [...] sed logica non est habitus speculativus sed practicus, ut dicetur in alia questione ».

Cette autre question à laquelle Buridan renvoie est la question 2, qui demande « Est-ce que la logique et une science spéculative ou une science pratique[1] ? » Si Buridan prévient qu'il ne n'est pas aisé de distinguer la disposition mentale pratique de la disposition mentale spéculative, il est clair néanmoins que la logique est une disposition d'esprit *pratique*, dans la mesure où elle a pour objet des opérations de l'esprit que nous choisissons librement de former et de combiner[2]. Et parmi les dispositions pratiques, la logique est un art et ne relève pas de la prudence, puisqu'elle ne concerne pas la fin dernière du bien vivre mais une fin particulière dont la réalisation peut seulement contribuer au bien-être ou à au bonheur. La fin de la logique est l'argumentation : elle nous apprend à argumenter et conclure au mieux selon la matière traitée[3].

Au sens large cependant, la logique peut être considérée comme une science en tant que disposition intellectuelle par laquelle on donne son assentiment à des propositions vraies et démontrées. Comment résoudre cette contradiction apparente ? Par la distinction entre *logica docens* et *logica utens* :

> La logique est appelée enseignante (*docens*) parce qu'elle enseigne comment et à partir de quoi sont constituées les argumentations, tant démonstratives que dialectiques ou autres. La logique est dite d'usage (*utens*) quand elle utilise les argumentations pour prouver de façon manifeste ou non quelque conclusion, en quelque matière que ce soit[4].

La distinction entre *scientia utens* et *scientia docens* a été introduite par Albert le Grand à propos de l'éthique[5]. Simon de Faversham l'a appliquée à la

1. Dans les *Questions sur l'Éthique*, Buridan explique que les sciences spéculatives et les sciences pratiques pourraient être différenciées selon leur fin ou selon leurs objets, mais qu'elles doivent l'être principalement par leurs objets : les premières portent sur des objets qui existent indépendamment de nos opérations, les secondes sur ce que l'on peut faire (*de operabilibus a nobis*) au moyen de la connaissance : voir *Questiones super decem libros Ethicorum Aristotelis*, I, qu. 2, Paris, 1513 (désormais cité *Qu. Eth.*), f° IIIrb.

2. *Qu. Porph.*, qu. 2, p. 130-131 : « Logica est habitus practicus. [...] nam argumentationes sunt a nobis operabiles libere per intellectum et voluntatem [...]. Et logica docet nos quomodo debeamus eas formare ad melius et facilius probandum intentum nostrum » ; cf. *Qu. Metaph.*, VI, qu. 2, f° XXXIVrb : « logica et gramamtica sunt scientie pratice ». Sur le statut scientifique de la logique, voir J. Zupko, *John Buridan. Portrait of a Fourteenth Century Arts Master*, Notre Dame Indiana, University of Notre Dame Press, 2003, ch. 2, « The Science of Logic », en part. p. 32-41.

3. Voir *Qu. Porph.*, qu. 2, p. 132 : « [...] docet quomodo debeat fieri optima et fortissima argumentatio ad fortissime concludendum et probandum secundum materiam subiectam ».

4. *Qu. Porph.*, qu. 1, p. 126-127 : « Logica vero docens vocatur ex eo quod docet quomodo et ex quibus constituendae sunt argumentationes tam demonstrativae quae dialecticae vel aliae. Logica vero utens vocatur quia utitur argumentationibus ad probandum apparenter vel non apparenter aliquam conclusionem, in quacumque materia hoc fuerit ».

5. Dans le Prologue de son commentaire sur l'*Éthique*, répondant à l'objection selon laquelle la science ne sert pas forcément les bonnes mœurs, Albert répond : « [...] dicendum quod scientia morum potest dupliciter considerari, scilicet aut ut utens aut ut docens ; unde quamvis ad usum scire non multum valeat, tamen ad doctrinam multum valet » (*Super Ethica commentum et questiones libri quinque priores*, Prologus, éd. W. Kübel, Alberti Magni *Opera omnia*, t. XIV, pars 1, Monasterii Westphalorum in aedibus Aschendorff, 1978-1982, p. 2).

dialectique[1] et elle est devenue usuelle ; on la trouve par exemple chez Gautier Burley[2]. Quand il distingue *logica docens* et *logica utens*, Buridan l'illustre de façon privilégiée avec la dialectique et la sophistique : en tant que parties de la logique *utens*, elles sont aussi scientifiques que la théorie des syllogismes démonstratifs, mais en tant que parties de la logique *docens*, elles ne produisent que des opinions, vraies ou fausses :

> Et une telle dialectique ou sophistique enseignante (*docens*) est vraiment dite science. C'est en effet une disposition acquise par des démonstrations au sujet d'argumentations dialectiques ou sophistiques. Mais on appelle dialectique d'usage (*utens*) une disposition s'adressant à une conclusion et acquise au moyen d'une argumentation dialectique [...]. Et il est manifeste qu'une telle disposition n'est pas une science mais une opinion[3].

La dialectique n'est scientifique que dans sa partie démonstrative. La même distinction peut être faite à propos de la rhétorique[4].

La logique est donc bien une science, dont les argumentations constituent le sujet principal. Par là, elle est considérée comme une science du *langage*, et non pas des concepts ou de la raison[5]. Mais elle n'a aucunement sa fin en elle-même. C'est pourquoi elle reste fondamentalement un instrument ordonné à d'autres sciences. Même si on peut la considérer comme une « science pratique », ainsi que nous l'avons vu, il est plus juste de présenter la logique comme « art des arts » que comme « science des sciences »[6]. La vérité de cette fonction instrumentale, ce n'est pas dans les œuvres logiques elles-mêmes qu'il faut la chercher, mais dans l'investissement de la logique au sein des sciences du réel. Il est bien connu que les principaux concepts et énoncés de la physique et de la

1. Simon de Faversham, *Sententia libri Topicorum*, ms. Leipzig, Universitätsbibliothek, lat. 1359, f° 24rb, d'après C. Marmo, « La Topique chez les modistes », dans J. Biard et F. Mariani Zini, *Les Lieux de l'argumentation. Histoire du syllogisme topique d'Aristote à Leibniz*, « Studia Artistarum » 22, Turnhout, Brepols, 2010, p. 335-358, ici p. 339.

2. Voir L. Cesalli, « Logique et topique chez Gauthier Burley », dans J. Biard et F. Mariani Zini, *op. cit.*, p. 293-333, Annexe, *Notule super libros Topicorum*, § 39, p. 323 : « [...] in omni scientia in qua docetur operari est duplex scientia assignanda, scilicet scientia docens et scientia utens ; unde cum in hac scientia que dialectica dicitur docetur invenire medium ad problemata terminandum et etiam ad sillogizandum et arguendum, est distinguendum de dialectica ducenti, scilicet de dialectica docente et dialectica utente. [...] Dialectica utens est dialectica utens sillogismo probabili in terminis specialibus ; dialectica docens procedit ex necessariis ».

3. *Qu. Porph.*, qu. 1, p. 127 : « Et talis dialectica vel sophistica docens vere dicitur scientia. Est enim habitus per demonstrationes acquisitus de argumentationibus dialecticis vel sophisticis. Sed dialectica utens vocatur habitus conclusionis per argumentationem dialecticam acquisitus [...]. Et manifestum est quod talis habitus non est scientia sed opinio ». Cette distinction entre *dialectica docens* et *dialectica utens* est rappelée dans la question 4 sur le livre IV de la *Métaphysique* : voir *op. cit.*, f° XVva.

4. Voir Jean Buridan, *Questiones in Rhetoricam Aristotelis*, I, qu. 1 : « Puto quod rhetorica distingui debet in docentem et utentem » (transcr. B. Preben-Hansen).

5. L'argumentation est en effet l'expression verbale d'un argument (mental).

6. *SL*, I, 1, 1, p. 10 : « [...] aliqua littera habet quod dialectica est ars artium, scientia scientiarum etc. Sed melius est solum dicere quod sit ars artium ».

métaphysique sont systématiquement passés au crible d'une critique et d'une réinterprétation logico-linguistiques. De ce point de vue, la démarche de Buridan est tout à fait convergente avec celle d'Ockham. Mais c'est Jean Buridan que l'on peut considérer comme le véritable inspirateur du « nominalisme » parisien, lequel est surtout un « buridanisme », comme on le voit dans les textes de Jean Mair au début du XVIe siècle. Principe d'économie et mise au premier plan de l'analyse linguistique en sont les deux mots d'ordres.

Langage et signifié

Un double niveau de signification

La question de savoir ce que signifie un mot (qui est ici l'unité sémantique de base) et à quoi se réfère un terme (la plus petite partie signifiante d'une proposition), est un critère essentiel de différenciation des théories médiévales du langage. Cette question comporte deux aspects qui ne se recouvrent aucunement : savoir si certains mots renvoient à une nature commune ou s'ils renvoient tous, selon différents modes, à des choses singulières; et savoir si un mot signifie un concept ou bien une chose extra-linguistique et extra-mentale. Nous reviendrons plus loin sur le premier aspect. En ce qui concerne le second, Buridan occupe une situation originale dans le développement des théories du langage au Moyen Âge tardif. Guillaume d'Ockham, dans la lignée de Roger Bacon [1], optait résolument pour une relation directe entre le mot et la chose. Le concept, traité comme signe mental, signifiait également la chose, de sorte qu'une relation dite de « subordination » se trouvait établie entre signe vocal et signe conceptuel. Ce choix permet de généraliser une logique reposant sur une théorie du signe, donnant toute sa force à l'idée de langage mental [2]. Mais Jean Buridan a une position différente. Il fait plutôt fructifier l'idée de double signification, qui peut s'appuyer sur quelques passages de Boèce [3], et qui se trouvait chez certains maîtres parisiens du siècle précédent tels que Lambert de Lagny (ou Lambert d'Auxerre) [4]; une telle approche fait du concept le signifié premier du mot et de la chose sa signification seconde ou médiate.

1. Irène Rosier-Catach a montré comment Bacon réinvestissait dans sa sémiologie des matériaux théologiques, et fait des parallèles éclairants avec Richard Fishacre et Bonaventure. Voir I. Rosier, *La Parole comme acte*, Paris, Vrin, 1994, en part. p. 89-112 et p. 320-322.

2. Cl. Panaccio, *Le Discours intérieur de Platon à Guillaume d'Ockham*, Paris, Seuil, 1999, p. 253-278.

3. La lecture littérale d'Aristote conduit Boèce à faire principalement du concept l'objet de signification; dans certains passages, il admet cependant une double relation de signification; voir *In librum Aristotelis Peri hermeneias*, éd. I^a, rec. C. Meiser, Lipsiae, 1877, p. 40, l. 15-19 : « Vox enim et intellectum rei significat et ipsam rem. Ut cum dico *lapis*, et intellectum lapidem et ipsum lapidem, id est ipsam substantiam designat, sed prius intellectus, secundo vero significat rem ».

4. Voir *Summa Lamberti*, VIII, éd. F. Alessio, Firenze, La nuova Italia, 1971, p. 205 : « [...] Voces sunt signa passionum que sunt in anima, id est intellectus; intellectus autem sunt signa rerum ».

Le meilleur exposé de la théorie buridanienne de la signification se trouve dans les *Sophismes*, qui ont été présentés par Buridan comme une partie des *Petites sommes de logique*, bien qu'ils aient peut-être été élaborés séparément et qu'ils aient en tout cas été parfois diffusées de façon autonome [1]. Toutefois, la thèse de la double signification est déjà présente dans le IVe traité, qui porte sur la supposition des termes. Buridan, suivant encore Pierre d'Espagne, commence par différencier *suppositio* et *significatio*. La signification est rapportée à l'institution du langage, mais en des termes qui ne sont pas tout à fait ceux de la théorie boécienne de l'imposition des noms, c'est-à-dire du premier « instituteur » qui aurait conféré un sens à chaque mot; c'est la fonction communicationnelle qui est mise au premier plan :

> la puissance de proférer des mots nous fut donnée afin que nous puissions signifier aux autres nos concepts, et l'audition nous fut donnée afin que nous soient signifiés les concepts d'un autre qui profère des mots [2].

Pour définir la signification, Buridan se place ainsi clairement du point du vue du langage parlé et non pas du point de vue d'une sémiotique générale qui inclurait les signes conceptuels. C'est en un sens le cas de toute théorie de l'imposition, puisque seuls les signes parlés ou écrits sont conventionnels, tandis que les signes conceptuels sont des signes naturels. Mais Buridan insiste davantage sur la faculté qui produit le langage : la *virtus vociferandi*. C'est selon lui ce qu'Aristote désignait par « langue », *lingua* :

> Et par « langue » il entend une faculté de proférer des mots, quelle que soit cette faculté [3].

C'est donc une puissance qui se traduit par une production de sons, *voces*. L'étude des diverses sortes de sons vocaux ainsi produits est menée dans le premier traité des *Petites sommes de logique*. Buridan procède d'abord à une brève analyse qui conduit de la disputation (pratique pédagogique universitaire) au son (*sonus*) en passant par *sermo* et *vox* [4]. Le son est cause matérielle de l'élément constitutif de la logique. Mais le son en tant que qualité sensible n'est pas pertinent ici. Le son est divisé en *vox* et *non-vox*. La *vox* peut elle-même être décrite d'un point de vue

1. Voir F. Pironet, « Introduction » à *Summulae de practica sophismatum*, p. XII-XXV.

2. *SL*, IV, 1, 2, p. 9 : « data fuit nobis virtus vociferandi finaliter ut possemus aliis significare conceptus nostros, et fuit nobis datus auditus finaliter ut nobis significarentur conceptus vociferantium ». Voir *Qu. Metaph.*, IX, qu. 5, f° LVIIIva : « [...] cum orationes sint institute ad significandum propter conferre ad invicem ».

3. *SL*, IV, 1, 2, p. 9 : « Et per "linguam" intendit virtutem vociferativam, quaecumque illa fuerit ».

4. Voir *SL*, I, 1, 1, p. 12 : « [*lemme*] Sed quia disputatio non potest haberi nisi mediante sermone, nec sermo nisi mediante voce, omnis autem vox est sonus, ideo a sono tamquam a priori incohandum est. [*texte*] Haec secunda pars ostendit incipiendum esse a sono. Nam quia ut plurimum opus logicae exercetur per disputationem, quae quidem disputatio non potest esse sine sermone nec sermo sine voce, ideo aliquid expedit dicere de voce. Et quia omnis vox est sonus et non e converso, ita quod hoc nomen "sonus" est communius hoc nomine "vox", ideo incipiendum est aliquid dicere de sono [...] ».

physiologique, qui ne nous concerne pas directement ici, ou, en référence au *De anima*, comme « son de l'air respiré, frappé dans la gorge, avec l'imagination de signifier »[1]. Ainsi la signification est introduite à titre de cause finale. Mais le *De anima* nous fait aller un peu vite : car ces sons vocaux (*voces*) sont les uns significatifs, les autres non significatifs. Ces derniers ne sont pas destinés à entrer dans les propositions qui constituent l'élément où se déploie vraiment le langage humain, en dehors d'usages particuliers relevant de niveaux plus complexes de langage, tels que des cas d'auto-désignation, par exemple : « "buba" est un son non significatif ». D'autres sons vocaux, tels que les gémissements des malades, ne sont pas non plus destinés à entrer dans des propositions[2]. Le cas des animaux est un peu plus délicat. Jean Buridan leur accorde une forme de pensée produite par la partie « estimative » de l'âme, donc une certaine forme de concept[3]. En un sens donc, l'aboiement du chien est significatif car tout son vocal auquel est associé un concept susceptible d'être communiqué sera significatif. Mais ce que l'on appelle ici « son vocal significatif », au sens d'Aristote et de Boèce, suppose davantage :

> [...] puisqu'il ne peut pas être proféré sans quelque concept, tout son vocal est significatif de ce que l'animal qui vocifère conçoit quelque chose. Mais l'auteur entend en l'occurrence par « son vocal significatif » celui qui notifie à l'homme ou à l'animal qui entend quelle chose, ou quelles choses, conçoit celui qui profère ces sons et comment il les conçoit (je dis qu'il les notifie ou bien par nature ou bien par institution volontaire) ; en revanche il appelle « sons vocaux non significatifs » ceux qui sont tels que, bien qu'ils indiquent que ceux qui vocifèrent conçoivent quelque chose, il n'est pas connu par les auditeurs, par nature ou par institution volontaire, quelle chose ou quelles choses ils conçoivent[4].

Une communication suffisamment explicite pour que l'intention soit reconnue est donc requise. Cette puissance naturelle de former des sons est complétée par

1. *SL*, I, 1, 1, p. 13 : « [...] sonus aeris respirati percussi ad vocalem arteriam cum imaginatione significandi ».

2. *SL*, IV, 1, 2, p. 9 : « voces significativae naturaliter non ponuntur in propositionibus, quia se ipsis sine formatione alicuius propositionis innatae sunt facere sensum perfectum in audiente ad hoc idoneo ».

3. Dans les *Questions sur le Traité de l'âme* (voir II, qu. 22 et 23), Buridan accorde aux animaux une forme de jugement pré-intellectuel, relevant de l'estimative, et au niveau même du sens on repère certaines compositions et divisions. Dans le traité sur la démonstration (*SL*, VIII), il se demande si l'on peut accorder aux animaux opinion et science ; aucun animal n'a de *fides*, de créance par laquelle on tient quelque chose pour vrai, il ne peut donc avoir ni opinion, ni intellection, ni raison, ni par conséquent de science ; cependant, si nous utilisons ces termes pour tout jugement certain, en ce qui concerne la science, ou adhésif, en ce qui concerne l'opinion, il n'est pas impossible d'accorder aux bêtes des opinions ou des connaissances sensitives certaines (*SL*, VIII, 4, 3, p. 108-109).

4. *SL*, I, 1, 4, p. 14 : « [...] cum non possit proferri vox sine aliquo conceptu, vox omnis est significativa illius quod animal vociferans concipiat. Sed auctor per "vocem significativam" intendit in proposito omnem vocem quae homini vel animali audienti notificat quam rem vel quas res et quomodo vociferans concipiat (dico quod notificat aut per naturam aut per institutionem voluntariam). Voces autem "non significativas" vocat quae, licet bene designent quod vociferantes aliquid concipiant, tamen audientibus non est notum per naturam aut institutionem voluntariam determinatum quid vel quae concipiant ».

l'ouïe, qui permet quant à elle la réception du langage et non plus la seule émission de sons. La fonction communicative du langage est par conséquent à la base de toute autre fonction, y compris gnoséologique.

Ainsi, il n'y a pas de son vocal significatif, dans l'acception ici pertinente, sans concept. Les sons vocaux seront donc toujours accompagnés d'une conception, et c'est cet accompagnement qui est décisif pour la signification. Le processus est explicité d'un point de vue psychologique, dans la lignée de Boèce :

> Ainsi, il est patent qu'un son vocal significatif doit signifier à l'auditeur le concept du locuteur, et doit susciter en l'auditeur un concept semblable au concept du locuteur, à moins qu'il ne soit proféré seulement en vain ou pour tromper, ou peut-être pour le seul plaisir qu'il y a à s'écouter soi-même, comme chez celui qui chante tout seul [...] [1].

Si l'on s'en tient à cette primauté de la *vox* et au procès psychologique qui y est impliqué, le son vocal signifie un concept. Les *Sophismes* le confirment : « La deuxième conclusion est : les sons vocaux significatifs signifient des affections, c'est-à-dire des concepts de l'âme » [2]. Mais cette thèse n'a de sens qu'à être complétée par celle de la signification médiate de la chose par le mot : « et non pas d'autres choses si ce n'est au moyen (*mediante*) de la signification des concepts » [3]. Ces « autres choses » sont les choses réelles, extra-linguistiques mais aussi extra-conceptuelles [4]. Jean Buridan ne minimise donc pas la relation du mot à la chose ; elle est indispensable ; le concept ne remplace pas la chose à titre de point terminal du processus signifiant (comme le signifié selon Saussure), pas plus que la relation du mot au concept ne serait la seule relation de nature proprement sémantique. La 9e conclusion du chapitre premier des *Sophismes* l'atteste : elle évoque la supposition (donc une relation référentielle à la chose), mais ce faisant, elle la combine à une relation de signification entre le mot et la chose :

> Un mot ou un signe écrit pris significativement, subordonné à un concept simple, suppose pour les choses qu'il signifie ultimement, à savoir pour les choses qui sont conçues par ce concept [5].

1. *SL*, IV, I, 2, p. 9 : « Et sic patet quod vox significativa debet significare audienti conceptum proferentis, et debet in audiente constituere conceptum similem conceptui proferentis nisi frustra vel deceptorie proferatur, aut forte solum propter delectationem quae est in audiendo seipsum, sicut est de eo qui solitarie cantat [...] ».

2. *SL*, IX, c. 1, p. 19 : « Secunda conclusio est quod voces significativae significant passiones, id est conceptus animae [...] » ; trad., p. 57.

3. *SL*, IX, c. 1, p. 19 : « [...] et non alias res nisi *mediante* significatione conceptuum » – je souligne (J. B.) ; trad. p. 57. Voir aussi *SL*, VIII, 2, 3, p. 31 : « dictiones vocales impositae sunt ad significandum conceptus nostros in mente [*autres mss.* : immediate], et mediantibus eis res conceptas significant » ; *Quaestiones in praedicamenta*, hsgb. Johannes Schneider, München, Verlag der Bayerischen Akademie der Wissenschaften, 1983, c. 1. p. 4.

4. Du moins dans le cas standard ; nous excluons ici les cas où l'on considère des mots tels que « concepts », mot », « proposition », etc.

5. *SL*, IX, c. 1, 9a concl., p. 24 : « [...] vox vel scriptura significative sumpta subordinata conceptui incomplexo pro rebus supponit quas ultimate significat, scilicet pro rebus quae illo conceptu concipiuntur » ; trad. p. 65.

Un mot ne peut pas signifier sans signifier *quelque chose*[1]. De là résulte l'analyse du terme « chimère », comme de tous les termes, simples ou complexes, dont la référence est vide. Le sophisme 4, « le nom "chimère" ne signifie rien », établit que par le mot « chimère » sont conçus donc signifiés de nombreux objets : une queue de poisson, un ventre de femme, etc., bien que les choses conçues par ces concepts soient incompossibles. Autrement dit, il n'y a pas d'intersection entre les références de ces concepts, pas plus qu'il n'y en aurait pour l'expression composée « homme blanc » dans l'hypothèse où tous les hommes seraient noirs – expression par laquelle je conçois pourtant tous les hommes et toutes les choses blanches, qui ensemble constituent la signification ultime de cette expression complexe –, ou encore par l'expression « âne capable de rire » – laquelle n'aura jamais de référent, sous quelque détermination temporelle qu'on la considère. Mais la référence vide est toujours une référence annulée : « âne capable de rire » signifie bien tous les ânes et tous les étants capables de rire[2].

Mais le terme n'est significatif que s'il est associé à un concept par lequel on conçoit des choses, actuelles ou possibles[3]. La médiation conceptuelle est indispensable pour mettre en évidence les différentes manières de signifier. Buridan a d'autant plus besoin d'un outil conceptuel pour cela qu'il a une conception parcimonieuse du réel selon laquelle, premièrement, n'existent que des substances, des qualités et (d'une certaine façon) la quantité, les catégories étant des manières différentes de signifier[4] ; deuxièmement, le réel est fait de choses singulières et les termes généraux devront eux aussi renvoyer d'une certaine façon aux mêmes choses singulières. La médiation conceptuelle est indispensable pour comprendre *comment* les mots et expressions parlées signifient et se réfèrent aux choses notamment en raison de la non-synonymie de signes qui, pourtant, renvoient aux même choses :

> C'est évident, en second lieu, puisqu'il y a des mots significatifs qui sont divers et qui ne sont pas synonymes, mais qui ont diverses significations ; et pourtant, au delà des concepts, ils ne signifient pas des choses diverses, mais les mêmes choses[5].

1. Voir *Qu. PH*, qu. I. 2, p. 10 : « Dico ultra quod haec vox "chimera" non solum significat conceptum anime, ymmo cum hoc aliquid aliud quod isto conceptu concipitur ».

2. Voir *SL*, IX, c. 1, 8ª concl., p. 23-24 ; trad., p. 63.

3. Voir *SL*, IX, c. 1, soph. 4 : « Quia significare describitur ut quod est intellectum rei constituere, ideo vox dicitur illud significare cuius intellectum nobis constituit. Ergo, si omne significare est intellectum rei constituere, omne significare est rem significare ; ergo est aliquid significare, quia "res" et "aliquid" convertibiliter se habent » ; trad., p. 52.

4. *Summulae in Praedicamenta* [*SL*, III], 1, 8, ed. by E. P. Bos, Nijmegen, Ingenium Publishers, 1994, p. 18 : « Dicit ergo quod quidam termini praedicabiles significant substantiam, sine connotatione aliena, et sunt de praedicamento substantiae. Alii significant, sive connotant, circa substantiam, ita quod dicta de primis substantiis non solum significant quid est, sed qualis, et sunt de praedicamento qualitatis, et sic de aliis ».

5. *SL*, IX, c. 1, 2ª concl., p. 19 : « Secundo hoc patet quia sunt diversae voces significativae et non synonymae, sed habentes diversas significationes ; quae tamen omnino praeter conceptus non significant diversas res, sed easdem » ; trad., p. 57.

Les exemples qu'il donne de mots qui ne sont pas synonymes mais se qui se réfèrent pourtant aux mêmes choses sont : *ens* et *unum*, *idem* et *diversum*, *quantitas* et *essentia*.

Il y a par conséquent deux sortes de signification, nommées « signification immédiate » – celle du mot au concept – et « signification ultime » – celle du mot à la chose [1]. Non seulement tout mot ou toute expression complexe a une signification immédiate [2], mais en outre le mot a toujours une ou plusieurs significations ultimes, puisque par tout concept une ou plusieurs choses sont conçues.

C'est la raison pour laquelle dans l'analyse effective des propositions (qu'il s'agisse des sophismes dans le traité qui leur est consacré, ou de façon générale des propositions du langage courant ou scientifique), Buridan fait constamment appel aux « propositions mentales ». Prenons comme exemple le septième sophisme du chapitre VII, consacré aux conditions temporelles de la vérité : « La même proposition vocale ou écrite est vraie ou fausse pour les hommes d'une même langue, sans nouvelle imposition ou obligation ». La dernière clause fait référence aux conditions de la disputation obligationnelle, où l'on pourrait assigner un nouveau sens à un mot pour le temps du débat. Une telle hypothèse étant écartée, on prend comme cadre l'usage normal d'une langue parlée déterminée. Le point de départ est donc une proposition « écrite ou proférée » [3]. Laissons ici le détail de la discussion qui concerne les conditions temporelles de vérification d'une proposition telle que « Robert ne court pas » [4]. Lorsqu'il refuse une objection posant que « Robert court » et « Robert ne court pas » sont contradictoires, Buridan commence par énoncer un principe : « les propositions contradictoires doivent bien différer selon l'affirmation et la négation, et selon la distribution et la non-distribution des termes communs, s'il y en a, mais [...] elles doivent être semblables pour ce qui est des autres éléments, non pas seulement selon l'expression vocale mais surtout selon le concept » [5]. En l'occurrence il suffit qu'elles « diffèrent selon leur concept de temps » (*intentiones temporum*) [6] pour ne pas être forcément

1. On trouve ces expressions en *SL*, IV, III, 2, p. 39 : « Sic ergo res illis conceptibus conceptas vocamus ultimatas significata in proposito. Illos autem conceptus vocamus significata immediata » ; ou *Qu. de gen. et corr.*, I, qu. 3, où l'on se demande « si le son vocal signifie la même chose quand elle existe et quand elle est corrompue », p. 42 : « Unde intendo hoc loqui solum de significato ultimato, scilicet pro quo terminus supponit, quando supponit personaliter ».

2. Voir *SL*, IX, c. 1, soph. 1 : « Antecedens probatur, quia omnis propositio vocalis significat mentalem sibi similem seu proportionaliter correspondentem, iuxta illud primo *Peri hermeneias* [...] » ; trad. p. 45.

3. *SL*, IX, c. 7, soph. 7, p. 136 : « Pono quod propositio sit scripta vel prolata quod Robertus non currit » ; trad. p. 221.

4. Signalons simplement que Socrate utilise comme présent de référence la première heure de la journée et Platon la journée entière.

5. *SL*, IX, c. 7, soph. 7, p. 136 : « propositiones contradictoriae bene debent differre penes affirmationem et negationem et penes distributionem et non distributionem terminorum communium, si aliqui sint tales, sed in aliis debent esse similes, non solum secundum vocem sed etiam magis secundum intentionem » ; trad. p. 221.

6. *SL*, IX, c. 7, soph. 7, p. 136 ; trad., p. 222.

contradictoires. Au delà de ce cas particulier, il apparaît que la proposition conceptuelle ou mentale est un passage obligé pour juger de la vérité de telle ou telle proposition parlée. Ce qui est décisif n'est pas la forme vocale mais bien la proposition conceptuelle correspondante, signifiée immédiatement par cette proposition parlée.

Si donc Buridan ne caractérise jamais le concept comme « signe conceptuel », néanmoins il parle constamment de « proposition mentale » et lui applique les instruments sémantiques des propriétés des termes. Le domaine conceptuel est tout entier réorganisé selon un schéma linguistique. Buridan transpose sur le plan des énoncés complexes les relations sémiologiques qu'il a établies pour les termes simples. Le point de départ est la thèse boécienne bien connue selon laquelle il y a trois sortes d'énoncés (*orationes*), lesquels sont composés de trois sortes de termes [1]. Une séquence vocale ne doit être considérée comme un « énoncé » (*oratio*) que si elle désigne une composition de concepts dans l'esprit, tout comme un mot signifie conventionnellement mais immédiatement un concept et signifie une chose par l'intermédiaire du concept [2]. Si *le plus souvent* Buridan parle simplement de « complexe » mental, il lui arrive en d'autres occasions d'employer l'expression « propositio mentalis » : par exemple, prenant ses distances avec la définition boécienne « une proposition est un énoncé signifiant le vrai ou le faux », il précise qu'une proposition orale signifie le vrai ou le faux (puisqu'elle signifie une proposition mentale), mais qu'une *propositio mentalis* ne *signifie* pas le vrai ou le faux, car elle *est* vraie ou fausse [3].

Le terme « concept » n'est pas réservé aux éléments atomiques, mais s'étend aux complexes qui en sont formés. Le « concept » est donc à la fois l'élément et l'ensemble par lequel on conçoit les choses. C'est cette activité de *conception*, notion qui prend ici le pas sur terme d'intellection, qui importe; d'ailleurs, si Buridan ne dit presque jamais que le concept signifie, il dit que par lui on *conçoit* ceci ou cela. En outre, Buridan transpose en direction d'un tel ensemble conceptuel toutes les catégories logiques et grammaticales utilisées couramment pour les mots. Dans un tel discours mental il y a des sujets et des prédicats [4], ainsi que des « conceptus

1. La compositionalité des éléments mentaux est affirmée dans un passage des *Seconds Analytiques*, ouvrage où l'usage du terme « conceptus » est assez rare; voir *op. cit.*, livre I, qu. 16 : « [...] qualiter res possunt intelligi, ita possunt imponi ad significandum, et qualiter etiam conceptus in mente sunt componibiles, taliter designantur per propositiones vocales ».

2. *SL*, I, I, 6, p. 16 : « Nec aliqua oratio vocalis debet dici oratio nisi inquantum designat complexionem in mente ».

3. *SL*, I, III, p. 29 : « [...] bene dicit auctor quod est significans verum vel falsum, quia significat propositionem mentalem, quae est vera vel falsa. Sed propositio mentalis non sic oportet quod significet verum vel falsum. Propositio enim mentalis significans quod Deus non est non significat falsum, sed est falsa »; *cf.* aussi *SL*, IV, I, 3; et quelques autres occurrences, *quoique pas très nombreuses*, dans les *SL*.

4. *Summulae de praedicabilibus* [*SL*, II] ed. by L. M. De Rijk, Nijmegen, Ingenium Publishers, 1995, p. 9 : « Res [...] non praedicantur nec subiciuntur in propositionibus, sed conceptus in mente (quantum ad propositiones mentales), aut termini vocales aut scripti mediantibus illis conceptibus significativi » (légèrement modifié selon l'apparat critique).

complexivos », à savoir ceux qui permettent de former des complexes. Ces concepts « complexifs » correspondent dans l'esprit à la copule de la proposition parlée. En ce qui concerne les notions de catégorème et de syncatégorème, il semble que le plus souvent Buridan réserve le terme de syncatégorème aux termes parlés [1]. Mais il y a dans l'esprit un certain type de concepts qui leur correspond : « Je dis "prédicable" ou "subjectable", à la différence des concepts simples correspondant aux mots syncatégorématiques » [2]. Ensuite, parmi les concepts certains sont des noms, d'autres sont des verbes :

> [...] de même qu'il n'y a pas seulement des propositions vocales mais encore des propositions écrites et d'autres mentales – nous formons en effet de nombreux énoncés sans expression vocale – de même il faut qu'il y ait des noms et des verbes non seulement vocaux mais encore écrits et mentaux [3].

Le nom mental sera défini, à la différence du nom parlé, comme « un concept simple, prédicable ou susceptible d'être mis comme sujet, ne cosignifiant pas le temps » [4]. Nom et verbe mental sont ainsi différenciés par leurs propriétés sémantiques, mais aussi par leur fonction dans la syntaxe logique de la proposition mentale. Ensuite, les concepts sont aussi porteurs de toutes les propriétés sémantiques des termes : supposition, appellation, ampliation, restriction [5]. Enfin, la plupart des distinctions morphologiques et syntaxiques, ainsi que les propriétés sémantiques sont transposés dans le domaine de l'esprit. La notion de « proposition » ou d'« énoncé mental » n'est donc pas une métaphore ; il s'agit d'une réalité structurée avec des types de composants ayant chacun une fonction déterminée.

En somme, on a l'impression que malgré une approche différente des relations sémiotiques, Buridan réintroduit tous les éléments nécessaires à une véritable théorie du langage mental. Et d'un certain point de vue, c'est incontestable. La révolution introduite par la théorie ockhamiste de langage mental se fait sentir chez des auteurs très divers, et l'on ne s'étonnera pas d'en retrouver l'impact chez Buridan. Cela conduit Claude Panaccio à minimiser de ce point de vue (entre autres) les différences entre Ockham et Buridan [6]. Cependant les analyses concrètes articulent ces deux plans de manière sensiblement différente. Ockham part du langage mental, supposé déjà structuré de façon sémantiquement pertinente, et

1. *SL*, IV, 2, 3, lemme, p. 18 : « Dicuntur autem pure syncategorematicae, quia praeter conceptus quos immediate significant, nihil significant, nisi forte ea quae termini quibus adiunguntur significant ».

2. *Questiones longe super librum Perihermeneias*, qu. I, 3, ed. by R. van der Lecq, Ingenium Publishers, Nijmegen, 1983, p. 16 : « Dico "praedicabilis" vel "subicibilis" ad differentiam conceptuum simplicium correspondentium dictionibus sinkhategorematicis ».

3. *Qu. PH.*, I, 3, p. 15 : « [...] sicut non solum sunt propositiones vocales sed etiam quedam scripta et quedam mentales – multas enim orationes formamus in mente sine vocis expressione – ita oportet esse nomina et verba non solum vocalia sed etiam scripta et mentalia ».

4. *Qu. PH.*, I, 3, p. 16.

5. Voir par exemple *SL*, VII, 3, 4 : « [...] in propositione mentali conceptus mentalis ampliaretur ad supponendum pro praeteritis per verbum mentalem praeteriti temporis ».

6. Voir Cl. Panaccio, *Le Discours intérieur*, Paris, Éditions du Seuil, 1999, p. 295-301.

lorsque c'est nécessaire il examine les distorsions entre le langage mental et le langage parlé qui l'exprime. C'est le cas, par exemple, en logique pour les fallacies *in dictione*. Buridan de son côté met constamment au premier plan le langage parlé, que ce soit dans les principes de sa sémiotique, dans sa théorie de la supposition, dans l'analyse des sophismes, et il oppose ce qui est « secundum vocem » et ce qui est « secundum intentionem » afin de faire jouer à ce second plan le rôle de critère sémantique pour l'interprétation du langage parlé, qui est livré à un arbitraire radical[1].

On ne peut s'empêcher de mettre cette doctrine de la double signification en relation avec la thèse selon laquelle la science n'a pas pour seul objet des propositions mais aussi les choses signifiées, et que c'est même là sa principale destination. C'est ce qui conduit Buridan non seulement à prendre ses distances avec une lecture radicale de l'ockhamisme, qui concevrait les propositions comme le seul objet de la science, mais aussi à prendre position contre la théorie du « signifiable de manière complexe ».

La réduction du signifié propre et adéquat de la proposition

La position ockhamiste concernant le sujet de la science fut à l'origine d'un débat qui eut lieu à Oxford dans les années vingt sur le signifié propre et adéquat de la proposition, un débat qui mit aux prises Gautier Chatton, Guillaume Crathorn, Robert Holcot et Adam Wodeham. Ce débat a plusieurs fois été étudié et j'en ai moi-même retracé les principales étapes[2].

Très tôt Gautier Chatton avait objecté à Guillaume d'Ockham que l'acte de savoir ou celui de croire se terminent aux choses signifiées par le complexe propositionnel et non à la proposition elle-même[3]. Dans cette discussion, entre la position ockhamiste et la position chattonienne, émergea progressivement l'idée que la proposition pourrait avoir un signifié qui lui soit propre, bien qu'il n'ait pas le statut d'une chose. C'est cette position qui fut développée par Adam Wodeham dans sa critique de Chatton, et qui fut acclimatée à Paris, notamment par Grégoire de Rimini. Tout au long de la controverse, des arguments furent échangés et des exemples furent utilisés, aisément repérables, qu'on retrouve chez Buridan.

1. J'avais jadis insisté sur ce point en m'appuyant essentiellement sur les *Sophismes*. Jack Zupko souligne pour sa part que Jean Buridan ne parle jamais d'une « lingua mentalis » qui fonctionnerait en parallèle avec le langage parlé : voir *John Buridan*..., p. 95.

2. Voir J. Biard, « Les controverses sur l'objet du savoir et les *complexe significabilia* à Paris au XIVe siècle », dans J. Celeyrette et St. Caroti (éds), *Quia inter doctores est magna dissensio. Les débats de philosophie naturelle à Paris au XIVe siècle*, Firenze, Leo S. Olschki, MMIV, p. 1-32. Cet articles inclut des passages sur Buridan dont je reprends ici la substance, mais il étudie plus largement cette question depuis son origine oxonienne jusqu'à Pierre d'Ailly.

3. Voir Walter Chatton OFM, *Lectura in I. Sententiarum*, Prol., q. 1, dans M. E. Reina, « La prima questione del Prologo del *Commento alle Sentenze* di Walter Chatton, *Rivista critica di storia della filosofia*, 25 (1970), p. 49-74 et p. 290-314, notamment p. 52-54.

Bien qu'il ne soit pas le premier à évoquer à Paris les « signifiables de manière complexe », c'est Grégoire de Rimini qui en expose longuement la théorie dans sa *Lecture des sentences*, et c'est lui qui est l'adversaire privilégié de Jean Buridan dans la plupart des textes que ce dernier consacre à cette question. Le propos constant de Buridan est de récuser radicalement l'hypothèse d'un signifié propre et adéquat de la proposition. Pour lui, le problème est à la base un problème de sémantique des termes et de la proposition. Les fondements logiques et sémantiques sont exposés dans les *Sophismes;* les autres textes consacrés à cette théorie sont les *Questions sur les Premiers Analytiques*, les *Questions sur la Physique*, les *Questions sur la Métaphysique*.

Dans la dernière lecture des *Questions sur la Métaphysique*, c'est la question 7 du livre V qui aborde le problème; elle le fait en partant de l'expression infinitive qui formule ce que dit une proposition et en posant la question de sa réduction possible au sujet : « Est-ce que (le fait) que Dieu soit la cause de Socrate est Dieu, étant donné que Dieu est cause créante ou conservante de Socrate ? » (*Utrum deum esse causam Sortis sit Deus, posito quod Deus sit causa creans vel conservans Socratem*). Buridan évoque l'opinion qui soutient que *Deum esse causam Sortis* n'est qu'une proposition, thèse qui serait généralisable à toute proposition infinitive. Une distinction doit être introduite. On peut considérer que de tels énoncés infinitifs (*orationes infinitivi*) sont mis pour les propositions correspondantes au mode indicatif, comme lorsque je dis « Sortem currere est falsum » pour signifier que « Sortes currit » est faux ; en termes techniques, ces énoncés sont alors pris en « supposition matérielle » [1]. Dans ce cas, *Deum esse causam Sortis* signifie la proposition « Deus est causa Sortis ». Mais ils peuvent être aussi pris de façon « significative », c'est-à-dire en « supposition personnelle ». Tel est le cas lorsque je dis « hominem esse album est hominem esse coloratum ». Si l'expression infinitive supposait pour une proposition, la proposition totale serait fausse alors qu'elle peut être tenue pour vraie.

Il faut donc en conclure, et c'est la première thèse, qu'en dehors du cas où l'expression est prise en supposition matérielle, *hominem esse album* ou *Deum esse causam Sortis* ne sont pas des propositions [2]. Par conséquent la question du signifié de la proposition ne se pose pas à leur sujet. En revanche, si la proposition infinitive suppose pour une proposition à l'indicatif, la question de la signification et de la vérité de cette dernière reste en suspens.

La deuxième thèse est : « Que Dieu soit la cause de Socrate ou qu'un homme soit blanc, ce n'est pas absolument rien, à la manière d'un chimère » [3]. L'argument est simple : « une chimère est une chimère » est une proposition fausse en vertu de la règle selon laquelle une proposition affirmative ne peut être vraie que si le

1. Voir *infra*, p. 130-133.

2. Voir *Qu. Metaph.*, V, qu. 7, f° XXXvb : « sic etiam concluderetur quod deum esse causam Sortis non est una propositio ».

3. Voir *Qu. Metaph.*, V, qu. 7, f° XXXvb : « Deum esse causam Sortis vel hominem esse album non penitus nihil est sicut chimera ».

sujet suppose pour quelque chose ; pourtant, une proposition comme « Que Dieu soit la cause de Socrate, c'est que Dieu soit la cause de Socrate » paraît intuitivement vraie. « Que Dieu soit la cause de Socrate » doit donc signifier quelque chose et non pas absolument rien.

La troisième thèse est que ce qui est ainsi signifié n'est pas Socrate, ni une disposition de Socrate [1], car cela reviendrait à identifier une cause infinie avec un effet fini. Cette thèse est complétée par la suivante : que Dieu soit la cause de Socrate, ce n'est ni Dieu ni Socrate [2] : c'est difficile à démontrer, mais Buridan suggère que cela conduirait à des absurdités. Ce n'est pas non plus une disposition ajoutée à Dieu [3], puisque celui-ci est absolument simple.

Mais ce n'est pas non plus un signifiable de manière complexe (*significabile complexe*), ce qui est ici présenté comme l'échappatoire de ceux qui refusent les solutions précédentes [4].

Dans la 5 e question sur le livre I des *Premiers Analytiques*, Buridan traite du même problème en s'interrogeant sur un exemple d'allure moins théologique : on se demande quelle chose est (le fait) qu'un homme boive du vin (*hominem bibere vinum*). La première hypothèse est que ce n'est qu'une proposition – mais l'analyse est moins détaillée que dans la *Métaphysique*. La deuxième est celle du *complexe significabile;* la troisième considère que *hominem bibere vinum* n'est autre que l'homme lui-même se rapportant de telle manière au vin [5]. La quatrième y voit un accident, non pas par conséquent l'homme lui-même, mais une disposition qui lui serait inhérente et en vertu de laquelle on dirait que l'homme se rapporte de telle ou telle façon au vin.

Dans tous ces textes, à partir d'exemples divers, qu'il s'agisse d'exemples du langage quotidien ou d'énoncés légués par la physique et la métaphysique, Buridan attaque de front les signifiables de manière complexe. La seule exception que je connaisse est la version des *Questions sur la Métaphysique* publiée par Lambert Marie De Rijk sous le titre de *lectura erfordiensis* [6].

1. Voir *Qu. Metaph.*, V, qu. 7, f° XXXvb : « Deum esse causam Sortis non est Sortes, nec aliqua dispositio inherens Sorti ».

2. Voir *Qu. Metaph.*, V, qu. 7, f° XXXvb : « Deum esse causam Sortis non est Deus nec Sor ».

3. Voir *Qu. Metaph.*, V, qu. 7, f° XXXvb : « Deum esse causam Sortis non est res vel disposito addita ipsi Deo ».

4. Voir *Qu. Metaph.*, V, qu. 7, f° XXXIra : « Alia conclusio videtur mihi ponenda contra hoc quod alii opinantur, quod Deum esse causam Sortis non est significabile complexe ».

5. Voir *QAPost.*, I, qu. 5 : « hominem taliter se habens ad vinum ».

6. Dans la question 28, Buridan se demande si la causalité et la dépendance sont des choses ajoutées aux causes et aux effets. Conformément à la position qu'il a toujours soutenue, Buridan estime que selon Aristote ce ne sont pas des choses ou dispositions ajoutées, mais cela soulève des difficultés du point de vue de la foi. L'argumentation est assez confuse. Après avoir tenté de montrer comment Aristote aurait répondu aux difficultés soulevées, Buridan ajoute : « Et si ista non sufficiant, tunc oportet dicere quod radius dependet a sole per dispositonem additam quam aliqui vocant significabile complexum quod est radium dependere a sole ». Ce signifiable complexe est tenu pour un accident : voir Johannes Buridanus, *Lectura erfordiensis in I-VI Metaphysicam, together with the 15th-century Abreviatio Caminensis*, ed. by L. M. De Rijk, Turnhout, Brepols, 2008, p. 166-167. La version des *Questions*

La critique la plus complète et la plus systématique de la doctrine des *complexe significabilia* se trouve dans le sophisme 5[1]. Les arguments qui y sont rapportés en faveur de l'existence des signifiables de manière complexe sont classiques : ils ont été éprouvés dans les débats oxoniens et sont exposés par Grégoire de Rimini[2]. Ils reposent d'abord sur l'indépendance des signifiés à l'égard des propositions et à l'égard des choses singulières : par exemple c'était le cas que l'homme ne courait pas avant que Dieu ne crée un homme. Une seconde série d'arguments analyse les conséquences qu'aurait l'identification du signifié de « Sortem amare Deum » à Socrate lui-même, notamment celle-ci qui est fâcheuse : que Socrate aime Dieu ou que Socrate haïsse Dieu, ce serait la même chose. *L'improbatio* établit que ce sont des chimères en procédant par élimination : ce ne sont ni des substances ni des accidents, ni le créateur ni des créatures. Puis on se contente de dire que les chimères n'existent pas. Mais plusieurs précisions sont ajoutées. D'abord, il y aurait contradiction à poser des signifiables de manière complexe avant que Dieu crée quelque chose; on radicalise ainsi l'alternative entre le créateur et les créatures. Ensuite, toute idée d'éternité des signifiables de manière complexe est récusée. Enfin, on refuse que quelque chose ne soit ni substance ni accident.

Cette assimilation, à l'évidence polémique, des *complexe significabilia* à des chimères trouve un écho dans la question 18 sur le premier livre de la *Physique* (*ultima lectura*) où Jean Buridan parle d'« étants irrationnels que certains appellent des *complexe significabilia* »[3], inaugurant ainsi une longue tradition d'imprécations à l'encontre de ceux qui prétendent défendre les *complexe significabilia*. On retrouvera des expressions équivalentes chez Pierre d'Ailly[4].

La solution va préciser, en le détournant, le sens de l'expression « signifiable de manière complexe » : toute chose est signifiable, simplement ou complexement[5]. Cela fournit l'occasion de répondre à Grégoire de Rimini. Avant la création, il n'y a rien d'autre que Dieu, pas même des faits ou des signifiables. On répond aux

sur la Métaphysique imprimée en 1518 correspond à la dernière lecture, telle que la transmettent par exemple les manuscrits de Carpentras, Bibl. Ing. 292, ou Paris, BNF 14 716. La version contenue dans le manuscrit d'Erfurt est sans nul doute antérieure, même si De Rijk se refuse à avancer une date précise.

1. Voir *SL*, IX, c. 1, soph. 5, p. 16-18 et p. 31-32; trad., p. 53-55 et 73-75.

2. Grégoire de Rimini, *Lectura super primum et secundum Sententiarum*, « Prologus », qu. 1, art. 1, éd. A. D. Trapp et V. Marcolino, vol. I, Berlin - New York, Walter De Gruyter, 1981, en part. p. 3-8.

3. Jean Buridan, *Qu. Phys.*, I, qu. 18, f° XXIvb-XXIIra : « Nona conclusio est quod generare est generans [...] Et similiter est dicendum quod generari est illud quod generatur, et hominem ambulare est homo ambulans, et Sortem diligere Deum est Sor diligens Deum, ideo est etiam Sor. Sic enim evitatur infinita multitudo irrationabilis entium quam aliqui vocant complexe significabilia, de quibus non possunt dicere ubi sunt, nec utrum sunt substantie vel accidentia, nec utrum sunt creator vel creature ».

4. Dans ses *Insolubilia*, Pierre d'Ailly déclare la théorie des *complexe significabilia* « irrationalis et inintelligibilis » (§ 190, transcription inédite L. Kakzmarek).

5. *Qu. Phys.*, I, qu. 18, f° XXIIra : « Et notandum est quod ego non intendo negare complexe significabilia, ymmo credo quod omnis res est complexe significabilis; Deus enim qui est summe simplex significatur per hoc complexum *Deum esse Deum* vel *Deum esse trinum et unum*, etc ».

arguments qui avaient été avancés par une précision concernant les conditions de vérité d'une proposition : penser la vérité en termes d'être-ainsi (*sic esse*) ou ne-pas-être-ainsi (*non sic esse*) n'est qu'une commodité de langage ; cette formulation triviale doit être transposée en supposition des termes comme le précise en particulier le *Traité des Conséquences*[1]. Quelle est la condition pour que « un homme ne courait pas » soit vraie ? Ce n'est pas quelque chose comme « un-homme-ne-pas-courir ». Il suffit que le terme sujet ne se réfère à aucun étant, donc qu'aucun homme n'existât. De surcroît, si aucune proposition n'était proférée, la question de sa vérité n'avait alors pas de sens.

Dans le premier chapitre des *Sophismes*, la signification des termes complexes a été expliquée par la composition des significations des termes simples en lesquels ils se résolvent. La signification d'une expression propositionnelle parlée, c'est en premier lieu une proposition mentale, de sorte que « la proposition "Dieu existe" signifie plus dans l'esprit que le terme "Dieu" car elle signifie une proposition mentale et le terme "Dieu" ne signifie dans l'esprit qu'un terme simple ». Mais qu'en est-il dans le monde extra-mental ? À ce propos, Buridan compare la signification réelle de « Dieu », de « Dieu est » et de « Dieu est Dieu ». L'expression complexe « Dieu est » équivaut à « Dieu est un étant », et elle signifie tout ce que signifie Dieu, mais aussi tous les étants en raison du terme « étant ». En revanche, dans « Dieu est Dieu », les « est » n'a valeur que de copule. Or la copule signifie simplement un acte mental de réunion, un « concept complexif », et rien de réel en dehors des termes catégorématiques qu'elle relie. Par conséquent l'expression complexe ne signifie *ad extra* que Dieu.

Une fois résolu ainsi le problème de la signification, tant mentale que réelle, de la proposition, on peut revenir à la question initiale : qu'en est-il par exemple de « Sortes amare Deum », « que Socrate aime Dieu » ?

> [...] que Socrate aime Dieu, c'est Socrate si Socrate aime Dieu. Mais si Socrate n'aime pas Dieu, alors que Socrate aime Dieu n'est rien[2].

Et l'on peut dès lors revenir au sophisme 3, « Dieu n'existe pas » (« Deus non est »), qui pose explicitement la question du signifié de la proposition. « Deus non est » ne peut assurément pas signifier *Deum non esse*, puisque *Deum non esse* n'est rien. Or signifier, c'est signifier quelque chose et signifier quelque chose c'est signifier des étants singuliers. Le signifié de la proposition ne se réduit cependant pas au signifié du sujet. L'expression orale « Deus est » signifie une expression mentale susceptible d'être vraie ou fausse, ce qui n'est pas le cas du terme « Deus ». Et la proposition mentale « Deus est », si elle ne signifie pas *deum esse*, signifie aussi, en raison de l'équivalence vue plus haut, ce que signifie le terme « étant ». En revanche, ce ne sont pas des choses différentes qui sont signifiées par les concepts

1. *Tractatus de consequentiis*, éd. crit. H. Hubien, Louvain-Paris, Publications universitaires - Vander Oyez S. A., 1976, chap. 1, p. 17-19.

2. *SL*, IX, c. 1, ad 5um soph., p. 32 : « Socratem diligere deum est Socrates si Socrates diligit deum ; sed si Socrates non diligit deum, Socratem diligere deum nihil est » ; trad. p. 74.

mentaux complexes correspondant à aux énoncés oraux « Dieu est Dieu » et « Dieu n'est pas Dieu », « tout Dieu est Dieu », « aucun Dieu n'est dieu » [1].

Dans sa discussion sur le *complexe significabile*, Jean Buridan côtoie ainsi des thèses condamnées chez Nicolas d'Autrécourt. L'un des articles confessés révoquait « que les propositions "Dieu existe", "Dieu n'existe pas" signifient entièrement la même chose, quoique de manière différente » [2] ; un autre que « le signifiable de manière complexe par le complexe "Dieu et la créature sont distincts" n'est rien » [3]. Buridan évite cependant de laisser croire que le signifié des expressions complexes n'est rien [4] : c'est toujours le signifié des termes singuliers. Si une proposition ne signifie pas *aliquid*, elle peut signifier *aliqua* (et non pas *nihil*). Et du fait des concepts complexifs qui unissent de telle ou telle manière les concepts catégorématiques, toutes ces expressions signifient les mêmes choses, mais autrement.

Arbitraire, consensus et valeur des termes

Parmi les sons vocaux significatifs, il est usuel de distinguer ceux qui sont naturels et ceux qui sont conventionnels. Comment Buridan traite-t-il cette distinction ? Nous avons déjà vu que le son vocal significatif non seulement représente quelque chose à quelqu'un d'autre, mais doit notifier quelque chose ; autrement dit, il doit non seulement être associé à une conception (ce qui semble devoir être le cas de l'aboiement du chien, ou d'autres signes proférés par les animaux), mais encore être tel que l'auditeur connaît, soit par nature soit par convention, ce que le locuteur a à l'esprit. Parmi ces signes, certains signifient naturellement, et ils expriment par eux-mêmes tout ce qu'ils signifient, sans entrer dans des ensembles syntaxiques [5] ; les autres sont significatifs « selon l'imposition qui leur est attribuée à plaisir » [6]. Le caractère conventionnel du langage est une banalité pour les Médiévaux. Le « cratylisme » n'y est guère à l'honneur, même si dans sa *Dialectica* Augustin admettait, dans le prolongement des Stoïciens, une sorte de langage naturel à partir duquel les langues conventionnelles auraient dérivé. Ce qui est intéressant, ce sont donc les nuances. La théorie buridanienne se caractérise par deux traits : le caractère collectif de la convention, et le caractère radical de l'arbitraire. Les deux sont souvent formulés en même temps de façon complémentaire.

1. Voir *SL*, IX, c. 1, ad 3um soph., p. 30 ; trad., p. 72.

2. Nicholaus of Autrecourt, *His correspondance with Master Giles and Bernard d'Arezzo*, ed. by L. M. De Rijk, Leiden - New York - Köln, Brill, 1994, [4] p. 170 « Quod iste propositiones "Deus est", "Deus non est" penitus idem significant, licet alio et alio modo ; *Correspondance. Articles condamnés*, trad. Chr. Grellard, Paris, Vrin, 2001, p. 132-133.

3. Id., *ibid.*, [60] p. 202 ; trad. p. 152-153.

4. Contrairement à Nicolas : *ibid.* [59] p. 200 : « Quod deus et creatura non sunt aliquid » ; trad., p. 152-153.

5. *SL*, IV, 1, 2, p. 9 : « voces significativae naturaliter non ponuntur in propositionibus, quia se ipsis sine formatione alicuius propositionis innatae sunt facere sensum perfectum in audiente ad hoc idoneo ».

6. *SL*, IV, 1, 2, p. 9 : « secundum impositionem sibi ad placitum datam ».

Le caractère collectif de la convention se manifeste par le passage au second plan du personnage de l'instituteur des noms et l'émergence de l'idée de consensus au sein d'une communauté linguistique donnée. Cette idée n'était guère mise en avant antérieurement, bien qu'elle fût impliquée dans certains aspects de la théorie baconienne [1]. Nous avons déjà vu Buridan évoquer à plusieurs reprises le fait de parler en latin, en français ou dans quelque autre langue [2]. Le latin est mis sur le même plan que les autres langues anciennes ou les langues vernaculaires.

Dans les *Questions sur le Peri Hermeneias*, Jean Buridan fait de cet usage commun dans une communauté le premier fondement de la signification même si d'autres processus peuvent ensuite venir se greffer dessus :

> Il faut noter, à propos des sons vocaux significatifs à plaisir, que nous appelons, par manière habituelle de parler, son vocal significatif celui qui est institué, pour la communauté [IMPORTANT] de quelque langue, pour signifier selon une signification déterminée et communément connue par ceux de cette langue [3].

Dans le chapitre VI des *Sophismes*, qui porte sur la signification conventionnelle, il apparaît que les significations peuvent varier selon les langues :

> [...] s'il est écrit sur un mur qu'un homme est un âne, cette proposition est fausse pour moi qui parle cette langue-ci, mais elle est vraie pour toi si l'on suppose que tu parles quelque autre langue dans laquelle le terme « âne » signifie exactement ce que signifie pour nous le terme « animal » [4].

Cette référence à une communauté linguistique donnée se double paradoxalement d'un arbitraire radical, auquel Buridan donne une forme extrême. Pour le mettre en évidence, Buridan invoque les conventions en logique. Dès ses *Questions sur le Peri Hermeneias*, après avoir indiqué que « être significatif » équivaut à « pouvoir signifier » et non pas forcément à signifier actuellement, Buridan évoque les symboles utilisés par Aristote dans les *Analytiques* à la place de termes, une pratique qui semble pouvoir être étendue à d'autres disciplines, par exemple aux mathématiques :

1. Pour Roger Bacon en effet, d'une part l'imposition se fait toujours dans une langue donnée, d'autre part nous « rénovons » constamment les significations; voir *De signis*, IV, 3. Dans K. M. Fredborg, L. Nielsen et J. Pinborg, « An Inedited Part of Roger Bacon's *Opus maius* », *Traditio*, XXXIV (1978), p. 75-136.

2. Voir *SL*, I, 1, 1, p. 11.

3. *Qu. Ph.*, I, qu. 2, p. 9 : « Notandum est [...] quod de vocibus significativis ad placitum nos vocamus consueta locutione illam vocem significativam que communitati alicuius ydyomatis imposita est ad significandum secundum aliquam certam significationem et communiter notam illis de isto ydyomate » ; *cf.* I, qu. 3, p. 16.

4. *SL*, IX, c. 6, 5ª concl., p. 118 : « si scribatur in pariete quod homo est asinus, illa est falsa mihi, qui sum de isto idiomate, et est tibi vera, supposito quod tu sis de quoddam idiomate alio in quo iste terminus "asinus" praecise significat idem quod significat nobis iste terminus "animal" », trad. p. 197; cf. *SL*, IX, c. 6, soph. 7, p. 127 : « [...] possibile esset quod in alio idiomate nobis ignoto talis oratio vocalis "homo est asinus" significaret omnino sicut nobis significat haec oratio "albedo est color". Et ita ipsa apud illos esset vera », trad. p. 209; dans le chapitre VII, sophisme 6, Buridan se réfère à l'*usus communis* pour analyser le sens de « semper » : *loc. cit.*, p. 135, trad. p. 220.

> Or nous pouvons selon notre bon plaisir instituer des sons vocaux pour signifier. Et même, tu imposes souvent les sons *a*, *b*, *c*, pour signifier nouvellement, et de nouvelles significations. Ainsi, en géométrie nous disons : « soit a un angle du triangle, soit b un autre et c le troisième » ; et dans les *Premiers Analytiques*, « soit *a* le prédicat et *b* le sujet » ; et ainsi de suite [1].

Dans les *Petites sommes logiques*, Buridan évoque des conventions semblables, mais avec une allusion plus précise à l'exercice universitaire de la disputation :

> [...] Un son vocal significatif à plaisir a parfois la même signification dans la totalité d'une vaste langue [...], mais parfois il est institué pour peu de temps à une signification déterminée, comme lorsque nous disons « que *a* soit un homme, que *b* soit une pierre, *c* un animal » et ainsi de suite, ainsi que le font les docteurs et ceux qui disputent [2].

Mais c'est dans les *Sophismes* que Buridan est le plus explicite. Là, le modèle est clairement celui de la disputation obligationnelle. Dans un premier temps, Buridan n'évoque que le caractère conventionnel de la signification au sein d'une communauté linguistique. Non-motivée, la signification d'un même son vocal peut varier d'une communauté à l'autre dès lors que celui-ci signifie des concepts différents. Elle crée cependant une *contrainte*. Celle-ci est le pendant inévitable de la conventionalité, sinon aucune communication ne serait possible. Donc, tant qu'aucun indice d'un changement de signification n'est explicite, il est clair que nous devons prendre les termes selon la signification qu'ils ont communément

> [...] une proposition parlée [...] doit être réputée vraie, si elle est vraie selon la signification qu'elle a communément dans le langage de ceux qui écoutent et formulent les propositions, et fausse si dans ce cadre elle est fausse [3].

Néanmoins ces significations peuvent être changées délibérément, à plaisir, *ad placitum*. C'est alors, après avoir évoqué le sens possible d'un mot dans une autre langue, que Buridan introduit la comparaison avec la disputation obligationnelle :

1. *Qu. PH*, I, 2, p. 9 : « Modo ad placitum nostrum possumus inponere voces ad significandum. Ymmo tu sepe inponis voces istas *a*, *b*, *c*, ad significandum de novo et novas significationes. Ut in geometria dicimus quod trianguli unus angulus sit *a*, alius *b*, tertius *c*. Et *Priorum* que *a* sit predicatum et *b* subiectum ; et ita de aliis ».

2. *SL*, I. 1. 5 : « [...] vox significativa ad placitum aliquando est eiusdem significationis uno toto magno idiomate, ut "homo" vel "asinus" apud omnes latinos. Aliquando autem pro aliquo pauco tempore imponitur ad aliquam determinatam significationem ex conventu et concordia disputantium, ut cum dicimus quod A sit homo, B animal, C lapis et huiusmodi, sicut saepe faciunt doctores et disputatores ».

3. *SL*, IX, c. 6, 6ª concl., p. 119 : « [...] propositio vocalis, sine tali impositione vel obligatione proposita, debet reputari vera, si secundum significationem quam communiter habet in idiomate audientium et proponentium sit vera, et falsa, si falsa » ; trad., p. 197-198 ; *cf. SL*, IX, c. 6, 3ª concl., p. 117-118 : « [...] haec propositio "homo est asinus" est impossibilis, quia cum ipsa modo proponatur, ipsa proponitur secundum significationem quam nunc habet, et secundum illam designat nobis mentalem impossibilem », trad., p. 195.

> Cette situation se produit fréquemment avec ceux qui participent à des disputations obligationnelles : dans les écoles, un maître pose que, le temps de leurs débats, le terme « âne » signifiera pour eux exactement ce que signifie le terme « animal » pour nous, selon sa signification commune ; le répondant et les autres sont d'accord [1].

Les obligations se développent au XIVe siècle. Tout en introduisant de nouvelles sortes de contraintes, ce type de disputation semble relever d'un usage à la fois formel et ludique du langage. Parmi les « obligations » qui circonscrivent les conditions de départ, figure l'*impositio*, acte de conférer une signification à un terme pour le temps de l'exercice. C'est donc l'ancien concept d'imposition qui est repris, mais sans référence à une institution primitive. L'indice de l'imposition n'est autre que l'usage : « Les mots n'ont de valeur que par l'imposition et l'imposition ne peut être connue que par l'usage [2] ». Une telle imposition revêt un caractère transitoire et arbitraire que manifestent les conditions délibérément paradoxales de certains « cas » – par exemple « posons que "un homme est un âne" signifie que Dieu existe ». Buridan insiste sur cette décision arbitraire :

> [...] toi et moi, nous disputons, et alors nous pouvons utiliser les mots selon notre bon plaisir, comme nous voulons bien en convenir, en ce qui concerne leur signification. Souvent en effet, ceux qui débattent conviennent que A signifiera un homme et B un âne [3].

Nous avons donc affaire à une double imposition. La première est celle de l'institution communautaire. Elle a une fonction régulatrice pour le locuteur individuel. Dans les *Questions sur le Peri Hermeneias*, Buridan estime même que je ne puis changer tout seul une telle signification ; il faut sans doute entendre que je détruirais alors toute possibilité de communication [4]. La seconde est l'institution arbitraire, mais reconnue intersubjectivement, d'une nouvelle signification, au moins pour un temps donné. Une communauté restreinte peut ainsi forger son dialecte à plaisir [5]. Dans le chapitre VI des *Sophismes*, évoquant une telle imposition seconde, Buridan fait une hypothèse supplémentaire :

1. *SL*, IX, c. 6, 5[a] concl., p. 118-119 : « Adhuc ille casus accidit communiter disputantibus obligatorie, scilicet quod in scholis magister ponit quod, tempore disputationum, iste terminus "asinus" significet praecise eis idem quod iste terminus "animal" significat nobis secundum eius communem significationem, et respondens et alii consentiunt » ; trad., p. 197.

2. *Qu. Metaph.*, IX, qu. 5, Paris, 1518, f[o] LVIIIva : « Sermones non habent virtutem nisi ex impositione et impositio non potest sciri nisi ex usu ».

3. *SL*, IX, c. 6, soph. 4, p. 123 : « [...] ego et tu disputamus, et tunc possumus uti vocibus ad placitum nostrum sicut volumus concordare quantum ad significationes earum. Sic enim saepe concordant disputantes quod A significet hominem et B asinum » ; trad., p. 203.

4. Voir *Qu. PH*, I, qu. 3, p. 16 : « Et non est in potestate mea vel tua auferre vel mutare huiusmodi significationem communem ».

5. Voir *Qu. PH*, I, qu. 3, p. 16 : « Sed etiam adhuc multi inter se concordes possent fabricare ad placitum unum ydioma que inter se uterentur, sicut patet de illis qui loquuntur inter se garganicum » ; je suppose que « garganicum » (de *Garganus*, montagne d'Apulée ?) désigne ici une sorte d'argot ou de sabir utilisé au sein d'une communauté restreinte.

> Si l'on objecte que cette proposition-ci est vraie pour nous mais qu'elle n'est pas vraie absolument, je me situe alors dans l'hypothèse possible où n'existent plus d'autres hommes que ceux qui sont actuellement à Paris, et que tous les autres sont détruits. Alors tous peuvent ensemble se mettre d'accord sur cette signification et l'enseigner ensuite à leur enfants [1].

La décision devient alors la norme commune, elle peut même se transmettre au sein de toute une communauté. La conventionalité de la signification vocale est ainsi pensée selon de nouveaux modèles qui ne sont plus ceux du langage adamique ou de sa transcription boécienne en premier instituteur des noms.

C'est à la lumière de cette théorie qu'on doit lire le passage du IVe traité des *Petites sommes logiques* qui concerne l'interprétation des expressions selon leur sens littéral ou selon l'intention de l'auteur. Ce passage, fort connu, est introduit à l'occasion de la division de la supposition en supposition matérielle et supposition personnelle [2]. Il a aussi souvent été lu et commenté en relation aux décrets dits « anti-ockhamistes » de 1339 et 1340, Buridan ayant pu être recteur lors de la rédaction du second de ces décrets. Il suffit de rapprocher ce fait de l'« ockhamisme » supposé de Buridan pour s'interroger sans fin sur sa position, ses arrière-pensées, son habileté diplomatique... Je ne prétendrai pas ici ajouter à l'abondante littérature sur ce thème [3]. Le décret du 25 septembre 1339 a un aspect fortement disciplinaire, mais commence par interdire de « lire » la doctrine de « Guillaume, dit Ockham » ; à l'évidence, un certains nombre de ses théories logiques et physiques, notamment la théorie de la supposition et la théorie de la quantité, étaient connues, débattues, et de surcroît semblaient fort prisées des étudiants. Le décret du 29 décembre 1340 ne cite pas Ockham, mais porte sur des questions de sémantiques lies à l'interprétation des énoncés. Certaines expressions ou thèses peuvent bien être éclairées à la lumière de tel ou tel maître, mais l'ensemble ne semble pas dessiner une doctrine déterminée. Il vise moins les textes d'Ockham que les défenseurs

1. *SL*, IX, c. 6, soph. 4, p. 123 : « Et si tu dicas illam esse veram nobis et ipsam non esse veram simpliciter, tunc pono casum possibilem quod non sint plures homines nisi illi qui sunt Parisius modo et omnes alii sint corrupti. Tunc omnes possunt simul convenire in dicta significatione et pueros suos docere de cetero illam significationem » ; trad., p. 204.

2. Nous reviendrons prochainement sur ces concepts. La supposition, propriété référentielle du terme dans une proposition, se divise en supposition personnelle lorsque le terme se réfère à ses signifiés ultimes, et en supposition matérielle lorsqu'il se réfère à lui-même ou à quelque chose qui lui est « similaire ».

3. Sur l'interprétation historique et doctrinale de ces deux statuts, la littérature est pléthorique ; je ne mentionne ici que les principaux protagonistes de ces discussions. Les contributions de William J. Courtenay ont été reprises dans le volume *Ockham and Ockhamism : Studies in the Dissemination and Impact of his Thought*, Leiden-Boston, Brill, 2008. Voir aussi J. M. M. H. Thijssen, « Once Again the Ockhamist Statutes of 1339 and 1340 : Some New Perspectives », *Vivarium* 28 (1990), p. 136-167 ; Z. Kaluza, « Les sciences et leur langage. Note sur le statut du 29 décembre 1340 et le prétendu statut perdu contre Ockham », dans L. Bianchi (éd.), *Filosofia e teologia nel Trecento. Studi in ricordi di Eugenio Randi*, Louvain, 1994, p. 197-258 ; L. Bianchi, *Censure et liberté intellectuelle à l'université de Paris (XIIIe-XIVe siècles)*, Paris, Les Belles Lettres, 1999, p. 129-159.

parisiens de « subtilités pernicieuses »[1]. En revanche, il esquisse quelques règles sémantiques et herméneutiques qui vont marquer le « nominalisme » parisien jusqu'à la fin du xve siècle.

Que le texte de *Petites sommes de logique* fasse écho au début du statut de décembre 1340 n'est pas discutable. Celui-ci commençait par condamner une attitude qui ferait de la seule « supposition personnelle », c'est-à-dire de l'usage des termes pour leurs signifiés ultimes, le sens propre, servant éventuellement de critère à l'évaluation de la vérité des propositions :

> Que nul maître, bachelier ou écolier qui fait cours à la faculté des Arts de Paris n'ait l'audace de déclarer absolument fausse ou fausse selon la valeur des mots une proposition célèbre d'un auteur sur le livre duquel il fait cours, s'il estime que cet auteur, en établissant cette proposition, avait une pensée vraie. Il doit soit admettre cette proposition soit séparer le sens vrai du sens faux [...].
>
> De même nul ne doit affirmer qu'une proposition serait absolument fausse ou fausse selon la valeur des mots, si elle était fausse selon la supposition personnelle des termes ; en effet, cette erreur reconduit à celle qui a été dénoncée précédemment ; souvent en effet les auteurs utilisent d'autres suppositions[2].

Dans le IVe traité des *Petites sommes de logique*, le maître picard rapporte trois opinions à propos de la vérité et de la fausseté, *de virtute sermonis*[3], de propositions qui attribuent à des termes des concepts déterminant leur mode de référence – par exemple une phrase telle que « homo est species » ; et il déclare partager la dernière de ces opinions.

La première opinion réduit la valeur propre à l'usage « significatif » des termes pour leurs signifiés extra-linguistiques. Elle se fonde sur la primauté de la relation sémiotique à la chose, selon un passage des *Réfutations sophistiques* souvent invoqué pour justifier la relation directe du mot à la chose ; mais elle procède à une double

1. C'est que rappelle Zénon Kaluza, dans son article où, contre Courtenay, il compte ce statut parmi ceux que la tradition a tenus pour « anti-ockhamistes » : voir art. cit., p. 210, p. 212-213.

2. *Chartularium Universitatis Parisiensis*, éd. H. Denifle adj. Æ. Chatelain, t. II, Parisiis, ex typis fratrum Delalain, Parisiis, MDCCCLXXXXI, n° 1042, p. 506 : « Videlicet quod nulli magistri, baccalarii, vel scolares in artium facultate legentes Parisius audeant aliquam propositionem famosam illius actoris cujus librum legunt dicere simpliciter esse falsam vel esse falsam de virtute sermonis, si crediderint quod actor ponendo illam habuerit verum intellectum ; sed vel concedant eam, vel sensum verum dividant a sensu falso » ; « Item, quod nullus dicat simpliciter vel de virtute sermonis omnem propositionem esse falsam, que esset falsa secundum suppositionem personalem terminorum, eo quod iste error ducit ad priorem errorem, actores enim sepe utuntur aliis suppositionibus ».

3. L'expression *virtus sermonis* est difficile à traduire, car à partir de l'idée de « force » propre du mot, elle tend parfois à désigner un sens *littéral*, parfois à désigner le sens que le mot prend dans un contexte donné. Je le rendrai généralement par « la valeur du mot ». Sur l'origine théologique de cette notion, qui s'est répandue dans la théorie du langage à la faculté des arts, voir C. Marmo, « Virtus sermonis / verborum entre théologie et arts du langage aux xiiie-xive siècles » et I. Rosier-Catach, « Pouvoir des mots et sacrements », dans les Actes à paraître du colloque « Le Pouvoir des mots au Moyen Âge », Lyon 22-24 juin 2009, sous la direction de Nicole Bériou.

réduction : elle passe directement de l'institution à la relation de supposition pour le signifié, et fonde la vérité sur cette seule sorte de supposition :

> Certains ont dit en effet que la proposition « l'homme est une espèce » est fausse selon la valeur des mots, puisque la principale supposition est la supposition personnelle. En effet, les sons vocaux sont institués afin de supposer pour leurs signifiés ultimes, étant donné que nous ne pouvons pas porter ces derniers avec nous dans les disputations; et ils ne furent pas institués afin de supposer pour eux-mêmes. [...] Ils disent alors que, selon la valeur des mots, la vérité et la fausseté doivent être considérées selon la supposition première et principale, donc selon la supposition personnelle. Et ainsi, la proposition « l'homme est une espèce » est fausse. C'est pourquoi absolument, selon la valeur des mots, elle doit être dite fausse[1].

Une telle conception extrémiste et réductionniste, également condamnée en 1340, est intenable[2]. Elle réduirait considérablement le champ des propositions bien formées et donc des propositions susceptibles d'être vraies, et elle fermerait l'une des voies par lesquelles le langage humain manifeste sa puissance, à savoir sa capacité d'auto-désignation.

Le deuxième opinion estime à l'inverse que les mots n'ont pas de signification fixée une fois pour toutes selon des critères sémantiques primordiaux, mais fait reposer la *virtus sermonis*, donc à la fois la puissance du mot et son sens littéral, sur notre usage. L'appel à l'usage se redouble immédiatement d'une dimension pragmatique, la signification « à plaisir » dépendant du bon plaisir du locuteur. Est-ce à dire qu'il n'y a plus de repère autorisant une interprétation des textes? On se fondera sur l'usage des « auctores » :

> Une autre opinion pose le contraire, à savoir que selon la valeur des mots la proposition « l'homme est une espèce » est vraie puisque un mot, en signifiant et en supposant, n'a de valeur que par l'imposition à plaisir et par l'usage, et que nous ne pouvons savoir quelle fut l'institution que par l'usage des auteurs. Or les auteurs posent comme vraie « l'homme est une espèce », et les philosophes l'utilisent [...]. Donc dans cette proposition nous devons tenir la supposition matérielle pour la valeur des mots[3].

1. *SL*, IV, 3, 2 (3), p. 41 : « Quidam enim dixerunt istam esse falsam de virtute sermonis "homo est species", quia principalis suppositio est personalis. Voces enim sunt impositae ad supponendum pro suis significatis ultimatis, quia non possumus ea portare ad disputationes; et non fuerunt impositae ad supponendum pro seipsis [...]. Et tunc dicunt illi quod de virtute sermonis veritas vel falsitas debet attendi secundum primam et principalem suppositionem, ideo secundum personalem. Et sic ista esset falsa "homo est species". Ideo simpliciter de virtute sermonis ipsa dicenda est falsa ».

2. On ne peut la qualifier d'ockhamiste, car elle n'a évidemment jamais été défendue par Guillaume d'Ockham. Cette remarque ne vise toutefois pas à nier le climat généralement « anti-ockhamiste » des statuts, puis des serments de 1341 qui y font référence et interdisent de professer la « scientia ockhamica ».

3. *SL*, IV, 3, 2 (3), p. 41 : « Alia opinio ponit contrarium, scilicet quod de virtute sermonis haec est vera "homo est species", quia sermo in significando et supponendo non habet virtutem nisi ex impositione ad placitum et usu, et non possumus scire quae fuit impositio nisi per usum auctorum. Auctores autem ponunt et philosophi usi sunt ista tamquam vera "homo est species" [...]. Ergo in hac propositione debemus hanc materialem suppositionem reputare de virtute sermonis ». Cette deuxième opinion

La troisième opinion, avec laquelle Buridan se sent en accord, paraît proche de la précédente, mais elle instaure en outre un jeu entre l'usage commun et la variation maîtrisée. Le principe est que « un son vocal, signifiant ou supposant, n'a de valeur propre que par nous » [1]. L'indice de cette relation à l'usage du locuteur est à nouveau la pratique de la disputation, où nous pouvons librement donner une signification nouvelle aux mots : « Ainsi, par un accord de ceux qui disputent, comme dans les obligations, nous pouvons imposer [à un mot] une nouvelle signification et non pas utiliser sa signification commune » [2]. Il est clair que les auteurs de textes faisant autorité peuvent eux aussi avoir modifié à dessein le sens des mots qu'ils ont utilisés, selon un usage soit ironique soit plus largement figuré (*transumptive*), ou encore selon les exigences du sujet traité (*materia subiecta*) [3]; on ne saurait donc les lire avec une règle restrictive. Est-ce à dire que nous n'aurions affaire qu'à un océan de sens dérivés sans aucun point fixe? Qu'il n'y aurait pas de sens propre? En fait, celui-ci doit être rapporté à l'usage commun et dominant :

> Cependant, nous considérons comme manière propre de parler le fait d'utiliser un mot selon la signification instituée communément, et principale ; et nous considérons comme manière impropre de parler le fait de l'utiliser indifféremment, bien qu'il soit licite de l'utiliser différemment [4].

Buridan en tire une règle prudente d'interprétation des textes, qui doivent être rapportés à l'intention de l'auteur et au sujet traité. Quant à la controverse sur la vérité d'une proposition entendue *de virtute sermonis*, cela dépend de ce que l'on entend par là. Si la valeur des mots est entendue comme la manière propre de parler dans l'acception que Buridan vient de préciser, on doit dire que certains énoncés sont vrais alors même que certains de leurs termes ne sont pas pris *de virtute sermonis;* ils n'en sont pas moins vrais selon le sens que leur donnait l'auteur, le nier serait ignorance et sottise.

paraît plus proche du décret de 1340 : « Sermo non habet virtutem, nisi ex impositione et usu communi actorum vel aliorum, ideo talis est virtus sermonis, qualiter eo actores communiter utuntur et qualem exigit materia » (*Chartularium Universitatis Parisiensis*, n° 1042, vol. II, p. 506). Dans ce décret, la dernière partie de la phrase citée introduit cependant un autre type de critère : le sujet traité, auquel Buridan attachera une grande importance.

1. *SL*, IV, 3, 2 (3), p. 41 : « vox in supponendo vel significando non habet virtutem propriam nisi ex nobis ».

2. *SL*, IV, 3, 2 (3), p. 41 : « Unde per conventum disputantium, ut in obligationibus, sibi possumus imponere novam significationem et non uti communi eius significatione ». Dans *SL*, I, 3, 6, p. 41, répondant à une question sur la « virtus sermonis » d'une expression, Buridan préfère opposer le « sensus primus » à la « voluntas loquentis » et à un « pactum inter disputantes ».

3. *SL*, IV, 3, 2 (3), p. 41 : « [...] iuxta dictum Aristotelis primo *Ethicorum* quod sermones sunt intelligendi et recipiendi secundum materiam subiectam » ; III, 1, 5, p. 14. Zénon Kaluza a insisté sur l'importance de ce critère de la *materia subiecta* dans la conception buridanienne du langage et de la science : voir « Les sciences et leur langage... », en part. p. 236-239.

4. *SL*, IV, 3, 2 (3), p. 41 : « Sed tamen locutionem propriam vocamus quando utimur voce secundum significationem communiter institutam et magis principaliter; et vocamus impropriam locutionem si aliter utamur ea quamvis liceat aliter uti ea ».

La 5e question sur Porphyre[1] consacre aussi un long développement à ces questions. Elle demande si des propositions telles que « l'animal est un genre » ou « l'homme est une espèce » doivent être concédées ou niées. Après avoir jugé que la question se résout facilement en considérant que le terme « homme » a une supposition matérielle, Buridan relance le problème en se demandant : « Mais le doute resurgit : est-ce que selon la valeur des mots nous devons prendre le terme "homme" personnellement ou matériellement[2] ? » Il se livre alors à nouveau à une analyse détaillée de ce qu'on peut appeler *virtus sermonis*.

On y trouve exposée une position voisine de celle des *Petites sommes de logique*, mais avec des précisions qui me paraissent décisives. Le texte témoigne que *nombreux* sont ceux qui soutiennent que, selon sa valeur propre, le mot devrait être pris en supposition personnelle[3]. Mais cette opinion est récusée parce que la puissance signifiante du mot n'est pas due au mot lui-même mais à l'usage que nous en faisons. Sans se référer à la disputation, Buridan évoque l'usage que font « les philosophes et les autres ». Il est de la « puissance » du mot (Buridan met ici sur le même plan *virtus* et *potentia*) que nous l'utilisions, mieux que nous l'imposions à signifier sur le mode que nous voulons[4]. Et au delà de l'usage significatif ou auto-référentiel, nous pouvons utiliser les mots de façon métaphorique, figurée ou ironique, sans que cela aille contre la *virtus sermonis* entendue en ce sens.

Néanmoins, il faut aussi tenir compte de l'usage courant de l'expression *virtus sermonis* ! Cette expression est elle-même « impropre » car elle oppose certains usages à d'autres, qui sont tout autant permis par le mot lui-même. Mais Buridan accepte de l'employer car dans la pluralité de sens d'un mot, l'un d'eux peut être dit « premier », « principal » et « propre », et ce sera celui qui vient de « la signification imposée d'abord et principalement au mot »[5]. Ce jeu du propre et de l'impropre se retrouve aussi dans la construction des énoncés, notamment chez les poètes mais pas seulement, comme le souligne un passage du traité sur les fallacies :

1. Une fois de plus, il est très difficile, d'après Bernd Michael, de dater ces questions. Buridan aurait en effet lu à plusieurs reprise l'*ars vetus*. La troisième lecture (à laquelle correspondent les manuscrits utilisés par Tartazińsky dans son édition) daterait de 1356 ou peu après.

2. *Qu. Porph.*, qu. 5, p. 143 : « Sed revertitur dubitatio, utrum de virtute sermonis debeamus istum terminum "homo" accipere personaliter vel materialiter ».

3. Voir *Qu. Porph.*, qu. 5, p. 143 : « Ad hoc respondent multi quod de virtute sermonis ille terminus debet sumi personaliter sive significative et non materialiter, quia principalis suppositio est personalis. Unde terminus significans non fuit impositus ad significandum propter suppositionem pro se [...], sed imponebatur ad significandum ad hoc quod significative sumeretur in propositionibus ».

4. *Qu. Porph.*, qu. 5, p. 143 : « [...] immo certe talem virtutem et potentiam habet vox, saltem litterata, quod ipsa est in potentia ad hoc quod imponamus eam ad significandum quod volumus et quod ea imposita ad significandum utamur sicut volumus, scilicet vel significative vel materialiter [...] ».

5. *Qu. Porph.*, qu. 5, p. 143 : « Ille enim sensus dicitur "primus" et "proprius" qui est secundum significationem primo et principaliter voci impositam. Et ille dicitur "secundarius" vel "improprius" qui est secundum aliam significationem illi primae attributam aut propter similitudinem aut propter aliam habitudinem ». Buridan donne alors l'exemple classique de l'analogie d'attribution : la pluralité de sens du mot « sain ».

> [...] on voit que non seulement les poètes mais encore la Bible et tous les théologiens, les prédicateurs et les philosophes utilisent souvent des termes et des énoncés figurés et paraboliques, non pas seulement selon la signification propre, mais selon une attribution [1].

Tout cela met en œuvre une conception du langage fondée sur la liberté du locuteur et excède beaucoup, on le voit, la question des modes de supposition. Quelles en sont les conséquences sur la question débattue à Paris ? Buridan admet que prendre un mot selon la supposition personnelle est plus propre que le prendre selon la supposition matérielle [2]. Or, non pas au sens strict du terme mais selon l'usage reçu, on peut bien assimiler *virtus sermonis* et sens propre : « Maintenant donc, en raison de la manière usuelle de parler, je dis que [...] à plaisir et non pas proprement nous avons l'habitude d'entendre par "valeur du mot" son sens propre » [3]. C'est selon ce critère qu'on jugera de la bonne formation et même la fausseté d'une proposition – à condition de se rappeler qu'une proposition qui, selon ce critère, est dite fausse *secundum virtutem sermonis* peut être *simpliciter vera* si on l'entend comme l'entendait son locuteur. L'essentiel est à nouveau de ne pas avoir une conception restrictive et prohibitive de cette « valeur » assimilée à un « sens littéral », de ne pas oublier que jamais elle ne nous oblige à considérer comme fausse une proposition où les termes et la construction ne se conforment pas à l'acception « propre » c'est-à-dire première, et que ceux qui adopteraient cette attitude sont à condamner : « ils seraient stupides et ignorants, et non pas dignes d'étudier et de lire les livres des philosophes » [4]. Une fois encore on en tire un principe d'interprétation des textes, non pas seulement sacrés mais encore philosophiques. On peut en donner comme exemple ce texte sur la circularité dans un syllogisme :

> Cette question est soulevée seulement pour exposer les écrits d'Aristote, qui selon la valeur des mots sont faux et très impropres. Mais peut-être Aristote s'exprime-t-il ainsi pour nous exercer, afin que nous pensions comment cela peut se produire [5].

1. *SL*, VII, III, 4 : « [...] constat quod non solum poetae, sed etiam Bibliae, et omnes theologi, predicatores et philosophi utuntur sepe terminis et orationibus transsumptivis et parabolicis, non solum secundum propriam significationem sed secundum attributionem ».

2. *Qu. Porph.*, qu. 5, p. 144 : « Sed iterum de sensu personali et materiali videtur quod sensus secundum suppositionem personalem debet reputari proprius respectu sensus qui est secundum suppositionem materialem et ille sensus secundum suppositionem materialem debet reputari improprius ».

3. *Qu. Porph.*, qu. 5, p. 145 : « Nunc igitur propter modum loquendi consuetum ego dico quod [...] ad placitum et non proprie consuevimus per virtutem sermonis intelligere sensum eius proprium ».

4. *Qu. Porph.*, qu. 5, p. 145 : « ipsi essent protervi et dyscoli et non digni studere vel legere libros philosophorum ».

5. *QAPr.*, I, qu. 10 : « Ista questio mota est solum ad exponendum verba Aristotilis, que de virtute sermonis sunt falsa et valde impropria. Sed forte sic locutus est Aristotiles ad exercitandum nos, ut cogitemus qualiter hec se possint habere » ; voir encore *QAPost.*, I, 10, à propos des insolubles : « Ideo utentes tali modo loquendi, improprio de virtute sermonis, nos de qualibet propositione volentes asserere quod sit vera dicimus quod ita est et volentes contradicere dicimus quod ita non est ».

De telles affirmations sont courantes dans les *Questions sur les Analytiques*. Le texte des *Questions sur les Réfutations sophistiques* est au premier abord un peu différent. Il refuse que, dans une dispute, on fasse une distinction à propos d'une proposition pour résoudre son équivocité, et affirme qu'une proposition ne doit pas être distinguée « selon la valeur des mots »[1]. Néanmoins le répondant est autorisé à faire une telle distinction pour montrer les divers sens aux débutants, bien que cela ne doive pas être fait *de virtute sermonis*[2], et cela ne paraît pas interdire de distinguer une interprétation « selon la valeur des mots » d'une interprétation « selon l'intention de l'auteur », dans le cadre d'une lecture de texte. Les *Questions sur la Métaphysique* quant à elles proposeront un examen critique de la règle « nulla propositio est distinguenda de virtute sermonis », qui se trouvera alors rejetée et déclarée incompatible avec la dispute[3].

Concernant la « valeur des mots », ces textes convergent sur l'essentiel. Les *Questions sur Porphyre* sont simplement les plus explicites sur le processus qui conduit à légitimer partiellement un usage reçu de la *virtus sermonis*.

Les modes de référence

À l'époque de Buridan, la sémantique est depuis longtemps centrée sur l'étude des propriétés référentielles des termes, qui sont les plus petites parties signifiantes des propositions[4]. La principale de ces propriétés est la *suppositio*, et c'est elle qui sert pour l'essentiel à déterminer si une proposition est vraie ou fausse[5]. En ce sens, les logiciens sont tous « terministes », aussi bien Gautier Burley que Jean Buridan ou Guillaume d'Ockham. Le fait de prendre les *Traités* de Pierre d'Espagne

1. Voir Johannes Buridanus, *Questiones Elenchorum* (désormais cité *Qu. Elench.*), 7. 3. 3. 1, ed. by R. van der Lecq and H. A. G. Braakhuis, Nijmegen, Ingenium Publishers, 1994, p. 30. Voir « Introduction », p. XIX-XXIV.

2. Voir *Qu. Elench*, 7. 3. 3. 4, p. 31.

3. Voir *Qu. Metaph.*, IX, 5, f° LVIIIva : « Sed tunc dubitatur quid de hoc sit dicendum de virtute sermonis. Multi enim dicunt nullam propositionem esse distinguendam, immo quod de virtute sermonis quelibet propositio vel est simpliciter concedenda vel simpliciter neganda […]. Unde credo quod non sit bene dictum quod nulla propositio sit distinguenda, quia periret sepe disputatio et collocatio hominum ad invicem, quod est inconveniens […] ». En comparant les divers textes sur ce point, les éditeurs des *Questions sur les Réfutations sophistiques* en concluent à une évolution de Buridan, dont la position serait différente avant et après le décret de 1340 qui condamne la thèse « nulla propositio est distinguenda ». Zénon Kaluza, dans une recension de cette édition (voir *Revue des Sciences philosophies et théologiques*, 20 (1996), « Bulletin d'histoire des doctrine médiévales », p. 334-337) conteste cette évolution. Sans me risquer ici sur les questions de datation, toujours épineuses en raison des différentes lectures de Buridan, il me semble toutefois que si le sens général de la distinction entre valeur des mots et intention de l'auteur est constant, il y a bien une différence entre les deux textes quant à l'attitude envers la règle controversée.

4. Voir L. M. De Rijk, *Logica modernorum*. A Contribution to the History of Early Terminist Logic, 2 tomes en 3 volumes, Assen, Van Gorcum, 1962.

5. Voir *SL*, IX, c. 2, 10ª-14ª concl., p. 42-46 ; trad., p. 90-94.

comme base de l'enseignement ne fait que consacrer cette orientation. À la fin du Moyen Âge, les logiciens, surtout « nominalistes », souligneront encore fortement cette exigence d'étudier soigneusement les « propriétés des termes » si l'on veut évaluer la façon dont le langage se rapporte aux choses. La théorie de la supposition est exposée dans le IVe Traité des *Petites sommes de logique* et résumée dans la IIIe chapitre des *Sophismes*.

La supposition ; supposition personnelle et supposition matérielle

Il faut d'abord préciser que le logicien entend la supposition autrement que le grammairien. Pour le grammairien, le *suppositum* est en effet le sujet grammatical auquel un attribut, un *appositum*, est relié par la copule de la proposition. Le sujet « supponit verbum » auquel il assigne une personne (« reddere personam verbo »).

> Je dis donc que je n'entends pas ici parler de la supposition au sens où le fait le grammairien, à savoir au sens où le nominatif est dit suppôt par rapport au verbe du fait qu'il lui confère sa personne[1].

Le grammairien ne s'occupe que la bonne formation des phrases, ce qui implique que certaines exigences concernant les rapports entre le sujet, la copule et l'attribut, soient respectées, notamment les règles de morphologie des parties du discours, et les cas grammaticaux. Pour lui, « une chimère court » est une phrase bien formée, dans laquelle le sujet « supponit verbum ». Pour le logicien, en revanche, le mot « chimère » ne « suppose pour » rien. Quelle est en effet la définition logique de la supposition ?

> La supposition, telle qu'elle est prise ici, est l'acception d'un terme dans une proposition pour quelque chose, ou pour quelques choses, telles que, si cette chose ou ces choses sont désignées par le pronom « ce », « cet », « cette », ou des expressions équivalentes, le terme est affirmé véridiquement de ce pronom au moyen de la copule de cette proposition. Par exemple, dans la proposition « un cheval court », le terme « cheval » suppose pour tout cheval qui existe puisque, quel que soit le cheval que l'on désigne, il serait vrai de dire « ceci est un cheval »[2].

On retrouve dans cette définition tous les éléments utilisés au Moyen Âge pour présenter la supposition : l'appel à la désignation ou monstration comme modèle primordial d'une relation de référence, l'insertion propositionnelle qui implique la transposition de cet acte de monstration dans le pronom démonstratif, lequel l'assume et la relève sur le plan du langage, et la vérification possible comme

1. *SL*, IX, c. 3, [sol.], p. 53 : « Dico ergo quod non intendo hic loqui de suppositione prout de ea loquitur grammaticus, scilicet prout nominativus dicitur suppositum respectu verbi eo quod reddit ei personam » ; trad. p. 103.

2. *SL*, IX, c. 3, [sol.], p. 53 : « Est autem suppositio, prout hic accipitur, acceptio termini in propositione pro aliquo vel aliquibus, quo demonstrato vel quibus demonstratis per ista pronomina "hic", "hoc", "haec" vel aequivalentia, ille terminus vere affirmaretur de isto pronomine mediante copula illius propositionis ».

témoignage de cet ancrage. Comme chez Guillaume d'Ockham, cette relation primordiale est formulée au présent, pour des choses sensibles, donc d'une façon qui peut paraître restrictive ; mais elle constitue un modèle à partir duquel les conditions seront élargies aux autres déterminations temporelles [1], et à des choses non perceptibles par les sens :

> Le terme « Dieu » pourrait supposer, et cependant, quoi que ce soit qui serait montré par le pronom « ce », il ne se vérifierait pas de pronom, puisqu'il faudrait que Dieu soit montré, alors que nous ne pouvons pas le montrer. Certains répondent que, bien que Dieu ne puisse être montré aux sens, il peut bien cependant être montré à l'intellect. Ou nous pouvons dire que pour qu'un terme puisse supposer, il suffit qu'il puisse être affirmé véridiquement ou d'un tel pronom, ou d'un relatif se rapportant à quelque terme antérieur. Par exemple nous disons véridiquement « il existe une cause première, et c'est Dieu » [2].

La supposition est donc une propriété *du terme*, c'est-à-dire d'un son vocal déjà doté de signification – sauf dans quelques cas d'auto-désignation, comme lorsque je dis « *buf* est un son vocal » – et utilisé dans une proposition où il exerce une fonction logique. La supposition n'est pas seulement une propriété du sujet, mais également du prédicat [3]. En revanche, il faut ajouter une clause restrictive : « chimère » est significatif : nous avons vu que ce mot signifie un complexe de concepts, et à ce titre, il signifie aussi de nombreuses choses réelles ; cependant il n'est pas susceptible de supposer – on pourra encore dire que sa supposition est vide ou nulle – puisqu'on ne peut jamais dire « ceci est une chimère » [4].

La définition primordiale de la supposition faisait en effet de la vérification possible le témoin de la supposition. Il faut aussi maintenant élargir la supposition à des cas où la vérification, au sens strict, n'est pas possible. Dans les *Petites sommes*, il est bien précisé que la vérification, propriété de la proposition, diffère de la supposition ; il y a parfois vérification sans supposition, comme dans « une chimère

1. Voir *SL*, IX, c. 3, [sol.], p. 53 : « Et in ista propositione "equus cucurrit", "equus" supponit pro omni equo qui est vel qui fuit, quia de omni tali, si demonstraretur, esset verum dicere "hoc est vel fuit equus"; et similiter de futuro (*Ibid.*, p. 104).

2. Cf. *SL*, IV, 1, 2, p. 10 : « iste terminus "Deus" potest supponere et tamen, quocumque demonstrato per illud pronomen "hoc", non verificaretur de illo pronomine, quia oporteret quod Deus demonstraretur, quem demonstrare non possumus. Aliqui respondent quod, licet Deus demonstrari non possit ad sensum, bene tamen potest demonstrari ad intellectum. Vel possumus dicere quod ad hoc quod terminus possit supponere, sufficit quod vere possit affirmari vel de tali pronomine vel de relativo referente aliquem terminum priorem. Verbi gratia, vere dicimus : "prima causa est et ipsa est Deus" ».

3. *SL*, IX, c. 3, [sol.], p. 53 : « Sed suppositio apud logicum proprie dicitur de subiecto vel praedicato propositionis, et aliquando etiam minus proprie termini obliqui qui sunt partes subiectorum vel praedicatorum conceduntur supponere » ; trad., p. 104.

4. *SL*, IV, 1, 2 [lemme], p. 8-9 : « Et non omnis talis dictionis est supponere, quia solus talis terminus est innatus supponere et omnis talis qui, aliquo demonstrato per hoc pronomen "hoc" vel aliquibus demonstratis per illud pronomen "haec", potest vere affirmari de illo pronomine. Ideo iste terminus "chimaera" non potest supponere, quia quocumque demonstrato falsum est dicere "hoc est chimaera", et quibuscumque demonstratis falsum est dicere "haec sunt chimaera" ».

n'est pas un bouc-cerf ». Pour comprendre ce dernier exemple, il faut savoir que la vérité ne repose pas seulement sur l'identité, ou l'interférence de la supposition du terme sujet de la supposition du terme prédicat, elle implique aussi que, dans une proposition affirmative, la référence du sujet ne soit vide ; en revanche, une proposition négative dont le sujet a une référence vide sera vraie.

Buridan définit en effet les conditions de vérité d'une proposition à partir de la supposition des termes, comme le faisait Guillaume d'Ockham. Jean Buridan accepte la formulation usuelle selon laquelle une proposition est vraie s'il en est dans les choses ainsi qu'elle signifie (ou fausse s'il n'en est pas ainsi...), mais il la tient pour une formulation impropre[1]. La raison en est qu'une telle formulation de la correspondance entre proposition et état de choses ne rend pas compte de la vérité de propositions négatives, ou au possible. Si je dis « Socrate est mort », Socrate n'est plus rien, ni une chose ni un état de choses, de sorte qu'il ne saurait à proprement parler en être dans les choses comme le proposition signifie. Pour déterminer si une proposition est vraie ou fausse, c'est d'abord vers la supposition des termes qu'il faut se tourner, ainsi que le montre en détail le chapitre II des *Sophismes*. Le principe est posé à la fin de la huitième conclusion, en mettant provisoirement de côté le cas des insolubles : « Ainsi il me semble que pour assigner les causes de vérité ou de fausseté des propositions, il ne suffit pas de considérer la signification des termes mais qu'il faut se tourner vers la supposition »[2]. Une série de conclusions expose ensuite les conditions nécessaires et suffisantes pour la vérité ou la fausseté d'une proposition particulière ou universelle, affirmative ou négative[3]. Ainsi, pour ne prendre qu'un exemple, « toute universelle affirmative vraie est vraie du fait que son prédicat suppose pour tout ce pour quoi, ou pour toutes les choses pour lesquelles son sujet suppose »[4]. Dans une telle théorie, ainsi que Guillaume d'Ockham l'avait déjà souligné, il suffit que le sujet d'une affirmative d'inhérence au présent ne suppose pour rien pour que celle-ci soit fausse. Ce schéma général ne vaut toutefois que si l'on exclut les insolubles, c'est-à-dire les « propositions comportant une réflexion sur elles-mêmes de par la signification de leurs terme »[5]. Évoqué dès ce chapitre dans le 6e sophisme, « Je dis faux », ce problème est longuement traité dans le chapitre VIII, qui ne propose sur ce thème pas moins de vingt sophismes. Je ne vais pas ici examiner les difficultés logiques posées par les insolubles, qui constituent un des domaines d'exercice particulièrement prisés par les logiciens du Moyen Âge tardif, ni le détail des solutions buridaniennes ; je veux seulement indiquer qu'à nouveau Jean Buridan refuse d'admettre que

1. Voir *Tractatus de consequentiis*, chap. 1, p. 17-19.

2. *SL*, IX, c. 2, p. 42 : « Et sic, ut videtur mihi, in assignando causas veritatum vel falsitatum propositionum, non sufficit ire ad signfiicationes, sed etiam oportet ire ad suppositiones » ; trad. p. 89.

3. Voir *SL*, IX, c. 2, p. 38-46, trad. p. 83-94.

4. *SL*, IX, c. 2, p. 45 : « omnis affirmative vera ex eo est vera quia pro quocumque vel pro quibuscumque subiectum supponit, pro eodem vel pro eisdem praedicatum supponit » ; trad. p. 93.

5. *SL*, IX, c. 8, p. 140 : « [...] propositionibus habentibus reflexionem supra seipsas ex significatione suorum terminorum » ; trad. p. 227.

toute proposition signifie qu'elle est vrai (une solution défendue par Thomas Bradwardine), et préfère écrire qu'elle implique virtuellement une autre proposition posant que la première est vraie, ce qui permet de ne pas réintroduire une signification de la proposition, et ainsi de ne pas revenir sur les principes posés dans les chapitres précédents [1].

Alors que la signification est fixée, du moins dans les limites que nous avons rappelées plus haut, la supposition des termes varie. Elle varie selon la nature du prédicat s'il s'agit d'un terme sujet; et elle varie selon le temps des verbes et les termes syncatégorématiques qui viennent modifier les modes de référence. L'ensemble de ces divisions est introduit dans le troisième chapitre du IVe traité :

> La première division est la division de la supposition en propre et impropre; la deuxième est la division en personnelle et matérielle; la troisième est la division de la supposition personnelle en commune et discrète, et en relative et absolue; la quatrième est la division de la supposition commune en naturelle et accidentelle; la cinquième est la division en confuse et déterminée; la sixième est la division de la supposition confuse en distributive et en non distributive; la septième concerne les causes et les modes de confusion distributive; la huitième concerne les causes et les modes de confusion non distributive [2].

Les dernières subdivisions, en modes de supposition personnelle commune, sont importantes pour la théorie des syllogismes, puisqu'elles dépendent notamment de l'usage de quantificateurs et de la négation, donc de la quantité et de la qualité des propositions d'inhérence [3]. Je m'en tiendrai toutefois ici à la division entre supposition personnelle et supposition matérielle. Celle-ci est fort ancienne et elle est liée aux premières formes de réflexion sur les propriétés référentielles du langage. La présentation buridanienne est la suivante :

1. Brièvement, Buridan soutient la fausseté des insolubles. Certains avaient avancé comme justification de cette position l'idée que toute proposition signifierait qu'elle est vraie, de sorte qu'une proposition affirmant sa propre fausseté serait contradictoire. Buridan préfère dire qu'elle *implique virtuellement* une autre proposition, de sorte que la conjonction formée des deux est fausse; chacune est évaluée selon la supposition de ses termes.

2. *SL*, IV, 3, 1, p. 37 : « Prima est divisio suppositionis in propriam et impropriam; secunda est divisio in personalem et materialem; tertia est divisio personalis in communem et discretam, et in relativam et absolutam; quarta est divisio suppositionis communis in naturalem et accidentalem; quinta est divisio in confusam et determinatam; sexta est divisio confuse in confusam distributivam et non distributivam; septima est de causis et de modis confusionis distributivae; octava de causis et modis confusionis non distributivae ». Pour un tableau récapitulatif des divisions buridaniennes de la supposition, qui permettra de les comparer avec celles d'autres auteurs, voir Alfonso Maierù, *Terminologia logica delle tarda scolastica*, Roma, Edizioni dell'Ateneo, 1972, p. 309.

3. D'autres facteurs sont évidemment à prendre en compte, sans même parler des déterminations temporelles et des modalités, par exemple d'autres termes syncatégorématiques transformant la proposition en exclusive, exceptive, reduplicative, etc.

> Et on l'appelle supposition personnelle quand le sujet ou le prédicat de la proposition suppose pour ses signifiés ultimes ou pour son signifié ultime, comme le terme « homme » suppose pour les hommes dans la proposition « un homme court » (*homo currit*). Mais on la dit supposition matérielle quand le son vocal suppose pour soi ou pour quelque chose qui lui est semblable, ou pour son signifié immédiat, qui est le concept selon lequel il a été institué pour signifier, comme le terme « homme » dans la proposition « homme est une espèce »[1].

Cette présentation constitue le lemme commenté. Pourtant elle ne provient aucunement de Pierre d'Espagne[2]. Le vocabulaire a des aspects typiquement buridaniens. La supposition personnelle est l'acception d'un terme pour ses « signifiés ultimes », donc pour les choses extra-linguistiques que ce terme signifie en raison de son institution. La supposition matérielle est l'usage du terme « pour soi ou pour quelque chose de semblable » – la précision étant due au fait qu'un terme parlé ou écrit est toujours une occurrence singulière, alors que dans « "homme" est un nom » le terme « homme » ne se réfère pas seulement à cette occurrence singulière-ci mais à d'autres occurrences semblables. L'importance de la supposition matérielle a été reconnue de longue date car elle est liée à l'usage auto-référentiel du langage, qui est l'un des traits caractéristiques du langage humain et l'un des facteurs essentiels de son inventivité. Mais Buridan ne réduit pas la supposition matérielle à cette référence d'une expression parlée à elle-même. Il y ajoute le cas où ce terme vocal (*vox*) est pris « pour son signifié immédiat, qui est le concept selon lequel il a été institué pour signifier ». Ce faisant, Buridan inclut dans la supposition matérielle ce qui était traditionnellement désigné par « supposition simple ». La preuve en est l'exemple qui est mentionné : « Homo est species ». Cet exemple est depuis Boèce l'un des cas les plus étudiés d'équivocité pouvant donner lieu à des paralogismes du type : « l'homme est une espèce, Socrate est un homme, donc Socrate est une espèce ». Mais d'habitude, dans un tel exemple, la supposition du terme « homme » était appelée « supposition simple ». C'est encore le cas aussi bien de Gautier Burley que de Guillaume d'Ockham[3], et l'usage ne va pas disparaître avec Buridan ; celui-ci est suivi par Marsile d'Inghen, comme souvent, ou par Blaise de Parme, mais non par Albert de Saxe.

1. *SL*, IV, 3, 2 [lemme], p. 38 : « Et vocatur suppositio personalis quando subiectum vel praedicatum propositionis supponit pro suis ultimatis significatis vel pro suo ultimato significato, ut iste terminus "homo" pro hominibus in ista propositione "homo currit". Sed suppositio materialis dicitur quando vox supponit pro se aut sibi simili aut pro suo significato immediato, quod est conceptus secundum quem imposita est ad significandum, ut iste terminus "homo" in ista propositione "homo est species" ».

2. Voir Pierre d'Espagne *Tractatus*, VI, p. 81 : la supposition accidentelle d'un terme commun (opposée à sa supposition naturelle) se divise en supposition simple (pour la nature universelle qu'il signifie) et personnelle (pour ses inférieurs).

3. Guillaume d'Ockham, *Summa logicae*, c. 64 et c. 68, OP I, p. 196 et p. 207-208 ; trad. p. 202 et p. 212-213 ; Gautier Burley, *De puritate artis logicae, Tractatus longior...*, c. III, éd. Ph. Boehner, St. Bonaventure N. Y. - Louvain - Paderborn, The Franciscan Institute - E. Nauwelaerts - F. Schöning, 1955, p. 6-19.

Buridan est conscient d'aller contre l'usage dominant, et il s'en explique, dans un passage bien connu : « [...] il faut savoir que certains ont posé un troisième membre dans cette division, qu'ils ont appelé « supposition simple » [1]. Il donne deux formulations de cette théorie. La première se rapporte aux doctrines qui admettent la réalité d'une nature commune, et qui font par conséquent de la supposition simple l'acception d'un terme commun pour son signifié. Telle est la démarche de Gautier Burley :

> [...] parce qu'ils ont cru que des natures universelles étaient en dehors de l'âme distinctes des singuliers. Ils ont donc dit qu'un terme commun suppose personnellement quand il suppose pour les singuliers eux-mêmes ; et simplement quand il suppose pour cette nature universelle [2].

Un tel usage n'est pas acceptable par qui ne reconnait pas d'existence à la nature commune. Mais Buridan fait aussi allusion à un autre usage possible du concept de supposition simple :

> Mais d'autres parlent de supposition simple quand le terme suppose pour le concept selon lequel il a été institué, et de supposition matérielle quand il suppose pour lui-même ou quelque chose de semblable [3].

Cet usage est caractéristique de Guillaume d'Ockham. Buridan ne le rejette pas totalement, il lui paraît pouvoir être accepté puisqu'il n'implique pas l'existence d'une nature commune. Néanmoins, il ne le retient pas sans doute parce que cela lui paraît une complication inutile :

> Et cela peut être permis, mais je ne m'en ai cure puisque j'appelle les deux « supposition matérielle » [4].

Ainsi, Buridan trouve plus claire une division bipartite, qui met en évidence la dualité entre d'une part l'usage « significatif », c'est-à-dire l'usage du terme pour ses signifiés ultimes, et d'autre part l'usage que nous dirions métalinguistique, le concept (signifié immédiat) n'étant que le moyen qui permet à un signe conventionnel d'être signifiant.

1. *SL.*, IV, 3, 2 (1), p. 38 : « [...] sciendum est quod aliqui posuerunt tertium membrum quod vocaverunt "suppositionem simplicem" [...] ».

2. *SL.*, IV, 3. 2 (1), p. 38-40 : « [...] quia crediderunt naturas universales esse distinctas praeter animam a singularibus. Ideo dixerunt terminum communem supponere personaliter quando supponit pro ipsis singularibus ; et simpliciter quando supponit pro illa natura universali ».

3. *SL.*, IV, 3. 2 (1), p. 40 : « Aliter autem vocant alii suppositionem simplicem quando terminus supponit pro conceptu secundum quem imponitur, et materialem quando supponit pro se ipsa vel consimili ».

4. *SL.*, IV, 3. 2 (1), p. 40 : « Et hoc potest permitti, sed non curo, quia utrumque voco "suppositionem materialem" ».

La supposition naturelle; les variations d'amplitude de la supposition

Une autre division de la supposition caractéristique de la pensée buridanienne est de première importance pour sa théorie de la science : il s'agit de la distinction entre supposition accidentelle et supposition naturelle. Le concept de supposition naturelle avait été mis en avant par certains logiciens parisiens de la première moitié du XIIIe siècle, tels que Jean le Page ou Lambert de Lagny, et il se retrouvait chez Pierre d'Espagne [1]. Selon cette théorie, le terme a par lui-même, *per se sumptus*, la capacité de suppléer tous les suppôts passés, présents et futurs dont il est prédicable, c'est-à-dire, selon la sémantique réaliste alors dominante, tous les suppôts qui sont subsumables sous la nature commune que ce terme signifie. Le temps du verbe, et éventuellement certaines relations intra-propositionnelles, viennent ensuite restreindre la supposition à tel ou tel ensemble de suppôts.

La supposition naturelle est absente des textes de Guillaume d'Ockham, et de manière générale elle est étrangère à la tradition anglaise. Mais elle semble avoir perdu de son actualité à Paris aussi à l'époque de Buridan, puisque celui-ci remarque que « de nombreux modernes nient la supposition naturelle » [2]. Elle resurgit chez lui en un sens différent, puisque sans lien avec une nature commune, mais toujours en relation aux restrictions temporelles. La supposition accidentelle dépend des déterminations temporelles signifiées par le verbe, ainsi que du prédicat; la supposition naturelle est indépendante du temps : elle est atemporelle, ou plus exactement omnitemporelle :

> On appelle « supposition naturelle » celle selon laquelle un terme suppose indifféremment pour toutes les choses pour lesquelles il peut supposer, aussi bien présentes que passées ou futures [3].

La supposition naturelle est requise parce que souvent la supposition concerne les suppôts passés et futurs autant que présents, alors que le verbe principal de la proposition est au présent. Tel est le cas avec l'extension de la supposition produite par certains verbes signifiant des actes de connaissance; un terme régi par un verbe tel que « intelliger », « savoir » ou « connaître » se réfère intemporellement à ses suppôts :

> [...] souvent nous utilisons [la supposition naturelle] parce que les verbes « comprendre », « savoir », « connaître », « être d'opinion que », « signifier » et beaucoup

1. Sur l'histoire de ce concept, voir L. M. De Rijk, « The Development of *suppositio naturalis* in Medieval Logic », *Vivarium*, IX (1971), p. 71-117 et XI (1973), p. 43-79; sur ses enjeux théoriques (contextualité de la supposition, rapport à la signification, etc.), voir A. de Libera, « Supposition naturelle et *appellatio* : aspects de la sémantique parisienne au XIIIe siècle », *Histoire, Épistémologie, Langage*, 3/1 (1981), p. 63-77.

2. *SL*, IV, 3. 4, p. 45 : « Multi moderni negant suppositionem naturalem ».

3. *SL*, IV, 3. 4 [lemme], p. 45 « Naturalis suppositio vocatur secundum quam terminus indifferenter supponit pro omnibus pro quibus potest supponere tam praesentibus quam praeteritis vel futuris ».

> d'autres, font que les termes avec lesquels ils sont construits supposent ou sont pris pour les choses présentes, passées et futures [1].

Une extension similaire de la supposition peut se produire dans d'autres types de propositions, où l'amplitude de la référence est marquée soit par une expression du côté du sujet (« tout ce qui est, fut ou sera court »), soit par un adverbe qui vient modifier le verbe (« éternellement », « toujours », etc.). Mais Buridan rapporte surtout cette supposition naturelle aux sciences : « Les sciences démonstratives utilisent cette sorte de supposition » [2].

Dans les *Questions sur la génération et la corruption*, la supposition naturelle est évoquée lorsque l'on se demande si la science disparaît ou persiste après la disparition des choses corruptibles. La réponse commence par établir que subsistent différentes formes de sciences : une science négative (aucun homme n'est un cheval), une science affirmative hypothétique conditionnelle (tout cheval, s'il existe, est susceptible de hennir), une science affirmative hypothétique temporelle (chaque fois qu'il y a eu, qu'il y a ou qu'il y aura de la pluie, celle-ci a été, est ou sera de l'eau tombant goutte à goutte) une science catégorique et affirmative au possible (le tonnerre est possible), une science affirmative d'inhérence dès lors que d'autres choses de même nature remplacent celles qui disparaissent – et il est intéressant de noter que Buridan présuppose alors l'éternité du monde et des espèces [3] ; enfin, la science subsiste si l'on accepte la supposition naturelle « selon laquelle le verbe "est" est pris indifféremment pour tout temps passé, présent ou futur » [4].

La supposition naturelle se retrouve dans la question 16 sur le premier livre des *Seconds Analytiques*, « Est-ce que le sujet d'une proposition démonstrative suppose indifféremment pour les choses présentes, passées et futures ? » Dans une assez longue précision préliminaire, Buridan est soucieux de dénouer le lien verbal entre la supposition *naturelle* et tout ce qui pourrait conduite à l'hypothèse d'une *nature* commune (ce qui était pourtant la raison de cette appellation chez les logiciens du XIIIe siècle). Il s'agit d'une supposition indifférente aux déterminations temporelles, alors que la supposition accidentelle est une référence restreinte, délimitée en raison de la temporalité du verbe : au passé, au futur, voire au présent seulement. Quant au critère de reconnaissance de cette supposition, il passe par l'impossibilité de falsifier la proposition examinée en raison de seules variations temporelles. Ainsi les termes de la proposition « tout tonnerre est du bruit fait

1. *SL*, IV, 3. 4, p. 45 : « [...] saepe utimur [suppositionem naturalem], quia ista verba "intelligere", "scire", "cognoscere", "opinari", "significare" et alia multa faciunt supponere vel teneri terminos cum eis constructos pro praesentibus, praeteritis et futuris ».

2. *SL*, IV, 3. 4, p. 46 : « [...] scientiae demonstrativae utuntur huiusmodi suppositione ».

3. Voir *Qu. de gen. et corr.*, I, 2, p. 47 : « [...] licet res scitae post invicem corrumperentur, per hoc quod aliae generantur, quia semper salvatur species universi ». L'éternité des espèces (donc implicitement celle du monde) est à nouveau affirmée *naturaliter loquendo* dans la question 5, p. 64 : « naturaliter loquendo Aristoteles non concederet istam esse possibilem "omnis homo moritur" quia tunc deficeret species quae est de perfectione universi ».

4. *Qu. de gen. et corr.*, I, 2, p. 47 : « [...] secundum quam hoc verbum "est" acciperetur indifferenter pro omni tempore praesenti ».

dans les nuages » sont à prendre en supposition naturelle parce que même s'il n'y a pas actuellement d'orage, chaque fois qu'il y a, qu'il y a eu, ou qu'il y aura de l'orage, elle sera vraie, alors que « toute mère aime son enfant » est fausse, comme le montre le contre-exemple de Médée, si bien que le terme n'est pas pris en supposition naturelle.

Si de nombreux modernes ont nié la supposition naturelle, Jean Buridan juge bon de la retenir. La raison fondatrice se situe dans l'intellection des genres et des espèces. L'intellect peut comprendre tous les hommes par un concept commun, sans y adjoindre quelque détermination temporelle [1], de la même manière qu'un concept générique fait abstraction des différences spécifiques [2]. C'est ainsi que se forment les concepts de genre et d'espèce, définis de façon purement extensionnelle. Or à tout concept peut être subordonné un mot. Cette subordination rend le mot signifiant [3], ce qui ne préjuge pas de son usage et de sa supposition dans telle ou telle proposition. Mais la supposition naturelle sera l'usage propositionnel selon cette signification première et principale, sans restriction.

> Il suit de là que dans l'intellect nous pouvons former des noms qui, dans des propositions, sont des sujets et des prédicats se rapportant indifféremment à tout temps, de sorte que dans l'esprit nous pouvons former un verbe copule cosignifiant indifféremment le temps présent, passé ou futur, et alors nous formons dans l'esprit une proposition à partir d'une telle copule et de tels sujets et prédicats. Et l'on aura une certaine supposition dans la proposition mentale, donc pareillement elle doit et peut être posée dans la proposition vocale [4].

Il en résulte une sorte de présent intemporel, qui n'est pas lié à la présence actuelle de la chose, et qui permet de formuler des vérités immuables. On peut admettre cependant qu'un tel usage ne correspond pas au sens littéral des mots puisque le présent a bien été destiné à signifier la présence actuelle des choses ; il s'agit donc

1. *QAPost.*, I, qu. 16 : « [...] certum est quod intellectus potest comprehendere omnes homines conceptu communi et absque hoc quod concurrat in ista apprehensione aliqua differentia temporis » ; *SL*, IV, 3, 4, p. 47 : « [...] sicut intellectus potest concipere hominem et animal sine differentia temporis illis conceptibus a quibus imponuntur isti termini "homo" et "animal" ».

2. Voir *QAPost.*, I, qu. 16 : « Unde <sicut> possumus habere conceptum communem generalem animalium a quo sumitur hoc nomen "animal" circumscriptis omnibus conceptibus specificis, sic preter conceptum presentie, preteritionis vel futuritionis, possumus habere conceptum communem et generalem abstractum a dictis conceptibus specialibus temporis » ; cf. *SL*, IV, 3, 4, p. 48.

3. Voir *QAPost.*, I, qu. 16 : « Et secundum istum conceptum imponitur hoc nomen "homo" ad significandum homines ; ideo dicimus quod significat sine tempore ; et statim manifestum est quod iste terminus de sua propria principali significatione significat ita homines preteritos aut futuros sicut presentes ».

4. *QAPost.*, I, qu. 16 : « Ex quibus sequitur quod apud intellectum possumus formare nomina que in propositionibus sunt subiecta et predicata indifferenter se habentia ad omne tempus, ita quod in mente possumus formare copulam verbalem consignificantem tempus indifferenter <presens>, preteritum vel futurum, et tunc formetur in mente <propositio> ex tali copula et talibus subiectis et predicatis. Et habebitur certa suppositio in propositione mentali ; ergo similiter poni debet et potest in propositione vocali » ; cf. *SL*, IV, 3, 4, p. 47.

d'une façon abrégée de s'exprimer, signifiant implicitement les trois déterminations temporelles [1].

La supposition naturelle est ainsi l'instrument approprié à l'expression de la science. Dans chacun des textes où il évoque cette théorie, Buridan donne soit des exemples géométriques, le plus souvent « tout triangle a trois angles égaux à deux droits » (proposition qui ne porte pas sur ce triangle présent, mais sur tout triangle possible), soit des exemples tirés de la philosophie naturelle. Certains semblent simplement prédiquer la définition du défini, comme l'exemple tiré des *Météores* « tout tonnerre est du bruit fait dans les nuages », d'autres prédiquent des propriétés qui sont certes par soi, mais qui produisent une certaine connaissance, comme lorsque Aristote dit « le ciel se meut toujours ». Dans une question sur l'*Éthique*, Buridan critique longuement ceux qui, pour résoudre la difficulté que présente la définition de la vérité comme adéquation lorsque les choses ne sont pas présentes, refusent que des propositions catégoriques d'inhérence au présent puissent être vraies de choses non existantes ; selon eux, les propositions scientifiques de cette forme devraient être traitées comme des formulations abrégées de propositions hypothétiques [2] – ce qui renvoie à la position ockhamiste. Tel serait le cas des propositions tirées des *Météores*, comme la définition du tonnerre. Buridan juge que cette position provient d'un défaut de logique [3]. Il convient de rappeler que les noms signifient sans connoter quelque temporalité que ce soit, et qu'il faut distinguer entre la supposition accidentelle et la supposition naturelle, d'après laquelle les termes supposent indifféremment pour des choses présentes, passées ou futures, et qui est utilisée dans les sciences démonstratives. La connaissance scientifique est ainsi opposée au discours historique, où les déterminations temporelles sont bien délimitées [4].

La théorie de la supposition des termes n'a d'efficace que pour autant qu'elle permet de mettre en évidence des variations de référence des termes, en raison de certains éléments linguistiques, de l'intention du locuteur (manifestée dans le langage) ou d'une situation de discours. À côté de la division de la supposition en différents modes, l'instrument conceptuel qui permet de thématiser ces variations d'extension est le couple *ampliatio*/*restrictio*. Ces notions ne sont pas vraiment définies. Elles renvoient à un élargissement ou à un rétrécissement de la capacité référentielle, mais il ne s'agit pas de n'importe quelle variation extensionnelle. Dans le cas de l'ampliation, il s'agit seulement de variations liées aux déterminations

1. Voir *SL*, IV, 3, 4, p. 47 : « […] in hoc casu talis locutio ad talem intentionem non est de proprietate sermonis, sed ab breviloquium ».

2. « Si le tonnerre existe, c'est du bruit fait dans les nuages ».

3. Voir *Qu. Eth.*, VI, qu. 6, f° CXXIIvb : « Et credo quod tanta fuit orta controversia inter opinantes ex defectu logice ».

4. *QAPost.*, I, qu. 16 : « Quoniam in historiis et narrationibus utimur verbis secundum determinatas temporis differentias, sicut in sermonibus demonstrativis utimur eis secundum indifferentiam ad omne tempus » ; les *Petites sommes de logique* opposent aussi aux démonstrations les « sermones historiales » ; cf. *SL*, IV, 3, 4 [lemme], p. 45.

temporelles, en un sens large qui inclura le possible. C'est pourquoi se trouve mise au centre la notion de *status termini*.

Qu'est-ce que le *status* ?

> On peut donc assigner l'état du terme quand celui-ci suppose seulement pour tous ses signifiés du temps présent, ou les appelle ; ainsi, lorsque je dis « un homme court » ou « tout homme court », le terme « homme » suppose indifféremment pour tous ceux qui sont dans le temps présent et non pour d'autres [1].

Il s'agit donc de la capacité qu'à le terme, en raison de sa signification, de se référer aux choses *présentes* qu'il signifie. Ainsi le présent, dont le privilège semblait menacé par la supposition naturelle, retrouve une situation de référence, corrélative de la situation gnoséologique primordiale dans laquelle une chose est dans le champ (*in prospectu*) d'un intellect connaissant.

À partir de ce point de repère, différents facteurs suscitent l'ampliation des termes : le fait que le verbe principal dont le terme est sujet soit au passé, au futur, mais aussi au possible, ou le fait qu'il s'agisse d'une proposition nécessaire au sens divisé, ou la présence d'un verbe signifiant un acte de l'âme intellective – puisque dans « hominem intelligo », l'homme est compris abstraction faite de toute détermination temporelle –, enfin certains participes indiquant une capacité, une possibilité, etc.

La restriction, en revanche, n'est pas liée au temps mais à la seule présence de déterminants qui réduisent la capacité du terme substantif – par exemple « blanc » dans l'expression « homme blanc » : tant la capacité suppositive du substantif que celle de l'adjectif sont restreintes.

Quelques autres notions viennent compléter cet appareil conceptuel : l'aliénation et la suppression (*remotio*) de la supposition. L'aliénation est elle-même double : l'*alienatio status* se produit d'abord quand la supposition, au lieu d'être étendue au passé ou au futur tout en gardant sa suppléance du présent, est transférée de telle sorte que le terme suppose pour le passé ou pour le futur mais non plus pour le présent. Tel est notamment le cas des termes qui suivent un verbe au passé ou au futur. Une autre forme d'*alienatio* se produit quand, pour une raison telle que la présence d'une négation infinitante [2], le terme ne suppose plus pour ses suppôts, comme « asinus » dans « homo est non asinus ». Enfin la *remotio*, ou suppression de la supposition, peut être due à certaines compositions de concepts, comme « homo » dans « homo hinnibilis », « homme capable de hennir ».

1. *SL*, IV, 6, 1 [lemme], p. 89 : « Status ergo ille potest assignari quando terminus praecise supponit vel appellat pro omnibus suis significatis praesentis temporis ; ut si dico "homo currit" vel "omnis homo currit", indifferenter supponit iste terminus "homo" pro omnibus qui in praesenti tempore sunt et non pro aliis ».

2. La distinction entre *negatio negans* et *negatio infinitans* a été systématisée dans les traités du XIIIe siècle sur les syncatégorèmes ; on la retrouve fréquemment dans les traités de logique du XIVe siècle.

Appellation et ratio concipiendi

La notion d'appellation a une histoire qui la rend très équivoque. Au XIIe siècle, elle est liée à celle de nomination et désigne le renvoi direct à des étants singuliers en dehors du langage. À partir de là, elle connaît une évolution divergente à Oxford et à Paris. À Oxford (comme on peut le lire chez Guillaume de Sherwood ou Roger Bacon), on part de la désignation des individus présents et on l'élargit, selon que le verbe « étend » ou non la référence ; Guillaume d'Ockham reste dans une certaine mesure influencé par ce courant de pensée, bien que la notion d'appellation joue chez lui un rôle tout à fait mineur. À Paris, comme on peut le lire chez Jean le Page ou Lambert de Lagny, est présupposée une relation intemporelle du terme à toutes les choses qui participent à la nature commune signifiée (c'est une telle relation sémantique qui est appelée « supposition naturelle »), et sur ce fond se trouve découpée une référence « restreinte » à des individus présents et existants, parmi les individus contenus sous cette signification intemporelle : c'est ce qui est nommé l'appellation [1].

Buridan reste dans une certaine mesure influencé par ce courant. Mais le sens de l'appellation se trouve transformé. Comme la supposition, l'appellation est une propriété du terme en contexte propositionnel. Alors que la supposition présuppose la signification du terme, l'appellation présuppose quant à elle la connotation. En réalité, Buridan ne donne pas de définition de la connotation, qu'il introduit toujours de façon relationnelle [2]. D'un côté, elle est systématiquement qualifiée d'*extranea* ou d'*aliena*, par opposition à la signification directe : il s'agit de renvois signifiants qui sont ajoutés à la signification directe d'un terme. De l'autre, elle est presque toujours explicitée par ce qu'elle permet, ou la façon dont elle se manifeste dans une proposition ou un mode de prédication, bref par rapport à l'appellation elle-même [3]. Le terme substantiel qui n'a de signification que directe, peut supposer pour tous ses signifiés et n'est pas appellatif [4]. En revanche, tout terme qui connote quelque chose pour quoi il ne peut pas supposer sera dit appellatif. Les exemples sont divers. Ainsi, « blanc » peut suppléer une chose blanche, mais il connote la blancheur ; donc, utilisé dans une proposition, il sera *appellatif* de la blancheur qui est adjacente à la chose qu'il supplée. C'est le sens que Buridan donne à l'expression traditionnelle : « appeler sa forme ». Le terme appelle toujours sa forme, si l'on entend par là tout ce qu'il connote, soit à titre de réalité adjacente

1. Voir A. de Libera, « Le traité *De appellatione* de Lambert de Lagny (Lambert d'Auxerre) », *Archives d'histoire doctrinale et littéraire du Moyen Âge*, XLVIII (1981), p. 227-285.

2. Guillaume d'Ockham définissait ainsi le terme connotatif : « Nomen autem connotativum est illud quod significat aliquid primario et aliquid secundario » (*Summa logicae*, I, c. 10, OP I, p. 36 ; trad. p. 37). La conception buridanienne est équivalente.

3. Voir entre autres *SL*, II, 5, 2, p. 44 : « Vocamus autem essentialem praedicationem alicuius termini de aliquo termino cuius neuter terminus super significationem alterius addit aliquam connotationem extraneam circa ea pro quibus termini supponunt ».

4. Voir *SL*, IV, 5, 1 [lemme], p. 80 : « Termini enim substantiales recti aut omnino nihil connotantes ultra eo pro quibus supponunt, non sunt appellativi proprie ».

au suppôt, soit à titre de significations secondes, comme « riche » connote les biens et valeurs possédées :

> Par forme du terme, nous avons l'habitude d'entendre tout ce qu'un terme appelle, que cela soit un accident ou une substance, que ce soit une matière, une forme, une substance composée, ou un agrégat de nombreuses choses. Ainsi, le terme « riche » suppose pour un homme, c'est pourquoi l'homme est dit sa matière, et il appelle les maisons, les champs, l'argent, et les autres choses qu'il possède à la manière de ce qui lui est adjacent en tant que possédant [1].

Alors que dans la formule traditionnelle, l'appellation de la forme était liée à la fonction prédicative, selon la nouvelle définition qu'en donne Buridan le terme appelant appelle *toujours* sa forme, qu'il soit mis du côté du sujet comme du côté du prédicat. La différence entre l'appellation du sujet et celle du prédicat résidera seulement, une fois encore, dans les déterminations temporelles pour lesquelles se fait l'appellation. C'est à l'étude de ces variations qu'est consacré l'essentiel du passage qui, dans les *Petites sommes de logique*, traite de l'appellation en ce premier sens. Pour Buridan, comme pour ses contemporains, même si c'est en le formulant autrement, le terme prédicat appelle seulement les choses qui vérifient la relation d'inhérence *dans le temps exprimé par le verbe*. En revanche, le terme sujet appelle pour le présent ou pour le temps co-signifié par le verbe. Pour cette raison, « Socrates erit albus » et « albus erit Socrates » n'ont pas exactement les mêmes conditions de vérité. C'est ce qui permet de traiter un sophisme classique : « senex erit puer » – celui qui est ou sera vieux sera jeune ; supposons que l'on énonce cette proposition en t1, l'individu désigné par le sujet peut être (encore) jeune en un temps t2, et vieux en un temps t3.

Mais Buridan introduit un autre sens de l'appellation, qui va concerner cette fois spécifiquement les termes construits avec des verbes signifiant des actes « de l'âme cognitive », à savoir « connaître, intelliger, signifier, supposer, promettre, etc. » [2]. C'est ce qu'il appelle « appellation de raison », notion qui a souvent retenu l'attention des commentateurs [3]. Buridan l'évoque dans le IVe traité, mais renvoie pour de plus amples développements à ses *Sophismes* – où il en traite dans le chapitre IV.

1. *SL*, IV, 5, 2, p. 81 : « Per formam termini solemus intelligere quidquid terminus appellat, sive illud sit accidens sive substantia, et sive sit materia aut forma aut substantia composita, aut ex multis congregatum. Ut iste terminus "dives" supponit pro homine, ideo homo dicitur materia eius, et appellat domos et agros et pecunias, et alia quae ille possidet per modum adiacentium illi tamquam possidenti » ; voir aussi *SL*, IV, 5, 2, p. 82 : « terminus appellativus in propositione positus appellat semper suam formam, idest res illas quas connotat sive quarum ipse est appellativus, et appellat eas tamquam adiacentes ».

2. Voir *SL*, IV, 5, 3, p. 83-87.

3. Je renvoie pour davantage de détails (y compris des références bibliographiques) à mon article « Le cheval de Buridan. Logique et philosophie du langage dans l'analyse d'un verbe intentionnel », dans O. Pluta (éd.), *Die Philosophie im 14. und 15. Jahrhundert*, Amsterdam, 1988, p. 119-137.

> En ce qui concerne les appellations, il y a une grande différence entre les actes de l'âme cognitive, tels que « connaître », « comprendre », « signifier », supposer », promettre », etc., et les autres verbes comme « couper », « unir », « avertir », etc. Car en relation aux verbes qui ne signifient pas de tels actes de l'esprit, les termes n'appellent que les choses qu'ils signifient ou connotent de façon ultime, et ils n'appellent pas les raisons selon lesquelles ils signifient [1].

Ce faisant, Buridan reprend à la fois un problème et une distinction entre deux types de verbes qui étaient présents dans la logique médiévale depuis deux siècles. L'expression « verbes signifiant des actes de l'esprit » apparaît dès la *Dialectica Monacensis* puis dans les *Summe Metenses* [2], en opposition aux verbes « signifiant un acte du corps ». En même temps, plusieurs textes avaient noté que des verbes tels que « savoir » ou « comprendre » modifient la références des termes qui les suivent. Cela ne concerne pas seulement des verbes signifiant des actes proprement intellectifs, mais aussi des verbes signifiant des désirs, comme dans l'exemple « ego desidero cappam » [3], ou des promesses, comme dans l'exemple « equus tibi promittitur » [4].

Dans les *Sophismes*, Buridan reprend l'énumération : *significo, intelligo, cognosco, apparet, scio, opinor, puto, credo, volo, appetto, desidero, debeo, promitto, obligo*, en précisant que la liste pourrait être élargie. Le critère pour établir cette liste tient à l'effet produit sur le terme (ou l'expression complexe) qui les suit. Il s'agit de ce que l'on appellerait aujourd'hui des « verbes d'attitude propositionnelle », selon une expression due à Bertrand Russell, mais les exemples traités concernent aussi bien des termes simples (« cognosco venientem », exemple célèbre tiré des *Réfutations sophistiques* d'Aristote) que des expressions propositionnelles (« je sais que tu as deux deniers dans ta bourse », « je sais que la moitié des étoiles est au dessus la terre »).

Selon ce second type d'appellation, les termes concernés « appellent leur raison ». Quelle est cette « raison » ? Buridan écrit encore « les raisons selon lesquelles ils signifient leurs signifiés ». Donc si les signifiés sont ici les signifiés « ultimes » la raison est le concept, signifié immédiat au moyen duquel la chose est signifiée ultimement, donc aussi la manière dont cette chose en dehors du langage est signifiée. Il faudrait regarder ici en détail le traitement du sophisme

1. *SL*, IV, 5, 4 [lemme], p. 83-84 : « Magna est differentia quantum ad appellationes inter verba significantia actus animae cognoscitivae, sicut sunt ista verba "cognoscere", "intelligere", "significare", "supponere", "promittere" et huiusmodi, et inter alia verba cuiusmodi essent "secare", "unire", "monere" et huiusmodi. Nam termini respectu verborum non significantium huiusmodi actus animae non appellant nisi res quas immediate significant ultimate vel connotant ; et non appellant rationes secundum quas significant ».

2. Deux textes édités par L. M. De Rijk dans sa *Logica modernorum*, II-1 : voir p. 651 et p. 455.

3. Voir Abélard, *Logique « Nostrorum petitioni sociorum », Glossulae super Porphyrium*, dans Peter Abaelards *Philosophische Schriften*, hsgb. B. Geyer, Münster Westphalen, Aschendorf, 1933, rééd. 1993, p. 531.

4. Voir *Fallacie parvipontane*, éd. L. M. De Rijk, *Logica modernorum*, I, p. 569.

« cognosco venientem » dans le IVe traité des *Petites sommes de logique*, et les sophismes 9 à 15 dans le chapitre IV des *Sophismes*[1].

Les sophismes « je te dois un cheval » (*debeo tibi equum*) ou « je te promets un cheval » (*promitto tibi equum*) avaient fait l'objet d'analyses depuis le XIIe siècle. Guillaume d'Ockham et Gautier Burley s'étaient déjà opposés à ce sujet. Mais le débat entre les deux maîtres anglais portait sur la question de savoir si dans « Promitto tibi equum » le terme « equum » avait une supposition personnelle (plus précisément pour Guillaume une supposition personnelle *confusa tantum*)[2] ou une supposition simple (plus précisément pour Gautier une supposition simple absolue)[3]. De même Guillaume Heytesbury avait analysé un verbe tel que *debeo* en lui assignant une puissance de confusion, une *vis confundendi*[4].

Jean Buridan ne répugne pas à parler à ce propos de variations d'amplitude de la supposition (personnelle). Mais celle-ci se fonde sur une autre propriété : l'appellation de raison. C'est à cause de cette appellation de raison que les verbes énumérés rendent confus (*confundunt*) les termes qui les suivent, si bien qu'aucune « descente » n'est possible vers tel ou tel terme singulier : je ne peux pas passer de « un cheval » à « ce cheval-ci », « le cheval du roi », etc.)[5] ; Jean Buridan ne récuse donc pas l'analyse ockhamiste en termes de supposition confuse, que l'on retrouvait chez Guillaume Heytesbury, mais il l'enracine dans un phénomène sémantique plus fondamental mettant en jeu les processus de signification[6]. Il reprend en revanche à Heytesbury la procédure consistant à différencier la valeur du terme quand il suit un tel verbe, et celle de ce même terme lorsqu'il est placé avant le verbe :

> Les termes en rapport avec des verbes signifiant des acte de l'âme de cette sorte, s'ils suivent ces verbes et sont construits comme ce qui termine leur action, appellent les raisons selon lesquelles ils signifient les choses qu'ils signifient. Mais si ces termes précèdent ces verbes, ils n'appellent pas leurs raisons de la même façon[7].

1. Pour une étude plus détaillée, voir J. Biard, art. cit.; on y trouvera notamment une analyse du sophisme « debeo tibi equum ».

2. Voir *Summa logicae*, I, c. 72, OP I, p. 219-221 ; trad. I, p. 224-226.

3. Voir Gautier Burley, *De puritate artis logicae, Tractatus longior*, I, c. III, p. 13-15 ; *De suppositionibus*, éd. St. Brown, *Franciscan Studies*, 32 (1972), p 36-37.

4. Voir Guillaume Heytesbury, *Tractatus de sensu composito et diviso, Regule eiusdem cum Sophismatibus*, Venetiis, 1494, f° 2 rb.

5. Voir *SL* IX, c. 4, soph. 15, p. 94 : « [...] praedicta verba, propter appellationem rationis, confundunt quodammodo terminos sequentes, ita quod non possit fieri descensus ad singularia per propositionem disiunctivam » ; trad., p. 160.

6. Cet aspect a bien été souligné par G. Klima, *John Buridan*, Oxford, Oxford University Press, 2009, p. 191-202.

7. *SL*, IV, 5, 4, éd. cit. p. 83-84 : « Termini autem respectu verborum significantium huiusmodi actus animae, si sequantur illa verba et construantur cum eis tamquam terminantia transitum eorum, appellant rationes secundum quas significant ea quae significant. Si vero illi termini praecedant illa verba, non sic appellant rationes » ; cf. *SL* IX, c. 4, soph. 12, p. 82 : « Aliter tamen a parte ante et a parte post. Nam a parte post, illi termini appellant determinate et praecise suas proprias rationes ; sed a parte ante appellant eas indifferenter sub disiunctione ad alias rationibus quibus res significatae possunt significari et intelligi » ; trad., p. 144-145.

Ainsi, le terme qui suit le verbe se réfère aux signifiés, considérés sous telle ou telle raison : par exemple ce cheval, signifié en tant que cheval du roi. Or il est clair que je ne t'ai pas promis ce cheval sous cette raison précise, mais un cheval quel qu'il soit, indifféremment, simplement signifié en tant que subsumable sous le concept spécifique « cheval ». Ce n'est pas le cas en revanche si le terme est placé avant. C'est pourquoi « Morellum tibi debeo » ou « Brunellum tibi debeo » peuvent être vraies sans que « debeo tibi Morellum » ou « debeo tibi Brunellum » le soient[1].

La théorie de l'appellation de raison est, pour autant que je sache, une élaboration propre à Buridan, qui sera ensuite reprise par Marsile d'Inghen ou par Jean Mair. Elle est profondément représentative de la théorie buridanienne de la signification.

On peut penser que la notion buridanienne de *ratio* plonge ses racines dans la théorie modiste, où la *ratio significandi* désignait l'aptitude à signifier conférée par l'intellect à une *vox*. La notion est utilisée à Paris au début du XIVe siècle par Raoul le Breton, qui distingue cette propriété par laquelle le mot se rapporte à une chose, de son mode de signifier, qu'il soit actif (lorsqu'il est considéré matériellement dans le mot) ou passif (matériellement dans la chose). Chez Buridan cette *ratio* marque la présence efficace de l'intellect au sein même du procès de signification. Envisagée à partir du mot, elle est ce qui le rend signifiant ; à partir de la chose, c'est la manière dont elle est conçue. Cet arrière-fond « parisien » confirme en outre que l'élément dans lequel se meut l'analyse buridanienne est d'abord le langage parlé, le plan conceptuel intervenant comme garant de sa signification. C'est ce langage qui est l'élément dans et par lequel s'élabore et se transmet la science.

1. Cela conduit à de nombreux paradoxes et pose quelques problèmes logiques que j'ai signalés dans l'article cité plus haut ; il faut notamment proscrire certaines inférences qui, sans une telle appellation, seraient valides.

Chapitre II

LA THÉORIE DE LA DÉMONSTRATION

La théorie buridanienne de la démonstration est exposée pour l'essentiel dans le VIIIe traité des *Petites sommes de logique*, ainsi que dans le commentaire des *Seconds Analytiques;* des développements équivalents ou complémentaires peuvent se trouver dans les questions sur la *Physique* ou la *Métaphysique*.

Dans le proème de questions sur le Ier livre des *Seconds Analytiques*, Buridan rappelle « la prééminence de l'art démonstratif sur les autres parties de la logique » [1]. Ces textes sont moins à replacer dans la tradition des « traités sur les propriétés des termes » que dans la lignée des commentaires sur les *Seconds Analytiques*. Les *Analytiques* d'Aristote, et plus précisément les *Seconds Analytiques* qui contiennent la théorie du syllogisme démonstratif, n'ont jamais cessé d'être présents tout au long du Moyen Âge, au moins de façon indirecte à travers les traités de Boèce sur les syllogismes catégoriques et hypothétiques. Mais ce sont les nouvelles traductions de la fin du XIIe et du XIIIe siècle qui ont conféré à ce texte une place centrale dans le dispositif textuel et théorique qui préside aux conceptions de la science. Par la théorie du syllogisme démonstratif, et au delà par l'idéal de structuration du discours scientifique (un certain nombre de règles formelles, ainsi que des exigences quant à la nature des principes ou des prémisses...), les *Seconds Analytiques* offrent un modèle de scientificité qui va à la fois être invoqué pour remodeler certaines disciplines des arts, telles que la grammaire, et profondément marquer la théologie elle-même. L'importance des *Analytiques* excède les seuls textes qui revêtent la forme de commentaires à Aristote. Bien des traités ou chapitres des sommes de logiques sont en réalité des commentaires plus ou moins suivis des *Premiers* et des *Seconds Analytiques*. Tel est le cas de la première partie du IIIe traité de la *Somme de logique* de Guillaume d'Ockham. Quant à Buridan, s'il rédige des *Questions* sur les *Premiers Analytiques* et sur les *Seconds Analytiques*, il fait tout autant référence à ces ouvrages dans le VIIIe traité de ses *Petites Sommes de logique*.

1. *QAPost.*, Prooemium : « [...] ut appareat excellentia artis demonstrative super alias partes logice ».

Démonstration et science

La démonstration est définie, à la suite d'Aristote, comme une espèce particulière du syllogisme. C'est un syllogisme faisant savoir (*faciens scire)*, produisant du savoir ou, si l'on préfère, un syllogisme « facteur de savoir ». Cette définition provient directement des *Seconds Analytiques* [1]. Elle est usuelle et Buridan la présuppose dans divers passages, et l'évoque fréquemment lorsqu'il propose des exemples de définition [2]. Puisque la démonstration est une espèce de syllogisme, il faut commencer par se demander ce qu'est, de façon générale, un syllogisme, avant d'examiner les caractère spécifiques du syllogisme démonstratif.

Syllogisme et conséquence

Le syllogisme est un énoncé (*oratio*) tel que, certaines choses étant posées, d'autres s'ensuivent nécessairement [3]. Ce qui est posé, ce sont des propositions. Et cet énoncé qu'est le syllogisme est lui-même une proposition complexe, une proposition dite « hypothétique » c'est-à-dire constituée de plusieurs propositions catégoriques reliées par un connecteur logique, plus précisément encore une proposition conditionnelle [4] :

> Et il peut être reconduit à une espèce des propositions conditionnelles, puisque, de même que la conditionnelle est une conséquence, de même le syllogisme ; le syllogisme peut donc être formé à la manière d'une conditionnelle, de la façon suivante : « si tout animal est une substance et que tout homme est un animal, tout homme est une substance » [5].

Le syllogisme peut ainsi être transformé en conséquence du type : « si B est C et si A est B, alors A est C ». Dans le VIIIe traité des *Petites Sommes de logique*, la notion de *consequentia* n'est pas prise comme objet de réflexion ; elle est seulement

1. Aristote, *Seconds Analytiques*, I, 2, 72 a 25-26 ; Buridan y renvoie à la fin de *SL*, VIII, 4, 1, p. 98 ; et *QAPost.*, Prooemium.

2. Il y a toutefois un passage où Buridan introduit un doute, se demandant si cette définition vaut pour toute démonstration scientifique ; il apparaît alors que dans certains cas plusieurs démonstrations sont possibles, et que l'on connaît déjà la conclusion par une meilleure démonstration ; alors la seconde ne fait que conforter le savoir mais ne le produit pas : voir *SL*, VIII, 7, 1, p. 150.

3. *Summulae de syllogismis* [*SL*, V], 1, 3 [lemme], ed. by J. Spruyt, Turnhout, Brepols, 2010, p. 10 : « Syllogismus est oratio in qua quibusdam positis necesse est aliud accidere per ea quae posita sunt ».

4. La proposition hypothétique n'est pas seulement la proposition conditionnelle. Depuis Boèce, on désigne par là toute proposition composée de plusieurs propositions simples reliées par un connecteur logique, y compris les conjonctives, disjonctives, temporelles, etc.

5. *SL*, V, 1, 3, p. 11 : « Et potest reduci ad speciem propositionum condicionalium, quia sicut condicionalis est una consequentia, ita et syllogismus ; unde syllogismus posset formari per modum unius condicionalis sic "si omne animal est substantia et omnis homo est animal, omnis homo est substantia"; voir cette définition de la conséquence dans *SL*, VIII, 5, 2, p. 121 : « Consequentia autem est una propositio, licet hypothetica. Et ita, si consequentia est de se evidens, ipsa est unum principium indemonstrabile ; et si non est de se evidens, indiget quod demonstretur per principia evidentia ».

invoquée pour désigner l'ordonnancement nécessaire des prémisses et de la conclusion, sans que soit élaborée une typologie (conséquences formelles, matérielles, pour maintenant, etc.) ni énumérées les règles formelles présidant aux conséquences valides. Cette tâche est réservée au *Tractatus de consequentiis*.

Alors que Gautier Burley avait inséré son exposé de la syllogistique dans une étude des conséquences [1], Buridan, dans ses *Petites sommes de logique*, continue à privilégier la structure syllogistique comprenant deux prémisses et une conclusion. Toutefois, la présentation du syllogisme comme proposition hypothétique rejoint celle-là même de la conséquence puisque « la conséquence est une proposition hypothétique ; elle est en effet constituée de plusieurs propositions conjointes par le mot "si", ou par le mot "donc", ou par un mot équivalent » [2]. Il convient donc de ne pas opposer trop fortement ces notions et de ne pas les lire à la lumière d'oppositions contemporaines. Ainsi que le souligne Jack Zupko, les logiciens du XIVe siècle, y compris Buridan, traitent à la fois des propositions conditionnelles et des règles d'inférences sous le titre de « conséquences » [3].

Ce rapprochement permet cependant de mettre en avant le côté formel de la syllogistique. Il s'agit de savoir comment une proposition « suit » d'autres propositions. Et la « suite » ici dégagée doit être nécessaire, serait-ce d'une nécessité logique conditionnelle :

> Je dis « il est nécessaire que s'ensuive » non pas parce qu'il serait nécessaire d'inférer la conclusion, puisque je pourrais la laisser de côté en ne l'inférant pas ; mais quand je dis « il est nécessaire que s'ensuive », c'est-à-dire dire que si la conclusion est inférée, la conséquence sera nécessaire [4].

On s'intéresse, du moins dans les *Premiers Analytiques*, à l'agencement de propositions différenciées selon la qualité et la quantité, ainsi que par la présence de tel ou tel connecteur logique ou syncatégorème, et non selon la sémantique de leurs termes. Ces exigences se retrouveront, renforcées par d'autres critères, dans l'étude du syllogisme proprement scientifique, ce qui conduit à faire de la rigueur formelle un critère de différenciation entre celui qui fait des démonstrations d'une part, le dialecticien ou le rhéteur d'autre part. Ces derniers utilisent des raisonnements qui ne sont pas des *necessarie et formales consequentie*.

1. Voir Gautier Burley, *De puritate artis logicae. Tractatus longior*, tractatus secundus, éd. cit., p. 60 *sq*.

2. Iohannis Buridani *Tractatus de consequentiis*, I, c. 3, éd. par H. Hubien, Louvain-Paris, Publications universitaires - Vander-Oyez, 1976, p. 21 : « Consequentia autem est proposition hypothetica ; constituta est enim ex pluribus propositionibus coniunctis per hanc dictionem "si" vel per hanc dictionem "ergo" aut equivalentem ». Ce rapprochement entre syllogisme et conséquence est toutefois assez fugitif, à tel point que la notion de conséquence est, de façon significative, absente de l'index de l'édition De Rijk du VIIIe traité.

3. J. Zupko, *John Buridan...*, n. 7, p. 314.

4. *SL*, V, 1, 3 : « Et dico "necesse est sequi" non quia necesse sit inferre conclusionem, quia possem eam dimittere non inferendo eam ; sed dico "necesse est sequi" id est, si conclusio inferatur, consequentia erit necessaria ».

Il en résulte que dans un syllogisme démonstratif, il ne suffit pas de savoir la conclusion, au sens où l'on en aurait une appréhension certaine, pour en posséder la science. Car si l'on doutait du lien de principe à conséquence, on ne pourrait savoir la conclusion de science certaine. Par conséquent « il est nécessaire de connaître la conséquence pour connaître la conclusion au moyen de telles prémisses » [1]. C'est donc le lien nécessaire entre les prémisses (ou l'antécédent complexe) et la conclusion (ou le conséquent) qui doit jouir d'une certaine évidence et ne pas être purement apparent ou trompeur. Si l'on doutait du lien de principe à conséquence, on ne pourrait savoir la conclusion de science certaine.

La théorie du syllogisme a donc un aspect *formel*, c'est-à-dire indépendant du contenu sémantique des propositions. Cette dimension se traduit en particulier par la place accordée aux principes paradoxaux « de l'impossible suit n'importe quoi », et « de n'importe quoi suit le nécessaire », qui sont posés comme 1re conclusion dans le chapitre VIII du *Traité des conséquences* [2]. Ces principes sont admis dans les arguments de plusieurs questions sur les *Premiers Analytiques* [3]. Mais cet aspect formel se manifeste autrement dans les traités ou questions sur le syllogisme et dans le traité des conséquences. Ce dernier ne manque certes pas de considérations sur la matière et sur la sémantique des termes et des propositions ; il commence d'ailleurs par expliquer quelles sont les « causes de vérité » des propositions, et il introduit à cet effet des considérations sur la supposition des termes. Mais le cœur du traité est bien constitué par l'énoncé d'un certain nombre de règles d'implication ou d'équipollence, formulées de la façon la plus formelle, entre un antécédent et un conséquent, comme par exemple « dans toute conséquence valide, tout ce qui suit du conséquent suit de l'antécédent » [4]. De telles règles se trouvent ensuite évoquées ou mises en œuvre dans le traité sur les syllogismes [5], de sorte qu'en un certain sens la théorie des conséquences est présupposée par la théorie du syllogisme.

Néanmoins une différence importante subsiste entre le syllogisme et la simple conséquence : en tant que « proposition hypothétique », le syllogisme a une force assertive [6]. Parfois, Buridan pose que les prémisses doivent être assertées : « Toutefois,

1. *SL*, VIII, 4, 2, p. 103 : « [...] necesse est scire consequentiam ad sciendum conclusionem per tales praemissas ».

2. Voir *Tractatus de consequentiis*, c. 8, p. 31 : « Prima conclusio est : ad omnem propositionem impossibilem omnem aliam sequi et omnem propositionem necessariam ad omnem aliam sequi ».

3. Voir *QAPr.*, I, qu. 11, qu. 12, qu. 21 et qu. 22.

4. *Tractatus de consequentiis*, I, c. 8, 4a concl., p. 33 : « Omnis bonae consequentiae quidquid sequitur ad consequens sequitur ad antecedens ».

5. Ainsi la règle de transitivité de l'implication est très fréquemment invoquée dans le Ve traité des *Petites sommes de logique*.

6. On peut discuter pour savoir si la conséquence a ou non pour Buridan une telle force, selon que la conséquence est assimilée à la proposition hypothétique elle-même, comme c'est parfois le cas, ou si l'attention est portée sur le lien inférentiel. Pour une étude plus technique de ces aspects, voir C. Dutilh Novaes, *Formalizing Medieval Logical Theories : Suppositio, Obligationes and Consequentia*, Berlin, Springer, 2007 : une bonne partie de l'ouvrage est consacré à la théorie buridanienne des conséquences.

à proprement parler, le syllogisme ajoute quelque chose à la conditionnelle : le syllogisme pose assertivement les prémisses » [1]. Parfois, il apparaît que les énoncés peuvent perdre leur force assertive en entrant dans la conjonction qui forme l'antécédent de l'hypothétique; mais dans sa globalité, le syllogisme reste une proposition (qu'elle soit vraie ou fausse), il pose quelque chose au sujet du monde. Est-ce à dire que l'on efface la distinction entre vérité et validité ? Assurément non, la syllogistique, notamment dans les *Premiers Analytiques*, va étudier ces énoncés complexes du seul point de vue de leurs conditions formelles de validité, notamment grâce à la théorie des figures du syllogisme, telles qu'elles avaient été établies par Aristote. Mais un syllogisme n'en est pas moins une proposition complexe. L'assertion articule le niveau proprement discursif et le niveau psychologique. C'est la forme même du langage qui suppose l'assertion, ainsi que l'indiquait l'idée grecque de proposition « catégorique », celle qui convoque les choses dont elle parle. La proposition a de soi une force assertive, c'est évident dans le cas d'une proposition affirmative, mais la négative pose aussi que quelque chose n'est pas.

Syllogisme démonstratif et syllogisme dialectique

Tout syllogisme n'est pas démonstratif et la démonstration requiert plus que la seule validité du syllogisme. C'est à propos de la « définition causale » que Buridan donne le plus de précisions, à titre d'exemple, sur la définition de la démonstration. Comme il y a quatre sortes de causes, on peut définir la démonstration par chacune d'elles. La définition par la cause matérielle caractérise le syllogisme démonstratif par la nature des prémisses, qui constituent comme la matière du syllogisme :

> Par exemple, au livre I des *Seconds Analytiques* est donnée une définition de la démonstration par la cause matérielle : la démonstration est un syllogisme composé de propositions, premières, vraies et immédiates, antérieures, plus connues, et causes de la conclusion [2].

Mais la démonstration peut aussi être définie par sa cause finale, qui est la science, ou comme dit plutôt Buridan, *scire*, l'acte de savoir.

> La démonstration est en effet la cause de production (*causa factiva*) de science, et la science ou le savoir est la cause finale de la démonstration [3].

C'est ce que retient la définition du syllogisme comme facteur de savoir (*faciens scire*), présentée au début du chapitre VII du VIIIe traité comme la définition la

1. *SL*, V, 1, 3, p. 11 : « Tamen syllogismus proprie addit super condicionalem, quia syllogismus ponit assertive praemissas ».

2. *SL*, VIII, 2, 5, p. 52 : « Verbi gratia, definitio demonstrationis per causam materialem datur, primo *Posteriorum*, quod demonstratio est syllogismus ex primis, veris et immediatis, prioribus, notioribus et causis conclusionis ».

3. *SL*, VIII, 2, 5, p. 54 : « Demonstratio enim est causa factiva scientiae, et scientia vel scire est causa finalis demonstrationis ».

plus commune[1]. Buridan renvoie alors à ce qui a été dit dans le chapitre IV, où se trouve précisé le lien entre démonstration et science. Pour ce faire, il convient de comparer argumentation démonstrative et argumentation dialectique.

L'argumentation démonstrative et l'argumentation dialectique ont plusieurs points communs. D'abord, les deux partent soit de plusieurs prémisses, comme le syllogisme et l'induction, soit d'une seule, comme l'enthymème et l'exemple[2]. Dans tous ces cas, on a affaire à une *illatio*, une inférence, bien que la première soit nécessaire et la seconde non. Mais il y a d'autres points communs. Dans les deux cas, les prémisses doivent être « plus connues ». Toutefois, dans la mesure où l'enchaînement discursif fait connaître quelque chose de nouveau ou ajoute un degré de certitude à une connaissance déjà possédée, le sens de cette affirmation requiert d'être précisé. Les prémisses sont plus connues « en leur vérité » (*in sua veritate*). Selon un ordre rationnel, elles jouissent d'une priorité logique et épistémologique, mais il se peut qu'elles soient moins connues par tel ou tel intellect qui ne les appréhende pas dans leur vérité. De même, ils se peut que, dans le cas d'une argumentation dialectique, elles ne soient pas à proprement parler connues; dans ce dernier cas, cependant, on les croit plus vraies que la conclusion, proposition sur laquelle on s'interrogeait initialement; sans cela, l'argumentation n'apporterait rien. Quoi qu'il en soit, le syllogisme n'est aucunement la seule mise en forme vide d'une connaissance déjà possédée : il y a une connaissance qui est portée, produite par le syllogisme.

Mais il y a aussi des différences entre argumentation démonstrative et argumentation dialectique.

La première concerne la nature de l'assentiment auquel on parvient par l'un ou l'autre de ces raisonnements. L'assentiment auquel on parvient au terme d'un syllogisme démonstratif est un savoir ferme, doté de certitude et d'évidence, bref un assentiment « scientifique » au sens défini dans notre première partie, tandis que celui qui procède par une argumentation dialectique n'a pas à *savoir* la conclusion d'une telle argumentation; il n'est même pas requis qu'il la pense exacte (*eam opinari*) puisqu'il se peut qu'il y ait des raisons probables allant dans l'un et l'autre sens, et qu'on ne parvienne pas à se décider pour ou contre, bref qu'on reste dans le doute. En ce qui concerne la démonstration, son lien avec le savoir scientifique est consubstantiel, puisque la science est la cause finale du syllogisme démonstratif. Buridan complète cela par une autre « interprétation » du nom « démonstration », qui équivaut à « monstration de la conclusion » (*conclusionis monstratio*), à condition encore de préciser que ce qui est montré n'est pas comment elle est formée, mais sa monstration « quant à sa science »[3]. Ce lien peut cependant être mis en doute; plusieurs difficultés sont soulevées.

1. *SL*, VIII, 7 [lemme], p. 148 : « Demonstratio est syllogismus faciens scire, scilicet ex scientia praemissarum faciens scire conclusionem »; VIII, 7, 1, p. 149 : « In prima ponitur communissima definitio demonstrationis ».

2. Voir *SL*, VIII, 4, 1, p. 96.

3. Voir *SL*, VIII, 4, 2, p. 99.

En premier lieu, il se peut que quelqu'un « possède », c'est-à-dire ici appréhende, un syllogisme formé de prémisses vraies et premières, qui impliquent nécessairement une conclusion si bien que ce syllogisme est une véritable démonstration, mais que cependant il n'accorde pas créance aux prémisses ; il est empêché ou détourné d'accorder créance à ces prémisses [1]. C'est possible puisque le jugement peut être perverti au point de se tromper ou de mentir, même au sujet des premiers principes. Dans ce cas cet intellect mauvais, même en appréhendant les principes et la conclusion, en ayant donc présent à l'esprit le syllogisme, n'aurait pas la science de la conclusion. En deuxième lieu, certains principes, quoique premiers et indémontrables, ne sont admis qu'après une certaine expérience si bien qu'ils peuvent être niés par les plus jeunes ou par ceux qui ne sont pas encore assez experts en la matière. Enfin, Buridan évoque la libre volonté : je puis parfois accorder créance à des propositions dont l'évidence est mince, tels que les articles de foi, mais je puis aussi inciter mon intellect à nier des propositions tenues pour des principes évidents. La volonté semble donc libre d'accorder ou non son assentiment :

> La volonté libre peut déterminer un homme à croire avec une évidence minime, par exemple les articles de foi, et elle peut aussi, pour la même raison, déterminer l'intellect à ne pas croire des choses que les grands philosophes auraient pensé être des principes connue par soi et évidents [2].

Jean Buridan admet que ces questions sont très difficiles. Il n'y a rien d'étonnant à cela, puisque accentuer ainsi la détermination psychologique de la science risque fort de miner le caractère contraignant de l'évidence. Pourtant, le plus important semble être ici encore de souligner que ni la forme discursive ni la nature des propositions ne suffisent à définir la science, non plus que la démonstration qui en est la cause ; il y faut une certaine disposition de l'esprit. Buridan admet donc, quoique avec prudence, que quelqu'un qui posséderait « toute la démonstration », non seulement verbalement mais encore dans l'esprit, c'est-à-dire qui posséderait en son esprit les propositions mentales dont elle est composée, pourrait ne pas avoir la science de la conclusion, et peut-être même pas des prémisses. On doit

1. Voir *SL*, VIII, 4, 2, p. 100 : « impeditus a credulitate praemissarum ».

2. *SL*, VIII, 4, 2, p. 100 : « Voluntas libera potest hominem determinare ad credendum minime evidentia, ut articulos fidei, et potest etiam, pari ratione, determinare intellectum ad non credendum quae magni philosophi putarent esse principia per se nota et evidentia » ; la volonté interviendra aussi dans un passage des *Questions sur la Physique*, I, qu. 4, f° VIva, comme l'un des arguments attestant qu'il ne suffit pas de connaître les prémisses pour connaître les conclusions. L'expression qui va le plus dans le sens du libre arbitre comme auto-détermination de la volonté se trouve dans les *Questions sur la Métaphysique*, VI, 5, f° 36vb. Il convient toutefois, ainsi que nous l'avons déjà signalé dans la partie précédente, de réinsérer de tels passages dans l'étude des rapports entre intellect et volonté d'une part (voir notamment *Qu. Eth.*, III, qu. 5, f°s LXIVrb-LXVra), et de conjuguer la terminologie volontariste avec l'affirmation du caractère naturel du libre arbitre d'autre part : « agens voluntarium potest se libere ad utrumque oppositorum se determinare ceteris omnibus eodem modo se habentibus. Ista est enim proprietas naturalis agentis voluntari sicut posse ridere hominis ». Une telle étude n'entre pas dans le cadre du présent ouvrage. Voir J. Zupko, *John Buridan...*, chap. VII.

admettre aussi qu'un syllogisme « tout à fait semblable » (*omnino consimilis*) par les termes, les propositions, la forme du raisonnement, peut être une science en moi et ne pas être une science en quelqu'un d'autre. La raison est que le nom de « démonstration » connote, en plus de tout cela, une certaine qualité épistémique : les prémisses sont sues, c'est-à-dire crues avec certitude et évidence [1].

La deuxième différence insiste quant à elle sur la nécessité formelle de la démonstration. Nous revenons ainsi à des considérations qui sont plus en accord avec la tradition des *Analytiques*. Il arrive à Buridan d'affirme cette exigence pour le syllogisme en général : « [...] aucune des autres espèces d'argumentation n'est une conséquence nécessaire et formelle » [2]. Mais en réalité, il n'y a pas de syllogisme en général, seulement des espèces de syllogismes. Et c'est au syllogisme scientifique, opposé au syllogisme dialectique, que revient la nécessité formelle :

> Une deuxième clause est la différence suivante : dans toute démonstration la conclusion est inférée des prémisses nécessairement et en vertu de la forme, ce qui n'est pas requis par une argumentation dialectique [3].

On rejoint ainsi l'exigence d'étudier la forme même de l'inférence. Dans une démonstration, la conséquence doit elle-même être connue comme nécessaire : « Même si peut-être [une conséquence] est manifeste (*apparens*), elle n'est cependant évidente et sue que si elle est réduite à une conséquence formelle et nécessaire » [4].

La forme s'oppose à la matière ; or la matière est en l'occurrence constituée des termes et de leurs propriétés sémantiques :

> Par "matière" de la proposition ou de la conséquence, nous entendons les termes purement catégorématiques, à savoir les sujets et les prédicats, abstraction faite des syncatégorèmes qui leur sont apposés et par lequel ils sont conjoints, niés, distribués, ou tenus à un certain mode de supposition; mais nous disons que tout le reste concerne la forme [5].

1. *SL*, VIII, 4, 2, p. 101-102 : « Et videtur mihi dicendum [...] vel quod aliquis habens demonstrationem totam, non solum in voce, sed etiam in mente formatam, non habet conclusionis scientiam, aut etiam forte neque praemissarum, vel quod omnino consimilis syllogismus in me et in te est in me demonstratio et non in te – dico "omnino consimilis" quantum ad formam syllogisticam, et quantum ad propositiones, quoad formam earum, et quantum ad terminos –, quia, ultra haec omnia hoc nomen "demonstratio" connotat quod praemissae sint scitae, scilicet cum certitudine et evidentia creditae, quod forte est mihi ita et non tibi ».

2. Voir *SL*, VIII, 4, 2, p. 103 : « [...] nulla aliarum specierum argumentationis est necessaria et formalis consequentia ». Je cite ici une autre leçon donnée dans l'apparat critique.

3. *SL*, VIII, 4, 2, p. 102 : « Secunda clausula est haec differentia quod in omni demonstratione infertur conclusio ex praemissis necessario et gratia formae, quod non requiritur ad argumentationem dialecticam ».

4. *SL*, VIII, 4, 2, p. 102 : « Aut licet [consequentia] sit forte apparens, tamen non est evidens neque scita nisi sit formalis vel ad formalem reducta ».

5. *Tractatus de consequentiis*, I, c. 7, p. 30 : « Per "materiam" propositionis aut consequentiae intelligimus terminos pure categorematicos, scilicet subiecta et praedicata, circumscriptis syncategorematicis sibi appositis, per quae ipsa coniunguntur aut negantur aut distribuuntur vel ad certum modum suppositionis trahuntur; sed ad formam pertinere dicimus totum residuum ».

Qu'appelle-t-on alors la forme du raisonnement? Le *Traité des conséquences* le précise :

> Nous disons donc que les copules, tant des propositions catégoriques que des propositions hypothétiques, relèvent de la forme, et que les négations, les signes, les nombres tant des termes que des propositions, l'ordre mutuel de tout cela, les relations des termes relatifs, les modes de signifier qui découlent de la quantité des propositions, comme le caractère discret ou commun de la signification, relèvent de la forme, ainsi que beaucoup d'autres traits qui, s'ils se produisent, apparaîtront à ceux qui font attention [1].

Quant à la forme non pas d'une proposition mais d'un syllogisme, on en trouve une présentation dans la question 2 sur le livre I des *Topiques*, lorsque Buridan se demande si le syllogisme est un genre à l'égard du syllogisme démonstratif et du syllogisme dialectique : « la forme du syllogisme consiste en l'ordonnancement des propositions en modes et figures appropriés » [2]. Dans les Questions 4 (« Utrum syllogismus peccans in materia sit bonus syllogismus ? ») et 5 (« Utrum syllogismus peccans in forma sit bonus syllogismus ? ») sur le livre I, Buridan donne des définitions plus élaborées de la matière et de la forme [3]. Il explique à cette occasion que cet ordre, qui constitue la forme du syllogisme, ne se réduit pas aux termes eux-mêmes; il convient que les prémisses soient prises ensemble, disposées de telle façon, c'est pourquoi le syllogisme doit être traité comme une conséquence où l'antécédent est une copulative composée deux prémisses.

Les conditions du syllogisme scientifique : la nature des prémisses

Si le syllogisme scientifique doit satisfaire un certain nombre de conditions formelles, étudiées dans le *Traité des conséquences* et dans les *Premiers Analytiques*, ce n'est pas suffisant. D'autres réquisits concernent les propositions mises en œuvre dans la démonstration. Ces caractères, qui se fondent sur les chapitres II et IV du livre I des *Seconds Analytiques*, ont été exposés par Robert Grosseteste dans son *Commentaire sur les Analytiques*, qui sert de guide non seulement à Oxford mais encore à Paris; Buridan le cite à de nombreuses reprises.

Il faut à cet égard distinguer la nature intrinsèque des propositions susceptibles de former une démonstration, ce qui renvoie au chapitre IV des *Seconds Analytiques*, et certains traits des prémisses relativement aux conclusions, sur la base du chapitre II. La complexité de ces développements vient du fait que dès le texte

1. *Traité des conséquences*, I, c. 7, p. 30 : « Unde copulas tam categoricarum quam hypotheticarum propositionum dicimus ad formam pertinere, et negationes, et signa, et numerum tam propositionum quam terminorum, et ordinem omnium praedictorum ad invicem, et relationes terminorum relativorum, et modos significandi pertinentes ad quantitatem propositionis, ut est discretio et communitas, et multa quae diligentes possunt videre si occurrant ».

2. *Questiones topicorum* (désormais *Qu. Top.*), I, 2, ed. by N. J. Green-Pedersen, Turnhout, Brepols, 2008, p. 15 : « [...] forma autem syllogismi consistit in ordinatione propositionum in debito modo et in debita figura ».

3. *Qu. Top.*, I, qu. 5 p. 27-28.

aristotélicien, la série de caractères intrinsèques concerne les prémisses mais aussi parfois les conclusions. Je les exposerai en premier, bien que ce soit l'ordre inverse du texte aristotélicien.

En premier lieu, les prémisses d'un syllogisme doivent être dites « de tout ou de rien », « par soi » et « universelles ».

L'expression « dici de omni, dici de nullo » était devenue un stéréotype dans les commentaires médiévaux sur les *Analytiques*. Buridan prend soin à plusieurs reprises d'expliciter cette expression; on peut en donner une formulation positive :

> L'énoncé « être dit de tout » est mis à la place de « un prédicat être dit affirmativement d'un sujet distribué », et l'énoncé « être dit de rien » à la place de « un prédicat être dit négativement d'un sujet distribué »[1].

Ainsi il s'agit une prédication qui suppose que le sujet soit un terme commun, mais surtout que l'on puisse (en vertu du mode de référence) passer d'une proposition universelle à une série de singulières. Cela dit, la formulation par négation de la négation est à la fois plus proche d'Aristote et plus explicite : pour ce qui est du *dici de omni*, rien ne doit être pris sous le sujet qui ne soit dit du prédicat[2].

Dans les *Petites sommes de logique*, on trouve une précision intéressante à la suite de l'interrogation : est-ce que « tout animal est une pierre » satisfait au *dici de omni?* En toute rigueur non, car une pierre n'est pas vraiment dite de tout animal. C'est toutefois le cas selon un critère relevant d'une sorte de sémantique formelle : « cependant, on a ici de façon suffisante "être dit de tout", au sens où la

1. *QAPr.*, I, qu. 5 : « Unde hec oratio "dici de omni" capitur loco huius orationis "predicatum dici affirmative de subiecto distributo", et hec oratio "dici de nullo" capitur loco huius orationis "predicatum dici negative de subiecto distributo" ».

2. La formulation la plus complète se trouve dans la question 5 sur le livre I des *Premiers Analytiques* : « [...] talis oratio per orationem manifestiorem explicatur vel interpretatur. Et Aristotiles ponit interpretationem talem "dici de omni est quando nihil est sumere sub subiecto de quo non dicatur predicatum, et dici de nullo est quando nihil est sumere sub subiecto a quo non removeatur predicatum", id est : quandocumque predicatum dicitur de subiecto affirmative et universaliter, per talem propositionem designatur quod ipsum predicatum vere dicitur de omni eo de quo subiectum vere dicitur (verbi gratia, si dico "omne B est A", ego designo quod hoc predicatum A vere dicitur de omni eo de quo B vere predicatur), et quando predicatum negatur de subiecto universaliter, per talem propositionem designatur quod predicatum vere negatur de omni eo quod sub subiecto sumeretur sive de quo subiectum vere diceretur » ; *cf.* aussi *SL*, V, 1, 2, p. 9-10 : « in propositione universali affirmativa praedicatum intelligitur dici de subiecto de omni, sic quod ad eius veritatem requiritur quod illud praedicatum sit verum de illo subiecto ratione omnium suorum suppositorum. [...] Ita similiter in universali negativa praedicatum intelligitur dici de subiecto de nullo, id est intelligitur de suo subiecto negari ratione omnium suorum suppositorum » ; *cf.* Aristote, *Seconds Analytiques*, I, 4, 73 a 27 : « Par "de tout" je veux dire ce qui ne s'applique pas à un cas sans s'appliquer à un autre, ni à un moment et pas à un autre » (trad. P. Pellegrin, Paris, GF Flammarion, 2005, p. 81 ; *Aristoteles latinus*, IV. 1-4, *Analytica posteriora* translationes Iacobi, Anonymi sive Ioannis, Gerardi et recensio Guillelmi de Moerbeka, éd. L. Minio-Paluello et B. G. Dod, Bruges-Paris, Desclées de Brouwer, 1698, p. 12 (transl. Iacobi) : « De omni quidem igitur hoc dico quod utique sit non in quodam quidem, quodam autem non, neque aliquando quidem, aliquando vero non ».

proposition signifie qu'il est nécessaire que, si elle était vraie, le prédicat puisse être véridiquement affirmé de n'importe quel suppôt du sujet » [1]. Or c'est cela qui est requis pour valider une « conséquence syllogistique » : « [...] puisqu'il n'est pas requis pour qu'une conséquence soit valide que l'antécédent soit vrai, mais il suffit qu'il soit nécessaire, en toute forme de cette sorte, que si l'antécédent est vrai le conséquent soit vrai » [2].

Une question sur les *Premiers Analytiques* nous informe sur la portée de ce principe : « Est-ce que tout syllogisme valide tient par "être dit de tout" ou "être dit de rien"? » [3]. Il est répondu que ce principe vaut de façon manifeste (*manifeste*) pour tous les syllogismes de la première figure, et c'est la raison pour laquelle ils sont dits parfaits [4]. Ceux de la deuxième et de la troisième ne tiennent pas de façon manifeste par ce principe ; néanmoins, ceux qui sont construits à partir de termes communs tiennent par lui de façon virtuelle et cachée (*virtualiter et occulte*) puisqu'ils sont réductibles à la première figure.

Cette exigence est donc une condition générale de validité de n'importe quel syllogisme. Mais le *Petites sommes de logique* fournissent une précision qui concerne plus particulièrement les syllogismes démonstratifs :

> Je dis donc que être dit de tout, en tant que c'est requis pour la démonstration, ajoute à être dit de tout, en tant que requis pour le syllogisme, puisque pour le syllogisme il suffit que la proposition soit affirmative avec un sujet distribué, mais pour être dit de tout, en tant que requis pour la démonstration, il est requis en outre que la proposition soit aussi vraie, en quelque temps qu'elle soit proposée [5].

La condition supplémentaire concerne donc la vérité de la prémisse démonstrative et la valeur omnitemporelle de l'assertion. En effet, il est vrai de dire « l'éclipse de lune se produit en raison de l'interposition de la terre entre la lune et le soleil » même quand il n'y a pas actuellement d'éclipse. Cela paraît contredire l'exigence de référence du sujet, qui est une des conditions de vérité de la proposition affirmative au présent. Buridan, en indiquant qu'il a souvent traité de cette question, évoque deux moyens de résoudre la difficulté : le premier est d'entendre la proposition comme devant être reformulée en une proposition qui commence par « chaque fois que... » ; le second pose l'exigence de lever la restriction à la détermination

1. *SL*, V, 1, 2, p. 10 : « Tamen sufficienter est ibi *dici de omni*, tali modo quod propositio significat quod necesse est, si talis esset vera, quod praedicatum vere posset affirmari de quolibet supposito subiecti ».

2. *SL*, V, 1, 2, p. 10 : « [...] quia non oportet ad hoc quod consequentia sit bona quod antecedens sit verum, sed sufficit quod necesse sit in omni tali forma quod, si antecedens sit verum, [quod *del.*] consequens sit verum ».

3. *QAPr.*, I, 5 : « Utrum omnis bonus syllogismus teneat per *dici de omni* vel per *dici de nullo* ».

4. Voir *SL*, V, 1, 2, p. 9 : « In virtute talis *dici de omni*, sine alia probatione, sunt evidentes syllogismorum modi primae figurae directe concludentes ».

5. *SL*, VIII, 6 [lemme], p. 131 : « Dico ergo quod dici de omni requisitum ad demonstrationem addit super dici de omni requisitum ad syllogismum, quoniam ad syllogismum sufficit quod propositio sit affirmativa de subiecto distributo, sed ad dici de omni requisitum ad demonstrationem requiritur ultra quod propositio sit vera etiam, in quocumque tempore proponatur ».

temporelle du présent qui normalement serait induite par le verbe, de sorte que la proposition est vraie en un temps quelconque, dans lequel le sujet supposerait pour quelque chose – ce qui nous renvoie à la théorie de la supposition naturelle exposée dans le IVe traité.

Deuxièmement, les prémisses d'un syllogisme démonstratif doivent être par soi. Cette notion est expliquée dans les *Seconds Analytiques* d'Aristote :

> Est dit appartenir par soi à une chose tout ce qui lui appartient comme élément de son « ce que c'est » [τί ἐστι], par exemple la ligne appartient par soi au triangle, et le point à la ligne (en effet l'essence [οὐσία] des seconds est constituée des premiers et les premiers sont contenus dans l'énoncé qui dit ce que sont les seconds). On parle aussi d'appartenance par soi dans tous les cas où des choses appartiennent à d'autres, lesquelles sont contenues dans la formule [ἐν τῷ λόγῳ] qui montre ce que sont les premières, par exemple le rectiligne et la courbe appartiennent par soi à la ligne, et l'impair et le pair, le premier et le divisible, le carré et l'oblong appartiennent pas soi au nombre [1].

Le texte d'Aristote est particulièrement embrouillé. En premier lieu, il superpose comme souvent le vocabulaire de la prédication avec un vocabulaire ontologique (τί ἐστι, οὐσία) [2]. En second lieu, il distingue plusieurs sens : outre les deux sens ci-dessus, sur lesquels nous allons revenir, et qui semblent concerner la prédication, de quelque manière qu'elle soit interprétée, un troisième sens concerne l'être par soi en tant qu'il est opposé à l'être par accident, et un quatrième concerne la cause par soi [3].

La manière dont Buridan traite de ce problème est caractéristique de sa démarche. S'appuyant sur le texte d'Aristote, il se coule dans la tradition interprétative en reprenant les mêmes questions et les mêmes exemples; mais il opère des distinctions nouvelles face à un concept jugé confus, et il en transpose le sens dans des procédures linguistiques. La première exigence est en effet de dissocier les divers usages de la notion de *perseitas*. De nombreux sens que l'on donne à l'expression « par soi », soit spontanément soit à la suite d'Aristote, ne sont pas pertinents en théorie de la démonstration [4]. Une mise au point s'impose, qui est

1. Aristote, *Seconds Analytiques*, 73 a 35-39; trad. P. Pellegrin p. 83; cf. *Arist. lat.*, *Analytica posteriora* transl. Iacobi, p. 12-13 : « Per se autem sunt quecumque sunt in eo quod quid est, ut triangulo inest linea et linee punctum (substantia enim ipsorum ex his est), et que insunt in ratione dicenti quid est, et quibuscumque eorum que insunt ipsis ipsa in ratione insunt quid est demonstranti, ut rectum inest linee et circulare, et inpar et par numero [...] ».

2. Cette ambivalence se conservera dans de nombreux commentaires; ainsi Thomas d'Aquin *Expositio libri Posteriorum*, I, lectio 10, Sancti Thomae de Aquino *Opera omnia*, t. I* 2, Roma-Paris, Commissio leonina - Librairie philosophique J. Vrin, 1989, p. 39 : « Primus ergo modus dicendi per se est quando id quod attribuitur alicui pertinet ad formam eius. Et [...] diffinitio significat formam et essentiam rei [...] ».

3. D'où la question posée par Buridan en *QAPost.*, I, 11 : « Utrum sint duo modi dicendi per se ? ».

4. Dans le *Petites sommes de logique*, se trouve aussi un passage qui distingue clairement trois domaines dans lesquels on peut employer l'idée de « par soi » : les propositions, les termes, et la relation

effectuée dans la question 17 sur le premier livre des *Seconds Analytiques* et dans les *Petites sommes de logique*.

On parle en effet de « prédication par soi », ou de « prédication par accident » ; or que peut bien signifier le fait qu'un prédicat soit prédiqué par soi ? Ce n'est pas au sens où il serait prédiqué isolément, *solitarie*, ainsi que le suggère peut-être l'application par Aristote de cette notion au cas de la substance individuelle [1]. Car dans ce cas, n'importe quel prédicat simple serait par soi. Il faut encore écarter l'idée de « cause par soi » qu'introduisait, là encore de façon un peu confuse, le quatrième sens posé par Aristote [2], et cela se fait en deux temps. Buridan écarte ici toute causalité réelle, qu'elle soit efficiente ou formelle, pour ne considérer que la cause de la prédication ; celle-ci implique le prédicat et l'intellect à titre de causes partielles. Si l'on fait abstraction de l'intellect, n'importe quel prédicat sera alors par soi, c'est-à-dire à soi seul la cause de la prédication, si bien que, à nouveau, le critère ne serait pas discriminant ; si l'on considère l'intellect, alors aucun prédicat ne sera cause suffisante puisque toute prédication requiert l'activité de l'intellect, donc aucun prédicat ne serait par soi. Tout cela conduit à conclure que lorsque nous disons qu'un prédicat est prédiqué *par soi*, ce n'est pas au sens propre des termes ! C'est une façon impropre de dire que la proposition est « vraie par soi ».

Une proposition peut en effet vraie par soi ou par accident. Laissons donc la perséité en tant qu'elle qualifie des termes pour nous en tenir à la proposition vraie par soi. Dans les *Petites sommes de logique*, Jean Buridan semble assimiler rapidement proposition vraie par soi et proposition nécessaire d'une part, proposition vraie par accident et proposition contingente d'autre part. On pourrait en fait nuancer cette équivalence puisque si toute proposition nécessaire est vraie par soi, inversement il y a des propositions vraies par soi qui ne sont pas nécessaires [3]. Mais le plus important est la comparaison qui explique pourquoi une proposition est dite « vraie par soi » :

> En effet, comme le feu est dit chaud par soi puisqu'il se détermine, par sa nature, à être chaud, mais que l'eau n'est pas dite chaude par soi puisque cela n'est pas déterminé par sa nature, de même est dite vraie par soi une proposition qui, par sa signification et celle de ses termes, se détermine à être vraie, et qu'il est même impossible, si cette signification est stable, qu'elle soit fausse ; et c'est cela, pour elle,

de causalité. Voir *SL*, VIII, 6, 2, p. 134 : « Prima [clausula] distinguit tres modos perseitatis attributae his quae in demonstrationibus potissimis inveniuntur ».

1. C'est le troisième sens : voir *Seconds Analytiques*, I, 4, 73 b 5-9 ; après avoir illustré ce sens par la substance, Aristote poursuit en évoquant l'attribut qui n'est pas affirmé d'un sujet par opposition à celui qui est affirmé d'un sujet. Il glisse donc, comme ici, au plan de la prédication linguistique, mais en investisant dans cette troisième acception le sens *catégoriel* de la substance ; Buridan, en revanche, traite les termes prédiqués comme ayant un sens isolément, donc étant, à titre de termes, par soi.

2. Aristote, *ibid.*, 73 b 10-16 ; la relation entre la marche et l'éclair est accidentelle, celle qui existe entre l'égorgement et la mort est par soi ; mais la définition donnée est plus large que la causalité efficiente et la relation par soi peut aussi être une relation essentielle d'appartenance.

3. Voir *QAPost.*, I, qu. 15.

> être nécessaire. Mais est dite par accident une proposition qui ne se détermine par à cela, et dont il est au contraire possible qu'elle soit fausse, et c'est cela, pour elle, être contingente[1].

Il était usuel de dire qu'une proposition est vraie par soi en raison de ses termes. Buridan introduit en outre un modèle physique : celui du feu qui est chaud en vertu de sa nature propre[2]. Ici par conséquent une certaine causalité épistémique, celle des termes sur une qualité de la proposition, est à penser comme un processus dû à la nature propre, intrinsèque, donc ne laissant aucune place à un facteur extérieur tel que la volonté, de la proposition ou des termes qui la composent. Ainsi, une proposition vraie par soi est donc vraie par quelque chose qui relève de sa « nature » même de proposition. La « nature » en question est la signification de la proposition ou des termes. Mais puisqu'il n'y a pas, à proprement parler, de signification propre et adéquate de la proposition, c'est la signification des termes, pour autant qu'elle conditionne leur supposition et en conséquence la vérité de la proposition, qui permet de dire qu'une proposition est ou non par soi.

Toutes ces précisions permettent de poser sur des bases plus rigoureuses la question : en combien de sens une proposition peut-elle être dite par soi ? La question 11 sur le premier livre des *Seconds Analytiques* répond clairement qu'il y en a deux, et deux seulement. Il s'agit en gros des deux premiers sens d'Aristote, que la tradition commentariste nommait *per se primo modo* et *per se secundo modo*. Pour les Médiévaux, en effet, est dite par soi sur le premier mode (*primo modo dicendi per se*) une proposition dans laquelle le sujet est « inclus » dans le prédicat, telle que « un homme est un animal », ou « tout homme est un animal ». L'interprétation sémantique de cette relation varie évidemment en fonction de choix logiques et ontologiques. Pour Guillaume d'Ockham, il ne saurait être question d'une relation d'inclusion entre deux natures, mais plutôt entre les ensembles de suppôts auxquels se réfèrent ces termes. Au second sens, en revanche, une proposition sera dite par soi si le prédicat est « inclus » dans le sujet.

Buridan n'ignore pas cette distinction classique entre deux modes de perséité, mais il la reprend en des termes un peu différents. Il met en œuvre pour cela la distinction des termes quiditatifs ou dénominatifs, qu'il a assimilés au « par soi » ou au « par accident » des termes. Un terme par soi est un terme relevant de la catégorie de substance, tandis qu'un terme par accident est un terme relevant

1. *SL*, VIII, 62, p. 134 : « Sicut enim ignis dicitur per se calidus quia per suam naturam determinat sibi quod sit calidus, aqua vero per se non dicitur calida quia hoc sibi non determinatur per suam naturam, ita propositio dicitur per se vera quae per suam et suorum terminorum significationem determinat sibi quod sit vera, immo impossibile est, illa significatione stante, ipsam esse falsam, et hoc est ipsam esse necessariam. Propositio autem dicitur per accidens quae hoc sibi non determinat, immo possibile est eam esse falsam ; et hoc est ipsam esse contingentem ».

2. De même dans les *QAPost.*, I, qu. 17, une proposition est dite « vraie par soi » comme l'homme est par soi susceptible de rire et comme le feu est par soi chaud : « Dicamus ergo quod propositio dicitur "per se vera" similitudinarie, ad talem sensum quod sicut homo per se est risibile et ignis est per se calidus eo quod natura vel substantia est determinata ad hoc quod iste sit risibilis, scilicet homo, et iste sit calidus, scilicet ignis, et quod non est possibile ipsa stante quod ipsum non sit tale, ita propositio dicitur "per se vera" quia per suam vel suorum terminorum significationem determinata est ad hoc quod sit vera et impossibile est ipsa stante ipsam non esse veram, stante etiam sua significatione ».

d'une autre catégorie. Les premiers sont dits substantiels (ou parfois « essentiels ») ; les derniers, et par métonymie les propositions qui les prédiquent, peuvent être dits « dénominatifs » ; ils expriment les propriétés des substances, ou les propriétés d'autres propriétés si celles-ci sont en position de sujet dans une proposition. Par conséquent, il y a seulement deux sens ici pertinents et ils se fondent sur deux manières générales de caractériser les propositions [1]. Le premier mode concerne les propositions dans lesquelles une définition quiditative ou causale, ou l'une de ses parties, est prédiquée du défini (comme dans « homo est animal ») ; le second mode concerne des propositions dénominatives, dans lesquelles des propriétés sont prédiquées nécessairement de leurs sujets, comme « un homme est capable de rire », « un nombre est pair ou impair » [2].

Jusque là, il s'agit de reformuler dans une conceptualité proprement buridanienne une distinction usuelle. Mais Buridan introduit ensuite des précisions qui l'éloignent du traitement traditionnel. En premier lieu, il introduit des « degrés » dans la perséité des propositions. En effet, une proposition peut être *per se* sans être *de omni*, ainsi que le précise la discussion d'une objection – c'est le cas de « animal est rationale ». Mais tant au premier qu'au second mode, il y a un « premier degré » où *par soi* suppose *de omni*, et c'est ce qui sera désigné comme *per se et primo* [3]. Par la suite, Buridan va jusqu'à énumérer sept degrés dans le premier mode, qui nous éloignent de plus en plus du modèle de base où la définition quiditative est prédiquée du défini, selon que l'on a affaire à telle ou telle partie de la définition, à une proposition directe ou indirecte, à une définition causale, etc. Puis on peut compter cinq degrés du second mode selon lequel quelque chose est dit par soi [4].

En second lieu est frappante, dans la présentation buridanienne des cas concernés, l'assimilation entre par soi et nécessaire. « Il montre [...] ce qu'est, pour le prédicat, être dit par soi et par accident du sujet, puisque c'est cela constituer une proposition nécessaire, et ceci constituer une proposition contingente » [5]. Une proposition telle que le prédicat fait partie de la définition du sujet, ou inversement (sous certaines conditions), est donc toujours vraie, et en ce sens nécessaire, sous réserve de précisions concernant les déterminations temporelles du champ d'application de l'assertion. C'est même en raison des différents sens du nécessaire [6], que Buridan a pris soin de rappeler que l'on doit distinguer divers degrés de

1. Voir *QAPost.*, I, qu. 17 : « Et prima illarum rationum est propositio per se quidditativa, et secunda propositio per se denominativa ». Il s'agit de deux sens généraux car on peut ensuite trouver des manières plus particulières de concevoir les sortes de propositions ou leurs occurrences singulières.

2. Voir *SL*, VIII, 6, 3, p. 138.

3. *SL*, VIII, 6, 3, p. 139 : « Nego quod omne per se praesupponat de omni. Sed primus gradus, sive in primo modo sive in secundo, quos vocamus "per se et primo" praesupponunt bene de omni ».

4. Pour le premier mode, voir *SL*, VIII, 6, 3, p. 139-140; pour le second, p. 142.

5. *SL*, VIII, 6, 2, p. 134 : « [...] ostendit quid sit dici per se et per accidens praedicatum de subiecto, quia hoc est constituere propositionem necessariam, et illud constituere propositionem contingentem [...] ».

6. Voir *supra*, Ire partie, chap. II, p. 70-74.

perséité : « On peut encore poser d'autre degrés, du fait qu'il est requis qu'une proposition par soi soit nécessaire, puisqu'il y a divers degrés de nécessité et, d'après cela, de perséité aussi » [1].

Le troisième caractère intrinsèque des propositions entrant dans une démonstration est qu'on a affaire à des prédications dans lesquelles l'attribut appartient au sujet *secundum quod ipsum*. L'expression est difficile à traduire. On ne manquera pas de la rapprocher de son usage dans les exponibles, notamment dans une expression telle que « homo secundum quod homo est risibilis ». Un homme est capable de rire en tant que tel, ou selon qu'il est tel, ou mieux, selon qu'il est ce qu'il est. Par conséquent la proposition « tout homme est capable de rire » n'est pas seulement universelle, elle l'est parce qu'elle prédique de l'homme ce qu'il est *en tant que tel*. Thomas d'Aquin expliquait à l'inverse que si toute pierre est colorée, ce n'est pas en tant que pierre [2]. Mais ce rapprochement n'est pas suffisant.

Dans le prolongement d'Aristote, qui écrivait « J'appelle universel tout ce qui est attribut de tout le sujet, par soi et en tant que soi » [3], les *Petites sommes logiques* examinent le caractère *secundum quod ipsum* conjointement avec l'universalité et le fait d'être vrai « à titre premier » (*primo*). L'universalité, qui concerne ici la proposition et non le terme, n'est pas seulement la quantité de la proposition mise en œuvre dans les *Premiers Analytiques*. Car pour qu'une proposition soit universelle au sens pertinent pour la forme même du syllogisme, il suffit qu'elle ait pour sujet un terme commun distribué – ce qui veut dire simplement qu'il faut un quantificateur tel que « tout » ou « aucun » [4]. Ici, les réquisits sont plus forts :

> Pour qu'une proposition soit universelle, au sens où l'on parle ici d'universalité, il est requis qu'elle soit vraie et nécessaire, et en outre que le prédicat soit dit du sujet à titre premier et en tant que soi [5].

« En tant que soi » [6] doit être élucidé en même temps que « à titre premier ». Mais l'expression *primo* est elle-même susceptible de plusieurs sens. En un certain sens, est premier ce qui est « immédiat » c'est-à-dire qui n'a pas à être démontré.

1. *SL*, VIII, 6, 3, p. 141 : « Et adhuc possunt poni alii gradus, ex eo quod oportet propositionem per se esse necessariam, quia sunt diversi gradus necessitatis et, secundum hoc, et perseitatis ».

2. Voir Thomas d'Aquin, *Expositio libri Posteriorum*, I, lectio 11, Sancti Thomae de Aquino *Opera omnia*, t. I* 2, Roma-Paris, Commissio leonina - Librairie philosophique J. Vrin, 1989, p. 43. Mais Thomas est rapide et se contente d'assimiler « per se » et « secundum quod ipsum » (*ibid.*, p. 42-43).

3. *Seconds Analytiques*, I, 4, 73 b 26-27, trad. P. Pellegrin p. 85 ; *Arist. lat.*, *Analytica posteriora*, transl. Iacobi p. 14 : « universale autem dico quodcum<que> de omni que sit et per se et secundum quod ipsum est ».

4. *SL*, VIII, 6, 4, p. 146 : « Dico ergo quod propositio dicitur universalis, prout requiritur ad formam syllogisticam, si sit de subiecto communi distributo, ut "omnis B est A", "omnis homo currit" ».

5. *SL*, VIII, 6, 4, p. 146 : « Sed ad hoc quod propositio sit universalis, prout hic de universalitate loquimur, requiritur quod sit vera et necessaria, et ultra quod praedicatum dicatur de subiecto primo et secundum quod ipsum » ; on trouve une précision identique en *QAPost.*, I, 21, premier *notandum*.

6. En tant que soi (comme Pierre Pellegrin traduit le grec) ? en tant que soi-même ? en tant que tel ? L'expression est intraduisible.

Pour qu'une proposition soit démontrable, il est requis qu'un moyen terme permette d'attribuer le prédicat au sujet. Or dans un certain nombre de cas, notamment lorsqu'un prédicat quiditatif est attribué à son « sujet premier » (c'est-à-dire sans intermédiaire, comme l'attribution de la rationalité à l'homme), le lien est immédiat. C'est également le cas de « avoir trois angles » pour un triangle. En ce sens, un principe indémontrable inséré dans une démonstration est une proposition « première », mais aucune conclusion ne l'est.

Cependant, une telle présentation paraît contredire certaines affirmations d'Aristote au sujet d'une proposition comme « tout triangle a trois angles égaux à deux droits ». Il faut donc dans ce cas entendre autrement la « primauté » (*primeitas*) à savoir comme une certaine « convertibilité » des termes. Qu'est-ce que cela implique ? En premier lieu que soit respectée la clause « être dit de tout », en second lieu que la suppression (ou plus précisément la négation de la référence) du sujet entraîne la négation du prédicat [1] – si bien qu'en ce sens, le genre ne sera pas dit « à titre premier » de son espèce ou de sa différence puisque l'on peut nier « être isocèle » sans nier « être un triangle ». Buridan s'interroge en outre sur ce qui fait la « primauté » d'une proposition convertible en ce sens, puisqu'elle n'est pas immédiate ni par conséquent indémontrable. Il renvoie alors à la *Physique*, où « en de nombreux passages » [2], Aristote parlerait de ce qui est « à titre premier » pour ce qui est dit « en fonction du tout » (*ratione totius*). Les propositions premières en ce sens sont donc vraies selon tout leur sujet et selon tout leur prédicat [3].

On peut sur cette base clarifier l'emploi de *secundum se ipsum*. L'explication la plus détaillée se trouve dans la question 21 sur le premier livre des *Seconds Analytiques*. Il faut d'abord écarter certaines interprétations non satisfaisantes. L'expression « secundum quod ipsum », ne signifie pas seulement ici, par reduplication, l'universalité des suppôts, car cela n'ajouterait rien au fait d'« être dit de tout » ; en outre cela conduirait à tenir pour *secundum quod ipsum* des propositions non reconnues comme telles par Aristote, comme « tout triangle isocèle a trois angles égaux à deux droits ». Mais l'expression ne signifie pas non plus la seule circonscription (*precisio*) du prédicat au sujet, qui seraient totalement convertibles du moins pour leur extension, si cela impliquait un rapport immédiat, sans possibilité de trouver un moyen terme démonstratif [4]. En effet, une proposition telle que « tout triangle a trois angles égaux à deux droits » répond au critère de « circonscription » mais n'est pas immédiate puisqu'elle est démontrable au sens le plus fort de la démonstration ; or selon Aristote, elle est *secundum quod ipsum*.

1. Voir *SL*, VIII, VI, 4, p. 147 : « Deinde, supposito de omni, requiritur quod ad remotionem subiecti removeatur praedicatum ».

2. Voir *SL*, VIII, VI, 4, p. 147 : « [...] in quinto, et in sexto et septimo *Physicorum*, et in valde multis aliis locis [...] ».

3. Voir *SL*, VIII, VI, 4, p. 147 : « Propositio ergo terminorum convertibilium sic dicitur prima quia veritas eius est secundum totum eius subiectum et secundum totum eius praedicatum ».

4. C'est ainsi que je comprends le texte, en vérité peu clair : « Secundo ego dico quod ista dictio "secundum quod" non reduplicat precisionem predicati ad subiectum, dicendo immediationem per carentiam medii demonstrativi ». Cela me semble la seule interprétation compatible avec la formulation positive qui suivra et avec la réponse générale à la question.

Il reste donc bien une certaine limitation, et la convertibilité rejoignant le sens vu plus haut de la primauté, mais sans immédiateté : « [...] par l'expression "en tant que soi", au sens où elle est prise dans le cas présent, est dupliquée la limitation ou primauté ou convertibilité du prédicat au sujet » [1].

Les conflits d'autorités au sein même du texte aristotélicien sont ainsi résolus par un jeu sur plusieurs sens de « premier » et de « en tant que soi », que les *Petites sommes de logique* résument en trois « degrés » [2] : ou bien la convertibilité, dans le sens qui a lui-même été précisé, et l'immédiateté ensemble, ou bien l'immédiateté (mais accompagnée ou non de convertibilité) ou bien la convertibilité seule, que la proposition soit immédiate ou non. C'est en ce dernier sens que l'on entend « en tant que soi » dans la théorie de la démonstration.

Il pourrait sembler que Buridan embrouille ce qui, chez Aristote et les commentateurs du XIIIe siècle, paraissait plus simple. En vérité, il s'agit pour lui de traquer les ambiguïtés de ces expressions usuelles, de discerner leurs divers sens possibles, et de voir en quels sens elles se recoupent et en quels sens elles divergent, afin de bien comprendre les propriétés qui sont visées dans la syllogistique et la théorie de la démonstration.

Avant même l'examen de ces formes d'universalité requises par la démonstration, toutefois, les *Seconds Analytiques* avaient établi que les prémisses du syllogisme démonstratif, par opposition aux autres espèces de syllogisme, doivent être « vraies, premières, immédiates, plus connues que la conclusion, antérieures à elle, et causes de la conclusion » [3]. La plupart de ces qualités, mise à part la vérité (et la nécessité qui lui est adjointe), caractérisent les prémisses dans leur rapport à la conclusion. Depuis Grosseteste, ces expressions sont invariablement reprises et glosées plus ou moins en détail. Buridan en a fait, à la suite de l'évêque de Lincoln, la définition matérielle de la démonstration [4].

1. *QAPost.*, I, qu. 21 : « [...] per istam dictionem "secundum quod ipsum", secundum quod capitur in proposito, reduplicatur precisio vel primeitas (*corr.* J. B.) seu convertibilitas predicati ad subiectum ». La lecon « primoritas » proposée par H. Hubien paraît curieuse et ne s'impose guère à la lecture du manuscrit de Liège; le terme, qui se trouve à plusieurs reprise dans le paragraphe, correspond à la « primeitas » dans l'édition des *Summulae.* Dans les *Questions sur les Seconds Analytiques*, Buridan s'appuie sur Grosseteste : « Istam conclusionem videtur innuere Lincolniensis dicens quod universale est quando subiectum est precisa causa predicati vel e converso, ita quod neutri aliquid superadditur quod non sit respectu alterius causa vel causatum. Et capit large "causam" vel "causatum" prout subiectum dicimus causam passionis et genus vel differentiam causam speciei »; *cf.* Robertus Grosseteste, *Commentarius in Posteriorum Analyticorum libros* (désormais cité *Comm. Post. Anal.*), I, c. 4, éd. par P. Rossi, Firenze, L. Olschki, MCMLXXXI, l. 141-146, p. 115.

2. *SL*, VIII, 6 4, p. 147 : « Possemus tamen notare quod aliquis posset assignare tres gradus in "primo" sive in "secundum quod ipsum" ».

3. Aristote, *Seconds Analytiques*, I, 2, 71 b 20-22; trad. P. Pellegrin p. 67-69; *Arist. lat.*, *Analytica posteriora*, p. 7 : « Si igitur est scire ut posuimus, necesse est et demonstrativam scientiam ex veris que esse et primis et inmediatis et notioribus et prioribus et causis conclusionis ». Voir Robert Grosseteste, *Comm. Post. Anal.*, I, c. 2, p. 100 : « demonstrativa scientia est ex veris et primis et inmediatis et prioribus et notioribus et causis conclusionis ».

4. *SL*, VIII, 2, 5, p. 52; cf. *QAPost.*, I, qu. 8 : « Lincolniensis autem et alii expositores ponunt quod haec sit diffinitio materialis ». *Cf.* Robert Grosseteste, *Comm. Post. Anal.*, I, c. 2, p. 101 : « dico quod in hac propositione probatur diffinitio materialis de suo diffinito ».

Dans le traité *Des démonstrations*, Buridan commence par rappeler que les prémisses doivent être sues, d'où il suit qu'elles doivent être vraies d'après l'adage déjà évoqué « nihil scitur nisi verum »[1]. Cela ne renvoie évidemment pas une sorte d'infaillibilité de la science et de la démonstration ; mais une démonstration fausse est une fausse démonstration, une croyance qui est erronée prétend à tort au titre de « science ». Je peux me tromper, mais dans ce cas je n'ai pas de « science fausse » : je n'ai pas de science du tout.

Dans le cas d'un syllogisme démonstratif, les prémisses ne sont pas seulement vraies, elles sont nécessaires au sens proprement logique et sous condition de référence des termes, ainsi qu'il est rappelé dans la question 15 sur le livre I. Mais dans la question 19, la « perséité », au sens dégagé plus haut, et la nécessité sont assimilées. Une proposition nécessaire est une proposition toujours vraie dès lors qu'elle est formulée, du moins dans le cours normal de la nature[2], tandis qu'une proposition « par soi » est vraie par la seule valeur de ses termes[3]. Ces deux descriptions peuvent être tenues pour équivalentes[4].

Buridan s'attarde un peu plus sur le fait que les prémisses doivent être premières et immédiates. Il faut d'abord donner un sens tout relatif à « premier ». Roger Bacon, par exemple, se référant à al-Ghazali, appelait propositions premières les propositions connues naturellement par l'intellect, et il donnait comme exemples des principes connus par soi[5]. Il est clair cependant que tout syllogisme n'a pas un point de départ de cette sorte. On appellera donc « première » simplement une proposition par laquelle une autre est démontrable et connaissable[6]. L'affirmation est-elle tautologique ? On pourrait au premier abord le penser. En fait elle permet d'abord d'écarter certaines propositions, celles qui sont vraies par accident ou de

1. Voir *supra*, Ire partie, chap. Ier, p. 24.

2. Voir *QAPost.*, I, qu. 19 : « ex eo propositio dicitur "necessaria" quia omnis talis si proponatur et quandocumque proponitur est vera et non potest esse falsa, vel saltem propositio dicitur "necessaria" quia quandocumque proponitur qualitercumque significat ita est et non potest non esse ita, modificando istum sermonem secundum sensus alias datos ».

3. Voir *QAPost.*, I, qu. 19 : « propositio dicitur "per se" quia ex sua et suorum terminorum significatione determinatum est quod sit vera si proponatur et quod non possit esse falsa, vel saltem determinatum est quod qualitercumque significat ita est quandocumque proponitur et non potest non esse ita ».

4. Voir *QAPost.*, I, qu. 19 : « modo manifestum est quod predicte rationes sunt inter se eedem et convertibiles ; ergo omnis necessaria est per se et e converso ».

5. Roger Bacon, *Summulae dialectices*, § 151, éd. par A. de Libera, « Les "Summulae dialectices" de Roger Bacon. III. De argumentatione », *Archives d'histoire doctrinale et littéraire du Moyen Âge*, 54 (1987), p. 171-378, ici p. 208 : « Primae autem propositiones sunt, secundum quod dicit Algazel in sua *Logica* "quas necesse est intellectui naturaliter credere, ut 'Duo sunt plus quam unum', et 'Omne totum est maius sua parte' [...]" » ; *cf.* Algazel, *Logica*, éd. par Ch. Lohr, *Traditio*, 21 (1965) p. 223-290, ici p. 274.

6. Voir *SL*, VIII, 4, 2, p. 104 : « In proposito autem propositio dicitur prior per quam alia est demonstrabilis et scibilis, et posterior quae est per aliam demonstrabilis ». Dans les *QAPost.*, I, qu. 8, Buridan est un peu plus disert sur ce point : d'une certaine façon, une conclusion très éloignée des principes présuppose les démonstrations intermédiaires, même si on ne les a pas présentes à l'esprit ; la science est alors comme un gigantesque « syllogismus compositus », partant de prémisses premières au sens fort. Mais « non oportet quod omnes eius premisse sint prime, sed alique in quas est ultimate resolutio per syllogismos ».

manière contingente, et qui ne sont en ce sens ni antérieures ni postérieures, puisqu'elles ne sont ni démontrées ni démontrables ; elle permet ensuite de préciser que les conclusions démontrables ne s'imposent pas à l'intellect, car elles seraient alors des principes ; il faut donc que l'assentiment certain et évident accordé aux conclusions soit médiatisé par l'assentiment certain et évident accordé aux prémisses, c'est l'essence même du processus démonstratif[1]. Ainsi, « premier » et « immédiat » sont deux notions très proches, mais alors que l'une connote l'absence de principe, l'autre connote l'absence de moyen démonstratif[2].

C'est pourquoi les prémisses doivent être connues avant la conclusion. Certes, on peut former mentalement la connaissance complexe qu'est la proposition qui sera la conclusion de la démonstration avant de former mentalement les prémisses. Mais on n'en a pas la science au sens où celle-ci est un certain type d'assentiment, puisque cette proposition est alors sujette au doute[3]. Ici se manifeste clairement l'effet de la définition première de la science comme disposition de l'esprit, qui prime sur sa considération comme ensemble, serait-il réglé, de propositions.

> Donc puisque la proposition formée dans l'esprit est douteuse pour nous, et que l'intellect n'est pas par sa nature déterminé à lui accorder son assentiment, il est nécessaire, s'il doit lui donner son assentiment avec certitude et évidence, qu'il y soit déterminé par d'autre propositions dont on la conclut et par lesquelles il accorde ainsi son assentiment ; et c'est là connaître les prémisses antérieurement à la conclusion[4].

Buridan peut dans ces conditions défendre une conception graduelle et empirique de l'acquisition humaine des connaissances. Dans un passage sur la préconnaissance des prémisses, une objection est formulée qui s'appuie sur le Platonisme : si l'on admet la préexistence de connaissances en nous, le corps étant simplement un obstacle à leur saisie immédiate par l'âme, il n'y aurait aucune priorité logique des prémisses sur les conclusions[5]. Mais on ne doit pas dire, du moins d'un point de vue naturel (c'est-à-dire en dehors d'une intervention divine) que le corps est un obstacle à la connaissance. Le point n'est pas développé, mais

1. Voir *SL*, VIII, 4, 2, p. 104 : « [...] ad assentiendum cum certitudine et evidentia conclusioni demonstrabili non est intellectus ex sui natura determinatus ; non enim esset conclusio, sed principium. Ergo oportet quod ad assentiendum ei cum certitudine et evidentia determinetur per alias praemissas, quibus tamen cum certitudine et evidentia assentit ».

2. Voir *QAPost.*, I, qu. 8 : « Nota tamen quod "primum" et "immediatum" differunt ratione. Quia "primum" dicitur per carentiam principii et "immediatum" dicitur per carentiam medii » ; cf. *SL*, VIII, 4, 2, p. 106 : « [...] in proposito idem est convertibiliter "propositio prima" et "propositio immediata", licet nomina differunt secundum rationem ».

3. Voir *SL*, VIII, 3. 7, p. 88.

4. *SL*, VIII, 3, 7, p. 88 : « Cum ergo propositio in mente formata sit nobis dubia et intellectus non sit ex sua natura determinatus ad assentiendum ei, necesse est si debeat ei assentire cum certitudine et evidentia quod ad hoc determinetur per alias propositiones illam concludentes quibus sic assentiat. Et sic oportet intellectus prius assentire illis praemissis quam illi conclusioni ; et hoc est prius scire praemissas quam conclusionem ».

5. Voir *SL*, VIII, 3, 7, p. 88-89.

on peut supposer que la sensation est considérée comme une étape nécessaire à la constitution de bon nombre de nos concepts. Buridan rappelle alors sa conception du caractère « nu » de l'intellect, contre tout innéisme platonicien.

Temporalité et causalité dans le processus démonstratif

C'est dans le cadre de cette conception naturaliste de l'acquisition des connaissances que se pose le problème de la temporalité et de la causalité au sein même du processus syllogistique.

La question 6 sur le livre I des *Seconds Analytiques* se demande « Est-ce que dans toute démonstration la majeure est connue avant la conclusion et la mineure en même temps que la conclusion [1] ? » Cette interrogation surgit du texte du chapitre premier, où Aristote souligne que toute démonstration requiert des connaissances antérieures ; le verbe utilisé dans la question est « precognoscitur ». Des expressions signifiant une priorité temporelle se trouvent dans certaines réponses et dans le passage correspondant des *Petites sommes de logique*. S'agit-il là de remarques purement psychologiques ? Le fait que Buridan rappelle au cours de la question qu'il importe de distinguer deux actes de l'intellect, celui par lequel on forme et appréhende une proposition (prémisse ou conclusion) et celui par lequel on lui accorde son assentiment (ce qu'il appelle *cognitio adhaesiva*), montre qu'il ne s'agit pas de psychologie individuelle renvoyant à tel ou tel sujet empirique qui serait plus ou moins savant, ou aurait l'esprit plus ou moins lent, mais des conditions de possibilité de certains actes de l'intellect, en relation à la nature du procès syllogistique – on pourrait donc dire, si le terme ne paraissait excessivement paradoxal, une psychologie cognitive transcendantale (mais sans sujet constituant bien évidemment), c'est-à-dire une théorie des conditions mentales de possibilité de la connaissance. Il s'agit en premier lieu de souligner la discursivité inévitable de tout raisonnement syllogistique. La science implique langage et discursivité, donc une priorité logique de telle proposition sur telle autre, ce qui se manifeste par un déroulement temporel. La remarque est peut-être moins triviale qu'il n'y paraît puisque la réflexion médiévale sur la science n'a pu éviter de confronter l'idée d'une structure démonstrative avec celle de science divine, laquelle semble devoir être intemporelle. C'est ainsi que les théologiens avaient été conduits à s'interroger sur la structure syllogistique et discursive de la science divine [2].

Si la question de la *temporalité* syllogistique est arrachée à la seule psychologie empirique, c'est parce qu'elle est immédiatement redoublée par une interrogation

1. *QAPost.*, I, qu. 6 : « Utrum in omni demonstratione maior prius precognoscitur quam conclusio et minor simul tempore cum conclusione ? »

2. Voir par exemple le scotiste Jean de Reading, dans le « Prologue » des *Questions sur les Sentences* : voir *Scriptum in primum librum Sententiarum*, éd. par Fr. Fiorentino, Paris, Vrin, 2011, par exemple Prol., qu. 1, art. 1, § 1.4, p. 104-113. De telles discussions témoignent que le problème était amplement débattu les milieux scotistes, au cours du premier quart du siècle.

sur la *causalité* syllogistique. Il s'agit de savoir si la connaissance des prémisses cause, et cause « sans délai », la connaissance de la conclusion. Il est clair que l'une des prémisses (généralement la majeure) est formulée antérieurement à l'autre (la mineure), mais une fois la seconde connue, la causalité épistémique semble devoir s'exercer de telle sorte que la connaissance de la conclusion serait immédiate. En effet, une cause produit immédiatement son effet, du moins si rien ne s'y oppose et ne présente de résistance, or le domaine de la pensée n'est-il pas celui où il n'y a pas de matérialité, donc pas de résistance ?

L'interrogation porte donc sur la causalité. Mais de quelle sorte de causalité s'agit-il ? Ce n'est pas un hasard si la question 6 est suivie par une question sur la définition du syllogisme comme connaissance de la cause, dans laquelle Buridan joue sur deux plans. D'une part, Buridan met en œuvre dans ce problème comme dans d'autres une conception naturaliste selon laquelle y a des actes de l'esprit qui causent d'autres actes de l'esprit. L'adhésion aux prémisses cause naturellement l'adhésion à la conclusion. Une telle causalité, si rien ne vient la contrarier, est nécessaire, et la connaissance des prémisses est une cause suffisante pour la connaissance de la conclusion. Buridan prend ainsi place dans une tendance qui a bien été mise en évidence par Ernesto Perini-Santos dans son étude sur Guillaume d'Ockham [1], tendance à traiter la démonstration, et plus largement les phénomènes de connaissance, comme étant régis par une certaine causalité. Le texte à l'occasion duquel cette théorie est exposée est le passage dans lequel Aristote affirme que dans un syllogisme scientifique les prémisses doivent être causes de la conclusion [2]. Si le vocabulaire causal est présent dès la réception des *Seconds Analytiques*, c'est avec Robert Grosseteste, sans doute sous l'influence de Themistius, que l'engendrement de la conclusion par les prémisses est clairement présenté comme un processus causal [3]. Dans les passages de la *Somme de logique* qui commentent les *Second Analytiques* Guillaume d'Ockham s'attachait déjà à préciser le sens de l'expression « causes de la conclusion » [4]. Buridan cite nommément Grosseteste :

1. E. Perini-Santos, *La Théorie ockhamienne de la connaissance évidente*, Paris, Vrin, 2006.

2. Aristote, *Seconds Analytiques*, I, 2, 71 b 23.

3. Robert Grosseteste, *Comm. Post. Anal.*, I, c. 2, p. 101 : « Scientia autem premissarum in anima est efficiens sicut origo scientie conclusionis, scientia enim premissarum videtur gignere scientiam conclusionis » ; voir Themistius, *Super librum Posteriorum*, I, 2, dans « Themistius' Paraphrasis of the *Posterior Analytics* in Gerard of Cremona's Translation », ed. by J. R. O'Donnell C.S.B., *Mediaeval Studies*, 20 (1958), p. 239-315, ici p. 247-248 : « Cum ergo oporteat ut sint propositiones, quas praemittit utens sillogismo, causa conclusionis necessariae ab eis [...]. Et est ut propositiones non sint tantum causa conclusionis, sed sint cum hoc causa rei quae demonstratur per eas ».

4. Guillaume d'Ockham, *Summa logicae*, III-2, chap. 15, OP I, p. 530-531 ; trad., t. III, vol. 1, Mauvezin, TER, 2003, p. 183-184 ; sur la reprise de Robert Grosseteste par Guillaume d'Ockham, voir aussi *Scriptum in librum primum Sententiarum Ordinatio*, Prol., qu. 6, OT I, p. 182.

> Alors, comme dit l'évêque de Lincoln, « la science des prémisses engendre, c'est-à-dire produit dans l'âme, la science de la conclusion », et pour faire cela, la science d'une prémisse ne suffit pas, mais la science des deux prémisses est requise [1].

Mais chez Grosseteste, cette affirmation se fonde sur une métaphysique néoplatonicienne où le procès syllogistique en mon esprit reproduit le flux réel de la forme selon lequel la chose connue est engendrée. Jean Buridan, au contraire, à plusieurs occasions, écarte l'un de l'autre le processus de la causalité extra-mentale et le processus par lequel certains actes psychiques produisent d'autres actes psychiques. Certes, les deux sont « naturels », mais les seconds ne reflètent pas et ne produisent pas les premiers. Buridan l'indique clairement lorsqu'il s'interroge sur la définition de la connaissance scientifique comme connaissance de la cause : il souligne qu'il s'agit alors de connaître la cause du phénomène, et non les prémisses ou principes, car dans ce cas, tout syllogisme serait au même titre connaissance de la cause, or ce n'est pas le cas [2]. Cette dissociation est encore plus accentuée dans les textes où Buridan étudie la démonstration mathématique.

Jean Buridan développe en effet une conception de la démonstration mathématique pour laquelle le schéma aristotélicien des causes, approprié à l'étude de la nature physique, se révèle inadéquat [3]. Les mathématiques, à l'évidence, ne démontrent ni par la cause finale, ni par la cause efficiente. Mais les idées même de forme et de matière sont ici invoquées de façon métaphorique. Le mathématicien fait abstraction de la vraie matière des substances naturelles pour abstraire ses objets, et de la forme en tant qu'elle informe un sujet [4]. C'est par analogie qu'on parle de « forme », pour désigner les termes de la définition.

La causalité exercée par la connaissance des prémisses sur la connaissance de la conclusion est ainsi une causalité spécifique. C'est elle qui est étudiée dans la question 6 sur le livre premier des *Seconds Analytiques*, ainsi que dans le passage correspondant du VIIIe traité des *Petites sommes de logique*. Que cette causalité s'exerce « sans délai » (*sine mora*) serait l'indice de son caractère immédiat et nécessaire. Toutefois, un tel engendrement nécessaire de la science de la conclusion par la science des prémisses soulève des difficultés qui se manifestent par des paradoxes, qu'Ockham avait sans doute aperçus mais que Buridan traite plus systématiquement. Cela conduit à préciser le processus psychique à l'œuvre dans la science démonstrative. On trouve ainsi dans la question 6 sur le premier livre

1. *QAPost.*, I, 6 : « Tunc enim, ut dicit Lincolniensis, "scientia premissarum gignit, id est facit, scientiam conclusionis in anima", et ad hoc faciendum non sufficit scientia unius premisse, sed requiritur scientia ambarum premissarum ».

2. Voir *QAPost.*, I, qu. 7.

3. Voir *PSL*, VIII, 8, 6, p. 180-184. J'ai étudié en détail la conception buridanienne des mathématiques dans « John Buridan and the Mathematical Demonstration », dans Vesa Hirvonen, Toivo J. Holopainen and M. Tuominen (eds), *Mind and Modality*. Studies in the History of Philosophy in Honour of Simo Knuuttila, Brill, Leiden-Boston, 2006, p. 199-215.

4. Voir *PSL*, VIII, 8, 6, p. 184 : « Et ideo, proprie loquendo de causis formalibus, nihil plus considerat mathematicus causas formales quam alias causas, nec plus demonstrat per eas quam per alias causas ».

des *Seconds Analytiques* toute une série de conclusions qui tentent de cerner ce qui est en jeu [1].

D'abord, même au sens où il ne s'agit pas seulement d'appréhender une proposition (de l'avoir formée et de l'avoir présente à l'esprit) mais de savoir qu'il en est dans les choses comme il est signifié par cette proposition, l'une ou l'autre des prémisses peut être sue, c'est-à-dire être reconnue comme vraie, indépendamment de la conclusion. Un syllogisme requiert en effet que l'on appréhende conjointement les deux prémisses comme vraies. Mais on peut aussi savoir les deux, sans savoir la conclusion; il importe de préciser ce qu'on entend par là, car cela pourrait sembler contradictoire avec une conclusion énoncée un peu plus bas. En premier lieu, je peux douter de la conclusion et appréhender les prémisses; c'est même généralement le cas quand on fait une démonstration; le processus démonstratif procure un gain de certitude. En second lieu, il se peut que nous connaissions les prémisses et la conséquence (le lien d'inférence) sans porter attention à la conclusion. Il y a incontestablement un aspect psychologique dans ces remarques, notamment dans l'idée de « porter attention ». Mais il s'agit de souligner qu'il n'y a pas de démonstration sans une certaine activité mentale qui formule une proposition. Une proposition qui n'est pas lue ou formée dans l'esprit à tel moment n'est ni vraie ni fausse et n'est pas l'élément d'une démonstration. Plus largement, il s'agit de décrire une certaine dynamique de l'assentiment. En outre, l'insistance sur le fait qu'il ne suffit pas de savoir les prémisses pour savoir la conclusion recoupe un redoutable problème logique et épistémique : comment peut-on douter de la conclusion si on sait au sens fort les prémisses? Buridan a conscience de ce problème; nous y reviendrons un peu plus loin.

Les trois autres conclusions décrivent plus précisément la causalité épistémique à l'œuvre dans la démonstration. D'abord, il est impossible de savoir, au sens strict, la conclusion sans savoir les prémisses; c'en est une condition indispensable. Le savoir scientifique implique que l'on connaissance la conclusion *comme démontrée*, donc comme résultant des prémisses. Si la science porte sur la conclusion, elle suppose néanmoins la possession de l'ensemble du syllogisme [2].

On peut pourtant se demander si, dans cette présupposition qui remonte de la conclusion aux prémisses, on n'est pas engagé dans un procès récurrent, accumulant les connaissances requises jusqu'à ce que l'on trouve des principes non démontrés, voire un premier principe absolu [3]. La réponse de Buridan est nuancée.

1. Ces développements reprennent mais en les transformant des thèses de Robert Grosseteste sur le rapport entre la science des prémisses et la science de la conclusion : voir *Comm. Post. Anal.*, I, c. 2, p. 101-103.

2. *Cf.* Guillaume d'Ockham, *Expositio in libros Physicorum Aristotelis*, Prol. et liber I, éd. V. Richter, « Opera philosophica » IV, St. Bonaventure N. Y., The Franciscan Institute, 1985, Prol., p. 6 : « Alia distinctio scientiae est quod aliquando scientia accipitur pro notitia evidenti conclusionis, aliquando pro tota notitia demonstrationis ».

3. C'est l'un des reproches qui est fait à la théorie de Nicolas d'Autrécourt : impliquer que tout syllogisme dépende d'une chaîne dont le premier maillon aurait le premier principe pour prémisse : voir *Qu. Metaph.*, II, 2, f° 9vb.

Il fait remarquer qu'on peut entendre le syllogisme comme « syllogisme simple », c'est-à-dire comme une cellule démonstrative, ou bien comme un « syllogisme complexe », c'est-à-dire un enchaînement de syllogismes. En toute rigueur, la perfection d'une démonstration requiert l'enchaînement de toutes les étapes, si bien qu'une conclusion présuppose bien une chaîne de syllogismes reconduisant jusqu'à des principes indémontrables. Dans la pratique toutefois, on ne procède pas ainsi, de sorte que l'on prend comme prémisses des propositions qui sont démontrées, ou dont on pourrait, si on voulait, donner la démonstration.

La quatrième conclusion recentre la question sur la temporalité. « En procédant selon l'ordre naturel de la doctrine, la majeure est sue avant que la conclusion soit sue ». La formation, l'acquisition, et la transmission de la science demandent dans tous les cas une certaine temporalité. Il est clair que la majeure précède la conclusion puisqu'on la sait alors qu'on n'a pas encore posé la mineure et tiré la conclusion.

La dernière conclusion, en revanche, formule la causalité épistémique des prémisses à l'égard de la conclusion d'une manière si forte que la temporalité semble résorbée :

> Enfin je dis que, une fois la majeure et la mineure formées et sues, et une fois qu'il est su et considéré encore que l'on a une conséquence certaine et nécessaire de la conclusion à partir de ces prémisses, la majeure est sue dans le même temps que la science de la conclusion [1].

L'essentiel est désormais l'affirmation de cette causalité. Elle a un caractère contraignant : « or, une fois les prémisses ainsi posées, sont posées des causes suffisantes pour savoir la conclusion » [2]. L'effet doit suivre la cause sans délai : « une fois posées les causes efficientes, l'effet suit sans délai (*sine mora*) » [3]. C'est du moins le cas lorsqu'il n'y a pas de résistance ; or si l'on peut penser que dans le monde physique, matériel, il y a toujours résistance, il n'y en a pas dans le domaine de la pensée.

À ce stade, nous nous trouvons confrontés au problème de la « clôture déductive des systèmes de croyances ». Ernesto Perini-Santos a attiré l'attention sur ce problème tel qu'il surgit chez Ockham et se trouve traité plus en détail par Buridan [4] : si la connaissance des prémisses cause nécessairement celle des conclusions, alors celui qui possède les prémisses connaît déjà toutes les conclusions. Buridan présentait la difficulté dans l'un des arguments initiaux de sa question :

> et même, qui plus est, si une fois connues les deux prémisses il était nécessaire que soit connue et sue la conclusion, il s'ensuivrait que, une fois connus les

1. *QAPost.*, I, qu. 6 : « Ultimo dico quod maiore et minore formatis et scitis, et etiam scito et considerato quod est certa et necessaria consequentia conclusionis ex illis premissis, in eodem tempore maior scitur simul cum scientia conclusione ».

2. *QAPost.*, I, qu. 6 : « modo premissis sic positis, posite sunt cause sufficientes ad sciendum conclusionem ».

3. *QAPost.*, I, qu. 6 : « positis causis efficientibus, sequitur sine mora effectus ».

4. Voir E. Perini-Santos, *op. cit.*, p. 174-196.

> principes de la science de la géométrie, nous saurions toutes les conclusions géométriques [1].

Ce problème se trouve évoqué, à l'aide des mêmes exemples, chez d'autres auteurs du XIVe siècle. Non seulement Albert de Saxe reprend l'argumentation, ainsi que cela a été signalé [2], mais – on ne l'a en revanche pas remarqué – on la retrouve ensuite chez Blaise de Parme [3].

Buridan élabore une stratégie pour échapper à cette conséquence fâcheuse [4]. Pour lui, bien que le processus cognitif soit descriptible en termes de causalité exercée par certains actes mentaux sur d'autres actes mentaux, une telle causalité n'implique pas un passage immédiat et automatique de la cause à l'effet. Comment comprendre cela ? La réponse doit être apportée à plusieurs niveaux [5].

En premier lieu, la connaissance des prémisses ne suffit pas, il y faut celle du lien inférentiel. C'est ce qui apparaissait dès le deuxième conclusion : il faut porter son attention sur la « conséquence ». On peut cependant se demander si cela résout tout à fait le problème car cela dépend de la nature du lien inférentiel lui-même. Si l'on pense, comme Abélard le faisait deux siècles plus tôt, que la connaissance du conséquent est incluse dans la connaissance de l'antécédent [6], cela fera resurgir la difficulté. En outre, on a pu se demander si l'on ne tomberait pas ainsi de Charybde et Scylla, abandonnant le risque de la clôture du système de croyances pour le « paradoxe de Lewis Caroll », selon lequel il faudrait alors savoir une troisième

1. *QAPost.*, I, qu. 6 : « immo, quod plus est, si ambabus premissis cognitis esset necesse conclusionem cognosci et sciri, sequeretur quod cognitis principiis doctrine in geometria nos sciremus omnes conclusiones geometriales ».

2. Albert de Saxe, *Questions sur les Seconds Analytiques*, qu. 17 (d'ap. E. P. Santos, *op. cit.*, p. 387).

3. Voir Blaise de Parme, *Quaestiones Physicorum*, *prima lectura*, I, qu. 3, ms. Vat. Chigi O. IV. 41, f° 229rb : « Cum igitur principia geometrie sufficiant pro prima conclusione ipsius geometrie, et secunda conclusio sequatur ex prima, et tertia sequatur ex secunda, sequitur propositum, ut quod scitis principiis geometrie sciatur tota geometria ». Blaise de Parme affirme aussi dans ses *Questions sur le traité de l'âme* qu'en géométrie la connaissance des conclusions est causée immédiatement, *statim*, par la connaissance des principes : voir *Questiones de anima*, ms. Vat. Chigi O IV 41, qu. I, 5 (cité par Gr. Federici Vescovini, *Astrologia e scienza. La crisi dell'aristotelisme sul cadere del Trecento e Biagio Pelacani da Parma*, Firenze, Nuovedizioni Enrico Vallecchi, 1979, p. 59 n 14) : « aliqua scientia est facilis quando aliqua veritas praesentatur intellectui cuius evidentia nata est causari statim ex primo principio vel aliquibus per se notis, sicut in geometria ».

4. Il rejette cette conséquence dans la question 27 sur le Ier livre des *Seconds Analytiques* : « si esset tibi perfecte demonstrata prima conclusio geometrie, sine dubio tu haberes scientiam perfectam geometricalem, loquendo de scientia simplici unius conclusionis ; tamen, attendentes ad scientiam congregatam, nos non diceremus te habere scientiam perfectam geometricalem, nec te esse perfectum geometram ».

5. Ernesto Perini-Santos explique en détail ce passage dans *La Théorie ockhamienne de la connaissance évidente*, p. 174-183 ; cependant il ne prend pas en compte le passage des *Petites sommes de logique*, qui me semble apporter des compléments utiles à cette explication.

6. Voir Abélard, *Dialectica*, tr. III^us^, lib. I^us^, ed. by L. M. De Rijk, Assen, Van Gorcum, 1956, p. 253 : « Inferentia itaque in necessitate consecutionis consistit, in eo scilicet quod ex sensu antecedentis sententia exigitur consequentis ».

proposition complexe, formée des prémisses et de la conséquence [1], puis avoir une nouvelle connaissance de cette conjonction et ainsi de suite. Il ne semble pas toutefois que ce soit le cas puisque pour Buridan la connaissance des prémisses et celle des règles inférentielles n'est pas de même nature. L'application d'une règle d'inférence à une matière donnée (car celle-ci est essentielle dans le cadre de la démonstration, ou des *Seconds Analytiques*) n'est plus une affaire de connaissance formelle [2].

Quoi qu'il en soit, Jean Buridan ne s'en tient pas là. Dans les *Petites sommes de logique*, il estime qu'il ne suffit pas, pour posséder une science totale comme la géométrie, d'avoir une connaissance actuelle des principes, que la conclusion soit formée dans l'esprit et que l'on connaisse le lien inférentiel ; il faut encore une mise en ordre correcte des principes ou prémisses : « [...] un ordonnancement de ces principes en une conséquence idoine et manifeste est requis » [3]. La discursivité démonstrative implique un certain ordre dans les actes et dispositions de l'esprit. On peut alors essayer de préciser le sens et la portée de l'expression « si rien ne s'y oppose », que l'on trouvait dans la 6e question sur les *Seconds Analytiques* à propos de la géométrie, et ainsi cerner un peu plus les « circonstances appropriées ». En réponse à l'objection de la « clôture déductive », le passage correspondant des *Petites sommes de logique* semble admettre la nécessité du processus causal inférentiel, mais en multipliant les conditions :

> Et je réponds que, avec l'intellect [agent et possible], la connaissance des prémisses – non seulement selon une considération habituelle mais actuelle –, la conclusion formée dans l'esprit, leur ordonnancement dans une conséquence nécessaire, et la connaissance actuelle que cette conséquence est nécessaire, sont bien des causes suffisantes de la science de la conclusion [4].

L'ensemble des conditions constituerait bien une cause suffisante, ou des causes suffisantes [5]. Mais il faudrait pour cela ajouter à la connaissance des seuls principes de nombreuses conditions, lesquelles semblent n'être jamais toutes remplies : « Or

1. $[(p \supset q) \wedge q] \supset q$; voir E. P. Santos, *op. cit.*, p. 181.

2. Ernesto P. Santos donne une autre raison : « l'explication causale est précisément une façon d'éviter cette régression : la connaissance de p et de $p \supset q$ causent l'assentiment à q ; autrement dit, un tel assentiment n'est pas (et ne requiert pas) la formation d'une nouvelle proposition complexe ».

3. *SL*, VIII, 3, 7, p. 91 : « [...] requiritur ordinatio illorum principiorum in debita et manifesta consequentia ».

4. *SL*, VIII, 3, 7, p. 92 : « Et ego respondeo quod cum intellectu *etc.* scientiae praemissarum – non solum secundum habitum, sed etiam secundum actualem considerationem –, et conclusio formata in mente, et ordinatio earum in consequentia necessaria, et actualis scientia quod illa consequentia sit necessaria, bene sunt causae sufficientes ad scientiam conclusionis » ; voir l'énoncé de la *tertia ratio* p. 89.

5. Voir aussi *QAPost.*, I, qu. 6 : « Ad aliam dicitur quod non est necesse premissis cognitis cognoscere conclusionem, sicut bene arguebat ratio de geometria. Tamen bene esset necesse cum circumstantiis appositis in ultima nostra conclusione, unde sic intendebat Aristotiles quod simul cognoscitur conclusio cum minore ».

souvent fait défaut cet ordonnancement en conséquence, ou même fait défaut l'évidence de la conséquence »[1].

Il est à nouveau difficile de décider si cette défaillance est proprement psychologique; avant de répondre à la série d'objections au sein de laquelle se trouve celle-ci, Buridan avait indiqué qu'elles ne concernaient pas vraiment la logique[2]. Mais une telle défaillance n'est pas non plus simplement contingente et individuelle, elle est plutôt liée à la nature de l'esprit, dont on ne peut absolument pas faire abstraction dès lors qu'est requise la considération actuelle des propositions :

> Et parfois il n'est pas facile d'ordonner ces prémisses dans une conséquence conduisant à cette conclusion. La cause en est que, bien que l'intellect puisse connaître de façon dispositive (*in habitu*) de très nombreuses propositions, cependant il ne peut pas en connaître beaucoup en même temps par une considération actuelle[3].

L'intellect, sans doute en raison de sa finitude, ne peut considérer toutes les propositions en même temps. De ce fait, et c'est ce qui importe le plus, il a une marge de choix, de *liberté* : il « détermine par volonté libre » les combinaisons qu'il construit et prend en considération. On sait d'ailleurs qu'en géométrie, plusieurs voies démonstratives sont souvent possibles, ainsi que le remarqueront les auteurs de la Renaissance. L'imagination peut aussi intervenir, parfois pour soutenir la démonstration[4], parfois aussi pour y contrevenir et la perturber.

La nécessité qui régit la causalité épistémique est-elle dès lors une causalité affaiblie, comme le dit Ernesto P. Santos[5] ? Je préfère la décrire comme causalité plus complexe. À ce stade, on peut penser que le processus décrit suppose à la fois des aspects proprement logiques (intemporels) et des aspects psychologiques (temporalité de l'appréhension), si du moins l'on entend ici par psychologie des conditions générales de toute appréhension par un esprit. Mais ainsi qu'on l'a vu, cette combinaison produit des processus spécifiques, puisque d'un côté l'acte de l'esprit n'est pas la proposition elle-même, de l'autre l'assentiment n'est pas la seule appréhension. Ce qui est en jeu, ce sont bien des actes psychiques, et par nature ils se déroulent selon un ordre. Une fois de plus, la science buridanienne s'avère être tout humaine, et non pas divine.

1. *SL*, VIII, 3, 7, p. 92 : « deficit autem saepe ista ordinatio in consequentia, vel etiam deficit evidentia consequentiae ».

2. *SL*, VIII, 3, 7, p. 90 : « De his autem rationibus pertranseundum est superficialiter, quia non sunt de logica [...] ».

3. *SL*, VIII, 3, 7, p. 92 : « Nec est facile aliquando ordinare illas praemissas in consequentia ad istam conclusionem. Cuius causa est quia quamvis intellectus possit valde multuas propositiones scire in habitu, tamen non sic multas potest scire simul per actualem considerationem ».

4. Cette idée est rarement exprimée chez Buridan, mais on la trouve en *SL*, VIII, 3, 7, p. 92-93 : « [...] cessabit intellectui ministrare phantasmata necessaria ad considerandum de ipsa geometria ».

5. Notons toutefois qu'il nuance cette affirmation en disant : « Buridan [...] affaiblit le fonctionnement causal du syllogisme ou renforce ses conditions, ce qui revient au même » (*op. cit.*, p. 180).

Les différentes espèces de démonstration

Dans le chapitre XIII du livre I des *Seconds Analytiques*, Aristote distingue deux manières de « connaître scientifiquement » (ἐπίσтασθαι, *scire*) : *scire quia, scire propter quid*, savoir qu'il en est ainsi, savoir pourquoi il en est ainsi [1]. Mais au cours du chapitre, examinant le cas où ces deux voies se présentent au sein d'une même science, il écrit : « Quand on *démontre* la proximité des planètes par le fait qu'elles ne scintillent pas » [2]. Lorsque Thomas d'Aquin commente ce passage, il met bien en avant une différence entre deux types de démonstration, la *demonstratio quia*, qu'il présente comme une démonstration par l'effet, et la démonstration *propter quid*, qui est par la cause [3].

Cette distinction est illustrée dans le texte d'Aristote par plusieurs exemples qui se retrouvent tout au long du Moyen Âge : le scintillement des planètes, l'éclipse de lune, la respiration de l'animal. Si l'on conclut que les planètes sont proches parce qu'elles ne scintillent pas, la propriété « ne pas scintiller », qui sert de moyen terme dans le raisonnement, n'est pas cause de la proximité, elle en est plutôt un effet d'où l'on conclut une autre propriété, qui est la cause de ce fait. La démonstration *propter quid* en revanche, enchaînerait « les planètes sont proches, or tout astre qui est proche ne scintille pas, donc les planètes ne scintillent pas », reflétant ainsi l'ordre réel de la cause et de l'effet.

Se trouvent esquissées par là deux voies de connaissance, qui pourraient recouper différentes méthodes d'enquête, mises dès l'Antiquité en relation avec l'analyse et la synthèse [4], mais abordées seulement à partir de la structure syllogistique mise en œuvre : ou bien l'on part de l'effet pour en formuler la cause, ou bien l'on passe de la cause à l'effet, selon un processus déductif qui reproduit l'ordre réel des essences. Cette dualité est encore exprimée au XIVe siècle à travers l'opposition d'une démonstration *a priori* ou d'une démonstration *a posteriori*. Ce n'était pas

1. Voir *Seconds Analytiques*, 78 a 22, trad. fr. p. 131 ; *Arist. lat.*, *Analytica posteriora*, p. 29 (transl. Iacobi) : « Sed quia differt et propter quid scire ».

2. *Ibid*, 78 a 30, *Arist. lat.*, p. 29-30 : « Prohibet enim nichil eque predicantium notius esse aliquando non causam, quare per hanc erit *demonstratio*, ut quod prope sint planete *propter id quod* non scintillant » (je souligne). Il y a d'autres passages où Aristote parle de démonstration *quia* ou *propter quid*, notamment dans le livre II : voir 98 b 18-19, *Arist. lat.*, p. 100 : « Si igitur per causam quidem *demonstratio propter quid* est, si vero non per causam ipsius quia, quoniam in medio quidem est, cognovit, propter quid autem non ».

3. Sancti Thomae de Aquino *Opera omnia*, t. I* 2, *Expositio libri Posteriorum*, I, lectio 23, Sancti Thomae de Aquino *Opera omnia*, t. I* 2, Roma-Paris, Commissio leonina - Librairie philosophique J. Vrin, 1989, p. 85 : « Dicit ergo primo quod demonstratio "quia" per effectum est, si quis concludat quod *planete* sunt *prope propter* hoc *quod non scintillant* : non enim "non scintillare" est causa quod planete sint prope, set e converso; propter hoc enim non scintillant planete, quia sunt prope, stelle enim fixe scintillant, quia visus in comprehensione earum caligat propter earum distanciam » ; *ibid.*, p. 86 : « *Et sic erit syllogismus "propter quid"*, cum *accepta* sit *prima* et inmediata *causa* ».

4. Cette opposition trouve son origine dans les *Collections mathématiques* de Pappus (Égypte, *ca.* 290 - *ca.* 350). Dans l'analyse, on suppose donné ce que l'on veut démontrer, et l'on remonte aux conditions qui permettent de résoudre le problème.

systématiquement le cas au XIIIe siècle. Thomas d'Aquin, par exemple, reliait plutôt ces types de démonstration à la distinction *quoad nos* et *quoad naturam* [1], et quand il parlait d'*a priori* ou d'*a posteriori* pour distinguer la démarche des mathématiques de celle des sciences naturelles, la démarche *a posteriori* était celle qui explique par la cause finale, par exemple la germination par la fruit et non par la semence [2]. Chez Guillaume d'Ockham, en revanche, l'assimilation était claire :

> [...] il y a certaines démonstrations dont les prémisses sont absolument antérieures à la conclusion, et on les appelle des démonstrations *a priori* ou par la raison. D'autres sont des démonstrations dont les prémisses ne sont pas absolument antérieures à la conclusion, mais sont cependant plus connues de celui qui raisonne de cette manière, et par elles celui qui raisonne ainsi parvient à la connaissance de la conclusion, et on appelle de telles démonstrations des démonstrations par le fait ou *a posteriori* [3].

Ces expressions se retrouvent chez Buridan en plusieurs passages de ses *Questions sur les Seconds Analytiques*. Un des plus explicites se trouve dans la question 26 :

> [...] on peut démontrer *a priori* ou *a posteriori*, à savoir par le fait ou par la raison ; *a priori* par une cause proche ou par une cause éloignée, ou encore par divers genres de cause, et *a posteriori* pareillement par des effets proches ou par des effets éloignés, et par des effets totalement divers ou par des propriétés diverses [4].

Jean Buridan consacre plusieurs passages du livre VIII des *Petites sommes* à ces deux sortes de démonstration. En VIII, VII, 10, le lemme met la démonstration *propter quid* est en position de référence : c'est celle qui fait savoir pourquoi il en est ainsi que la conclusion signifie ; en revanche on appelle démonstration *quia* toute démonstration qui n'est pas *propter quid*. La définition qui est donnée ensuite de la démonstration *propter quid* est destinée à préciser le sens strict dans lequel il faut entendre cette expression. Il doit s'agir d'une cause propre et immédiate, non d'une cause commune et éloignée car dans ce dernier cas, on parlera encore de démonstration *quia* [5]. La suite du lemme ajoute qu'il ne suffit pas, pour qu'une démonstration soit par la raison, que les prémisses soient causes de la conclusion,

1. Voir Thomas d'Aquin, *Expositio libri Posteriorum*, I, lectio 4, Sancti Thomae de Aquino *Opera omnia*, t. I* 2, Roma-Paris, Commissio leonina - Librairie philosophique J. Vrin, 1989, p. 21-22.

2. Voir Thomas d'Aquin, *Expositio libri Posteriorum*, I, lectio 42, p. 158.

3. Guillaume d'Ockham, *Summa logicae*, III-2, c. 17, OP I, p. 533 : « [...] quaedam est demonstratio cuius praemissae sunt simpliciter priores conclusione, et illa vocatur demonstratio a priori sive propter quid. Quaedam est demonstratio cuius praemissae non sunt simpliciter priores conclusione, sunt tamen notiores sic syllogizanti, per quas devenit sic syllogizans in notitiam conclusionis, et talis demonstratio vocatur demonstratio quia sive a posteriori » ; trad. t. III, vol. 1, p. 185.

4. Jean Buridan, *QAPost.*, I, qu. 26 : « [...] potest demonstrari a priori vel a posteriori, scilicet quia et propter quid ; a priori per causam propinquam aut causam remotam, aut etiam per diversa genera causarum, et a posteriori similiter, per effectus propinquos vel remotos, et omnino per diversos effectus aut per diversas proprietates » ; voir aussi qu. 8, qu. 10, qu. 13.

5. *SL*, VIII, 7, 10, p. 164 : « [...] istam solam vocemus "propter quid" quae est per causam propriam ».

ni que la science des prémisses soit cause de la science de la conclusion, car alors toute démonstration serait par la cause. Quelque chose de plus est requis :

> Il est requis que le terme causal placé dans les prémisses et la conclusion signifie la cause pour laquelle il en est ainsi (*causa essendi ita sicut*) qu'il est signifié par le reste de la conclusion, ou que le moyen terme signifie de façon appropriée la cause pour laquelle il en est ainsi qu'il est signifié par la conclusion [1].

Comment repère-t-on que l'on a affaire à une telle démonstration ? Il faut la présence d'un « terme causal ». Qu'est-ce que cela veut dire ? Nous pouvons en donner une interprétation stricte, qui convient parfois : on démontre un phénomène naturel, par exemple ce qu'est une éclipse de lune et le moyen terme est la cause, à savoir l'interposition de la terre entre le soleil et la lune. La démonstration « par la raison » de l'éclipse ne fait pas seulement savoir que dans certaines conditions la lune est éclipsée. L'enchaînement syllogistique manifeste *pourquoi* il en est ainsi : la cause en est que la terre est interposée. Il ne suffit pas de constater une corrélation, il ne s'agit même pas seulement de conclure que « quandocumque ita est, etiam ita est ». Dans ce cas, en effet, je pourrais renverser le raisonnement et j'aurais encore la même corrélation, de sorte que je ne saurais pas que ceci est cause de cela plutôt que l'inverse [2]. Il faut donc un « terme causal » explicite dans l'une des prémisses, avec une « marque de causalité » [3]. La seule bonne formulation est donc la suivante :

> Mais je conclus par la raison, et je sais au sujet d'une conclusion pourquoi il en est ainsi, en argumentant de la manière suivante : « tout défaut de lumière sur la moitié de la lune tournée vers le soleil, chaque fois que cela arrive, se produit en raison de l'interposition de la terre interposée ; or toute éclipse de lune est un défaut de lumière sur la moitié de la lune tournée vers le soleil ; donc toute éclipse de lune, chaque fois que cela arrive, se produit en raison de l'interposition de la terre entre le soleil et la lune [4].

La majeure contient un terme causal. La conclusion formule explicitement la cause, avec un certain ordre entre la cause et l'effet. Le syllogisme exhibe alors un lien de causalité réelle. On ne trouve ici nulle naïveté ici sur un prétendu parallélisme

1. *SL*, VIII, 8 [lemme], p. 165 : « Requiritur quod terminus causalis positus in praemissis et conclusione significet causam essendi ita sicut per residuum conclusionis significatur, vel quod medium significet approprie causam essendi ita esse sicut per conclusionem significatur ».

2. *SL*, VIII, 8, 1, p. 167 : « Ideo non scio quod hoc est propter illud magis quam econverso, nisi aliud superveniat expressum vel subintellectum ».

3. Voir *SL*, VIII, 8, 1, p. 167 : « Et propter hoc est apponendum predicatum causale, et cum nota causalitatis ».

4. *SL*, VIII, 8, 1, p. 167 : « Sed ego concludo propter quid, et scio de conclusione propter quid ita est, arguendo sic "omnis defectus luminis in medietate lunae conversa ad solem, quandocumque est, est propter terram interpositam ; sed omnis eclipsis lunae est defectus luminis in medietate lunae conversa ad solem ; ergo omnis eclipsis lunae, quandocumque est, est propter terram interpositam inter solem et lunam" ».

logico-ontologique ; c'est de façon délibérée, par construction rationnelle, que l'on reproduit ou manifeste un lien causal.

Encore convient-il de préciser que la cause, dans ce contexte, n'est pas toujours la cause efficiente, comme c'est le cas pour l'éclipse. Buridan ajoute un autre exemple où il s'agit d'une cause matérielle :

> tout édifice nous protégeant, nous les hommes, du vent, de la chaleur et de la pluie, est fait de fondations, de murs et d'un toit ; toute maison est un tel édifice ; donc toute maison est faite de fondations, de murs et d'un toit [1].

Une telle démonstration est considérée comme *propter quid*, et c'est le « *ex* » qui note la causalité (en l'occurrence matérielle). Buridan ne donne pas d'exemple pris à partir de la cause finale ou de la cause formelle, cependant, tout indique qu'on pourrait le faire.

En revanche, Buridan s'attarde sur une autre façon possible de présenter et de concevoir la démonstration par la cause :

> L'autre partie de la disjonctive établit un tout autre mode, à savoir qu'il n'est pas requis que la conclusion soit une proposition causale, pas plus que quelque prémisse, mais il faut que le moyen terme signifie de façon appropriée la cause pour laquelle il est en comme il est signifié par la conclusion [2].

Il est évident en effet que limiter les démonstrations par la raison à celles où l'on donne de façon explicite un lien causal restreindrait excessivement le champ de la science. Bien des propositions exprimées sans un tel lien sont considérées comme scientifiques. Il suffit que la *causa essendi ita* soit exprimée par le moyen terme. Et cela peut même concerner le domaine des sciences naturelles, comme le montre cet exemple météorologique :

> si l'on argumente « toute extinction de feu dans les nuages est un bruit dans les nuages ; tout tonnerre est une extinction de feu dans les nuages ; donc tout tonnerre est un bruit dans les nuages », c'est une démonstration par la raison [3].

Le moyen est « extinction du feu dans les nuages » ; or c'est là la cause de l'existence du bruit dans les nuages.

Est-ce que l'une de ces deux possibilités est la plus adéquate à l'idée de démonstration *propter quid ?* Buridan remarque qu'Aristote a plutôt utilisé la seconde [4]. Cependant, le maître picard maintient pour sa part que la première

1. *SL*, VIII, 8, 1, p. 168 : « omne aedificium defendens nos homines a ventis, caumatibus et pluviis est ex fundamento, parietibus et tecto, omnis domus est aedificium tale ; ergo omnis domus est ex fundamento, parietibus et tecto ».

2. *SL*, VIII, 8, 1, p. 168 : « Alia autem pars disiunctivae ponit valde alium modum, scilicet quod nec oporteat conclusionem esse propositionem causalem, nec aliquam praemissam, sed quod medium significet appropriate causam essendi ita sicut per conclusionem significatur ».

3. *SL*, VIII, 8, 1, p. 168 : « si arguatur sic "omnis extinctio ignis in nube est sonus in nube ; omne tonitruum est extinctio ignis in nube ; ergo omne tonitruum est sonus in nube", ista est demonstratio propter quid ».

4. Voir par exemple exemple *Seconds Analytiques*, I, 13, 78 a 39 b 6.

façon correspond davantage à ce que doit être une démonstration *propter quid*[1]. L'idéal, dit-il à la fin du passage, serait de combiner les deux. Quoi qu'il en soit, nous trouvons là une conception très stricte de la causalité dans la démonstration *propter quid*, et le modèle semble en être la démonstration en physique. Il en irait peut-être autrement si l'on se donnait comme modèle des définitions mathématiques ; mais pour Buridan, nous y reviendrons ultérieurement, celles-ci ne sont pas à proprement parler *propter quid*.

Toute démonstration qui n'est pas *propter quid* est *quia*. Se référant toujours à Aristote, Buridan distingue deux types de démonstration « par le fait ». Le premier type se produit lorsque l'on démontre bien par une cause, mais sans qu'il s'agisse de la cause première et immédiate. Il s'agit d'une cause lointaine, supposant des intermédiaires. Une autre façon de dire cela concerne les prémisses : elles ne sont pas *secundum quod ipsum* – selon l'expression expliquée plus haut. Le second type de démonstration *quia* n'est pas une démonstration du causé par la cause. Reprenons l'exemple traditionnel de l'éclipse : si je démontre l'éclipse *parce que* la terre est interposée entre le soleil et la lune, c'est *propter quid*, mais si je conclus que la terre est interposée parce que je sais, par une évidence de sens, qu'il y a une éclipse, je démontre alors par le fait. Alors que deux démonstrations par la cause d'une même conclusion seraient spécifiquement distinctes (elles produiraient des connaissances de nature ou raison différente), deux connaissances par le fait, différentes, d'une même conclusion ne font pas connaître diverses dépendances réelle, mais font seulement varier les manières de connaître[2].

Buridan ne connaît, comme Aristote, que ces deux genres de démonstration. C'est par rapport à cette division qu'il évalue la nature et la portée des démonstrations dans telle ou telle discipline. Les démonstrations *propter quid* sont les démonstrations au sens le plus propre. Parmi elles, certaines qui répondent parfaitement aux exigences énoncées ci-dessus sont dites « les plus puissantes ». On trouve un passage où il s'explique sur le rapport de ces deux notions :

> [...] il faut savoir que parfois toutes les démonstrations *propter quid* sont appelées « les plus puissantes », en comparant leur genre aux genres des autres démonstrations ; parfois cependant, en comparant entre elles les démonstrations *propter quid*, elles ne sont pas toutes dites « les plus puissantes », mais l'une est dite plus puissante que l'autre ; par exemple, comme il est expliqué dans le premier livre de cet ouvrage, la démonstration *propter quid* directe est plus puissante que la démonstration par l'absurde, et la démonstration affirmative plus puissante que la démonstration

1. Voir *SL*, VIII, 8, 1, p. 169 : « His tamen non obstantibus, apparet mihi quod primus modus formaliter concludit et facit scire quod hoc est propter illud ; ideo formaliter et proprie facit conclusionem scire propter quid ».

2. *QAPost.*, I, qu. 30 : « Alia conclusio videtur mihi ponenda, quod si eadem conclusio sciatur propter quid per diversa genera causarum, ut modo per <causam> materialem, modo per causam efficientem, iste scientie sunt diversarum specierum et diversarum rationum [...]. Alia conclusio videtur mihi ponenda, quod eiusdem conclusionis scientia quia est non diversificatur specie propter diversitatem mediorum per que illa potest demonstrari, quia ab illis non dependet in esse sed in sciri solum ».

négative, bien que chacune soit *propter quid*, et la démonstration dans la première figure plus puissante que la démonstration dans la deuxième figure, toutes choses étant égales par ailleurs [...] [1].

Le *démonstration la plus puissante* n'est donc pas ici un troisième type de démonstration, comme on le soutiendra à la Renaissance en s'appuyant sur certains passages d'Averroès [2]. D'un certain point de vue, si l'on compare la démonstration par la raison à la démonstration par le fait, c'est la démonstration par la raison, tout simplement, qui est « la plus puissante » [3] ; mais certaines sont « plus puissantes » que d'autres : une démonstration directe, « ostensive », qui montre le processus causal, est plus puissante qu'une démonstration par l'absurde, qui se contente de montrer l'impossibilité de la contradictoire. C'est simplement le moyen de dire que certaines démonstrations répondent mieux aux réquisits de ce que doit être la meilleure démonstration possible.

Mais qu'est-ce qui fait la *puissance* d'une démonstration ? Sans vraiment expliciter ce critère de comparaison, Buridan est le premier, à ma connaissance, à donner des indications. D'abord, elle produit une plus grande certitude, une connaissance plus forte : ainsi, dans le *Questions sur les Seconds Analytiques*, une démonstration ayant des termes plus universels est plus puissante quant à l'évidence produite, et quant à la fermeté de la connaissance [4]. Mais la valorisation de la démonstration *propter quid* suggère aussi que cette conformité au concept de démonstration se traduit par la restitution du processus causal effectif – quel que soit le genre de cause concerné.

Dans les commentaires sur les *Seconds Analytiques*, depuis le XIIIe siècle, la réflexion sur la démonstration la plus puissante s'est trouvée liée à une controverse sur la nature du moyen terme, dont la problématique générale va se maintenir

1. *QAPost.*, I, qu. 26 : « [...] sciendum est quod aliquando omnes demonstrationes propter quid vocantur "potissime", scilicet comparando genus earum ad genera aliarum demonstrationum ; aliquando tamen, comparando demonstrationes propter quid ad invicem, non omnes dicuntur potissime, sed una potior alia ; verbi gratia, ut declaratum est primo huius, demonstratio ostensiva propter quid est potior demonstratione ad impossibile, et demonstratio affirmativa demonstratione negativa, licet utraque sit propter quid, et demonstratio in prima figura demonstratione in secunda figura, ceteris paribus [...] » ; cf. *SL*, VIII, 11, 4, p. 219-220.

2. Voir Jaques Zabarella : « Quamvis enim Aristoteles ratione sumpta ab eis quae quaeruntur et per demonstrationem innotescunt duas tantum species demonstrationis posuerit, quam alteram *to dioti*, alteram *to oti* appellavit, tamen Averroes tertiam speciem excogitavit » (*Liber de speciebus demonstrationis* dans *Iacobi Zabarella Patavini Opera logica*... éd. 3[a], Coloniae, MDXCVII, repr. Georg Olms Verlag, Hildesheim, 1966, f°s 431-432) ; cf. *Aristotelis Stagiritae Posteriorum Resolutorium libri duo, cum Averrois magnis commentariis* [...], liber primus, comm. 95, trad. A. de Balma, Venetiis apud Junctas, MDLXII, f° 208 D-H : « Scitu autem dignum est, quod demonstrationes sint trium specierum, demonstratio simpliciter, qui largitur esse et causam simul, et demonstratio essendi, que largitur esse tantum, et demonstratio causae, quae largitur causam tantum quando esse fuisset notum. Demonstrationes autem partitas esse his tribus partibus est per se notum ».

3. Voir *SL*, VIII, 11, 4, p. 219 : « Alia ratio est quod demonstratio propter quid, et specialiter quae sunt proprie propter quid, sunt potiores aliis et magis facientes scire ».

4. *QAPost.*, I, qu. 29 : « ipsa est potior quantum ad evidentiam et firmiorem notitiam premissarum et conclusionis ».

jusqu'à l'époque de Zabarella [1]. Celle-ci, à l'origine, est indépendante de la réflexion sur le nombre des espèces de démonstration. Il s'agit d'une controverse sur la nature même de la démonstration scientifique, telle qu'elle s'exprime dans sa forme « la plus haute » ou « la plus puissante ». Les débats du XIIIe siècle mettent aux prises les plus grands commentateurs, d'Albert le Grand à Jean de Cornouailles (le pseudo-Scot) en passant par Thomas d'Aquin, Gilles de Rome ou Simon de Faversham [2]. Le problème surgit, comme souvent, de la confrontation de plusieurs autorités aristotéliciennes. Dans le premier livre des *Seconds Analytiques*, au chapitre XIII, consacré aux deux manières de savoir, Aristote a affirmé que dans les formes supérieures de démonstration, le moyen terme doit exhiber la cause [3]; mais en d'autres passages, il semble exiger qu'une définition soit « principe » de la démonstration [4]. Surgit alors une question : de quoi le moyen doit-il être définition ? Du sujet de la conclusion ou de la propriété qui lui est attribuée ? Les deux positions ont été soutenues dès l'Antiquité tardive, sur la base de conceptions différentes du rapport entre substance et accident, et donnant lieu à des descriptions différentes de la meilleure forme de démonstration. Au Moyen Âge, c'est Albert le Grand qui, le premier semble-t-il, suivant Themistius, soutient que le moyen est définition de la propriété [5]. Cette position sera celle de Gilles de Rome. En revanche, Thomas d'Aquin, critiqué pour cela par Gilles, défend la position inverse : le moyen est définition du sujet [6]. Cette position est aussi celle de Jean de Cornouailles, dans le commentaire attribué faussement à Jean Duns Scot. Ces thèses, qui se disposent selon des clivages inattendus, s'enracinent pour l'essentiel dans des discussions

1. Voir Jacques Zabarella, *De medio demonstrationis libri duo*, dans *Opera logica*, I, c. 1, éd. cit., f° 529 : « De medio potissime demonstrationis magna inter Aristotelis interpretes Latinos et Arabes altercatio fuit, eamque adhuc inter logicae professores perdurat ».

2. Voir J. Longeway, « Ægidius Romanus and Albertus Magnus vs. Thomas Aquinas in the Highest Sort of Demonstration », *Documenti e studi sulla tradizione filosofica medievale* XIII (2002), p. 374-434 ; voir aussi Id., « Medieval Theory of Demonstration », in *Stanford Encyclopedia of Philosophy*, et D. Demange, *Jean Duns Scot. La théorie du savoir*, Paris, Vrin, 2007, notamment chap. II, p. 77-114.

3. On pourrait aussi citer d'autres passages allant en ce sens : par exemple le chapitre II du même livre ou le chapitre II du livre II : « En effet, le moyen c'est la cause, et c'est lui l'objet de nos recherches » (90 a 6-7) ; *Arist. lat., Analytica posteriora*, p. 70 : « Causa quidem enim medium est, in omnibus autem hoc queritur ».

4. Voir *Seconds Analytiques*, livre II, chap. 3, 90 b 24-25 : « En outre, les principes des démonstrations sont des définitions » (90 b 24) ; *Arist. lat., Analytica posteriora*, p. 72 « Amplius principia demonstrationum diffinitiones sunt, quorum non esse demonstrationes monstratum est prius ».

5. Voir Albert le Grand, *Liber secundus Posteriorum Analyticorum*, Alberti Magni *Opera omnia*, cur. A. Borgnet, vol. II, Parisiis, MDCCCXC, c. X, p. 189 : « Dicendum quod si loquimur de potissima et principalissima demonstratione, illa est in qua demonstratur passio de subiecto per diffinitionem passionis, quae dicit et quid et propter quid, et in qua eadem ratione diffinitio passionis demonstratur quae dicit quid sicut demonstratur et ipsa passio ».

6. Voir Thomas d'Aquin, *Expositio libri Posteriorum*, II, lectio 7, p. 200 : « Cum enim subiectum sit causa passionis, necesse est quod diffinitio passionis demonstretur per diffinitionem subiecti » ; *Ibid.*, II, lect. 1, p. 176 : « Videtur hic Aristotiles dicere quod diffinitio passionis sit medium in demonstratione. Sed considerandum est quod diffinitio <passionis> perfici non potest sine diffinitione subiecti ».

sur l'autonomie de l'ordre des accidents relativement à la substance et à sa forme. Sans revenir sur ces débats complexes, voyons ce qu'il en est chez Buridan.

La question 7 sur le livre II est explicitement consacrée à ce thème : « Est-ce que dans toute démonstration la plus puissante le moyen est la définition du sujet ou la définition de la propriété [1] ? » De manière générale, Buridan se tient plus près de la tradition de Thomas, partagée par le pseudo-Scot, que de celle d'Albert et de Gilles.

> De là, il me semble devoir être dit que dans la démonstration la plus puissante d'une propriété à propos d'un sujet, la définition du sujet doit être moyen terme, et surtout la définition causale, qui exprime les causes par soi de ce sujet [2].

Ce choix peut paraître paradoxal puisque le maître picard accorde une grande place à la connaissance de l'accident dans sa physique. Buridan invoque en effet un adage souvent cité, parfois attribué à Aristote mais ici référé à juste titre à Averroès, dans son commentaire du livre VIII de la *Physique* : « comme veut dire le Commentateur, au livre VIII de la *Physique*, tout agent est ce qui donne la forme et donne tout ce qui suit par soi de la forme » [3]. Une telle référence ancre le choix en faveur la définition du sujet dans une tradition péripatéticienne et non dans des éléments néo-platoniciens suggérant une métaphysique du flux. Le texte d'Averroès était néanmoins quelque peu différent : « ce qui donne sa forme à un corps simple engendré donne aussi tous les accidents arrivant à cette forme » [4]. Ce dernier ne mentionnait que les corps simples, mais tous leurs accidents; ici, le champ concerné semble plus large, mais à l'inverse il est question de ce qui suit *par soi* la forme. Cet aspect de la théorie de la démonstration met donc en jeu, d'Albert le Grand à Jean Buridan et au delà, toute la physique et la métaphysique de l'accident.

De façon générale, Buridan procède à une transposition linguistique de la notion porphyrienne d'accident [5]. Il admet toutefois une équivocité du terme : l'accident peut être soit un terme renvoyant à d'autres termes significatifs, prédicable d'un sujet, soit un terme désignant des étants réels qui ne peuvent pas subsister par soi. Les deux sont articulés dans l'analyse de la prédication « par soi » ou « par

1. *QAPost.*, II, qu. 7 : « Utrum in omni demonstratione potissima medium sit diffinitio subiecti vel diffinitio passionis ? »

2. *QAPost.*, II, qu. 7 : « Ex istis videtur mihi esse dicendum quod in demonstratione potissima passionis de subiecto diffinitio subiecti debet esse medium, et maxime diffinitio causalis, exprimens causas per se illius subiecti ».

3. *QAPost.*, II, qu. 7 : « sicut vult Commentator, octavo *Physicorum*, idem agens est dans formam et dans omnia per se consequentia formam ».

4. Averroès, *De Physico auditu libri octo*, VIII, comm. 32, dans *Aristotelis Opera cum Averrois commentariis*, Venetiis apud Junctas, 1562, vol. IV, f° 370 G : « quod dat corpori simplici generato formam suam, et omnia accidentia contingentia forme » ; cf. *Auctoritates Aristotelis*, éd. par J. Hamesse, p. 159.

5. Voir J. Biard, « Buridan et la connaissance des accidents », dans Chr. Erismann et A. Schniewind (éds), *Compléments de substance*. Études sur les propriétés accidentelles offertes à Alain de Libera, Paris, Vrin, p. 2008, p. 357-371.

accident ». S'il y a bien, en un certain sens, un science qui porte sur l'étant par accident, dont certaines propriétés sont démontrables au moins selon l'ordre de la nécessité naturelle conditionnée, une prédication par accident est une prédication contingente, difficilement compatible avec l'exigence de nécessité liée à la science. En parlant simplement de « ce qui suit », la proposition buridanienne neutralise en quelque sorte l'interrogation métaphysique sur le statut de l'accident et son inséparabilité, pour considérer les modes pluriels d'attribution de propriétés dont la relation au sujet reste pour l'heure indéterminée. Mais en soulignant qu'il s'agit de celles qui suivent « par soi », Buridan rend acceptable la thèse qui fait de la définition du sujet le moyen terme : ce qui constitue l'essence du sujet implique ce qui en suit par soi. Buridan évoque une seconde autorité où cette fois l'accident par soi suit de la nature de la chose[1]. Une fois encore, il faut entendre par là une propriété prédicable par soi, que d'autres ont désignée comme « passio propria ». Il s'agit dans ce passage de démontrer *propter quid* l'attribution d'une propriété à un sujet; le moyen approprié sera donc celui qui rend manifeste la cause ou les causes pour lesquelles une telle propriété convient à un tel sujet. Or c'est la définition, mieux la définition « causale » du sujet qui satisfait cette exigence. Pourquoi ? « Parce que la définition causale du sujet explique par soi les causes de ce sujet et que ces mêmes causes doivent être causes par soi des accidents »[2].

Qu'est-ce alors qu'une définition causale? L'expression se trouvait déjà chez Robert Kilwardby[3] et elle est couramment utilisée dans les débats sur la démonstration pour désigner ce qu'Aristote appelait « oratio que manifestat propter quid est »[4]. Le texte d'Aristote indiquait des relations complexes entre cette définition et la démonstration, puisque un tel « énoncé qui montre pourquoi cela est » est une « quasi-démonstration de l'essence, ne différant de la démonstration que par la position de ses termes »[5]. Dans la question 8, Buridan expose les différentes sortes de définition : on distingue d'abord les définitions nominales et les définitions quiditatives. En un sens strict, ces dernières ne conviennent que pour des termes substantiels, et non pour des termes accidentels ou connotatifs. De façon impropre ou élargie, on parlera cependant de définition quiditative pour des termes qualitatifs ou quantitatifs, en disant par exemple que le blanc est une espèce du coloré. Enfin, il y a les définition causales, qui se font « par des termes obliques supposant pour les

1. *QAPost.*, II, qu. 7 : « Similiter, secundo *Physicorum*, dicit Aristotiles quod in naturalibus accidentia per se nec sunt naturaliter nec habentia naturam, sed sunt ad naturam vel secundum naturam, tamquam natura rei sit per se causa eorum » – je n'ai pu retrouver ce passage dans la *Physique* d'Aristote.

2. *QAPost.*, II, qu. 7 : « Quoniam diffinitio causalis subiecti explicat per se causas illius subiecti et ille eedem cause debent esse causas per se accidentium ».

3. Voir Robert Kilwardby, *De ortu scientiarum*, c. LVIII, ed. by A. G. Judy O.P., « Auctores Britanici Medii Aevi » IV, London-Toronto, The British Academy - The Pontifical Institute of Mediæval Studies, 1976, p. 199 : « definition causalis debet esse medium demonstrationis ».

4. *Seconds Analytiques*, II, 10, 93 b 37, *Arist. lat.*, *Analytica posteriora*, transl. Iacobi, p. 167.

5. *Ibid.*, 94 a 2-3; *Arist. lat.*, *Analytica posteriora*, p. 167 : « est sicut demonstratio eius quod quid est, positione differens a demonstratione ».

causes de ce pour quoi suppose le défini »[1]. De telles définitions ne montrent pas seulement ce que la chose définie est (*quid est*), mais par quoi (*per quid*) elle est.

C'est donc une telle définition du sujet qui, selon Buridan, est le mieux à même de fonder l'attribution de la propriété au sujet. Pourquoi ? Parce qu'une définition causale du sujet montre les causes pour lesquelles la propriété convient à un tel sujet. En vérité cela ne va pas soi, et Buridan n'explicite guère cette affirmation; nous essaierons de l'éclairer par les exemples. En revanche, le moyen ne peut pas être la définition de la propriété, contrairement à ce que soutenait par exemple Gilles de Rome. En effet, une définition réelle de cette propriété supposerait un renvoi au sujet : « elle est donnée par le sujet de cette propriété, du fait qu'on ne peut pas savoir quelle chose elle est, si ce n'est en sachant qu'elle est, et l'être de la propriété n'est su que par l'être du sujet »[2]; on serait donc renvoyé en fin de compte au sujet et aux principes du sujet[3].

Est-ce que les exemples qui suivent permettent d'éclairer davantage la position buridanienne ? Comme il est usuel en la matière, les exemples se répartissent sur deux registres : physique et mathématique. Dans le champ physique, Buridan évoque l'éclipse de lune. Nous avons déjà vu plus haut la formulation stricte et complète de la démonstration *propter quid* de cet exemple : « Tout défaut de lumière sur la moitié de la lune tournée vers soleil, chaque fois que cela arrive, se produit en raison de l'interposition de la terre entre le soleil et la lune ; or toute éclipse de lune est un défaut de lumière sur la moitié de la lune tournée vers le soleil ; donc toute éclipse de lune, chaque fois que cela arrive, se produit en raison l'interposition de la terre »[4]. Dans la logique, Buridan insistait sur la présence d'un terme causal; dans les *Questions sur les Seconds Analytiques*, il souligne que cela dépend de la nature de la lune :

> tu verras que c'est de façon originelle et causale en raison de la nature et des principes de la lune, car la nature de la lune est de ne pas être brillante par soi, mais de pouvoir être illuminée par le soleil; la nature de la lune est aussi de se mouvoir circulairement autour de la terre ; et de là vient que parfois la terre s'interpose entre elle et le soleil, et que la terre empêche son illumination par le soleil, et empêche ainsi que la lune reçoive la lumière. Ainsi il est patent que la lune, en raison de sa nature et en raison de sa cause agente, à savoir ce qui la meut, est éclipsée[5].

1. *QAPost.*, II, qu. 8 : « Alie sunt diffinitiones que, proprie loquendo, vocantur "causales", que dantur per terminos obliquos supponentes pro causis eius pro quo supponit diffinitum. Et iste diffinitiones non solum ostendunt quid res est, sed etiam ostendunt per quid ipsa est ».

2. *QAPost.*, II, qu. 7 : « illa est data per subiectum illius passionis, eo quod non potest sciri quid res est nisi scito quia est, et non scitur esse passionis nisi per esse subiecti ».

3. *QAPost.*, II, qu. 7 : « Et ideo si talis diffinitio valeat ad demonstrationem passionis de subiecto, hoc non est nisi in quantum resolvitur in subiectum et in principia subiecti ; et ideo oportet fieri recursum similem ad diffinitionem causalem subiecti ».

4. *SL*, VIII, 8, 1, p. 167 ; voir *supra*, p. 174, n. 2.

5. *QAPost.*, II, qu. 7 : « videbis quod hoc est originaliter et causaliter propter naturam et principia lune, scilicet quia natura lune est non esse ex se lucidam, sed esse illustrabilem a sole ; natura etiam lune est quod sit circulariter mobilis et quod moveatur circa terram ; et ex hoc provenit sibi quod aliquando terra interponitur sibi et soli, et quod terra prohibet illustrationem eius a sole, et ita quod

Cet exemple montre bien comment c'est la nature de la lune qui fonde sa propriété d'être « éclipsable ». La lune est un corps sombre, éclairable par le soleil, et tournant autour de la terre. Il en résulte que quand la lune est dans une certaine position relativement à la terre et au soleil, elle n'est pas éclairée. L'éclipse résulte par conséquent de la nature de la lune et de la cause agente qui la meut d'une certaine façon autour de la terre. Cette présentation ne correspond pas exactement à la mise en forme qui était proposée dans les *Petites sommes de logique*, même si, là aussi, le sujet « éclipse de lune » était défini par le moyen terme « défaut de lumière etc. ». Simplement, dans le champ des causes naturelles, ce sujet doit lui-même être rapporté à un sujet premier, la lune et sa nature de corps céleste.

Le second exemple canonique paraît au premier abord se prêter plus facilement à la thèse défendue : c'est la nature intrinsèque du triangle, à savoir le fait qu'il est une figure plane inscrite entre trois segments de ligne, qui fait qu'il a trois angles égaux à deux droits.

Ainsi, dans la controverse sur la nature du moyen terme, Buridan se tient paradoxalement du côté de ceux pour qui les propriétés démontrées se fondent sur la nature du sujet. On peut se demander si cette théorie est vraiment la plus adéquate à l'ensemble de sa métaphysique ou s'il est ici influencé par les commentaires de Thomas d'Aquin d'une part, qui défend cette position, et de Robert Grosseteste d'autre part, qui sans la formuler vraiment, la fonde implicitement dans une métaphysique et dans une épistémologie bien différentes de celles du maître picard. Mais l'essentiel pour celui-ci est que la définition restitue un processus causal. Tous les arguments suggèrent qu'on ne peut connaître pleinement une propriété qui advient par soi à un sujet, du moins *propter quid*, sans connaître le sujet et sa nature. Cela n'empêche pas que l'on doive parfois procéder *a posteriori*, mais alors on a une démonstration moins « puissante ».

La théorie buridanienne de la démonstration s'inscrit assurément dans la tradition médiévale des commentaire aux *Seconds Analytiques*. Elle prend acte, à sa façon, des évolutions du Moyen Âge tardif, notamment du développement de la théorie des conséquences. Mais elle est aussi remodelée en fonction des orientations générales de la philosophie buridanienne. Si la conjugaison de la nécessité de la démonstration et de la contingence des objets avait déjà été assumée et exploitée depuis le début du siècle, personne n'avait autant que Buridan promu le raisonnement physique au rang de champ privilégié d'exercice de la démonstration. Les illustrations jouent toujours sur le double registre mathématique et physique, comme chez Aristote. Mais il est patent que les mathématiques ne sont pas le modèle comme elles pouvaient l'être chez Roger Bacon ou Robert Grosseteste. Jean Buridan veut montrer comment des raisonnements qui répondent le mieux possible aux critères de la science rigoureuse, débouchant sur des conclusions certaines, sont possibles dans le champ de la philosophie naturelle. C'est ce qui l'a conduit, paradoxalement,

luna capiat lumen. Et sic patet quod luna propter suam naturam et propter suam causam agentem, scilicet moventem ipsam, est eclipsata ».

à écarter l'une de l'autre la causalité proprement épistémique (en l'occurrence la causalité de l'assentiment aux prémisses sur l'assentiment aux conclusions) de la causalité qui s'exerce dans le monde étudié par les différentes sciences naturelles – même si, d'un autre point de vue, les dispositions mentales sont elles aussi soumises à des processus naturels. C'est ce qui l'a conduit aussi à préciser le sens des relations causales restituées par les différents types de démonstration, en combinant la connaissance des effets et la restitution des processus causaux effectifs.

Chapitre III

LA SCIENCE ET LES PRINCIPES

La certitude et l'évidence caractérisent le mode d'appréhension d'une proposition scientifique. Cela vaut pour les conclusions démontrées, mais aussi pour les principes de la connaissance.

L'idée de principe est omniprésente dans la tradition péripatéticienne. Lorsque Aristote définit le principe dans le livre Δ de la *Métaphysique*, il part comme à son habitude d'un sens courant : le principe, ἀρχή, *principium* en latin, est le point de départ, ce qui est au début, comme le point à partir duquel on trace un ligne, par exemple [1]. Mais la question surgit, notamment dans l'enquête sur la philosophie première, de savoir s'il y a des principes premiers, antérieurs aux autres, plus fondamentaux. Jean Buridan va maintenir cette double amplitude de l'idée de principe, tantôt point de départ d'une démonstration particulière, tantôt premier principe. Mais ce qui caractérise l'usage buridanien de cette notion, c'est l'éclatement de la notion de principe et même de « premier principe ».

Pourquoi des principes ?

L'éclatement de la notion de principe

Buridan admet sans discussion qu'il faut des principes premiers et indémontrables pour constituer une science et pour préserver l'idée même de démonstration. D'après le livre VIII des *Petites sommes de logique*, l'existence de principes indémontrables permet d'éviter deux écueils : la circularité et la régression à l'infini. Si toute conclusion devait être démontrée à partir de prémisses et que celles-ci devaient être à leur tour démontrées, on n'éviterait pas l'un ou l'autre de

1. Voir *Métaphysique*, Δ, 1, 1012 b 33-36 : « *Principe* se dit d'abord du point de départ du mouvement de la chose; tel est par exemple le principe de la ligne et de la route »; *Aristoteles latinus*, XXV. 3-2, *Metaphysica*, lib. I-XIV, recensio et translatio Guillelmi De Moerbeka, editio textus, éd. G. Vuillemin-Diem, Leiden, Leiden - New York - Köln, Brill, 1995, p. 92 : « Principium dicitur aliud quidem unde utique aliquid rei movebietur primum, ut longitudinis et vie [...] ».

ces écueils. La circularité serait une faute patente de raisonnement ; la régression à l'infini est jugée incompatible avec l'idée même de démonstration. De même, les *Questions sur les Seconds Analytiques* insistent sur l'exigence de parvenir à des principes premiers et indémontrables afin de pouvoir dire que la conclusion est, au sens strict, « sue » [1]. Le refus de la régression à l'infini se fonde sur le fait qu'une telle régression compromettrait toute la solidité de l'édifice démonstratif [2]. En ce sens, Buridan prend acte des arguments sceptiques qui avaient été avancés contre la possibilité de démontrer [3]. Mais il renverse le raisonnement. Le besoin de points fermes et inébranlables dans la connaissance, idée embryonnaire de premier fondement du savoir, renvoie à une certaine stabilité dans l'ordre ontologique, puisque le refus de la régression infinie dans les prémisses du raisonnement se fonde sur le rejet analogue d'une régression dans l'ordre des prédicats et des sujets [4].

Un principe peut être complexe ou simple, comme c'était déjà le cas chez Aristote. Dans un chapitre des *Petites sommes de logique*, Buridan les distingue comme « principia ex quibus » et « principia circa qua » [5]. Les « principes à partir desquels » – ce qui paraît une expression tautologique – sont les principes complexes, les *dignitates*, selon un vieux mot remontant à Boèce, c'est-à-dire les « axiomes », les propositions de base les plus universelles d'une science. C'est parmi eux qu'on retrouvera le principe de non-contradiction, mais aussi certains axiomes mathématiques tels que « deux quantités ajoutées à une même troisième sont égales entre elles ». Les « principes à propos desquels » sont les sujets premiers sur lesquels porte une discipline. Buridan, citant Aristote, donne comme exemples le nombre et la grandeur, principes de l'arithmétique et de la géométrie [6].

Mais les références aristotéliciennes nous orientent trop vite vers des principes premiers ou fondamentaux. L'approche buridanienne admet en revanche d'emblée une pluralité de « principes » assimilés tendanciellement aux prémisses du

1. *QAPost.*, I, qu. 8 : « [...] non scitur aliqua conclusio demonstrabilis simpliciter et perfecte donec resoluta sit in prima principia : quia si conclusio resoluta sit in premissas demonstrabiles solum, tunc ille premisse non sunt simpliciter scite et perfecte, eo quod nullum demonstrabile est perfecte et simpliciter scitum donec fuerit demonstratum ; ideo ille premisse, cum non sint simpliciter scite, non faciunt enim scire simpliciter ; ergo oportet quod demonstratio resolvatur usque ad prima et indemonstrabilia ».

2. *SL*, VIII, 5, 1, p. 117 : « [...] procederetur in infinitum, quod est impossibile secundum rationem, et, per consequens nihil sciretur demonstrative ».

3. Voir Chr. Grellard, « Scepticism, Démonstration and the Infinite Regress Argument (Nicholas of Autrecourt and Buridan) », *Vivarium*, 42 (2007), p. 328-342.

4. *SL*, VIII, 5, [lemme] p. 116 : « Sunt enim aliqua talia principia, si non contingit circulariter demonstrare [...] et si non sit processus in infinitum in praedicatis et in subiectis, neque in sursum et dorsum, neque in medium [...] » (p. 116).

5. *SL*, VIII, 3, 6, p. 83.

6. *SL*, VIII, 3, 6, p. 83 ; *cf.* Aristote, *Seconds Analytiques*, I, 32, 88 b 27-29.

raisonnement syllogistique [1], la question étant ensuite de savoir si parmi eux il en est d'indémontrables. Le chapitre consacré à cette question dans les *Petites sommes de logique* est tout entier consacré à établir une pluralité de principes premiers.

« Premier » prend ainsi un sens relatif. En un sens strict, il semble pourtant qu'une proposition soit un principe premier lorsqu'il n'y a pas d'autres propositions qui lui soient logiquement antérieures, qui soient plus connues qu'elle et par lesquelles elle pourrait être démontrée, du moins dans la cadre d'une discipline déterminée [2]. Cet aspect est renforcé lorsque l'on examine une objection possible, tirée de la *Métaphysique* d'Aristote, où le Stagirite semble poser *un seul* principe absolument premier, à savoir le principe de non-contradiction [3]. Mais il n'est nul besoin d'adopter un sens aussi restrictif de « premier ». Certes, le principe de non-contradiction est sans doute le principe le plus commun, puisqu'il préside à toute argumentation rationnelle. Et lorsque Buridan parle de « premier principe » au singulier, c'est classiquement au principe de non-contradiction qu'il se réfère. Mais tous les « principes » des démonstrations ne doivent pas pour autant être reconduits à ce principe le plus commun [4]. Dans tel ou tel domaine, pour telle ou telle démonstration, on s'appuie sur des prémisses au delà desquelles on ne remonte pas. S'interroger sur les principes ne consiste pas en premier lieu à chercher ce qui est le « plus commun » absolument, ni ce qui est absolument premier selon l'évidence et la fermeté de l'assentiment. Il ne s'agit même pas, en toute rigueur, de chercher un petit nombre de principes valables en tous domaines; il s'agit seulement de ce qui est « premier » par rapport à ce que l'on démontre, c'est-à-dire ce qui est requis pour la démonstration et lui-même non démontrable : « Nous ne parlons ici que de ce qui est premier par négation de quelque chose d'antérieur par quoi il pourrait être démontré, et non par absence de principes plus communs et plus évidents » [5].

Buridan explique longuement que les conclusions démontrables ne sont pas beaucoup plus nombreuses que les principes qui servent à les démontrer. En effet, pour toute conclusion, il faut deux prémisses! Si elles-mêmes devaient être démontrées, il en faudrait deux fois plus, et ainsi de suite. Les choses ne sont cependant pas si simples. Comme l'atteste l'expérience commune, une même conclusion peut être démontrée par plusieurs moyens, mais à l'inverse on peut

1. Voir par exemple *SL*, VIII, 5, 2, p. 119 : « Sed ego dico quod in harum conclusionum demonstrationibus non solum requiruntur duo principia prima, quae sunt illae duae premissae, immo plura alia [...] ».

2. Dans la cas d'une science subalternée à une autre, un principe de la première pourrait être démontré dans la seconde.

3. *SL*, VIII, 5, 2, p. 117 : « [...] unum principium notissimum et primum aliorum omnium »; *cf.* Aristote, *Métaphysique*, IV, 3, 1005 b 17-19. Buridan donne la formule suivante du principe de non-contradiction : « idem simul inesse et non inesse eidem est impossibile ».

4. Évidemment tout cela conduit au débat avec Nicolas d'Autrécourt, nous y reviendrons plus bas.

5. *SL*, VIII, 5, 2, p. 118 : « Nos hic solum loquimur de primo per negationem prioris per quod ipsum possit demonstrari, non per carentiam communiorum et evidentiorum ».

aboutir à des conclusions plus nombreuses en combinant un certain nombre de propositions de base. D'où la formulation vague, mais qui indique suffisamment le sens : il y a *presque autant* de principes que de conclusions [1] !

Or il y a une infinité de conclusions. Prenons l'exemple de la géométrie, mais on pourrait faire le même raisonnement à propos d'autres disciplines : il y a une infinité de figures, non pas de figures individuelles mais de types de figure, avec autant d'angles que l'on veut, et l'on peut faire des démonstrations sur n'importe laquelle de ces figures. Cette infinité n'implique pas un infini actuel dans la nature puisque les objets de la géométrie relèvent de l'imagination mathématique ; il suffit d'une infinité potentielle. Mais s'il y a une infinité de figures possibles au delà du triangle, du rectangle, etc., sans compter leurs variétés respectives, il y aura une infinité de sujets ainsi qu'une infinité de conclusions démontrables, ce qui requiert une infinité de principes [2]. Cette conclusion paradoxale vise sans doute à prendre le contre-pied de toute tentative de réduction des principes à un seul principe premier, et témoigne d'un réel éclatement de l'idée de « premier principe ».

Qu'est-ce qui est principe ?

Qu'est-ce donc que Buridan considère comme principe, étant donné, comme on l'a vu, que le sens de ce terme est relatif et souvent négatif ? En toute rigueur, toute prémisse indémontrable est un principe. Comme on le lit dans une des *Questions sur les Seconds Analytiques*, « "immédiat" et "indémontrable" sont identiques, et par conséquent "immédiat" et "premier" » [3]. Mais jusqu'où peut-on et doit-on remonter ?

D'abord, il convient de rappeler que, en dépit de l'éclatement mentionné plus haut, Buridan emploie lui aussi le terme de « principe » pour désigner des principes très généraux et que notamment il parle aussi du « premier principe » en entendant par là, comme tout le monde, le principe de non-contradiction [4]. La question sur les *Seconds Analytiques* qui distinguait différentes modalités de l'évidence posait qu'au sens le plus propre une proposition est évidente lorsque l'intellect, par sa seule nature, ne peut que donner son assentiment à une telle proposition dès lors qu'elle est appréhendée [5]. Or telle est la situation du « premier principe » : « et en ce sens, Aristote dirait que le premier principe est évident pour nous » [6].

1. *Cf.* aussi *Qu. Metaph.*, II, 2, f° IXva-vb : « Notandum est quod principia indemonstrabilia et in artibus vel scientiis supponenda non sunt unum tantum vel pauca immo sunt tot aut plura quot sunt conclusiones demonstrabiles [...] ».

2. Voir *SL*, VIII, 5, 2, p. 121 : « Infinitae sunt conclusions demonstrabiles, ergo infinitae sunt principia ».

3. *QAPost.*, I, qu. 8 : « idem est "immediatum" et "indemonstrabile", et per consequens "immediatum" et "primum" ».

4. Par exemple dans *QAPr.*, II, qu. 17, ou dans *Qu. Metaph.*, IV, qu. 12.

5. *QAPost.*, I, qu. 2 : « Uno modo propriissime, et tunc evidentia propositionis dicitur secundum quam intellectus per suam naturam cogitur propositioni assentire et non potest ei dissentire ».

6. *QAPost.*, I, qu. 2 : « et isto modo diceret Aristoteles quod primum principium est nobis evidens ».

Jusqu'à quel point l'évidence suscitée par un tel principe est-elle contraignante ? La question 12 sur le livre IV de la *Métaphysique* demande si l'on peut se tromper sur le premier principe. La question est en vérité assez complexe. Dans le cadre du cours commun de la nature (Buridan précise bien *saltem naturaliter*), on ne peut pas se tromper sur ce principe. Aristote estimait qu'il n'était pas démontrable, mais seulement susceptible de justifications dialectiques. Buridan estime pour sa part que nous expérimentons en nous-mêmes la force de ce principe, par l'activité même de l'intellect [1]. On peut cependant en donner une démonstration *propter quid*, c'est-à-dire en donner la raison : deux propositions (du moins deux propositions mentales) étant deux qualités dans l'esprit, on ne peut avoir deux qualités contraires en même temps dans un même sujet [2]. Mais la discussion rebondit, et le problème devient moins simple si l'on fait appel à la puissance divine. Buridan est alors très prudent : « je ne sais pas ce qu'il en est, à ce propos, de la puissance absolue » [3]. Certains en effet soutiennent que Dieu peut bien, par sa puissance absolue, faire coexister des qualités contraires dans un même sujet; d'un autre côté, ce serait attribuer à Dieu, grâce à une intervention miraculeuse ou surnaturelle, une tromperie, ce qui lui sied mal [4]. Buridan multiplie tout de même les hypothèses : Dieu pourrait bien annihiler le monde, ou tous les hommes même les justes, alors pourquoi pas créer une opinion fausse ? Serait-ce d'ailleurs un mal ? En vérité, Buridan reste sur le terrain de la philosophie et refuse d'entrer dans ce qui relèverait de la théologie : « Mais je laisse tout cela de côté car ce n'est pas naturel » [5]. C'est sans doute le même souci de se tenir sur le plan philosophique qui guide Buridan dans la question 2 sur le livre II, lorsqu'il fait appel à *vetula* dont il fait habituellement le témoin du bon sens naturel [6]. Lorsque l'on interroge la « petite vieille », elle

1. *Qu. Metaph.*, IV, qu. 12, éd. 1518, f° XXIva : « Et ista conclusio non potest probari quantum ad quia est, sed quilibet eam experitur in se, scilicet quod nunquam ipse crederet quod idem esset et non esset simul, vel quod idem esset album et non album ».

2. *Qu. Metaph.*, IV, qu. 12, f° XXIva : « Tamen bene Aristoteles demonstrat propter quid hoc est, scilicet quia ei dissentire vel eius opposito assentire est habere simul in intellectu opiniones contradictoriorum, et hoc est impossibile propter hoc quod opiniones contradictoriorum sunt contrarie ».

3. *Qu. Metaph.*, IV, qu. 12, f° XXIvb : « ego nescio quid sit de illa potentia absoluta quantum ad propositum ».

4. Nous trouvons une autre allusion à la tromperie divine dans les *Questions sur les Seconds Analytiques*, I, qu. 2, dans laquelle Buridan souligne le caractère purement naturel de certaines évidences : « [...] circa tales propositiones evidentes intellectus posset decipi per causam supernaturalem; quia Deus posset facere ignem sine caliditate, et posset facere in sensu meo et conservare speciem sensitivam sine obiecto, et ita per istam evidentiam tu iudicares ac si obiectum esset presens, et iudicares falsum ».

5. *Qu. Metaph.*, IV, qu. 12, f° XXIvb : « Sed hoc totum dimitto quia hoc non est naturale ».

6. Voir Chr. Grellard, « How is it Possible to Believe Falsely? John Buridan, the *vetula* and the Psychology of Error », à paraître; sur la présence de cette figure dans la littérature médicale au Moyen Âge, voir J. Agrimi et C. Crisciani, « Medici e 'vetulae' dal Duocento al Quottrocento : Problemi di una recerca », dans P. Rossi, L. Borselli, C. Poli, G. Carabelli (éds), *Cultura popolare e cultura dotta nel Seicento*, Milano, Franco Angeli editore, 1983, p. 144-159; mais dans ce contexte, la *vetula* est fort

commence par répondre négativement à la question « est-ce que l'on peut être assis et ne pas être assis en même temps ? » ; mais si on la met face à l'hypothèse de la toute-puissance divine, elle rétorque qu'il faut croire que Dieu peut faire l'impossible. Le même argument se retrouve dans les *Questions sur l'Éthique* [1], pour illustrer la possibilité d'affaiblir (*debilitari*) l'assentiment. Ne donne-t-on pas ainsi quelque crédit à l'hypothèse selon laquelle, sans nier le premier principe, on peut éprouver quelque doute ou « crainte » à son égard [2] ? Le passage est paradoxal. Mais la petite vieille ne remet pas vraiment en cause le principe de non-contradiction. Elle le relativise au regard de la toute-puissance divine, en évoquant celle-ci non pas comme instrument théologique ou métaphysique (domaines qui lui sont étrangers), mais comme article de foi. Elle ne se trompe pas, mais introduit un doute (comme le fait sur un autre plan l'hypothèse de la tromperie divine), qui en retour nous montre le caractère *purement naturel* de l'évidence par laquelle l'intellect assentit au premier principe.

À côté du principe de non-contradiction, on trouve parfois énoncés comme principes des règles très générales, telles que « de l'opposé du conséquent suit l'opposé de l'antécédent » ou « deux choses égales à une même troisième sont égales entre elles » [3]. Buridan parle même parfois de « principe » pour désigner l'exigence « dici de omni, dici de nullo » qui caractérise les prémisses du syllogisme [4].

Mais d'autres espèces de propositions sont considérées comme des principes.

Dans la question 11 sur le second livre des *Seconds Analytiques* [5], Buridan propose une division bipartite des principes, et la première sorte est composée de propositions évidentes par soi (*per se notae*), telles qu'elles ont été définies couramment par les logiciens médiévaux [6]. Ce sont donc des propositions telles que, si l'on appréhende les termes et que l'on connaît la signification de ces derniers, on accorde immédiatement son assentiment à la proposition elle-même. La liste

dépréciée, quand son activité n'est pas assimilée à la sorcellerie. Dans ces pages de la *Métaphysique* comme dans l'*Éthique* (v. n. suivante), Buridan interroge même « plusieurs petites vieilles », en une sorte de processus inductif.

1. Voir *Questiones super decem libros Ethicorum Aristotelis*, VI, 11, Paris, 1513, f° 127 vb : « Sic igitur est opinandum quod cum nobis proponuntur principia firmissima, licet eis intellectus necessario assentiat et non possit eis dissentire, tamen aliquando per sophysticationes in oppositum occurrentes contingit adhesionem debilitari et tandem quandam formidinem generari. Et hoc expertus sum de primo principio, ut michi videtur : quaesivi [eum *del.*] a multis vetulis utrum crederent quod possent simul comedere et non comedere, et statim responderunt quod non. Tunc igitur ego sic arguebam : "Vos scitis quod Deus est omnipotens ; ipse potest totum mundum annichilare. Creditis ne ergo quod Deus posset facere quod simul comederetis et non comederetis ?" Et responderunt "Nescio" ».

2. Voir *Qu. Metaph.*, II, 2, f° IXvb : « Unde quamvis nullus mente negaret primum principium, tu potes de eo habere formidinem » ; suit l'interrogatoire de la *vetula*. Buridan renverra à ce passage au cours de la question 12 sur le livre IV, f° XXIvb.

3. Voir *QAPr.*., I, qu. 21, qu. 22.

4. Voir par exemple dans *QAPr.*, I, qu. 44.

5. Cette question a pour titre : « Utrum notitia primorum principiorum sit nobis innata ».

6. *QAPost.*, II, qu. 11 : « Quedam sunt quorum rationes terminorum se manifeste includunt at manifeste excludunt, scito quid nominis ».

d'exemples que donne Buridan est la suivante : « que quelque chose est, qu'un homme est un animal, qu'une blancheur est une couleur, que le même ne peut pas en même temps inhérer et ne pas inhérer, qu'aucun rationnel n'est irrationnel, et ainsi de suite »[1]. On remarque donc parmi ces exemples la présence d'une formulation proche du principe de non-contradiction à côté d'un principe formulant l'équivalence de deux termes transcendantaux « quelque chose est ». Mais dans question 20 sur le livre II des *Premiers Analytiques*, qui porte sur l'induction, le domaine des principes connus par soi apparaît beaucoup plus large. Ce sont des « propositions vraie et immédiates », connues en raison de l'inclusion ou de l'exclusion de leurs termes. Les exemples sont ici beaucoup variés que ceux que nous avons vus plus haut. En ce qui concerne les propositions dont les termes sont inclus l'un dans l'autre[2], on trouve des exemples canoniques comme « homo est animal » (exemple usuel de proposition par soi au premier sens d'être dit par soi), « albedo est color », ou encore « omnis triangulus habet tres angulos equales duobus rectis ». De telles propositions ne sauraient être démontrées puisqu'il n'y a pas de moyen terme permettant de syllogiser « homme » et « animal ». Il suffit de savoir ce que signifient les termes « homme » et « animal », et telle est la cause de l'assentiment qu'on donne à la proposition. Elle fait donc partie des propositions « indémontrables » et elle peut être prise comme prémisse dans un raisonnement scientifique. En revanche, les propositions qui sont évidentes en raison de l'exclusion de leurs termes ne sauraient être les prémisses d'une démonstration scientifique.

Enfin à coté de ce premier ensemble allant du « premier principe » aux propositions connues par soi, il y a une deuxième espèce de principes, dont les termes ne s'incluent pas *manifeste et evidenter*. Dans la question 11 sur les *Seconds Analytiques*, Buridan évoque des propositions qui requièrent une intervention des sens, de la mémoire ou de l'expérience, ou encore une généralisation inductive. Dans la question 20 sur les *Premiers Analytiques*, il les répartit en quatre sortes, et l'énumération est très instructive.

Certaines propositions indémontrables proviennent de la connaissance sensible. Que le feu (ce feu dont tu t'approches) brûle, que Jacques soit en train d'écrire, une telle sensation actuelle (*actualem sensum*) est évidente à celui la ressent[3]. Or ces sensations sont la base de propositions telles que « Jacques écrit ». De telles propositions sont singulières, contingentes, et par conséquent elles ne sauraient entrer dans des démonstrations puisque les prémisses de ces dernières doivent être universelles. Toutefois, elles peuvent être le point de départ de raisonnements

1. *QAPost.*, II, qu. 11 : « verbi gratia quod aliquid est, quod homo est animal, quod albedo est color, quod idem non contingit simul inesse et non inesse, quod nullum rationale est irrationale, et sic de plurimis aliis ».

2. En toute rigueur, on ne devrait pas parler d'inclusion d'un terme dans l'autre, mais d'inclusion de l'ensemble des suppôts d'un terme dans l'ensemble des suppôts de l'autre. Mais on peut admettre qu'il s'agit là d'une expression résumée.

3. Il s'agit d'une évidence *secundum cursum nature*, abstraction faite de toute hypothèse d'un Dieu trompeur, ou plus largement de toute intervention miraculeuse.

dans le domaine de l'art et de la prudence, raisonnements droits portant sur des *factibilia* ou des *agibilia* [1]. Dans cette mesure elles peuvent y jouer un rôle de point de départ indémontrable, donc de « principe ». Si cela nous fait quitter le domaine de la science spéculative, cela confirme la possibilité d'entendre la notion de « principe » en un sens très large. Dans la *Métaphysique*, Buridan dira que l'*intellectus*, faculté de saisie des principes, est mis en œuvre aussi bien dans les matières spéculatives que pratiques [2], ou encore que ces dernières mettent en œuvre non seulement des principes universels mais aussi des principes singuliers [3].

On peut en effet déployer sur cette base toute une série de principes qui s'enchaînent de manière analogue à la série des facultés de l'âme. Ainsi, après les principes fondés sur le sens on trouve ceux qui sont fondés sur la mémoire (par exemple le souvenir que ce feu-ci m'a brûlé). Eux aussi ont un rôle important dans la philosophie morale, car ils servent à corriger, à récompenser et à punir [4].

L'étape suivant met en jeu l'expérience. Il faut entendre par là une sorte de globalisation des enseignements des sens et de la mémoire. Elle suppose le rassemblement de plusieurs jugements sensoriels et se fonde sur la perception d'une ressemblance [5]. Il ne s'agit pas purement et simplement d'un jugement par le sens car la sensation n'est plus présente, ni par la mémoire car celle-ci ne concerne qu'un fait passé et non un fait actuel, comme c'est le cas dans un tel jugement. Il ne s'agit pas encore d'une induction, on va y venir, mais d'une transposition que Buridan appelle jugement expérimental [6]. Parce que certains feux, que j'ai touchés, m'ont brûlé, je juge que celui-là, que je ne touche, pas, brûle aussi. Buridan, toujours soucieux de marquer les spécificités anthropologiques sur fond de continuum des vivants, attribue de tels jugements expérimentaux aux animaux : c'est sur cette base qu'un chien a peur de recevoir une pierre s'il a déjà été blessé par un précédent

1. *QAPr.*, II, 20 : « Unus modus est per actualem sensum, sicut quod iste ignis est calidus : hoc enim est tibi evidens quando sentis ipsum ; ita similiter quod Jacobus scribit, quando Jacobum vides scribere, et sic de pluribus aliis. Et non obstante quod tales propositiones sunt contingentes et singulares, et, per consequens, quod non sunt principia in demonstratione nec intrant scientias demonstrativas, tamen habent locum in artibus et in prudentia, ut manifestatur sexto *Ethicorum*. Et ideo huiusmodi propositiones singulares, ad sensum evidentes, sunt bene principia ratiocinationum artis et prudentie ».

2. Voir *Qu. Metaph.*, I, 1, f° IIrb : « Et invenitur intellectus tam in practicis quam in speculativis ».

3. *Qu. Metaph.*, I, 2, f° XI va : « Dico igitur quod, licet scientie speculative non descendant ad singularia, tamen ars et prudentia descendunt ad ea, ideo in artibus et prudentia non solum sunt principia universalia, immo etiam sunt multa principia singularia ».

4. *QAPr.*, II, 20 : « Secundo modo huiusmodi principia sunt nobis evidentes per memoriam, ut quod ille ignis erat calidus, et quod Jacobus tunc scribebat. Et adhuc illa principia habent locum in artibus et in prudentia. Sepe enim in moralibus, ad corrigendum, et ad premiandum vel ad puniendum, oportet ratiocinari ex singularibus de preterito nobis notis per memoriam » ; on trouve un développement similaire dans les *Questions sur la Métaphysique*, II, 2, f° IXvb.

5. *QAPr.*, II, 20 : « Alia principia sunt nobis manifesta per experientiam, que quidem experientia supponit sensum et memoriam. Verbi gratia, si tu ad sensum cognovisti quod ignis A erat calidus, et postea idem de igne B, et sic de multis aliis, tu postea videns ignem C, et non tangens ipsum, iudicabis per memoriam de aliis et propter similitudinem quod ille ignis C est calidus ».

6. *QAPr.*, II, 20 : « hoc iudicium vocatur "experimentale" » ; voir aussi *Qu. Metaph.*, II, 2, f° IXvb.

jet de pierre. Si l'on pense aux développements du *Traité de l'âme*, on rapprochera cela d'exemples classiques reçus d'Avicenne, sur lesquels le maître picard insiste souvent pour caractériser les formes embryonnaires de pensée chez les animaux qui ne sont pas dotés d'intellect mais néanmoins d'une âme cogitative.

La dernière étape, en revanche, suppose un saut qualitatif : il s'agit de principes qui sont formulés universellement, à la différence des trois types précédents. De la sorte, ils peuvent jouer un rôle dans les démonstrations et dans les sciences spéculatives. Ils reposent sur l'induction, qui débouche sur un jugement universel du type de « tout feu brûle », « toute rhubarbe soigne la bile ». Le jugement inductif présuppose le sens, la mémoire et l'expérience, mais en l'absence de contre-exemple, face à une série plus ou moins importante de cas particuliers, il forge un jugement universel (tel est le saut) auquel l'intellect accorde son assentiment.

L'induction

La question qui se pose alors est de savoir comment l'esprit humain, qui a toujours affaire à des réalités contingentes, peut formuler de telles régularités. Sur ce point, Buridan est sans doute l'un des auteurs médiévaux qui s'approche le plus de ce qu'on a appelé au XIXe siècle le « problème de l'induction ». Assurément, pas dans les mêmes termes : au delà de l'usage ou non d'un mot, c'est le concept moderne de loi comme rapport entre des phénomènes qui n'est pas ici pertinent ; il est toutefois bien question de rapports, principalement entre des substances et des accidents, et de nécessité de ce rapport[1].

Jean Buridan est tout à fait conscient des difficultés de l'induction, dès lors qu'on la pose non plus seulement comme l'intuition d'une nature universelle à travers des singuliers – voire un seul singulier –, mais comme le passage de propositions singulières à une proposition universelle[2]. Dans les *Questions sur la Métaphysique,* à propos de la possibilité de compréhension de la vérité, l'un des arguments *quod non* expose ces difficultés :

> De même, on argumente à propos des principes qu'ils sont connus par des expériences, et que ces expériences sont trompeuses [...] puisque les expériences n'ont pas la puissance de conclure un principe universel, si ce n'est au moyen de l'induction en plusieurs, et que jamais d'une induction ne suit une proposition universelle, à moins qu'elle n'ait été induite de toutes les singulières de cette universelle, ce qui est impossible[3].

1. Voir J. M. M. H. Thijssen, « John Buridan and Nicholaus of Autrecourt on Causality and Induction », *Traditio*, 43 (1987), p. 237-255.

2. La notion aristotélicienne d'ἐπαγωγή vise d'abord l'appréhension de l'universel et non la formulation d'une loi : voir *Seconds Analytiques*, II, 19. Cependant, Aristote relie cette question à celle de la formulation de « principes », donc de propositions qui articulent véridiquement de tels universels.

3. *Qu. Metaph.*, II, qu. 1, f° VIIIva : « Item arguitur quantum ad principia, quia principia sunt nota per experientias et ipse experientie sunt fallaces [...] quia experientie ad concludendum universale principium non habent vim nisi per modum inductionis in multis, et nunquam ex inductione sequitur universalis propositio nisi sit inductum in omnibus singularibus huius universalis, quod est impossibile ».

Dans les *Questions sur les Premiers Analytiques* aussi, sont signalées les difficultés liées à l'exigence d'énumération *suffisante :*

> De même, l'induction n'est une conséquence valide que si y sont énumérés toutes les propositions singulières; or nous ne pouvons les énumérer puisqu'elles sont en nombre infini[1].

Après avoir établi que d'elle-même, sans adjonction, une telle conséquence n'est jamais valide selon la forme mais selon la matière, et non pas *simpliciter* mais *ut nunc*, Buridan répond à l'argument de l'énumération en deux temps. Dans certains cas, on a affaire à un nombre fini d'objets : par exemple il n'existe que trois hommes et ces trois hommes courent, je puis alors conclure *ut nunc* « tous les hommes courent ». Le raisonnement n'est pas formellement valide, mais il peut être reconduit à un syllogisme si j'ajoute une proposition, inévitablement contingente, établissant que l'énumération se trouve être complète. Mais dans d'autres situations, il n'est pas possible d'énumérer tous les cas ou tous les individus; on y supplée alors par la clause « et sic de singulis »; cette situation est considérée dans la question suivante, où Buridan s'interroge sur la possibilité d'établir par induction une proposition « immédiate », susceptible de servir de principe dans une démonstration[2].

Aussi bien dans les *Questions sur les Premiers Analytiques* (livre II, question 20) que dans les *Questions sur la Métaphysique* (livre II, question 2), Buridan expose le processus graduel par lequel des propositions non démontrées sont établies par induction, afin de servir de principes dans les domaines de l'art ou de la science naturelle. Par la sensation, puis la mémoire, on parvient à l'expérience, qui sert de médiation entre le singulier et l'universel. L'expérience me permet de formuler un jugement singulier à partir d'autres jugements singuliers. Je vais dire que ce feu chauffe avant de l'avoir approché. De même la poule a peur de l'épervier qu'elle voit dans le ciel, même si elle ne l'a jamais vu auparavant. En revanche, le quatrième moyen d'établir des propositions immédiates (autres que celles qui sont telles par inclusion ou exclusion manifeste de leurs termes) suppose un saut dans l'universalité.

Ce saut s'effectue donc en complétant l'énumération par la clause « et sic de singulis » : on suppose qu'il en va de même dans tous les autres cas singuliers. Qu'est-ce qui nous y autorise? On n'a jamais vu d'exception, bien que l'on ait considéré des circonstances variées, et l'on ne voit pas de différence ou de raison quelconque qui laisse penser qu'il doive en aller différemment :

1. *QAPr.*, II, qu. 19 (« Utrum inductio sit bona consequentia ») : « Item, inductio non est bona consequentia nisi ibi enumerentur omnia singularia; sed illa non possumus enumerare, quia infinita sunt ».

2. *QAPr.*, II, qu. 20 : « Utrum per inductionem probatur propositio immediata ».

> D'autres principes requièrent une induction pour devenir évidents, et ces principes sont universels, comme le fait que tout feu est chaud, ou que toute rhubarbe soigne la bile. En effet ces principes sont connus de nous par une induction qui suppose le sens, la mémoire et l'expérience. En effet, comme tu as souvent vu la rhubarbe soigner la bile et que tu as eu souvenir de cela, et puisque tu as considéré cela en diverses circonstances sans jamais cependant trouver de contre-exemple, alors l'intellect, non par conséquence nécessaire, mais seulement par son inclination naturelle au vrai, assentit à un principe universel et le prend comme principe évident par une induction telle que « cette rhubarbe-ci soigne la bile, et celle-là », et ainsi de beaucoup d'autres, qui ont été perçues et dont on a le souvenir ; alors l'intellect substitue la clause « et ainsi de suite », du fait qu'il n'a jamais vu de contre-exemple bien qu'il ait considéré la question en de nombreuses circonstances, et alors il conclut un principe universel [1].

Le saut qui me fait passer à un jugement universel n'est évidemment pas une conséquence formelle, puisqu'il repose sur le contenu des termes ; ce n'est pas une conséquence nécessaire. Toutefois, cette proposition est fondée à servir de principe dans un raisonnement physique. Une telle procédure repose sur une *inclinatio naturalis ad veritatem* que Jean Buridan attribue à notre intellect. Mais cette inclination n'est-elle pas une réponse purement verbale à la difficulté conceptuelle du « problème de l'induction » ? La thèse anthropologique posant que l'homme est naturellement apte à connaître le vrai n'est-elle pas une pétition de principe ? Ne reste-t-il pas à prouver que la proposition universelle induite selon le processus qui a été décrit peut légitimement être considérée comme une vérité ? En fait, si on replace cette idée dans son contexte, notamment dans les questions sur le deuxième livre de la *Métaphysique*, on peut se demander si une telle inclination n'a pas elle-même un fondement objectif. La question 1 sur le IIe livre de la *Métaphysique* met en relation différentes sortes de *firmitas assensus* et différentes sortes de *firmitas veritatis*.

En ce qui concerne la solidité de la vérité, on distingue un mode absolu, qui concerne des propositions qui ne peuvent en aucun cas être falsifiées, comme « Dieu existe », et un autre mode, lequel concerne des propositions qui pourraient être falsifiées par la toute-puissance divine :

1. *QAPr.*, II, qu. 20 : « Alia principia indigent inductione ad hoc quod fiant evidentia, et illa principia sunt universalia, ut quod omnis ignis est calidus, et quod omne rheubarbarum est purgativum cholere. Illa enim principia sunt nobis nota per inductionem supponentem sensum, memoriam et experientiam. Cum enim sepe tu vidisti rheubarbarum purgare choleram et de hoc memoriam habuisti, et quia in multis circumstantiis diversis <hoc> considerasti, numquam tamen invenisti instantiam, tunc intellectus, non propter necessariam consequentiam, sed solum ex naturali eius inclinatione ad verum, assentit universali principio et capit ipsum tamquam evidens principium per talem inductionem "hoc rheubarbarum purgabat choleram, et illud", et sic de multis aliis, que sensata fuerunt et de quibus memoria habetur ; tunc intellectus supplet istam clausulam "et sic de singulis", eo quod numquam vidit instantiam, licet consideravit in multis circumstantiis, nec apparet sibi ratio nec dissimilitudo quare debeat esse instantia, et tunc concludit universale principium. » Voir aussi *Qu. Metaph.*, II, qu. 2, f° IXrb, où Buridan souligne que ce passage n'est pas une inférence *gratia forme* ; et *Qu. Phys.*, I, qu. 15, f° XIXrb (cité par H. Thijssen *art. cit.*, p. 247).

> Mais il a encore l'assurance (*firmitas*) de la vérité selon la supposition du cours commun de la nature, et de la sorte c'est une vérité assurée que le ciel se meut, que le feu est chaud, et ainsi pour d'autres propositions communes de la science naturelle, bien que Dieu puisse faire le feu froid, et ainsi il falsifierait la proposition « tout feu est chaud » [1].

Nous sommes donc renvoyés au cours commun de la nature [2]. Et ce qui conduit à relativiser l'universalité de la proposition induite n'est pas une possible irrégularité des phénomènes naturels, mais seulement ce contrepoint que constitue l'hypothèse d'un mode *surnaturel* ou miraculeux d'intervention divine.

Il ne s'agit donc pas de postuler une harmonie préétablie entre ce que je suis incliné à penser comme vrai et ce qu'il en est dans le monde réel. Il s'agit plus exactement de poser, par une sorte de postulat de la raison théorique, qu'il y a un ordre de la nature, limité d'un côté par l'ordre surnaturel, de l'autre par l'ordre de la liberté. Cet ordre légitime le saut que représente, dans le procès inductif, le passage des propositions singulières à la proposition universelle, sans nécessité formelle, procédure valide dès lors que l'on fait convenablement varier les circonstances et que l'on ne trouve pas de contre-exemple. Dès lors qu'il n'y a pas de raison contraire dans les cas envisagés et énumérés, je suis bien fondé à inférer, non pas certes par une inférence formelle, mais par une démarche *reposant sur la supposition d'un cours commun de la nature, donc d'un ordre régulier*, la proposition universelle qui va me servir de principe dans un certain nombre de raisonnements relevant des sciences physiques.

Peut-être jugera-t-on, d'un point de vue post-kantien – et c'est bien de ce point de vue qu'a été posé, à la fin du XIXe et au début du XXe siècle le « problème de l'induction » –, qu'il y a là une confiance précritique en l'accord de l'être et de la pensée. Mais l'intérêt historique et intellectuel de l'édifice buridanien est autre. Il s'agit, en bouclant ainsi la question de l'induction (rigoureusement formulée en terme d'inférence de propositions) et la question de la régularité naturelle, de *poser* l'idée d'ordre naturel comme *présupposé* de toute démarche d'investigation scientifique.

Ainsi, des principes universels sont fournis qui peuvent servir de point de départ à des raisonnements démonstratifs. Ces principes n'ont certes pas la même évidence que des principes connus par soi, qui jouissaient de l'évidence « au sens le plus propre ». En effet, ils ne sont pas évidents par soi, ils ne résultent pas d'une conséquence nécessaire, et ils supposent une régularité dans la nature que Dieu pourrait venir modifier par voie surnaturelle. Ils ont toutefois une évidence naturelle selon le cours usuel de la nature :

1. *Qu. Metaph.*, II, qu. 1, f° VIIIvb : « Sed etiam est firmitas veritatis ex suppositione communis cursus nature, et sic esset firma veritas quod celum movetur, quod ignis est calidus, et sic de aliis propositionibus et communibus scientie naturalis, non obstante quod Deus posset sic facere ignem frigidum, et sic falsificaretur ista "omnis ignis est calidus" ».

2. Voir *infra*, IIIe partie, chap. III, p. 309-315.

> Cependant, cette évidence naturelle est bien dite naturelle, puisque selon elle l'homme ne peut pas être trompé si le cours commun de la nature reste stable, bien qu'il puisse être trompé par une cause surnaturelle; et cette évidence suffit à la science naturelle [1].

Ce type d'évidence est précisément celui qui régit les *principes* et les conclusions utilisés dans les sciences naturelles [2].

La force naturelle des principes

Dans la 2e question sur le livre II de la *Métaphysique*, Buridan se demande si nous possédons naturellement certains principes. Cette interrogation recoupe quelques textes évoqués dans notre première partie, à savoir la question 3 sur le premier livre des *Seconds Analytiques*, et certains passages des *Questions sur le traité de l'âme*, où Buridan s'interrogeait sur l'innéisme des connaissances. Mais ici, l'accent porte sur le caractère « naturel » de la possession. Les arguments *quod non* reprennent les habituels arguments anti-innéistes : besoin d'un apprentissage, nécessité d'une actualisation, absence de consensus aussi bien pour les principes spéculatifs que pour les principes moraux [3]... L'opposé, à savoir une réponse positive à la question de la possession naturelle des principes, est pourtant donné comme la position soutenue par Aristote, par Averroès, ainsi que par d'autres commentateurs. La réponse va supposer plusieurs mises au point, parfois détaillées : une critique de la prétention à tout reconduire à un seul principe premier (nous allons y revenir plus bas), une énumération des divers types de principes, depuis les principes sensibles jusqu'aux résultats de l'induction (déjà évoquée), mais aussi d'intéressantes précisions sur le caractère naturel de l'assentiment. D'abord, on notera que le premier principe lui-même est mentionné au terme d'un ensemble de propositions auxquelles l'intellect donne son assentiment en raison de leur caractère par soi, comme « tout cheval est un animal », « aucun chaud n'est froid »..., « et encore pareillement le premier principe » [4]. C'est une fois de plus souligner le caractère naturel de l'évidence que nous accordons à ce principe, comme l'a montré l'argument de la *vetula* évoqué plus haut.

L'essentiel est constitué par une longue série de précisions sur le sens de « naturel ». Buridan distingue sept sens, chacun d'entre eux étant caractérisé par ce à quoi il s'oppose. Au premier sens, le naturel s'oppose à ce qui arrive par hasard, et en ce sens large, le naturel inclut le volontaire, car ni l'un et l'autre ne produisent

1. *QAPost.*, I, 2 : « Tamen illa evidentia naturalis bene dicitur naturalis, quia secundum illam non potest homo decipi stante communi cursu nature, licet deciperetur per causam supernaturalem; et hec evidentia sufficit ad naturalem scientiam ». Voir aussi *Qu. Metaph.*, II, qu. 1, f° IXrb.

2. *QAPost.*, I, 2 : « Ad aliam, arguentem de potentia Dei, dico quod ita non intelligitur quin de principiis et conclusionibus talibus habeamus evidentiam naturalem ».

3. Voir *Qu. Metaph.*, II, 2, f° IXva.

4. *Qu. Metaph.*, II, 2, f° IXvb : « et sic etiam consimiliter primum principium ».

des effets au hasard : normalement, un homme engendre un homme (même si, par hasard, il peut naître un monstre), et un agent libre réalise intentionnellement une fin. Au deuxième sens, naturel s'oppose à violent : c'est donc ce qui se produit selon la nature même de la chose. En ces deux sens, aussi bien les principes que les conclusions doivent sans hésitation être dits « naturels ». Au troisième sens, naturel s'oppose à artificiel ; Buridan est plus prudent, sans doute parce qu'on pourrait dire que les syllogismes sont produits par l'art logique, mais « à proprement parler » les principes et les conclusions sont ici encore naturels, car ils ne sont pas produits hors de mon esprit comme l'est une maison. Au quatrième sens, naturel s'oppose à surnaturel, et là encore principes et conclusions sont naturels. Au cinquième, naturel s'oppose à volontaire ; ici encore, il faut nuancer, car en un sens large ils peuvent être dits volontaires, mais à strictement parler, aussi bien les principes que la conclusions sont l'objet d'un assentiment naturel et non volontaire. Qu'est-ce à dire, sinon que l'intellect dit ici se rendre à l'évidence, et que telle est sa nature de consentir au vrai, comme il est souvent dit ? Au sixième sens, naturel s'oppose à ce qui est « inconvenant » (*disconveniens*). Les exemples sont pris dans la nature physique : la froideur est naturelle à l'eau tandis que la chaleur ne lui convient pas ; ou en morale : les vertus sont naturelles à l'âme, au contraire des vices. Et en ce sens « il est certain qu'aussi bien les principes que la conclusion nous sont naturels ». L'expression souligne alors une relation de convenance naturelle entre puissance et objet. Enfin, septièmement, naturel s'oppose à acquis. Est alors naturel ce que nous possédons depuis la naissance (*a nativitate*). En ce sens, conformément à la critique de l'innéisme, ni les principes ni les conclusions ne sont naturels puisque originairement l'intellect est « nu ».

On pourrait penser qu'avec de telles précisions tout est dit. Buridan est cependant confronté à une difficulté. Son raisonnement l'a conduit à mettre en avant l'idée de l'intellect comme table rase, que l'on retrouve dans plusieurs autres passages de son œuvre, mais cela semble contredire l'autorité d'Aristote, et surtout, dans tous les sens énumérés, principes et conclusions ont un statut identique alors qu'il s'agissait de les distinguer ! D'où un rebondissement : ce sens n'est pas pertinent ici : « Il faut établir un sens tel que les principes nous soient naturels, ou possédés naturellement, et non les conclusions » [1].

On doit alors distinguer ce qui est naturel et ce qui est psychique (*animale*, au sens de ce qui relève de l'âme). La distinction est surprenante. L'âme n'est-elle pas elle-même un principe naturel ? En vérité, oui et non, cela dépend de ses fonctions, et la question de savoir si l'intellect est d'une autre nature est posée depuis Aristote. Mais au delà de cet aspect, Buridan fait preuve de grande subtilité. Le problème n'est pas celui du statut séparé ou non (voire immortel ou non) d'une partie de l'âme. Il s'agit de considérer séparément ce qui relève de l'esprit : « On dit naturel

1. Voir *Qu. Metaph.*, II, 2, f° Xra : « immo talis modus debet poni quod principia sunt nobis naturalia sive naturaliter habita, et non conclusiones ».

un appétit qui se produit sans la médiation d'une connaissance. Et on appelle psychique celui qui se produit par la médiation d'une connaissance »[1].

Ainsi, on peut enfin répondre au problème posé, et cela conforte encore davantage la démarche naturaliste de Buridan. On répond à la question, puisque l'assentiment aux principes sera dit « naturel » en ce sens qu'il se fait selon la nature du sens ou de l'intellect, *sine ratiocinatione*, sans raisonnement ni discursivité. Il est donc immédiat, sans délai ni construction. Les conclusions scientifiques, en revanche, sont par définition le résultat d'une médiation syllogistique. Elles sont donc l'objet d'un assentiment qui est dit « doctrinal » : « On appelle doctrinal l'assentiment qui provient d'un raisonnement préalable, concluant avec nécessité »[2]. Le texte glisse ainsi à une opposition de la nature à la doctrine[3]. Il n'est donc plus question du statut de l'âme par rapport au corps et à ses puissances. En revanche, s'ouvre un plan purement mental qui a ses règles propres (comme on l'a déjà vu avec les thèses de Buridan sur la causalité épistémique) en même temps qu'on affirme la naturalité de base du pouvoir psychique.

Ainsi l'intellect accorde naturellement son assentiment aux principes, à toutes les espèces de principes énumérées plus haut, du principe sensible au « premier principe » ; cela veut dire à la fois de façon spontanée, immédiate, sans réflexion, ainsi qu'en témoigne la réponse première de la petite vieille, et en raison de sa nature. Car telle est sa nature, principe d'opérations qui actualisent sa puissance : il assentit au vrai qui lui est présent de façon évidente, pourvu qu'il n'y ait pas d'empêchement contingent qui le lui occulte. L'intellect a une nature, analogue à n'importe quelle puissance des êtres vivants ; et comme toute nature elle se manifeste par des opérations. L'intellect est poussé par cette nature à accomplir certains actes. Et ce processus peut être éclairé par une comparaison avec le feu, qui brûle par nature, ou par le corps grave qui par nature est porté vers le bas[4]. On voit que cette inclination n'a rien à voir avec une « lumière naturelle » qui serait d'origine divine, elle prend place dans le fonctionnement réglé de la nature.

1. *Qu. Metaph.*, II, 2, f° Xra : « [...] apetitus naturalis dicitur qui est sine cognitione mediante. Et animalis vocatur qui est mediante cognitione ».

2. *Qu. Metaph.*, II, 2, f° Xra : « Sed assensus doctrinalis vocatur qui provenit ex ratiocinatione previa de necessitate concludente ».

3. *Qu. Metaph.*, II, 2, f° Xra : « Conclusiones fiunt nobis non per natura sed per doctrinam ».

4. *QAPost.*, I, qu. 2 : « Unde sicut ignis est naturaliter inclinatus ad calefaciendum et grave ad descendendum, ita intellectus est naturaliter inclinatus ad intelligendum obiecta sibi sufficienter presentata, et etiam naturaliter inclinatus ad comprehensionem veritatis primorum principiorum complexorum » ; cf. *SL* VIII, 3, 7, p. 90, où l'on retrouve la comparaison avec le feu. Voir aussi, parmi de nombreuses occurrences, *QAPost.*, I, qu. 3, où Buridan compare aussi ce processus avec la chute des graves. En revanche, la question n'est pas traitée dans la dernière lecture du *Traité de l'âme* (éd. Zupko), contrairement à ce que l'on peut trouver dans le manuscrit pseudo-buridanien de Bruges (qu. III, 14) – voir tableau synoptique donné par Patar, *Le Traité de l'âme de Jean Buridan...*, p. 710-711.

L'assentiment aux principes suppose donc la thèse buridanienne selon laquelle l'intellect est naturellement incliné ou déterminé [1] à assentir au vrai. Or l'intellect n'est pas déterminé de la même façon à assentir aux conclusions [2], ce qui préserve le gain épistémique de la démonstration. Dans la question 7 sur le premier livre des *Questions sur les Seconds Analytiques* Buridan souligne cette opposition entre l'assentiment aux principes par inclination naturelle et la démonstration [3]. Cependant, une telle inclination naturelle ne concerne pas seulement les principes immédiatement évidents. Certaines propositions acquièrent ce statut sur la base de l'expérience comme le jugement selon lequel ce charbon ardent brûle, quoique je ne l'aie jamais senti de ce charbon-ci, mais d'un ou de plusieurs autres :

> l'intellect, par une inclination naturelle, accorde son assentiment avec certitude et évidence à la proposition selon laquelle ce charbon est chaud et blessant, bien qu'il ne l'ait jamais touché. Et ceci est indémontrable, et c'est un principe prudentiel permettant de conclure qu'il n'est pas bon de le toucher [4].

C'est donc cette inclination qui fonde l'induction [5]. Dans les *Questions sur les Seconds Analytiques*, Buridan insiste très souvent sur le fait que de nombreux principes ne sont pas connus de façon immédiate mais par induction [6].

1. Jean Buridan emploie indifféremment ces termes, comme l'attestent les citations ci-dessous. Cela peut paraître surprenant à un lecteur moderne. Dans la doctrine buridanienne, l'inclination est une tendance résultant de la nature, sans que cela préjuge de son degré de contrainte. Mais en l'occurrence, ce procès mental est pensé sur le modèle de la causalité naturelle et Buridan a une vue assez stricte de la nécessité naturelle, pour autant que l'on fait abstraction de le liberté humaine. On peut donc estimer que l'intellect est déterminé par sa nature à certains actes. Que sa libre volonté puisse les suspendre est une question qui se pose de façon seconde, et seulement sur cette base, comme l'a illustré l'exemple de la petite vieille.

2. Voir *SL*, VIII, 3, 7, p. 90 : « Sed sic non est per suam naturam determinatus ad assentiendum conclusionibus, sed indiget ad hoc praemissis eas concludentibus quibus ex sua natura praeassentit ».

3. Voir *QAPost.*, I, 7 : « habitus, seu notitia, principiorum indemonstrabilium non dicitur "scientia" appropriato nomine, sed vocatur "intellectus", quia ex sola naturali inclinatione intellectus ad veritatem ipsorum principiorum habetur illa notitia, nec illa notitia acquiritur per demonstrationem ».

4. *SL*, VIII, 5, 4, p. 129 : « intellectus, *ex inclinatione naturali*, assentit cum certitudine et evidentia quod ille carbo est calidus et laesivus, licet numquam tetigerit. Et hoc est indemonstrabile et principium prudentiale ad concludendum quod non est bonum tangere ipsum » – je souligne (J. B.).

5. Voir *QAPost.*, I, qu. 2 : « licet inductio, sive experientia inductiva, non concludat gratia forme, tamen intellectus, ex eius naturali inclinatione ad veritatem, percipiens multotiens ita fieri quod non potest nec potuit recipere instantiam, nec videre esse rationem quare in aliis debeat esse aliter, ipse concedit universale principium tamquam notum et evidens evidentia naturali et possibili circa talia » ; *Qu. Metaph.*, I, qu. 2, f° IXrb.

6. Voir *QAPost.*, I, qu. 12.

Le mode d'appréhension des principes

Les différents principes qui peuvent ainsi intervenir dans des démonstrations ne sont pas à proprement parler connus scientifiquement. Dans la tradition aristotélicienne, on tend en effet à réserver le nom de science pour la disposition qui résulte d'une démonstration, sans y inclure la saisie immédiate : « il n'y aura pas de science des principes » [1]. L'usage pouvait être différent chez les théologiens, où l'idée de science divine, qui sert souvent de laboratoire à l'analyse de l'idée de scientificité, conduit à inclure dans la science des modes de saisie immédiate [2]. Chez les mêmes auteurs on peut donc osciller entre une conception large et une conception plus restreinte selon que l'on inclut ou non la vision immédiate dans la science. Buridan, maître ès arts, n'a pas à prendre en compte la question de la science divine ou celle de la vision béatifique. Il s'en tient sur ce point à une approche plus aristotélicienne et précise que, à strictement parler, les principes sont l'objet d'une intellection plutôt que d'une science :

> [...] La disposition mentale à l'égard des premiers principes indémontrables ne s'appelle pas « science » mais « intellection », pour autant que la science, en prenant le nom au sens propre, est une disposition acquise par démonstration [3].

Le terme « intellectus » est ambigu : il désigne à la fois une faculté et une disposition ou un acte déterminés. Ici, il ne s'agit évidemment pas de cette « puissance intellectuelle », mais d'un acte ou d'une disposition. Dans le cas présent, cette puissance accorde son assentiment aux principes non pas en vertu de quelque chose d'extérieur, ni bien entendu sous l'effet des puissances inférieures, ni en raison de quelque chose comme une démonstration ou une contrainte formelle, mais en vertu de sa nature propre. On retrouve ainsi l'inclination naturelle de l'intellect à donner son assentiment à une vérité qui lui est présente, dès lors qu'elle est appréhendée. Cette propension naturelle régit le comportement de l'intellect aussi bien dans le cas des propositions connues « par soi » que dans celui des propositions produites par induction. C'est encore cette propension à donner son assentiment à une proposition évidente en vertu des différents critères énumérés plus haut, que Buridan évoque dans la question sur les *Seconds Analytiques* consacrée à l'innéisme [4]. En plusieurs passages, conformément au rejet général de toute connaissance innée, est écartée l'hypothèse d'une possession innée des principes. Or c'est cette inclination

1. Aristote, *Seconds Analytiques*, II, 19, 100 a 12.

2. Voir O. Boulnois, J. Schmutz et J.-L. Solère (éds), *Le Contemplateur et les Idées. Modèles de la science divine du néoplatonisme au XVIIe siècle*, Paris, Vrin, 2002 ; J. Biard, « La science divine entre signification et vision chez Grégoire de Rimini », dans C. Marmo (éd.), *Vestigia, Imagines, Verba : Semiotics and Logic in Medieval Theological Texts (XIIth-XIVth Century)*, Brepols, 1997, p. 393-408.

3. *QAPost.*, II, qu. 11 : « [...] habitus primorum principiorum indemonstrabilium non vocatur "scientia" sed "intellectus", pro tanto quia scientia, proprio nomine dicta, est habitus per demonstrationem acquisitus » ; voir aussi *QAPost.* I, qu. 7 ; *QAPost.*, I, qu. 13.

4. *QAPost.*, I, qu. 3.

naturelle qui permet d'écarter l'hypothèse d'une préconnaissance de leur contenu [1]. Une fois formulés les principes, une fois « l'objet présenté » à l'intellect, celui-ci ne peut que leur accorder son assentiment.

Les principes ont-ils en commun certaines qualités qui résulteraient de leur mode d'appréhension ? En vérité, l'éclatement de la notion de principe a pour conséquence qu'ils ne sont pas dotés de caractères communs qui les caractériseraient comme principes, excepté leur seule position comme point de départ d'un raisonnement. Notamment, ils ne se caractérisent pas par leur universalité, même si certains d'entre eux sont « communs ». Certaines propositions à partir desquelles on construit une raisonnement, on assure une connaissance, on déduit une conclusion, peuvent être singulières ou particulières [2]. Les principes ne sont pas non plus tous nécessaires. Ce point est davantage développé, car, ainsi que Buridan le souligne lui-même [3], cela semble contredire l'usage d'Aristote dans les *Analytiques :* si la science porte sur l'éternel et le nécessaire, les principes, seraient-ils saisis par intellection, doivent eux aussi concerner des choses qui ne peuvent autrement qu'elles sont ; seule l'opinion concerne ce qui peut être autrement [4]. Les principes sont connus par une appréhension intellectuelle (*intellectus*), et l'*Éthique à Nicomaque* compte celle-ci parmi les dispositions de l'âme qui ne sont pas susceptibles de fausseté, autrement dit qui sont nécessairement vraies [5]. Mais cela dépend encore du sens plus ou moins large que l'on donne à la science. On vérifie ici que la souplesse dont Buridan fait preuve concernant l'usage de la notion de science va au delà d'une simple remarque terminologique sur les différentes sens possibles du terme, comme on pouvait déjà en trouver chez Guillaume d'Ockham ; cette souplesse est liée à une vision différenciée de l'ensemble du savoir humain. Si l'on entend la science au sens strict et étroit où Aristote la prend dans les *Seconds Analytiques*, alors les principes doivent être nécessaires au sens où ils doivent être toujours vrais, et les conclusions le seront aussi par un transfert logique de cette nécessité, selon des règles formelles. Mais, ainsi que nous l'avons vu précédemment, la science peut être prise en un sens large où elle porte sur des conclusions contingentes, et alors ses principes ou certains de ses principes peuvent être contingents [6]. Ce qui les définit comme principes c'est d'être au point de départ de raisonnements, mais aussi d'être en un certain sens à la fois évidents et

1. Voir *QAPost.*, I, 2 ; voir aussi *SL*, VIII, 5, 4, p. 126 : « [...] evidens primorum principiorum notitia non est nobis innata [...] » ; on doit noter que le texte du manuscrit de Bruges, en revanche, est le seul texte à évoquer l'idée de principe inné, ce qui semble contradictoire avec tous les textes buridaniens : voir ps-Buridan, III, qu. 14, éd. Patar, *op.* cit., p. 480.

2. Voir *SL*, VIII, 5, 4, p. 129.

3. Voir *SL*, VIII, 5, 3, p. 123.

4. Voir notamment *Seconds Analytiques*, I, 33, 88 b 30 - 89 a 2 ; voir aussi II, 19, 100 b 8-16.

5. Voir *Éthique à Nicomaque*, VI, 3 ; mais cette présentation de Buridan suppose, comme il le note lui-même, que l'on assimile le nécessaire au toujours vrai, alors que son propre concept de nécessité est plus complexe.

6. Voir *SL*, VIII, 5, 3, p. 123 : « "Scientia" enim capta primo modo illic distincto, ipsa bene est contingens seu conclusionis contingentis ».

indémontrables. Buridan le souligne à propos de la *prudence*, cette vertu pratique mise en avant par Aristote dans l'*Éthique à Nicomaque*[1]. La prudence conclut des jugements particuliers, donc contingents, mais sur la base de principes évidents et avec une rigueur que Buridan n'hésite pas à qualifier en l'occurrence de *démonstrative* :

> Ces [conclusions] sont évidentes et sues par des raisons qui méritent d'être dites « démonstrations » généralement, c'est-à-dire par rapport à la science dite au premier sens, à savoir le plus général, puisque ainsi elles font savoir leurs conclusions, bien qu'elles ne soient pas dites des démonstrations par rapport à la science dite aux autres sens, dont parle Aristote dans les *Seconds Analytiques*[2].

Ces principes de différentes sortes ne sont pas acquis et connus de façon semblable. Leur seul point commun est d'être évidents et de ne pas être démontrés – et même, en un sens plus strict, non démontrables. Que les premiers principes, s'il y en a qui sont vraiment premiers, ne soient pas démontrables, cela va de soi puisqu'ils servent de point de départ à toute démonstration. Mais n'étant pas démontrés, ils sont acceptés en raison de leur évidence, par la force contraignante de l'assentiment qu'elle provoque. Les principes les plus communs seront alors dits les plus évidents : le principe logique de non-contradiction est considéré comme « le premier, le plus évident et le plus ferme »[3] ; quant aux principes établis au terme d'une induction, bien qu'ils ne soient pas conclus selon une nécessité formelle il suscitent également un assentiment certain et évident[4]. Il en va de même des principes des raisonnements prudentiels[5].

Dans cette diversité des principes, les différentes facultés humaines peuvent se trouver mobilisées. Certains principes supposent une sensation préalable : tel est le cas de la proposition dont un médecin fait la prémisse d'un raisonnement, laquelle conduira sans doute à telle prescription. Il juge que le malade a la fièvre à partir de perceptions sensibles et c'est sur cette base qu'il constitue une certaine évidence de l'intellect. C'est pourtant l'intellect et lui seul qui consent à la proposition – c'est une différence majeure avec toute construction du concept par simple combinaison de sensations, et c'est en cela que la théorie buridanienne de la connaissance ne peut pas être assimilée à l'empirisme de Locke. Mais il y a bien une coopération des facultés, qui se traduit par l'idée de « ministère des sens », que l'on trouve par exemple dans la question 11 sur le livre II des *Seconds Analytiques* : « Cependant l'intellect, non seulement pour la connaissance de la

1. Voir *Éth. Nic.*, VI, 5 ; voir aussi P. Aubenque, *La Prudence chez Aristote*, Paris, PUF, 1963.

2. *SL*, VIII, 5, 3, p. 124 : « Illae [conclusiones] sunt evidentes et scitae per rationes quae merentur dici "demonstrationes" communiter, scilicet correspondenter scientiae primo modo dictae, scilicet communiter, quia sic faciunt scire suas conclusiones, licet non dicantur demonstrationes correspondentes scientiae dictae in aliis modis, de qua loquitur Aristoteles in libro *Posteriorum* ».

3. *SL*, VIII, 5, 1, p. 118 : « primum et evidentissimum et firmissimum » ; voir aussi VIII, 5, 3, p. 125.

4. Voir *SL*, VIII, 5, 4, p. 130.

5. Voir *SL*, VIII, 5, 3, p. 124.

conclusion mais encore des principes, a besoin du ministère des sens par lequel lui sont présentées les choses qui sont pour lui intelligibles »[1]. En outre, la plupart du temps, comme nous l'avons vu plus haut, le principe intellectuel ne requiert pas seulement la sensation mais aussi la mémoire, voire l'expérience à titre de condition préalable. Celle-ci n'est pas encore un jugement de l'intellect, elle relève de la faculté estimative.

Une telle construction témoigne d'une certaine continuité dans l'expérience humaine. Le principe du raisonnement démonstratif, qu'il soit théorique ou prudentiel, est saisi par l'intellect, mais celui-ci mobilise les autres facultés à titre de conditions préalables, lesquelles expliquent ici la genèse empirique du principe.

De toutes ces précisions ressort surtout la diversité et la pluralité de statut des principes. Certains sont principes en un sens très minimal : ce sont des propositions qui servent de point de départ à des raisonnements démonstratifs. Mais la plupart du temps, le principe suppose une sorte d'évidence première, acquise à partir de diverses conditions préalables qui le constituent en principe. Parmi ces principes, certains se distinguent par leur primauté, non pas seulement au sens où ils ne dépendent pas d'une proposition antérieure, mais au sens où ils sont les plus communs dans un domaine, voire dans la pensée humaine en général. C'est en ce point que se pose la question de savoir s'ils sont réductibles à un petit nombre de principes, voire à un seul. Cette question a une base textuelle dans le livre Γ de la *Métaphysique*, mais elle avait pris une actualité particulière à l'université de Paris au XIVe siècle en raison des thèses soutenues par Nicolas d'Autrécourt.

La critique de Nicolas d'Autrécourt

La question des relations entre Nicolas d'Autrécourt et Jean Buridan est assez complexe mais a été bien étudiée depuis quelques années[2]. Buridan, dont la stature domine la faculté des arts de Paris du milieu des années 1320 jusque dans les

1. *QAPost.*, II, 11 : « Verum est tamen quod intellectus non solum ad notitiam conclusionum, sed etiam principiorum indiget ministerio sensus per quem presentantur sibi intelligibilia » ; cf. *Qu. Metaph.*, I, 6, f° VIrb : « notitia intellectiva nostra non possit in nobis fieri sine ministerio sensuum » ; c'est ce même « ministère » qui explique le passage des *Questions sur l'Éthique*, VI, qu. 11, f° CXXVIra : « Sic igitur est intelligendum quod inductio habet introitum in demonstratione, non quia certificat simpliciter sed ministerialiter solum ».

2. Parmi beaucoup d'autres études, on peut se reporter à Th. K. Scott, « Nicholas of Autrecourt, Buridan and Ockhamism », *Journal of the History of Philosophy*, 9 (1971), p. 15-41 ; J. M. M. H. Thijssen « John Buridan and Nicholas of Autrecourt on Induction and Causality », *Traditio*, 43 (1987), p. 237-255 ; J. Zupko, *John Buridan, Portrait of a Fourteenth Century Art Master*, Notre Dame University, Notre Dame, 2004, chap. 12, p. 183-202 ; et surtout Chr. Grellard, *Croire et savoir...*, IIIe partie, chap. VIII et IX, p. 227-289.

années 1350, ne pouvait pas ne pas se confronter avec les thèses originales de Nicolas d'Autrécourt qui y a enseigné de 1326 à 1340[1]. Bien que Jean Buridan ne cite jamais nommément son collègue, plusieurs passages sont considérés comme visant directement les théories du maître lorrain, que ce soit à propos de l'exigence de « réduction au premier principe », de la théorie des inférences et notamment des inférences existentielles (du type « si a est, b est »), ou de la causalité. Dans les *Petites sommes*, il parle des « propos absurdes » tenus par des « ignorants de la logique », il dénonce « l'erreur de certains, qui enseignent actuellement »[2]. L'expression atteste d'une proximité entre le moment où est écrit ce passage et celui où se dispensait l'enseignement visé. Selon les tenants de cette thèse, aucun jugement ne permettrait de passer avec évidence de l'existence d'un étant à l'existence d'un autre étant[3]. Le point de litige est donc la théorie des inférences existentielles. Mais c'est bien la reconduction au premier principe qui est le nœud du débat : « Ils disent en effet qu'il ne peut y avoir de preuve évidente si elle n'est pas réductible au premier principe »[4]. Nicolas d'Autrécourt estimait qu'une inférence n'était valide que si le signifié du conséquent était contenu dans le signifié de l'antécédent. Buridan quant à lui a le souci de rendre légitimes (sur la base d'une théorie différente de l'évidence) des inférences du type « si un homme existe, un cœur existe », alors que l'on ne perçoit pas le cœur[5]. Plus largement, Buridan critique une attitude qui conduit à mettre en cause la légitimité du passage d'une connaissance à une autre. C'est ainsi que cela apparaît dans l'un des principaux passages que l'on peut considérer comme une critique de Nicolas par Buridan : la question 4 sur le livre I de la *Physique*[6]. Cherchant de façon générale à montrer que l'on peut passer d'un principe à une conclusion, ou de la connaissance d'une cause à celle de l'effet, il clôt la série des arguments *quod non* en évoquant la question de la réduction au premier principe :

> je reviens à l'argumentation selon laquelle on ne peut pas faire connaître quelque chose à partir de quelque chose d'autre, puisque de l'un à l'autre il n'y a pas de

1. Nicolas d'Autrécourt a obtenu sa maîtrsise ès arts en 1318, mais il a passé plusieurs années à étudier le droit à Orléans; ensuite il revient à des études de théologie tout en enseignant à la faculté des arts. Voir *Histoire littéraire de la France*, t. XLII, fasc. 1, Paris, MCMXCV : Z. Kaluza, *Nicolas d'Autrécourt, ami de la vérité*.

2. *SL*, VIII, 5, 2, 3, p. 122 : « Et ex istis dictis manifestus est error quorundam nunc legentium »; *ibid.* : « Et haec sunt absurda, et ita ex ignorantia logicae »; cf. *Qu. Metaph.*, II, 2.

3. Voir *SL*, VIII, 5, 2, p. 122 : « [...] qui dicunt nullam posse esse evidentem probationem secundum quam concludimus per aliquid esse aliud esse, ut si per motum esse volumus probare motorem esse vel per domum esse parietem esse ».

4. *SL*, VIII, 5, 2, p. 122 : « Dicunt enim non posse evidentem probationem esse nisi sit reductibilis ad primum principium ».

5. Exemple mentionné dans la *Physique*.

6. Voir *Qu. Ph.*, I, qu. 4 : « Utrum in omni scientia ex preexistenti cognitione principiorum, causarum et elementorum contingit alia scire et intelligere, scilicet principiata, causata et elementata ».

conséquence évidente, parce qu'une conséquence n'est évidente que par une réduction au premier principe, et qu'une telle connaissance ne peut pas être réduite au premier principe [1].

L'expression *reductio ad primum principium*, réduction ou mieux *reconduction* au premier principe, caractéristique de la théorie autrécurienne, est employée à plusieurs reprises par Buridan ; ainsi la *Métaphysique* évoque « l'opinion absurde de certains qui croient que rien ne pourrait être absolument démontré si ce n'est par réduction à ce premier principe » [2]. Pour Nicolas, cette exigence se fonde sur le fait que seul le premier principe est tenu pour certain et évident. Une inférence ne peut donc être évidente qu'en raison de l'identité au moins partielle du signifié de la conséquence et du signifié du conséquent [3] ; sans cela l'inférence n'est certes pas dépourvue de toute valeur cognitive, mais elle est probable. Buridan quant à lui refuse clairement que tout syllogisme ou toute conséquence évidente doivent être réduits au premier principe. Pour lui, de nombreuses autres propositions peuvent être tenues pour évidentes, notamment dans le champ de la science naturelle.

Dans le texte de la *Physique*, avant d'énoncer ses propres thèses, Buridan examine les « difficultés » contenues dans cette question en évoquant la position autrécurienne et en formulant le problème de façon générale : « Une difficulté est la suivante : est-ce qu'à partir de la connaissance de quelque chose peut être produite la connaissance d'autre chose [4] ? » Il résume la position adverse en commençant par rappeler la distinction entre connaissance simple (un concept) et connaissance complexe (un ensemble de concepts voire une proposition) ; or l'on ne passerait d'une connaissance à une autre que par une « conséquence », et une conséquence ne se fait par définition qu'entre un complexe et un autre – c'est une inférence entre propositions [5]. Ce qui est en jeu, c'est donc non seulement la nécessité de l'inférence, mais encore la possibilité de passer d'une connaissance simple à une autre. Selon la doctrine visée, dans les deux cas quoiqu'ils soient différents au premier abord, l'identité ou la non-contradiction sont requises pour avoir une connaissance dite « évidente ». Dans un second temps, Buridan mentionne une application particulièrement importante des principes théoriques généraux

1. *Qu. Phys.*, I, qu. 4, f° 4vb : « Item revertor ad arguendum quod non potest fieri notum unum ex alio quia de uno ad aliud non est consequentia evidens, propter hoc quod consequentia non est evidens nisi secundum reductionem ad primum principium, et talis consequentia non potest reduci ad primum principium ».

2. Voir *Qu. Metaph.* II, 2, f° 9vb : « Immo absurda opinio aliquorum credentium quod nihil possit simpliciter demonstrari nisi secundum reductionem ad illud prium principium quod IV ! huius dicitur esse notissimum ».

3. Voir Deuxième lettre à Bernard, § 15, éd. De Rijk p. 69 ; trad. Chr. Grellard p. 92.

4. *Qu. Phys.*, I, qu. 4, f° 5ra : « Una difficultas est utrum ex noticia unius potest fieri noticia alterius ».

5. Voir *Qu. Phys.*, I, qu. 4, f° 5ra : « Dicunt quod nulla noticia incomplexa fit per aliam, quia non fit una noticia per aliam nisi virtute consequentie, sed consequentie non est nisi complexi ad complexum, igitur etc. ».

de son adversaire, que nous laisserons de côté pour l'instant, celle qui concerne la connaissance de la substance [1].

Le maître picard refuse cette doctrine et lui oppose deux thèses. La seconde affirme que nous avons un concept simple de la substance, et elle s'appuie sur des rappels détaillés concernant la sémantique des termes substantiels et accidentels ; elle occupe la plus grande partie de l'exposé buridanien, mais elle ne concerne qu'indirectement notre propos présent. La première thèse a une portée générale : une connaissance simple peut conduire à une autre connaissance simple [2]. La preuve repose sur un affirmation générale : toute connaissance intellective est composée à partir d'autre chose. D'une part en effet les connaissance intellectives complexes sont composées à partir d'autres connaissances intellectives, qui sont des connaissance simples, d'autre part les connaissances intellectives simples sont elles-mêmes produites à partir de connaissances sensitives :

> [...] il faut du moins que la première connaissance intellectuelle soit produite à partir d'une connaissance sensitive, et universellement il faut que toute connaissance intellectuelle soit produite à partir d'une connaissance sensitive, soit médiatement soit immédiatement [3].

C'est donc en réalité toute la psychologie buridanienne qui est opposée à la théorie autrécurienne de la connaissance. Alors que pour Nicolas les idées sont indépendantes du sensible, pour Buridan le sensible est le point de départ de la connaissance scientifique, et il rappelle ici l'adage péripatéticien selon lequel à qui manque un sens, une science fait défaut [4]. Tout passage d'une connaissance à une autre ne se fait pas sur le mode de la conséquence, comme lorsque l'on enchaîne une proposition à une autre. Il existe divers rapports entre deux connaissances. En premier lieu, peut se trouver entre certaines connaissances un rapport dit *objectif* : c'est ainsi que la connaissance fournie par un sens externe est objet pour le sens interne et que façon générale la connaissance sensitive « se rapporte sur le mode de l'objet à la connaissance intellective » [5]. Il faudrait certes s'interroger sur le sens exact que prend ici le terme d'« objet », car on sait qu'en dernier ressort le concept doit permettre de concevoir une *chose*. Mais un point est clair : une construction gnoséologique complexe doit permettre de passer du sensible à l'intelligible. Cela s'oppose à l'immédiateté de la connaissance intellective ockhamiste, par exemple, car si pour Ockham la connaissance intellective du

1. Voir *Qu. Phys.*, I, qu. 4, f° 5ra : « Secundo illi inferunt corrolarie quod nullam substantiam cognoscimus noticia incomplexa [...] ».

2. Voir *Qu. Phys.*, I, qu. 4, f° 5ra : « Prima est quod aliqua noticia incomplexa fit per aliam [...] ».

3. *Qu. Phys.*, I, qu. 4, f° 5ra : « [...] saltem primam noticiam intellectualem oportet fieri ex sensitiva, et universaliter omnem noticiam intellectualem ex sensitiva oportet fieri vel mediate vel immediate [...] ».

4. Voir *Qu. Phys.*, I, qu. 4, f° 5ra : « [...] cum intelligentem quemcumque necesse sit fantasmata speculari, ut habetur tertio *De anima*, propter quod etiam dictum est primo *Posteriorum* quod deficiente nobis aliquo sensu deficit nobis scientia de obiecto proprio illius sensus ».

5. *Qu. Phys.*, I, qu. 4, f° 5rb : « [...] se habet per modum obiecti ad notitiam intellectivam ».

monde extérieur s'accompagne toujours, en en ce monde-ci, d'une connaissance sensitive, elle ne la prend aucunement comme objet. Mais cela s'oppose plus encore au platonisme autrécurien. C'est pourquoi Buridan continue en se référant à la tradition de la psychologie péripatéticienne en usage à Paris depuis le milieu du XIII e siècle : le rapport entre sensible et intelligible ne se réduit pas à ce mode « objectif » ; il faut y ajouter un rapport de *discernement* – je traduis ainsi *elicitive* – par lequel, selon Avicenne, la puissance estimative produit, à partir d'intentions sensibles, des intentions non sensibles, telles que l'amitié ou l'inimitié, la crainte ou la confiance ; cet engendrement d'une connaissance par une autre est pensé comme un processus purement naturel [1]. Enfin il existe un rapport proprement *abstractif* par lequel à partir d'un concept confus représentant la substance et l'accident l'intellect sépare la conception de la substance de celle de l'accident – ce qui corrobore la thèse sur la possibilité de connaître la substance.

Tout cela ne nous éloigne qu'en apparence de la question de l'évidence et de la reconduction au premier principe car la base du raisonnement buridanien est que les connaissances s'enchaînent suivant de multiples voies, si bien que la conception autrécurienne est excessivement « réductrice ». Après avoir récusé l'impossibilité de passer d'une connaissance simple à une autre [2], Buridan revient en effet aux connaissance complexes et pose à nouveau une série de thèses contraires à celles de Nicolas d'Autrécourt [3]. Il commence par poser que l'on peut bien démontrer d'un sujet qu'il existe, c'est même l'une des tâches énumérées par Aristote dans les *Seconds Analytiques*, et il donne l'exemple de la première cause [4]. Plus loin, on en tirera la conclusion que l'on peut bien démontrer une proposition d'existence à partir d'une autre, pourvu qu'on la syllogise avec une troisième proposition connue :

> La quatrième conclusion est que dans certains cas, par la proposition « *a* existe », non pas toute seule mais avec une autre prémisse, je puis savoir démonstrativement la conclusion « *b* existe », bien que *a* soit autre que *b* et *b* autre que *a* [5].

et l'on peut donner comme exemple « un homme existe, donc un cœur existe », inférence médiatisée par la connaissance selon laquelle un homme ne peut pas

1. *Qu. Phys.*, I, qu. 4, f° 5rb : « [...] rationabile est quod anima mediante una noticia potest consequenter generare aliam *naturaliter consequentem* ad priorem » (je souligne – J. B.).

2. Voir *Qu. Phys.*, I, qu. 4, f° 5rb : « Ex dictis etiam patet quod non valet ratio correlarii quod illa opinio volebat concludere sicut nec correlarium ».

3. Voir *Qu. Phys.*, I, qu. 4, f° 5va : « Sed illam opinionem non credo esse veram ideo contra eam pono conclusiones ».

4. Bien que cela ne soit pas précisé à cet endroit, cela implique certaines thèses sémantiques. La proposition « prima causa est prima causa » n'est elle-même vraie que si le sujet suppose pour quelque chose. C'est pourquoi l'on peut en déduire « prima causa est ». Bien entendu, la vraie question est de savoir si l'on a un concept de « prima causa », lequel, et comment il est formé.

5. *Qu. Phys.*, I, qu. 4, f°s 5vb-6ra : « Quarta conclusio est quod in quibusdam per istam propositionem "*a* est" non solitarie sed cum alia premissa, ego possum demonstrative scire istam conclusionem "*b* est", licet *a* sit aliud quam *b* et *b* aliud quam *a* ».

vivre sans cœur. On doit aussi noter que l'on peut conclure de prémisses évidentes une conclusion qui devient de ce fait elle-même évidente :

> Ensuite il faut noter que si l'on avait, dans un syllogisme, deux prémisses évidentes et connues à partir desquelles suivent de nombreuses autres conclusions qui étaient d'abord douteuses [...], bien que l'une suive de façon plus évidente qu'une autre, quand cependant il aura été notifié que n'importe laquelle d'entre elles suit, il faudra concéder et savoir n'importe laquelle de ces conclusions, et n'importe laquelle parmi elles serait sue démonstrativement par ces prémisses [1].

Pour ce qui est plus particulièrement de la reconduction au premier principe, l'exigence d'en faire une norme se trouve bien entendue récusée :

> Contre eux, la deuxième conclusion est qu'il n'est pas requis que toute prémisse d'une démonstration soit rendue connue et évidente par réduction au premier principe [2].
>
> La troisième conclusion est qu'il n'est pas requis que toute conséquence d'un syllogisme démonstratif soit rendue évidente par réduction au premier principe [3].

Buridan attribue à Autrécourt, ainsi que cela a été noté par Christophe Grellard, à la fois une faute logique et une faute épistémologique. La faute logique revient à ne pas voir que certains syllogismes, notamment les syllogismes de la première figure, sont concluants par eux-mêmes, sans avoir besoin en outre d'être reconduits au premier principe [4]. Pour le maître picard, la théorie d'Autrécourt revient à exiger que tout syllogisme soit lui-même pris dans une chaine de syllogismes dont le premier aurait le premier principe pour prémisse [5] ; or tel n'est pas le cas : certains principes sont non seulement valides par eux-mêmes, mais aussi scientifiquement concluants d'eux-mêmes, en raison de la nécessité de leurs prémisses [6]. Quant à l'erreur épistémologique, elle est double. D'une part, croire que toutes les connaissances doivent, sinon immédiatement du moins médiatement, se réduire à un principe unique – ce à quoi Buridan opposera un vision régionale

1. *Qu. Phys.*, I, qu. 4, f° 5vb : « Deinde notandum quod si fuerint alicuius syllogisme due premisse evidentes et scite, ex quibus sequuntur multe alie conclusiones prius dubie [...], quamvis una sequeretur evidentius quam alia, tamen quando notificatum fuerit quod quelibet illarum sequitur, oportebit concedere et scire quamlibet illarum conclusionum, et quelibet earum esset demonstrative scita per illas premissas ».

2. *Qu. Phys.*, I, qu. 4, f° 5vb : « Secunda conclusio contra illos est quod non oportet omnem premissam demonstrationis fieri notam et evidentem per reductionem ad primum principium ».

3. *Qu. Phys.*, I, qu. 4, f° 5vb : « Tertia conclusio est quod non oportet omnis sillogismi demonstrativi consequentiam fieri evidentem per reductionem ad primum principium ».

4. Voir *Qu. Phys.*, I, qu. 4, f° 5vb : « [...] syllogismi prime figure sunt et dicuntur perfecti quantum ad evidentiam consequentie, talis modo quod non possunt per consequentias evidentiores probari esse si debito modo formati fuerint ».

5. C'est ce qu'il laisse entendre dans *Qu. Metaph.*, II, 2, f° IXvb.

6. Voir aussi *SL*, VIII, 5, 2, p. 120.

des sciences. D'autre part, réduire excessivement le champ de l'évidence et par voie de conséquence du démontrable.

Tout cela résulte de la redéfinition, que nous avons vue plus haut, de l'idée même de principe, et de la pluralisation de cette notion. Y a-t-il, en fin de compte, un principe premier? Buridan admet que le principe de non-contradiction, dont Aristote parle dans le livre Γ de la *Métaphysique*, est le « plus connu » ; dans un passage des *Petites sommes de logique*, il le présente même comme « le plus évident » [1]. Il jouit en tout cas d'une évidence certaine, et l'intellect y assentit naturellement. Mais il n'est « premier » dans que dans l'acception négative distinguée par Nicolas dans sa lettre à Bernard d'Arezzo, à savoir qu'il n'y a rien qui soit susceptible d'en procurer une démonstration [2]. Et même en ce sens, il n'est pas unique [3]. Et il n'est pas premier, en revanche, dans l'acception positive où ce serait un premier fondement. Mieux, il n'est nul besoin, pour Buridan, de chercher un fondement premier de l'évidence qui procure une norme de certitude. L'évidence n'est pas réservée à des principes aussi universels que le principe de non-contradiction ou le principe d'identité. Il y a certes des principes logiques qui sont tels qu'ils ne peuvent être falsifiés par aucune puissance. Mais il y a aussi des principes connus par expérience et par induction [4], qui ont un caractère contingent que figure l'hypothèse de leur invalidation possible par Dieu, mais dont il n'y a aucune raison de douter dans le cours normal de la nature; leur évidence conditionnée suffit à l'élaboration de la science [5]. Les principes de la démonstration, mais aussi les principes fondamentaux de telle ou telle science sont divers, et irréductibles les uns aux autres.

Buridan maintient l'importance de la notion de principe pour la scientificité. Car il prend acte des objections sceptiques et il veut garantir que la science humaine ne vit pas sous la menace de la régression à l'infini ou de la circularité. Il maintient que la solidité de l'édifice démonstratif dépend pour une large part de la nature de ses premières pierres. Mais tout en reprenant ainsi en compte une des exigences fondamentales de la théorie aristotélicienne de la science, Buridan en infléchit considérablement le sens. La notion de principe se trouve d'abord relativisée. Si toute démonstration suppose des propositions de départ qui en sont les principes, si ceux-ci peuvent être eux-mêmes démontrés soit dans la

1. Voir *SL*, VIII, 5, 2, p. 118 : « [...] ipsum est primum et evidentissimum et firmissimum [...]; voir aussi *SL*, VIII, 5, 3, p. 125.

2. Voir Nicolas d'Autrécourt, *Correspondance*, « Deuxième lettre à Bernard d'Arezzo », § 2, éd. De Rijk p. 58 : « [...] "primum" negative exponendo : "quo nichil est prius" [...] primum affirmative vel positive : "quod est quocumque alio prius" » ; trad. fr., p. 85 ; *cf.* Chr. Grellard, *Croire et savoir...*, p. 255.

3. Voir *SL*, VIII, 5, 2, p. 117 : « Non est unicum principium et indemonstrabile, vocando "primum", ut ante dictum est, quod non habet premissas priores et notiores per quas valeat demonstrari ».

4. Voir *Qu. Phys.*, I, qu. 4, f° 5vb : « Multa enim principia demonstrationum fiunt nota nobis per sensum vel per memoriam vel per experientiam, absque hoc quod oporteat ea aliter demonstrari ».

5. Voir *QAPr.*, I, 20 ; voir aussi *SL*, VIII, 5, 3, p. 125.

même discipline soit dans une autre, d'une part les modes de justification de ces principes sont multiples, d'autre part il n'est pas question de chercher à tout reconduire à un principe premier de toute science et de toute certitude; cela n'est ni possible ni nécessaire. Le premier aspect n'était pas étranger à Aristote, qui admettait comme point de départ des propositions analytiques, des définitions, et même des propositions reçues par induction. Mais chez Buridan, la pluralité de ces modes est soulignée, et le processus inductif revêt une importance et un sens différents, servant à établir des régularités naturelles qui seront à la base notamment de la physique. Le second aspect est évidemment lié aux débats autour de Nicolas d'Autrécourt. Buridan refuse l'exigence de reconduction au premier principe, car là encore ce serait faire tomber la science effective dans l'incertitude. De ce fait, il récuse toute approche qui chercherait un fondement ultime de la connaissance [1]. Pour Buridan, c'est une fait que l'intellect enchaîne naturellement les connaissances les unes aux autres, selon des modalités diverses qu'il décline. Rien ne s'oppose en droit à ce que l'on infère une substance d'un accident ou une existence d'une autre existence. La démarche naturaliste joue ici un rôle clef qui a déjà été souligné. De même que c'est la nature de l'intellect que de donner son assentiment au vrai lorsque celui-ci lui est présenté sans obstacle, de même c'est sa nature que de reconnaître la validité des inférences par lesquelles on passe d'une proposition à une autre quand les conditions de rigueur, de nécessité, voire d'adéquation des procédures au sujet traité, sont respectées.

1. Voir sur ce sujet Chr. Grellard, *op. cit.*, p. 240-256.

Chapitre IV

OUVERTURE VERS D'AUTRES FORMES D'ARGUMENTATION

Pour présenter le statut et la fonction de la logique, nous avons dû nous situer par moments dans une perspective plus large que la seule théorie de la démonstration. Bien que celle-ci soit le cœur de la théorie de la science, il convient de la replacer dans une théorie générale des formes de raisonnement et d'argumentation. Ce n'est pas que Buridan se situerait dans une perspective qui soit principalement, comme chez Cicéron, celle du débat judiciaire ou politique ; même s'il accorde une place aux sciences pratiques, il laisse la primauté aux sciences spéculatives, notamment à la métaphysique. Mais la logique, *habitus* pratique, a une fonction d'instrument universel. Non seulement elle fournit le canon de toutes les sciences, mais dans sa fonction descriptive elle exhibe la forme de nombreux raisonnements, de certitude variable, et dans sa fonction instrumentale, elle nous indique comment produire l'argumentation la plus forte pour conclure selon le sujet traité.

La topique et le raisonnement probable

Ainsi que nous l'avons vu, la dialectique et même la sophistique font de plein droit partie de la logique. Ce qui les différencie, c'est leur domaine d'application : classiquement, la dialectique a pour objet le raisonnement « probable », lequel d'une part ne conclut pas « selon la forme », du moins pas dans tous les cas, d'autre part ne produit pas l'assentiment le plus ferme mais laisse place au doute.

La théorie de l'argumentation topique est traitée en détail par Buridan dans un traité des *Petites sommes de logique* que l'on complétera par les *Questions sur les Topiques*[1]. Je ne puis ici exposer en détail la théorie buridanienne des lieux[2],

1. Johannes Buridanus, *Quaestiones Topicorum*, ed. by N. J. Green-Pedersen, Turnhout, Brepols, 2008.

2. Je me permets de renvoyer pour une étude plus complète à ma contribution, « Le lieu de la croyance : le traité sur les *Topiques* de Jean Buridan », dans J. Biard et F. Mariani Zini (éds), *Les Lieux de l'argumentation. Histoire du syllogisme topique d'Aristote à Leibniz*, Turnhout, Brepols, 2010, p. 359-383.

je me limiterai à l'examen de la place qui est accordée à l'argumentation dialectique. Loin de résorber celle-ci dans la théorie des conséquences [1], Buridan continue à accorder aux *Topiques* une place importante, comme il était d'usage à la faculté des arts de Paris [2].

Pierre d'Espagne, qui sert de guide à Buridan dans son traité sur les lieux, définissait ainsi l'argument : « Un argument est une raison produisant la créance en une chose douteuse, c'est-à-dire un moyen prouvant une conclusion qui doit être assurée par l'argument » [3]. Buridan reste fidèle à son manuel, tant dans le lemme que dans l'explication [4]. Si la *ratio* est ainsi un moyen prouvant ou permettant d'inférer la conclusion, on se situe d'emblée dans une perspective syllogistique : non seulement il est question d'inférence, mais on doit chercher le moyen-terme, explicite ou implicite. C'est ce que confirme la différence entre argument et argumentation.

Pierre d'Espagne, fidèle à la lettre du texte boécien, posait : « L'argumentation est le développement de l'argument par un discours » [5]. Une interprétation immédiate de cette définition pourrait opposer la totalité du discours, ou de l'énoncé complexe qu'est le syllogisme, au caractère plus restreint du moyen [6]. Mais alors que Pierre d'Espagne insistait sur ce processus de déploiement et sur le rapport entre un élément et la totalité virtuellement impliquée par lui, Buridan accentue pour sa part une autre opposition, entre le plan mental et le plan de l'expression vocale :

1. Selon le mouvement général décrit par N. J. Green-Pedersen, *The Tradition of the Topics in the Middle Ages : the Commentaries on Aristotle's and Boethius'Topics*, München, Philosophia Verlag, 1984. Ce schéma reste pertinent pour décrire certains aspects novateurs de la pensée médiévale tardive, mais ne rend pas compte de la totalité. Sur la tradition des *Topiques*, voir aussi E. Stump, « Dialectic in Ancient and Medieval Logic », *in* Boethius's *De differentiis topicis*, transl. with notes and essays by E. Stump, Ithaca-London, Cornell University Press, 1978.

2. Des maîtres comme Boèce de Dacie ou plus tard Raoul le Breton ont écrit des questions sur les *Topiques*, mêlant et confrontant la tradition boécienne à la tradition proprement aristotélicienne. Voir C. Marmo, « La topique chez les modistes » dans J. Biard et F. Mariani Zini (éds), *Les Lieux de l'argumentation*, p. 335-358.

3. Pierre d'Espagne, *Tractatus*, V, 2, p. 55 : « Argumentum est ratio rei dubie faciens fidem, idest medium probans conclusionem que debet confirmari per argumentum ». *Cf.* Boèce, *De differentiis topicis*, col. 1174 D, trad. E. Stump p. 30 ; et Cicéron, *Divisions de l'art oratoire*, II, 5 : « Quid est argumentum ? – Probabile inuentum ad faciendam fidem » ; et *Topiques*, II, 8 : « [...] rationem quae rei dubiae facit fidem », éd. par H. Bornècque, Paris, Les Belles Lettres, 2e édit. 1960, p. 3 et p. 69.

4. Buridan, *SL*, VI, 1, 2 : « Cum hoc nomen "ratio" valde multipliciter soleat capi, ideo auctor noster dicit quod hic, in diffinitione argumenti, "ratio" capitur pro medio per quod aliqua conclusio probatur ; ideo exponit sic diffinitionem argumenti : argumentum est ratio rei dubiae faciens fidem, id est medium probans conclusionem ». Au début de son traité des lieux, Pierre d'Espagne distinguait sept sens du mot « ratio » : voir *Tractatus*, V, 1, p. 55.

5. Pierre d'Espagne, *Tractatus*, V, 2, p. 55 : « Argumentatio est argumenti per orationem explicatio » ; *cf.* Buridan, *SL*, VI, 1, 2 ; *cf.* Boèce, *De differentiis topicis*, col. 1174 D. Je traduis ici « oratio » par « discours » car il ne s'agit pas d'un énoncé simple mais du déploiement complexe de tout un procès langagier.

6. Buridan, *SL*, VI, 1, 2 : « Argumentatio autem non solum est illud medium, sed est totalis oratio composita ex medio et extremitatibus, ex praemissis et conclusione ; et cum medium contineat virtualiter extremitates, praemissas et conclusionem, et totalem argumentationem, ideo videtur esse bene dictum quod argumentatio est argumenti per orationem explicatio ».

> Mais cela ne me paraît pas être l'intention de Boèce que d'appeler « argument » un terme unique ; au contraire l'intention de Boèce semble être que l'argument et l'argumentation diffèrent comme le processus mental et le processus vocal[1].

Buridan revient donc à la lettre de Boèce, pour qui l'*argumentum* était une *ratio* produisant la *fides*, la créance en une conclusion, la confiance accordée par l'esprit, donc un état mental, tandis que l'*argumentatio* était une *oratio*[2]. Mais il met davantage en évidence cette relation du mental et du vocal. L'argument est la totalité du processus mental car il s'agit de mettre en évidence le procès psychique faisant passer du doute à la certitude :

> L'argument est en effet un procès dans l'esprit, par lequel l'esprit, à partir de prémisses mentales qui lui sont connues, est contraint de concéder une conclusion qui lui était auparavant inconnue ou douteuse. Et ainsi, « raison » est pris pour la totalité du procès mental ; de là on appelle pour ainsi dire argument ce qui arguë mentalement[3], c'est-à-dire force intérieurement l'esprit à concéder et à assentir à ce dont il doutait auparavant, ou aurait douté si cela lui avait été proposé sous forme de question[4].

Le procès mental est décisif, puisque toute la procédure est destinée à lever le doute, ou l'interrogation initiale. Le déplacement vers le plan mental est très net, en comparaison des textes fondateurs d'Aristote et de Cicéron. Cela prend sens au sein de la théorie de la science comme disposition psychique : la confiance accordée par l'esprit à la conclusion d'un raisonnement, qu'il soit syllogistique ou topique, est la finalité même du raisonnement ou du débat.

L'argumentation quant à elle est le processus vocal exprimant ce processus mental[5]. De façon générale, les argumentations peuvent être de quatre sortes : syllogisme, induction, enthymème et exemple[6]. Les formulations sont classiques. L'enthymème, notamment, est défini comme un syllogisme imparfait, c'est-à-dire « un énoncé (*oratio*) dans lequel une conclusion est inférée, une prémisse étant

1. Buridan, *SL*, VI, 1, 2 : « Sed illud non apparet mihi esse intentio Boethii quod aliquem unicum terminum vocavit "argumentum", immo intentio Boethii videtur esse quod argumentum et argumentatio differunt sicut processus mentalis et processus vocalis ».

2. Boèce, *loc. cit.*, col. 1174 D.

3. Argumentum / arguens mentem. *Cf.* Isidore de Séville [Isidori Hispalensis Episcopi], *Etymologiarum sive originum libri XX*, II, IX, 1, éd. W. M. Lindsay, Oxonii, e typographeo clarendoniano, [1911], s. p., où l'*argumentatio* est dite « quasi argutae mentis oratio ».

4. *SL*, VI, 1, 2 : « Argumentum enim est processus in mente quo mens ex praemissis mentalibus sibi notis cogitur concedere conclusionem sibi prius ignotam vel dubiam. Et sic accipitur ibi "ratio" pro totali processu mentali ; unde dicitur "argumentum" quasi "arguens mentem", id est interius cogens mentem ad concedendum et ad assentiendum ei de quo prius dubitabat, vel dubitasset si per modum quaestionis fuisset sibi propositum » ; cf. *Quaestiones Topicorum*, I, qu. 4, p. 23.

5. *SL*, VI, 1, 2 : « Argumentatio autem est processus vocalis exprimens et explicans significative praedictum processum mentalem ».

6. La liste des quatres espèces d'argumentation combine des indications provenant des *Seconds Analytiques* (I, 1, 71 a 9-11) et de la *Rhétorique* (I, 2, 1356 a 35 - b 4). Elle est devenue un lieu commun au Moyen Âge.

exprimée (*expressa*), une autre non exprimée »[1]. Mais après avoir repris cette division de l'argumentation dans le lemme, Buridan s'en démarque dans son commentaire : quoique canonique, elle n'est pas à prendre selon le sens propre des termes. Voyons ce qui concerne le syllogisme et l'enthymème.

Le syllogisme excède en effet le champ de l'argumentation. En quel sens? L'argumentation est une *probatio* : il s'agit de prouver la conclusion par la nécessité de la conséquence. Or cela suppose un gain épistémique : l'antécédent doit être plus connu (*notius*) que le conséquent. Or ce n'est pas le cas dans tout syllogisme puisqu'il est possible que l'antécédent soit aussi douteux, voire plus douteux que le conséquent, ou que l'on conclue d'un antécédent évidemment faux une conclusion évidemment fausse par un syllogisme formellement valide, par exemple d'une conjonction à un membre de cette conjonction qui serait faux[2]. L'argumentation suppose donc une dimension épistémique (gain de connaissance) que le syllogisme n'implique pas nécessairement en tant que syllogisme, régi par des règles formelles. Toutefois, cela n'empêche pas que toute argumentation soit un syllogisme, une induction, un enthymème ou un exemple, même si à l'inverse tout syllogisme (etc.) n'est pas une argumentation.

Pour ce qui est de l'enthymème, il convient d'abord de le distinguer de la conséquence[3]. La conséquence est décrite ailleurs comme ce qui formé d'un antécédent et d'un conséquent, avec un signe de conséquence (« donc... » ou « si... alors »)[4]. Quelle est la différence avec l'enthymème ? L'enthymème est un syllogisme imparfait, de sorte qu'il ne conclut formellement que si on lui ajoute une autre prémisse, de façon à le transformer en *syllogismus perfectus*. En revanche, certaines conséquences sont formelles sans qu'il soit besoin de leur ajouter une prémisse : tel est le cas des conversions, des subalternations ou des équipollences[5]. L'argumentation enthymématique, ou plus exactement l'argument qui lui correspond mentalement, doit pour conclure formellement comprendre un moyen terme qui soit distinct des extrêmes, ce qui n'est pas le cas de la conséquence.

L'enthymème doit ainsi être reconduit à un syllogisme, et cela se fait par apposition de la prémisse manquante ; par exemple dans « homo currit, ergo animal currit », on lie les extrêmes « homo » et « currit » par le moyen terme « animal », grâce à la seconde prémisse « omnis homo est animal ». Il convient seulement d'ajouter que parfois il ne s'agit pas de propositions catégoriques mais aussi d'hypothétiques (au sens médiéval, c'est-à-dire de propositions composées).

1. *SL*, VI, 1, 4, lemme.

2. *SL*, VI, 1, 4 : « Omnis equus est capra et omnis homo est equus; ergo omnis homo est capra ».

3. *SL*, VI, I, 4 : « videtur mihi esse notandum quod non omnis consequentia ex una categorica ad aliam categoricam debet dici enthymema ».

4. Voir Jean Buridan, *Tractatus de consequentiis*, éd. par H. Hubien, Louvain-Paris, Publications Universitaires - Vander-Oyez, S.A., 1976, p. 21.

5. Selon Buridan, une conséquence est formelle quand elle vaut pour tout terme, la forme restant identique (voir *Tractatus de consequentiis*, I, c. 4, p. 22).

C'est dans ce cadre qu'il faut comprendre la fonction du lieu, qui depuis Boèce est distingué en lieu comme différence et en lieu comme maxime. Le lieu-différence permet de classer les maximes et les stratégies d'argumentation. Mais quelle est la fonction du lieu-maxime, qui a été défini comme « une proposition connue et concédée par soi [...] par laquelle encore d'autres propositions douteuses ou moins connues sont à même d'être prouvées » [1] ? Elle apparaît lors de la classification des lieux et des exemples associés. Dans le cas d'un lieu intrinsèque, le lieu est équivalent aux termes de la maxime qui « confirme » la conséquence, conséquence dont le terme inférant et le terme inféré doivent supposer pour les mêmes choses [2]. Qu'est-ce ici que *confirmare* ? Ce n'est pas une vérification après coup, il s'agit plutôt d'affermir, de consolider, d'assurer. Si le lieu est le siège de l'argument, la maxime est ce qui l'assoit.

La maxime assure donc l'inférence. Mais cela veut dire qu'elle est aussi ce qui permet de trouver la prémisse manquante de l'enthymème. Le lieu est déterminé par le terme qui est mis dans l'antécédent comme moyen et qui a un certain rapport au terme posé dans le conséquent. Toutefois la maxime qui assure l'argument n'est pas la prémisse manquante ; elle est formée de termes de seconde intention :

> Mais encore, que voulons-nous chercher quand nous disons « quelle maxime ? » Je dis brièvement que nous cherchons une proposition connue par soi assurant l'argument, et il n'est pas requis qu'elle soit composée des termes posés dans l'argument, mais de termes de seconde intention supposant pour les termes par le rapport desquels tient la conséquence [3].

Ainsi la maxime qui assure l'argument « homo currit, ergo animal currit » n'est pas formée des termes « homo » et « animal » mais des termes de seconde intention « espèce » et « genre » ; elle est en effet : « tout ce qui est affirmé véridiquement de l'espèce est affirmé véridiquement du genre » [4]. Lorsque nous avons affaire à un syllogisme complet, il n'est nul besoin de faire appel à une maxime de ce type pour former la seconde prémisse, puisque celle-ci est déjà donnée [5]. Mais l'enthymème, lui, ne conclut pas de soi-même en vertu de sa forme.

1. *SL*, VI, II, 2 : « propositio per se nota et concessa [...] per quae etiam innatae sunt probari aliae propositiones dubiae vel minus notae ».

2. *Cf.* Raoul le Breton, *Questiones super libros Topicorum Boethii*, ed. by N. J. Green-Pedersen, *Cahiers de l'Institut du Moyen Âge grec et latin*, 26 (1978), p. 1-92 ; ici p. 1 : « [...] argumentatio localis est illud quod confirmatur, locus autem est habitudo confirmans argumentationem ».

3. *SL*, VI, 3, 1 : « Sed etiam quid volumus quaerere quando dicimus « quae maxima ? » Dico breviter quod nos quaerimus propositionem per se notam confirmativam argumenti, et illam non oportet componi ex terminis in argumento positis, sed ex terminis secundae intentionis supponentibus pro illis terminis ex quorum habitudine ad invicem tenet consequentia ».

4. *SL*, VI, 3, 1 : « quidquid vere affirmatur de specie vere affirmatur de genere ».

5. *SL*, VI, 3, 1 : « Et correlarie concludi potest quod in demonstrationibus, quae sunt syllogismi integri ex praemissis per se notis vel per alios syllogismos sufficienter probatis, non oportet quaerere maximas nisi praemissas illorum aliorum syllogismorum. Concludunt enim per se gratia formae ; ideo nulla indigent alia probatione virtute cuius valeat consequentia ».

Il convient donc de trouver la prémisse manquante, et pour cela l'on doit s'appuyer sur une maxime topique qui considère la sémantique des termes ; ainsi, il repose sur la matière du raisonnement[1] :

> [...] telle est la différence, que dans toute démonstration la conclusion est inférée des prémisses nécessairement et grâce à la forme, ce qui n'est pas requis par une argumentation dialectique[2].

Que l'argumentation repose sur la matière a pour conséquence que le syllogisme dialectique pourra avoir les mêmes figures et les mêmes modes qu'un syllogisme démonstratif, mais en différera par certains caractères des prémisses : celles du syllogisme démonstratif seront nécessaires, premières, vraies et immédiates, tandis que celles du syllogisme dialectique seront probables[3].

Dira-t-on par conséquent que les topiques, dans un cadre syllogistique global, ont simplement pour domaine d'application le champ du probable, défini par son endoxalité et opposé au nécessaire ? Le probable peut dans un premier temps être défini à la suite d'Aristote comme « ce à quoi tous, ou la plupart des sages, assentissent »[4]. Une telle définition est en vérité incomplète, puisque, en toute rigueur, elle inclut la certitude produite par la démonstration ; il faudrait, pour être exact, ajouter une clause restrictive excluant la certitude démonstrative. La proposition dialectique suscite donc une confiance que l'on accorde, une *fides*, mais moindre que la certitude absolue, *infra certitudinem simpliciter*, laissant place au doute. Néanmoins, une telle présentation, renouant avec la présentation scolaire de l'aristotélisme, paraît convenir avec les définitions de l'argumentation dialectique que l'on trouve aussi bien dans les *Petites sommes de logique*[5] que les *Questions sur les Topiques*[6].

Pourtant, les choses sont en fin de compte moins tranchées. D'une part, toute argumentation dialectique n'est pas un syllogisme, fût-il probable : « le terme "syllogisme dialectique" est moins général que le terme "argumentation dialectique" »[7]. Or c'est bien l'argumentation dialectique dans son ensemble qui est le sujet de la science dialectique, comme l'établit la première question sur les

1. Voir *Tractatus de consequentiis*, I, c. 7, p. 30 ; voir *supra*, IIe partie, chap. II, p. 150-151, la définition de la matière et de la forme d'un raisonnement.

2. Voir *SL*, VIII, 4, 2, p. 102 : « [...] est haec differentia quod in omni demonstratione infertur conclusio ex praemissis necessario et gratia formae, quod non requiritur ad argumentationem dialecticam ».

3. Les pages qui suivent reprennent pour l'essentiel notre article « Les lieux de la croyance... ».

4. *Qu. Top.*, I, 3, p. 20.

5. Voir *SL*, VIII, 4, 1, p. 96 : « Requiritur enim ad demonstrationem necessaria illatio, ut dicetur post ; sed non requiritur necessaria illatio ad argumentationem dialecticam, immo sufficit probabilis ».

6. Voir par exemple *Qu. Top.*, I, 13, p. 55, où sont dits dialectiques les problèmes « qui peuvent être disputés par des raisons probables et communes ».

7. *Qu. Top.*, I, 1, p. 10 : « [...] hic terminus "syllogismus dialecticus" est minus communis quam hic terminus "argumentatio dialectica" ».

Topiques[1]. Parmi ces argumentations, certes, seuls les syllogismes sont susceptibles de conclure par une inférence formelle ; ce n'est pas le cas de l'argument d'autorité, de l'exemple, de l'induction, de l'enthymème. Le raisonnement topique n'a pas toujours, loin de là, la forme d'un syllogisme. Mais la maxime topique valide l'inférence, en permettant, le cas échéant, de formuler la prémisse manquante. Ainsi, si le lieu dialectique ne conclut pas « grâce à la forme »[2], c'est aussi bien parce qu'il peut avoir la forme d'un syllogisme incomplet qu'en raison de la nature des prémisses, ou des termes entre lesquels la maxime topique formule une relation.

D'autre part, certains arguments topiques semblent produire des syllogismes nécessaires, au moins sous condition du cours naturel des choses ; tel est le cas de ceux qui utilisent le lieu de la définition. Une telle nécessité conditionnelle est indispensable si l'on ne veut pas faire disparaître toute démonstration de la science naturelle. Cependant, la portée de tels lieux est plus large, c'est pourquoi il est légitime de les nommer « lieux dialectiques ». Ainsi, le lieu de la définition (ou du défini) permet aussi d'inférer « un âne voit un homme, donc un âne voit un animal rationnel mortel », par l'adjonction de la prémisse « un homme est un animal rationnel mortel » ; dans ce cas il ne s'agit pas d'une démonstration.

Les lieux dit « des concomitants à la substance » (*a concomitantibus substantiam*) sont quant à eux très divers. On y trouve le lieu du tout universel et de la partie subjective, qui autorise certaines prédications essentielles[3]. À propos des lieux de l'accident, le lemme distingue les accidents qui se relient au sujet « toujours ou le plus souvent » (*semper vel ut pluribus*), dont on peut tirer des lieux dialectiques, et les autres « de façon contingente-indifférente ou plus rarement » (*contingenter ad utrumlibet vel in paucioribus*), dont on ne tire que des arguments sophistiques[4]. Plus loin, cependant, Buridan rappelle que certaines concomitances ou consécutions peuvent être nécessaires, par exemple « la lune se trouvant dans la queue du Dragon est opposée au soleil, donc la lune est éclipsée » ; d'autres sont seulement contingentes et se produisent dans la plupart de cas, alors on n'a pas une conséquence nécessaire mais probable, « et c'est bien là un argument dialectique »[5].

Si certaines conséquences, énumérées parmi les lieux bien qu'elles ne soient mentionnées ni par Themistius ni par Pierre d'Espagne, comme par exemple ce qui permet de passer d'une expression conjonctive totale a un membre de la

1. Voir *Qu. Top.*, I, 1, p. 11. Buridan s'écarte en cela de Roul le Breton ; celui-ci évoquait la doctrine de ceux qui considéraient l'argumentation topique (*argumentatio localis*) comme le sujet de la dialectique, et posait quant à lui que le sujet en est le lieu ; voir *Questiones super libros Topicorum Boethii*, p. 1 : « [...] locus consideratus secundum suam essentiam, ut per ipsum potest argumentatio confirmari, est hic subiectum ».

2. Voir *SL*, VIII, 4, 1, p. 96 : « et communiter loci dialectici non concludunt gratia formae ».

3. « Lapis non est animal, ergo lapis non est homo » ; ou « omne animal vigilat, ergo omnis musca vigilat », à condition de supposer la *constantia inferioris*, c'est-à-dire de poser qu'il y a toujours des suppôts (individuels) auxquelles se réfèrent ces concets communs.

4. Voir *SL*, VI, 4, 17.

5. *SL*, VI, 4, 17 : « et bene est tale argumentum dialecticum ».

conjonction, ou d'une partie de la disjonction à la disjonction, et d'autres de cette nature, sont purement formelles, les lieux extrinsèques en revanche sont confortés comme lieux purement dialectiques. Tel est le cas du « lieu du plus grand » (« quod maius non potest, minus non potest », comme « le roi ne peut pas prendre un tel château, donc son vassal ne le peut pas ») ou du « lieu du plus petit » (« quod minus potest, maius potest »). Leur statut permet de préciser le champ de la « dialectique » :

> Mais lorsque l'on parle ici de plus grand et de plus petit, il semble que nous ne devions pas le comprendre d'une apparence évidente ni sophistique, mais d'une apparence probable. C'est pourquoi de tels lieux ne sont ni démonstratifs ni sophistiques, mais doivent être tenus pour dialectiques, et produisant une opinion ou une persuasion selon une probabilité [1].

La *transumptio*, le déplacement de sens, permet quant à lui d'élargir le champ de la dialectique. Le lemme pris de Pierre d'Espagne fait une distinction entre deux types de métaphores. Raisonner à partir de la phrase, chère aux anciens grammairiens, « pratum ridet », ne permettrait que des arguments sophistiques du type « le pré rit, donc il a des dents » ; en revanche, passer de « sage » à « philosophe » permettrait de raisonner avec probabilité : « le sage est prudent, donc le philosophe est prudent ». Toutefois, Buridan se démarque de cette façon de voir : « Je crois que c'est faux. Car la rhétorique et la poétique sont des parties de la dialectique » [2]. Loin de chercher à séparer les types d'arguments, Buridan semble donc vouloir intégrer les arguments rhétoriques et poétiques à la dialectique. Les auteurs et la Bible utilisent souvent des métaphores, comme parler d'un lion pour signifier la puissance de Dieu, et il s'agit là de façons de parler « dialectiques et persuasives ».

Buridan constate les divergences concernant la classification de certains lieux [3]. Dans certains cas, l'argument initial n'est pas formel, mais il le devient par adjonction de la prémisse manquante. Cela ne fait aucunement difficulté. On raisonne dialectiquement avec des enthymèmes, ils sont assurés par des maximes et des lieux, et ils n'en restent pas moins, dans leur formulation, dialectiques, quoi que l'on puisse dans certains cas les reconduire à des raisonnements formels [4].

1. *SL*, VI, 5, 6 : « Cum autem loquitur hic de magis et minus, videtur quod non debemus intelligere de evidenti apparentia nec de apparentia sophistica, sed probabili. Ideo tales loci nec sunt demonstrativi nec sophistici, sed reputandi sunt dialectici et secundum probabilitatem facientes opinionem vel persuasionem » ; sur le lien entre le raisonnement dialectique et l'opinion, voir *Qu. Top.*, I, 14, p. 59 : « Sed propositio dialectica et demonstrativa differunt in hoc, quod propositio demonstrativa est scita, dialectica vero solum opinata. [...] dialectica vero est nota infra latitudinem notitiae simpliciter propter hoc quod ei assentitur cum formidine ».

2. *SL*, VI, 5, 9 : « Et hoc credo esse falsum. Nam rhetorica et poetria sunt partes dialecticae ».

3. Par exemple à propos de la division, dans *SL*, VI, 6, 4 : « Aliqui autem dicunt illum locum a divisione non esse computandum inter locos dialecticos, quia argumentum per ipsum est consequentia formalis ».

4. *SL*, VI, 6, 4 : « Et sic alii loci dialectici si non fiant in forma non concludunt gratia formae, tamen possunt reduci ad formam per additiones ».

Buridan aborde ainsi les argumentations de façon très pragmatique, en fonction de critères qui combinent formalisme logique, théorie sémantique (la composante matérielle des propositions) et certitude épistémique. Buridan ne vise pas à résorber la topique dans la théorie des conséquences. Les argumentations évoquées dans le traité *Des lieux dialectiques* sont principalement des enthymèmes, ayant une force assertive définie comme un transfert de vérité, non une structure formelle définie comme implication. Alors que Gautier Burley d'une part, Guillaume d'Ockham de l'autre (qui d'ailleurs suit souvent Burley de près) proposent une théorie des conséquences où ils intègrent partiellement les règles (ou maximes) traditionnellement étudiées dans la topique, Buridan semble disjoindre les deux, avec son *Traité des conséquences* d'un côté, ses *Questions sur les Topiques* et le présent traité *Des lieux dialectiques* de l'autre. Par contre, il insère la topique dans une perspective qui accentue l'aspect épistémique des argumentations : il distingue les types de croyances, évalue le gain de certitude. Ce faisant, il conserve à la topique une certaine consistance qu'elle tend à perdre chez certains de ses contemporains. La théorie des lieux doit permettre à la fois de reconduire certains enthymèmes à des syllogismes dialectiques, et de dessiner plus largement une théorie du probable qui vient nourrir la conception que Buridan se fait des types ou degrés de certitude. Or de nombreux problèmes éthiques, voire physiques, sont traités par l'évaluation d'arguments pour et contre, qui s'opposent parfois comme le vrai et le faux, le démontrable et le réfutable, mais aussi souvent par leur force de persuasion : « [...] les problèmes aussi bien éthiques que physiques sont qualifiés de dialectiques, pour autant qu'on dit dialectique ce qui relève de la dialectique pratique et qui peut être débattu par des raisons probables, pour chaque aspect opposé de la réponse »[1].

La rhétorique et l'idée de « dialectique morale »

Buridan rapproche parfois le dialecticien et le rhéteur.

> Mais il est aussi possible qu'une concomitance ou une consécution de cette sorte ne soit pas nécessaire, mais contingente au sens de ce qui arrive dans la plupart des cas. Et alors ce n'est pas le lieu d'une conséquence nécessaire, mais seulement probable. Et c'est bien là un argument dialectique ; il suffit en effet souvent au dialecticien ou au rhéteur, pour persuader ou engendrer une opinion, que l'argument soit d'un antécédent probable ou encore d'une conséquence probable[2].

1. *Qu. Top.*, I, 13 p. 56 : « [...] tam problemata ethica quan physica dicuntur problemata dialectica, prout dialecticum dicitur, prout pertinet ad dialecticam utentem et potest disputari per rationes probabiles ad utrumque partem contradictionis ».

2. *SL*, VI, 4, 17 : « Sed etiam aliter possibile est quod huiusmodi concomitantia vel consecutio non sit necessaria, sed contingens ut in pluribus. Et tunc non est locus necessariae consequentiae, sed probabilis solum. Et bene est tale argumentum dialecticum ; sufficit enim saepe *dialectico vel rhetorico* ad persuadendum vel ad generandum opinionem quod argumentum sit probabilis antecedentis vel etiam probabilis consequentiae » (c'est moi qui souligne – J. B.).

Il reprend plus systématiquement le problème des relations entre dialectique et rhétorique dans la question 2 de ses *Questions sur la Rhétorique*. Il est en effet l'un des rares médiévaux connus à avoir commenté la *Rhétorique* d'Aristote[1]. Et ce texte rapproche d'emblée, dans sa phrase initiale, les deux disciplines[2]. Mais il s'agit de la dialectique entendue de façon large. Car les propositions auxquelles on accorde créance peuvent ou bien concerner purement et simplement l'intellect, ou bien concerner l'intellect en tant qu'il se rapporte à l'appétit[3]. On suppose en effet que les passions peuvent pousser l'intellect à accorder son assentiment à telle ou telle proposition. Au sein de cette dialectique au sens large, la partie qui concerne les arguments probables, considérés simplement par l'intellect, est traitée dans les *Topiques* et les *Réfutations sophistiques;* la partie qui considère des propositions dans lesquelles l'intellect est ordonné à l'appétit est traitée par la *Rhétorique*.

Cette différence vient plus fondamentalement du fait que dialectique (au sens strict) et rhétorique ne servent pas d'instrument pour les mêmes sciences. La dialectique est utilisée pour les raisonnements probables dans les sciences spéculatives, tandis que la rhétorique sert aux sciences morales, dans lesquelles l'appétit est susceptible d'influencer le jugement. On retrouve par là l'idée, établie depuis Cicéron, selon laquelle la rhétorique met en mouvement des émotions et non pas le seul intellect, de sorte que Buridan va bien consacrer une large part de ses questions à l'étude des passions. Que la rhétorique ait, parmi les sciences du langage, un lien privilégié avec les affaires politiques ou judiciaires, c'était affirmé dès l'Antiquité. Aristote lui-même la plaçait au recoupement de la dialectique et de la science morale[4], mais c'est surtout Cicéron qui voulait subordonner la rhétorique à la politique ainsi que le note Gilles de Rome[5]. Par suite, Jean de Jandun souligne fortement ce lien[6]. Cependant la première phrase de la *Rhétorique*

1. On n'a conservé que quatre commentaires, bien que l'on trouve de nombreux manuscrits du texte d'Aristote, à la suite de la traduction de Guillaume de Moerbecke. J'ai proposé quelques analyses du commentaire de Buridan dans « Science et rhétorique dans les *Questions sur la Rhétorique* de Jean Buridan », dans G. Dahan et I. Rosier-Catach (éds), *La Rhétorique d'Aristote, traditions et commentaires de l'Antiquité au XVIIe siècle*, Paris, Vrin, 1998, p. 135-152. On y trouvera des références bibliographiques complémentaires.

2. Aristote, *Rhétorique*, 1354 a 1; *Aristoteles latinus* XXXI. 2, *Rhetorica*, translatio anonyma sive vetus et translatio Guillelmi de Moerbeka, éd. B. Schneider, Leiden, Brill, 1978, p. 159 (transl. Guillelmi) : « Rethorica assecutiva dialetice est ».

3. Jean Buridan, *Questiones in Rhetoricam Aristotelis* (désormais cité *Qu. Rhet.*), I, qu. 2 – citées d'après une transcription inédite de B. Preben-Hansen.

4. Voir *Rhétorique*, I, 2, 1356 a 25-27; *Arist. lat.*, *Rhetorica*, p. 164 : « accidit rethoricam velut adnatam partem quandam dialetice esse et negotii quod circa mores, quod iustum est appellare politicum ».

5. Voir Gilles de Rome dans G. Bruni, « The *Differentiae rhetoricae, ethicae et politicae* of Ægidius of Rome », *The New scholasticism*, 6 (1932), p. 1-18, ici p. 5 : « Tullius enim videtur rhetoricam sub politica collocasse » ; *cf.* Cicéron, *De inventione*, I, v, 6, Cambridge-London, Loeb, 1968[3], p. 12 : « Civilis quaedam ratio est, quae multis magnis ex rebus constat. Eius quaedam magna et ampla pars est artificiosa quam rhetoricam vocant ».

6. Jean de Jandun, *Questions sur la rhétorique*, transcription due à C. Marmo : « Nam rethorica proprie loquendo solum persuadet circa res ciuiles seu morales et utitur illis propositionibus ad

d'Aristote indique plutôt la parenté de la rhétorique avec la dialectique. En traduisant « antistrophos » par « assecutiva », Guillaume de Moerbecke invite même a une subordination de la première à la seconde [1] – et non directement à la politique.

Héritier de ces indications croisées, Jean Buridan subordonne parfois clairement la rhétorique, ainsi que la poétique, à la dialectique [2], reconstituant ainsi l'organon élargi des Alexandrins et des Arabes tel que l'avaient transmis Albert le Grand et Robert Kilwardby ; parfois, comme nous l'avons vu, il divise la dialectique au sens large en dialectique pour les sciences spéculatives d'un côté, et rhétorique ou dialectique morale de l'autre. Mais le fait que la dialectique spéculative soit qualifiée de « principalis » indique bien une forme de primauté, qui se retrouve dans l'idée de la rhétorique comme dialectique dérivée, *assecutiva*, terme glosé même parfois en « perfection inférieure » [3]

La rhétorique est donc une branche de la logique. C'est la logique, ou plutôt ici la dialectique telle qu'elle a été déterminée plus haut, qui fournit la forme de l'argumentation rhétorique. La particularité de celle-ci vient de sa *matière*, à entendre cette fois non pas comme la matière des propositions ou des arguments, mais comme son sujet. Ainsi que le notait Thomas d'Aquin, « La rhétorique traite de sujets politiques » [4]. On se rapproche de la tradition cicéronienne, mais reformulée dans le cadre de l'*Organon*.

Cependant, cette dissociation, au sein de la logique, entre une branche qui sert d'instrument aux sciences spéculatives et une branche orientée vers les sciences morales et politiques a des conséquences sur la nature même de l'argumentation et de l'état mental qu'elle suscite. En premier lieu, dialectique et rhétorique ne privilégient pas les mêmes arguments. La première utilise la plupart du temps les syllogismes et l'induction, la rhétorique plutôt les exemples et les enthymèmes [5]. Par suite, la dialectique suscite en nous une opinion, une créance qui se distingue de la science seulement par sa moindre fermeté. La rhétorique en revanche suscite

huiusmodi conclusiones ciuiles que dicuntur conclusiones hipotheses, ut dicit Boethius in quarto suorum *Topicorum*, et hoc satis innuit Tullius in primo sue *Noue Rethorice*, ubi dicit "officium oratoris est de hiis rebus dicere posse que res ad usum ciuilem moribus et legibus constitute sunt" ».

1. Voir Gilles de Rome, *ibid.* : « [...] cum rhetorica sit assecutiva dyalecticae et magis sit dyalectia quam politica [...] ».

2. Voir Jean Buridan, *SL.*, VI, 5, 9 : « Nam rhetorica et poetria sunt partes dialecticae » ; *SL*, VII, 1, 4 : « Rhetorica autem argumentatio sub argumentatione dialectica continetur ; unde rhetorica et poetica sunt quaedam partes dialecticae ».

3. *Qu. Rhet.*, I, qu. 2 : « Quando autem aliqua duo multam habent ad invicem convenientiam et unum est perfectius aut prius altero nos dicimus posterius assecutivum esse prioris vel impefectius perfectioris ».

4. Thomas d'Aquin, *Sententia libri Ethicorum*, I, 3, Sancti Thomae de Aquino *Opera omnia*, vol. I, Romae, ad Sanctae Sabinae, 1969, p. 12 : « Rhetorica autem negotiatur circa materialem civilem ».

5. *Qu. Rhet.*, I, qu. 2 : « [...] ambe de actibus rationis considerant, sed rhetorica deficit a principali dialectica, quia illa est de sillogismis et de inductionibus ut plurimum, hec autem magis de enthimematibus et exemplis » ; on notera toutefois qu'il s'agit seulement de tendances et de privilège relatif accordé à telle ou telle forme d'argumentation.

la persuasion [1]. Or la persuasion n'est pas seulement un degré différent de certitude. D'une part elle a un lien essentiel avec l'action : « La persuasion n'est rien d'autre qu'une créance ou croyance par laquelle quelqu'un donne son assentiment à une proposition douteuse à propos d'actions humaines, ou de choses sur lesquelles on peut agir » [2]. D'autre part elle s'appuie sur les passions :

> [...] puisque la finalité de la rhétorique est la persuasion et la dissuasion, elle doit porter principalement sur les choses qui contribuent le plus à tout ce dont on est persuadé ou dissuadé; or ce sont les passions qui font le plus pour cela. En effet, l'homme donne son assentiment très vite avec une faible raison en faveur de ce vers quoi la passion incline, à cause de l'amitié ou de l'inimitié, de la crainte ou de la haine, et il ne donne pas son assentiment au contraire, pour lequel il y a de très fortes raisons [3].

C'est ce qui explique que « à strictement parler les enthymèmes rhétoriques ou même les persuasions de la rhétorique n'ont pas cours dans les matières spéculatives » [4].

La rhétorique ne répond donc pas aux critères stricts de scientificité. Il convient pourtant à cet égard de distinguer la *rhetorica docens* et la *rhetorica utens*. Cette dernière n'est pas une science et elle relève de la prudence, ce qui conforte le rapprochement avec l'éthique. Elle porte sur des choses que l'on doit faire (*agibilia*) et ne procède pas par démonstration. Mais qu'en est-il de la *rhetorica docens?* Buridan se montre très nuancé. Au sens où la science se distingue de l'art et de la prudence, et porte sur l'éternel et le nécessaire (seraient-ils redéfinis comme il convient dans un tel contexte), la rhétorique n'est pas une science car elle n'enseigne pas des conclusions nécessaires mais apprend à argumenter dans certaines situations. Rien toutefois n'empêche que certaines de ses conclusions soient établies de façon démonstrative, et en ce sens soient scientifiques, mais elles ne sont vraies que « la plupart du temps », ne rencontrant que peu d'exceptions [5]. Buridan juge d'ailleurs préférable de parler de *rhetorica doctrinalis* et de *rhetorica usualis* [6]. En un certain sens, la rhétorique doctrinale doit bien porter sur des choses universelles et nécessaires, car cela seul se transmet. Mais cela ne suffit pas pour apprendre à

1. *Qu. Rhet.*, I, qu. 2 : « [...] rhetorica [generat] persuasionem »; *Qu. Rhet.*, I, qu. 5 : « [...] cum finis rethorice sit persuasio et dissuasio [...] ».

2. *Qu. Rhet.*, I, qu. 12 : « Persuasio nihil aliud est quam fides seu credulitas qua quis assentit propositioni dubie de humanis actionibus vel agilibus ».

3. *Qu. Rhet.*, I, qu. 5 : « [...] cum finis rethorice sit persuasio et dissuasio, ipsa debet esse principaliter circa ea que maxime faciunt ad omne persuasum uel dissuasum ; sed passiones ad hoc maxime faciunt. Homo enim propter amicitiam uel inimicitiam, timorem uel odium citissime assentit modice rationi que est ad hoc ad quod passio inclinat, et fortissime rationi ad contrarium non assentit ».

4. *Qu. Rhet.*, I, qu. 18 : « [...] proprie entymemata rhetorica vel etiam persuasiones rhetorice non habent locum in speculativis ».

5. Sur tout cela *Qu. Rhet.*, I, qu. 1 : « Utrum rhetorica sit scientia ».

6. *Qu. Rhet.*, I, qu. 15 : « Solet distingui inter rhetoricam docentem et utentem et illa distinctio non est bene propria, quia docens et utens significant actus quosdam. Esse autem rhetorice non consistit in actu operari sed in posse ideo dicitur potentia. Sed illa nomina, cum sint ad placitum, debent exponi "docens id est doctrinalis" et "utens id est usualis" ».

bien argumenter rhétoriquement [1]. Ayant affaire à l'agir humain, donc en ce sens à du contingent, la rhétorique a affaire à des singuliers, comme le souligne l'opposition entre ces deux parties :

> [La rhétorique] doctrinale est celle par laquelle nous pouvons apprendre ou composer un livre, ou enseigner dans les écoles. Et celle-ci, comme telle, s'en tient à des universels, parce que nous ne pouvons pas apporter les choses singulières avec nous, et puisqu'elles font défaut lorsqu'elles ne sont pas présentes au sens, d'après le livre VII de la *Métaphysique*, et qu'elles sont en nombre infini, donc impossibles à exposer. Mais je dis qu'une telle rhétorique n'est pas absolument parfaite, ni suffisante pour agir droitement et résolument. [...]
>
> Quant à la rhétorique d'usage [*usualis*], par laquelle nous pouvons utiliser droitement des paroles rhétoriques pour persuader, il faut qu'elle soit reçue par expérience à partir de nombreuses opérations, comme dans les autres domaines concernés par les arts. Et une telle disposition mentale réside dans l'expérience et la connaissance des singuliers [2].

Avec la rhétorique, on glisse donc hors du champ de la scientificité, même si cela se fait de façon quasi continue, avec des frontières parfois floues. Cette situation est représentative d'une philosophie où les critères de scientificité sont strictement définis, mais où la connaissance humaine doit se déployer dans un monde de choses singulières et en partie contingentes.

Dans ses *Questions sur la rhétorique*, Buridan évoque à deux reprises au moins les difficultés dues à la prise en compte des singuliers. Dans la question 3, on oppose la loi, qui doit être universelle, et le singulier, auquel le juge a affaire ; celui-ci doit tenir compte de la diversité infinie des individus et des circonstances. Les propositions singulières concernant les agents humains sont dites « de fait » (*facti*) tandis que les propositions universelles, vraies toujours ou dans la plupart des cas, concernant l'agir sont dites « de droit » (*iuris*) ; elles seules peuvent prendre la forme de lois. Mais des difficultés surgissent tant du point de vue de l'élaboration de la loi que de celui de l'application. Dans l'idéal le législateur pourrait établir la loi à partir d'un seul cas. Mais en réalité nous nous trouvons rejetés vers des procédures fort incertaines :

> [...] en raison de la faiblesse de notre intellect, qui ne peut percevoir toute la différence des cas possibles, il n'est pas possible que toutes les choses qui sont dites de droit soient déterminées par la loi. Quant aux choses qui sont dites de fait, il est

1. Le rapport entre ces deux aspects est par conséquent différent du rapport entre *logica* (ou *grammatica*) *docens* et *logica* (ou *grammatica*) *utens*.

2. *Qu. Rhet.*, I, qu. 15 : « Doctrinalis est secundum quam possumus docere uel componendo librum uel legendo in scholis. Et illa ut sic stat ad uniuersalia, quoniam singularia non possumus ferre nobiscum, et quia latent cum sint extra sensum, VII° *Metaphisice*, et quia infinita ideo inenarrabilia. Sed dico quod rhetorica talis non est perfecta simpliciter nec sufficiens ad recte et firmiter operandum. [...] Rhetorica uero usualis secundum quam possumus recte uti sermonibus rhetoricis ad persuadendum talem oportet acceptam esse per experientiam ex multis operationibus sicut in aliis omnibus circa que est ars. Et talis habitus stat in experientia <et> notitia singularium ».

> impossible qu'elles soient déterminées par la loi puisque la détermination de la loi réside dans les universels, mais la recherche de la vérité de telles règles se fait parfois selon le possible, par des témoins, par des serments, ou même par des contraintes violentes [1].

La question 15, que nous avons déjà évoquée, aborde la question « Est-ce que la rhétorique considère les singuliers ? » Nous avons vu comment la question doit être traitée à l'aide de la différence entre rhétorique doctrinale et rhétorique d'usage ou pratique. La première tente de se tenir sur le plan universel, avec des termes tenant lieu de choses singulières [2]. Mais paradoxalement, cette exigence constitue sa limite. Dans sa totalité, la rhétorique ne peut s'en tenir à ce plan universel : s'appuyant sur l'expérience, elle cherche à persuader dans des circonstances toujours singulières.

Double logique et science de l'homme

Nous avons déjà vu le lien entre la rhétorique et le domaine de l'action. Ce lien est à l'origine de l'idée de double logique, avancée par Buridan dans le Proème des *Questions sur l'Éthique*, et que l'opuscule de Jean Gerson rendra célèbre jusqu'à la fin du Moyen Âge [3]. C'est lorsqu'il présente la « science ou philosophie morale » que Buridan lui assigne deux grandes parties, l'une « principale », l'autre « auxiliaire ou instrumentale » (*adminiculativam seu instrumentalem*) [4]. On peut faire un parallèle avec la philosophie spéculative, où la logique procure la manière d'enseigner et de s'exprimer. Cette seconde partie de la philosophie morale est transmise dans les livres de la *Rhétorique* et de la *Poétique*. Ils contiennent une logique morale :

> La science de ces deux livres n'est donc pas vraiment et proprement, dans sa totalité, simplement la logique, ni simplement une science morale, mais une logique morale [5].

1. *Qu. Rhet.*, I, qu. 3 : « [...] propter debilitatem nostri intellectus, qui non potest omnes differentias casuum possibilium perspicere, non est possibile quod omnia que iuris uocantur lege determinentur. Ea que facti dicuntur, impossibile est etiam quod lege determinentur, cum legis determinatio sistat in uniuersalibus, sed talium inquisitio ueritatis fit aliquando ad possibile, aut per testes, aut per iuramenta, aut etiam per coactiones uiolentas ».

2. Dans un passage déjà cité, Buridan évoque le texte des *Réfutations sophistiques* qui sert à valoriser la conception du signe comme substitut : « Et illa ut sic stat ad universalia quoniam universalia non possumus fere nobiscum » (*Qu. Rhet.*, I, qu. 15).

3. Voir Jean Gerson, *De duplici logica* [1401], dans *Œuvres complètes*, intro., texte et notes P. Glorieux, vol. III, Paris-Tournai-Rome, Desclées et Cie, 1962.

4. Voir *Questiones Joannis Buridani super decem libros Ethicorum ad Nichomachum*, Paris, 1513, Prooemium, f° IIra.

5. *Qu. Eth.*, Prooem., f° IIrb : « Unde scientia dictorum duorum librorum vere et proprie tota non est logica simpliciter neque moralis scientia simpliciter, sed logica moralis ».

L'expression « duplex logica » apparaît lorsque Buridan demande pourquoi la philosophie morale requiert une « logique spéciale », plus que les autres sciences ou arts. Sans surprise, c'est le lien aux passions, dont traite le livre II de la *Rhétorique*, qui fournit l'explication. Dans certains domaines, les passions ne sont pas à même d'aliéner le jugement, dans d'autres elles peuvent davantage le modifier. Il faut donc une logique qui enseigne simplement à trouver et à justifier une vérité dont on doutait, une autre qui considère l'intellect « sous un aspect resserré, à savoir selon qu'il peut être entraîné par l'appétit » [1]; une logique plus conjointe que restreinte, en fait, pas vraiment appliquée car ses procédures sont quelque peu transformées ou enrichies autant que spécifiées, une logique qui permette à la fois de chercher le vrai et de comprendre comment l'appétit dispose à l'accorder ou empêche de le reconnaître.

Mais s'il y a deux sortes de logique ou dialectique, *duplex logica sive dialectica*, il y a aussi deux sortes de sciences. Et d'ailleurs la philosophie morale, au sens large où elle inclut l'éthique, l'économique et la politique est aussi bien dite « science morale » [2]. En quel sens, et qu'est-ce que cela nous apprend concernant le concept buridanien de « science » ? La première question sur le livre I de l'*Éthique* demande « s'il y a une science des vertus ». En un sens large, il y a incontestablement une telle science, car des vertus l'on peut donner des définitions, des causes et des propriétés; et une telle science est très nécessaire à l'homme, non pas certes absolument (il peut vivre sans cela) mais pour connaître la fin qui lui est appropriée [3]. En un sens plus strict toutefois, où la science se distingue de la prudence et des autres vertus intellectuelles, il faut se reporter au livre VI.

La vertu rectrice des actes moraux est la prudence. Celle-ci est définie comme « une disposition déterminant l'âme à dire le vrai concernant les *agibilia* » [4]; en tant que telle, c'est une disposition de l'intellect. La question de savoir comment sur cette base la volonté se détermine librement à agir droitement est un autre problème [5]. Toutes les vertus morales (telles que la tempérance, par exemple), et tous les actes moraux possibles sont d'une manière ou d'une autre régis par la prudence [6].

1. *Qu. Eth.*, Prooem., f° IIrb : « sub contracta ratione, scilicet secundum quod et trahibilis est per appetitum ».

2. Rappelons que cette expression n'est toutefois pas originale : voir par exemple Thomas d'Aquin, *Sententia libri Ethicorum*, I, lect. 3, *passim*, par ex. p. 11 : « Scientia moralis est de actibus voluntariis » ; cf. *ibid*, VI, lect. 3, n 11, Sancti Thomae de Aquino *Opera omnia*, t. XLVII, vol. II, Romae, ad Sanctae Sabinae, 1969, p. 342 : « Unde et solae scientiae practicae sunt circa contingentia, inquantum contingentia sunt, scilicet in particulari ».

3. Jean Buridan, *Qu. Eth.*, I, qu. 1, f° IIva.

4. *Qu. Eth.*, VI, qu. 9, f° CXXVrb : « Per prudentiam nihil aliud intelligimus quam habitum determinatum ad verum dicendum circa agibilia ». Une autre désignation est « recta ratio agibilium » : *Qu. Eth.*, VI, qu. 16, f° CXXXIIra.

5. Sur l'acte volontaire chez Buridan, voir Chr. Grellard, « How is it Possible to Believe Falsely? John Buridan, the *vetula* and the Psychology of Error », à paraître.

6. Voir à cet effet la question 13 sur le livre VI.

D'après le livre VI de l'*Éthique à Nicomaque*, science, prudence et art sont des dispositions de l'intellect bien distinctes. Jean Buridan ne remet pas en cause ce schéma, mais il décrit une pratique humaine dans laquelle ces dimensions sont constamment croisées. En premier lieu, pour ce qui est de la prudence elle-même, il convient de se demander si elle s'adresse exclusivement à des singuliers ou aussi à des universels – étant entendu que dans l'ontologie buridanienne, l'universalité revient aux signes (simples ou complexes), se référant d'une certaine manière aux singuliers[1]. On pourrait penser que l'action ou l'opération s'adresse à des singuliers, dans le cas de la pratique éthique comme dans celui de l'art. En vérité, les choses sont plus complexes. Si l'on considère une disposition morale en elle-même, elle a une dimension universelle ; certes il n'est pas ici question (du moins pas essentiellement) d'impératif dont la forme serait universelle, mais d'inclinations qui n'orientent pas vers tel singulier déterminé. La disposition ne se borne pas à une situation singulière dont elle aurait surgi. Elle s'adresse à une situation et à un objet universalisables, c'est-à-dire conçus « indifferenter »[2]. Par exemple, la tempérance commande de s'abstenir non pas de telle nourriture singulière, mais de tel type de nourriture, ou d'une quantité excessive, etc.

Cela étant dit, la prudence relève de l'intellect ; les puissances appétitives quant à elles se manifestent par des actes extérieurs qui ont affaire à des choses matérielles singulières. Mais qu'en est-il des actes intérieurs qui sont l'actualisation immédiate des puissances désirantes ? Un acte intérieur de l'appétit, lorsqu'il suit un acte de connaissance (ce qui est présupposé par la prudence), reçoit certains caractères de cet acte de connaître. Or ce dernier peut lui-même être orienté vers tel singulier déterminé ou s'en tenir à l'universalité, sans descendre aux singuliers, et alors la volonté elle-même « s'en tient à l'universel »[3]. Dans ce cas toutefois, aucun acte extérieur ne s'ensuit.

Sur cette base on peut préciser ce qu'il en est de la prudence. La thèse générale est que la prudence concerne à la fois les universels et les singuliers, mais davantage les singuliers que les universels[4]. Parfois en effet, un jugement universel et en jeu :

1. Une analyse des rapports entre art et prudence d'une part, prudence et science d'autre part est proposée par G. Krieger, *Der Begriff der praktischen Vernunft nach Johannes Buridanus*, Münster, Aschendorff, 1986, chap. 1 et 2, p. 15-85 ; sur le rapport de la prudence à l'universel et au singulier, voir en particulier p. 37-41.

2. Voir *Qu. Eth.*, VI, qu. 16, f° CXXXIvb : « Virtutes namque morales non inclinant singulariter determinate ad illas operationes ex quibus generate fuerunt [...] nec inclinant ad aliquas singulares consimiles illis ; immo indifferenter ad quascumque consimiles ».

3. Voir *Qu. Eth.*, VI, qu. 16, f° CXXXIvb : « Actus autem interiores appetitus, cum consequamur actus cognocendi, regulantur secundum regulam actuum cognoscendi, ita quod si [...] actus cognoscendi fuerit ad aliquod singulare determinatus, tunc actus appetendi consequens erit determinate circa illud singulare. Cum igitur cognitio nostra de agibilibus aliquando non descendat ad singularia, ideo possibile est quod etiam volitio stet ad universale ».

4. Voir *Qu. Eth.*, VI, qu. 16, f° CXXXIIrb : « [...] et dicamus quod prudentia, quantum ad actus suos [...] est aliquando circa universalia, <aliquando> circa singularia, et principalius circa singularia quam circa universalia ».

> En ce qui concerne les objets de l'action humaine, de nombreux cas de doute sont proposés universellement et le raisonnement décide quelle partie de l'alternative est vraie, non pas en vue de savoir mais en vue d'agir[1].

Il en va ainsi de l'action morale comme de l'action technique, elles mettent parfois en jeu des conclusions universelles. C'est sur ce plan que se situent de nombreuses lois juridiques et toute les lois morales. On voit que Buridan n'ignore pas les aspects universels de l'éthique, et ainsi il rapproche la prudence de la science.

Que cependant la prudence s'adresse à des cas singuliers est en revanche attesté par diverses autorités d'Aristote; notamment, celui-ci fait le parallèle entre art et prudence : de même que le médecin n'en reste pas à une règle générale mais soigne la maladie de tel homme en particulier, de même il ne suffit pas de connaître une règle juridico-éthique en général, par exemple que l'on ne peut disposer d'un bien disponible sans le consentement de son possesseur, encore faut-il savoir que ce bien est disponible, savoir qui en est le légitime possesseur, s'il lui convient qu'on en dispose, etc., et c'est seulement en subsumant tout cela sous la règle générale que l'on parvient à un jugement droit (*recta ratio*) concernant l'action. Si donc la prudence concerne à la fois des règles universelles et des cas singuliers, elle concerne « principalement » les singuliers, dès lors que sa fin est pratique.

Pour résumer, on peut dire qu'ici encore Buridan, au lieu de donner une caractérisation globale de telle ou telle discipline, voire de tel ou tel type d'acte mental, procède à une fragmentation des actes et dispositions, analogue à celle à laquelle il a soumis la notion de principe. La conduite prudente combine des dimensions universelles et singulières. Peut-on néanmoins porter une appréciation globale sur le rapport établi entre prudence et science, puisque telle était notre interrogation initiale? D'un côté, on peut dire que Buridan souligne sans doute davantage la dimension d'universalité de la prudence que ce n'était le cas traditionnellement, sans doute en raison de l'aspect intellectualiste de son éthique[2]. En ce sens, sans gommer les différences, il réduit le fossé entre science et prudence. De l'autre, il procède à de constants élargissement à partir du sens le plus strict de la scientificité. C'est fréquemment le cas au cours de ses questions sur l'*Éthique*, où il affirme dès le livre I que « en prenant "science" au sens large, il peut y avoir une science des vertus »[3], puis c'est le cas à propos des principes mais aussi de la démonstration dans la question 11 du livre VI[4].

1. *Qu. Eth.*, VI, qu. 16, f° CXXXIIrb : « Circa humana agibilia multi casus dubii universaliter proponuntur et per ratiocinationem ad partem veram determinantur non propter scire finaliter sed propter agere ».

2. Dans *Der Begriff der praktischen Vernunft*, Gerhardt Krieger refuse quant à lui de caractériser l'éthique buridanienne simplement comme « intellectualiste ».

3. *Qu. Eth.*, I, qu. 1, f° IIva : : « Large sumendo scientiam de virtutibus potest esse scientia ».

4. *Qu. Eth.*, VI, qu. 11, f° CXXVIva : « Sciendum est quod loquendo large de demonstratione, prout demonstratio se extendit ad prudentiales vel artium ratiocinationes quibus concludimus hoc singulare faciendum vel non faciendum, prosequendum vel fugiendum, in isto loco vel in illo, et nunc vel tunc, principia demonstrationum indemonstrabilia non solum sunt universalia sed etiam singularia ».

La question 17 sur le livre VI revient sur le rapport de la science à la prudence [1], en partant à nouveau du rapport de l'intellect au singulier et à l'universel. Après en avoir souligné que la question est difficile, Buridan prend ses distances avec une conception qui séparerait nettement deux domaines, et établirait par conséquent un rapport simple de subalternation entre prudence et science morale. Certains soutiennent en effet que la science porte seulement sur l'universel tandis que l'art et la prudence concernent seulement les singuliers. Puisque l'on met en œuvre certains principes universels dans le raisonnement prudentiel, il faut alors établir un rapport de subalternation entre la science morale qui formule de tels principes universels et la prudence qui subsume sous eux des cas particuliers. La science morale mérite dès lors pleinement son appellation :

> Elle est dite science parce qu'elle est une disposition acquise démonstrativement, portant sur des universels; mais elle est dite morale puisqu'elle enseigne, quoique universellement, la nature et les conditions des dispositions et des œuvres morales [2].

Buridan n'accepte pas cette façon de présenter les choses [3]. La raison est précisément qu'il a été établi dans la question 16 que la prudence porte aussi sur des universels; les conseils et délibérations sur ce qui doit être fait appartiennent de plein droit à la prudence et ils comportent souvent une dimension universelle, car on ne se demande pas seulement : ceci m'est arrivé, que dois-je faire? mais : qu'est-ce qu'un homme devrait faire en un tel cas? Inversement, un jugement prudentiel singulier peut parfois avec un moyen approprié être transformé en jugement universel.

Afin de comprendre vraiment le rapport de la prudence et de la science morale, il convient donc de repartir sur d'autres bases. Cette reformulation est guidée à nouveau par ce que j'appelle le « principe de fragmentation ». Jean Buridan procède à une minutieuse classification des « choses qui sont », *eorum qui sunt* (reprenant à cet effet l'expression de la traduction latine des *Catégories*), ainsi que des types de propositions que l'on peut former à leur sujet. Il y a ce dont l'être ou l'être-tel ne dépend pas de nous et qui est à ce titre objet de spéculation : des *speculativa*; et il y ce dont l'être ou l'être-tel dépend de notre action ou de notre fabrication : des *agibilia* ou des *factibilia*. Les premiers ne nous concernent pas ici. Des seconds, on peut former diverses sortes de propositions. On peut former des propositions spéculatives, dont l'affirmation

1. L'objet propre de la question est « si la prudence est la même disposition que la science morale enseignée dans les livres des *Éthiques*, des *Politiques*, et des *Économiques*, et encore dans les livres des Lois et des Décrets » (*Qu. Eth.*, VI, qu. 17, f° CXXXIIva : « Utrum prudentia sit idem habitus cum scientia morali tradita in libros *Ethicorum*, *Politicorum* et *Economicorum*, et etiam in libros legum et decretorum »). Voir G. Krieger, *Der Begriff der praktischen Vernunft...*, p. 252-257.

2. *Qu. Eth.*, VI, qu. 17, f° CXXXIIvb : « Scientia quidem dicitur quia est habitus circa universalia demonstrative acquisitus; dicitur autem moralis quia naturam et conditiones habituum et operum moralium docet, quamvis universaliter ».

3. Voir *Eth.*, VI, qu. 17, f° CXXXIIIra : « Huic tamen opinio ego non consentio ».

ou la négation n'influe pas sur l'être de ces choses (par exemple le sculpteur n'agira pas différemment selon qu'il pense que la configuration est ou non distincte du corps)[1] ; ces propositions ne relèvent pas de l'art et de la prudence. Et l'on peut former des propositions telles que si on les admet ou si on les refuse, ces choses se feront ou ne feront pas, ou bien se feront de telle manière ou de telle autre[2]. De telles propositions relèvent de l'art et de la prudence[3]. Mais le principe de fragmentation conduit à un éclatement supplémentaire. Au sein de ce dernier groupe de propositions, certaines peuvent être connues par soi et avoir une fonction de principes, dans ce cas la disposition mentale qui leur correspond est l'intellection (au sens du νοῦς aristotélicien). Elles appartiennent à l'art ou à la prudence, non pas proprement comme ce serait le cas de conclusions, mais à titre de principes. D'autres sont conclues de proposition plus connues qui ou bien sont purement spéculatives, ou bien relèvent toujours de l'art et de la prudence. Dans le premier cas ce sont des propositions spéculatives, et la disposition mentale qui leur correspond est dite science ou sagesse[4]. Ce sont alors des principes pratiques, selon lesquels l'art ou la prudence sont subalternés à une science spéculative. On vérifie ainsi que Buridan ne récuse pas l'idée de subalternation mais l'a soumise elle-même à la « fragmentation ». Dans le second cas, ces conclusions appartiennent à l'art ou à la prudence sur le mode de la conclusion (*per modum conclusionis*), et la disposition mentale qui leur correspond est dite de plein droit art ou bien prudence. Peu importe à cet égard que ces propositions soient singulières ou soient universelles[5].

Mais le principe de fragmentation doit être contrebalancé par le principe de rassemblement, qui permet de penser l'unité d'une discipline ou d'un ouvrage. Certes, « dans les livres des Lois ou des Décrets, comme dans les livres moraux, sont écrites de nombreuses propositions de n'importe lequel de ces genres »[6]. On y trouve même des propositions spéculatives, requises là pour éviter de devoir se reporter aux ouvrages de philosophie spéculative. Cela étant dit, il est légitime d'estimer que toutes les propositions, de quelque sorte qu'elles soient, qui sont requises pour la science morale relèvent à un titre ou à un autre de cette science.

1. Voir *Qu. Eth.*, VI, qu. 17, f° CXXXIIIrb : « [...] quedam que si vel concedantur vel negentur, non erit inde diversificandum opus nostrum ».

2. Voir *Qu. Eth.*, VI, qu. 17, f° CXXXIIIrb : « Alie autem de predictis formantur propositiones que, si concedantur aut negentur, erit aliter et aliter operandum, vel operandum vel non operandum [...] ».

3. Voir *Qu. Eth.*, VI, qu. 17, f° CXXXIIIrb : « [...] et tales propositiones spectant ad artem vel prudentiam ».

4. Sur les différents sens de *sapientia* et ses rapports à la *scientia*, voir *Qu. Metaph.*, I, qu. 2.

5. Voir *Qu. Eth.*, VI, qu. 17, f° CXXXIIIrb : « Si autem secundo modo concluduntur, tunc pertinebunt ad artem vel prudentiam per modum conclusionum, et habitus earum erit ars vel prudentia [...] sive sint universales sive sint singulares ».

6. *Qu. Eth.*, VI, qu. 17, f° CXXXIIIrb : « in libris legum vel decretorum et in libris moralibus multe scribuntur propositiones de quolibet predictorum generum ».

On aboutit ainsi à un renversement par rapport à la subordination telle qu'elle était présentée plus haut ; non pas évidemment une inversion du rapport, mais une reformulation :

> De sorte que la prudence, si elle est complète, contient en soi à titre de partie cette disposition ou une semblable, puisque la prudence n'est pas autre chose que la disposition selon laquelle nous savons ce qu'il faut faire et comment il faut agir pour bien vivre, et vivre heureusement, de quelles choses il faut s'abstenir et comment ; or ces livres n'enseignent rien d'autre [1].

Certaines propositions spéculatives, objet d'intellection ou de science, font partie de la prudence. En quel sens ? En premier lieu, on peut imaginer une « prudentia magna » au sens où Buridan parle de « scientia magna », autrement dit un ensemble structuré de propositions, en l'occurrence finalisé à une connaissance pratique, et que transmettent précisément les livres moraux. Il est clair que cet ensemble inclut des propositions purement spéculatives. Mais, en second lieu, le texte semble plutôt centré sur la prudence comme disposition mentale. De ce point de vue, le seul moyen de rendre ces affirmations cohérentes semble de poser un principe de compositionalité des *habitus*. La disposition mentale qui me procure une connaissance vraie ordonnée à un agir droit, dans une situation donnée, est l'effet épistémique de plusieurs dispositions dûment combinées, qui sont désignées comme « ses parties ». Or certaines de ces « parties » sont spéculatives et relèvent de l'intellection ou de la science [2], d'autres sont pratiques (ou techniques selon le cas). De même, certaines sont universelles et d'autres singulières, et toutes concourent à la prudence.

La science morale quant à elle, si on la prend dans la fragmentation de ses énoncés, peut être une composante de la prudence. Mais si on l'entend globalement, elle en est évidemment distincte par sa dimension purement spéculative. Alors, comme toute science elle se définit par un sujet principal. Quel est-il ? C'est ce qui est étudié dans la question 3 sur le livre I de l'*Éthique* [3]. Plusieurs réponses possibles sont écartées : le Bien, Dieu, la félicité, les vertus… La réponse proprement buridanienne est remarquable : c'est une réponse qu'on pourrait dire *humaniste* si le terme n'était si ambigu, une réponse que je dirai anthropo-logique au sens où l'homme est l'objet central du discours :

1. *Qu. Eth.*, VI, qu. 17, f° CXXXIIIva : « […] prudentia, si sit perfecta, continet in se habitum illum vel consimilem, tanquam partem quamdam ipsius, quoniam prudentia non est alius habitus quam <habitus> [*add.* J. B.] secundum quem scimus quid et quomodo sit agendum ad bene vivendum et feliciter, et a quibus et quomodo sit abstinendum. Sed illi libri nichil aliud docent ».

2. Rappelons ce qui en a été dit dans *Qu. Eth.*, VI, qu. 17, f° CXXXIIIrb : « spectant ad artem vel prudentiam non proprie sed […] per modum principiorum ».

3. Voir *Qu. Eth.*, I, qu. 3, f° IVra : « Quaeritur tertio quid sit subiectum in morali scientia ».

> Et de façon générale il apparaît que toutes les affaires morales se ramènent à l'homme en tant que sujet premier. Il a donc été prouvé qu'en philosophie morale l'homme est le sujet[1].

Mais selon le principe de la science comme point de vue, il ne suffit pas de réduire le champ d'étude aux vivants rationnels que sont les hommes pour caractériser pleinement le sujet de la science morale. Car l'homme peut aussi bien être objet de la science naturelle, dans une division de sa partie biologique, tout comme il relève à certains égards de la métaphysique. Les sciences pratiques, de façon générale, considèrent les œuvres qui lui conviennent en tant qu'intellect pratique. Mais il convient derechef de distinguer les disciplines mécaniques des disciplines morales, qui sont libérales. Les sciences morales, qui comprennent l'éthique, l'économique et la politique, considèrent donc l'homme relativement aux œuvres qui lui conviennent en tant qu'être libre et susceptible de félicité[2]. La félicité est ainsi le premier principe d'où vient la *ratio formalis considerandi* de toute science morale, le point de vue formel qui détermine son sujet. Les autres définitions, celles d'Eustrate, de Cicéron ou d'Albert peuvent s'y ramener. La matière de la philosophie morale, c'est-à-dire tout ce dont elle traite sous cette « raison formelle » est constituée de la félicité elle-même, des actions humaines libres (*humane operationes elective*), des vertus, de l'honnête, du bien humain et de l'amélioration de l'homme (*hominis melioratio*).

Le langage de la science est ainsi loin de se réduire à la démonstration. Certes, il ne faut absolument pas minimiser les apports de Jean Buridan à la théorie de la démonstration. Que ce soit dans l'analyse des exigences de l'enquête scientifique, de l'induction à la démonstration causale, ou bien dans l'exposé le plus général de la théorie des conséquences, Buridan propose un examen des conditions de la connaissance scientifique au sens le plus strict. Cette étude des différents types de démonstration s'appuie d'un côté sur une conception très élaborée du langage, de son usage et ses propriétés sémantiques, de l'autre sur un traitement minutieux des questions soulevées par la nature et le statut des principes, questions qui s'enracinent dans la conception péripatéticienne de la science mais qui sont rendues plus aiguës par les débats du XIVe siècle, au croisement des risques de scepticisme suscités par certains usages de la toute-puissance divine et de la tentative de réduction de toute inférence au premier principe soutenue par Nicolas d'Autrécourt. Mais ce noyau dur de la théorie buridanienne de la science ne saurait être séparé de considérations sur les formes variées de raisonnement et d'argumentation, qui

1. Voir *Qu. Eth.*, I, qu. 3, f° IVva-vb : « Et universaliter apparet quod totum moralem negotium resolvitur ad hominem tanquam ad subiectum primum. Igitur probatum est quod homo est subiectum in philosophia morali ».

2. Voir *Qu. Eth.*, I, qu. 3, f° IVra : « Homo esset huiusmodi subiectum sub ordine ad opera sibi debita, non quocumque modo sed secundum quod est liber, vel secundum quod est felicitabilis, quod rationabilius sustineri potest ».

ne s'opposent pas à la science du tout au tout mais se disposent selon un spectre gradué dans le champ de la connaissance humaine.

Ainsi, nous avons vu que Buridan accorde une grande attention au raisonnement probable. C'est cette volonté de comparer et différencier les formes d'argumentation qui guide son étude des lieux, et non pas la volonté de résorber les topiques dans une théorie générale de l'inférence. Elle s'appuie non seulement sur la conception de l'assentiment comme qualité susceptible d'intensification ou de diminution, mais aussi sur la diversification des modes de certitude, aux antipodes d'une théorie qui ferait de l'évidence absolue un critère rigide et indispensable de toute connaissance vraiment scientifique, diversification qui repose, ainsi que l'a montré notre première partie, non seulement sur l'opposition d'une certitude absolue et d'une certitude conditionnée, mais aussi et plus précisément sur les processus selon lesquels se constituent les connaissances suscitant notre adhésion (propositions par soi, évidence sensible, induction, etc.). On ne trouve pas chez Buridan de théorie unifiée du probable, qui constituerait un chapitre de la logique ou de l'épistémologie. Car les notions médiévales de *probabile* et de *probatio* sont plus souples (peut-être moins rigoureuses ou univoques) qu'elles le seront à partir du XVIIe siècle. Mais on y trouve bien un examen assez minutieux des formes d'argumentation susceptibles de produire un assentiment en dehors de la certitude démonstrative. Ces ouvertures vers d'autres formes d'argumentation et d'assentiment concernent aussi bien le champ spéculatif que le champ pratique. De ce point de vue, Buridan introduit l'idée d'une logique spéciale pour les sciences pratiques, logique qui prend en compte le rôle des passions dans la persuasion et qui conduit à une revalorisation de la rhétorique. Il propose aussi une théorie complexe des sciences pratiques, en s'appuyant sur le principe de fragmentation qui requiert d'analyser le statut épistémique non pas d'une science dans sa totalité (*scientia magna*) mais de telle disposition mentale ou de tel énoncé contribuant à cette science totale. Il montre ainsi comment art, prudence, intellection des principes et démonstration se combinent au cas par cas, notamment dans l'éthique en tant que science de l'homme considéré du point de vue de la liberté.

Troisième partie

LA CONNAISSANCE DU MONDE

La science comme disposition mentale, la science comme organisation conceptuelle et le langage qui la met en forme, tout cela n'a de sens qu'ordonné à la connaissance des choses, signifiés ultimes des propositions auxquelles on accorde un assentiment ferme. La science doit se déployer comme connaissance du monde.

Ainsi considérée, la question de la science rencontre de nouvelles interrogations. La première est celle de la composition, ou comme on dit parfois dans la philosophie contemporaine, de l'« ameublement » de ce monde sur lequel portent les conclusions scientifiques. Car cette composition a bien entendu des effets sur le type de connaissance que l'on peut en acquérir et sur la nature des choses dont on parle. Or le premier trait important de ce point de vue est que le monde de Buridan est fait de choses singulières. Ce point est important, nous l'avons déjà rencontré, puisque la science porte traditionnellement sur l'universel et le nécessaire. Nous avons déjà eu l'occasion de préciser comment Buridan, à la suite de Guillaume d'Ockham, redéfinit l'université et la nécessité dont la science est susceptible, face à un monde formé de choses singulières et contingentes. Il nous faut toutefois revenir sur la manière dont Buridan expose et justifie son rejet de toute universalité réelle, ainsi que sur le statut de l'individu. Il y a là un certain nombre de questions qui concernent, en totalité ou en partie, l'épistémologie du singulier. De plus ces questions recoupent celles des catégories. Buridan déploie une conception sémiologique des catégories. Mais parmi ces catégories, lesquelles ont une portée réelle ? Laissant de côté la question complexe de la quantité (que nous rencontrerons toutefois à propos de la physique et des mathématiques), il s'avère qu'il y a deux sortes d'étants singuliers : les substances et les qualités. De la sorte, le monde est fait non seulement de substances, mais aussi d'accidents, de choses qui surviennent aux substances et qui en disparaissent sans que le sujet ne soit pour autant détruit. Comment Buridan traite-t-il le problème classique du rapport entre connaissance des accidents et connaissance de la substance ? De quelle sorte de connaissance est susceptible l'accident ? Y a-t-il (et en quel sens y a-t-il) une science de l'accident ?

Il conviendra ensuite d'explorer la cartographe buridanienne du savoir. Comment se répartissent les différentes disciplines, du moins les principales ? Pour définir l'unité d'une science (au sens de *scientia magna*), Buridan lui assigne certes un sujet principal, mais la caractérise aussi par une manière de concevoir les choses du monde. Des sciences différentes ne se distinguent pas tant par un découpage dans un champ d'objet que par un « point de vue » conceptuel, une *ratio considerandi* sur les étants. Tel est du moins ce que Buridan établit pour les principales sciences théorétiques qu'Aristote présente dans la *Métaphysique*. Nous devrons donc voir comment se répartissent et se hiérarchisent ces sciences. Nous tâcherons de préciser comment Buridan conçoit la métaphysique, et si elle est science première de quelle nature est cette primauté. Nous examinerons aussi sa conception originale des mathématiques et comment, à partir de la conception abstractionniste d'Aristote, il travaille le rapport entre concepts mathématiques et concepts physiques pour proposer une conception purement opératoire des concepts mathématiques. Enfin, nous consacrerons un long chapitre à la science de la nature. Il ne s'agira pas d'examiner toutes ses composantes, bien que Buridan, un peu comme le faisait Albert le Grand un siècle plus tôt, explore tous les domaines de la connaissance de la nature : biologie, météores, physiognomonie, et dans ses œuvres physique ou cosmologiques il ne laisse de côté ni les marées, ni l'attraction magnétique, ni bien d'autres questions plus classiques comme celles de la chute des corps. Nous nous en tiendrons aux principes de la connaissance naturelle. Nous montrerons l'importance décisive de l'argumentation logico-linguistique, qui a une fonction critique mais aussi instrumentale dans l'analyse des concepts de la physique (cause, mouvement, infini, etc.). Logicien, métaphysicien, Buridan est aussi un physicien dont les textes de philosophie naturelle, conjointement avec ceux d'Albert de Saxe, vont marquer durablement un certain style de philosophie naturelle.

La philosophie était définie traditionnellement comme connaissance des choses humaines et des choses divines [1]. La philosophie selon Buridan est fondamentalement connaissance naturelle et humaine. Certes, la métaphysique est bien à certains égards science de Dieu et des intelligences, science des causes premières. Mais cette théologie des philosophes se tient à l'écart de la théologie des théologiens. Nous devrons pour terminer voir comment Buridan, évolue sur cette ligne de crête. Le contexte n'est plus le même que celui dans lequel évoluaient les maîtres ès arts des années 1270. La coexistence est beaucoup plus pacifique. Buridan est respectueux des autorités théologiques. Il prolonge pourtant à sa manière l'ambition d'une philosophie autonome en revendiquant de parler *naturaliter*, expression que l'on retrouve aussi bien en philosophie naturelle qu'en philosophie morale. Buridan évite d'empiéter sur les champs réservés aux théologiens, mais cette règle est parfois difficile à tenir car la philosophie, se déployant selon son ordre de légitimité autonome, ne peut s'interdire de raisonner sur certains objets.

1. Isidore de Séville [Isidori Hispalensis Episcopi], *Etymologiarum sive originum libri XX*, II, XXIV, 9, éd. W. M. Lindsay, Oxonii, e typographeo clarendoniano, [1911], s. d. : « Philosophia est diuinarum humanarumque rerum » ; éd. and transl. by P. K. Marshall, Paris, Les Belles Lettres, 1983, p 105-107 ; Isidore cite Cassiodore, *Institutiones divinarum et sculorum litterarum*, II, 3, 6 [latin-deutsch], übersetz und eingel. von W. Bürsgens, Freiburg-Basel-Wien-Barcelona-Rom-New York, Herder, 2003, bd. II, p. 340.

Chapitre premier

UN MONDE DE SINGULIERS

De quoi le monde selon Buridan est-il constitué? Le maître picard s'inscrit dans un contexte de parcimonie ontologique qui conduit à récuser toute réalisation du signifié des termes universels, à traiter les catégories comme des types de signes, et à limiter le nombre de celles qui renvoient proprement et directement à des types de choses. En ce sens, il a pu être qualifié de « nominaliste », d'autant que sa démarche d'analyse logique le mène à faire de la clarification conceptuelle et de la dénonciation de toute confusion entre les signes et les choses un élément essentiel de toute entreprise philosophique, voire scientifique [1]. Si nous nous en tenons à cette signification minimale et méthodologique du nominalisme, parce que l'expression n'est pas en usage à l'époque et parce que toute opposition binaire serait ici réductrice, il n'en est pas moins vrai qu'un demi-siècle plus tard, ou à peine plus, Buridan sera compté au nombre des *nominales* [2].

Dans ce chapitre, je voudrai restituer brièvement la conception buridanienne de l'universel. Je voudrais aussi examiner ses conséquences sur la conception de l'individu : qu'est-ce qu'un individu? comment le reconnaît-on? peut-on le connaître? Enfin il conviendra de voir quel est, dans ce contexte, le statut de l'accident et les problèmes que cela pose pour la connaissance scientifique du monde.

1. Sur le nominalisme de Buridan, voir L. M. De Rijk, « John Buridan on Universals », *Revue de métaphysique et de morale*, 97 (1992), p. 35-59 ; P. King, « John Buridan's Solution to the Problem of Universals », *in* J. M. M. H. Thijssen et J. Zupko, *The Metaphysics and Natural Philosophy of John Buridan*, Leiden-Boston-Köln, Brill, 2001, p. 1-27. Jack Zupko procède à d'intéressantes comparaisons entre Abélard et Buridan : voir *John Buridan...*, p. 146-161.

2. Voir Jean de Maisonneuve, *De universale reali*, éd. par G. Weiler, « Un traité de Jean de Nova Domo sur les universaux », *Vivarium*, 6 (1962), p. 108-154, texte p. 126-152. Voir Z. Kaluza, *Les Querelles doctrinales à Paris. Nominalistes et réalistes aux confins des XIVe et du XVe siècles*, Bergamo, Pierluigi Lubrina Editore, 1988.

La critique du réalisme de l'universel

Comme dans les textes de Guillaume d'Ockham, la prise de position de Buridan sur l'universel se donne d'abord comme une attitude critique : il n'y a aucune universalité *a parte rei*, l'universalité doit se comprendre et s'expliquer à partir des mécanismes du langage ou de la pensée. Et cette critique, qui est consubstantielle à l'image du nominalisme, a pour contrepartie la thèse ontologique de la singularité de l'étant. C'est ce qu'exprime un petit traité issu d'un débat au sein de la faculté des arts [1], le *Traité sur la différence entre l'universel et l'individu :*

> Tout ce qui, outre l'âme, existe dans la chose, existe individuellement, à savoir en étant distinct de toutes les autres choses, tant de son espèce que des autres, de sorte qu'absolument rien n'est, en dehors de la chose qui existe individuellement, et n'est distinct d'elle [2].

Ce traité contient en vérité des thèses plus complexes que le seul reflux de l'universel du côté des signes. Cependant l'affirmation de la singularité comme seule manière d'être y trouve une expression forte, qui n'est remise en cause par aucun autre texte du maître picard. Cette affirmation ne concerne pas seulement les substances, mais les accidents eux-mêmes, comme le montre un argument utilisé dans la *Métaphysique* à propos d'un individu humain :

> De plus, nous disons que tu es un certain singulier parce que tu existes singulièrement et de façon déterminée, en tant qu'ici et maintenant, et tout ce qui est en toi existe avec toi et singulièrement, à savoir ici et maintenant […] [3].

D'ailleurs lorsque Jean Sharpe, représentant du réalisme d'Oxford au XVe siècle, classe dans sa *Question sur les universels* les différentes positions sur une échelle

1. Le texte édité sous ce titre est aussi désigné comme *Duae questiones de universali ;* Berndt Michael (*op. cit.*, vol. II, p. 436) le date de 1334.

2. *Tractatus de differentia universalis ab individuum*, éd. par S. Szyller, *Przeglad Tomistyczny*, III, 1987, p. 134-178, ici p. 153 : « Quidquid praeter animam existit, in re ipsum existit individualiter, scilicet distinctum ab omnibus aliis tam suae speciei quam aliarum, ita quod ibi nihil est omnino praeter res quae individualiter existunt, nec est distinctum ab eis ». Cf. *Questiones de anima*, éd. Lockert, I, 5, éd. Patar p. 513 : « omnia entia singulariter existunt » ; *Questiones super libros de generatione et corruptione*, éd. M. Streijger, Paul J. J. M. Bakker, Johannes M. M. H. Thijssen, « History of Science and Medicine » 17, Leiden-Boston, Brill, 2010, I, 1, p. 41 : « immo omnis res de mundo singulariter existit » ; I, qu. 24, p. 184 : « […] intrinsece omnis res de mundo est se ipsa sibi eadem et nullo alio ; et omnes res de mundo diversae sunt intrinsece se ipsis diversae et nullo alio, et sic quaecumque erunt diversae erunt se ipsis diversae et nullo alio » ; *Questiones super decem libros Ethicorum*, Paris, 1513, VI, qu. 16, f° CXXXIIrb : « Nulle sunt res universales sic quod universaliter existunt, immo quicquid est [universaliter] singulariter existit et est unum in numero ». Voir aussi H. A. G. Braakhuis, « John Buridan and the "Parisian School" on the Possibility of Returning as Numerically the Same. A Note on a Chapter in the History of the Relationship between Faith and Natural Science », dans St. Caroti et P. Souffrin (éds), *La Nouvelle Physique du XIVe siècle*, Firenze, Leo S. Olschki, MCMXCVII, p. 111-140.

3. *Iohannis Buridani In Metaphysicen Aristoteles questiones argutissime*, Parisiis, MDXVIII, VII, qu. 15, f° Lrb : « Item, ex eo dicimus te esse quoddam singulare, quia singulariter et signate existis, ut hic et nunc, et omne quod est in te existit tecum et singulariter, scilicet hic et nunc […] ».

qui conduit de degré en degré vers le réalisme qu'il défend, la première doctrine qui est présentée comme niant toute universalité dans les choses (avant celle d'Ockham pour qui l'universel est une intention de l'âme) peut être attribuée à Buridan :

> Une première opinion est que, à proprement parler, il n'est aucun universel de cette sorte dans la nature des choses; mais, disent ces auteurs, un certain signe est universel quand il ne se vérifie pas pour quelque chose de déterminé [...]. Ainsi, lorsque l'on dit « (l') homme est une espèce », il ne faut pas comprendre qu'une certaine chose, ou un certain terme ou une intention de l'âme est une espèce, mais qu'au sujet de nombreuses choses, convenant spécifiquement, il est vrai de dire que n'importe laquelle d'entre elles est un homme. [...] Et de cette manière, cette position s'efforce de supprimer toute universalité dans les termes ou dans les choses grâce à la supposition seulement confuse et de tout expliquer par une telle intellection confuse[1].

Ce qui permet de qualifier cette position de « buridanienne », c'est que dans « homo est species », le terme « species » ne suppose ni pour une chose ni pour un concept (rejet de la supposition simple au sens ockhamiste), et que sa portée référentielle doit se caractériser comme supposition confuse d'un signe vocal, auquel correspond sur le plan conceptuel une intellection confuse. Il n'y a dès lors rien d'étonnant à ce que la *via nominalium* des siècles suivants puise largement en lui ses principes d'analyse, notamment à Paris.

La position de Jean Buridan sur le statut de l'universel est exprimée de façon forte dès ses *Questions sur Porphyre*[2], notamment dans la question 4 : « Est-ce que les universels sont des substances » ? Elle vient après deux questions sur le statut de la logique et une question qui demande si l'universel est le sujet propre du livre de Porphyre. Ainsi la réflexion sur les prédicables se trouve subordonnée à une interrogation générale sur l'universel, comme c'était déjà le cas, toutes proportions gardées, dans la *Logique* d'Abélard. C'est l'universel qui apparaît comme le sujet premier du livre de Porphyre, les prédicables sont considérés comme ses espèces, et rien d'autre n'y est pris en considération si ce n'est en relation avec eux[3].

1. Johannes Sharpe, *Quaestio super universalia*, éd. par A. D. Conti, Firenze, 1990, p. 50 : « Prima opinio dicit quod, proprie loquendo, nullum est universale tale in rerum natura; sed tunc dicunt auctores aliquod signum esse universale quando non verificatur pro aliquo certo, sicut un suppositione confusa tantum vel proportionali. Unde cum dicitur "homo est species", non est intelligendum quod aliqua res vel aliquis terminus vel intentio sit species, sed quod de multis rebus specifice convenientibus verum est dicere quod quodlibet illorum est homo. [...] Et isto modo nititur haec positio per suppositionem confusam tantum tollere omnem universalitatem in terminis vel rebus, et salvare omnia per talem confusam intellectionem ». Voir A. de Libera, *La Querelle des universaux de Platon à la fin du Moyen Âge*, Paris, Seuil, 1996, p. 403-407.

2. Le texte édité, désigné comme *tertia lectura* daterait de 1356 environ : voir B. Michael p. 471.

3. *Questiones libri Porphyrii*, éd. par R. Tatarzyński, *Przeglad tomistyczny*, II (1986), p. 111-195, ici p. 135 : « [...] ego dico cum aliis expositoribus quod hoc genus "universale" sive istum terminus "universale" est subiectum vel obiectum primum et proprium in scientia libri Porphyrii, quia de eo et de suis speciebus, scilicet de "genere" et "specie" etc. determinatur principaliter in isto libro et de nullis aliis nisi secundum attributionem quam habent ad ipsum universale et ad species eius ».

Afin de répondre à la question de la substantialité de l'universel, Buridan passe en revue ce que l'on entend par « universel », puis ce que l'on entend par « substance ». Il partage avec Ockham l'idée que nombre de questions posées à propos de l'universel au siècle précédent procèdent d'équivoques, et qu'une bonne analyse préalable de la signification des termes permet de les dissoudre, quitte à en faire surgir quelques autres, mieux posées. Quatre sens de l'universel sont distingués. D'abord, en logique, on qualifie d'universel un quantificateur (un « signe » dans le vocabulaire des Médiévaux) tel que « tout » ou « aucun ». Ensuite, depuis le traité *De l'interprétation*, on distingue la proposition universelle des propositions particulières et des singulières. À l'évidence, ce n'est pas à propos d'universels en ces deux premiers sens que se pose la question de savoir si ce sont des substances. En revanche, on parle aussi de « cause universelle », ou mieux d'universel par causalité, pour désigner des réalités qui causent une pluralité d'effets, telles que Dieu ou les intelligences célestes. Cette idée évoque, quoique sans référence précise, les théories réalistes de l'universel comme celle de Robert Grosseteste au XIIIe siècle, pour qui les universaux sont à la fois principes d'être et principes de connaissance, dans une vision hiérarchisée des causes. Ici, le sens est édulcoré, mais reste l'idée d'une « cause de plusieurs ». Il n'est pas sans importance que cette acception soit mentionnée, car c'est seulement en ce sens que l'universel peut être une substance – et en ce sens, d'ailleurs, Buridan l'accepte puisque Dieu, qui est cause universelle, est une substance [1]. Les *Questions sur la Métaphysique* entreront un peu plus dans les détails : l'universel par causalité est cause de nombreux étants, et il est clair que la cause la plus universelle (*universalissimum in causando*) est Dieu. Mais dans une perspective péripatéticienne, il faut adjoindre à Dieu les intelligences et les corps célestes, puisqu'ils produisent des effets sur le monde naturel, et ainsi ce sont également des universels séparés. Buridan renvoie au livre II, où Aristote estime que les plus universels sont les plus difficiles à connaître car le plus éloignés des sens [2]. Quoi qu'il en soit, l'universel par causalité n'est pas pertinent pour la question posée par Porphyre, celle de l'être et de la subsistance séparée ou non des genres et des espèces.

Seul le dernier sens est pertinent : l'universel « par prédication ». La notion de « prédication » marque d'abord la reprise d'un lieu commun aristotélicien (l'universel est ce qui par nature est apte à être prédiqué de plusieurs), mais la prédication doit être interprétée de manière exclusivement logico-linguistique. L'universel est « un terme significatif, qui peut être sujet ou prédicat dans une proposition catégorique » [3]. Tel serait le sens en lequel Porphyre entend les prédicables : l'individu est ce qui se prédique d'une seule chose, les termes universels, tels que genres et espèces,

1. Voir *Qu. Porph*, p. 138.

2. Voir Aristote, *Métaphysique*, A, 2, 982 a 23-25 ; *Aristoteles latinus*, XXV. 3-2, *Metaphysica*, lib. I-XIV, recensio et translatio Guillelmi de Moerbeka, editio textus, éd. Gudrun Vuillemin-Diem, Leiden -New York - Köln, Brill, 1995, p. 14 : « Fere autem et difficillima sunt ea hominibus ad cognoscendum que maxime sunt uniuersalia ; nam a sensibus sunt remotissima ».

3. *Qu. Porph.*, 139 : « Et isto modo universale est terminus significativus, qui potest esse subiectum vel praedicatum in propositione categorica ».

sont ce qui se prédique de plusieurs. Mais Buridan précise aussi que cet universel par *prédication* l'est tout autant par *signification* ou par *supposition*. Il « signifie indifféremment plusieurs » et il « suppose indifféremment pour plusieurs ». Certes, ces trois propriétés ne sont pas équivalentes, chacune répond à des fonctions différentes et est effective dans des contextes différents. Mais Buridan est le premier auteur à mettre systématiquement en série ces trois verbes (ce qu'on retrouvera ensuite chez Albert de Saxe ou Marsile d'Inghen) consacrant ainsi une approche linguistique globale ou les trois se confortent.

Buridan précise aussi en quel sens il faut entendre « substance ». En tant que catégorie, « substance » est une terme métalinguistique, signifiant d'autres termes ; ou encore, il signifie une classe de termes, ceux qui signifient des choses subsistant par soi et n'inhérant pas à autre chose, et s'oppose ainsi au terme « accident ». Tel est le sens pertinent dans la question de Porphyre [1]. Mais il arrive aussi que l'on entende par « substance », non pas le nom d'une catégorie, mais un terme de cette série catégorielle. Alors un tel terme peut être soit singulier, comme le nom propre « Socrate », soit universel s'il est le nom d'une pluralité, comme le terme substantiel « homme ».

De telles précisions permettent de répondre facilement à la question soulevée [2]. L'universel est un terme, il n'est une substance qu'au sens catégoriel du terme, et il signifie indifféremment plusieurs choses qui subsistent par soi. Cependant, Buridan est moins expéditif que ne l'était Guillaume d'Ockham. Il ne peut s'agir là des questions « difficiles et les plus hautes » [3] qu'évoquait Porphyre et dont il disait vouloir s'abstenir ! Ces questions, relevant de la métaphysique, concernent le signifié du terme universel. Certes, l'exposé qui précède semble avoir déjà balisé toute voie possible pour résoudre cette question. Néanmoins, Buridan admet qu'elle peut être reprise et traitée de façon métaphysique, et il la formule alors dans les termes d'une opposition, simplificatrice mais courante au Moyen Âge, entre Platon et Aristote. Buridan résume la doctrine platonicienne, qui était peu et mal connue, à l'idée d'une subsistance *séparée* de *substances* universelles signifiées par les termes universels, idée ensuite critiquée par Aristote.

C'est cette question du statut séparé de l'universel qu'examine la *Métaphysique* dans la question 15 sur le livre VII, avant de se demander dans la question suivante si l'universel et le singulier sont distincts.

Ainsi, alors que Guillaume d'Ockham focalisait sa critique sur la théorie scotiste de la nature commune, et par là sur la tradition héritée d'Avicenne, Buridan vise directement le « platonisme ». Dès les arguments en faveur de la séparation, trois

1. Porphyre, *Isagoge*, texte grec et latin, traduction par A. de Libera et A.-Ph. Segonds, introduction et notes par A. de Libera, Paris, Vrin, 1998, p. 1.

2. Voir *Qu. Porph.*, qu. 4, p. 138 : « Ista questio procedit ex aequivocationibus, quae si fuerint distinctae, quaestio faciliter solveretur » ; et p. 139 : « Et manifestum est quod ista sunt valde facilia ».

3. Cf. *Qu. Porph.*, qu. 4, p. 139.

arguments concernent explicitement Platon : « De plus on argumente selon les raisons de Platon » [1]. Le premier des trois concerne la science et transfère l'exigence de stabilité de la science à son objet : s'il n'y avait pas d'universel séparé, il n'y aurait pas plus de science de l'universel qu'il ne peut y en avoir du singulier puisque l'universel périrait avec le singulier et serait ainsi corruptible. La conséquence la plus fâcheuse concernerait les choses de la nature, ainsi exclues du champ de la scientificité : « Ainsi périrait la science naturelle, ce qui est gênant » [2]. Le deuxième concerne l'existence du monde corruptible : de même que toute chose mue requiert un moteur, ce qui conduit à un moteur immobile, tout engendré requiert un engendrant, ce qui conduit à un étant non engendré. On notera au passage que le point de départ est autant aristotélicien que platonicien [3]. On en conclut ici que tout singulier corruptible requiert une forme, un modèle, un *exemplar* qui ait le statut d'agent universel et séparé. Enfin, ce qui est par accident requiert quelque chose qui soit par soi.

L'universel par causalité, comme nous l'avons déjà vu, peut être dit séparé. L'universel par signification et prédication aussi, en un certain sens : un terme universel dans l'esprit ou dans une phrase peut être séparé d'un terme singulier, tout comme ils peuvent se trouver dans un même sujet. Mais rien de cela n'est pertinent pour porter une appréciation sur la doctrine platonicienne [4]. En revanche, l'idée que les signifiés des termes universels puissent être séparés des signifiés des termes singuliers est immédiatement qualifiée d'absurde [5]. Loin de résoudre le problème de la prédication, elle soulève des difficultés. Elle rendrait fausse une proposition telle que « Socrate est un homme », et créerait une aporie face à deux propositions telles que « Socrate est un homme » est « Platon est un homme » : ou bien il faudrait en conclure que Socrate est Platon, ou bien il faudrait poser autant d'hommes séparés que de singuliers.

Buridan n'ose cependant attribuer à Platon une telle absurdité. N'ayant pas les moyens d'approfondir les textes mêmes de Platon, il forge alors l'image d'un platonisme tempéré, grâce à… Averroès. Cette seconde version de la séparabilité de l'universel le considère moins comme une substance située ailleurs, à la manière d'un corps dans un autre monde, que comme la quidité. La théorie averroïste de l'intellect (par ailleurs critiquée dans les *Questions sur le traité de l'âme*) sert ici de point de comparaison. Cette doctrine est présentée assez schématiquement comme la position d'un intellect unique (on ne précise pas s'il s'agit de l'intellect agent ou de l'intellect possible) par lequel tous les hommes intelligent, lequel est séparé de tous les hommes. Ainsi, il ne leur est pas inhérent, mais il a le statut d'une forme

1. *Qu. Metaph.*, VII, 15, f° Lva : « Item arguitur rationibus Platonis ».

2. *Qu. Metaph.*, VII, 15, f° Lva : « Et sic periret scientia naturalis, quod est inconveniens ».

3. C'était aussi le cas de la conception de la science invoquée ci-dessus, clairement inspirée de l'*Éthique à Nicomaque*. La critique du platonisme congédie aussi certaines lectures d'Aristote, voire certains aspects de la doctrine aristotélicienne.

4. *Qu. Metaph.*, VII, 15, f° Lva : « Sed ista dicta ut credo non sunt ad intentionem Platonis nec contra eum ».

5. *Qu. Metaph.*, VII, 15, f° Lvb : « Sed statim videtur quod talis opinio sit omnino absurda ».

qui assiste. Celle-ci cependant les assiste « presentialiter et indistanter » ; autrement dit, Buridan perçoit bien que l'intellect unique n'est aucunement *dans un autre lieu* contrairement à une version caricaturale de l'averroïsme [1]. C'est donc une « séparation », non pas locale mais formelle, qui est considérée et critiquée à travers ce platonisme bien tempéré. L'humanité ou l'animalité seraient des formes par lesquelles tous les hommes sont des hommes et tous les animaux des animaux, formes « séparées » puisque distinctes des substances individuelles, de telle sorte que « Sortes est humanitas » est une proposition fausse, que le terme singulier ne suppose pas pour une telle forme et ne la signifie pas [2].

Bien qu'elle soit plus subtile que la précédente et rende davantage justice à Platon, cette doctrine n'est pas acceptable par Buridan. Et c'est principalement la conception de la science, qui vise en dernier ressort les singuliers à titre de signifiés ultimes [3], qui est invoquée. Une telle séparation de la forme, fût-elle non locale, aurait pour conséquence que ce serait la quidité et non la chose singulière qui serait connue [4]. Or il convient de rappeler que « le médecin ne cherche la science médicale que pour soigner ceux dont il a la science, et cependant il ne sait que soigner les hommes sensibles » [5].

Tout réalisme de l'universel, ou mieux dit, toute doctrine qui pose que le signifié des termes universels est distinct de celui des termes singuliers, ne défend pourtant pas la théorie « platonicienne » de la séparation. La question 16 sur le livre VII de la *Métaphysique* examine la thèse selon laquelle les universels (toujours considérés comme signifiés et non pas comme termes) seraient *distincts* des singuliers sans être toutefois *séparés*. Loin d'éluder rapidement cette question, Jean Buridan estime qu'elle est très difficile (*valde difficilis*). Sa position est claire « En ce sens, je dis que les universels ne sont pas distincts des singuliers » [6]; mais la discussion des objections est assez approfondie. Trois caractéristiques en ressortent.

En premier lieu, le principal ressort de l'argumentation buridanienne n'est pas tant de montrer les contradictions intrinsèques d'une telle position (même si de fait certaines contradictions ressortent), que de la reconduire, comme une conséquence inévitable quoique non désirée, à la thèse de la séparation. Déjà l'un des arguments initiaux en faveur de la distinction évoque la possibilité de la séparation : s'il existait une nature spécifique, telle que l'humanité, présente en un homme singulier tel que Socrate bien qu'elle soit distincte de lui, elle périrait en

1. Il est plus juste de dire que cette forme, assistante et non inhérente, est un non-lieu.

2. Voir *Qu. Metaph.*, VII, 15, f° Lvb.

3. Voir *supra*, Ire partie, chap. I, p. 46-52.

4. *Qu. Metaph.*, VII, 15, f° Lvb : « [...] sic ponentes ponebant quod humanitas qua Sortes est homo est quiditas Sortis ; et unumquodque non scitur proprie et simpliciter nisi per hoc quod scitur quiditas eius ; et tamen sciendo rem separatam et distinctam a Sorte non sciretur Sortes ».

5. *Qu. Metaph.*, VII, 15, f° Lvb : « [...] medicus non querit scientiam medicinalem nisi ut sciat sanare illos de quibus habet scientiam, et tamen non scit sanare nisi hominibus sensibiles ».

6. *Qu. Metaph.*, VII, 16, f° LIva : « Sic enim dico quod non sunt universalia distincta a singularibus ».

même temps que lui; pour être vraiment distincte, il faudrait donc qu'elle soit séparée [1]. Lors de la discussion des objections soulevées par le refus d'une telle distinction, le même argument est davantage développé : lors de la corruption du singulier, l'humanité de Socrate ou l'asinéité de Brunel ou bien « fuirait vers un autre lieu sans corps », ce qui est tenu pour absurde, ou bien subsisterait dans le cadavre mais alors celui-ci serait encore un homme, ou bien devrait être séparé [2]. Auparavant, un autre argument avait évoqué la question de l'identité ou de la différence entre l'humanité de Socrate et celle de Platon; si Socrate est un homme et que Platon est un homme du fait que le prédicat signifie une même humanité, alors par un syllogisme expositoire on en conclura que « Socrate est Platon »; le seul moyen d'y échapper serait encore de poser encore l'humanité comme séparée [3]. La réduction au « platonisme », qui a déjà été invalidé, fonctionne donc ici comme argument décisif contre toute théorie de la distinction.

En deuxième lieu, Buridan est soucieux d'éviter toute confusion entre le plan logique et le plan ontologique. Assurément, il s'agit ici d'examiner les choses signifiées : « Et je ne prends pas ici les universels et les singuliers comme des termes significatifs, à savoir communs et discrets, mais comme des choses signifiées par ces termes » [4]. Mais bien des arguments en faveur de la distinction réelle viennent d'une confusion entre les mots, les concepts et les choses. C'est pourquoi la discussion se mène encore au moyen de l'analyse des modes de signification et de supposition; ainsi, face à l'objection selon laquelle les mots « Socrate » et « homme » supposent pour la même chose, et non pour quelque chose de séparé, mais signifient quelque chose de différent, Buridan répond par la distinction entre prédication quiditative et prédication dénominative : on ferait de « Socrate est un homme » une prédication dénominative, donc on traiterait le genre comme un accident. En outre, si l'on peut invoquer le principe d'économie [5], c'est en se fondant sur un principe ontologique et un principe logique. Le premier est que les genres et les espèces ne sont pas perpétuels en tant que natures communes mais seulement pour autant qu'existent toujours des individus singuliers [6]. Le second fait intervenir

1. Voir *Qu. Metaph.*, VII, 16, f° LIva : « [...] dicentes universalia sic esse distincta a singularibus dicunt ea esse priora naturaliter ipsis singularibus [...]. Et iterum sequeretur quod universalia essent substantie [...]. Item sequeretur quod universalia essent separata a singularibus sicut posuit Plato [...] »; ces trois thèses sont considérées comme ayant été récusées par Aristote.

2. Voir *Qu. Metaph.*, VII, 16, f° LIvb.

3. Voir *Qu. Metaph.*, VII, 16, f° LIva; sur le syllogisme expositoire, voir *SL*, V, 1, 8, p. 17-18; Buridan entend l'expression en un sens plus large que ce n'était la tradition, incluant tous les syllogismes qui comportent un terme singulier comme moyen, et non pas seulement dans la 3ᵉ figure.

4. *Qu. Metaph.*, VII, 16, f° LIra : « Et non capio hic universalia et singularia pro terminis significativis, scilicet communibus et discretis, sed pro rebus significatis per illos terminos ».

5. *Qu. Metaph.*, VII, 16, f° LIvb : « Frustra ponerentur talia universalia distincta a singularibus si omnia sine illis possint salvari »; le même principe en une formulation très voisine, avait été invoqué à la fin de la détermination de la question 15 (f° LIra).

6. Voir *Qu. Metaph.*, VII, 16, f° LIva : « [...] Deus, per generationes singularium non intendit perpetuare aliquam naturam communem sed solum intendit quod semper sint aliqui homines et semper sint aliqui asini etiam singulares singulariter existentes [...] ».

les notions d'appellation de raison et de supposition confuse. L'occasion est fournie par l'argument selon lequel des agents naturels viseraient des fins universelles : le feu produit de la chaleur, etc. Pour Buridan un tel finalisme est purement métaphorique. Car l'intention, au sens d'une finalité visée, et même l'appétit, sont propres aux vivants dotés de connaissance ; c'est par métaphore qu'ils sont transférés à des agents non conscients [1]. Or l'appellation de raison, suscitée par les verbes signifiant des actes de l'esprit [2], a pour conséquence l'opacification des contextes et une modification du mode de supposition, qui ne saurait être distribuée sur des singuliers et qui s'effectue selon une « raison indéterminée ». Tous ces phénomènes que nous avons étudiés plus haut sont évoqués ici par Buridan, y compris le cas des promesses (je te promets un cheval), ou la croyance fausse dans un contexte opaque (tu crois que ton père est un âne), si bien que les réponses aux arguments initiaux sont pour l'essentiel formés de considérations sémantiques.

C'est cette ontologie et cette sémantique du terme universel qui sont à la base de la théorie de la connaissance que nous avons exposée dans la première partie, et selon laquelle on connaît d'abord singulièrement avant de connaître universellement.

Qu'est-ce qu'un individu ?

Cette critique de l'universalité réelle fait que le monde se compose d'étants singuliers, ou d'individus. Cela dit, la seule affirmation de principe « nominaliste » (au sens immédiat selon lequel seuls existent des individus) n'est pas suffisante, Guillaume d'Ockham le ressentait déjà, car qu'est-ce qu'un individu ? C'est loin d'aller de soi. Une telle interrogation a une dimension plus linguistique et une dimension plus métaphysique. Buridan prête la plus grande attention aux fonctionnement logique du terme individuel – mais ce n'est pas le point que nous souhaitons approfondir. La dimension métaphysique a longtemps été dominée par la question de l'individuation, c'est-à-dire de la constitution de l'individualité à partir d'une nature commune, que celle-ci soit pensée comme universelle, ou comme indifférente à l'universalité et à l'individualité. La question de l'individuation a été récusée par Guillaume d'Ockham, qui jugeait que tout ce qui est est *de soi* individuel. C'est également, on l'a vu, la position de base de Jean Buridan [3], lequel stipule un principe fort d'identité à soi : toute chose est par elle-même identique à soi et différente de toute autre. Mais cela ne résout

1. Voir *Qu. Metaph.*, VII, 16, f° LIvb : « Ad aliam de intentione agentis naturalis potest dici quod ista nomina "intentio" et "appetitus" proprie attribuuntur cognoscentibus [...]. Sed postea consequenter per similitudinem ad nos nomina illa attribuuntur agentibus naturalibus non cognoscentibus ».

2. Voir *supra*, IIe partie, chap. Ier, p. 138-142.

3. Voir *supra*, p. 238.

pas tout : comment identifier un individu, susceptible de servir de référent au sujet d'une proposition singulière [1] ?

Jean Buridan se demande : « Est-ce que Socrate est aujourd'hui la même chose qu'il était hier, étant posé qu'aujourd'hui quelque chose lui fut ajouté par la nourriture et converti en sa substance, ou encore étant posé que quelque partie lui a été enlevée, comme s'il a été amputé d'une main [2] ? » Ce problème est un problème métaphysique, posé généralement dans des termes hylémorphiques, mais selon la démarche qui est constamment la sienne Buridan la traite dans le cadre de la sémantique des termes et des propositions. La solution passe par la distinction de trois sens en lesquels quelque chose peut être dit *idem in numero*, numériquement identique, ou numériquement le même [3].

Le premier sens propose une conception forte de l'identité numérique. Une chose est identique à une autre si rien ne fait partie de l'une sans faire partie de l'autre, et cela en considérant chacune « dans sa réalité totale », dans son *integritas* [4]. Cette caractérisation semble concerner davantage l'identité que l'individualité elle-même, mais les deux ont été rapprochées sur la base de deux textes de la *Métaphysique* d'Aristote, lus en convergence, l'un sur l'unité numérique distinguée de l'unité spécifique ou générique [5], l'autre sur l'équivalence entre individu et numériquement un [6]. À travers ce premier sens sont posés des problèmes cruciaux concernant la question de savoir ce qui peut valoir comme individu.

En ce sens, il faut dire que je ne suis pas le même que celui que j'étais hier, car hier il y avait autre chose, qui faisait partie de ma réalité (*de integritate mea*) et qui a maintenant disparu, et il y a autre chose qui ne faisait pas partie de ma réalité et qui, après mon alimentation, fait partie de ma substance [7].

1. Voir O. Pluta, « Buridan's Theory of Identity », *in* J. M. M. Thijssen & J. Zupko (eds), *The Metaphysics and Natural Philosophy of John Buridan*, p. 49-64.

2. Voir *Qu. Phys.*, I, qu. 10; on trouve des indications convergentes dans les *Questions sur la Métaphysique*, VI, qu. 12; et le problème est encore évoqué dans les *Questions sur la génération et la corruption*, I, qu 13, p. 112-115.

3. Voir aussi à ce propos, *Qu. gen. et corr.*, I, qu. 24, p. 179-186 : « Utrum quod est simpliciter corruptum possit reverti idem in numero ». Voir H. A. G. Braakhuis, « John Buridan and the "Parisian School" on the Possibility of Returning as Numerically the Same. A Note on a Chapter in the History of the Relationship between Faith and Natural Science », dans St. Caroti et P. Souffrin (éds), *La Nouvelle Physique du XIVe siècle*, Firenze, Leo S. Olschki, MCMXCVII, p. 111-140.

4. *Qu. Phys.*, I, qu. 10, f° XIIIvb : « Primo modo totaliter, scilicet quod hoc est illud et nichil est de integritate huius quod non sit de integritate illius et econverso ».

5. *Métaphysique*, Δ, 6, 1016 b 31-35.

6. *Métaphysique*, B, 4, 999 b 34-35.

7. *Qu. Phys.*, I, qu. 10, f° XIIIvb : « Et secundum istum modum dicendum est quod ego non sum idem quod ego eram heri, nam aliud heri erat de integritate mea quod iam resolutum est, et aliud etiam heri non erat de integritate mea quod post nutrutionem est de substantia mea ». Buridan en appelle à Sénèque et Héraclite. De fait Sénèque écrit dans les *Lettres à Lucilius* : « Nul d'entre nous, devenu vieux, n'est l'homme qu'il fut dans sa jeunesse. Nul d'entre nous, au réveil, n'est l'homme qu'il fut hier. Nos corps sont emportés d'un mouvement pareil à celui des fleuves. Tout ce que tu vois court au rythme du temps. Rien de ce que nous voyons ne demeure. En parlant des choses qui changent

En ce sens doivent être admis un certain nombre d'arguments qui avaient été avancés pour prouver que Socrate n'est pas le même aujourd'hui qu'hier. Deux de ces arguments reposaient sur la relation du tout et de la partie. On présuppose en effet que le tout n'est pas identique à sa partie. Or si Socrate, amputé d'une main, est aujourd'hui le même qu'hier, une partie est identique au tout. De même, posons que dans une outre pleine de vin, une goutte s'échappe du fond et qu'en même temps une goutte soit ajoutée en haut, si bien qu'au bout d'un moment, toutes les gouttes aient été remplacées ; s'agit-il toujours du même vin ? Ici encore, l'argument de l'identité concerne ce que l'on peut identifier comme « cette outre » ou « ce verre de vin », si par là on n'entend pas le contenant mais une quantité séparée, désignable au singulier, que l'on peut boire. Un tel objet suscite certes des questions différentes de celles qui se posent à propos de l'individu vivant, puisqu'il ne s'agit plus de l'unité d'un organisme mais d'entités relevant de « noms de masse » : cette eau, ce vin. Mais le cas de Socrate et celui de l'outre de vin sont explicitement rapprochés, puisque continuellement Socrate se nourrit et perd de sa substance. Cela appelle quelques remarques.

C'est bien ce qui constitue l'individualité, dans son identité et sa permanence, qui est ici concerné, tant du point de vue moral que physique. Si je ne suis plus le même qu'il y a 10 ans, suis-je responsable des crimes que j'ai commis ? Quel est ici le référent du « je » qui sert de sujet à la proposition « je suis X, âgé de *n* années », ou « j'étais étudiant à la Sorbonne il y a 35 ans » ? Question d'identité donc, mais aussi, et peut-être davantage, question de savoir ce qu'est un individu car si tous les atomes qui me constituent se sont détachés de moi et que d'autres sont venus, qu'est-ce qui maintenant fait l'unité et l'individualité de cet agrégat ? Nicolas d'Autrécourt s'engageait sans hésiter dans cette voie, jugeant que Socrate jeune et Socrate vieux sont dits identiques seulement par habitude[1]. On ne peut cependant accepter pour argent comptant les arguments qui conduisent à nier la possibilité d'identifier un individu permanent, référent de mon langage. En premier lieu, on en reviendrait à l'opinion d'Héraclite et à sa transposition pour un individu humain dont les parties « fluent », ainsi que dit Sénèque. En deuxième lieu « le nom Socrate ne serait pas un nom discret puisqu'il supposerait pour des choses différentes à tel moment et plus tard » ; autrement dit, il n'y aurait pas de nom singulier mais seulement des noms communs, y compris « Socrate » qui désignerait des individus différents selon la temporalité du verbe, ou bien selon son contexte d'énonciation. De même toute action en justice ou toute rétribution des mérites serait impossible. De même encore ce n'est pas toi qui as été baptisé il y a quelques dizaines d'années, tu n'es donc pas chrétien.

moi-même j'ai changé. C'est la parole d'Héraclite : "Deux fois dans le même fleuve nous descendons et ne descendons pas" » (*Lettres à Lucilius*, livre VI, lettre 58, 22-23).

1. Voir Nicolas d'Autrécourt, *Tractatus utilis ad videndum an sermones peripatheticorum fuerint demonstrativi* [dit *Exigit ordo*] ed. by J. R. O'Donnell, *Medieval Studies*, 1 (1939), p. 176-266, ici p. 151-152 ; je remercie Christope Grellard pour avoir attiré mon attention sur ce passage.

Les deux autres sens permettent d'avancer vers une solution. Le deuxième sens introduit l'idée de « partie principale », qui dépasse l'aporie de l'identité entre le tout et ses parties. La notion de partie principale est présentée à partir de deux cas paradigmatiques : l'homme dont la partie principale est l'intellect, et la cité dont la partie principale est le dirigeant, ou la partie dirigeante. « Nous avons l'habitude de dénommer une chose d'après sa partie principale », dit Buridan dans les *Questions sur la génération et la corruption*, en se référant au passage de l'*Éthique à Nicomaque* sur la cité et son dirigeant [1]. Dans les deux cas, il faut passer par des thèses qui concernent l'être même de la chose (anthropologie ou politique) ; le cas de l'homme paraît le plus pertinent pour notre interrogation, mais l'identité de la cité, ou dans un autre contexte d'une nation, constitue aussi une forme intéressante d'individualité – la cité ou la nation peut agir, faire la guerre, conclure des traités, elle est d'une certaine manière une et indivisible, susceptible de surcroît d'être sujet de droit. Dans le cas de l'individu humain, une partie majeure (en l'occurrence une partie essentielle) constitue l'individualité qui manque aux seules parties matérielles. Alors que les parties matérielles du corps vont et viennent, l'identité individuelle, qui est celle du composé et non de la forme seule, est néanmoins assurée par la forme, en l'occurrence l'âme intellective.

On peut ainsi parler du même homme à travers toute sa vie, parce qu'il a la même forme, ou âme intellective. L'identité personnelle est donc psychique et non corporelle, comme l'énoncent clairement les *Questions sur la Métaphysique* :

> [...] à propos de l'identité de l'homme depuis le moment de sa naissance jusqu'à l'article de la mort, je dis que ce n'est pas une identité totale, mais bien une identité en raison de sa partie principale, à savoir de l'âme intellective [2].

Le corps, considéré sans cette partie principale n'a pas par lui-même d'unité trans-temporelle, bien que la quidité renvoie au composé total et non à la forme seule. En effet, à la différence du logicien, qui appelle quidité le seul prédicat quiditatif, composé de formes, le physicien considère le signifié de ce prédicat, qui est le composé [3]. Mais c'est l'identité individuelle, ainsi dénommée à partir de la partie principale, qui autorise la dénomination : « Et de là proviennent aussi les dénominations des touts à partir des dénominations de leurs parties [principales] » [4]. La nomination ou dénomination, ainsi fondée, va manifester l'individualité du composé, par delà les vicissitudes qui rendaient problématique sa reconnaissance,

1. *Qu. de gen. et corr.*, I, qu. 13, p. 113 ; Buridan se réfère à l'*Éthique à Nicomaque* : voir IX, 8, 1168 b 31-34.

2. *Qu. Metaph.*, VII, qu. 12, f° XLIIIva : « [...] de identitate hominis a principio nativitate usque ad articulum et instans mortis, dico quod non est totalis identitas, sed bene est identitas ratione principalissime partis, scilicet anime intellective ».

3. Voir *Qu. Metaph.*, VII, qu. 12, f° XLIIIva : « Sed physicus ponit quod quiditas rei sit illud quod per predicatum quiditativum significatur et pro quo predicatum quiditativum supponit. Et sic breviter dico quod quiditas equi vel asini non est forma equi vel asini sed est compositum ex materia et forma ».

4. *Qu. Phys.*, I, qu. 10, f° XIIIvb ; « Et ex inde etiam proveniunt denominationes totorum a denominationibus partium ».

et autoriser sa position comme sujet auquel on peut imputer des actions, donc aussi la responsabilité et le mérite. La conséquence paradoxale est d'ailleurs que l'animal ne jouit pas d'une telle identité à soi à travers les incessants changements corporels [1] !

Si ce deuxième sens est fondé dans la forme du sujet, le troisième sens permet quant à lui d'aborder des cas où l'identité visée ne semble admettre ni indivision, ni permanence. Ce sens nous instruit cependant sur les processus langagiers qui consolident la reconnaissance, voire la constitution de l'individualité. Le cas paradigmatique est ici celui du fleuve, et en l'occurrence de la Seine :

> Mais en un troisième sens, moins propre, quelque chose est dit numériquement identique à quelque chose selon la continuation de parties diverses qui se succèdent l'une l'autre; et ainsi la Seine est dite le même fleuve depuis mille ans bien que, à proprement parler, rien ne soit maintenant une partie de la Seine qui n'en fût une partie il y a dix ans [...] [2].

Le cas de la Seine, en premier lieu, recoupe la question des noms de « masse » : comment penser l'individualité dans le cas de l'eau ou de l'air ? Le nom « eau », par lequel je désigne l'eau de cette bouteille ou de ce fleuve, est-il un nom singulier ou un nom universel (spécifique) ? Mais en second lieu, il recoupe, en accentuant la difficulté, la question récurrente de l'identité trans-temporelle. Le problème est le même dans le cas de la mer, dont les parties sont constamment en mouvement, ou du monde inférieur. Mais on peut y ajouter le cas du corps considéré en lui-même, indépendamment de l'âme qui en est la forme. Mon corps est bien, de ce point de vue, comme la Seine ou comme le monde : ses parties sont en constant renouvellement, et c'est donc en ce troisième sens que je le considère comme un même corps, y compris le corps humain [3], et à plus forte raison le corps de ce cheval [4].

Dans le cas de la Seine, l'acte de nomination est essentiel à la reconnaissance. Car aucune identité physique de l'eau ne suffit à établir qu'il s'agit d'un seul et même fleuve, de ce fleuve singulier et non pas d'une fleuve en général. On ne peut même pas dire qu'il y a identité physique du cours du fleuve puisqu'il y a des fleuves qui se déplacent, et pourtant on parle *du même* fleuve. En outre, cela ne suffirait pas car le lit peut subsister et le fleuve être tari. L'identité « faible » de la Seine suffit en revanche pour donner sens à des propositions dans lesquelles on

1. Voir *Qu. de gen. et corr.*, I, qu. 13, p. 113 : « Sed credo quod aliter est dicendum de equo et cane. Credo enim quod ille magnus equus qui precise est hodie, si sit partialiter idem cum eo quod praecise nascebatur de ventre matris, tamen non est idem secundum maiorem partem sui vel etiam secundum principaliorem [...] ».

2. *Qu. Phys.*, I, qu. 10, f° XIIIvb : « Sed adhoc tertio modo et minus proprie, dicitur aliquid alicui idem numero secundum continuationem partium diversarum in succedendo alteram alteri, et sic Secana dicitur idem fluvius a mille annis citra, licet proprie loquendo nichil modo sit pars Secane quod a decem annis citra fuisset pars Secane [...] ».

3. Voir *Qu. Phys.*, I, qu. 10, f° XIIIvb.

4. Voir *Qu. de gen. et corr.*, I, qu. 13, p. 114 : « ut videatur quomodo equus maneat idem in numero, revertamur ad opinionem Senecae, et dicamus de equo sicut de fluvio [...] ».

met le nom « Seine », traité comme singulier, en position de sujet, et les rendre vérifiables. Si l'on se limitait à la première acception de l'identité individuelle, il serait faux de dire que je vois le même fleuve que Buridan ; mais en ce dernier sens je le puis parce que je suppose (et c'est une hypothèse plausible) que continuellement la succession des parties a maintenu une certaine identité à soi qui fait de ce fleuve *un* fleuve.

Ces quelques pages manifestent une conscience aiguë de certains problèmes liés à l'individualité, car il ne s'agit pas seulement de l'identité temporelle de l'individu mais de ce qui permet de le reconnaître comme individu. Les trois sens de l'identité énumérés ne sont pas étagés ontologiquement, pas plus que ce ne sont des sens de plus en plus étroits, ni seulement, à l'inverse, des sens de plus en plus larges ou relâchés de l'identité ; ils se succèdent plutôt pour permettre d'approfondir certaines questions. Le premier recoupe les apories classiques depuis Platon et Sénèque, en partie admises par Thomas d'Aquin et Jean Buridan lui-même, qui concernent les corps ou les étants matériels. C'est l'appel à l'âme intellective dans le cas des personnes et, peut-on penser, à la forme substantielle, garante de l'unité et de la permanence du composé dans le cas des autres substances, qui permet, dans le second sens de l'identité, de garantir l'individualité et la permanence temporelle. La position de Buridan sur les suppôts non personnels n'est cependant pas claire. On a l'impression qu'il les laisse à un statut fluctuant : en effet, si la forme garantit l'unité, fût-elle composée, de la substance individuelle, seule l'âme intellectuelle, garantissant l'unité d'une personne, définit une individualité trans-temporelle. Enfin le dernier sens, quant à lui, permet de mettre en évidence le rôle de la désignation en approfondissant ce rôle dans l'assignation d'une identité singulière à une chose telle qu'un fleuve. Cette assignation n'est cependant pas arbitraire : dans un tel cas, on estime que les parties sont remplacées continûment par des parties de même espèce.

Substance et accident

De quoi est peuplé ce monde d'étants singuliers ? L'âme humaine, puissance de connaître sensible et intellective, a affaire à des choses composées de qualités et d'un substrat dont la permanence est assurée par la forme essentielle. Je perçois en premier lieu *hoc album*, je saisis par le sens ou par l'intellect d'abord un mur blanc ou un homme blanc, avant de concevoir le mur, l'homme ou le blanc, voire abstraitement l'humanité ou la blancheur. Nous avons déjà étudié dans la première partie comment s'articulent la connaissance de l'universel et celle du singulier, vague ou déterminé. Mais quelle est la nature d'un « ceci déterminé » ? Quelle est la structure ontologique de cet individu concret ? Pour Buridan, comme pour toute la tradition péripatéticienne, le monde se compose de substances et d'accidents. Il convient bien entendu de lever tout de suite l'équivocité du terme « substance », qui désigne en premier lieu un type de termes, en second lieu des suppôts réels.

Ceux-ci sont ce qui subsiste par soi au sens où ils ne sont pas en autre chose[1]; ils se distinguent ainsi de l'accident comme ce qui est-dans, ce qui ne subsiste, du moins selon l'ordre naturel, qu'en une substance[2]. La substance se tient sous, elle se définit fondamentalement par une certaine forme de perséité puis, du fait de sa corrélation avec l'accident, par la subjectité, l'être-sujet[3].

Une équivocité similaire se retrouve à propos de l'accident et là encore des clarifications liminaires s'imposent. Le terme « accident » peut supposer pour tout ce qui n'est pas substance; il signifie alors des étants réels qui ne peuvent pas, du moins naturellement, subsister par soi. Mais « accident » est aussi un terme renvoyant à d'autres termes significatifs, prédicables d'un sujet[4]. Par conséquent, à la célèbre définition porphyrienne, reprise des *Topiques*, selon laquelle l'accident est ce qui peut advenir ou disparaître sans que le sujet soit détruit, définition qui doit elle-même être interprétée linguistiquement, Buridan semble préférer en fin de compte une autre définition, selon laquelle l'accident, en ce sens, est ce qui est « prédicable du sujet de façon non convertible ni essentielle »[5]. Or la prédication essentielle se distingue de la prédication dénominative par le type de signification des termes prédiqués, à savoir par leur caractère connotatif ou non[6]. C'est sur cette base que Buridan traite un certain nombre de problèmes légués par la tradition depuis Porphyre, comme celui de l'accident inséparable[7].

Mais ce qui m'intéresse le plus ici ce sont les conséquences sur le plan épistémologique. De ce point de vue, deux questions sont amplement débattues chez les commentateurs : celle du rapport entre connaissance des accidents et connaissance des substances, et la possibilité d'une science des accidents.

1. La perséité ne préjuge ni du mode d'engendrement (tout étant est par une cause), ni de la dépendance à l'égard de la cause première.

2. *SL*, III, 2, 1, p. 21 : « [...] hoc nomen "substantia" capitur dupliciter. Uno modo prout supponit pro illis substantiis veris quae per se subsistunt et partibus earum; et sic dividimus substantias, quia aliae sunt corporeae aliae incorporeae, aliae animatae aliae inanimatae, et dicimus etiam quod in rebus generabilibus substantiae sunt ex materia et forma et compositum, et sumendo terminos significative dicimus animalia esse substantias, et lapides et plantas et caelum [...]. Secundo modo capitur "substantia" prout supponit pro terminis de praedicamento substantiae, scilicet pro terminis significantibus substantias primo modo dictas sine aliena connotatione, sicut sunt isti termini "animal", "homo", "Socrates" ».

3. Voir Johannes Buridanus, *Lectura erfordiensis in I-VI Metaphysicam, together with the 15th-century Abreviatio Caminensis*, ed. by L. M. De Rijk, Turnhout, Brepols, 2008, ici *lect. erf.* qu. 10, p. 83 : « Nos ponimus quod omnibus substantiis potest esse unus conceptus communis per istum modum essendi qui est *per se stare* ».

4. Voir à ce propos *SL*, II, 6, 1, p. 48.

5. *SL*, II, 6, 1, p. 48 : « Alio modo capitur "accidens" pro terminis significativis praedicabilibus de suis subiectis non convertibiliter nec essentialiter ».

6. Voir *SL*, II, 5, 2, p. 44-45.

7. Sur ces aspects logico-linguistiques de l'accident, voir J. Biard, « Buridan et la connaissance des accidents », dans Chr. Erismann et A. Schniewind (éds), *Compléments de substance. Études sur les propriétés accidentelles offertes à Alain de Libera*, Paris, Vrin, 2008, p. 357-371.

Connaissance de l'accident et connaissance de la substance

Le problème surgit d'un passage d'Aristote, au début du traité de l'âme : si la connaissance de ce qu'est la chose, du *quod quid est*, est utile pour connaître les propriétés (ainsi que nous l'avons vu dans la théorie de la démonstration), à l'inverse la propriété contribue à faire connaître ce qu'est la chose [1]. Cette dernière affirmation a été le point de départ de nombreuses controverses au Moyen Age [2]. Grossièrement, on pourrait dire qu'une certaine théologie franciscaine admet facilement que l'intellect peut avoir, du moins en droit, une connaissance intuitive directe de la substance, ou de ce qu'est la chose singulière, tandis que la noétique aristotélicienne, exigeant un processus d'abstraction à partir des données sensibles, n'autorise pas une telle saisie. En vérité, les oppositions ne se laissent pas classer aussi facilement, surtout au XIVe siècle.

Pour Jean Buridan, c'est d'abord un individu singulier, composé concret de matière et de forme, mais aussi d'accidents, qui nous est donné à connaître. Sa théorie de l'âme et de l'intellect semble interdire d'envisager une connaissance immédiate et directe de la substance. Mais il n'accepte pas non plus la position de Jean de Jandun qui défend l'idée d'une *species* propre de la substance [3], même si les accidents contribuent à la connaissance de la substance. Certes, nous pouvons avoir un concept simple de la substance; il s'agit d'un terme mental qui signifie une substance telle qu'un homme ou un cheval, et qui peut supposer pour lui dans une proposition vraie. Mais du point de vue de la genèse psychologique, je n'atteins jamais la substance sans passer par des propriétés puisque mon concept s'élabore en présupposant des sensations, lesquelles me présentent bien des qualités.

En un certain sens, un tel passage semble admis par tout le monde à l'époque, du moins dans le contexte des questions sur le *Traité de l'âme*, et ne poser guère de difficulté : « Tous admettent que les connaissances des accidents contribuent beaucoup à la connaissance des substances. Nous expérimentons tous cela [...] » [4];

1. Voir *De l'âme*, I, 1, 402 b 17-22; *Aristoteles latinus, De anima*, translatio noua, Iacobi Venetici translationis recensio, Guillelmus de Morbeka reuisor, secundum Aquinatis librum, Clavis 12.2 : « Videtur autem non solum quod quid est cognoscere utile esse ad cognoscendum causas accidencium substanciis [...] set e converso accidencia conferunt magnam partem ad cognoscendum quod quid est »; cf. *Auctoritates Aristotelis*, p. 174.

2. Voir A. Robert, « Penser la substance : étude d'une question médiévale (XIIIe-XIVe siècles) » thèse inédite, soutenue à l'université de Nantes le 28 juin 2005.

3. Jean de Jandun, *Super libros Aristotelis de anima subtilissimae questiones*, III, qu. 20, Venetiis, 1587 [reprod. Frankfurt a. M., Minerva, 1966] col. 323 : « [...] intellectus noster bene intelligit substantiam per speciem propriam ipsius ». Voir M. E. Reina, *Hoc, hic et nunc. Buridano, Marsilio de Inghen e la conoscenza del singolare*, Firenze, Leo S. Olschki, MMII, en part. p. 112; M. E. Reina (à la suite de St. MacClintock, *Perversity and Error. Studies on the "Averroist" John of Jandun*, Bloomington Indiana, Indiana University Press, 1956) a judicieusement attiré l'attention sur la proximité du commentaire de Jean Buridan avec celui de Jean de Jandun, même si le maître picard s'écarte de son contemporain sur bien des conclusions.

4. Jean Buridan, *Qu. An.*, I, qu. 6, secundum tertiam sive ultimam lecturam, d'ap. ms. Vat. Lat. 2164, éd. partielle dans Patar, *Le Traité de l'âme...*, p. 787 : « Omnes concedunt quod notitiae accidentium multum faciunt ad habendum notitiam substantiarum. Et omnes hoc experimur [...] ». Cf. ici encore

ainsi, par la couleur et la saveur, nous savons que nous avons affaire à une pomme et non à une poire. On doit cependant noter que la formulation traditionnelle, qui se trouve chez Jean de Jandun mais aussi chez Oresme concerne le passage de l'accident à la substance ; les différentes versions connues des questions buridaniennes portent sur le rôle des accidents dans la connaissance du *quod quid est*, du « ce que c'est » [1].

Buridan ne se demande pas si l'on peut connaître directement la substance « nue » ou si on l'atteint intuitivement ; il ne doute pas non plus que les accidents contribuent à la connaissance de ce qu'est la chose. Son interrogation porte sur les modalités de cette contribution. Ce problème a été étudié en détail par Maria Elena Reina, et je me contenterai de résumer son analyse détaillée, qui met en évidence les enjeux la fois historiques et doctrinaux [2]. Auparavant, il faut souligner que cette approche suppose la possibilité de passer de la connaissance d'une chose (en l'occurrence un accident) à la connaissance d'une autre (le « ce que c'est » d'une substance). C'est pourquoi le problème est évoqué dans la question 4 sur le livre I de la *Physique*, question où est examinée la possibilité de l'inférence d'une connaissance à une autre [3].

C'est dans les différentes versions des *Questions sur le traité de l'âme* que Buridan aborde le plus complètement cette question. Dans la dernière lecture, c'est la question 6 sur le livre I [4]. Après avoir affirmé que tout le monde accorde que la

Jean de Jandun, *Qu. An.*, I, qu. 10, col. 48-49 : « De ista questione [Utrum accidens conferat ad cognoscendum substantiam] non est magna difficultas quantum ad quaestionem in se, sed quantum ad modum quo accidens confert ad cognitionem substantiae bene est dubitatio et diversitas inter doctores ».

1. Voir Nicole Oresme, *Expositio et quæstiones in Aristotelis De anima*, I, qu. 4, éd. et étude critique par B. Patar, Louvain-la-Neuve - Louvain - Paris, Éditions de l'Institut supérieur de Philosophie - Éditions Peeters, 1995, p. 115-121 ; cf. M. E. Reina, *op. cit.* n. 19 p. 109.

2. M. E. Reina, *op. cit.*, p. 101-136.

3. Voir *Qu. Phys.*, I, qu. 4, f° Vra-rb. Cette question a donné lieu à tout un débat interprétatif pour savoir si dans ce passage Jean Buridan vise particulièrement Nicolas d'Autrécourt : voir les éléments de ce débat dans M. E. Reina, *op cit.*, p. 106-111, et l'article de H. Thijssen, « John Buridan and Nicholas of Autrecourt on Causality and Induction », *Traditio*, 43 (1987), p. 237-255). J'ai admis plus haut (dans le chapitre consacré à la connaissance des principes) que certains arguments, au moins, portaient contre la négation autrécurienne de toute inférence causale et contre l'idée de reconduction au premier pincipe. En revanche, la question de la possibilité de connaître la substance à partir d'accidents ne se réduit certainement pas à une critique d'Autrécourt.

4. Le texte est édité par Benoît Patar d'après le manuscrit Vatican lat. 2164, dans *Le Traité de l'âme...*, p. 686-691 ; ce texte est utilisé par Maria Elena Reina dans son étude, bien qu'elle le corrige parfois à l'aide d'autres manusrits. La question correspondante du manuscrit de Vendôme, cod. 169, contenant une lecture antérieure (qu'on peut probablement désigner comme *secunda lectura*) est éditée par Patar dans l'Appendice 4 de son ouvrage. Ni cette seconde lecture, ni le texte édité par Lockert ne diffèrent notablement, sur cette question, de celui de la troisième et dernière lecture. On peut remarquer que le texte du manuscrit de Bruges, cod. 477, en revanche, tout en exposant de façon assez semblable les quatre modes, est organisé différemment, tant pour les arguments *quod non* initiaux que pour la détermination de la question, qui est plus complexe et fait précéder l'exposition des modes par des considérations générales sur la connaissance et les concepts, comme le fait la question correspondante du commentaire de Nicole Oresme (*Expositio et questiones in Aristotelis de*

connaissance des accidents concourt à la connaissance des substances, il ajoute : « Mais la manière dont cela se fait est pour moi douteuse » [1]. Jean Buridan énumère alors quatre « modes » ou façons dont la connaissance de l'accident peut conduire à celle du « ce que c'est », précisant que ces modes concourent tous à l'appréhension recherchée [2].

Une première façon résulte de l'ordre dans lequel les différentes puissances et leurs objets se présupposent les uns les autres : l'intellect est mû par la fantaisie, celle-ci par les sens, et les sens par l'objet extérieur [3]. Or sens et fantaisie ne portent que sur des accidents, et non sur la quidité des choses. Mais est-il possible de passer d'une faculté qui appréhende un accident à une faculté qui appréhende le « ce que c'est » de la chose ? Les interlocuteurs de Buridan introduisent alors une comparaison avec la faculté imaginative ou « élective » – celle qui selon Avicenne produit des intentions d'hostilité ou de bienveillance à partir de la perception de qualités accidentelles concernant l'apparence du loup ou de l'épervier. Il faut donc supposer un processus analogue de l'imagination à l'intellect, ce dernier tirant l'intention de la substance à partir de l'intention des accidents [4]. Tout en acceptant le schéma général [5], Buridan prend toutefois ses distances avec un aspect de cette théorie : la thèse selon laquelle le sens et la fantaisie n'appréhendent aucunement les substances. Il faut appel à la psychologie animale pour juger qu'un chien, par exemple, se dirige bien vers celui dont il entend la voix (et non pas seulement vers un son ou une couleur).

Le deuxième mode, qui avait été qualifié de « plus probable » dans la *secunda lectura* [6], renvoie à ce que nous avons déjà étudié à propos de l'appréhension confuse du singulier concret. À partir de l'appréhension conjointe par le sens d'une substance et d'accidents, l'intellect sépare ; c'est l'occasion d'affirmer que l'intellect a bien un concept propre de substance sans accident, comme un concept d'accident sans substance [7].

anima, éd. Patar, p. 115-121). Les deux textes posent comme l'une des conclusions préalables « Impossibile est nobis aliquid perfecte cognoscere singulariter » (ms. Bruges 477, édit. p. 204), ou « impossibile est a nobis aliquid perfectissime cognosci (Oresme, p. 117). On ne trouve rien de tel dans les questions buridaniennes.

1. *Qu. An* [3ª lect.], I, 6, Patar p. 788 : « Sed modus per quem hoc fiat est mihi dubitabilis ».

2. *Qu. An* [3ª lect.], I, 6, Patar p. 789 : « Et est sciendum quod isti quattuor modi non repugnant ad invicem, immo ex eis simul concurrentibus constituitur totalis modus perfectus secundum quem notitiae accidentium conferunt ad notitiam substantiae ».

3. M. E. Reina, *op. cit.*, p. 114-128, livre de ces passages une étude très détaillée, mettant en évidence le contexte dans lequel Buridan prend position. Dans l'exposé de ce premier mode, Buridan se réfère à des maîtres contemporains.

4. Ainsi que le note Reina, *loc. cit.*, Buridan assimile ici l'âme cogitative et l'imagination ou fantaisie.

5. Le manuscrit de Vendôme (2ª lect.) est très net sur ce point : « Et istum modum credo esse verum nisi solum in uno [...] » (éd. Patar p. 739).

6. Voir *loc. cit.*, p. 740.

7. *Qu. An.*, I, qu. 6 (3ª lect.), p. 789 : « intellectus autem <habet> potentiam abstrahendi ab illa confusione conceptus proprios et distinctos quorum uno concipit substnatiam sine accidente et alio accidente sine substantia ».

Le troisième mode fait appel à l'idée de ressemblance entre la cause et l'effet, un certain rapport de causalité étant ici posé entre la substance et les accidents.

Le quatrième introduit une nouvelle analogie, entre l'intellect et la matière première. Celle-ci ne reçoit des formes que pour autant qu'elle y est disposée par des accidents; de même la connaissance d'accidents prédisposerait l'intellect à la connaissance de substances. Maria Elena Reina souligne que Buridan, comme pour le premier mode, prend sans doute pour point de départ l'état de la question proposé par Jean de Jandun, mais il s'écarte de celui-ci, non seulement en ce qui concerne le statut de l'intellect possible et de l'intellect agent[1], mais, dans les deux cas, en ne faisant pas intervenir nommément la cogitative.

Comme nous l'avons déjà indiqué, Buridan admet le concours de toutes ces manières pour former une intellection complète et parfaite de la substance[2]; pour lui, le passage ne fait pas de doute, il s'agit simplement d'en proposer des explications possibles. Il est clair que pour le maître picard, l'intellect humain a affaire à des individus concrets, c'est-à-dire des complexes d'accidents et de substance, et que l'on passe, par diverses voies, de l'appréhension des premiers à l'intellection de « ce que c'est ». En séparant le concept du sujet de celui d'accident, l'intellect peut donc obtenir un concept absolu de la substance, sans connotation d'accident, bien que ceux ci conduisent à la connaissance de la substance[3].

L'autre problème épistémologique posé par l'accident est celui du type de connaissance dont un accident est susceptible. Qu'il y ait une connaissance sensible, imaginative, et même intellectuelle des accidents n'est pas en discussion. Mais de l'accident en tant que tel, peut-il y avoir science ? La question est posée à propos du livre VI de la *Métaphysique*. La réponse passe par le rappel de quelques distinctions fondamentales. Nous avons la science de conclusions démontrées ou démontrables, ou bien des choses signifiées par de telles conclusions. Au premier sens, nous n'avons de science que des propositions vraies ou nécessaires, ou à tout le moins de propositions qui sont vraies dans la plupart des cas. Au second sens, on a la science de toutes les choses du monde, y compris des accidents :

> C'est pourquoi l'on conclut qu'en ce second sens il y a bien une science des étants par accident puisque tous les étants par accidents sont signifiés par le terme « étant par accident », à partir duquel sont formées dans ce livre VI des conclusions démontrables[4].

1. Jean Buridan maintient fermement que l'intellect est une forme individuelle inhérente au corps : voir par exemple *Qu. an.*, III, qu. 4, p 31.

2. Voir encore *Qu. an.*, I, qu. 5 (2ª lect.), éd. cit., p. 740 : « Et omnes isti modi non discordant ad invicem, sed potius se invicem complent et perficiunt; ideo simul essendi sunt ».

3. Voir *Qu. Metaph.*, VII, qu. 17, éd. 1518, fº LIIvb : « quia intellectus potest absolvere conceptum subiecti a conceptu accidentis, nos imponendo sic intendimus absolvere ut terminus non connotet accidentia quamvis per illa ducamur ad notitiam substantie ».

4. Voir *Qu. Metaph.*, VI, qu. 3, fº XXXIVva : « Et ideo concluditur quod illo secundo modo est bene scientia de entibus per accidens [...] quia omnia entia per accidens significantur per illum terminum "ens per accidens", ex quo termino formantur in isto sexto libro conclusiones demonstrabiles ».

En ce sens, il peut même y avoir une science au sujet de choses hasardeuses et fortuites (*casualibus et fortuitis*) [1]. Toutefois, n'importe quelle proposition signifiant de telles choses n'est pas susceptible d'être sue scientifiquement : une proposition qui n'est pas vraie nécessairement ou dans la plupart des cas, mais qui est indifféremment-contingente, ou vraie rarement (*in paucioribus*) n'est pas susceptible de science. Ainsi, pour Buridan, le fait que la lune sera éclipsée tel jour, ou que l'été prochain sera pluvieux, n'est pas considérée comme objet d'une science démonstrative; cependant, l'astronome sait de science certaine que si le ciel est disposé de telle ou telle manière, il y aura une éclipse.

L'hypothèse de l'accident sans substance et le statut métaphysique de l'accident

Par définition, l'accident, considéré comme le signifié de certains termes accidentels, est ce qui ne peut avoir d'être sans être-dans. Toutefois, on peut se demander si toutes choses peuvent être considérées sous un seule et même raison, celle d'étant. C'est ce à quoi s'attache Jean Buridan dans certains passages consacrés à la substance et à l'accident et notamment la question 6 du livre IV [2]. On y trouve des développements qui concernent ce qu'on appelle ailleurs l'analogie de l'être.

Le terme d'analogie ne fait pas partie du vocabulaire buridanien ; on rencontre seulement, dans les arguments produits contre l'identité de sens, quelques remarques qui concernent ce que nous nommons l'« analogie » *ad unum*, avec l'exemple classique de la santé :

> [...] il dit que les étants ne se disent pas selon un (*secundum unum*), mais se disent bien en rapport à un (*ad unum*), ce qui veut dire qu'ils ne se disent pas univoquement et selon une seule raison mais qu'ils se disent selon diverses raisons dont l'une est la première, à savoir la raison de substance, et d'autres sont attribuées à cette première. Et il parle de la même façon de l'étant et du sain; en effet le mot « sain » se dit de l'animal, de la nourriture et de l'urine, non selon une seule raison mais selon des raisons très diverses : un animal est dit sain du fait que sa complexion convient aux opérations d'un tel animal, or l'urine n'est pas dite saine en ce sens mais du fait qu'elle signifie une telle complexion dans l'animal; donc « étant » n'est pas d'une seule raison, pas plus que « sain » [3].

La question de savoir si le nom « étant » signifie les substances et les accidents selon une même raison, donc sous un même concept, est une question jugée très

1. Voir *Qu. Metaph.*, VI, qu. 3, f° XXXIVva.

2. *Qu. Metaph.*, IV, qu. 6, f° XVIva : « Queritur sexto utrum hoc nomen "ens" significet substantias et accidentia secundum unam rationem sive secundum unum conceptum ».

3. *Qu. Metaph.*, IV, 6, f° XVIvb : « [...] dicit quod entia non dicuntur secundum unum, sed bene dicuntur ad unum, hoc est dictum quod non dicuntur univoce et secundum unam rationem, sed dicuntur secundum diversas rationes quarum una est prima, scilicet ratio substantiae, et aliae sunt attributae ad illam primam. Et dicit similiter de ente sicut de sano; hoc enim nomen "sanum" dicitur de animali, de cibo et de urina non secundum unam rationem, sed secundum valde diversas : ex eo enim hoc animal dicitur sanum quia complexio eius est conveniens operationibus ipsius animalis, urina autem non sic dicitur sana, sed ex hoc quod ipsa significat talem complexionem in animali; igitur "ens" non est unius rationis, sicut nec "sanum" ».

difficile à cause de considérations théologiques qui viennent contredire la position aristotélicienne [1]. Sur la plupart des sujets, Buridan s'en tient à l'exposé de la position aristotélicienne, notant le cas échéant les divergences avec certaines positions de la foi catholique. Mais il est tenu par le statut du 1 er avril 1272, lequel n'enjoint pas seulement aux artiens de ne pas s'immiscer dans la théologie, mais précise en outre que s'ils rencontrent une question qui semble toucher en même temps à la foi et à la philosophie, ils ne peuvent déterminer contre la foi sous peine d'être exclus de la communauté universitaire comme hérétiques [2]. Or la doctrine eucharistique affirme depuis le concile de Latran en 1215 que la substance du pain est changée en substance du Christ, alors que les accidents restent les mêmes. Comment expliquer alors cette « permanence des accidents » ? Faut-il leur trouver un autre « sujet » (ce sera pour Thomas d'Aquin la quantité) ? Faut-il admettre qu'ils migrent d'une substance à l'autre ? Faut-il admettre que, du moins dans ce cas extraordinaire, ils puissent subsister sans sujet ? Un tel phénomène est-il tout simplement *pensable ?*

Dans la question 6 sur le livre IV de la *Métaphysique*, la question de savoir si la substance et l'accident peuvent être inclus sous le même concept d'étant est jugée très difficile précisément en raison des discordances entre philosophie et foi [3]. Les deux solutions sont exposées successivement.

D'après Aristote, ce n'est pas selon une même raison que l'on attribue le terme « étant » à des termes substantiels et à des termes accidentels. On peut le prédiquer de tous, mais selon des raisons ou concepts différents : étant est dit de la substance selon une « raison » simple, sans signification ajoutée, tandis les accidents ne sont des étants que selon une « raison connotative » – plus précisément ils sont des étants relativement à autre chose, par attribution à une substance [4]. C'est donc une fois de plus la théorie des « raisons » selon lesquelles un étant est conçu et l'idée de connotation des termes qui permettent à Buridan de tourner la difficulté. Ainsi,

1. Voir sur cette question L. M. De Rijk, « On Buridan's View of Accidental Being », *in* E. P. Bos et H. A. Krop (éds), *John Buridan : a Master of Arts. Some Aspects of His Philosophy*, Nijmegen, 1982, p. 41-51 ; P. J. J. M. Bakker, « Aristotelian Theology and Eucharistic Theology : John Buridan and Marsilus of Inghen on the Ontological Status of Accidental Being », *in* J. M. M. H. Thijssen et J. Zupko, *The Metaphysics and Natural Philosophy of John Buridan*, p. 247-264, notamment p. 249-257 ; Id., *La Raison et le Miracle. Les doctrines eucharistiques (c. 1250 - c. 1400)*, Nijmegen, 1999, vol. I, p. 410-416.

2. *Chartularium universitatis Parisiensis*, éd. H. Denifle adj. Æ. Chatelain, t. I, n° 441, 1 er avril 1272, Parisiis, ex typis fratrum Delalain, p. 499 : « Statuimus insuper et ordinamus quod si questionem aliquam, que fidem videatur attingere simulque philosophiam, alicubi disputaverit Parisius, si illam contra fidem determinaverit, ex tunc ab eadem nostra societate tanquam hereticus perpetuo sit privatus » ; l'ensemble du statut est traduit en français dans Fr. X. Putallaz et R. Imbach, *Profession : Philosophe. Siger de Brabant*, « Initiations au Moyen Âge », Paris, Cerf, 1997, p. 128-131.

3. Dès la *lectura erfordiensis*, Buridan emploie des formules très fortes : « veritas fidei dissonat opinioni Aristotelis in multis accidentibus » (qu. 10, p. 86).

4. Voir *Qu. Metaph.*, IV, qu. 6, f° XVIIra : « Et tunc diceret Aristoteles quod hoc nomen "ens" non diceretur secundum eandem rationem de terminis substantialibus et de terminis accidentalibus, quia secundum rationem simplicem sine connotatione aliena dicitur de terminis substantialibus [...]. Hoc nomen "ens" vel hoc nomen "aliquid" non dicitur de albedine vel nigredine secundum rationem simplicem sed secundum rationem connotativam ».

on retrouve bien la primauté de la substance, classique dans une perspective péripatéticienne, accentuée par la mise au premier plan de la dualité entre la substance et les accidents [1], et la tendance non pas seulement à faire de la substance le premier sens de l'être, mais à assimiler *aliquid*, *res* et *ens* sous le chef de la substance [2] – qui est décidément substance individuelle et, on l'a vu, pensée sur le mode de la présence.

Du point de vue de la foi catholique, en revanche, les accidents peuvent, par la toute-puissance divine, être séparés des substances :

> Je dis donc que nous soutenons par la foi que, par la puissance divine, les accidents peuvent être séparés des substances et être conservés séparément, sans substance ainsi subjectée ; on dit donc que c'est ainsi, sans sujet, qu'ils subsistent dans le Sacrement de l'Autel [3].

De cette façon, *ens* et *aliquid* se disent selon un concept commun et sans connotation (*absolutum a connotatione*), que les termes signifient des substances ou qu'ils signifient des accidents puisque la blancheur peut subsister sans être inhérente à quelque sujet que ce soit. « Étant », comme « quelque chose » (*aliquid*) doit alors être tenu pour un terme univoque et non pas équivoque ni même analogique ; simplement c'est un genre au sein duquel il convient de distinguer deux espèces : un terme supposant indifféremment pour toutes les substances sans connotation, et un autre supposant pour tous les accidents du type de la blancheur sans connotation de quelque sujet [4]. Une telle position est explicitement contraire à Porphyre et à Aristote [5].

On peut néanmoins se demander (c'est l'une des difficultés soulevées à la fin de la question), quelle est alors la différence entre la substance et l'accident puisque l'une et l'autre sont « quelque chose » qui peut être et être signifié « par soi ». D'ailleurs, d'un point de vue strictement aristotélicien, admettre cela reviendrait à traiter les accidents comme des substances : « La blancheur serait vraiment une substance si elle pouvait subsister ainsi, et être "ceci déterminé" » [6]. Comment éviter

1. Voir *Qu. Metaph.*, IV, qu. 6, f° XVIIra : « Et de terminis diversis predicamentorum dicitur secundum diversas additiones et connotationes : albedo enim est aliquid esse aliquale, magnitudo autem non sic sed aliquid esse aliquantum. Ideo patet quod accidentia non dicuntur simpliciter entia immo entia secundum quid, scilicet cum additione et cum attributione ad substantiam ».

2. Voir *Qu. Metaph.*, IV, 6, f° XVIIra : « [...] hoc nomen "ens" vel "aliquid" non dicitur de albedine vel magnitudine secundum rationem simplicem [...] ».

3. *Qu. Metaph.*, IV, 6, f° XVIIra-rb : « Dico ergo quod nos tenemus ex fide quod per potentiam Dei accidentia possunt separari a substantiis et separatim conservari sine substantia sic subiecta, unde dicitur quod sic, sine subiecto, subsistent in sacramento altaris ».

4. *Qu. Metaph.*, IV, qu. 6, f° XVIIrb : « Secundum hoc illud nomen "ens" vel "aliquid" esset verum genus univocum, cuius una species esset aliquis terminus supponens sine connotatione pro omnibus substantiis indifferenter, et alia species esset unus terminus supponens sine connotatione subiecti pro omnibus talibus accidentibus ».

5. Voir *Qu. Metaph.*, IV, 6, f° XVIvb : « Aristotiles aliter valde opinatus est de accidentibus quam fides nostra ponit ».

6. *Qu. Metaph.*, IV, 6, f° XVIIva : « Albedo est vere substantia si posset sic subsistere et esset hoc aliquid ».

le paradoxe ? Sur ce point, la *lectura erfordiensis* de la *Métaphysique*, plus ancienne que la version complète que nous connaissons, se contentait de souligner le contraste entre les deux positions [1]. L'*ultima lectura*, en revanche, cherche à élaborer un concept philosophique intégrant et dépassant la position aristotélicienne. Pour éviter le paradoxe, on doit modifier les définition de la substance, de l'accident, et de *per se stare :* on appellera substance tout ce qui subsiste naturellement par soi, sans inhérer à autre chose (et éventuellement les parties d'une telle substance), et accident ce qui ne subsiste pas par soi naturellement, même s'il le peut miraculeusement [2].

Le second doute consiste à se demander s'il y a un seul genre qui est le plus général ou dix genres qui sont les plus généraux. Buridan s'en tient sur ce point à la thèse de la multiplicité des sens de l'être, attribuée à Aristote et à Porphyre, et il résout les difficultés par la démarche d'analyse logico-linguistique. Ici comme en d'autres endroits, il redéfinit les catégories comme des manières de prédiquer différentes espèces de termes des substances premières, ou plus rigoureusement des termes singuliers signifiant les substances premières. À partir de là, on doit distinguer le cas des termes accidentels concrets de celui des abstraits. Les termes accidentels concrets sont connotatifs et se prédiquent dénominativement. Le rapport est celui de la propriété au sujet. En conséquence, les abstraits et les concrets ne peuvent pas toujours être reconduits à une seule et même catégorie. Cette remarque purement logico-linguistique nous ramène à notre problème initial. *Albedo* renvoie à une propriété qui, d'un point de vue philosophique, n'a d'être que dans l'*inesse*, tandis que *esse album* est réellement identique à la substance qui est blanche.

Face au problème de l'univocité ou de l'équivocité des catégories, Buridan cherche donc à exploiter au mieux sa démarche d'analyse logico-linguistique des termes, en faisant appel à l'idée de connotation. Mais, rencontrant une question où les enjeux théologiques et philosophiques se croisent, Buridan modifie la définition de la substance de manière à ce qu'elle puisse intégrer les cas « miraculeux » [3]. Nous reviendrons plus loin sur les stratégies buridaniennes de conciliation entre le point de vue de la foi et celui de la raison philosophique. Il ménage ici une place pour l'interprétation « selon la foi » qui fait des accidents des « quelque chose ». S'il paraît assumer la position de la foi, il en marque toutefois les limites : naturellement, c'est-à-dire abstraction faite des miracles, c'est la doctrine d'Aristote qui conviendrait le mieux. Assurément, il infléchit la définition de la substance de

1. Voir *Qu. Metaph.*, *lectura erfordiensis*, qu. 10, p. 86-91.

2. Voir *Qu. Metaph.* (*ult. lect.*), IV, qu. 6, f° XVIIva.

3. Paul Bakker, dans l'article cité plus haut, cite une autre question où Buridan procède de façon similaire : s'interrogeant, dans la question 8 sur le livre V de la *Métaphysique*, sur les relations de causalité et de dépendance, il paraît admettre que la relation d'inhérence doit être une disposition surajoutée, car Aristote lui-même jugeait que ce serait inévitable si l'accident pouvait subsister par soi, or c'est ce que pose la foi : voir art. cit. p. 255-257. Sur ce point aussi, d'ailleurs, on a pu noter une évolution entre les différentes lectures de la *Métaphysique* : cf. *lect. erford.*, qu. 28, et L. M. De Rijk, « Introduction », p. LXIV-LXXIII.

manière à rendre possible cette dualité[1], mais toute sa démarche n'en vise pas moins à définir les conditions d'un ordre naturel qui fasse abstraction des miracles. On doit mentionner que Marsile d'Inghen, traitant de la même question, cite le maître picard et doute que celui-ci ait maintenu une telle opinion tout au long de sa vie[2].

1. Paul Bakker insiste sur cet aspect, et il conforte sa lecture en faisant appel au témoignage de Marsile d'Inghen, qui reprochait à son prédécesseur de ne pas s'en être tenu à un point de vue purement métaphysique. Cependant, il serait excessif de lui attribuer en la matière une position « théologisante » ; il s'agit d'adapter la définition à un ordre purement naturel des choses.

2. Marsile d'Inghen, *Questions sur la Métaphysique*, IV, 5, cité d'après P. Bakker, art. cit., n. 26 p. 258 : « [...] et est bone memorie magistri Iohannis Biridani in questionibus suis super isto quarto, quamvis non credam quod in fine vite fuerit ille opinionis ».

Chapitre II

LA DIVISION DES SCIENCES ET LA SCIENCE PREMIÈRE

Au Moyen Âge, la question de la division des sciences a pris une forme et une importance qu'elle n'avait pas chez Aristote. L'encyclopédie aristotélicienne a largement été construite *a posteriori* et si l'on peut trouver des remarques éparses sur la division des sciences théorétiques, sur le rapport des mathématiques avec les sciences subordonnées telles que l'optique ou la mécanique, ou sur la distinction des différentes disciplines mathématiques, le Stagirite ne procède pas à une réflexion systématique sur la division et la hiérarchisation des disciplines. Il semble que cet exercice soit apparu dans le monde arabe, puisque l'on en trouve une manifestation (connue par tradition indirecte) dans le *Livre des sciences* d'al-Fārābī, traduit dans le monde latin par Dominique Gondissalvi [1]. On en retrouve les grandes lignes dans le *De ortu scientiarum* de Robert Kilwardby [2].

Ces divisions qui organisent les disciplines aristotéliciennes ont été croisées, au XIIIe siècle, avec les considérations sur le rapport entre philosophie (ou métaphysique) et théologie, qui ont conduit à réinvestir la notion de subalternation. Cela a été rendu possible par deux éléments fondamentaux, qui sans doute ne sont pas totalement conciliables : d'une part la diffusion du modèle des *Analytiques* dont on retient à la fois une conception stricte de la démonstration et l'exigence de déduction à partir de principes non démontrés (donc validés selon d'autres critères) ; d'autre part l'extension du réquisit de scientificité à la *sacra pagina*, à la lecture des textes sacrés qui depuis le XIIe siècle s'est progressivement constituée en théologie, en « science du divin » [3]. Le paradoxe est que d'un côté l'on cherche à appliquer les critères de scientificité à la science divine, notamment une forme

1. Domingo Gundisalvo, *De scientiis*, texto latino establecido por M. Alonso, Madrid, Escuelas de Estudios Arabes de Madrid y Granada, 1954; Dominicus Gundissalinus, *über die Einteilung der Philosophie* (lateinisch-deutsch), herausgegeben, übersetzt, eingeleitet und mit Anmerkungen versehen von A. Fidora und D. Werner, Freiburg, Herder, 2007. Voir J. A. Weisheipl, « Classification of the Sciences in Medieval Thought », *Mediæval Studies*, 27 (1965), p. 54-90.

2. Robert Kilwardby, *De ortu scientiarum*, ed. by A. G. Judy O.P., « Auctores Britanici Medii Aevi » IV, London-Toronto, The British Academy - The Pontifical Institute of Mediæval Studies, 1976.

3. Voir M.-D. Chenu, *La Théologie au XIIe siècle*, Paris, Vrin, 1976, notamment chap. XV : « Les *magistri*. La "science" théologique ».

de rigueur démonstrative à partir de principes qui sont subordonnés à la science que Dieu a de lui-même, tandis que de l'autre cette science que Dieu a de soi et du monde, en tant que *science* par excellence (car la création ne saurait être aveugle), implique d'élargir l'ἐπιστήμη aristotélicienne à des formes de vision immédiate. Quoi qu'il en soit, Buridan n'entre pas dans le détail des discussions sur le rapport entre métaphysique et théologie telles qu'on pouvait les lire, par exemple, dans les *Questions sur la Métaphysique* de Scot, ou dans le Prologue de sa *Lecture sur les Sentences*. Ainsi que nous le verrons, Buridan a une conception de la théologie naturelle qui est marquée par la tradition péripatéticienne, il se garde de la théologie révélée, et il ne fait pas intervenir l'idée de science divine comme modèle ou comme principe des sciences. Pour lui, la science est une science humaine.

Une pluralité de points de vue

La division des disciplines spéculatives est déjà riche d'enseignements sur ce qui fait la spécificité de telle ou telle science et sa différence avec les autres. Jean Buridan part évidemment de la tripartition aristotélicienne selon laquelle les disciplines spéculatives sont au nombre de trois : la métaphysique, la mathématique, la physique [1]. Il s'interroge sur la valeur de cette division [2]. Si certains arguments portent sur le nombre, ce qu'on appelle la « suffisance » de la division, il s'agit surtout de s'interroger sur ce qui fonde la distinction entre les sciences [3]. Elle est jugée difficile [4].

On considère non sans raison que pour Aristote une science se définit par le genre d'être sur lequel elle porte. Dans les *Seconds Analytiques*, en vérité, l'interdiction faite à une science de transgresser le genre d'être sur lequel elle porte n'est formulée en toute rigueur que pour les parties des mathématiques [5]. Mais l'attitude a pu être généralisée en interdiction de la *metabolè*, de la transgression du genre propre. Le fond de la démarche, ce qui va en être retenu et qui est, de fait, conforme aux principes logiques, métaphysiques et épistémologiques de l'aristotélisme, est une subordination de l'organisation du savoir aux genres de l'être (au recoupement des types de substances et de la division catégorielle), et ce sera la démarche dominante jusqu'à ce que les *Règles pour la direction de l'esprit* de Descartes renversent la perspective.

1. Aristote, *Métaphysique*, E, 1, 1026 a 18-19 – où la philosophie première est nommée « théologie ».

2. Voir *Qu. Metaph.*, VI, 2, f° XXXIIIva « Queritur secundo utrum philosophia speculativa bene dividatur in physicam, mathematicam et metaphysicam ».

3. Voir *Qu. Metaph.*, VI, 2, f° XXXIIIva : « Notandum est quod ista questio est satis difficilis, quia non est facilis assignare une proveniat sufficientia talis divisionis ».

4. Voir *QAPost.*, I, 23 : « est multum difficile assignare unde et quomodo scientie accipiant originaliter suam distinctionem ».

5. Voir Aristote, *Seconds Analytiques*, I, 7.

Il y a bien un texte où Buridan semble proche de cette position. C'est la question 23 sur le livre I des *Seconds Analytiques* – et ce n'est sans doute pas un hasard qu'il s'agisse de cet ouvrage. Là, la différence des sciences est rapportée à leur « sujet premier » : « de la distinction des sujets premiers naît la distinction des sciences et de l'unité du sujet naît l'unité de la science » [1]. Et le sujet est considéré en relation aux propriétés : « je parle ici de sujet en relation à sa propriété, à savoir pour le genre ou terme commun auquel sont reliées les principales propriétés premières de la science, et par attribution auquel est considéré tout ce qui est considéré dans cette science » [2]. On note donc l'équivalence avec le « genre », précisé toutefois comme « *terme* commun ». Malgré un accent sans doute différent, ce texte ne contredit pas ce qu'on peut lire dans les *Questions sur la Métaphysique*.

Dans ces *Questions* Buridan commence par affirmer que les sciences ne se distinguent pas par les choses existant en dehors de l'âme : « Cette division n'est pas tirée de la distinction des choses existant en dehors de l'âme, à savoir de ce qui est pris en considération dans ces trois sciences » [3]. Pourquoi refuser cette première explication possible ? Parce que ce sont les mêmes choses qui sont considérées par différentes sciences. C'est sur *le même monde*, sans équivoque, que porte chacune des sciences spéculatives, une fois écartée la théologie. La métaphysique ne sera aucunement dans ce contexte la science d'un arrière-monde. Elle ne s'adresse pas même à un monde d'entités formellement différentes. Le métaphysicien parle de toutes choses. La métaphysique est la pensée du monde, ou plutôt des choses du monde puisque Buridan présuppose la singularité des étants, et cela sous une certaine *ratio concipiendi*, tandis que la physique les pense selon une autre manière de concevoir. En contrepoint, dans la *Physique*, à l'occasion d'une réflexion sur l'adjectif « naturel », Buridan précise que science naturelle n'est pas dite telle parce qu'elle serait la seule à traiter des choses naturelles « puisque la mathématique et la métaphysique seraient des sciences naturelles, étant donné qu'elles traitent de choses naturelles » [4].

En vérité, il y a un texte où Buridan paraît avancer une conception un peu différente de celle qui est présentée ici : dans les *Questions sur l'Éthique à Nicomaque*, il rapproche la métaphysique de la théologie et fait référence à l'étymologie pour faire de la métaphysique une science transcendante : « et par "métaphysique" j'entends la théologie, de "meta" qui est "au-delà", de "physique" qui signifie la nature, et de "-ique" qui désigne la science, comme si l'on disait "science transcendant la

1. *QAPost.*, I, qu. 23 : « a distinctione subiectorum primorum oritur distinctio scientiarum, et ab unitate subiecti oritur unitas scientie ».

2. *QAPost.*, I, 23 : « loquor de subiecto in ordine ad suam passionem, scilicet pro illo genere vel termino communi cui debentur prime passiones principales scientie et in cuius attributione consideratur omne quod in illa scientia consideratur ».

3. Jean Buridan, *Qu. Metaph.*, VI, qu. 2, f° XXXIIIva : « Ista divisio non sumitur ex distinctione rerum extra animam existentium, scilicet consideratorum in istis tribus scientiis ».

4. *Qu. Phys.*, lib. II, qu. VI, f° XXXIVra : « quoniam mathematica et metaphysica essent scientie naturales quia considerant de rebus naturalibus ».

nature" »[1]. Il s'agit d'un passage où Buridan examine l'ordre hiérarchique des agents et des fins, pour poser qu'on agit librement en ordonnant son action à soi-même ou à un bien supérieur, mais non à quelque chose d'autre dans l'ordre propre des connexions naturelles. Seule la métaphysique est une science libre « parmi les sciences humaines » car elle est cause de soi, dépassant toutes les causes naturelles. Sans doute inclut-elle un concept de Dieu à titre de fin ultime (en ce sens elle inclut une certaine théologie), et examine-t-elle le statut des différentes causes, des agents et des fins, y compris au sens où la nature s'oppose à la volonté. Assurément ces deux textes n'abordent pas la métaphysique du même point de vue[2]. Mais ils ne me paraissent pas incompatibles. Les *Questions sur la métaphysique* ne présentent pas cette science comme « naturelle » mais comme portant sur les mêmes choses naturelles que la physique. Rien n'empêche toutefois que certains de ses sujets excèdent le champ de la physique.

Buridan réserve au physicien l'analyse des choses en tant qu'elles sont mobiles ou immobiles, corruptibles et incorruptibles, causantes et causées, etc. Grâce à de telles disjonctions totalisantes (aussi totalisantes que les traditionnels transcendantaux disjonctifs), le physicien prend en considération la totalité des étants, y compris la cause première lorsqu'il la considère comme premier moteur immobile, même si la porte reste ouverte à une possible restriction : « et omnia *vel quasi omnia* sunt aliqua istorum ». La physique est dite science naturelle parce qu'« elle considère les choses selon les raisons selon lesquelles elles sont dites naturelles et toutes les choses qu'elle considère, elle les considère selon l'attribution à ces raisons »[3]. Dans un passage des *Questions sur l'Éthique* où il explique que les sciences peuvent se caractériser par leur « principes » Buridan insiste sur la nature comme principe – ce qui en l'occurrence veut dire à la à fois comme terme premier et comme principe du mouvement, selon le premier sens aristotélicien[4].

Il est clair en tout cas que nous sommes en rupture avec la définition d'une science par le « genre » sur lequel elle porte. À cela, Buridan oppose l'idée de la science comme point de vue, plus littéralement comme *mode de concevoir :*

> Mais s'ensuit alors une autre conclusion : cette division provient du côté des raisons ou concepts existant dans l'âme, puisqu'il faut bien qu'ils proviennent soit du côté des choses extérieures soit du côté des raisons ou concepts[5].

1. *Qu. Eth.*, X, 2, f° CCVva : « et per metaphysicam intendo theologiam, a "metha" quod est "trans", et "physica" "natura", et "icos" "scientia", quasi "scientia transcendens naturam" ».

2. Voir J. Zupko, *op. cit.*, p. 231-232, qui me paraît toutefois les opposer excessivement.

3. *Qu. Phys.*, lib. II, qu. 6, f° XXXIVra « [...] scientia dicitur naturalis ex eo quod considerat res secundum illas rationes secundum quas dicuntur naturales, et omnia que considerat ipsa considerat secundum attributionem ad illas rationes ».

4. *Qu. Eth.*, VI, qu. 13, f° CXXVIIIvb : « [scientia] naturalis naturam sibi assumit tanquam principium, et omnia que considerat in habitudine ad naturam et ultimate resolvendo in ipsam ».

5. *Qu. Met.*, VI, 2, f° XXXIIIvb : « Sed tunc sequitur alia conclusio, quod haec divisio provenit ex parte rationum sive conceptuum apud animam existentium, quia oportet eam provenire vel ex parte rerum extra vel ex parte rationum sive conceptuum ».

On notera l'assimilation « raisons ou concepts ». Le terme *ratio*, qui a son origine dans la conception thomiste de la science, permet de formuler l'idée que différentes sciences aient affaire aux mêmes choses sous des *rationes* différentes. La raison est concept; non pas formalité au sens scotiste, mais plus précisément mode de concevoir actif[1]; autrement dit ces « raisons » sont localisées dans l'âme intellective et non dans les choses, et elles sont des manières pour la faculté cognitive se rapporter aux choses, de les signifier de telle ou telle manière, sous tel ou tel aspect.

Il reste toutefois à préciser quelle sorte de concepts peut ainsi permettre de caractériser tel ou tel champ scientifique. La distinction des sciences ne s'explique pas par la différence de concepts complexes tels que leurs conclusions; la preuve en est qu'une seule et même conclusion peut se retrouver dans différentes sciences, tirée de principes différents. Par exemple, la rotondité de la terre peut être démontrée, d'un certain point de vue, par la « science naturelle », c'est-à-dire la physique, mais aussi d'un autre point de vue par la mathématique : il revient à la « science naturelle » de prouver que la terre est ronde parce que toutes ses parties tendent vers le centre en raison de leur « pesanteur » (*gravitas partium*), mais il revient au mathématicien (c'est-à-dire ici l'astronome) de prouver qu'elle est ronde par la considération des corps célestes (*per diversitatem aspectuum ad corpora celestia*). Mais la distinction des sciences n'est pas non plus fondée sur cette autre sorte de concepts complexes que sont les principes. Au début de la *Somme de théologie*, Thomas d'Aquin distinguait la doctrine sacrée des autres sciences par le statut des principes sur lesquels elle prend appui[2], à savoir des principes subordonnés à la science que Dieu a de lui-même et reçus par la révélation. Mais Buridan estime que chaque science met en œuvre une pluralité de principes indémontrables, non réductibles à un seul, de sorte qu'il est impossible de caractériser telle ou telle science par un principe complexe qui l'unifierait, et que là encore certains principes peuvent être communs à plusieurs sciences[3].

Il ne reste donc qu'une hypothèse acceptable : que la diversité des sciences soit tirée des concepts simples qu'elle met en œuvre[4]. On peut assigner quelques

1. Voir IIe partie, chap. Ier, p. 138-142, le passage sur l'appellation de raison.

2. Voir *Summa Theologiae*, Ia pars, qu. I, art. 2, Sancti Thomae Aquinitatis doctoris angelici *Opera omnia*, t. IV : prima pars Summae theologiae a qu. I usque ad qu. XLIX, Romae, ex typographia polyglotta, MDCCCLXXXVIII, p. 9 : « Sed sciendum est quod duplex est scientiarum genus. Quaedam enim sunt, quae procedunt ex principiis notis lumine naturali intellectus, sicut arithmetica, geometria et huiusmodi. Quaedam vero sunt, quae procedunt ex principiis notis lumine superioris scientiae, sicut perspectiva procedit ex principiis notificatis per geometriam, et musica ex principiis per arithmeticam notis. Et hoc modo sacra doctrina est scientia, quia procedit ex principiis notis lumine superioris scientiae, quae scilicet est scientia Dei et beatorum ».

3. Le même refus de distinguer les sciences par leurs principes propres est déjà exposé dans la question 23 sur le livre I des *Seconds Analytiques*.

4. *Qu. Metaph.*, VI, 2, fo XXXIIIva : « Concludo quod illa distinctio originaliter sumitur ex distinctione aliquorum conceptorum [*corr.* principiorum] incomplexorum ».

précédents à une telle démarche. Ainsi, Thomas d'Aquin introduisait aussi l'idée d'un certain point de vue conceptuel pour caractériser le rapport d'une science à ses objets :

> Il y a le même rapport, en effet, entre le sujet d'une science et la science qu'entre l'objet et une puissance de l'âme ou une disposition. Or on assigne proprement comme objet à une puissance ou à une disposition ce sous le point de vue de quoi toutes choses sont rapportées à cette puissance ou à cette disposition; ainsi l'homme et la pierre se rapportent à la vue en tant qu'ils sont colorés; c'est pourquoi le coloré est l'objet propre de la vue. Or dans la doctrine sacrée, toutes choses sont traitées sous la raison de Dieu : ou parce qu'il s'agit de Dieu lui-même, ou parce que ces choses ont un certain rapport à Dieu, comme à leur principe ou à leur fin [1].

Chez Aristote lui-même, bien que les *Seconds Analytiques* fussent à l'origine d'une tout autre approche, un passage de la *Physique* pouvait suggérer une telle démarche concernant le rapport entre mathématique et physique [2]. Mais la thèse buridanienne prend une tout autre portée car elle se nourrit de toute son étude de la démarche scientifique [3]. Celle-ci est fondée sur une analyse logico-linguistique systématiquement mise en œuvre d'une manière qui n'a pas de précédent en physique et en métaphysique (sauf peut-être chez Guillaume d'Ockham en ce qui concerne la physique). Les *rationes* définissant un point de vue, et en conséquence une discipline, sont donc à rattacher à l'analyse des termes principaux de cette discipline et à la façon dont ils signifient et connotent les choses singulières.

Une telle approche est confirmée dans les *Questions sur l'Éthique*. Lorsqu'il se demande, dans la question 2 sur le livre I, si la science des vertus est pratique ou spéculative, Buridan mène une longue discussion pour savoir si la distinction des

1. Thomas d'Aquin, *Summa Theologiae*, Ia pars, qu. I, art. 7, *Opera omnia*, t. IV, p. 19 : « Sic enim se habet subiectum ad scientiam, sicut obiectum ad potentiam vel habitum. Proprie autem illud assignatur obiectum alicuius potentiae vel habitus, sub cuius ratione omnia referuntur ad potentiam vel habitum, sicut homo et lapis referuntur ad visum inquantum sunt colorata, unde coloratum est proprium obiectum visus. Omnia autem pertractantur in sacra doctrina sub ratione Dei : vel quia sunt ipse Deus, vel quia habent ordinem ad Deum, ut ad principium et finem ».

2. Voir Aristote, *Physique*, II, 2, 193 b 23-32. Sur le rapport entre physique et mathématique, voir Robert Kilwardby, *De ortu scientiarum*, c. XIV, ed. by A. G. Judy O.P., « Auctores Britanici Medii Aevi » IV, London-Toronto, The British Academy - The Pontifical Institute of Mediæval Studies, 1976, p. 37 : « Si autem quis dixerit quod diversimode cadit quantitas continua in consideratione physici et mathematici et ideo non sit inconveniens quod diversa sit scientia [...] » ; *ibid.*, c. XXXIII, p. 119 : « Sed non sunt distinctae scientiae speculativae penes genera, nec debent quia nec possunt. [...] Cum enim scientia sit de universali, et universale abstrahit a singulari signato, penes diversos gradus abstractionis tamquam *penes diversos modos considerationum* diversificari debent genera scientiarum » – je souligne (J. B.).

3. Une démarche semblable se retrouvera chez un auteur italien dont les relations avec la pensée buridanienne restent à préciser, mais qui en semble ici très proche : Blaise de Parme. Pour le *doctor diabolicus* non plus, la distinction des sciences n'est pas fondée sur les genres de l'être, mais sur la distinction « des objets appréhendés ou appréhensibles selon des raisons spéciales et diverses connotations des termes » (Blaise de Parme, *Questiones de anima*, I, 3, ms. Vat. Chig. O IV 41, f° 280ra : « obiectorum apprehensorum vel apprehensibilium secundum speciales rationes et diversas connotationes terminorum »).

sciences spéculatives et des sciences pratiques est tirée de leur fin ou de leur objet (*ex obiecto*). Les deux peuvent dans une certaine mesure se soutenir, cependant la différence principale ne vient pas de la fin car on peut ordonner une connaissance à telle ou telle fin, mais il n'est pas en notre pouvoir que telle discipline soit spéculative ou pratique [1]. Elle vient donc de l'objet. Mais ce ne sont pas les objets considérés en eux-mêmes qui sont le critère d'identification des disciplines :

> Il faut cependant savoir que la distinction des sciences ne vient pas des objets pris simplement et absolument, mais de certaines manières (*rationes*) formelles de les considérer. C'est pourquoi originellement les sciences se distinguent par ce dont est tirée la distinction des manières formelles de considérer [2].

Cette expression, qui sonne curieusement scotiste, de « ratio formalis », ne doit pas être interprétée différemment de ce que nous avons lu dans d'autres passages, à savoir comme mode de concevoir ; c'est ce qui est rappelé par le verbe « considerandi ». Pour n'être pas arbitraire, cette raison formelle n'en est pas pour autant distincte *a parte rei ;* ce serait même sans doute trop dire que de poser un « mode de concevoir passif » corrélat de ce « mode de concevoir (actif) ». Il faut bien qu'il y ait dans la nature des choses, leurs relations, leur ordre, des propriétés validant ces considérations, mais ce qui définit une science c'est une manière de les considérer. Ainsi, les sciences spéculatives considèrent certains étants, leur nature et leurs propriétés, indépendamment de ce qui relève de nos opérations sur eux, tandis que les sciences pratiques peuvent éventuellement concerner les mêmes choses, mais relativement à ce que nous pouvons faire sur eux [3].

Quels sont plus précisément les principaux concepts simples qui permettent de définir la spécificité de chaque discipline ? Buridan est prudent : « il est difficile d'assigner quels sont ces termes » [4]. Cependant, on peut admettre que la métaphysique étudie les choses sous la raison de l'étant (*ens*), la physique sous la considération du mobile (*mobile*), les mathématiques sous la raison du *quantum*. J'aurai l'occasion de revenir spécifiquement sur la mathématique, et sur ses rapports avec la physique ; par ailleurs, nous nous pencherons longuement sur certains concepts clés de la philosophie naturelle. Pour l'instant, voyons comment il caractérise la métaphysique [5].

1. Voir Buridan, *Qu. Eth.*, I, qu. 2, f° IIIrb.

2. *Qu. Eth.*, I, qu. 2, f° IIIrb : « Est tamen sciendum quod distinctio scientiarum non est ab obiectis simpliciter et absolutis sumptis, sed secundum determinatas rationes formales considerandi. Et ideo originaliter scientie distinguuntur eis a quibus sumitur rationum formalium considerandi distinctio ».

3. Voir *Qu. Eth.*, I, qu. 2, f° IIIrb : « Est enim de eis scientia speculativa in ordine ad naturam et ad ea que preter nostram operationem insunt eis ; est autem de eis scientia practica in ordine et quantum ad ea que circa ea possumus operari ».

4. *Qu. Met.*, VI, qu. 2, f° XXXIIIvb.

5. Voir A. Ghisalberti, *Giovanni Buridano dalla metafisica alla fisica*, Milano, Vita e pensiero, 1992.

Cette question est décisive pour comprendre le sens de l'entreprise de Buridan, logicien-philosophe qui ne devint jamais théologien et qui fait de la métaphysique la suprême sagesse [1].

La métaphysique comme science de l'étant

Buridan reprend la définition avicennienne de la métaphysique comme science de l'étant en tant qu'étant. Toutefois il considère moins l'étant comme sujet propre de la métaphysique que comme concept sous la raison duquel toute chose est considérée. Il s'agit donc, si l'on veut, d'une ontologie générale, mais qui ne dessine pas pour autant pas le territoire de métaphysiques spéciales. En ce sens il n'anticipe pas le schéma qui deviendra celui de l'ontologie au XVIIIe siècle. Par ailleurs, la démarche d'analyse logico-linguistique doit être appliquée à la métaphysique autant qu'à la physique, non pour récuser l'entreprise métaphysique (ce serait un contresens que d'y voir une sorte de positivisme logique) mais à la fois pour redéfinir le sens de l'étant et pour décrire ce que l'on appellerait aujourd'hui l'ameublement du monde.

Toutes les conclusions de la métaphysique n'ont certes pas le terme « étant » pour sujet ! Mais toutes considèrent les choses selon un certain rapport d'attribution (ou le cas échéant de non-attribution) à l'étant : « Tout ce qui est considéré en métaphysique y est en effet considéré selon une attribution au terme "étant" ou selon une séparation de ce terme [2] ». Comment comprendre ces formes d'attribution qui jouent ici un rôle de rapport fondateur ? « Il revient en effet au métaphysicien de considérer, à propos de n'importe quoi, ce que c'est, comment c'est, et de quelles causes cela dépend dans son être » [3]. Dans la question 2 sur le livre VI de la *Métaphysique*, Buridan ne se demande pas si la métaphysique comprend une théorie de la cause première, ou du premier principe de l'être. En revanche, il insiste sur le fait que la métaphysique ne se réduit pas à un discours général sur l'être de l'étant mais considère les étants dans leur particularité, quoique toujours sous un certain aspect. C'est à elle qu'il revient par exemple de déterminer quel est l'être des choses mathématiques [4].

On peut toutefois se demander si cela suffit à constituer l'étant en « sujet propre et adéquat » de la métaphysique, selon l'expression utilisée dans la réflexion sur le

1. Voir L. M. De Rijk, « Foi chrétienne et savoir humain. La lutte de Buridan contre les *theologizantes* », dans *Langages et philosophie. Hommage à Jean Jolivet*, Paris, 1997, p. 393-409.

2. *Qu. Metaph.* VI, qu. 2, f° XXXIIIvb-XXXIIIIra : « Omnia enim considerata in metaphysica considerantur secundum attributionem vel retributionem ad illum terminum "ens" ».

3. *Qu. Metaph.* VI, qu. 2, f° XXXIIIIra : « Metaphysici enim est considerare de quolibet quid ipsum est et quomodo est et a quibus causis dependet in esse suo ».

4. *Qu. Metaph.* VI, qu. 2, f° XXXIIIIra : « Et non solum considerat talia in maxima sua communitate, immo etiam in speciali. Nullus enim nisi metaphysicus habet considerare que res est angulus, et que res est habere tres angulos, et sic de aliis ».

statut de cette science, notamment dans sa comparaison avec la théologie. Écrivant quelques décennies après que Scot eut composé son commentaire [1], Jean Buridan est confronté à la question du sujet de la métaphysique en des termes qui doivent beaucoup au Docteur subtil [2]. Il aborde le problème dans ses questions sur le livre IV, où il se demande « Est-ce que l'on doit assigner à la métaphysique un seul sujet propre et adéquat ? » (IV, qu. 4), puis « Est-ce que le sujet propre de la métaphysique est l'étant ? » (IV, qu. 5).

À toute science, y compris à la métaphysique, doit pouvoir être assigné un sujet adéquat [3] ; cela implique que ce sujet soit le plus commun parmi tout ce qui n'excède pas les limites de la science en question, et qu'il soit ce à quoi l'on attribue les principales propriétés étudiées dans ladite science. L'universalité de la métaphysique interdit de lui assigner un objet particulier. Il semble que son sujet doive être l'*ens*, l'étant en général, l'étant considéré dans sa communauté. Puisque la métaphysique considère toutes choses, seul l'étant n'excède pas ses limites. De plus, seul un tel sujet est adéquat (*proportionabile*) aux principes de cette science – sans doute Buridan pense-t-il ici aux principes tels que la non-contradiction, énoncés dans le même livre IV.

Cette thèse peut cependant susciter une difficulté du fait que toute autre science a aussi un étant pour sujet : « le sujet adéquat de n'importe quelle science est un étant puisque c'est un étant ou bien un non-étant, et personne ne dit que c'est un non étant, donc etc. » [4]. On peut néanmoins se sortir de cette difficulté par le rappel de deux principes que nous avons déjà souvent rencontrés. Le premier consiste à réinvestir la dimension logico-linguistique de l'analyse buridanienne. Le sujet est fondamentalement *un terme* et non une chose extra-linguistique : « Une autre conclusion est que le terme "étant" est le sujet propre de la métaphysique » [5]. Ici se marque à un niveau fondateur (à propos de son concept premier) l'infléchissement logico-linguistique de l'analyse métaphysique. Car lorsque Scot, en référence à Avicenne, se demandait si le sujet de la métaphysique était l'étant en tant qu'étant

1. Le commentaire de Duns Scot aurait été écrit à Paris au tournant des XIIIe et XIVe siècles. Voir B. Iohannis Duns Scot, *Questiones super libros Metaphysicorum Aristotelis*, ed. by R. Andrews *et alii*, The Franciscan Institute, St. Bonaventure, New York, 1997. Les éditeurs estiment que, contrairement à ce qu'on a longtemps pensé, ces Questions ne sont pas une œuvre de jeunesse mais ont sans doute été travaillées à plusieurs reprises par Scot, et que certaines sections sont postérieures aux dernières années du XIIIe siècle : voir *op. cit.*, « Introduction », p. XLII-XLIV. Scot est arrivé à Paris en 1302, et y est resté jusqu'en 1307, avec une interruption due à une première expulsion en 1303-1304.

2. Ce passage reprend partiellement mon article « Termes transcendantaux et analyse logico-linguistique (Jean Buridan) », dans G. Federici Vescovini (éd.), *Le Problème des transcendantaux du XIVe au XVIIe siècle*, Paris, Vrin, 2002, p. 51-66.

3. Le point a été établie dans la question 4 sur le livre IV, f^os^ XIVvb-XVvb.

4. *Qu. Metaph.*, IV, qu. 5, 1^a^ concl., f^o^ XVIra : « cuiuslibet scientiae subiectum adaequatum est ens : quia est ens vel non ens, et nullus dicit quod non ens, igitur etc ».

5. *Qu. Metaph.*, IV, qu. 5, 2^a^ concl., f^o^ XVIra : « Alia conclusio : iste terminus "ens" est subiectum proprium ipsius metaphysice ».

ou bien Dieu et les intelligences séparées [1], le *subiectum* était à entendre comme le référent principal des termes employés. La question du sujet étant ainsi reformulée, on peut affirmer que seule la métaphysique a le terme « étant » pour sujet principal, propre et adéquat. La physique, déployant un autre point de vue, celui du mouvement, aura le terme « mobile » pour sujet principal, terme le plus commun qui ne transcende pas ses bornes. Le deuxième principe présupposé est donc celui de la science comme *ratio concipiendi* ou point de vue sur le monde.

Ces infléchissements permettent de fournir une précision importante, en réponse à l'une des difficultés immédiatement soulevées à l'occasion de cette thèse principale. Depuis Avicenne, en effet, en référence littérale au livre IV, ce n'est pas seulement l'étant, mais l'étant *en tant qu'étant* qui est candidat au statut de sujet de la métaphysique. Tel est le moyen qu'aurait eu Aristote de spécifier le sujet de la « science recherchée » par opposition aux substances matérielles et en mouvement. C'est en ce point que se marque le plus nettement le *style logico-linguistique* de l'analyse buridanienne.

Tout d'abord, l'expression « étant en tant qu'étant » ne doit pas être prise au sens propre : « À la première question, on peut répondre : dire que l'étant en tant qu'étant est le sujet propre en métaphysique n'est pas une manière propre de parler » [2]. En effet, l'expression « inquantum » au sens strict, implique un *reduplicatio*, comme on dit en latin, c'est-à-dire un redoublement, un retour sur soi ; or, en ce sens, cette affirmation impliquerait que tout étant, n'importe quel étant, soit le sujet de la métaphysique : « en vertu de la reduplication, il s'ensuivrait que tout étant serait ici le sujet propre » [3]. *Ens inquantum ens*, compris comme « un étant en tant qu'il est » serait alors le sujet recherché ; or cette interprétation est à l'évidence fausse.

Il faut donc entendre cette expression en un autre sens, non pas reduplicatif mais spécificatif :

> Cependant, cette manière de parler pourrait être soutenue au sens où l'étant (c'est-à-dire le terme « étant », de sorte qu'il s'agisse d'une supposition matérielle), selon qu'étant (c'est-à-dire selon la raison dont est tirée le nom « étant ») est sujet propre en métaphysique, de telle sorte que le mot « en tant que » ne soit pas pris de façon reduplicative mais spécificative ou déterminative, si bien qu'il serait mis pour spécifier ou pour exprimer la raison selon laquelle le terme « étant » est posé comme le sujet propre de cette science [4].

1. Jean Duns Scot, *Questiones super libros Metaphysicorum Aristotelis*, I, qu. 1, p. 15-72 ; voir Ét. Gilson, « Avicenne et le point de départ de Duns Scot », *Archives d'histoire doctrinale et littéraire du Moyen Âge*, II (1927), p. 89-148 ; Paris, Vrin-Reprise, 1986, p. 129-189, en part. p. 131-140.

2. *Qu. Metaph.*, IV, qu. 5 f° XVIra : « Ad primam quaestionem potest dici quod non est propria locutio [...] dicere quod ens inquantum ens sit subiectum proprium in metaphysica ».

3. *Qu. Metaph.*, IV, qu. 5 f° XVIra : « virtute reduplicationis, sequeretur quod omne ens esset ibi subiectum proprium ».

4. *Qu. Metaph.*, IV, qu. 5, f° XVIra-rb : « Tamen illa locutio sustineretur ad talem sensum quod ens (id est iste terminus "ens", ita quod esset suppositio materialis) secundum quod ens (id est secundum illam rationem a qua sumitur hoc nomen "ens") est subiectum proprium in metaphysica, ita quod illa dictio "inquantum" non teneretur reduplicative, sed specificative vel determinative, ita quod poneretur

Non seulement la dimension « métalinguistique » de l'analyse est explicitement soulignée (« l'étant, c'est-à-dire le terme "étant"... »), mais il faut en outre, dans cette expression, prendre ce terme en supposition matérielle, c'est-à-dire se référant à lui-même comme terme et non à ses signifiés. Alors, le terme se référant à lui-même, l'adverbe *inquantum* est pris non pas reduplicativement mais spécificativement (selon une distinction usuelle dans la littérature sophismatique), afin de spécifier la « raison » selon laquelle le terme est à entendre lorsqu'on le dit sujet propre de la métaphysique. En métaphysique, toute chose est considérée en tant qu'étant et non pas en tant que mobile, ou en tant que quantifiée, ou plus précisément en tant que vivante, etc.

D'une certaine façon, Buridan se situe donc dans un contexte qui prend acte du virage avicenno-scotiste de la métaphysique : la métaphysique n'a pas pour sujet principal le divin, mais l'étant en tant qu'étant, même si la métaphysique traite aussi de Dieu et des intelligences comme principes des étants naturels. Mais en cette discipline comme en d'autres domaines, il infléchit le style du discours métaphysique, ce qui conduit à envisager tout autrement que ne le faisait Scot le rapport de l'étant avec les autres termes.

C'est ce qui se confirme si l'on se tourne maintenant vers les termes que nous qualifierions de « transcendantaux ». Car en assignant à la métaphysique l'*ens* comme sujet propre, Buridan est inévitablement conduit à s'interroger sur les termes qui, depuis le XIIIe siècle, ont été considérés comme équivalents ou convertibles avec l'étant, à savoir selon les cas l'un, le bon, le vrai, et une série des termes disjonctifs tels que « cause ou causé ». On doit toutefois souligner d'emblée que le maître picard emploie rarement le terme « transcendens », qui sert aux médiévaux (et notamment à Scot) pour désigner ces termes coextensifs à l'étant et jamais pour désigner un tel *ensemble* ou une telle *série* de termes ou d'objets. Il l'utilise en passant, quelquefois, comme dans le IIIe traité des *Summule* à propos du terme *aliquid*[1].

Les passions de l'être, 1 : l'un

Toute science énonce des propriétés d'un sujet. L'interprétation du statut de la propriété, *passio* en latin, est décisive. Guillaume d'Ockham tenait résolument la *passio* pour un *terme* prédicable du sujet[2]. En établissant, dans la question 5 sur le livre IV de la *Métaphysique*, que le terme « étant » est le sujet de la métaphysique, Jean Buridan a déjà évoqué les propriétés qui doivent être prédiquées de ce sujet. De ces *passiones*, il a donné une liste non exhaustive, dans laquelle on retrouve aussi bien les termes « convertibles » avec l'être que quelques exemples de « transcendantaux disjonctifs » déjà évoqués par Avicenne dans le *Liber de scientia divina*, notamment le couple « cause ou causé » :

ad specificandum, sive ad exprimendum rationem secundum quam iste terminus "ens" ponitur subiectum proprium huius scientie ».

1. *SL*, 3. 4. 6, p. 59 : « [...] de isto nomine transcendente "aliquid" ».

2. Voir J. Biard, *Guillaume d'Ockham et la théologie*, Paris, 1999, p. 26 *sq*.

> Et il apparaît que les propriétés les plus communes de cette science sont appropriées au terme « étant »; par exemple « un », « même », « divers », « cause ou causé », « antérieur ou postérieur », et ainsi de suite, sont des propriétés appropriées au terme « étant » [1].

Mais c'est dans la réponse à une interrogation portant sur ce que sont les parties et les propriétés du sujet [2], que Jean Buridan précise sa conception de la propriété. En premier lieu, les propriétés sont bien des termes – la question de leur référence et de leur signification se pose seulement sur cette base. Plus loin, Buridan rappelle que « nombreuses sont les *passiones* du terme "étant", qui ne sont pas, si l'on veut s'exprimer proprement, distinctes de l'étant mais distinctes du terme "étant" » [3]. En deuxième lieu, il s'agit de termes « convertibles », *convertibiles;* cet adjectif veut dire que leur référence est d'extension équivalente. Ces termes convertibles sont donc ici « unum », « idem », « diversum », ainsi que d'autres termes qui sont convertibles « seulement par une disjonction », comme « cause ou causé », « antérieur ou postérieur », « acte ou puissance » [4]. Enfin et surtout, il s'agit de termes connotatifs, c'est-à-dire que, outre leur référence (à toute chose singulière qui est), ils ont une signification seconde ou latérale. Ainsi s'explique que les termes dits « transcendantaux » soient tout à la fois convertibles avec l'étant et porteurs de signification différente. Il ne s'agit aucunement d'une différence réelle, ni d'une différence formelle *a parte rei* comme dans l'analyse scotiste des transcendantaux. De ce point de vue, si Scot a bien un impact quant à la définition de la métaphysique comme science de l'étant en tant qu'étant, son analyse des transcendantaux reste assez étrangère à Jean Buridan.

Ce qui frappe le plus dans l'analyse buridanienne, c'est que tous ces termes ne forment pas une série unifiée. Les termes les plus proches de *ens* sont *res* et *aliquid*. En vérité, il ne s'agit pas là de connotatifs; il s'agit de termes qui sont strictement équivalents, à une condition près. En fait, il permettent de préciser de quelle manière il faut entendre le terme « ens » lorsque l'on dit qu'il est le sujet de la métaphysique. Ce terme peut en effet être entendu d'une première façon qui prenne en compte le fait qu'il s'agit du participe présent du verbe *esse*. Ce lien avec la présence est d'une certaine manière principiel, et c'est un élément fondamental de la métaphysique. Mais il reste à savoir comment l'entendre. D'autres passages de ces *Questions* permettent de préciser quel est le noyau irréductible de cet étant-présent, notamment avec la mise en perspective par un esprit connaissant. Si en revanche on comprend la présence étroitement comme détermination temporelle

1. *Qu. Metaph.*, IV, qu. 5, f° XVIra : « Et constat quod passiones communissime huius scientie sunt appropriate isti termino "ens"; verbi gratia, "unum", "idem", "diversum", "causa vel causatum", "prius vel posterius", et sic de aliis, sunt passiones appropriate isti termino "ens" ».

2. *Qu. Metaph.*, IV, qu. 5, f° XVIra : « Secundo potest quaeri, cum subiectum debeat habere partes et passiones, que sint ille partes et passiones ».

3. *Qu. Metaph.*, IV, qu. 5, f° XVIvb : « multe sunt passiones istius termini "ens", non tamen distincte ab ente, sed distincte ab illo termino "ens" ».

4. *Qu. Metaph.*, IV, qu. 5, f° XVIvb : « [...] sub disiunctione, "causa vel causatum", "prius vel posterius", "actus vel potentia", et sic de multis aliis ».

opposée au passé et au futur, il est évident que « étant » ne saurait être le sujet propre de la métaphysique [1]. Buridan oppose alors à cet étant entendu trop étroitement (laissons de côté la question de savoir comment se détermine et se délimite le présent) d'autres termes tels que « chose » ou « quelque chose », qui seraient alors plus adéquats pour désigner le sujet de la métaphysique : « et même devrait plutôt être considéré ici comme sujet premier le terme "chose" ou le terme "quelque chose" » [2].

En revanche, on peut (et on doit, si l'on veut conserver la définition acceptée de la métaphysique) entendre « étant » nominalement et non pas verbalement puisque sinon le verbe connoterait le temps ; alors, il est synonyme de « chose », *res* : « Mais si le terme "étant" est pris nominalement, alors il est un nom synonyme du terme "chose" ou du terme "quelque chose", et ainsi il doit être tenu pour sujet dans cette science » [3]. Les termes « chose » et « quelque chose » ne sont donc pas des connotatifs convertibles, mais des synonymes de l'étant lorsqu'il est entendu nominalement. Dans cette mesure, ils sont, tout autant que « étant », le sujet premier de la métaphysique.

Il n'en va pas de même des autres termes. C'est ainsi que l'un se voit assigner un statut différent : « Mais le nom "un", qui est connotatif, ne doit pas être posé en tant que sujet premier, plutôt en tant que propriété convertible avec lui » [4]. L'un est, dans la métaphysique, une notion aussi importante que l'étant, dans la mesure où la tradition néo-platonicienne conduit à l'hypothèse d'une primauté de l'un sur l'être. Dans la lignée péripatéticienne dans laquelle nous nous situons ici, il ne saurait être question de « métaphysique de l'un », mais le terme « un » garde une importance particulière. Buridan lui consacre une question entière : « Est-ce que les termes "étant" et "un" sont convertibles [5] ? » C'est l'occasion de préciser que « être convertible » (*converti*) veut dire que chacun se prédique universellement de l'autre véridiquement et affirmativement [6].

La discussion de cette question laisse une large place à Avicenne – lu, est-il précisé, à travers Averroès [7]. C'est l'occasion de récuser l'idée que des termes tels que « un » signifieraient une « disposition surajoutée » à l'étant. Les conclusions sont énoncées « selon Aristote ». La première est fondamentale : « [...] les termes

1. *Qu. Metaph.*., IV, qu. 5, f° XVIvb : « si iste terminus "ens" acciperetur prout est participium, non bene poneretur hic subiectum primum, propter hoc quod connotat presens tempus ».

2. *Qu. Metaph.*., IV, qu. 5, f° XVIrb : « immo magis hic deberet poni subiectum primum iste terminus "res" vel iste terminus "aliquid" ».

3. *Qu. Metaph.*., IV, qu. 5, f° XVIvb : « Sed si ille terminus "ens" accipiatur nominaliter, tunc est nomen synonymum cum isto termino "res" vel cum isto termino "aliquid", et sic est ponendum subiectum in ista scientia ».

4. *Qu. Metaph.*., IV, qu. 5, f° XVIvb : « Sed istud nomen "unum", quia est connotativum, non debet poni tamquam subiectum primum, immo tamquam passio secum convertibilis ».

5. *Qu. Metaph.*., IV, qu. 7, f° XVIIvb : « Utrum isti termini "ens" et "unum" convertuntur ».

6. *Qu. Metaph.*., IV, qu. 7, f° XVIIvb : « utrumque predicari universaliter de reliquo vere et affirmative ».

7. *Qu. Metaph.*., IV, qu. 7, f° XVIIvb : « Arguitur primo quod non per rationes Avicennae, quas hic recitat Commentator ».

"étant" et "un" sont convertibles l'un avec l'autre ; car tout étant est un (sinon, ce ne serait pas un étant mais des étants), et aussi tout un est étant »[1]. La thèse selon laquelle tout étant est un doit être entendue au sens fort, avec comme arrière-plan l'ontologie particulariste qui est celle de Buridan : tout étant est par soi un, sinon il s'agirait d'*entia*, d'étants au pluriel.

La deuxième thèse admet cependant la non-synonymie des deux termes « étant » et « un », et c'est ce qui, d'après Buridan, faisait le noyau rationnel de la position avicennienne, prétendant que « un » ajoutait quelque chose à « étant ». En effet, on sait que pour Avicenne, certaines réalités, comme la nature, ne sont par soi ni singulières ni universelles, ni unes ni plurielles. Mais c'est dans une tout autre perspective que ces termes sont ici tenus pour non synonymes :

> Ils diffèrent en effet selon la raison : le terme « étant », ou « quelque chose » est pris comme concept simple, à savoir délié de toute connotation, et le terme « un » est un terme connotatif : il connote en effet l'absence de division[2].

La différence de raison est, on le sait, une différence de point de vue conceptuel, qui sur le plan du langage peut être reconduite à une différence de signification (une connotation différente). « Un » connote l'unité en un sens fort (on a écarté les usages impropre, comme dans « une armée »), c'est-à-dire l'absence de division. En revanche, les concepts d'étant ou de chose sont des concepts absolus, c'est-à-dire non connotatifs.

La troisième thèse est que cette signification différente n'implique nullement le renvoi à une disposition surajoutée[3], contrairement à la théorie que l'on attribue à Avicenne et qui pourrait tout autant valoir pour Scot dans la lecture qu'en faisait Guillaume d'Ockham. En premier lieu, parce qu'ici l'on soutient que toute chose est une par soi : « Mais le Commentateur, je crois, et Aristote entendent l'opposé : ils pensent en effet que n'importe quelle chose est par elle-même formellement étant et un, et non pas par une disposition qui lui serait surajoutée »[4]. Le manque de division, sera-t-il rappelé plus loin, n'est pas surajouté à la chose : « le manque de division n'est pas une chose surajoutée à la chose qui est indivise, de même que la privation ou le manque de forme n'est pas une chose ajoutée à la matière »[5]. Comme l'établissent complémentairement les thèses 2 et 3, la différence entre les deux termes « transcendantaux » est simplement une différence de raison (*secundum rationem*) ou de signification. La différence est celle d'un mode de signifier (*modum*

1. *Qu. Metaph.*, IV, qu. 7, f° XVIIIra : « Prima est quod isti termini "ens" et "unum" convertuntur ad invicem, quia omne ens est unum (aliter non esset ens, sed entia) et etiam omne unum est ens ».

2. *Qu. Metaph.*, IV, qu. 7, f° XVIIIra : « Differunt enim secundum rationem : iste enim terminus "ens" vel "aliquid" accipitur secundum conceptum simplicem, scilicet absolutum a connotatione, et iste terminus "unum" est terminus connotativus (connotat enim carentiam divisionis) ».

3. *Qu. Metaph.*, IV, qu. 7, f° XVIIIra : « non significant aliquas dispositiones additas rebus pro quibus supponunt ».

4. *Qu. Metaph.*, IV, qu. 7, f° XVIIIra : « Commentator autem, ut credo, et Aristotiles intendunt oppositum : credunt enim quod quaelibet res sit se ipsa formaliter ens et una, et non per dispositionem sibi additam ».

5. *Qu. Metaph.*, IV, qu. 7, f° XVIIIrb : « [...] carentia divisionis non est res addita super rem que est indivisa, sicut privatio vel carentia forme non est res addita ipsi materie ».

significandi), mais Jean Buridan prend soin de se démarquer explicitement du vocabulaire de la grammaire spéculative : la différence n'est pas « quantum ad modum significandi grammaticalem ». Pourquoi ? Il s'agit de la « signification principale », alors que le mode de signifier des grammairiens (qu'il soit essentiel ou accidentel, pourrions-nous préciser) s'établit sur un mot déjà signifiant. La différence est donc ici préalable, antérieure à toute détermination grammaticale, y compris, et c'est sans doute la raison de cette précision, le singulier et le pluriel.

L'analyse du terme « un » conforte donc la démarche d'ensemble : celle d'une analyse logico-linguistique des termes transcendantaux. Mais elle permet en même temps de l'articuler à la thèse, supposée aristotélico-averroïste, de la singularité de l'étant (tout étant est par soi, formellement, un) et à la critique de toute disposition surajoutée qui serait principe d'unité ou d'individuation.

Les passions de l'être, II : le bon et le vrai

On trouvera peu de choses sur le bien dans les *Questions sur la Métaphysique*. La conception buridanienne du bien est reportée sur l'*Éthique*. Lorsqu'il est évoqué, dans les premières questions sur la *Métaphysique* qui s'interrogent sur la sagesse, le bien (*bonum*) paraît relever de la communauté humaine. Quant au bien suprême individuel qu'est la félicité, il a certes une dimension spéculative, puisqu'il se réalise dans la vie théorétique [1], mais tant les questions sur la *Métaphysique* que les questions sur l'*Éthique* maintiennent une opposition entre philosophie spéculative et philosophie pratique.

Pourtant, dans une question du livre VI de la *Métaphysique*, Jean Buridan admet la convertibilité de l'être et du bien, ou plus exactement de l'étant et du bon. Il s'agit d'un développement en forme de parenthèse dans une question consacrée au vrai et au faux, lesquels, nous y reviendrons, ne seraient que dans l'esprit tandis que le bien et le mal seraient dans les choses. De ce point de vue, donc, il y aurait une dimension réelle ou ontique du bon. Cela ne va cependant pas sans ambiguïtés. Car il s'agit du bien et du mal, ou du bon et du mauvais, qui sont ici traités ensemble, et non pas du Bien comme principe de l'être et du connaître, tel qu'il apparaissait dans le *République* de Platon et à sa suite dans la tradition néo-platonicienne.

En premier lieu, les étants sont dits bons ou mauvais selon qu'ils se rapportent à notre faculté de les désirer ou de les fuir : « Il faut donc dire que tout ce qui est désirable ou susceptible d'être voulu, par la raison pour laquelle il est dit désirable ou susceptible d'être voulu, est dit bon ; et tout ce qui peut être refusé ou qui est fui par l'appétit est dit mauvais » [2]. En ce sens, tout étant est bon ou mauvais,

1. Voir J. Biard, « La place de la félicité intellectuelle dans l'éthique buridanienne », dans J. A. Aertsen et A. Speer (éds), *Was ist Philosophie im Mittelalter ?*, « Miscellanea Mediaevalia » 26, Berlin - New York, Walter de Gruyter, 1998, p. 977-983, en part. p. 982.

2. *Qu. Metaph.*, VI, qu. 6, f° XXXVIIva : « Est igitur dicendum quod omne quod est appetibile vel volibile, ea ratione qua dicitur appetibile vel volibile, dicitur bonum ; et omne quod est ab appetitu refutabile vel fugibile dicitur malum ».

relativement à notre appétit sensitif ou intellectif. *Bonum* est par conséquent un terme connotatif, supposant pour un étant et connotant le désir ou le rejet qu'il suscite en notre âme.

Mais cela ne rend pas compte de l'idée du Bien comme transcendantal. Buridan la reprend un peu plus loin, en renvoyant à ses *Questions sur l'Éthique* : « Il est dit dans le livre Ier de l'*Éthique* que le bon est convertible avec l'étant » [1]. Mais cela conduit, fait extrêmement rare chez notre auteur, soucieux de maintenir la distinction des facultés, à introduire quelques considérations de nature théologique. Il convient de distinguer la volonté humaine, faillible, et la volonté divine [2]. Celle-ci n'est jamais portée que vers le bien puisque sa connaissance est elle-même infaillible. Or tout étant est causé ou produit et conservé dans l'être par Dieu. En un certain sens donc, tout étant doit donc être bon [3]. Cette idée, d'allure plus augustinienne que péripatéticienne, est toutefois rapidement nuancée [4], car ce qui est « absolument bon » ne l'est pas forcément relativement à tel ou tel agent ou étant naturel, comme la chaleur n'est pas bonne pour l'eau. De même, une action bonne en elle-même peut s'avérer mauvaise en raison des circonstances, et Buridan explique ainsi, sans doute un peu rapidement, la possibilité du péché. L'impression qui en ressort est finalement que la convertibilité de l'étant et du bon trouve une place assez restreinte dans la pensée philosophique du maître picard, et encore la trouve-t-elle assez difficilement puisqu'il doit faire appel pour cela à de brèves considérations théologiques.

L'essentiel de la question 6 du livre VI est en fait consacré au vrai et au faux : « Est-ce que tout vrai ou faux est selon la composition ou la division dans l'esprit [5] ? » La formulation reprend certains passages bien connus d'Aristote [6] et elle ne se prête guère à une conception « ontologique » du vrai. On va donc avoir pour le vrai une démarche similaire à celle que l'on vient de voir pour le bien, mais qui accentuera davantage encore le caractère intellectuel et non pas ontique du vrai.

1. *Qu. Metaph.*, VI, qu. 6, f° XXXVIIva : « Dicitur primo *Ethicorum* quod bonum convertitur cum ente ». Voir *Qu. Eth.*, I, qu. 4.

2. La théorie buridanienne de la volonté exigerait à elle seule tout une étude. Je renvoie à J. B. Korolec, « La philosophie de la liberté de Jean Buridan », *Studia Mediewistyczne*, 15 (1974), p. 109-152; Id., « Les principes de la philosophie morale de Jean Buridan », *Mediaevalia Philosophica Polonorum*, 21 (1975), p. 53-72; J. Zupko, *John Buridan. Portrait of a Fourteenth Century Arts Master*, p. 227-270; G. Krieger, *Der Begriff der praktischen Vernunft nach Johannes Buridanus*, Münster, Aschendorff, 1986.

3. Voir *Qu. Metaph.*, VI, qu. 6, f° XXXVIIva : « Ex quo sequitur quod omne ens est bonum simpliciter loquendo ». C'est cette phrase qui est suivie de la référence à l'*Éthique* et qui justifie donc la convertibilité de l'étant et du bon.

4. Voir *Qu. Metaph.*, VI, qu. 6, f° XXXVIIva : « [...] licet tamen ex hoc non sequatur quod omne ens sit bonum ».

5. *Qu. Metaph.*, VI, qu. 6, f° XXXVIIrb : « Utrum omne verum vel falsum est secundum compositionem vel divisionem in mente ».

6. Voir par exemple *Métaphysique*, E, 4, 1027 b 18-22.

Le texte d'Aristote suggère que le vrai et le faux se trouvent dans l'esprit, *in mente*[1] ; c'est en ce sens qu'on peut les opposer au bon et au mauvais[2]. Ce qui les rapproche en revanche, c'est que le vrai et le faux se disent relativement à l'intellect, de même que le bon et le mauvais se disent relativement à l'appétit. Mais l'intellect lui aussi, comme la volonté, doit faire l'objet d'une distinction selon qu'il s'agit de l'intellect divin ou de l'intellect humain. L'intellect divin est cause des choses, tandis que dans le procès de connaissance notre intellection[3] est causée par les choses. La conformité des choses et de l'intellection ne saurait donc se présenter de la même façon, elle se présente même de façon inverse dans l'un et l'autre cas. Les choses intelligées par Dieu sont dites vraies en raison de la conformité, ressemblance ou convenance avec l'intellect divin dont elles dépendent, tandis que nos intellections seront dites vraies en raison de leur conformité aux choses intelligées[4]. Mais du point de vue divin, Dieu, qui s'intellige lui-même, est la première vérité : « Dieu est la vérité suprême et première, le vrai premier et suprême »[5]. C'est par là que la vérité se trouve pour ainsi dire lestée ontologiquement. Dans cette perspective, les choses créées participent à un certain degré au vrai suprême, pour garder une formulation générale qui conviendrait aussi bien à Augustin qu'à Thomas d'Aquin. Il est remarquable de voir à quel point Buridan emprunte ici un vocabulaire de type néo-augustinien qui est d'habitude fort étranger à ses préoccupations d'artien :

> Mais derechef Dieu intellige tous les étants du monde par son essence simple, puisque tous les étants du monde ont autant de splendeur dans l'essence divine qu'ils ont d'étantité, comme on peut le voir au livre XII de cet ouvrage[6]. C'est pourquoi tout étant est ainsi dit participer, quant à la conformité ou à la similitude, à l'intellect divin, et comme il est plus, et plus parfaitement, étant, de même il participe plus à une telle similitude, et c'est pourquoi tout étant est ainsi vrai en relation à l'intellect divin et il est d'autant plus vrai qu'il est plus étant[7].

En dépit du renvoi au livre XII de la *Métaphysique*, l'idée de degré d'être, présente ici de façon insistante, est peu aristotélicienne. D'où le recours à l'idée de *relucentia*

1. Voir par exemple *Métaphysique*, E, 4, 1027 b 30-31.

2. Voir *Qu. Metaph.*, VI, qu. 6, f° XXXVIIva : « Dicit quod non sunt in rebus, sicut bonum et malum ».

3. Le mot *intellectus* signifie aussi bien une puissance de l'âme qu'un acte.

4. *Qu. Metaph.*, VI, qu. 6, f° XXXVIIva : « Res enim intellecte a Deo dicuntur vere a conformitate vel similitudine vel convenientia ad intellectum divinum a quo dependent et non e converso. Sed intellectiones nostre dicuntur vere ex conformitate earum ad res intellectas et non econverso ».

5. *Qu. Metaph.*, VI, qu. 6, f° XXXVIIva : « Deus est summa et prima veritas, primum et summum verum ».

6. Voir *Qu. Metaph.*, XII, qu. 13.

7. *Qu. Metaph.*, VI, qu. 6, f° XXXVIIva : « Sed iterum omnia entia de mundo deus intelligit per suam simplicem essentiam, quia omnia entia de mundo, pro quanto habent de entitate, pro tanto habent de relucentia in essentia divina, ut debet videri in XII° huius. Ideo omne ens sic dicitur participare quantum ad conformitatem vel similitudinem ad divinum intellectum, et sicut est magis et perfectius ens, sic plus participat de huiusmodi similitudine, ideo omne ens sic est verum in ordine ad intellectum divinum et pro quanto magis ens tanto magis verum ».

in essentia divina et au concept de participation. C'est le prix à payer pour faire place à une certaine convertibilité de l'étant et du vrai, selon des degrés qui se fondent dans l'être divin comme vérité suprême. « Et ainsi le vrai se convertit avec l'étant, comme le bon, et en ce sens-là encore le vrai et le bon n'ont rien qui leur soit contraire »[1]. Cependant, plus encore que pour le *bonum*, la différence entre le point de vue humain et le point de vue divin est accentuée, puisqu'elle se fonde sur une inversion : non plus conformité des choses à l'intellect, mais conformité (éventuelle, fragile, faillible) de l'intellect aux choses. Il y a une véritable rupture entre les quelques lignes qui viennent d'être mentionnées et l'analyse qui les suit, du vrai en tant que qualité de certaines intellections humaines. Buridan va alors reprendre l'exposé de la vérité comme « adéquation » de notre intellect aux choses – mais une adéquation à entendre, précise-t-il, comme « la correspondance qui convient (*convenientem correspondentiam*) », laquelle reste à définir.

Ce n'est pas le lieu d'exposer ici tous les détails de la théorie buridanienne de la vérité, qui se déploie dorénavant dans une direction qui n'est plus celle des transcendantaux. Ce passage des *Questions sur la Métaphysique* en résume tous les éléments exposés par ailleurs, notamment dans les œuvres logiques. Jean Buridan y examine les différents emplois possibles du vrai à propos d'une appréhension simple ou d'une appréhension complexe, distante (c'est-à-dire incluant une copule) ou non distante. C'est seulement avec la complexion distante que nous parvenons au niveau propositionnel, et Buridan renvoie alors à la question suivante, qui s'interroge sur ce qui est requis pour la vérité d'une proposition. Ce renvoi, loin de minimiser le vrai dans la proposition, le pose comme domaine à traiter pour lui-même. Là, Buridan commence par réinterpréter les énoncés aristotéliciens en termes de supposition : « Il me semble devoir être conclu que par composition, en cet endroit, il entend que soit identique ce pour quoi les termes supposent, et par division il entend que ne soit pas identique ce pour quoi les termes supposent »[2]. Cette thèse générale est suivie d'indications (plus succinctes cependant que dans les ouvrages logiques) sur les règles d'évaluation des propositions en fonction de la supposition des termes. C'est là ce qui vient donner sens au concept d'« adéquation » rencontré plus haut, qui par lui-même resterait vide.

Le propos de Buridan dans cette question était surtout orienté vers le rapport de l'être et du vrai. Il a commencé par faire une place à une forme d'équivalence entre l'étant et le vrai, par la médiation de l'être divin. À chaque étape de l'analyse du vrai dans l'esprit humain, il réservait une place pour une forme immédiate d'adéquation avec les choses. Cela lui permet, en fin de compte, de donner une réponse nuancée à la question initiale. On ne peut pas dire que tout vrai soit dans l'esprit; en revanche, tout faux est « selon la composition et la division dans l'esprit »,

1. *Qu. Metaph.*, VI, qu. 6, f° XXXVIIvb : « Et ita verum convertitur cum ente, sicut et bonum, et illo modo etiam verum et bonum nihil habent contrarium ».

2. *Qu. Metaph.*, VI, qu. 7, f°, XXXVIIIrb : « Videtur mihi concludendum quod per compositionem in hoc loco intendit esse idem pro quo termini supponunt, et per divisionem intendit non esse idem pro quo termini supponunt ».

puisque tout ce qui est est vrai, en un certain sens et à un certain degré. Entre ces différents sens du vrai, il y a analogie (Buridan évoque l'exemple classique de l'urine). Mais si l'on parle du vrai qui s'oppose au faux, alors il n'existe que par la composition et la division, donc dans l'esprit, et plus précisément dans l'intellect humain. Force est de constater que seul le premier de ces sens pourrait donner lieu à une analyse en termes de « transcendantaux ». Le vrai logique, le vrai qui s'oppose au faux, le vrai qui est objet d'analyse dans les *Petites sommes de logique*, dans les *Sophismes* ou au début du *Traité des conséquences*, n'est pas justiciable d'une telle analyse. Cette tension est sans doute présente chez tous les médiévaux, puisque une analyse transcendantale du vrai est difficilement compatible avec de nombreux passages d'Aristote ; c'est donc une question de proportion et d'importance. Il semble que Buridan la réduise quasiment au minimum.

Dans toute cette discussion sur le sujet de la métaphysique, on voit que l'analyse de l'*ens*, de l'*unum*, du *bonum*, du *verum*, est dans une certaine mesure dépendante du nouveau contexte, ou de l'époque ouverte par la métaphysique scotiste – définition « onto-théologique » sous primauté de l'*ens inquantum ens* comme sujet propre et adéquat de la métaphysique, et univocité de l'étant. Elle n'en est pas moins profondément renouvelée par l'introduction de méthodes d'analyse logico-linguistiques au sein de la métaphysique, qui transforme profondément le rapport que peuvent avoir entre eux les signifiés de ces termes, donc le rapport de l'être à ses *passiones*. Dans ce cadre, Buridan semble adopter la conception de l'étant comme sujet propre et adéquat de la métaphysique, Dieu n'étant que son sujet le plus éminent, mais il ne reprend pas à son compte le présupposés avicenniens du concept d'être comme intention la plus commune, ou alors en un tout autre sens. Ce qui creuse la distance avec Avicenne et Scot, c'est que l'étant ne constitue pas un objet propre, mais que la métaphysique considère toute chose (tout étant) sous le point de vue, ou la *raison*, de l'étant (« en tant qu'étant »). C'est la conception buridanienne de la science qui est ici décisive.

Le De ente et essentia *de Jean Buridan*

On ne saurait caractériser la doctrine buridanienne du sujet et du statut de la métaphysique sans évoquer, outre les transcendantaux, sa conception des rapports entre l'étant et l'essence. Nul ne doute que sur ce point comme sur quelques autres, Buridan ne prenne place dans la tradition parisienne. Après l'opuscule de Thomas d'Aquin de nombreux auteurs se sont penchés sur ce problème [1]. Les questions 8 et 9 sur le livre IV de la *Métaphysique* peuvent véritablement être considérés comme le traité « De ente et essentia » de Jean Buridan. Abordant la question « Utrum in qualibet re sit idem esse et essentia », Jean Buridan prend position dans le débat

1. On pourra se reporter au dossier rassemblé par C. Michon et A. de Libera dans Thomas d'Aquin, Dietrich de Freiberg, *L'Être et l'Essence. Le vocabulaire médiéval de l'onto-théologie*, Paris, Éditions du Seuil, 1996.

qui agite l'université de Paris depuis Thomas d'Aquin, lequel sera nommément cité au cours de l'argumentation [1].

D'emblée, il faut souligner une décision initiale lourde de signification : l'identification de l'*essentia* à la *res ipsa*. Dès le début de la question 8, en effet, Buridan pose en principe : « par essence j'entends la chose même » [2]. Un tel geste, consistant à rabattre l'*essentia* sur la *res ipsa* n'est pas simplement le retour au sens grec de l'ὀυσία [3], mais se comprend sur fond de la chose (*res*) comme subsistance. Il prend place et prend sens dans une controverse dont les deux pôles sont symbolisés (une fois encore) par les noms d'Avicenne et d'Averroès. Ce dernier affirmait que pour Aristote une chose est dite *ens* et *unum* par son essence et non par une disposition ajoutée à son essence [4], et renvoyait à un texte constamment cité par Buridan sur l'identité de *homo, unus homo* et *ens homo*. Une telle identification est évidemment renforcée par la critique buridanienne de l'universalité réelle qui invalide tout un aspect du questionnement traditionnel sur l'être et l'essence, tel qu'il avait cours depuis Albert le Grand, et qui supposait la reprise, à travers des aménagements divers, de la théorie avicennienne des trois états de l'essence ou de la nature.

Le premier sens de l'être se condense donc ici dans le *res ipsa*, dont l'essence n'est autre que la subsistance comme chose. La première conséquence est un déplacement de l'interrogation par rapport à celle de Thomas d'Aquin ou de Gilles de Rome : on examine non pas le rapport entre l'*essentia* d'une part et l'*esse* qui lui adviendrait dans la *res* d'autre part, mais entre *essentia-res* d'une part et *esse* d'autre part [5]. La deuxième conséquence est, une fois de plus, la reformulation linguistique de la question. En effet, en demandant « est-ce que la même-chose (*idem*) est une rose, et qu'une rose soit (*rosam esse*), un homme et qu'un homme soit, et ainsi de suite » [6], on va s'interroger sur la signification du nom et sur celle de la proposition affirmant l'être du sujet. C'est pourquoi l'argumentation développée reprend largement des passages des *Sophismes*.

1. Ce passage reprend en le modifiant légèrement l'article « La théorie de l'être et de l'essence de Jean Buridan », paru dans M. Pickavé (hsgb.), *Die Logik des Transzendentalen. Festschrift für Jan A. Aertsen zum 65. Geburtstag*, « Miscellanea Mediaevalia » 30, Walter de Gruyter, Berlin - New York, 2003, p. 383-394.

2. *Qu. Metaph.*, IV, qu. 8, f° XVIIIva : « per essentiam intelligo ipsam rem ».

3. Dans le *De ente et essentia*, Thomas d'Aquin rappelle que pour Boèce, *essentia* traduit *usya* : voir *op. cit.*, chap. II, § 3, p. 76-77.

4. Voir Averroès, *In Aristotelis Metaphysicorum libri*, IV, c. 3, dans *Aristotelis Opera cum Averrois Commentariis*, vol. VIII, Venetiis apud Junctas, MDLXII (reprod. Minerva, Frankfurt, 1962), f° 67 C; *cf.* Aristote, *Métaphysique*, Γ, 2, 1003 a 33 - b 4.

5. On peut certes admettre que la question du rapport entre l'être et l'essence est la question centrale de la métaphysique à partir du milieu du XIIIe siècle, et donc de façon décisive pour toute la période universitaire de la pensée latine, et que l'on assiste de fait à une réduction de l'être à l'étant. Mais ici comme ailleurs, il est difficile d'unifier les différentes partitions qui se jouent à un même âge de la métaphysique occidentale. Car c'est en récusant la distinction de l'être et de l'essence que Buridan, comme d'une autre manière Guillaume d'Ockham, va faire de l'étant singulier le prototype de l'*esse*.

6. *Qu. Metaph.*, IV, qu. 8, f° XVIIIva.

Avant d'exposer sa propre position, Jean Buridan trace le paysage théorique constitué par les principales positions en présence.

Les *antiqui*, parmi lesquels au premier chef *beatus Thomas*, éprouvent le besoin de distinguer entre l'*esse* et l'*essentia* pour une raison majeure, la seule ici retenue : dans tout étant (*ens*) autre que Dieu, qui est absolument simple, on a affaire à une composition d'être et d'essence :

> De plus, vous devez savoir que les anciens, au nombre desquels il y avait saint Thomas, ont posé que dans tout étant autre que Dieu lui-même il y avait une composition d'être et d'essence, et ainsi d'une certaine façon devaient différer l'être et l'essence, parce que seul Dieu était absolument simple[1].

Le résumé est succinct, mais la formulation est juste, c'est bien là la base du raisonnement de Thomas.

> D'autres encore ont dit que l'être et le non-être sont des modes accidentels différents, survenant à l'essence[2].

Ce groupe peut rassembler tous ceux qui font de l'être « une certaine actualité ajoutée à l'essence »[3]. Or la théorie de l'être comme accident (qu'évite Thomas) est considérée à la fin du XIIIe siècle comme la position d'Avicenne, telle qu'elle est rapportée par al-Ghazali. Par conséquent, les essences sont perpétuelles, et cette perpétuité permet de fonder la vérité stable des prédications quiditatives. Jean Buridan rattache avec prudence (*forte*) à cette tendance la Bulle d'un certain cardinal, qui aurait considéré comme nécessaire la proposition « equus est animal » même si Dieu annihilait tous les chevaux[4].

Robert Grosseteste, en revanche, interprèterait différemment la prédication. Toute prédication qui concerne Dieu signifie son essence simple; par contre, concernant les créatures, le prédicat signifie leur dépendance à l'égard de Dieu, dépendance qui toutefois ne multiplie rien dans les choses dépendantes car la relation n'est pas quelque chose dans la chose reliée :

1. *Qu. Metaph.*, IV, qu. 8, f° XVIIIvb : « Item, debetis scire quod antiqui, de quorum numero erat beatus Thomas, posuerunt quod in omni ente alio ab ipso deo erat compositio ex esse et essentia, et sic aliquo modo oportebat (*corr.* orporteat) differre esse et essentia, propter quod solus deus erat simpliciter simplex ».

2. *Qu. Metaph.*, IV, qu. 8, f° XVIIIvb : « Alii etiam dixerunt quod esse et non esse sunt quidam modi diversi accidentales, accidentes essentie ».

3. L'expression est de Gilles de Rome dans ses *Theoremata de ente et essentia*, trad. dans « Dossier de textes » joint à Thomas d'Aquin et Dietrich de Freiberg, *op. cit.*, p. 221.

4. *Qu. Metaph.*, IV, qu. 8, f° XVIIIvb : « Et forte ille cardinalis erat illius opinionis qui misit bullam quod ista propositio "homo est animal", vel etiam ista propositio "equus est animal", est necessaria propter inclusionem terminorum, et esset vera quamvis deus adnihilaret omnes equos ». Dans les *QAPr*, I, qu. 25, Buridan évoque déjà la *determinatio Cardinalis albi*. Qui est visé ? Sans doute le rédacteur de la Bulle qui a condamné Nicolas d'Autrécourt, c'est-à-dire le Cardinal Guillaume Court, moine cistercien (moine blanc) et cardinal d'Albi : voir B. Michael, *Johannes Buridan : Studien zu seinem Leben, seinen Werken und zur Rezeption seiner Theorien im Europa des Späten Mittelalters*, 2 vol., Berlin, 1985, p. 810; Nicolas d'Autrécourt, *Correspondance...*, trad. fr. par Chr. Grellard, note 101 p. 172-173, qui met bien en évidence l'histoire et l'enjeu de cet article.

> Mais l'évêque de Lincoln, au livre II des *Seconds Analytiques*, semble être d'une opinion contraire ; il dit en effet que tout prédicat, à propos de Dieu, prédique ou signifie l'essence simple de Dieu, mais que tout prédicat au sujet d'autre chose que de Dieu lui-même, prédique ou signifie sa dépendance à l'égard de Dieu lui-même, et cette dépendance, comme il dit, ne multiplie rien dans la chose dépendante [1].

Le cadre du débat étant ainsi esquissé, Jean Buridan prend d'abord parti pour l'Évêque de Lincoln, auquel il associe Averroès : « Je dis, avec l'évêque de Lincoln et le Commentateur, que dans chaque chose la-même-chose (*idem*) est cette chose et qu'elle soit (*eam esse*), de telle sorte que l'essence ne diffère pas de l'être ni l'être de l'essence » [2]. Si l'on réinsère la question dans ses enjeux théologiques, d'habitude laissés de côté par Buridan mais ici à l'horizon avec Robert Grosseteste et Thomas d'Aquin, on dira que la simplicité de l'acte créateur pose directement les choses dans leur être, à la fois essence et existence, sans qu'il soit besoin d'intermédiaires. Philosophiquement, il s'agit d'établir la non-différence entre *esse* et *essentia*, avec pour conséquence une exigence de précisions sémantiques sur le rapport entre la signification d'expressions comme *rosa* et *rosam esse*.

Buridan est ainsi conduit à nier que la rose diffère de son *esse*. Le contraire impliquerait que l'on fasse de l'être un mode acquis par génération, ce qui est jugé irrecevable. On peut se demander s'il n'y a pas là une naturalisation pour le moins contestable de l'argument ; la priorité métaphysique de l'essence n'est pas forcément une priorité physique, inscrite dans la succession temporelle. Sur cette base, cependant, les principales raisons avancées sont les suivantes : si l'être était ainsi acquis, il n'y aurait plus besoin de la matière première ; l'humanité subsisterait dans le cadavre, donc un cadavre serait un homme – ce qui évoque le vieil argument logique sur l'humanité du Christ *in triduo mortis ;* de tels modes paraissent inutiles (*frustra*), insiste Buridan en faisant appel à une version du principe d'économie ; de tels accidents engageraient dans un procès de régression à l'infini car on devrait poser à leur sujet les mêmes questions que pour la *res* – ce qui suppose toutefois une univocité des manières d'être.

Le dernier argument, sous couvert d'un argument d'autorité, est en fait lourd de sens métaphysique puisqu'il assimile l'*esse* à la subsistance de la *res :*

> ce qui subsisterait si la rose seule subsistait, abstraction faite de tout ce qui lui est ajouté, ne diffère pas de la rose ; or si la rose seule subsistait, la rose serait encore [...] et si la rose était, alors son être serait [3].

1. *Qu. Metaph.*, IV, 8, f° XVIIIvb : « Sed Lincolniensis, secundo *Posteriorum*, videtur esse contrarie opinionis ; dicit enim quod omne praedicatum de Deo praedicat, sive significat, simplicem Dei essentiam, sed omne (*corr.* esse) praedicatum de alio ab ipso Deo praedicat, sive significat, dependentiam illius ab ipso Deo, et ista dependentia, ut dicit, nihil multiplicat in re dependente ». Je n'ai pas été en mesure de trouver la référence précise dans le commentaire de Grosseteste. Sur les relations de dépendance et de causalité, voir la question 8 du livre V.

2. *Qu. Metaph.*, IV, 8, f° XVIIIvb : « Ego dico, cum Lincolniensi et Commentatore, quod in unaquaque re est idem illa res et eam esse, ita quod non differt essentia ab esse, nec esse ab essentia ».

3. *Qu. Metaph.*, IV, 8, f°s XVIIIvb-XIXra : « illud non differt a rosa quod maneret sola rosa manente, et omni ipso addito circumscripto ; sed sola rosa manente, adhuc rosa esset [...] et si rosa esset, tunc esset eius esse ».

En un second temps toutefois, dans la réponse aux objections de la question 8 et dans la question 9, Jean Buridan réintroduit, avec beaucoup de nuances, une distinction de raison :

> Mais pour résoudre les arguments, il faut dire [...] que l'être et l'essence, ou la rose et que la rose soit, diffèrent selon la raison [1].

Sans une telle distinction, on ne pourrait pas résoudre les objections. C'est là que se manifestent les ressources de la critique logico-linguistique, et c'est pourquoi la position de Buridan ne revient pas à la distinction de raison telle qu'elle avait été soutenue antérieurement, par exemple par Godefroid de Fontaines. Jean Buridan mobilise, pour traiter la question de la distinction de raison entre être et essence, toute sa théorie de l'appellation de raison.

Il est alors conduit à soutenir deux conclusions, en première apparence opposées mais à propos desquelles il précise qu'elles ne sont pas contradictoires, seulement subalternes et subcontraires : 1. *Esse* et *essentia* ne sont pas identiques ; 2. *Esse* et *essentia* sont identiques [2].

En premier lieu, si mon être et mon essence ne diffèrent pas selon la raison, pas plus qu'une pierre et son être, c'est parce qu'une chose ne diffère pas d'elle-même. Si les expressions « essentia mea » et « esse meum » diffèrent, c'est formellement c'est-à-dire par elles-mêmes, et non pas selon la raison. Mais dans la subsistance de la chose même se confondent existence et essence. Il faut en conclure que des propositions telles que « ens et unum differunt secundum rationem », « ens et essentia differunt secundum rationem » sont impropres et, si on les accepte, elles ne sont pas à prendre selon le sens propre des termes [3]. La cause en est la présence d'une négation incluse implicitement dans le verbe « différer », si bien qu'au sens propre de telles propositions reviendraient à nier que les sujets soient identiques selon la (ou selon une) raison ; or selon certaines raisons, ils sont bien identiques.

On peut en revanche concéder « esse et essentia sunt idem secundum rem sed differunt secundum rationem », à condition de l'entendre selon un sens précis : ce sont des mêmes choses, mais elles diffèrent selon *certaines* raisons, c'est-à-dire qu'autre est la raison selon laquelle elles sont conçues dans tel ou tel cas.

> Mais cependant des propositions telles que « l'être et l'essence sont la-même-chose réellement (*idem secundum rem*) mais diffèrent selon la raison » sont concédées ; je dis qu'elles sont concédées au sens que je précise. En effet, quand je dis que être et essence sont la-même-chose réellement, le sens est que l'être et l'essence sont la même chose (*eadem res*). Mais quand je dis que l'être et l'essence diffèrent selon la

1. *Qu. Metaph.*, IV, 8, f° XIXra : « Sed propter solutiones rationum, dicendum est [...] quod esse et essentia sive rosa et rosam esse differunt secundum rationem ».

2. *Qu. Metaph.*, IV, 9, f° XIXva.

3. Voir *Qu. Metaph.*, IV, 9, f° XIXva : « Et ideo apparet quod tales rationes Aristotelis et aliorum sunt impropriae. Dico sic "impropriae" quia si sint verae, illae non sunt verae secundum sensum proprium sermonis, immo secundum alium sensum ; dico tales propositiones "ens et unum differunt secundum rationem", vel "esse et essentia...", vel "homo et animal...", et sic de aliis ».

> raison, le sens est que la raison par laquelle est imposé le nom « être » est autre que la raison par laquelle est imposé le nom « essence » [1].

La « raison » est donc ici encore le mode de concevoir selon lequel les noms sont attribués. C'est pourquoi la « distinction de raison », loin ici de nous enfermer dans un renvoi circulaire de l'ontologique au noétique, débouche sur l'analyse logico-linguistique. Et c'est pourquoi sont repris dans ces passages de la *Métaphysique* tous les ingrédients de la théorie de l'appellation de raison telle qu'elle est exposée dans les textes logiques, qu'il s'agisse du IVe traité des *Petites sommes* ou des *Sophismes* [2].

Une difficulté subsiste toutefois : puisque de telles « raisons » ne sont pas de pures fictions, d'où proviennent-elles [3] ? La question est celle du fondement du mode de concevoir qu'exprime la *ratio*. Faudrait-il imaginer une propriété dans les choses, fondant le mode actif de concevoir ? En vérité, Buridan ne s'engage pas dans cette direction.

Avant de parvenir à sa propre solution, il évoque puis écarte plusieurs explications qui assigneraient des fondements possibles à cette distinction des *modi concipiendi*, dont je ne puis retracer la critique en détail. La première ferait reposer sur le singulier et le pluriel la distinction de la chose et de l'essence ; mais le nom singulier signifie proprement l'essence de la chose. La deuxième, celle de Grosseteste, considère que les choses sont dites être et essence selon leur dépendance par rapport à Dieu ; mais sur ce point Jean Buridan s'écarte de Grosseteste, que plus haut il paraissait suivre. Cette solution suppose que les choses soient en Dieu sur un mode exemplaire (telles seraient les essences ou quidités), or plusieurs objections sont soulevées. En premier lieu, *Deum* et *Deum esse* devraient être distingués de la même façon que *lapis* et *lapidem esse*. En second lieu, pour penser la rose (*rosam*) et que la rose soit (*rosam esse*) nous n'avons pas besoin de penser à un premier principe dont elle dépendrait ni à ce lien de dépendance. Une troisième interprétation est en son fond grammaticale, mais elle paraît aussi conforme à Aristote : les noms signifient *sine tempore ;* par conséquent l'essence n'impliquerait aucune connotation de temps, tandis que *esse*, *fuisse* ou *fore* connoteraient le temps. À la lettre, cependant, cette position ne suffit pas à résoudre la difficulté. Dieu et sa puissance absolue viennent ici au secours du philosophe contre le grammairien : s'il n'y avait pas de temps, Dieu pourrait penser qu'il existe : « Deus esset et intelligeret se esse » ; de même si, par la puissance divine, tout était en repos, je pourrais néanmoins t'appréhender et penser que tu es, alors qu'il n'y aurait pas de succession temporelle.

1. *Qu. Metaph.*, IV, 9, f° XIXva : « Sed tamen tales propositiones conceduntur "esse et essentia sunt idem secundum rem, sed differunt secundum rationem" ; dico quod conceduntur ad sensus quos ego dicam. Quando [*corr.* quoniam] enim dico quod esse et essentia sunt idem secundum rem, sensus est quod esse et essentia sunt eadem res. Sed quando dico quod esse et essentia differunt secundum rationem, sensus est quod alia est ratio a qua imponitur hoc nomen "esse" et alia ratio est a qua imponitur hoc nomen "essentia" ».

2. Voir *SL*, IV, 5, 3, p. 83-87 ; *SL*, IX, c. IV, p. 66-99, trad. fr. p. 138-167.

3. *Qu. Metaph.*, IV, 9, f° XIXva : « Sed tunc restat magis difficultas : cum illa differentia rationum non debeat dici ficta, unde igitur provenit ex parte rei originaliter differentia talis rationum ? »

La solution buridanienne est proche en apparence, mais elle se situe sur un tout autre terrain : « Et il me semble devoir être dit que les choses sont perçues et sont jugées être selon qu'elles sont perçues comme dans le champ du connaissant »[1]. Jean Buridan détermine par conséquent l'*esse* à partir du *prospectus* (du point de vue, de la perspective ou du champ au sens où l'on parle de champ de vision) d'un « connaissant », donc de ce qu'on pourrait nommer en un certain sens – quoique l'expression soit absente – un sujet, une instance à laquelle est référée la position d'existence de ce qui est pour elle ob-jet. Ce *prospectus*, c'est-à-dire cette perspective, renvoie à la présence, à tel point qu'elle suppose à son origine le contact sensible[2]. Cela ne veut aucunement dire que toute connaissance se réduise à la connaissance sensible, ni à la connaissance du présent. La présence actuelle est un modèle immédiatement élargi, en raison de perceptions passées ou même de purs raisonnements[3].

Esse connote par conséquent une certaine présence que ne connote pas *essentia*. Mais cette présence se trouve immédiatement déliée de la successivité temporelle pour être la seule position dans le champ perceptif d'un (esprit ou sujet) connaissant, tout à la fois intellect et sens. D'où la notion de *presentialitas*[4] : concevoir une chose sous la raison de l'*esse*, à la différence de l'*essentia*, c'est la concevoir *per modum presentialitatis in prospectu cognoscentis*.

La métaphysique comme science première

À propos de la métaphysique, et en dehors du problème de son sujet que nous avons déjà examiné, trois questions se posent, de difficulté inégale : la métaphysique est-elle une science ? La métaphysique est-elle la science la plus certaine ? Est-elle première par rapport aux autres disciplines et que signifie cette primauté ?

La métaphysique comme science et comme sagesse

Examiner si la métaphysique est la science la plus certaine ou si elle à une priorité sur les autres sciences exige en effet d'assurer préalablement son statut de science. Selon Aristote la métaphysique est bien classée parmi les sciences théorétiques. Mais si elle est l'aboutissement ou le couronnement de la philosophie, elle semble plutôt devoir répondre à l'appellation de « sagesse », *sapientia*. Dans

1. *Qu. Metaph.*, IV, 9, f° XIXvb : « Et videtur mihi esse dicendum quod res percipiuntur et iudicantur esse secundum quod percipiuntur tamquam in prospectu cognoscentis » ; voir *supra*, p. 62 *sq*.

2. Voir *Qu. Metaph.*, IV, 9, f° XIXvb : « Unde rem aliquam non iudicas esse nisi in prospectu sensus ».

3. Voir *Qu. Metaph.*, IV, 9, f° XIXvb : « [...] ideo si Socrates recedit a prospectu sensus, tu nescis utrum sit. Verum est tamen quod argumentatione iudicamus aliquid [*corr.* aliquem] esse, sed hoc est referendo ad ea quae fuerunt in prospectu sensus ».

4. Sur la présentialité, notamment chez Auriole, voir J. Biard, « Intention et présence : la notion de *presentialitas* au XIVe siècle », dans D. Perler (éd.), *Intention et intentionnalité dans l'Antiquité et au Moyen Âge* (Bâle, 23-25 juin 1999), Brill, 2000, p. 265-282.

la question 2 sur le livre I [1], ce problème est l'occasion d'un rappel sur l'extension variable du terme « science ». En un sens large, celui-ci peut inclure les autres vertus intellectuelles énumérées par Aristote, notamment la sagesse, l'art et la prudence [2]. Toutes ces dispositions acquises de l'esprit usent en effet de syllogismes, quelle que soit la nature de leurs principes. En un autre sens, la science est prise dans une acception stricte, et alors elle doit être distinguée des autres vertus ou dispositions [3]. Ce n'est pas par sa dimension pratique que la sagesse va se différencier de la science, comme dans les doctrines prônant une sagesse englobante à visée morale voire religieuse. La sagesse est en effet dans ce contexte une vertu ou une disposition spéculative : « l'art et la prudence sont des dispositions pratiques, mais la sagesse et la science sont des dispositions spéculatives » [4]. La sagesse est à plusieurs reprises assimilée à la métaphysique, dont il est rappelé que le nom signifie qu'elle transcende la physique [5]. On se gardera toutefois d'entendre cette « transcendance » au sens littéral que prendrait le terme dans notre langage contemporain; la métaphysique ne conduit pas dans un au-delà de la nature, surnaturel ou suprasensible. Elle dépasse la physique en ce sens que, si cette dernière considère les causes des substances naturelles, en mouvement puisque soumises à la génération et à la corruption, la métaphysique considère quant à elle les premiers principes ou premières causes.

Buridan énumère six conditions que doit remplir une disposition mentale pour mériter le nom de sagesse, et il montrera ensuite que toutes sont remplies par la métaphysique. En premier lieu la sagesse est une connaissance totale ou totalisante. Le point est délicat, car à l'évidence le sage ne peut connaître dans le détail toutes les sciences particulières, contrairement à ce que semblent requérir les expressions « omnia cognoscere », « cognoscere de omnibus ». La réponse se fonde sur le caractère général de la métaphysique et le caractère commun de son sujet : « le métaphysicien connaît au plus haut point (*maxime*) toutes choses car la métaphysique est la plus générale (*communissima*), puisqu'elle considère l'étant dans toute sa généralité » [6]. La métaphysique porte sur tout étant, qu'elle considère en tant qu'étant, y compris dans sa relation aux causes premières. En deuxième lieu le sage connaît les choses les plus difficiles; or la métaphysique considère bien les choses les plus difficiles car ce sont les plus éloignées du sens, à savoir

1. *Qu. Metaph.*, I, qu. 2, f° IIIvb : « Utrum metaphysica sit sapientia ? »

2. Voir *Qu. Metaph.*, I, qu. 2, f° IVra : « Notandum est quod aliquando scientia, etiam demonstrativa, capitur large, pro omni habitu demonstrativo, et sic scientia non distinguitur contra sapientiam, contra artem, contra prudentiam, immo tam sapientia quam ars vel prudentia est dicto modo scientia ».

3. Voir *Qu. Metaph.*, I, qu. 2, f° IVra : « Alio modo capitur scientia propriissime, sive strictissime, et tunc, in sexto *Ethicorum*, distinguitur contra sapientiam, artem et prudentiam ».

4. Voir *Qu. Metaph.*, I, qu. 2, f° IVra : « Ars enim et prudentia sunt habitus practici, sapientia vero et scientia sunt habitus speculativi ».

5. *Qu. Metaph.*, I, qu. 2, f° IVra : « [...] metaphysica enim dicitur a "meta", quod est "trans", et "physis", quod est "natura", quasi "transcendens naturam", et subauditur "scientia ", quasi "scientia transcendens naturam et scientias naturales" ».

6. *Qu. Metaph.*, I, qu. 2, f° IVrb : « metaphysicus maxime cognoscit omnia, quia metaphysica est communissima, cum ipsa consideret de ente in eius tota communitate ».

Dieu et les intelligences. Troisièmement le sage doit avoir la plus grande certitude – nous reviendrons sur ce point concernant la métaphysique, Buridan annonçant simplement par anticipation qu'elle connaît les principes des autres sciences. Passons plus rapidement sur les trois dernières conditions, qui reposent sur l'idée que la métaphysique doit connaître les causes premières de toutes choses et par conséquent l'ordre entre les causes, y compris sa propre prééminence [1].

Tout cela, qui anticipe sur la question de la priorité, situe la sagesse dans une dimension essentiellement spéculative. Proche par là de la science au sens restreint, elle s'en différencie seulement par le fait que la métaphysique ne reçoit ses principes ni d'une autre science ni par induction. Elle n'en satisfait pas moins aux réquisits méthodologiques des sciences, depuis la rigueur de son langage, soumis à une analyse logico-sémantique analogue à celle qui régit la physique, jusqu'aux exigences de l'argumentation rationnelle, comme le montre la mise à l'écart de la théologie [2]. La métaphysique mérite donc d'être dit sagesse, y compris avec l'aspect de primauté et d'universalité que cela implique, du moins si l'on ne tient pas compte de la théologie :

> [...] parmi les autres dispositions intellectuelles, la métaphysique mérite d'être dite sagesse. C'est prouvé facilement : lui conviennent toutes les conditions de la sagesse, et à celui qui la possède conviennent toutes les conditions du sage [3].

Cependant, elle peut tout autant être qualifiée de science, au sens élargi où l'on n'oppose pas ces deux dispositions spéculatives, et ainsi prendre place dans le système des sciences spéculatives : « À l'autre argument, je concède que la métaphysique est une science, en utilisant au sens large le nom "science" » [4].

Le rapport de la *sapientia* et de la *scientia* est examiné de façon plus approfondie dans la question 10 sur le livre VI de l'*Éthique*. Seule la métaphysique peut être dite sagesse si l'on excepte les dispositions surnaturelles. Buridan expose plusieurs opinions qui toutes supposent une certaine interconnexion de la science, de l'intellection et de la sagesse. Il ne choisit pas clairement, car « peut-être que ce trois manières de parler ne s'opposent pas l'une à l'autre » [5]. La métaphysique est dite « sagesse » dans la mesure où elle considère les substances séparées ; mais elle se rapporte à ces substances sur le mode de la science pour autant qu'elle conclut

1. *Qu. Metaph.*, I, qu. 2, f° IVrb : « Similiter metaphysica est quesita gratia sui ipsius, quia non ordinatur ad aliquod opus extrinsecum, cum ipsa sit maxime speculativa, nec ipsa ordinatur ad alias scientias speculativas, immo potius e converso, cum ipsa sit principalissima et ordinatrix aliarum scientiarum ».

2. *Qu. Metaph.*, I, qu. 2, f° IVra : « hic non comparamus metaphysicam ad theologiam que procedit ex ignotis creditis [...] ».

3. *Qu. Metaph.*, I, qu. 2, f° IVrb : « [...] inter ceteros habitus intellectuales metaphysica meretur dici sapientia. Hoc probatur faciliter : quia ipsi conveniunt omnes conditiones sapientiae et habenti eam conveniunt omnes conditiones sapientis ».

4. *Qu. Metaph.*, I, qu. 2, f° IVrb : « Ad aliam, concedo quod metaphysica est scientia utendo large hoc nomine "scientia" ».

5. *Qu. Eth.*, VI, qu. 12, f° CXXVIIIva.

par raisonnement, notamment à partir des substances sensibles, et elle est dite intellection pour autant qu'elle connaît (*sapit*) ces principes « par la puissance de sa propre lumière ». Ainsi selon la troisième manière de s'exprimer :

> il faut dire [...] que la sagesse n'est pas formellement intellection ni science, mais est une disposition envers des choses telles qu'elles ne sont susceptibles d'être connues par nous, ni seulement par elles-mêmes ni seulement par des moyens par lesquels il faut que nous soyons conduits vers leur connaissance, mais selon chacun de ces modes en même temps, parce qu'elle participe en même temps du mode ou de la vertu de l'intellect et de la science [1].

Que retenir de ce rapprochement ? En premier lieu que l'intellection est entendue de façon à la fois large et simple comme ce qui permet d'assentir à des propositions sans démonstration, par la seule inclination naturelle [2]. L'intellection n'a donc rien ici d'une faculté qui serait supérieure à la science ou à la prudence, elle se caractérise seulement par sa modalité non discursive, en tant qu'assentiment immédiat à une vérité formulée en une proposition. Cette absence de hiérarchisation des dispositions mentales explique que l'on puisse combiner différentes modalités d'appréhension et d'assentiment dans une même discipline. Ainsi, on peut dire que la métaphysique, entendue au sens de « la métaphysique totale [...] contenant toutes les conclusions et tous les raisonnements métaphysiques » [3], est sagesse puisqu'elle se tourne vers les premiers principes des étants, sans nier pour autant qu'elle combine, comme toute science au sens large, intellection et démonstration, puisqu'elle comporte des raisonnements démonstratifs, soit en partant de la nature physique pour remonter au principes métaphysiques, soit pour réfuter les arguments de ceux qui nient les premiers principes.

Métaphysique et certitude

Nous avons déjà vu dans la première partie que la certitude est, avec l'évidence, le principal caractère de la science. De quelle certitude est susceptible la métaphysique ? Le problème est complexe pour deux raisons. D'une part la science la plus haute devrait être très certaine, mais ses objets sont les plus difficiles à atteindre ; d'autre part, depuis Aristote et Euclide, ce sont souvent les mathématiques et non pas la métaphysique qui sont données comme modèle de certitude. Alors que nous

1. *Qu. Eth.*, VI, qu. 10, f° CXXVIIIva : « [...] dicendum est [...] quod sapientia non est formaliter intellectus neque scientia, sed est habitus circa talia que nec ex se tantum notificabilia sunt nobis, nec tantum mediorum per que oportet nos duci in noticiam ipsorum, sed secundum utrumque modum simul propter quod simul participat modum seu virtutem intellectus et scientie ».

2. Voir *Qu. Eth.*, VI, qu. 10, f° CXXVIIIrb : « metaphysica [...] se habet ad huiusmodi principia uno modo per modum intellectus inquantum concedit ea sine probatione, ex sola naturali inclinatione intellectus ad ipsum verum » ; au cours de l'exposé de la deuxième opinion, Buridan opposait deux façons d'assentir à des principes : celle-ci, qui convient à l'intellection, et celle de la science : « alio modo per modum scientie in quantum habet viam ad arguendum de ipsis elenchice contra negantes ea » (*ibid.*).

3. *Qu. Metaph.*, VI, qu. 2, f° XXXIIIva.

avons déjà distingué différents types (sinon degrés) de certitude (absolue, naturelle, relative...), cet examen va conduire à poser une autre division de la certitude, qui sera reprise les siècles suivants.

L'idée que la métaphysique serait la science la plus certaine, *certissima*, apparaît à de nombreuses reprises dans l'argumentation des deux premières questions sur la *Métaphysique*, mais elle est examinée pour elle-même dans la question 3 : « Est-ce que la métaphysique est la plus certaine de toutes les sciences [1] ? » Parmi les arguments *quod non*, on trouve en bonne place la difficulté, l'éloignement des sens, et l'hypothèse selon laquelle d'autres sciences, selon Aristote lui-même, seraient plus certaines : les mathématiques et même la psychologie (*scientia de anima*) [2]. D'ailleurs cette question trouve son contrepoint dans la question 25 sur le livre I des *Seconds Analytiques*, qui demande : « Est-ce que les sciences mathématiques sont les plus certaines des sciences » [3] ? Dans les deux questions se retrouvent des arguments identiques. On pourrait aussi supposer que toute science satisfaisant les exigences de la démarche démonstrative est également certaine, sans distinction de degré [4]. C'est cependant la thèse de la plus grande certitude de la métaphysique qui est attribuée à Aristote dans l'*ad oppositum* de cette question sur la *Métaphysique*, bien que, d'après que *Questions sur les Seconds Analytiques*, Aristote serait censé avoir attribué la plus grande certitude aux mathématiques [5] ! En faveur de la métaphysique, on peut dire qu'elle prend en considération les principes les plus évidents – on peut penser notamment au principe de non-contradiction, mais aussi aux principes non propositionnels tels que l'étant ou les catégories, ou encore aux causes premières telles que Dieu ou les intelligences immatérielles. Les principes des autres sciences n'en dérivent sans doute pas, mais leur sont néanmoins subordonnés et reçoivent d'eux leur assurance et leur évidence :

> [...] c'est le propre de la métaphysique que de considérer les principes les plus évidents, à partir desquels les autres principes, à savoir ceux des autres sciences, sont établis et reçoivent solidité et évidence; c'est pourquoi les principes de cette science semblent être les plus certains; or doit être dite la plus certaine la science qui procède par les principes les plus certains [6].

1. *Qu. Metaph.*, I, qu. 3, f° IVrb : « Utrum metaphysica sit omnium scientiarum certissima ? »

2. *Qu. Metaph.*, I, qu. 3, f° IVrb-va : « [...] Aristotiles, secundo huius, reputat scientias mathematicas esse certissimas, et ideo dicit quod in aliis scientiis acribologia mathematica, id est certitudo mathematica, non est exspectenda. [...] Item, in prooemio *De anima*, dicit Aristotiles quod scientiam de anima tam propter dignitatem quam propter certitudinem in primis ponamus, quasi dicat illam scientiam de anima esse certissimam, et non metaphysica ».

3. « Utrum mathematice scientie sint aliarum scientarum certissime ? »

4. *Qu. Metaph.*, I, qu. 3, f° IVva : « Item, ostendo quod nulla scientia demonstrativa sit minus certa quam metaphysica : quia quelibet scientia demonstrativa procedit ex per se notis et evidentibus, et est firma et certa, sine aliqua formidine ad oppositum; aliter non esset nisi opinio ».

5. *QAPost.*, I, qu. 25 : « Oppositum arguitur per Aristotilem : quia, secundum omnes expositores, intendit, primo huius, declarare quod in mathematicis scientiis contingit minor error et deceptio quam in aliis scientiis, et ita ipse sunt certiores aliis ».

6. *Qu. Metaph.*, I, qu. 3, f° IVva : « [...] metaphysice proprium est considerare de principiis evidentissimis, ex quibus alia principia, scilicet aliarum scientiarum, consolidantur et recipiunt

La question est résolue par une distinction des modes de certitude, dont on trouve l'équivalent dans la question des *Seconds Analytiques* sur les mathématiques. Après avoir rappelé que toute certitude requiert la vérité, Buridan énumère ici cinq modes de certitude Le premier mode de certitude se trouve du côté des objets, à la mesure de leur solidité et de leur immutabilité. De ce point de vue, la métaphysique est la science la plus certaine :

> En un sens, la certitude de la vérité est prise du côté des choses considérées, en raison de leur solidité et de leur immutabilité. Et en ce sens on répondrait à la question que la métaphysique est la plus certaine pour autant qu'elle considère Dieu et les intelligences : ce sont en effet les substances les plus solides, puisqu'elles sont immuables [1].

En un second sens, une science certaine est une science laissant le moins de doutes possibles au sujet de ce qui est su. En ce sens, il y a bien des degrés de certitude [2]. De ce fait, si l'on estime qu'une connaissance pouvant parvenir jusqu'aux concepts les plus précis, jusqu'aux « raisons spéciales », est plus certaine qu'une connaissance restant dans la généralité, alors la métaphysique pourrait être tenue pour la science plus incertaine. Jean Buridan ne fait pas sienne une telle opinion, car il est faux que la métaphysique en reste à un niveau de généralité vague, elle doit au contraire descendre aux raisons quiditatives de toutes choses. De même que la métaphysique considère toute chose en tant qu'étant, de même c'est à elle et à elle seule qu'il revient de connaître les raisons quiditatives, par exemple savoir quelle chose est un homme ou quelle chose est un triangle. De telles interrogations ne sont pas le fait du physicien, qui étudie les étants du point de vue de leurs mouvements, ni du géomètre, qui considère des raisons quantitatives [3]. Pour Buridan, en ce sens aussi, par conséquent, la métaphysique doit être considérée comme la plus certaine.

Si, en un troisième sens, on considère la certitude par rapport à l'évidence des principes, alors indubitablement, la métaphysique est la plus certaine. La physique doit recevoir ses principes, ou certains d'entre eux, de l'expérience ; et

firmitatem et evidentiam ; ideo principia huius scientiae videntur esse certissima ; modo scientia debet dici certior que procedit per principia certiora, igitur ».

1. *Qu. Metaph.*, I, qu. 3, f° IVva : « Uno modo certitudo veritatis attenditur ex parte rerum consideratarum, propter earum firmitatem et immutabilitatem. Et sic diceretur ad questionem quod metaphysica est certissima pro quanto considerat de Deo et intelligentiis : illae enim substantie sunt firmissime, quia immutabiles » ; cf. *prima conclusio* dans *QAPost.*, I, 25.

2. *Qu. Metaph.*, I, qu. 3, f° IVva : « Et isto modo scientia propter quid de aliqua conclusione est certior quam scientia quia est de eadem conclusione ; similiter etiam scientia descendens ad rationes speciales suorum scibilium est certior quam scientia que sisteret in rationibus communibus eorum » ; cf. *QAPost.*, I, 25, 2ª concl.

3. *Qu. Metaph.*, I, qu. 3, f° IVvb : « geometer non habet simpliciter scire que res est triangulus : non enim curat utrum figura sit res distincta a magnitudine, nec utrum magnitudo sit res distincta a substantia. Similiter physicus non habet scire simpliciter quid est homo vel quid est asinus, licet possit talia describere per aliquos motus vel per aliquas operationes ; physicus enim non habet scire utrum homo vel Socrates sit per aliam formam substantialem homo et per aliam animal et per aliam Socrates, an utrum per eandem, ideo nescit simpliciter quid est homo ».

les mathématiques recourent parfois à des principes qui n'ont pas la même évidence; Buridan cite à ce propos le fait qu'une ligne ne soit pas composée d'indivisibles, ce qui doit être supposé par le mathématicien comme condition d'une certain nombre de théorèmes (par exemple l'incommensurabilité du côté et de la diagonale d'un carré), mais qui n'est pas évident par soi [1].

Au quatrième sens, la certitude provient du mode de démonstration. En ce sens, en revanche, ce sont les mathématiques qui sont la science la plus certaine. Buridan donne ainsi sens à la phrase de *Métaphysique* α qui, dans la traduction latine disait qu'il ne fallait pas en toutes choses rechercher la même certitude qu'en mathématiques. L'idée a été développée et renforcée par Averroès, cité dans l'un des arguments initiaux de cette question [2]. « Au quatrième sens la certitude est atteinte par la manière évidente de démontrer, et en ce sens on dit que les sciences mathématiques sont les plus certaines, relativement aux autres sciences » [3]. Buridan reconnaît constamment dans les mathématiques le modèle de la démonstrativité telle qu'elle est exposée dans les *Analytiques*. Si l'idée paraît banale, elle permet de distinguer explicitement des sens suffisamment différents de la certitude pour que des sciences diverses remplissent tel ou tel de ces critères. En mathématiques,

1. Le texte des *Questions sur la Métaphysique* est ici plus clair que celui des *Questions sur les Seconds Analytiques*; dans ce dernier, on retrouve le même exemple; mais Buridan évoque aussi la dépendance à l'égard d'autres sciences « supérieures »; on peut penser que cette dépendance ne concerne pas l'hypothèse du continu, mais la dépendance à l'égard de la métaphysique (peut-être aussi à l'égard de la logique comme instrument), par exemple avec une déclinaison spécifique du principe d'identité. Cependant, Hans Thijssen propose une lecture un peu différente, en se fondant que *Qu. Phys.*, I, qu. 5 (voir « Buridan on Mathematics », *Vivarium*, XXIII (1985), p. 55-78, en part. p. 60-61). Dans ce texte, Buridan rappelle que certains principes d'une conclusion géométrique (par exemple qu'une ligne n'est pas composée d'indivisibles) ne sont pas évidents par soi mais sont objet de doute : « Hec ego declaro, quia magnum dubitabile est et fuit apud antiquos utrum corpus esset compositum ex punctis indivisibilis vel non [...]. Et illam dubitationem non potest geometer tractare per suam scientiam, sed tranctanda est per phisicam vel metaphisicam ». Le problème est soulevé et résolu en physique où, de fait, Buridan adopte une position continuiste classique, tandis que les mathématiques posent, simplement, que le continu n'est pas composé d'indivisibles. On peut alors penser, comme H. Thijssen le suggère, que de ce point de vue les mathématiques sont subordonnées à la philosophie naturelle. Je préfère pour ma part souligner, comme je le montrerai plus loin, que le mathématicien pose un tel principe en mettant entre parenthèses l'interrogation physique (ce qui n'est pas littéralement incompatible avec les passages de la physique).

2. *Qu. Metaph.*, I, qu. 3, f° IVva : « et super hoc dicit Commentator quod scientie mathematice sunt in primo gradu, sive ordine, certitudinis ». Juste avant, évoquant la fameux passage de *Métaphysique*, α, 995 a 15 sur la certitude des mathématiques, Buridan a employé le terme *acribologia*, simple transposition du grec, avant de donner *certitudo* comme équivalent. Buridan doit ici combiner la traduction de Guillaume de Moebecke avec le commentaire d'Averroès, qui joue un rôle majeur sur cette question : voir Averroès, *In Aristotelis Metaphysicorum libri*, IV, c. 3, dans *Aristotelis Opera cum Averrois Commentariis*, vol. VIII, Venetiis apud Junctas, MDLXII (reprod. Minerva, Frankfurt, 1962), f° 35 K : « Demonstrationes enim mathematice sunt in primo ordine certitudinis, et demonstrationes naturales consequuntur eas in hoc. Certitudo enim diversatur in eadem scientia [...] et [...] magis diversatur in scientiis diversis secundum genus ». Sur les traductions latines, voir *supra*, Ire partie, chap. Ier, p. 29, n. 6.

3. *Qu. Metaph.*, I, qu. 3, f° IVvb : « Quarto modo certitudo attenditur ex evidenti modo demonstrandi; et sic dicitur quod scientie mathematice sunt respectu aliarum certissimae ».

cependant, la certitude est, comme la nécessité, conditionnée à l'acceptation de certains principes [1].

En un cinquième sens enfin, la certitude est liée à la facilité d'acquisition [2]. Il est clair qu'en ce sens la métaphysique n'est pas la science la plus certaine, puisque ses objets sont les plus éloignés des sens, dont le « ministère » est requis par l'intellect humain, ainsi que le formulait un argument initial. Dans cette acception, ce sont les sciences naturelles qui sont les plus certaines.

Quant à la science de l'âme dont un argument, fondé sur un passage d'Aristote, faisait l'hypothèse de la plus grande certitude, elle sera seulement dite la plus certaine parmi les sciences naturelles, et non pas en comparaison de la métaphysique ni des mathématiques.

Ainsi, Buridan renforce le statut de certitude de la métaphysique, tout en donnant des précisions sur les différentes sciences spéculatives. Cette distinction des modes de certitude se retrouvera, sous une forme un peu modifiée, mais à mon sens d'esprit identique, chez Blaise de Parme, pour qui la théologie ou l'astrologie, donc la science de Dieu et des astres, est la plus certaine du point de vue de la solidité de son objet, tandis que les mathématiques sont les plus certaines du point de vue de la manière de procéder. À travers diverses médiations, des schémas similaires se retrouveront dans les débats sur la certitude des mathématiques à Padoue au XVIe siècle.

Quelle primauté pour la métaphysique ?

La métaphysique est dite par Aristote « philosophie première ». Dès le début des *Questions sur la Métaphysique,* l'interrogation porte sur les nombreux superlatifs attribués à la métaphysique, notamment la plus digne et la meilleure – mais on peut ajouter la plus noble, la plus admirable, la plus certaine, la plus libre, la plus divine, celle qui est le plus à honorer [3].

La position qui considère la métaphysique comme la science la meilleure et la plus digne est celle d'Aristote, « bien que beaucoup soient [...] d'avis contraire », et Buridan se déclare d'accord avec lui [4]. La raison vient de la nature des objets dont traite la métaphysique, c'est-à-dire « les causes les plus hautes, à savoir Dieu et les intelligences, et encore [...] les premiers principes les plus communs du savoir (*doctrinae*) » [5]. On procède alors par analogie à partir de Dieu lui-même,

1. *Qu. Metaph.*, I, qu. 3, f° IVvb : « Sed talis certitudo non est conclusionis simpliciter, sed solum ex suppositione, scilicet si principia supposita sint vera ».

2. Voir *Qu. Metaph.*, I, qu. 3, f° IVvb : ce sens n'est pas mentionné dans les *Questions sur les Seconds Analytiques.*

3. La question 1 est « Utrum metaphysica sit omnium scientiarum dignissima et optima ? » ; la question 4 « Utrum metaphysica debeat dici philosophia prima ? »

4. *Qu. Metaph.*, I, qu. 1, f° IIIrb : « Breviter respondeo ad questionem cum Aristotile ».

5. *Qu. Metaph.*, I, qu. 1, f° IIIrb : « [...] causas altissimas, scilicet Deum et intelligentias, et etiam considerat prima principia doctrinae communissima ».

un Dieu qui est ici conçu indépendamment de la théologie révélée [1], comme premier moteur et fin dernière de l'univers. Or deux opérations sont assignées à un tel Dieu : en premier lieu s'intelliger et se contempler lui-même, par où l'on reconnait ce qui caractérise le premier moteur aristotélicien, qui ne pâtit de rien et qui, comme le soulignait Averroès, ne connaît rien d'autre que soi – il s'agit là de son œuvre spéculative – ; en second lieu, gouverner le monde et distribuer ou faire rayonner sa bonté – il s'agit là de son œuvre pratique. Mais selon Buridan, c'est le côté intellectuel ou spéculatif qui est le plus noble, y compris pour Dieu. Car il est plus parfait dans l'exercice de la spéculation, où il n'a besoin de rien d'autre que soi, que dans l'exercice de la bonté, où il est parfait dans sa relation à nous [2]. Ainsi il appert que dieu est conçu plus fondamentalement comme pensée qui se pense elle-même que comme bien suprême qui se diffuse soi-même et rayonne sur ce qui n'est pas lui. De façon analogue (*per simile*), l'homme sera rendu meilleur par la contemplation des choses divines, plutôt que par le soin de soi-même et des autres hommes. Par cette affirmation un peu surprenante, c'est bien la primauté de la métaphysique qui est affirmée sur les autres formes de savoir comme de pratique [3]. Ce parallèle entre microcosme et macrocosme, comme dit ici Buridan reprenant à son compte cette idée d'origine platonicienne ou hermétiste, conduit à plaider sans équivoque pour la supériorité de la métaphysique, en tant que disposition spéculative, sur la prudence, en tant que vertu pratique. Car la fin de la spéculation réside en elle-même alors que les vertus pratiques n'ont pas leur fin en elle-même. Ici encore, on pourrait être surpris. Buridan renvoie au livre VI de l'*Éthique* où la prudence, vertu pratique, n'a pas préséance (*non praecipit*) sur la science ou la sagesse, mais au contraire tire sa préséance (comprendre : sur les autres vertus pratiques) de la sagesse [4].

La dernière question sur le livre VI de l'*Éthique à Nicomaque* se demande ainsi « si la sagesse est une vertu meilleure que la prudence » [5]. À travers cette interrogation, c'est aussi la prééminence des disciplines pratiques ou des disciplines spéculatives qui est en jeu. Dans plusieurs questions, en effet, on trouve des arguments ou des autorités qui semblent indiquer une supériorité de la politique, parce qu'elle a en

1. Buridan met explicitement à l'écart la théologie révélée pour examiner la supériorité de la métaphysique sur les autres sciences. Il ne peut éviter cette précision, puisque Aristote définit à plusieurs reprises la philosophie première comme théologie.

2. Voir *Qu. Metaph.*, I, qu. 1, f° IIIrb : « Modo constat quod Deus multo magis potest argui optimus ex illo opere speculativo quam ex illo opere practico, quoniam ex illo opere speculativo est simpliciter bonus et perfectus, nullo alio indigens, sed ex opere practico arguitur bonus non simpliciter, sed nobis, quia posito quod nihil nobis tribueret, esset aeque bonus sicut si nobis caelestia partiretur, saltem in se ipso ».

3. Voir *Qu. Metaph.*, I, qu. 1, f° IIIrb : « Igitur, per simile, homo dicitur simpliciter melior et nobilior ex contemplatione Dei et supercelestium, qua est per metaphysicam, quam ex actibus humanis ad corpora nostra vel ad vicinos, de quibus est prudentia ».

4. Voir *Qu. Metaph.*, I, qu. 1, f° IIIva : « prudentia, dicit ipse, non precipit scientie seu sapientie, immo prudentia precipit gratia sapientie sed non illi ».

5. *Qu. Eth.*, VI, qu. 22, f° CXXXVIIIva *sq*. On retrouve dans cette question, au f° CXXXIXrb, le parallèle entre macrocosme et microcosme.

vue le bien commun, ou bien de l'éthique, parce que le métaphysicien ne serait pas nécessairement juste et heureux. Buridan répond sans ambiguïté : « À cette question je pense qu'il doit être répondu, comme le dit Aristote, que la sagesse est absolument meilleure et principale » [1]. Les arguments d'Aristote sur lesquels Buridan s'appuie consistent à mesurer la noblesse des dispositions intellectuelles à la noblesse de leurs objets, or la sagesse (métaphysique) est tournée vers Dieu et les intelligences célestes, beaucoup plus nobles que les actions humaines ; à comparer métaphysique et médecine, pour louer la santé de l'âme ; mais aussi et surtout à renvoyer par anticipation au livre X, où Aristote pose que la vertu de la plus haute partie de l'âme, assurant sa félicité, est spéculative [2]. On retrouve le même raisonnement que dans le passage cité plus haut des *Questions sur la Métaphysique* : le genre spéculatif est plus excellent que le genre pratique car il a sa fin en soi : « tout le genre spéculatif semble sur certains points dépasser en excellence tout le genre pratique, puisque les sciences pratiques sont en vue de l'œuvre, tandis que les spéculatives sont en vue d'elles-mêmes » [3]. La norme est l'auto-suffisance. La science spéculative ne saurait donc être ordonnée à quelque chose relevant de la philosophie pratique, contrairement à la position que défendait à la même époque un Pétrarque [4]. Certes, comme le précise la réponse à un argument, on n'est pas vraiment métaphysicien sans être vertueux [5], mais les vertus morales sont ordonnées à cette sagesse qui, en sa pointe la plus fine, débouche sur la félicité intellectuelle :

> La sagesse n'est pas ordonnée à la prudence comme à sa fin, ni aux vertus morales, ni à leurs opérations, ni à leur œuvre, puisque sa fin est seulement de savoir, ou est la vérité elle-même. [...] Il faut donc par un ordre naturel que la prudence et les vertus morales soient ordonnées à la sagesse elle-même et à son œuvre comme à sa fin, parce que la sagesse sera la plus haute vertu humaine et son œuvre sera la félicité humaine [6].

1. *Qu. Eth.*, VI, qu. 22, f° CXXXIXra : « Ad quam questionem puto dicendum esse, sicut dicit Aristoteles, quod sapientia est simpliciter melior et principalior ».
2. *Qu. Eth.*, VI, qu. 22, f° CXXXIXra : « [...] operationem secundum virtutem optimam et optime partis que est perfecta felicitas dicit Aristoteles esse speculativam ».
3. *Qu. Eth.*, VI, qu. 22, f° CXXXIXra : « totum genus speculativum videtur aliquibus excellere totum genus praticum quia practice sunt propter opus, speculative autem propter se, scilicet propter scire solum ».
4. Voir Pétrarque, *Mon ignorance et celle de tant d'autres*, trad. de J. Bertrand revue par Chr. Carraud, Paris, Jérôme Millon, 2000.
5. Voir *Qu. Eth.* VI, qu. 22, f° CXXXIXvb. À l'argument selon lequel « le prudent qui n'est pas métaphysicien est meilleur que le métaphysicien qui n'est pas prudent », il est répondu : « Ad aliam, dicendum quod ratio falsum supponit. Non enim est possibile aliquem esse vere metaphysicum sine virtutibus moralibus et prudentia ».
6. *Qu. Eth.*, VI, qu. 22, f° CXXXIXrb : « Sapientia autem non ordinatur finaliter ad prudentiam nec ad virtutes morales, nec ad ipsarum operationes, cum finis ipsius sit scire tantum, vel ipsa veritas, et non ad opus. [...] Ergo oportet naturali ordine quod prudentia et virtutes morales ordinentur finaliter ad ipsam sapientiam et ad opus eius, propter quod sapientia erit optima virtus humana et opus eius humana felicitas ».

La métaphysique est ainsi la plus haute des sciences spéculatives, car elle porte sur les principes et sur les causes des étants naturels, et l'exercice spéculatif est lui-même supérieur à la vertu pratique, y compris dans ses formes les plus hautes que sont l'éthique, la politique ou la science du droit. Dans le même temps, elle est la science plus commune ou générale, puisque son sujet, l'étant, est pris dans sa plus grande généralité sans être « réduit » à tel ou tel aspect (matériel, immatériel, mobile, etc.). C'est la raison pour laquelle, en un certain sens, toutes les autres sciences spéculatives lui sont subordonnées [1].

Les mathématiques et leurs objets

À la différence de son contemporain Nicole Oresme, mais aussi de Jean de Murs, qui enseigne en même temps que lui à la faculté des arts, Jean Buridan n'est pas un mathématicien. Cependant, son exposition générale de la philosophie ne peut éviter quelques prises de position sur la nature, le statut, et les objets des mathématiques [2]. Elles sont inévitables, d'une part en raison des héritages aristotéliciens, d'autre part en raison de nouvelles connaissances et de nouvelles pratiques qui bouleversent les procédures d'application du calcul aux phénomènes physiques. Nous aurons l'occasion de préciser lorsque nous traiterons de la science de la nature que, sur ce dernier plan, Buridan ne s'engage pas beaucoup dans l'application de la théorie des rapports à la mesure du mouvement, et que son analyse de l'infini reste sur un plan essentiellement logique. Mais ce contexte qu'il ne pouvait ignorer rend plus aiguë l'exigence de déterminer non seulement la place des mathématiques parmi les sciences mais encore la nature de ses objets et de ses procédures.

Abstractionnisme, théorie des points de vue et sémantique

Dans la deuxième question sur le livre VI de la *Métaphysique*, au cours de laquelle Buridan caractérise dans leurs grandes lignes les trois sciences théorétiques distinguées par Aristote, les mathématiques se trouvent désignées comme une discipline abordant les choses du point de vue de la quantité. Nous avons vu en effet que la métaphysique, la physique et les mathématiques traitent pour l'essentiel des mêmes *res*, qu'elles abordent sous diverses « raisons ou concepts », divers modes (actifs) de concevoir et de signifier. Quant il en vient aux mathématiques,

1. Voir *QAPost.*, I, qu. 23 : « [...] scientie diverse participant sepe in subiecto aliquo modo eodem, licet non totaliter, scilicet sic quod subiectum unius scientie claudit in se, vel in sua ratione, subiectum alterius scientie et contrahit ipsum aliqua contractione, et tunc una istarum scientiarum dicitur alteri subalternata. Unde sic omnes scientie se habent ad metaphysicam ; contrahunt enim subiectum, quod est communissimum. Ideo omnes alie scientie sunt tamquam subalternate ipsi metaphysice ».

2. Voir l'article pionnier à cet égard de Hans Thijssen, « Buridan on Mathematics », *Vivarium*, XXIII (1985), p. 55-78.

Buridan insiste sur le fait que le mathématicien ne considère pas l'être de la chose ou sa quidité, c'est-à-dire ni le fait qu'elle soit, ni les causes ou raisons pour lesquelles elle est, ni ce qu'elle est, mais la quantité, ou plutôt le *quantum*. Ailleurs, il apparaît que l'on peut parfaitement connaître des conclusions concernant les propriétés du triangle sans s'interroger sur les causes du triangle – c'est-à-dire ce qui fait que certaines choses existent en ayant telle ou telle propriété quantitative [1].

Quantum est en effet le sujet principal des mathématiques, le terme par rapport auquel les autres objets sont considérés, dont ils sont prédiqués ou auquel ils sont rapportés. Étudier « combien » sont les choses (à la fois quant au nombre et quant à la grandeur), c'est dans ce contexte élaborer une *science de la mesure et des rapports*.

> Le mathématicien considère à propos des choses combien elles sont, en mesurant des quantités ignorées par des quantités connues, et ainsi il a à considérer les rapports mutuels des *quanta* [2].
>
> Mais le mathématicien considère les étants non pas en se demandant ce qu'ils sont ou de quelle manière ils sont, non pas de quelle manière ils se meuvent ou sont mus, mais seulement de quelle manière ils sont mesurés et pourquoi ils sont ainsi mesurés; et ainsi il réduit toutes choses à la raison de la mesure, et non à la raison du se-mouvoir ou de l'être [3].

Le point de vue de la quantité est ainsi la *ratio mensurae*. Et la mesure consiste à rapporter une quantité connue à une quantité inconnue. Dans ce contexte, où le point de départ est fourni par les choses du monde naturel, même si l'on trouve quelques indications sur le nombre et l'arithmétique [4], la mathématique est d'abord géométrie, avant de se déployer en théorie des rapports – un domaine qui prend de l'ampleur, voire une certaine autonomie au XIVe siècle avec les théories de Bradwardine et d'Oresme, relayées à Paris par Albert de Saxe.

Dans une certaine mesure, en ce qui concerne le statut des objets mathématiques, Jean Buridan prend place dans la tradition « abstractionniste » aristotélicienne. Je désigne simplement par là la tendance à poser que les « choses mathématiques »

1. *Qu. Phys.*, I, qu. 5, f° VIvb : « [...] ad sciendum perfecte per modum conclusionis istam conclusionem "triangulus habet tres angulos equales duobus rectis" non oportet scire in speciali omnes causes triangulorum [...] ».

2. *Qu. Metaph*, VI, 6, f° XXXIIIIra : « Mathematicus considerat de rebus quante sunt, mensurando quantitates ignotas per quantitates notas, et sic habet considerare proportiones quantorum ad invicem » ; voir aussi *ibid.* : « Mathematica totalis reducit omnia ad istum terminum "quantum" prout est mensura vel mensurabile" ».

3. *Qu. Met.*, IV, 3, f° XIVvb : « Mathematicus autem considerat entia non quid sunt aut quomodo sunt, non quomodo movent vel moventur, sed solum quomodo mensurantur et quare [*dub.*] sic mensurantur; et sic omnia reducit ad mensure rationem, non ad rationem movendi vel essendi ». On trouve la même description dans les *Qu. Phys.*, II, qu. 6, f° XXXIVra : « Scientia autem dicitur mathematica ex eo quod considerat res secundum illas rationes secundum quas dicuntur quante et mensurabiles, et adinvicem in quantitate et mensurabilitate proportionales, et omnia que considerat considerat secundum attributionem ad illas rationes ».

4. Voir *Qu. Phys.*, III, qu. 17; et H. Thijssen, art. cit., p. 62-69.

ne sont pas des οὐσίαι, des étants subsistant indépendamment des choses naturelles et sensibles, ni même des formes intelligibles subsistant dans un espace mathématique imaginaire, comme l'avaient soutenu Proclus et les néo-platoniciens, mais qu'elles sont tirées des sensibles par séparation, selon le schéma de l'abstraction développé par Alexandre d'Aphrodise et déjà en germe dans de nombreux passages d'Aristote fréquemment cités par les Médiévaux [1]. Ainsi, dans le *Traité du Ciel*, Aristote oppose τὰ μαθηματικά à τὰ φυσικὰ par le fait que les premiers sont « dits par abstraction » (ἐξ ἀφαιρέσεως λέγεσθαι) [2] Cette lecture était au XIII [e] siècle celle de Thomas d'Aquin [3]. Mais il y eut au début du XIV [e] siècle une recrudescence de « questions mathématiques », en vérité des questions épistémologiques sur le statut des *mathematicalia*, en provenance de milieux aristotéliciens. On peut se reporter aux questions de Sébastien d'Aragon et de Simon de Padoue (dont on ne sait rien par ailleurs), ou d'auteurs plus connus comme Hugues d'Utrecht [4], et surtout aux *Questions mathématiques* de Raoul le Breton [5]. Il suffit de consulter la liste de ces dernières pour voir que Raoul accorde une large part aux problèmes épistémologiques tels que le rapport des *mathematicalia* aux choses sensibles, problèmes qui restent à l'horizon des questions sur la définition du nombre ou sur le sujet de la géométrie.

Le point : négation et imagination

Jean Buridan s'inscrit dans cette lignée, tout en la transformant. Préoccupé par la physique, c'est surtout à travers les objets de la géométrie qu'il aborde la

1. Le rôle d'Alexandre dans le développement de la théorie abstractionniste a été souligné par Alain de Libera, notamment dans *L'Art des généralités*, Paris, Aubier, 1999, chap. Ier, p. 25-48.

2. *Traité du ciel*, III, 1, 299 a 16-17 ; cf. *De l'âme*, III, 4, 429 b 18-20 ; *De l'âme*, III, 7 ; 431 b 12-18 : « Quant aux objets contenus, comme on dit, dans l'abstraction, ils sont saisis par l'intelligence comme s'il s'agissait du camus : en tant que tel le camus se pense sans séparation, mais si c'était en tant que concave qu'on le pensait effectivement, il serait saisi par l'intelligence sans la chair où réside le concave. C'est ainsi que les objets mathématiques, bien qu'inséparables, sont conçus comme séparés quand l'intelligence les appréhende » (trad. Bodeus, p 238) ; voir aussi *Métaphysique*, B, 2, 997 b 35 - a 6.

3. Voir par exemple *In libros Metaphysicorum*, VI, lect. 1, n. 18, S. Thomae Aquinitatis *Opera omnia* cur. R. Busa S. I., vol. 4, Stuttgart - Bad Cannstaatt, Fromann-Holzboog, 1980, p. 445 : « scientia mathematica speculatur quaedam inquantum sunt immobilia et inquantum sunt separata a materia sensibili, licet secundum esse non sint immobilia vel separabilia. Ratio enim eorum est sine materia sensibili, sicut ratio concavi vel curvi. In hoc ergo differt mathematica a physica, quia physica considerat ea quorum definitiones sunt cum materia sensibili. Et ideo considerat non separata, inquantum sunt non separata. Mathematica vero considerat ea, quorum definitiones sunt sine materia sensibili. Et ideo, etsi sunt non separata ea quae considerat, tamen considerat ea inquantum sunt separata ».

4. Ces textes ont été édités (de façon semble-t-il très imparfaite) dans G. Dell'Anna (éd.), *Sebastianus de Aragonia, Hugo de Trapecto, Symon de Padua, Theobaldus de Anchora, Johannes de Jandono Theorica mathematica et geometrica medievali*, « Università degli studi di Lecce, Dip. di scienze storiche e sociali, Saggi e ricerchi » 4, Galatina, Congedo Editore, 1992.

5. On trouvera le « Prologue » des *Questions mathématiques* de Raoul, ainsi que la liste des questions traitées (d'après le ms. Paris, BN Lat. 16 609) dans O. Weijers, *La 'disputatio' à la faculté des arts de Paris (1200-1350 environ). Esquisse d'une typologie*, « Studia artistarum » 2, Turnhout, Brepols, 1995, n. 5, p. 171.

question du statut des *mathematicalia*. Et parmi les objets de la géométrie, c'est la question du point qui est à son époque le sujet central de discussion puisqu'il est au recoupement de deux interrogations, l'une concernant le statut des concepts géométriques, l'autre le problème des indivisibles (et par là celui de la composition du continu, fort débattu depuis un demi-siècle). Jean Buridan a écrit une question sur le point, prenant place parmi une série de petits traités polémiques datant des années 1330[1]. L'actualité des débats sur le point est alors liée principalement à la question de la structure du continu. En la matière, Buridan refuse clairement, dans les deux premières questions sur le livre VI de la *Physique*, qu'il y ait dans la ligne des points qui soient des choses indivisibles et qu'une ligne soit composée de points[2]. Mais ces débats sont aussi l'occasion pour Buridan de formuler, à plusieurs reprises, certaines thèses sur le concept de point et par là sur le statut des concepts géométriques. L'étude détaillée et comparée de ses différents textes a été faite par Jean Celeyrette, et je ne ferai ici que reprendre certaines de ses conclusions[3].

Jean Buridan se penche sur la signification du concept de point au moins à trois reprises : dans sa *Question sur le point* qui constitue l'un des moments de sa polémique avec le maître parisien identifié à Michel de Montecalerio, et dans les deux dernières versions connues de la *Physique*. Il l'évoque aussi de façon plus rapide à d'autres occasions. Ces textes ne proposent pas tous exactement la même analyse du concept de point, ainsi que l'a montré en détail Jean Celeyrette. Dans tous ces textes, pourtant, se retrouve une démarche similaire : analyse de la signification du terme et refus de l'existence du point comme chose distincte de la ligne, ou comme accident réel, ainsi que l'aurait soutenu son adversaire[4]. Une constante est que le point est un terme privatif – même si l'interprétation de ce principe varie. Dans l'*ultima lectura* de sa physique, comme il l'avait fait dans la

1. La *Questio de puncto* de Jean Buridan a été éditée par V. Zoubov, « Jean Buridan et les concepts du point au XIVe siècle », *Medieval and Renaissance Studies*, V (1961), p. 43-95, édition p. 69-95; concernant la datation de cette question ainsi que l'identification de l'opposant à Buridan comme étant Michel de Montecalerio, voir W. J. Courtenay, « The University of Paris at the Time of Jean Buridan and Nicole Oresme », *Vivarium*, 52 (2004), p. 86-108; Id, « Michael de Montecalerio : Buridan's Opponent in his *quaestio de puncto* », *Archives d'histoire doctrinale et littéraire du Moyen Âge*, 72 (2005), p. 323-331; le texte de Michel de Montecalario a été édité par J. Celeyrette, « La *Questio de puncto* de Michel de Montecalerio en réponse à Jean Buridan », *Archives d'histoire doctrinale et littéraire du Moyen Âge*, 75 (2008), p. 369-449. En comparant entre eux les textes de la polémique, ainsi que la question buridanienne *De possibilitate existendi rem eandem et non existendi simul in eodem instanti*, Jean Celeyrette fait l'hypothèse que la *Questio de puncto* serait postérieure à 1335.

2. *Qu. Phys.* [*ult. lect.*], VI, qu. 1, f[os] XCIIIvb-XCIVra, et qu. 2, f[os] XCIVra-XCVvb.

3. J. Celeyrette, « La problématique du point chez Jean Buridan », *Vivarium*, XLII (2004), p. 86-108.

4. Toute la *Questio de puncto* est destinée, contre Montecalerio, à montrer que « un point n'est pas une chose indivisible, ajoutée à la ligne ou au corps » (« aliqua res indivisiblis addita linee vel corpori ») : voir p. 63, fomulation de la question générale; et surtout la formulation de l'alternative : « Si hec sint aliquid, vel substantia vel accidens. Et quia non dicitur quod sint substantia, probo quod non sint accidens » (p. 69).

tertia lectura [1], Buridan précise que par le terme « point » la divisibilité n'est pas niée de façon absolue, ce qui reviendrait à poser l'existence d'un indivisible alors que c'est constamment refusé. La divisibilité est niée de façon relative, de telle sorte que le terme « point » désigne une partie de la ligne qui n'est pas toute la grandeur et qui termine la ligne :

> La quatrième conclusion est que tout point est une partie de la ligne, de telle sorte que ce n'est pas une ligne dans sa totalité [...] il est dit point [...] du fait qu'il est le terme d'une ligne [2].
>
> Le nom « point » est explicité par la phrase « une grandeur et aucune qui soit toute la grandeur », en prenant « toute » de façon distributive [3].

De cette façon, le terme « point » peut à la fois être un terme négatif et supposer pour quelque chose, à savoir une partie de la ligne. Cette partie peut être aussi petite que l'on veut (on peut la diviser à l'infini), ce qui sera développé plus loin comme « partie infiniment petite » au sens syncatégorématique de l'infini [4]. Le terme « point » se réfère donc à quelque chose de réel, à savoir à un corps d'une certaine grandeur ou étendue, considéré sous une certaine raison [5].

Mais ce qui m'intéresse le plus ici, c'est le statut accordé au concept mathématique de point. Il est évoqué rapidement dans cette question lorsque Buridan oppose à la réalité physique infiniment divisible, la désignation « commune » du point comme indivisible. À l'évidence, il pense à la définition

1. Voir Jean Buridan, *Qu. Phys.* [*ult. lect.*], VI, qu. 4, f° XCVIrb : « Utrum puncta sunt res indivisibiles in linea ». Buridan reprend alors ce qu'il avait longuement exposé dans la *tertia lectura* comme le « second usage » du mot « point ». Je cite le texte de cette *tertia lectura* d'après une transcription de réalisée par Jean Celeyrette à partir de deux manuscrits – Vat., Chigi E. VI 199, f°s 53vb-56va et Erfurt, Amplon. F. 298, f° 23vb-24vb. Je remercie Jean Celeyrette pour avoir mis ce texte à ma disposition.

2. *Qu. Phys.* [*ult. lect.*], VI, qu. 4, f° XCVIrb : « Quarta conclusio est quod omne punctum est pars linee ita quod non est aliqua totalis linea [...] ex eo dicitur [...] punctum quia est terminus linee ».

3. *Questiones in libros Physicorum, de tertia lectura*, IV, qu. 3, C. f° 54vb, E. f° 24ra : « Hoc nomen "punctum" exponitur per hanc orationem "magnitudo et nulla tota magnitudo", capiendo "totum » distributive" ».

4. *Qu. Phys.* [*ult. lect.*], VI, qu. 4, f° XCVIIva : « Adhuc propter quartum modum notandum est quod in infinitum parvum est punctum vel instans quia in infinitum est terminus sive prima aut ultima pars continui [...] ideo quantumcumque parva parte data adhuc minor est prima pars » ; cf. *Qu. Phys., de tertia lectura*, IV, qu. 3, C f° 55va, E. f° 24rb : « unde sic est dare primam partem quia si ymaginetur dividi in duas medietates una erit prima et alia erit ultima, et si ymaginetur dividi in tres tertias adhuc illarum una erit prima, et si divideretur in centesimas adhuc esset una illarum prima et sic in infinitum. Ideo patet quod infinite sunt prime partes ligni, scilicet una medietas, una tertia, una quarta et sic in infinitum. Tamen inter illas partes nulla est que sit prima tota ».

5. Cf. *Qu. Phys. 3^a^ lectura*, IV, qu. 3, C. f° 55vb : « Sed propter significationem istorum, scilicet "linea", "superficies" et "corpus", notandum est quod ista nomina "corpus", "superficies", "linea" et "punctum" pro eadem magnitudine supponunt, que est divisibilis in longum, latum et profundum, sed tamen dicta nomina secundum diversas rationes supponunt pro ista magnitudine ». C'est pour cette raison que dans l'*ultima lectura*, au f° XCVIIva, Buridan décline quatre sens du mot « indivisible ». Jean Celeyrette a montré que cette position est différente de celle qui avait été soutenue dans la *Question sur le point*, texte dans lequel le point est simplement posé comme ne supposant pour rien, du moins selon la supposition personnelle : voir « La problématique du point chez Jean Buridan », p. 99-108.

euclidienne du point comme ce qui n'a pas de parties, et il renvoie alors à ce qui est dit « secundum imaginationem mathematicorum ». Ce qui légitime cette imagination est que le mathématicien n'a pas besoin de poser qu'il en est réellement ainsi, mais qu'il lui suffit de le « croire », de le feindre pour mettre en œuvre ses procédures de mesure [1].

Cet aspect est amplement développé dans la *tertia lectura* de la *Physique*. Dans cette lecture, Buridan distingue en effet un double usage du terme « point », en précisant que chacun d'eux est acceptable [2]. Or le premier de ces usages pose le point comme indivisible et se fonde sur l'imagination [3]. Ces indivisibles sont à la fois des points « terminant » les lignes et des points « continuant » ou joignant deux lignes. On fait comme si de tels indivisibles existaient, sans s'interroger davantage sur leur possibilité et l'on crée un terme qui signifiera un tel indivisible imaginé [4]. Le même sens est évoqué dans les *Questions sur le traité Du ciel*, où Buridan oppose le centre au sens physique du point, qui est une petite chose, comme la terre par rapport au monde, et le centre comme point indivisible « feint par l'imagination mathématique » [5]. il est alors synonyme de la description suivante : « une chose indivisible ayant une position dans une ligne » [6]. Ce terme peut être rapproché du terme « vide ». Il n'est pas sûr que le parallèle puisse être totalement maintenu; mais dans les deux cas est institué un nom équivalant à une description qui ne se réfère à rien de réel sur le plan physique. C'est pourquoi selon la valeur même du mot (*de virtute sermonis*), une proposition affirmative affirmant l'être du point n'est pas plus vraie qu'une proposition semblable qui affirmerait l'être du vide, tandis qu'une une proposition négative niant son existence est vraie :

> Et selon cette signification il serait vrai de dire « aucun point n'existe » [...] et toutes les propositions telles que « un point est dans une ligne », « un instant est dans le temps », « un point est le centre du cercle », « un point est le terme de la ligne », « le point est un indivisible », « une ligne est une longueur sans largeur, « le point

1. *Qu. Phys.* [*ult. lect.*], VI, qu. 4, f° XCVIIrb-va (ms. Copenhague f° 136va-vb) : « Respondetur quod hoc non dicitur quia sit ita vel quia sit verum de virtute sermonis sed uno modo hoc dicitur secundum imaginationem mathematicorum, qua ymaginantur ac si esset punctum indivisibile, non quia debeant credere quod ita sit sed quia in mensurando revertuntur eedem conditiones [ms. C *in mg.* : conclusiones] sicut si ita esset ».

2. *Qu. Phys., 3ª lectura*, IV, qu. 3, C. f° 54va, E. f° 24ra : « Propter solutiones rationum notandum est quod duplex invenitur usus huius nominis "punctum", et uterque est conveniens ».

3. *Qu. Phys., 3ª lectura*, IV, qu. 3, C. f° 54va, E. f° 24ra : « Primus usus est prout ymaginatur in linea res indivisibilis ».

4. *Qu. Phys., 3ª lectura*, IV, qu. 3, C. f° 54va, E. f° 24ra : « Imponitur ad significandum ac si tales res indivisibles essent ».

5. Voir *Quaestiones in Aristotelis de caelo* (désormais cité *Qu. de caelo*), I, qu. 13, éd. par B. Patar, Louvain-la-Neuve - Louvain - Paris, Éditions de l'Institut supérieur de Philosophie - Éditions Peeters, 1996, p. 293 : « Vel naturale, scilicet si sit magnum et divisibile, sicut terra vocaretur centrum mundi; vel fictum per imaginationem mathematicam, sicut si imaginaremur punctum indivisible esse centrum circuli vel sphaerae ».

6. *Qu. de caelo*, I, qu. 13, p. 293 : « res indivisibilis habens positionem in linea ».

est ce qui n'a pas de parties, ayant une position dans le continu », sont fausses selon la valeur des termes [1].

Néanmoins, en un sens qui sera dit « impropre », si l'on se situe dans le cadre des choses réelles, on peut accorder des propositions telles que « une ligne est une longueur sans largeur » ou « le point est ce qui n'a pas de partie », dans lesquelles une définition nominale est prédiquée du défini.

Ce qui intéresse Buridan, cependant, c'est bien l'usage des mathématiciens, ainsi qu'il apparaît dans la paragraphe suivant : « Il faut savoir que les mathématiciens utilisent cette signification et qu'il leur est permis de l'utiliser » [2]. Dans le contexte de la « rationalité régionale » des mathématiques, la question de l'impropriété de sens ne se pose plus. Il s'agit d'un usage opératoire, qui comme tel est licite. À l'objection selon laquelle les propositions portant sur ces objets imaginaires seraient fausses, puisque leurs sujets n'auraient aucune référence, il faut répondre qu'elles n'en affirment pas l'existence, mais seulement la possibilité de les imaginer, de sorte que ces raisonnements sont en quelque sorte hypothétiques [3]. Dans ce cas, il ne s'agit plus seulement de prédiquer une définition nominale du défini, mais bien d'énoncer des propriétés à partir de cette supposition :

> Par exemple, le géomètre n'entend pas poser la première conclusion de la géométrie catégoriquement et affirmativement, mais il pose que s'il y avait une grandeur de quelque quantité que ce soit, comme on peut l'imaginer, alors sur toute ligne finie donnée pourrait être construit un triangle équilatéral, et il enseigne comment cela se ferait [4].

Un autre exemple d'imagination mathématique qui est déployée de façon légitime est constitué par la théorie des épicycles et des excentriques ; celle-ci relève de l'astronomie mathématique, qui considère les mouvements des astres et fait partie des sciences du *quadrivium*, non de la théorie des corps célestes [5]. Que de

1. *Qu. Phys.*, *3ª lect.*, IV, qu. 3, C. f° 54vb, E. f° 24ra : « Et secundum istam significationem verum esset dicere "nullum punctum est" […]. Et omnes tales propositiones sunt false de virtute sermonis : "punctum est in linea", "instans est in tempore", "punctum est centrum circuli", "punctum est terminus linee", "punctum est indivisibile", "linea est longitudo sine latitudine", "punctum est cuius pars non est, habens positionem in continuo" » ; voir *Qu. de gen. et corr.*, I, qu. 5, p. 62 : « […] si ponantur puncta in linea sicut mathematici imaginantur. Et quia non sunt talia puncta […] ».

2. *Qu. Phys.*, *3ª lect.*, IV, qu. 3, C. f° 54vb, E. f° 24ra : « Et debetur scire quod ista significatione utuntur mathematici et licitum est eis uti ea » ; cf. *Questio de puncto*, p. 89 : « illa ymaginatio non est vera, […] et tamen hoc non est inconveniens mathematico, quia ipse non considerat quantitatem nisi secundum quod est mensura vel mensurabilis ».

3. *Qu. Phys.*, *3ª lect.*, IV, qu. 3, C. f° 54vb, E. f° 24ra : « Ad hoc respondendum est quod consideratio eius non est falsa quia non affirmat esse ita, sed quod ymaginari potest esse ita, et affirmat etiam quod si ita esset talis conclusio sequeretur ».

4. *Qu. Phys.*, *3ª lect.*, IV, qu. 3, C. f° 54vb, E. f° 24ra : « Verbi gratia geometer non intendit ponere primam conclusionem geometrie cathegorice et affirmative, sed quod si esset quantacumque magnitudo sicut ymaginari potest, tunc super omnem lineam datam finitam contingeret triangulum equilaterum collocari, et docet quomodo hoc fieret ».

5. *Qu. Phys.*, *3ª lect.*, IV, qu. 3, C. f° 55ra, E. f° 24ra : « Aliud exemplum est : si non essent in celo excentrici vel epicicli quales astrologici ymaginantur, tamen congrue astrologici fingerent eos, non

telles choses existent ou non (question que seul le physicien a à se poser), ne change rien aux procédures de mesure qui sont l'œuvre du mathématicien.

L'imagination est donc bien, comme chez de nombreux médiévaux, le support de l'abstraction mathématique. Mais il est remarquable que cette imagination soit totalement coupée de toute référence anthropologique. Elle est simplement solidaire du statut logique des termes qui posent un tel signifié, et des propositions qui assertent telle ou telle propriété de ces « objets » [1]. C'est pourquoi elle n'est pas en vérité réservée aux mathématiques : elle peut aussi, dans certains domaines, soutenir des raisonnements de physique imaginaire. De ce point de vue, il est significatif que Buridan présente certains usages du « point » en parallèle avec le terme « vide ». On peut voir cette démarche mise en œuvre dans le *Traité du ciel*, à propos de l'espace et de l'infini [2]. La différence est grande toutefois entre l'usage de l'imaginaire en physique et celui qui en est fait en mathématiques. En physique, l'imagination permet de formuler des hypothèses qui contreviennent au cours naturel des choses afin de mettre à l'épreuve certains concepts, comme ceux de lieu ou d'espace, ou d'évaluer certaines hypothèses. Elles ne contreviennent pas au statut général, réel ou physiquement possible, des étants étudiés par la physique sous la raison du mouvement [3]. En mathématiques, inversement, l'imagination ne concerne pas tel ou tel raisonnement, tel ou tel concept, elle n'intervient pas dans le détail des démonstrations; elle sous-tend de façon globale le statut sémantique des concepts. Elle est à ce titre la condition de possibilité de telles disciplines, et elle est requise afin de ne pas tomber dans les paradoxes qui surgiraient inévitablement si l'on posait leurs objets comme des étants naturels. Elle est présupposée par toute définition, et en conséquence par la démonstration de n'importe quelle propriété. Elle est enfin solidaire de la théorie que j'ai dite « opératoire » : les concepts mathématiques sont ce qui permet de compter, de mesurer et de mettre en rapport.

Une conception similaire s'exprime à propos du nombre. Il convient de distinguer entre le nombre comme opération de l'âme, ce qu'Aristote appelait le « nombre nombrant » et que Buridan désigne comme *ratio discretiva anime*, et le nombre par lequel on désigne des choses nombrées ou nombrables [4]. Mais si l'on ne considère

quia affirmarent eos esse, sed affirmant tamquam principium per experimentiam, inventu quod si essent tales excentrici vel epicicli, tunc ex eis provenirent tales coniunctiones, oppositiones, velocitates, tarditates aut retrogradationes planetarum quales videmus eas provenire ».

1. L'expression « objet » ne se trouve évidemment pas dans les textes buridaniens, du moins dans ce contexte. La désignation classique au XIVe siècle reste le terme neutre *mathematicalia*.

2. Sur le déploiement de telles démarches en physique, voir Henri Hugonnard-Roche, « Analyse sémantique et analyse *secundum imaginationem* dans la physique parisienne au XIVe siècle », dans St. Caroti (éd.), *Studies in Medieval natural philosophy*, Florence, L. Olschki, 1989, p. 133-153.

3. De ce point de vue, la physique parisienne est bien différente de la physique « sans nature » (selon l'expression de John Murdoch) étudiée par les calculateurs d'Oxford.

4. Voir *Qu. Phys.*, III, qu. 17, éd. Thijssen p. 56 (1509 : f° XLIXrb) : « Numerus enim secundum Aristotelem vel est ratio discretiva anime qua numerat alias res intelligendo quot ipse sunt, vel est ipse res numerate ».

que la référence aux choses nombrées, et surtout si celles-ci sont continues, on tombe dans des paradoxes [1]. Le concept arithmétique suppose que l'on tienne compte de cette connotation, renvoyant à l'acte de nombrer, mais suppose aussi le maintien d'une même unité de compte ou de mesure (une même *ratio discretiva*). Buridan ne parle pas d'imagination à ce propos, il insiste seulement sur ce renvoi implicite à l'acte de l'esprit, qui seul donne son sens proprement arithmétique aux concepts numériques. Ce qui m'intéresse ici est que le nombre en ce sens, objet de l'arithmétique, est présupposé par la géométrie, car l'arithmétique a été inventée pour fournir des instruments de mesure, y compris des réalités continues :

> La science du nombre (*numerandi*), à savoir l'arithmétique, a été inventée principalement afin de mesurer le mouvement, les grandeurs et les temps ; c'est pourquoi selon un ordre naturel de doctrine, la géométrie suppose l'arithmétique [...] [2].

C'est donc non seulement la géométrie, en tant que science de la quantité continue, mais aussi la science naturelle qui requiert des unités de mesure, des *rationes discretive*, permettant de mettre en rapport des choses de même genre [3].

Une telle conception opératoire se vérifie encore dans un autre domaine, à la limite des mathématiques et de la physique, à savoir la théorie de l'intension et de la rémission des formes. Nous reprendrons cette question plus loin à propos de la physique puisqu'elle concerne l'étude du changement qualitatif. Nous verrons alors que Buridan déplace l'interrogation métaphysique sur le statut de la forme accidentelle vers le problème de la *mesure* des variations qualitatives. En toute rigueur, le *quantum* ne vaut que pour des choses ayant des parties distinctes, ou étant elles-mêmes distinctes en nombre. Mais par analogie, on peut *imaginer* des parties de qualité, de sorte que l'on dira qu'un sujet devient deux fois, ou dix fois, plus chaud qu'avant. Cette procédure est indépendante d'une question comme celle de l'unicité ou de la pluralité des formes accidentelles; elle repose sur une double opération de désignation et de comparaison [4].

Ainsi, la conception épistémologique des mathématiques de Buridan, assez simple dans ses principes, repose sur une mutation sémiologique de l'abstractionnisme péripatéticien, débouchant sur une vision purement opératoire. Les mathématiques sont une science de la mesure et des rapports.

1. La même chose, divisible à l'infini, peut par exemple être dite deux et trois, ou paire et impaire.

2. *Qu. Phys.*, III, qu. 17, éd. Thijssen p. 57 (1509 : f° LXIra) : « Scientia numerandi, scilicet arismetica, inventa est principaliter et finaliter ad mensurandum motus et magnitudines et tempora; unde naturali ordine doctrine geometria supponit arismeticam [...] ».

3. *Qu. Phys.*, III, qu. 17, éd. Thijssen p. 67-68 (1509 : f° LXIra-rb) : « Hec enim omnia intelligunt mathematici et naturales de numeris rerum eiusdem rationis, quia alia non sunt proprie adinvicem comparabilia, scilicet secundum certam proportionem naturalem [...] ».

4. Nous reviendrons sur ces questions plus loin : *infra*, chap. III, p. 331-342; voir aussi J. Biard, « L'être et la mesure dans l'intension et la rémission des formes (Jean Buridan, Blaise de Parme) », *Medioevo*, XXVII (2002), p. 415-447.

La subalternation et les sciences moyennes

À plusieurs reprises, nous avons parlé de « subalternation » entre disciplines. Cette notion est un peu éclairée dans la question « Est-ce qu'une science subalternée est une partie de la science subalternante [1] ? » Au cours des arguments initiaux, sont évoqués les exemples classiques de la perspective (optique) par rapport à la géométrie, et de l'harmonique (musique) par rapport à l'arithmétique, provenant des *Seconds Analytiques* [2]. Rappelons toutefois que dans ce texte, ne trouve pas de notion technique de *subalternatio* ou de *subordinatio*, mais seulement l'expression « quod sit alterum sub altero » [3]. En revanche, on trouve dans le commentaire de Robert Grosseteste les adjectifs *subalternante* et *subalternata* [4], qui sont repris par Thomas d'Aquin dans son *Exposition sur les Analytiques* [5].

La résolution passe par une double distinction. Il faut d'abord [6] distinguer entre la science « simple » en tant que disposition mentale déterminée (on a alors autant de sciences que de conclusions démontrées) et la science *congregata*, à savoir un ensemble unifié de telles dispositions – non pas forcément ce que nous considérerions comme une discipline totale, mais un ensemble déterminé de conclusions concernant, directement ou par attribution, un sujet donné, par exemple « la science de la ligne ». Ensuite on va préciser les rapports entre les sciences, en raison des rapports entre leurs sujets. On peut alors énumérer quatre situations.

Les sujets peuvent être dans un rapport d'univocité, comme la science de la ligne (simple ou agrégée) doit être dite partie intégrale de la science de la grandeur, à moins que celle-ci n'ait fait l'objet d'une restriction explicite à tel ou tel domaine,

1. *QAPost.*, I, qu. 27.

2. Voir *Seconds Analytiques*, I, 7, 75 b 13-17 : « Il n'est pas possible non plus de démontrer ce qui relève d'une science par une autre science, à moins qu'elles ne soient dans une relation telle que l'une soit subordonnée à l'autre, comme l'optique par rapport à la géométrie, et l'harmonique par rapport à l'arithmétique » ; cf. *Physique*, II, 2, 194 a 7-12.

3. *Aristoteles latinus*, IV. 1-4, *Analytica posteriora*, transl. Iacobi, anonymi sive Ioannis, Gerardi et recensio Guillelmi de Moerbeka, Bruges-Paris, Desclées de Brouwer, 1968, lib. I, c. 7, 75 b 15, p. 20.

4. Robertus Grosseteste, *Commentarius in Posteriorum Analyticorum libros*, I, 7, éd. par P. Rossi, Firenze, L. Olschki editore, MCMLXXXI, l. 71, p. 138 ; *cf.* I, 18, p. 258-277. Robert Grosseteste discute aussi du rapport entre physique et mathématiques dans son *Commentarius in VIII libros Physicorum*, II, 3, ed. by R. C. Dales, University of Colorado Press, 1963. Pour une histoire de la théorie de la subalternation au Moyen Âge, voir J. Livesey dans son « Introduction » à *Theology and Science in the Fourteenth Century*. Three Questions on the Unity of Science and Subalternation of Sciences from John of Reading's *Commentary of Sentences*, Leiden - New York - København - Köln, Brill, 1989, p. 20-53.

5. Thomas d'Aquin, *In libros Posteriorum analyticorum Expositio*, I, lect. 21, n. 4, Sancti Thomae Aquinitatis doctoris angelici *Opera omnia*, t. I : *Commentaria in Aristotelis libros Peri hermeneias et Posteriorum Analyticorum*, Romae, ex typographia polyglotta, MDCCCLXXXII, p. 220 : « propositio, vel interrogatio dicitur proprie alicuius scientiae, ex qua demonstratur vel in ipsa scientia, vel in scientia ei subalternata » ; l'expression vient juste après un développement sur le rapport de l'optique, qui prend ses principes dans la géométrie : « [...] perspectiva, quae procedit ex principiis geometriae ».

6. Je modifie l'ordre d'exposition de Buridan, qui présente en les mêlant ces deux distinctions.

à telle ou telle propriété. Buridan détaille les différentes situations et présente cela comme un premier sens de « subalternation ».

Il se tourne ensuite vers le cas où les sujets ne sont pas dans un rapport de restriction (*contractio*) quiditative mais « démonstrative ». Là encore, il faut faire une nouvelle distinction. En un premier sens, il s'agit de restreindre le sujet par des accidents par soi ou propriétés par soi du sujet de la première science : par exemple considérer uniquement l'animal mâle et non pas toute sorte d'animal. En ce sens, la science subalternée est encore une partie de la science subalternante. Mais en un second sens la restriction ou contraction est purement accidentelle à ce qui est restreint. Tel est le cas du son par rapport à la grandeur ou au nombre et à leurs espèces. La science du son n'est en effet pas une partie de la science du nombre. On ne doit même pas dire au sens propre que les deux sont des « parties » de la « mathématique » [1].

Enfin, dans un troisième cas, nous sommes dans une situation où le sujet d'aucune des deux sciences n'est une partie du sujet de l'autre. Simplement les conclusions d'une science servent à établir, le cas échéant en les adaptant, les conclusions de l'autre. La raison en est que le sujet de l'une ou sa propriété est la propriété de l'autre, comme la grandeur, le nombre ou la figure sont des propriétés en science naturelle. C'est de cette manière que la médecine et la géométrie peuvent être dites subalternées, bien que l'une ne soit pas une partie de l'autre. C'est le sens qui se rapproche le plus de la théorie de Grosseteste, selon laquelle une science subalternée ajoute un condition au sujet de la science subalternante.

Dans tout ce développement, on retrouve, au passage, certains exemples canoniques de subalternation. Mais d'une part il semble que ce soit la notion de « partie » qui soit ici la plus porteuse, quitte à conclure que telle science *ne fait pas* partie d'une autre. D'autre part, la notion de subalternation semble quelque peu diluée. On retrouve bien les deux critères les plus usuels : le fait que les conclusions d'une science servent de principe à une autre (comme la géométrie à l'optique, mais aussi, selon Thomas, comme la théologie procède à partir de principes reçus de la science divine [2]) ; et l'idée de « contraction » du sujet, qui peut être interprétée soit comme application de principes abstraits [3], soit, selon la théorie de Grosseteste, comme ajout d'une condition supplémentaire au sujet

1. Voir *QAPost.*, I, 27 : « [...] dicetur quod musica et arithmetica sunt partes mathematice, non quod hec propositio sit vera de proprietate sermonis (sicut nec ista est vera « homo et equus sunt partes animalis »), sed propositio erit vera secundum suppositionem materialem terminorum : isti enim termini "musica" et "arithmetica" sunt partes subiective huius termini "mathematica" ».

2. Voir Thomas d'Aquin, *Summa theologiae*, I[a] pars, qu. 1, art. 2, *Opera omnia*, t. IV, p. 9, cité *supra*, p. 265, n. 2.

3. Thomas d'Aquin, *In libros Analyticorum Expositio*, I, lect. 25, n. 4, p. 238 : « Scientiae autem ei subalternatae e converso accipiunt ea, quae sunt considerata in abstractione a geometra, et applicant ad materiam ». *Cf.* déjà Robert Grosseteste, *Commentarius in VIII Libros Physicorum*, II, 3, p. 36-37 : le mathématicien considère les grandeurs, abstraction faite de la matière et du mouvement, tandis que le physicien considère des grandeurs figurées, accidents des corps physiques. *Cf.* Jean Buridan, *Qu. Phys.*, II, qu. 6.

de la première science [1]. Mais ce ne sont que des éléments au sein d'une approche beaucoup plus diversifiée. À tel point qu'on peut se demander si le concept de subalternation, bien qu'on le trouve utilisé, à côté des exemples aristotéliciens, pour le rapport de la physique à la métaphysique ou pour celui de la prudence à la science morale, ne perd pas de sa précision et de sa pertinence, au bénéfice de combinaisons plus souples des « sujets » et des « principes ». Certes, cela peut rejoindre certains développements de Robert Grosseteste [2], mais la notion de « subalternation » se trouve marginalisée.

Cela n'empêche pas Buridan de reprendre l'interrogation sur le statut des « sciences intermédiaires », qui s'était développée au XIIIe siècle en relation à l'idée de subalternation dans son usage proprement aristotélicien, et qui concerne pour partie des disciplines rattachées traditionnellement au *quadrivium* telles que l'astronomie ou la musique [3]. Il se demande si ce sont des sciences mathématiques ou des sciences physiques [4]. Buridan prend à la lettre l'idée qu'elles sont intermédiaires [5]. Mais sont-elles plutôt mathématiques ou plutôt physiques ? Buridan oppose à ce propos deux positions, l'une attribuée à Thomas l'autre à Averroès. Selon la première, les sciences intermédiaires seraient plutôt physiques, puisque leur finalité est d'appliquer des principes mathématiques à des réalités physiques, et parce que c'est l'élément physique qui « contraint » ou restreint (*contrahit*) l'élément mathématique : on considère la grandeur mobile, le nombre sonore, la ligne visuelle... Mais à cette interprétation thomiste qui tire les sciences intermédiaires du côté physique, Buridan oppose l'interprétation d'Averroès, à laquelle il déclare se rallier et selon laquelle les sciences intermédiaires sont plutôt mathématiques [6]. La raison en est qu'une science doit être qualifiée ou dénommée selon ses principes plutôt que selon ses conclusions. La dénomination par la fin ne

1. Voir Robert Grosseteste, *Comm. Post. Anal.*, I, 18, p. 261 : « Scientia autem est subalternata alii cuius subiectum addit conditionem super subiectum subalternantis, que conditio non est totaliter exiens a natura subiecti subalternantis, sed extra sumitur, velut radiositas non est aliqua natura totaliter exiens a natura magnitudinis, sed extra assumpta est » ; Grosseteste continue en faisant un parallèle avec le rapport entre métaphysique et physique.

2. Notamment le chapitre x de son *Commentaire* : « Dicit ergo quod omnes scientie communicant in principiis communibus ex quibus fit demonstratio, sed non communicant in subiectis de quibus demonstrant, neque in passionibus quas demonstrant. Et dialectica communicat cum scientiis in principiis communibus et similiter metaphysica [...] » (*Comm. Post. Anal.*, c. 10, p. 170).

3. Sur ces disciplines, voir J. Gagné, « Du *quadrivium* aux *scientiae mediae* », dans *Arts libéraux et philosophie au Moyen Âge* (Actes du IVe Congrès international de Philosophie médiévale), Montréal-Paris, 1969, p. 975-986.

4. Voir *Qu. Phys.*, II, qu. 6, f° XXXIVva : « Sed tunc [...] oritur dubitatio de scientiis mediis, puta de astrologia, perspectiva et musica, utrum debeant dici scientie naturales ». On trouvera plus de précisions dans J. Biard, « L'organisation des sciences spéculatives selon Jean Buridan », dans Chr. Grellard (éd.), *Méthodes et statut des sciences à la fin du Moyen Âge*, Lille, Presses universitaires du Septentrion, 2004, p. 27-40, notamment p. 35 *sq*.

5. *Qu. Phys.*, II, qu. 6, f° XXXIVva : « dico quod omnes reputant illas scientias non esse pure naturales nec esse pure mathematicas sed quodammodo medias ».

6. *Qu. Phys.*, II, qu. 6, f° XXXIVva : « Commentator autem tenet partem oppositam rationabiliter, et bene est, ut puto ».

vaut en effet que dans le domaine de l'art et non dans celui de la science. La preuve en est qu'une même conclusion peut parfois être démontrée à partir de principes de nature différente. Ainsi, comme nous l'avons déjà vu, la rotondité de la terre peut faire l'objet d'une démonstration physique ou d'une démonstration mathématique.

Buridan esquisse ainsi une réorganisation des sciences moins schématique que la division proposée dans la *Métaphysique* d'Aristote. Si le statut de la métaphysique comme science première est consolidé, quoique redéfini, les sciences mathématiques sont abordées de façon plus diversifiée. Les rapports entre les concepts mathématiques et les concepts physiques donnent lieu à des études qui s'appuient sur la diversité des *rationes concipiendi*, mais aussi sur un rôle original de l'imagination mathématique et sur une conception moins spéculative et plus opératoire de la discipline. Cette approche s'accompagne aussi d'une réélaboration des rapports entre mathématiques et sciences intermédiaires, afin de mieux décrire la combinaison des procédures requises pour connaître les choses naturelles. Il nous reste à examiner le cœur de l'encyclopédie buridanienne : la science de la nature.

Chapitre III

LA SCIENCE DE LA NATURE

Le concept aristotélicien de nature désigne essentiellement le principe de repos et de mouvement d'un étant déterminé. Mais au Moyen Âge de multiples facteurs tendent à compléter ce sens, qui se retrouvera jusque dans les commentaires de la fin du XVIe siècle, par un concept global de « la nature ». Aussi bien les éléments de platonisme qui, au XIIe siècle par exemple, conduisent à considérer le monde comme un tout organisé voire comme un vivant, que le problème de l'autonomie relative du monde créé par rapport au créateur (problème évidemment absent de la cosmologie aristotélicienne) contribuent à cette globalisation faisant émerger l'idée moderne de nature comme ensemble organisé. Au sein même de la philosophie naturelle, la notion de « nature universelle » est venue au XIIe siècle compléter celle de nature particulière d'une substance[1]. Si Buridan est étranger à la vision néoplatonicienne issue du *Timée*, si la question proprement théologique des relations entre le créateur et les créatures n'est pas au premier plan, fondamentale est en revanche la démarche qui affirme l'autonomie et du discours physicien et, corrélativement, de son objet.

L'ordre de la nature

Jean Buridan s'inscrit pleinement dans la démarche remontant à Albert le Grand, mise en évidence par Luca Bianchi[2], qui autonomise le discours philosophique ou naturel. Cette démarche dépasse le cadre de la seule physique, puisqu'elle peut aussi bien valoir pour l'éthique, et elle revendique l'indépendance du discours philosophique par rapport au discours théologique; mais elle trouve dans la

1. Voir N. Weill-Parot, « Retour sur "l'horreur du vide". Les origines de la "nature universelle" dans la physique médiévale et ses significations », *à paraître* dans J. Biard et S. Rommevaux (éds), *La Nature et le Vide dans la physique médiévale*, Turnhout, Brepols, 2012, p. 15-38.

2. L. Bianchi et E. Randi, *Vérités dissonantes. Aristote à la fin du Moyen Âge*, Fribourg-Paris, Édition universitaires - Éditions du Cerf, 1993 [version française de *Le verità dissonanti*, Roma-Bari, Laterza, 1990], chap. II : « Loquens ut naturalis ».

philosophie naturelle un champ d'application privilégié : « en philosophie naturelle, nous devons prendre les actions et les dépendances, comme si elles procédaient toujours sur un mode naturel » [1].

La plupart du temps, Buridan fait de la « puissance divine » un usage purement méthodologique, que ce soit en métaphysique pour préciser le statut de l'accident, ou en science, notamment en cosmologie, pour éprouver certaines hypothèses. Parfois, il oppose les deux comme deux ordres distincts :

> Une autre distinction est que nous pouvons parler selon la puissance divine et selon ce que soutenons d'après la foi, et que nous pouvons parler autrement selon les puissances naturelles [...]. De la première façon il faut dire que le monde est bien corruptible et destructible par la puissance divine, de même que les corps des saints, et que cependant ils ne sont jamais corrompus. Mais la question ne s'enquiert pas de cette façon, mais de la seconde façon [2].

La plupart du temps cependant, il s'en tient à l'opposition entre ce qui se produit *naturaliter* et ce qui adviendrait *supernaturaliter* [3]. Cela revient à opposer un ordre naturel à quelques phénomènes extra-ordinaires qui y contreviennent. Même si cette tendance existe depuis longtemps, elle est fortement relayée à l'époque de Buridan par Nicole Oresme, qui cherche à limiter le champ des « merveilles de nature » ou à les expliquer autant que possible rationnellement [4].

Dans la question 2 sur le livre II de la *Métaphysique*, Buridan distingue de nombreux sens du terme « naturel », chacun étant déterminé par ce à quoi il s'oppose [5]. Tous ces sens contribuent à cerner une idée de nature dont les éléments sont la spontanéité, l'autonomie et la régularité. La nature est en effet soumise à des régularités. Certes, on n'emploie pas dans ce contexte la notion de loi, qui à l'époque reste liée à ses usages juridico-politiques ou religieux. Mais la position d'un ordre naturel exprimé à travers l'expression *communis cursus naturae*, le cours (normal) de la nature, se manifeste par ce que j'ai appelé un « principe déterministe

1. *Qu. de caelo*, éd. Patar, II, qu. 9, p. 423-424 : « [...] in naturali philosophia nos debemus actiones et dependentias accipere ac si semper procederent modo naturali [...] » ; voir aussi *Qu. Phys.*, II, 5, f° XXXIIva : « Credendum est quod unus est dator formarum [...] et iste est Deus supremus, sed tamen ad omnes actiones in istis inferioribus, si non sint actiones miraculose et supernaturales, concurrunt alia agentia per que fit determinatio ad talem vel talem effectum [...] ».

2. Voir *Qu. de caelo*, I, qu. 24, p. 366 : « Alia distinctio est quod possumus loqui de potentia divina, et secundum ea quae tenemus ex fide, aliter possumus loqui secundum potentias naturales [...]. De primo modo dicendum est quod mundus bene est corruptibilis et annihilabilis per potentiam divinam et corpora sanctorum, et tamen nunquam corrumperentur. Sed quaestio non quaerit de isto modo sed de secundo modo ».

3. Voir par exemple *Qu. Phys.*, III, qu. 7, f° Lvb : « Ad secundum dico quod non plus reputarem inconveniens quod esset motus et nihil moveretur, quam quod esset albedo et nihil esset albus. Neutrum est possibile naturaliter et utrumque est possibile supernaturaliter ».

4. Voir B. Hansen, *Nicole Oresme and the Marvels of Nature. A study of his De causis mirabilium with a Critical edition, translation and commentary*, Toronto, Pontifical Institute of Medieval Studies, 1985.

5. Voir *Qu. Metaph.*, II, qu. 2, f°s IXvb-Xra ; nous avons déjà présenté ce texte plus haut, voir IIe partie, chapitre III, p. 195-197.

restreint »[1] : abstraction faite des agents surnaturels et des agents libres (les individus humains), non seulement l'existence et l'ordre de ce qui arrive *suit* des choses qui existent à un certain moment, mais cette conséquence doit être entendue en un sens nécessitariste : « alors, de tout ce qui se produirait, il serait dès maintenant nécessaire que cela se produisît, et il ne serait pas évitable que cela ne se produisît pas »[2].

On peut se demander d'où provient cette nécessité. La question 13 sur le livre II de la *Physique* s'enquiert donc : « Est-ce que dans les opérations naturelles la nécessité provient de la fin ou de la matière[3] ? » Cette question concerne le rapport entre ce qui agit par nature et ce qui agit par volonté. Pour penser un tel ordre de la nature, distingué de l'ordre de la liberté, Buridan commence par exposer des arguments matérialistes qu'il va ensuite récuser[4]. Il s'agit d'arguments mécanistes, voyant dans les dispositions des choses le seul fondement des opérations et mouvements. Ainsi la pluie s'ensuivrait nécessairement de mouvements d'élévation sous l'effet d'allégement, par suite de raréfaction, puis de chute à cause de condensation et d'alourdissement. L'argumentation oppose la fin à la matière et renvoie à Aristote, mais au prix d'une réévaluation totale du sens et de la place de la finalité.

En premier lieu, l'ordre des choses naturelles provient « d'abord et principalement » d'une sorte de « fin suprême qui est Dieu lui-même » :

> Tout ordre bon et convenable dans les opérations et dispositions des étants naturels provient d'abord et principalement de cette fin la meilleure en vertu de laquelle (*gratia cuius*) tous les autres sont, agissent et pâtissent de première intention (*prima intentione*), à savoir de Dieu lui-même[5].

Cette fin suprême, grâce à laquelle les choses sont ce qu'elles sont et sont ordonnées comme elles le sont, est cause première et principale de tout ce qu'il y a de bon dans l'univers.

Mais, en second lieu, cette fin suprême ou cause première ne suffit pas à expliquer l'ordre de l'univers. On ne pourrait en effet rendre compte de la *diversité* des effets et des événements en se référant seulement à une cause première qui,

1. Voir *supra*, Ire partie, chap. II, p. 79.

2. *Qu. Phys.*, II, qu. 13, f° XXXIXvb : « tunc de eo omni quod eveniret, necesse esset ex nunc, quod ipsum eveniret, et inevitabile esset, quin ipsum eveniret ».

3. *Qu. Phys.*, II, qu. 13, f° XXXIXra.

4. *Qu. Phys.*, II, qu. 13, f° XXXIXra : « Arguitur primo quod ex materia, rationibus Antiquorum ». Dans ce qui suit, je reprends, sous une version française, des passages de « The Natural Order in John Buridan », *in* J. M. M. H. Thijssen et J. Zupko, *The Metaphysics and Natural Philosophy of John Buridan*, Leiden-Boston-Köln, Brill, 2001, p. 76-95 ; des éléments avaient précédemment été exposés dans « L'idée de nature dans la *Physique* de Jean Buridan », dans G. Federici Vescovini (éd.), *Filosofia e scienza classica, arabo-latina medievale et l'età moderna*, Louvain-la-Neuve, FIDEM, 1999, p. 97-112.

5. *Qu. Phys.*, II, qu. 13, f° XXXIXrb : « Omnis ordo bonus et conveniens in operationibus et dispositionibus entium naturalium provenit principaliter et primo ab illo fine optimo gratia cuius omnia alia sunt et agunt vel patiuntur prima intentione, scilicet ab ipso Deo » ; voir aussi *Qu. Phys.*, II, qu. 5, f° XXXIIva : « Unus est dator formarum, sicut dicit Avicenna, qui ad omne quod fit agit tanquam agens commune et primum et omnino principalissimum, et ille est Deus supremus ».

par définition, est absolument simple. Cela conduit Buridan à souligner que si l'on écarte les cas surnaturels et miraculeux, d'autres agents doivent concourir[1]. Le raisonnement conclut ici de l'unité et de la perfection divine à son insuffisance comme raison explicative. Le problème est à l'évidence celui du passage de l'un au multiple, lointain écho des éléments néo-platoniciens du péripatétisme médiéval[2], comme de la thèse d'origine farabienne et avicennienne selon laquelle Dieu ne peut produire immédiatement qu'une première intelligence.

Cette question du passage au multiple se trouve curieusement croisée avec celle de la toute-puissance. Ce principe, d'origine et de nature théologique, est ici évoqué dans le contexte de la physique à travers la faculté, pour Dieu, de créer ou de produire « par sa puissance infinie et sa volonté libre » divers effets contraires « sans autres causes concourantes »[3]. Autrement dit, Dieu peut faire directement tout ce qui se fait habituellement par les causes secondes – ce qui est la définition proprement théologique de la toute-puissance[4]. Dans le même temps, on a affaire ici à une sorte de version naturaliste du modèle opératoire ou « juridico-politique »[5], caractérisé par la capacité d'intervention de fait dans l'ordre de droit de la nature, version naturaliste qui se cristallise sur l'opposition entre un mode « surnaturel et miraculeux » et un « mode naturel ». Ce mode surnaturel n'en continue pas moins à assumer une fonction méthodologique tout à fait analogue à la toute-puissance : loin d'être un fait avéré, et surtout habituel, qui ruinerait toute régularité dans le monde, il sert à préciser le statut métaphysique de cette dernière[6].

Le « mode naturel », quant à lui, exige la présence des causes secondes, en raison de la multiplicité qui est donnée au niveau des effets : « sur un mode naturel, il ne serait pas possible que du même, simple et invariable, proviennent des effets divers et contraires, maintenant tels et demain autres, s'il n'y avait pas d'autres causes diverses concourantes »[7]. Bref, *modo naturali*, Dieu seul ne suffit pas à expliquer la diversité des effets.

1. Voir *Qu. Phys.*, II, qu. 5, f° XXXIIva.

2. C'est cependant à Aristote que l'auteur se réfère pour supposer qu'il serait impossible de passer de l'un au multiple, évoquant le deuxième livre du *De generatione et corruptione* : voir *Qu. Phys.*, II, qu. 13, f° XXXIXrb. *Cf.* Aristote, *op. cit.*, II, chap. 1.

3. *Qu. Phys.*, II, qu. 5, f° XXXIIva.

4. Jean Duns Scot opposait la définition philosophique de la toute-puissance comme puissance infinie, définie par la force et l'ampleur de son efficience, lisible dans l'extension de ses effets, et la conception proprement théologique, indémontrable, selon laquelle Dieu peut faire directement, sans intermédiaire, tout ce qui se produit naturellement selon les causes secondes. Voir *Ordinatio*, I, d. 42, « Ad quaestionem », dans Ioannis Duns Scoti *Opera omnia*, éd. C. Balić, vol. VI, Civitas Vaticana, Typis polyglottis Vaticanis, MCMLXIII, p. 342-343.

5. Dans *Il sovrano e l'orologiaio. Due immagini di Dio nel dibattito sulla « potentia absoluta » fra* XIII *e* XIV *secolo*, Firenze, 1987, Eugenio Randi a distingué un modèle « logique » et un modèle « opératoire » (juridico-politique) de la toute-puissance.

6. Voir M. E. Reina, « L'ipotesi del "casus supernaturaliter possibilis" in Giovanni Buridano », dans *La filosofia della natura nel medioevo*, Milano, 1966, p. 683-690 ; mais l'auteur évoque surtout l'usage qui est fait de la toute-puissance relativement au problème de la certitude de la connaissance.

7. *Qu. Phys.*, II, qu. 13, f° XXXIXrb : « modo naturali non esset possibile quod ab eodem simplici et invariabili provenirent effectus diversi et contrarii, et nunc tales et cras alii, nisi essent alie cause concurrentes diverse ».

La troisième thèse souligne qu'il serait insuffisant d'introduire un second principe, qui serait la matière. Puisque celle-ci est partout de même nature (*eiusdem rationis*), on ne peut expliquer par elle qu'ici il y ait de l'air et là de l'eau, ici un cheval et là une chèvre [1]. Il faut par conséquent d'autres causes, diverses en elles-mêmes, dont certaines sont aptes à engendrer ceci, d'autres cela [2].

La quatrième thèse fait intervenir les corps célestes. C'est là un point essentiel pour situer Jean Buridan dans l'évolution des idées parisiennes à partir du péripatétisme gréco-arabe et de la synthèse albertiste. Les *Questions sur la Métaphysique* reviendront sur cette question ; les corps célestes sont des causes : « Il est manifeste que les corps célestes sont causes ordonnantes de la diversité de la plupart des transformations et de la plupart des effets se produisant en ce monde » [3]. Nous sommes donc bien passés à une multiplicité de causes et d'effets. Mais s'agit-il de causes d'un ordre supérieur ? Bien évidemment, il arrive souvent à Jean Buridan de parler des êtres « inférieurs » pour désigner les corps de ce monde sublunaire, et, corrélativement, d'« agents supérieurs » pour désigner, outre Dieu, les corps célestes. Mais s'agit-il pour autant d'un degré d'être ou d'une espèce de causes intermédiaires entre la divinité suprêmement simple et la multiplicité matérielle ? Les exemples qui suivent immédiatement préviennent cette interprétation. Ils nous orientent plutôt vers des causes naturelles de type météorologique : longueur et brièveté des jours, différences de climat. Il y a bien là une influence de corps célestes. Et c'est dans ce cadre que Jean Buridan évoque la causalité des astres, laquelle se trouve ainsi clairement naturalisée à travers une interférence entre causes terrestres et causes célestes.

Ce dispositif (Dieu, la matière, les corps célestes) n'est toutefois pas complet. Il faut y ajouter, cinquièmement, le réseau des causes agentes terrestres particulières : « d'autres agents particuliers divers, ordonnant cela » [4]. Il faut en effet aller plus loin dans la diversification, car ni la matière première ni le ciel ne peuvent rendre raison du fait qu'en un même coin de terre soient engendrés tel ou tel animal, tel ou tel arbre. Nous n'avons donc aucunement affaire à un processus de type émanationniste, avec une continuité et complexification croissante à partir de la cause première. Il s'agit de passer à un ordre différent, plus *horizontal*, de causalité, où interviennent les influences déjà évoquées, mais par elles-mêmes insuffisantes. Les « causes particulières » qui déterminent telle portion de matière à être ceci ou cela sont par exemple les « semences » des animaux et des plantes, ou « les diverses dispositions de la matière » en vertu desquelles naissent des mouches ou bien des grenouilles. « Il apparaît que des diverses dispositions de la matière proviennent

1. Voir *Qu. Phys.*, II, qu. 13, f° XXXIXrb : « non potest sufficienter reddi causa talis diversitatis transmutationum et effectuum naturalium ».

2. Graziella Federici Vescovini a souligné (« La concezione della natura di Giovanni Buridano » dans *La filosofia della natura nel medioevo*, p. 616-624) que Buridan confère à la matière, par ses dispositions à recevoir la forme, une dignité égale à celle de la forme. Elle est néanmoins par elle-même insuffisante.

3. *Qu. Phys.*, II, qu. 13, f° XXXIXva : « Manifestum est quod corpora celestia sunt cause ordinative diversitatis plurimarum transmutationum et plurimorum effectuum in hoc mundo evenientium ».

4. *Qu. Phys.*, II, qu. 13, f° XXXIXva : « Alia agentia particularia diversa hoc ordinantia ».

toujours des effets divers et dissemblables à partir des mêmes agents [1]. » Cette idée de disposition de la matière est sans doute due à Albert le Grand et par son intermédiaire à Avicenne. Albert est d'ailleurs cité à propos de l'idée de *dator formarum*, ici réinterprétée, comme les idées de Platon, pour souligner la nécessité d'attribuer un rôle aux formes. Rappelons toutefois qu'Albert rejetait cette théorie, considérée comme « platonicienne », du *dator formarum* au profit d'une théorie complexe de l'*eductio formarum* dans laquelle, par un processus interne à la matière, la forme est suscitée ou « éduite (*educta*) » par un moteur univoque à ce qui est engendré [2].

On voit aussi, avec cette importance donnée aux dispositions, que la différence avec la conception matérialiste du début, pour réelle qu'elle soit, est très subtile. Les réponses qui sont données aux arguments initialement développés en faveur d'une conception matérialiste de la nécessité reposent sur l'idée suivante : puisque la matière première est par soi indifférente, les causes matérielles doivent être reconduites à la diversité des *agents*. Ainsi, l'ordre et la diversité ne s'expliquent pas par le seul jeu des causes matérielles, et les agents jouissent ainsi d'une certaine priorité, bien que ce soit dans les dispositions de la matière que se manifeste, que se transcrit et s'inscrit le jeu des causes agentes. Ce jeu complexe des formes et des qualités ou dispositions des substances corporelles est étudié longuement dans la question 5 du IIe livre de la *Physique*.

La question subsiste toutefois de savoir *comment et pourquoi agissent les agents*. Là se conjuguent efficience et finalité, sur le rapport desquelles nous reviendrons en étudiant la théorie de la causalité ; mais c'est la finalité qui est décisive pour établir s'il y a un ordre de la nature : « Tout ordre et diversité des changements et effets naturels provient de l'ordre et de la diversité des fins. »

Jean Buridan distingue deux sens de la *fin* : selon la première intention et selon la seconde intention, d'après une distinction inspirée d'Averroès. La fin *prima intentione* est première dans l'ordre de l'être, de la bonté et de la perfection, c'est ce pour quoi ou en vertu de quoi (*gratia cuius*) l'on agit. Par exemple, dans un procès particulier comme la construction d'une maison, la fin en ce sens sera l'homme pour qui la maison est construite. À l'échelle de l'univers, nous l'avons vu plus haut, c'est Dieu qui est en ce sens fin de toutes choses ; c'est lui qui a conféré ordre et nécessité au système du monde :

> Il nécessite et ordonne en effet le ciel en son mouvement, et par conséquent, par le ciel et le mouvement du ciel sont nécessitées et ordonnées ces choses inférieures, davantage que par les agents particuliers [3].

1. *Qu. Phys.*, II, qu. 5, f° XXXIIvb : « Apparet quod ex diversis dispositionibus materie proveniunt sepe diversi et dissimiles effectus ab eisdem agentibus ».

2. Voir A. de Libera, *Albert le Grand et la philosophie*, Paris, Vrin, 1990, p. 127.

3. *Qu. Phys.*, II, qu. 7, f° XXXVrb : « Necessitat enim et ordinat celum in motu suo, et consequenter per celum et motum celi necessitantur et ordinantur ista inferiora principalius quam per agentia particularia » ; cf. *Qu. Phys.*, II, qu. 13, f° XXXIXvb : « de necessitate quantum ad actiones non liberorum

On soulignera ici pour commencer la liaison entre « ordonner » et « nécessiter » : si la nécessité n'est pas seulement celle de la causalité efficiente comme dans la science classique, l'ordre est bien toutefois facteur de nécessité. Ensuite, cet ordre se réalise à travers les agents particuliers au niveau desquels on trouve les fins *secunda intentione*, celles qui sont délibérément visées par des agents. La clef de voûte de cet édifice reste néanmoins Dieu lui-même. Ainsi, Dieu (un Dieu posé de façon purement métaphysique ou philosophique) n'apparaît pas tant comme le Dieu tout-puissant voire arbitraire des théologiens, que comme l'origine et le garant de l'ordre de l'univers. C'est pourquoi c'est la nature créée elle-même qui va en fin de compte *réaliser* cet ordre divin, tout comme, à un autre niveau, la fin *prima intentione* se résout dans la nature de l'agent [1].

C'est cet ordre conditionnel des phénomènes naturels qui rend possible une certaine évidence scientifique « par la supposition d'un cours commun de la nature », ainsi que nous l'avons vu dans la première partie de cet ouvrage [2]. L'évidence relative ou par supposition (*secundum quid vel ex suppositione*) vaut pour les étants du cours commun et permet d'affirmer que tout feu est chaud ou que le ciel se meut, même si le contraire est possible par la toute-puissance de Dieu [3]. L'appel à la toute-puissance divine marque le caractère factuel de cet ordre : il n'y a ici nulle nécessité d'essence. Mais c'est cette nécessité *ex suppositione* qui est la norme de la science naturelle, de la physique, et elle se déploie, de plein droit, dès lors que l'on suppose l'absence d'intervention miraculeuse et que l'on met entre parenthèse l'ordre du libre arbitre.

La causalité

L'ordre de la nature se manifeste, on l'a vu, par un principe de déterminisme restreint, et celui-ci se formule à travers la nécessité de rapports de causalité. Quelle notion de cause est ainsi mise en œuvre [4] ?

Dans la *Physique* comme dans la *Métaphysique* de Jean Buridan, se pose la question du nombre des causes. Cette question était traditionnelle, mais elle prend une importance et un sens qu'elle n'avait pas auparavant. Une fois de plus, le moteur de cette transformation est le tournant linguistique qui caractérise la philosophie

agentium, ex eis que sunt et procedunt sequitur esse et ordo omnium que posterius eveniunt » ; *Qu. Metaph.*, VI, qu. 5, « Utrum omne futurum de necessitate eveniet » ; livre IX, qu. 4 ; et livre XII, qu. 1, f° LXVrb : « Notandum est quod quedam sunt agentia libera ut Deus et intelligentie et anima intellectiva. Alia sunt agentia naturalia et non libera ».

1. Voir *Qu. Phys.*, II, qu. 13, f° XXXIXrb : « Sic enim dicit Commentator in *De substantia orbis* quod finis significat agens significatione necessaria ».

2. Voir *supra*, Ire partie, chap. Ier, p. 34 *sq.*

3. Voir *Qu. Metaph.*, II, qu. 1, fos VIIIvb-IXra.

4. Voir J. Biard, « Le système des causes dans la philosophie naturelle de Jean Buridan », dans A. Hasnawi, A. Elamrani-Jamal et M. Aouad (éd.), *Perspectives médiévales (arabes, hébraïque, latines) sur la science et la philosophie grecques*, Leuven-Paris, Peeters-IMA, 1997, p. 491-504.

naturelle buridanienne. Dans les *Questions sur la Métaphysique*, se demandant « s'il y a quatre genres de causes et non pas plus », Buridan précise le sens de la question :

> Le sens de la question est le suivant : est-ce que ces quatre noms sont divers genres supposant pour des causes et non pour autre chose, est-ce que, outre ces quatre noms il n'y en a pas d'autres, et est-ce qu'il n'y a pas d'autres noms supposant pour des causes qui ne coïncideraient pas avec ceux-ci par leur signification ou ne supposeraient pas pour les mêmes choses qu'eux [1] ?

Les types de causes (formelle, matérielle, efficiente et finale) étaient généralement entendus en un sens réaliste : la fin est quelque chose de différent de l'agent, la matière n'est pas la forme... Aristote cherchait les éléments constitutifs de la substance naturelle, ou les principes de leur être et de leurs mouvements. L'idée de « genre » permet un déplacement vers la logique, et ces genres de causes peuvent être rapprochés de ces autres « genres » que sont les catégories, lesquelles sont clairement prises en un sens sémiologique [2]. Les « genres » en question seront donc des classes de termes signifiant les choses singulières du monde, et s'y référant à raison de leur usage propositionnel.

Une telle réinterprétation des genres de causes doit être combinée avec d'autres passages qui s'interrogent sur le statut de la cause en général; tel est le cas des questions 7 à 9 du livre V de la *Métaphysique*. Il y apparaît que les termes signifiant la cause sont des termes relatifs : la question 8 ayant rattaché le problème de la causalité à celui de la relation, la question 9 fait de la relation un concept de l'âme ou bien un terme vocal qui est institué au moyen d'un tel concept. Dans une ontologie comme celle de Buridan, il n'est pas question de poser une relation qui serait réelle, au sens d'une réalité spécifique, aurait-elle une modalité d'être distincte des substances et des qualités. Déjà dans le petit traité *De dependentiis, diversitatibus et convenientiis*, quoique d'une façon un peu embrouillée due sans doute à la dimension polémique de cet écrit, Jean Buridan traite des relations à partir de la dépendance, et aborde cette dernière principalement comme causalité. Or l'une de ses thèses est qu'une chose absolue qui est causée par une autre dépend essentiellement, par soi et sans aucun accident qui lui serait ajouté, de sa cause [3].

1. *Qu. Metaph.*, V, qu. 1, f° XXVIvb : « Intentio questionis est : utrum illa quatuor nomina sint genera diversa supponentia pro causis et non pro aliis, et quod preter illa quatuor nomina non sunt alia [*del.* quatuor], et quod non sunt alia supponentia que cum istis non coincidant in significatione vel in suppositione pro eisdem ».

2. Voir *Qu. Metaph.*, V, qu. 1, f° XXVIrb-va : « Unde diversa genera bene supponunt pro eadem re ut ista genera "substantia", "quantum" et "quale", et hoc etiam apparet in proposito, quia forma, finis et agens ponuntur tria diversa genera causarum, et tamen coincidunt in re [...] ».

3. Voir D.-J. Dekker, « John Buridan's Treatise *De dependentiis, diversitatibus et convenientiis* », *Vivarium*, 42/1 (2004), p. 109-149 (texte p. 115-149); ici p. 126 : « causatum absolutum, modo quo res habens causam potest esse absoluta, dependet se ipso essentialiter a causa, circumscripto omni eius accidente, sive absoluto sive respectivo ». Ce traité est une pièce essentielle de tout un débat qui dura de 1331 à 1334 entre Buridan d'une part, un maître picard et un maître anglais d'autre part, sur le statut des relations. Buridan y combine d'un côté le caractère absolu des choses telles que la

Mais la réduction de la relation à un terme relatif n'est jamais qu'une étape ; il convient ensuite d'analyser les connotations selon lesquelles telle ou telle chose est signifiée lorsqu'on la signifie par un terme causal de tel ou tel « genre », notamment comme agent ou comme fin. On peut donc parfois s'interroger sur l'identité réelle de ce qui désigné à travers les concepts de cause finale, agente, ou même formelle. Selon les réalités ou processus considérés, ces différentes causes peuvent tantôt être distinctes (par exemple si un serviteur fait une maison pour son maître et non pour lui-même) tantôt coïncider[1]. Dans ce dernier cas, elles ne sont pas réellement distinctes, mais distinctes « selon la raison », c'est-à-dire selon différentes manières de concevoir et de signifier. On constate donc un double mouvement, paradoxal au regard de l'aristotélisme. D'un côté, alors que la quadripartition des causes venait chez le Stagirite des quatre façons possibles de répondre à la question « pourquoi ? » (d'où la légitimité du rapprochement avec les catégories), Buridan *réalise* la cause en l'assimilant à une chose, et non pas à une action ou à un fait. Mais d'un autre côté, il *déréalise* la quadripartition en proposant une interprétation logico-linguistique des différents aspects selon lesquels une même chose peut être dite cause. C'est en raison de ces connotations différentes que les multiples termes signifiant des choses comme causes d'autres choses seront classés dans tel ou tel genre. Voyons un peu plus précisément ce qu'il en est de la cause finale et de la cause agente ou efficiente.

Dans le commentaire sur la *Physique*, à la question 7 sur le livre II, Buridan se demande si la fin est cause[2]. Jean Buridan ne récuse pas totalement l'idée de cause finale ; pour lui, elle correspond à une manière usuelle de s'exprimer, dont il s'agit d'élucider le sens. Mais il s'écarte radicalement de la conception aristotélicienne selon laquelle la fin est l'accomplissement de la forme, qui passerait ainsi de la puissance à l'acte.

La difficulté est de comprendre comment ce qui est absent (la fin, qui n'est pas encore réalisée) pourrait être cause. Cette interrogation, quoique classique, prend un poids particulier du fait du double mouvement de réalisation-déréalisation évoqué plus haut. Le texte le plus éclairant à cet égard se trouve non pas dans les passages sur la fin mais dans une question sur l'agent : « Est-ce que le ciel selon sa substance dépend de Dieu en tant que cause agente[3] ? » Deux acceptions sont distinguées. La première correspond le mieux à ce que l'on entend dans la philosophie moderne par cause efficiente, à savoir la production d'un être nouveau. Il s'agit de « produire une chose du non-être à l'être ». Une

cause et le causé, d'autre part le caractère mental des relations de convenance, disconvenance ou dépendance.

1. Voir par exemple *Qu. Metaph.*, V, qu. 1, rép. au 3e argument, f° XXVIIra : « Ad aliam dicendum est quod licet aliquando finis et agens vel etiam forma coincidant, tamen aliquando inveniuntur distincta abinvicem ».

2. La question n'est pas originale. Voir A. Maier, *Metaphysische Hintergründe der Spätscholastischen Naturphilosophie*, « Studien zur Naturphilosophie der Spätscholastik » IV, Roma, Edizioni di Storia e Letteratura, 1955, p. 273-335 : « Finalkausalität und Naturgesetz ».

3. *Qu. Metaph.*, XII, qu. 7, f° LXIXvb *sq*.

telle conception conduit à entendre la relation causale comme la dépendance d'un étant à l'égard d'un autre étant. Au second sens de la cause agente, celle-ci est non plus productrice mais conservante ; c'est en ce sens que le ciel dépend de Dieu comme cause agente du monde, sur le mode de la conservation. Mais peut-on penser une dépendance similaire entre une chose et une fin ? La fin, si elle n'est pas en acte, existe à titre d'*intentio agentis*. C'est alors ce vers quoi tend l'agent. Mais cette tendance n'est pas la spontanéité d'un être en puissance ; l'intention doit être rattachée à l'appétit ou à la volonté, et elle suppose une représentation de ce qui est ainsi désiré. Le statut de la fin est alors celui du possible, pour autant qu'il est représenté ou visé. C'est ce qui est exprimé à travers une reformulation logico-linguistique caractéristique de Buridan :

> Le nom « cause », surtout s'agissant de la cause finale, étend par ampliation la supposition du terme aux futurs ou aux possibles, puisque l'on parle de cause finale parce que l'on tend ou désire, et que ces verbes « tendre vers » et « désirer » sont ampliatifs [1].

De ce point de vue, la finalité semble ne concerner que des étants agissant par représentation, En vérité, cette affirmation doit être complétée et nuancée. Mais pour cela, il convient de rappeler la distinction de deux sens de la « fin ».

La fin au sens principal est la fin « de la chose opérée » (*rei operate*) ; elle peut être dite *finis gratia cuius* ou encore, pour reprendre l'expression d'Averroès déjà mentionnée plus haut, fin *prima intentione*. Une telle fin est première dans l'ordre de l'être, de la bonté et de la perfection. C'est ce en vue de quoi l'on agit, ce qui régit les opérations des agents. C'est en ce sens que Dieu est dit fin de toutes choses, car il nécessite et ordonne le ciel dans son mouvement et en conséquence, par le ciel, toutes les choses inférieures, à titre plus principal que les agents particuliers. Toutefois, la fin *gratia cuius*, « en raison de laquelle », ne vaut pas seulement pour la cause première, qui est du même coup fin ultime, mais aussi pour des systèmes plus restreints : ainsi un homme pour lequel on construit une maison est la fin *en raison de laquelle* cette maison est faite.

Il ne faudrait donc pas imaginer un rejet des « causes finales », au bénéfice des seules causes efficientes comme on en connaîtra au XVIIe siècle avec Descartes et Spinoza. Si la cause agente est efficiente-productrice autant que conservante, la finalité jouit d'une sorte de primauté générale, que ce soit dans des opérations particulières ou dans le monde comme système global. En même temps, il faut bien mesurer que cette finalité *prima intentione* ne s'exerce qu'à travers un réseau auquel elle donne unité et systématicité, ainsi que le montre la thèse selon laquelle la cause première « ordonne et nécessite » le mouvement du ciel et, par son truchement, celui des choses d'ici-bas. En outre, pour en rester à la finalité, la fin principale se réalise à travers une seconde sorte de cause finale, *finis quo* ou « fin

1. *Qu. Phys.*, II, qu. 7, f[k] XXXVrb : « [...] hoc nomen "causa", maxime de causa finali, ampliat suppositionem termini ad futura vel ad possibilia, quia causa finalis dicitur eo quod intenditur vel appetitur et hec verba "intenditur" vel "appetitur" sunt [...] ampliativa ».

par laquelle », ou encore la fin *secunda intentione* pour reprendre la terminologie averroïste. C'est ce à quoi se termine l'opération, ce qui est réalisé au terme de l'action. Une telle fin est postérieure à l'agent et elle est dite fin « parce que l'agent tend vers elle et la désire, et qu'elle est finalement produite par cet agent » [1]. Mais la fin en ce sens, ce qui est produit au terme du processus, n'est pas à proprement parler *cause* ! On ne l'appelle cause que « par une manière impropre de parler, en raison d'une similitude ou d'une certaine attribution à la vraie cause finale » [2]. Une telle « fin » est en réalité un *effet* et non une cause. C'est parce que notre connaissance inverse le rapport entre les choses telles qu'elles se déroulent – puisque l'on connaît en premier lieu ce que l'on a l'intention de faire – qu'on l'appelle « cause », mais la cause finale est un effet terminal.

Dans le domaine des actions libres, la vraie cause est donc la volonté ou l'intention. Dans le domaine de l'art, l'opération du médecin n'est pas *causée* par la santé qui doit être produite, puisque non seulement celle-ci n'est encore rien, mais il se pourrait que le malade soit incurable et que cette santé ne soit jamais restaurée. Qu'en sera-t-il donc dans la nature ? À peine évoquée dans la question 7, le problème est repris dans la question 13 sur le livre II. S'interroger sur la fin selon la seconde intention, cela revient à se demander si ces opérations dépendent de leurs effets finaux et ultimes [3]. La finalité est donc cette fois abordée comme finalité externe, qui orienterait du dehors les procès naturels. Or à cette question, Buridan apporte une réponse de principe négative : « Je crois que non, comme je l'ai dit plus haut dans la question sur la fin ; il ne me semble pas, en effet, que de choses qui ne sont pas dépendent et soit ordonnées actuellement celles qui sont » [4].

À ce niveau, tout se déroule donc selon un enchaînement de causes et d'effets où l'être des seconds suit de l'être des premières, et l'on n'évite le nécessitarisme que parce que les actions humaines, quant à elles, s'effectuent par libre choix [5]. Ce rejet de la finalité au sein de la nature équivaut ainsi à la position d'un enchainement conditionnellement nécessaire de causes efficientes. Parler de finalité au sens de la « fin par laquelle » (*finis quo, finis secunda intentione*) équivaudrait à projeter indûment sur la nature des schèmes techniques – à propos desquels, quoique en un sens limité et impropre, on peut parler de finalité. Car un agent naturel tel qu'une hirondelle ne connaît pas plus la fin qu'un arbre qui fleurit ne connaît la

1. *Qu. Phys.*, II, qu. 7, f° XXXVva : « et ex eo dicitur finis quia agens intendit et appetit ipsum, et quia ab illo agente ultimo producitur ».

2. *Qu. Phys.*, II, qu. 7, f° XXXVvb : « talis finis secundaria intentione dictus solet dici causa et causa finalis impropria locutione, propter similitudinem vel quandam attributionem ad veram causam finalem ».

3. Voir *Qu. Phys.*, II, qu. 13, f° XXXIXva : « utrum ille operationes precedentes dependeant et habeant ordinem ex illis effectibus finalibus et ultimatis ».

4. *Qu. Phys.*, II, qu. 13, f° XXXIXvb : « Et ego credo quod non, sicut dici prius in questione de fine ; non enim michi apparet quod ex eis que non sunt dependeant et ordinentur actualiter ea que sunt ». En comparaison de la physique aristotélicienne, cela implique une conception tout à fait différente de l'être en puissance.

5. Voir A. Ghisalberti, *Giovanni Buridano della metafisica alla fisica*, Milano, 1975, p. 192-207.

fleur. Qu'est-ce dès lors qui la détermine à agir ? La forme et la nature de l'hirondelle (c'est-à-dire une causalité biologique instinctive) ; les corps célestes, en des temps déterminés, donc des circonstances générales qui influent sur le cours naturel [1] ; et Dieu comme origine et garant de l'ordre naturel.

La seule finalité est par conséquent celle de la nature agente elle-même « qui est vraiment la cause finale des autres opérations qui s'ensuivent » [2] ; or cela nous reconduit à la finalité *selon la première intention*. Les agents naturels agissent « par eux-mêmes et par leur propre cause », et ce faisant, réalisent leur nature selon la place qui leur est assignée dans l'univers [3]. Il ne s'agit de rien d'autre que d'agir conformément à l'intention du créateur, à la manière dont un esclave agit conformément à l'intention du maître. La seule finalité qui subsiste est donc le déploiement de l'ordre institué dans la nature, c'est-à-dire la factualité des règles régissant le cours commun de la nature. Dans ce cadre, le cours de l'univers, réduit aux étants naturels non libres (choses, plantes, animaux) peut s'expliquer sans dommage par l'enchaînement de causes et d'effets sur le modèle de l'efficience, pourvu que l'on combine avec les causes terrestres d'éventuelles causes célestes, non pas d'ordre surnaturel, mais constituées par les mouvements des cieux et les influences astrales. Une fois la finalité externe récusée, la finalité est intériorisée au cours général de la nature dont elle est simplement l'auto-affirmation.

Cette réduction de la finalité à une finalité interne de la nature dans son ordre propre s'accompagne, on l'a vu, d'une certaine promotion de l'efficience au sein même des étants matériels. Ces transformations du sens même de la causalité, jointes à l'ontologie particulariste et à l'univocité de l'être qu'elle suppose, interdisant toute causalité par participation ou émanation, ne sont pas sans conséquences sur le plan de la cosmologie et de la théologie naturelle.

Ainsi, il n'y a aucune hiérarchie essentielle entre divers types de causes au sein du monde créé :

> À l'infini Dieu peut créer de plus en plus en plus de créatures, mais nous ne dirions pas qu'entre elles il y aurait un ordre essentiel dans l'être et dans le causer. Au contraire aucun effet n'aurait un ordre essentiel envers quelque cause agente, si ce n'est envers Dieu, puisque Dieu pourrait conserver n'importe quelle créature sans une autre [4].

1. Ici encore, Buridan suppose une action des corps et même des intelligences célestes sur les étants naturels; mais cette influence n'est qu'indirecte et joue à travers les éléments de la nature, comme le montrent les développements sur la génération spontanée. Voir en *Qu. Metaph.*, XII, qu. 9, la discussion sur l'hypothèse averroïste selon laquelle l'intelligence meut le ciel dans l'intention de produire les formes engendrables dans le monde inférieur (f° LXXIIIra) : Buridan préfère y voir un ensemble de circonstances concourant à la production d'un événement plutôt qu'une forme spécifique de causalité.

2. Voir *Qu. Phys.*, II, qu. 13, f° XLva : « [...] non ex materia principaliter provenit talis ordinatio et diversificatio operationum, sed a natura agente que vere est causa finalis operationum aliarum sequentium [...] ».

3. Voir *Qu. Metaph.*, XII, qu. 5, f° LXVIIrb : « Omnia naturalia agentia finaliter ad hoc agunt ut quantum possunt assimilentur ipsi Deo ».

4. *Qu. Metaph.*, II, qu. 5, f° XIIrb : « In infinitum Deus posset creare maiorem et maiorem creaturam, sed non diceremus quod inter illas esset essentialis ordo in essendo et in causando; immo nullus

Il n'y a aucun ordre essentiel dans l'univers créé, ni en ce qui concerne l'être ni en ce qui concerne les causes. De telles précisions reviennent à bannir toute la métaphysique du flux, qui avait été fondamentale dans la conception de la causalité à partir de la réception latine du *Liber de causis*[1], et si fortement présente chez Albert le Grand.

Dans le champ de l'astronomie, les intelligences célestes ont leur place pour mouvoir les astres. Mais la question 9 sur le livre XII de la *Métaphysique* se termine par un point de vue moins conforme à Aristote et Averroès, pensable selon « le point de vue de la foi ». Rien n'empêche de penser que Dieu puisse mouvoir toutes les sphères célestes directement selon leurs divers mouvements. Les intelligences seraient alors superflues, seules restent requises les « imaginations » des astronomes, qui construisent des hypothèses (notamment les épicycles et les excentriques) pour rendre compte des mouvements astraux dans leur complexité. À cette occasion, Buridan formule une hypothèse hardie, une *imaginatio nescio an fatua* : évoquant brièvement la théorie de l'*impetus* par laquelle il explique dans sa *Physique* le mouvement des projectiles[2], il formule l'hypothèse selon laquelle Dieu aurait pu lancer les diverses sphères, leur imprimant un mouvement qui, en l'absence de résistance, durerait éternellement[3]. Dans ces conditions, il n'est plus besoin d'intelligences célestes à titre de causes agentes et finales.

Par la redéfinition des quatre causes, c'est donc tout le système du monde qui est réorganisé. L'univers péripatéticien tel que l'avait dessiné Albert le Grand, en particulier dans le *Liber de causis et processu universitatis*, et qui a profondément marqué la philosophie parisienne durant un siècle, était un univers hiérarchisé, où seul le flux de la causalité essentielle à partir de la cause première et des causes primaires pouvait rendre raison de l'être et du mouvement des choses, dans un ensemble complexe de relations primordiales. C'est cet ensemble que la philosophie naturelle du XIVe siècle déconstruit sous l'impulsion décisive de Buridan, autant que Guillaume d'Ockham, d'une autre manière parce que dans un autre contexte, avait remis en cause les distinctions scotistes en réduisant toute cause à une cause immédiate[4]. Jean Buridan propose, grâce à l'analyse logique de la relation causale et à la diversification des manières de signifier la dépendance, une conception *univoque* de la cause. Entre la cause première et les causes secondes, il n'y a pas de moyen terme. La seule distinction est due à la puissance absolue de Dieu qui

effectus habet essentialem ordinem ad aliquam causam agentem nisi ad deum, quia quamlibet creaturam posset Deus conservare sine alia ».

1. Évoqué en *Métaphysique*, II, qu. 3, f° XIra.

2. Cette théorie destinée à expliquer le mouvement des projectiles est exposée en *Qu. Phys.*, VIII, qu. 12, f° CXX-rb-CXXIrb. Depuis Pierre Duhem et Anneliese Maier, c'est un aspect extrêmement connu de la physique de Buridan. Je n'exposerai pas en détail cette théorie, dont on trouvera un résumé et une mise en perspective historique dans Michael Wolff, *Geschichte der Impetustheorie*, Frankfurt am Main, Suhrkamp Verlag, 1978, en part. p. 212-228.

3. Voir *Qu. Metaph.*, XII, qu. 9, f° LXXIIIra : « cum in creatione mundi Deus quamlibet spheram movit qua velocitate voluit, ipse cessavit a movendo et per impetum illis spheris impressum semper postea duraverunt illi motus ».

4. Voir M. McCord Adams, *William Ockham*, Notre Dame Indiana, University of Notre Dame Press, 1987, vol. 2, p. 741-798.

pourrait se substituer à n'importe quelle cause seconde, rompant ainsi le système naturel des causes, et qui est par ailleurs cause conservante de la totalité. La cause n'est pas d'abord une relation (sinon en un sens sémiologique) mais un étant dont dépend un autre étant. Une telle dépendance est réelle, elle se reconnaît même aux corrélations régulières que repèrent nos facultés de connaître, elle tisse un certain ordre. Tout ce remaniement donne une consistance nouvelle à la nature.

Le mouvement local

En son sens le plus fondamental, la nature est principe de mouvement et de repos. Même s'il n'est pas possible d'étudier ici toute la théorie buridanienne du mouvement selon ses diverses espèces (déplacement, mais aussi altération et augmentation ou diminution, sans parler de la génération et de la corruption) et dans leurs divers champs d'application, il convient de restituer dans ses grandes lignes le statut et les enjeux du concept de mouvement. Nous nous concentrerons d'abord sur quelques problèmes liés au mouvement local ou déplacement.

Au XIVe siècle se déroule une controverse concernant le statut ontologique du mouvement. Cette interrogation, qu'on pourrait qualifier de métaphysique, croise de façon complexe les diverses procédures de représentation et de calcul du mouvement[1]. À Oxford, les Calculateurs se posent peu de questions sur la nature du mouvement et cherchent surtout à mettre en œuvre des procédures originales pour reformuler les règles régissant les rapports entre les rapidités dans les mouvements. Quant aux interrogations sur la nature même du mouvement, elles vont opposer à Paris des auteurs qui sur d'autres points sont assez proches, tels que Jean Buridan et Albert de Saxe[2]. Toutefois, ces dimensions s'entremêlent, en particulier chez Albert lui-même (qui écrit aussi un *Traité des rapports*), chez Oresme (auteur d'une *Traité sur les rapports de rapports*[3]) comme ensuite en Italie chez Blaise de Parme commentant le traité de Bradwardine[4], tous par ailleurs auteurs de commentaires sur la *Physique* et le *Traité du ciel* d'Aristote. Il n'y a rien d'étonnant à ces recoupements si l'on pense que les réflexions sur les rapports

1. Pour un tableau d'ensemble des problématiques tant parisiennes qu'oxoniennes, voir J. Murdoch et E. Sylla, « The Science of Motion », *in* David Lindberg, *Science in the Middle Ages*, Chicago-London, 1978, p. 206-264.

2. Voir J. Biard, « Quantité et mouvement selon Albert de Saxe », *Les Études philosophiques*, 1996, p. 361-374; pour une étude approfondie de la physique d'Albert de Saxe, voir J. Sarnowsky, *Der aristotelisch-scholastische Theorie der Bewegung*, « Beiträge zur Geschichte der Philosophie und Theologie des Mittelalters » NF 22, Münster, Aschendorff, 1989.

3. Voir Thomas Bradwardine, *Traité des rapports entre les rapidités dans les mouvements*, suivi de Nicole Oresme, *Sur les rapports de rapports*, trad. fr. par S. Rommevaux, Paris, Les Belles Lettres, 2010.

4. Blaise de Parme, *Questiones circa tractatus proportionum magistri Thome Braduardini*, éd. par J. Biard et S. Rommevaux, Paris, Vrin, 2005. Blaise rédige aussi des *Questions sur la Physique* selon deux versions qui n'existent que sous forme manuscrite.

entre mouvements sont nés de passages d'Aristote, de problèmes soulevés par les commentateurs arabes de la *Physique*, et que Richard Kilvington lui-même a développé la question dans le cadre de sa physique [1]. En revanche, il est difficile d'établir des relations de principe à conséquence entre telle position sur le statut ontologique du mouvement et telle ou telle procédure de « calcul ».

La question de la nature du mouvement a été amplement étudiée dans des ouvrages d'Anneliese Maier qui restent aujourd'hui irremplaçables [2]. Elle a montré que les débats du XIIIe siècle s'enracinent dans les controverses antiques et arabes rapportées par Avicenne et Averroès, telles qu'Albert le Grand les a restituées. Albert expose en effet diverses positions sur la question de savoir de quelle catégorie relève le mouvement. Parmi différentes théories, il attribue à Averroès celle selon laquelle le mouvement ne diffère pas essentiellement de la forme en laquelle il s'achève, donc relève de la substance, de la quantité, de la qualité ou du lieu ; ainsi, noircir n'est que la noirceur en devenir. Mais Albert ne considère pas cette position comme la plus vraie. Il lui oppose les raisons d'Avicenne, lequel pour sa part avait défendu la théorie selon laquelle le flux diffère par essence de sa fin ; il n'est par conséquent ni par le genre ni par l'espèce dans quelques catégorie, il est plutôt « un chemin vers la chose de la catégorie, et un certain principe pour elle » [3]. C'est cette opposition qu'Anneliese Maier résume par l'alternative « *forma fluens* ou *fluxus forme* ». Les discussions qui se déroulent à l'époque de Buridan sont-elles le simple prolongement des débats du XIIIe siècle ? En un sens oui, mais elles ont été renouvelées par l'ockhamisme. Guillaume d'Ockham, bien qu'il se réfère souvent Averroès dans ses textes physiques, a opéré un déplacement radical de certaines questions physiques vers la logique. *Motus* est ainsi analysé comme un terme connotatif, ne se référant à rien d'autres qu'aux substances individuelles, ou aux qualités dans le cas de l'altération. Trois conditions sont requises pour qu'on parle de mouvement, au sens strict : qu'une chose acquière ou perde quelque chose de façon successive (en un sens élargi, on parle toutefois de mouvement instantané), sans repos intermédiaire (sinon, il y aurait pas continuité), et partie après partie [4].

1. Voir E. Jung et R. Podkoński, « Richard Kilvington on Proportions », dans J. Biard et S. Rommevaux (éds), *Mathématiques et théorie du mouvement (XIVe-XVIe siècles)*, Lille, Presses universitaires du Septentrion, 2008, p. 81-101.

2. A. Maier, *Die Vorlaüfer Galileis im 14. Jahrhundert*, « Studien zur Naturphilosophie der Spätscholastik » I, Roma, Edizioni di storia e letteratura, 1949, p. 9-25, chap. 1 : « Die Wesensbestimmung der Bewegung » ; Ead., *Zwischen Philosophie und Mechanik*. « Studien sur Naturphilosophie der Spätscholastik » V, Roma, Edizioni di storia e letteratura, 1958, p. 59-144 : « *Fluxus forme* oder *forma fluens* ».

3. Voir Albert le Grand, *Physica*, III, tr. 1, c. 3, éd. P. Hossfeld, Alberti Magni *Opera omnia*, t. IV, pars 1, Monasterii Westphalorum in aedibus Aschendorff, 1987, p. 151 : « [...] sed est via ad rem praedicamenti et quoddam principium ad ipsam. [...] et Avicenna magis consentire videtur in hanc sententiam ».

4. Voir *Summula philosophiae naturalis*, III, c. 6, « Opera philosophica » VI, éd. St. Brown, St. Bonaventure N. Y, The Franciscan Institute, 1984, p. 264 : « Et dico quod ad hoc quod aliquid moveatur sufficit quod mobile continue sine interruptione et quiete partibiliter et successive adquirat aliquid post aliud, vel continue, successive et partibiliter amittat aliquid ».

Dans le cas d'un mouvement local, qu'est-ce qui est « acquis » ? Il s'agit d'un lieu, ou mieux d'un *ubi*, catégorie qui désigne des rapports extrinsèques d'une chose avec d'autres [1]. Dans tous ses textes sur le mouvement, Ockham affirme que le mouvement local n'a pas de réalité propre en ce sens que le terme « mouvement » signifie simplement le mobile et le lieu, ce dernier étant lui-même réductible à des rapports entre corps. Il est donc clair que pour Ockham le mouvement ne saurait pas plus être à proprement parler une forme fluente que (*a fortiori*) une réalité *sui generis* telle qu'un flux de la forme. L'opposition du siècle précédent entre *fluxus forme* et *forma fluens* se trouve recomposée dans le cadre de l'analyse logique du terme « mouvement ». Or la théorie du mouvement semble avoir été l'un des éléments de la doctrine ockhamiste qui furent connus très tôt à Paris [2].

Jean Buridan prolonge la dimension logique de cette analyse. Les questions 2 à 12 sur le livre III de la *Physique* traitent de la définition et de la nature du mouvement. La question 10, « Est-ce que tout mouvement est l'acte d'un être en puissance ? » fournit l'occasion de préciser les notions de « pouvoir » et de « puissance », avant que la question 11 n'examine explicitement la définition aristotélicienne. Elle transpose, comme le faisait Ockham, l'analyse de l'*être en puissance* à celle du verbe « pouvoir » [3]. Alors qu'au siècle précédent l'essentiel des réflexions sur la définition du mouvement tournait autour de l'idée d'être en puissance [4], une ontologie particulariste appuyée sur le modèle de l'étant actuel interdit de poser l'être *sui generis* d'une puissance ou tendance. Un être en puissance est un étant qui peut être, transposition qui renvoie simplement à une modalisation de la copule, tandis qu'un être en acte est une chose dont se vérifie une proposition affirmative d'existence au présent. Jean Buridan ne reprend cependant pas à son compte la réduction sémantique du mouvement aux rapports entre substances, ce qui va le conduire à soutenir des thèses assez différentes de celles d'Ockham.

Qu'est-ce qui est requis pour qu'il y ait mouvement ? Deux éléments : un mobile, et une forme ou une disposition selon laquelle, à un certain moment, le mobile est autrement qu'il était auparavant. Comme chez Guillaume, cela se vérifie par la succession de deux contradictoires, x est ceci (ou ici), x n'est pas ou n'est plus ceci mais cela (ou plus ici, mais là). La question est cependant de savoir pour quoi suppose le terme *motus*. Pour Guillaume d'Ockham, il devait supposer pour le

1. Voir *Summula philosophiae naturalis*, III, c. 10, p. 280-283 ; voir aussi *Quodlibeta*, I, qu. 5, « Opera theologica » IX, St. Bonaventure N. Y., The Franciscan Institute, 1980, p. 29 : « Motus localis est coexistentia successiva, sine quiete media alicuius continue existentis in diversis locis ».

2. Voir W. J. Courtenay, « The Debate over Ockham's Physical Theories at Paris » [1997], in *Ockham and Ockhamism. Studies in the Dissemination and Impact of His Thought*, Leiden-Boston, 2008, p. 267-284.

3. Voir *Qu. Phys.*, III, qu. 10, f° LIIIva : « Notandum quod omnium predicamentorum predicata dicuntur aliquando de suis subiectis mediante hoc verbo "est", expresso vel implicito, et aliquando mediante hoc verbo "potest" [...]. Modo per "esse" intelligimus esse in actu, si non sit predicatum ampliativum ad preteritum vel futurum, et per "posse esse" intelligimus esse in potentia ».

4. Voir A. Maier, *Zwischen Philosophie und Mechanik*. « Studien zur Naturphilosophie der Spätscholastik » V, Roma, Edizioni di Storia e Letteratura, 1958, p. 59-143 : « Motus est actus entis in potentia ».

mobile lui-même. Selon Buridan, ce terme suppose pour une disposition selon laquelle à un certain moment le mobile se tient ou se rapporte (*se habet*) à autre chose autrement qu'il le faisait auparavant. C'est pourquoi on peut admettre la définition aristotélicienne, pourvu qu'on ait procédé à la transposition sémantique requise [1].

Préalablement, la question 6 s'était déjà interrogée sur l'être du mouvement local : « Est-ce que le mouvement local est, ou est-ce que la proposition "un mouvement local est" est vraie [2] ? » D'emblée, Buridan admet qu'il faut accorder une forme d'être au mouvement. Pourquoi ? Il en appelle au témoignage des sens, réitérant ainsi l'affirmation liminaire d'Aristote dans la *Physique.* On peut ajouter que le mouvement assume en physique la fonction d'un principe, de sorte que son existence n'a pas à y être démontrée. La question se transforme donc : « *En quel sens* le mouvement local est ? »

La démarche de Buridan se fonde sur deux principes : le refus des indivisibles et (une fois de plus) le déplacement vers les temporalités de la proposition. Il n'y a pas d'indivisible (Buridan renvoie pour cela au livre VI), si bien que le présent est toujours divisible. À partir de là est esquissée une réflexion proprement logico-linguistique sur le présent, qui se trouve plus longuement développée dans les *Sophismes.* Il s'agit de distinguer le présent, le passé et le futur en raison de champs de référence conventionnellement déterminés – en particulier quel *laps de temps* sera considéré comme présent. Le langage courant montre en effet que je peux tenir pour présent une seconde, une journée, etc. [3] C'est l'acte de langage qui est le point de repère, et c'est le champ de référence qu'il se donne conventionnellement qui permet de fixer les normes [4].

On peut donc dire que le mouvement *est,* parce que le temps *est,* dans la mesure où le présent désigne toujours un certain intervalle et non pas un instant indivisible. Rien ne s'oppose, du seul point de vue de la bonne formation des énoncés, à ce que la proposition « motus localis est » ait un sens et puisse être vraie. Mais qu'est-ce qui, *a parte rei,* peut la vérifier ? Le mouvement est alors considéré comme une *res successiva,* c'est-à-dire comme une réalité dont toutes les parties n'existent pas simultanément mais peuvent être l'une après l'autre. C'est pourquoi les verbes « se mouvoir » ou « être mû » peuvent et doivent être « exposés », c'est-à-dire explicités en expressions complexes, qui seules permettent de vérifier la référence : « Donc

1. *Qu. Phys.*, III, qu. 10, f° LIV rb : « Et tunc dicendum est quod hec est bona diffinitio motus, quia declarat explicite et convertibiliter significationem et omnem connotationem huius termini "motus" ».

2. *Qu. Phys.*, III, qu. 6, f° XLVIIIva. Le mouvement selon la qualité a été examiné, sous une forme un peu différente, dans une question antérieure.

3. Ainsi lorsque des historiens contemporains parlent d'« Histoire du temps présent », à l'évidence, ce « temps présent » inclut plusieurs décennies.

4. Voir *SL*, IX, c. 7, p. 128-139 : « De mensura pro qua propositio est falsa vel vera » ; trad. p. 211-225.

pour exposer le verbe "il change" au présent, il faudra dire que ceci se tient d'une certaine manière à un certain moment et autrement ensuite » [1].

Il ne faut pas se hâter de passer trop vite sur ces considérations logico-linguistiques. Non seulement parce que de façon générale elles sont un élément essentiel de la physique buridanienne, non seulement parce que ce faisant Buridan n'est pas étranger à certaines innovations ockhamistes, mais aussi parce que cela seul donne son sens à la reprise éventuelle de concepts et des débats antérieurs.

Ainsi, on pourrait se demander s'il ne s'agit pas simplement de prolonger une tendance dont Anneliese Maier repérait l'origine chez Avicenne, et qui consistait à reconduire l'être du mouvement à son appréhension intellectuelle. Elle en trouvait des échos au XIV e siècle, notamment chez Gautier Burley. Le mouvement n'existe que successivement; si donc on le considère dans sa totalité et non pas partie après partie, il n'est que par l'âme qui retient le moment passé. Il ne s'agit pas subjectiviser totalement le temps et le mouvement, il y a bien une chose qui change, mais la successivité ne peut être posée que par l'âme. Mais comme souvent, Buridan transpose cet aspect conceptuel dans le langage. Il ne s'agit plus d'une appréhension noétique, mais d'une description logico-linguistique qui doit signifier adéquatement une réalité changeante.

Cependant, une fois élucidées ces conditions auxquelles une expression est susceptible d'être vraie, une fois affirmée une *res successiva* qui globalement donne sens aux propositions portant sur le changement, on n'a pas toujours pas précisé *ce qui est signifié* : est-ce le mobile ? le lieu (dans le cas d'un mouvement local) ? ou quelque chose de spécifique ?

La thèse buridanienne est bien connue, il importe toutefois de la rappeler brièvement. Le terme « mouvement » n'est pas seulement un terme renvoyant au mobile et au lieu, selon une thèse que la *tertia lectura*, déjà, présente comme commune parmi les modernes [2]. Il désigne quelque chose, qui n'est ni le lieu ni le mobile, mais plutôt une disposition du mobile. La thèse a une portée générale, excédant le seul mouvement local, et elle a été envisagée initialement à propos du mouvement selon l'altération. C'est à ce propos en effet que Buridan reprend les termes du débat qui avait cours depuis Albert le Grand et se demande si le mouvement requiert un flux (*fluxus*). Et c'est en référence à Averroès qu'il présente la distinction entre la forme qui flue et le flux de la forme :

> On soutient que oui par l'autorité du Commentateur, dans ce III e livre et dans le V e, qui distingue à propos du mouvement entre la forme fluente et le flux de la forme, ou encore la perfection selon laquelle est le mouvement et la voie vers cette perfection [3].

1. *Qu. Phys.*, III, qu. 6, f° XLVIIIvb : « Ergo ad exponendum hoc verbum "mutatur" per verbum de presenti, oportet dicere quod hoc se habet aliqualiter prius et aliter posterius ».

2. Voir *Qu. Phys. (de tertia lectura)*, III, qu. 7, ms. E f° 18 vb.

3. *Qu. Phys.*, III, qu. 2, f° XLIIra : « Arguitur quod sic auctoritate Commentatoris tertio huius et quinto qui distinguit de motu pro forma fluente et pro fluxu forme, vel etiam pro perfectione secundum quam est motus et pro via ad illam perfectionem ».

La forme est la qualité qui est réalisée au terme du mouvement; en ce sens-là, le mouvement se déploie bien selon différentes catégories; mais le flux ou la voie vers cette perfection devrait être une succession distincte de cette forme réalisée. Plusieurs arguments insistent sur l'exigence de distinguer ainsi la réalité successive de la forme elle-même, qui est permanente et n'est effective qu'au terme du mouvement. À l'opposé, différentes difficultés sont invoquées, notamment la difficulté à décider si un tel flux serait antérieur ou postérieur à la qualité elle-même. Il semble bien que nous ayons affaire à une forme qui passe progressivement de la puissance à l'acte et qu'il ne soit pas requis de poser autre chose pour « sauver le mouvement » – l'explication par la *forma fluens* serait donc plus économique. Au cours de cette argumentation, Buridan indique la préférence d'Averroès pour la théorie de la forme fluente[1].

Pour l'altération, nous y reviendrons, Buridan récuse l'idée d'un flux qui serait distinct de la qualité[2]. Mais qu'en est-il pour le mouvement selon le lieu?

On peut prendre comme cas particulièrement instructif celui du mouvement de la dernière sphère. Un tel mouvement ne saurait, tout d'abord, être réduit au lieu. En effet, si le lieu est pris au sens strict comme la surface du corps enveloppant, la dernière sphère n'a pas de lieu. À partir de là, on peut procéder à une généralisation grâce à une expérience de pensée. Imaginons l'annihilation de tout corps autre que cette pierre, laquelle dans ce cas n'aurait pas plus de lieu que la dernière sphère. Dieu pourrait cependant la mouvoir d'un mouvement circulaire, de même que, selon les articles parisiens (condamnations de 1277), on ne doit pas nier que Dieu puisse mouvoir le monde d'un mouvement rectiligne. À partir de l'exemple de la dernière sphère, Buridan procède donc à une généralisation et juge que la signification du terme « mouvement local » ne saurait être réduite à la désignation du mobile lui-même et de son lieu, ou des lieux qu'il occuperait successivement

Nous pourrions peut-être estimer qu'une telle conclusion est trop dépendante d'une définition du lieu comme surface du corps enveloppant, dont le caractère insuffisant est mis en doute par de nombreuses discussions de l'époque[3]. La deuxième conclusion de Buridan complète la réponse en examinant la thèse de ceux qui pensent le mouvement du monde en relation aux choses contenues en lui. Cette approche était courante dès le XIIIe siècle pour expliquer le mouvement

1. Voir *Qu. Phys.*, III, qu. 2, f° XLIIrb : « Item, Commentator concedit quod illa forma fluens, scilicet qualitas que acquiritur pars post partem est motus secundum veriorem acceptionem motus ».

2. *Qu. Phys. (ult. lect.)*, III, qu. 2, f° XIIIrb-va : « Ad istam questionem ego respondeo quod in vera alteratione, ut in calefactione, non est *aliquis fluxus alius* quam illa caliditas que continue acquiritur pars post partem, et etiam frigiditas que continue abiicitur econverso pars post partem » – je souligne (J. B.) ; la même thèse était déjà défendue dans la *tertia lectura* : voir III, qu. 2 : « Tamen ego credo quod in calefactione non est ponendus fluxus distinctus a calididitate ».

3. En vérité, Buridan lui-même combine cette définition du lieu avec une autre appréhension, plus relative : voir C. Trifogli, « La concezione del luogo in Giovanni Buridano », *in* T. Suarez-Nani et Martin Rohde (éds), *Représentations et conceptions de l'espace dans la culture médiévale*, colloque fribourgeois 2009, Berlin-New York, De Gruyter, 2011, p. 193-214.

circulaire d'une totalité « sans lieu ». Buridan refuse pourtant de s'engager dans cette voie qui, en déterminant le lieu par des relations (le ciel par rapport à la terre ou à une partie du monde), semble autoriser une conception relationnelle du mouvement lui-même. Car si tout se mouvait uniformément, que ce soit de manière circulaire ou rectiligne, ce qui est concevable, alors on ne pourrait pas prendre les modifications des relations internes au monde comme constitutives du mouvement. Les relations à d'autres corps sont certes à prendre en compte, mais seulement dans la mesure où elles permettent la perception du mouvement, de même que je perçois le mouvement d'un bateau sur lequel je suis « immobile » en voyant la rive ; elle n'en sont pas constitutives.

D'où la troisième conclusion : que la dernière sphère se meuve, c'est pour elle être *intrinsèquement* dans un certain état à un certain moment, et non pas dans une relation avec quelque chose d'autre, pas plus quelque chose d'enveloppant que n'importe quel corps qui serait pris comme point de repère. L'essentiel pour Buridan est d'établir que le mouvement est quelque chose d'intrinsèque au mobile.

La quatrième conclusion ajoute que le mouvement de cette dernière sphère n'est ni la sphère elle-même ni son lieu. Qu'il ne soit pas le lieu, cela a déjà été établi, mais il importe de souligner que ce n'est pas la sphère elle-même : ce n'est pas plus un changement substantiel qu'une modification de sa relation à quelque chose d'autre. Tout converge pour poser un certain être du mouvement, réalité intrinsèque au mobile. On peut alors en venir à une caractérisation plus positive, toujours sur le cas de la dernière sphère :

> Le mouvement de la dernière sphère [...] est donc un changement selon une disposition autre que la substance de la dernière sphère et inhérente à cette dernière[1].

Dire que c'est une disposition *autre* que la substance interdit par conséquent de réduire la référence du mouvement local au seul corps mû, contrairement à ce que cherchait à faire Guillaume d'Ockham, quoique « mouvement » fût par ailleurs un terme connotatif. Il y a bien une *res*, même si c'est une *res successiva* et non une *res permanens*, que désignent les termes signifiant un mouvement. Quel est son statut ? Celui d'une *disposition*, c'est-à-dire une qualité.

On lit en effet dans les *Petites sommes de logique* que la disposition est une subdivision de la première espèce de qualité, où elle s'oppose à l'*habitus*. Alors que l'*habitus* se caractérise par sa stabilité, et par conséquent par l'aptitude à engendrer de façon régulière une action ou une passion, la disposition est plus aisément séparable du sujet[2]. Or le mouvement est bien une disposition qui n'est pas « fermement » ancrée dans le sujet (comme la maladie, ou la chaleur) mais quelque chose qui peut aisément se transformer en son contraire, à savoir le

1. *Qu. Phys.*, III, 7, f° Lvb : « Motus ultime spere [...] est mutatio secundum dispositionem aliam a substantia spere et sibi inherentem ».

2. *SL*, III, 5, 2, p. 64-65 : « Sed qualitas vocatur "dispositio" ex eo quod subiectum secundum eam dicitur bene vel male dispositum ad operandum vel non operandum, sed non firmatum in tali qualitate quin faciliter sit mutabile in oppositam qualitatem [...] ».

repos. En caractérisant le mouvement comme disposition, Buridan confirme et conforte son statut de qualité inhérente au mobile, et lui assure une consistance ontologique dont Ockham cherchait à le priver en niant le caractère d'accident du mouvement [1]. La théorie du maître picard ne sera pas adoptée par Albert de Saxe, qui reviendra à une position plus proche de celle d'Ockham et critiquera explicitement la théorie du mouvement comme flux [2]. Il traitera sur le même plan, contrairement à Buridan, le cas de l'altération et celui du déplacement [3]. Pour Albert, si l'on s'en tient au cours de la nature, « pour que quelque chose se meuve localement, sont nécessaires et suffisants le mobile, le lieu et le moteur, non pas cependant absolument, mais il faut que le mobile soit continûment et successivement dans un lieu et dans un autre, en supposant l'immobilité du lieu que supposent Aristote et le commentateur » [4]. La position opposée ne se défendrait que dans l'hypothèse surnaturelle d'une annihilation de tous les corps sauf un, qui serait néanmoins mû d'un mouvement linéaire, comme les articles parisiens nous incitent à penser que c'est possible selon la toute-puissance divine. Les condamnations fonctionnent ainsi à front renversé selon les deux maîtres !

Ces usages opposés du même article incitent à relativiser le poids des condamnations dans le développement de la « nouvelle physique ». Il est exact que des questions comme celles qui portent sur la possibilité d'un mouvement rectiligne du monde s'appuient sur une hypothèse formulée dans les condamnations de 1277. Il est exact aussi qu'elles fournissent des arguments de poids, même à quelqu'un qui comme Buridan affirme ne pas se mêler de théologie, pour développer des expériences de pensée qui s'écartent de la cosmophysique aristotélicienne (espace infini, pluralité des mondes, etc.). Il n'en est pas moins vrai que les développements de cette nouvelle physique naissent la plupart du temps, sinon tout le temps, de difficultés qui avaient surgi au sein même des commentaires d'Aristote, dans le monde de l'Antiquité tardive puis le monde arabo-musulman, avant d'être

1. Guillaume d'Ockham, *Expositio in libros Physicorum*, III, c. 2, § 8, éd. V. Richter et G. Leibold, « Opera philosophica » IV, St. Bonaventure, N. Y., The Franciscan Institute, 1985, p. 446 : « [...] omnia talia argumenta procedunt ex falsa imaginatione, ac si motus esset unum accidens existens subiective in mobili » ; cf. *Summula Philosophiae naturalis*, III, c. 7, éd. St. Brown, « Opera philosophica » VI, St. Bonaventure, N. Y., The Franciscan Institute, 1984, p. 269 : « [...] non est imaginandum quod motus sit quaedam res successiva distincta totaliter a re permanente [...] ».

2. Voir Albert de Saxe, *Quæstiones super octo libros Physicorum Aristotelis*, III, qu. 6, dans B. Patar, *Expositio et Quæstiones in Aristotelis Physicam ad Albertum de Saxonia attributæ*, t. II, p. 508 : « [...] aliqui tenuerunt et tenent quod secundum Aristotelem et Commentatorem non posset salvari aliquid moveri localiter sine fluxu distincto a mobili et a loco. [...] Sed breviter [...] isti modi dicendi deficiunt ».

3. Albert de Saxe, *Qu. Phys.*, III, qu. 6, p. 510 : « Et arguo hoc per ratio eorummet qua probant quod in motu alterationis non oportet ponere talem fluxum. Arguunt enim sic, quia in motu alterationis possumus salvare sine tali fluxu mobile continue aliter et aliter se habere quam prius se habuit ». Il est probable qu'Albert vise directement la *tertia lectura* de Buridan.

4. Albert de Saxe, *Qu. Phys.*, III, qu. 6, p. 509 : « [...] ad hoc quod aliquid moveatur localiter, sufficiunt et requiruntur mobile et locus et movens, non tamen ista absolute, sed quod mobile continue et successive sit in alio et alio loco, supposita immobilitate loci quam supponerent Aristoteles et Commentator ».

reprises et approfondies par les Latins aux XIIIe et XIVe siècles. Les « articles parisiens » servent d'argument parmi d'autres pour travailler de l'intérieur et modifier certains concepts et certaines thèses du péripatétisme, et leur importance ne doit pas être survalorisée.

Mais si les articles parisiens ne suffisent pas, à l'évidence, pour déterminer telle ou telle prise de position, puisqu'ils sont invoqués par des maîtres qui défendent des positions opposées, peut-on aller plus loin et se demander ce qui fonde la position buridanienne ? On peut la rapprocher de celle d'Albert le Grand, dont la discussion a été rapportée par la tradition ultérieure des commentaires parisiens, notamment par Gilles de Rome. Guillaume d'Ockham, peut-être moins dépendant de cette tradition, aurait quant à lui opté pour une conception réductionniste plus radicale, niant que le mouvement signifie une forme en devenir tout en refusant de poser une réalité *sui generis* du flux [1]. Sans y voir l'anticipation de théorie modernes de l'inertie ou d'un espace abstrait, on peut penser qu'une telle approche crée les conditions pour des théories du corps, de l'espace et du mouvement qui s'éloignent davantage des canons aristotéliciens. Mais ce constat, partiellement exact, n'éclaire guère le sens des choix buridaniens puisque Albert le Grand avait exposé tout un spectre de positions possibles. Je ne pense pas qu'on puisse assigner à cette théorie buridanienne une raison unique, non plus qu'une place univoque dans les transformations de la physique qui se succèdent entre le XIVe et le XVIIe siècle. Ce sont les débats, les contradictions, qui ont une signification globale, manifestant quels concepts viennent en crise, quels problèmes viennent sur le devant de la scène. Quoi qu'il en soit, la doctrine buridanienne cherche à conférer un statut ontologique à une réalité, celle du mouvement, qui, de prime abord, est hautement problématique dans le cadre d'une ontologie nominaliste. Le mouvement, s'il n'est pas un type d'être *sui generis*, est une qualité inhérente au mobile. Or c'est cette réalité qui fait l'objet d'analyses de plus en plus poussées, notamment à travers les règles du mouvement. Certes, les Calculateurs anglais sont, pour autant qu'on puisse en juger, plus proches de la conception ockhamiste, d'autant qu'ils s'intéressent peu à l'analyse proprement métaphysique du mouvement. Mais à une époque où le mouvement devient l'objet d'études plus détaillées que celles qui étaient livrées par le livre VII de la *Physique*, où de nombreux processus de changement sont soumis à des procédures de quantification, la question du statut de cet objet physique ne pouvait ne pas revenir en débat. Mon hypothèse est que la position de Buridan revient à donner *consistance* au mouvement en réinterprétant de manière originale l'idée de flux. Ce faisant, il défend un *nouveau réalisme* du mouvement, et c'est par rapport à cette nouvelle problématique que vont se situer ses contemporains et successeurs, qu'il s'agisse

1. Guillaume d'Ockham, *Expositio in libros Physicorum Aristotelis*, III, c. 2, § 8, OP IV, p. 442 : « et ita semper respondendo *talibus protervis imaginantibus quod hoc nomen"motus" significat unam rem absolute*, sicut faciunt nomina primario instituta, resolvendae vel exponendae sint propositiones acceptae per illas quas intelligunt philosophi » – je souligne (J. B.).

d'Albert, qui rejette la théorie buridanienne [1], ou de Nicole Oresme, qui reprend, mais en l'interprétant différemment, l'idée de *fluxus*. Oresme reprend en effet la question de la signification du terme « mouvement ». Il refuse de la réduire à la signification du mobile et du lieu, mais il refuse tout autant de compter le mouvement au nombre des choses. Dans son *Livre du ciel et du monde*, il évoque lui aussi le cas de la dernière sphère afin de déterminer ce qui est requis pour penser le mouvement ; il introduit alors un espace imaginaire comme référent abstrait [2]. Il refuse cependant de définir le mouvement de manière purement relative (ce que rendait possible la position d'un tel *spatium*), et le considère, à la différence d'Albert de Saxe, comme réalité intrinsèque au mobile. Dans cette mesure, il accepte lui aussi la notion de *fluxus*. Mais il nie que ce soit une « chose surajoutée » au mobile. En cohérence avec ses autres analyses, il est alors conduit à en faire un *modus rei*, qui n'est signifiable que de manière complexe (*complexe significabile*). Sans accepter l'ontologie buridanienne, il fait sienne l'exigence de penser le mouvement d'un mobile de manière intrinsèque et non pas dans les seules relations avec d'autres corps [3].

L'altération et la mesure des variations de qualité

Curieusement, la théorie du *fluxus* ne vaut selon Buridan que pour le déplacement, et non pour l'altération, ou mouvement selon la qualité. C'est d'ailleurs sur cette distorsion, présente dès la *tertia lectura* de la physique buridanienne [4], que s'est appuyé Albert de Saxe pour refuser la théorie renouvelée du *fluxus*. Pourtant, c'est d'abord à propos de l'altération que, dans la question 2 sur le livre III de la *Physique* (dernière lecture), pour définir le mouvement, Buridan introduit le débat sur la nécessité d'un flux qui serait distinct de la chose qui change [5]. Dans sa réponse à la question, Buridan rejette clairement la théorie du flux en ce qui concerne l'altération :

1. Ainsi que nous l'avons déjà suggéré, Albert répond sans doute aux arguments de la *tertia lectura* de Buridan. Mais Buridan n'a pas été convaincu et sur ce point n'a pas varié.

2. Voir Nicole Oresme, *Le Livre du ciel et du monde*, II, qu. 8, éd. par A. D. Menut and A. J. Denomy, Madison-Milwaukee-London, University of Wisconsin Press, 1968, p. 372.

3. Voir la présentation très détaillée de St. Caroti, « Oresme on Motion », *Vivarium*, XXXI (1993), p. 8-36.

4. Voir *supra*, p. 327, n. 2.

5. Voir *Qu. Phys.*, III, qu. 2, f° XLIIra : « Queritur secundo de diffinitione et quidditate motus et motuum, querendum est utrum ad alterationem requiratur fluxus distinctus ab alterabili et qualitate secundum quam est alteratio ».

> Je réponds à cette question que dans une véritable altération, comme dans le réchauffement, il n'y a pas de flux autre que cette chaleur qui est acquise continuellement partie après partie, et aussi la froideur qui à l'inverse est continuellement abandonnée partie après partie [1].

Dès lors qu'il refuse ainsi d'assigner au flux un être distinct dans la cas de l'altération, Buridan est conduit à poser une succession de degrés au sein de telle ou telle qualité. Il est donc conduit à admettre au sujet du changement de qualité deux thèses liées entre elles, qui seront à la base de tous les raisonnements ultérieurs, à savoir que l'on a affaire à des *res successive* et qu'on peut à leur sujet parler de parties :

> La chaleur, quand elle est acquise partie par partie, est une chose successive au sens où continuellement une partie succède à une autre dans l'être (*in essendo*), de sorte qu'une partie commence à être après une autre, et cette succession suffit au mouvement de l'altération. Malgré cela, ces parties subsistent bien simultanément, quand elles sont réalisées [2].

Buridan en vient ainsi à examiner la question de l'intension et de la rémission des formes [3], un problème qu'il aborde aussi dans ses *Questions sur la génération et la corruption* en relation avec le problème de la permanence des qualités élémentaires dans un corps mixte [4]. Bien que la problématique ait ses racines dans des débats à la fois théologiques et physiques remontant au XIIIe siècle, le cadre des discussions qui se déroulent au XIVe siècle a été pour une large part reformulé

1. *Qu. Phys.*, III, qu. 2, f° XLIIrb-va : « Ad istam questionem ego respondeo quod in vera alteratione, ut in calefactione, non est aliquis fluxus alius quam illa caliditas que continue acquiritur pars post partem, et etiam frigiditas qui continue abiicitur econverso pars post partem ».

2. *Qu. Phys.*, III, 2, f° XLIIva : « [...] caliditas, quando acquiritur pars post partem, est res successiva ad istum sensum quod continue una pars succedit alteri in essendo, ita quod incipit esse posterius una pars quam alia, et hec successio sufficit ad motum alterationis. Hoc tamen nonobstante ille partes bene permanent simul, quando facte sunt ».

3. Les études classiques sur le sujet sont celles de Pierre Duhem, *Études sur Léonard de Vinci*, III, Hermann, Paris 1908, réimpr. 1984, p. 314-350; *Le Système du Monde*, vol. VII, Hermann, Paris 1956, p. 462-653; et surtout A. Maier, *Zwei Grundprobleme der scholastischen Naturphilosophie*, « Studien zur Naturphilosophie der Spätscholastik » II, Edizioni di storia e letteratura, Roma, 1951 : « Das Problem der intensiven Grosse in der Spätscholastik » ; et *An der Grenze von Scholastik und Naturwissenschaft*, « Studien zur Naturphilosophie der Spätscholastik » III, Edizioni di storia e letteratura, Roma, 1952 : « Die Mathematik der Formlatituden, Die Calculationes des 14. Jahrhundert und die Wissenschaft von der Formlatituden ». Voir aussi E. D. Sylla, *The Oxford Calculators and the Mathematics of Motion, 1320-1350. Physics and Measurement by Latitudes*, Harvard University dissertation 1970, Harvard University Dissertations in History of Science, New York and London, 1991 ; Ead., « Medieval Concepts of the Latitude of Forms : The Oxford Calculators », *Archives d'Histoire Doctrinale et Littéraire du Moyen Âge* 40 (1973), p. 233-238. Voir aussi J.-L. Solère, « Plus ou moins : le vocabulaire de la latitude des formes », dans Jacqueline Hamesse et Carlos Steel (éds), *L'Élaboration du vocabulaire philosophique du Moyen Âge*, Actes du colloque international de Louvain-la-Neuve et Leuven, 12-14 septembre 1998, organisé par la SIEPM (Brepols, 2000), p. 437-488. Dans ce qui suit, je reprends en partie des éléments déjà développés dans « L'être et la mesure dans l'intension et la rémission des formes (Jean Buridan, Blaise de Parme) », *Medioevo*, XXVII (2002), p. 415-447 ; des compléments importants ont été apportés ensuite par St. Caroti, dans « Some Remarks on Buridan's Discussion on Intension and Remission », *Vivarium*, XLII/1 (2004), p. 58-85.

4. Ce point a été mis en lumière par St. Caroti, « Some Remarks on Buridan's Discussion... », p. 60.

par Gautier Burley dans un double traité [1]. Les textes de Burley n'ont pas seulement suscité une polémique avec Ockham, ils ont marqué en profondeur les discussions ultérieures, en liant le problème à la question du premier et du dernier instant du changement, en formulant certaines positions, comme celle de l'*admixtio*, qui servent de référence aux controverses ultérieures, et en précisant les options concernant la *mesure* des variations qualitatives [2].

Dans les questions 3 à 5 sur le livre III (*ultima lectura*) [3], Jean Buridan défend une théorie additive de la mutation qualitative, s'opposant ainsi à la théorie de la succession des formes à laquelle s'était finalement arrêté Gautier Burley [4]. Au XIIIe siècle la théorie de la succession avait déjà rencontré des oppositions, mais c'était au nom de conceptions fondées sur la participation, soit que la charité ou la blancheur de tel ou tel degré s'approchent plus ou moins de la charité ou de la blancheur parfaites – telle était, sommairement résumée, la position de Thomas d'Aquin –, soit que la qualité, en elle-même immuable, soit plus ou moins réalisée dans le sujet – telle était la position de Gilles de Rome. Jean Buridan, qui ne reconnaît pas de forme universelle, pas plus pour la qualité que pour la substance, doit reconsidérer le rapport entre forme et degré sans faire appel à l'idée de participation du sujet à une forme extérieure.

On peut parler en deux sens de la divisibilité d'une qualité en parties. Selon le premier sens, on peut penser à une division quantitative du sujet. Ce n'est évidemment pas en ce sens qu'il faut ici parler de « parties », comme si un sujet se modifiait d'abord dans l'une de ses parties, puis dans une autre, etc., mais avec un degré ou une intensité égale en chaque partie. Selon le second sens, « on imagine qu'une qualité se divise en parties graduelles », existant simultanément dans toutes les parties du sujet, et permettant de dire, par exemple, qu'une chose est deux fois

1. L'importance de ce traité a déjà été soulignée : voir Voir H. Shapiro, « Walter Burley and the Intension and Remission of Forms », *Speculum*, 34 (1959), p. 413-427. En vérité, il y a deux traités de Burley, l'un dit *Tractatus primus* et l'autre *Tractatus secundus*, ce dernier ayant été connu et diffusé sous le titre *De intensione et remissione formarum*. Le titre suggéré par Shapiro pour l'ensemble est *Tractatus de activitate, unitate et augmentatione formarum habentium contraria suscipientium magis et minus;* L. M. De Rijk suggère quant à lui *De formis accidentalibus, pars prima (De quattuor conclusionibus circa formas accidentales)* et *De formis accidentalibus, pars secunda (De causa intrinseca susceptionis magis et minus)*. Voir L. M. De Rijk, « Burley's So-called *Tractatus primus*, with an Edition of the Additional *Quaestio "Utrum contradictio sit maxima oppositio"* », *Vivarium*, XXXIV/2 (1996), p. 161-191.

2. Voir St. Caroti, « Some Remarks on Buridan's Discussion… », p. 61-63.

3. *Qu. Phys.*, III, qu. 3 : « Utrum qualitates contrarie ut albedo, nigredo, caliditas et frigiditas, possint se compati simul in eodem subiecto secundum aliquos gradus ipsarum » ; qu. 4 : « Utrum qualitas secundum quam est alteratio per se proprie dicta continua et temporalis acquiratur tota simul vel pars post partem » ; qu. 5 : « Utrum in alteratione pars qualitatis que prius acquiritur manet cum parte que posterius acquiritur ». Dans la *tertia lectura* de la physique buridanienne, ainsi que l'a noté St. Caroti, art. cit, p. 59-60, l'ordre des questions est différent, mais les titres sont presque identiques. Stefano Caroti pense que les modifications introduites par Buridan entre ses deux exposés visent à répondre aux thèses développées à ce sujet par Nicole Oresme dans ses *Questions sur la Physique* (art. cit., p. 71). En ce qui concerne Oresme, voir St. Kirschner, « Oresme on Intension and Remission of Qualities in His Commentary on Aristotle's *Physics* », *Vivarium*, XXXVIII (2000), p. 255-274.

4. Voir Gautier Burley, *De intensione et remissione formarum*, Venise, 1496, f° 10va, 2a concl.

plus chaude qu'une autre ; c'est évidemment de cette façon qu'on entend ici la qualité et le processus d'intensification.

Concernant la qualité ainsi entendue, Buridan évoque l'existence d'une thèse selon laquelle elle serait acquise « tota simul essentialiter » et non pas « gradualiter ». Mais en fin de compte il refuse cette thèse parce qu'elle se fonde sur la distinction entre les degrés et l'essence de la qualité :

> Cette opinion ne me paraît pas vraie, à moins qu'elle ne soit exposée comme un sens impropre. Elle semble en effet imaginer qu'il y aurait des degrés distincts de l'essence de la chaleur, et que continuellement il y aurait un degré et un autre, et qu'il n'y aurait pas une essence et une autre. Je ne crois pas que cela soit vrai [1].

On ne doit pas opposer l'essence et la réalité graduelle de la qualité ; conformément aux principes de la métaphysique buridanienne, il n'y a pas de différence entre l'être et l'essence.

Buridan énonce alors une série de conclusions positives.

> Le première conclusion est que continuellement dans le réchauffement, quelque chose de la chaleur est acquis à un moment et quelque chose de la chaleur est acquis après, dans un même sujet et selon une même partie de ce sujet [2].

Cela suppose une certaine continuité mais cela implique surtout que ce changement se fasse selon une disposition interne du sujet et non par relation à quelque chose d'extrinsèque au sujet lui-même, y compris une forme qualitative qui en serait distincte. Buridan, cependant, ne réduit pas non plus le changement qualitatif en général à une modification topologique des parties du substrat ; c'est pourquoi il évoque une *disposition*. Si un corps *a* devient chaud, ou plus chaud, il *est* quelque chose qu'il n'était pas auparavant, et cet *être* ne peut être que la chaleur ou un degré de chaleur : « tous accorderaient que cet autre serait la chaleur, ou quelque chose de la chaleur, à savoir une partie ou un degré, ou quelque chose de cette sorte » [3]. Doit-on pour autant introduire quelque chose comme un flux de chaleur ? Buridan l'évite et souligne que le degré de chaleur n'est pas autre chose que la chaleur elle-même [4]. Il n'est pas requis de poser un mouvement vers un certain degré de chaleur, distinct de ce degré lui-même, car le degré serait alors superflu pour rendre compte de la succession et de la continuité. Dans le mouvement d'altération il est par conséquent inutile de poser un certain flux qui soit distinct de la qualité elle-même. La conclusion finale rassemble ces éléments :

1. *Qu. Phys.*, III, qu. 4, f° XLVrb : « Ista opinio non videtur mihi vera nisi exponatur ad sensum improprium. Videtur enim ymaginari quod sint gradus distincti ab essentia caliditatis, et quod continue sit alius et alius gradus et non sit alia et alia essentia. Et hoc non credo esse verum ».

2. *Qu. Phys.*, III, qu. 4, f° XLVrb : « Prima [conclusio] est quod continue in calefactione aliquid caliditatis acquiritur prius et aliquid caliditatis acquiritur posterius in eodem subiecto et secundum eandem partem eiusdem ».

3. *Qu. Phys.*, III, qu. 4, f° XLVrb : « omnes concederent quod illud aliud sit caliditas vel aliquid caliditatis, scilicet pars, aut gradus, aut huiusmodi ».

4. *Qu. Phys.*, III, qu. 4, f° XLVrb : « Seconda conclusio est quod gradus caliditatis non est alia res a caliditate ».

> la qualité selon laquelle se fait l'altération est acquise continuellement, une partie après l'autre, même en un même sujet et selon une même partie de ce sujet. Cette conclusion suit des deux conclusions précédentes. Dans la première conclusion, en effet, il a été dit que quelque chose est acquis continuellement, avant puis après, et ce ne sont pas des degrés ou des choses distinctes de la chaleur ou de parties de la chaleur, comme le dit la deuxième conclusion [1].

Ainsi, Buridan paraît reprendre à son compte la théorie additive selon laquelle la qualité est acquise partie par partie, approche qui, sous le nom de « théorie des frères mineurs », était combattue par Burley car elle lui paraissait confondre excessivement le qualitatif et le quantitatif. D'après Anneliese Maier [2], elle fut développée par Richard de Mediavilla, Pierre de Jean-Olivi, Guillaume de Ware, Jean Duns Scot, François de Meyronnes... Mais à l'origine elle était très différente de celle à laquelle aboutit Buridan. La charité, qui était l'objet privilégié, était à considérer selon son essence et la croissance par addition consistait en l'acquisition de quelque nouveau degré de l'essence de la charité. Buridan n'opère en aucune manière un retour à Scot contre Burley. Il se contente de reprendre, par delà les critiques burleyiennes, la quantification du processus qualitatif qu'implique l'idée d'*addition* de parties.

Une fois soulignés le statut non séparé de la forme accidentelle et l'identité entre les degrés et le flux, Jean Buridan conforte son approche additive en établissant que les degrés d'une qualité se conservent et se cumulent dans le processus d'augmentation. Les arguments sont longs et parfois confus, mais le sens général est clairement affirmé :

> Je dis brièvement que dans une vraie altération, proprement dite, comme dans le réchauffement, la partie de chaleur qui est acquise antérieurement subsiste avec celle qui est acquise postérieurement [3].

Mais l'essentiel, qui recoupe ce que nous avons vu plus haut à propos de la conception buridanienne des mathématiques, est que le maître picard met en place une conception opératoire de l'additivité. On pourrait avoir l'impression que Buridan reprend simplement l'interrogation sur le statut métaphysique des formes accidentelles, en l'adaptant à sa métaphysique du singulier selon laquelle il ne saurait exister d'essence générale de la qualité. Mais il centre sa réflexion sur le problème de la *mesure* des variations qualitatives. Une fois de plus, le problème n'est pas inédit, il était posé par Burley dans sa discussion de la théorie additive et de ses variantes. On a pu estimer que ce courant, développé notamment par

1. *Qu. Phys.*, III, qu. 4, f° XLVva : « Tertia conclusio est quod qualitas secundum quam est alteratio continue acquiritur una pars eius post aliam, etiam in eodem subiecto et secundum eandem partem subiecti illius. Hec conclusio sequitur ex duabus conclusionibus precedentibus. In prima enim conclusione dictum est quod continue acquiritur aliquid prius et aliud posterius, et hec non sunt gradus sive res distincte a caliditate sive a partibus caliditatis, ut dicit secunda conclusio ».

2. Voir « Das Problem der intensiven Grösse in der Spätscholastik », chap. VI, *op. cit.*

3. *Qu. Phys.*, III, qu. 5, f° XLVIrb : « Dico breviter quod in vera et proprie dicta alteratione, ut in calefactione, pars caliditatis que prius acquiritur manet cum illa que posterius acquiritur ».

Jean Duns Scot, avait fourni un cadre initial aux spéculations mathématiques sur les degrés de qualités qui se sont développées à Oxford chez les Calculateurs puis ont été reprises par Nicole Oresme dans son traité sur les configurations des qualités[1].

On a donc affaire à des *res successive* et l'on peut à leur égard parler de *parties graduelles* qui sont des degrés d'intensité, lesquels ne se différencient pas ontologiquement de la qualité elle-même. Une difficulté surgit cependant, du fait que Buridan n'accepte pas quelque chose comme des « atomes » de qualité[2]. Autrement dit, la division en parties peut se poursuivre à l'infini. La difficulté se résout par une comparaison avec la mesure d'une grandeur. Si une grandeur d'un pied et une grandeur de deux pieds ont chacune une infinité (potentielle) de parties, on semble ne pas pouvoir dire que l'une est plus grande que l'autre. Pourtant, on peut comparer une grandeur à une autre parce qu'une grandeur de deux pieds contient une grandeur d'un pied *et quelque chose en plus*. L'application d'une grandeur déterminée prise comme critère permet donc la comparaison et la mesure. On peut alors faire un parallèle avec la chaleur : un corps n'est pas plus chaud parce qu'il aurait, absolument parlant, plus de parties graduelles de chaleur, car cela supposerait soit des parties définies de façon irréductible, ce qui est refusé, soit la possibilité de continuer à l'infini la division, ce qui reconduit au paradoxe précédent ; mais on peut appliquer un procédé analogue de comparaison et de mesure :

> [...] la chaleur *a* n'est pas dite plus intense que la chaleur *b* parce qu'elle aurait plus de parties graduelles, puisque chacune en a une infinité, mais parce qu'elle en a plus que celles que l'on marque ou que l'on pourrait marquer, c'est-à-dire puisque elle en a autant et davantage[3].

Jean Buridan prend soin d'expliciter la comparaison :

> Bien que, en effet, ne soit à proprement parler engendré de *quantum* ou *un certain quantum* que dans la grandeur ou le nombre, cependant de manière analogue et selon une attribution, il y a du *quantum* et *un certain quantum*, ou encore une grandeur dans les perfections des choses, comme dans les puissances, même si

1. Voir M. Clagett (éd.), *Nicole Oresme and the Medieval Geometry of Quality and Motions ; a Treatise on the Uniformity and Difformity of Intensities known as "Tractatus de configurationibus qualitatum et motuum"*, Univ. of Wisconsin Press, Madison, 1968.

2. On doit signaler que, à la différence du mouvement local où Buridan récusait tout recours aux indivisibles, dans le cas de l'altération il présente deux raisonnements successifs : l'un en niant les indivisibles, conformément à ce qui est dit au livre VI, l'autre en en acceptant provisoirement l'hypothèse (*Qu. Phys.*, III, qu. 5, f° XLVIrb). Mais ce dernier relève de l'imagination, à la manière des mathématiciens (*ibid.* : « imaginetur modo eo mathematico [...] ».). Il s'agit pour Buridan de confirmer en toute hypothèse le mode cumulatif d'acquisition des degrés, contre Burley qui, quant à lui, jugeait que la théorie additive de la quantification de la qualité conduirait à poser une infinité de degrés, donc un infini actuel.

3. *Qu. Phys.*, III, 5, f° XLVIvb : « Ita etiam caliditas *a* non dicitur intensior caliditate *b* quia habeat plures partes graduales, quia utraque infinitas habet, sed quia habet plures tantas quanta est signata, vel signabilis, aut quia tantumdem et amplius ».

> celles-ci sont indivisibles, comme dans les puissances des intelligences, et plus encore dans l'intension et la rémission des qualités, et en beaucoup d'autres choses. Il faut alors imaginer que si dans un sujet se produit une certaine partie quantifiée (*aliquanta pars*) de chaleur par une intension, et que derechef, en plus d'elle, advient une autre partie équivalente (*tanta pars*), alors la chaleur totale serait deux fois plus intense que l'était la première partie, et si dix parties équivalentes étaient ajoutées, elle serait dix fois plus intense, et on aurait une chaleur aussi intense si ces dix parties étaient produites successivement, l'une après l'autre [1].

Ce texte est intéressant à divers titres. En premier lieu, on voit que le *quantum* ne vaut en toute rigueur que pour la grandeur ou le nombre, ce qui, au delà de l'apparence tautologique, veut dire qu'il ne paraît devoir s'appliquer que dans le cas de réalités soit réellement composées de plusieurs choses, soit ayant des parties réellement divisibles. Mais on peut par *analogie* appliquer les notions et les termes quantitatifs, y compris la grandeur, à des choses indivisibles telles que les intelligences immatérielles, et même aux intensions et rémissions de qualités. Il s'agit là d'une *imaginatio*, qui paraît ainsi liée à la démarche de mathématisation. Cette imagination permet d'appliquer le quantitatif aux variations qualitatives, *en faisant abstraction* dorénavant de la question du statut métaphysique des degrés de qualité. C'est ainsi que se fait le passage à une vue quasi opératoire de la division en degrés.

Ensuite, Jean Buridan va conforter cette approche en revenant sur le problème de la nomination et de la désignation. Déjà plus haut, l'expression « signata vel signabilis » renvoyait à une telle désignation. Les degrés vont devoir être désignés par un acte de nomination qui est arbitraire. Jean Buridan introduit alors l'idée de *raison*, au sens de concept ou mode de concevoir selon lequel une chose est désignée. Tous les degrés d'une qualité sont de même *raison* tant qu'on désigne la qualité sans introduire de *relation de mesure* : « bien que toutes les parties ou tous les degrés de chaleur soient de même raison et espèce quant au nom signifiant absolument la qualité, sans relation ni mesure [...] » [2]. Mais on parlera de diverses *raisons* si l'on signifie relativement ou quantitativement : « [...] cependant on a bien diverses raisons et espèces quant aux noms signifiant relativement et quantitativement, comme plus ou moins intense, plus ou moins faible » [3]. Un tel

1. *Qu. Phys.*, III, 5, f° XLVIvb (ms. C f° 69ra) : « Licet enim non sit proprie quantum [*om.* éd. 1509] generatum nec aliquantum nisi in magnitudine vel numero, tamen, modo proportionali et secundum attributionem, est quantum et aliquantum, vel etiam magnitudo, in perfectionibus rerum, ut in potentiis, licet etiam ille sint indivisibiles, ut in potentiis intelligentiarum, et etiam magis in intensionibus et remissionibus qualitatum et in multis aliis. Tunc ergo imaginandum est quod si in aliquo subiecto fit aliquanta pars caliditatis per intensionem, et iterum cum ea adveniret alia tanta pars, tunc totalis caliditas esset in duplo intensior quam erat pars prima, et si decem tante apponerentur, esset in decimo [*corr.* duplo ms. C et éd. 1509] intensior et esset eque intensa caliditas si ille decem fierent successive una post aliam ».

2. *Qu. Phys.*, III, 5, f° XLVIvb : « licet omnes partes vel gradus caliditatis sint eiusdem rationis et speciei quantum ad nomen significans simpliciter qualitatem sine relatione aut mensura [...] ».

3. *Qu. Phys.*, III, 5, f° XLVIvb : « [...] tamen bene sunt diversarum rationum et specierum quantum ad nomina significantia relative vel quantitative, ut magis vel minus intensum vel remissum ».

raisonnement accentue le relativisme de la désignation des degrés ; il n'est pas besoin de supposer des degrés absolus, il suffit d'introduire des comparaisons :

> et il n'est pas requis que tous les degrés soient égaux entre eux selon l'intension, pas plus que toutes les parties de la grandeur ne sont égales entre elles selon l'extension. Au contraire, de grands degrés sont divisés en plus petits, et ceux-ci à nouveau en plus petits à l'infini, comme il en est de l'extension de la grandeur [1].

La comparaison a ses limites en ce que les parties d'une grandeur extensive peuvent être naturellement séparées, tandis que les parties de la qualité ne le peuvent pas (on ne peut pas mettre d'un côté un degré de chaleur et de l'autre ce qui reste) ; néanmoins l'un peut être détruit et l'autre subsister, ce qui fonde la comparaison. On n'a donc affaire ni à des degrés préexistants, ni à une participation à une essence identique, on a bien une réalité continue et successive sur laquelle les procédures de mesure découpent des degrés.

C'est cette approche à la fois sémiologique et opératoire qui explique que la théorie additive se trouve complétée par la mise en place d'une certaine « mixité », au sens où il convient de combiner les degrés de qualités contraires. Elle permet d'accentuer le conventionnalisme, à l'opposé d'une conception réaliste des degrés comme participation à une essence ou comme individuation d'une forme accidentelle [2].

Dans la question 3, dans laquelle on se demande « est-ce que des qualités contraires, comme la blancheur et la noirceur, la chaleur et la froideur, sont compatibles en même temps dans le même sujet, selon certains de leurs degrés ? », on prend comme critère de contrariété entre deux choses le fait que l'une détruirait l'autre si elle en était approchée. À partir de là, une série de thèses précise comment appréhender de tels phénomènes. Les deux premières thèses concernent des qualités prises absolument et non selon des degrés, et elles établissent qu'il est impossible, par définition, que des contraires se trouvent en même temps dans le même sujet de sorte que les propositions correspondantes seraient contradictoires. On considère ici des qualités prises en tant que telles, et non selon des degrés. C'est pourquoi l'on prend comme témoignage sensible ces qualités dans leur degré extrême : *caliditas intensissima* et *frigiditas intensissima* [3].

L'essentiel se trouve dans les thèses suivantes. La troisième affirme : « Il est possible que quelques degrés de chaleur soient en même temps que quelques

1. *Qu. Phys.*, III, 5, f° XLVIvb : « nec oportet omnes gradus adinvicem esse equales secundum intensionem, sicut nec omnes partes magnitudinis sunt adinvicem equales secundum extensionem. Immo magni gradus dividuntur in minores et illi iterum in minores in infinitum, sicut est de magnitudine extensionis ».

2. Stefano Caroti a montré (art. cit.) que cette idée de « mixité » avait, dès le XIIIe siècle, conduit à rapprocher le problème de l'intension et de la rémission avec celui de la permanence des qualités élémentaires au sein d'un corps mixte.

3. *Qu. Phys.*, III, qu. 3, f° XLIIIvb : « [...] et hoc consonat sensui quia nunquam vidimus in eodem esse simul caliditatem et frigiditatem intensissimas, vel etiam albedinem et nigredinem intensissimas et sic de aliis ».

degrés de froideur dans un même sujet »[1]. Le point essentiel est ici l'argumentation par la *résistance au changement*. Le passage d'une certaine chaleur à une plus grande chaleur suppose qu'il y ait aussi un degré de froideur dans le corps tiède, sans quoi le passage ne rencontrerait pas une résistance ; or celle-ci se manifeste par la *temporalité* et la *continuité* du changement qualitatif :

> si dans le moins chaud il n'y avait pas une certaine froideur mais seulement de la chaleur, il s'ensuivrait qu'il n'y aurait aucune résistance au corps réchauffant qui est à même de le chauffer plus intensément, ce qui est faux, donc etc. La fausseté du conséquent est manifeste puisque s'il n'y avait pas de résistance, il deviendrait tout de suite tout à fait chaud, ou du moins aussi chaud qu'il est à même de chauffer, ce qui paraît faux ; au contraire il devient continuellement et temporellement plus intense, même après que ce qui le réchauffe en est approché[2].

La discussion évoque l'hypothèse selon laquelle la froideur diminuerait par degré jusqu'au moment où la chaleur commencerait à être présente et à augmenter. Mais cette conception est récusée, car elle impliquerait que dans la tiédeur, degré intermédiaire entre la plus grande chaleur et la plus grande froideur, il n'y ait plus de froideur et pas encore de chaleur. En conséquence, on ne sentirait rien, ce qui est manifestement faux, puisque un tel corps tiède peut refroidir quelque chose de très chaud ou réchauffer quelque chose de très froid.

Buridan paraît donc opter pour le mélange de qualités. Mais il reste encore à préciser comment concevoir ce dernier. Car au sens strict, il est impossible que des contraires se trouvent en même temps dans un même sujet. En vérité, il faut comprendre que ces degrés de froideur et de chaleur qui se trouvent dans tous les états intermédiaires entre la chaleur extrême et la froideur extrême *ne sont pas des contraires*. Seules la *caliditas intensissima* et la *frigiditas intensissima*, telles qu'elles ont été évoquées plus haut pourraient être dites contraires[3]. Or la plus grande chaleur et la plus grande froideur n'existent pas dans le corps où se trouvent des degré intermédiaires[4]. De même, les processus de réchauffement et de refroidissement ne sont pas à proprement parler des contraires tels qu'on les entend ici :

1. *Qu. Phys.*, III, qu. 3, f° XLIIIvb : « Possibile est esse simul aliquos gradus caliditatis cum aliquibus gradus frigiditatis in eodem subiecto ».

2. *Qu. Phys.*, III, qu. 3, f° XLIIIvb (ms. C f° 64vb) : « si in minus calido non esset aliqua frigiditas, immo solum caliditas, sequeretur quod nulla esset resistentia calefacienti innato intensius calefacere, quod est falsum, igitur etc. Falsitas consequentis manifesta est quia si non esset resistentia, illud statim fieret calidissimum vel saltem ita calidum sicut illud innatum est calefacere, quod apparet falsum, immo continue et temporaliter fit calidus intensior [immo… intensior *om.* C], etiam postquam approximatum est calefaciens ».

3. Voir *Qu. Phys.*, III, qu. 3, f° XLIIIIrb : « contrarietas caliditatis ad frigiditatem non attenditur secundum rationes simplices caliditatis et frigiditatis sed secundum rationes intensissime caliditatis et intensissime frigiditatis ».

4. D'où la formule : « nulla sunt contraria quorum illi gradus sint gradus vel partes » (*Qu. Phys.*, III, qu 3, f° XLIIIIra).

> Je crois qu'il faut dire que, à proprement parler, le réchauffement et le refroidissement ne sont pas des choses contraires, ce sont plutôt des choses intermédiaires entre un terme à partir duquel il y a mouvement, et un terme vers lequel il y a mouvement, termes qui, s'ils étaient simultanément, seraient des contraires [1].

Par suite, il est possible qu'on ait simultanément des degrés qui furent degrés ou parties d'une extrême chaleur ou d'une extrême froideur. Cette thèse est destinée à rappeler la théorie additive, en se plaçant dans le cas imaginaire où l'on passerait d'une extrême froideur à une extrême chaleur. De tels degrés ne sont pas les degrés d'une forme immuable qui subsisterait, et l'extrême chaleur ou l'extrême froideur jouent ici une fonction de substitut à l'égard d'une telle forme sans en avoir le moins du monde le statut ontologique.

La sixième et dernière thèse formule de façon condensée cette théorie à la fois additive et mixte : « La contrariété des formes n'est pas considérée à partir des raisons simples des formes mais à partir de la quantité des degrés » [2]. L'interrogation se trouve par conséquent déplacée vers la considération de la *quantité de degrés*. Dans la suite du raisonnement, Buridan va même assimiler la *perfecta caliditas* à un état lui-même quantifié – et quantifié arbitrairement : « Posons par exemple que la chaleur parfaite soit de 10° et que la froideur parfaite soit de 10° » [3]. Il s'agit bien de mettre en place des *procédures de mesure*, sur un intervalle dont on définit ainsi les bornes.

À partir de cette représentation de la chaleur et de la froideur maximales, on peut imaginer une situation intermédiaire, qui équivaudra alors à cinq degrés de chaleur et à cinq degrés de froideur, et cela définira, si l'on veut, la *tepiditas perfecta*. Le fait de qualifier une telle tiédeur de « parfaite » revient, on le comprend, à vider ces formes de toute teneur ontologique. La « perfection » ne désigne plus que la complétude d'une désignation quantitative aboutissant, selon une certaine proportion, à un ensemble de dix degrés. Entre les deux bornes, on a toujours une somme de dix, selon un rapport variable, et c'est la variation de ce rapport qui seule compte. De ce fait, on ne doit pas considérer que les degrés de chaleur et les degrés de froideur se détruisent l'un l'autre. Non seulement ils coexistent, mais ils ne produisent aucun effet l'un sur l'autre [4]. Il se confirme ainsi que ces degrés sont des instruments de mesure. Sinon, la chaleur et la froideur tendraient à se neutraliser, vers un état moyen, or il faut un agent extérieur pour modifier les rapports entre ces degrés.

1. *Qu. Phys.*, III, qu 3, f° XLIIIIrb (ms. f° 65va) : « Credo esse dicendum quod, proprie loquendo, calefactio et frigefactio non sunt res contrarie, immo sunt res medie inter terminum a quo est motus et terminum ad quem est motus, qui si essent simul essent contrarie ».

2. *Qu. Phys.*, III, qu 3, f° XLIIIIra : « Contrarietas formarum non attenditur ex simplicibus rationibus formarum sed ex quantitate graduum ».

3. *Qu. Phys.*, III, qu 3, f° XLIIIIra : « Verbi gratia ponamus quod perfecta caliditas sit decem graduum et quod perfecta frigiditas sit decem graduum ». Une telle représentation de la chaleur et de la froideur maximales se trouvait déjà dans les traités de Gautier Burley.

4. Voir *Qu. Phys.*, III, qu 3, f° XLIIIIra : « illi gradus nullam habent ad invicem oppositionem, nec actionem vel passionem ».

Pourtant, si l'on adopte un point de vue dynamique au lieu de s'en tenir à la quantification d'un état ponctuel, on doit considérer autrement la somme des degrés. Dans un processus de réchauffement, autant on détruit de degrés de froideur, autant on produit de degrés de chaleur. Passer de la froideur extrême à la chaleur extrême suppose donc de détruire dix degrés et de produire dix degrés ; ce sont alors vingt degrés qu'il faut prendre en compte et non pas dix. Ce curieux calcul confirme une fois de plus que le point de vue opératoire choisi est déterminant dans le processus de mesure. Il faut néanmoins l'adapter au type de qualité mesuré. Buridan a introduit, à plusieurs reprises, la comparaison habituelle avec la lumière. Or sur ce point, le processus d'illumination et le processus de réchauffement ne sont pas similaires, puisque l'ombre ou les ténèbres ne sont pas une qualité positive mais seulement une privation de lumière ; on ne peut alors compter que dix degrés et non pas vingt. Dans tous les cas il s'agit de s'en tenir à une variation corrélative des qualités contraires en évitant tout ce qui tendrait à la réification d'une forme accidentelle absolue dont les degrés mesureraient la réalisation. Dans tous les arguments, la combinaison des degrés opposés est simplement un moyen de signifier et de mesurer le changement.

Jean Buridan opte par conséquent pour une théorie additive, mais si l'on compare ses développements avec la théorie que Burley attribue aux « frères mineurs », c'est son interprétation conventionnaliste des « parties », et non pas une distinction entre les parties et l'essence, qui est décisive. Le problème est seulement celui de la mesurabilité du changement. Certes, Buridan en reste aux conditions théoriques de cette mesurabilité, sans véritable mise en œuvre de procédures de calcul qu'ont cherché à développer les Calculateurs d'Oxford puis Nicole Oresme à Paris, mais il arrache la problématique de l'intension et de la rémission des formes à la seule question du statut des formes accidentelles pour en faire une question opératoire. Il ne récuse cependant pas toute interrogation de portée métaphysique, puisqu'il est justement de la première importance de ne pas poser de différence réelle entre la qualité et ses degrés. C'est pourquoi, au sens strict, il n'est exact de dire que la qualité augmente ou diminue, mais que c'est le sujet qui devient plus intensément de telle ou telle sorte [1]. C'est pourquoi aussi, si l'on peut bien admettre qu'à un certain moment un corps a une disposition intrinsèque qu'il n'avait pas avant, cette disposition ne doit pas être différente de la qualité elle-même. La chaleur n'est rien d'autre que les degrés de chaleur de tel corps [2], et son unité se définit comme une unité de succession, comme celle de la Seine [3]. L'exigence de ne pas distinguer la qualité et ses degrés est tellement

1. Voir *Qu. Phys.*, III, qu. 5, f° XLVIIIrb : « [...] loquendo proprie, qualitas non intenditur nec fit intensior, sed subiectum intenditur, id est fit intensius tale ». Stefano Caroti, dans « Some Remarks on Buridan's Discussion... », p. 73, souligne les échos « thomistes » de cette affirmation.

2. Voir *Qu. Phys.*, III, qu. 4, f° XLVrb, déjà cité *supra* : « Secunda conclusio est quod gradus caliditatis non est alia res a caliditate ».

3. *Qu. Phys.*, III, qu. 4, f° XLVva : « caliditas per totalem alterationem est una numero et essentia caliditatis non unitate indivisibilitatis sed unitate continuitatis in succedendo partem post partem ; probo [*corr.* immo] : est una verius quam Secana que tamen per centum annos dicitur unus fluvius numero ».

forte qu'elle conduit Buridan à abandonner l'exigence de définition unitaire du mouvement puisque le mouvement local requiert un flux distinct de son sujet tandis que l'altération ne requiert pas de tel flux, ce qu'introduirait la distinction entre la qualité et ses degrés.

Le calcul du mouvement

Un autre champ d'études relevant de l'interaction entre mathématiques et physique est constitué par le calcul des rapports entre mouvements. Trouvant son origine dans quelques paragraphes d'Aristote, au livre VII de la *Physique*, ce domaine de recherches tend à se développer pour lui-même, et il donne lieu à des traités autonomes à partir du *Traité des rapports entre les rapidités dans les mouvements* de Thomas Bradwardine, daté de 1328 [1]. Ainsi Albert de Saxe ou plus tard Blaise de Parme rédigent des textes sur la théorie des rapports et leur application à l'étude des mouvements [2]. Quant à Nicole Oresme, il développe pleinement la théorie mathématique adéquate, celle des rapports de rapports. Mais, parfois chez les mêmes auteurs, des développements similaires se retrouvent dans la *Physique*, et chez d'autres dans des *Commentaires des Sentences*. Dans la question 7 de Jean Buridan sur le livre VII de la *Physique*, on retrouve le style particulier de ces recherches du XIVe siècle sur les rapports entre rapidités dans les mouvements. Les exemples sont aristotéliciens dans leur principe (on prend un rapport entre puissance et résistance [3], faisant mouvoir un mobile sur une certaine distance en un certain temps, et l'on fait varier l'un de ces facteurs afin de comparer la rapidité des mouvements) mais ils sont beaucoup plus détaillés. Le rappel des difficultés nées de l'application de la règle aristotélicienne, si on l'entend de façon simple comme un rapport arithmétique entre la puissance à la résistance, motivent l'introduction de la clause supplémentaire qui avait été introduite depuis commentaires arabes : la puissance motrice doit être supérieure à la résistance. Et le raisonnement reprend, quoique plus succinctement, certaines étapes de celui de Bradwardine. Le rapport entre les rapidités des mouvements n'est pas celui des résistances entre elles lorsque la puissance motrice est stable (conclusion 3) ; il

1. Voir Thomas Bradwardine, *Traité des rapports entre les rapidités dans les mouvements*, suivi de Nicole Oresme, *Traité sur les rapports de rapports*, intr., trad. et commentaires de S. Rommevaux, Paris, Les Belles Lettres, 2010.

2. Albert de Saxe, *Tractatus proportionum*, éd. par H. L. L. Busard *Der Tractatus proportionum von Albert von Sachsen*, dans Osterreichischen Akademie der Wissenschaften, Denkschriften, math.-naturwiss., 116/2 (1971), Wien, p. 43-72 ; Blaise de Parme, *Questiones super tractatus proportionum magistri Thome Braduardini*, éd. par J. Biard et S. Rommevaux, Paris, Vrin, 2005. Les débats nés à cette occasion se prolongent en philosophie naturelle durant deux siècles : voir J. Biard et S. Rommevaux, *Mathématiques et théorie du mouvement (XIVe-XVIe siècles)*, Lilles, Presses universitaires du Septentrion, 2008.

3. Buridan a pris la peine de préciser en quel sens il faut entendre puissance motrice et puissance résistive – nous dissuadant ainsi par avance d'introduire ici le concept classique de « force » ; il s'agit toujours de comparer des espaces parcourus ou des temps de parcours.

n'est pas celui des puissances motrices entre elles lorsque la résistance est stable (conclusion 5) ; il n'est pas celui des excès des puissances motrices sur les résistances (conclusion 6). Puis la formulation retenue introduit la notion de « rapport de rapport » :

> la rapidité doit être considérée selon le rapport de plus grande inégalité entre le moteur et la résistance, de sorte que d'autant sera plus grand le rapport de plus grande inégalité du moteur à la résistance, d'autant le mouvement sera plus rapide ; et ainsi le rapport entre les mouvements est à considérer selon le rapport des rapports entre les moteurs et leurs résistances, de sorte que, dans le rapport dans lequel le rapport de *a* à *b* est plus grand que le rapport de *c* à *d*, dans le même rapport *a* mouvra *b* plus rapidement que *c* meut *d*[1].

Il est clair que Buridan a entendu parler de la règle du mouvement telle qu'elle a été mise en place par Bradwardine, et telle qu'elle est discutée à Paris dans les années 1350. On peut même supposer que dans l'*ultima lectura* il a eu des échos du traitement oresmien de cette question[2], ou à tout le moins de la reprise qu'en a faite Albert de Saxe, aussi bien dans ses *Questions sur la physique* que dans son *Traité des rapports*[3]. Car si la règle du mouvement de Bradwardine pose bien une proportionnalité entre deux rapports de puissance motrice et de résistance[4], on n'y trouve pas littéralement l'expression « rapport de rapport », alors que c'est le cas chez Oresme[5] et chez Albert[6] ; or Buridan a bien adopté cette expression.

Toutefois, par plusieurs aspects, l'exposé de Buridan reste sommaire. Premièrement, les deux questions qu'il consacre à ces problèmes sont assez brèves, si on les compare aux traités de Bradwardine, d'Oresme et même d'Albert de Saxe (quoique celui-ci propose déjà un résumé plus succinct). Deuxièmement, il n'en profite pas pour introduire au début un exposé mathématique sur la théorie des rapports comme le faisaient Bradwardine et Oresme, ni même un exposé de la nomenclature boécienne

1. *Qu. Phys.*, VII, qu. 7, f° CVIIIra : « velocitas attendi debet penes proportionem maioris inequalitatis moventis ad resistentiam, ita quod quanto erit maior proportio maioris inequalitatis moventis ad resistentiam, tanto erit motus velocior, et ita proportio velocitatum motuum attendenda est *penes proportionem proportionum moventium ad suas resistentias*, ita quod in qua proportione proportio istius *a* ad *b* est maior quam proportio ipsius *c* ad *d*, in eadem proportione *a* movet ipsum *b* velocius quam *c* <movet> *d* » – c'est moi qui souligne (J. B.).

2. La chronologie connue rend cette hypothèse ténue, mais pas impossible. Le *Traité sur les rapports de rapports* de Nicole Oresme est situé en 1351 et 1360 ; l'*ultima lectura* buridanienne de la *Physique* probablement entre 1352 et 1357.

3. Les *Questions sur la Physique* d'Albert de Saxe sont situées par Jurgen Sarnowsky peu après 1351 et le *Tractatus proportionum* entre 1351 et 1355. On trouve dans les *Questions* l'essentiel de ce qui sera repris dans le *Traité sur les rapports* : voir *Expositio et quæstiones in Aristotelis Physicam ad Albertum de Saxonia attributæ*, III, qu. 7, éd. par B. Patar, Louvain-la-Neuve - Louvain - Paris, Éditions de l'Institut supérieur de Philosophie - Éditions Peeters, 1999, t. III, p. 976-985.

4. Voir Thomas Bradwardine, trad. cit., p. 48-49.

5. Voir Nicole Oresme, trad. cit., p. 148.

6. Voir Albert de Saxe, *Questiones in Aristotelis Physiscam*, éd. cit., p. 981 ; on peut noter qu'Albert emploie même l'expression dans l'intitulé de sa question (p. 976), ce qui n'est pas le cas de Buridan.

des rapports comme le faisait Albert, y compris dans ses *Questions sur la Physique* [1]. Enfin, troisièmement, on peut se demander jusqu'à quel point Buridan comprend vraiment les difficultés mathématiques de la question.

Certes, Buridan développe, à travers des exemples, les objections que l'on peut soulever contre l'interprétation littérale de la règle d'Aristote. De même, il pose que la formulation ne vaut que dans le cas où l'on double le rapport entre puissance et résistance [2]. Plus intéressant, il semble remarquer que le problème vient de la compréhension de la composition des rapports : si un rapport quadruple (4/1) est le double d'un rapport double (2/1), un rapport sextuple (6/1) n'est pas « double » d'un rapport triple (3/1) au sens ici pertinent – c'est-à-dire entendu comme composition et non comme addition, et l'on voit bien que Buridan a dû avoir accès à la théorie d'Oresme, au moins telle qu'elle est exposée par Albert [3] ; en vérité, pour obtenir le « double » d'un rapport triple il faudrait prendre le rapport nonuple (9/1). Toutefois l'organisation de la question laisse perplexe. Au lieu de développer l'interprétation juste de la règle telle qu'elle a été formulée dans la 7e conclusion, il en revient pour finir à la formulation littérale d'Aristote (le rapport entre les rapidités dans les mouvement serait comme le rapport des puissances aux résistances) en précisant qu'elle ne serait valable que dans les cas où le rapport est égal à deux. Le plan assez confus de la question pourrait suggérer que Buridan entend dans la version commune à Bradwardine, Oresme et Albert une variante de la règle aristotélicienne, n'échappant pas aux contradictions qui sont longuement développées. Une lecture plus charitable pourrait être que la discussion ne porte que sur les deux formulations initiales, ne considérant que le doublement ou la division par deux de l'espace ou du temps [4], que chemin

1. La question 7 d'Albert commence par un court exposé des différentes sortes de rapports.

2. Voir Jean Buridan, *Qu. Phys.*, VII, qu. 7, f° CVIIIra : « Pono octavam conclusionem, scilicet, quod due regule Aristotelis, de quibus querebatur, habeant veritatem in quibuscunque proportio motoris ad resistentiam est dupla, sed in aliis non sunt vere ». Par là, il fait écho soit à Oresme, soit à Albert ; voir Nicole Oresme, trad. cit., p. 155-156 ; Albert de Saxe, *Qu. Phys.*, III, qu. 8, éd. cit. p. 991 : « Et hoc est verum quando illa potentia se habet in dupla proportione ad illud mobile : et ita forte intellexit Aristoteles » ; et p. 994 : « Ad rationes dico quod forte ex vitio translatoris sunt positae falsae regulae quae creduntur esse positae de mente Aristotelis, licet non ita sit. Ita potest dici pro excusatione Aristotelis ». Sabine Rommevaux fait remarquer, dans son introduction aux textes de Bradwardine et d'Oresme, que Bradwardine, quant à lui, dénonce bien certaines formulations comme fausses, mais sans mentionner le nom d'Aristote.

3. Voir *Qu. Phys.*, VII, qu. 7, f° CVIIIra : « proportio sextupla non est dupla ad triplam, non enim continet duas triplas, sed continet solum unam triplam cum una dupla, quia sex primo continent bene unam triplam, que est trium ad unum, sed ultra non continet nisi unam duplam, que est sex ad illa tria ». *Cf.* Albert de Saxe, *Tractatus proportionum*, éd. Busard p. 56 : « Secunda suppositio : cum fuerit aliqua proporcio ex duabus proporcionibus equalibus composita, ad quamlibet illarum est dupla, et si ex tribus, ad quamlibet <illarum> est tripla [...]. Verbi gratia unde quia proporcio 8 ad 2 componitur ex proporcione 8 ad 4 et 4 ad 2 que sunt <sibi invicem> proporciones equales, ipsa est precise dupla ad quamlibet illarum ».

4. Ces deux formulations sont les suivantes, voir *Qu. Phys.*, VII, qu. 8, f°s CVIIrb-va « Et erit hec questio de primis duabus regulis, videlicet, utrum hec due regule sunt vere, scilicet iste : [1] Si aliqua virtus movet aliquod mobile per aliquod spacium in aliquo tempore, eadem vel equalis virtus movebit medietatem illius mobilis per duplex spacium in equali tempore. [2] Secunda regula est, si aliqua virtus

faisant on a proposé la bonne règle (7 e conclusion), et qu'en retour on insiste sur le fait que les deux règles initiales, entendues à la manière d'Aristote, n'ont pas de portée générale.

Quoi qu'il en soit, et même si Buridan ne développe pas autant que certains de ses contemporains les problèmes liés à l'application de la théorie des rapports aux mouvements, ces passages illustrent, eux aussi, la manière dont le maître picard conçoit le rapport entre un tel instrument mathématique et la réalité du monde naturel. Dans la question 8 sur le livre VII, Buridan se demande à nouveau si les règles d'Aristote sont universellement valables. Après un certain nombre de contre-exemples qui mettent en doute cette universalité, tels que le mouvement du ciel qui ne peut ni augmenter ni diminuer, le mouvement libre qui peut varier selon la volonté, ou même le mouvement accéléré des graves dans la mesure où la règle suppose que certains facteurs restent identiques, Buridan retourne l'argumentation en posant que ces règles sont valables sous certaines conditions. « Ces règles ne se trouvent que rarement, ou jamais, déduites des effets [...] ; cependant, elles sont vraies de manière conditionnelle, puisque si les conditions qui doivent être ajoutées à ces règles étaient respectées, il en serait comme ces règles le posent » [1]. Est-ce à dire que l'on s'oriente vers une physique imaginaire, à la manière des raisonnements purement spéculatifs développés dans l'École d'Oxford ? La réponse se situe sur deux plans, mais en tout cas l'on n'a pas affaire à des fictions gratuites ou à des considérations inutiles [2]. En premier lieu, même si ces conditions n'étaient pas remplies par les puissances naturelles, elles pourraient l'être par la puissance divine [3]. Il semble certes que l'on s'écarte par là de l'étude de la nature ; en vérité il n'en est rien : on connaît l'usage qui est fait dans un certain nombre de questions, notamment sur le lieu et le vide, d'hypothèses « surnaturelles » afin de mettre à l'épreuve certains concepts de la physique. Mais surtout, en second lieu, elles sont utiles pour étudier la nature elle-même :

> Ces règles sont encore bien utiles puisqu'elles tendent à suggérer la vérité, et cela universellement : la rapidité du mouvement est considérée en raison d'un rapport de plus grande inégalité du moteur au mobile [4].

Les complications, comme le cas de l'accélération, seront traités par des « congrégations » de puissances motrices ou résistives – en l'occurrence, on sait que pour

movet aliquod mobile per aliquod spacium in aliquo tempore, eadem totalis virtus movebit medietatem illius mobilis per equale spacium in dimidio tempore ».

1. *Qu. Phys.*, VII, qu. 8, f° CVIIIvb : « [...] iste regule raro vel numquam invente sunt deduci ad effectum [...] ; tamen regule sunt conditionales et vere, quia si essent iste conditiones observate que in regulis sunt supplende, ita esset sicut regule ponunt ».

2. Voir *Qu. Phys.*, VII, qu. 8, f° CVIIIvb « [...] nec propter hoc oportet dicere quod ille regule sint inutiles et ficticie ».

3. Voir *Qu. Phys.*, VII, qu. 8, f° CVIIIvb « [...] simpliciter possibile est quod adimpleantur per potentiam divinam ».

4. *Qu. Phys.*, VII, qu. 8, f° CVIIIvb : « Etiam iste regule sunt bene utiles quia tendunt ad illam veritatem insinuandam et universaliter : penes proportionem maioris inequalitatis motoris ad mobile attenditur velocitas motus ».

Buridan dans la chute des corps lourds il y a un ajout continu d'*impetus*. Il semble donc que ces règles soient des instruments qui à la fois donnent des orientations de principe (la règle générale formulée par Aristote, d'un rapport entre puissance motrice et résistance, chacune de ces deux notions étant elle-même susceptible de précisions et parfois de diversification), et des procédures de calcul comme celles suggérées, à la suite d'Aristote et en le corrigeant, par Bradwardine et ses successeurs, procédures qui sont tantôt appliquées à des situations idéalisées tantôt rapprochées par approximation de l'expérience observée.

L'infini

La théorie de l'infini tient une grande place dans la physique du XIVe siècle, tout en se retrouvant de façon concomitante dans certains textes théologiques tels que les commentaires du *Livre des Sentences* ou les *Quodlibeta*, à propos des mêmes objets et avec les mêmes procédures : discussions sur le continu et les indivisibles, application du concept logique ou mathématique d'infini, hypothèses physiques ou cosmologiques de l'infini en acte. Nous avons déjà évoqué à plusieurs reprises le concept d'infini, à propos de l'hypothèse d'un vide ou d'un espace en dehors du monde, à propos des objets mathématiques et du continu ou à propos des processus de changement. Étant donné que la théorie buridanienne de l'infini à été étudiée de façon approfondie par Hans Thijssen [1], elle ne fera pas ici l'objet d'un examen détaillé.

La théorie buridanienne de l'infini doit être située dans une évolution de longue durée concernant l'appréhension de l'infini par les Médiévaux. La philosophie naturelle péripatéticienne considère l'infini comme ce qui ne peut être parcouru, donc ce qui échappe à la détermination par la pensée. Le seul infini concevable est l'infini en puissance, et sa seule réalité physique réside dans le continu, simultané ou successif. Mais au tournant des XIIIe et XIVe siècles se produit un retournement conceptuel concernant l'infini. Le concept d'infini, qui conservait des connotations négatives non seulement en philosophie naturelle mais même dans une large mesure en théologie [2], acquiert, notamment avec Henri de Gand puis Duns Scot, une portée positive [3]. Ce lent mouvement de renversement, qui aboutira à l'affirmation pleine et entière de l'infini dans la

1. J. M. M. H. Thijssen, *Johannes Buridanus over het oneindige [...]*. Deel 1 : Studie, Deel 2 : Teksten, Nijmegen, Ingenium Publishers, 1988 ; Id., *John Buridan's Tratatus de infinito*, Nijmegen, Ingenium Publishers, 1991.

2. Sur ce mouvement, voir J. Biard et J. Celeyrette, « Introduction » au recueil *De la théologie aux mathématiques. L'infini au XIVe siècle*, Paris, Les Belles Lettres, 2005. En ce qui concerne le travail d'assimilation de l'infini en théologie, voir A. Côté, *L'Infinité divine dans la théologie médiévale (1125-1255)*, Paris, Vrin, 2002.

3. Voir J. Biard, « Duns Scot et l'infini dans la nature », dans O. Boulnois, E. Karger, J.-L. Solère et G. Sondag (éds), *Duns Scot à Paris (1302-2002)*, Turnhout, Brepols, 2004, p. 387-405.

nature au XVIIe siècle, en particulier avec Leibniz, s'accompagne au XIVe siècle d'un affinement des instruments mathématiques et surtout logiques permettant de penser l'infini.

Conformément à la démarche qui est constamment la sienne en philosophie naturelle, Jean Buridan fait très souvent appel à des concepts ou distinctions logiques dans les passages où il est question d'infini. C'est notamment le cas de la distinction entre le sens catégorématique et le sens syncatégorématique de l'infini, qu'il combine avec la procédure d'exposition des propositions (mise en évidence de leur structure mentale sous-jacente) et la question du premier ou du dernier instant du changement. Jean Buridan contribue ainsi au développement général de la réflexion sur le sens, la portée et les limites du concept d'infini pour décrire différents phénomènes naturels.

Dans la *Physique*, Buridan ne consacre pas moins de six questions à l'infini. Les deux premières concernent l'infini en acte. Ainsi la question 14 demande s'il y a un corps sensible infini en acte. Buridan apporte deux précisions avant la détermination de cette question : premièrement, il s'en tient à une explication du texte d'Aristote [1] ; deuxièmement, il ne considère ici l'infini que selon la grandeur étendue, entendant par « infini » un corps étendu sans terme [2]. En outre, il précisera à la fin de la question qu'il n'envisage que des raisons naturelles et non l'imagination mathématique. Étant donné ces précisions, on ne s'étonnera pas de la première conclusion : « Posons, avec Aristote, cette conclusion qu'il n'y a aucun corps sensible infini en acte » [3]. Buridan apporte à cet effet plusieurs arguments que nous ne restituerons pas, concernant les corps simples puis les corps composés, certains visant des théories antiques sur l'infinité de tel ou tel élément, d'autres montrant des contradictions entre l'idée de corps infini et la théorie du lieu et du mouvement. Les mêmes positions et les mêmes arguments sont défendus dans les questions 14 à 17 sur le livre I du *Traité du ciel*, avec davantage de détails sur le mouvement hypothétique d'un corps infini.

En s'interrogeant sur la grandeur infinie, la question 15 paraît élargir le champ de réflexion et ne plus limiter au corps sensible et mobile, donc physique. Mais l'accent est mis à nouveau sur le refus de l'infini actuel. Buridan fait même appel pour cela à la toute-puissance divine : Dieu pourrait créer autant de sphères et de mondes, donc de grandeurs, qu'il le voudrait [4]. Mais il ne s'agit que d'infini en puissance car l'hypothèse d'un infini de grandeur en acte serait contradictoire avec

1. Voir *Qu. Phys.*, III, qu. 14, éd. J. M. M. H. Thijssen, dans *John Buridan's Tratatus de infinito*, p. 4 : « Et istam questionem intendo nunc tractare textualiter solum ».

2. Voir *Qu. Phys.*, III, qu. 14, p. 5 : « [...] hic solum intenditur de infinitum secundum magnitudinis extensionem, prout infinitum diceretur corpus extensum sine terminis ».

3. *Qu. Phys.*, III, qu. 14, p. 6 : « Ponamus cum Aristotele istam conclusionem quod nullum est corpus sensibile actu infinitum ».

4. *Qu. Phys.*, III, qu. 15, éd. Thijssen p. 16 : « Primo credendum est fide quod Deus posset ultra istum mundum formare et creare alias speras et alios mundos et omnino alias magnitudines finitas, quantascumque vellet, ita quod omni finita creata posset creare maiorem in duplo, in centuplo, et de sic de omni alia proportione finiti ad finitum ».

la toute-puissance : « Mais peut-être ne faut-il pas croire que Dieu pourrait créer une grandeur infinie en acte, puisque une fois celle-ci crée, il ne pourrait en créer une plus grande : il est en effet contradictoire que relativement à un infini en acte il y en ait un plus grand »[1]. De même qu'il semble inconvenant de poser un infiniment parfait autre que Dieu, de même faut-il refuser une infinité de grandeur. Tout comme il refuse un corps de grandeur infinie, Buridan rejette l'hypothèse d'un espace, et même d'un vide infini en dehors du monde, aussi bien qu'à l'intérieur du monde dans le cas où Dieu en annihilerait le contenu[2].

C'est à partir de la question 16 que Buridan s'attache à préciser les distinctions conceptuelles qui font l'originalité de la réflexion du XIVe siècle sur l'infini[3]. Dès le XIIe siècle on avait souligné que le terme « infini » pouvait être entendu en plusieurs sens. Rappelons que la notion de syncatégorème vient du grammairien Priscien ; celui-ci avait opposé les parties du discours qui signifient (telles que le nom et le verbe) à celles qui cosignifient ou « signifient-avec ». Les logiciens ont formulé sur cette base l'opposition entre les termes catégorématiques, qui ont une signification propre et déterminée, et les termes syncatégorématiques, qui ne font que modifier la signification des premiers. Mais, d'une part, l'analyse se déroule sur un plan sémantique et non pas morphologique, ce qui conduit à négliger certaines parties du discours et à privilégier certains termes comme les quantificateurs ou certains adverbes ; d'autre part, dès le XIIe siècle, cette distinction a été redoublée par une opposition entre des usages différents de certains termes, étudiés dans les traités intitulés *Syncategoremata*. Le nom « infinita » est l'un de ces termes. Pris au sens catégorématique, il signifierait de façon absolue un nombre infini de choses, ou des choses en nombre infini ; au sens syncatégorématique, il signifierait des choses en nombre infini non pas de façon directe et absolue mais en relation avec le prédicat. C'est ce qu'a illustré très tôt le sophisme *Infinita sunt finita*. Qu'en nombre infini soient les choses finies (sens syncatégorématique), cela peut alors être entendu soit en acte soit en puissance, alors que le sens catégorématique, quant à lui, semble impliquer que le sujet suppose pour un infini en acte si la proposition doit être vraie. L'analyse logique du terme « infini » est donc ancienne. Mais une impulsion nouvelle a été donnée par les *Règles pour résoudre les sophismes* de Guillaume Heytesbury (1335)[4]. À l'université de Paris, Albert de Saxe se livrera à

1. *Qu. Phys.*, III, qu. 15, p. 16 : « Sed forte non oportet credere quod Deus posset creare magnitudinem actu infinitam, quia ista creata non posset creare maiorem : repugnat enim quod actu infinito sit aliquid maius ».

2. Voir *Qu. Phys.*, III, qu. 15, p. 18 : « Et ex hoc patet quod iste rationes que arguebant quod extra celum sit spatium non valebant, quia similiter argueretur de intra celum, posito illo casu quod totum esset annihilatum, et tamen non concluderent verum, igitur non valent ».

3. *Qu. Phys.*, III, qu. 16, p. 23 : « Utrum linea aliqua girativa sit infinita, et semper accipiendo infinitum categorematice » ; la détermination de cette question est traduite en français dans J. Biard et J. Celeyrette, *De la théologie aux mathématiques...*, p. 263-271.

4. Voir *Tractatus de sensu composito et diviso, Regule eiusdem cum sophismatibus...*, Venetiis, 1494, soph. XVIII, f° 130ra.

de longues analyses de l'infini dans ses *Sophismes*[1]. Mais déjà Buridan fait un usage systématique de cette distinction. Sa démarche a probablement été nourrie par la *Lecture sur les Sentences* de Grégoire de Rimini[2].

Les questions 16 à 18 du livre III de la dernière lecture sur la *Physique* mettent en œuvre la distinction du sens catégorématique et du sens syncatégorématique sans en rappeler la définition, comme si elle allait de soi[3]. L'énoncé de la question 16, où il s'agit d'analyser le cas d'une spirale enroulée autour d'un cylindre d'un pied de diamètre, et dont le pas varie selon la division des parties dites « proportionnelles » – une autre notion omniprésente dans les raisonnements des Calculateurs d'Oxford aussi bien que chez Albert de Saxe et Nicole Oresme dans l'analyse de séries infinies –, pose que l'infini doit ici être entendu *categorematice*. Après toute une série de conclusions partielles, Buridan termine par une conclusion principale qui affirme que « aucune ligne spirale, tracée à travers les parties proportionnelles d'une colonne, n'est infinie ». Alors que certaines conclusion partielles ont souligné qu'il ne peut pas y avoir de dernière partie proportionnelle (puisque l'on a affaire à un continu), l'argumentation suppose cependant, étant donné que l'on prend l'infini au sens catégorématique, que si une ligne traversait toutes les parties proportionnelles elle serait infinie en longueur – or ce n'est pas possible. En vérité, le ressort de l'argumentation renvoie à la compréhension de l'expression « toutes les parties », qui est l'objet de la question 18. Avant d'examiner ce point, notons que Buridan reprend à son compte la procédure qui consiste à discerner le sens du terme en fonction de sa place dans la proposition : placé avant le verbe, « infinitum » devrait être entendu syncatégorématiquement, ce qui signifie que « de quelque quantité que soit une ligne spirale finie, il y en a une autre plus grande selon la longueur »[4]. Et en ce sens, la proposition « infinita est linea girativa » est vraie. Mais il s'agit ici de considérer le sens catégorématique[5], qui permettait de dire que « une ligne spirale est infinie » (« linea girativa est infinita »)[6].

C'est sur la base de cette distinction entre deux usages du terme « infini », en la croisant avec la distinction de la quantité continue et de la quantité discrète, ou

1. Voir J. Biard, « Albert de Saxe et les sophismes de l'infini » dans St. Read (éd.) *Sophisms in Medieval Logic and Grammar*, Dordrecht, 1993, p. 288-303.

2. Même si Buridan n'est pas théologien, il a à l'évidence connaissance de certaines théories de Grégoire de Rimini, comme en atteste sa critique du *signifiable de manière complexe*, laquelle s'adresse très précisément aux arguments de Grégoire. Ses définitions de l'infini aussi semblent reprises de l'ermite de Saint-Augustin.

3. La *tertia lectura*, bien qu'elle contînt moins d'analyses sur l'infini, présentait également cette distinction dans une question sur le nombre infini des parties du continu.

4. *Qu. Phys.*, III, qu. 16, p. 29 : « quantacumque est linea girativa finita, alia est maior ea secundum longitudinem ».

5. *Qu. Phys.*, III, qu. 16, p. 29 : « non quero utrum infinita est linea girativa capiendo "infinitum" sincategorematice [...] ».

6. De même à la fin de la question, à propos d'autres continus, p. 31, trad. p. 271 : « [...] bene concederemus eternum vel infinitum esse tempus, prout he dictiones "eternum" et "infinitum" sumerentur sincathegoreumatice. Sed nullum tempus vel motum concederem infinitum [...] ».

de la grandeur (*magnitudo*) et du nombre ou de la multitude (*multitudo*), que dans la question 18 sur le livre III sont proposées des définitions. Dans chacune de ces acceptions, le terme « infini » doit être exposé, c'est-à-dire que son sens doit être explicité par une expression complexe.

Le sens catégorématique est défini dans le domaine de la grandeur géométrique comme ce qui est « étendu sans terme », ou « étendu non terminé »[1] ; Buridan ne donne pas d'équivalent pour la multitude. Dans la *tertia lectura*, il donnait une définition générale valant pour tout quantum : *quantum non terminatum*[2]. Les définitions initiales de Grégoire étaient plus techniques : *tantum quod non maius*, d'une taille telle que pas de plus grand, et *tot quod non plura*, d'un nombre tel que pas de plus nombreux[3]. Mais il notait que cela ne convenait pas, d'une part parce que selon la cosmo-physique aristotélicienne le monde est tel qu'il n'y a rien de plus grand et cependant il n'est pas infini, d'autre part parce que selon certains modernes on pourrait comparer certains infinis en nombre[4]. Il préférait donc des expressions telles que « plus grand que toute quantité finie, de quelque taille qu'elle soit » (*maius quantocumque finito*) et « plus nombreux que toute multitude finie, si nombreuse soit-elle » (*plura quotcumque finitis*). En ce sens catégorématique, qu'il s'agisse de grandeur continue ou de grandeur discrète, Buridan nie que le terme « infini » puisse supposer pour quelque chose dans une énoncé affirmatif, qu'il précède ou qu'il suive la copule. Cela va de soi pour l'étendue. Et dans le cas du nombre, il faudrait accepter que toutes les parties du continu puissent être infinies en nombre, que l'expression « toutes les parties » soient prises en un sens distributif ou un sens collectif, ce qui est refusé[5]. Cela revient de fait à récuser toute hypothèse d'un être en acte de l'infini. Jean Buridan est sur ce point moins hardi que certains de ses contemporains. Il s'engage bien, au cours de la question 18, dans une réflexion destinée à préciser quelles seraient les propriétés du terme « infini » pris catégorématiquement si par hypothèse il supposait pour quelque chose, ce qui conduit à évoquer la comparaison d'infinis, ou la comparaison (ou

1. Voir *Qu. Phys.*, III, qu. 18, p. 49, trad. p. 272.

2. *Qu. Phys.*, *de tertia lectura*, passage édité par Hans Thijssen dans *John Buridan's Tratatus de infinito*, app. 2, p. 89 : « [...] communiter hoc nomen "infinitum" vel hoc nomen "infinita" solet capi dupliciter, scilicet categorematice et sincategorematice. Si capitur categorematice, tunc exponitur "infinitum", id est <"quantum non terminatum">, vel <"quantum carens termino"> vel "carens primo et ultimo", aut aliquomodo tali modo ».

3. Voir Grégoire de Rimini [Gregorii Ariminensis] *Lectura super primum et secundum Sententiarum*, lib. II, d. 2, qu. 2, éd. par A. D. Trapp, 6 vol., Berlin - New York, 1979-1984, vol. V, p. 294; trad. fr. dans *De la théologie aux mathématiques...*, p. 205-206.

4. Buridan n'accepterait sans doute pas cette raison. Elle suppose en effet que l'on s'engage dans des opérations mathématiques portant sur des infinis.

5. Voir Jean Buridan, *Qu. Phys.*, III, qu. 18, p. 49-50; trad. p. 273. Buridan refuse de transposer ce qui est vrai pour un nombre fini, par exemple dans l'énoncé « tous les apôtres de Dieu sont douze », au nombre des parties du continu car pour lui, il y aura toujours d'autres parties, de sorte que l'expression « toutes les parties » ne peut pas être prise collectivement. Cela veut dire qu'il refuse la sommation et un passage à la limite, à la différence de Nicole Oresme et (moins clairement) d'Albert de Saxe, ou plus tard de Jean Mair.

mieux l'incommensurabilité) de l'infini et de choses finies ; et ces raisonnements hypothétiques sont repris dans la question 19. Mais tout cela conduit à des contradictions, impliquant finalement la négation d'un infini qui serait le référent du terme pris au sens catégorématique[1].

Les définitions de l'infini pris au sens syncatégorématique reprennent aussi des formulations en usage à l'époque. Dans les grandeurs, le terme équivaut à *aliquantum et non tantum quin maius*, « d'une certaine grandeur (entendue comme : d'une certaine taille) et pas telle qu'il n'y en ait de plus grande » ; dans les multitudes, *aliquota et non tot quin plura*, « d'une certain nombre et pas tant qu'il n'y en ait plus » (c'est-à-dire : de plus nombreux). Déjà Guillaume Heytesbury, dans le Sophisme XVIII, employait l'expression *non tot quin plura* ; Grégoire de Rimini, quant à lui, présentait *non tantum quin maius* et *non tot quin* plura comme les définitions usuelles[2]. Après avoir rappelé ces définitions, Buridan propose ensuite, du moins pour le cas des grandeurs, une définition qui lui paraît plus précise (*sub verbis manifestioribus et brevioribus*) : « pour tout B, il y a un B plus grand » (ou plus long, plus rapide, plus lent, plus petit, etc.)[3]. Ici encore, le maître picard suit Grégoire de Rimini qui, après avoir rappelé les définitions courantes jugeait plus propre de dire « une grandeur finie, si grande soit-elle, étant donnée, il y en a une plus grande » (*quantocumque finito maius*), et « un nombre fini, si grand soit-il, étant donné, il y en a un plus grand » (*quotcumque finitis plura*). De telles formulations n'en restent pas à une expression négative, néanmoins elles restent dans le cadre d'un procès d'itération infini de grandeurs finies. C'est ce que confirme chez Buridan une autre exposition possible, qui insiste sur l'absence de dernière étape dans le procès de numération : *per carentiam status*[4].

Lorsqu'il présente et discute ces différentes formulations, Jean Buridan est sans doute moins novateur que ne le sont Grégoire de Rimini, Nicole Oresme, et même Albert de Saxe. Il écarte tout ce qui irait dans le sens d'un infini en acte et il refuse de traiter l'infini comme un objet, donc de le soumettre à des opérations de comparaison. Ces discussions sont riches et complexes, et Buridan en prend acte en les insérant dans sa physique. Il prend ainsi place, lui aussi, dans un mouvement qui, au XIVe siècle, cherche à préciser le sens du terme « infini ». Commencé avec les sophismes d'Oxford, ce mouvement réinvestit certains outils logiques apparus

1. Jean Buridan a la prudence d'exclure de sa conclusion la « perfection infinie » de Dieu ; mais on voit qu'il s'agit ici d'un infini intensif, classiquement opposé à l'infini quantitatif (voir *Qu. Phys.*, III, qu. 18, p. 51).

2. Voir Grégoire de Rimini, *loc. cit.*, vol. V, p. 294 ; trad. p. 205. Sur l'usage de ces distinctions et définitions, voir A. Maier, « Diskussionen über das aktuell Unendliche in der ersten Hälfte des 14. Jahrhunderts », dans *Ausgehendes Mittelalters*, 2 vol., Roma, 1964-1967, p. 41-85. Dans sa *tertia lectura*, Buridan écrit : « [...] sicut dicunt aliqui, "infinitum" sic <sin>categorematice dicitur, quia "non tantum quin maius" et "infinita" quia "non tot quin plura" » (éd. Thijssen, App. 2, p. 89-90).

3. Jean Buridan, *Qu. Phys.*, III, qu. 18, p. 54 ; trad. p. 274 : « omni B est B maius ».

4. *Qu. Phys.*, III, qu. 18, p. 60 : « Alia expositio infiniti sincathegoreumatice sumpti est per carentiam status in rationibus numeralibus. Ideo primo exponitur infinita secundum multitudinem, scilicet quod "infinita esse B" significat duo esse B et tria esse B et centum esse B et mille esse B, et sic sine statu ».

dès le XIIe siècle en logique. Il se nourrit de l'analyse du continu sans toutefois s'y réduire, approfondit l'analyse du tout et des parties, et traduit surtout une tendance générale à faire de l'infini un objet digne de considération en physique et en théologie.

Le philosophe et la théologie

La figure de Buridan a été associée à celle d'un philosophe suivant sa voie indépendamment de la théologie. Il poursuivit en effet, c'est bien connu, une longue carrière à la faculté des arts de Paris. Fut-il le seul ? Pas tout à fait. D'autres maîtres ès arts connus et influents paraissent avoir suivi la même voie. Il y eut d'abord certains aristotéliciens radicaux du siècle précédent, comme Siger de Brabant [1] ou Boèce de Dacie [2]. Peu avant lui et dans son voisinage, on peut mentionner Jean de Jandun (*ca.* 1285-1328) [3]. Mais les aléas biographiques écourtèrent la carrière de ce dernier, lorsque, en 1326, il s'enfuit d'Avignon pour rejoindre Louis de Bavière. On pourrait trouver d'autres exemples quelques décennies plus tard, soit à Paris même (ainsi Jean de Maisonneuve au début du XVe siècle), soit en Italie, mais là l'organisation de l'université est différente, et le passage des arts à la théologie n'est pas la voie royale du *gradus studiorum* : l'enseignement de la philosophe naturelle et de la philosophie morale y est plus souvent dispensé pour lui-même, ou en relation à la médecine. Quoi qu'il en soit, Buridan mena à la faculté des arts de Paris une carrière d'une rare longévité, des années 1320 jusque vers 1358.

Dans son cas, on exclura qu'il fût resté à la faculté des arts par échec ou incapacité : ses écrits et son enseignement sont partie prenante de débats importants au milieu du siècle ; il exerça des fonctions institutionnelles et fut chargé de quelques missions diplomatiques qui supposent qu'une certaine autorité lui fût reconnue. On ne peut s'empêcher de penser qu'il y eut là un choix. Et ce choix, valorisant pour elles-mêmes les disciplines de la faculté des arts telles qu'elles étaient regroupées dans les « introductions à la philosophie » du siècle précédent [4], émancipe celles-ci des facultés « supérieures ». La faculté des arts est consacrée dans les faits comme lieu d'une vie intellectuelle autonome et, surtout, d'une rationalité propre, régissant les domaines solidaires du logique et du métaphysique, le champ de la philosophie naturelle et celui de la philosophie morale. À cet égard, on notera comment Buridan explique avec humour pourquoi la faculté des arts est tenue pour inférieure :

1. Voir « Siger de Brabant » (notice due à Maurice Giele), dans *Dictionnaire des Lettres françaises. Le Moyen Âge*, Paris, Fayard, 1964, rééd. 1992, p. 1390-1391.

2. Voir O. Weijers, *Le Travail intellectuel à la faculté des arts de Paris : textes et maîtres (ca. 1200-1500)*, I (A-B), Turnhout, Brepols, 1994, p. 87.

3. Voir Ead., *Le Travail intellectuel*..., V (à partir de Johannes D.), Turnhout, Brepols, 2003, p. 87-104.

4. Voir Cl. Lafleur, *Quatre introductions à la Philosophie au XIIIe siècle*, texte critique et étude historique, Montréal-Paris, Institut d'Études Médiévales - Vrin, 1988.

« Pourquoi notre faculté est la plus petite, on peut dire que c'est en raison des richesses de ceux qui professent ailleurs »[1].

Métaphysique et théologie naturelle

La question de la validité, de la portée et des limites éventuelles de la philosophie se pose particulièrement, depuis la réception du *Liber de philosophia prima sive de scientia divina* d'Avicenne, à propos du statut et du sujet de la « philosophie première ». La question se pose, en premier lieu, parce que ce qu'on appelle désormais la métaphysique revendique une universalité qui n'est pas de mise dans les autres sciences. L'idée que la métaphysique est la science la plus universelle peut se réclamer d'Aristote et elle n'est pas absente des textes de Thomas d'Aquin. Dans le « Proème » de son *Exposition sur la Métaphysique*, Thomas présente cette science comme directrice ou régulatrice parce qu'elle porte sur les principes les plus universels (*principia maxime universalia*)[2]. Buridan reste proche d'une telle présentation. D'une part la métaphysique a pour sujet principal, ainsi que nous l'avons exposé, l'étant considéré dans sa plus grande généralité et non pas sous quelque détermination particulière, d'autre part elle et elle seule prend en considération la cause universelle, à savoir Dieu. En effet, si la définition de la métaphysique en fait par anticipation une « ontologie », une science de l'étant considéré dans son étantité même – celle-ci dût elle se circonscrire à la singularité –, dans la mesure où elle considère aussi la partition de la cause et du causé (une partition d'extension universelle, donc « transcendante » ou transcendantale), elle a parmi ses objets la cause première, ou, comme on lit parfois, Dieu et les substances immatérielles[3].

La métaphysique buridanienne est donc à la fois une ontologie, si l'on accepte cet anachronisme, et une théologie naturelle fortement ancrée sur la théorie aristotélicienne des substances immatérielles : elle prend en considération le premier moteur et les intelligences célestes. En ce sens, elle boucle bien le système de la philosophie naturelle et de la philosophie morale puisque le premier Moteur de la physique est aussi le Bien suprême de l'éthique. Une telle théologie est donc clairement centrée sur ce que Pascal nommera le « Dieu des philosophes ». Certes, poser Dieu comme origine ou source de l'être, ou encore comme celui qui est par excellence, peut fort bien se concilier avec une foi en la création ; Thomas d'Aquin en témoigne, qui cherche à élaborer un concept philosophiquement cohérent de

1. *Qu. Metaph.*, I, qu. 2, f° IVrb : « Quare autem nostra facultas sit infima, potest dici quod hoc est propter divitias eorum qui alias profitentur ».

2. Voir Thomas d'Aquin, *In libros Metaphysicorum*, VI, lect. 1, n. 18, S. Thomae Aquinitatis *Opera omnia* cur. R. Busa S. I., vol. 4, Stuttgart - Bad Cannstaatt, Fromann-Holzboog, 1980, p. 391 : « Unde et illa scientia maxime est intellectualis, quae circa principia maxime universalia versatur ».

3. Voir *QAPost.*, I, 25 : « [...] metaphysica est aliis scientiis certissima, pro tanto quod ipsa tractat de Deo et intelligentiis, que inter alia entia sunt firmissima et immutabilissima. Alie autem scientie non tractant de predictis, saltem secundum conceptus speciales ».

création[1]. Mais Buridan est surtout soucieux de ne pas mêler philosophie et révélation.

La question 1 sur le livre premier de la *Métaphysique* s'interroge sur la supériorité de la théologie à l'égard des autres sciences. Comme nous l'avons déjà vu, Jean Buridan estime que la métaphysique, première des sciences spéculatives, dépasse en dignité les sciences pratiques, en raison de la primauté de la science sur la prudence, et du caractère intellectuel de la félicité. Mais lors de son raisonnement, Buridan marque bien les limites de son examen. C'est d'autant plus indispensable que pour établir la supériorité de la contemplation sur l'action il se sert d'une comparaison entre science et action divines d'une part, science et action humaines d'autres part, et que, de surcroît, il n'hésite pas à assigner à la métaphysique une certaine « contemplation de Dieu »[2], conçu comme premier moteur et comme fin ultime. Pourtant, si la métaphysique est la plus haute et la plus noble des dispositions intellectuelles, c'est en laissant de côté les dispositions reçues de façon surnaturelle :

> Je dis que la métaphysique, ou sagesse, est parmi les vertus intellectuelles la meilleure et la plus noble ; j'écarte cependant les dispositions intellectuelles qui sont infusées en nous de façon surnaturelle, puisque Aristote ne s'occupe pas d'elles et qu'il ne revient pas à cette faculté d'en débattre[3].

Les articles relevant de la théologie révélée sont au delà ou en dehors de l'ordre institué dont s'occupent la philosophie naturelle ou la philosophie morale. Il ne saurait être ici question de prendre comme point de départ des principes reçus par participation à la science divine. Nous sommes dans un contexte « post-scotiste »[4] opposant les deux ordres de la nature et de la grâce, de la philosophie et de la théologie. Mais nous restons en même temps dans le contexte institutionnel parisien : dire que cela ne revient pas à « notre faculté », c'est à la fois accepter la division des tâches au sein de l'université et renvoyer à la rationalité spécifique des disciplines.

Lorsque dans la question suivante il s'interroge sur l'identité de la métaphysique et de la sagesse, Buridan précise une fois de plus que sa question ne vise pas à comparer la métaphysique avec la théologie. Il accorde volontiers un coup de

1. Voir notamment *Summa contra Gentiles*, liber II, c. XVII-XXI, Sancti Thomae Aquinitatis doctoris angelici *Opera omnia* iussu edita Leonis XIII P. M., t. XIII, Romae Typis Riccardi Garroni, MCMXVIII, p. 304-314 ; *Somme contre les Gentils*, II, chap. 17-21, trad. fr. par C. Michon, Paris, GF Flammarion, 1999, p. 107-119.

2. Voir *Qu. Metaph.*, I, 1, f° IIIva : « [...] posito quod homines essent boni et nullo indigentes quantum ad corporalia bona, non esset amplius opus agere secundum prudentiam, sed esset beatitudo in contemplatione Dei, quae pertinet ad metaphysicam ».

3. *Qu. Metaph.*, I, 1, f° IIIrb : « dico quod metaphysica, sive sapientia, est omnium virtutum intellectualium optima et nobilissima ; tamen excipio habitus intellectuales nobis a Deo supernaturaliter infusos, quia de his non intromissit se Aristotiles, nec pertinet de illis disputare ad istam facultatem ».

4. L. Bianchi et E. Randi, *Vérités dissonantes. Aristote à la fin du Moyen Âge*, chap. IV, Eugenio Randi : « La théologie post-scotiste ».

chapeau à cette dernière : « sans aucun doute nous considérons que cette théologie est la discipline principale et doit le plus proprement être dite sagesse »[1]. Pourquoi préciser « cette théologie » ? Ce que Buridan salue ainsi et met derechef à l'écart, c'est une discipline qui reçoit ses principes de la foi, et procède par conséquent à partir de principes non évidents[2]; une fois de plus, c'est la modalité épistémique et non l'objet qui est le premier critère. Ce dont il est question en métaphysique est connu par la seule raison humaine, selon des raisonnements menés à partir de principes évidents, qu'ils soient évidents par soi ou d'une évidence élaborée à partir du sensible[3]. Or c'est une telle science qu'Aristote appelle « théologie », remarque à juste titre Buridan, et c'est donc seulement en ce sens que le philosophe fait de la théologie – j'ai pourquoi j'ai introduit l'expression de « théologie naturelle », qui ne se trouve évidemment pas dans les textes buridaniens.

Le philosophe s'aventure toutefois à la limite d'un terrain miné, car la division des tâches ne peut conduire dans ces conditions à un partage des objets; le philosophe et le théologien partagent au moins verbalement certains sujets, et non des moindres, puisque les deux considèrent Dieu et les choses divines[4]. Fidèle à sa théorie de la pluralité des points de vue conceptuels, Buridan esquisse alors un partage reposant sur le critère des modalités discursives et épistémiques :

> [...] la métaphysique ne prend en considération, à propos de Dieu et des choses divines, que ce qui peut être prouvé et conclu par raison démonstrative, ou bien induit, tandis que la théologie a pour principes les articles crus sans évidence, et prend ensuite en considération tout ce qui peut être déduit de cette sorte d'articles[5].

Le partage paraît clair, le propos cohérent. Cependant, sauf à prôner une pure équivocité du terme qui constitue le sujet de ces disciplines (ce que personne ne suggère) ou à défendre une théorie radicale de la « double vérité » (que personne ne soutient), il est difficilement évitable que des tensions apparaissent. C'est de fait ce qui se produit à propos d'un certain nombre de questions ou de concepts.

Quelle attitude face aux problèmes théologiques?

Dans ce cadre, Buridan observe généralement la réserve qui est requise de la part des maîtres ès arts depuis le statut du 1er avril 1272, que nous l'avons vu

1. *Qu. Metaph.*, I, 2, f° IIIIra : « sine dubio illam theologiam tenemus principaliorem et maxime proprie dictam sapientiam ».

2. *Qu. Metaph.*, I, 2, f° IIIIra : « [...] procedit ex ignotis creditis, quamvis non per se notis nec evidentissimis ».

3. Voir *Qu. Metaph.*, I, 2, f° IIIIra : « Sed nos in proposito non quaerimus nisi de habitibus intellectualibus ex humana ratione et processu ratiocinativo inventis et ex nobis evidentibus deductis ».

4. Voir *Qu. Metaph.*, I, 2, f° IIIIra : « [...] utraque consider[a]t de Deo et de divinis ».

5. *Qu. Metaph.*, I, 2, f° IIIIra-rb : « [...] metaphysica non considerat de Deo et de divinis nisi ea quae possunt probari et ratione demonstrativa concludi, seu induci; theologia vero habet pro principiis articulos creditos absque evidentia et considerat ultra quaecumque ex huiusmodis articulis possunt deduci ». Voir aussi *SL*, VIII, 3, 7, p. 90, où Buridan oppose un point de vue « naturel » et un point de vue « surnaturel » sur le rapport de l'âme et du corps.

évoquer à plusieurs reprises. Le sens et la portée de ce statut restent controversés. L'interprétation qui en faisait une pure et simple reprise en main après les condamnations de 1270 n'est plus de mise. Ruedi Imbach et François-Xavier Putallaz ont proposé de le considérer plutôt comme une affirmation de l'autonomie de la faculté des arts et de ses maîtres *salva reverentia theologie*, en plein accord avec la position des aristotéliciens radicaux [1]. Le plein accord de ce statut avec la position qui avait été défendue par certains maîtres tels que Siger de Brabant et Boèce de Dacie a cependant été contesté par Luca Bianchi [2]. Quoi qu'il en soit, cette auto-limitation par la faculté des arts est en même temps une définition de son champ d'exercice, si tant est que fondamentalement la philosophie ne revendique pas tant une régence universelle, contrairement à ce qu'on lui reproche souvent, que l'autonomie de la pensée. Or Buridan est ainsi fréquemment conduit à proclamer qu'il ne prétend pas sortir de son champ de compétence et que les conclusions qu'il propose prennent sens et validité dans ce cadre. Et lorsqu'il caractérise ainsi sa démarche, il évoque à plusieurs reprise le statut de 1272, ou du moins le serment qui en avait été tiré quelques années plus tard [3]. Il est clair que le contexte doctrinal et institutionnel dans lequel œuvre Buridan n'est plus celui des années 1270. Il paraît cependant significatif qu'il évoque ce serment : il aurait pu se contenter de s'y conformer en le passant sous silence, alors qu'il en tire la justification de sa démarche.

Voyons donc de plus près, le cas échéant au cas par cas, comment procède notre maître ès arts. Lorsque Buridan est confronté, bon gré mal gré, à la question des frontières et de la coexistence pacifique entre philosophie et théologie, il réagit de trois façons différentes.

L'usage méthodologique de la toute-puissance

En premier lieu on trouve un usage de la toute-puissance divine et, dans ce contexte, un appel aux « articles parisiens » à titre de principe méthodologique plus que pour valider *a priori* tel ou tel contenu doctrinal. C'est le cas dans quelques questions cosmologiques, sur lesquelles Pierre Duhem a attiré l'attention, quoique leur importance ait été surestimée [4]. Ainsi Buridan évoque les articles de 1277 à

1. Voir Fr.-X. Putallaz et R. Imbach, *Profession : Philosophe. Siger de Brabant*, « Initiations au Moyen Âge », Paris, Cerf, 1997, p. 128-134.

2. L. Bianchi, *Censure et liberté intellectuelle à l'université de Paris (XIIIe-XIVe siècles)*, Paris, Les Belles Lettres, 1999, p. 165-201.

3. Voir H. Omont, *Le livre ou cartulaire de la nation de Normandie de l'université de Paris*, Rouen-Paris, 1917, p. 32 – cité d'ap. Luca Bianchi, *op. cit.*, p. 199-200.

4. Je ne prétends pas par là donner à l'emporte pièce une appréciation globale sur la portée historique des condamnations, question complexe qui touche à tous les domaines de la philosophie. Je ne partage toutefois pas l'appréciation générale de Pierre Duhem qui, dans un contexte apologétique, y voyait une rupture fondatrice avec l'aristotélisme, préparant la pensée moderne. Il faut d'abord rappeler qu'à la suite de ces condamnations l'aristotélisme n'est ni terrassé, ni renvoyé à un statut de survivance face aux idées novatrices : voir à ce propos L. Bianchi, *Il vescovo e i filosofi. La condanna parigina del 1277 e l'evoluzione dell'aristotelismo scolastico*, Bergame, Pierluigi Lubrina Editore, 1990.

propos de l'hypothèse du mouvement rectiligne du monde, ou à propos de la possibilité d'un vide extra-cosmique ou d'un espace infini [1]. Ses textes à cet égard sont très proches de ceux d'Albert de Saxe ou de Nicole Oresme. Il y a là à l'époque une forte communauté de pensée. Mais Buridan y fait aussi appel lorsqu'il est question de la nature du mouvement. Notamment, c'est en élaborant la fiction d'une annihilation des autres corps que Buridan peut assigner au mouvement la nature d'un flux intrinsèque au mobile. Dans ce cas l'appel à la toute-puissance est clairement un instrument pour formuler des hypothèses de nature physique ou métaphysique, et en rien l'alignement sur des contenus proclamés ou à l'inverse le rejet *a priori* de contenus interdits. Une autre occurrence de la toute-puissance conduit à relativiser l'ordre du monde. Plus largement, la position d'un ordre de fait de la nature, allant jusqu'à la position d'un « principe déterministe restreint », suppose la contingence radicale des choses, thèse commune aux théologiens et à de nombreux philosophes au milieu du XIVe siècle. À cet égard, l'opposition de 1277 entre la théologie chrétienne et la philosophie gréco-arabe n'a plus cours. Le nominalisme, le rejet de toute nature intemporelle, le refus de la relation comme forme distincte d'être, tout cela conduit à l'affirmation de la singularité et d'une radicale contingence de l'étant. La nature est abordée contradictoirement à travers deux principes : contingence de l'étant singulier, et nécessité factuelle de l'ordre de la nature (abstraction faite des intellects libres). Dans le même ordre d'idées, la toute-puissance divine est invoquée pour relativiser l'évidence naturelle. Tel est cas lors de la discussion avec la célèbre « petite vieille » sur le principe de non-contradiction : lorsqu'on lui présente la toute-puissance à titre d'objection contre l'évidence du premier principe, elle admet alors que Dieu peut tout faire, y compris l'impossible. Mais même dans l'analyse du conflit possible entre premier principe et toute-puissance, Buridan refuse de se laisser entraîner sur le terrain proprement théologique d'une discussion sur la nature et la puissance divines : « je laisse tout cela de côté car ce n'est pas naturel » [2].

Le partage des tâches

La deuxième attitude est par conséquent celle qui consiste à se retrancher derrière le partage des tâches, déjà évoqué, entre théologien et philosophe. Cette révérence prudente se rencontre fréquemment dans les *Questions sur le traité du*

La référence aux « articles parisiens » persiste bien chez Jean Buridan, mais leur place est circonscrite, dans un cadre qui reste celui de la philosophie naturelle péripatéticienne, fût-il travaillé de l'intérieur. Il faut encore préciser que, selon Luca Bianchi dans *Censure et liberté intellectuelle…*, p. 210, Buridan serait le seul maître ès arts à s'appuyer sur les articles condamnés en 1277, qui eurent au contraire une grande fortune dans les milieux théologiens, sur fond de controverses entre franciscains et dominicains. On pourrait y ajouter Albert de Saxe, qui s'y réfère dans ses commentaires de physique et de cosmologie, mais il s'agit du même milieu intellectuel, et de textes très proches.

1. Dans un autre registre, Buridan évoque trois « articles parisiens » dans les *Questions sur l'Éthique* à propos des rapports entre raison et volonté : voir *Qu. Eth.*, III, qu. 5, f° LXIVrb.

2. *Qu. Metaph.*, IV, qu. 12, f° XXIvb : « Sed hoc totum dimitto quia hoc non est naturale » ; cf. *supra*, IIe partie, chap. III, p. 185-186.

ciel, par exemple à propos de la question de savoir s'il y a quelque chose au delà de la sphère du monde : « Mais pour ce qu'il faut en dire selon la vérité de le foi, vous devez faire appel aux théologiens »[1]. On trouve des expressions semblables à propos du mouvement du monde[2], ou encore de la pluralité des mondes[3]. Dans la *Métaphysique*, à l'occasion de sa discussion sur le statut des accidents, nous avons vu Buridan affirmer clairement sa volonté de respecter le serment enjoignant aux membres de la faculté des arts de ne pas s'aventurer sur le terrain des questions relevant de la foi, et s'ils ne peuvent l'éviter, de se déterminer conformément à la foi[4]. Nous en trouvons une autre occurrence dans l'*Éthique*, à propos de l'assimilation entre félicité et contemplation de Dieu[5]. Car dans l'*Éthique* il s'agit de traiter de la félicité *pure philosophice*[6].

Ainsi, Jean Buridan est, au XIVe siècle, l'un des philosophes qui revendiquent le plus vigoureusement le droit de parler « naturellement » ou « philosophiquement »[7]. En philosophie naturelle, on en a des exemples très nets dans le *Traité du ciel* : « En philosophie naturelle, nous devons prendre les actions et les dépendances comme si elles procédaient toujours sur un mode naturel »[8]. Mais on trouve aussi des affirmations semblables dans le champ de la philosophie morale. Buridan y transpose clairement l'adage hérité d'Albert le Grand écartant les miracles de la nature :

> Est-ce qu'il y a certaines vertus infusées en nous de façon divine comme le disent les théologien, cela ne concerne par la recherche présente. Car comme le dit Albert, au livre Ier *De la génération* : « Que nous importent les miracles lorsque nous parlons de la nature ? » Or nous parlons philosophiquement du bonheur, en tant qu'il peut

1. *Qu. de caelo*, I, qu. 20, p. 337 : « Sed quid sit dicendum de hoc secundum fidei veritatem, debetis recurrere ad theologos ».

2. *Qu. de caelo*, I, qu. 16, p. 314.

3. *Qu. de caelo*, I, qu. 18, p. 325.

4. Voir *supra*, IIIe partie, chap. Ier, p. 256-260.

5. Voir *Qu. Eth.*, X, qu. 5, fo CCXIIIrb : « Hec tamen dicta nec approbo ad presens nec reprobo, quia non [*corr.* nec] sunt de scientia quam dedit nobis Aristoteles et excedunt nostram artium facultatem, secundum quam tamen, et non supra, fuit intentio mea tractare de moralibus in hoc libro. Et si aliquando ego transgredior, ego hoc reputo factum incidentaliter. Verum est tamen quod bene ad dictam nostram facultatem spectat considerare quid ex aliquibus positis possumus ultra concludere sive illa posita sint possibilia vel impossibilia, et hoc tam in terminis moralibus quam in naturalibus » ; *cf.* L. Bianchi, *Vérités dissonantes...*, p. 63.

6. Voir *Qu. Eth.*, I, qu. 18 : « Utrum homo possit dici vere felix in hac vita », fo XVIIIra : « [...] redeuntes ad nostram intentionem quod est in hoc toto libro nisi pure philosophice tractare, hoc solum in hac questione inquiramus utrum homo debeat dici felix dum vivit, vel expectandum sit finem, sicut voluit Solon ». Après un long développement sur la distinction faite par les théologiens entre *felicitas premiatoria* et *felicitas meritoria*, Buridan recentre le propos sur l'interrogation proprement philosophique.

7. Voir *Qu. de caelo*, I, qu. 24, p. 366 : « [...] possumus loqui de potentia divina secundum ea quae tenemus ex fide ; aliter possumus loqui secundum potentias naturales, et ac si esset vera opinio Aristotelis de aeternitate mundi, et quod Deus et intelligentias non possint aliter movere caelum quam movent, nec facere miraculum ». Voir L. Bianchi, *op. cit.*, p. 60-63.

8. *Qu. de caelo*, II, qu. 7, p. 423-424 : « Modo in naturali philosophia nos debemus actiones et dependentias accipere ac si procederent modo naturali ».

être acquis par nous en cette vie, selon le cours commun de la nature et de la condition humaine[1].

À propos de la hiérarchisation de la sagesse et de la prudence, Jean Buridan commence une fois de plus par circonscrire son objet : « pour résoudre cette question, j'écarte de la sagesse et de la prudence humaines toute disposition infusée en nous surnaturellement, et de cette vie la vie future »[2]. Ainsi peut se développer une science morale fondée sur des principes purement naturels, dans un cadre aristotélicien aménagé à l'aide de Cicéron et Sénèque, dont la place croît dans la pensée morale à cette époque pour figurer une sagesse qui n'est plus tant considérée, comme dans les années 1270, en compétition avec la sagesse chrétienne que comme l'affirmation tranquille d'une sagesse pratique dans le monde[3].

Plus que sur la revendication « corporatiste » de la valeur de la philosophie, on peut penser que la position de Buridan se fonde sur sa conception des sciences. Pluralité des points de vue sur la totalité de l'étant, exigence de juger de la signification et de la valeur des mots selon le sujet traité, voire prémisses d'une logique spéciale pour les matières morales et civiles (sinon religieuses comme chez Gerson), tout cela renvoie non seulement à la revendication d'autonomie, à la fois d'objet de méthode, du discours naturel, mais encore à un pluralisme épistémologique dont on a pu déceler les prémisses chez Boèce de Dacie. Pour éviter le piège de la « double vérité », Boèce de Dacie opposait en effet la vérité relative des conclusions naturelles à la vérité absolue de la foi ; il évitait à la fois de les mettre sur le même plan donc en contradiction, et de falsifier la foi au nom d'Aristote (ou inversement). Mais le fondement de cette « relativité », c'était la conviction que toute science dépend de ses principes, qui en définissent la portée, les limites, le champ de validité. Les conclusions d'une discipline sont légitimes et irréfutables, si elles sont rigoureusement déduites, dans leur propre domaine, mais non au delà : « Aucun artien ne peut causer, concéder ou nier quelque chose, si ce n'est à partir des principes de sa science »[4].

1. *Qu. Eth.*, I, qu. 17, f° XVIIrb : « Utrum autem sint alique virtutes nobis divinitus infuse sicut dicunt theologi non est presentis perscrutationis. Nam sicut dicit Albertus I° *De generatione* "Quid ad nos de Dei miraculis cum de natura loquimur?" Nos [*corr.* non] autem [...] philosophice loquimur de felicitate secundum quod est nobis acquisibilis in hac vita secundum nature et conditionis humane communem cursum ». Sur le rapport méthodologique à Albert, voir O. Pluta, « Albert der Grosse und Johannes Buridan », *dans* J. F. F. Hoenen und A. de Libera, *Albertus Magnus und der Albertismus. Deutsche philosophische Kultur des Mittelalters*, Leiden - New York - Köln, 1995, p. 91-106.

2. *Qu. Eth.*, VI, qu. 22, f° CXXXIXra : « In solutione huius questionis, ego prescindo a sapientia et prudentia humanis omnem habitum nobis supernaturaliter infusum et ab ista vita vitam futuram » ; voir aussi *ibid.* : « Quero ergo si non esset alia vita nec aliquis habitus nobis supernaturaliter infusus, ita quod metaphysica que de primis causis entium considerat ea que de eis possunt humana ratione convinci dicatur sapientia, et prudentia dicatur que circa agibilia humana [...] consiliatur, iudicat et precipit que sont agenda et que omittenda [...] ».

3. Voir J. Walsh, « Nominalism and Ethics : Some Remarks about Buridan's Ethics », *Journal of the History of Philosophy*, IV (1966), p. 1-13 ; Id.; « Buridan and Seneca », *Journal of the History of Ideas*, XXVII (1966), p. 23-40.

4. *De aeternitate mundi*, Boethii Daci *Opera*, VI-2, Hauniae MCMLXXVI, p. 347-348 : « nullus artifex potest aliquid causare, concedere vel negare nisi ex principiis suae scientiae » ; ce principe se

Cependant, s'il réaffirme constamment sa bonne foi, s'il déclare ne pas vouloir excéder les limites de compétence de la faculté des arts, Buridan admet que parfois il peut lui arriver de franchir « incidemment » la frontière. La raison en est sans doute qu'il revient aux artiens de juger de la validité des raisonnements, quel que soit le statut de leur point de départ[1]. Un passage des *Questions sur la physique* longuement cité par Luca Bianchi fait une fois de plus référence à ce que les artiens ont juré, à savoir de ne pas disputer de questions théologiques telles que La Trinité ou l'Incarnation, et s'il leur arrivait de devoir en parler, de la trancher selon la foi. Buridan rappelle même que ses maîtres l'ont mis en garde[2] ! Mais il signale aussi qu'une question comme celle du vide implique inévitablement la foi et la théologie[3]. Le philosophe est donc contraint d'exposer ces arguments et par conséquent de les examiner ; il ne peut éviter de s'aventurer sur le terrain de la théologie[4]. Ce n'est pas là, proteste-t-il, manquer à son serment, c'est l'inverse qui serait vrai, car alors il n'aurait pas loisir de résoudre les arguments allant contre la foi.

La théologie dans la philosophie ?

Une troisième situation se rencontre dès lors dans un petit nombre de cas : il s'agit de quelques questions à propos desquelles Buridan estime ne pas pouvoir éviter d'entrer en confrontation avec la détermination selon la foi. Il n'envisage pas la possibilité de laisser de côté ces questions. Comme le faisaient déjà Siger ou Boèce au siècle précédent, il estime que le philosophe doit traiter de toutes les questions qui surgissent en métaphysique, en philosophie naturelle ou en philosophie morale[5]. Or au XIVe siècle, ne manquent pas les facteurs d'un nouveau rapprochement entre philosophie et théologie : les textes réputés théologiques traitent pour une part des mêmes problèmes, et avec les mêmes instruments d'analyse que les commentaires d'Aristote. Cela se traduit par l'intégration dans les *Commentaires des Sentences* de questions qui sont aussi traitées dans des textes philosophiques

trouve exprimé en de nombreux endroit de son œuvre : voir Géza Sajó, « Introduction » à Boethii Daci *Opera*, V 1, *Quaestiones de generatione et corruptione*, Hauniae, MCMLXXII, p. XXIV-XXVI.

1. Voir texte cité *supra*, p. 358, n. 5.

2. Voir *Qu. Phys.*, , IV, 8, f° LXXIIIvb : « [...] aliqui dominorum et magistrorum meorum in theologia improperaverunt michi de hoc quod aliquando in questionibus meis physicalibus intermisceo aliqua theologica, cum hoc non pertineat ad artistas ».

3. Voir *Qu. Phys.*, , IV, 8, f° LXXIXra : « Constat autem <quod> si aliqua questio tangit fidem et theologiam, ista est una de illis, scilicet utrum possibile est esse vacuum ».

4. Voir *Qu. Phys.*, , IV, 8, f° LXXIXra : « Ideo si eam volo disputare oportet me dicere quod de ea apparet michi dicendum secundum theologiam, vel esse periurum et evadere rationes ad oppositum prout apparebit michi possibile. Et non possem solvere eas nisi moverem eas, ergo sum ad hec facienda coactus ».

5. Il ignore donc la dernière partie du statut de 1272 : *Chartularium universitatis Parisiensis*, éd. H. Denifle adj. Æ. Chatelain, t. I, n° 441, 1er avril 1272, Parisiis, ex typis fratrum Delalain, p. 499-500 : « [...] et aliter hujusmodi difficultates vel in textu vel in auctoritatibus disputare vel legere non presumat, sed hec totaliter tanquam erronea pretermittat ». Mais L. Bianchi (*loc. cit.*) a signalé que cette disposition, contraire à la tradition de la faculté des arts, avait été omise dans le serment.

– tel est le cas de questions sur l'infini, sur la théorie mathématique des rapports et la théorie du mouvement, sur le lieu, ou encore sur le signifié des propositions, sur les futurs contingents... Les théologiens usent largement des instruments mis au point par les artiens. Lorsqu'il s'agit de problèmes purement sémantiques ou physiques, cela ne pose guère de problèmes : Jean Buridan peut ainsi attaquer violemment la théorie des *signifiables de manière complexe* défendue par Grégoire de Rimini dans sa *Lecture sur les Sentences*. Mais il y a des questions qui surgissent en physique ou en métaphysique et qui se trouvent avoir des implications entrant en contradiction avec des articles de foi.

Un cas particulier se présente avec l'immortalité de l'âme. Dans la question 6 sur le livre III *De l'âme*, Buridan commence par énumérer les conclusions que poserait quelqu'un utilisant seulement des raisons naturelles et non une révélation surnaturelle [1]. Parmi ces conclusions, certaines sont hypothétiques, comme (entre autres) celle qui lie la perpétuité *a parte ante* à la perpétuité *a parte post*, ou la négation de cette double perpétuité à la théorie de l'éduction à partir de la puissance de la matière... Deux sont en revanche catégoriques : l'une (la 6e) pose un rapport d'inhérence entre l'intellect et le corps [2] ; l'autre (la 7e), qui en découle, reprend l'opinion attribuée à Alexandre, qui joue ainsi le rôle de représentant du « matérialisme » que lui a conféré Averroès : « [l'intellect] est engendrable et corruptible, étendu, tiré de la matière, inhérent à elle et multiplié » [3]. Le raisonnement sur des bases naturelles aboutit ainsi au matérialisme attribué à Alexandre [4]. Nonobstant la validité de ces conclusions, Buridan va soutenir qu'elles ne sont pas *vraies* parce qu'elle sont opposées à la foi catholique : « Mais cependant il faut tenir fermement que toutes ces conclusions ne sont pas vraies, puisqu'elles sont opposées à la foi catholique » [5]. Dans ce cas précis, Buridan semble se rapprocher de la deuxième injonction du statut, qui enjoignait de déclarer « absolument faux » – toutefois il dit simplement que ces conclusions ne sont pas vraies – ce qui va à l'encontre de la foi. Cela dit, Buridan semble surtout soucieux de montrer la nature des raison-

1. *Questiones de anima* [*Qu. An.*], III, qu. 6, ed. by J. Zupko, *John Buridan's Philosophy of Mind : An Edition and Translation of Book III of his « Questions on Aristotle's De anima (3rd redaction), with commentary and critical and interpretative essays*, UMI, Ann Arbor, 1989, III, qu. 6, p. 48-49 : « Et enumero primo conclusiones quas aliquis poneret si sine fide catholica solum rationibus naturalibus uteretur, per principia ex speciebus habentibus evidentiam per naturam sensus et intellectus, sine speciali et supernaturali revelatione ».

2. *Qu. An.*, III, qu. 6, p. 50 : « Sexta conclusio est categorica : quod intellectus humanus inhaeret corpori humano seu [*corr.* sine] materia ».

3. *Qu. An.*, III, qu. 6, p. 51 : « Septima conclusio infertur, quae erat opinio Alexandri, quod est generabilis et corruptibilis, extensus, eductus, inhaerens et multiplicatus ».

4. Sur la place d'Alexandre dans les débats doctrinaux à propos de l'immortalité de l'âme, outre le commentaire d'Averroès lui-même (voir Averroès, *L'Intelligence et la Pensée*. Grand commentaire du *De anima*, livre III, trad. fr. par A. de Libera, Paris, GF Flammarion, 1998, par exemple p. 63-68 et p. 120), voir O. Pluta, *Kritiker der Unsterblichkeitsdoktrin in Mittelalter und Renaissance*, « Bochumer Studien zur Philosophie » 6, Amsterdam, B. R. Grüner, 1986.

5. *Qu. An.*, III, qu. 6, p. 51 : « Sed tamen firmiter tenendum est quod non omnes conclusiones sunt verae, quia sunt contra fidem catholicam ».

nements qui y conduisent. Alors que les premières conclusions présentaient pour une bonne part des inférences jugées nécessaires, les conclusions opposées, à savoir celles qui seraient conformes à la foi catholique, ne sont aucunement démontrables sans révélation [1]. Ces conclusions qui posent que l'intellect humain est perpétuel *a parte post* sans l'être *a parte ante*, qu'il n'est pas engendré ni détruit naturellement mais créé, et simplement annihilable sans être en fait annihilé, qu'il n'est ni tiré de la matière ni étendu, qu'il est multiplié selon les individus (contre la théorie de l'intellect unique) [2] et qu'il est inhérent au corps comme une forme à une matière tant que l'homme vit tout en en étant séparable lorsque celui-ci meurt, sont donc exposées sans preuve [3]. Cette situation est paradoxale. La raison naturelle conclut à la position « alexandriste », mais c'est l'opposé qui est réputé vrai, quoique non démontrable; les arguments opposés à la foi doivent être refusés, quoique le contraire ne puisse être démontré [4]. À ma connaissance, ce cas de figure est sans équivalent dans le reste de l'œuvre.

Dans plusieurs questions physiques ou cosmologiques, il arrive à Buridan d'opposer plus simplement deux conclusions possibles, l'une selon la foi, l'autre selon la science naturelle [5]. À propos de l'engendrement et du dépérissement du ciel, Buridan semble simplement admettre des conclusions opposées :

> En premier lieu, au sujet de la génération ou de la corruption, il faut soutenir d'après la foi que le ciel est créé surnaturellement, et aussi qu'il est annihilable. Mais il faut dire aussi que naturellement le ciel n'est ni engendrable ni destructible [6].

De même, dans la question 15 sur le livre I de la *Physique*, au sujet de ce qui est présupposé par l'engendrement : selon la foi, il est possible que quelque chose soit fait sans sujet présupposé, donc *ex nihilo*, tandis qu'il est nécessaire que tout ce qui est fait naturellement soit fait à partir d'un sujet présupposé ou en un sujet présupposé. Nous avons donc au premier abord deux vérités opposées. Le même problème et la même attitude se retrouvent à propos de l'éternité du monde et de la création *ex nihilo* dans la question 3 sur le livre VIII, qui oppose clairement ce

1. *Qu. An.*, III, qu. 6, p. 51 : « Sed credo quod oppositae conclusiones non sunt demonstrabiles sine speciali et supernaturali revelatione ».

2. La question 5 a tranché en faveur de la multiplicité des intellects; elle en appelle en premier lieu à la foi catholique, mais invoque en second lieu la raison naturelle *circumpscripta fide* : voir *Qu. An.*, III, qu. 5, p. 42.

3. *Qu. An.*, III, qu. 6, p. 51 : « Nunc narrandae sunt sine probationibus conclusiones vel propositiones quae in hac materia secundum fidem catholicam sunt tenenda ».

4. *Qu. An.*, III, qu. 6, p. 51 : « omnes auctoritates quae hiis conclusionibus opponuntur sunt semper negandae, licet non possumus oppositas earum demonstrare ».

5. Voir à cet égard E. D. Sylla, « *Ideo quasi mendicare oportet intellectum humanum.* The Role of Theology in John Buridan's Natural Philosophy », *in* J. M. M. H. Thijssen et J. Zupko (eds), *The Metaphysics and Natural Philosophy of John Buridan*, Leiden-Boston-Köln, Brill, 2001, p. 221-245.

6. *Qu. de caelo*, I, qu. 10, p. 278 : « Primo ergo de generatione vel corruptione, tenendum est secundum fidem quod caelum est supernaturaliter creatum, et etiam est annihilabile. Sed dicendum est etiam quod caelum nec est generabile naturaliter nec corruptibile » ; la même opposition se retrouve dans la question 24, p. 366-367.

que nous devons soutenir par la foi et ce qui est démontrable à partir de l'évidence sensible :

> [...] mais cependant, bien qu'Aristote s'exprime ainsi, nous, par la foi seule et non par la possession d'une démonstration née à partir des sens et d'une évidence, nous devons soutenir l'opposé, à savoir que ni éternel ni infini ne fut le mouvement antérieur à ce jour-ci [...]. Dieu a en effet créé le monde nouvellement, puisque avant il n'y avait ni avait eu aucun monde, ni temps ni mouvement[1].

Dans de tels cas, il faut faire attention au statut de ces deux « vérités » comme il fallait déjà le faire au siècle précédent avec Siger de Brabant ou Boèce de Dacie[2]. Ce qui importe à Buridan, c'est comme toujours de préciser les modalités cognitives. Or elles sont très différentes dans l'un et l'autre cas. Que quelque chose puisse être engendré à partir d'aucun sujet préexistant, c'est cru mais ne repose sur aucune preuve autre que l'autorité[3]. Comme nous l'avons vu dans la première partie, cela peut donner lieu à un assentiment ferme. Que tout soit engendré à partir d'un sujet a le statut d'un principe non démontrable puisque Buridan insiste sur le fait que les tentatives de démonstration faites par Averroès ne sont pas convaincantes ; cela résulte néanmoins d'une induction, c'est pourquoi cela peut faire l'objet d'affirmation et d'assentiment[4]. Or il ne serait pas opportun de nier la valeur de telles inductions en philosophie naturelle comme en philosophie morale. Ces deux thèses, qui sont assurément contradictoires, peuvent l'une et l'autre être admises. Mais elles ont des statuts épistémiques totalement différents. Et le scandale de la « double vérité » est évité par le fait qu'aucune des deux n'est démontrée ni démontrable.

Dans la question 3 sur le livre VIII, Buridan donne plusieurs arguments pour rendre *pensable* l'idée de création *ex nihilo*. Le problème repose sur la possibilité de penser l'initiation d'un mouvement à partir de rien, examinée dans la question précédente[5]. Or cette question est résolue par des considérations psychologiques et épistémologiques. Edith Sylla insiste sur le fait que Buridan s'efforce de trouver des moyens pour résoudre ces questions « selon la foi »[6]. J'insisterai pour ma

1. *Qu. Phys.*, VIII, 3, f° CXIvb : « [...] sed tamen quamvis Aristoteles ita dixerit, nos fide pura et non per demonstrationem habentem ex sensibus ortum et evidentiam debemus tenere oppositum, scilicet quod nec eternus nec infinitus fuit motus [*del.* finitus] ante hanc diem [...] Deus enim creavit noviter mundum, cum ante nullus esset vel fuisset mundus aut tempus aut motus » ; *cf.* déjà VIII, qu. 2, f° CXra.

2. Sur la manière dont Boèce de Dacie conçoit les relations entre ces deux champs dans son *De aeternitate mundi*, voir L. Bianchi, *Il vescovo e i filosofi. La condanna parigina del 1277 e l'evoluzione dell'aristotelismo scolastico*, Bergamo, Pierluigi Lubrina, 1990, p. 113-114 ; voir aussi les remarques de H. Braakhuis dans « John Buridan and the Parisian School... », p. 114-118.

3. Voir *Qu. Phys.*, I, qu. 15, f° XVIIIvb (ms. C f° 26ra) : « [...] et hanc conclusionem credo fide et non aliqua probatione nisi [*del.* hoc, 1509] auctoritate Sacre Scripture et doctorum fidei catholice ».

4. Voir *Qu. Phys.*, I, qu. 15, f° XVIIIvb : « [...] non puto quod et conclusio sit demonstrabilis, sed est declarabilis per inductionem in qua non inventa est instantia ».

5. *Qu. Phys.*, VIII, 3, f° CIXv-Cxv : « Utrum Deus sic potuit facere motum de novo quod ante nullus fuisset motus nec mutatio ».

6. E. Sylla, « *Ideo quasi mendicare oportet intellectum humanum...* ».

part, complémentairement, sur les ressources logiques, psychologiques et épistémologiques mises en œuvre pour arriver à une attitude qui fasse toute leur place à ces déterminations différentes, sans annuler la démarche proprement naturelle, et au besoin en l'élargissant. Buridan, insiste ainsi sur le rôle de l'imagination, tant pour la question du vide extra-cosmique, évoqué au passage, que pour la question de la création d'un commencement absolu dans le temps : « Ces choses-là sont très difficiles en raison de l'imagination [...] » [1]. Le raisonnement procède d'une comparaison entre le temps et l'espace. Dans un mouvement local, ainsi que nous l'avons vu, le mouvement est une qualité intrinsèque au mobile ; cependant, la perception du mouvement suppose un lieu extérieur au mobile. Nous devons donc imaginer un espace auquel le mobile se rapporte successivement de façon différente [2]. De même nous ne pouvons saisir et exprimer une priorité sans imaginer un temps dans lequel se succèdent les événements, bien que cela ne soit pas nécessaire à Dieu [3]. L'hypothèse créationniste se situe au contraire dans la perspective théologique où Dieu connaît intuitivement et simultanément tous les moments du temps. Si l'on admet cette perspective [4], alors non seulement la position de la foi et celle de la raison, ici dépendante de l'imagination, ne sont pas incompatibles, pas plus en tout cas que la conjonction de l'éternité divine et du déroulement des événements dans le temps chez Boèce ou Thomas d'Aquin, mais en outre l'investigation naturelle par des moyens rationnels (incluant en l'occurrence l'imagination), voit sa légitimité sauvegardée. Il est vrai que Buridan est conduit par là à réfuter un certains d'objections élevées par Averroès contre l'idée d'une création qui ne se situerait pas *dans* le temps. Mais en dernier ressort, son argumentation repose sur une comparaison avec la liberté humaine, principe d'actes initiant un changement sans présupposer aucun autre changement préalable. Cette liberté est certes, nous l'avons vu, une brèche dans le déterminisme purement naturel, mais ce n'en est pas moins un élément constitutif du monde, à la fois naturel et humain, tel que nous l'étudions [5].

Nous retrouvons les mêmes exigences dans la question de l'accident – qui a été étudiée en détail par Paul Bakker et que nous avons déjà évoquée plus haut.

1. *Qu. Phys.*, VIII, 2, f° CXrb : « Ista sunt difficilia propter imaginationem [...] ».

2. Voir *Qu. Phys.*, VIII, 2, CXrb : « [...] tamen non possemus illos motus percipere nec eorum velocitates exprimere nisi imaginando spacium ad quod illa mobilia aliter et aliter se haberent [...] ».

3. Voir *Qu. Phys.*, VIII, 2, f° CXrb (ms. C, f° 152rb-va) : « [...] ita etiam quamvis Deus sine motu et sine [vel 1509] tempore posset creare plures angelos, unum prius et alterum posterius, tamen huiusmodi prioritatem et quantitatem prioritatis non bene possumus capere vel exprimere nisi imaginando quod in illis sic prius et posterius factis coexistat tempus et successio continua, per cuius imaginationem [*aliter* ymaginatam C] [*del.* quantitatem 1509 et C] exprimeremus prioritatem et posterioritatem et quantitatem prioritatis in factione illorum ».

4. Bien entendu, l'argumentation de Buridan est plus fournie, et elle précise comment Dieu connaît les mondes possibles et choisit librement ; sur ce point voir E. Sylla, art. cit, p. 234.

5. Voir *Qu. Phys.*, VIII, qu. 2, f° XCra : « Dicitur quod possibile est Deum prius nolle et post velle aliquid sine eius mutatione, immo etiam hoc est nobis possibile [...] » ; les deux arguments suivants font aussi intervenir une comparaison avec la volonté humaine.

La détermination proprement philosophique conduit à définir l'accident par l'être-dans, alors que la doctrine eucharistique implique la subsistance des accidents. La question est très débattue au XIVe siècle, aussi bien dans des textes théologiques que dans des textes philosophiques – et c'est sans doute ce qui rend la question plus aiguë au delà d'une seule divergence entre raison et foi. Après avoir exposé la solution conforme aux principes « naturels », on élargit la détermination pour y intégrer les détermination « selon la foi ». Cette disjonction ne supprime assurément pas toute tension, mais son intention est double : premièrement ne pas annuler la détermination naturelle ; deuxièmement rendre autant que possible pensable philosophiquement, en modifiant, élargissant ou tordant les concepts philosophiques, le problème soulevé par la position de l'Église, et non pas le renvoyer à une pure croyance. Cette démarche mise en œuvre de façon exemplaire sur la question de l'accident se retrouve également dans la question du statut de la relation d'inhérence dans le cas de la génération.

Les stratégies buridaniennes pour éviter les conflits entre point de vue théologique et point de vue philosophique sont diverses. Elles vont de la simple juxtaposition à l'élargissement de certains concepts philosophiques afin d'intégrer certaines données de foi. Une telle souplesse n'est pas signe d'opportunisme, même si l'on ne peut ignorer les contraintes institutionnelles. Jean Buridan a pour ligne directrice de sauvegarder les droits de la démarche philosophique et de légitimer les rationalités régionales des sciences. Son champ d'étude n'est pas celui de la théologie, pour autant que celle-ci recevrait ses principes de la révélation ; son domaine est celui de la nature et de l'homme en tant qu'être libre, susceptible de félicité naturelle. Mais dans cette exploration, il ne s'interdit aucune question qu'il pourrait rencontrer. Car la philosophie se définit moins par des objets que par une démarche et des exigences.

CONCLUSION

Le concept de science et l'étude des différentes modalités du savoir, de la forme la plus empirique à la forme la plus rigoureuse de démonstration, nous ont permis de parcourir de larges pans de la philosophie buridanienne. Certes, nous ne prétendons pas avoir restitué la totalité de la pensée du maître picard. La philosophie morale, évoquée à plusieurs reprises, n'a pas été traitée de façon approfondie. La philosophie naturelle elle-même se déploie dans des champs particuliers que nous n'avons pas explorés en détails, alors qu'ils témoignent, par exemple dans les *Questions sur les Météores*, d'une attention minutieuse aux phénomènes naturels fondée sur un sens aigu de l'observation. Certains aspects de la métaphysique aussi sont restés en dehors de notre examen. Néanmoins, nous avons cherché à renouer les fils par lesquels une certaine idée de la *scientia* se relie à la plupart des aspects de la philosophie telle que la conçoit et la pratique Jean Buridan, des années 1320 à la fin des années 1350. Nous espérons avoir ainsi montré le caractère crucial du concept de *scientia* et de ses multiples composantes.

Comme nous l'avons indiqué dès notre introduction, la notion médiévale de *scientia* ne recouvre pas le concept moderne de science. Elle est beaucoup plus vaste, et sinon équivoque du moins polymorphe. Fallait-il pour autant la récuser comme concept trop « mou » ? Il nous semble au contraire que cette palette de significations nous apprend beaucoup sur la manière dont s'élabore à l'époque la théorie de la connaissance. Le parcours que nous avons suivi confirme qu'il y a là un fil rouge, dont les reprises constituent un tissu de concepts, de questions et de problèmes là même où Buridan nous prévient qu'il faut distinguer plusieurs sens de « science ».

La science pour Buridan, nous l'avons établi d'emblée, c'est d'abord une disposition mentale, un *habitus*. C'est donc un type de créance, une qualité de l'assentiment que j'accorde à une proposition qui est présente à mon intellect. Cette conception était déjà celle de Guillaume d'Ockham. Elle résulte d'une inflexion de l'idée de science qui remonte au tournant des XIIIe et XIVe siècles et dans laquelle Scot a joué un rôle décisif. C'est pourquoi l'analyse de la science est d'abord centrée sur les notions de certitude et d'évidence. Jean Buridan accorde une attention beaucoup plus grande que tous ses prédécesseurs à l'étude des modalités de l'acte cognitif, considéré en lui-même ou en relation à ses objets. Il ne s'agit pas tant, de ce point de vue, de distinguer les types de certitude dont est susceptible telle ou telle discipline – encore que cet aspect a son importance pour la classification des sciences et leur organisation hiérarchique –, que d'étager les modes de certitude dont est susceptible tel ou tel jugement, en raison de ses qualités propres et de celles de son objet. Car la certitude, nous l'avons vu d'emblée, a dans le contexte médiéval une face objective, liée au statut des propositions et aux choses signifiées par celles-ci, et une face subjective, liée à la fermeté de l'assentiment. Mais la certitude qui caractérise le fait de *savoir* quelque chose, doit être articulée avec l'évidence (faute de quoi la science ne se distinguerait pas d'autres formes de jugements certains, comme ceux de la foi). La nature de l'évidence est difficile à définir, pour Buridan comme pour tous les auteurs, y compris Descartes, qui voudront en faire un critère premier. L'évidence est en tout cas ce qui s'impose à un intellect. Buridan cherche les causes de l'assentiment évident. La théorie de la science a ainsi un aspect proprement épistémique, si l'on entend par là ce qui concerne les modalités propres de l'acte de savoir, telles qu'elles se manifestent dans l'assentiment à certaines propositions. Buridan expose donc comment se différencient les formes d'assentiment, comment l'évidence d'un assentiment peut être causé, soit par la connaissance des termes de la proposition, soit par un processus empirique préalable, soit par raisonnement contraignant à partir de prémisses elles-mêmes évidentes. Mais cette psychologie cognitive n'a pas une visée seulement descriptive. Il s'agit d'une part d'expliquer la certitude de la disposition mentale scientifique, d'autre part de légitimer le caractère scientifique des propositions et des démonstrations portant sur le domaine naturel.

Buridan est en effet conduit à distinguer différents ordres de certitude : une certitude absolue, portant sur ce qui ne peut en aucun cas être falsifié car cela entraînerait une contradiction, et une certitude relative, portant sur des propositions dont l'opposé ne serait pas contradictoire, mais qui sont conformes à l'ordre de la nature. La théorie de l'induction est fondamentale parce qu'elle sert à établir les principes du raisonnement en physique. Pour justifier le sauf inductif à une proposition universelle à partir d'une série finie et incomplète de propositions singulières, Buridan fait appel à l'inclination naturelle de l'intellect au vrai. Cette thèse pourrait sembler n'être qu'une explication tautologique, voire d'une grande naïveté. J'ai néanmoins suggéré qu'elle renvoyait à un geste méta-théorique, proprement fondateur : la position d'une ordre régulier de la nature. Cette thèse n'est ni triviale, ni sans justification dans le système buridanien. Un tel ordre, constitué par un tissu de relations causales, producteur de nécessité conditionnelle dès lors qu'on en exclut méthodologiquement et les miracles et les résultats d'actes faits par volonté libre, explique à la fois les régularités dans la nature et l'évidence *secundum quid* qui s'y attache. C'est le postulat de cet ordre, requis par toute science de la nature, qui légitime l'induction. De ce fait les relations entre l'intellect et le monde sont des relations naturelles (ce qui ne veut pas dire matérielles) ; elles se déroulent selon des processus réglés tout comme les phénomènes extra-mentaux sont eux-mêmes soumis à des régularités dans le tissu des causes agentes, terrestres et célestes. C'est pourquoi nous avons toutes les raisons de nous fier aux informations et constructions de nos sens externes, de nos sens internes et de notre intellect, dès lors que nous respectons les critères sémantiques et les règles de déduction. Telle est la dimension « fiabiliste » de l'épistémologie buridanienne. Si cet aspect a déjà été souligné, notamment par Jack Zupko puis par Christophe Grellard, il convient de le réinsérer lui aussi dans la philosophie buridanienne de la nature, qui est le vrai fondement de ce fiabilisme.

Si la science est à la base une disposition mentale, Jean Buridan est conscient que cet aspect ne suffit pas. La redéfinition des critères de certitude a des conséquences sur toute la théorie de la connaissance. Cela va du problème de l'unité d'une science entendue comme discipline, problème traité aussi bien à travers la question de l'unité ou de la pluralité des sujets d'une science qu'à travers celle de ses principes premiers, jusqu'à la discursivité de la connaissance scientifique. Car la notion grecque d'ἐπιστήμη s'oppose à celle de νοῦς par son caractère discursif. S'il est relativement aisé de dissocier un sens large de *scientia* qui peut inclure l'*intellectus*, et un sens restreint qui l'en sépare, cela ne résout pas la difficulté de savoir comment l'on concilie la science comme disposition mentale isolée et un complexe de dispositions ou de propositions qui en sont l'objet, requis par le lien fort posé entre science et démonstration. Car dans le même temps, à la suite de Robert Grosseteste et de son commentaire aux *Seconds Analytiques*, Buridan définit la conclusion démontrée comme l'objet de l'acte de savoir scientifiquement, au sens le plus strict du terme. Le paradoxe vient de ce que dans de nombreux développements, notamment quand il analyse le statut des principes, Buridan est conduit à accentuer le caractère particulier de telle ou telle disposition, selon la nature de la proposition considérée, selon ses causes, selon ses justifications possibles... C'est ce que j'ai appelé le « principe de fragmentation » de la scientificité. À partir de la science comme disposition mentale particulière, il convient donc de reconstruire à la fois la fonction et les procédures de la démonstration en tant que « facteur de science », et l'organisation de la *scientia magna* ou *congregata* qu'est une discipline totale, articulée en principes premiers, enchaînement de démonstrations (éventuellement de différentes sortes), conclusions, etc. De ce point de vue, nous retiendrons deux résultats. Pour ce qui est de la science totale, si Buridan n'en invente pas l'idée, il lui accorde une importance particulière qui est due à l'idée qu'il se fait de la différence entre disciplines. Nous allons y revenir. Pour ce qui est de la démonstration, Buridan est conduit à analyser les procès selon lesquels la nécessité est transmise des prémisses à la conclusion (ce qui est une affaire de logique) mais aussi comment l'assentiment et la connaissance certaine sont eux-mêmes transposés des prémisses à la conclusion. Buridan cherche à expliquer les causes de l'assentiment et les causes de la conclusion en un sens proprement épistémique, qu'il écarte du procès causal tel qu'il se déploie dans la nature. Si donc Buridan est sur ce point dans la lignée de Grosseteste, qui serait le premier, selon ce que montre Ernesto Perini-Santos, à avoir pensé l'enchaînement cognitif des propositions dans le syllogisme à la manière d'un engendrement naturel, il faut préciser aussitôt que ce n'est pas en modelant cet engendrement sur l'engendrement des formes réelles, comme c'était le cas dans la métaphysique du flux de l'Évêque de Lincoln, mais bien au contraire en écartant l'une de l'autre causalité épistémique et causalité réelle, comme le montre notamment le cas de la démonstration en mathématiques.

Si l'étude de la causalité épistémique dans la démonstration inclut encore des éléments de psychologie cognitive, la dimension discursive requiert de porter attention à l'enchaînement des propositions. La théorie de la science revêt alors une dimension logique et même linguistique. C'est ce qui donne à la philosophie buridanienne, aussi bien en métaphysique qu'en physique, un style bien particulier où l'analyse logico-linguistique joue un rôle décisif. Cet aspect est bien connu, mais j'ai essayé de l'illustrer sur le cas de plusieurs concepts clés de la physique (cause, mouvement, infini...). L'analyse sémantique des principaux concepts de la physique, de certaines définitions, ainsi que de quelques thèses d'origine aristotélicienne est au cœur des ouvrages de philosophie naturelle. Redéployant alors la dimension de la science comme langage, Buridan investit les analyses sémantiques que l'on trouve dans les *Petites sommes de logique*.

Alors que la science comme disposition mentale conduisait à des comparaisons entre différents modes de certitude, l'étude de la dimension linguistique dans et par laquelle se construit et se transmet une science conduit à étudier diverses formes d'argumentation, nécessaires ou probables. Si la science requiert la nécessité, le souci d'orienter la science vers la connaissance des choses singulières et contingentes oblige non seulement à redéfinir précisément les différents sens de la nécessité logique et réelle, mais encore à montrer comment dans la vie se mêlent le nécessaire et le probable. Ici encore, une fois posées les exigences, une fois faites les distinctions méthodologiques, Buridan est attentif aux formes mêlées, intermédiaires, comme le montre par exemple son exposition du raisonnement topique, ou encore sa stratégie d'interprétation des énoncés et sa théorie de la valeur des mots. Tant du point de vue sémantique que du point de vue des formes d'argumentation, le langage est abordé à partir de son exercice effectif. Cela n'empêche pas qu'il doive être normé par la volonté de vérité. Si l'on part du langage parlé, radicalement arbitraire, il convient d'exhiber une « structure sémantique » qui est représentée par les propositions mentales et qui permet d'exposer comment il se rapporte aux choses extra-mentales visées par tout langage, et par conséquent par les propositions scientifiques.

Mais la théorie buridanienne de la science, c'est aussi une cartographie des savoirs. En apparence, Buridan reste proche des « divisions des sciences » telle qu'elles se sont développées à partir de Gondissalvi et de Kilwardby. Mais dans ce cadre formel, il relativise toute hiérarchisation entre les disciplines et il vide quasiment de tout sens l'idée de subalternation. Certes, il y a des relations de dépendance entre certaines disciplines ou certains champs d'objets. Mais la division ne se fonde pas principalement sur une division des genres traités. C'est pourquoi les différentes sciences spéculatives, par exemple, traitent du même monde selon différentes *rationes concipiendi* ou *significandi*. Ce sont ces raisons qui confèrent à une science totale son sujet principal, à partir duquel se déclinent les sujets particuliers par certains modes d'attribution au sujet principal. Mais il s'agit des mêmes étants, considérés en tant qu'étants, en tant que mobiles ou en tant que quantifiés. Pareillement l'homme peut être considéré en tant que sujet libre ou bien en tant qu'être naturel… De même, ce sont différentes *rationes concipiendi* qui expliquent la différence entre une approche mathématique et une approche physique de certaines questions. La métaphysique se rapproche considérablement de la physique, dont elle restitue les concepts principaux et les principes les plus généraux. La physique devient le champ de déploiement par excellence de la connaissance scientifique. Dans ces relations chaque fois singulières entre disciplines, s'esquisse bien toute une *épistémologie* buridanienne, et celle-ci redessine la carte du savoir. Une science, même comme « science totale », prend ses principes de façon diversifiée, croise ses points de vue avec d'autres disciplines. L'idée de science comme point de vue sur le monde, qui n'est certes pas tout à fait neuve (elle est esquissée chez Thomas, mais sur la base d'une plus stricte hiérarchisation), prend ici tout son sens. Buridan met en place une épistémologie fondée sur une idée de « rationalisme régional ».

La lecture des *Seconds Analytiques* faite par Grosseteste conduisait à accentuer un geste qui était implicitement esquissé chez Aristote : faire des mathématiques, centrées sur la géométrie, le modèle de scientificité. Certes, on peut s'interroger sur le caractère fictif de cette mise en adéquation d'une théorie de la science fondée sur le syllogisme et des mathématiques euclidiennes. Mais l'usage fait par Aristote de concepts ou de théorèmes mathématiques à titre d'exemples pouvait y incliner. Avec Roger Bacon et Robert Grosseteste, ce lien a été privilégié. Jean Buridan se situe à contrecourant de cette tendance. Certes, il continue à reprendre les mêmes exemples. Mais la démonstration mathématique n'est pas le modèle de la démonstration la plus puissante. La démonstration *propter quid* est celle qui restitue, selon des processus épistémiques propres, un procès causal. Or ni l'efficience ni la fin, ni même à proprement parler la forme n'ont de place en mathématiques ; c'est de façon métaphorique que les mathématiques démontrent par la forme, celle-ci désignant en l'occurrence la définition et la matière le défini, sans que cela reflète une composition substantielle effective. L'épistémologie des mathématiques de Buridan est loin d'être pour autant dépourvue d'intérêt. Sa conception opératoire de la mesure est originale et assez prometteuse. Sa manière d'opposer et d'articuler le point de vue mathématique et le point de vue physique est un lieu essentiel d'élaboration de son rationalisme régional. Mais son principal centre d'intérêt est la science naturelle. Le modèle de scientificité est fourni par cette combinaison d'observations et de raisonnements causaux élaborés à partir d'inductions, qu'est pour lui la physique.

Étudier la conception buridanienne de la science nous a donc bien fait traverser les domaines de la logique, de la psychologie, de la métaphysique, et esquisser le cadre de l'encyclopédie des sciences. Buridan y étudie les modalités épistémiques de la créance justifiée, produisant un état de certitude et d'évidence qui caractérise la connaissance scientifique, il y analyse les procédures de la démonstration, aussi bien pour ce qui est de l'élaboration et du fondement de ses principes, qu'en ce qui concerne le respect de formes rigoureuses de déduction, la transmission de la certitude, il y décrit la causalité naturelle que la science cherche à restituer selon des modalités spécifiques de causalité épistémique. En tout cela Buridan est profondément naturaliste. En quel sens ? D'abord, s'il est un philosophe parcourant tout le champ de la philosophie aristotélicienne, Buridan nous est apparu sous l'angle d'une articulation privilégiée de la logique et de la physique. Certes, il ne s'agit là que d'une tendance, qui n'empêche ni le statut primordial de la métaphysique, ni l'importance de l'éthique. Cette dernière n'est apparue qu'en marge de notre étude parce qu'elle excède le champ de la science. Nous avons vu, et c'est important, comment la scientificité s'élargit jusqu'au seuil de la prudence. Cependant l'éthique n'était pas centrale dans notre propos, sans doute en raison de notre point de départ et de l'objet de cette étude. Mais logicien-physicien, Buridan est naturaliste en bien d'autres sens. Non qu'une étiquette suffise à la caractériser – pas plus ici qu'ailleurs –, c'est simplement un marqueur, une commodité. Néanmoins, toute sa théorie de la connaissance se fonde sur une articulation systématique entre le cours de la nature (qui prend forme à partir des sens de la nécessité, de la théorie de la causalité, de la question de l'induction), la position d'un ordre spécifique d'évidence et de nécessité conditionnelle, et l'attitude de confiance envers les informations cognitives fournie par les sens et par l'intellect, confiance fondée sur l'inclination naturelle au vrai. La position d'un ordre propre de la nature n'est certes en tant que telle pas une nouveauté. Mais il s'agit ici de lui donner corps et surtout d'en tirer toutes les conséquences en se situant résolument dans l'ordre naturel et humain. Et cela se fonde en dernier ressort sur un choix intellectuel et existentiel qui, sans chercher la confrontation avec la théologie (il cherche même en des points particuliers des procédures de conciliation), s'affirme résolument comme celui de la philosophie.

BIBLIOGRAPHIE

Abréviations utilisées pour les œuvres de Jean Buridan

SL : *Summulae logicales*
Qu. PH : *Questiones longe super Perihemeneias*
QApost. : *Questiones in duos Aristotelis libros Posteriorum Analyticorum*
QAPr. : *Questiones in Analytica priora*
Qu. Top. : *Questiones Topicorum*
Qu. Elench. : *Questiones Elenchorum*
Qu. Phys. : *Questiones super octo libros Aristotelis Physicorum*
Qu. An. : *Questiones de anima*
Qu. de gen. et corr. : *Quaestiones super libros De generatione et corruptione*
Qu. Metaph. : *In Metaphysicen Aristoteles questiones argutissime*
Qu. Eth. : *Questiones super decem libros Ethicorum Aristotelis ad Nicomachum*

Textes

Abélard, *Dialectica*, ed. by Lambert Marie De Rijk, Assen, Van Gorcum, 1956.

– *Logica « Nostrorum petitioni sociorum », Glossulae super Porphyrium*, dans Peter Abaelards *Philosophische Schriften*, hsgb. Bernhardt Geyer, Münster Westphalen, Aschendorf, 1933, rééd. 1993.

Albert de Saxe, *Tractatus proportionum*, éd. par H. L. L. Busard *Der Tractatus proportionum von Albert von Sachsen*, dans Osterreichischen Akademie der Wissenschaften, Denkschriften, math.-naturwiss., 116/2 (1971), Wien, p. 43-72.

– *Quæstiones super octo libros Physicorum Aristotelis*, dans Benoît Patar, *Expositio et Quæstiones in Aristotelis Physicam ad Albertum de Saxonia attributæ*, 3 volumes, Louvain-la-Neuve - Louvain - Paris, Éditions de l'Institut supérieur de Philosophie - Peeters, 1999.

Albert le Grand, *Liber secundus Posteriorum Analyticorum*, Alberti Magni *Opera omnia*, cur. A. Borgnet, vol. II, Parisiis, MDCCCXC.

– *Physica*, éd. Paulus Hossfeld, Alberti Magni *Opera omnia* [...] curavit Institutum Alberti Magni Coloniense, Wilhelmo Kübel praeside, t. IV, pars 1, Monasterii Westphalorum in aedibus, Aschendorff, 1987.

– *De generatione et corruptione*, éd. Paulus Hossfeld, Alberti Magni *Opera omnia* [...] curavit Institutum Alberti Magni Coloniense, t. V, pars II, Monasterii Westfalorum in aedibus, Aschendorff, 1980.

ALGAZEL, *Logica*, ed. by Charles Lohr, *Traditio* 21 (1965) p. 223-90.

ARISTOTE, *Physique*, texte établi et traduit par H. Carteron, Paris, Les Belles Lettres, 2 vol., 1926-1931.

- *Rhétorique*, texte établi et traduit par M. Dufour, Paris, Les Belles Lettres, 2 vol., 1932.
- *Du ciel*, texte établi et traduit par P. Moraux, Paris, Les Belles Lettres, 1965.
- *De l'âme*, texte établi par A. Jannone, trad. et notes de E. Barbottin, Paris, Les Belles Lettres, 1966.
- *De l'âme*, trad. fr. par R. Bodeus, Paris, GF Flammarion, 1993.
- *Éthique à Nicomaque*, trad. fr. par J. Tricot, Paris, Vrin, 7 e tirage 1990.
- *Métaphysique*, trad. et notes par J. Tricot, 2 vol., Paris, Vrin, 1991.
- *De la génération et de la corruption*, texte établi et traduit par M. Rashed, Paris, Les Belles Lettres, 2005.
- *Seconds Analytiques*, trad. fr. par P. Pellegrin, Paris, GF Flammarion, 2005.

Aristoteles latinus, I. 1-5, *Categoriae uel Praedicamenta*, translatio Boethii, editio composita, translatio Guillelmi de Moerbeka, Lemmata e Simplicii commentario decerpta, Pseudo-Augustini paraphrasis Themistiana, éd. L. Minio-Paluello, Paris, Desclées de Brouwer, 1961.

- II. 1-2, *De interpretatione vel Periermeneias*, translatio Boethii, specimena translationum recentiorum, ed. L. Minio-Maluello, translatio Guillelmi de Moerbeka ed. G. Verbecke, rev. L. Minio-Paluello, Bruges-Paris, Desclées de Brouwer, 1965.
- IV. 1-4, *Analytica posteriora* translationes Iacobi, Anonymi sive Ioannis, Gerardi et recensio Guillelmi de Moerbeka, ed. L. Minio-Paluello et B. G. Dod, Bruges-Paris, Desclées de Brouwer, 1698.
- *De anima*, translatio noua, Iacobi Venetici translationis recensio, Guillelmus de Morbeka reuisor secundum Aquinatis librum, Clavis 12.2.
- XXXI. 2, *Rhetorica*, translatio anonyma sive vetus et translatio Guillelmi de Moerbeka, ed. B. Schneider, Leiden, Brill, 1978.
- XXV. 1-1a, *Metaphysica*, I-IV. 4, translatio Iacobi sive vestustissima cum scholiis, et Translatio composita sive vetus, ed. G. Vuillemin-Diem, Bruxelles-Paris, Desclées de Brouwer, 1970.
- XXV. 3-2, *Metaphysica*, lib. I-XIV, recensio et translatio Guillelmi De Moerbeka, editio textus, ed. G. Vuillemin-Diem, 2 vol., Leiden - New York - Köln, Brill, 1995.
- XXVI. 1-3, *Ethica Nicomachea*, translatio antiquissima lib. II-III sive Ethica vetus, et Translationis antiquioris quae supersunt, sive Ethica nova, Hofneriana, Borghesiana, translatio Roberti Grosseteste Lincolniensis sive Liber Ethicorum (recensio pura et recensio recognita), ed. R. A. Gauthier, Leiden-Bruxelles, Brill - Desclées de Brouwer, 5 vol., 1972-1974.

Aristotelis Stagiritae Posteriorum Resolutorium libri duo, cum Averrois magnis commentariis [...], trad. A. de Balma, Venetiis apud Junctas, MDLXII.

Auctoritates Aristotelis : un florilège médiéval, ét. historique et critique par Jacqueline Hamesse, Louvain-Paris, Publications universitaires - B. Nauwelaerts, 1974.

AUGUSTIN, *Œuvres de saint Augustin*, « Bibliothèque augustinienne » vol. 33 : *La Cité de Dieu*, livres I-V, texte de B. Dombart et A. Kalb, Intro. et notes par G. Bardy, trad. fr. par G. Combès, Paris, Desclées de Brouwer, 1959.

AVERROÈS, *L'Intelligence et la Pensée*. Grand commentaire du *De anima*, livre III, trad. fr. par A. de Libera, Paris, GF Flammarion, 1998.

- *De Physico auditu libri octo, Aristotelis Opera cum Averois commentariis*, vol. IV, Venetiis apud Junctas, MDLXII (reprod. Minerva, Frankfurt, 1962).

– *In Aristotelis Metaphysicorum libri*, IV, c. 3, dans *Aristotelis Opera cum Averrois Commentariis*, vol. VIII, Venetiis apud Junctas, MDLXII (reprod. Minerva, Frankfurt, 1962).
– [Averrois Cordubiensis] *Commentarium magnum in Aristotelis De anima libros*, ed. by F. Stuart Crawford, Cambridge (Mass.), The Medieval Academy of America, 1956.
Blaise de Parme, *Questiones circa tractatus proportionum magistri Thome Braduardini*, éd. par J. Biard et S. Rommevaux, Paris, Vrin, 2005.
Boèce de Dacie, *De aeternitate mundi*, dans Boethii Daci *Opera*, VI-2, Hauniae MCMLXXVI.
– *Quaestiones de generatione et corruptione*, dans Boethii Daci *Opera*, V-1, Hauniae, MCMLXXII.
Boèce, *De differentiis Topicis*, PL LXIV.
– [Boethius's] *De differentiis topicis*, transl. with notes and essays by E. Stump, Ithaca-London, Cornell University Press, 1978.
Cassiodore, *Institutiones divinarum et sculorum litterarum*, II, 3, 6 (latin-deutsch), übers. und eingel. von W. Bürsgens, Freiburg-Basel-Wien-Barcelona-Rom-New York, Herder, 2003.
Chartularium universitatis Parisiensis, éd. par Henricus Denifle adj. Æmilio Chatelain, Parisiis, ex typis fratrum Delalain, 4 vol., MDCCCLXXXIX-MDCCCLXXXXVII.
Cicéron, *De inventione*, Cambridge-London, Loeb, 1968.
– *Divisions de l'art oratoire* et *Topiques*, éd. par H. Bornècque, Paris, Les Belles Lettres, 2e édit. 1960.
Dominique Gondissalvi [Domingo Gundisalvo], *De scientiis*, texto latino establecido por M. Alonso, Madrid, Escuelas de Estudios Arabes de Madrid y Granada, 1954.
– [Dominicus Gundissalinus] *Über die Einteilung der Philosophie* (lateinisch-deutsch), herausgegeben, übersetzt, eingeleitet und mit Anmerkungen versehen von A. Fidora und D. Werner, Freiburg, Herder, 2007.
Duns Scot, *Ordinatio*, dans Iohannis Duns Scoti *Opera omnia*, studio et cura Commissionis Scotisticae ad fidem codicum edita praes. P. Carolo Balić, vol. III, Civitas Vaticana, Typis polyglottis Vaticanis, MCMLIV ; vol. VI, MCMLXIII.
– [Iohannis Duns Scot], *Questiones super libros Metaphysicorum Aristotelis*, ed. by R. Andrews *et alii*, The Franciscan Institute, St. Bonaventure, New York, 1997.
Gautier Burley [Gualterus Burlaeus], *De intensione et remissione formarum*, Venise, 1496.
– [Walter Burleigh] *De puritate artis logicae, Tractatus longior, with a Revised Edition of the Tractatus brevior*, ed. by Ph. Boehner, O.F.M., St. Bonaventure N. Y. - Louvain - Paderborn, The Franciscan Institute - E. Nauwelaerts - F. Schöning, 1955.
– [Gualterus Burlaeus] *De suppositionibus*, ed. by St. Brown, *Franciscan Studies*, 32 (1972), p 36-37.
– [Gualterus Burlaeus] *Questiones in librum Peri hermeneias Aristotelis*, ed. by St. Brown, *Franciscan Studies*, 37 (1974), p. 200-305.
– [Walter Burley], *Quaestiones super librum Posteriorum*, ed. by M. C. Sommers, Toronto, Pontifical Institute of Medieval Studies, 2000.
Gautier Chatton [Walter Chatton] OFM, *Lectura in I. Sententiarum*, Prol., q. 1, dans M. E. Reina, 1970.
Gilles de Rome, *Differentiae rhetoricae, ethicae et politicae*, dans G. Bruni 1932.
Grégoire de Rimini [Gregorii Ariminensis], *Lectura super primum et secundum Sententiarum*, éd. par A. D. Trapp, 6 vol., Berlin - New York, 1979-1984.

GUILLAUME D'OCKHAM [Guillelmus de Ockham], *Summa logica*, ed. † Ph. Boehner OFM, G. Gál et St. Brown, « Opera philosophica » I, St. Bonaventure N. Y., The Franciscan Institute, 1974.

- *Expositio in libros Physicorum Aristotelis*, Prol. et liber I-IV, ed. V. Richter, « Opera philosophica » IV; libri IV-VIII, ed. R. Wood *et alii*, « Opera philosophica » V, St. Bonaventure N. Y., The Franciscan Institute, 1985.
- *Quaestiones in libros Physicorum Aristotelis*, ed. St. Brown, « Opera philosophica » VI, St. Bonaventure, N. Y, The Franciscan Institute Publications, 1984.
- Guillaume d'Ockham, *Summula philosophiae naturalis*, « Opera philosophica » VI, ed. S. Brown, St. Bonaventure N. Y, The Franciscan Institute, 1984.
- *Scriptum in primum librum Sententiarum Ordinatio*, Prol., qu. 1, ed. G. Gál, adlab. St. Brown, « Opera theologica » I, St. Bonaventure, N. Y., The Franciscan Institute Publications, 1967.
- *Quodlibeta septem*, ed. J. C. Web, « Opera theologica » IX, St. Bonaventure, N. Y. The Franciscan Institute Publications, 1980.
- *Somme de logique*, trad. fr. par J. Biard, Chr. Grellard et K.-S. Ong Van Cung, 4 volumes, Mauvezin, TER, 1988 (2ᵉ édit. 1993), 1996, 2003, 2008.
- *Traité sur la prédestination*, trad. fr. par C. Michon, « Translatio », Paris, Vrin, 2007.

GUILLAUME HEYTESBURY, *Tractatus de sensu composito et diviso, Regule eiusdem cum Sophismatibus*, Venetiis, 1494.

ISIDORE DE SÉVILLE [Isodori Hispalensis Episcopi], *Etymologiarum sive originum libri XX*, ed. W. M. Lindsay, Oxonii, e typographeo clarendoniano, [1911].

- [Isidore of Seville], *Etymologies*, ed., transl. and notes P. K. Marshall, Paris, 1983.

JACQUES ZABARELLA, *De medio demonstrationis libri duo*, in *Opera logica*, éd. 3ª, Coloniae, MDXCVII, repr. Georg Olms Verlag, Hildesheim, 1966.

- *Liber de speciebus demonstrationis* dans *Iacobi Zabarella Patavini Opera logica*… éd. 3ª, Coloniae, MDXCVII, repr. Georg Olms Verlag, Hildesheim, 1966, f°s 431-432.

JEAN BURIDAN [Johannis Buridani] *Questiones super octo libros Aristotelis Physicorum*, Parisiis, 1509 (repr. Frankfurt a. M., Minerva, 1964).

- *Questiones Joannis Buridani super decem libros Ethicorum Aristotelis ad Nicomachum*, Parisiis, Ponset le Preux, 1513.
- [Johannes Buridanus] *Summulae de propositionibus*, ed. by R. van der Lecq, « Artistarium » 10-1, Turnhout, Brepols, 2005.
- *Summulae de praedicabilibus*, ed. by L. M. De Rijk, « Artistarium » 10-2, Nijmegen, Ingenium Publishers, 1995
- *Summulae in Praedicamenta*, ed. by E. P. Bos, « Artistarium » 10-3, Nijmegen, Ingenium Publishers, 1994.
- *Summulae de suppositionibus*, ed. by R. van der Lecq, « Artistarium » 10-4, Nijmegen, Ingenium Publishers, 1998.
- *Summulae de syllogismis*, ed. by J. Spruyt, « Artistarium » 10-5, Turnhout, Brepols, 2010
- *Summulae de demonstrationibus*, ed. by L. M. De Rijk, « Artistarium » 10-8, Groningen-Haren, 2001.
- *Summulae de practica sophismatum*, ed. by F. Pironet, « Artistarium » 10-9, Turnhout, Brepols, 2004.
- *Quaestiones libri Porphyrii*, éd. par R. Tatarzyński, *Przeglad Tomistyczny*, II (1986), p. 111-95.
- *Questiones longe super librum Perihermeneias*, ed. by R. van der Lecq, Ingenium Publishers, Nijmegen, 1983.
- *Quaestiones in Praedicamenta*, éd. par J. Schneider, Münschen, Beck, 1983.

– *Questiones Elenchorum*, ed. by R. van der Lecq and H. A. G. Braakhuis, Nijmegen, Ingenium Publishers, 1994.
– *Quaestiones Topicorum*, ed. by N. J. Green-Pedersen, Turnhout, Brepols, 2008.
– *Tractatus de consequentiis*, éd. par H. Hubien, Louvain-Paris, Publications universitaires - Vander Oyez S. A., 1976.
– *Quaestiones in Aristotelis de caelo*, éd. par B. Patar, Louvain-la-Neuve - Louvain - Paris, Éditions de l'Institut supérieur de Philosophie - Éditions Peeters, 1996.
– [John Buridan], *Quaestiones super libros* De generatione et corruptione *Aristotelis*, ed. by M. Streijger, P. J. J. M. Bakker, J. M. M. H. Thijssen, « History of Science and Medicine » 17, Leiden-Boston, Brill, 2010.
– *Questiones de anima*, ed. by P. Sobol, *John Buridan on the Soul and the Sensation : An Edition of his Book II of his Commentary on Aristotle's Book*... UMI, Ann Arbor, 1984.
– *Questiones de anima*, ed. by J. Zupko, *John Buridan's Philosophy of Mind : An Edition and Translation of Book III of his « Questions on Aristotle's De anima (3rd redaction), with commentary and critical and interpretative essays*, UMI, Ann Arbor, 1989.
– *Lectura erfordiensis in I-VI Metaphysicam, together with the 15th-century Abreviatio Caminensis*, ed. by L. M. De Rijk, Turnhout, Brepols, 2008.
– *De dependentiis, diversitatibus et convenientiis*, dans D.-J. Dekker 2004.
– *Questio de puncto*, dans V. Zoubov, 1961.
– *Tractatus de differentia universalis ab individuum*, éd. par S. Szyller, *Przeglad Tomistyczny*, III, 1987, p. 134-178.
– *Sophismes*, trad. fr. par J. Biard, Paris, Vrin, 1993.

Jean de Jandun, *Super libros Aristotelis de anima subtilissimae questiones*, Venetiis, 1587, repr. Frankfurt a. M., Minerva, 1966.

Jean de Maisonneuve, *De universale reali*, éd. par G. Weiler, « Un traité de Jean de Nova Domo sur les universaux », *Vivarium*, 6 (1962), p. 108-154.

Jean Sharpe [Johannes Sharpe], *Quaestio super universalia*, éd. par A. D. Conti, Firenze, 1990.

Lambert d'Auxerre, *Summa Lamberti*, éd. par F. Alessio, Firenze, La nuova Italia, 1971.

Leibniz, Gottfried Wilhem, *Discours de métaphysique et Correspondance avec Arnauld*, Paris, Vrin, 1970.

Locke, John, *Essai philosophique concernant l'entendement humain*, traduit de l'anglais par M. Costes, Amsterdam-Leipzig, chez J. Schreuder & Pierre Mortier le Jeune, MDCCLV, rééd. Paris, Vrin, 1972.

Michel de Montecalerio, *Questio de puncto*, dans J. Celeyrette 2008.

Nicolas d'Autrécourt, *Tractatus utilis ad videndum an sermones peripatheticorum fuerint demonstrativi* [dit *Exigit ordo*] ed. by J. R. O'Donnell, *Medieval Studies*, 1 (1939), p. 176-266.
– [Nicholas of Autrecourt], *His Correspondence with Master Giles and Bernard of Arezzo*, ed. by L. M. De Rijk, Leiden - New York - Köln, Brill, 1994.
– *Correspondance. Articles condamnés*, texte latin établi par L. M. De Rijk, intro., trad. et notes par Chr. Grellard, Paris, Vrin, 2001.

Nicole Oresme, *Le Livre du ciel et du monde*, II, qu. 8, éd. par A. D. Menut and A. J. Denomy, Madison - Milwaukee - London, University of Wisconsin Press, 1968.
– *Tractatus de configurationibus qualitatum et motuum*, dans Marshall Clagett (ed.), *Nicole Oresme and the Medieval Geometry of Quality and Motions ; a Treatise on the Uniformity and Difformity of Intensities known as "Tractatus de configurationibus qualitatum et motuum"*, University of Wisconsin Press, Madison, 1968.
– *De causis mirabilium*, voir B. Hansen, 1985.

– *Expositio et quæstiones in Aristotelis De anima*, éd. et étude critique par B. Patar, Louvain-la-Neuve - Louvain - Paris, Éditions de l'Institut supérieur de Philosophie - Éditions Peeters, 1995.

Peter of Spain [Petrus Hispanus Portugalensis], *Tractus called afterwards Summule logicales*, ed. by L. M. De Rijk, Assen Van Gorcum, 1972.

Pierre Damien, *Lettre sur la toute-puissance divine*, intro., texte critique, trad. et notes par A. Cantin, « Sources Chrétiennes » 191, Paris, Les Éditions du Cerf, 1972.

Porphyre, *Isagoge*, texte grec et latin, traduction par Alain de Libera et A.-Ph. Segonds, intro. et notes par A. de Libera, Paris, Vrin, 1998.

Raoul le Breton, *Questiones super libros Topicorum Boethii*, ed. by N. J. Green-Pedersen, *Cahiers de l'Institut du Moyen Âge grec et latin*, 26 (1978), p. 1-92.

Robert Grosseteste, *Commentarius in VIII libros Physicorum*, ed. by R. C. Dales, University of Colorado Press, 1963.

– [Robertus Grosseteste], *Commentarius in Posteriorum Analyticorum libros*, ed. by P. Rossi, Firenze, L. Olschki, MCMLXXXI.

Robert Kilwardby, *De ortu scientiarum*, ed. by A. G. Judy O.P., « Auctores Britanici Medii Aevi » IV, London-Toronto, The British Academy - The Pontifical Institute of Mediæval Studies, 1976.

Roger Bacon, *De signis*, IV, 3, dans K. M. Fredborg, L. Nielsen et J. Pinborg, 1978.

– *Summulae dialectices*, éd. partielle dans A. de Libera 1987.

Sebastianus de Aragonia, Hugo de Trapecto, Symon de Padua, Theobaldus de Anchora, Johannes de Jandono, *Theorica mathematica et geometrica medievali*, éd. par G. Dell'Anna, « Università degli studi di Lecce, Dip. di scienze storiche e sociali, Saggi e ricerchi » 4, Galatina, Congedo Editore, 1992.

Themistius, *Super librum Posteriorum*, dans « Themistius' Paraphrasis of the *Posterior Analytics* in Gerard of Cremona's Translation », ed. by J. R. O'Donnell C.S.B., *Mediaeval Studies*, 20 (1958), p. 239-315.

Thomas Bradwardine, *Traité des rapports entre les rapidités dans les mouvements*, suivi de Nicole Oresme, *Sur les rapports de rapports*, trad. fr. par S. Rommevaux, Paris, Les Belles Lettres, 2010.

Thomas d'Aquin, *Summa Theologiae*, I[a] pars, Sancti Thomae Aquinitatis doctoris angelici *Opera omnia*, iussu impensaque Leonis XIII P. M., t. IV : prima pars Summae theologiae a qu. I usque ad qu. XLIX, Romae, ex typographia polyglotta s. c. de propanganda fide, MDCCCLXXXVIII.

– *Summa theologiae*, I[a] pars, Sancti Thomae Aquinitatis doctoris angelici *Opera omnia*, iussu impensaque Leonis XIII P. M., t. V : prima pars *Summae theologiae* a questione L usque ad questionem CXIX, Romae, ex typographia polyglotta s. c. de propanganda fide, MDCCCLXXXIX.

– *Summa contra Gentiles*, Sancti Thomae Aquinitatis doctoris angelici *Opera omnia* iussu edita Leonis XIII P. M., t. XIII, Romae Typis Riccardi Garroni, MCMXVIII.

– *Sententia libri Ethicorum*, Sancti Thomae de Aquino *Opera omnia* iussu Leonis XIII, P. M. edita, t. XLVII, vol. I, Romae, ad Sanctae Sabinae, 1969.

– *Sentencia libri de anima*, Sancti Thomae de Aquino *Opera omnia* iussu Leonis XIII P. M edita, t. XLV-1, Roma - Paris, Commissio leonina - Vrin, 1984.

– *In libros Metaphysicorum*, S. Thomae Aquinitatis *Opera omnia* cur. Roberto Busa S. I., vol. 4, Stuttgart - Bad Cannstaatt, Fromann-Holzboog, 1980.

– *Expositio libri Posteriorum*, Sancti Thomae de Aquino *Opera omnia*, iussu Leonis XIII P. M. edita, t. I* 2, Roma-Paris, Commissio leonina - Librairie philosophique J. Vrin, 1989.

– *De unitate intellectus contra Averroistas*, dans Thomas d'Aquin, *Contre Averroès*, trad. fr. par A. de Libera, Paris, GF Flammarion, 1994.
– *Somme contre les Gentils*, trad. fr. par C. Michon, Paris, GF Flammarion, 4 vol., 1999.
THOMAS D'AQUIN, DIETRICH DE FREIBERG, *L'Être et l'Essence. Le vocabulaire médiéval de l'ontologie*, trad. et commentaires par Alain de Libera et Cyrille Michon, Paris, Éditions du Seuil, 1996.

ÉTUDES

AGRIMI, Jole, et CRISCIANI, Chiara, « Medici e 'vetulae' dal Duocento al Quottrocento : Problemi di una recerca », in Paolo Rossi, Lucilla Borselli, Chiaretta Poli, Giancarlo Carabelli (eds), *Cultura popolare e cultura dotta nel Seicento*, Milano, Franco Angeli editore, 1983, p. 144-159.
AUBENQUE, Pierre, *La Prudence chez Aristote*, Paris, PUF, 1963.
BAKKER, Paul J. J. M., « Aristotelian Theology and Eucharistic Theology : John Buridan and Marsilus of Inghen on the Ontological Status of Accidental Being », dans Johannes M. M. H. Thijssen and Jack Zupko (eds), *The Metaphysics and Natural Philosophy of John Buridan*, Leiden-Boston-Köln, Brill, 2001, p. 247-264.
BAKKER, Paul J. J. M., *La Raison et le Miracle. Les doctrines eucharistiques (c. 1250 - c. 1400)*, 2 vol., Nijmegen, 1999.
BECKMANN, Jan P. « *Nihil notum nisi complexum* – Von des Sach- zur Satzwissenschaft am Beispiel der Metaphysik », dans Ingrid Craemer-Ruegenberg und Andreas Speer (hsgb.), *Scientia und Ars in Hoch- und Spätmittelalter*, « Miscellanea Mediaevalia » 22/1, Berlin - New York, Walter de Gruyter, 1994, Bd. I, p. 266-280.
BIANCHI, Luca, *Il vescovo e i filosofi. La condanna parigina del 1277 e l'evoluzione dell'aristotelismo scolastico*, Bergame, Pierluigi Lubrina Editore, 1990.
– *Censure et liberté intellectuelle à l'université de Paris (XIIIe-XIVe siècles)*, Paris, Les Belles Lettres, 1999.
BIANCHI, Luca, et RANDI, Eugenio, *Vérités dissonantes. Aristote à la fin du Moyen Âge*, « Vestigia » 11, Fribourg-Paris, Éditions universitaires - Éditions du Cerf, 1993.
BIARD, Joël, « Le cheval de Buridan. Logique et philosophie du langage dans l'analyse d'un verbe intentionnel », dans Olaf Pluta (éd.), *Die Philosophie im 14. und 15. Jahrhundert*, Amsterdam, 1988, p. 119-137.
– « Albert de Saxe et les sophismes de l'infini » dans Stephen Read (ed.) *Sophisms in Medieval Logic and Grammar*, Dordrecht, 1993, p. 288-303.
– « Quantité et mouvement selon Albert de Saxe », *Les Études philosophiques*, 1996, p. 361-374.
– *Guillaume d'Ockham. Logique et philosophie*, Paris, PUF, 1997.
– « La science divine entre signification et vision chez Grégoire de Rimini », dans Costantino Marmo (éd.), *Vestigia, Imagines, Verba : Semiotics and Logic in Medieval Theological Texts (XIIth-XIVth Century)*, Brepols, 1997, p. 393-408.
– « Le système des causes dans la philosophie naturelle de Jean Buridan », dans Ahmed Hasnawi, Abdelali Elamrani-Jamal et Maroun Aouad (éds), *Perspectives médiévales (arabes, hébraïque, latines) sur la science et la philosophie grecques*, Leuven-Paris, Peeters - IMA, 1997, p. 491-504.
– « Science et rhétorique dans les *Questions sur la Rhétorique* de Jean Buridan », dans Gilbert Dahan et Irène Rosier-Catach (éds), *La Rhétorique d'Aristote, traditions et commentaires de l'Antiquité au XVIIe siècle*, Paris, Vrin, 1998, p. 135-152.

– « La place de la félicité intellectuelle dans l'éthique buridanienne », dans Jan A. Aertsen et Andreas Speer (éds), *Was ist Philosophie im Mittelalter?*, « Miscellanea Mediaevalia » 26, Berlin - New York, Walter de Gruyter, 1998, p. 977-983.
– *Guillaume d'Ockham et la théologie*, Paris, 1999.
– « L'idée de nature dans la *Physique* de Jean Buridan », dans Graziella Federici Vescovini (éd.), *Filosofia e scienza classica, arabo-latina medievale et l'età moderna*, Louvain-la-Neuve, FIDEM, 1999, p. 97-112.
– « Intention et présence : la notion de *presentialitas* au XIVe siècle », dans Dominik Perler (éd.), *Intention et intentionnalité dans l'Antiquité et au Moyen Âge* (Bâle, 23-25 juin 1999), Brill, 2000, p. 265-282.
– « The Natural Order in John Buridan », in Johannes M. M. H. Thijssen and Jack Zupko (eds), *The Metaphysics and Natural Philosophy of John Buridan*, Leiden-Boston-Köln, Brill, 2001, p. 76-95.
– « Termes transcendantaux et analyse logico-linguistique (Jean Buridan) », dans Graziella Federici Vescovini (éd.), *Le Problème des transcendantaux du XIVe au XVIIe siècle*, Paris, Vrin, 2002.
– « L'être et la mesure dans l'intension et la rémission des formes (Jean Buridan, Blaise de Parme) », *Medioevo*, XXVII (2002), p. 415-447.
– « La théorie de l'être et de l'essence de Jean Buridan », dans Martin Pickavé (hsgb.), *Die Logik des Transzendentalen. Festschrift für Jan A. Aertsen zum 65. Geburtstag*, « Miscellanea Mediaevalia » 30, Walter de Gruyter, Berlin - New York, 2003, p. 383-394.
– « Les controverses sur l'objet du savoir et les *complexe significabilia* à Paris au XIVe siècle », dans Jean Celeyrette et Stefano Caroti (éds), *Quia inter doctores est magna dissensio. Les débats de philosophie naturelle à Paris au XIVe siècle*, Firenze, Leo S. Olschki, MMIV.
– « L'organisation des sciences spéculatives selon Jean Buridan », dans Christophe Grellard (éd.), *Méthodes et statut des sciences à la fin du Moyen Âge*, Lille, Presses universitaires du Septentrion, 2004, p. 27-40.
– « Duns Scot et l'infini dans la nature », dans Olivier Boulnois, Elizabeth Karger, Jean-Luc Solère et Gérard Sondag (éds), *Duns Scot à Paris (1302-2002)*, Turnhout, Brepols, 2004, p. 387-405.
– « John Buridan and the Mathematical Demonstration », dans V. Hirvonen, T. J. Holopainen and M. Tuominen (eds), *Mind and Modality*. Studies in the History of Philosophy in Honour of Simo Knuuttila, Brill, Leiden - Boston, 2006, p. 199-215.
– « Buridan et la connaissance des accidents », dans Christophe Erismann et Alexandrine Schniewind (éds), *Compléments de substance*. Études sur les propriétés accidentelles offertes à Alain de Libera, Paris, Vrin, p. 2008, p. 357-371.
– (éd.), *Le Langage mental du Moyen Âge à l'Âge classique*, « Philosophes médiévaux » L, Louvain-la-Neuve - Louvain - Paris, Éditions de l'Institut supérieur de Philosophie - Éditions Peeters, 2009.
– « Le lieu de la croyance : le traité sur les *Topiques* de Jean Buridan », dans Joël Biard et Fosca Mariani Zini (éds), *Les Lieux de l'argumentation. Histoire du syllogisme topique d'Aristote à Leibniz*, Turnhout, Brepols, 2010, p. 359-383.

BIARD, Joël, & CELEYRETTE, Jean (éds), *De la théologie aux mathématiques. L'infini au XIVe siècle*, Paris, Les Belles Lettres, 2005.

BIARD, Joël, & ROMMEVAUX, Sabine (éds), *Mathématiques et théorie du mouvement (XIVe-XVIe siècles)*, Lilles, Presses universtaires du Septentrion, 2008.

Black, Deborah, « Knowledge (*'ilm*) and Certitude (*yaqīn*) in al-Fārābī's Epistemology », *Arabic Sciences and Philosophy*, 16 (2006), p. 11-45.

Boulnois, Olivier (dir.), *La Puissance et son ombre de Pierre Lombard à Luther*, Paris, Aubier, 1994.

Boulnois, Olivier, Schmutz, Jacob et Solère, Jean-Luc (éds), *Le Contemplateur et les Idées. Modèles de la science divine du néoplatonisme au xvii*e siècle, Paris, Vrin, 2002.

Braakhuis, Henricus A. G. « John Buridan and the "Parisian School" on the Possibility of Returning as Numerically the Same. A Note on a Chapter in the History of the Relationship between Faith and Natural Science », dans Stefano Caroti et Pierre Souffrin (éds), *La Nouvelle Physique du xiv*e *siècle*, Firenze, Leo S. Olschki, MCMXCVII, p. 111-140.

Bruni, G., « The *Differentiae rhetoricae, ethicae et politicae* of Ægidius of Rome », *The New scholasticism*, 6 (1932), p. 1-18.

Caroti, Stefano, « Oresme on Motion », *Vivarium*, XXXI (1993), p. 8-36.

– « Some Remarks on Buridan's Discussion on Intension and Remission », *Vivarium*, XLII/1 (2004), p. 58-85.

Celeyrette, Jean, « La problématique du point chez Jean Buridan », *Vivarium*, XLII (2004), p. 86-108.

– « La *Questio de puncto* de Michel de Montecalerio en réponse à Jean Buridan », *Archives d'histoire doctrinale et littéraire du Moyen Âge*, 75 (2008), p. 369-449.

Cesalli, Laurent, « Logique et topique chez Gauthier Burley », dans Joël Biard et Fosca Mariani Zini (éds), *Les lieux de l'argumentation. Histoire du syllogisme topique d'Aristote à Leibniz*, « Studia Artistarum » 22, Turnhout, Brepols, 2010, p. 293-333.

Chenu, Marie-Dominique, *La Théologie au xii*e *siècle*, Paris, Vrin, 1976.

Côté, Antoine, *L'Infinité divine dans la théologie médiévale (1125-1255)*, Paris, Vrin, 2002.

Courtenay William J., « The University of Paris at the Time of Jean Buridan and Nicole Oresme », *Vivarium*, 52 (2004), p. 86-108.

– « Michael de Montecalerio : Buridan's Opponent in his *quaestio de puncto* », *Archives d'histoire doctrinale et littéraire du Moyen Âge*, 72 (2005), p. 323-331.

– *Ockham and Ockhamism. Studies in the Dissemination and Impact of His Thought*, Leiden-Boston, 2008.

De Rijk, Lambert Marie, *Logica modernorum*. A Contribution to the History of Early Terminist Logic, 2 tomes en 3 volumes, Assen, Van Gorcum, 1962.

– « On the Genuine Text of Peter of Spain's *Summulae logicales* I-IV, in *Vivarium* 6 (1968), p. 1-34 et 69-101 ; 7 (1969), p. 8-61 et 121-162 ; 9 (1979), p. 10-55.

– « On Buridan's View of Accidental Being », dans E. P. Bos et H. A. Krop (eds), *John Buridan : a Master of Arts. Some Aspects of His Philosophy*, Nijmegen, 1982, p. 41-51.

– « John Buridan on Universals », *Revue de métaphysique et de morale*, 97 (1992), p. 35-59.

– « John Buridan on Man's Capability of Grasping the Truth », dans Ingrid Kraemer-Rugenberg and Andreas Speer (hsgb.), *Scientia und Ars im Hoch- und Spätmittelalter* « Miscellanea Mediaevalia » 22/1, Berlin - New York, Walter de Gruyter, 1994, Bd. I, p. 282-303.

– « Burley's So-called *Tractatus primus*, with an Edition of the Additional *Quaestio "Utrum contradictio sit maxima oppositio"* », *Vivarium*, XXXIV/2 (1996), p. 161-191.

– « Foi chrétienne et savoir humain. La lutte de Buridan contre les *theologizantes* », in *Langages et philosophie. Hommage à Jean Jolivet*, Paris, 1997, p. 393-409.

Dekker, Dirk-Jan, « John Buridan's Treatise *De dependentiis, diversitatibus et convenientiis* », *Vivarium*, 42/1 (2004), p. 109-149 (texte p. 115-149).

DEMANGE, Dominique, *Jean Duns Scot. La théorie du savoir*, Paris, Vrin, 2007.

DEWAN, N. L., « "Obiectum" : Notes on the Invention of a Word », *Archives d'histoire doctrinale et littéraire du Moyen Âge*, 48 (1981), p. 37-96.

DUHEM, Pierre, *Études sur Léonard de Vinci*, III, Hermann, Paris 1908, réimpr. 1984.

– *Le Système du Monde*, vol. VII, Hermann, Paris 1956.

DUTILH NOVAES, Catarina, *Formalizing Medieval Logical Theories : Suppositio, Obligationes and Consequentia*, Berlin, Springer, 2007.

FARAL, Edmond, *Jean Buridan, maître ès arts de l'université de Paris*, extrait de l'*Histoire littéraire de la France*, t. XXVIII, 2e partie, Paris, Imprimerie nationale, MDCCCC.

FEDERICI VESCOVINI, Graziella, « La concezione della natura di Giovanni Buridano », dans AA. VV. *La filosofia della natura nel medioevo* (Atti del 3° Congresso internazionale di filosofia medioevale, Passo della Mendola, Trento, 31 agosto-5 settembre 1964), Milan, Vita e pensiero, 1966, p. 616-624.

– *Astrologia e scienza. La crisi dell'aristotelisme sul cadere del Trecento e Biagio Pelacani da Parma*, Firenze, Nuovedizioni Enrico Vallecchi, 1979.

FREDBORG, Karin Margarita, NIELSEN, Lauge, et PINBORG, Jan, « An Inedited Part of Roger Bacon's *Opus maius* », *Traditio*, XXXIV (1978), p. 75-136.

GAGNÉ, J., « Du *quadrivium* aux *scientiae mediae* », dans AA.VV. *Arts libéraux et philosophie au Moyen Âge* (Actes du IVe Congrès international de Philosophie médiévale), Montréal-Paris, 1969, p. 975-986.

GHISALBERTI, Alessandro, *Giovanni Buridano dalla metafisica alla fisica*, Milano, Vita e pensiero, 1992.

GILSON, Étienne, « Avicenne et le point de départ de Duns Scot », *Archives d'histoire doctrinale et littéraire du Moyen Âge*, II (1927), p. 89-148 ; Paris, Vrin-Reprise, 1986.

GRANT, Edward, « The Condemnation of 1277, God's Absolute Power and Physical Thought in the Late Middle Ages », *Viator*, 10 (1979), p. 211-244.

GREEN-PEDERSEN, Niels Jørgen, *The Tradition of the Topics in the Middle Ages : the Commentaries on Aristotle's and Boethius'Topics*, München, Philosophia Verlag, 1984.

GRELLARD, Christophe, « Scepticism, Demonstration and the Infinite Regress Argument (Nicholas of Autrecourt and Buridan) », *Vivarium*, 42 (2007), p. 328-342.

– « How is it Possible to Believe Falsely ? John Buridan, the *vetula* and the Psychology of Error », dans D. Denery, R. Copeland, K. Gosh, N. Zeeman (eds), *Uncertainty in the Middle Ages*, Turnhout, Brepols, à paraître.

HAMESSE, Jacqueline, *Les Auctoritates Aristotelis. Un florilège médiéval*, Louvain-Paris, 1974.

HANSEN, Bert, *Nicole Oresme and the Marvels of Nature. A study of his* De causis mirabilium *with a Critical edition, translation and commentary*, Toronto, Pontifical Institute of Medieval Studies, 1985.

HUGONNARD-ROCHE, Henri, « Analyse sémantique et analyse *secundum imaginationem* dans la physique parisienne au XIVe siècle », dans Stefano Caroti (éd.), *Studies in Medieval natural philosophy*, Florence, L. Olschki, 1989, p. 133-153.

JACOBI, Klaus, « Diale<c>tica est ars artium, scientia scientiarum », in Ingrid Craemer-Ruegenberg und Andreas Speer (hsgb.), *Scientia und Ars im Hoch- und Spätmittelalter*, « Miscellanea Mediaevalia » 22/1, Berlin - New York, Walter de Gruyter, 1994, Bd. I, p. 307-328.

JUNG, Elżbieta, et PODKOŃSKI, Robert, « Richard Kilvington on Proportions », dans Joël Biard et Sabine Rommevaux (éds), *Mathématiques et théorie du mouvement (XIVe-XVIe siècles)*, Lille, Presses universitaires du Septentrion, 2008, p. 81-101.

KALUZA, Zénon *Les Querelles doctrinales à Paris. Nominalistes et réalistes aux confins des XIVe et du XVe siècles*, Bergamo, Pierluigi Lubrina Editore, 1988.

– « Les sciences et leur langage. Note sur le statut du 29 décembre 1340 et le prétendu statut perdu contre Ockham », dans Luca Bianchi (éd.), *Filosofia e teologia nel Trecento. Studi in ricordi di Eugenio Randi*, Louvain, 1994, p. 197-258.

- *Nicolas d'Autrécourt, ami de la vérité*, dans *Histoire littéraire de la France*, t. XLII, fasc. 1, Paris, MCMXCV.

KANN, Christoph, « Wissenschaftstheoretische Differenzierungen zur Logik bei Johannes Buridan », in Ingrid Craemer-Ruegenberg und Andreas Speer (hsgb.), *Scientia und Ars im Hoch- und Spätmittelalter*, « Miscellanea Mediaevalia » 22/1, Berlin - New York, Walter de Gruyter, 1994, Bd. I, p. 329-340.

KING, Peter, « John Buridan's Solution to the Problem of Universals », *in* Johannes M. M. H. Thijssen and Jack Zupko (eds), *The Metaphysics and Natural Philosophy of John Buridan*, Leiden-Boston-Köln, Brill, 2001, p. 1-27.

KIRSCHNER, Stefan, « Oresme on Intension and Remission of Qualities in His Commentary on Aristotle's *Physics* », *Vivarium*, XXXVIII (2000), p. 255-274.

KLIMA, Gyula, *John Buridan*, Oxford, Oxford University Press, 2009.

KNUUTTILA, Simo, « Time and Modality in Scholasticism », *in* Simo Knuuttila, *Reforging the Great Chain of Being*, Dordrecht-Boston-Leiden, D. Reidel, 1981.

– « Possibility and Necessity in Gilbert of Poitiers », dans Jean Jolivet et Alain de Libera (éds), *Gilbert de Poitiers et ses contemporains. Aux origines de la Logica modernorum*, Napoli, Bibliopolis, 1987

– « Natural Necessity in John Buridan », dans Stefano Caroti (éd.), *Studies in Medieval Natural Philosophy*, Firenze, 1989, p. 155-176.

– « Nomic Necessity in Late Medieval Thought », *in* Simo Knuuttila, Reija Työrinoja, Sten Ebbesen (eds), *Knowledge and the Sciences in Medieval Philosophy*, Proceeding of the Eighth International Congress of Medieval Philosophy (SIEPM), vol. II, Helsinki, 1990, p. 222-240.

KOROLEC, Jerzy Bartlomiej, « La philosophie de la liberté de Jean Buridan », *Studia Mediewistyczne*, 15 (1974), p. 109-152.

– « Les principes de la philosophie morale de Jean Buridan », *Mediaevalia Philosophica Polonorum*, 21 (1975), p. 53-72.

KRIEGER, Gerhardt, *Der Begriff der praktischen Vernunft nach Johannes Buridanus*, « Beiträge zur Geschichte der Philosophie und Theologie des Mittelalter, Neue Folge » 28, Münster, Aschendorff, 1986.

- *Subjekt und Metaphysik. Die Metaphysik des Johannes Buridan*, « Beiträge zur Geschichte der Philosophie und Theologie des Mittelalters, Neue Folge » 65, Münster, Aschendorff, 2003.

LAFLEUR, Claude, *Quatre introductions à la Philosophie au XIIIe siècle*, texte critique et étude historique, Montréal - Paris, Institut d'Études Médiévales - Vrin, 1988.

LIBERA, Alain de, « Supposition naturelle et *appellatio* : aspects de la sémantique parisienne au XIIIe siècle », *Histoire, Épistémologie, Langage*, 3/1 (1981), p. 63-77.

– « Le traité *De appellatione* de Lambert de Lagny (Lambert d'Auxerre) », *Archives d'histoire doctrinale et littéraire du Moyen Âge*, 48 (1981), p. 227-285.

– « Les "Summulae dialectices" de Roger Bacon. III. De argumentatione », *Archives d'histoire doctrinale et littéraire du Moyen Âge*, 54 (1987), p. 171-378.

- *Albert le Grand et la philosophie*, Paris, Vrin, 1990.

- *La Querelle des universaux de Platon à la fin du Moyen Âge*, Paris, Seuil, 1996.

- *L'Art des généralités*, Paris, Aubier, 1999.
- *Archéologie du sujet*, Paris, Vrin, 2 vol. parus, 2007 et 2008.

LIVESEY, John, *Theology and Science in the Fourteenth Century*. Three Questions on the Unity of Science and Subalternation of Sciences from John of Reading's *Commentary of Sentences*, Leiden - New York - København - Köln, Brill, 1989.

LONGEWAY, John, « Ægidius Romanus and Albertus Magnus vs. Thomas Aquinas in the Highest Sort of Demonstration », *Documenti e studi sulla tradizione filosofica medievale* XIII (2002), p. 374-434.

- « Medieval Theory of Demonstration », in *Stanford Encyclopedia of Philosophy*, URL : http : //plato.stanford.edu/entries/demonstration-medieval/

MACCLINTOCK, Stuart, *Perversity and Error. Studies on the "Averroist" John of Jandun*, Bloomington Indiana, Indiana University Press, 1956.

MAIER, Anneliese, *Die Vorlaüfer Galileis im 14. Jahrhundert*, « Studien zur Naturphilosophie der Spätcholastik » I, Roma, Edizioni di Storia e Letteratura, 1949.

- *Zwei Grundprobleme der scholastischen Naturphilosophie*, « Studien zur Naturphilosophie der Spätscholastik » II, Edizioni di storia e letteratura, Roma, 1951.
- *An der Grenze von Scholastik und Naturwissenschaft*, « Studien zur Naturphilosophie der Spätscholastik » III, Edizioni di storia e letteratura, Roma, 1952.
- *Metaphysische Hintergründe der Spätscholastischen Naturphilosophie*, « Studien zur Naturphilosophie der Spätscholastik » IV, Roma, Edizioni di Storia e Letteratura, 1955.
- *Zwischen Philosophie und Mechanik*. « Studien zur Naturphilosophie der Spätscholastik » V, Roma, Edizioni di storia e letteratura, 1958.
- *Ausgehendes Mittelalters*, 2 vol., Roma, Edizioni di storia e letteratura, 1964-1967.

MAIERÙ, Alfonso, *Terminologia logica delle tarda scolastica*, Roma, Edizioni dell'Ateneo, 1972.

MARENBON, John, *Le Temps, l'Éternité et la Prescience de Boèce à Thomas d'Aquin*, Paris, Vrin, 2005.

MARMO, Costantino, « La Topique chez les modistes », dans Joël Biard et Fosca Mariani Zini (éds), *Les Lieux de l'argumentation. Histoire du syllogisme topique d'Aristote à Leibniz*, « Studia Artistarum » 22, Turnhout, Brepols, 2010, p. 335-358.

MARSHALL, Peter, « Parisian Psychology in the Mid-Fourteenth Century, *Archives d'histoire doctrinale et littéraire du Moyen Âge*, L (1982), p 101-193.

MICHAEL, Bernd, *Johannes Buridan : Studien zu seinem Leben, seinen Werken und zur Rezeption seiner Theorien im Europa des Späten Mittelalters*, 2 vol., Berlin, 1985.

MICHALSKI, Konstantin, *La Philosophie au XIVe siècle*, Frankfurt, Minerva, 1969.

MOODY Ernst A., « Empiricism and Metaphysics in Medieval Philosophy », *The Philosophical Review*, 67 (1958), p. 145-163.

MURDOCH, John, et SYLLA, Edith, « The Science of Motion », *in* David Lindberg, *Science in the Middle Ages*, Chicago-London, 1978, p. 206-264.

OMONT, H., *Le Livre ou cartulaire de la nation de Normandie de l'université de Paris*, Rouen-Paris, 1917.

PANACCIO, Claude, *Le Discours intérieur de Platon à Guillaume d'Ockham*, Paris, Seuil, 1999.

PATAR Benoît, *Le Traité de l'âme de Jean Buridan [de prima lectura]...*, édition, étude critique et doctrinale, III, qu. 13, Louvain-la-Neuve - Longueuil, Éditions de l'Institut supérieur de Philosophie - Éditions du Préambule, 1997

PERINI-SANTOS, Ernesto, *La Théorie ockhamienne de l'évidence*, Paris, Vrin, 2006.

PLUTA, Olaf, *Kritiker der Unsterblichkeitsdoktrin in Mittelalter und Renaissance*, « Bochumer Studien zur Philosophie » 6, Amsterdam, B. R. Grüner, 1986.

- « Albert der Grosse und Johannes Buridan », *in* J. F. F. Hoenen und Alain de Libera (éds), *Albertus Magnus und der Albertismus. Deutsche philosophische Kultur des Mittelalters*, Leiden - New York - Köln, 1995, p. 91-106.

- « Buridan's Theory of Identity », *in* Johannes M. M. Thijssen and Jack Zupko (eds), *The Metaphysics and Natural Philosophy of John Buridan*, Leiden-Boston-Köln, Brill, 2001, p. 49-64.

PUTALLAZ, François-Xavier, *Le Sens de la réflexion chez Thomas d'Aquin*, Paris, Vrin, 1991.

PUTALLAZ, François-Xavier, et IMBACH, Ruedi, *Profession : Philosophe. Siger de Brabant*, « Initiations au Moyen Âge », Paris, Cerf, 1997.

RANDI, Eugenio, *Il sovrano e l'orologiaio. Due immagini di Dio nel dibattito sulla « potentia absoluta » fra XIII e XIV secolo*, Firenze, 1987.

RANDI, Eugenio, et BIANCHI Luca, *Vérités dissonantes. Aristote à la fin du Moyen Âge*, Fribourg-Paris, 1993 [version française de *Le verità dissonanti*, Roma-Bari, Laterza, 1990].

REINA, Maria-Elena, « L'ipotesi del "casus supernaturaliter possibilis" in Giovanni Buridano », dans AA. VV. *La filosofia della natura nel medioevo* (Atti del 3 ° Congresso internazionale di filosofia medioevale, Passo della Mendola, Trento, 31 agosto-5 settembre 1964), Milan, Vita e pensiero, 1966, p. 683-690.

- « La prima questione del Prologo del *Commento alle Sentenze* di Walter Chatton, *Rivista critica di storia della filosofia*, 25 (1970), p. 49-74 et p. 290-314.

- *Hoc, hic et nunc. Buridano, Marsilio de Inghen e la conoscenza del singolare*, Firenze, Leo S. Olschki, MMII, en part. p. 112.

- *Res et signa. Studi di Maria Elena Reina*, a cura di Luciano Cova e Silvia Nagel, « Millennio medievale » 26, Firenze, SISMEL - Edizione del Galuzzo, 2010. [ce recueil reprend entre autres l'étude fondatrice « La theoria del linguaggio di Giovanni Buridano », parue en 1949].

ROSIER, Irène, *La Parole comme acte*, Paris, Vrin, 1994.

SARNOWSKY, Jürgen, *Der aristotelisch-scholastische Theorie der Bewegung*, « Beiträge zur Geschichte der Philosophie und Theologie des Mittelalters » NF 22, Münster, Aschendorff, 1989.

SCOTT, Theodor K., « Nicholas of Autrecourt, Buridan and Ockhamism », *Journal of the History of Philosophy*, 9 (1971), p. 15-41.

SHAPIRO, Herman, « Walter Burley and the Intension and Remission of Forms », *Speculum*, 34 (1959), p. 413-427.

SOLÈRE, Jean-Luc, « Plus ou moins : le vocabulaire de la latitude des formes », dans Jacqueline Hamesse & Carlos Steel (éds), *L'Élaboration du vocabulaire philosophique du Moyen Âge*, Actes du colloque international de Louvain-la-Neuve et Leuven, 12-14 septembre 1998, organisé par la SIEPM (Brepols, 2000), p. 437-488.

STUMP, Eleonore, « Dialectic in Ancient and Medieval Logic », in Boethius's *De differentiis topicis*, 1978.

SYLLA, Edith, *The Oxford Calculators and the Mathematics of Motion, 1320-1350. Physics and Measurement by Latitudes*, Harvard University dissertation 1970, Harvard University Dissertations in History of Science, New York and London, 1991.

- « Medieval Concepts of the Latitude of Forms : The Oxford Calculators », *Archives d'Histoire Doctrinale et Littéraire du Moyen Âge* 40 (1973), p. 233-238.

– « *Ideo quasi mendicare oportet intellectum humanum*. The Role of Theology in John Buridan's Natural Philosophy », *in* Johannes M. M. H. Thijssen and Jack Zupko (eds), *The Metaphysics and Natural Philosophy of John Buridan*, Leiden-Boston-Köln, 2001, p. 221-245.

THIJSSEN, Johannes M. M. H., « Buridan on Mathematics », *Vivarium*, XXIII (1985), p. 55-78.

– « John Buridan and Nicholas of Autrecourt on Induction and Causality », *Traditio*, 43 (1987), p. 237-255.

– *Johannes Buridanus over het oneindige [...]*. Deel 1 : Studie, Deel 2 : Teksten, Nijmegen, Ingenium Publishers, 1988.

– « Once Again the Ockhamist Statutes of 1339 and 1340 : Some New Perspectives », *Vivarium* 28 (1990), p. 136-167.

– *John Buridan's Tratatus de infinito*, Nijmegen, Ingenium Publishers, 1991.

THIJSSEN, Johannes M. M. H., and ZUPKO, Jack (eds), *The Metaphysics and Natural Philosophy of John Buridan*, Leiden-Boston-Köln, Brill, 2001.

VUILLEMIN, Jules, *Nécessité ou contingence. L'aporie de Diodore et les systèmes philosophiques*, Paris, Minuit, 1984.

WALSH, James J., « Buridan and Seneca », *Journal of the History of Ideas*, XXVII (1966), p. 23-40.

– « Nominalism and Ethics : Some Remarks about Buridan's Ethics », *Journal of the History of Philosophy*, IV (1966), p. 1-13.

WEIJERS, Olga, *La 'disputatio' à la faculté des arts de Paris (1200-1350 environ). Esquisse d'une typologie*, « Studia artistarum » 2, Turnhout, Brepols, 1995.

– *Le Travail intellectuel à la faculté des arts de Paris : textes et maîtres (ca. 1200-1500)*, 8 volumes parus (un 9e en préparation), « Studia artistarum », Turnhout, Brepols, 1994-2010.

WEILL-PAROT, Nicolas, « Retour sur "l'horreur du vide". Les origines de la "nature universelle" dans la physique médiévale et ses significations », *à paraître* dans Joël Biard et Sabine Rommevaux (éds), *La Nature et le Vide dans la physique médiévale*, Turnhout, Brepols, 2012.

WEISHEIPL, James A., « Classification of the Sciences in Medieval Thought », *Mediæval Studies*, 27 (1965), p. 54-90.

WOLFF, Michael, *Geschichte der Impetustheorie. Untersuchungen zum Ursprung der klassischen Mechanik*, Frankfurt am Main, Suhrkamp Verlag, 1978.

ZOUBOV, Vassili « Jean Buridan et les concepts du point au XIVe siècle », *Medieval and Renaissance Studies*, V (1961), p. 43-95.

ZUPKO, Jack, « Buridan and Skepticism », *Journal of the History of Philosophy*, 31 (1993), p. 191-221.

– « On Certitude », dans Johannes M. M. H. Thijssen and Jack Zupko (eds), *The Metaphysics and Natural Philosophy of John Buridan*, Leiden-Boston-Köln, Brill, 2001, p. 165-182.

– *John Buridan. Portrait of a Fourteenth Century Arts Master*, Notre Dame Indiana, University of Notre Dame Press, 2003.

INDEX NOMINUM

Auteurs anciens et médiévaux

ABÉLARD 140, 168, 237, 239
ALBERT DE SAXE 131, 168, 236, 241, 296, 322, 329, 331, 342-344, 348-351, 357
ALBERT LE GRAND 78, 101, 177, 178, 221, 236, 280, 314, 321, 323, 326, 330, 358
AL-GHAZALI (ALGAZEL), 161, 281
ARISTOTE, 9, 13, 17, 18, 24, 30, 39, 41, 43, 48, 54-57, 62, 63, 65, 67, 69, 70, 73, 76, 80, 81 83, 85, 86, 97, 103-105, 113, 125, 134, 136, 140, 143, 144, 147, 152, 154-156, 158-160, 163, 171, 174, 175, 177-179, 181, 183-187, 191, 195, 196, 200, 201, 206, 208, 209, 213, 220, 221, 236, 240-242, 244, 246, 252, 257-259, 261, 262, 266, 270, 273, 274, 276, 277, 279, 280, 284-286, 288, 289, 292-295, 297, 302, 304, 307, 311, 312, 316, 321-323, 325, 329, 342, 344-347, 353-355, 359, 360, 362, 363, 371
AUGUSTIN 8, 17, 76, 116, 277,
AVERROÈS 20, 55, 56, 57, 67, 176, 178, 195, 242, 273, 280, 282, 291, 293, 306, 314, 318, 321, 323, 326, 327, 361, 363, 364

BLAISE DE PARME 13, 131, 168, 266, 292, 303, 322, 342
BOÈCE 8, 17, 18, 76, 83, 103, 105, 106, 131, 143, 144, 212, 213, 215, 280, 364,
BOÈCE DE DACIE 40, 212, 252, 356, 359, 360, 363

CASSIODORE 100, 236
CICÉRON 11, 76, 96, 211-213, 220, 231, 359

DOMINIQUE GONDISSALVI 261, 370
DUNS SCOT 12, 22, 23, 41, 74, 76, 81, 177, 262, 269-272, 274, 279, 312, 335, 336, 346, 367

GAUTIER BURLEY 46, 55, 102, 126, 131, 132, 141, 145, 219, 326, 333, 335, 336, 340, 341
GAUTIER CHATTON 52, 111
GILLES DE ROME 177, 178, 180, 220, 221, 280, 281, 330
GILLES DU FOIN 23, 35, 36
GRÉGOIRE DE RIMINI 23, 29, 111, 112, 114, 199, 349-351, 361
GUILLAUME COURT 281
GUILLAUME CRATHORN 52, 111
GUILLAUME D'ALNWICK 23
GUILLAUME D'OCKHAM 20, 23, 27, 29, 38, 39, 43, 46-49, 54, 57, 61, 63, 70, 71, 76, 84, 93, 96, 98, 103, 111, 120, 122, 126, 128, 129, 131-133, 138, 141, 143, 156, 164, 166, 172, 200, 219, 235, 238, 241, 245, 266, 271, 274, 280, 321-324, 328-330, 367
GUILLAUME DE MOERBECKE 18, 220, 221, 291
GUILLAUME DE SHERWOOD 96, 138
GUILLAUME DE WARE 335
GUILLAUME HEYTESBURY 141, 348, 351

HUGUES D'UTRECHT 297

ISIDORE DE SÉVILLE 98, 100, 213, 236

JACQUES ZABARELLA 176, 177
JEAN BURIDAN *passim*

Jean de Jandun 220, 252, 253, 255
Jean de Maisonneuve 237, 352
Jean le Page 133, 138
Jean Sharpe 238, 239

Lambert de Lagny (ou Lambert d'Auxerre) 103, 133, 138
Leibniz, Gottfried Wilhelm 67, 347
Locke, John 58, 201

Michel de Montecalerio 298

Nicolas d'Autrécourt 21, 23, 26-28, 35, 38, 39, 116, 166, 185, 202-206, 208, 209, 231, 247, 253, 281
Nicole Oresme, 253, 254, 295, 296, 310, 322, 331, 333, 336, 341-344, 349, 350, 351, 357

Pierre d'Espagne 10, 18, 96, 100, 104, 126, 131, 133, 212, 217, 218
Pierre Damien 80
Porphyre 42, 48, 51, 63, 100, 124, 239, 240, 241, 251, 258, 259

Raoul le Breton 142, 212, 215, 297
Robert Grosseteste 11, 84, 85, 151, 160, 164-166, 181, 240, 281, 282, 284, 304-306, 369, 371
Robert Kilwardby 179, 221, 261, 266
Roger Bacon 103, 117, 138, 161, 181, 371

Sébastien d'Aragon 297
Sénèque
Simon de Faversham 101, 102, 177
Simon de Padoue 297

Themistius 164, 177, 217
Thomas Bradwardine 130, 322, 342, 343,
Thomas d'Aquin 20, 26, 40, 47, 50, 66, 154, 158, 171, 172, 177, 178, 181, 221, 225, 250, 257, 265, 266, 277, 279, 280-282, 297, 304-306, 333, 353, 364, 371
Thomas d'Erfurt 99

Auteurs modernes et contemporains

Agrimi, Jole 187
Aubenque, Pierre 201

Bakker, Paul J. J. M. 24, 33, 74, 238, 257, 259, 260, 364
Beckmann, Jan P. 47
Bianchi, Luca 28, 40, 78, 120, 309, 354, 356-358, 360, 363
Biard, Joël 20, 26, 52, 54, 57, 63, 68, 78, 84, 93, 98, 102, 111, 141, 178, 199, 211, 212, 251, 271, 275, 285, 303, 306, 309, 315, 322, 323, 342, 346, 348, 349
Black, Deborah, 23
Boulnois, Olivier 76, 199, 346
Braakhuis, Henricus A. G. 47, 126, 238, 246, 363
Bruni, G. 220

Caroti, Stefano 52 ,74, 111, 238, 246, 302, 331, 332, 333, 338, 341
Celeyrette, Jean 52, 111, 298, 299, 346, 348
Cesalli, Laurent 102
Chenu, Marie-Dominique 261
Côté, Antoine 346
Courtenay William J. 47, 120, 121, 298, 324
Crisciani, Chiara 187

De Rijk, Lambert Marie 18, 21, 22, 28, 35, 36, 96, 109, 113, 114, 116, 126, 133, 140, 145, 168, 204, 208, 237, 251, 257, 259, 268, 333
Dekker, Dirk-Jan 316
Demange, Dominique 177
Dewan, N. L. 46
Duhem, Pierre 321, 332, 356
Dutilh Novaes, Catarina 146

Faral, Edmond 10
Federici Vescovini, Graziella 168, 269, 311, 313

FREDBORG, Karin Margarita 117

GAGNÉ, Jean 306
GHISALBERTI, Alessandro 267, 319
GILSON, Étienne 270
GREEN-PEDERSEN, Niels Jørgen 151, 211, 212, 215
GRELLARD, Christophe 20, 21, 23, 26, 28, 35, 38, 84, 116, 184, 187, 202, 204, 207-209, 225, 247, 306, 369

HAMESSE, Jacqueline 70, 78, 332
HANSEN, Bert 310
HUGONNARD-ROCHE, Henri 302

IMBACH, Ruedi, 47, 257, 356

JACOBI, Klaus 100
JUNG, Elżbieta 323

KALUZA, Zénon 23, 40, 120, 121, 123, 126, 203, 237
KANN, Christoph 100
KING, Peter 237
KIRSCHNER, Stefan 333
KLIMA, Gyula 141
KOROLEC, Jerzy Bartlomiej 276
KRIEGER, Gerhardt 77, 226-228, 276

LAFLEUR, Claude 352
LIBERA, Alain de 28, 47, 50, 63, 81, 133, 138, 161, 239, 241, 279, 297, 314, 359, 361
LIVESEY, John 304
LONGEWAY, John 177

MACCLINTOCK, Stuart 252
MAIER, Anneliese 22, 74, 317, 321, 323, 324, 326, 332, 335
MAIERÙ, Alfonso 130
MARENBON, John 76, 80
MARMO, Costantino 102, 121, 199, 212, 220
MARSHALL, Peter 57
MARSHALL, Peter K. 100, 236
MICHAEL, Bernd 124
MICHALSKI, Konstantin 29
MOODY Ernst A. 58
MURDOCH, John 302, 322

NIELSEN, Lauge 117

OMONT, H. 356

PANACCIO, Claude 103, 110
PATAR Benoît 36, 59, 65, 197, 252, 253, 300, 329, 343
PERINI SANTOS, Ernesto 22, 27, 38, 164, 167, 168, 369
PINBORG, Jan 117
PLUTA, Olaf 139, 246, 359, 361
PODKOŃSKI, Robert 323
PREBEN-HANSEN, Bernadette 102, 220
PUTALLAZ, François-Xavier 67, 357, 356

RANDI, Eugenio 28, 78, 309, 312, 354
REINA, Maria-Elena 111, 252-255, 312,
ROMMEVAUX, Sabine 309, 322, 323, 342, 344
ROSIER-CATACH, Irène 103, 212, 220

SARNOWSKY, Jürgen 322, 343
SCHMUTZ, Jacob 199
SCOTT, Theodor K. 202
SHAPIRO, Herman 333
SOLÈRE, Jean-Luc 199, 332, 346
STEEL Carlos 332
STUMP, Eleonore 212
SYLLA, Edith 322, 332, 362, 363, 364

THIJSSEN, Johannes M. M. H. 23, 24, 33, 74, 120, 191, 193, 202, 237, 238, 246, 253, 257, 291, 295, 311, 346, 347, 362

VUILLEMIN, JULES 80
VUILLEMIN-DIEM, Gudrun 19, 30, 183, 240

WALSH, James J. 359
WEIJERS, Olga 297, 352
WEILL-PAROT, Nicolas 309
WEISHEIPL, James A. 261
WOLFF, Michael 321

ZOUBOV, Vassili 298
ZUPKO, Jack, 19, 23, 25, 26, 29, 38, 54, 58, 76, 77, 101, 111, 145, 149, 197, 202, 237, 246, 257, 264, 276, 311, 361, 362, 369

INDEX RERUM

abstraction 10, 62, 64, 69, 236, 252, 266, 295-297, 302
accident, accidentel 13, 18, 36, 47, 61, 72, 113-114, 130-131, 133-134, 136, 139, 154-157, 161, 177-179, 191, 205-206, 209, 217, 235, 237-238, 241-242, 244, 250-259, 275, 281-282, 298, 303, 305, 310, 316, 329, 335, 338, 341, 358, 364-365
acte 8, 12, 17, 19, 20-21, 23, 28, 42, 44, 46-47, 49, 52, 63, 70, 77, 111, 115, 137, 140-141, 147, 170, 199, 225-227, 272, 277, 282, 303, 317-318, 324-325, 327, 346-348, 350-351, 368-369
additive (théorie —) 333, 335-336, 338, 340-341
adhésion, adhésif 8, 21-22, 24, 26-27, 37-38, 41, 84-86, 94, 105, 164, 232
agent 54, 58, 70, 77-81, 84, 149, 169, 178, 196, 223, 245, 255, 264, 276, 311-321, 340, 368
altération 322-323, 326-327, 329, 331-332, 334-336, 342
âme 18-20, 38, 42, 47, 54-58, 65-66, 105-106, 132, 137, 139-141, 162, 165, 190-191, 196-197, 200, 225, 238-239, 248-250, 252, 254, 263-266, 276-277, 292, 294, 302, 316, 326, 355, 361
ampliation 110, 136-137, 318
analogie 45-46, 49, 124, 256, 279
appellation 110, 138-140, 142
appellation de raison, *appellatio rationis* 139, 141-142, 245, 265, 283-284
appellation de la forme 139
arbitraire 67, 73, 111, 116-117, 119, 267, 315, 337, 340, 370
argument 26, 102, 212-215, 217-221
argumentation, argumentatif 8, 12-13, 27, 97, 99-102, 148, 150, 211-217, 219, 221, 231-232, 236, 370
arithmétique 40, 184, 296, 303-304, 342
art 7, 86-87, 97, 99-102, 143, 190, 192, 196, 222, 226-229, 232, 286, 307, 319
assentiment 17-21, 23-27, 31-34, 36-38, 41-42, 47, 85, 87, 95, 101, 148-149, 162-163, 166, 169-170, 182, 185-186, 188-189, 191, 195-201, 209, 211, 220, 222, 232, 235, 288, 363, 367-369
astrologie 9, 292
astronomie 9, 301, 306, 321
autorité 26-27, 69, 123, 179, 196, 217, 282, 326, 352, 363

bien 101, 230-231, 275-276, 294, 353
bon 271, 275-278

calcul 295, 322-323, 341-342, 346
catégorème, catégorématique 110, 347-351
catégories 47, 107, 109, 235, 237, 259, 289, 316-317, 327
causalité 9, 65, 77, 79, 113, 155-156, 163-168, 170, 173-175, 182, 197-198, 203, 240, 242, 255, 259, 282, 313-316, 320-321, 370, 372
cause 60, 65, 85, 88, 112-113, 147, 149, 154-155, 164-177, 179-180, 189, 195, 203, 226, 236, 240, 251, 255, 264, 271-272, 277, 315-320, 322, 353, 370

cause efficiente, 78, 165, 167, 174, 317-319
cause formelle, 174
cause finale 105, 147, 148, 165, 172, 174, 317-320
cause matérielle 104, 147, 314
cause première, 45, 97, 128, 175, 236, 251, 264, 268, 286, 287, 289, 311, 313, 318, 321, 353
cause seconde 28, 312, 321, 322
certain 12-13, 22-26, 32, 34, 36, 41, 47, 94, 97, 105, 146, 162, 167, 201, 204, 208, 256, 289-292, 368
certitude 8, 11-12, 17, 22-35, 37-38, 49, 84-87, 89, 95, 148, 150, 162, 166, 176, 183, 198, 208-209, 211, 213, 216, 219, 222, 232, 287-292, 312, 367-372
chimère 73, 107, 112, 114, 127-128
chose 8, 13, 22, 24, 28-34, 37-38, 43-44, 46, 48-53, 59-66, 68-71, 73-74, 76, 78-79, 82, 84-85, 87-89, 93, 98-99, 103, 105-109, 111, 113-116, 121, 127-129, 131, 133-142, 144, 147, 154, 165-166, 179-180, 183, 196, 202, 204-205, 215, 217, 222-224, 226, 228, 235-248, 250-256, 258-260, 263-269, 271-275, 277-288, 290, 293-294, 296-298, 300-303, 307, 311, 314, 316-321, 323-324, 326-327, 331-338, 340, 348, 351, 355, 357, 368, 370
cogitative 58-59, 191, 254-255
cognitif 8, 11, 19-20, 22, 27, 32, 38, 57-59, 62-63, 66-67, 139-140, 163, 168, 204, 265, 363, 368-370, 372
concept 54, 60-64, 66-67, 69, 103, 105-110, 115, 131-132, 135, 140, 142, 154, 201, 204-206, 239, 252, 254-259, 265, 268, 274, 303
conclusion 11, 19, 34, 37, 39-41, 43, 48-51, 71, 74-75, 85-86, 88, 95, 101-102, 145-150, 159-167, 169-170, 172-175, 177, 183-186, 196, 200, 202-203, 207, 212-214, 229, 265, 291, 307, 369
connaissance 7-9, 12-13, 21-22, 24, 27-28, 30, 32, 35-36, 38, 47, 49, 51, 53-60, 62-69, 72, 84-87, 96-97, 101, 133, 136, 148, 162-169, 171-172, 176, 178, 182-184, 189, 197, 199, 200-201, 203-206, 209, 214, 223, 226, 230-232, 235-237, 240, 245, 250-255, 267, 276-277, 285-286, 288, 290, 312, 319, 367-372
connotation, connotatif 43, 138, 179, 251, 255, 257-259, 272-274, 276, 284, 303, 317, 323, 328
conséquence 10, 36, 45, 70, 94, 114, 144-146, 150-151, 153, 166-170, 181, 192-194, 204-205, 207, 212, 214-215, 217, 219, 231, 311, 323
conséquence formelle 150, 145, 193
conséquence matérielle 145
contingence, contingent 12, 22, 29, 31, 53, 70-71, 75-77, 80, 82-87, 89, 155-157, 162, 170, 179, 181, 189, 191-192, 200-201, 208, 217, 219, 223, 256, 357, 360
continu 10, 291, 298, 301, 346, 349-350, 352
conviction 22-24, 27
corps célestes 9, 65, 79, 181, 240, 265, 301, 313, 320
cosmologie, cosmologique 7, 236, 309-310, 320, 346, 356-357, 362
cours de la nature, cours naturel des choses 33, 38, 302, 320, 329, 372
crainte de l'opposé 24-25, 31, 36, 38
créance 17, 21, 24-25, 94, 105, 149, 212-213, 220-222, 367, 371
croyance 8, 19, 20-21, 24-27, 37-38, 68, 76, 161, 167-168, 219, 222, 245, 365

déduction, déductif 9, 87, 167, 169, 171, 261, 369, 372
définition 26, 85, 136, 144, 157, 160, 165, 175, 177-181, 209, 217, 225, 302
définition causale 147, 157, 178-180
définition nominale 179, 301
définition réelle 180
définition quiditative 157, 179
degré 35, 148, 157, 222, 239, 277, 289, 313, 333-335, 338-339
démonstration 8-9, 13, 18, 24, 31, 36-37, 39, 44, 49-51, 53-54, 56, 71, 83-85, 87, 94, 97, 99, 102, 105, 136, 143-145, 147-151, 153-154, 159-167, 169-179, 181, 183-186, 189, 191-192, 198-199, 201, 207-208, 211, 216-217, 222, 227, 231-232, 252, 261, 288, 291, 302, 307, 362-363, 367-371

démonstration *quia*, démonstration par le fait 171-172, 175-176
démonstration *a priori*, démonstration *a posteriori* 171-172
démonstration la plus puissante (*potissima*) 85, 176-178
démonstration *propter quid*, démonstration par la raison 12, 171-176, 180, 181, 187
détermination temporelle 73, 81-82, 107, 128, 133, 135, 137, 139, 157, 272
déterminisme, déterministe 79, 310, 315, 357, 364
dialectique 97, 100, 102, 147-148, 150-151, 187, 211-212, 216-221, 225
dici de omni, dici de nullo, être dit de tout, être dit de rien 152, 153, 159, 188
discipline 8-10, 13, 17, 31, 35, 39-43, 45, 94, 97-98, 117, 143, 175, 184-186, 209, 220, 227, 229, 231, 235, 261-262, 266-267, 271, 285, 288, 293, 295, 302, 304, 306-307, 352, 354-355, 359, 368-371
discours 17, 94, 99, 109, 127, 136, 143, 212, 230, 348
discursif, discursivité 7-8, 22, 49, 53, 147-149, 163, 169, 197, 288, 355, 369-370
disposition 8, 11-12, 17-22, 39-42, 45-47, 49, 52-53, 72, 84, 87-89, 93-95, 100-102, 113, 149, 162, 169, 182, 199, 200, 213, 223, 225-230, 232, 235, 259, 266, 273-275, 280, 286-288, 293-294, 304, 311, 313-314, 324-326, 328-329, 334, 341, 354, 359, 367-370
disputation, dispute 104, 108, 118-119, 122-124, 126
doute 25, 30, 47, 148, 162, 211, 213, 216, 227

éclipse de lune 53, 71, 87-88, 153, 171, 173-175, 180-181, 256
en tant que soi (*secundum se ipsum*) 158-160
encyclopédie 13, 39, 261, 307, 371
énoncé 73, 93, 95, 99, 109-110, 144, 179, 212-213, 232, 350
enthymème 148, 213-215, 217
épistémologie, épistémologique 9-10, 23, 48, 51-54, 78, 148, 181, 207, 232, 235, 251, 255, 262, 297, 303, 359, 363, 369, 371
espèce 50, 53, 56-57, 61, 71-72, 122, 124, 131, 134-135, 159, 215, 238-240, 244, 250, 258, 323, 337
esprit 8, 17-20, 22, 27, 38, 46, 49, 53-54, 58, 67-68, 70, 72-73, 84, 93-94, 101, 109-110, 115-116, 135, 140, 149, 161-166, 169-170 , 187, 191, 196, 213, 242, 245, 272, 275-279, 285-286, 303
essence 75, 154, 171, 179, 277, 279-284, 315, 323, 334-335, 338, 341
étant 31, 34, 41-42, 45-46, 70, 72, 77, 88, 107, 114-115, 138, 178-179, 203, 235-236, 238, 240, 242, 245, 250-251, 255-258, 263-264, 267-281, 286, 288-290, 295-296, 302, 309, 311, 315, 318, 320, 322, 324, 353, 357, 359, 371
éternité 53, 70, 72-73, 75, 80, 114, 134, 362, 364
éthique 10-11, 52, 97, 101, 219, 222, 225-227, 231-232, 294-295, 309, 353, 372
eucharistie, eucharistique 257, 364
évidence, évident 9, 11-12, 17, 22-30, 32-36, 38-39, 49, 78, 84-87, 89, 95, 148-150, 162, 170, 175-176, 183, 185-189, 193-204, 206-208, 218, 232, 288-291, 315, 355, 357, 362, 367-368, 371-372
existence 28, 64, 80, 83, 114, 132, 174, 203, 206, 209, 242, 282-283, 285, 298-301, 311, 324-325
expérience, expérimentation 9, 11, 76, 149, 185, 187, 189-193, 198, 202, 208, 223-224, 290, 327, 329, 346

fallacie 96, 99-100, 111, 124
fantaisie 58, 64, 254
fantasme 64
félicité 10, 97, 230-231, 275, 294, 354, 358, 365
ferme, fermeté (de l'assentiment) 8, 21, 23-27, 30, 31, 33-34, 38, 53, 85-87, 148, 176, 185, 201, 211, 221, 235, 363, 368
fides 21, 105, 213, 216
fin 31, 78, 97, 101-102, 196, 225, 227, 264, 266-267, 293-294, 306, 311, 314-319, 323, 354, 371

finalité 51, 77-78, 83, 93, 213, 245, 311, 314, 318-320
flux 83, 165, 178, 321, 324, 326-327, 329-332, 334-335, 342, 357, 370
foi 21, 24-27, 34, 38, 47, 55, 76-77, 113, 149, 188, 257-259, 310, 321, 353, 355, 357-365, 368
forme 9, 42, 57, 63, 100, 109, 138-139, 149-151, 153, 158, 165, 178, 192, 211, 215-217, 221, 226, 242-243, 248-250, 252, 255, 274, 313-314, 316-317, 320, 323-324, 326-327, 330, 333-334, 338, 340, 362, 371
forme accidentelle 36, 303, 335, 341

genre 21, 26, 39, 45-46, 48, 124, 135, 151, 159, 175, 215, 244, 258-259, 262-264, 294, 303, 316-317
géométrie 39-40, 42, 95, 118, 168-170, 184, 186, 296-298, 301, 303-305, 371
gnoséologie, gnoséologique 63, 95, 106, 137, 205
grammaire, grammatical 7, 42, 62, 98-99, 109, 127, 143, 275, 284
grandeur 57, 62, 64, 184, 296, 299, 301, 303-306, 336-338, 347-348, 350-351

habitus 12, 17-21, 41, 44, 94, 211, 230, 328, 367
humain 8, 11-12, 19, 22, 28, 30, 32-33, 35, 38, 42, 54-56, 59, 76-77, 105, 122, 131, 162, 170, 191, 198, 200-202, 208, 222-223, 226-227, 231-232, 236, 238, 247-250, 255, 262, 264, 275-279, 292, 294, 311, 319, 354-355, 358-359, 361, 364, 372

image (mentale) 29, 57, 61, 64, 66
imaginaire 9, 297, 301-302, 331, 340, 345
imagination 64, 105, 170, 186, 254, 297, 300-303, 307, 321, 336-337, 347, 364
immatériel 18, 41, 59-60, 289, 295, 337, 353
immuable, immutabilité 24, 30, 53, 83, 85, 135, 290, 333, 340
imposition, institution 62, 104-105, 108, 116-117, 119, 122-123, 131
impetus 10, 321, 346
inclination naturelle 198-199, 288, 368, 372
individu 19, 53, 62-64, 67-69, 71, 87, 138-139, 192, 223, 235, 237-238, 240, 244-248, 250, 252, 255, 311, 362
individu vague 67-69
individualité 245-250
indivisibles 291, 298, 300, 325, 336-337, 346
induction 9, 49, 148, 189-195, 198-199, 201-202, 208-209, 213-214, 217, 221, 231-232, 287, 363, 368, 372
inférence 35, 148, 150, 166, 169, 193-194, 203-204, 206, 212, 215, 217, 231-232, 253
infini 10, 76, 183-184, 186, 192, 208, 223, 236, 282, 295, 299, 302-303, 320, 329, 336, 338, 346-352, 357, 360, 362, 370
inné, innéisme 36, 54-56, 58, 163, 195-196, 199-200
insoluble 37, 125, 129-130
intellect 11, 17-18, 20-22, 26-29, 31-34, 36, 38-39, 45-47, 53-61, 63-69, 128, 135, 137, 142, 148-149, 155, 161-163, 169-170, 186-188, 191, 193, 195-202, 206, 208-209, 220, 223, 225-226, 228, 231, 242-243, 248, 250, 252, 254-255, 277-279, 285, 288, 292, 361-362, 367-369, 372
intellect possible, intellect agent 57-58, 169, 242, 255
intellection 8, 21, 56, 58, 64, 105, 109, 135, 199-200, 229-230, 232, 239, 255, 277, 287-288
intension (des formes) 36, 303, 332, 337-338, 341
intention 215, 239, 254, 279, 311, 314, 318-320
intuition 53, 57, 84, 100, 191

justification 8-9, 22, 27, 39, 66, 94, 130, 209, 356, 371

liberté, libre arbitre 11, 28, 76-77, 79-80, 125, 149, 170, 194, 198, 232, 311, 315, 364
lieu (physique) 243-244, 302, 323-324, 326-329, 331, 345, 347, 360, 364
lieu (topique) 213, 215, 217-219
locuteur 106, 116, 119, 122-123, 125-136
logique 7, 10-13, 42, 47, 52, 54, 61, 67, 71, 73-76, 80, 83, 95-104, 110-111, 117, 127-

128, 136-137, 140, 143-145, 148, 161-163, 166, 170, 180, 196, 200-201, 203, 207, 211, 219, 221, 224-225, 230, 232, 237, 239-240, 244-245, 268, 279, 282, 291, 295, 302, 312, 316, 321, 323-324, 346, 348, 352, 359, 369-372
loi 53, 70, 191, 223-224, 310

materia subiecta 40, 123
mathématique(s) 7, 9-10, 30, 44, 84, 94, 98, 117, 165, 172, 175, 180-181, 184, 186, 235-236, 261-263, 365-268, 289-292, 295-297, 299-303, 305-307, 335-336, 342-347, 350, 360, 370-371
matière 97, 101, 139, 146, 147, 150, 151, 165, 169, 192, 216, 221, 252, 255, 260, 274, 282, 305, 311, 313, 314, 316, 361, 362
maxime 215-219
mécanique 31-33, 231, 261
médecine 9, 50, 294, 305, 352
mémoire 56, 58, 64, 189-193, 202
mental 11, 12, 17-20, 39, 41, 46, 47, 49, 50, 52, 64, 73, 94, 95, 101-103, 109-111, 115, 135, 166, 197, 199, 212, 213, 221, 223, 227, 229, 230, 232, 235, 252, 286, 304, 317, 347, 367-369
mesure 295, 296, 300, 303, 331, 332, 333, 335-338, 340, 341, 371
métaphysique, 10-13, 21, 24, 34, 41-47, 52, 78, 94, 95, 103, 113, 165, 178, 179, 181, 188, 211, 231, 236, 241, 245, 246, 256, 260-264, 266-273, 275-280, 282, 285-295, 303, 306, 307, 312, 315, 321, 322, 330, 334, 335, 337, 341, 352, 353-355, 357, 360, 361, 367, 370, 371
mode de signifier 63, 99, 142, 151, 274, 275
mot 12, 49, 53, 81, 93, 99, 103, 104, 106-110, 118, 119, 121-126, 128, 135, 142, 145, 184, 191, 244, 275, 300, 359, 370
mouvement 10, 13, 42, 43, 45, 46, 50, 57, 57, 79, 183, 236, 246, 249, 264, 270, 286, 290, 295, 301-303, 305, 309, 311, 314, 316, 318, 320-331, 334, 336, 340, 342-345, 347, 357, 358, 360, 362-364, 370

nature 13, 27, 28, 31, 32-34, 58-60, 71, 74, 77-79, 103, 105, 106, 116, 131-134, 138, 155, 156, 161-163, 170, 180, 181, 186, 187, 189, 191, 194-199, 208, 209, 235, 236, 239, 240-243, 245, 263, 264, 267, 274, 280, 286, 288, 295, 302, 307, 309-315, 319-324, 329, 345, 346, 354, 357, 358, 365, 368, 369, 372
naturel 9, 10, 12, 13, 25, 28, 31-34, 38, 49-52, 54-56, 70, 71, 75, 77-79, 83, 84, 87, 89, 95, 104, 105, 116, 130, 131, 133-138, 149, 154, 162, 165, 167, 172, 174, 179, 181, 182, 187, 188, 192-200, 204, 206, 209, 217, 231, 236, 240, 242, 251, 260, 262-265, 267, 276, 286, 288, 289, 291, 292, 294-297, 302, 303, 307, 309-316, 319-322, 342, 345-347, 352-355, 357-365, 367-372
nécessaire 13, 22, 38, 51, 53, 70-86, 88, 137, 145, 146, 148, 150, 153, 155-158, 161, 162, 164, 165, 167, 169, 193, 194, 200, 209, 216, 219, 222, 235, 281, 311, 319, 362, 364, 370
nécessité 12, 13, 34, 53, 70-84, 86, 87, 89, 145, 150, 158, 160, 161, 169, 170, 179, 181, 194, 195, 197, 198, 200, 201, 214, 217, 235, 292, 311, 314, 315, 331, 357, 368-370, 372
nécessitarisme 79, 80, 84, 319
nom 61-63, 68, 99, 104, 107, 110, 117, 120, 131, 135, 136, 199, 241, 247, 249, 250, 256, 270, 273, 280, 284, 299, 300, 316, 318, 337, 348
nombre 57, 76, 154, 157, 184, 192, 223, 296, 297, 302, 303, 305, 306, 336, 348-351
nominalisme, nominaliste 51, 103, 121, 127, 237, 238, 245, 330, 357

objet 7-9, 12, 13, 17, 20-26, 28, 31, 39, 41, 44-49, 52-54, 70, 71, 73, 83, 84, 87-89, 98, 101, 103, 107, 111, 165, 177, 181, 186, 192, 196, 197, 199, 200, 205, 206, 211, 227, 228, 230, 231, 235, 236, 242, 247, 254, 256, 266, 267, 269, 271, 279, 288, 290-292, 294-298, 301-303, 307, 309, 330, 346, 351-353, 355, 359, 365, 368-370
ontologie, ontologique 39, 53, 65, 67, 70, 73, 93, 154, 156, 174, 184, 226, 237, 238, 244, 245, 250, 257, 268, 274, 276, 277, 284, 316, 320, 323, 324, 329-331, 340, 353

opinion 18, 21-23, 25-27, 34, 37, 41, 85, 97, 102, 105, 133, 187, 200, 218, 219, 221
ordre de la nature 28, 79, 194, 309, 311, 314, 315, 389

par accident 154-157, 161, 242, 255
par soi 40, 44, 49, 70, 72, 73, 78, 84, 136, 149, 152, 154-158, 161, 178-181, 188, 189, 194, 195, 199, 215, 229, 232, 241, 242, 251, 258, 259, 274, 291, 305, 314, 316, 355
partie (d'un tout) 42, 45, 48, 217, 246-250, 259, 265, 272, 299, 300, 303, 305, 323, 325, 326, 328, 332-338, 340, 341, 349, 350, 352
passion 19, 38, 220, 222, 225, 232, 271, 272, 275, 279, 328
persuasion 218, 219, 222, 232
philosophie, philosophique 8-11, 13, 28, 53, 58, 70, 77, 97, 100, 181, 183, 223, 224, 229, 235, 236, 257, 361, 262, 275, 285, 292-295, 317, 321, 352-354, 356, 357, 359, 360, 365, 367, 369, 370, 372
philosophie morale 10, 190, 224, 225, 231, 236, 352-354, 358, 360, 363, 367
philosophie naturelle 9, 10, 12, 13, 95, 136, 181, 187, 236, 267, 291, 309, 310, 315, 321, 342, 346, 347, 352-354, 357, 358, 360, 363, 367, 370
physique 7, 9, 10, 11, 17, 41-47, 49, 50, 52, 65, 71, 87, 94, 102, 113, 120, 156, 165, 167, 175, 178, 180, 181, 193, 194, 196, 209, 219, 235, 236, 247, 249, 262-268, 270, 282, 286-288, 290, 291, 295, 297-300, 302-307, 309, 312, 315, 319, 321-323, 325, 326, 329-333, 342, 345-347, 349-353, 357, 360, 361, 368, 370-372
poétique 218, 221
point 10, 154, 193, 297-302
politique 10, 35, 42, 211, 220, 221, 225, 231, 248, 293, 295, 310, 312
prédicat 48, 78, 109, 118, 128-131, 133, 135, 138, 139, 150, 152-160, 184, 240, 244, 248, 281, 282, 348
prédication 65, 138, 152, 154, 155, 158, 178, 179, 217, 240-242, 244, 251, 281
premier principe 12, 26, 27, 36, 149, 166, 183, 185-189, 195, 199, 201, 203, 204, 206, 207, 231, 268, 284, 286, 288, 292, 357
prémisse 37, 41, 44, 49, 50, 53, 70, 71, 83, 94, 97, 143, 145-154, 160-170, 172-175, 182-186, 188, 189, 201, 206, 207, 213-218, 368, 369
principe 9, 12, 13, 24, 26, 27, 29-31, 33, 34-38, 40, 41, 44, 45, 49, 54, 56, 58, 70, 79, 84-87, 94, 100, 108, 143, 146, 149, 153, 159, 161, 162, 165-169, 177, 180, 183-204, 207-209, 227-229, 231, 232, 240, 245, 253, 261, 262, 264-266, 268, 269, 271, 275, 286-292, 295, 304-307, 309, 310, 312, 313, 315, 316, 322, 353-355, 357, 359, 363-365, 368, 369, 371
probable, probabilité 19, 27, 37, 39, 100, 148, 204, 211, 216-220, 232, 254, 370
proposition 8, 12, 17-25, 27, 30-34, 36, 38-40, 42, 43, 45-54, 60, 70-75, 78-85, 87, 88, 93-95, 97-99, 101, 103, 105, 106, 108-118, 120-131, 133-139, 144-163, 166, 167, 169, 170, 174, 183-189, 191-195, 198-202, 204-206, 208, 209, 214-216, 219-223, 228-230, 232, 235, 240, 242, 243, 246, 247, 249, 252, 255, 256, 278, 280, 281, 283, 288, 300-302, 324-326, 338, 347-349, 360, 367-370
propriété 8, 40, 43-45, 48, 50, 68, 75, 77, 96, 110, 128, 130, 136, 142, 157, 160, 171, 172, 177-181, 225, 231, 241, 252, 259, 263, 267, 269, 271-273, 284, 296, 301, 302, 305, 350
propriété des termes 10, 96, 109, 110, 120, 126-128, 138, 141, 143, 150
proposition mentale 20, 98, 108-110, 115, 135, 149, 187, 370
prospectus 62-64, 137, 285
prudence 32, 86, 87, 100, 101, 190, 201, 222, 225-232, 286, 288, 293, 294, 354, 359, 372
psychologie, psychologique 7, 8, 10-12, 20, 21, 53, 54, 57, 68, 106, 147, 149, 163, 166, 170, 205, 206, 252, 254, 289, 363, 368, 370, 371
puissance 20, 22, 27, 31-34, 47, 54, 57-60, 62-64, 66, 70, 75-77, 82, 104, 105, 122, 124, 141, 176, 187, 188, 191, 196, 197, 199, 206, 208, 218, 226, 231, 250, 254,

258, 266, 272, 277, 284, 288, 310, 312, 317-319, 324, 327, 336, 337, 342-347, 348, 361
puissance absolue, toute-puissance 26, 28, 29, 31, 33, 193, 284, 312, 315, 321, 329, 347, 348, 356, 357

qualité 12, 19, 23, 24, 38, 39, 47, 62, 69, 104, 107, 130, 125, 156, 160, 187, 200, 232, 235, 250, 252, 254, 278, 303, 314, 316, 323, 325, 327-339, 341, 342, 364, 366,
quantification 330, 335, 336, 341
quantité 13, 46, 47, 107, 120, 130, 145, 151, 158, 184, 226, 235, 247, 257, 295, 296, 301, 303, 340, 349, 350

raison 17, 20, 32, 37, 41, 44, 54, 55, 76, 79, 102, 105, 139, 142, 149, 150, 153, 156, 172-176, 180, 187, 189, 192, 194-196, 199, 201, 207, 212, 213, 217, 222, 231, 245, 248, 256, 257, 259, 265-268, 270, 271, 274, 275, 279, 283-285, 290, 296, 299, 302, 312, 313, 317, 318, 321, 337, 355, 357, 362, 364
raisonnement 9, 12, 13, 87, 94, 97, 100, 150, 151, 163, 171, 173, 181, 184-186, 189, 192, 193, 197, 200-202, 211, 213, 216-218, 227, 228, 231, 288, 302, 368, 370
rapport (mathématique) 302, 303, 340, 342-346
réalisme, réaliste 12, 50, 51, 133, 238, 239, 243, 316, 330, 338
référence 52, 61, 75, 93, 107, 108, 121, 126, 127, 129, 130, 131, 134, 136, 137, 138, 152, 153, 159, 161, 178, 272, 301, 303, 325, 328
règle 9, 10, 12, 13, 40, 53, 59, 99, 112, 121, 123, 126, 127, 143, 145, 146, 149, 169, 188, 197, 200, 214, 219, 224, 227, 236, 278, 320, 322, 330, 342-346, 369
régularité 71, 91, 194, 209, 310, 312, 368
rémission (des formes) 36, 303, 332, 337, 338, 341
résistance 164, 167, 321, 339, 342-344, 346
ressemblance, *similitudo* 60, 61, 190, 255, 277
restriction 110, 133, 135, 137, 153, 264, 304, 305
révélation 33, 265, 354, 361, 365
rhétorique 102, 218-224, 232

sagesse 30, 97, 100, 229, 268, 275, 285-288, 293, 294, 354, 355, 359
scepticisme, sceptique 28, 29, 184, 208, 231
science *passim*
science morale 32, 35, 220, 224, 228-231, 306, 359
science naturelle 31-35, 49, 50, 87, 172, 174, 182, 192, 195, 231, 242, 263-265, 292, 303, 305, 315, 362, 371
science spéculative 13, 86, 94,101, 190, 211, 221, 229, 263, 267, 292, 294, 295, 306, 354, 370, 380
scientia, passim
scientia congregata, scientia magna, scientia totalis 39, 40, 45, 230, 232, 235, 369
scientificité 7, 9, 39, 53, 89, 100, 143, 199, 208, 222, 223, 227, 242, 261, 369, 371, 372
sémantique 8, 10, 12, 47, 52, 53, 63, 73, 103, 106, 109-112, 120-122, 126, 133, 138, 141, 145, 146, 150, 152, 156, 205, 206, 216, 219, 231, 245, 246, 282, 287, 295, 302, 324, 325, 348, 360, 369, 370
sens (faculté) 7, 20, 22, 29, 34, 46, 48, 53, 55, 57-60, 62, 64, 66-69, 128, 189-191, 193, 201, 202, 205, 223, 240, 250, 254, 285, 286, 289, 362, 369, 372
sensible 8, 19, 23, 26, 36, 48, 57, 59, 66, 68, 69, 104, 128, 189, 197, 205, 206, 232, 250, 255, 285, 338, 347, 355, 362
signe 51, 54, 63, 93, 98, 103, 104, 106, 107, 116, 132, 151, 195, 201, 206, 214, 224, 226, 237-240, 243, 252, 288, 297
signifiable de manière complexe, *complexe significabile* 52, 111, 113, 114, 116, 331, 349, 361, 380
signification 12, 43, 50, 52, 61, 65, 72, 73, 93, 99, 103-108, 111, 112, 115, 117-120, 122-125, 128-130, 133, 135, 137-39, 141, 142, 151, 155, 156, 188, 199, 240-242, 244, 251, 272, 274, 275, 280, 282, 298, 300, 301, 316, 327, 331, 348, 359

signifié 8, 21, 41, 70, 72, 72, 73, 87, 103, 106, 107, 113-116, 122, 132, 137, 138, 140, 142, 173, 174, 203, 204, 237, 241-243, 248, 256, 258, 271, 279, 302, 326
signifié adéquat (ou propre) de la proposition 8, 52, 75, 111, 112, 115, 166, 360
signifié immédiat 62, 131, 132, 140,
signifié ultime 120-122, 131, 132, 140, 235, 243
singulier, singularité 9, 53, 57, 58-69, 72, 73, 141, 191, 192, 223, 226, 228, 235, 238, 241-244, 247, 249, 250, 252, 254, 263, 275, 280, 284, 335, 353, 357
son vocal, vox 104-106, 108, 116-118, 122, 123, 128, 131
sophisme 10, 68, 99, 107, 108, 111, 114, 117, 129, 139-141, 348, 351
subalternation 214, 228, 229, 304-306, 370
substance 18, 46, 62, 64, 69, 107, 111, 114, 139, 144, 155-157, 165, 177, 178, 191, 205, 206, 209, 217, 235, 238-243, 246, 247, 250-259, 262, 270, 286-288, 290, 309, 314, 316, 317, 323, 324, 328, 333, 353
sujet 8, 22, 31, 39, 41-50, 58, 71, 75, 78, 80, 102, 109-113, 115, 118, 123, 127-131, 134, 135, 137, 139, 150, 152-160, 163, 165, 177-181, 184, 186, 187, 206, 209, 211, 217, 221, 230, 231, 235, 239, 240, 242, 246-251, 255-259, 263, 264, 266, 268, 269-273, 279, 280, 282, 283, 285, 295-298, 301, 303-306, 328, 333-335, 337-339, 341, 342, 348, 353, 355, 362, 363, 369-371
supposition (propriété du terme) 31, 54, 96, 104, 106, 110, 111, 115, 120-122, 125, 127-131, 133-138, 146, 150, 156, 241, 245, 278, 301, 318
supposition accidentelle 131, 133, 134, 136
supposition confuse 130, 141, 239, 245
supposition matérielle 112, 120, 122, 124, 125, 127, 130-132, 270, 271
supposition naturelle 31, 130, 131, 133-138, 154
supposition personnelle 112, 120-122, 124, 125, 127, 130, 131, 141, 299
supposition simple 47, 131, 132, 141, 239
surnaturel 32, 33, 77-79, 187, 194-196, 286, 287, 311, 312, 320, 329, 345, 354, 355, 359, 361, 362
syllogisme 7, 53, 70, 96, 99, 102, 125, 130, 143-154, 158, 160, 161, 164-167, 170, 173, 188, 192, 196, 204, 207, 212-217, 219, 221, 244, 286, 369
syllogistique 87, 97, 100, 145, 147, 153, 160, 163-165, 171, 173, 185, 197, 212, 213, 216
syncatégorème, syncatégorématique 110, 130 137, 145, 150, 299, 347-349, 351

temporalité 83, 134, 136, 163, 167, 170, 247, 325, 339
terme 8, 10, 11, 22, 31, 42, 43, 45, 46, 48-51, 53, 54, 61, 62, 66-69, 72, 73, 75, 82, 87, 88, 93, 96-98, 103, 104, 107, 109, 110, 112, 115-121, 123-143, 146, 150, 151, 154-156, 158, 159, 161, 165, 171, 173, 174, 176-181, 188, 189, 191-193, 205, 212-216, 224, 237, 239-246, 250-252, 255-259, 264, 266-276, 278, 279, 283, 296, 298-302, 316-319, 321, 323-328, 331, 337, 340, 347-351, 355, 368
terme commun 53, 65, 108, 131, 132, 152, 153, 158, 263
théologie, théologique, 7, 9, 20, 23, 25, 28, 47, 48, 53, 57, 66, 76-78, 83, 113, 121, 143, 187, 188, 203, 236, 252, 257, 261-265, 269, 271, 276, 279, 287, 292, 293, 305, 309, 312, 320, 329, 346, 348, 350, 352-357, 360, 364, 365, 372
topique 211, 213, 216, 217, 219, 370
tout 97, 159, 217, 247, 352
transcendantal, -aux 189, 271, 274-276, 278, 279, 353

unité 8-10, 36, 39-42, 44-47, 50, 57, 229, 235, 246-248, 250, 263, 274, 275, 303, 312, 318, 341, 369
universalité 12, 13, 53, 68, 158-160, 192, 194, 200, 226, 227, 235, 238, 239, 245, 236, 280, 287, 345

universel, universaux 9, 47, 48, 53, 58-61, 65, 66, 68, 69, 100, 158, 191-193, 211, 224, 226, 228, 235, 237-243, 245, 249, 250

valeur (d'un mot), *virtus sermonis* 12, 115, 116, 119, 121-126, 141, 161, 300, 301, 359, 370

verbe 110, 127, 130, 133-135, 137-142, 154, 163, 245, 247, 267, 272, 273, 283, 318, 324-326, 348, 349

vérité 8, 20, 21-29, 32, 33, 39, 43, 47, 49, 60, 72, 76, 82, 84, 85, 93, 94, 98, 99, 102, 109, 112, 115, 121-123, 129, 135, 136, 146-148, 153, 156, 160, 191, 193, 194, 199, 219, 224, 225, 277, 278, 281, 288, 290, 294, 302, 345, 355, 357, 359, 362, 363

vertu 18, 86, 201, 225, 286, 288, 293-295

vetula, petite vielle 38, 187, 188, 195, 197, 198, 357

volonté 20, 24, 26, 27, 34, 38, 46, 76, 77, 79, 149, 156, 170, 198, 225, 226, 232, 264, 276, 277, 311, 312, 318, 319, 345, 357, 358, 364, 368, 370

vrai 18-21, 24-26, 31-34, 37-39, 47, 52, 72-75, 80-83, 88, 93, 95, 97-99, 101, 102, 105, 108, 109, 112, 113, 115, 117, 118, 120-123, 126, 127, 129, 130, 135, 136, 142, 147-149, 153-161, 165, 166, 189, 193, 194, 196-198, 200, 206, 209, 216, 219, 222, 223, 225, 227, 230, 252, 255, 256, 271, 275-279, 300, 325, 326, 334, 345, 348-350, 360-362, 368, 372

TABLE DES MATIÈRES

Introduction 7

PREMIÈRE PARTIE
LA SCIENCE COMME DISPOSITION MENTALE

Chapitre premier : L'assentiment et ses objets 17
Science, certitude, évidence 17
La science comme créance 17
La certitude et les modes d'évidence 22
Le croisement de la certitude et de l'évidence 23
L'absolu et le relatif 28
Des degrés d'évidence ? 35
Sujet et objet de la science 39
Disposition mentale singulière et science totale 39
Unité et pluralité du sujet 41
L'objet de la science 46

Chapitre II : Scientificité, universalité et nécessité 53
La critique de l'innéisme 54
Connaissance universelle, connaissance du singulier 59
Critique d'une séparation 59
Connaître le singulier 61
La primauté de la connaissance singulière 65
Individu vague et individu déterminé 67
Science et nécessité 70
L'objet nécessaire : de la chose à la proposition 70
Nécessité logique, nécessité réelle 74
Les objets contingents 83

DEUXIÈME PARTIE
LA SCIENCE ET SON LANGAGE

Chapitre premier : Signification et référence des termes 93
Statut et fonction de la logique 95
Langage et signifié 103
Un double niveau de signification 103
La réduction du signifié propre et adéquat de la proposition 111
Arbitraire, consensus et valeur des termes 116
Les modes de référence 126
La supposition ; supposition personnelle et supposition matérielle 127
La supposition naturelle ; les variations d'amplitude de la supposition 133
Appellation et *ratio concipiendi* 138

Chapitre II : La théorie de la démonstration 143
Démonstration et science 144
Syllogisme et conséquence 144
Syllogisme démonstratif et syllogisme dialectique 147
Les conditions du syllogisme scientifique : la nature des prémisses 151
Temporalité et causalité dans le processus démonstratif 163
Les différentes espèces de démonstration 171

Chapitre III : La science et les principes 183
Pourquoi des principes ? 183
L'éclatement de la notion de principe 183
Qu'est-ce qui est principe ? 186
L'induction 191
La force naturelle des principes 195
Le mode d'appréhension des principes 199
La critique de Nicolas d'Autrécourt 202

Chapitre IV : Ouverture vers d'autres formes d'argumentation 211
La topique et le raisonnement probable 211
La rhétorique et l'idée de « dialectique morale » 219
Double logique et science de l'homme 224

TROISIÈME PARTIE
LA CONNAISSANCE DU MONDE

Chapitre premier : Un monde de singuliers 237
La critique du réalisme de l'universel 238
Qu'est-ce qu'un individu ? 245
Substance et accident 250

Connaissance de l'accident et connaissance de la substance 252
L'hypothèse de l'accident sans substance et le statut métaphysique de l'accident 256

Chapitre ii : La division des sciences et la science première 261
Une pluralité de points de vue 262
La métaphysique comme science de l'étant 268
Les passions de l'être, i : l'un 271
Les passions de l'être, ii : le bon et le vrai 275
Le *De ente et essentia* de Jean Buridan 279
La métaphysique comme science première 285
La métaphysique comme science et comme sagesse 285
Métaphysique et certitude 288
Quelle primauté pour la métaphysique ? 292
Les mathématiques et leurs objets 295
Abstractionnisme, théorie des points de vue et sémantique 295
Le point : négation et imagination 297
La subalternation et les sciences moyennes 304

Chapitre iii La science de la nature 309
L'ordre de la nature 309
La causalité 315
Le mouvement local 322
L'altération et la mesure des variations de qualité 331
Le calcul du mouvement 342
L'infini 346
Le philosophe et la théologie 352
Métaphysique et théologie naturelle 353
Quelle attitude face aux problèmes théologiques ? 355
L'usage méthodologique de la toute-puissance 356
Le partage des tâches 357
La théologie dans la philosophie ? 360

Conclusion 367

Bibliographie 373
Index nominum 387
Index rerum 391

Table des matières 401

ACHEVÉ D'IMPRIMER
EN FÉVRIER 2012
PAR L'IMPRIMERIE
DE LA MANUTENTION
A MAYENNE
FRANCE
N° 832456N

Dépôt légal : 1er trimestre 2012

VERS UNE ÉCOLE INCLUSIVE

REGARDS CROISÉS SUR LES DÉFIS ACTUELS

Sous la direction de Lise Gremion, Serge Ramel,
Valérie Angelucci et Jean-Claude Kalubi

Les Presses de l'Université d'Ottawa
2017

uOttawa

Les Presses de l'Université d'Ottawa (PUO) sont fières d'être la plus ancienne maison d'édition universitaire francophone au Canada et le seul éditeur universitaire bilingue en Amérique du Nord. Fidèles à leur mandat original, qui vise à « enrichir la vie intellectuelle et culturelle », les PUO proposent des livres de qualité pour le lecteur érudit. Les PUO publient des ouvrages en français et en anglais dans les domaines des arts et lettres et des sciences sociales.

Les PUO reconnaissent l'aide financière du gouvernement du Canada. Elles reconnaissent également l'appui du Conseil des arts du Canada, du Conseil des arts de l'Ontario et de la Fédération canadienne des sciences humaines par l'intermédiaire des Prix d'auteurs pour l'édition savante. Nous reconnaissons également avec gratitude le soutien de l'Université d'Ottawa.

Révision linguistique et mise en page : Interscript
Lecture d'épreuves : Danielle Turpin
Maquette de la couverture : Édiscript enr.
Image de la couverture : sans titre ; Tous les efforts ont été fournis afin de trouver les ayants droit de l'image.

Catalogage avant publication de Bibliothèque et Archives Canada

Vers une école inclusive : regards croisés sur les défis actuels / sous la direction de Lise Gremion, Serge Ramel, Valérie Angelucci et Jean-Claude Kalubi. (Éducation)
Comprend des références bibliographiques.
Publié en formats imprimé(s) et électronique(s).
ISBN 978-2-7603-2453-4 (couverture souple).--ISBN 978-2-7603-2454-1 (PDF).--
ISBN 978-2-7603-2455-8 (EPUB).--ISBN 978-2-7603-2456-5 (Kindle)
1. Intégration scolaire. I. Gremion, Lise, directeur de publication II. Ramel, Serge, directeur de publication III. Angelucci, Valérie, directeur de publication IV. Kalubi, Jean-Claude, directeur de publication V. Collection: Collection Éducation (Ottawa, Ont.)
LC1200.V47 2017 371.9'046 C2017-900638-X
C2017-900639-8

Dépôt légal :
Bibliothèque et Archives Canada
Bibliothèque et Archives nationales du Québec

Canada

Table des matières

Avant-propos
Lise Gremion et Serge Ramel vii

PARTIE 1

Chapitre 1 – Les inégalités sociales de participation face à l'orientation vers l'enseignement spécialisé
Jean-Paul Payet 3

Chapitre 2 – Engagement familles-enseignants dans les processus de changement vers une école inclusive interculturelle
Odet Moliner, Universitat Jaume I (Espagne) 19

Chapitre 3 – Le groupe social scolaire: Une démarche qui tend à favoriser l'inclusion?
Jacques Kottelat, Département Écoles et Sport de la Ville de Bienne (Suisse) 39

Chapitre 4 – Les enseignants de cours de langue et culture d'origine: Perspectives pour un soutien efficace et durable au plurilinguisme auprès des enfants de migrants
Rosita Fibbi et Ruth Calderón 55

PARTIE 2

Chapitre 5 – Soutenir l'inclusion scolaire des élèves présentant des difficultés comportementales par la formation continue et l'accompagnement des enseignants
Nancy Gaudreau 69

Chapitre 6 – L'inclusion d'élèves présentant des difficultés de comportement: Analyse des définitions, des attributions causales et des interventions d'enseignantes
Valérie Schürch et Pierre-André Doudin 81

Chapitre 7 – Développer des pratiques collaboratives: Les intervenants entre souffrance et créativité
Marco Allenbach 97

Chapitre 8 – L'inclusion au sein de la vie scolaire d'un collège: Vers la construction d'un fonctionnement collégial?
Véronique Barthélémy, Laurent Husson et Jean-Michel Perez 115

Chapitre 9 – Inclusion scolaire et concept pragmatique de «gestion des compétences» du responsable d'établissement scolaire: L'exemple d'un lycée professionnel
Line Numa-Bocage 131

Chapitre 10 – Sentiment d'efficacité, attitudes et connaissances à l'égard de l'éducation des élèves ayant des besoins spéciaux dès la formation initiale à l'enseignement
France Dubé, France Dufour, Christophe Chénier, Hélène Meunier et Sylvie Viola 151

PARTIE 3

Chapitre 11 – Le projet pédagogique individualisé: Plus qu'un simple bout de papier?
Geneviève Petitpierre, Université de Fribourg (Suisse) 167

Chapitre 12 – La résistance à l'apprentissage: Un concept en construction pour penser l'accessibilité en pédagogie
Béatrice Noël-Lepelletier 181

Chapitre 13 – Que faudrait-il pour que l'école n'exclue plus?
Francine Pellaud 197

Chapitre 14 – Le Chef-d'œuvre pédagogique: Le choix de la complexité face aux défis de demain
Jean-François Manil et Léonard Guillaume 211

Chapitre 15 – Enseigner l'histoire de l'immigration pour déconstruire les assignations identitaires
Alexia Panagiotounakos, Université de Genève 229

Conclusion générale
Lise Gremion, Serge Ramel et Jean-Claude Kalubi 243

Bibliographie 247

Avant-propos

Lise Gremion et Serge Ramel

1. VERS UNE ECOLE INCLUSIVE : UN CONTEXTE

Afin de garantir la paix entre les peuples et d'atténuer les discriminations entre les humains, la Déclaration universelle des droits de l'homme appelle dès 1948 à une école pour tous. Au cours des décennies suivantes, de nouvelles déclarations portent progressivement l'attention des dirigeants de nombreux pays sur les conditions de vie, l'origine, la culture, le genre, la langue et, enfin, les besoins éducatifs spécifiques qui font obstacle à l'accessibilité de l'école pour tous. Les États signataires, qui ont inscrit les finalités d'une intégration pour tous dans leur législation, soutiennent avec plus ou moins de force l'objectif de scolariser tous les élèves indépendamment de leurs particularités. Selon le pays et le contexte local, ces nouvelles prescriptions légales laissent place à une variété de modèles d'intégration scolaire qui oscillent entre des mesures encore fortement séparatives, une présence ponctuelle dans l'école ou la classe ordinaire et des formes déjà abouties d'inclusion scolaire. Cette dernière repose sur une participation pleine et entière de chaque élève à la vie scolaire de la collectivité où il vit.

Quel que soit le modèle en vigueur, l'école est un lieu où l'enfant se confronte à la diversité sociale et se forme au « vivre ensemble » dans un espace de construction des citoyens de demain. Aussi, la prise en compte de la diversité dans la classe et à l'école, loin d'être un nouvel enjeu, ne doit plus être occultée comme projet de société. Sa réalisation sur le terrain exige non seulement des décisions juridiques, mais également un engagement des acteurs scolaires. Celui-ci s'appuie sur une interrelation des perspectives théoriques et pratiques pour qu'elles s'enrichissent mutuellement. C'est pourquoi les enseignants, les formateurs et les chercheurs ont tout avantage à prendre en compte la réalité des uns et des autres, ainsi que la diversité des connaissances et la complémentarité de leurs approches, pour conjuguer leurs forces. Ce faisant, ces acteurs pourront contribuer à l'avancement d'une école comme lieu de construction des liens sociaux d'aujourd'hui et de demain.

2. VERS UNE ECOLE INCLUSIVE : UN DÉFI

Malgré les approches et postulats différents sur lesquels reposent l'intégration et l'inclusion scolaires, ces deux termes sont souvent pris comme synonymes pour traduire les modèles d'accessibilité de l'école pour des publics d'élèves qui en étaient jusqu'ici exclus. De fait, dans les écoles des pays signataires de la Déclaration de Jomtien en 1990, puis de celle de Salamanque en 1994, l'idéal d'une école inclusive, qui postule l'engagement de la communauté scolaire et sociale ainsi qu'une participation pleine et entière de chaque élève à la vie du groupe, demeure un idéal orientant les projets et les efforts que consentent les systèmes d'éducation et leurs acteurs.

L'école qui s'approprie cet idéal veille à l'accueil de tous les élèves, sans distinction liée à l'origine sociale ou culturelle, aux conditions économiques, au genre, à la religion, à la langue ou aux besoins particuliers. Par une éducation conjointe de tous les enfants, l'école inclusive vise la cohésion sociale et la suppression des discriminations. Inscrite au cœur de la communauté, elle assure une proximité sociale et répond aux besoins de chaque élève pour favoriser le développement plein et entier de leur potentiel. Le projet d'une école inclusive vise le développement de communautés éducatives dans laquelle chacun trouve sa place et peut s'y réaliser. Si l'inclusion scolaire représente la posture la plus radicale de l'École pour tous, elle se dessine de fait aujourd'hui plutôt comme un horizon vers lequel tendent les projets d'intégration des élèves.

Le terme « intégration » est généralement plus approprié pour définir les projets et réalisations effectives dans les écoles et classes ordinaires de la plupart des pays démocratiques. Pour répondre précisément aux besoins de tous les élèves, qu'il s'agisse d'apprendre la langue du pays d'accueil ou de surmonter un handicap, l'école intégrative se préoccupe certes de l'élève, mais elle se centre également et principalement sur les modalités d'accueil dans les classes ordinaires. Cet accueil comprend des prestations d'aide et de soutien qui sont encore souvent dispensées en dehors de la classe, sous forme de mesures séparatives. Lorsque l'enfant est accueilli dans une classe ordinaire, la réussite du projet dépend encore très souvent de l'adaptation de l'élève à la classe, plutôt que de l'inverse. L'analyse croisée des définitions de Söder (1980) et de Vaney et Debruères (2002) permet de sortir de la confusion des débats quant à la variété des pratiques que recouvrent les mots de l'intégration. Söder (1980) présente une analyse de la terminologie qui tient compte de l'environnement et propose trois temps progressifs : l'intégration physique (diminution de la distance physique), l'adaptation fonctionnelle (adaptation des structures), puis l'intégration sociale (appartenance au groupe). Vaney et Debruères (2002) proposent une différenciation de la relation pour expliquer une progression allant de l'insertion et de l'assimilation à l'intégration, puis à l'inclusion. Le croisement de ces deux entrées (Gremion et Paratte, 2009) montre une progression des modèles d'accueil de la diversité des élèves vers leur inclusion, dont les stades successifs sont l'adaptation de l'élève à la situation, la possibilité d'être admis avec les autres ou de faire comme les autres, et enfin une adaptation réciproque offrant à l'élève la possibilité d'être différent avec les autres, ou différent comme les autres. Ainsi, chaque enfant devrait pouvoir être comme tous les autres, comme certains autres et comme personne d'autre (Ducette, Sewell et Poliner Shapiro, 1996).

Le titre du présent ouvrage, *Vers une école inclusive*, traduit cette idée d'un mouvement progressif partant de modèles séparatifs, qui supposent une adaptation de l'élève, à des modèles toujours plus inclusifs, où ce sont les structures et les pratiques qui s'adaptent aux particularités des élèves. L'intégration peut alors être perçue comme une orientation qui raconte les difficultés d'une école aux prises avec ses propres aspirations et paradoxes, qui propose une variété de modèles d'accueil entre mesures séparatives et inclusion, tout en composant entre son idéal égalitaire et les pressions élitaires constantes. Tout en cherchant à maintenir les élèves au sein de la classe ordinaire et en développant de nombreux projets d'accueil et d'intégration, l'école reste également et paradoxalement un lieu de sélection et d'exclusion scolaire.

Ces tensions internes et inévitables ne sont pas sans effet sur les retards dans la mise en œuvre d'une école pour tous ; au contraire, elles détournent l'école de cette ambition. Afin d'éviter que l'inclusion scolaire reste un vœu pieux et s'efface de notre horizon social, une analyse honnête et sans compromis est nécessaire pour opérer un changement de perspective dépendant moins de changements de terminologie que de réalisations concrètes.

3. VERS UNE ECOLE INCLUSIVE : UN DIALOGUE ENTRE RECHERCHES ET PRATIQUES

Nombre de pédagogues et chercheurs, inspirés par ces idéaux à la fois diversifiés et convergents, tentent ainsi de comprendre comment, à l'intérieur même d'institutions scolaires dites intégratives, des processus de marginalisation excluent encore, de façon récurrente, les mêmes publics d'élèves. D'autres se posent des questions sur les meilleures façons d'éradiquer les discriminations et de répondre aux besoins de chaque enfant.

Les textes réunis dans la première partie de l'ouvrage interrogent la capacité d'accueil de l'école et de ses acteurs face aux inégalités sociales (Payet). Ils s'intéressent en particulier à la croissance des besoins au degré préscolaire et primaire, au développement professionnel des enseignants (Moliner) ainsi qu'à l'implication et la participation d'autres professionnels (Kottelat) et des parents (Moliner). Si l'engagement de l'ensemble des partenaires, enseignants ou experts est vu comme un gage de bénéfice et de renforcement des apprentissages (Fibbi et Calderón), l'ensemble des auteurs interrogent la nécessité d'une adaptation continue des pratiques selon les besoins des élèves présents en classe. Ils observent également que la culture des établissements scolaires n'encourage pas toujours des habitudes de coopération au sein du personnel éducatif et tend parfois même à accroître le sentiment d'incompétence par rapport aux stratégies de prise en charge du quotidien.

Dans la seconde partie de l'ouvrage, les études montrent que les conditions de travail pour les enseignants sont parfois source de stress, voire d'épuisement professionnel, particulièrement lorsque les enseignants sont confrontés aux comportements problématiques des élèves (Gaudreau ; Schürch et Doudin). Une attention est ainsi portée sur la capacité des responsables d'établissements scolaires à renforcer le sentiment d'efficacité personnelle des équipes éducatives et à faire évoluer les impératifs de collaboration entre ressources scolaires et extrascolaires en fonction de la complexité des besoins (Allenbach ;

Barthélémy, Husson et Perez ; Numa-Bocage). La croissance des demandes d'aide individuelle met à l'épreuve la collaboration entre les enseignants et les différents intervenants impliqués dans l'accompagnement et les décisions scolaires. Aussi, les pratiques exemplaires d'enseignement (Dubé, Dufour, Chénier, Meunier et Viola) doivent être incluses dans les stratégies de formation, en particulier pour donner du sens aux apprentissages.

Dans la troisième partie de l'ouvrage, plusieurs auteurs, à la recherche de repères pour une action efficace, recommandent de travailler sur les mesures de planification pour mieux prendre en compte le rythme d'apprentissage ou de développement de chacun (Petitpierre ; Lepelletier) et changer le regard des élèves par rapport au sens même de leurs apprentissages à l'école (Pellaud). Si la mobilisation des « capacités d'intégration » peut devenir une problématique de nature identitaire (Manil et Guillaume ; Panagiotounakos), elle s'inscrit dans une projection relative au futur et dans une pédagogie d'aide qui se veut durable. Elle s'accompagne d'engagements multiples et met en scène une représentation positive du futur que l'élève est appelé à maîtriser.

Les auteurs de cet ouvrage invitent praticiens et chercheurs à un dialogue qui favorise la mise en œuvre de projets et rejoint les réalités scolaires. Le débat souhaité par tous les auteurs engage ainsi l'ensemble des acteurs impliqués dans une réflexion inscrite au cœur de l'institution scolaire dans ses aspects pédagogiques, sociologiques, politiques et éthiques.

PARTIE 1

CHAPITRE 1

Les inégalités sociales de participation face à l'orientation vers l'enseignement spécialisé

Jean-Paul Payet

INTRODUCTION

Les politiques d'intégration scolaire sont par définition centrées sur les difficultés de l'élève, qu'elles visent à remédier[1]. De fait, elles relèvent d'un paradigme individualiste qui entend adapter l'action de l'école au plus près des singularités de l'élève et à leur répondre de manière différenciée. Pourtant, comme le montre la recherche sociologique de Mercer (1969) à Gremion (2012a), tant le diagnostic de la déficience intellectuelle ou cognitive que l'orientation vers l'enseignement spécialisé sont fortement corrélés à l'appartenance sociale des élèves (ainsi qu'au sexe et à l'appartenance à des groupes migrants ou des minorités ethniques). Ce phénomène a surtout été expliqué par l'écart entre la culture familiale et la culture scolaire, qui handicape les enfants de milieux défavorisés au regard des attentes de l'établissement. L'accent a également été mis sur la prévalence du comportement dans le diagnostic, qui place ces élèves (et particulièrement les garçons étrangers ou issus des minorités visibles) sous le regard moral d'enseignants[2] appartenant aux groupes majoritaires (classes moyennes, nationaux, etc.).

Cependant, une autre raison passe souvent inaperçue. Elle tient aux inégalités dans la relation interpersonnelle entre parents et agents de l'institution scolaire et relève du domaine des inégalités de participation (Fraser, 2005) et des processus de reconnaissance des acteurs faibles

(Payet, Giuliani et Laforgue, 2008). La capacité à redéfinir une relation asymétrique avec l'école, aggravée par la difficulté scolaire de l'enfant et son vécu émotionnel, est inégalement distribuée selon l'appartenance sociale et le statut socioethnique de majoritaire ou de minoritaire. En fonction de ces ressources inégales, les parents résistent différemment à l'étiquetage et à l'orientation vers l'enseignement spécialisé. Ceux qui en ont socialement les compétences peuvent, dans les échanges interactionnels avec les enseignants, influer sur un diagnostic scolaire et parvenir à le faire moduler, voire réviser. En cela, selon la typification de Hirschman (1995)[3], ils mobilisent une *voice* en cas de désaccord avec l'institution. Si le diagnostic de l'élève est néanmoins maintenu, les parents socialement favorisés qui ne se résoudraient pas à en accepter les conséquences disposent bien plus facilement que ceux d'autres milieux de l'*exit* pour se soustraire aux effets ségrégatifs de l'orientation vers le spécialisé, en quittant l'école publique pour le secteur privé.

Dans ce chapitre, nous nous proposons d'interroger les signes de l'individualisation des politiques d'intégration scolaire en soulignant le rôle déterminant des inégalités sociales de participation, véritable impensé d'une époque convertie à la responsabilité individuelle. D'un point de vue empirique, nous nous appuyons sur une recherche portant sur des entretiens individuels entre enseignants et parents dans des établissements primaires du réseau d'enseignement prioritaire de Genève[4].

1. L'ORIENTATION VERS LE SPÉCIALISÉ, UN PROCESSUS DE CONSTRUCTION

Pour analyser le rôle des parents – et l'inégalité de leurs ressources d'un point de vue social – dans l'orientation d'un enfant vers l'enseignement spécialisé, il est nécessaire, au préalable, de définir celle-ci comme un processus progressif et négocié, au contraire d'une décision subite et unilatérale (de la part de l'école). D'un point de vue historique, l'implication des parents n'est certes pas la posture première de l'institution scolaire. Mais, peu à peu, les systèmes éducatifs qui comportent une filière séparée d'enseignement spécialisé ont intégré, au niveau de la loi et des procédures, la participation des parents. L'orientation d'un élève vers le spécialisé ne peut aujourd'hui se faire sans l'accord des parents ; l'adhésion de ces derniers est dès lors activement recherchée.

L'adhésion des parents ne va pas de soi. Pourquoi, d'emblée, résistent-ils à l'orientation de leur enfant vers l'enseignement spécialisé ? La réponse à cette question va de pair avec l'examen d'une autre question: pourquoi une grande majorité d'enseignants se plaignent-ils des résistances parentales qui, à leurs yeux, retardent de trop le moment de l'orientation de l'élève? Il est fort probable qu'avec la généralisation de l'enjeu scolaire dans tous les milieux sociaux, une orientation vers l'enseignement spécialisé est très généralement vécue par les parents comme un échec de leur propre projet éducatif. Mais, pour les enseignants, une autre raison indicible habiterait les parents: l'orientation vers le spécialisé représenterait une forme d'accusation d'une «tare» présente dans la famille, engendrant culpabilité et honte sociale. Sur la base de cette perception (réalité ou projection?), les membres de l'institution scolaire ainsi que les professionnels du champ médical et psychologique s'attachent à présenter l'enseignement spécialisé comme une «chance» pour l'enfant en grande difficulté scolaire, qui bénéficiera ainsi d'un environnement adapté à ses besoins. C'est à cette perspective que les enseignants et les experts entendent convertir les parents, récalcitrants par nature.

Il importe de souligner l'existence de ce conflit et l'asymétrie des positions en termes de légitimité. En effet, la résistance des parents à l'orientation vers le spécialisé est souvent décrite, du côté des professionnels, comme relevant d'une attitude de «déni» devant les difficultés importantes de l'enfant. Les parents sont perçus comme agissant principalement dans un registre affectif et émotionnel, ce qui ôte toute qualité d'objectivité à leur regard sur l'enfant. À l'inverse, l'institution scolaire et les institutions du champ médico-psychologique font valoir une conception rationnelle de l'enfant, s'appuyant sur des savoirs scientifiques et des procédures techniques avérées.

Pour les professionnels (imprégnés des vulgates de la psychanalyse), les parents doivent faire leur deuil de l'«enfant idéal». Ils laissent ainsi entendre que les parents ne voient pas leur enfant tel qu'il est réellement et qu'ils résistent à tout ce qui pourrait contrarier leur rêve d'un enfant parfait. Les parents sont, selon l'expression consacrée, «dans le déni». Le travail consiste alors, du point de vue de ces professionnels, à confronter les parents au «principe de réalité», à savoir un enfant rencontrant de telles difficultés d'apprentissage qu'il ne peut prétendre à une scolarité ordinaire et nécessite au contraire une scolarité séparée.

Du point de vue des sciences sociales, la réalité n'est pas donnée; elle est l'objet d'une construction sociale (historique, anthropologique). Cette perspective réfute l'idée d'une nature qui constituerait une «réalité en soi», indépendante de toute interprétation humaine. Au contraire, les sociétés construisent une «idéologie de la nature»

(Goffman, 2002), une « analogie avec la nature » (Douglas, 1999) à partir de laquelle elles instituent le vrai et le faux, le bien et le mal, le juste et l'injuste. Plus précisément, la sociologie interactionniste insiste sur le caractère partiellement indéterminé de la réalité (Strauss, 1992), en réaction à une vision déterministe de la réalité accordant un poids trop important aux structures. On parle alors de « définition de la situation » (Thomas, 2002) par les participants à une rencontre sociale, mettant ainsi l'accent sur les différences de perspectives (Woods, 1990) et le travail de négociation entre des définitions divergentes. En suivant cette voie, la disqualification des perspectives des parents par les professionnels apparaît comme une « définition de la situation » découlant des perspectives des enseignants et non comme une vérité surplombante.

Il importe d'examiner de plus près cette définition de la situation, sous l'angle de ce qui lui confère une valeur de supériorité aux yeux des professionnels. Nous avons dit que, sur la base des vulgates de la psychanalyse, ceux-ci construisent une vision des parents comme étant des experts peu crédibles au sujet de leur enfant. Il faut ajouter à cela que, de manière générale, tant les enseignants que les professionnels du dépistage et du traitement des « troubles » de l'enfant ont une vision des difficultés de l'enfant comme relevant de deux sources majeures : la famille et l'enfant lui-même. D'une part, la famille de l'enfant en difficulté peut être soupçonnée de dysfonctionnements divers qui influent de manière négative sur la capacité d'apprentissage de l'enfant. D'autre part, l'existence de « dons » inégaux attribués par la nature à l'enfant constitue une des croyances les plus établies du sens commun, mais aussi du monde enseignant. La conséquence est que l'insistance sur ces deux variables majeures de la difficulté scolaire occulte la responsabilité de l'école et de ses acteurs.

Le travail de conviction à l'égard des parents – leur faire reconnaître et accepter l'existence d'un problème pour lequel l'école ordinaire ne peut rien – suppose donc que soit dégagée la responsabilité de l'école dans l'existence de ce problème. Pour cela, l'école doit, dans un premier temps, démontrer que « tout a été fait » pour remédier aux difficultés de l'élève dans la classe et dans l'établissement scolaire. Dans un second temps[5], elle s'appuie sur les diagnostics des professionnels spécialisés pour attester d'un problème propre à l'élève lui-même (ou à la famille), qui n'appartient en rien à l'enseignant, à sa manière de gérer la classe, à sa pédagogie, mais qui relève en tout de l'enfant, de ses difficultés et de ses limites propres (ou des dysfonctionnements familiaux). Examinons ces deux niveaux de l'argumentation institutionnelle.

L'argument selon lequel « tout a été tenté à l'école » pour résoudre les difficultés de l'élève souffre de deux faiblesses. Premièrement, la convocation des parents pour les alerter des difficultés de l'enfant est parfois très précoce : des enseignants et des parents interviewés dans le cadre de nos enquêtes font part d'entretiens individuels sollicités par les enseignants à peine trois à quatre semaines après la rentrée scolaire, parfois même la première rentrée (de la scolarité obligatoire) de leur enfant, au cours desquels l'enseignant expose aux parents les problèmes d'adaptation de leur enfant et évoque de possibles difficultés à venir. Sans doute, la politique de prévention précoce des difficultés scolaires influe sur les pratiques de convocation des parents par les enseignants. Mais de telles pratiques contredisent la rhétorique, développée face aux parents, d'une « école qui a tout essayé ». Il est difficile d'imaginer que quelques semaines suffisent pour faire ce constat, quand les enseignants de l'école finlandaise prennent plusieurs années pour expérimenter différentes stratégies pédagogiques pour remédier aux difficultés des élèves avant de les noter[6]…

Deuxièmement, l'observation des entretiens individuels entre enseignant et parents[7] montre que, généralement, les communications des enseignants sur ce qu'ils ont mis en place pour tenter de résoudre les difficultés de l'élève sont très vagues. Sans doute les enseignants estiment-ils qu'une partie des parents (ayant un niveau d'études peu élevé) ne sont pas à même de comprendre la technicité des activités et des procédures pédagogiques qu'ils mettent en œuvre.

L'argument de l'expertise des professionnels du champ médico-psychopédagogique semble, aux yeux des enseignants, d'une efficacité bien plus grande à l'égard des parents que celui de la multiplication de leurs propres remédiations pédagogiques (bien que celle-ci constitue un préalable dans leur stratégie de communication). On observe que la majorité des enseignants observés s'attachent à présenter aux parents d'un élève en difficulté l'hypothèse d'une cause externe, singulière à l'enfant, et, dès lors, les encouragent à l'identifier : un processus d'enrôlement des parents commence. La demande d'un « bilan » effectué par des spécialistes est récurrente dans les entretiens obligatoires que les enseignants mènent avec les parents pour leur présenter l'évolution des résultats de leur enfant. Parfois, les parents eux-mêmes devancent cette demande de diagnostic, démontrant ainsi que la tolérance à l'incertitude des raisons d'un écart aux normes s'est sensiblement réduite dans l'ensemble du corps social. Mais, là où les enseignants pourraient amortir cette pression, on constate à l'inverse qu'une majorité d'entre eux contribuent à la renforcer. Ils pourraient en effet s'appuyer sur leur expérience – parfois longue – pour défendre l'idée que les élèves n'apprennent pas tous au même rythme, que certains « se réveillent » plus tard. Pourtant, l'argument du manque de maturité, abondamment mobilisé par les enseignants, sert au contraire à justifier la demande d'une prise en charge de l'enfant par des spécialistes pour « débloquer les apprentissages », « accroître l'attention et la concentration », « stimuler l'enfant ». La proportion d'élèves suivis par des logopédistes ou orthophonistes, des psychomotriciens et des psychologues semble s'accroître inexorablement, et le taux de signalement, dans différents systèmes éducatifs, augmente constamment (par exemple, au Canada, voir Bélanger et Taleb, 2006). La proportion d'enfants traités par des molécules chimiques – au premier rang desquelles celles qui prétendent agir sur l'hyperactivité – explose[8].

Or, outre le fait que l'efficacité de ces traitements sur les difficultés scolaires de l'enfant reste à démontrer, leur conséquence est bien réelle quant au regard porté sur l'enfant, autrement dit à sa catégorisation. On peut faire l'hypothèse que c'est d'ailleurs là son efficacité la plus manifeste. De quoi s'agit-il ? On a affaire ici à un mécanisme de prophétie créatrice (Merton, 1965), dans lequel des hypothèses sur la nature génétique de la difficulté de l'enfant se traduisent par des pratiques de traitement de l'enfant par des spécialistes, celles-ci attestant par leur seule existence (on oublie à ce moment qu'il ne s'agissait que de « pistes ») la réalité de la difficulté de l'enfant. Autrement dit, c'est une spirale infernale qui se met en place, l'enfant confronté à des problèmes nécessitant d'être suivi devenant l'enfant suivi pour des problèmes. Les difficultés indéterminées de l'élève se convertissent en causes identifiées par les spécialistes, justifiant les traitements mis en place, même si les difficultés ne disparaissent pas et que se fait ressentir le besoin d'autres diagnostics et traitements, lesquels, plutôt que de se substituer aux précédents ayant échoué, pourront s'y surajouter. De cet encombrement de spécialistes autour de l'enfant ressort l'image d'un enfant ayant de réels problèmes[9].

2. LE TRAVAIL DE CONVICTION À L'ÉGARD DES PARENTS

À écouter le discours de nombre de professionnels, enseignants et spécialistes, les parents d'élèves en difficulté scolaire appartiendraient à deux catégories en miroir, les parents « dans le déni » (*supra*) et les parents « dans l'inquiétude ». Loin de ces catégories figées, l'analyse sociologique des entretiens entre enseignants et parents révèle des attitudes et des pratiques plus complexes, dynamiques et ambivalentes chez les parents.

En premier lieu, les parents font preuve de « savoirs profanes » sur leur enfant. S'appuyant sur leur connaissance proche, longue et intime, ils développent dans les entretiens avec l'enseignant des descriptions de leur enfant qui empruntent à un lexique moins stigmatisant. Le « caractère » de l'enfant est décrit sans connotation de hiérarchie et de classement, laissant place à d'autres registres d'être au monde (« rêveur », « observateur », « fonceur », « curieux de tout », etc.). Pour les parents, la réduction de l'enfant à l'élève (en difficulté) est une opération symbolique particulièrement violente à laquelle ils tentent de s'opposer en faisant également le récit à l'enseignant des compétences d'apprentissage développées par l'enfant à la maison. Mais on observe aussi que cette présentation parentale de l'enfant capable est souvent peu entendue par l'enseignant, soit parce qu'elle est suspecte d'une trop grande bienveillance et d'un manque d'objectivité, soit parce que les compétences revendiquées ont, aux yeux des enseignants, une faible valeur scolaire. On pense à la formule bien connue de Mercer (1969) selon laquelle « le retard mental est une maladie que les enfants attrapent en entrant à l'école »...

En second lieu, les parents ne peuvent résister aisément à la demande pressante et répétée de bilans et de prises en charge externes de la part de l'enseignant qui met en avant l'intérêt de l'enfant. Si, chez certains parents, le terrain est déjà prêt pour amener l'enfant chez le spécialiste, chez d'autres, la démarche est plus prudente, voire réticente. La façon dont les parents avancent dans cette « trajectoire » (Strauss, 1992) de la difficulté scolaire ressemble beaucoup au processus d'engagement décrit par la psychologie sociale. Les parents font un petit pas qui les mène à un autre, pendant que les enseignants ou les directeurs d'école prennent bien soin de leur dire qu'ils sont libres... C'est la redoutable efficacité du « pied dans la porte » et de la « soumission librement consentie » (Joule et Beauvois, 2002).

Le redoublement constitue une étape en même temps qu'un opérateur très efficace de ce processus lent, mais unidirectionnel, de construction de l'orientation vers l'enseignement spécialisé, auquel les parents participent bon gré mal gré. Les enseignants se plaignent en effet qu'il est souvent difficile de convaincre les parents de la nécessité d'une orientation vers le spécialisé en une seule année scolaire. La proposition du redoublement joue alors un rôle précis et déterminant dans l'avancée du processus, comme les travaux de Gremion (2012a) l'ont bien montré. Le redoublement est présenté aux parents comme une « chance » pour leur enfant de mûrir, et assurément un « moindre mal » par rapport à une orientation hors du cursus ordinaire. Il peut même représenter pour les parents une « petite victoire » : « Mon but, c'est à tout prix d'éviter le spécialisé. Le redoublement, s'il en a besoin, je n'irai pas contre. Mais pas le spécialisé », dit une mère dans un entretien avec l'enseignant de son fils. Mais cette victoire peut s'avérer illusoire et de courte durée. Car le redoublement crée une situation dans laquelle toute permanence de la difficulté sera interprétée comme la preuve contraire de l'hypothèse pourtant présentée aux parents et à laquelle « ils s'accrochent » : ce n'est pas d'un manque de maturité que l'enfant souffre, c'est d'un trouble, d'une carence plus profonde et durable. L'argument de l'âge disparaît même, puisque d'enfant « trop jeune », l'enfant devient au terme du redoublement un enfant « trop vieux » (Gremion, 2012a). Ainsi, le redoublement crée une situation singulière dans laquelle, en réalité, les élèves n'ont pas vraiment droit à une deuxième chance, car ils ne bénéficient pas d'un jugement vierge de l'enseignant, celui-ci interprétant les difficultés résistantes de l'élève à l'aune d'un schéma prédictif : « Et maintenant, quelle est l'étape suivante ? »

La résistance des parents est d'autant plus affaiblie du fait qu'ils sont conduits à participer à la « trajectoire » institutionnelle de la difficulté scolaire, au processus de construction de l'orientation vers l'enseignement spécialisé. Ce sont les parents qui amènent l'enfant chez les différents spécialistes, et cette mobilisation affecte parfois lourdement l'emploi du temps familial, particulièrement pour des parents travaillant dans des postes d'exécution, souvent précaires, où ils ne disposent pas d'une autonomie d'organisation et d'une marge de négociation avec leur employeur. C'est aux parents qu'on enjoint de faire régulièrement le point avec l'enseignant, parfois le directeur, et parfois tout un réseau de professionnels réunis autour du cas de leur enfant. C'est à eux qu'on demande des comptes et, dans le même temps, c'est d'eux que l'on attend le consentement aux solutions proposées par l'institution scolaire et ses partenaires du champ médico-psychosocial. Au fil de cette « trajectoire », certains parents parviennent à constituer des ressources de résistance en se socialisant aux univers rhétoriques des différents spécialistes et en se réappropriant le diagnostic expert pour contredire celui de l'école, mais le plus souvent, les institutions font alliance et les parents se retrouvent isolés (Bélanger et Taleb, 2006).

En troisième lieu, les parents peuvent trouver un intérêt à abandonner la vision première qu'ils avaient de leur enfant et à adopter la vision experte d'un enfant ayant des besoins spécifiques. Cette nouvelle définition de leur enfant leur ouvre des « droits-créances » (Genard, 2007). Leur enfant a droit à un traitement individualisé, les institutions se proposent de le lui apporter (gratuitement au début), l'enfant devient un « cas mobilisateur » (Dodier et Camus, 1997). Dans une conception biomédicale de la difficulté de leur enfant, ils se dégagent enfin de leur responsabilité individuelle (qui alimentait leur culpabilité), car la difficulté scolaire de l'enfant relève d'une cause naturelle, indépendante de leur travail éducatif. Mais cette construction d'une causalité de l'échec qui serait propre à l'enfant atteste peu à peu une singularité qui la rend incompatible avec un cadre ordinaire de scolarisation. Tout est dans le « peu à peu » : ici, point de couperet qui tombe, point d'épée de Damoclès ; le travail de conviction opéré par les professionnels et la participation des parents parviennent *naturellement* à l'évidence partagée du besoin et de la nécessité de l'orientation vers l'enseignement spécialisé.

Au moment final du processus, les parents peuvent opposer une ultime résistance : « D'accord pour le spécialisé, mais c'est provisoire ! » « Vendu[10] ! », entend-on en coulisse, dans les salles de maîtres. On a présenté aux parents l'enseignement spécialisé comme la possibilité pour leur enfant de bénéficier d'un cadre adapté, empathique, dans lequel il pourra récupérer ses défaillances, reprendre confiance en lui et « progresser à son rythme ». L'objectif d'acquisitions est bien toujours là au niveau du principe, mais les étapes qui balisent le parcours de l'élève ne sont pas énoncées. « Mais, insistent les parents, combien de temps va-t-il rester en spécialisé ? » À cette question, les enseignants prennent soin de ne rien répondre de précis, rien qui inquiéterait les parents et remettrait en cause le long travail de production de leur consentement.

Du point de vue des droits des parents à l'information, comme du point de vue de la transparence démocratique d'un système éducatif, l'absence de données sur les parcours des élèves entrant en spécialisé[11] constitue un problème. S'agit-il d'une volonté délibérée de la part des institutions ou d'une simple négligence renforcée par la faible capacité d'organisation collective de parents appartenant en très grande majorité aux catégories les plus démunies de la société ? À Genève, par exemple, il existe bien des chiffres sur la proportion d'élèves scolarisés dans l'enseignement spécialisé et sur la composition sociale et ethnique de cette population scolaire[12], mais aucune information n'est publiquement disponible sur les flux: combien de temps reste-t-on en spécialisé? Quelles sont les proportions de retours vers l'ordinaire, seules à même de répondre à la question de savoir si l'orientation vers le spécialisé est provisoire ou définitive? Et pour combien d'élèves, pour quels profils, le retour vers l'enseignement ordinaire est-il une réalité?

Pour les parents dont un enfant aîné a été orienté vers le spécialisé et n'en est pas revenu, la thèse d'un «mensonge du spécialisé» est acquise. Au sein des quartiers défavorisés qui fournissent la majeure part du public de ces filières séparées, l'information circule et alimente la méfiance d'autres parents à l'égard de l'orientation vers le spécialisé. Le silence des institutions et la gêne des enseignants donnent-ils raison à ces expériences individuelles et à ces représentations collectives?

3. LES INÉGALITÉS SOCIALES DE PARTICIPATION

Loin d'être un processus objectif et rationnel, l'orientation vers l'enseignement spécialisé est influencée par de multiples variables qui ne relèvent en rien de la difficulté de l'élève, mais qui ont trait à des fonctionnements institutionnels et à des pratiques professionnelles. Mercer (1969) montre que les résultats aux tests du QI (alors seuls critères légitimes) n'expliquent qu'une partie de l'orientation, car à résultats égaux, les élèves n'ont pas la même probabilité d'être orientés, selon qu'ils sont filles ou garçons, et selon qu'ils appartiennent au groupe majoritaire ou aux minorités ethniques. Mehan, Hertweck et Meihls (1986) mettent en lumière que l'orientation est influencée par toute une série de «circonstances pratiques», allant de l'existence d'un financement pour l'ouverture d'une place en classe spécialisée au calendrier de travail des psychologues, trop chargé en milieu d'année, et au souci pour ces derniers de garder une bonne relation avec les enseignants. Gremion (2012a) confirme pour sa part l'effet de l'offre engendrant la demande (Bless, 2004) en montrant que les propositions d'orientation sont plus élevées dans les établissements scolaires où existe déjà une classe spécialisée. Elle met également en évidence un effet-maître, dans la mesure où la pratique du signalement varie de façon très significative selon les enseignants, une minorité d'enseignants s'avérant responsables de la majorité des signalements d'élèves. Son suivi ethnographique de la construction d'un dossier de signalement met aussi en évidence les multiples acteurs et relations intervenant dans le destin d'un dossier (Gremion, 2016). Dans cette même perspective, notre recherche sur les entretiens individuels enseignant-parents dans le canton de Genève montre un effet-parents, qui s'exerce dans la relation avec l'école et les institutions impliquées dans le suivi et le traitement d'un élève en difficulté. Cet effet-parents renvoie à des inégalités sociales en termes de participation, les parents étant inégaux en termes de ressources et de compétences dans leur relation avec les institutions[13].

Nous avons montré plus haut que le processus de construction de l'orientation est négocié, au sens où les acteurs de l'école ne cherchent pas à imposer une décision que les parents risqueraient de contester, qu'ils s'attachent à convertir patiemment ces derniers à leur point de vue, en rappelant constamment aux parents que « ce sont eux qui décident ». De fait, l'incertitude dans le diagnostic (qui n'est jamais totalement levée, même avec des diagnostics experts) permet une négociation entre les parents et l'enseignant (et la direction de l'école, souvent impliquée dans ces processus), dont se saisissent inégalement les parents et qu'encouragent inégalement les enseignants.

En fonction de leurs ressources sociales inégales, les parents ont par exemple la possibilité de développer leur propre réseau d'experts, ce qui leur donne une marge de manœuvre plus grande que lorsque les experts appartiennent aux institutions publiques engagées dans un partenariat étroit avec l'école. Ils peuvent ainsi contrôler les informations qu'ils souhaitent transmettre à l'école et, parfois, s'appuyer sur ces expertises pour contrebalancer le point de vue de cette dernière. S'ils possèdent les bons codes pour entrer en connivence avec l'enseignant ou la direction et installer une relation symétrique, ils peuvent retourner la situation en convertissant l'institution à leur point de vue et la mobiliser sur le cas individuel de leur enfant selon une ligne d'action qu'ils ont eux-mêmes définie. Cette connivence leur est d'ailleurs en grande partie acquise, s'ils possèdent certaines caractéristiques sociales (nationalité, milieu social) qui les définissent aux yeux des enseignants comme de « bons parents ». Dès lors, les enseignants les feront bénéficier de ressources rares (informations stratégiques, passe-droits divers) du fait qu'ils sont perçus comme des ayants droit légitimes méritant un traitement différencié, contrairement à d'autres parents identifiés « comme la source des problèmes de l'école » (Borgogno, 1990 ; Payet, 1995).

Dans sa recherche à l'échelle d'une ville moyenne en Suisse, Gremion (2012a) montre que les parents de nationalité suisse appartenant aux classes moyennes et favorisées diffèrent l'inscription de leur enfant à l'école enfantine s'ils anticipent qu'un manque de maturité le mettrait en difficulté dans les apprentissages scolaires, l'exposant à un risque de signalement par les enseignants. Or, les parents migrants de milieu économique défavorisé n'utilisent pas cette stratégie qu'ils ne connaissent pas, aucun autre parent ou enseignant ne les y ayant initiés. Ce savoir officieux est une ressource acquise et partagée au sein d'un monde commun, un monde d'interconnaissance et de reconnaissance mutuelle, dont ces parents ne font pas partie. La négociation avec les enseignants est ainsi possible, à condition d'en connaître les codes et les manières de faire informelles qui permettent à une partie des parents de bénéficier d'un rapport plus symétrique avec l'institution, ainsi que de petites faveurs « qui font toute la différence » (Payet, 1995) et se traduisent par des aménagements individuels.

L'ouverture plus grande à la négociation des enseignants à l'égard des parents de classe moyenne s'explique par une familiarité culturelle qui, d'un point de vue éthique, n'est pas avouable. Il ne faut pas sous-estimer les effets de la « colonisation » de l'école opérée par les parents de ces milieux (van Zanten, 2001) au travers de leur participation aux associations de parents d'élèves et aux instances de gestion de l'établissement scolaire. On peut aussi avancer d'autres raisons lorsqu'il s'agit de milieux encore plus favorisés. Les enseignants craignent la remise en cause de leur action par des parents bardés de diplômes ou occupant des professions socialement élevées (avocats, médecins, directeurs de banque, chefs d'entreprise) et capables de manier une rhétorique qui pourrait s'avérer efficace auprès de leur hiérarchie, au cas où les parents viendraient à se plaindre.

CONCLUSION

L'orientation vers l'enseignement spécialisé constitue, pour les élèves et leurs parents, un événement souvent dramatique, au sens où elle signe la fin d'une scolarité « normale » et l'entrée dans une autre scolarité, dont les perspectives en termes d'insertion sociale et professionnelle sont très fortement réduites. Ce passage de la frontière entre normalité et pathologie constitue également une épreuve pour les enseignants et les personnels scolaires qui ont la tâche difficile de convaincre les parents de la nécessité et du bien-fondé de ce changement de parcours. Beaucoup d'entre eux le vivent comme un « sale boulot » (Hughes, 1996).

L'intérêt de l'enfant est constamment mis en avant par les acteurs de l'école et leurs alliés des institutions médico-psychopédagogiques (Becker, 1983). L'enseignement spécialisé est présenté selon une rhétorique des droits individuels : il offre à un élève n'ayant pas les moyens de suivre le cursus scolaire la possibilité de se développer dans un cadre attentif à ses besoins spécifiques, où il ne sera pas humilié par l'échec et qui lui permettra de progresser et d'espérer mener une « vie digne ». Le discours en coulisse s'exprime de manière bien plus directe. « Tout le monde ne peut pas aller à l'université », répètent à l'envi les enseignants, pour mieux ajouter que « les études longues ne font pas nécessairement le bonheur ». Ce discours qui se réclame d'un bon sens populaire reflète aussi le reflux de la valeur de l'égalité des chances au profit de la valeur de la diversité (Mottet, 2013), laquelle vise moins à pluraliser les normes qu'à trouver à chacun une place fonctionnelle au sein d'une société inégalitaire. Mais d'autres motivations et enjeux que le bien de l'usager sont également occultés dans un discours centré sur les « besoins » de l'élève en difficulté. Les enseignants sont en effet animés par le souci de leur image (être perçus comme de bons professionnels par leurs pairs ou par d'autres professionnels), par leur préférence pour la bonne entente au travail (éviter d'entrer en conflit avec ses pairs sur la manière de définir et de traiter la difficulté scolaire), ainsi que par la recherche d'un confort professionnel (Becker, 1997) en réduisant la charge et le stress générés par l'exercice du métier.

La participation des parents constitue le nouveau paradigme de la relation entre l'école et les familles ; dans ce cadre, l'enseignant se doit de favoriser une « bonne relation » (Chartier, Rufin et Pelhate, 2014 ; Giuliani et Payet, 2014 ; Payet et Giuliani, 2014). Finis les parents laissés à la porte, convoqués au dernier moment, ou sommés d'obéir aux injonctions et de se soumettre aux décisions de l'enseignant et de l'école de leur enfant. L'enseignant doit abandonner les réflexes et les routines de la posture de l'indifférence aux différences pour adopter ceux de l'individualisation (Payet *et al.*, 2011). L'évolution du métier vers des compétences relationnelles ne va pas sans épreuve. D'une part, il faut apprendre à vivre des relations plus symétriques avec les parents (Payet, 2015) et accepter d'entendre leurs plaintes et leurs désaccords, ce qui n'est pas facile pour une profession ayant par ailleurs perdu beaucoup de sa légitimité et de son prestige au sein de la société. D'autre part, il faut affronter les « risques de la compassion » (Goffman, 1968) et se situer dans une relation de proximité sans se laisser submerger par ses sentiments à l'égard de situations singulières. Enfin, il faut savoir trouver «la bonne distance» et éviter les écueils de l'individualisation sans retomber dans ceux d'une relation indifférenciée.

L'individualisation de l'action de l'école et la participation des parents constituent donc de nouveaux principes qui contraignent et orientent l'action des enseignants. Mais ces principes sont interprétés à l'intérieur d'une politique – la prévention précoce – qui se décline de manière différenciée selon l'environnement social des écoles. Dans les quartiers défavorisés, l'école a développé un partenariat très actif avec les institutions publiques chargées du dépistage et de la prise en charge des publics à risques psychologiques ou sociaux. Dès lors, dans ces contextes, l'orientation vers l'enseignement spécialisé superpose des logiques plurielles et contradictoires. L'attention à la singularité de l'enfant est mise en avant, mais elle se traduit par le déploiement de multiples spécialistes qui transforment l'enfant en «objet à réparer», au détriment d'une démarche intégrée à la classe. La participation des parents est recherchée, mais elle tend à se pervertir dans une instrumentalisation au service de la «réparation» de l'enfant, dans laquelle les parents perdent peu à peu de leur autonomie et de leur libre arbitre quant à concevoir ce qui est «bon pour l'enfant».

À l'autre extrême de l'échelle sociale, dans les quartiers très favorisés[14], la prévention précoce n'a pas besoin de politiques ou d'institutions publiques: les parents (sur)veillent. Par leurs tactiques habiles de contrôle du travail enseignant, mêlant flatteries et menaces, séduction et exigence, connivence et mise à distance – avec cette même manière à peine mise au goût du jour dont on savait s'assurer une domesticité docile (Memmi, 2008) –, ils entendent tout savoir et tout maîtriser sur les difficultés scolaires de leur enfant et la manière dont l'enseignant doit y faire face. Rien ne leur échappe, surtout pas le destin scolaire de leur progéniture.

NOTES

1. Ce chapitre traite de l'intégration scolaire selon une définition classique, qui ne s'applique pas aux approches collectives du type *affirmative action* ou *local empowerment*.
2. Par convention grammaticale, l'accord du pluriel est au masculin. Il est de fait utile de rappeler que la population enseignante est très majoritairement féminine.

3. Hirschman définit trois postures possibles des usagers d'un service (privé ou public) ou des membres d'une organisation lorsqu'ils sont insatisfaits du service ou en désaccord avec une décision institutionnelle: *voice* (se plaindre et le faire savoir publiquement), *exit* (solliciter un autre service, quitter l'organisation) et *loyalty* (être loyal à l'institution).
4. Cent cinquante entretiens individuels entre enseignants et parents, dits «entretiens trimestriels» (au cours desquels les résultats de l'élève à l'issue du trimestre sont exposés), ont été observés dans trois établissements scolaires du réseau d'enseignement prioritaire (REP) du canton de Genève, et 83 entretiens de recherche ont été réalisés avec les enseignants. Au total, 38 enseignants, exerçant dans les différents degrés du cursus primaire (élèves de 4 à 12 ans), ont participé à l'enquête. Pour un exposé plus complet de la méthodologie et des premiers résultats de la recherche, voir Chartier et Payet (2014), Chartier, Rufin et Pelhate (2014), Payet (2015) et Payet et Giuliani (2014).
5. De fait, la chronologie de ces deux temps n'est souvent que rhétorique, la mobilisation des «spécialistes» s'enclenchant très rapidement.
6. C'est bien la mise en place d'évaluations précoces, dès l'entrée à l'école (4 ans révolus dans le canton de Genève) qui renforce le réflexe de l'enseignant d'alerter aussi vite les parents. L'absence d'une évaluation institutionnalisée (transmise aux parents, archivée), à l'instar de ce qui se passe dans l'école finlandaise, montre que l'on peut dissocier prévention précoce et évaluation précoce. En effet, cette dernière a des conséquences qui lui sont propres: construction de l'inquiétude du parent, accélération de la délégation de la gestion du problème vers des experts externes.
7. Cf. les résultats de notre recherche (voir la note 4).
8. La part d'enfants et d'adolescents qui ont pris du méthylphénidate (par exemple de la Ritaline) a bondi de 40 % en Suisse entre 2005 et 2008, et les garçons se voient davantage prescrire le médicament que les filles, selon une étude de l'Office fédéral de la santé publique (Bulletin 26/12, OFSP, Berne, 2012). La médicalisation des enfants à cette molécule est ancienne et massive en Amérique du Nord.
9. Il y a quatre siècles, Molière décrivait déjà la valse des médecins et leurs intérêts corporatistes et concurrentiels autour d'un «malade imaginaire» d'autant plus crédule qu'il était inquiet… Les enfants qui souffrent à l'école ne souffrent sûrement pas de maux imaginaires, mais force est de constater que l'école peine à se remettre en cause dans la part de responsabilité qu'elle détient vis-à-vis de ce phénomène et que la raison biogénétique règne en maître dans une époque ayant presque abdiqué de toute pensée critique devant la promesse d'un diagnostic individualisé faite par les neurosciences et leurs disciplines connexes.
10. Au sens de «C'est conclu!».

11. Suite à des difficultés scolaires, et non suite à un handicap avéré (pour cette seconde population, on dispose en revanche plus souvent de chiffres).
12. Ces statistiques existent dans les différents systèmes éducatifs et permettent d'établir des comparaisons intercantonales et internationales (voir Bless, 2004).
13. Il existe sans doute aussi un effet-enseignant, selon la capacité de chaque enseignant à accentuer ou atténuer les inégalités sociales de participation.
14. Cf. les travaux d'Anyon (1997), ceux de Pinçon et Pinçon-Charlot (1989) et nos enquêtes en cours dans ces quartiers.

CHAPITRE 2

Engagement familles-enseignants dans les processus de changement vers une école inclusive interculturelle

Odet Moliner, Universitat Jaume I (Espagne)

INTRODUCTION

La pédagogie compensatoire en Espagne compte parmi ses destinataires les élèves présentant un retard scolaire ou une méconnaissance des langues officielles de la région à cause de leur condition d'immigrés ou de réfugiés, ainsi que ceux qui présentent des difficultés d'insertion scolaire puisqu'ils sont dans une situation défavorable due à des circonstances sociales, économiques, culturelles, ethniques ou personnelles. Les Centres d'action éducative singulière (CAES) sont des écoles dans lesquelles plus de 30 % des élèves sont en situation de risque d'exclusion sociale. La présente étude s'inscrit dans le contexte d'un centre éducatif qui possède les caractéristiques décrites et dont le défi principal est l'implication des familles comme des enseignants dans un projet de changement vers la construction d'une école interculturelle inclusive.

1. CONSTRUCTION DE COMMUNAUTÉS SCOLAIRES INTERCULTURELLES ET INCLUSIVES

À l'échelle internationale et notamment en Espagne, le discours autour de l'inclusion s'est formidablement développé sur le plan théorique ces dernières années. Sans aucun doute, le modèle de l'école inclusive permet d'assurer le droit à la non-discrimination et à la participation de tous (élèves, enseignants, familles, entités communautaires), indépendamment de leur condition sociale ou culturelle, de leur genre ou de leurs caractéristiques personnelles. Ce modèle configure une nouvelle vision du fait éducatif focalisée non pas sur l'homogénéité, mais sur la diversité, sur la réponse aux différents besoins de l'ensemble des élèves, ainsi que sur le renforcement de leur participation à l'apprentissage, à la culture et à la communauté. Celle-ci contribue à contrer les processus d'exclusion (UNESCO, 2005). De son côté, le modèle interculturel essaie de mettre en valeur le facteur ethnique et culturel et de l'interconnecter avec beaucoup d'autres qui conditionnent les rapports entre les groupes humains, par exemple, les rapports économiques, politiques, de genre, de classe sociale ou d'âge.

Bien que, traditionnellement, l'éducation interculturelle et l'éducation inclusive se soient développées en parallèle, notre revue de la littérature autour de ces sujets met en évidence quelques facteurs communs sur les principes et l'objectif socioéducatifs :

1. lutter contre l'inégalité et l'exclusion ;
2. respecter la diversité ;
3. favoriser le changement socioéducatif en s'appuyant sur l'engagement de transformer l'éducation, afin qu'elle se dirige vers des valeurs et des attitudes démocratiques d'égalité, de respect, d'autonomie et de solidarité ;
4. encourager la participation communautaire, ainsi que la construction du savoir et l'identité des individus et des groupes à travers l'interaction et le dialogue.

Dans quelques travaux antérieurs (Moliner, Sales et Traver, 2011 ; Sales, Moliner et Traver, 2010 ; Traver, Sales et Moliner, 2010), nous avons rapporté en détail les expériences développées dans les écoles, dont le cadre pour l'implantation d'améliorations éducatives a été la recherche-action. Depuis l'année scolaire 2007-2008, nous accompagnons, avec le groupe de recherche MEICRI (Améliorations éducatives et Citoyenneté critique) de l'Université Jaume I à Castellón, des centres éducatifs qui veulent progresser vers la construction d'une école interculturelle et inclusive. Les étapes de cette transformation ont été les suivantes :

1. *Planification du projet* : après un premier contact avec l'équipe de direction, nous avons formulé le projet de façon générale. Certains besoins et intérêts de l'école ont été détectés, en évaluant les chances de coopération entre le centre éducatif et l'Université.

2. *Sensibilisation* : nous avons réalisé une série de séances pendant lesquelles nous avons fourni des renseignements sur la philosophie et le contenu du projet.
3. *Négociation* : l'étape de sensibilisation s'est terminée avec la signature d'un engagement de participation, d'appropriation et de cohésion par les parties prenantes.
4. *Participation de la communauté* : une fois que les enseignants ont clairement défini leur participation, l'initiative a été transférée aux autres collectifs de l'école concernés (familles et associations) au moyen des assemblées.
5. *Exploration de la réalité* : quand l'ensemble de la communauté s'est mis d'accord sur le projet, nous avons effectué une exploration de la réalité du centre éducatif.
6. *Autoévaluation et analyse (potentialités, manques et aspirations)* : avec l'appui de l'équipe de recherche, nous avons rédigé des documents en synthétisant toute l'information obtenue à l'étape précédente. Chaque collectif a analysé l'information et a réalisé un document d'autoévaluation (rapport) qui recueille les propositions de changements fondées sur les potentialités du centre éducatif.
7. *Prise de décisions et établissement de priorités* : à travers la création de quelques groupes de discussion mixtes constitués notamment d'enseignants, de familles, d'élèves et d'associations, nous avons analysé et établi l'ordre de priorité des propositions d'améliorations qui doivent être réalisées au centre éducatif et nous avons configuré les commissions de personnes volontaires qui géreront son développement.
8. *Mise en action* : les commissions mixtes ont mis en œuvre les actions prioritaires et se sont organisées afin de les mettre en pratique.
9. *Réflexion et évaluation* : nous avons évalué le progrès des améliorations obtenues dans le cadre de groupes de discussion.

D'après cette approche de recherche-action, les centres éducatifs deviennent des contextes communautaires qui rendent possible le développement professionnel des enseignants, ainsi que la transformation et l'amélioration sociales. C'est le scénario idoine pour l'élaboration et l'expérimentation de propositions démocratiques où tous partagent un objectif commun : une éducation inclusive et de qualité.

2. LA PARTICIPATION FAMILIALE : UN FACTEUR INDISPENSABLE POUR LA TRANSFORMATION SCOLAIRE

Au cours des dernières années, nous avons constaté que la transformation de l'école est largement déterminée par le degré d'implication et de responsabilité de chaque membre de la communauté éducative : les familles (quelle que soit leur appartenance socioculturelle), les enseignants, les élèves et d'autres agents sociaux. Il s'agit, en définitive, d'un processus multidimensionnel qui met en jeu le réseau de facteurs et de rapports qui s'établissent au centre éducatif. Au sein de ce réseau, la participation familiale est un élément indispensable pour la réussite du modèle interculturel inclusif proposé. D'après Turnbull, Turnbull et Kyzar (2009), le plus important afin de progresser dans l'inclusion, ce sont les accords de coopération entre les familles et les professionnels. Nous estimons que le travail « avec et au côté des » familles est essentiel pour développer la « vision » inclusive du contexte socioéducatif. Il est indispensable que ce rapport collaboratif entre les familles et l'école se déroule dans un climat de confiance. Ces deux acteurs ont besoin non seulement de se rattacher, de communiquer, de collaborer et de partager leurs expériences, actions et ressources, mais aussi de se connaître, d'identifier leurs potentialités et limites, ainsi que de déterminer ensemble la façon de s'aider mutuellement et d'orienter leurs actions en conséquence.

Certaines études constatent que le rendement académique des élèves augmente et que la qualité éducative de l'école s'améliore dans les cas où il existe une coopération entre des centres éducatifs et des familles, en créant ainsi des établissements plus efficaces dans leur travail formatif (Martínez González et Álvarez Blanco, 2005 ; Martínez González, Rodríguez Ruiz et Gimeno Esteo, 2010 ; Redding, 2005). L'implication des familles dans l'école (Comer, 2009 ; Epstein, 2001) garantit que les « sphères d'influence » superposées à la vie d'un enfant renforcent le processus d'apprentissage et de développement (Epstein *et al.*, 2008). L'interaction des enseignants avec les familles offre à son tour aux enseignants une « fenêtre » sur la vie et à la culture de leurs élèves, en les aidant à comprendre les circonstances spécifiques qui modèlent les expériences éducatives de ces derniers.

Cette implication familiale comporte un processus de démocratisation à l'échelle du centre éducatif, étant donné que la participation démocratique exige que les professeurs, les parents et les élèves aient une chance égale de participer à la gestion des écoles. Ce sens élargi de la participation, allant au-delà de la simple présence lors des événements ou réunions et de la représentation dans les conseils scolaires, ne cesse de soulever des polémiques dans la littérature éducative. En dépit des indiscutables avantages de la coopération entre la famille et l'école, celle-ci n'est pas toujours facile et automatique (Redding, 2006; Villas-Boas, 2005). Notre étude vise ainsi à réfléchir sur la meilleure manière de promouvoir la participation familiale aux écoles qui veulent être plus inclusives et interculturelles et, par conséquent, plus démocratiques.

3. L'ÉTUDE

Cette recherche s'inscrit dans un projet plus important intitulé « La construction de l'école interculturelle inclusive à partir des processus de recherche-action » (Sales, Moliner et Traver, 2010). Nous nous sommes centrés sur le cas d'une des écoles que nous avons accompagnées dans leur processus de transformation.

Il s'agit d'un centre CAES en périphérie d'un village près de Castellón (Espagne). Il est situé dans une zone marginale comportant un grand nombre de logements sociaux, habités principalement par des personnes originaires d'Afrique du Nord. Dans ce quartier, il n'y a ni bibliothèque ni zone de loisirs, mais on y trouve de nombreuses entités de services sociaux. Des élèves, 90 % sont des enfants issus de familles musulmanes et arabophones (les deux langues officielles à l'école sont le catalan et l'espagnol). Ces familles sont arrivées dans la région en quête de travail et la grande majorité ont été recrutées dans l'industrie de fabrication des carreaux et dans l'industrie agricole (récolte et stockage des oranges). L'école fait face à trois problèmes fondamentaux : le faible rendement scolaire des élèves, le rapport quasi inexistant avec les familles et la mauvaise réputation de l'école. Ces circonstances ont mené la direction du centre éducatif et les enseignants à étudier la nécessité de transformer cette réalité pour créer une meilleure école, d'après le modèle de l'école interculturelle inclusive.

3.1. Délimitation du problème et formulation du sujet de recherche

Pendant quatre ans, nous avons accompagné des écoles qui ont choisi la voie de la transformation vers le modèle interculturel inclusif. Lors de l'analyse de ces processus, nous sommes parvenus à la conclusion que certains facteurs sont déterminants pour le progrès du projet (Sales, Traver et García, 2011) :

1. Le besoin de changement doit être perçu par l'école elle-même (équipe de direction, enseignants, élèves et familles). En d'autres termes, ce processus ne peut pas être imposé (*top-down*) ; il faut que l'ensemble de la communauté éducative se l'approprie véritablement.
2. La pluralité des voix et les interactions doivent reposer sur le respect, la tolérance et l'empathie. Il est nécessaire que les enseignants apprennent à décider en écoutant la totalité des voix.
3. La prise de décisions requiert le développement de stratégies de participation démocratique. Cela comporte un changement de culture concernant les relations de pouvoir et suppose la création de procédés et d'espaces pour le débat, la négociation et la participation démocratique (Elliott, 1991).

Pour les premières expériences de changement, à savoir l'étape de sensibilisation, nous avons été restreints à l'équipe de direction et aux enseignants, les « portes » ayant été progressivement ouvertes au reste des agents éducatifs (Traver, Sales et Moliner, 2010). Une série de séances formatives a ainsi été tenue avec les enseignants. Lors de la première séance, nous avons présenté le projet, les objectifs, le plan de travail et les expériences précédentes. Durant la deuxième séance, nous avons suscité un débat avec l'emploi de dynamiques participatives sur les thèmes de l'école dans la société industrielle et l'école actuelle dans la société de la connaissance. À la troisième séance, nous avons analysé la gestion de la diversité faite par l'école et les possibilités de changement. Finalement, la quatrième séance a été l'occasion d'examiner les possibilités d'implication de l'école dans le processus de changement et de discuter des conditions nécessaires à la mise en œuvre du projet.

Ce procédé n'a pas garanti les mêmes conditions d'accès au projet à tous les agents éducatifs, en particulier les familles, car c'est bien plus tard que celles-ci en ont été informées et ont pu y prendre part. De plus, le projet a d'abord été soumis à la décision des professionnels, ce qui a empêché que le besoin de changement soit perçu également par les parents. Ainsi, les familles n'ont pas participé à la première décision prise sur le projet (étape de négociation de l'engagement de participation, d'appropriation et de cohésion). Le problème de l'implication familiale était donc présent dès l'origine, même si, dans tous les cas, la réponse a été vraiment positive au moment de ratifier la participation familiale lors de l'assemblée d'école (Moliner *et al.*, 2007). Cette implication était limitée par la vision corporatiste des enseignants ; en conséquence, la coopération entre les familles et les enseignants a été perçue comme difficile.

Ayant détecté ce problème, nous avons formulé pour cette étude la question de recherche suivante : comment peut-on garantir la participation démocratique des familles dans l'école, en étroite collaboration avec les enseignants ? Ce qui revient également à se poser cette deuxième question : quelles stratégies favorisent l'implication des familles-enseignants aux processus de changement ?

Nous avons alors suggéré comme hypothèse d'action que si la participation des familles était engagée au début du processus, à l'étape initiale de sensibilisation et de formation, les familles se considéreraient probablement elles-mêmes comme plus informées et, en conséquence, plus impliquées dans le projet, ce qui faciliterait une véritable appropriation de leur part. Ainsi, les enseignants et les familles auraient une perception commune du besoin de changement, en garantissant aussi la pluralité des voix et la prise de décisions.

3.2. Méthodologie

La méthodologie de la recherche-action est la plus appropriée pour un projet de ce genre, car elle part des besoins détectés lors du processus de changement, elle est flexible et elle exige une révision constante de l'action. De surcroît, d'après Latorre (2003), elle poursuit un double objectif : transformer la réalité tout en produisant du savoir à propos de cette transformation. Selon la proposition classique de Kemmis et McTaggart (1988), l'étude se déroule en quatre étapes :

1. *Diagnostic et exploration de la situation initiale.* À cette étape, nous révisons les données disponibles sur des expériences précédentes de processus de changement aux écoles impliquées dans le projet global de construction de l'école interculturelle inclusive. Nous reprenons les conclusions des recherches précédentes et nous délimitons la problématique précédemment énoncée en concrétisant la question de recherche.
2. *Développement d'un plan d'action à fondement critique pour améliorer les procédures déjà en cours.* À l'étape de la planification de l'action, nous avons veillé à ce que l'hypothèse d'action puisse se vérifier grâce à la participation des familles au processus de changement dès l'étape initiale de la sensibilisation.

3. Cette hypothèse d'action guide stratégiquement l'action. Celle-ci se précise et se planifie conjointement avec les participants lors de quatre séances de sensibilisation où les enseignants et les familles se sont rassemblés. Ces séances ont lieu à l'école de quartier la semaine précédant le début de l'année scolaire, le matin, pendant quatre heures. Une dernière séance d'évaluation, consistant en un groupe de discussion, est éventuellement planifiée à la fin du programme scolaire. Afin d'organiser le contenu des séances, les critères suivants ont été pris en compte :
   - Les rencontres sont un point de rencontre, de débat, de discussion et de réflexion sur des aspects éducatifs et organisationnels visant à transformer l'école.
   - Les pères, mères, parents et enseignants sont présents en considérant l'accessibilité des familles qui parlent d'autres langues (nous avons contacté une mère qui a aidé comme interprète et s'est chargée de garantir l'assistance des mères musulmanes).
   - Les séances sont dynamiques, encourageant l'interaction entre familles et enseignants ainsi que le dialogue et la participation de toutes les personnes.
   - Le rôle des enseignants et de la direction de l'école au moment de convoquer les familles pendant la période d'inscription des élèves a été décisif.
4. *Procédure pour la mise en œuvre du plan et observation des effets dans son contexte d'application.* L'action se déroule sous forme de séances de sensibilisation pour l'ensemble de la communauté éducative (enseignants et familles), sur 20 heures réparties en cinq séances (la dernière consistant en un groupe de discussion) :
   - Lors de la première séance, nous avons abordé les thèmes de la participation communautaire, du rapport famille-école et de la détection des nécessités de changement. Après une introduction sur l'organisation de cette étape de sensibilisation et de formation, des dynamiques de participation communautaire ont été abordées. La première a consisté en une dynamique de présentation : de petits groupes mixtes (parents et enseignants) de quatre à six personnes ont été constitués pour exprimer brièvement leur motivation à participer (intérêts, préoccupations) et

leurs attentes. Après quelques minutes de dialogue, les participants se sont exposé leurs intérêts et attentes. La deuxième dynamique s'est focalisée sur la détection des nécessités. Les participants ont réfléchi autour du modèle éducatif exigé par la société actuelle, ainsi que des rôles que doivent jouer les différents acteurs de la communauté éducative. Ils se sont rassemblés à nouveau dans des groupes mixtes, et chacun a posé les sujets qui l'inquiétaient ou qu'il considérait comme des problèmes dans le quartier et dans l'école. Finalement, les participants ont analysé les ressources disponibles et déterminé les moyens nécessaires pour résoudre ces problématiques.

- Lors la deuxième séance, nous avons abordé la question de l'ouverture à la communauté. L'objectif de la séance n'était autre que rapprocher les participants et les ressources du quartier. La méthodologie de l'apprentissage par service communautaire (ASC) se présente comme une possibilité de relier les apprentissages scolaires et la réalité du quartier, en tirant avantage des ressources communautaires immédiates. La dynamique consistait à former des groupes mixtes (familles et enseignants) qui ont exploré la situation du quartier avec deux objectifs principaux : 1) connaître les ressources disponibles dans le quartier et ses alentours ; 2) repérer les diverses situations qui ont besoin de s'améliorer dans celui-ci. Nous avons montré des exemples de pratiques d'ASC portant sur des thèmes comme l'environnement, la promotion de la santé, la participation citoyenne et la protection du patrimoine culturel. Les différents groupes se sont réunis à nouveau à l'école pour exposer leurs propositions.
- La troisième séance était focalisée sur la connaissance d'autres expériences de transformation. Une école qui s'était engagée dans un processus de transformation pendant trois ans a témoigné sur les débuts de son évolution, le processus vécu, l'organisation des assemblées, l'implication des familles et le travail par commissions. Dans la deuxième partie de la séance, une enseignante d'une autre école a expliqué le travail accompli avec ses élèves grâce aux heures de permanence et à l'implication des parents et des autres agents de la communauté dans la salle de classe, avec l'implantation de groupes interactifs.

- La quatrième séance a été l'occasion de communiquer d'autres expériences de transformation. Des enseignantes d'autres centres éducatifs ont expliqué leur façon d'intégrer les stratégies d'apprentissage coopératif et le travail par projets. L'accent a été mis sur l'implication et la participation des familles.

Pour ce qui est de l'observation des effets de l'action, la collecte de données a été réalisée à partir de l'observation des séances de sensibilisation. Celles-ci ont été enregistrées en vidéo, et nous avons analysé le contenu des sujets apparus dans chacune d'elles. L'information a été complétée par un groupe de discussion auquel ont pris part 13 enseignants, quatre mères et un père. Les actes des séances sont devenus un important instrument de réflexion pour l'équipe de recherche, tout en favorisant l'analyse et la mise en contraste des différentes interprétations du progrès des séances.

5. *La réflexion autour des effets comme base d'une nouvelle planification.*Durant cette étape, une fois analysé le déroulement des séances, l'équipe de recherche a réalisé une réflexion suite à laquelle nous avons décidé d'ajouter une dernière séance d'évaluation et de réflexion sur le processus de transformation, sous la forme d'un groupe de discussion.

3.3. Résultats

Lors de l'observation des séances de sensibilisation, plusieurs sujets qui préoccupaient les deux collectifs ont émergé, et les parties impliquées ont proposé des stratégies pour les résoudre :

1. *L'image de l'école projetée dans le quartier.* Parmi les sujets apparus, nous avons relevé la mauvaise image qu'a l'école dans le quartier et dans la ville :

> *J'aimerais bien que l'école soit vue d'une autre façon, parce que je viens de cette ville et je connais l'image que les gens ont d'elle. Je voudrais que les gens parlent bien de cette école et comme ça, l'image serait améliorée* (un membre de l'équipe de direction).
>
> *Ici, malheureusement ou heureusement, il y a du monde qui arrive des différents pays et l'un des problèmes, c'est l'image qui a été créée* (un père indigène).

Que l'école soit assimilée à un «ghetto» les inquiète. Selon la direction du centre éducatif, les caractéristiques de l'école et la diffusion de sa singularité dans la ville ont eu un «effet d'appel» parmi les familles immigrées qui habitent dans d'autres quartiers, car cette école a de ce fait des ressources qui ne sont pas disponibles dans d'autres écoles.

2. *La fracture communicative de la communauté.* Le sujet de la communication et du dialogue est une source d'inquiétude dans leur quotidien, un fait qu'ils remarquent plusieurs fois et de manières très diverses. Depuis les premières séances, les problèmes de communication entre les familles ont été mis en évidence et même le langage utilisé («nous» et «ils») montre une fracture communicative entre les familles autochtones et les familles immigrées:

    Malheureusement, il n'y a pas de communication entre nous [familles autochtones et familles immigrées] (un père indigène).

    On a besoin de faire un effort toutes les deux parties, chacun doit y mettre de sa part et voilà... on fait ça pour nos fils (une mère étrangère).

    Les difficultés de communication entre les familles et les enseignants se manifestent également:

    Plusieurs fois, les parents ont eu peur de venir dans la salle de classe et c'est une peur produite par la langue, car ils pensent qu'on ne va pas les comprendre et qu'ils ne vont pas savoir comment aider. Mais nous, les enseignants, on pense tout le contraire (une enseignante).

    Les mères musulmanes ont dit qu'elles sont prêtes à tout, de la même façon que nous, qu'elles vont collaborer, qu'elles viendront en cas de besoin, mais qu'elles ont un peu de peur, car elles ont deux restrictions: d'un côté, la langue, et de l'autre côté, leur manque d'études, parce que certaines ne savent même pas écrire leur prénom, et c'est pour ça qu'elles voudraient y participer, mais qu'elles ne peuvent pas. Je leur ai dit que c'est une école, ce n'est

> *pas un conservatoire : ici, les enfants viennent pour apprendre et on peut tous apprendre, nous de vous et vous de nous* (une enseignante du niveau primaire).

C'était un sujet récurrent au début, car les familles, comme les enseignants, percevaient comme un problème le fait que certaines familles ne parlent pas l'espagnol et qu'il faut alors recourir à une mère volontaire qui aide à titre d'interprète en arabe. Néanmoins, pendant le processus, les deux côtés se sont engagés à « faire un effort » afin de se rapprocher. Les familles ont montré leur envie d'apprendre et remercié l'école de son aide dans cette démarche.

Nous avons alors proposé de chercher des médiateurs comme stratégie d'amélioration :

> *C'est notre faute qu'il n'y ait pas une communication entre nous et, finalement, ça nuit aux enfants. Il n'y a pas de communication entre les enseignants et même pas entre les parents. Moi, j'ai toujours pensé que ça serait bien d'avoir quelqu'un de sa religion qui puisse nous aider à améliorer nos rapports* (un père indigène).

Nous avons suggéré aussi d'utiliser les familles elles-mêmes pour la transmission de l'information, en identifiant les parents qui sont une référence pour les autres :

> *J'avais trouvé une mère qui était une référence pour les autres pour qu'elle m'aide comme interprète, parce que la plupart des mères sont arabes. Elle s'occupait aussi de prévenir les autres mères qu'elles devaient venir aux réunions. C'était très important, parce que quand elle leur disait, elles avaient l'habitude de venir* [...] *J'ai donné aux élèves une feuille avec trois questions très simples qu'ils devaient apporter à la maison et rapporter. J'ai été très surprise parce que personne ne me l'a rapportée et quand la mère qui me soutenait les a questionnées à propos de cette feuille-là, la plupart ont dit qu'elles l'avaient déchirée, jetée ou perdue. Après qu'elle eut beaucoup insisté, quelques-unes m'ont apporté une feuille avec leur adresse* (une enseignante du niveau primaire).

3. *La façon d'aborder la religion.* La religion est source d'un conflit qui apparaît dans les écoles espagnoles, parce qu'on offre l'apprentissage de la religion comme une matière optionnelle, mais seulement la religion catholique :

   Je ne trouve pas correct que, si je veux que mon fils étudie la religion catholique, il ne le puisse pas parce que la plupart sont musulmans et qu'il n'y a pas assez d'élèves pour faire un groupe de religion catholique (un père).

   Si la religion catholique est offerte à l'école, pourquoi on ne peut pas étudier d'autres religions ? (une mère musulmane).

4. *L'insuffisance des ressources matérielles et humaines.* Les participants ont débattu largement de l'importance d'ouvrir l'école à la collectivité et de l'insuffisance des zones de loisirs dans le quartier :

   Dans ce parc, là-bas, les femmes âgées se plaignent parce que les enfants jouent au ballon et mon fils me demande : maman, où est-ce que je vais jouer ? Tu sais, maman, je vais sauter par-dessus la clôture de l'école. Et moi, je lui réponds : alors, saute par-dessus la clôture et si la police arrive, tu leur dis qu'on ne te laisse pas jouer au ballon (une mère).

   Le problème, c'est qu'il n'y a pas un espace pour jouer et, avant, on n'avait pas ce problème-là (un père).

   Il faut délimiter les espaces (une mère).

   Voilà, c'est nécessaire de réglementer et dire ici on peut jouer au ballon, ici on peut utiliser le vélo… (un enseignant).

   Là, il n'y a rien [elle montre un terrain à côté d'un immeuble], *on peut clôturer le terrain pour que les enfants y puissent jouer tranquillement* (une mère).

Lors de l'exploration des ressources du quartier, nous avons évalué les possibilités de coopération entre l'école et les familles, par exemple lors de la visite au Centre de développement des enfants et à l'Unité de prévention communautaire :

> *C'est une institution centrée sur la prévention de la toxicomanie. Ici, il y a des gens qui ont des problèmes d'alcool ou de drogues qui viennent, et on les aide. On fait des campagnes de prévention aussi* (un médecin de l'UPC).
>
> *Est-ce qu'on pourrait compter sur votre collaboration pour faire quelques activités dans l'institution ?* (une enseignante). *Bien sûr !* (le médecin de l'UPC).

Nous avons proposé les parents et les enseignants comme ressources pour l'école et pour le travail des enseignants :

> *Si le problème est qu'on n'a pas des ressources, ce projet peut améliorer cet aspect, parce qu'on est ici juste pour ça. Ce n'est pas nécessaire d'avoir toujours un spécialiste qui vient pour renforcer un élève, ça peut être fait par un autre enseignant qui soit disposé ou un père qui puisse venir nous aider* (une enseignante du niveau primaire).

Les enseignantes de l'école et des mères se sont également proposées pour former les autres mères.

5. *L'implication des familles et le rapport famille-école.* La faible participation familiale dans l'Association de mères et de pères (AMPA) et dans les activités de l'école a été mise en évidence :

> *J'appartiens à l'AMPA et nous, on est plus que vous. Si vous faites un effort pour amener plus de monde, on fera pareil ; comme ça, on en sera plus et ça ne nous arrivera pas* (une mère musulmane).

Nous pensons que le niveau d'implication dépend du cycle d'études, et les enseignantes estiment pour leur part que les familles ne participent pas suffisamment, excepté au niveau de la maternelle. Cependant, elles apprécient la collaboration dans la salle de classe, surtout dans le but d'améliorer la communication, la connaissance réciproque et la motivation des élèves :

> *Le fait que les parents viennent dans la salle de classe et aident leurs fils à la maison nous permet de réaliser plus d'activités motivantes et d'atteindre un rapport plus cordial* (une enseignante de la maternelle).

La présence des familles dans la salle de classe est aussi appréciée par les mères, car c'est une opportunité pour elles d'accroître leurs connaissances sur les contenus et le vocabulaire :

> *Comme je suis étrangère, j'ai pu apprendre les mots pour les sens en catalan et plein d'autres choses* (une mère).

Et elles montrent leur volonté d'aider à la maison, bien qu'elles ne sachent pas comment le faire :

> *On aimerait bien voir ce que vous faites ici avec les enfants et ainsi pouvoir les renforcer à la maison* (une mère).

> *Si on doit aider les enfants à la maison, nous avons besoin de savoir comment on doit le faire parce que sinon, c'est moi qui fais les devoirs. Et je lui dis à mon fils, tu dois les faire et quand tu arrives en cours, si tu n'as pas compris, l'enseignante te l'expliquera. Et qu'est-ce qui se passe ? Il fait les devoirs n'importe comment et c'est toujours incorrect. Les parents, on doit savoir quoi faire* (une mère).

En outre, entendre les enseignants des autres écoles donne des idées pour améliorer les heures de permanence avec les familles :

> *Voilà ce que j'ai fait dans les réunions avec les parents et les enfants. Lors de la deuxième réunion, j'ai posé quelques questions aux enfants pour qu'ils puissent donner leur opinion sur certains aspects du cours et de l'apprentissage. Dans la réunion, ils partageaient leur point de vue, les améliorations qu'ils pouvaient faire, ce qu'ils demandaient des parents, de moi… c'était très*

> *sympathique, parce que tout le monde a participé, les enfants, les parents et moi. Et en plus, nous avons intégré une évaluation du fonctionnement au cours du trimestre* (un enseignant d'une autre école).

Nous avons également manifesté la volonté de dialoguer, de prendre des décisions ensemble, et il est très intéressant de constater que les participants eux-mêmes ont proposé des stratégies pour y parvenir, comme l'assemblée :

> *Ce qui m'inquiète, c'est que si on doit nous réunir tous pour parler, avec deux cents ou trois cents personnes, quelques-uns doivent parler, d'autres doivent se taire, je ne sais pas… je trouve ça difficile* (une mère).

> *Mais nous, on doit mettre du nôtre si on veut que les enfants écoutent quand ils sont en cours, quand ils doivent écouter. Le meilleur exemple qu'on peut leur donner c'est que, dans cette assemblée, quand quelqu'un parle, tous les pères, mères et enseignants écoutent. C'est l'exemple qu'on doit leur donner* (un enseignant).

En définitive, tout au long de ces séances, nous avons réussi à impliquer les membres de la communauté éducative dans des processus de réflexion et des propositions d'action pour la transformation de l'école. La participation conjointe des parents et des enseignants leur a permis de vivre et de se sensibiliser autour des possibilités de transformation de son travail en coopération.

4. DISCUSSION DES RÉSULTATS ET CONCLUSIONS

D'après leurs dires, les enseignants comme les familles croient profondément aux répercussions positives que leur participation peut avoir sur les élèves. Ils savent que le travail en équipe et en collaboration entre familles et école n'est pas facile, mais ils sont prêts à s'impliquer, étant donné que cela a une incidence directe sur l'attitude et l'apprentissage des élèves. L'engagement de coopération entre les familles et les enseignants représente un grand pas en avant afin d'obtenir les avantages recherchés : diminuer l'absentéisme, renforcer le rendement scolaire et le niveau éducatif, améliorer les compétences linguistiques, la motivation et la conduite, comme l'illustrent d'autres travaux (Martínez González, Rodríguez Ruíz et Gimeno Esteo, 2010 ; Redding, 2005 ; Simon et Epstein, 2001).

De plus, le fait que les participants eux-mêmes aient proposé des stratégies d'amélioration à travers des séances de sensibilisation est très remarquable pour notre recherche. La stratégie générale d'action consiste à engager les familles dès le début, à l'étape de la sensibilisation. Ceci implique que les familles et les enseignants connaissent et partagent dès le premier moment une même conception de l'éducation interculturelle et inclusive, en aboutissant à des compromis pour sa réalisation (De Haro, 2009).

Quant aux propositions d'amélioration de l'image de l'école, il est important de créer un sentiment de communauté et d'identité partagée. Pour cela, il faut que les familles et les enseignants retrouvent leur reflet dans l'école. La possibilité de participer à la construction de l'école que nous souhaitons est absolument essentielle pour atteindre un tel sentiment d'appartenance.

En ce qui concerne les manières de supprimer les barrières communicatives de la communauté avec les familles immigrées, surtout celles d'ordre linguistique, religieux ou culturel, nous relevons diverses stratégies :

1. *Recourir à des interprètes linguistiques ou à des médiateurs culturels* : des personnes issues de la communauté qui sont des ressources d'appui (parents, frères ou sœurs), quelqu'un qui puisse servir de référence. Garreta (2009) soutient que, fréquemment, ce sont les *mineurs* qui doivent transmettre l'information aux familles et qu'il serait mieux que l'information soit directe et verbale plutôt qu'écrite.
2. *Former les familles à la langue ou aux langues d'accueil.* Leiva et Escarbajal (2011) relèvent que beaucoup de mères immigrées ont de la difficulté à apprendre la langue. De leur point de vue, cela exige un effort accru du côté des enseignants pour *développer* davantage un esprit d'ouverture et de rapprochement avec ces familles. Dans notre cas, les mères elles-mêmes et les enseignantes se sont mises à disposition de la collectivité pour réaliser cette formation.
3. *Promouvoir le rapport direct au moyen de la participation familiale dans la salle de classe*, soit pour connaître ce qu'on y étudie et comment on procède, soit pour raconter des expériences

> familières ou pour soutenir l'enseignant. Certains auteurs comme Carrasco, Pàmies et Bertran (2009) constatent que les familles, spécialement celles d'origine marocaine, ne sont pas intéressées par l'éducation formelle de leurs enfants. Ce détachement se traduit par un manque d'appui envers eux. Par contre, cette étude relève que les familles et les enseignants montrent une très bonne disposition à collaborer, malgré les craintes des mères immigrées dues à la méconnaissance de la langue. Leiva et Escarbajal (2011) mentionnent aussi que, en plus des difficultés de communication des familles, on peut observer chez des familles immigrées une conception plus réductionniste de la participation familiale, du fait que beaucoup d'entre elles viennent de pays où il n'existe pas une tradition de participation démocratique et active. En d'autres termes, ces familles ont une conception traditionnelle de l'école, dans laquelle le corps enseignant est le protagoniste unique de toutes les activités et de tous les faits qui ont lieu dans la réalité scolaire. Nous estimons pour notre part que ce n'est pas une caractéristique propre aux familles immigrées, mais qu'elle est partagée par la plupart des familles de notre pays qui ont été éduquées dans un système national-catholique comme celui qui a duré en Espagne jusqu'aux années 1980.

Afin de mobiliser plus de ressources, nous avons proposé de recourir aux familles comme ressources d'appui et de formation. Pour ce faire, nous avons proposé des informations ou des formations sur la façon dont ces familles peuvent aider aux devoirs scolaires à la maison, comme le suggèrent Trépanier et Beauregard (2013).

Il faut relever que toutes les stratégies évoquées contribuent déjà en soi à renforcer la coopération entre les familles et les enseignants et ont une incidence directe sur la vision stéréotypée que les groupes ont les uns des autres. En ce sens, le simple fait de participer conjointement aux séances de sensibilisation constitue déjà une stratégie visant un changement d'attitude nécessaire pour démarrer un projet de cette envergure.

La connaissance d'autres expériences de collaboration entre familles et enseignants permet d'évaluer les innovations et les changements méthodologiques dans la salle de classe, comme le travail par projets, les heures de permanence entre élèves, l'élaboration de matériaux adaptés, les groupes interactifs, l'enseignement partagé, l'apprentissage collectif, les ateliers des parents, etc. Toutes impliquent activement les familles, ce qui, d'après Olmo et Rodríguez (2010), améliore le rendement des élèves et garantit l'égalité des chances (Alcalde *et al.*, 2006 ; Apple et Beane, 2005). En outre, des processus de collaboration d'école à école ont été lancés et, selon Muijs *et al.* (2011), ils sont fondamentaux autant pour renforcer les processus d'amélioration que pour diversifier les connaissances et les expériences disponibles.

Expliciter publiquement la volonté de coopération entre les familles et les enseignants pour améliorer l'école est une démarche décisive pour le changement. Cette démarche cohérente constitue un préalable à la participation démocratique. De cette façon, nous pouvons ouvrir la porte à l'implantation de stratégies de participation lors du processus de changement, telles que décrites par Moliner et Traver (2013) : des assemblées et des commissions mixtes de travail pour la prise de décisions.

CONCLUSION

Nous croyons que la mise en œuvre de procédés de participation horizontale dans la communauté scolaire défie la structure verticale de l'école et son style de gestion directive. La manière d'aborder les séances de sensibilisation initiales, comme des stratégies de participation directe à structure horizontale (où toutes les voix se placent en égalité de conditions), déstabilise et remet en question certaines structures d'organisation et de pouvoir. Ainsi, la mise en place d'une transformation avec une orientation inclusive n'est pas un processus technocratique et dépourvu de sens critique, mais elle implique une délibération, un consensus et un engagement partagé. Le fait de participer au processus est un élément de formation interculturelle, démocratique et communautaire. C'est également un apprentissage pour les enseignants, pour les familles et pour le reste des acteurs de la communauté éducative.

CHAPITRE 3

Le groupe social scolaire

Une démarche qui tend à favoriser l'inclusion ?

Jacques Kottelat,
Département Écoles et Sport
de la Ville de Bienne (Suisse)

INTRODUCTION

À la rentrée scolaire d'août 2008, les autorités communales de la ville de Bienne, par l'entremise de son département Écoles et Sport, se sont dotées de travailleurs sociaux en milieu scolaire (TSMS): trois personnes dans les écoles germanophones et trois personnes dans les écoles francophones. Chaque TSMS est intégré (en permanence) dans une école secondaire de la ville[1] et il est en ambulatoire (sur demande) dans deux entités primaires[2].

Quand les TSMS prennent leur fonction, ils font face à des demandes sécuritaires: apporter des solutions dans l'école pour des élèves qui « dysfonctionnent ». Au fur et à mesure des rencontres, les contacts s'établissent entre les enseignants, qui développent en commun la prise en charge des élèves « difficiles », ainsi que des réflexions sur le système scolaire et ses valeurs, en proposant des concepts comme la détection précoce et la prévention, et des outils d'intervention et de partenariat tels la permanence pour les élèves, les parents et les enseignants, les modules d'intervention à thèmes dans les classes (violence, leadership, consommation, harcèlement, coopération...) et les groupes sociaux scolaires.

1. LE TRAVAILLEUR SOCIAL EN MILIEU SCOLAIRE

Le syndicat Avenir social[3] définit le travail social en milieu scolaire comme « un champ de travail du travail social [qui] se sert de ses méthodes et de ses principes. Il collabore en interdisciplinarité avec d'autres professionnels. Le travail social en milieu scolaire promeut et appuie l'intégration des élèves à l'école et cherche à les maintenir dans le système scolaire normal. Il offre aux élèves un soutien pour une gestion du quotidien scolaire visant le succès » (Bohrer, 2009).

Le TSMS soutient les mandats éducatif et pédagogique de l'école dans le but d'assurer une bonne intégration scolaire des élèves par la détection précoce, la mise en place d'actions préventives, la promotion d'un climat scolaire « agréable », le traitement des problèmes sociaux et l'apport de conseils et de soutiens auprès des élèves, des parents, du personnel enseignant et des directions d'école.

La présence et l'intervention du TSMS dans les cycles primaires et secondaires ont pour groupes cibles les enfants et les adolescents, pour des consultations psychosociales individuelles, de classe et de groupe, lors de problèmes aigus, et de la médiation, lors de situations conflictuelles. Le TSMS est en contact avec les parents et leurs enfants lors de problèmes socioéducatifs et pour la mise en lien avec des services thérapeutiques et sociaux si la situation l'exige. Auprès du personnel enseignant, le TSMS est présent et intervient pour des conseils et des échanges d'ordre social, la mise en réseau avec des services sociaux spécialisés et l'apport de soutiens lors de situations de crises avec les élèves et, parfois, avec les élèves et leurs parents.

Au sein des écoles primaires et secondaires, le TSMS travaille de concert avec la direction afin de participer à l'élaboration de concepts et de projets. En assurant une présence et une permanence quotidiennes dans l'école secondaire, en se déplaçant sur demande dans les écoles primaires, en participant à des entretiens avec les élèves, les parents, les enseignants, aux séances des maîtres, au conseil des parents, au conseil des élèves, aux journées de formation continue pour les établissements scolaires, le TSMS fait partie intégrante de l'école :

> Pour l'amélioration des contextes d'apprentissage et de l'intégration sociale des élèves au sein des écoles, les travailleurs sociaux en milieu scolaire soulignent la nécessité de soutenir, de conseiller et d'orienter les élèves, les parents au sein de l'école. Pour cela, ils

> demandent le soutien régulier des directions des écoles dans lesquelles ils évoluent afin de pouvoir échanger sur les situations sociales de l'école, de donner une lecture différente et de réagir différemment sur ces situations en apportant une dimension temporelle (par la mise en confiance, la mise en place de contacts externes à l'école) autre que le rythme scolaire habituel. Le travail social scolaire permet également l'ouverture à d'autres territoires, quand tout a été essayé, afin de permettre, par l'accueil de toute demande (accueil à seuil bas), l'amélioration du climat scolaire (Avenir social, 2012, p. 2).

Les TSMS soulignent que leurs démarches sociales et éducatives ne peuvent progresser au sein des écoles qu'ils investissent sans le soutien des directions avec lesquelles ils travaillent.

Les collaborations sont souhaitées avec les enseignants et les directions ; pour les atteindre, il est nécessaire d'acquérir un vocabulaire commun, d'être dans une action socioéducative avec l'équipe de direction et le personnel enseignant, de créer des lieux d'échanges pour favoriser la collaboration, et de développer la confiance et la diplomatie afin d'optimiser l'assise du travailleur social dans le milieu scolaire[4].

1.1. Des interventions fondées sur la créativité, l'innovation et la coopération

Comme le TSMS intervient seul dans un collectif de travail enseignants (Clot, 2005 ; Decuyper, Dochy et Van den Bossche, 2010), les premières questions se posent : comment échange-t-il avec ses connaissances dans un collectif de travail des enseignants ? Comment le collectif de travail des enseignants échange-t-il avec lui ? Pour Clot (2005),

> il existe, entre l'organisation du travail et le sujet lui-même, un travail de réorganisation de la tâche par les collectifs professionnels, une recréation de l'organisation du travail par le travail d'organisation du collectif [...] Il y a donc entre le prescrit et le réel un troisième terme décisif que nous désignons comme le genre social du métier, le genre professionnel, c'est-à-dire les « obligations » que se donnent ceux qui travaillent pour arriver à travailler, souvent malgré tout, parfois malgré l'organisation prescrite du travail (p. 187).

Pour cela, Clot mobilise Brunner (1991) et sa métaphore du théâtre :

> [C]'est comme si nous pénétrons sur une scène de théâtre où la représentation a déjà commencé : l'intrigue est nouée ; elle détermine le rôle que nous pouvons y jouer et le dénouement vers lequel nous pouvons nous diriger. Ceux qui étaient déjà en scène ont une idée de la pièce qui se joue, une idée suffisante pour rendre possible la négociation avec le nouvel arrivant (p. 48).

Le concept de créativité, défini par Csikstentmihalyi (2006) et Lubart (2005) et étudié chez des assistants sociaux par Uhlig et Debrot (2009), s'inscrit dans le collectif de travail et donnerait la possibilité à l'enseignant et au TSMS d'analyser, de définir et de solutionner ensemble une problématique sociale (individuelle ou de classe)[5] qui se présente à eux. Il y a, de part et d'autre, au moment de la saisie de la problématique sociale, une sensation de doute (Dewey, 1993), de vide, une perturbation dans la relation pédagogique (avec un élève ou une classe) exigeant l'émergence d'un repositionnement des acteurs par une idée, un point de vue qui sera mis en question, vérifié, évalué et adapté.

Pour les enseignants et le TSMS, les divergences individuelles sur les expériences pratiques et les apports théoriques mobilisés dans la réflexion commune sont sources non seulement de perturbations et de conflits, mais également de tentatives d'innovation.

Le processus d'innovation (Cros, 2007) se développerait en opposition à des pratiques professionnelles inopérantes et routinières. Au-delà d'une simple résolution de problèmes, il détiendrait de la créativité, de l'originalité, en donnant aux acteurs aux prises avec des réalités professionnelles exigeantes la possibilité d'agir sur des marges de liberté qu'ils ont à disposition, comme sortir l'élève de la classe, assurer un suivi social de l'élève au sein de l'école, intervenir dans une classe ou développer une intervention de prévention dans le cadre d'un cours de formation générale[6].

Dans la pratique coopérative (Darnon, Butera et Mugny, 2008), les influences sociales, les menaces identitaires dans la transmission de connaissances et les conflits sont des éléments à prendre en considération quand un enseignant et un TSMS échangent, quand leurs expériences, leurs regards réciproques se côtoient et se croisent sur une problématique sociale, redéfinissant le « territoire » de chacun. Par la coopération, ils recherchent un équilibre entre les acteurs où la diversité n'est pas synonyme de concurrence ou de compétition, mais une richesse pour apprendre, innover et créer de nouvelles pratiques pour le bien-être des élèves et pour tendre vers un climat scolaire apprécié et favorable aux apprentissages scolaires et sociaux.

1.2. Le TSMS et son groupe cible

Dans le cadre de ses interventions, le TSMS est amené, prioritairement, à être au contact des élèves. Il les reçoit en entretien[7], seuls ou à plusieurs, concernant des problématiques sociales comme des conflits entre élèves, des comportements déviants en classe détectés par les enseignants, des problématiques familiales vécues par les élèves, des situations de harcèlement vécues par un ou plusieurs élèves au sein de la classe, des conflits d'un ou plusieurs élèves avec des enseignants, des actes d'incivilité, des violences physiques ou psychiques entre élèves, des situations de retards répétés au cours ou d'absentéisme scolaire.

Le TSMS offre également un accueil et une permanence pour les parents des élèves, durant lesquels des échanges et des discussions se développent autour de thèmes comme les conflits parents-enfants, la situation familiale (séparation et difficultés de tout ordre), les fréquentations de leurs enfants (groupes, quartier de la ville), le décrochage scolaire, l'avenir professionnel, les consommations (cigarette, drogue, alcool, ordinateur, nourriture, achats compulsifs, dépenses excessives), les conflits avec un ou des enseignants.

Dans le cercle secondaire[8] et le cercle primaire[9], les entretiens ont généralement lieu avec un des parents ou les deux, avec ou sans l'enfant et, parfois, avec les frères et sœurs ou un des grands-parents qui ont la responsabilité parentale au sein du système familial.

Toutes ces informations et ces connaissances acquises par le TSMS donnent un aperçu du « paysage social scolaire » des écoles dans lesquelles il évolue. Si ces informations ne sont pas rassemblées, échangées et analysées avec les enseignants et les directions de ces écoles, c'est tout un contexte scolaire qui n'est pas dévoilé et reconnu. Pour cela, le TSMS[10] s'est doté, entre autres, d'un outil de travail : le groupe social scolaire.

2. LE GROUPE SOCIAL SCOLAIRE

2.1. Définition

Le groupe social scolaire (GSS) se définit comme un lieu de communication, d'échange d'informations et de coopération. Il crée des réseaux d'échanges et de discussions au sein du corps enseignant. Composé de deux membres de la direction, trois ou quatre enseignants de soutien, le médiateur, le TSMS et tout enseignant susceptible de faire une présentation ou de participer aux échanges sur une situation, le GSS est représentatif d'une vision plus large et plus complète de l'école et couvre de nombreuses interrogations, représentant une majorité de personnes.

Il tente de gérer les problématiques sociales et leur complexité dans le cadre scolaire en développant des compétences sociales dans un collectif de travail.

Par des rencontres régulières (une séance par mois), le GSS soutient la détection précoce et la prévention primaire et secondaire auprès des enseignants dans l'établissement scolaire. Il contribue à l'instauration et au maintien d'un « bon » climat scolaire, à la gestion des situations difficiles, à l'apport d'idées et de réflexions et à la formation de projets.

D'autre part, sur le long terme, la dynamique mise en place par le GSS encourage l'implication de l'équipe enseignante dans la vie de l'école et les échanges sur les diverses pratiques pédagogiques et éducatives décrites par les enseignants.

À l'aide de la lecture systémique d'une situation d'élève, d'un fonctionnement de classe, d'une problématique sociale existant dans l'école (violence, harcèlement, déchets sauvages...) ou d'un projet avec le conseil des élèves, et éclairé par des regards et des points de vue différents, le GSS favorise la personnalisation du suivi de la prise en charge d'un élève et des rapports aux parents, évite la stigmatisation d'une situation sociale et familiale difficile, donne les moyens d'une prise de recul par la réflexion sur les problématiques sociales qui se développent dans l'école, et questionne, encourage et soutient des projets d'école proposés par les élèves.

Dans un contexte scolaire, il est possible d'entrevoir le GSS comme un « processus de transformation culturelle » (Armstrong, 2001) qui, s'il est lié au concept de l'inclusion, « implique la restructuration des cultures, des politiques et des pratiques dans les écoles de telle manière qu'elles prennent en compte la diversité des élèves dans leur contexte» (Booth et Ainscow, 2002) ainsi que de tous les acteurs qui évoluent dans ce collectif de travail.

2.2. Pourquoi un groupe social scolaire ?

S'appuyant sur les thèses de Doise et Mugny (1981) selon lesquelles la confrontation des points de vue et les conflits sociocognitifs favorisent l'acquisition de connaissances au niveau individuel et entre pairs dans un groupe, un collectif sous la direction de Bourgeois et Buchs (2012) avance:

> [L]a fonction déstabilisatrice du conflit sera d'autant plus susceptible d'opérer que le conflit cognitif s'inscrit dans une interaction sociale, c'est-à-dire si le point de vue alternatif auquel le sujet est confronté est défendu par une autre personne avec laquelle il interagit ici et maintenant [...] par opposition à une situation où la confrontation au point de vue alternatif aurait été purement individuelle et symbolique [...] Être confronté à un partenaire qui émet une réponse contradictoire serait source de déséquilibre. Ces déséquilibres pourraient entraîner une reconstruction interne afin de les dépasser et favoriseraient ainsi les progrès cognitifs (p. 292-293).

Le GSS s'inscrit dans ce type d'interactions sociales où les réponses, les analyses et les points de vue échangés produisent des déséquilibres permettant l'ouverture à d'autres réflexions, investigations et interventions auprès des élèves et des enseignants.

Au-delà de l'amélioration de l'information sur le fonctionnement de l'école et les événements qui s'y déroulent, le GSS encourage et soutient le dépistage précoce et la prévention primaire et secondaire. Il porte un regard sur la vie sociale de l'école, son passé, son présent, et sur des pistes d'actions pour son avenir. Il perçoit rapidement des situations relationnelles et sociales difficiles. Il gère au mieux les problématiques sociales et leurs complexités. Il constitue des réseaux d'échange, de discussion. Il développe des apprentissages et des compétences sociales collectives. Il tente d'améliorer, encore et toujours, le climat scolaire.

2.3. Comment fonctionne un groupe social scolaire ?

Dewey (1993) postule qu'un individu, confronté à une situation perturbante indéterminée, cherche une solution dans l'action par une enquête. En adoptant le même postulat, à savoir que l'individu se met à enquêter afin de rétablir un équilibre dans une situation perturbée, un groupe de travail comme le GSS, confronté à des situations problématiques qui lui sont soumises et qui mettent l'école en difficulté, tente de les résoudre en enquêtant, afin de trouver des solutions et de rétablir un équilibre dans un collectif de travail comme l'école.

Par l'examen de diverses situations problématiques, le GSS entre dans un processus d'apprentissage collectif résultant de la gestion de problématiques sociales en émergence dans l'école et pour lesquelles les connaissances acquises jusque-là s'avèrent inopérantes.

Dès lors, quand le GSS examine des situations problématiques (*inputs*), il s'appuie sur le modèle des processus d'apprentissage collectif (*team learning*) proposé par Decuyper, Dochy et Van den Bossche (2010), modèle qui adopte des processus de base tels que le partage (échanges de connaissances et de compétences entre membres du groupe), la coconstruction (engagement des membres du groupe dans la construction de nouvelles connaissances) et le conflit constructif (apparenté au conflit sociocognitif et demandant aux membres du groupe un travail de négociation)[11], comme le montre la figure 1.

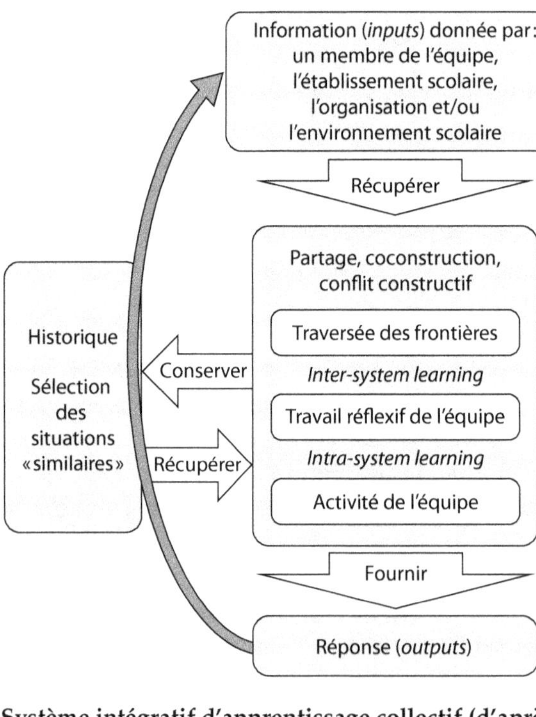

Figure 1 – Système intégratif d'apprentissage collectif (d'après Decuyper, Dochy et Van den Bossche, 2010)

Nous trouvons également des processus facilitateurs qui considèrent la part de *réflexivité de l'équipe* (coconstruction, déconstruction, reconstruction de modes de fonctionnement et d'intervention), la part d'*activité de l'équipe* (comment les membres du groupe travaillent ensemble par transfert de connaissances, de compétences et d'expérimentations et par évaluations), ainsi que la *perméabilité* (*boundary crossing*) du groupe, qui se situe au croisement de plusieurs systèmes existants dans l'école (direction, corps enseignant, structure de soutien, travail social, médiation, conseil des parents, conseil des élèves) en vue de considérer et d'améliorer les connaissances développées par ces différents systèmes.

Le GSS travaille également avec des savoirs conservés (*historique*) et récupérés (*sélection des situations « similaires »*), ce qui lui permet de revoir comment il a fonctionné dans une situation précédente et approchante. Le processus d'apprentissage du GSS passerait par une transformation du cadre de référence (Bourgeois, 2012) et l'apprentissage résulterait « de la confrontation à une situation nouvelle, par laquelle les connaissances antérieures, devenues inefficaces dans cette nouvelle situation, vont, à certaines conditions, se transformer, s'élargir, s'enrichir » (Rebetez, 2011, p. 7).

2.4. Le groupe social scolaire et les enjeux relationnels

Les réflexions et les activités développées au sein du GSS mettent également en lumière des *enjeux relationnels* pour les individus évoluant dans ce collectif de travail et entre ce collectif et le reste de l'école (figure 2).

Pour Buchs (2011), les compétences acquises pourraient être remises en question parce qu'elles sont utilisées contre une personne donnée, plutôt que mobilisées sur une problématique à résoudre. Les comparaisons sociales lors d'échanges au sein du groupe peuvent devenir une *menace des compétences* et une menace pour l'apprentissage coopératif du collectif, du fait que la comparaison sociale s'orienterait vers des régulations relationnelles (entre personnes), au détriment de la situation problématique à résoudre.

Selon Mugny, Quiamzade et Falomir-Pichastor (2011), un des membres du groupe pourrait se sentir menacé lorsqu'il transmet ses connaissances, si ces dernières ne sont pas valorisées par le reste du groupe. La *menace identitaire* aurait sa source dans la comparaison sociale d'une personne au reste du groupe, où celle-ci se considère comme spécialement incompétente, ce qui porterait atteinte à son estime de soi.

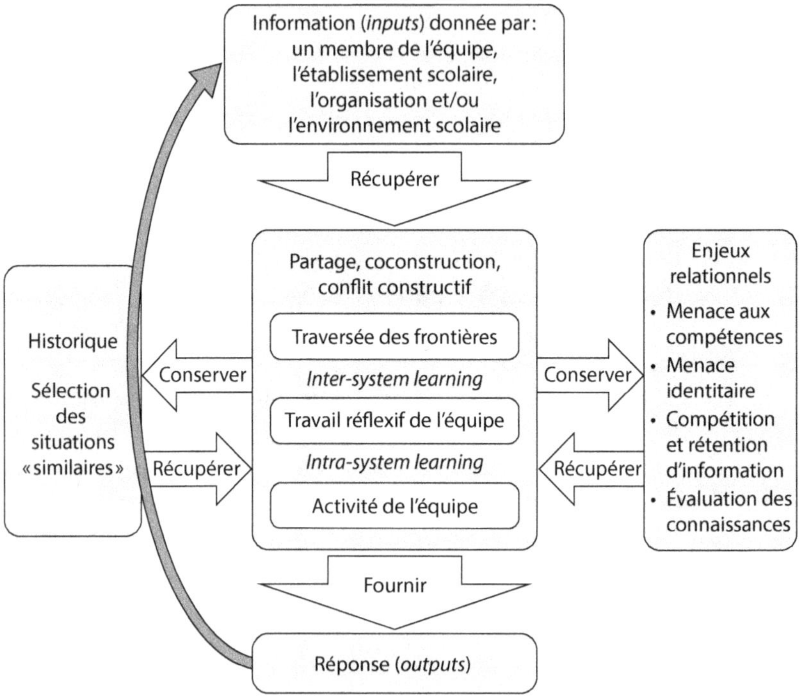

Figure 2 – Système intégratif d'apprentissage collectif et «enjeux relationnels» (d'après Decuyper, Dochy et Van den Bossche, 2010)

Toujours dans la transmission des informations et des connaissances, pour Toma (2011), il existerait des enjeux de partage qui créeraient de la compétition, de l'évaluation, mais également de la *rétention d'informations*. Certains membres du groupe seraient amenés à faire de la rétention d'informations s'il existe de la méfiance ou une peur de se faire exploiter par les «concurrents» qui mettraient l'accent du conflit cognitif sur la relation plutôt que sur le problème à résoudre.

Comme dernier point, selon Muller, Fayant et Lastrego (2011), l'*évaluation des connaissances* jouerait un rôle dans la comparaison sociale, la personne se sentant «inférieure» ou «supérieure» à la réflexion du groupe. Chez certaines personnes, être «inférieur» à la réflexion du groupe peut menacer l'estime de soi, affecter leur autoévaluation (évaluation personnelle), leurs affects (état affectif) et leurs ressources intentionnelles (application et attention dans des situations problématiques). La réflexion du groupe peut aussi être une source d'inspiration pour l'individu qui n'a pas remarqué une problématique, qui trouve intéressant d'aborder un type de problématique avec un autre point de vue.

2.5. Le groupe social scolaire : contenu et réflexions

Le GSS s'appuie sur les thèses de l'inclusion, qui repose sur la participation de chaque élève, de chaque adulte à la vie d'une *communauté scolaire*. Pour parvenir à l'inclusion d'un élève, la communauté scolaire qui l'accueille doit s'engager entièrement, et le GSS constitue un moyen, pour les adultes qui évoluent dans cette communauté scolaire, d'apprendre à la connaître, à y vivre et à reconnaître les diversités sociales des élèves et des groupes d'élèves qui la composent. Pour cela, le GSS (figure 3) aborde régulièrement :

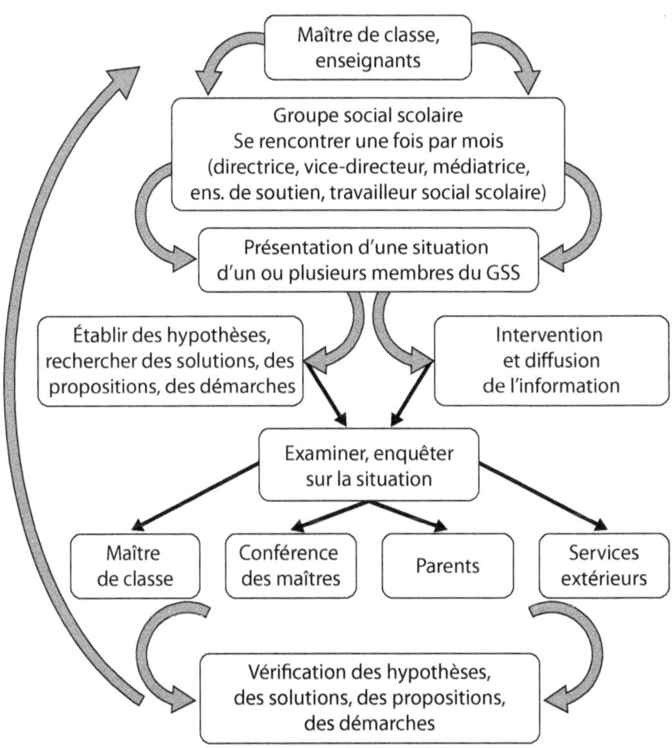

Figure 3 – Le groupe social scolaire (GSS)

1. les situations individuelles d'élèves (problématiques de comportement, de conflit, de famille, de consommation, de décrochage scolaire);
2. la préparation d'interventions de services externes sur la prévention et la détection précoce;
3. des réflexions et des prises en charge particulières autour de problématiques constatées dans l'école concernant la violence physique et verbale, la consommation, l'absentéisme, le décrochage scolaire, les retards, les déchets sauvages, le harcèlement;
4. des types d'interventions en classe de la part du TSMS, sur demande d'un ou plusieurs enseignants ou de la direction;
5. l'organisation de soirées à l'intention des parents sur des thèmes comme la consommation, l'Internet, le climat scolaire, les conflits entre élèves, les rapports enseignants-élèves;
6. des interrogations sur le fonctionnement de l'école, le comportement des élèves, l'investissement des enseignants;
7. la mise en place d'un suivi particulier pour des élèves exclus des cours régulier et pris en charge par une enseignante de soutien et le TSMS.

Sur la base des processus d'apprentissage collectif de Decuyper, Dochy et Van den Bossche (2010), le GSS aborde et suit les problématiques sociales à partir de la *présentation d'une situation* (*inputs*) faite par un ou plusieurs membres du GSS ou par un membre du corps enseignant de l'école. Il s'ensuit un échange et des discussions au sein du collectif de travail (*travail de réflexivité et d'activité de l'équipe*) afin d'établir, en fonction des expériences de chacun (*perméabilité*), des *hypothèses*, des *propositions* ou la *recherche de solutions*, tout en remettant en question les informations reçues et les interventions déjà effectuées.

Par l'examen et l'enquête d'une problématique sociale, chaque membre du GSS s'informe auprès de ses collègues et dans ses domaines d'intervention (*perméabilité*) (classe ordinaire, classe de soutien, parents, services sociaux extérieurs) afin de concevoir un type de prise en charge, un modèle d'intervention (*outputs*).

3. EXEMPLE DE SITUATIONS TRAITÉES PAR LE GROUPE SOCIAL SCOLAIRE

La présentation de deux situations mettra en lumière le travail mené par le GSS.

3.1. La situation d'Aline[12]

Originaire d'un pays de l'Est, Aline rejoint sa maman et son beau-père à l'été 2012. Elle intègre une classe d'accueil à la rentrée scolaire 2012-2013 et une classe régulière pour l'année 2013-2014. Tout va très vite pour Aline : rejoindre sa maman, apprendre le français, connaître une nouvelle ville, un nouveau pays, se faire de nouvelles amies.

Comment franchit-elle toutes ces étapes ? Comment s'intègre-t-elle dans ces nouveaux environnements : familial, scolaire, social, amical ?

Tout semble bien se dérouler jusqu'au jour où, au niveau social et amical, l'école découvre des tensions dans le cercle amical d'Aline. Depuis novembre 2013, elle est rejetée, insultée et menacée par ses amies.

Dans un premier temps, les enseignants sont informés par les parents d'Aline, qui ont vu arriver devant chez eux, un dimanche après-midi, cinq adolescentes qui la cherchaient : le ton monte avec les parents et les adolescentes repartent, Aline n'étant pas à la maison. Puis, dans un deuxième temps, les enseignants découvrent qu'Aline publie des vidéos. Celles-ci contiennent des scènes de vie en classe ou dans des lieux publics de la ville, des jeux d'adresse qu'elles exécutent entre elles. En tout, elle a tourné une trentaine de vidéos d'une durée d'une dizaine de secondes avec son téléphone portable.

Dans un troisième temps, après s'être entretenus avec les adolescentes et avec les parents d'Aline, les enseignants découvrent qu'Aline a rencontré un garçon, de trois ans son aîné, sur un site de rencontre et qu'il y a eu un rendez-vous dans une forêt, accompagné par la meneuse des cinq adolescentes. À ce moment-là, dans un quatrième temps, le GSS et le TSMS sont mis au courant ; ils décident d'entreprendre des démarches pour clarifier et découvrir ce que cette situation dissimule. La direction, le médiateur scolaire, le travailleur social scolaire et les enseignants concernés investissent la situation et découvrent qu'Aline subit du harcèlement de la part d'un groupe d'adolescentes au sein de l'école durant les pauses, sur le chemin de l'école et sur Facebook.

Ce problème met en évidence l'existence de groupes de pression dans l'école (des filles et des garçons qui, parfois, exercent du harcèlement par des insultes à caractère sexuel, de vive voix ou sur le Web, des menaces ou des violences physiques quand un élève n'accepte plus les règles du groupe), et que le suivi et l'intégration sociale d'Aline dans l'école ne se sont pas bien déroulés, du fait qu'elle a été happée dès son arrivée par un groupe de filles, ayant ses propres règles qui défient les règles et l'autorité de l'école, duquel elle tente de sortir.

Dès lors, les enseignants investissent la situation durant les temps d'école (en classe, en pause, au cours des activités sportives, musicales ou manuelles). Le travailleur social scolaire intervient auprès des élèves par des entretiens individuels ou en groupe, suivi, après réflexion par un enseignant ou pas, par des entretiens avec les parents des élèves. La direction appuie et supervise la démarche, maintient le cadre de l'école et prend les décisions qui s'imposent par des remises à l'ordre et par le recadrage des comportements déviants tenus par les membres du « groupe ».

3.2. La situation de Pauline[13]

Pauline a vécu six mois dans une unité hospitalière pour adolescents. Son hospitalisation dans une unité psychologique a été rendue nécessaire par le harcèlement qu'elle a subi sur son portable et par Internet de la part de certains élèves de sa classe. Cela a déclenché, selon son psychiatre, une dépression et des tentatives de suicide révélées par une faiblesse psychologique chez Pauline.

Lors des trois à quatre dernières semaines d'hospitalisation, Pauline revient deux demi-journées par semaine, accompagnée par un éducateur social attaché à l'unité psychologique, qui reste à disposition dans l'école si nécessaire.

Cette première organisation du suivi discutée au GSS, même si, de prime abord, elle ne semble pas très conséquente, demande un premier travail d'organisation et de coopération au sein du collège secondaire afin que les acteurs concernés (les enseignants, la direction, les parents, l'éducateur social, le TSMS et l'élève) soient au clair sur leurs missions respectives, entre la gestion de la direction, les prises en charge pédagogiques et sociales et la place des parents. Pour l'école, c'est une première : comment faire au mieux, pour le bien de Pauline et pour son retour dans l'école ?

Avant le retour de Pauline et avec l'accord de la direction, ses parents sont intervenus dans la classe pour informer les élèves et l'enseignant des problèmes psychologiques vécus par leur fille et la tentative d'un retour à l'école.

Dans cette situation, les missions de chacun sont abordées : quel rythme scolaire Pauline investira-t-elle ? Les matinées, les matinées et quelques après-midi, l'horaire complet ? Quelle est la place des parents et quelles sont leurs attentes ? Comment la direction de l'école gère-t-elle le retour de Pauline ? Qu'exige la direction de Pauline concernant son statut d'élève ? Élève régulière ? Élève particulière avec les objectifs pédagogiques et les évaluations revus à la baisse ? Auditrice ? Comment les enseignants l'intègrent-ils dans leurs cours ? Comment le TSMS assure-t-il son suivi ? Quelle coopération se met en place entre la direction, les parents, les enseignants, le TSMS et le psychiatre ?

Des contacts téléphoniques se font régulièrement entre les parents[14], la direction et le TSS. Pauline suit ses cours avec sa classe, mais à la pause de 10 h (15 minutes), elle se réfugie dans le bureau du TSMS.

Durant les premiers mois de son retour, Pauline ne vient qu'en matinée, puis elle parvient à venir une puis deux après-midi à l'école pour du soutien scolaire individualisé avec une enseignante et pour faire ses devoirs avec le TSMS. Les contacts avec les parents restent permanents ; ceux-ci nous apprennent que Pauline, si elle s'investit bien à l'école, est en crise à la fin de chaque journée quand elle rentre chez elle. Le collège des maîtres est informé régulièrement de la situation scolaire de Pauline ; le TSMS est à la disposition de chaque enseignant pour des informations la concernant ; Pauline est en lien journalier avec le TSMS, et des espaces lui sont dévolus pour des échanges sur ses ressentis, ses appréhensions. La poursuite de son retour à l'école s'effectue patiemment, jour après jour. Actuellement, nous envisageons un statut d'auditrice, pour que la pression scolaire et certificative de l'école et les évaluations passent au second plan afin de maintenir, comme priorité, un contact social avec l'école.

CONCLUSION

Les situations que nous avons présentées montrent le travail du GSS et de l'école pour la prise en charge des élèves, par la mobilisation des acteurs concernés par la problématique. Des échanges d'informations ont également lieu entre les écoles qui ont mis sur pied un GSS sur les pratiques et les connaissances développées dans le suivi de situations similaires ; ces échanges se font par l'intermédiaire du TSMS, qui effectue des liens entre les écoles concernées.

Actuellement, les GSS des deux écoles se sont rencontrés et ils ont planifié deux rencontres annuelles afin d'améliorer les échanges entre les établissements scolaires sur les problématiques sociales vécues et sur les activités de prévention et de détection précoce développées. Le TSMS assure régulièrement le lien entre les collègues de l'école primaire et du collège.

NOTES

1. La ville en compte six, qui accueillent en moyenne 250 élèves de 12 à 16 ans.
2. Une entité primaire équivaut à deux établissements accueillant en moyenne 500 élèves de 4 à 12 ans.
3. Ce syndicat suisse pour le travail social (www.avenirsocial.ch) publie *Actualité sociale*, une revue qui paraît six fois par année. Avenir social soutient le groupe romand des travailleurs sociaux en milieu scolaire que nous coordonnons.
4. Ces propos ont été discutés et développés lors de la deuxième étape des TSMS, qui s'est tenue à Genève le 28 mai 2013.
5. Exemples : la violence physique ou verbale, le harcèlement en groupe (*mobbing*), l'absentéisme, le décrochage scolaire, la dépression, le stress, les problématiques familiales, les dépendances.
6. Dans le cadre du Plan d'études romand/cycle 3/27 mai 2010, les visées prioritaires de la Formation générale sont « de développer la connaissance de soi sur les plans physique, intellectuel, affectif et social pour agir et opérer des choix personnels. Prendre conscience des diverses communautés et développer une attitude d'ouverture aux autres et sa responsabilité citoyenne. Prendre conscience de la complexité et des interdépendances et développer une attitude responsable et active en vue d'un développement durable » (CIIP, 2012, p. 13).
7. Plus de 150 entretiens par an au niveau secondaire ; plus de 50 entretiens par an au niveau primaire : 60 % de ces entretiens concernent des garçons, 40 % les filles.
8. Plus de 30 entretiens par an.
9. Plus de 15 entretiens par an.
10. Dans les écoles romandes de la ville de Bienne.
11. Quatre points découlant de la théorie sociocognitive seront développés sous « enjeux relationnels ».
12. Nom fictif, élève de 12 ans, niveau primaire.
13. Nom fictif, élève de 10H, niveau secondaire.
14. Ceux-ci nous informent des décisions du suivi psychiatrique de leur fille et Pauline, également, informe le TSS des décisions prises. Un accord est passé avec les parents et Pauline pour que les informations se transmettent entre l'école, Pauline et sa famille.

CHAPITRE 4

Les enseignants de cours de langue et culture d'origine

Perspectives pour un soutien efficace et durable au plurilinguisme auprès des enfants de migrants

Rosita Fibbi et
Ruth Calderón

1. TRANSMISSION LINGUISTIQUE DANS LES FAMILLES IMMIGRÉES

Le bilinguisme est une pratique quotidienne dans la plupart des familles immigrées. Tel est le cas non seulement dans les familles récemment arrivées en Suisse, dont les membres ont été socialisés et scolarisés dans le pays d'origine, mais également dans les familles installées depuis longtemps dans le pays. C'est ce que montre une étude sur le bi/plurilinguisme des petits-enfants de migrants italiens et espagnols conduite en Suisse il y a quelques années (Fibbi et Matthey, 2010).

La résidence de longue durée dans le pays d'immigration va indubitablement de pair avec une certaine érosion de la langue d'origine; toutefois, ce constat doit être quelque peu nuancé dans le contexte suisse. Le rythme de cette érosion paraît freiné par la volonté des parents (et l'engagement des grands-parents, lorsqu'ils sont présents) de favoriser une forme plus ou moins achevée de compétence bilingue.

L'Europe et notamment la Suisse se voulant composites au niveau linguistique, le bi/plurilinguisme s'en trouve valorisé. Il atténue efficacement les réticences des familles quant à la transmission de la langue d'origine. Deux autres facteurs jouent un rôle majeur: premièrement, la fréquence des échanges transnationaux alimente et actualise la motivation personnelle des jeunes. Deuxièmement, l'offre extrafamiliale de formation linguistique consolide les connaissances acquises informellement. La recherche internationale conclut que le bilinguisme des migrants et de leurs enfants est tributaire en premier lieu des options et des pratiques familiales. Toutefois, cette volonté de transmission linguistique ne saurait se passer d'un support externe à la famille. L'absence de pratiques extrafamiliales diminue fortement ces chances de transmission (Alba *et al.*, 2002).

Les cours de langue et culture d'origine, institutionnalisés en Suisse comme dans nombre de pays européens, représentent un des plus puissants supports en vue d'une consolidation des pratiques plurilingues informelles. De plus, l'impact de ces cours déborde la sphère linguistique. Ces pratiques permettent à nombre de jeunes d'explorer et d'élaborer leurs choix identitaires. En Europe, les langues d'origine des migrants semblent jouer un rôle de marqueur identitaire plus affirmé que cela n'est le cas aux États-Unis (Waters, 1990), en raison de la connectivité élevée entre espaces linguistiques différents. Cet aboutissement n'est pas une remise en question de l'inscription durable des jeunes en Suisse, mais plutôt une conception de cette inscription comme étant non pas exclusive, mais ouverte sur le monde.

2. UN CADRE MAJEUR DANS L'APPRENTISSAGE LINGUISTIQUE EXTRAFAMILIAL

Les cours de langue et culture d'origine viennent compléter, à raison de trois à quatre heures d'enseignement hebdomadaire, la scolarisation dans les écoles publiques helvétiques, accompagnant ainsi l'élève tout au long de la scolarité obligatoire (Giudici et Bühlmann, 2014). Ils touchent ainsi tous les enfants souhaitant maîtriser leur langue d'origine. Ces cours couvrent une très large palette de langues allant de l'albanais au vietnamien en passant par l'arabe, le japonais et le portugais.

Parmi les offres de formation linguistique qui peuvent soutenir les efforts de transmission familiale, il convient aussi de mentionner l'enseignement des langues des migrants proposé dans le cadre de la formation post-obligatoire. Cette offre toutefois ne touche que les élèves fréquentant certains types de formation (gymnases notamment) et ne couvre qu'une palette restreinte des langues des grandes collectivités immigrées en Suisse. Ce fait n'est pas véritablement lié à des logiques migratoires. L'italien est enseigné au titre de langue nationale et l'espagnol au titre de langue internationale, à côté de l'anglais. Dans ces conditions, les cours de langue et culture d'origine constituent en Suisse la principale offre de formation susceptible de soutenir l'effort de transmission linguistique des familles immigrées.

La Conférence des directeurs cantonaux de l'instruction publique (CDIP) reconnaît le rôle crucial des cours de langue et culture d'origine (LCO) dans le contexte actuel, voulant une meilleure intégration scolaire des enfants de migrants :

> La recherche sur l'acquisition du langage chez les enfants bilingues ou plurilingues montre qu'un bon niveau de compétence en langue première a des répercussions positives sur l'apprentissage d'autres langues. En d'autres mots, la valorisation de la langue première n'empêche, ni ne retarde, l'apprentissage de la langue seconde ou de langues étrangères. Bien au contraire, de bonnes connaissances en langue première constituent un avantage, sans oublier qu'elles pourront être plus tard un atout professionnel. Elles permettent également à l'enfant de mieux construire son identité et de mieux se situer dans son environnement social[1].

Une nouvelle impulsion pour ces activités vient – plus ou moins directement – de la politique fédérale, consacrée dans la loi du 5 octobre 2007 sur les langues nationales et la compréhension entre les communautés linguistiques (*Loi sur les langues*, LLC), en vigueur depuis le 1er janvier 2010, et son ordonnance (OLang), entrée en vigueur le 1er juillet 2010. Les autorités et le parlement s'intéressent aux langues d'origine des migrants, car elles considèrent que, pour les migrants allophones,

> le fait de posséder de bonnes connaissances de la langue première facilite l'acquisition de la langue nationale locale. Encourager ce type d'enseignement intégré permet donc de favoriser en même temps l'apprentissage de la langue première et les compétences dans la première langue nationale[2].

Nous souhaitons citer ici extensivement l'information à ce propos, car elle constitue une nouvelle opportunité de renforcement des activités en LCO :

> Sur la base de la LLC (art. 16) et de l'OLang (art. 10 et 11) la Confédération peut accorder des aides financières aux cantons

> dans le but de promouvoir des projets innovants et des concepts didactiques nouveaux pour l'enseignement d'une deuxième ou d'une troisième langue nationale […] La Confédération peut également accorder des aides financières aux cantons dans le but d'améliorer les conditions-cadres de l'enseignement de la langue et de la culture d'origine (dit enseignement LCO), notamment dans le but d'améliorer la formation continue des enseignants et d'élaborer du nouveau matériel didactique[3].

C'est dans ce cadre qu'une enquête sur les caractéristiques actuelles de cette offre de formation a pu être conduite. Alors que jusqu'ici, l'information sur ces cours avait toujours été récoltée auprès des institutions organisant ces activités, pour la première fois, les auteures de ces travaux se sont adressées directement aux principaux acteurs proposant ces formations : les enseignants en langue et culture d'origine (enseignants LCO), grâce à la collaboration de leurs structures organisationnelles.

3. L'ENQUÊTE

L'enquête (Calderón, Fibbi et Truong, 2013) se déroule dans une conjoncture historique particulière marquée par deux changements d'importance. Le premier concerne les objectifs poursuivis. Les cours LCO ont été mis sur pied dans les années 1970, encore caractérisées par une politique de rotation et le retour massif des émigrés et de leurs familles dans leur pays d'origine. En conséquence, les cours visaient à rendre moins difficile la réinsertion scolaire des enfants de migrants dans leur pays ; or, cet objectif ne fait plus sens dans le contexte migratoire actuel.

Le deuxième changement porte sur les groupes immigrés les plus concernés par ces cours. Les structures qui, jusqu'ici, assuraient la majeure partie de ces activités (notamment italiennes, espagnoles et portugaises) subissent actuellement une usure certaine, alors que de nouvelles perspectives s'ouvrent. Cette évolution est l'expression notamment des profondes mutations de la présence immigrée en Suisse. Depuis 30 ans, les zones de provenance des immigrés ont radicalement changé : l'immigration est de plus en plus le fait de personnes venant d'un nombre grandissant de pays, que ce soit dans le cadre de la migration de travail (p. ex. Portugal, pays des Balkans) ou de l'asile (p. ex. pays des Balkans, Turquie, Sri Lanka, Érythrée, Somalie). Les modalités de réalisation de ces cours sont appelées à se transformer dans ce contexte.

L'enquête vise à dresser un bilan des activités en LCO en cours dans trois cantons alémaniques et trois cantons romands (Berne, Genève, Jura, Lucerne, Soleure et Vaud) qui s'étaient montrés disposés à une collaboration pour la collecte d'informations sur le terrain. Un questionnaire, en ligne et sur papier, portant sur la situation professionnelle et les besoins de formation continue a été ainsi adressé à tous les enseignants LCO de ces cantons, connus des autorités de tutelle de ces cours. La démarche a trouvé un fort écho, car de nombreux enseignants LCO ont répondu positivement à notre invitation à participer au sondage : 231 d'entre eux, soit 52 % des personnes sollicitées, ont retourné le questionnaire en décembre 2012.

L'enquête vise à mettre à la disposition des écoles et des formateurs d'enseignants les connaissances de base nécessaires au développement d'une offre de formation continue pour les enseignants LCO taillée sur leurs besoins, ainsi qu'à promouvoir l'amélioration des conditions-cadres de ces cours[4].

4. LES COURS DE LANGUE ET CULTURE D'ORIGINE

Nous synthétisons ici les principales tendances qui se dégagent de l'enquête (Calderón, Fibbi et Truong, 2013).

4.1. La fragmentation du paysage des cours

Le premier élément qui émerge de ce sondage est un tableau d'une réalité vivante et composite. Si de nombreux cours concernent les groupes d'immigrés établis de longue date et numériquement importants, un nombre non négligeable d'entre eux s'adressent à d'autres groupes immigrés, de taille plus réduite, mais tout aussi engagés dans la transmission de la langue d'origine. Le paysage migratoire en Suisse a connu, depuis les années 1990, un changement accéléré qui s'est traduit par une grande diversification des origines géographiques des migrants, notamment en provenance de pays extraeuropéens, ainsi que des statuts juridiques associés à la migration de travail et d'asile (Fibbi, 2013). On observe, en conséquence, une multiplication non seulement des langues enseignées dans ces cours, mais aussi des groupes nouveaux d'immigrés aux prises avec les contraintes administratives et organisationnelles qui caractérisent le développement de l'offre d'enseignement de la langue d'origine.

4.2. Le cadre organisationnel

Le deuxième élément émergent est la diversification des structures organisationnelles qui prennent l'initiative et se chargent de ces cours : notre échantillon compte autant d'enseignants salariés des structures émanant des pays d'origine que d'enseignants œuvrant dans des organismes associatifs. Ces organismes, qui prennent souvent la forme d'associations ou fondations de droit suisse, s'enracinent d'un point de vue juridique dans le tissu social helvétique.

À présent, les cours organisés par les ambassades et les consulats comptent la plus grande part des élèves des écoles LCO. Les cours gérés et financés par les pays d'origine (p. ex. l'Italie, l'Espagne, le Portugal) ont une meilleure assise organisationnelle ; la rotation des enseignants qui se pratique dans ce cadre paraît toutefois problématique. En outre, ces cours sont menacés par les restrictions budgétaires qui affligent les pays d'origine.

Les organismes privés de gestion (associations, parents d'élèves, fondations) sont quant à eux d'ores et déjà 1,5 fois plus nombreux que les organismes officiels émanant des pays d'origine. Les cours gérés par des associations (fréquemment en première ligne auprès des groupes d'immigrés récents) ont une meilleure assise locale, les enseignants étant recrutés sur place et présentant une forte motivation : ils sont cependant fragiles sur le plan organisationnel et financier. Les associations et les fondations constituent un modèle alternatif consolidé qui pourrait connaître un développement important à l'avenir.

S'il n'y a pas de différence fondamentale entre les deux régions linguistiques, on observe une prépondérance des structures consulaires en Suisse romande et une forte présence des structures associatives en Suisse alémanique.

4.3. Les rapports des autorités scolaires avec les organisateurs des cours LCO

Ces transformations ne sont pas sans conséquence au niveau des politiques à l'égard de ces cours. À en croire certaines « anticipations », effectuées par les enseignants eux-mêmes, une évolution inviterait à repenser les relations entre autorités scolaires helvétiques et organismes de gestion dans ce paysage en mutation. Les interlocuteurs des autorités seront probablement de moins en moins les fonctionnaires scolaires ou les diplomates des pays d'origine, mais bel et bien des migrants établis en Suisse, voire des contribuables, en dialogue avec « leurs » autorités.

Si ces prévisions se confirment, les conséquences pourraient être de taille. Le rapport entre les autorités et ces structures associatives d'immigrés pourrait dorénavant s'apparenter davantage à un travail de soutien à l'auto-organisation de migrants et relever ainsi d'une forme de capacitation des migrants engagés dans la poursuite d'un objectif reconnu comme légitime par tous les acteurs en présence : la transmission de la langue d'origine. Le fait que ces organismes mobilisent les énergies de nombreuses femmes, issues des vagues migratoires récentes et engagées dans la transmission de la langue d'origine, constitue une opportunité rêvée pour approcher un public réputé difficile à atteindre.

En leur qualité d'interlocuteurs des associations de migrants, les autorités scolaires et les autorités responsables de la mise en œuvre locale de la politique d'intégration seraient appelées à collaborer. C'est déjà le cas en partie, à en juger par le soutien crucial fourni par les délégués municipaux à l'intégration, dans les efforts nécessaires visant à surmonter certaines difficultés rencontrées au cours de cette enquête.

4.4. Le profil des enseignants LCO

On distingue deux profils d'enseignants LCO regroupant chacun la moitié environ des enseignants. Il y a, d'une part, les professeurs travaillant dans des *structures gérées par les consulats et les ambassades.* Ceux-ci disposent très souvent d'une formation tertiaire et d'une formation pédagogique, exercent leur métier à titre de profession principale et bénéficient de conditions de travail garanties, bien que leur engagement en Suisse soit limité à quelques années en raison d'une politique de rotation pratiquée par les autorités du pays d'origine. Ces structures organisationnelles bénéficient d'une coordination professionnelle et offrent un nombre conséquent de cours LCO à un large public. Leur avenir est toutefois assombri par la réduction déjà intervenue ou imminente des moyens mis à disposition par les autorités des pays d'origine, en proie à des crises fiscales graves.

Les professeurs travaillant dans des *structures associatives*, d'autre part, disposent de niveaux de formation plus disparates. Alors qu'une majorité dispose d'une formation de niveau tertiaire ainsi que d'une qualification en enseignement, le quart d'entre eux n'a jamais suivi de formation pédagogique. Leurs conditions de travail sont plus précaires : plus de la moitié d'entre eux n'a pas de contrat de travail, leur temps d'engagement est des plus limités et leur rémunération bien modique. En conséquence, pour nombre de ces personnes, l'enseignement ne représente qu'une activité accessoire. Elles résident cependant depuis plus longtemps en Suisse et nombreuses sont celles qui possèdent la nationalité suisse. Le travail de coordination dans ce type de structure organisationnelle est assuré le plus souvent sur une base bénévole. Selon les personnes interrogées, les cours LCO menés par des structures associatives vont se développer de manière importante à l'avenir.

4.5. La formation des enseignants LCO

L'image des enseignants LCO fournie par cette enquête s'en trouve modifiée par rapport aux stéréotypes courants : deux enseignants sur trois ont une formation tertiaire, trois enseignants sur quatre ont une formation pédagogique et 90 % connaissent la langue locale au niveau B ou C. Pour terminer, 31 % sont de nationalité suisse.

Les enseignants LCO font preuve d'un intérêt certain pour la formation continue. Deux tiers d'entre eux ont déjà suivi des cours durant les trois dernières années. Ces derniers sont offerts autant par les structures suisses que par leurs propres organisations, consulaires ou non. Qui plus est, ces personnes manifestent une forte volonté de s'engager dans une formation continue : trois enseignants LCO sur quatre sont prêts à y investir à l'avenir jusqu'à 30 heures par année. Le *thème de formation continue* le plus demandé est *la collaboration avec les enseignants de l'école suisse* : il s'agit concrètement de concevoir et conduire conjointement des projets favorisant le plurilinguisme en coopération avec les enseignants de l'école suisse. L'autre principal domaine dans lequel les enseignants LCO souhaitent un échange soutenu est *la gestion des classes hétérogènes*. Leurs élèves présentent en effet une grande diversité pour ce qui est de l'âge et des compétences en langue d'origine.

4.6. Le faible niveau d'intégration des enseignants LCO dans l'école suisse

Ces enseignants font état d'une *faible intégration dans les structures de l'école suisse* : cette situation se manifeste par des contacts limités avec leurs collègues et les autorités scolaires, ainsi que par un accès très partiel à l'infrastructure scolaire (tant les établissements que le matériel). Les différences entre cantons à cet égard sont par ailleurs prononcées. Des améliorations devraient être apportées dans ce domaine si l'on veut faire sortir les cours LCO et leurs enseignants du statut d'hôtes tolérés, mais pas bienvenus au sein de l'école publique, un statut en contraste avec la nouvelle politique helvétique de soutien au plurilinguisme.

5. LES ENJEUX LINGUISTIQUES ET SOCIAUX DES COURS LCO

Les cours LCO sont une expression dans la sphère publique de la dimension collective de l'altérité linguistique, généralement confinée dans l'espace privé. Le statut accordé par l'école à ces cours manifeste la disponibilité à prendre acte de la diversité à l'intérieur de l'école et de cette société, une disponibilité à traduire dans les faits la valorisation officielle du plurilinguisme.

Si ces cours sont nés il y a quarante ans pour faciliter les retours dans le pays d'origine des familles des travailleurs immigrés, ils poursuivent aujourd'hui d'autres objectifs. Ils entendent favoriser l'apprentissage de la langue locale, ou être utiles pour l'avenir professionnel des jeunes, selon les enseignants LCO interrogés. Les enseignants indiquent que l'objectif principal est de favoriser la cohésion familiale en œuvrant à tisser des continuités intergénérationnelles (Calderón, Fibbi et Truong, 2013, p. 36). La littérature (Portes et Rumbaut, 2001) indique que ces continuités représentent des repères importants pour les jeunes au moment où ils commencent à négocier leur place dans la société dans laquelle ils vivent.

L'aboutissement de cette recherche n'est pas tellement une remise en question de leur inscription durable dans ce pays, mais très clairement une conception de cette inscription comme étant non pas exclusive, mais ouverte sur le monde. Une étude sur les petits-enfants de migrants (Fibbi et Matthey, 2010) explorant le sens attribué par les jeunes aux pratiques plurilingues montre qu'ils acceptent l'héritage linguistique de leurs parents et grands-parents, car il fait sens dans le contexte urbain où ils vivent. L'acceptation de l'héritage linguistique familial et sa consolidation grâce à une forme d'apprentissage formalisé font d'eux des sujets plurilingues dans des villes caractérisées par un multilinguisme fortement valorisé, répandu à la fois dans les minorités et dans la majorité (Carli *et al.*, 2003).

6. AGIR POUR L'INCLUSION

L'enquête auprès des enseignants LCO témoigne d'une réalité vivante, animée par la société civile constituée des parents d'élèves migrants, voire, pour certains groupes, des États d'origine. En dépit de l'ampleur des réalisations effectuées, ces activités demeurent en marge de l'école publique. L'enquête témoigne de la difficulté d'accéder aux infrastructures de l'école publique pour les enseignants LCO: 56% n'ont pas accès à la salle des maîtres, 74% au matériel scolaire de base (ciseaux, papier, colle).

Ces indicateurs nous renseignent sur la «tenue à l'écart» des cours LCO et concrétisent le clivage idéologique habituel entre «nous», les établis, et «eux», les *outsiders* (Elias et Scotson, 1965/1997/2001). L'ampleur de l'écart peut varier d'un groupe à l'autre, en fonction: 1) du capital social que chaque groupe immigré a réussi à accumuler au fil du temps; 2) de la formalisation des procédures organisationnelles; 3) des approches pédagogiques. Les groupes les plus récents sont souvent dans une situation relativement défavorable, qui rend évidente une hiérarchie de prestige épousant parfois les contours d'une hiérarchie d'ancienneté. Dans ce contexte, ce n'est pas un hasard si le principal sujet de formation continue souhaité par les enseignants LCO est justement la collaboration avec l'école suisse, dans le souci de dépasser le décalage entre leur «désir d'intégration» et le faible «désir d'inclusion» de la part de l'école suisse.

L'inclusion est la démarche qui rend réciproque le processus d'intégration (Commission fédérale pour les questions de migration, 2008). Comment comprendre cette notion d'inclusion? Elle désigne assurément une démarche centrée sur l'élève, une démarche visant le respect de l'individu comme porteur d'une diversité. Qui plus est, cette diversité n'est pas appelée à disparaître dans nos sociétés avancées. Nous devons donc apprendre à vivre avec.

Ainsi, au plan linguistique, l'inclusion des cours LCO contribue à consolider les apprentissages linguistiques informels se déroulant dans le cadre familial, promouvant ainsi un plurilinguisme dont bénéficie la société de résidence tout entière. Cette consolidation linguistique peut avoir des répercussions importantes au plan psychologique pour les jeunes d'origine immigrée: confrontés au défi d'élaborer une image positive d'eux-mêmes, ils sont en effet à la recherche d'une identité qui rend justice à une partie de leur vécu personnel et familial ici et maintenant dans la société au sein de laquelle ils sont installés et souhaitent demeurer.

Néanmoins, la notion d'inclusion va au-delà de la seule démarche individuelle et rejoint une dimension collective, où l'école prend acte de la pluralité interne de la collectivité dans laquelle elle opère et s'engage à reconnaître comme légitimes des pratiques linguistiques jusqu'ici réputées externes ou indifférentes à l'école. Pour que ce message ne soit pas mal interprété, il ne s'agit pas de mettre entre parenthèses l'objectif de l'apprentissage de la langue locale par les allophones, mais bien de permettre la consolidation des apprentissages linguistiques autres.

CONCLUSION

Il est possible d'identifier plusieurs *pistes d'action* visant à traduire ces réflexions générales dans la réalité quotidienne, en tenant compte des résultats de l'enquête sur les enseignants des cours LCO.

Les autorités scolaires cantonales peuvent premièrement soutenir les structures responsables de l'organisation des cours LCO grâce à une action sur le plan de l'information, du conseil et de la coordination. En particulier, par des recommandations, elles peuvent guider les communes et les directions d'établissement dans la construction d'une meilleure intégration des cours LCO au plan local, en termes d'accès à l'infrastructure scolaire et d'amélioration des contacts réciproques.

Les instances de formation des enseignants – au plan cantonal ou supracantonal – peuvent, deuxièmement, préparer les futurs professeurs à la collaboration avec les enseignants LCO, que ce soit dans la formation initiale ou continue. Elles peuvent par ailleurs offrir des cours sur mesure pour répondre aux besoins des enseignants LCO.

Enfin, la collaboration avec les structures de promotion de l'intégration – externes au système scolaire, mais actives au plan local – peut être renforcée. Ces structures entretenant des liens privilégiés avec les collectivités immigrées peuvent soutenir les efforts organisationnels des migrants et appuyer les enseignants LCO ainsi que les autorités scolaires dans le travail d'information auprès des parents immigrés.

NOTES

1. CDIP, Qu'est-ce que l'enseignement LCO? <http://www.edk.ch/dyn/19256.php>.
2. Confédération suisse, Office fédéral de la culture, Promotion des langues nationales dans l'enseignement et de l'acquisition par les allophones de leur langue première. <http://www.bak.admin.ch/kulturschaffen/04245/04246/04731/index.html?lang=fr>.
3. *Ibid.*
4. L'enquête a été financée par l'Office fédéral de la culture, dans le cadre de la promotion de l'acquisition par les allophones de leur langue première. (LLC, art. 16c; OLang, art. 11).

PARTIE 2

CHAPITRE 5

Soutenir l'inclusion scolaire des élèves présentant des difficultés comportementales par la formation continue et l'accompagnement des enseignants

Nancy Gaudreau

INTRODUCTION

L'inclusion scolaire des élèves présentant des difficultés comportementales constitue un défi de taille pour plusieurs enseignants qui considèrent ces élèves comme étant ceux à qui il est le plus difficile d'enseigner (Kauffman et Landrum, 2009). Bien que des études démontrent les effets positifs de l'inclusion scolaire sur les comportements et le rendement académique de ces élèves (Dishion, McCord et Poulin, 1999 ; Gifford-Smith *et al.*, 2005), il s'avère que la présence de comportements perturbateurs au sein de la classe engendre des répercussions négatives sur le temps consacré à l'apprentissage en classe en plus d'être une source importante de stress menant à l'épuisement professionnel des enseignants (Fernet *et al.*, 2012 ; McCormick et Barnett, 2011). En effet, plusieurs enseignants se sentent démunis et peu préparés pour relever le défi de la gestion des comportements difficiles en classe (Avramidis et Kalyva, 2007 ; Jeffrey et Sun, 2006 ; Markow, Moessner et Horowitz, 2006 ; Poulou, 2005). De fait, des études démontrent que la formation initiale des enseignants consacre peu de temps au développement des compétences permettant de prévenir et gérer les comportements difficiles des élèves au sein de la classe (Blaya et Beaumont, 2007 ; Stoughton, 2007 ; Wubbels, 2011). Pour plusieurs chercheurs, cela s'avère insuffisant (Bonvin et Gaudreau, 2015 ; Jeffrey et Sun, 2006 ; Main et Hammond, 2008 ; Royer,

2010). De nombreuses recherches ont permis d'évaluer et d'identifier les pratiques probantes de gestion de classe et d'interventions auprès des élèves présentant des difficultés comportementales (Evertson et Weinstein, 2006 ; Kerr et Nelson, 2010 ; Royer, 2006). Néanmoins, les enseignants disposent de façon générale d'un registre peu étendu de stratégies de gestion des comportements (Evans, Weiss et Cullinan, 2012 ; Gable, Tonelson et Walker-Bolton, 2010). Considérant le rôle central joué par les enseignants dans la mise en œuvre de stratégies préventives et adaptées susceptibles de soutenir l'inclusion scolaire des élèves présentant des difficultés comportementales, ce chapitre s'intéresse aux conditions d'efficacité de la formation continue dans ce domaine. Il présente une synthèse des résultats de recherches obtenus à la suite de deux implantations du Programme de formation à la Gestion positive des situations de classe (GPS) auprès d'enseignants du premier cycle du primaire[1] (Gaudreau, 2012). Pour ce faire, nous expliciterons d'abord les concepts à l'étude, suivis des objectifs et de la méthodologie de recherche, pour terminer par la présentation et la discussion des résultats.

1. CADRE CONCEPTUEL

Dans la perspective de favoriser le développement des compétences professionnelles des enseignants en matière de gestion de la classe et d'intervention auprès des élèves présentant des comportements difficiles en contexte inclusif, la formation continue s'avère une voie intéressante, voire efficace, dans la mesure où certaines conditions sont respectées. Puisqu'ils sont au cœur du sujet à l'étude, nous définirons d'abord les concepts de sentiment d'efficacité personnelle et de gestion de classe. Ensuite, nous présenterons une revue succincte des écrits sur les conditions d'efficacité de la formation continue.

1.1. Le sentiment d'efficacité personnelle et les pratiques enseignantes

Issu de la théorie sociocognitive développée par Bandura (1986), le sentiment d'efficacité personnelle (SEP) renvoie à la perception qu'a l'individu de sa capacité à organiser et exécuter la ligne de conduite requise pour produire les résultats souhaités (Bandura, 2007). Plusieurs chercheurs se sont intéressés au SEP des enseignants ; leurs travaux ont permis de démontrer son influence majeure sur la nature et la qualité de leurs pratiques éducatives. En effet, plus les enseignants présentent un SEP élevé, plus ils différencient leur enseignement (Temiz et Topcu,

2013) et mieux ils réussissent à prévenir l'émergence des problèmes de comportement en classe (Kokkinos, 2007 ; Kulinna, Cothran et Regualos, 2006 ; Woolfolk, 2007). Ces enseignants croient davantage à la réussite des élèves en difficulté de comportement et sont plus ouverts à les accueillir au sein de leur classe (Baker, 2005 ; Gordon, 2001 ; Poulou et Norwich, 2002). En revanche, ceux qui présentent un SEP relativement faible ont davantage tendance à critiquer les élèves pour leurs échecs scolaires et recourent plus fréquemment à des pratiques punitives pour les amener à respecter les consignes (Woolfolk et Hoy, 1990). Ils sont aussi plus à risque de vivre un épuisement professionnel (Skaalvik et Skaalvik, 2007, 2010).

1.2. Les conditions d'efficacité de la formation continue

L'avancement de la recherche portant sur les conditions d'efficacité des activités de formation continue a permis de recenser certains éléments clés qui soutiennent le développement des compétences des enseignants et d'observer des retombées concrètes sur la qualité de l'enseignement, voire la réussite des élèves. Les activités de formation continue doivent être substantielles, répondre aux besoins des enseignants et de leurs élèves, et favoriser la mise en pratique en contexte réel ainsi que la réflexion sur les pratiques de l'enseignant (Reeves, 2010). Elles doivent aussi être appréciées par les participants (Bissonnette et Richard, 2010) ; le formateur doit être jugé crédible, les contenus enseignés facilement transférables dans la pratique (Le Fevre, 2014), et différentes mesures d'accompagnement ou de suivi doivent être prévues (Hoffman, Hutchinson et Reiss, 2009 ; Jones et Chronis-Tuscano, 2008). Les activités de formation continue qui prévoient le temps et l'accompagnement nécessaires au transfert dans la pratique ont été démontrées comme ayant le plus d'effets positifs à long terme (Levin et Rock, 2003 ; Wei *et al.*, 2009). Par conséquent, les activités de formation structurées qui se déroulent sur une longue période (plus de six mois) et qui incluent une variété de dispositifs d'accompagnement sont à privilégier. Pour leur part, les activités ponctuelles de perfectionnement, même si elles sont souvent très appréciées par les enseignants (Comité d'orientation de la formation du personnel enseignant, 2002), apportent peu de changement dans la pratique (Corcoran, Shields et Zucker, 1998 ; Hustler *et al.*, 2003).

Finalement, pour être jugée efficace, une formation continue doit produire des effets positifs aux quatre niveaux suivants : 1) susciter une réaction positive chez les participants (degré de satisfaction élevé) ; 2) permettre que des apprentissages soient réalisés chez les participants (savoir, savoir-être, savoir-faire) ; 3) provoquer des changements dans la pratique (réinvestissement dans la classe) ; 4) favoriser la réussite scolaire et la bonne conduite des élèves au sein de la classe (Guskey, 2002, 2014 ; Kirkpatrick et Kirkpatrick, 2013).

1.3. Soutenir le développement du sentiment d'efficacité personnelle

Bien qu'encore peu répandues, les activités de formation continue qui portent une attention particulière au développement du SEP des enseignants ont une efficacité avérée (Fritz, Miller-Heyl et Kreutzer, 1995 ; Ohlhausen, Meyerson et Sexton, 1992). En effet, plus le SEP des enseignants est fort, plus ceux-ci s'investissent dans leur développement professionnel continu en adoptant une pratique réflexive et en expérimentant de nouvelles stratégies d'intervention (Cerit, 2013).

Pour ce faire, les quatre sources d'efficacité personnelle identifiées par Bandura (2007) permettent d'identifier des stratégies de formation-accompagnement efficaces pour soutenir les transformations de pratiques chez les enseignants en formation (Gaudreau, 2013) : 1) privilégier un enseignement orienté vers la maîtrise qui permet aux enseignants de vivre des expériences de succès en contexte réel (Bandura, 2007 ; Ross, 1994) ; 2) prévoir des activités d'échange d'expériences et d'observation entre pairs afin que les enseignants saisissent comment s'actualisent les différentes stratégies d'intervention enseignées et reconnaissent leurs bienfaits (Poulou, 2007 ; Takahashi, 2011 ; Tschannen-Moran et Hoy, 2007) ; 3) encourager l'enseignant et lui formuler des rétroactions positives fréquentes concernant ses pratiques éducatives, afin de l'inciter à se fixer des objectifs et à mobiliser ses ressources personnelles et professionnelles pour les atteindre (Bandura, 2007 ; Palmer, 2011) ; 4) enfin, puisque l'intervention auprès des élèves en difficulté de comportement est souvent associée à une expérience physiologique et psychologique négative (Cudré-Mauroux, 2011), aider les enseignants à recenser les contextes d'intervention perçus comme étant plus difficiles et à planifier des scénarios d'intervention susceptibles de les aider à les gérer efficacement (Gist, Bavetta et Stevens, 1990).

1.4. La gestion de classe et l'inclusion des élèves en difficulté de comportement

Reconnue comme étant le facteur qui influence le plus l'apprentissage (Wang, Haertel et Walberg, 1993), la gestion de classe est définie comme étant « l'ensemble des pratiques éducatives auxquelles les enseignants ont recours afin d'établir, de maintenir et de restaurer des conditions propices au développement des compétences des élèves en classe » (Archambault et Chouinard, 2009, p. 15). Selon O'Neill et Stephenson (2011) et Gaudreau, Frenette, et Thibodeau (2015), elle est constituée de cinq composantes référant à des répertoires d'actions visant à : 1) gérer les ressources (temps, espace et matériel) ; 2) établir des attentes claires ; 3) maintenir l'attention et l'engagement des élèves sur la tâche ; 4) développer des relations positives ; 5) gérer les comportements difficiles des élèves. Le développement des compétences professionnelles des enseignants en matière de gestion de classe constitue un facteur clé dans la réussite de l'inclusion scolaire des élèves en difficulté de comportement (Dickens-Smith, 1995 ; Gaudreau, 2011). Des activités d'accompagnement professionnel peuvent avoir des effets positifs sur la perception et la compréhension qu'ont les enseignants des comportements des élèves (Massé *et al.*, 2013) et la qualité des interventions à l'égard des élèves présentant des difficultés comportementales (MacSuga et Simonsen, 2011 ; Nadeau, Normandeau et Massé, 2012). Toutefois, peu de recherches ont permis d'évaluer les effets d'activités de formation structurées sur le SEP des enseignants à gérer la classe et, plus particulièrement, les comportements difficiles des élèves.

2. BUT ET OBJECTIFS

Le but de ce chapitre est de présenter une synthèse des résultats de recherche obtenus à la suite de l'implantation du Programme de formation GPS auprès de deux cohortes d'enseignants du premier cycle du primaire, afin d'en dégager des constats quant aux effets et aux conditions de réussite d'un programme de formation continue portant sur la gestion des comportements difficiles en classe, ainsi que des pistes de recherche et d'intervention pour les chercheurs et praticiens que le sujet intéresse.

À partir d'un devis de recherche quasi expérimentale à mesures répétées et en cohérence avec le modèle d'évaluation de programmes de Kirkpatrick et Kirkpatrick (2005), les deux études réalisées visaient quatre objectifs : 1) évaluer le niveau de satisfaction des enseignants participants ; 2) évaluer les effets du Programme de formation continue GPS (Gaudreau, 2012) sur le SEP des enseignants pour ce qui est de gérer la classe (plus particulièrement les comportements difficiles des élèves) ; 3) déterminer les modalités de soutien à la formation perçues comme ayant le plus contribué au développement professionnel des enseignants ; 4) documenter la nature et l'intensité des retombées perçues suite à la participation au programme de formation. Les résultats relatifs aux deux premiers objectifs ayant déjà fait l'objet de publications, ils seront présentés de manière très succincte dans le présent chapitre, qui se penchera principalement sur les résultats obtenus pour les troisième et quatrième objectifs susnommés. Puisque ces derniers touchent uniquement les participants des groupes expérimentaux, les résultats qui suivent découlent uniquement des données recueillies auprès de ceux-ci, les groupes témoins ayant été sollicités principalement pour réaliser le deuxième objectif.

3. MÉTHODOLOGIE

3.1. Participants

Les deux études ont été menées dans la ville de Québec (Québec, Canada) au cours des années scolaires 2008-2009 et 2012-2013. Le recrutement des participants s'est effectué en transmettant une invitation à tous les enseignants du premier cycle du primaire de la commission scolaire concernée. Ensuite, ceux-ci ont été assignés de manière aléatoire dans chacun des groupes. Le tableau 1 présente les caractéristiques sociodémographiques des participants à chacune des études. Les groupes étant constitués à 95 % de femmes, la variable genre n'a pas été retenue. Aucune différence significative entre les groupes (expérimental et témoin pour chaque étude) n'a été relevée.

3.2. Démarche de formation-accompagnement

Pour les deux études, les enseignants des groupes expérimentaux ont participé aux activités du Programme de formation GPS à raison d'un atelier de formation de trois heures par mois, pour un total de 24 heures pour les participants de la 1re étude (1re version du programme GPS) et de 30 heures pour ceux de la 2e étude (2e version du Programme de formation GPS). Les sujets suivants ont été traités : les mesures préventives en classe ; le profil de gestion de classe de l'enseignant ; les caractéristiques des élèves présentant des difficultés de comportement ; l'observation et l'évaluation fonctionnelle des comportements en classe ; la motivation et l'intervention individualisée ; le trouble du déficit de l'attention avec hyperactivité ; les conduites agressives ; l'intervention en situation de crise ; la gestion du stress et le développement des habiletés

Tableau 1 – Données sociodémographiques

1re étude Caractéristiques	Groupe expérimental (n = 27)	Groupe témoin (n = 24)	Total (n = 51)
Âge Moyenne (É-T)	38,48 (7,36)	41,88 (8,77)	40,08 (8,15)
Années d'expérience Moyenne (É-T)	12,67 (6,39)	15,17 (7,37)	13,85 (6,92)
Niveau d'enseignement			
1re année	14	7	21
2e année	11	14	25
1re et 2e années	2	3	5
2e étude Caractéristiques	**Groupe expérimental (n = 28)**	**Groupe témoin (n = 18)**	**Total (n = 46)**
Âge Moyenne (É-T)	34,18 (7,49)	31,44 (8,75)	33,11 (8,22)
Années d'expérience Moyenne (É-T)	11,36 (6,20)	11,94 (6,14)	11,59 (6,12)
Niveau d'enseignement			
1re année	12	9	24
2e année	12	8	20
1re et 2e années	0	1	1

sociales. Un soutien individuel était offert aux participants sur demande par les formateurs, qui assumaient également un rôle d'assistance professionnelle auprès des enseignants. Des activités de lecture, de partage d'expériences entre les participants, des expériences en classe et des réflexions sur les pratiques d'intervention ont également été réalisées.

3.3. Cueillette et analyse de données

Le niveau de satisfaction des enseignants (1er objectif) a été évalué à la fin de chaque atelier de formation à l'aide d'une fiche d'appréciation composée de dix questions. L'opinion des participants étant alors exprimée à l'aide d'une échelle de Likert à quatre niveaux allant de 1 (*tout à fait en désaccord*) à 4 (*tout à fait d'accord*).

L'évaluation des effets de la formation continue sur le SEP des enseignants à gérer la classe et les comportements difficiles des élèves (2e objectif) a été réalisée à l'aide de l'Échelle d'autoefficacité des enseignants (Dussault, Villeneuve et Deaudelin, 2001) et d'une adaptation française de la *Teacher Interpersonal Self-Efficacy Scale* (Brouwers et Tomic, 2001) (1re étude) et de l'Échelle d'autoefficacité des enseignants en gestion de classe (Gaudreau, Frenette et Thibodeau, 2015) (2e étude).

Ces deux instruments comportent une échelle de Likert à six niveaux allant de 1 (*tout à fait en désaccord*) à 6 (*tout à fait d'accord*) et présentent de bonnes qualités psychométriques[2].

À la fin de la formation, un questionnaire électronique a servi à déterminer les modalités de soutien à la formation perçues comme ayant le plus contribué au développement professionnel des enseignants (3e objectif). Une échelle de Likert à six niveaux allant de 1 (*tout à fait en désaccord*) à 6 (*tout à fait d'accord*) a été utilisée. Pour le traitement des résultats, l'échelle de réponse a été recodée (1 = –3 ; 2 = –2 ; 3 = –1 ; 4 = 1 ; 5 = 2 ; 6 = 3) de manière à obtenir un score net de la contribution perçue de chacune des modalités évaluées.

Une autre section du questionnaire a servi à documenter la nature et l'intensité des retombées perçues au regard de la gestion des comportements difficiles en classe (4e objectif). Une échelle de Likert à cinq niveaux allant de 1 (*aucun changement*) à 5 (*changement important*) a alors été utilisée pour évaluer l'intensité du changement perçu. Par la suite, les participants devaient justifier leur réponse en spécifiant la nature des changements observés. Ces données qualitatives ont été analysées à l'aide du logiciel NVivo v10, en employant la procédure de condensation des données proposée par Fortin (2010). L'analyse thématique réalisée visait à dégager différentes catégories de changements observés, qui ont ensuite permis de codifier les données de manière à dresser un portrait descriptif de la nature des changements observés chez les enseignants.

4. RÉSULTATS

4.1. Satisfaction des participants

Les résultats des fiches d'appréciation remplies à la suite de chacun des ateliers de formation GPS indiquent un très haut degré de satisfaction des participants aux deux études. De fait, les moyennes obtenues pour chacun des énoncés se situent entre 3,23 et 3,93 (sur une échelle de 1 à 4). La capacité du formateur à susciter l'intérêt des participants, les occasions de réfléchir sur ses attitudes, le contenu animé et les outils et stratégies d'interventions suggérés constituent les caractéristiques les plus appréciées[3].

4.2. Effets sur le SEP des enseignants

Les analyses de variance à mesures répétées réalisées dans le cadre des deux études ont permis de montrer que les participants au programme

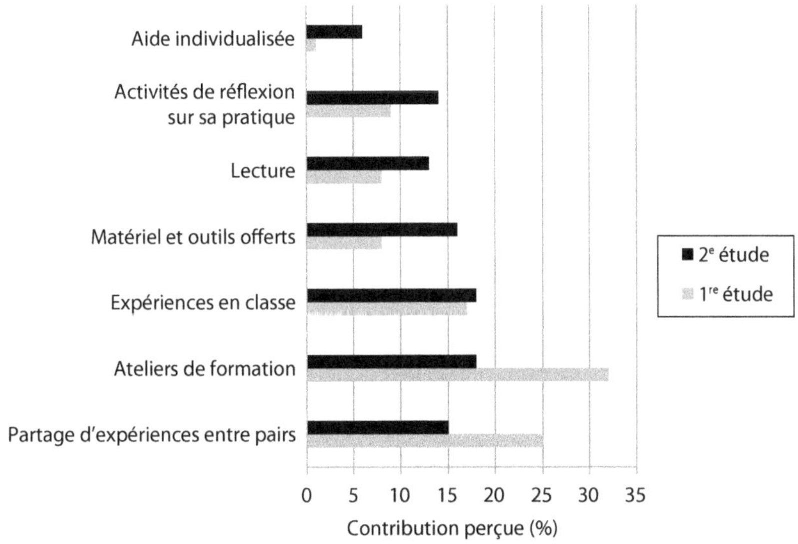

Figure 1 – Contribution perçue des modalités de formation et d'accompagnement déployées

de formation GPS ont développé de manière significative leur SEP à gérer la classe et les comportements difficiles des élèves, comparativement à celui des enseignants des groupes témoins, qui est demeuré stable dans le temps (voir Gaudreau et Frenette, 2014; Gaudreau *et al.*, 2013).

4.3. Contribution perçue des modalités de soutien offertes

Les résultats recueillis à l'aide du questionnaire remis à la fin des activités de formation indiquent qu'une variété de modalités de soutien à la formation semble nécessaire pour répondre aux besoins individuels d'un groupe de participants. La figure 1 présente le pourcentage de contribution perçue pour chaque dispositif de formation-accompagnement déployé lors des deux études.

4.4. Nature et intensité des changements perçus

Les enseignants ayant participé aux deux études ($n = 55$) estiment tous que leur participation aux activités de formation GPS a suscité des changements dans leurs pratiques d'intervention auprès des élèves présentant des difficultés de comportement (allant de « un peu de changement » à « beaucoup de changement »). De fait, 70 % des participants de la première étude et 90 % de ceux de la seconde qualifient

Tableau 2 – Synthèse de la nature des effets perçus suite à la participation au programme GPS

Thèmes	Exemples d'extraits
Effets sur le SEP	– J'ai le sentiment d'être encore plus compétente dans mes interventions en classe. – Je me sens plus outillée, moins stressée. – Je suis plus calme et je me sens plus sûre de moi. – Je sens que je suis plus forte pour « affronter » les situations difficiles. – J'ai une meilleure maîtrise de moi-même, je suis plus confiante.
Effets sur les pratiques d'intervention auprès des élèves en difficulté de comportement	– Je fais davantage de modelage pour les routines, c'est aidant. – J'ai développé des stratégies que je ne mettais pas en pratique avant. Je mise davantage sur la relation avec l'élève. – Je dédramatise plus, et j'essaie d'utiliser l'humour afin de détendre les élèves et rendre le climat agréable. – Mes règles sont plus claires et les conséquences aussi. – Mes pratiques ont changé puisque j'ai beaucoup plus de moyens pour éviter les conflits, il n'y a plus d'escalade de pouvoir.
Effets sur les pratiques réflexives et l'enrichissement des connaissances	– Cela m'a permis de prendre du recul à l'égard de ma pratique, de prendre conscience de ce que je pouvais faire. – Je connais mieux mes irritants. – Cette formation m'a aidé à me questionner sur mes pratiques et à être ouvert à essayer de nouvelles méthodes de gestion. – J'ai augmenté mon bagage et j'ai pu prendre le temps de réfléchir et de changer des petites choses. – Je vais me questionner davantage sur qu'est-ce que moi je peux faire de différent auprès de l'élève.

ces changements de modérés à importants. À la question « Quelle est la nature des changements observés ? », les réponses obtenues sont variables. L'analyse thématique réalisée a permis de codifier 87 unités de sens classées en fonction de trois thèmes émergents représentant chacun le tiers des unités de sens codifiées. Le tableau 2 présente une synthèse de la nature des effets perçus à l'aide des thèmes identifiés et d'extraits de témoignages de participants qui reflètent bien l'ensemble du corpus étudié.

DISCUSSION ET CONCLUSION

Les expériences d'implantation du Programme de formation GPS démontrent que des activités de formation qui recourent à une variété de modalités de soutien au développement professionnel continu et qui respectent les principales conditions d'efficacité reconues par la recherche permettent de développer le SEP des enseignants et de soutenir le développement de leurs compétences pour prévenir et gérer les problèmes de comportement en classe. Le fait que les activités de formation se soient déroulées sur une année scolaire a permis de recourir à une variété de dispositifs de soutien au développement professionnel, ce qui a été appréciable et rentable, selon les résultats obtenus. Cela confirme également l'importance de prévoir le temps et l'accompagnement nécessaires pour favoriser des retombées positives et concrètes chez l'enseignant et ses pratiques d'intervention (Wei *et al.*, 2009).

Conformément aux critères d'évaluation suggérés par Guskey (2002) et Kirkpatrick et Kirkpatrick (2005), les résultats de recherches démontrent que le Programme de formation GPS constitue un dispositif de formation-accompagnement très prometteur pour favoriser la transformation des pratiques des enseignants en matière de prévention et de gestion des comportements difficiles des élèves. Ce programme a suscité une réaction positive chez les participants, qui ont grandement apprécié leur participation aux activités de formation en groupe et les diverses stratégies d'interventions proposées (1er critère). Des apprentissages significatifs ont été réalisés chez une majorité de participants au niveau des connaissances, des attitudes et des habiletés à intervenir en classe (2e critère). Les résultats relatifs à la nature et à l'intensité des changements perçus témoignent de la présence de retombées réelles au sein de la classe (3e critère). Enfin, de nouvelles recherches visant à évaluer les effets de ce programme sur la réussite scolaire et la bonne conduite des élèves présentant des difficultés de comportement sont nécessaires (4e critère).

Les résultats obtenus aux échelles d'autoefficacité en gestion de classe et les témoignages des enseignants participants illustrent clairement l'effet positif de la participation aux activités de formation-accompagnement déployées. L'exploitation des quatre sources d'efficacité personnelle identifiées par Bandura (2007) y a sans doute contribué. Ainsi, en plus de soutenir le développement du SEP des enseignants, les nombreuses expériences en classe, le partage d'expériences entre pairs, les encouragements des formateurs et leur soutien, de même que les activités de réflexion sur les attitudes et les pratiques d'intervention ont été reconnus par les participants comme ayant contribué à leur développement professionnel.

Considérant le rôle majeur de la gestion de classe, il importe de s'assurer que les enseignants peuvent créer et maintenir un climat propice aux apprentissages en classe. Or, l'inclusion scolaire des élèves présentant des difficultés comportementales complexifie cette tâche. Il s'avère donc essentiel d'offrir aux enseignants, dans ce domaine, des activités de développement professionnel continu susceptibles de développer leurs compétences et leur SEP à intervenir auprès de ces élèves. Rares sont les recherches ayant pour but de documenter les effets d'une formation continue visant à développer les compétences professionnelles des enseignants en matière de prévention et de gestion des comportements difficiles à l'école. Les résultats présentés dans ce chapitre sont par ailleurs très encourageants. Bien que de nouvelles études soient nécessaires pour circonscrire encore mieux les conditions d'efficacité de ce type de développement professionnel continu et ses retombées sur les comportements des élèves en classe, l'avancement de la recherche a permis de tracer des balises claires sur lesquelles les chercheurs et praticiens trouveront des appuis.

NOTES

1. Le premier cycle du primaire regroupe la 1re et la 2e année d'enseignement (élèves âgés de 6 à 8 ans).
2. La présentation des résultats des deux premières études ayant déjà fait l'objet d'une publication antérieure (Gaudreau et Frenette, 2014), les informations détaillées concernant ces échelles ne seront pas traitées dans ce chapitre.
3. Pour plus de détails, voir l'article de Gaudreau et Frenette (2014).

CHAPITRE 6

L'inclusion d'élèves présentant des difficultés de comportement

Analyse des définitions, des attributions causales et des interventions d'enseignantes

Valérie Schürch et
Pierre-André Doudin

INTRODUCTION

L'inclusion des élèves présentant des difficultés de comportement (DC) dépend de multiples facteurs, notamment des politiques éducatives (p. ex. UNESCO, 2005) et de la culture de l'établissement scolaire, telle la collaboration du personnel éducatif (p. ex. Heath *et al.*, 2004). Parmi ces facteurs, les enseignants jouent un rôle primordial. Toutefois, plusieurs recherches montrent que leurs attitudes envers ces élèves sont souvent négatives (p. ex. Avramidis et Norwich, 2002) et qu'ils sont peu enclins à les inclure dans leur classe (Scruggs et Mastroprieri, 1996) du fait des conséquences importantes que ces comportements peuvent avoir sur leur santé. En effet, la récurrence de ces comportements est susceptible d'exposer de manière prolongée les enseignants au stress, constituant ainsi un facteur de risque d'épuisement professionnel (Doudin, Curchod-Ruedi et Lafortune, 2010 ; Kokkinos, 2007). De plus, ces professionnels témoignent souvent d'un sentiment d'impuissance face à ce type de difficultés, résultant surtout d'un manque de préparation (p. ex. Royer, 2005) et de soutien (Doudin *et al.*, 2011) pour les gérer de manière adéquate. Comme le relèvent ces derniers, l'exclusion de ces élèves de la classe régulière pourrait être considérée comme un besoin légitime de l'enseignant de se protéger d'expériences professionnelles potentiellement dommageables pour son intégrité afin de pouvoir « durer » dans sa fonction. Ainsi, les politiques scolaires de plus en plus inclusives confrontent les enseignants à des situations complexes susceptibles d'exacerber le risque d'épuisement professionnel, avec des conséquences négatives pour leurs élèves. En effet, diverses études (pour une synthèse, voir Doudin, Meylan et Curchod-Ruedi, 2013) montrent que les élèves dont l'enseignant présente un risque élevé d'épuisement professionnel sont plus à risque de faire preuve d'impulsivité ou de timidité, de problèmes somatiques, des traits névrotiques, de démotivation, du stress scolaire, voire des signes de décrochage scolaire, que les élèves dont l'enseignant ne présente pas ce risque.

Les enseignants sont susceptibles de réagir différemment face aux DC, notamment en fonction de leurs représentations, de leurs expériences et de leur formation. En effet, des indices montrent que leur manière d'appréhender les comportements de leurs élèves a une influence sur leur pratique enseignante (p. ex. Dutton Tillery *et al.*, 2009) et donc sur leur disposition à accueillir ces élèves dans leur classe. Ainsi, l'étude des représentations des enseignants en lien avec les DC aide à comprendre les facteurs qui influencent le processus d'inclusion ou d'exclusion de ces élèves.

Ce chapitre vise à illustrer quatre aspects en lien avec les représentations des DC chez les enseignants : 1) leur manière de définir les DC ; 2) leurs attributions causales quant à l'origine des DC ; 3) les comportements qui les dérangent le plus ; 4) leur manière de gérer ces comportements. Pour ce faire, nous présentons d'abord un bref cadre théorique ainsi que l'état actuel de la recherche pour chaque aspect. Ensuite, nous présentons une étude exploratoire qui nous permet d'exemplifier ces aspects en présentant le point de vue et le vécu des enseignants. Enfin, nous discutons des résultats de cette étude en vue de l'inclusion scolaire des élèves présentant des DC.

1. CADRE THÉORIQUE ET ÉTAT DE LA RECHERCHE

1.1. Les différentes définitions des difficultés de comportement

Les DC se caractérisent par leur polysémie (Dumas, 2002). En effet, la définition de ce concept dépend du contexte, de l'approche théorique de référence et de la gravité des comportements. Dans la recherche, trois conceptions principales sont plus particulièrement utilisées :

1. les *troubles du comportement* : la perspective psychopathologique, propre aux professionnels de la santé et à une grande

partie des psychologues, consiste surtout en une approche descriptive et catégorielle, fondée sur des notions de normalité (p. ex. le trouble des conduites ou le trouble par déficit d'attention ; *DSM-V*, American Psychiatric Association, 2013) ;
2. les *troubles émotionnels et comportementaux (TEC)* : ces réponses émotionnelles ou comportementales présentes dans le milieu scolaire, très différentes des normes d'âge ou culturelles, affectent inévitablement le rendement scolaire (Kaufmann, 1997). Ce concept est souvent utilisé dans la recherche en éducation, car il s'adapte mieux au contexte scolaire que les définitions précédentes ;
3. les *difficultés de comportement* : ce sont « des manifestations réactionnelles (désobéissance répétée, mensonge, crise, etc.) liées à un contexte donné (période développementale plus exigeante, présence des facteurs de stress dans l'environnement familial, scolaire, social ou culturel) » (Massé, Desbiens et Lanaris, 2006, p. 2). Ce concept se distingue de la notion de trouble par l'absence de connotation psychopathologique : les difficultés de l'enfant sont plutôt interprétées comme une réponse à l'entourage, parfois perçu comme menaçant pour lui.

Ainsi, les chercheurs et les professionnels de la santé disposent de définitions plus ou moins claires et consensuelles. Toutefois, il n'en va pas de même pour les enseignants, car ces concepts ne font pas nécessairement partie de leur formation professionnelle. Nous avons mentionné que la façon dont les enseignants conçoivent les difficultés de leurs élèves pourrait influencer leur pratique (Dutton Tillery *et al.*, 2009). Ainsi, connaître leur définition des DC aiderait à comprendre leurs attentes et leur manière d'intervenir auprès des élèves présentant ces difficultés.

1.2. Les attributions des enseignants sur la cause de ces difficultés

Pour identifier les facteurs qui peuvent être à l'origine des DC, nous faisons appel à la théorie de l'attribution. L'origine de cette théorie est accordée à Heider (1944), qui définit ce concept comme une façon d'organiser l'expérience ayant son origine dans la « quête de sens ». D'une manière générale, une attribution est une explication qui renvoie à une causalité, s'agissant la plupart du temps de trouver si les causes d'un événement sont perçues comme internes à l'individu ou bien au contraire comme étant externes à lui (Dubois, 1996). À ce sujet, Weiner

(2003) développe une métaphore de « la classe comme tribunal », où l'enseignant incarne un juge qui responsabilise ou déresponsabilise l'élève de ses difficultés. S'il pense que l'élève est responsable (attribution interne), il a tendance à manifester un sentiment de colère et à avoir des réponses punitives et de réprimande. Si, au contraire, il croit que l'élève n'est pas responsable (attribution externe), il a tendance à ressentir de la sympathie et à offrir des réponses d'aide.

Un certain nombre d'études abordent les attributions causales des enseignants en lien avec les difficultés de comportement, en montrant des résultats hétérogènes. Dans certains cas, les enseignants sont conscients de la multiplicité de facteurs qui jouent un rôle dans l'origine de ces difficultés (p. ex. Mavropoulou et Padeliadu, 2010). Dans d'autres cas, ils ont tendance à donner plus de poids à un facteur causal déterminé. À cet égard, de nombreuses recherches (p. ex. Gibbs et Gardiner, 2008) montrent que les enseignants ont tendance à pointer les caractéristiques internes de l'élève comme étant la cause principale des DC. Au contraire, peu d'études montrent l'attribution de ces difficultés à des facteurs externes, notamment familiaux et culturels (Mavropolou et Padeliadu, 2010) ou scolaires (Poulou et Norwich, 2002), de la part des enseignants.

Ainsi, les attributions internes sur l'origine des DC priment parmi les enseignants. Ces résultats peuvent s'expliquer par l'erreur fondamentale d'attribution (Ross, 1977), qui consiste en une tendance à sous-estimer l'influence des facteurs situationnels (externes) et à surestimer les facteurs dispositionnels (internes) comme étant à l'origine d'un comportement. Or, des attributions internes pourraient avoir comme conséquence une implication moindre de l'enseignant, produit d'une conception déterministe et immuable des difficultés de l'élève (Dutton Tillery *et al.*, 2009).

Divers aspects influent sur la manière dont l'enseignant appréhende les comportements de ses élèves. Le genre de l'élève a une incidence très importante. Si les garçons sont souvent décrits comme étant plus problématiques que les filles (Little, 2005), les résultats des recherches montrent des nuances autour de cette affirmation. Ainsi, selon Kokkinos, Panayiotou et Davazoglou (2004), les comportements « extrêmes » (p. ex. les comportements antisociaux) seraient considérés comme plus graves chez les garçons, tandis que les comportements « mineurs » (p. ex. l'opposition, l'inattention) seraient perçus comme plus prononcés chez les filles. D'autres auteurs affirment que les comportements tels que l'agressivité physique seraient perçus par les enseignants comme étant plus intenses et plus imprédictibles chez une fille que chez un garçon (Rice, Merves et Srsic, 2008), car ces comportements peuvent être qualifiés de « contraires au genre » (Soles *et al.*, 2008) et auraient ainsi un impact plus important chez l'enseignant. Ces représentations influent inéluctablement sur les réactions des enseignants face aux comportements des élèves.

Par exemple, en Suisse (OFS, 2010), nous constatons une surreprésentation des garçons dans les classes regroupant des élèves ayant des besoins spécifiques (62 %) et dans les institutions spécialisées (68 %). Ce phénomène, qui a souvent été abordé, suscite deux hypothèses explicatives (p. ex. Doudin *et al.*, 2011 ; Pelgrims-Ducrey et Doudin, 2000 ; Rice, Merves et Srsic, 2008). Premièrement, les garçons présenteraient plus fréquemment que les filles des comportements déviants (p. ex. Tapper et Boulton, 2004, pour une synthèse). Or, ces comportements peuvent stresser et perturber les enseignants (Greene *et al.*, 2002) en interférant avec le bon déroulement des activités d'apprentissage en classe. Les enseignants se sentiraient donc très concernés (p. ex. Friedrich, Mendez et Mihalas, 2010) et auraient davantage tendance à signaler et à exclure de la classe des élèves ayant de tels comportements. Deuxièmement, un même comportement manifesté par une fille ou un garçon peut prendre une signification différente chez les enseignants : les comportements perturbateurs des garçons seraient causés par un problème de personnalité qui demanderait une prise en charge psychologique, alors que le même comportement chez les filles serait lié au contexte (familial) et provoquerait plutôt une attitude empathique. L'enseignant serait donc plus tolérant pour une fille que pour un garçon et recourrait moins fréquemment à son exclusion de la classe régulière (Pelgrims-Ducrey et Doudin, 2000).

1.3. Les comportements difficiles à gérer en classe

Les comportements qui perturbent les enseignants en classe ont largement été étudiés. Des recherches montrent que les comportements signalés par les enseignants divergent d'un établissement scolaire à l'autre, mais aussi au sein d'une même école (LeBlanc *et al.*, 2007). Ceci implique que, outre les différences institutionnelles, les caractéristiques individuelles des enseignants influencent largement leur tolérance face aux difficultés de comportement. De plus, comme nous l'avons annoncé, ces comportements sont susceptibles d'être interprétés différemment selon les caractéristiques des élèves, notamment leur âge et leur genre. Concernant l'âge (Little, 2005), les comportements les plus dérangeants pour les enseignants chez les élèves de 11-12 ans sont le bavardage (50 %), la perturbation des camarades de classe (20 %) et la désobéissance (15 %), tandis que chez les élèves de 15-16 ans, il s'agit plutôt de l'oisiveté (42 %), du bavardage (20 %) et du manque de ponctualité (15 %).

L'expérience des enseignants peut également influencer leur manière de concevoir les comportements. Ainsi, les étudiants en enseignement auraient tendance à considérer les comportements antisociaux comme étant plus graves que les enseignants (Kokkinos, Panayiotou et Davazoglou, 2009). En outre, selon Chouinard (1999), les enseignants expérimentés ont tendance à interpréter les comportements selon leur typicité ou leur atypicité. De par le manque d'expérience pour juger de la typicité de ces comportements, les enseignants novices auraient tendance à percevoir les comportements des élèves comme étant dirigés contre eux, au lieu de les attribuer à leur rôle d'enseignant ou à des caractéristiques externes.

1.4. Les principales interventions pour gérer les comportements difficiles

Les élèves présentant des difficultés de comportement risquent d'être la cible de perceptions biaisées qui influent sur leur processus d'évaluation et sur les attentes des enseignants envers eux. En effet, selon Bradley, Doolittle et Bartolotta (2008), ces élèves sont plus susceptibles de recevoir de mauvaises notes ainsi que des punitions et des mesures disciplinaires plus sévères que les élèves tous venants. De plus, ils seraient trois fois plus à risque que leurs camarades d'être exclus définitivement de l'école (Bradley, Doolittle et Bartolotta, 2008). Concernant les mesures de pédagogie spéciale, Baumberger, Doudin et Martin (2009) montrent que les enseignants auraient tendance à signaler significativement plus souvent les élèves présentant des difficultés de comportement que ceux qui présentent des difficultés d'apprentissage.

Ainsi, la manière d'agir face aux comportements de ces élèves est fondamentale, car plusieurs conséquences négatives peuvent en découler, notamment en termes de manque d'équité de traitement. Cependant, l'insuffisance relative de la formation des enseignants pour gérer les comportements difficiles est souvent évoquée (p. ex. Royer, 2005). De plus, même quand les enseignants ont été formés dans ce domaine, un sentiment d'insatisfaction à l'égard de cette formation est souvent constaté. C'est peut-être une des raisons pour lesquelles les enseignants n'ont pas usuellement recours aux stratégies prouvées comme efficaces par des recherches. En effet, Anderson et Hendrickson (2007) observent qu'il n'existe pas de corrélation entre une bonne connaissance des stratégies de gestion de classe chez les enseignants novices et la tendance de ces derniers à les mettre en place. Il semblerait donc que les techniques de gestion du comportement se développent par essais et erreurs, avec l'expérience. Par conséquent, il importe de comprendre le lien entre la manière qu'ont les enseignants de concevoir les DC et leurs pratiques envers les élèves présentant ces difficultés.

Afin d'analyser les stratégies utilisées pour gérer les comportements difficiles, nous faisons référence au modèle de gestion de classe de Marzano, Marzano et Pickering (2003). Ce modèle comprend quatre facteurs : 1) les règles et les procédures de classe ; 2) la gestion de la discipline ; 3) la relation enseignant-élève ; 4) l'état d'esprit (*mental set*), c'est-à-dire la capacité de l'enseignant à déceler les problèmes potentiels et à y réagir rapidement, calmement et en contrôlant ses émotions négatives.

2. MÉTHODE

Des enseignantes de niveau primaire ($n = 3$) et secondaire ($n = 2$) ayant toutes une formation de niveau tertiaire ont participé à cette étude qualitative exploratoire. Elles ont été recrutées dans une institution de formation des enseignants en Suisse francophone. Leurs caractéristiques sont présentées au tableau 1.

Tableau 1 – Caractéristiques descriptives de la population

Enseignante*	Âge	Grade enseigné	Années d'expérience
Marie	35 ans	Enfantine Primaire	8
Sophie	33 ans	Classes spéciales Primaire Soutien	10
Isabelle	41 ans	Primaire	7
Anna	31 ans	Secondaire (français, espagnol)	3
Laure	26 ans	Secondaire (français, histoire)	3 (4 en remplacements)

* Les prénoms sont fictifs.

Les participantes ont répondu à des entretiens semi-dirigés d'une durée approximée de 30 à 40 minutes. Le choix de cette technique se fonde sur le souhait d'accéder, d'une part, à des informations détaillées sur l'expérience professionnelle des enseignantes et, d'autre part, aux réponses les plus spontanées possibles. Les entretiens ont été enregistrés avec l'accord des participantes. Ensuite, le contenu a été hiérarchisé et des segments significatifs pour la problématique ont été retranscrits. Enfin, une analyse thématique a été réalisée afin de dégager des catégories de signification pour chacun des quatre thèmes abordés.

3. RÉSULTATS ET DISCUSSION

3.1. La définition des difficultés de comportement

Les participantes ont d'abord été interrogées sur leur propre définition des DC. La figure 1 montre une carte heuristique des concepts principaux qui se dégagent de leurs réponses ainsi que quelques extraits textuels.

Le premier élément qui ressort de cette analyse est la subjectivité inhérente à la définition de ces difficultés, à laquelle la totalité des participantes fait référence à un moment donné. Pour donner quelques exemples, Isabelle dit que cette définition est «*reliée au seuil de tolérance de l'enseignant*», tandis que pour Marie, «*c'est très subjectif, parce que c'est par rapport à* […] *l'enseignant*». Selon Sophie, il y a des situations que «*tu vas plus tolérer chez certains élèves que chez d'autres*». Laure affirme que «*ce n'est pas spécifique, ça dépend des élèves, des classes et des réponses qu'on peut donner*». Marie et Isabelle définissent les difficultés de comportement comme des comportements «*inadaptés*» ou «*inappropriés*», c'est-à-dire des comportements qui s'éloignent des règles de vie établies «*dans un cadre très précis qui est celui de la classe*» ou de l'établissement. Pour Isabelle, «*il faut aussi une récurrence pour qu'on parle de problèmes de comportement*». Les deux premiers éléments mentionnés mettent clairement en avant la nature multifactorielle de ce concept, c'est-à-dire l'influence des caractéristiques de l'élève, de l'enseignant et de la classe.

Un autre élément intéressant qui ressort de notre analyse est la manière de concevoir les difficultés de comportement comme étant un appel à l'aide de la part de l'enfant. En effet, pour les deux enseignantes qui ont le plus d'expérience, ces comportements seraient «*une façon de dire quelque chose à laquelle les enfants ne savent pas mettre des mots*» (Marie) ou «*j'ai quelque chose qui ne va pas, je ne sais pas comment l'exprimer, donc je vais utiliser la violence pour attirer l'attention ou pour*

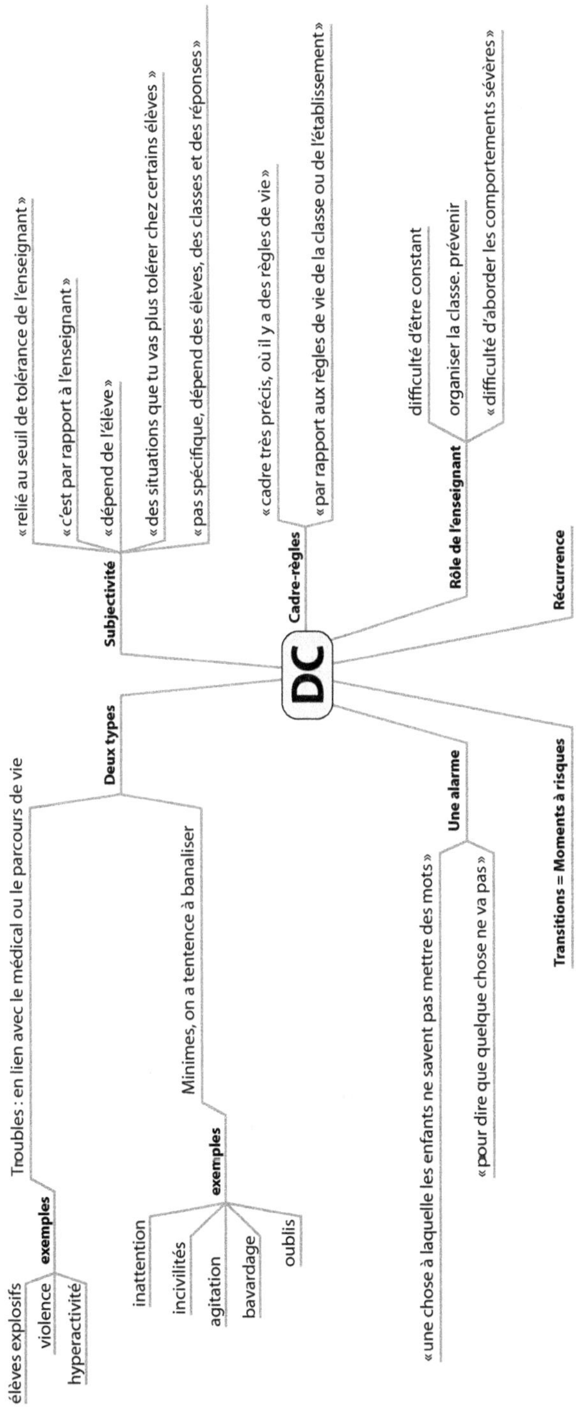

Figure 1 – Analyse thématique des définitions des DC

exprimer mon mal-être » (Isabelle). Ce point de vue pourrait être le signe d'une meilleure disposition à aider ces élèves, car la compréhension de ces enseignantes est profonde et elles ne conçoivent pas ces comportements comme un signe de dysfonctionnement.

En outre, Anna et Laure, qui ont terminé leur formation récemment et qui ont encore peu d'expérience, distinguent deux niveaux : d'une part, les difficultés de comportement – dans le sens établi par Massé, Desbiens et Lanaris (2006) – vues comme « *des incivilités* » (Anna) ou « *des choses minimes, qu'on a tendance à banaliser, par exemple les bavardages, que l'élève se lève, qu'il oublie ses affaires* » (Laure) ; d'autre part, les « *difficultés plus grandes, genre des élèves qui ont des troubles vraiment* » (p. ex. l'hyperactivité). De plus, Marie illustre la différence de conceptions entre les enseignants et les autres professionnels en disant : « *Je n'ai pas d'étiquette, je fais la distinction entre moi, mon métier qui est l'enseignement et après d'autres professionnels (qui sont plutôt des psychologues ou autres) et qui eux ont un langage certainement beaucoup plus précis que le mien.* »

3.2. Les attributions concernant l'origine des difficultés de comportement

Les participantes attribuent une importance particulière aux facteurs familiaux dans l'origine des DC. Dans la plupart des cas, il ne s'agit pas d'hypothèses, mais d'observations, car elles connaissent la situation de l'élève. Ainsi, pour Marie, les difficultés d'un élève sont dues à une grave maladie de la mère ; pour Isabelle, au fait de faire partie d'une « *grande fratrie* » ou à cause de parents qui « *travaillent beaucoup* ». Laure parle de « *difficultés à la maison* ». Les facteurs scolaires sont mentionnés en deuxième lieu comme cause possible des DC, contrairement à ce qui ressort de la plupart des études (p. ex. Gibbs et Gardiner, 2008). D'une part, les participantes mentionnent des facteurs liés à l'enseignant, tels que sa manière d'organiser la classe : « *comment je peux optimiser pour que chacun puisse trouver comme il peut sa place* » (Sophie), ainsi que sa personnalité : « *je ne suis pas faite pour ce genre d'élèves, je suis trop tolérante* » (Marie). D'autre part, elles citent des facteurs liés à l'établissement, telle son organisation (p. ex. les règles de l'école) : « *on n'a pas une politique commune sur les sanctions qu'on peut mettre, donc pour moi il y a un énorme travail à faire* […] *plus sur le climat général de l'école* » (Sophie). Les facteurs individuels et sociaux sont moins souvent mentionnés. Chez les enseignantes du secondaire notamment, le contexte social prend beaucoup plus d'importance. Ainsi, Anna se demande : « *est-ce que ça vient des films, est-ce que ça vient des clips, de la télévision ?* » concernant la vulgarité qui, selon elle, est omniprésente dans le milieu social des adolescents. Pour elle, la société considère que « *ce n'est pas grave, ce sont des adolescents, c'est normal* », en banalisant ainsi les comportements déviants. Quant aux facteurs individuels, les enseignantes mentionnent surtout le « *besoin de l'élève d'affirmer sa place* » (Isabelle), ou encore « *les élèves qui ne comprennent pas, qui n'arrivent pas à suivre* » et donc perturbent la classe parce qu'ils ont perdu le fil (Laure).

La figure 2 schématise les attributions des participantes selon quatre facteurs, à savoir les facteurs scolaires, familiaux, individuels et sociaux.

Ainsi, nos résultats montrent une prédominance des facteurs familiaux (4 réponses) et scolaires (4 réponses) dans l'origine des difficultés de comportement, comparativement aux facteurs sociaux (2 réponses) et individuels (2 réponses). Pourtant, même s'il s'agit de facteurs familiaux, pour Isabelle, « *il faut d'abord chercher ce qu'on peut mettre en place, nous* ». Comment expliquer ces affirmations en contradiction avec une grande partie des résultats des recherches, qui mettent en avant la prédominance des attributions internes à l'élève en ce qui concerne l'origine des DC ? Il ne faut pas oublier que la méthode de récolte des données utilisée est susceptible d'être influencée par la désirabilité sociale. Ainsi, les participantes auraient plutôt tendance à assumer une partie de la responsabilité des difficultés de leurs élèves, tout en sachant que c'est ce qu'on attend d'un bon enseignant.

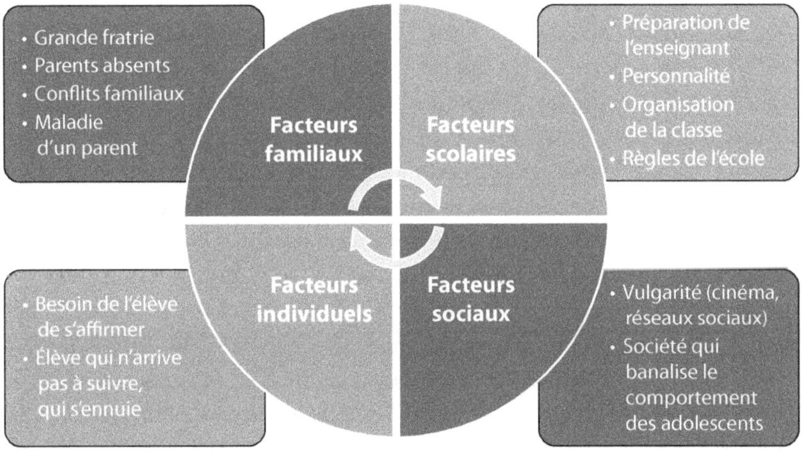

Figure 2 – Attributions des participantes sur l'origine des DC

3.3. Les comportements les moins tolérés par les participantes

Nos entretiens mettent en évidence la variabilité interpersonnelle qui est souvent difficile à déceler avec des questionnaires. Pour les enseignantes d'école primaire, les comportements les plus souvent mentionnés sont les interruptions, le bruit (p. ex. «*un élève qui, à plusieurs reprises, se permettait de parler à travers la classe sans qu'il soit autorisé ou en tout cas sans raison apparente*», Sophie) et la violence physique et verbale (p. ex. les coups de poing). Dans ce contexte-là, Isabelle mentionne une situation d'une violence rare, où un enfant diagnostiqué comme psychotique, intégré dans sa classe (en attendant qu'une place se libère en école spécialisée), avait planté un poinçon dans le bras d'un camarade. Elle raconte cet épisode en témoignant avoir été «*complètement démunie*», ne sachant comment calmer l'élève perturbé, s'occuper de l'élève agressé et calmer le reste de la classe, tout en même temps.

Marie est particulièrement sensible à une élève qui «*cherchait constamment le rapport personnel avec moi* [...] *et qui avait du mal à accepter que je donne la parole aux autres*». Cette enseignante a également mentionné les «*enfants invisibles*», en se référant à des élèves que l'on ne remarque pas nécessairement, mais qui ont une grande influence sur leurs camarades et peuvent ainsi modifier le climat de classe. Par exemple, elle parle d'un élève en disant: «*il était le maître du silence dans la classe, et dès qu'il y avait quelque chose* [...] *il faisait ce geste-là, donc, le pouce sous la gorge d'un trait comme ça, symbolisant: je vais t'égorger, je vais te tuer*», pour faire taire ses camarades. Sophie mentionne le retour de la récréation comme étant un moment particulièrement sensible, où les problèmes de comportement ont tendance à se multiplier: «*ils sont tendus, super-agités, et c'est ce moment de retour au calme qui est difficile*».

Les enseignantes des degrés secondaires, en contraste avec celles intervenant aux degrés primaires, ne font pas référence à la violence physique, mais plutôt à la violence verbale. Anna mentionne les insultes comme étant particulièrement problématiques chez ses élèves, notamment à l'égard des enseignants. Elle dit vivre ces insultes comme une «*atteinte à la vie privée, qui n'est pas facile à gérer*». Laure fait référence à un type différent de violence verbale: le bruit. Elle est consciente qu'elle est «*très intolérante face aux élèves qui parlent sans motif*». Elle parle aussi des «*élèves explosifs*» comme une source de problèmes, car elle se décrit comme étant quelqu'un d'«*assez sanguin et assez réactif, et j'ai beaucoup de peine à ne pas monter en symétrie*», ce qui interfère avec la gestion des comportements de ses élèves.

Ainsi, nous constatons que, en dépit de certaines similitudes, les comportements que les participantes décrivent comme problématiques ne dépendent pas seulement de l'âge des élèves, mais aussi de l'expérience et de la personnalité de chaque enseignant. Ainsi, il est difficile de s'accorder sur une description de l'élève difficile, car elle va dépendre encore une fois de la perspective de chaque enseignant et de son degré de tolérance.

3.4. Les interventions pour gérer les comportements difficiles

Les interventions mentionnées par les participantes sont classées au tableau 2 selon les quatre facteurs proposés par Marzano, Marzano et Pickering (2003).

Nous observons que certaines pratiques sont communes aux participantes. Si des stratégies d'ordre comportemental prédominent (p. ex. les punitions et récompenses), il est important de noter que les participantes sont bien conscientes de l'importance de l'élaboration conjointe d'un cadre disciplinaire, de la constance de l'enseignant et de la collaboration.

Tableau 2 – Stratégies d'intervention des participantes face aux comportements difficiles*

1. Règles	2. Interventions disciplinaires	3. Relation enseignant-élève	4. État d'esprit
– Élaboration conjointe des règles de classe (2) – Poser le cadre (1) – Afficher les règles (1)	Préventives: – Feu tricolore du comportement (2) Punitions: – Changer de place (1) – Faire sortir l'élève (1) – Remarques dans l'agenda/téléphone (1) – Coches dans le tableau (1) – Punitions réparatrices (1) Récompenses: – Chef de file (1) – Moments privilégiés (1)	– Discuter avec l'élève (3) – Responsabiliser l'élève davantage (2) – Le faire verbaliser (2) – Faire participer l'élève (1) – Créer un lien (1)	– Constance (3) – Collaboration avec le médiateur et le psychologue scolaire (2) – Prévention (2) – Congruence-continuité (2) – Pas d'autoritarisme (1) – Organisation, planification (1)

* Les fréquences des réponses sont indiquées entre parenthèses.

Toutefois, si les participantes connaissent différentes stratégies pour aborder les DC, la complexité que ces comportements représentent est constamment présente dans leurs réponses. Pour Marie, «*ce n'est pas toujours simple pour l'enseignant de gérer ça*», tandis que pour Sophie, «*il y a quand même des moments où tu es vraiment dans le doute de ce que tu fais, quand tu dois réagir directement face à un comportement*». Isabelle confirme cet aspect en disant: «*on n'est pas forcément outillés pour savoir quoi faire, à quel moment* [...] *c'est très imprévisible*». Pour Anna, l'intervention face à ces difficultés est compliquée: «*on ne sait pas tellement quelle est la meilleure façon d'y répondre, c'est le plus difficile pour moi*». Il est important de signaler qu'aucune des participantes ne dit avoir suivi des cours sur la gestion de comportements difficiles durant sa formation à l'enseignement.

CONCLUSION

Le but de ce chapitre était de donner un aperçu des représentations des enseignants en lien avec les difficultés de comportement, afin de mieux comprendre leurs attentes et leur vécu. Il semble que leurs représentations sur ce sujet sont sensiblement différentes de celles qui prédominent dans la recherche et la pratique clinique. Prendre en compte ce fait constitue une étape essentielle pour comprendre leur perspective face à l'inclusion de ces élèves, qui peut s'avérer très complexe. En outre, la conaissance de leurs représentations pourrait contribuer à l'établissement d'une collaboration efficace, notamment avec les psychologues scolaires et d'autres professionnels. Cette collaboration est indispensable à la mise en place de mesures qui permettent la pleine inclusion de l'élève en classe régulière, notamment par le biais du coenseignement (où un enseignant spécialisé intervient en classe régulière selon différentes modalités; p. ex. Benoit et Angelucci, 2011) ou des écoles-équipes (un modèle d'intervention systémique fondé sur la collaboration étroite des enseignants avec d'autres professionnels, notamment les psychologues et les enseignants spécialisés; Heath *et al.*, 2004).

Les limites majeures de l'étude exploratoire présentée sont, sans doute, la taille réduite de l'échantillon ainsi que l'interprétation unidirectionnelle de la part de l'auteure principale. La méthode de récolte des données utilisée, l'entretien, pose également un problème de biais dû notamment à la désirabilité sociale, comme nous l'avons mis en avant. Toutefois, l'étude a l'avantage d'illustrer les différences et les similitudes parmi les représentations d'enseignantes avec un parcours professionnel plus ou moins divers. Des futures recherches avec un échantillon plus large et une méthodologie plus consolidée permettraient de mieux comprendre les différentes manières dont les enseignants se représentent les DC, ainsi que l'influence de ces représentations dans leurs pratiques vis-à-vis de ces élèves.

CHAPITRE 7

Développer des pratiques collaboratives

Les intervenants entre souffrance et créativité

Marco Allenbach

INTRODUCTION

Une perspective tant intégrative qu'inclusive vise à ce que l'enseignement régulier développe une offre pédagogique adaptée à la diversité des élèves et à leurs besoins particuliers. Certaines ressources, autrefois réservées aux institutions d'enseignement spécialisé ou à des cabinets privés, ont été, au fil des 40 dernières années, offertes aux élèves de classe ordinaire : psychologues, logopédistes (orthophonistes), psychomotriciens, personnel infirmier ou enseignants spécialisés itinérants... Par ailleurs, dans le canton de Vaud (Suisse), certains enseignants ont reçu une formation complémentaire et sont déchargés de quelques périodes d'enseignement par semaine pour intervenir dans une optique de prévention secondaire dans la promotion de la santé. Nous appelons « intervenants à l'école » l'ensemble de ces professionnels qui interviennent sur demande.

Cependant, le défi de la pédagogie inclusive nécessite une prise en considération des besoins particuliers au-delà de l'octroi de mesures séparatives (bilans, traitements, soutiens individuels ou en groupe en dehors de la classe), mais il vise également à ce que soient proposées en classe ordinaire des démarches didactiques et éducatives dont tous les élèves puissent bénéficier. D'autres enjeux que l'identification et la prise en charge de besoins particuliers ont été mis en évidence : la collaboration entre professionnels, la qualité de la relation école-famille, le sentiment de compétence des enseignants titulaires, la culture et le climat d'établissement scolaire représentent des facteurs déterminants de l'inclusion scolaire (Rousseau, 2010; Ramel et Doudin, 2009; Prud'homme, Ramel et Vienneau, 2011; Tremblay, 2012).

Au cours des dernières décennies, l'hégémonie du modèle médical individuel sur lequel se fondaient les prestations des intervenants à l'école (diagnostic et traitement) a été remise en question par la perspective intégrative, puis inclusive, ainsi que par des approches systémiques en psychologie scolaire (Curonici, Joliat et McCulloch, 2006), en santé communautaire, dans les nouvelles définitions des situations de handicap (Fougeyrollas *et al.*, 1998), ainsi que dans les recherches sur le décrochage scolaire (Gilles, Potvin et Tièche Christinat, 2012). Les intervenants sont invités à porter leur regard et leur action, non plus exclusivement sur les enfants identifiés comme élèves à besoins particuliers ou en difficulté, mais sur les interactions entre les divers acteurs concernés et sur le contexte scolaire. Diverses pratiques collaboratives sont encouragées:

1. la collaboration interprofessionnelle et la mise en réseau des divers acteurs impliqués dans les situations;
2. le soutien à l'enseignant, appelé aussi aide indirecte ou consultation;
3. les interventions en classe et le coenseignement;
4. la participation à des projets d'établissements.

Ces changements s'accompagnent de recompositions du rôle des intervenants à l'école (Moreau, 2006; Thomazet, Ponté et Mérini, 2011; Pulzer-Graf, 2014). Les professionnels eux-mêmes évoquent fréquemment les questions liées à la définition de leur rôle comme une problématique d'action.

Cet article s'inscrit dans le cadre de nos recherches portant sur le développement des pratiques et le rôle des intervenants à l'école. Nous nous appuyons sur les résultats d'une recherche préalable (Allenbach, 2010) menée auprès de 240 intervenants à l'école du canton de Vaud (Suisse). Au sein de chaque fonction étudiée, la façon de présenter son rôle varie considérablement entre praticiens. Certains intervenants évoquent une activité entièrement dévolue à l'aide individuelle aux élèves en dehors de la classe, ponctuée de quelques entretiens avec l'enseignant de classe ou avec les parents; les périmètres d'intervention varient peu, et l'objet (ou la cible) est toujours l'élève.

D'autres praticiens présentent une très grande variété de périmètres d'intervention: entretiens parents-enseignants, travail en réseau, collaboration en classe, projets d'établissement, participation à des équipes pluridisciplinaires, consultation pour l'enseignant, etc. Entre ces deux extrêmes, la plupart des intervenants n'ont investi que quelques modalités de collaboration. Cependant, aucun intervenant n'abandonne la prise en charge individuelle des élèves.

Autrement dit, le développement de pratiques collaboratives ne signifie pas l'abandon des activités de bilan ou de soutien des élèves au profit d'une autre modalité d'intervention; il engendre plutôt une augmentation de l'hétérogénéité du champ d'activité professionnelle. Les périmètres ainsi que les objets (ou cibles) d'intervention possibles varient d'une situation à l'autre: le travail peut porter sur la relation pédagogique, des aspects didactiques, la relation entre élèves, la dynamique de classe, la relation famille-école, le fonctionnement d'un réseau, le climat d'établissement, etc. Cette variété de périmètres et d'objets correspond au prescrit, qui décrit une variété de tâches liées à chacune des fonctions des intervenants à l'école. Dans cet éventail de tâches figurent des pratiques collaboratives, mais aussi du travail individuel avec les élèves.

1. QUESTIONS ET MÉTHODES DE RECHERCHE

L'hétérogénéité du travail qui va de pair avec le développement de pratiques collaboratives pose question:

1. Comment, dans chaque situation, le ou les modes d'intervention se choisissent-ils?
2. Comment cette diversité de pratiques s'est-elle développée chez certains intervenants?
3. Comment se vit cette hétérogénéité du rôle professionnel?

Pour tenter d'y répondre, nous nous sommes intéressés aux praticiens qui, dans les entretiens précédents, avaient décrit une variété de pratiques collaboratives.

Nous avons sélectionné au moins deux professionnels par fonction: psychologue, logopédiste, psychomotricien, infirmier, médiateur et enseignant spécialisé. Intéressés à mieux comprendre leurs pratiques, leur rapport à leur activité professionnelle et le sens qu'elle prend pour eux, nous avons procédé par entretiens compréhensifs

(Kaufmann et Singly, 2008) et d'explicitation (Vermersch, 2006), afin d'éviter de nous cantonner à des descriptions de tâches, à ce que les personnes interrogées croient devoir faire, au nom de préceptes théoriques ou de leur compréhension du prescrit. Les récits récoltés dépassent les représentations a priori et les discours convenus, comme en témoignent les 13 personnes interrogées, qui ont souvent, en cours d'entretien, analysé leur activité, passant de pratiques incorporées (Giddens, 2005) à des pratiques conscientes, discursives. Dans cet article, nous résumons les apports d'une précédente analyse thématique (Allenbach, 2015a), avant de présenter les résultats d'une analyse structurale greymassienne (Piret, Nizet et Bourgeois, 1996), puis ceux d'une analyse de cas et intercas, passant par la méthode des récits phénoménologiques (Paillé et Mucchielli, 2012), permettant de mieux comprendre le développement ou l'abandon de pratiques collaboratives.

2. ANALYSE THÉMATIQUE : LA NÉGOCIATION AU CŒUR DU MÉTIER

Un travail de négociation de son propre rôle professionnel est apparu comme central, surtout avec les enseignants titulaires : « *Il y a tout ce questionnement qui est là sur mon chemin tous les jours, quand j'entre dans une classe* [...] *et puis, ce travail en interaction toujours avec un enseignant* [...] *C'est vraiment tout un travail très fin, d'ajustement* », décrit Anna, enseignante spécialisée.

Ce travail implique certaines habiletés :

1. *Observer* avec une *attention multiple*, être attentif à chacun.
2. Écouter avec empathie : s'intéresser aux *émotions* et aux *besoins* de l'interlocuteur, l'interroger sur ses représentations, ses attentes.
3. Travailler *à partir des demandes* et des attentes.
4. *Proposer* sans imposer, *vérifier* l'adhésion.

Les personnes interrogées mentionnent également un travail sur sa posture, de non-jugement, et de distanciation d'une figure d'expert ; une posture d'humilité, qui met en confiance l'interlocuteur, et montre l'intérêt que l'on porte à prendre en compte son avis. Mais il s'agit également de se positionner, d'oser se confronter à l'autre.

Des défis délicats sont évoqués :

1. la complexité : il faut « *intégrer des milliers de choses* », tout en « *gardant un regard méta* » ;
2. une solitude paradoxale, car l'on est en interaction avec beaucoup d'acteurs ;
3. des « *prises de risques* », pour être « *créatif* », « *trouver des alternatives* », même si « *des fois, ça ne marche pas* » ;
4. une légitimité sans cesse en jeu : « *toutes ces questions elles sont là en permanence, de savoir comment être juste, comment ne pas aller au-delà du mandat qu'on a* ».

Enfin, ce travail s'avère éprouvant sur le plan identitaire. Pour y faire face, les intervenants interrogés mentionnent principalement quatre types de relations individuelles et de collectifs sur lesquels ils s'appuient : un groupe de pairs ; un collègue (confident) ; une équipe pluridisciplinaire ; une personne considérée comme référence sur le plan du prescrit : responsable régional, médecin scolaire, doyen, directeur...

Le cas des intervenants à l'école semble emblématique de phénomènes décrits de manière plus générale en sociologie : le modèle médical individuel peut être considéré comme un « programme » institutionnalisé (Dubet, 2002) qui, depuis plusieurs décennies, régissait le travail des intervenants. Le déclin de son hégémonie ouvre la porte à une variété de « registres d'action » (Demailly, 2008) entre lesquels naviguent les professionnels. Le choix entre ces diverses modalités d'intervention s'accompagne de « prescriptions de subjectivité » (Clot, 2006), généralement implicites, mais parfois explicites, comme « savoir s'adapter », « être flexible », « agir comme professionnel réflexif », « s'autodéterminer » (Moreau, 2006). Ces prescriptions participent cependant d'un idéal très fortement ancré dans la culture occidentale moderne de « l'individu qui se tient de l'intérieur » (Martuccelli, 2002). Or, le rôle et le travail ne se définissent pas de manière autonome par les professionnels, mais se construisent à partir des attentes de chaque acteur (Maisonneuve, 1993), ainsi que collectivement, entre pairs (Clot, 2006).

Cette première analyse des résultats montre l'importance du travail de négociation, mais aussi des *supports identitaires* (Martuccelli, 2002), c'est-à-dire les relations ou les réseaux sur lesquels s'appuient les acteurs dans leur construction identitaire ; les intervenants, pour développer des pratiques collaboratives, ont besoin de relations avec des individus et des collectifs, par qui ils se sentent reconnus et en qui ils peuvent se reconnaître.

3. ANALYSE STRUCTURALE : CONFRONTATION CONSTANTE À DES PARADOXES

Une analyse structurale du discours des intervenants (Piret, Nizet et Bourgeois, 1996 ; Paillé et Mucchielli, 2012) fait ressortir, de manière récurrente, des *doubles contraintes* : des situations paradoxales, où deux injonctions s'opposent *à des niveaux logiques différents* (Bateson, 1956), ce qui les distingue d'une simple contradiction, qui serait plus facile à identifier et à confronter. En voici quelques exemples :

1. La perspective inclusive incite à ne pas se cantonner à un regard médical individuel, à réfléchir de manière systémique et à coconstruire son intervention avec les acteurs concernés, en fonction de leurs besoins et de leurs ressources, afin de favoriser une pédagogie différenciée. Mais les prestations des enseignants spécialisés sont le plus souvent attribuées sous forme d'heures hebdomadaires de travail envers un élève particulier et justifiées en fonction de l'identification de ses difficultés particulières.
2. Pris par la surcharge de demandes d'aide individuelle aux élèves, certains intervenants ne trouvent plus le temps de réfléchir avec les enseignants à d'autres réponses que les bilans et traitements qui leur sont demandés. Or ce mode d'intervention s'avère vite chronophage et contribue au sentiment d'incompétence des enseignants, qui continuent à déléguer aux intervenants la prise en charge des besoins particuliers des élèves.
3. La collaboration signifie, d'une part, une qualité de relation et, d'autre part, des modalités d'intervention : coenseignement, travail en réseau, aide à l'enseignant... L'injonction à collaborer s'avère paradoxale lorsque l'enseignant souhaite non pas s'investir dans une collaboration, mais déléguer la prise en charge du problème à l'intervenant. Pour collaborer, l'intervenant est appelé à entrer sur un terrain déjà occupé par les acteurs primaires de la situation, en particulier l'enseignant régulier. Si l'intervenant s'impose dans ce champ d'activité contre le gré de l'enseignant, la collaboration, sur le plan qualitatif, sera très difficile à construire. Mais s'il ne fonctionne que par délégation de la prise en charge des besoins particuliers de l'élève, il ne développe pas de collaboration, et il risque de contribuer à des mécanismes d'exclusion plutôt que

de renforcer les ressources inclusives de l'école. C'est entre autres dans ce type de situations que se sont affûtées les pratiques de négociation de rôle.

Ces constats débouchent sur de nouvelles questions: pourquoi certains intervenants ont-ils restreint leurs pratiques collaboratives ou expriment-ils des souffrances importantes, tandis que d'autres semblent s'épanouir dans leur activité professionnelle? Bateson (1956) a développé le concept de double contrainte dans ses recherches sur la communication et en particulier dans ses études sur la schizophrénie. La double contrainte y apparaît comme pathogène, alors qu'Engeström et Sannino (2010) la considèrent comme une source possible d'apprentissage collectif innovant (*expansive learning*), dans des situations où des professionnels travaillent à l'interface entre deux systèmes organisationnels en évolution.

Les différences entre ces systèmes et les changements progressifs internes à ceux-ci entraînent des tensions et des situations paradoxales qui obligent les acteurs concernés à inventer de nouvelles pratiques. Or, le travail des intervenants scolaires se situe en effet à l'interface entre plusieurs systèmes: santé et éducation, enseignement spécialisé et enseignement ordinaire, service de psychologie et école, qui, nous l'avons vu, évoluent, au prix de tensions et de contradictions, d'un modèle médical vers des modèles systémiques.

Qu'est-ce qui distingue le potentiel créatif ou pathogène d'une double contrainte? Bateson identifie une troisième contrainte: l'impossibilité de métacommuniquer. Or, les études sur l'*expansive learning* portent sur des collectifs interinstitutionnels invités à réfléchir aux paradoxes rencontrés et aux solutions à inventer pour les dépasser. Ce concept, ainsi que celui de support identitaire, a éclairé notre analyse des parcours des intervenants.

4. ANALYSE DE CAS: ENTRE SOUFFRANCE ET CRÉATIVITÉ

Pour chaque entretien, nous avons produit un résumé, qui recompose les énoncés glanés au fil des interactions, sous la forme d'un récit, dans lequel l'intervenant interrogé peut se reconnaître. Ces «récits phénoménologiques» (Paillé et Mucchielli, 2012) mettent en évidence, d'une part, l'ensemble des propos tenus par chaque acteur, mais aussi leur parcours, dans l'ordre chronologique des expériences relatées. Nous en présentons quelques extraits, entrecoupés de réflexions.

Depuis les premiers entretiens à partir desquels nous avions sélectionné les participants, il s'était passé entre un et quatre ans avant cette deuxième rencontre. Pour deux d'entre eux, leur activité s'était concentrée sur une pratique individuelle, faisant suite à un changement de contexte professionnel.

Isabelle a travaillé dans trois services différents comme logopédiste scolaire. Dans les deux précédentes équipes, elle avait développé beaucoup plus de travail en réseau, de conseil aux enseignants et de travail en classe. «*Je fais davantage de traitement qu'avant en individuel, je suis revenue à un modèle un peu plus thérapeutique.*» Pour expliquer ce changement, elle commence par invoquer une augmentation des situations «*lourdes*», qui nécessitent une aide «*très spécifique*» que l'on ne trouve «*ni à l'école ni dans la famille*» et qu'elle attribue à «*de plus en plus de détresse sociale*».

Plus tard, elle remet en question cette explication: «*Je ne sais pas si je me donne des excuses en regardant les difficultés des enfants que j'ai* [...] *Le travail que l'on fait dans le bureau ne va jamais suffire tout seul* [...] *Il y a des choses, soit avec l'école, soit avec les parents, à saisir.*» Cela nécessiterait des entretiens plus approfondis que les échanges courts et informels qui caractérisent sa collaboration avec les enseignants. Par ailleurs, concernant la surcharge de demandes de bilans et de traitements, elle pense que des réponses pourraient être inventées collectivement. «*Le côté systémique, je ne l'exploite pas assez. C'est quelque chose que j'aimerais pouvoir faire plus, mais j'ai de la peine à me donner les conditions pour.*»

Elle ajoute que les pratiques de ses collègues se limitent presque exclusivement à des bilans et des traitements. La plupart ont pourtant suivi des formations en systémique. Ses collègues et son chef valorisent les quelques démarches collaboratives qu'elle continue à développer, mais «*ce travail de proposer d'autres choses à l'école, c'est dur de le faire seule* [...] *C'est comme si tu nages à contre-courant, au bout d'un moment, tu te fais quand même ramener en arrière* [...] *Je pense que ce serait plus soutenant en fait, si l'équipe entière avait cette démarche*».

Isabelle ajoute qu'il n'y a pas «*une réflexion vraiment d'équipe* [...] *on fonce un peu plus dans le modèle individuel* [...] *Nous sommes très déterminés par ce qu'on attend de nous*». Or, «*tout le monde s'attend à ce qu'on prenne l'enfant en charge*». Elle considère qu'il y a «*tellement de contraintes administratives, culturelles, que ça nous paralyse un peu la créativité*». Quand elle évoque une situation difficile dans un colloque d'équipe, il n'y a pas de temps pour une réflexion approfondie. Des conseils sont donnés, comme de déléguer la prise en charge au service de pédopsychiatrie, sans vérification que cela soit réalisable ou pertinent. Il manque «*du vrai temps d'intervision*», pour «*partager nos pratiques et développer nos réflexions communes*».

Parlant de son lieu de travail précédent, Isabelle dit «*avoir eu la chance d'être dans un service où il fallait élaborer comment on va se positionner, entrer en contact avec les enseignants, définir notre pratique vis-à-vis de l'école, des parents, des communes qui nous paient* [...] *La cheffe d'équipe avait vraiment envie qu'on réfléchisse à ce qu'on fait* [...] *On avait des journées entières pour définir notre politique. Il y avait vraiment la place pour autre chose.*»

Elle trouve «*moins fatigant*» d'effectuer uniquement des bilans et des thérapies, mais cela se fait parfois au prix d'une perte de sens.

Cet exemple montre que des facteurs usuellement évoqués tels que les compétences, les représentations et les valeurs ne suffisent pas pour développer des pratiques collaboratives. Comme la plupart de ses collègues, Isabelle s'est formée volontairement à l'approche systémique; ses valeurs et représentations l'invitent à développer des pratiques collaboratives, que son équipe et son supérieur hiérarchique valorisent. Mais leur caution ne remplace pas les supports identitaires: l'importance de pouvoir se reconnaître dans les pratiques de certains collègues. Elle ne mobilise presque plus ses compétences en analyse de la demande, car se positionner et être créatif vis-à-vis des attentes et des contraintes nécessiterait de s'appuyer sur une réflexion en équipe, soutenue par la hiérarchie.

Parfois, les pratiques collaboratives peuvent être abandonnées sans que le praticien en prenne conscience sur le moment.

Paul, enseignant spécialisé itinérant, a changé d'établissement scolaire il y a deux ans. Dans les deux lieux, il a été engagé par la direction de l'établissement. Il se dit très content d'être inséré dans une équipe, car auparavant il était seul dans sa fonction. En cours d'entretien, Paul s'interroge en réalisant que son travail d'aide à l'enseignant, de collaboration autour de la gestion de classe et d'animation d'espaces de paroles, qu'il appréciait, a disparu:

> C'est aussi une chose qui me pèse, d'être trop dans l'individuel [...] Mes collègues fonctionnent de la même manière. Je ne suis pas le seul. Ça fonctionne comme ça: elles travaillent en

> individuel, elles ne font pas du tout de travail au niveau du collectif [...] Mais pourquoi ça ne se fait pas? Je ne me suis jamais posé la question: pourquoi c'était habité là-bas et ça ne l'est pas ici?

Au sein du premier établissement, la doyenne de l'établissement (enseignante assistant le directeur d'établissement dans certaines de ses fonctions) était sa seule interlocutrice en dehors des protagonistes directs des situations d'intervention. Lors de leurs échanges, généralement informels, elle approuvait systématiquement son travail et ses projets. «*On me disait: "Fais ce que tu veux", alors que tu sais bien que tu ne peux pas faire ce que tu veux tout seul.*»

Sur son lieu de travail actuel, l'équipe d'enseignants spécialisés se réunit régulièrement avec une doyenne. Les interventions sont cadrées par des procédures de signalement comprenant des entretiens de réseau avec les parents. Par contre, concernant la collaboration avec les enseignants ordinaires, «*ça se fait un peu entre les portes* [...] *ça manque de temps de coconstruction*». Dans certaines situations, Paul exprime un malaise face à des mécanismes d'exclusion, liés à des problèmes de relation pédagogique et de gestion de classe, auxquels il risque de participer implicitement à travers ses interventions auprès d'un élève hors de la classe, sans avoir la possibilité d'y travailler avec l'enseignante régulière.

Les supports identitaires que Paul a trouvés auprès de son équipe l'invitent à fonctionner dans un modèle médical individuel d'intervention. Quant aux procédures de signalement, elles assurent la collaboration avec les parents, mais elles ne favorisent pas le travail sur demande des enseignants, comme l'aide indirecte ou le coenseignement.

Dans son poste précédent, cependant, Paul ne trouvait ni supports identitaires, ni collectifs ou relations avec qui partager ses questions quant aux paradoxes rencontrés, ou au sens et à la légitimité de ses interventions.

Certains intervenants évoquent une grande souffrance identitaire: «*C'est juste ce métier qui fatigue, parce que ça nous ébranle tout le temps et ça rend psychotique, je pense* [...] *parce que ça touche à nos fondements* [...] *je n'arrivais plus à tenir mon moi en un seul morceau*», dit Anna, enseignante spécialisée très engagée et reconnue dans son travail. Dépendant autrefois d'une institution, elle intervenait dans plusieurs établissements scolaires. Elle a pensé qu'en concentrant son intervention sur une seule école, elle se sentirait moins «*morcelée*», mais elle continue à se sentir «*beaucoup plus fatiguée par mes années de travail itinérant, alors que je ne travaille qu'à temps partiel*».

Anna collabore étroitement avec les enseignants, qui la sollicitent et à qui elle donne des conseils, propose des démarches sur le plan éducatif ou didactique, développe du matériel pour favoriser la participation des élèves aux activités de la classe en son absence. Elle décrit ce travail comme étant très intéressant, créatif et riche de sens, mais elle évoque un sentiment douloureux de solitude face à la complexité des enjeux multiples qu'elle essaie de prendre en compte dans une perspective systémique. Elle se rend compte qu'au sein de son établissement, l'équipe d'enseignants spécialisés et le groupe de réflexion sur la pédagogie compensatoire, dont elle est membre, ne représentent pas pour elle des ressources. Elle y reçoit beaucoup de reconnaissance quant à ses compétences, mais elle n'y aborde pas les difficultés qu'elle rencontre, ayant de la peine à «*montrer ses faiblesses*».

Ayant demandé un entretien avec son directeur pour évoquer une situation délicate concernant les pratiques d'évaluation d'une enseignante, celui-ci lui a répondu qu'en tant qu'enseignante spécialisée, elle devait s'imposer. Elle en est ressortie dépitée, sachant que cette solution n'aboutirait pas à une meilleure collaboration avec l'enseignante concernée.

Engagée depuis un an dans une formation conséquente, Anna se sent paradoxalement un peu moins épuisée, car elle y trouve l'occasion, légitimée par sa position d'apprenante, d'accepter l'incertitude face à la complexité: «*Je peux me dire que je me sens impuissante. Ça ne me serait jamais arrivé auparavant, ou je n'aurais pas dormi pendant deux semaines.*» Elle se reconnaît dans l'approche systémique enseignée et s'appuie sur cette formation pour oser s'essayer à prendre parfois une position basse dans son contexte professionnel, afin de moins porter seule la responsabilité de trouver des issues aux problèmes rencontrés.

Les supports identitaires et les alliances apparaissent dans leur dimension subjective, ni objectivables, ni maîtrisables. Anna fait partie de deux groupes (l'équipe d'enseignants spécialisés et le groupe de pilotage), mais elle ne les investit pas comme supports identitaires, n'ayant pas l'occasion de se reconnaître dans des pratiques ou des questions abordées par ses pairs, et elle ne s'y sent pas suffisamment en confiance pour partager les paradoxes rencontrés dans sa pratique. Elle continue à y répondre avec créativité et à développer des collaborations, mais au prix d'une souffrance et d'une fatigue très éprouvantes. L'investissement dans une formation postgrade lui sert de support identitaire et pallie en partie ce qu'elle n'a pas trouvé pour le moment dans son contexte professionnel.

Le travail d'intervenant à l'école est-il donc un métier impossible? Se cantonner à des prises en charge individuelles est-il le seul moyen d'éviter une trop grande souffrance au travail? D'autres intervenants développent des collaborations avec plaisir et créativité, tout comme l'avait fait Isabelle durant de nombreuses années.

Line travaille depuis une année comme enseignante spécialisée itinérante, dépendant d'une institution. Dans son récit, elle décrit plusieurs modalités de travail collaboratif: aide à l'enseignant, coenseignement et travail en réseau, où elle décrit, entre autres, un rôle de facilitatrice de la communication, voire de médiation de conflit entre enseignante ordinaire et logopédiste. Elle apprécie beaucoup les réunions et supervisions entre pairs, et la relation de confiance établie avec ses supérieurs hiérarchiques, qui «*s'intéressent à ce qu'on fait*», «*connaissent notre travail*», bien qu'ils n'aient jamais travaillé comme enseignants spécialisés itinérants. Plusieurs questions sont débattues entre les praticiens, dont les réflexions sont écoutées par la direction, qui offre «*une vraie écoute et une vraie participation à la résolution de problèmes*». Les paradoxes que Line rencontre sont présentés comme une dimension intéressante de son activité.

Ce contexte de travail semble idyllique: la relation de confiance entre Line et sa direction permettent d'analyser ensemble les doubles contraintes et elle y trouve des supports identitaires précieux.

Ce n'était pourtant pas le cas d'Arthur, qui a quitté cette institution récemment. Celui-ci a été engagé par les directeurs des établissements où il intervient. Il dit préférer nettement cette situation à l'institution externe qui l'employait auparavant et à qui il devait s'adresser, en cas de problème ou de difficulté, plutôt qu'aux directions d'école. Cela freinait ses possibilités d'intervenir au niveau du système scolaire et le mettait parfois dans des situations de triangulation difficiles. Au contraire, être «*en ligne directe*» avec les directeurs permet de «*les impliquer beaucoup plus*». Arthur n'a pas eu le sentiment de pouvoir aborder cela avec les responsables de l'institution.

Sur son lieu de travail, il échange très régulièrement sur sa pratique avec sa collègue, en intervision, en supervision et de manière informelle. Avec les directeurs, qu'il connaît depuis longtemps, il partage un attachement pour la pédagogie inclusive et évoque aisément ses questions, suggestions ou remarques critiques qui sont accueillies avec intérêt.

Arthur n'a pas pu réfléchir avec les responsables de l'institution à ce qu'il vivait comme une double contrainte : agir sur le système scolaire sans pouvoir s'adresser aux directions. Or, cette situation mettait en danger son alliance avec les directeurs des écoles, qui, eux, réfléchissaient avec lui aux paradoxes rencontrés.

À nouveau, la dimension subjective et interpersonnelle des supports et des alliances apparaît. L'existence objective de lieux d'échanges ne suffit pas : tout dépend de la façon dont ils sont investis par les individus et des relations de confiance qui ont pu se construire.

Ils peuvent cependant expliquer, chez le même intervenant et simultanément, une différence importante quant aux collaborations développées dans deux établissements scolaires distincts.

Gaëlle est une jeune psychologue qui travaille depuis cinq ans dans deux établissements scolaires vaudois. Dans le premier, elle participe activement à plusieurs groupes pluridisciplinaires et à une démarche de prévention de la santé, en collaboration avec des médiateurs scolaires. Les rencontres et les collaborations avec le directeur de l'établissement sont fréquentes. Elle est très sollicitée par les enseignants pour des entretiens.

Dans l'autre établissement, toutes ces formes de collaboration sont presque inexistantes. Son travail se limite à des bilans et traitements. En cours d'entretien, elle s'interroge sur cette différence, et réalise que ces diverses formes de collaboration avaient été instituées dans le premier établissement bien avant sa venue.

Dans le second établissement, les seules rencontres se font au gré de situations nécessitant un échange entre professionnels. Elle réfléchit alors à la façon dont elle pourrait construire davantage d'espaces de collaboration, ainsi qu'au temps qu'il a fallu, dans le premier établissement, pour que se tissent des relations de confiance.

Gaëlle a dû construire, dans le premier établissement scolaire, des relations de confiance interpersonnelles, mais au sein de pratiques collaboratives qui avaient été instituées par ses prédécesseurs, et dont elle a, en quelque sorte, hérité. Dans le deuxième établissement par contre, tout serait à construire. D'autres intervenantes, plus expérimentées, témoignent de la façon dont elles ont tissé, petit à petit, des espaces de collaboration.

Pour Élisabeth, psychomotricienne, « *une confiance s'est installée au fil des situations* ». Puis les demandes de plus en plus nombreuses ont abouti à une surcharge et à une liste d'attente. Cependant, quelques entretiens ont été proposés aux enseignants, parfois avec les parents, pour accueillir les nouvelles demandes et réfléchir ensemble à ce qui pouvait être mis sur pied en attente d'une place pour un bilan. « *Voyant l'effet que ça produisait, nous avons mis ça dans les prestations.* » Ainsi est née une prestation d'aide indirecte, suivie d'autres modalités collaboratives (interventions en classe, etc.).

Ces collaborations ne doivent pas être imposées : Élisabeth s'efforce de « *respecter le territoire de l'autre* », pour y être éventuellement invitée. Il s'agit de prendre soin de relations multiples : « *Montrer qu'on n'est pas contre, mais avec* [les enseignants], *mais aussi avec les parents, bien sûr.* »

À ces négociations au cas par cas des situations, s'ajoutent d'autres démarches : « *Avoir des contacts, proposer des ateliers, des informations* [...] *et aller à la rencontre des enseignants lors de moments formels et informels.* » Élisabeth souligne aussi « *le soin apporté aux rencontres avec les directeurs* ».

Pour tout ce travail, Élisabeth s'est appuyée sur une relation de confiance avec sa collègue et responsable directe, mais aussi au sein de son équipe, avec qui ces démarches se discutent constamment.

Élisabeth a également organisé des rencontres avec d'autres psychomotriciennes de la région et s'est engagée dans son association professionnelle. Ces ressources, ainsi que les supervisions, l'aident à garder une vigilance quant à son positionnement, et à travailler les « *inconforts* », les « *confrontations* » et les « *désaccords* » non seulement inévitables, mais profitables à la construction de collaborations.

La construction du rôle d'intervenant, dans une perspective de pédagogie inclusive, se fait à travers des négociations, mais aussi des alliances, c'est-à-dire des relations de confiance (Allenbach, 2015b). Celles-ci nécessitent des engagements en actes, pas toujours explicites, relevant d'un travail constant sur sa posture. Ces alliances sont multiples, dans une prise en compte des divers acteurs concernés, pour ne pas entrer dans des coalitions, opposées à un tiers. Enfin, l'alliance, tout comme la négociation, n'est pas l'inverse du conflit : au contraire, elle se fonde sur la possibilité d'aborder les désaccords.

Pour Sylvia, psychologue, la construction de la confiance, « *c'est travailler au quotidien et voir qu'on peut se dire les choses sans s'agresser*

[...] *communiquer sur ce qui s'est bien passé aussi* [...] *et que les rôles puissent être distribués, pensés et dits* [...] *On doit apprendre à travailler ensemble même si on ne s'apprécie pas. Là, ça se construit encore plus*».

DISCUSSION ET CONCLUSION

L'analyse intercas de ces parcours permet de proposer l'équation suivante: le développement de modalités d'intervention collaborative ne repose pas seulement sur des représentations et des valeurs. Elle nécessite:

1. des habiletés de négociation de son rôle;
2. un engagement personnel et éthique dans la construction d'alliances;
3. plusieurs supports identitaires, communautés de valeur et de pensée permettant de supporter la dimension éprouvante identitairement du travail de négociation;
4. des alliances permettant de métacommuniquer sur les situations de double contrainte, en particulier avec une personne représentant une référence par rapport au prescrit.

Sinon, le repli sur une prise en charge médicale individuelle peut représenter une manière d'échapper à une importante souffrance identitaire, au prix cependant de certains dilemmes éthiques et du renoncement à des pratiques qui faisaient sens.

Concernant leurs relations avec des référents hiérarchiques, les intervenants décrivent quatre cas de figure:

1. l'intervenant n'a pas l'impression que le paradoxe est pris en considération, ou pourrait l'être (Arthur, dans son premier lieu de travail);
2. il reçoit une «solution» qui dénie le paradoxe, ce qui revient au même (Anna avec son directeur, Isabelle avec son chef d'équipe);
3. il jouit d'une grande liberté qui peut être interprétée comme de la confiance, mais s'avère très inconfortable, n'offrant pas plus de soutien pour réfléchir aux problématiques rencontrées (Paul, dans son premier lieu de travail);

4. le paradoxe est pris en considération, des issues créatives sont réfléchies en commun (Isabelle, dans son travail précédent, ou Line).

Les alliances comme les supports identitaires ne peuvent être instrumentalisés : ils dépendent de rencontres et d'investissements subjectifs. Ils peuvent cependant se construire. Les pratiques de négociation d'un rôle qui ne se cantonne pas à traiter individuellement les problématiques signalées par l'école, mais ambitionne de contribuer au développement d'une école inclusive, se situent donc à trois niveaux :

1. la négociation du rôle spécifique à chaque nouvelle intervention, dont le choix des modalités d'intervention, impliquant la construction d'alliances avec les acteurs concernés ;
2. la négociation du rôle dans l'établissement scolaire, comprenant tout le champ des modalités d'intervention possibles : tout ce que les divers acteurs de l'école peuvent attendre de l'intervenant. Ce champ d'activité comme les alliances avec les professionnels de l'établissement se construisent au fil des interventions, mais aussi lors d'échanges qui ne sont pas liés à des interventions particulières, comme des réunions de bilan, avec des collègues ou avec des responsables hiérarchiques ;
3. le développement de supports identitaires et d'alliances avec des référents hiérarchiques pour aborder les situations de double contrainte. Sur ces relations et ces réseaux, qui peuvent être extérieurs à l'établissement scolaire, l'intervenant s'appuie pour réfléchir et supporter les tensions et les défis liés au travail mentionnés aux deux précédents niveaux.

L'étude des pratiques de négociation de rôle, et des supports identitaires, a représenté un certain défi méthodologique : ces pratiques sont incorporées, peu reconnues, souvent peu conscientes ; quant aux supports, ils se découvrent généralement *en creux* (Martuccelli, 2002), lorsqu'ils font défaut. Or, les entretiens dont nous avons présenté ici quelques contenus ont été très appréciés par les intervenants interrogés : « *Mettre en mots, ça me rend aussi service. Ça me construit, ça me clarifie. Il y a des choses que je n'avais pas vues qui m'interpellent* », déclare Anna. Plusieurs personnes disent s'être posé des questions intéressantes qu'elles ne s'étaient « *jamais posées auparavant* ». Paul en est surpris : « *Je ne pensais pas que ça allait toucher des zones aussi importantes au niveau émotionnel* [...] *mais aussi au niveau de mes représentations, et je pense que ça va continuer à me faire réfléchir, c'est bien !* » Les participants ont procédé, en cours d'entretien, à une analyse de leurs pratiques et de leurs supports. Quelques intervenants ont demandé en fin d'entretien s'ils n'étaient « pas les seuls » à vivre certains défis ou difficultés qu'ils avaient évoqués... comme celui de la solitude paradoxale dans cette fonction. Savoir que ces difficultés avaient aussi été évoquées par d'autres intervenants à l'école les soulageait, répondant sans doute à leur besoin de supports identitaires. Enfin, plusieurs intervenants ont exprimé en fin d'entretien le souhait de s'investir davantage dans la construction de nouvelles alliances ou dans des pratiques collaboratives.

Ces constats invitent à dépasser une représentation de la formation comme visant uniquement l'acquisition de connaissances et de compétences, ou le développement d'une nouvelle identité professionnelle. Ces « acquis » s'avèrent relativement fragiles si on les mesure à l'aune des pratiques des acteurs. Dans la formation en alternance, la formation continue et les dispositifs d'accompagnement, quatre pistes s'ouvrent pour préparer et accompagner le développement de pratiques collaboratives :

1. reconnaître le travail de construction du rôle professionnel, travailler les habiletés et les postures propices à la négociation, à l'analyse de la demande et à la construction d'alliances ;
2. construire des alliances avec les apprenants et leur servir éventuellement de supports identitaires, sur lesquels ils pourront s'appuyer pour négocier leur rôle dans leur établissement scolaire ;
3. analyser avec eux les situations de doubles contraintes qu'ils traversent et les accompagner dans la recherche d'issues créatives ;
4. accompagner leurs réflexions sur les supports identitaires et les alliances sur lesquels ils pourront s'appuyer dans leur contexte, une fois la formation terminée.

Concernant les cadres intermédiaires et les directeurs, il nous semblerait pertinent de les sensibiliser à l'importance des supports identitaires, mais aussi au rôle qu'ils peuvent jouer auprès des intervenants à l'école, lorsque, plutôt que de les assurer de leur pleine confiance ou de chercher à résoudre d'emblée les paradoxes évoqués, ils acceptent de les reconnaître et de les prendre en considération. Ceci nécessite qu'ils ne considèrent pas les doubles contraintes comme nécessairement pathogènes pour leur personnel, ou comme les signes de leur incompétence à poser un cadre cohérent.

Enfin, pour promouvoir la pédagogie inclusive, les dispositifs de recherche-action, de recherches collaboratives, les communautés d'apprentissage professionnel, ou les communautés de pratiques prennent un nouveau sens : ils peuvent représenter des supports identitaires sur lesquels les intervenants s'appuient pour leur travail de négociation d'un rôle qui contribue au développement de l'école vers une perspective inclusive.

CHAPITRE 8

L'inclusion au sein de la vie scolaire d'un collège

Vers la construction d'un fonctionnement collégial ?

Véronique Barthélémy,
Laurent Husson et
Jean-Michel Perez

INTRODUCTION

Ce travail s'inscrit dans le champ des recherches sur la mobilisation des acteurs au sein de la vie scolaire pour permettre l'inclusion des élèves à besoins éducatifs particuliers, définie en France par la loi du 11 février 2005 et posant le principe d'éducabilité pour tout enfant en milieu scolaire. Or, à ce jour, la question de la construction d'une action collective pour la prise en charge des élèves en situation de handicap (ESH) est peu étudiée dans le second degré et notamment à propos des pratiques professionnelles du conseiller principal d'éducation (CPE), même si l'analyse des textes législatifs le situe à l'articulation des composantes de la communauté éducative. Le CPE doit en effet placer l'adolescent dans les meilleures conditions de vie et d'apprentissage avec l'aide d'interlocuteurs. Cette exigence est renforcée par la nécessité de participer à la mise en place de dispositifs d'accueil pour une inclusion individuelle ou collective. Ainsi, l'objectif est de présenter, au niveau de la vie scolaire, la façon dont s'organise la collaboration entre les acteurs afin d'assurer l'accueil des ESH.

Dans une première partie, nous présenterons le cadre théorique de notre recherche en mettant l'accent, en premier lieu, sur les dispositions mises en avant dans la loi d'orientation de 2005, en second lieu, sur les effets au niveau de la scolarisation dans le second degré et, en troisième lieu, sur les attentes envers les acteurs. Nous décrirons ensuite notre démarche méthodologique et les résultats obtenus.

1. CONTEXTUALISATION

1.1. Les éléments clés de la loi de 2005

En posant juridiquement dans son article 19 que tout enfant en situation de handicap est de droit un élève, la loi du 11 février 2005, poursuivant les finalités de la loi du 11 juillet 1975 relative à l'éducation, de celle du 30 juin 1975 en faveur des personnes handicapées ainsi que de la loi d'orientation sur l'éducation du 10 juillet 1989, affirme de fait le principe de l'éducabilité pour tout enfant handicapé en milieu ordinaire. L'intention du législateur est de passer d'une conception individuelle du handicap à une conception prenant pleinement en compte sa dimension sociale. L'accueil de l'enfant ne se fait plus en fonction de ses capacités et de celles de sa famille, mais dans une logique de compensation, notamment par l'organisation des pratiques d'enseignement pour rétablir l'accès égal au savoir pour chacun. Le devenir scolaire de l'élève est ainsi appréhendé dans une logique de parcours, et plus seulement dans une logique de filière ou de classe.

Dans cette perspective, la maison départementale pour les personnes handicapées (MDPH) accueille, informe, accompagne et conseille l'élève, et met en place et organise le fonctionnement de l'équipe élaborant le projet de la personne handicapée. Dans le cas d'un ESH, une équipe de suivi de scolarisation (ESS) observe les besoins et compétences de l'enfant en milieu scolaire, puis met en œuvre et assure le suivi de son projet personnel de scolarisation (PPS), dans lequel sont définies les modalités de déroulement de la scolarité ainsi que les actions répondant aux besoins particuliers de l'élève.

Tout élève présentant un handicap est d'abord et de droit inscrit dans l'établissement le plus proche de son domicile, qui constitue dès lors son établissement de référence (loi de 2005, art. 19). Pour la première fois dans l'histoire du système éducatif, le droit français demande de « favoriser, chaque fois que possible » (art. 19), une forme ordinaire de scolarisation pour les élèves reconnus handicapés, et non plus l'inscription dans un établissement ou une classe spécialisés. Néanmoins, comme le montrent plusieurs rapports, ce dispositif reste sujet à de nombreuses fluctuations susceptibles de contrarier les effets escomptés par le législateur (Blanc, 2011 ; Campion et Debré, 2012).

1.2. Les effets de la scolarisation dans le second degré

La mise en œuvre de ces modifications législatives et réglementaires a entraîné une augmentation des publics en situation de handicap dans le milieu ordinaire. Sept ans après sa mise en application, la loi de 2005 a permis une augmentation importante de la scolarisation des ESH, soit en milieu ordinaire, soit dans le cadre des dispositifs adaptés. Ainsi, entre 2005 et 2010, on compte une augmentation de 33 % du nombre d'enfants scolarisés (Blanc, 2011).

Ces tendances sont confirmées par les statistiques du ministère de l'Éducation nationale. En effet, il ressort des études de la Direction de l'évaluation, de la prospective et de la performance (France, ministère de l'Éducation nationale, DEPP, 2012) une augmentation de la scolarisation en milieu ordinaire. En effet, depuis l'entrée en vigueur de la loi de 2005, nous sommes passés de 155 361 ESH en milieu ordinaire à 210 395 en 2011. Par ailleurs, depuis la rentrée scolaire 2007, le taux de croissance annuel moyen dans le second degré est, en milieu ordinaire, de 10,2 %, dont 15,8 % en section d'enseignement général et professionnel adapté (SEGPA) et 19,9 % en unité pédagogique d'intégration/unité locale d'inclusion scolaire (UPI/ULIS). En 2011-2012, on compte un total de 79 878 ESH scolarisés dans le second degré. Au cours de l'année scolaire 2012-2013, 89 100 élèves handicapés fréquentent un établissement scolaire du second degré relevant du ministère de l'Éducation nationale. Sept élèves sur dix bénéficient d'une scolarisation individuelle et trois sur dix d'une scolarisation collective en ULIS. En classe ordinaire, 78 % des élèves handicapés scolarisés dans le second degré suivent une formation de premier cycle (SEGPA comprises), 12 % un enseignement professionnel et 9 % un enseignement de second cycle général et technologique.

Des différences existent toutefois selon les publics accueillis. Les élèves porteurs de troubles intellectuels rencontrent le plus de difficultés à suivre un cursus ordinaire : leur présence dans une classe ordinaire de premier cycle tient surtout à leur scolarisation en SEGPA. Ils constituent toutefois un quart des effectifs du second cycle professionnel. À l'opposé, les élèves souffrant de troubles physiques (troubles viscéraux, sensoriels ou moteurs) semblent les plus en mesure de suivre une scolarité ordinaire. Leur part augmente avec l'avancée de la scolarité : ils représentent 27 % des élèves handicapés en classe ordinaire de premier cycle (hors SEGPA), 30 % en second cycle professionnel et 56 % en second cycle général et technologique.

De ce fait, face à l'augmentation du nombre d'élèves scolarisés dans le second degré, et ce, à la suite de la reconnaissance des nouvelles catégories de handicap (Campion et Debré, 2012), il convient de s'interroger sur leur prise en charge au niveau de la vie scolaire. Depuis quelques années apparaît progressivement un domaine de recherche étudiant le rôle des pratiques d'enseignement dans l'apprentissage des ESH en classe ordinaire. Or, presque aucune recherche n'est menée au niveau de l'établissement, conçu comme école inclusive.

1.3. L'école inclusive : quelles caractéristiques ?

Après une période ségrégative, puis une période intégrative, s'est développée progressivement, sous le terme d'inclusion, une conception de la scolarisation au plus près de l'école ordinaire. Celle-ci suppose non seulement l'inclusion physique (l'établissement spécialisé se déplace dans l'école) et sociale (les élèves à besoins particuliers partagent les récréations, repas et ateliers récréatifs des élèves des filières régulières), mais aussi pédagogique de ces élèves afin de leur permettre d'apprendre dans une classe correspondant à leur âge, quel que soit leur niveau scolaire (Thomazet, 2006).

Les travaux menés pour repérer les caractéristiques d'une école inclusive dans un système éducatif occidental (Vienneau, 2002) dégagent les principes directeurs suivants. Le principe fondamental est que l'école ordinaire doit accueillir tous les jeunes en s'adaptant aux besoins de chacun, en ayant le moins recours à des démarches ségrégatives. Le principe de l'école inclusive fait ainsi de l'établissement scolaire local le lieu d'éducation de tous les enfants ou adolescents. Ceci suppose que soient trouvées des solutions pour les scolariser dans le cadre le plus ordinaire possible. Il est notamment possible de s'appuyer sur le projet d'établissement et la mise en place de pédagogies différenciées pour organiser des ateliers, dont certains peuvent être spécialisés tout en étant intégrés dans le fonctionnement ordinaire de l'établissement.

Pour sa part, chaque enseignant de classe ordinaire doit pouvoir recevoir l'aide des personnes-ressources expertes en fonction des besoins particuliers de ses élèves dans l'école ordinaire. Ce travail en partenariat au sein de l'équipe pédagogique permet de disposer d'un éventail de solutions ne se limitant pas à ce que l'enseignant isolé peut mettre en place dans sa classe. Les professionnels de l'école sont amenés à s'engager dans un dispositif leur permettant de maintenir leurs connaissances et compétences à jour. De plus, les enseignants doivent connaître le projet individuel de l'ESH, élaboré par tous les partenaires concernés, pour s'assurer de l'adéquation des dispositifs aux besoins.

En bref, une école réellement inclusive est dépendante de la capacité de l'école, et donc de ses acteurs, à innover. L'établissement scolaire du secteur devient l'école de chaque enfant. Les dispositifs spécialisés ne sont plus des structures ségrégatives, mais deviennent des ressources permettant, en fonction des besoins, l'aménagement de parcours de formation adaptés que les acteurs développeront pour favoriser une approche sociale et pédagogique des ESH.

1.4. Le rôle des acteurs de la vie scolaire dans cette école inclusive

1.4.1. La vie scolaire: histoire et objectifs

La vie scolaire, dans le second degré français, organise le temps scolaire hors enseignement. Si dans les années 1960, seule l'acquisition de savoirs est visée, après les années 1970, l'apprentissage et l'autonomie des élèves sont favorisés. En effet, la vie scolaire apparaît comme le cadre d'accueil et d'accompagnement de l'élève dans le développement de son cursus (Delaire, 1997), où des activités parallèles à la classe sont organisées, mais où les objectifs sont strictement liés à l'acquisition de connaissances. L'élève a une attitude d'obéissance passive aux injonctions des maîtres relayés par un règlement intérieur limité à un catalogue d'interdits. Mais, dès 1975, une démarche volontariste est choisie, dans laquelle l'élève doit apprendre à se prendre en charge et où il importe de motiver l'élève autour d'un projet. Cette orientation est renforcée par le décret de 1992 qui définit la vie scolaire comme l'ensemble des modalités d'organisation qui conduisent, dans tout établissement scolaire, à rendre interdépendants les objectifs éducatifs et pédagogiques, en prenant en compte tout autant les droits individuels de l'élève en tant que personne que les devoirs propres à son statut d'élève.

Par ailleurs, la vie scolaire est définie comme la vie des communautés éducatives que forment les écoles et établissements. L'action éducative concerne toutes les personnes et elle est indissociable de l'action pédagogique (Ulrich, 1971). Ceci conduira à partir des années 1970 aux prémices d'une réflexion sur le pilotage des établissements scolaires. Dans la circulaire de 1982 sur les objectifs pour la vie scolaire dans les collèges, il ne s'agit plus seulement d'une question d'état d'esprit: l'établissement a besoin de structures solides, précises et indispensables, pour faciliter la participation de tous, la perception collective des tâches et la concertation. On cherche ainsi à transformer les relations entre acteurs en réfléchissant à la mise en œuvre d'innovations pédagogiques et éducatives.

En bref, la vie scolaire peut être perçue comme un instrument visant à harmoniser du mieux possible un mode de fonctionnement pour atteindre des objectifs préalablement fixés et faire en sorte que la participation de chacun des acteurs et la concertation autour de tâches soient réalisables. En termes de gestion des ressources humaines, il est nécessaire, d'une part, de s'interroger sur les moyens d'assurer la sérénité au sein d'un établissement scolaire et, d'autre part, de s'interroger sur la manière dont le CPE peut tisser des relations avec l'ensemble de la communauté éducative. Pour ce faire, tout en sachant qu'étudier la vie scolaire en tant que telle est complexe (Barthélémy, 2005), il nous semble plus pertinent de repérer en premier lieu les attentes envers les acteurs pour ensuite examiner les pratiques des acteurs.

1.4.2. Le rôle des acteurs dans la vie scolaire : entre prescriptions et pratiques

Tout acteur de l'établissement étant impliqué dans la vie scolaire, il se doit de contribuer à l'action de la communauté éducative, en prenant part à l'élaboration du projet d'établissement et à sa mise en œuvre et en prenant en compte les caractéristiques de l'établissement et de ses publics. Ainsi, les enseignants tout comme les personnels d'éducation doivent gérer la diversité des élèves. Par ailleurs, ils sont à même d'identifier le rôle de tous les acteurs et de coordonner ses interventions avec les autres membres de la communauté éducative (France, ministère de l'Éducation nationale, 2013).

Concernant plus spécifiquement les attentes envers le CPE, reconnu comme responsable du service de la vie scolaire (Circulaire de 1982 ; France, ministère de l'Éducation nationale, IGEN, 2006), il en ressort qu'il exerce ses fonctions sous la responsabilité du chef d'établissement en tant que conseiller technique et qu'il a pour mission de placer les élèves dans les meilleures conditions possible pendant leur scolarité. Son champ d'intervention se situe dans trois domaines :

1. l'organisation de la vie collective quotidienne, hors du temps de classe, en liaison avec la vie pédagogique de l'établissement ;
2. la collaboration avec le personnel enseignant, pour assurer le suivi des élèves ;
3. l'animation éducative et la création de conditions de dialogue sur l'action éducative, au niveau collectif ou individuel.

Chacun de ces repères peut inclure la prise en charge des ESH. Cependant, le CPE n'est jamais clairement désigné et la manière dont il peut alors être concerné demeure dans l'implicite et l'informel. Nous savons toutefois qu'il gère la partie éducative et pédagogique du projet d'établissement (Circulaire nº 2006-126, 2006) et qu'il peut, à ce titre, être membre de l'équipe de suivi de la scolarisation (annexe 1 de la note de service nº 2011-201, 2011 ; Circulaire nº 2012-056, 2012).

Si les textes spécifient les missions des professeurs et personnels de l'éducation au sein de la vie scolaire pour la prise en charge des publics accueillis, des recherches montrent les écarts existants entre prescriptions et pratiques. Cela se traduit par des applications et des mises en œuvre variées sur le terrain, par exemple le suivi et l'évaluation des PPS. Cependant, depuis 2006, la mise en place des PPS croît rapidement (76 % en 2006 et 100 % en 2011) (France, ministère de l'Éducation nationale, 2012). Un autre exemple concerne la préparation des PPS, qui devrait être faite par l'équipe pluridisciplinaire de la MDPH, mais qui est en fait réalisée par l'équipe pédagogique de l'établissement.

Par ailleurs, si, d'après les textes, les CPE sont chargés de l'organisation de la vie scolaire en collaboration avec les professeurs, ces derniers, non formés pour ces tâches, réfutent ce rôle, créant des tensions entre : 1) ceux qui restent persuadés que leur tâche est seulement d'instruire, de transmettre des savoirs et savoir-faire ; 2) ceux qui estiment que l'éducation est nécessaire pour qu'ils puissent dispenser leur enseignement ; 3) ceux qui pensent que l'éducation se fonde à la fois sur la transmission de connaissances et sur l'apprentissage des règles du jeu social.

La plupart du temps, l'organisation de la vie scolaire n'est donc pas envisagée comme un moyen de développement des actions collectives, étant plutôt perçue comme la gestion administrative du temps hors enseignement. Le but est de mettre en place des conditions d'enseignement satisfaisantes, en s'assurant que chacun reste à sa place dans la mesure du possible. Ceci peut remettre en question la prise en charge des ESH par les acteurs d'un collège. En quels termes se réalise-t-elle ? Dans une démarche individuelle ou collective ? Dans une démarche de coopération ou de collaboration ?

1.5. Problématique

Face à l'arrivée de ces publics, il est fortement demandé aux acteurs de s'investir tant au niveau des enseignements que de la vie scolaire. Or cet investissement ne doit pas être pensé uniquement de manière individuelle ; il doit être réfléchi de manière collective, tant d'un point de vue légal qu'éthique. Du côté des recherches en éducation, la nécessité d'un système coordonné avec une dimension coopérative est réaffirmée. Allant dans ce sens, Gardou (2006) inscrit la coopération avec des personnels extérieurs, les différents acteurs scolaires et les parents comme un élément fondamental. Par ailleurs, selon Marcel *et al.* (2007), les injonctions au travail collaboratif des enseignants se font de plus en plus pressantes, particulièrement sous l'angle d'expériences de collaboration. Mais des questions se posent. En effet, bien que le développement professionnel semble devoir intégrer cette injonction, ces auteurs soulignent que cette forme de travail ne constitue pas une base historique du travail des enseignants et autres personnels de l'établissement (Barthélémy, 2005). De plus, les termes « coopération » et « collaboration » sont employés, mais ils nécessitent une explicitation.

Ainsi, Toullenc-Théry et Brissiaud (2012) précisent que collaborer revient à travailler avec d'autres à une œuvre commune. Marcel *et al.* (2007) complètent ces propos en précisant que la collaboration se caractérise par la communication entre les acteurs concernés. Elle existe quand des enseignants et les autres acteurs de l'établissement scolaire travaillent ensemble pour élaborer des objectifs, des projets, des séances d'enseignement. Dans le cas particulier des relations entre le CPE et les autres acteurs, les attentes vont-elles au-delà de la collaboration, si l'on définit cette dernière comme une simple interdépendance positive (Toullenc-Théry et Brissiaud, 2012) ? Ou pouvons-nous envisager une coopération qui supposerait une partition définie du travail à réaliser, une dimension négociée de préparation d'une action en commun ? La coopération désignerait, de ce fait, la mutualisation du travail entre différentes personnes qui vont œuvrer ensemble dans des situations de vie scolaire (Marcel *et al.*, 2007).

Dans le cadre spécifique de la vie scolaire, tout acteur est censé contribuer au bon fonctionnement de l'établissement scolaire. Or les recherches montrent la difficulté de mettre en place un fonctionnement collégial de l'établissement, fondé sur des relations autres qu'administratives entre CPE et enseignants ; chacun met en œuvre des actions en vase clos, développant ainsi des logiques d'évitement (Barthélémy, 2005). Le modèle d'établissement serait fondé, à ce jour, sur un fonctionnement de type collaboratif. Or, dans notre étude centrée sur l'accueil des ESH, et ce à partir d'expériences menées par les acteurs, irions-nous vers des pratiques de coopération ?

Concernant plus précisément notre thématique, les travaux existants étant rares, nous allons être amenés dans un premier temps à nous interroger sur la manière dont s'organise la collaboration entre acteurs afin d'assurer l'accueil des ESH au sein de la vie scolaire. Cela suppose ainsi de :

1. comprendre sur quels facteurs joue le CPE pour construire une vie scolaire dans laquelle l'élève en situation de handicap s'intègre avec les autres (restauration, permanence, interclasses, relations entre élèves en classe) ;
2. repérer en quoi le CPE contribue au suivi continu de l'élève dans le cadre de la vie scolaire (relations entre acteurs, collaboration et diffusion d'informations).

Ceci sera mis en lumière à travers différents indicateurs tels que la description des tâches des acteurs dans le temps scolaire hors enseignement, les types de relations entre ces derniers, la définition du handicap et la connaissance de la loi et des dispositifs. Les résultats obtenus seront mis en perspective en prenant appui sur des travaux relatifs au fonctionnement d'un établissement scolaire, et plus particulièrement sur la mise en place d'un travail collaboratif et partenarial.

2. ÉLÉMENTS DE LA DÉMARCHE MÉTHODOLOGIQUE

Dans cette recherche exploratoire menée en collèges, nous décrirons dans un premier temps le choix de notre approche écologique afin d'expliciter l'habitat du CPE, en considérant plus particulièrement sa relation aux élèves en situation de handicap. Puis, nous présenterons le contexte de l'enquête. Pour finir, nous décrirons l'outil de recueil de données, à savoir une enquête par entretiens semi-directifs auprès de CPE.

2.1. Le choix de l'approche écologique

Afin d'observer, d'expliquer et de comprendre le rapport du CPE aux ESH, nous adoptons une approche de type écologique issue de la théorie anthropologique de la didactique (Chevallard, 1991). Rappelons que, pour l'auteur, toute *œuvre*, c'est-à-dire tout produit de l'activité humaine, est un objet. Un objet *O* existe dès lors qu'une personne *X* ou une institution *I* reconnaît *O* comme un existant. Ainsi, un objet n'existe que parce qu'il est connu d'une personne (ou d'une institution). Et il n'existe qu'en tant qu'objet de connaissance. Le rapport personnel est l'ensemble des interactions que *X* peut entretenir avec *O* (le manipuler, l'utiliser, en parler, etc.).

Pour employer une métaphore, « l'habitat, c'est en quelque sorte l'adresse, le lieu de résidence de l'organisme. La niche, ce sont les fonctions que l'organisme y remplit : c'est en quelque sorte la profession qu'il y exerce ». Ainsi, notre enquête portera avant tout sur la niche du CPE : où travaille-t-il ? Quel est ce lieu ? Qu'y fait-il ? Les réponses produites permettront de préciser les rapports institutionnels ou personnels avec les élèves en situation de handicap.

Ainsi, afin de comprendre le fonctionnement des établissements scolaires et plus spécifiquement les politiques menées, nous procédons au recueil et à l'analyse de 12 projets d'établissement, puisqu'il est mentionné dans des textes institutionnels, tels les guides académiques des rectorats relatifs à la scolarisation des élèves handicapés, que ce projet d'établissement précise les dispositions (axes de travail, dispositifs, actions des acteurs) prises pour assurer l'accueil des élèves handicapés de manière individuelle ou collective.

2.2. Le contexte du recueil de données

Les 12 établissements, en majorité de type rural, comprennent entre 300 et 400 élèves (un collège) ou plus de 400 élèves (quatre collèges). Nous avons un établissement urbain, de taille très importante. Il n'existe des dispositifs d'accueil que dans deux d'entre eux (notamment une ULIS depuis six ans) et des aménagements pour l'accueil des ESH dans un seul établissement.

Ces établissements accueillent des publics en situation de handicap : parmi les 48 élèves, 11 élèves sont en sixième, 7 en cinquième, 18 en quatrième et 12 en troisième. D'après les informations données par les CPE, 2 élèves souffrent d'un handicap physique et 33 d'un handicap mental.

Parmi les CPE répondants, nous avons cinq femmes et un homme. Trois d'entre eux ont une ancienneté inférieure à deux ans, une une ancienneté entre six et dix ans et deux une ancienneté supérieure à dix ans. Quant à leur nombre d'années dans l'établissement, il varie d'une période inférieure à cinq ans (quatre CPE) à une période supérieure à dix ans (deux CPE).

2.3. L'instrumentation

Les entretiens semi-directifs (Blanchet et Gotman, 2008) envoyés aux CPE ont comme objectifs, d'une part, de comprendre quels sont les facteurs mis en œuvre par ces derniers pour construire une vie scolaire dans laquelle l'élève en situation de handicap s'intègre avec les autres (restauration, permanence, interclasses, relations entre élèves en classe) et, d'autre part, de repérer en quoi ils contribuent à l'observation continue de l'élève dans le cadre de la vie scolaire (relations entre acteurs, collaboration et diffusion d'informations).

Ainsi, les questions, ouvertes ou semi-ouvertes, mettent en œuvre les variables suivantes :

1. *l'accueil des ESH au collège*, en vue de définir le nombre d'élèves accueillis et les particularités des handicaps, et de recueillir des sources d'information des CPE relatives à l'accueil de ces élèves et les actions qu'ils mènent en collège ;
2. *les relations entre acteurs*, en vue de repérer les fréquences des rencontres avec les différents acteurs de l'établissement et les informations que chacun d'entre eux peut apporter ;
3. *les pratiques inclusives*, en vue d'amener les CPE à décrire les étapes clés permettant l'organisation de l'accueil d'un élève handicapé et d'expliciter les facteurs facilitant ou non l'inclusion scolaire.

3. LES RÉSULTATS

3.1. Les dispositions prescrites dans les projets d'établissement pour une politique de l'école inclusive

L'analyse du contenu des projets d'établissement montre dans un premier temps que les axes essentiels sont relatifs à l'acquisition du socle de compétences, à la réussite des élèves, à l'aide aux élèves en difficulté, au soutien des élèves les plus fragiles, au renforcement de l'égalité des chances.

Plus spécifiquement, lorsque nous tenons compte des éléments relevant de la scolarisation des ESH, des pratiques apparaissent :

1. soit sous la forme des conditions d'accueil des élèves (permettre au mieux la réussite des élèves de SEGPA, aménager la pédagogie, accueillir les élèves à besoins spécifiques, aménager des salles) ;

2. soit sous la forme d'une formation destinée aux enseignants et CPE (formation externe pour favoriser l'accueil et l'intégration des élèves de l'UPI [stage pour les « dys », troubles du langage], formation interne avec les enseignants spécialisés, formation des enseignants, mise en place de dispositifs spécifiques aux handicaps).

Même si ces dispositions ne concernent que six des 12 projets d'établissement consultés, nous pouvons noter une volonté de développer, d'une part, une partie éducative et pédagogique et, d'autre part, des axes de formation avec différents partenaires de l'école.

3.2. Les pratiques des CPE

Concernant les pratiques des CPE, les résultats montrent des implications variées, et ce, au regard des actions menées par les CPE au niveau de l'implication dans les démarches administratives ou dans l'organisation de la vie quotidienne des ESH, des relations entre acteurs quant à la fréquence des rencontres et la diffusion d'informations et des facteurs facilitant l'inclusion.

3.2.1. Les actions menées par les CPE

Pour ce qui est de l'implication dans les démarches administratives, il ressort des propos des CPE qu'ils prennent un temps pour expliciter leur rôle aux ESH et proposer une visite de l'établissement. Toutefois, si la participation aux ESS n'est pas systématique (la moitié des répondants disent ne pas y participer), tous collaborent avec différents acteurs (la famille, l'équipe pédagogique, l'enseignant référent et, le cas échéant, l'auxiliaire de vie scolaire [AVS], le coordonnateur de l'ULIS, le directeur adjoint de la SEGPA) afin de veiller à ce que l'élève bénéficie d'un accueil de qualité. Ils prennent aussi part à l'organisation de réunions de concertation en amont pour déterminer les propositions d'accueil.

Pour l'implication dans l'organisation de la vie quotidienne des ESH, la majorité des CPE interrogés déclarent avoir les mêmes actions que pour tout autre élève : suivi des élèves, gestion des absences (en rappelant qu'aucune dispense de cours ne peut être acceptée en dehors des décisions figurant dans le PPS), intégration dans les activités de la vie scolaire. Ils développent des relations entre élèves en intervenant auprès des délégués de classe pour faire comprendre les particularités de l'élève handicapé et les obligations citoyennes que chacun doit respecter, en expliquant la nécessité de certaines règles (circulation ou sécurité) et décisions. Ils nous disent aussi participer à la recherche de solutions adaptées pour les activités particulières, afin que l'élève prenne part aux phases de préparation et d'exploitation et qu'il soit associé au travail réalisé par la classe.

3.2.2. Les relations entre acteurs

Les CPE mettent l'accent sur la fréquence des rencontres, car les contacts avec les différents acteurs permettent de préciser et présenter les situations des élèves, le parcours des élèves ou les cas problématiques. Ces contacts ne sont pas officiels ; ils dépendent plutôt des situations, des besoins et des soucis. En revanche, les rencontres avec l'enseignant-référent se font en début d'année, lors des ESS, puis deux fois par la suite. Des relations avec les parents s'organisent occasionnellement en fonction des besoins et pour assurer le suivi de l'absentéisme. Cinq des six CPE rencontrent les AVS hebdomadairement, mais de manière informelle.

Les informations sont diffusées surtout verbalement par l'ensemble des acteurs ou intervenants extérieurs. Les CPE recueillent des éléments sur la nature du trouble, les aménagements à mettre en place ou les prescriptions médicamenteuses. Ils obtiennent aussi des informations écrites de la part du principal ou du principal adjoint, de l'infirmière, des parents ou du médecin.

3.2.3. Les facteurs d'inclusion

Parmi les apports de ces expériences, l'existence d'une structure est une variable importante, puis viennent le travail en équipe, l'acceptation des autres élèves et les actions de chacun. Ce travail est vécu par quatre CPE comme une expérience enrichissante, car il entraîne des adaptations professionnelles et la prise en compte de nouvelles responsabilités.

En revanche, parmi les difficultés rencontrées, sont évoqués des obstacles tels que la planification des rencontres, la compréhension des rôles de chacun, l'investissement des enseignants quand des aménagements sont nécessaires, le manque de contact et le rejet des élèves. Il est aussi question du manque de formation des AVS et du retard dans leur nomination.

En bref, nous notons une certaine adéquation entre les attentes institutionnelles envers le CPE et son rôle dans la vie scolaire. Avec son équipe, le CPE veille à la qualité de la vie scolaire de l'élève handicapé et à son intégration sociale en s'assurant qu'il n'est pas marginalisé, qu'il s'intègre avec les autres pendant les temps de vie collective (restauration, permanence, interclasses) et que ceux-ci le respectent. De plus, il participe pleinement à l'ensemble des enseignements de l'établissement et veille au bon fonctionnement des aménagements de la vie scolaire de l'élève.

Par ailleurs, au regard des apports et des difficultés, nous constatons des obstacles liés aux possibilités de se rencontrer ou au manque de formation ou de connaissances. Toutefois, les réunions de concertation sont souvent citées comme un facteur d'efficacité. Ceci nous amène à ouvrir la recherche sur la manière dont peut s'organiser le travail collectif et le partenariat afin d'assurer un minimum d'identité.

CONCLUSION

Travailler sur la vie scolaire peut être une source d'interrogation sur le fonctionnement de l'établissement. En effet, il devient nécessaire de penser l'expérience scolaire en termes de rapport au savoir, de scolarité et d'organisation des activités de telle sorte que l'élève ne voie pas son parcours comme une course d'obstacles. Il convient de ce fait de s'interroger sur les normes de l'institution, sur sa cohérence et sur la responsabilité de chacun dans son comportement collectif, puis, au-delà, de réfléchir, au niveau du pilotage de l'établissement, à la constitution d'une culture commune autour d'objectifs de méthodes, de savoirs et d'objectifs d'intégration et de socialisation.

En reprenant les pratiques du CPE, il en ressort qu'il est un acteur central au sein de la vie scolaire. Mais si son rôle et son implication dans le fonctionnement de l'établissement ont déjà fait l'objet de recherches (Barthélémy, 2005), nous n'avons pas trouvé de travaux faisant référence au domaine de l'accueil des ESH par le CPE. Sans appui culturel et avec peu d'informations législatives, il semble que ce soit à celui-ci d'aller vers les autres pour qu'un travail de partenariat s'établisse. À partir des constats réalisés dans cette recherche exploratoire, nous pouvons apporter quelques réponses aux questions relatives à la réalité du travail collaboratif.

Ces éléments supposent de réfléchir, en référence aux travaux de Thomazet, Ponté et Mérini (2011), aux niveaux de travail collaboratif et aux dilemmes suscités. Ainsi, concernant le premier point, nous pouvons reprendre leur classification et décrire les quatre niveaux observés de travail collaboratif du CPE avec les acteurs du système éducatif:

1. la réassurance («j'en ai parlé à des collègues» lors de rencontres informelles);
2. le besoin de comprendre («discussion pour demander des outils et des démarches»);
3. la délégation («c'est l'affaire de spécialistes pour savoir quoi faire»);
4. la coaction («je vais chercher/j'ai besoin d'un conseil»).

Cela entraîne, chez les CPE rencontrés, une manière de s'inscrire et de trancher les dilemmes suivants. Concernant l'égalité ou l'équité, les répondants estiment ne pas faire de différence entre élèves et souhaitent qu'ils respectent le règlement intérieur. Concernant les décisions et négociations avec les familles, les CPE travaillent avec elles malgré l'existence d'une distinction selon l'acceptation des parents. Concernant les discussions formelles ou informelles avec les professeurs, nous notons qu'elles se font entre deux portes.

Toutefois, dans ce cadre, le partenariat, pour reprendre les propos de Thomazet, Ponté et Mérini (2011), peut être envisagé comme outil pour construire des dispositifs singuliers unissant l'école, les intervenants et la famille pour construire une école inclusive. Dans celle-ci, il s'agirait de construire un mode de management participatif ou collégial (Cheong Cheng, 1996; Demailly *et al.*, 1998; Barthélémy, 2005), assurant un minimum d'identité autour d'objectifs communs, tout en étant suffisamment souple pour s'adapter aux contraintes spécifiques de chacun des mondes. Il s'agit de réfléchir ainsi aux niveaux et domaines d'implication de chacun.

CHAPITRE 9

Inclusion scolaire et concept pragmatique de «gestion des compétences» du responsable d'établissement scolaire

L'exemple d'un lycée professionnel

Line Numa-Bocage

INTRODUCTION

La didactique professionnelle offre un cadre conceptuel et théorique pour analyser l'activité des professionnels en vue de comprendre les processus en jeu dans cette activité, d'une part, et de proposer des éléments (savoirs, dispositifs, indicateurs) de développement et de formation, d'autre part (Pastré, Mayen et Vergnaud, 2006). L'un des principaux concepts de ce cadre théorique de l'analyse de l'activité professionnelle est celui que Pastré nomme «concept pragmatique»; il «est représentatif d'un champ professionnel, mais aussi d'un type de stratégie qu'un acteur est capable de mobiliser» pour une action efficace (Pastré, Mayen et Vergnaud, 2006, p. 5). C'est un concept construit pour l'action et dans l'action. La portée de ce concept s'inscrit dans la possibilité qu'il offre, dans un premier temps, d'articuler la pratique à la théorie et, dans un second temps, de poursuivre ces potentialités à travers des modifications en retour sur la pratique, c'est-à-dire de créer de l'innovation.

Notre réflexion se centre dans cette contribution sur l'activité des responsables d'établissements scolaires dans le système éducatif français. À travers une étude de cas tirée d'une recherche-action plus large, nous mettons l'accent sur le rôle des chefs d'établissement dans une mise en œuvre effective de l'inclusion scolaire, dans une approche praxéologique de recherche. En effet, notre étude s'inscrit dans une recherche[1] plus large portant sur la prise en charge de la difficulté scolaire et du handicap par l'institution scolaire, dans sa dynamique éducative. Elle se penche entre autres sur les dispositifs développés par certains centres médico-psychopédagogiques pour rendre effectives les collaborations entre différentes structures pour une meilleure inclusion des élèves.

L'une de nos hypothèses de départ est que la mise en œuvre des textes législatifs relatifs à l'inclusion dans l'école s'appuie fortement sur les compétences de pilotage et de gestion des responsables d'établissements. Cette hypothèse générale s'inscrit dans une approche sociologique de l'analyse de l'activité des professionnels de l'éducation, enseignants et chefs d'établissement (Robbes, 2009 ; Rayou, 2012), et nous complétons cette approche par une analyse des actions des responsables d'établissement, ainsi que de la portée et des limites de ces actions, dans le champ de la didactique professionnelle. Ceci nous conduit à souligner l'importance de la culture dans l'identification des caractéristiques des élèves présentant des besoins spécifiques et l'importance d'une approche systémique dans l'étude des situations d'éducation adressées à ces élèves. Dans ce chapitre, nous mettons l'accent sur le rôle du chef d'établissement dans ces situations, à partir des observations menées sur un établissement et sur la prise en compte de son contexte socioéconomico-culturel. Nous identifions chez une responsable un concept pragmatique de mise en synergie des compétences au service de l'apprentissage de tous les élèves. L'activité de cette proviseure conduit à une dynamique d'actions proche de la conception des cités de l'éducation développée par Pourtois et son équipe (Pourtois et Desmet, 2013).

Nous nous proposons de développer notre propos en quatre points et une conclusion :

1. la présentation succincte du cadre théorique de la didactique professionnelle et des définitions du concept pragmatique ainsi que des concepts d'activité et de médiation didactique ;
2. la présentation du cas étudié, le Lycée professionnel P., et le contexte socioéconomico-culturel du bassin Nord Atlantique de la Martinique ;
3. les actions de la cheffe d'établissement adjointe et l'analyse de son activité professionnelle de pilotage et de gestion des compétences ;

4. une discussion sur le rôle du chef d'établissement dans l'inclusion scolaire dans le secondaire français ;
5. la conclusion : l'inclusion scolaire pousse à la création d'innovation au sein des établissements, notamment à travers l'action générale du chef d'établissement. Le pilotage vise à mettre en synergie les compétences des professionnels de l'éducation au-delà de l'attribution d'une responsabilité à l'élève dans sa difficulté scolaire.

1. CADRE THÉORIQUE DE LA DIDACTIQUE PROFESSIONNELLE ET DÉFINITION DES CONCEPTS D'ACTIVITÉ ET DE MÉDIATION DIDACTIQUE

L'inclusion des élèves dans les établissements scolaires du système éducatif français constitue un nouvel objet de réflexion, après les discussions sur la prise en compte de la violence, notamment dans le secondaire.

Les responsables d'établissement (proviseurs de lycée et principaux de collège) de même que les inspecteurs et les décideurs s'interrogent sur les meilleures possibilités de prise en compte de la différence dans l'intérêt de l'élève (loi de 2005, décret de 2009). Nous avons ainsi été invitée par un groupe de responsables de lycée à réfléchir à la situation de leur bassin (groupe d'établissements scolaires) afin d'apporter des éléments de compréhension des dynamiques en jeu et des possibilités de réponses pédagogiques et didactiques aux besoins des élèves.

1.1. Activité, action, opération

Après une réélaboration de cette demande sociale en une question de recherche, il nous est apparu que la réflexion sur les pratiques des professionnels en œuvre dans l'établissement, articulée sur une connaissance de l'environnement social, économique et culturel des élèves, apporte des éléments permettant de bâtir les conditions d'interrelation entre les perspectives théoriques et pratiques de cette demande. Cette articulation alimente plus largement notre réflexion sur les processus de médiation sociale et didactique. La médiation didactique est l'ensemble des moyens et interactions mis en œuvre pour favoriser les apprentissages chez les élèves (Numa-Bocage, 2015). Elle demande de prendre en compte les savoirs des apprenants, mais également leurs styles d'apprentissage et leur culture, pour réaliser une bonne adéquation de l'acte d'enseignement ou de formation à leur profil.

En effet, la prise en compte du contexte dans la compréhension d'une activité est une caractéristique fondamentale de la théorie de l'activité, en psychologie et en ergonomie, qui distingue trois niveaux: l'activité, l'action, l'opération. Selon Léontiev (1975), les activités sont en relation étroite avec un but conscient tourné vers une production, une motivation propre au sujet, et peuvent donner lieu à une multiplicité d'actions. Les actions s'effectuent par des opérations psychologiques qui sont des procédures « compilées »; une action peut servir plusieurs activités. L'action est la partie manifeste et visible de l'activité du sujet. Les actions et opérations sont dans une relation dynamique. Selon Léontiev, une activité est associée à un motif (motivation intrinsèque), une action a un but de production et une opération a des conditions nécessaires à son exécution. L'action est réalisée grâce aux opérations: « J'appelle opérations les moyens d'accomplissement de l'action » (Léontiev, 1975, p. 118). L'auteur illustre ses propos par l'exemple suivant: si l'activité est « arriver à son lieu de travail », pour aller à son lieu de travail (action), on pourra utiliser des trajets différents (opérations) selon l'état météorologique, la circulation, les contraintes de temps.

Le phénomène très important souligné dans cette théorie, c'est que « toute opération résulte d'une transformation de l'action procédant de son incorporation dans une autre action et de sa "technicisation" consécutive » (Léontiev, 1975, p. 119). L'auteur précise ce qu'il entend par action:

> Nous appelons action un processus soumis à la représentation du résultat qui doit être atteint, c'est-à-dire à un processus soumis à un but conscient [...] Quand se déroule sous nos yeux un processus concret – extérieur ou intérieur – il apparaît sous l'angle de son rapport au motif, en tant qu'activité de l'homme et, appréhendé comme obéissant à un but, sous forme d'action ou de somme, de chaîne d'actions (p. 113-115).

La notion de transformation est également déterminante dans la dynamique interactive entre action, activité et opération. Elle rend compte du complexe systémique que ces notions constituent:

> L'activité est un processus caractérisé par des transformations constantes. L'activité peut perdre le motif qui l'a fait naître et se transformer alors en une action réalisant peut-être un tout autre rapport au monde, une autre activité ; à l'inverse, l'action peut acquérir une force motivante autonome et devenir une activité particulière, enfin l'action peut se transformer en moyen d'atteindre un but, en opération capable de réaliser diverses actions (Léontiev, 1975, p. 121).

Ces définitions issues de l'analyse du travail sont reprises en didactique professionnelle par Pastré (2002) et constituent des éléments essentiels du cadre théorique de la médiation didactique.

1.2. La didactique professionnelle

La didactique professionnelle est la science qui étudie comment l'analyse de l'activité d'un professionnel peut fonder la formation des professionnels. Elle a pour finalité d'analyser les personnes au travail pour les former (Pastré, 1994) et pour objectif de chercher à comprendre, dans une perspective praxéologique, développementale et épistémologique, comment s'acquièrent et se transmettent les compétences professionnelles. Elle est inspirée de l'analyse du travail en psychologie du travail (ergonomie), de la didactique disciplinaire (théorie des situations didactiques), de la psychologie développementale (conceptualisation dans l'action, concepts de schème, de développement et d'interaction schème-situation).

La didactique professionnelle étudie donc les conditions d'émergence et de développement de compétences professionnelles en situation. On peut distinguer deux grandes étapes dans cette analyse : l'analyse de l'activité professionnelle et l'émergence des savoirs de référence, issus de l'expérience dans un premier temps ; puis, l'organisation de la transmission de ces savoirs (ingénierie de formation) dans un second temps. Le couple situation-activité constitue le noyau théorique central qui organise l'activité. D'où la nécessité de l'analyse du travail, c'est-à-dire l'analyse de l'activité à partir de la description des actions et de l'identification des opérations et compétences effectivement mobilisées dans ces actions. L'analyse du travail met l'accent sur l'analyse de l'activité constructive (tournée vers le développement du sujet) telle qu'elle se déploie dans l'activité productive (tournée vers le produit, le but). La connaissance n'est pas extérieure à l'activité ; elle y est inscrite et elle oriente et guide l'activité.

1.3. L'étude de cas

Pour réaliser notre étude de cas, nous suivons les propositions que fait Leplat (2002) lorsqu'il explique que l'étude des cas dans l'analyse de l'activité est celle de ces conditions qui se déterminent réciproquement et également avec l'activité. L'analyse de l'activité a, en principe, un caractère global, comme l'étude de cas. Elle vise à définir comment s'articulent les différentes conditions pour engendrer les traits caractéristiques de l'activité. C'est cette analyse que nous réalisons en trois temps : d'abord l'observation de l'activité (ou action vécue) du responsable d'établissement ; ensuite la description des actions ; enfin l'analyse et les commentaires portant sur les actions décrites. Nous présentons ainsi une sélection de situations significatives des actions observées, représentatives de l'activité de gestion du chef d'établissement et permettant de dégager des invariants dans cette activité. En effet, c'est également en partie la démarche qui a permis à Pastré (2002) de théoriser le concept pragmatique : à partir de l'observation et de l'étude, avec les professionnels, de l'activité des ouvriers en plasturgie, il a mis en évidence que l'action efficace des régleurs en plasturgie est organisée par un concept qu'il a qualifié de pragmatique, le concept de « bourrage ». Ce concept permet aux ouvriers de diagnostiquer le régime de fonctionnement de la machine et d'opérer les interventions nécessaires, avant la production d'éléments défectueux, limitant ainsi les pertes pour une meilleure production.

1.4. La recherche collaborative

Nous concevons la méthodologie de recherche comme une dimension de l'épistémologie, au sens où elle est constitutive de la production des connaissances. L'approche méthodologique choisie n'est pas purement empirique, chaque situation étant singulière, empreinte de variabilité, évolutive et se transformant. Nous nous situons dans le paradigme épistémologique constructiviste selon lequel l'élaboration de connaissances est vue comme un processus intentionnel de construction de représentations fonctionnelles et adaptées au but fixé, éprouvées par l'expérience.

Il s'agit donc d'une recherche collaborative, au sens où les objets de recherche se déterminent avec la participation des praticiens, des professionnels. Ils ne sont pas sujets de la recherche, même si, à un moment de la dynamique de recherche, de l'analyse et de l'interprétation, les cadres théoriques mobilisés peuvent induire des différences entre les participants à la recherche, entre chercheurs et professionnels.

La réflexivité concerne particulièrement les professionnels, mais leur participation à la compréhension des opérations et compétences professionnelles mises en œuvre dans l'action est indispensable à la production de savoirs. Cette participation du praticien à la construction des connaissances en termes de développement de compétences et de production de savoirs (d'expérience ou scientifiques) est constitutive de cette forme de recherche collaborative.

1.5. Contexte général de recherche

L'objet d'étude principal de cette partie de la recherche plus large est l'analyse de la gestion de sa vie par le jeune en difficulté. La conception de la recherche qui sous-tend notre travail implique fortement les professionnels. Cependant, dans ce chapitre, nous ne développerons pas davantage cette recherche, préférant nous centrer sur le travail réalisé avec la proviseure du Lycée professionnel P.

2. LE LYCÉE PROFESSIONNEL P. ET LE CONTEXTE SOCIOÉCONOMICO-CULTUREL DU BASSIN NORD ATLANTIQUE DE LA MARTINIQUE

La méthodologie d'étude suivie pour le Lycée professionnel P. est une articulation entre une recherche documentaire pour approfondir notre connaissance du terrain, des entretiens semi-directifs avec les proviseurs et inspecteurs, et des temps d'analyse de pratiques avec les chefs d'établissements du bassin et les enseignants du Lycée professionnel P.

Nous présenterons, à partir de cette expérimentation, les premières modifications sur le terrain en faveur des élèves, et nous interrogerons la portée et les limites du mode de gestion de son établissement développé par l'une des responsables.

2.1. Un terrain sensible

Notre terrain est dit sensible par la spécificité des sujets concernés. Il s'agit de jeunes de 15 à 18 ans, pour qui la psychologie du développement nous montre qu'il s'agit d'une période de grands bouleversements physiques et psychologiques (Piaget, Wallon, Dolto). Une autre de ses spécificités est que les actions ne peuvent être réalisées en dehors des personnes qui sont responsables d'eux (parents, tuteurs) et en dehors des différents professionnels qui interagissent avec eux, chacun dans son domaine professionnel. L'approche du terrain est particulière ; elle demande du temps si l'on vise une collaboration effective.

Il s'agit donc d'une recherche collaborative au sens où, pour construire des connaissances sur la déclinaison effective des textes relatifs à l'inclusion scolaire dans les établissements, la collaboration des professionnels est nécessaire.

2.2. Le Lycée professionnel P.

Nous centrons donc notre intervention sur la réalisation des actions en faveur de l'inclusion scolaire menées par la proviseure adjointe du Lycée professionnel P., Mme F.[2]. Dans ce lycée, les enseignants sont confrontés à la difficulté d'appliquer dans leurs pratiques la loi de 2005, qui leur demande d'inclure les élèves malades, en situation de handicap ou à besoins spécifiques dans l'école ordinaire. La transition du primaire au secondaire révèle des difficultés antérieures de l'élève (Feyfant, 2012). Les causes du décrochage s'inscrivent dans une trajectoire personnelle et dans une intrication du scolaire, du psychologique et du social. L'étude de ces interactions met en lumière la grande diversité des histoires personnelles, auxquelles les dispositifs de lutte doivent s'adapter (Bernard, 2015). Les départements d'outre-mer (dont la Martinique et, en particulier, les communes du Nord Atlantique) se distinguent par le cumul de difficultés sociales, corrélées avec un accroissement du nombre de jeunes en difficulté scolaire : une part élevée d'enfants vivant en famille monoparentale (45 % en Martinique), élevés par un parent au chômage de longue durée ou dont le parent est sans diplôme (France, ministère de l'Éducation nationale, 2014). Le taux de chômage des jeunes est également significativement plus élevé que la moyenne nationale (58,9 % en Martinique). Démunis devant cette situation pour laquelle ils n'ont pas été formés, les enseignants sollicitent de plus en plus les structures partenaires de l'école telles que les centres médico-psychopédagogiques.

Ces collaborations créent de l'innovation dans les pratiques des professionnels des centres médico-psychopédagogiques et dans celles des enseignants et des autres partenaires de l'école, sous l'impulsion des responsables. Ce sont ces actions que nous aborderons.

2.3. Contexte et environnement du lycée

Le Lycée professionnel P. est très éloigné de la ville capitale ; isolé géographiquement, il est éloigné des centres économiques et culturels et des centres de prise en charge des élèves à besoins spécifiques. Il est constitué de deux parties : 1) le lycée polyvalent prépare 70 % des effectifs au baccalauréat professionnel, au brevet d'études professionnelles

(BEP) et au certificat d'aptitude professionnelle, donnant tous trois accès au monde professionnel ; 2) le lycée général et technologique prépare aux baccalauréats généraux et technologiques donnant accès aux études supérieures. Les élèves sont issus à plus de 70 % de catégories sociales professionnelles défavorisées, à savoir des personnes sans activités, n'ayant jamais travaillé, ou de catégories sociales professionnelles non renseignées, ainsi que des ouvriers non qualifiés.

Les résultats aux examens sont dans la moyenne du département, mais 22 % des effectifs de 2011-2012 sont recensés absentéistes ou décrocheurs potentiels. Les enseignants de Lettres-Histoire-Géographie ont répertorié trois niveaux de lecture au lycée polyvalent : 1) très grand débutant (ne lit pas, n'écrit pas) : 10 élèves ; 2) débutant (déchiffre et écrit avec difficulté) : 37 élèves ; 3) élève ayant des difficultés de compréhension : 28 élèves. Les difficultés des groupes s'apprécient au regard des attentes institutionnelles (type et contenu des épreuves d'examens). La grande majorité des élèves est issue de la circonscription des villes les plus au nord et éloignées des centres économiques, sociaux et culturels. Les meilleurs élèves de cette circonscription choisissent les lycées les plus au sud, donc plus près des centres de développement, qui proposent un environnement éducatif plus favorable. L'éloignement des centres économiques et culturels ainsi que des centres de prises en charge psychopédagogique renforce l'exode rural.

Il semble, selon les premières observations de Mme F., que l'absence de projet personnel, le manque de motivation, le peu de goût pour l'effort sont les premiers obstacles à la réussite d'un grand nombre de ces lycéens. L'impossibilité d'accepter la frustration, quelle que soit sa nature, et la consommation d'alcool et de cannabis génèrent des difficultés cognitives et des problèmes comportementaux de toutes sortes. L'éloignement et la ruralité de cette zone géographique amplifient les difficultés rencontrées.

3. ACTIONS DU CHEF D'ÉTABLISSEMENT ET ANALYSE DE SON ACTIVITÉ PROFESSIONNELLE DE PILOTAGE ET DE GESTION DES COMPÉTENCES

3.1. Actions menées

Mme F. est un chef d'établissement qui a dix ans d'ancienneté après avoir été enseignante en lycée pendant plus de 20 ans lors de la recherche. Originaire de la Martinique, elle y a travaillé la majeure partie de sa carrière; elle partage donc la même culture que les élèves et leurs familles. Le contexte présenté s'appuie sur ses premières analyses. Elle a donc une connaissance en actes des difficultés que rencontrent les enseignants dans la prévention du décrochage et la mise en œuvre de l'inclusion. À la suite de ce premier bilan, elle a décidé de mener une action pour favoriser la réussite de tous les élèves, quelles que soient leurs difficultés. Utilisant les différentes possibilités d'aide aux élèves en difficulté disponibles, après le diagnostic des besoins du lycée polyvalent, elle a mis en place entre 2011 (date de son arrivée dans l'établissement) et 2014 différentes aides. Nous présentons dans leur chronologie les actions que nous avons observées, ou auxquelles nous avons participé, avant de rechercher les invariants de l'activité de cette proviseure.

À son initiative et, pour beaucoup, en responsabilité de l'organisation, Mme F. a réalisé, seule ou en partenariat, différentes actions:

1. *Mise en œuvre de groupes d'aide et dispositifs de soutien*: Dans leur démarche de prévention du décrochage scolaire, le Groupe d'aide à l'insertion et le Comité d'éducation à la santé et à la citoyenneté proposent la mise en place d'une cellule de veille qui est un espace de travail en réseau. Les partenariats suivants sont également menés: une mission générale d'insertion, un module de remédiation en lecture et un atelier de remobilisation; un programme de développement de compétences psychosociales pour prévenir les addictions et la violence avec l'équipe de coordination et d'intervention auprès des malades usagers de la drogue; une démarche de prévention avec les municipalités concernées; le concours du centre médico-psychopédagogique (situé dans la ville capitale), pour son expertise dans la prise en charge des élèves en très grande difficulté.
2. *Organisation d'un programme d'aide à la parentalité*: Un cycle de conférences est organisé sur la commune (centre médico-psychopédagogique, chercheurs) à l'intention des parents.
3. *Réalisation d'actions auprès des enseignants et personnels du lycée*: Un atelier d'analyse de pratiques (Numa-Bocage, 2008) avec les enseignants a été organisé en juin 2012. Il concernait les chefs d'établissement du lycée polyvalent et les professeurs volontaires intervenant auprès des élèves de seconde générale ou professionnelle. Le groupe était constitué d'une dizaine de personnes. Il en est ressorti la décision de réaliser une semaine

d'intégration spécifique pour les élèves de seconde en septembre à la rentrée (pour faciliter la transition collège/lycée) et la décision d'organiser d'autres séances d'analyse de pratiques pour les enseignants volontaires.

4. *Organisation de conférences pédagogiques* au sein du lycée pour l'ensemble des enseignants (du lycée polyvalent et du lycée général et technologique) : Une conférence est organisée en décembre 2012, autour des questions d'autorité, avec des universitaires et le CMPP. L'inspecteur d'académie en charge de l'adaptation et de l'inclusion scolaire et nous-même avons été invités à y participer. Une rencontre-débat entre les enseignants du lycée polyvalent et une psychologue du centre médico-psychopédagogique a également été organisée en février 2013, comme suite à la conférence de décembre.
5. *Développement d'une démarche partenariale :* La mise en place d'une démarche partenariale avec les autres établissements scolaires, les décideurs politiques et le centre médico-psychopédagogique a été amorcée. Des rencontres avec les municipalités du Nord Atlantique, l'École de la 2e Chance et le centre médico-psychopédagogique ont eu lieu en vue de définir les priorités en matière de prévention et pour la mise en œuvre d'une démarche culturelle commune. Une rencontre avec Jean-Pierre Pourtois, chercheur en sciences de l'éducation, et avec les mêmes partenaires en janvier 2013 a été organisée pour la mise en œuvre d'une démarche coéducative avec la Famille, l'École, les Collectivités territoriales, l'Université, l'Entreprise. Une rencontre est également organisée avec les Communautés de communes du Nord de la Martinique en avril 2013 afin de formaliser les démarches en cours.

Ces différentes actions mettent en évidence les moyens par lesquels la proviseure cherche à répondre au mieux aux exigences de son établissement et aux besoins des élèves. Ces actions visent à rassembler la communauté éducative (enseignants, parents, institution, collectivités territoriales) autour des problématiques des jeunes. En organisant ces différents moments, la proviseure favorise ainsi le partage d'informations et d'expériences entre les personnes, la réflexion en vue d'apporter des réponses aux difficultés rencontrées par les jeunes. Ce faisant, elle crée des situations favorisant la création de dispositifs nouveaux ou d'actions nouvelles.

3.2. Retombées de ces actions

En avril 2014, nous avons mené un entretien rétrospectif sur l'ensemble de ces actions avec la proviseure. Notre objectif était alors d'essayer de comprendre le sens de ces actions pour la responsable. Nous pensions ainsi identifier les caractéristiques propres des activités de gestion de son établissement compte tenu des particularités du contexte, dans la mise en œuvre de la politique scolaire d'inclusion. Il en ressort différents points que Mme F. situe, nous semble-t-il, dans une dynamique de réussite en partenariat avec les familles car elle explique :

> *La réussite de ces projets nécessite une implication des familles. [...] Ce travail est indispensable pour répondre aux nombreuses problématiques qui font obstacle à la réussite de nos élèves.*

En effet, nous pouvons noter quelques éléments d'actions dirigées vers la famille. L'une de ces actions concerne la présence sur le terrain d'une psychologue détachée par le centre médico-psychopédagogique (Mme P.-L.), qui tient une permanence une fois par semaine dans un local mis à sa disposition par la municipalité. Un médecin prend également un temps de permanence. La proviseure précise :

> *Mme P.-L. intervient tous les jeudis matin. Elle rencontre des familles que les conseillers principaux d'éducation et moi-même avons identifiées pour des problèmes d'absentéisme graves ou pour de gros problèmes de comportement. Ce dispositif est un outil remarquable pour la prévention du décrochage.*

Elle explique ainsi le soutien apporté, à sa demande, par Mme P.-L. à travers l'accomplissement de ses tâches de psychologue (prise en charge d'un élève très perturbé, décrocheur de l'établissement à cause de problèmes de violence conjugale dans sa famille ; accompagnement d'une famille dans la compréhension du comportement très perturbateur du fils ; investigations qui ont permis de découvrir qu'un jeune avait été initié à la consommation de cannabis dès l'âge de 8 ans).

À la suite de ces éléments, Mme F. a mobilisé, de sa place de responsable d'établissement scolaire, différentes structures pour venir en aide aux élèves et à leur famille (la Mission de lutte contre le décrochage scolaire, les éducateurs de l'Aide sociale à l'enfance, l'Action éducative en milieu ouvert et le foyer social). Ces retombées sociales qui dépassent le cadre strict du lycée amènent à penser les choses en termes de construction d'une Cité de l'éducation dans le Nord

Atlantique. Reposant sur une charte[3], la Cité de l'Éducation consiste en un partenariat entre différentes instances visant à favoriser l'émancipation de l'enfant, de sa famille et des autres membres de la Cité. L'enfant et sa famille sont au centre des interventions et impliqués comme acteurs majeurs dans le processus de recherche de la réussite ; la crèche et l'école sont d'autres partenaires privilégiés. La Cité de l'Éducation est au confluent de quatre instances fondamentales (la famille, la crèche, l'école et la communauté) ; elle permet de construire une coéducation en vue de réaliser une synergie fructueuse. L'objectif est de créer, d'organiser et de mettre en œuvre, dans ce cadre, des activités visant le développement cognitif, affectif, social et culturel des enfants, l'enrichissement éducatif des parents et l'accompagnement des professionnels de l'éducation.

À l'initiative de la proviseure, deux réunions ont eu lieu en février 2014 avec différents partenaires : membres du Réseau international de Cités de l'Éducation, municipalité, conseil régional, enseignants et chef d'établissement, centre médico-psychopédagogique et parents d'élèves. Cette dynamique se rapproche des propositions de politique scolaire de l'inclusion visant à améliorer ces relations entre les parents et l'école.

Une autre action résultant des échanges entre professeurs est le projet interdisciplinaire d'accueil des élèves de 2e de baccalauréat professionnel et de 1re année de certificat d'aptitude professionnelle. À la suite de la séance d'analyse de pratiques que nous avions menée, certaines décisions avaient été prises. Il en est ressorti ce projet interdisciplinaire qui concerne deux groupes d'élèves entrant pour la première fois au lycée. Les objectifs généraux en sont : 1) valoriser la voie professionnelle ; 2) améliorer la réussite et l'insertion professionnelle et sociale des élèves ; 3) améliorer l'intégration à la vie au lycée polyvalent par une meilleure connaissance de l'établissement et pour une bonne réussite personnelle de chaque élève. Les objectifs opérationnels en sont : 1) susciter chez l'élève responsabilisation et autonomie et développer le désir d'apprendre et de se développer professionnellement (connaissance et compétences) ; 2) connaître et respecter le règlement intérieur, comprendre sa fonction au service de l'élève et de la communauté ; 3) améliorer la connaissance de la formation et des modalités d'acquisition du diplôme, éléments de méthodologie ; 4) adopter une hygiène de vie favorable à l'apprentissage.

Cette semaine organisée pour la première fois en septembre 2013 fait maintenant partie de l'intégration de tous les élèves de seconde professionnelle à la vie du lycée, même après le départ de Mme F., qui a été mutée dans un autre établissement en 2014. Elle se déroule sur quatre jours et mobilise l'ensemble des enseignants volontaires intervenant dans ces classes, des personnels d'éducation et du centre de documentation et d'information. Les retours positifs des élèves soulignent leur satisfaction de cette forme d'accueil.

3.3. Analyse de l'activité de la proviseure

En nous inspirant de la définition de l'activité proposée par Léontiev (1975) et en nous appuyant sur les propos de Mme F., nous interprétons que soutenir une inclusion scolaire effective nécessite de «*mettre en synergie les compétences au profit de l'inclusion des élèves au lycée*». Pour créer les conditions d'une articulation cohérente entre les compétences des différents professionnels (l'action), la proviseure utilise différentes organisations ou moyens de rencontre et d'échanges en parallèle (les opérations) selon les compétences qu'elle identifie, les difficultés des élèves, les contraintes institutionnelles, les typologies des familles et les ressources environnementales; elle vise, au-delà, les pratiques des enseignants.

On retrouve dans son activité cette transformation de l'action procédant de l'incorporation des caractéristiques d'une action précédente et de la conceptualisation qui en découle. En effet, à la suite de la première séance d'analyse de pratiques, les professeurs et elle-même ont organisé et mené à bien la première semaine d'intégration de deux groupes d'élèves. Puis cette semaine a été formalisée et intégrée au fonctionnement général de l'établissement. Pour certains élèves, un soutien plus spécifique a été organisé à travers l'action de la psychologue. Ces opérations correspondent à la technicisation exprimée par Léontiev. Lors de l'entretien, Mme F. nous explique que cette action a entrainé la constitution de groupes de réflexion pédagogique et l'organisation d'ateliers et de stages sur site (c'est-à-dire dans l'établissement et spécifiquement pour les personnels du lycée) en fonction des besoins exprimés par les enseignants, ceci conduisant à une transformation de l'action initiale en plusieurs actions. Nous identifions en cela une action au sens de l'analyse du travail et une opération d'inclusion scolaire qui, pour cette première année, est considérée comme une réussite dans l'établissement et qui est renouvelée pour les rentrées suivantes. L'action d'inclusion des élèves a conduit à de nouvelles actions qui concernent la formation des enseignants. En ce sens, il nous apparaît que la mission de l'école, qui lui demande de se transformer pour accueillir tout élève, est ici réalisée. Pour ce qui est de l'analyse de l'activité, l'une des conditions critiques de l'activité de gestion des compétences en vue d'effectuer l'inclusion est la mise en synergie des compétences d'acteurs différents, ceci relevant de la responsabilité de management du chef d'établissement.

De cette analyse, nous tirons que la conception des situations de formation à l'intention des responsables d'établissements scolaires soucieux d'inclure les élèves en difficulté ou grande difficulté devrait mettre l'accent sur les phénomènes de mise en synergie des compétences des différents professionnels intervenant auprès de ces élèves, pour rendre effective l'inclusion.

4. DISCUSSION

4.1. Rôle du chef d'établissement dans l'inclusion scolaire dans le secondaire français ; données sociologiques et données pédagogico-didactiques

Une posture d'observatrice éclairée des actions des différents partenaires est l'une des premières attitudes relevée dans l'activité efficace de la proviseure. C'est probablement cette posture qui lui a permis d'identifier les personnes susceptibles de pouvoir l'aider à faire face à la difficulté dans son établissement, comme elle l'exprime dans l'entretien : « *Mon objectif : trouver le moyen de faire le lien entre les enseignants et montrer que tous, ils sont porteurs de savoirs qui font avancer les élèves, travailler avec eux au plus près des besoins des élèves.* »

Cette préoccupation de Mme F. par rapport au décrochage cherche à impliquer davantage les professeurs dans la prévention de ce dernier. Elle trouve un écho dans la position de Rayou (2012), qui explique, dans un entretien sur la construction sociale du décrochage scolaire : « Ce qu'il faut pointer, surtout, c'est que si dans les années 1960 les conséquences d'un abandon précoce de l'école n'étaient pas forcément rédhibitoires, elles sont aujourd'hui déterminantes. La signification sociale du décrochage est plus dramatique aujourd'hui » (p. 11).

Rayou précise la forme de l'évolution dans la terminologie et dans la signification du décrochage : « On a longtemps parlé d'"élève en échec", et l'expression s'efface aujourd'hui au profit d'une autre, le "décrocheur". Ce qui n'est pas anodin, car avec cette posture active on renvoie la personne à sa seule responsabilité » (*ibid.*). Il interprète cette position à travers le filtre de l'individualisme développé par « l'imaginaire de l'individu autonome, acteur de son parcours ». Il nous semble qu'il s'agit surtout d'un abus dans l'interprétation de ce qui, cognitivement, peut être laissé à la charge de l'individu dans l'apprentissage. Mais il est vrai que cette centration sur l'élève met à l'écart la part de responsabilité des adultes dans la difficulté de l'élève. Dans l'exemple du lycée polyvalent, on relève que le souci principal dans l'activité de la proviseure est de faire participer les adultes à la réalisation effective de l'intégration des élèves, créant en cela des transformations de pratiques et des éléments d'inclusion scolaire.

En revanche, les actions de Mme F. en direction des familles, dont nous avons vu qu'elles sont de milieu très défavorisé dans cette région, constituent des réponses à la question des malentendus sociocognitifs exposée par Rayou. En effet, cet auteur souligne l'importance prise par les devoirs à la maison (interdits dans les textes, souhaités et proposés dans les faits) ou toute autre activité demandée à l'élève à l'extérieur de l'école par le professeur. Ces activités, si elles ne tiennent pas compte des différences de contexte et d'environnement social et familial, produisent des inégalités qui sont « aujourd'hui plus dures et plus définitives qu'elles ne l'étaient il y a une ou deux générations » (Rayou, 2012, p. 12-13).

Cette idée des malentendus entre les enseignants et les élèves et leur famille est également exprimée par Esterle (2012) lorsqu'elle parle d'« une attente de parents qui voudraient bien que leurs enfants réussissent à l'école mais qui, d'une certaine manière, n'en ont pas le "mode d'emploi", ne savent pas comment faire ni comment s'y prendre » (p. 17).

Ainsi, il apparaît que les actions visant une éducation à la parentalité proposées par Mme F., dans une perspective de Cité de l'Éducation, sont autant d'actions visant à diminuer ces inégalités. Elle exprime ce désir de faire participer toute la communauté en fonction de ces compétences à travers les exemples d'actions menées et réussies.

Parallèlement, beaucoup de personnels scolaires, enseignants en particulier, ont le sentiment de « ne pas y arriver » avec un certain nombre d'élèves, de ne pas avoir les outils nécessaires pour les aider à lutter contre leur échec, leur absentéisme ou leur abandon. D'autres facteurs institutionnels, dont les structures, l'organisation, le climat de l'école sont concernés, comme le relève Feyfant (2012), en mettant l'accent sur l'importance de l'aspect relationnel dans une telle mise en œuvre de l'inclusion scolaire.

Nous constatons ainsi que les actions de la proviseure adjointe du Lycée professionnel P. visent à faire communiquer et réfléchir ensemble les différents adultes de la communauté éducative et les institutions partenaires, au mieux des intérêts des élèves en difficulté. Un élément invariant de son activité à travers l'ensemble des actions décrites et étudiées est la recherche systématique de l'organisation des conditions d'un dialogue entre parties qui, en général, se parlent peu : entre chercheurs et enseignants, lors des conférences qu'elle a organisées ; entre parents et enseignants, lors des réunions sur la parentalité ; entre enseignants et élèves, dans les situations autres que les séances pédagogiques habituelles lors de la semaine d'intégration ; entre professeurs de disciplines différentes, lors des conférences et ateliers d'analyse de pratiques. Cette organisation récurrente de son activité nous conduit à identifier les caractéristiques fortes dans son activité de pilotage de l'établissement et de gestion des compétences. Nous parlons de concept pragmatique de mise en synergie des compétences, car, lors de l'entretien final, la proviseure a étayé notre analyse par les représentations qu'elle a de l'élève en difficulté et des moyens de réaliser l'inclusion scolaire en modifiant les pratiques des enseignants et en cherchant à créer des liens, ce qu'elle exprime de la manière suivante :

> *On aurait dû s'arranger pour faire communiquer les enseignants de formation différente. Il existe tout un processus qu'il faut mettre en place et pour faire avancer dans sa pratique, il ne faut pas que l'enseignant ait le sentiment d'être disqualifié.*
>
> [...] *On a cette année un bilan qui sera positif, quelques succès, un élève qui revient de SEGPA* [enseignement adapté] *et qui va au Bac Pro* [baccalauréat professionnel] *! Un climat général qui s'est très nettement amélioré dans l'établissement, des professeurs qui ne s'intéressaient pas à la pédagogie qui s'y intéressent maintenant.*
>
> [...] *Ils ont aussi eu un atelier de psychologie de l'adolescent, avec le CIO* [Centre d'information et d'orientation] *et la COP* [conseillère d'orientation–psychologue].
>
> [...] *Toutes ces actions ont amené une amélioration du climat général dans l'établissement.*

En juillet, lors de la rédaction de son bilan d'activités, Mme F. note une progression de 10 % de la réussite aux examens en 2014 pour l'ensemble des formations du lycée polyvalent.

Nous avons analysé cette activité de la proviseure avec les cadres conceptuels de la didactique professionnelle, et principalement le concept pragmatique. Le concept pragmatique est l'élément central dans l'organisation de l'action efficace de Mme F. Il sert à faire un diagnostic de la situation en vue d'une action efficace; il est caractéristique d'une situation professionnelle (action de pilotage d'un établissement scolaire) et spécifique d'une classe de situations délimitée (celles qui touchent les actions d'inclusion en lycée professionnel et particulièrement la prévention du décrochage). L'analyse des actions menées par la proviseure permet d'identifier la gestion des compétences comme dimension centrale de la situation de prévention du décrochage par le ou la responsable d'établissement. Nous avons distingué plusieurs secteurs de réalisation de cette gestion des compétences (vers les parents, les professeurs, les responsables territoriaux). Dans cette analyse de l'activité des acteurs, on constate que les différentes stratégies des acteurs sont caractérisées par la prise en compte ou non des dimensions de gestion dans leur appréhension de la situation. Lorsque la gestion des compétences est prise en compte (comme dans l'activité de Mme F.), on constate que les chefs d'établissement peuvent faire un diagnostic plus précis de la situation de leurs élèves et mettre en œuvre plus efficacement les actions favorisant l'inclusion. Dans le cas contraire, ils ne font qu'appliquer les gestes du métier et signaler les dispositifs aux enseignants. Cette simple information ne permet pas l'inclusion efficace des élèves dans le lycée. C'est ainsi que nous avons considéré que l'action de Mme F. présentait un concept pragmatique de mise en synergie des compétences. Ce concept a été construit dans l'action; il a une origine pragmatique, en fonction des partenaires rencontrés sur le terrain. Il a été organisateur des actions de prévention, dans la mesure où il a permis d'identifier dans quelle classe de situations chaque acteur se trouve, à partir du diagnostic de situation, et d'orienter ainsi son action vers l'efficacité. Enfin, ce concept a une dimension sociale: il a été reconnu par les autres chefs d'établissement et certaines actions ont été pérennisées. Nous avons ainsi relevé les propriétés essentielles qui permettent de reconnaître un concept pragmatique (Pastré, Mayen et Vergnaud, 2006, p. 164)

CONCLUSION

L'inclusion scolaire pousse à la création d'innovations au sein des établissements, notamment à travers l'action générale du chef d'établissement. Le cadre théorique de la didactique professionnelle qui a guidé notre analyse de l'activité de cette proviseure nous a permis de mettre en évidence un concept pragmatique très général qui guide son activité d'inclusion des élèves dans le secondaire: le concept pragmatique de mise en synergie des compétences. Il nous faudrait probablement un suivi plus fin et une analyse plus précise de son activité avec Mme F. afin de bien en décrire les caractéristiques. Mais d'ores et déjà, nous pouvons souligner que la difficulté de rendre effective l'inclusion scolaire dans les établissements vient en partie de la juxtaposition des actions, et que la recherche de leur mise en synergie peut apporter des résultats positifs pour les établissements, les élèves et les personnels. Dans une approche de didactique professionnelle, les retombées de cette étude et le développement de la formation des chefs d'établissement sont la suite logique de cette recherche collaborative. Cependant, un approfondissement de cette question avant ce développement est nécessaire. Cette réflexion apporte, en plus de la dimension réflexive, des éléments de réorganisation des activités des personnes et des relations entre elles.

NOTES

1. Recherche « Analyse de l'activité de professionnels de centres médico-psychopédagogiques en relation avec l'analyse de l'activité de gestion de vie par l'enfant (C2A2GéVE) ». Cette recherche s'inscrit dans un programme plus large du CRF (Centre de recherche sur la formation, CNAM, EA1410), et est également soutenue financièrement par l'Agence régionale de santé (ARS, Martinique).
2. Nous remercions vivement les chefs d'établissement du Lycée professionnel P. de nous avoir accordé l'accès à leur établissement et tout particulièrement la proviseure adjointe de la partie professionnelle, Mme F., de nous avoir autorisée à la suivre dans ses activités professionnelles.
3. Cette charte a été élaborée par J.-P. Pourtois, H. Desmet, J.-M. Bouchard, B. Terrisse et O. Prévôt (www.aifref.org/index.php/le-rice).

CHAPITRE 10

Sentiment d'efficacité, attitudes et connaissances à l'égard de l'éducation des élèves ayant des besoins spéciaux dès la formation initiale à l'enseignement

France Dubé,
France Dufour,
Christophe Chénier,
Hélène Meunier et
Sylvie Viola

1. PROBLÉMATIQUE

Les programmes de formation en enseignement et les politiques ministérielles s'inscrivent dans une perspective inclusive et affichent une véritable détermination à l'égard de la réussite des élèves ayant des besoins spéciaux. Ainsi, le milieu scolaire doit s'ouvrir et s'adapter afin d'accueillir ces élèves et de contribuer à leurs apprentissages. Bien que la recherche mette en évidence les avantages et les bienfaits de l'inclusion, les changements dans les classes demeurent restreints. Si les enseignants sont plutôt favorables à l'inclusion, ils ne sont pas prêts à prendre toutes les responsabilités qui en découlent (Duchesne, 2002). Notons que les enseignants et leurs syndicats évoquent fréquemment le manque de ressources humaines et financières pour instaurer des approches et des programmes innovants afin de venir en aide à ces élèves. Cet obstacle est d'ailleurs fréquemment rapporté dans d'autres systèmes éducatifs (Freire, 2007; Loreman, Deppeler et Harvey, 2011).

D'autre part, certaines dimensions personnelles intrinsèques aux futurs enseignants qui affectent l'application dans la pratique sont moins connues, mais ne peuvent être ignorées, car elles se révèlent fondamentales. En effet, les pratiques enseignantes sont grandement influencées par les croyances envers plusieurs dimensions de l'enseignement et de l'apprentissage, et ce, dès l'entrée en formation initiale (FI) (Forlin, 2010). En outre, le sentiment d'efficacité personnelle (SEP) des enseignants se dégage comme un paramètre déterminant qui instille une volonté d'adopter de nouvelles pratiques pédagogiques et d'expérimenter des situations d'enseignement différenciées, comportant des adaptations ou des modifications, en vue de favoriser la réussite éducative des apprenants (Chambers et Forlin, 2010).

Des études ont montré que les enseignants peuvent adhérer à des croyances et des attitudes qui vont à l'encontre de l'inclusion ou à l'opposé de l'équité et de la justice sociale (Duchesne, 2002). Les enseignants sont généralement peu préparés à répondre aux besoins des apprenants à risque et à ceux ayant des besoins spéciaux d'apprentissage en classe ordinaire (Forlin *et al.*, 2009 ; Titone, 2005). Le manque de connaissances serait en cause en jouant un rôle prédominant sur leurs croyances et attitudes à l'égard de ces élèves de même que sur leur sentiment d'efficacité personnelle à intervenir auprès d'eux (Fournier, 2012), ce qui, en retour, agit sur leur pratique.

Notre étude propose de décrire certains facteurs intrinsèques aux étudiants, soit les connaissances, les croyances, les attitudes et le sentiment d'efficacité personnelle liés au droit à l'éducation d'élèves ayant des besoins spéciaux. Au final, les résultats serviront à améliorer les programmes de formation initiale à l'enseignement de sorte qu'ils puissent soutenir davantage le développement de pratiques inclusives chez les nouveaux enseignants.

2. CADRE DE RÉFÉRENCE

Depuis 2001, 12 compétences professionnelles en enseignement clairement définies et édictées par le ministère de l'Éducation du Québec doivent être développées en formation initiale et consolidées tout au long des années d'expérience. Ainsi, l'enseignant devra continuellement développer de nouvelles pratiques pédagogiques adaptées (compétence 7), de nouvelles modalités d'évaluation des élèves (compétence 5) ou un nouveau mode d'interaction avec les autres acteurs du milieu scolaire (compétence 10), comme le prescrit le référentiel de compétences (Martinet, Raymond et Gauthier, 2001).

Toutefois, selon Brandsford, Brown et Cocking (1999), les connaissances acquises à l'université ne sont pas intégrées dans la pratique.

Les étudiants s'inspireraient davantage de ce qu'ils voient pendant leurs stages (Viola, 2011). Mais, malgré la qualité de la formation initiale, le processus d'appropriation des recommandations et des politiques par les enseignants dépend aussi de leurs postures épistémologiques et axiologiques ainsi que de leurs perceptions du contexte dans lequel ils évoluent (Argyris et Schön, 2002; Pastré, 2002). La mise en œuvre de pratiques efficaces est non seulement influencée par la nature et le niveau de connaissances des enseignants, mais également par des caractéristiques personnelles: croyances, attitudes, sentiment d'efficacité. Les croyances représentent les convictions qu'ont les enseignants (Duchesne, 2002). Elles sont aussi la représentation qu'ils se font de la réalité; cette réalité possède assez de validité, de vérité, ou de crédibilité pour guider la pensée et le comportement (Crahay *et al.*, 2010). Les attitudes, quant à elles, renvoient à la disposition, à l'évaluation globale positive ou négative d'un objet à partir d'informations cognitives, affectives et comportementales (Maio et Haddock, 2009).

Les résultats de Duchesne (2002) portant sur les connaissances, croyances et attitudes des intervenants scolaires manitobains avaient mis en évidence l'effet préjudiciable de certaines croyances et attitudes sur l'enseignement auprès d'élèves ayant des besoins spéciaux, avançant qu'il importe que la formation aux pratiques d'enseignement exemplaires se fasse simultanément à la lutte contre les mythes associés aux besoins spéciaux et aux handicaps. On doit donc penser aux répercussions de la formation offerte aux enseignants (Grenot-Schreyer, Fisher et Staub, 2001) et faire en sorte que celle-ci les prépare adéquatement à accueillir tous les élèves et à intervenir auprès d'eux, dans une perspective d'école inclusive. De plus, la FI doit avoir le souci de stimuler la réflexion critique et inclure la dimension de l'équité chez les futurs enseignants (MacKinnon, 2000). De même, dans une recension des écrits, Carrington (1999) souligne la nécessité de considérer l'incidence sur la pratique des enseignants de leurs croyances et attitudes face à la diversité des élèves, proposant par la suite un programme de recherche, de formation et d'accompagnement des enseignants visant à répondre aux besoins diversifiés de tous les élèves (Carrington et Robinson, 2004; Carrington et Saggers, 2008). Certaines appréhensions persistantes chez les enseignants devraient être surmontées en leur offrant des outils leur permettant de se sentir compétents et en mesure de créer dans leur classe un climat de compréhension, de valorisation et d'acceptation des différences propres à l'éducation inclusive. L'accompagnement dont peuvent bénéficier les enseignants dans la transformation de leurs interventions (Brodeur *et al.*, 2008; Kratochwill, Clements et Kalymon, 2007) a un effet positif sur l'intégration dans la pratique des connaissances issues de la recherche. D'autre part, les facteurs associés au leadership scolaire influencent d'autant plus la réussite des élèves (Robinson, Hohepa et Lloyd, 2009).

Selon Bandura (2007), le sentiment d'autoefficacité, ou sentiment d'efficacité personnelle (SEP), est la croyance d'un individu relative à sa capacité à réaliser une tâche avec succès. Ainsi, la qualité des interventions des enseignants est liée au SEP, puisque celui-ci influence la pensée, la motivation et le comportement, et ce, peu importe les aptitudes ou le niveau de compétence réel. Le sentiment d'efficacité constitue un indicateur de la qualité ou des effets d'une formation, puisque l'enseignant doit avant tout croire en ses capacités à modifier ses interventions avant d'appliquer des changements dans sa pratique professionnelle (Deaudelin, Dussault et Brodeur, 2002). Plusieurs recherches rapportent que les enseignants ayant un sentiment d'efficacité élevé ont, entre autres, davantage tendance à innover par l'adoption de nouvelles pratiques éducatives et pédagogiques qui favorisent la réussite des élèves (Gaudreau *et al.*, 2012). Notamment, la confiance de l'enseignant envers ses capacités à faire apprendre les élèves influence son comportement en le poussant à mettre en œuvre les stratégies pour y parvenir. De plus, des études ont montré des corrélations positives entre le SEP et l'attitude envers l'inclusion (Gao et Mager, 2011; Gerson, 2012; Savolainen *et al.*, 2012). Une étude de Thompson (2012) réalisée aux États-Unis auprès de 98 enseignants du primaire comportait trois objectifs: analyser les relations entre le SEP et l'attitude envers l'inclusion chez des enseignants du primaire; établir des liens entre les expériences de formation continue sur l'inclusion et l'attitude envers l'inclusion chez des enseignants du primaire; enfin, établir des liens entre les expériences de formation continue sur l'inclusion et le SEP en classe inclusive. Cette chercheuse a utilisé les instruments développés par Tschannen-Moran et Hoy (2001) sur le SEP des enseignants et par Sharma, Forlin et Loreman (2008) sur le SEP à l'égard des apprenants ayant des besoins spéciaux. Les résultats ont montré une corrélation entre le SEP et les attitudes envers l'inclusion, des corrélations positives et significatives pour 18 items sur 23 entre la formation continue et l'attitude envers inclusion et des corrélations positives et significatives pour 17 items sur 23 entre la formation continue et le SEP.

Malgré une adhésion aux valeurs inclusives, certaines croyances ou attitudes résulteraient d'un manque de préparation à l'inclusion des élèves ayant des besoins spéciaux en formation initiale. Dans l'étude de Fournier (2012), 81 % des enseignants débutants du primaire déplorent avoir suivi un seul cours, qu'ils considèrent trop « théorique ». Certaines études ont montré que les étudiants finissants en adaptation scolaire ont une meilleure attitude envers l'inclusion que les finissants en enseignement en classe ordinaire (Forlin, 2010), qu'ils ont plus d'expériences avec les élèves ayant des besoins spéciaux (Romi et Leyser, 2006 ; Leyser, Zeiger et Romi, 2011) et qu'une formation poussée au regard des besoins de ces élèves entraînerait un SEP plus élevé (Leyser, Zeiger et Romi, 2011).

En 2012-2013, des membres de notre équipe ont mené une étude auprès des étudiants de première année en formation initiale des maîtres dans une université québécoise. Les questionnaires (Tschannen-Moran et Hoy, 2001 ; Duchesne, 2002) ont été proposés aux participants ($N = 317$) dès leur admission au programme d'études. Les résultats ont montré que, dès l'admission au programme, les étudiants en adaptation scolaire et sociale ont un SEP général plus élevé que ceux qui se destinent à l'enseignement en classe ordinaire (Dubé *et al.*, 2013). Toutefois, contrairement à l'étude de Forlin (2010), les nouveaux admis en enseignement préscolaire et primaire adhéraient davantage aux valeurs de l'éducation inclusive à leur admission que ceux en enseignement en adaptation scolaire et sociale. La présente recherche s'inscrit dans la continuité de cette étude.

3. MÉTHODOLOGIE

3.1. Objectifs spécifiques

Cette recherche vise à atteindre les objectifs spécifiques suivants :

1. Évaluer, chez des étudiants en formation initiale à l'enseignement, les deux construits suivants : les connaissances, croyances et attitudes reliées au droit à l'éducation d'élèves ayant des besoins spéciaux et le sentiment d'efficacité personnelle des enseignants.
2. Comparer ces deux construits selon leur programme de formation.
3. Comparer l'évolution de ces deux construits entre le début et la fin de leur première année d'études.

Afin d'atteindre les trois objectifs susmentionnés, un devis de recherche descriptif corrélationnel a été utilisé.

3.2. Sujets

Les sujets sont issus de deux programmes de formation à l'enseignement d'une même université québécoise: en adaptation scolaire et sociale (ASS) et au préscolaire et primaire (EPEP). À l'automne 2012, il y a eu 317 répondants: 129 en ASS (115 femmes) et 188 en EPEP (169 femmes). À l'hiver 2013, il y a eu 280 répondants: 175 en ASS (162 femmes) et 105 en EPEP (95 femmes). La grande majorité de ces étudiants en étaient à une première expérience universitaire.

3.3. Instruments

Le sentiment d'efficacité personnelle a été mesuré à l'aide d'une adaptation française de l'Ohio State Teacher Efficacy Scale (Tschannen-Moran et Hoy, 2001; adaptation française: Ménard *et al.*, 2011). Ce questionnaire comporte 24 items (échelle de Likert à neuf intervalles) théoriquement regroupés en trois sous-échelles mesurant le sentiment de compétence à l'égard des stratégies d'enseignement, de la gestion de classe et de la capacité à engager les élèves dans les activités d'apprentissage. Toutefois, à la suite des analyses factorielles exploratoires, et en accord avec les résultats de Fives et Buehl (2010), seul le score général de SEP a été calculé, la structure tridimensionnelle théorique du questionnaire n'ayant pas été reproduite avec ces échantillons de futurs maîtres. Un score total sur 9 a donc été calculé pour chaque répondant, ce score représentant son SEP global.

Les connaissances, croyances et attitudes à l'égard de l'éducation reliées au droit à l'éducation d'élèves ayant des besoins spéciaux ont été mesurées à l'aide du Questionnaire sur le droit à l'éducation pour les élèves qui ont des besoins spéciaux au Manitoba (Duchesne, 2002). Cet instrument comporte 24 items (échelle de Likert à 5 intervalles) regroupés en trois sous-échelles de 8 items mesurant la conception générale des droits de la personne (A), les croyances et attitudes reliées aux modalités d'exercice du droit à l'éducation pour les élèves ayant des besoins spéciaux (B), et les croyances et attitudes reliées aux responsabilités institutionnelles, professionnelles et personnelles quant à la reconnaissance et au respect du droit à l'éducation pour ces élèves (C). Chaque item est constitué d'une paire d'énoncés pour lesquels le répondant doit indiquer son degré d'accord sur l'échelle de 1 à 5. Or, l'un des énoncés a une valeur positive (p. ex. pro-inclusion) et l'autre une valeur négative (p. ex. pro-exclusion). Le degré d'accord pour l'énoncé à valeur négative est soustrait du degré d'accord pour l'énoncé à valeur positive, ce qui donne, pour chaque paire, un score allant de +4 à –4. Un score total est ensuite calculé pour chaque dimension, ce score allant de +32 (conception très positive, inclusive) à –32 (connaissances limitées, croyances et attitudes négatives). Il en résulte que les données ne sont pas normalement distribuées et qu'il faut utiliser des tests non paramétriques. Finalement, voici deux exemples de paires d'énoncés : « Les droits de la personne sont des pouvoirs ou des avantages que tous les individus possèdent à parts égales » (+). « Les droits de la personne visent essentiellement à protéger les intérêts des groupes d'individus qui font des pressions auprès du gouvernement » (–). « Autant que possible, les enfants qui ont des besoins spéciaux devraient être éduqués dans les classes ordinaires de leur école de quartier » (+). « Les enfants ayant des déficiences ou incapacités physiques ou mentales devraient recevoir leur éducation dans le système public à condition qu'ils ne dérangent pas les autres » (–).

Les deux questionnaires ont été proposés à deux moments durant la première année universitaire : lors d'un cours, au début de la formation initiale, et à la fin du premier stage de 24 jours en classe ordinaire, ce qui correspond à la fin de la première année universitaire. À ce moment, les étudiants ont complété 30 crédits de cours, soit 450 heures. Les deux programmes de formation comportent des cours différents, mais leur premier stage en classe comporte les mêmes caractéristiques et exigences.

3.4. Analyse

Les données ont été traitées et explorées afin d'éliminer les patrons de réponses aberrants, de traiter les données manquantes et d'établir les statistiques descriptives. Ensuite, deux tests ont été utilisés : le U de Mann-Whitney, pour comparer les deux construits selon le programme, et des tests de Wilcoxon pour observations appariées, afin de comparer l'évolution de ces construits entre le temps 1 et le temps 2. Pour tous ces tests, la corrélation bisériale de point (r_{bp}), équivalente au d de Cohen, a été calculée.

4. RÉSULTATS

4.1. Le sentiment d'efficacité personnelle

Les différences de taille des sous-échantillons s'expliquent par le nombre important de données manquantes et par l'absence de certains répondants au moment de la collecte de données. Le petit nombre de données disponibles au temps 1 pour les étudiants en ASS et les

Tableau 1 – Sentiment d'efficacité personnelle aux temps 1 et 2

	Temps	*n*	*m*	*s*	Voussure	Asymétrie
Tous les étudiants	T1 T2	59 262	6,38 6,68	1,15 1,10	0,78 1,73	–0,45 –1,02
Étudiants EPEP	T1 T2	46 105	6,27 6,63	1,11 0,94	1,10 0,99	–0,71 –0,64
Étudiants ASS	T1 T2	13 157	6,77 6,71	1,25 1,21	–0,26 1,76	–0,06 –1,16

valeurs préoccupantes de voussure et d'asymétrie au temps 2 justifient l'utilisation subséquente de tests non paramétriques. Aucune différence significative n'a été trouvée, que ce soit entre les programmes ou entre les temps de mesure. Il semble donc qu'il y ait une légère augmentation du SEP, mais que celle-ci soit trop faible pour être significative.

4.2. Les connaissances, croyances et attitudes

Les valeurs possibles allant de –32 à +32, il est évident que la distribution de ces valeurs dans la population ne peut être strictement normale, ce qui force l'utilisation de tests non paramétriques (Duchesne, 2002). Cela explique également pourquoi ce sont les médianes qui sont indiquées dans le tableau. Encore une fois, la taille variable des sous-échantillons est due aux données manquantes et à l'absence de certains répondants lors de la collecte des données.

4.3. Comparaisons selon le programme au temps 1

Les étudiants ont un profil assez semblable au temps 1, où leurs conceptions sont plutôt positives (A), voire très positives (B et C). Il n'y a pas de différence significative quant à la conception générale des droits de la

Tableau 2 – Connaissances, croyances et attitudes aux temps 1 et 2

		Dimension A		Dimension B		Dimension C	
	Temps	*n*	Médiane	*n*	Médiane	*n*	Médiane
Tous les étudiants	T1 T2	216 180	5 11	238 197	15 1	191 161	14 6
Étudiants EPEP	T1 T2	122 71	5 12	130 73	14 3	104 56	13 7,50
Étudiants ASS	T1 T2	94 109	5,5 10	108 124	16 0	87 105	16 6

personne (A). Les étudiants en ASS ont des croyances et attitudes reliées aux modalités d'exercice du droit à l'éducation pour les élèves ayant des besoins spéciaux (B) légèrement plus positives que les étudiants en EPEP, comme en fait foi le test de Mann-Whitney (p = 0,037; r_{bp} = 0,13; petit effet). Ils ont aussi des croyances et attitudes reliées aux responsabilités institutionnelles, professionnelles et personnelles quant à la reconnaissance et au respect du droit à l'éducation pour ces élèves (C) légèrement plus positives que les étudiants en EPEP (p = 0,002; r_{bp} = 0,22; petit effet). Les différences sont statistiquement significatives pour les dimensions B et C, mais de faible taille. Il est donc possible d'affirmer que les étudiants ont, au début de leurs études, une conception assez similaire.

4.4. Comparaisons selon le programme au temps 2

Si les connaissances et conceptions générales des droits de la personne sont franchement positives au temps 2, les deux autres dimensions montrent une conception neutre (B) ou légèrement positive (C). Il y a, au temps 2, une inversion de la situation. Les étudiants en EPEP ont, à ce moment-là, une conception plus positive, et ce, pour les trois dimensions. Les tests de Mann-Whitney montrent que, si la différence est de petite taille pour les dimensions A (p = 0,037; r_{bp} = 0,16; petit effet) et C (p = 0,02; r_{bp} = 0,18; petit effet), elle est d'une ampleur plus importante pour la dimension B, la taille d'effet indiquant un effet moyen (p < 0,000; r_{bp} = 0,30). Il est intéressant de constater que la dimension B, qui touche le cœur même de l'adaptation scolaire et sociale, est celle pour laquelle la différence est la plus importante au temps 2. Il y a donc une plus grande hétérogénéité entre les conceptions des étudiants des deux programmes au temps 2.

4.5. L'évolution des croyances et attitudes chez les étudiants en EPEP

Les tests ont été effectués avec les seuls étudiants ayant un score aux deux temps. Pour la dimension A, la conception de ces étudiants est beaucoup plus positive au temps 2, le test de Wilcoxon montrant un

Tableau 3 – Étudiants en EPEP ayant un score aux temps 1 et 2

		Dimension A		Dimension B		Dimension C	
	Temps	*n*	Médiane	*n*	Médiane	*n*	Médiane
Étudiants en EPEP	T1	36	5	38	13	30	12,50
	T2	36	12	38	3	30	8,50

effet important ($p = 0{,}00002$; $r_{bp} = 0{,}68$; effet important). Pour la dimension B, les résultats révèlent des croyances et attitudes neutres, beaucoup moins positives qu'au temps 1. Le test montre une diminution très importante des scores ($p < 0{,}00001$; $r_{bp} = 0{,}76$; effet très important). Finalement, pour la dimension C, bien qu'il y ait une diminution de la médiane entre les deux temps, le test montre que celle-ci n'est pas significative ($p = 0{,}108$). Cela est étonnant, car si l'ensemble des étudiants en EPEP aux temps 1 et 2 est considéré, il y a alors une conception et des attitudes plus négatives au temps 2 qu'au temps 1 ($p < 0{,}00001$; $r_{bp} = 0{,}37$; effet moyen), bien que ces conceptions et attitudes soient tout de même légèrement positives au temps 2. Il est difficile d'expliquer cette disparité, probablement due au hasard de l'échantillonnage.

4.6. L'évolution des croyances et attitudes chez les étudiants en ASS

Pour la dimension A, les étudiants ont des connaissances et croyances significativement plus positives au temps 2, cette augmentation étant importante ($p = 0{,}0001$; $r_{bp} = 0{,}58$; effet important). En revanche, leurs conceptions, croyances et attitudes liées au droit à l'éducation des élèves ayant des besoins spéciaux (B) se sont effondrées, passant d'une conception très positive à une conception neutre ($p < 0{,}00001$; $r_{bp} = 0{,}87$; effet très important). Leurs conceptions des diverses responsabilités liées à ce droit (C) ont connu une baisse aussi remarquable ($p < 0{,}00001$; $r_{bp} = 0{,}83$; effet très important).

Cette évolution (augmentation de A, diminution de B et de C) tient aussi lorsque l'ensemble des étudiants est pris en compte, comme le montre le tableau 2. Il y a là des changements dans les conceptions des étudiants qui sont surprenants et qui méritent des explications.

Tableau 4. Étudiants en ASS ayant un score aux temps 1 et 2

		Dimension A		Dimension B		Dimension C	
	Temps	*n*	**Médiane**	*n*	**Médiane**	*n*	**Médiane**
Étudiants en ASS	T1	45	6	60	15,50	46	16
	T2	45	10	60	–1	46	5

5. DISCUSSION

Au regard de l'évolution du SEP aux deux temps de mesure, tous les étudiants se déclarent plus confiants envers leurs capacités à la fin de la première année d'études universitaires, ce qui est en accord avec plusieurs études (Lin, Gorrell et Taylor, 2002; Leyser, Zeiger et Romi, 2011) rapportant que le SEP a tendance à augmenter durant la formation. D'ailleurs, les résultats d'une étude réalisée avec des groupes d'étudiants en enseignement en adaptation scolaire et sociale ont montré une hausse significative du SEP au cours des quatre années d'études universitaires (Dufour, Meunier et Chénier, 2014; Dufour *et al.*, 2012).

Les résultats de notre étude présentent, pour les deux groupes d'étudiants, une augmentation des connaissances, croyances et attitudes positives envers les droits de la personne en général (par la dimension A). Ceci nous porte à croire qu'ils ont évolué positivement depuis leur entrée à l'université, ce qui est encourageant. Ils ont acquis des connaissances plus précises. Quant aux modalités d'exercice et aux responsabilités relatives à l'exercice de ces droits, les connaissances, croyances et attitudes des étudiants tendent à afficher des scores moins élevés. Est-ce dû à un manque de respect pour les droits, ou encore à une certaine incompréhension ? Comme ils en sont au premier quart de leur formation universitaire, ils ne savent peut-être pas encore très bien comment se situer et peuvent se sentir moins concernés, plus ambivalents face aux modalités d'exercice et aux responsabilités qui leur incomberont au terme de leurs quatre années d'études. Le fait qu'ils ont peu d'expérience pourrait expliquer ce résultat. En effet, selon Duchesne (2002), dont les résultats corroborent ceux de McGregor et Vogelsberg (1998), ceux qui n'ont pas de contact avec des élèves ayant des besoins spéciaux et, à l'opposé, ceux qui en ont fréquemment ont tendance à donner des réponses plus positives que ceux qui ont des contacts occasionnels. Nous pourrions établir des liens entre nos étudiants du temps 2 et ceux de la catégorie de répondants ayant eu des contacts occasionnels qui ont participé aux deux recherches antérieures précédemment citées. En effet, ces futurs enseignants rencontrent occasionnellement des élèves ayant des besoins spéciaux lors de leur premier stage de formation d'une durée de 24 jours en classe ordinaire. Généralement, les enseignants ont des conceptions positives et en accord avec les principes d'inclusion. Toutefois, certaines appréhensions peuvent apparaître devant l'obligation de prendre en charge un élève ayant des besoins spéciaux, pour ensuite disparaître après avoir vécu une expérience positive d'intégration ; la confiance se construit alors.

Selon certaines recherches, les étudiants en adaptation scolaire et sociale ont une meilleure attitude face à l'inclusion que les étudiants en enseignement en classe ordinaire (Forlin, 2010). Plus ils vivent des expériences avec les élèves ayant des besoins spéciaux (Romi et Leyser, 2006 ; Leyser, Zeiger et Romi, 2011), plus ils bénéficient de formation au regard des caractéristiques et des besoins de ces élèves et plus ils ont une confiance élevée envers leurs compétences (SEP) (Leyser, Zeiger et Romi, 2011). De surcroît, les enseignants qui détiendraient une bonne connaissance des politiques sur l'inclusion scolaire seraient aussi moins affectés par des problèmes de gestion de classe et les problèmes de comportement de leurs élèves (Romi et Leyser, 2006).

Nos résultats montrent, au contraire, qu'entre le moment de leur admission au programme de formation à l'enseignement et la fin de leur premier stage en classe ordinaire, les futurs enseignants en adaptation scolaire et sociale se distinguent de ceux qui étudient pour enseigner au préscolaire et au primaire. Leur conception de l'exercice des modalités du droit à l'éducation pour les élèves ayant des besoins spéciaux et leur conception des responsabilités institutionnelles sont, significativement, beaucoup plus négatives. En plus de leur manque d'expérience, nous pourrions attribuer cette baisse à une vision plus clinique de l'enseignement en adaptation scolaire, par la tendance à vouloir prendre l'élève à part pour « soigner » les difficultés à l'aide d'un enseignement adapté et individualisé.

L'étude de Duchesne (2002) rappelait l'importance pour les futurs enseignants de surmonter certaines peurs et de leur fournir des outils leur permettant de se sentir compétents, afin qu'ils soient en mesure de créer dans leur classe un climat de compréhension et d'acceptation des différences. Ce chercheur suggère des moyens pour former les étudiants contre les mythes associés aux besoins spéciaux et aux handicaps : faire vivre aux étudiants des contacts avec les gens qui ont eu des expériences positives d'inclusion ainsi que des moments d'échanges et de discussion, pour les amener à réfléchir sur leur pratique et à développer une conscience critique de leur rôle et de leurs responsabilités. Les formateurs universitaires doivent donc avoir le souci de stimuler la réflexion et inclure la dimension de l'équité quant à l'éducation auprès des élèves ayant des besoins spéciaux chez les futurs enseignants (MacKinnon, 2000).

Certains chercheurs dénotent un manque de préparation à l'inclusion des élèves ayant des besoins spéciaux en formation initiale (Fournier, 2012). Un cours sur l'inclusion scolaire, peu importe son format (théorique ou pratique), augmenterait le sentiment d'efficacité personnelle des futurs enseignants (Lancaster et Bain, 2007, 2010) ; de même, une formation, même minimale, sur les élèves ayant des besoins spéciaux serait positivement reliée au sentiment d'efficacité personnelle (Leyser, Zeiger et Romi, 2011). Dans les deux programmes auxquels étaient inscrits les futurs étudiants participant à notre étude, un cours portant sur les caractéristiques des élèves ayant des besoins spéciaux avait été suivi en première année d'études universitaires ; toutefois, le cours portant sur l'intégration scolaire n'allait leur être offert qu'en troisième année d'études.

Nos résultats actuels permettent de constater certaines résistances en regard de l'inclusion chez ces futurs enseignants, qui présentent des conceptions plus négatives au terme de leur première année d'études universitaires. Nous verrons dans une prochaine analyse comment auront évolué les connaissances, les croyances, les attitudes et le sentiment d'efficacité personnelle de ces mêmes étudiants à la fin de leurs quatre années d'études. Nous émettons l'hypothèse que les finissants devraient répondre encore plus positivement aux énoncés « pro-droits » du questionnaire comparativement à leur première année d'études. Nous pensons qu'au terme des quatre années universitaires, les futurs enseignants devraient adhérer à des croyances plus positives pour toutes les dimensions. Ils auront alors acquis davantage de connaissances dans les cours et les stages et auront développé des attitudes plus positives. C'est ce que nous tenterons de voir dans une prochaine étape de cette étude, dont la collecte est prévue en 2016.

Dans le contexte d'une société et d'écoles inclusives, il s'avère indispensable de former de futurs enseignants dont les connaissances, croyances et attitudes sont en harmonie avec ce paradigme. Ainsi, ils seront bien préparés pour intervenir auprès de tous les élèves. Ces résultats de recherche seront réinvestis pour améliorer la formation initiale, car les enseignants sont des acteurs de première importance au regard de l'inclusion, en raison de l'influence de leurs pratiques et de leurs attitudes sur leurs élèves, les futurs citoyens.

PARTIE 3

CHAPITRE 11

Le projet pédagogique individualisé

Plus qu'un simple bout de papier ?[1]

Geneviève Petitpierre,
Université de Fribourg (Suisse)

INTRODUCTION

Tout randonneur sait que, contrairement à l'environnement urbain, où une signalisation est disponible en permanence, suivre un itinéraire dans d'autres espaces (montagne, campagne, etc.) s'avère souvent plus complexe. L'enseignant est parfois dans la position du randonneur qui, devant suivre un itinéraire sans s'égarer dans un environnement qui lui est peu familier, doit faire appel à des outils différents de ceux auxquels il recourt traditionnellement. Enseigner à un élève ayant des besoins éducatifs particuliers peut être déstabilisant dans la mesure où les repères classiques que l'enseignant est habitué à trouver dans le plan d'études ordinaire ne lui suffisent pas toujours pour planifier les apprentissages, notamment lorsque le rythme ou la manière d'apprendre de l'élève exigent le développement d'objectifs plus fins ou que ses caractéristiques perceptives ou cognitives nécessitent une accessibilisation de l'information. Selon les besoins de l'élève, ce sont tantôt le contenu des apprentissages, tantôt la voie d'apprentissage, tantôt le contenu *et* la voie, qui doivent être adaptés dans une ou plusieurs disciplines.

Le projet pédagogique individualisé est un outil précieux qui permet de convenir du contenu des apprentissages en tentant de respecter les particularités de l'élève sans perdre de vue le lien entre son parcours d'étude et le plan d'études ordinaire (PE). C'est un support qui permet aux différents partenaires – élèves, parents, enseignants, spécialistes, etc. – de convenir d'un itinéraire dans des conditions où ils ont du mal à découvrir ces repères, parce que ceux-ci leur sont peu familiers ou sont particulièrement difficiles à déchiffrer. Si le projet pédagogique individualisé présente des avantages, il comporte aussi certains inconvénients. Le but de ce chapitre est de rappeler l'origine de cet outil, de même que sa fonction et sa structure. En prenant appui sur des revues de littérature, nous présenterons aussi quelques questions qui se sont posées au fil de l'application du projet pédagogique individualisé et qui ont stimulé l'amélioration de ce dispositif depuis sa création. La question des relations entre le projet pédagogique individualisé et le plan d'étude ordinaire sera approfondie.

1. LE PROJET PÉDAGOGIQUE INDIVIDUALISÉ (PPI)

Le projet pédagogique individualisé[2] (PPI) est simultanément une procédure et le résultat de cette procédure (Myara, 2011). En tant que procédure, il vise à fixer les objectifs éducatifs, scolaires et, éventuellement, thérapeutiques à poursuivre avec l'enfant ou le jeune présentant des besoins éducatifs particuliers. Il donne lieu au document écrit du même nom. Le PPI s'appuie sur une description des forces et des difficultés de l'élève. À partir des besoins dégagés, il consiste à définir les attentes d'apprentissage. Le PPI est un support opérationnel à l'acte pédagogique. C'est un outil de planification éducative.

La manière d'y référer varie. L'expression « programme éducatif individualisé » est utilisée aux États-Unis (*Individuals with Disabilities Education Improvement Act* [IDEA], 2004). La notion de « plan d'intervention » est en vigueur au Québec (*Loi sur l'instruction publique*, L.R.Q., c. I-13.3). La France a opté pour le nom de « projet personnalisé de scolarisation » (loi du 11 février 2005). En Suisse, on utilise plus volontiers les termes « projet éducatif » ou « projet pédagogique », avec l'idée que la notion de projet renvoie au fait de « jeter quelque chose vers l'avant », comme l'indique son étymologie latine[3] (Boutinet, 1990).

La pratique du projet pédagogique individualisé a été introduite de façon obligatoire, il y a une vingtaine d'années, dans plusieurs pays anglo-saxons ainsi que dans la plupart des provinces canadiennes. Le dispositif trouve son origine dans le renversement de logique qui a marqué la réflexion éducative (et sociale) dans les années 1980-1990. Le projet individualisé fut l'un des outils-clés introduits dans le but de rappeler (ou de faire réapparaître) le primat du sujet singulier au sein du dispositif éducatif. Son introduction avait donc aussi pour but de modifier la prééminence d'une logique d'instruction descendante (*top-down*), en rappelant que l'éducation et l'enseignement ne peuvent être pensés indépendamment de l'apprentissage (Boutinet, 2010 ; Le Moigne, 1995).

1.1. Les fonctions du projet pédagogique individualisé

Plusieurs fonctions sont attribuées au PPI. Ce dernier a notamment pour but de planifier l'action éducative, d'expliciter le cadre de référence, de favoriser la communication et de permettre la fixation d'objectifs éducatifs personnalisés bien ajustés.

a) *Planification de l'action éducative.* Le PPI a pour fonction de planifier le parcours d'apprentissage de l'élève et d'en faciliter le suivi en veillant aux conditions de faisabilité. Son rôle consiste à « fixer les objectifs que l'on veut atteindre avec la personne et à prévoir les interventions et les ressources nécessaires. Il permet aussi d'établir le calendrier de la réalisation des objectifs et de coordonner les priorités d'intervention » (Goupil, 2003, p. 113). Une fois les objectifs et échéances fixés, il sert en quelque sorte d'aide-mémoire et de balise à l'enseignant, ainsi qu'à l'élève et ses parents, de même que d'outil de rétroaction et d'évaluation des progrès (Goupil, 2003).
b) *Explicitation du cadre de référence dans lequel l'intervention prend place.* Le PPI aide aussi à préciser les valeurs avec lesquelles les partenaires en présence travaillent et celles qu'ils souhaitent privilégier. Se pose ici la question du sens du projet, au regard de l'action qu'il est prévu d'entreprendre (Boutinet, 1990) :
   - sens-direction (quelle direction l'action prendra-t-elle ?) : la question du « sens-direction » est particulièrement importante pour éviter les discontinuités et les ruptures non maîtrisées qui émaillent l'accompagnement ;
   - sens-signification (quelle signification d'ensemble se dégagera du projet pour l'élève concerné et son entourage ?) : la question du « sens-signification » pose la question de la validité sociale et écologique du contenu du projet, autrement dit de sa pertinence pour l'élève et son entourage.

c) *Stimulation de la communication et de la concertation*. Le PPI est aussi un outil de communication : il favorise la concertation entre les personnes qui côtoient l'élève (Goupil, 2003). Du reste, c'est de cette action concertée que devrait en principe émerger le document papier qui servira de repère au niveau de l'action éducative. La plupart des cadres législatifs stipulent, à l'instar de la loi américaine qui a donné le *la* de la procédure, que participent en principe à la concertation : un spécialiste du milieu scolaire habilité à dispenser et à superviser le PPI[4], l'enseignant, les parents (ou le tuteur de l'enfant) et, s'il y a lieu l'élève. L'échange permet aux participants à la réunion d'exprimer leurs attentes respectives concernant le développement de l'élève et « d'amener les participants à s'entendre sur les objectifs prioritaires » (Goupil, 2003, p. 113). À la fin de la réunion, un consensus quant aux objectifs prioritaires devrait être trouvé. Les parents d'un élève peuvent en effet avoir des objectifs qui s'écartent de ceux de l'enseignant, davantage axés par exemple sur l'acquisition de la lecture que sur la socialisation, comme l'a montré Martini-Willemin (2008), qui a comparé les attentes d'apprentissage des parents et des professionnels. Aussi la réunion a-t-elle pour but de mettre de la cohérence entre les actions à entreprendre. Elle vise également à clarifier la répartition des tâches, notamment entre les professionnels. Dans cette perspective, le projet doit bien plus être considéré comme un « processus de pensée organisée » que comme une « somme de prestations dûment matérialisables » (Chavaroche, 2009, p. 112).

d) *Fixation d'objectifs éducatifs personnalisés*. Le PPI invite à une planification centrée sur la personne (*person-centred planning*). Il s'agit donc de définir les attentes d'apprentissage (objectifs) et de choisir des procédures éducatives et pédagogiques qui font sens pour l'élève. Personnaliser les prestations ne signifie pas mener une intervention dans un contexte d'accompagnement particulier. L'accompagnement personnalisé peut prendre place dans un cadre collectif et régulier (en classe ordinaire par exemple), pour autant que l'on soit attentif à penser certains objectifs de façon personnalisée.

1.2. Le contenu du projet pédagogique individualisé

Même si le PPI est loin d'avoir un contenu univoque, il ne se caractérise pas non plus par une abondance de formes. Le projet de tout élève doit en principe reposer sur des observations et des évaluations préalables afin de justifier les éléments qui y seront intégrés. Puis, sur la base de valeurs communes, il s'agit d'établir les finalités et les objectifs qu'il est prévu d'atteindre dans un futur proche et plus éloigné[5]. Le PPI devrait mentionner les moyens et les stratégies à utiliser. Il devrait préciser les responsabilités des différents partenaires dans la mise en œuvre des objectifs. Peuvent aussi être consignées les conduites particulières à tenir pour un élève donné. Chavaroche (2009) définit ces conduites comme un ensemble simple et précis de règles, de gestes ou d'attitudes à promouvoir auprès de la personne concernée dans les activités et la vie quotidienne. En font partie les adaptations spécifiques, par exemple les ajustements nécessaires au niveau du mode de communication, de l'accès à l'écrit ou de l'organisation du travail, tout comme les gestes à pratiquer en cas d'urgence (crise d'épilepsie, fausse route, etc.).

Enfin, le PPI devrait indiquer les critères qui serviront à évaluer l'atteinte des objectifs convenus. Il devrait prévoir les conditions de cette évaluation (sa nature, le délai dans lequel elle doit intervenir, le type d'indicateurs utilisés, etc.) afin que l'intervention puisse être réajustée[6].

2. LE PROJET PÉDAGOGIQUE INDIVIDUALISÉ DU CÔTÉ DE LA RECHERCHE

Comme l'a fait remarquer Yvon Gauthier, professeur à l'École des sciences de l'éducation à l'Université Laurentienne, « la préparation d'un PEI [projet d'enseignement individualisé] ne devrait pas se faire seulement parce que les écoles sont mandatées pour respecter les principes légaux du ministère de l'Éducation, mais aussi dans le but de rendre les objectifs de ces PEI viables et fonctionnels pour les élèves » (2004, p. 11). Pour pouvoir tirer un bon parti de cet outil, il est nécessaire de bien connaître ses forces et ses faiblesses. Les études scientifiques donnent des informations utiles sur le sujet. Nous avons identifié trois intéressantes recensions de littérature qui ont analysé la manière dont le PPI a été mis en application depuis son introduction. Il s'agit des travaux de Smith (1990), de Rodger (1995) et de Myara

(2011), qui abordent des questions essentielles comme la pénétration du PPI dans les pratiques, le respect des principes formels ainsi que les rapports que le PPI entretient avec le plan d'études ordinaire. Ces trois questions correspondent à trois vagues de travaux successives menées par les scientifiques sur le PPI depuis son introduction.

2.1. La première vague de travaux

Les travaux scientifiques ont d'abord visé à vérifier si les projets pédagogiques individualisés respectaient les prescriptions concernant leur élaboration. Au terme de cette première vague d'études[7], deux constats ont été effectués : d'une part, le contenu et la structure de la première génération de projets écrits respectent rarement les directives formelles ; d'autre part, dans ces projets, la procédure de concertation avec les proches est souvent négligée.

Les résultats scientifiques mettent ainsi en évidence une méconnaissance de la manière de rédiger un projet pédagogique. Les constats font état d'une confusion fréquente entre les objectifs et les moyens, d'objectifs formulés de façon non observable ou non mesurable et, surtout, d'un manque de lien entre le niveau initial de performance de l'enfant et les attentes d'apprentissage posées. Certaines études relèvent aussi le manque de capacité des projets à tenir compte de l'ensemble des besoins de l'élève ou du jeune concerné, ou alors une centration exagérée sur certaines dimensions du développement alors que d'autres sphères développementales capitales, par exemple la sphère sociale, sont omises.

Ce constat de manque donne lieu à divers ajustements dans les années qui suivent. Des efforts sont consentis pour mieux former les professionnels appelés à travailler avec le PPI (Beaupré *et al.*, 2004 ; Hayes et Higgins, 1978, cités par Myara, 2011). Des trames ainsi que des exemples sont développés pour soutenir la rédaction de ces projets au niveau ministériel (Poirier et Goupil, 2011). On met aussi à la disposition des professionnels des articles et des publications présentant la dynamique d'élaboration et de mise en œuvre du projet dans son ensemble (Goupil, 1991 ; Leblanc, 2000) ou vulgarisant certains aspects plus techniques de la procédure, par exemple, la formulation des buts et des objectifs (Pretti-Frontczak et Bricker, 2009 ; Grisham-Brown *et al.*, 2002 ; Michnowicz *et al.*, 1995).

Les résultats de recherche plus récents montrent que les professionnels semblent mieux outillés pour travailler avec le PPI (Goupil *et al.*, 2000b). Toutefois, nous pouvons continuer de penser, à l'instar de

Poirier et Goupil (2011), que « compte tenu du nombre d'heures que consacrent les intervenants et les parents à la rédaction de ces plans, il y aurait lieu d'analyser les modalités de formation mises en place dans les universités et les mesures de perfectionnement offertes dans les milieux scolaires sur ce sujet » (p. 470). En Suisse, la formation à l'utilisation du PPI incombe aux instituts qui forment les enseignants spécialisés. Dans son *Règlement du 12 juin 2008* concernant la reconnaissance des diplômes dans le domaine de la pédagogie spécialisée, la Conférence des directeurs de l'Instruction publique stipule en effet que la formation en pédagogie spécialisée, orientation enseignement spécialisé, « doit permettre au futur diplômé [d'apprendre à] élaborer et à réaliser un projet de pédagogie spécialisée individualisé » (art. 3, al. 2d, p. 3).

Pour répondre au risque d'une centration excessive de l'attention sur certains domaines de développement, au prix d'une perte de vue de la personne dans son ensemble, l'option a été prise, dans certains pays, d'articuler le PPI avec d'autres outils, notamment ceux qui synthétisent les mesures thérapeutiques dont a parfois également besoin l'élève (p. ex. des mesures de réadaptation fonctionnelle, médicale et sociale, d'orientation, etc.). Cette pratique est en vigueur au Québec, où le PPI est régulièrement articulé avec un dispositif intitulé « plan de service » qui précise les services (p. ex. diagnostic, traitements médicaux, services d'adaptation et de réadaptation, services éducatifs, soutien à domicile, soutien à la communication, aux déplacements, à la scolarité ou à l'emploi) auxquels peuvent prétendre la personne et sa famille. Selon l'âge de l'élève, le PPI peut aussi être articulé avec un plan de transition qui envisage des objectifs à plus long terme et permet de concevoir les attentes actuelles à l'égard de l'élève en lien avec le changement de statut de cet élève lors de son passage à l'âge adulte (King *et al.*, 2005, 2006 ; Soriano, 2006).

En ce qui concerne la procédure de concertation, les travaux scientifiques montrent que dans ses balbutiements, la démarche d'élaboration des projets pédagogiques individualisés a souvent pris place *intra muros*, en l'absence des parents ou du représentant légal. Cette manière de faire pose problème, car elle témoigne d'une mise en application privant la procédure de sa fonction d'entente négociée. Les travaux disponibles montrent ainsi que deux tiers des élèves restent à l'écart de la discussion présidant à la mise en place de leur projet pédagogique (Goupil *et al.*, 2000b). Il en va de même des parents, pour qui la non-invitation à la concertation sur le PPI de leur enfant est encore fréquente (Beaupré *et al.*, 2004). La rencontre autour du projet est un élément central de la procédure. Cependant, même lorsqu'elle a lieu, elle ne permet pas toujours d'atteindre l'objectif de concertation parents-élève-professionnels. C'est notamment le cas lorsque la famille est maintenue (ou reste) dans un rôle passif plutôt qu'actif, que le contenu du projet est trop prédéterminé à l'avance par les professionnels, que l'avis des parents est minorisé ou ignoré, ou que le jargon dont usent les professionnels constitue un obstacle à la compréhension pour les autres acteurs.

Suite à ces divers constats, un certain nombre de recommandations ont été formulées dans la littérature. Elles portent sur la création de conditions favorisant la participation active des familles. Par exemple, Van Reusen et Bos (1990, cités par Van Reusen et Bos, 1994) ont conçu, à l'intention de l'élève et ses proches, un guide pour les aider à se préparer à la rencontre et à consigner leurs propres réflexions. L'élève et la famille sont invités à apporter ce support avec eux lors de l'échange avec les professionnels. Cette mesure a pour but d'aider la famille à se préparer et contribue à la mettre sur un pied d'égalité avec les professionnels. Dans une optique similaire, le Families and Advocates Partnership for Education (FAPE, 2001) et la National FAST du PACER Center (National Family Advocacy and Support Training, 2010) ont édicté une liste de conseils[8] à l'intention des proches en vue d'accroître leur participation au processus de planification du PPI. Ces conseils pratiques portent sur trois moments-clés (avant, pendant et après la rencontre).

Nous ouvrons ici une parenthèse pour faire remarquer que bien que les élèves et les familles bénéficiaires des mesures scolaires spécialisées soient très différents les uns des autres, les chercheurs et les professionnels s'y réfèrent encore souvent en oubliant cette hétérogénéité. *Les* élèves, *les* familles, *les* parents, continuons-nous à dire et parfois à penser. Or *les* élèves, *les* familles, *les* parents ne se réduisent pas à une entité sociologique (Petitpierre, 2000). La participation peut varier d'une famille à l'autre en fonction de la volonté ou de la possibilité qu'a chacune de s'impliquer, et il n'appartient pas au chercheur et à l'enseignant de juger ces différences. La participation devrait faire partie des prestations offertes à toute famille souhaitant s'impliquer dans la démarche de coconstruction du PPI, tout en gardant à l'esprit que cette démarche ne devrait être obligatoire pour aucune d'elles.

2.2. La deuxième vague de travaux

Plus récemment, dans les années 1990-2000, une deuxième vague de recherches a porté sur la pénétration des PPI dans les pratiques. Les travaux scientifiques se sont intéressés à l'implantation du PPI, son coût, son efficience ainsi que la perception qu'en avaient les personnes supposées l'utiliser en priorité (professionnels, élève et parents).

Un nombre considérable d'études portant sur l'investissement temporel qu'exigent la démarche et le temps d'élaboration de rédaction du document écrit, soulignent la lourdeur du dispositif (Smith, 2005). Plusieurs résultats font état d'un accroissement des tâches administratives de l'enseignant consécutivement à l'introduction du PPI dans sa pratique (Beaupré *et al.*, 2004 ; Gartin et Murdrick, 2005), allant jusqu'à qualifier le dispositif de « gaspillage de papier » (« *waste of paper* », cf. Cooper, 1996) ou de « cancer pédagogique » (Gauthier, 2006).

Les travaux montrent cependant qu'en dépit des limites évoquées précédemment, et quelle que soit la catégorie d'acteurs consultés, la valeur intrinsèque du PPI n'a jamais été remise en question. Par exemple, au Québec, dans une étude menée par Goupil *et al.* (2000b) auprès d'un échantillon représentatif d'enseignants ordinaires, d'enseignants spécialisés, de directions scolaires, de parents et d'élèves âgés de 14 à 21 ans ayant des besoins éducatifs particuliers, issus de 15 commissions scolaires et d'une école privée, les auteurs observent qu'une majorité des participants (80 %), tous groupes confondus, se dit favorable à l'utilisation des plans d'intervention. Plus de la moitié des personnes interrogées leur prêtent la propriété de « mieux orienter l'intervention » et d'optimiser « la concertation entre les intervenants impliqués » (53,3 %), et de faciliter « le suivi du cheminement de l'élève » (40 %).

De sérieuses critiques sont toutefois formulées à propos des contraintes de mise en œuvre du dispositif. Elles portent en particulier sur la rigidité des règles d'écriture et évoquent le risque de mécaniser la démarche. La centration sur le document écrit et le manque de flexibilité des règles, vestige de la pédagogie par objectifs, contribue en effet à ce que le PPI soit parfois davantage perçu comme une contrainte administrative que comme un support de réflexion dynamique important, voire décisif pour l'élève, les parents et les professionnels (Gauthier, 2006 ; Pretti-Frontczak et Bricker, 2000).

En ce qui concerne la surcharge administrative des enseignants, il faut savoir que les bases législatives des différents pays ayant rendu ce dispositif obligatoire ont d'abord exigé la rédaction annuelle d'un PPI pour chaque élève ayant des besoins éducatifs particuliers. Dans les pays anglo-saxons, le pourcentage d'élèves concernés par une telle mesure est resté inchangé depuis les années 1990. En 1990, Fish estime ainsi qu'entre 9 et 12 % de la population scolaire dispose d'un PPI aux

États-Unis. Une évaluation donnée en 2004 par Gauthier en situe l'usage à hauteur de 10,5 % pour la province canadienne de l'Ontario. À la suite de ces constats, plusieurs États ont revu leurs principes en la matière (Gartin et Murdrick, 2005). En 2004, les États-Unis reconsidèrent le rythme de renouvellement des PPI. Un programme exploratoire vise à évaluer la possibilité de développer des PPI sur trois ans en lieu et place des projets annualisés conventionnels. Ces projets triennaux ne font pas disparaître l'évaluation annuelle, mais ils en allègent la réécriture. L'obligation d'évaluer les objectifs atteints par l'élève durant la période écoulée demeure, mais la nécessité de concevoir les réaménagements est désormais envisagée à partir des objectifs déjà posés. Depuis lors, des banques d'objectifs ont été développées de façon à faciliter la rédaction du plan écrit.

Les travaux scientifiques signalent également une certaine confusion dans la manière de concevoir la fonction de planification du PPI. Certains pouvoirs publics, ainsi que certains coordonnateurs, semblent penser que le PPI remplace le plan d'études ordinaire (Jatala et Seevers, 2006), autrement dit, qu'il constitue en soi le plan d'études pour l'élève concerné. Dans cette perspective, on peut comprendre que le travail à fournir pour la conception et la rédaction du PPI soit considérable, puisque cela suppose de documenter de façon exhaustive l'ensemble des dimensions dans lesquelles des attentes d'apprentissage sont souhaitées.

Les études font état d'une grande disparité en ce qui concerne le nombre moyen d'objectifs par PPI (Poirier et Goupil, 2011). Dans nos propres travaux (Petitpierre et Gyger, 2012), qui ont porté sur le contenu de plans d'intervention destinés aux adolescents et adultes présentant un polyhandicap, nous avons dénombré une moyenne de dix objectifs par projet, avec un écart-type impressionnant, le nombre d'objectifs pouvant varier de 1 à 44 ! Ce type de constat soulève la question de la capacité de l'intervenant à élaborer des plans assez précis pour saisir les principaux besoins de l'élève et orienter l'action éducative, sans perdre de vue qu'un plan doit rester maniable pour les autres intervenants éventuels ainsi que pour lui-même.

2.3. La troisième vague de travaux

Nous en arrivons ainsi à la troisième vague de recherches, celle qui se penche sur les liens entre le PPI et le plan d'études ordinaire. Les travaux scientifiques montrent qu'une erreur de jeunesse du PPI réside dans le fait que les contenus présents dans ce type de dispositif n'avaient parfois, au final, plus rien en commun avec les contenus du plan d'étude de référence. Ceci a eu pour conséquence que les élèves pour lesquels ces projets étaient construits se trouvaient rapidement en décalage, sur le plan de leurs apprentissages, avec les apprentissages prévus par le programme de référence. Or le manque d'opportunité de se voir enseigner certains contenus disciplinaires n'est pas sans conséquence pour l'élève (Fisher et Fretz, 2001). C'est un facteur susceptible de peser sur la situation de handicap. On se trouve face aux conséquences secondaires du handicap, c'est-à-dire aux limitations que l'enfant va développer non pas en raison d'une *atteinte* ou d'un *dysfonctionnement initial* (qui s'exprime par exemple au niveau des fonctions sensorielles ou touchant le langage, la communication, la cognition, la motricité ou toute autre fonction du SNC), mais de limitations *secondaires*, provoquées par le manque d'occasions sociales et environnementales de réaliser les apprentissages en question. Pour ces raisons, certains chercheurs (Massanari, 2002; Nolet et McLaughlin, 2005) insistent désormais sur la nécessité d'articuler le contenu du PPI au plan d'études ordinaire. Le rétablissement de cette connexion devrait permettre d'éviter que l'élève «lâche» la collectivité et soit, en retour, «lâché» par elle, comme l'a exprimé Vygotsky (1931/1994).

3. L'ARTICULATION ENTRE LE PLAN D'ÉTUDES ORDINAIRE ET LE PROJET PÉDAGOGIQUE INDIVIDUALISÉ

Dans la plupart des pays occidentaux, les cadres réglementaires invitent désormais les enseignants à articuler étroitement le plan d'étude ordinaire et le PPI. Ce principe vise à dépasser la tension décrite précédemment et à faire évoluer le regard d'une centration sur l'élève à une centration sur son parcours scolaire (Greco, 2003). La nouvelle perspective consiste à considérer le PPI comme un dispositif ayant pour fonction première d'émettre des recommandations en matière d'ajustements – plus ou moins conséquents – du plan d'études régulier, tout en préservant autant que possible la qualité de référentiel de ce dernier (Adelam et Taylor, cités par Jatala et Seevers, 2006). Dans cette perspective, il est bienvenu de le considérer comme un dispositif se déclinant de façon flexible et comprenant plusieurs variantes graduées.

En Suisse, Hollenweger et Lienhard (2011) ont proposé une catégorisation des projets pédagogiques en fonction de la proximité plus ou moins importante qu'ils entretiennent avec le plan d'études de référence. Ci-dessous sont présentées les catégories proposées par ces auteurs, illustrées par nos soins.

Variante 1: PPI composé d'objectifs totalement individualisés

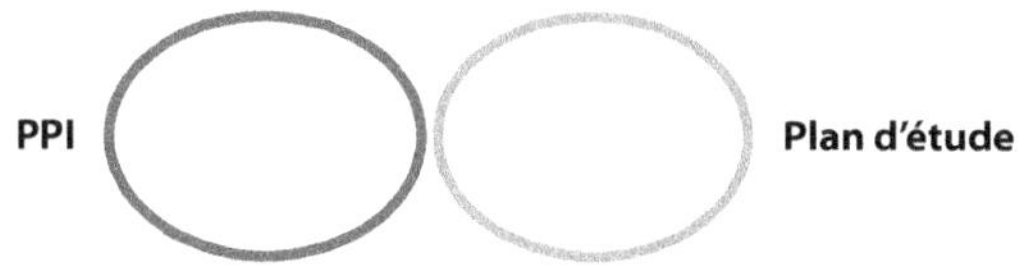

Figure 1 – PPI composé d'objectifs totalement individualisés

Ce type de plan est indiqué lorsque l'élève nécessite des adaptations conséquentes dans tous les registres du plan d'études de référence. Un tel PPI n'exclut pas de facto une certaine correspondance avec des contenus du plan d'études d'un degré scolaire plus élémentaire (malgré certains défis de transposition des objectifs dans le but de respecter l'âge chronologique).

Variante 2: PPI majoritairement fondé sur des objectifs individuels.

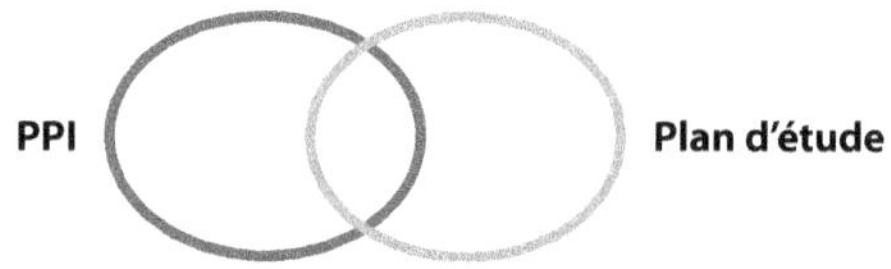

Figure 2 – PPI majoritairement fondé sur des objectifs individuels

Ce type de plan est indiqué lorsque des aménagements d'objectifs doivent être prévus dans plus de trois disciplines du plan d'études de l'école ordinaire.

Variante 3: PPI en partie fondé sur des objectifs individualisés

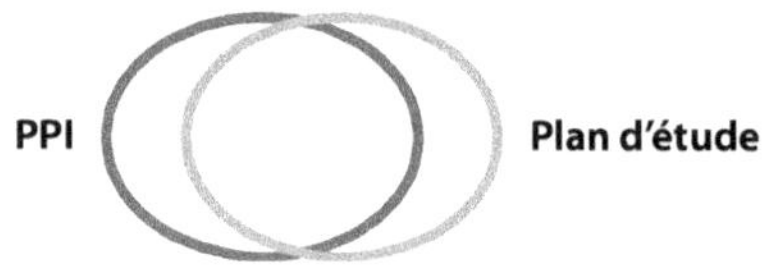

Figure 3 – PPI en partie fondé sur des objectifs individualisés

Ce type de plan est indiqué lorsque des aménagements d'objectifs doivent être prévus dans une ou deux disciplines du plan d'études de l'école ordinaire.

Variante 4: Attentes d'apprentissage présentes dans le plan d'études ordinaire

Figure 4 – PPI répondant aux attentes d'apprentissage du plan d'études ordinaire

Les objectifs du plan d'études restant inchangés, le PPI se borne à indiquer des aménagements formels dont l'élève a besoin pour réaliser les apprentissages et atteindre les objectifs du PPI (Ketterlin-Geller *et al.*, 2007; National Family Advocacy and Support Training, 2001[9]).

Utiles aux enseignants et aux pouvoirs publics, les catégories et la nomenclature proposées par Hollenweger et Lienhard (2011) ont aussi inspiré l'Office fédéral de la statistique (OFS, 2012), qui les utilise désormais pour caractériser le programme d'enseignement suivi par les élèves au bénéfice de mesures de pédagogie spécialisée, indépendamment du lieu de leur scolarisation (école spécialisée ou régulière). Il convient cependant de noter que la version utilisée par l'OFS ne contient plus que trois niveaux.

CONCLUSION

Comme nous avons tenté de le montrer, le projet pédagogique individualisé a des atouts indéniables, mais il comporte aussi certaines limites. Pour en faire bon usage, l'utilisateur doit en connaître les forces et les faiblesses. Il doit aussi être attentif aux facteurs qui en conditionnent l'intérêt et l'efficience, ainsi qu'à ce qui peut le rendre improductif, voire néfaste, par exemple, le fait de penser qu'il se résume au seul document écrit ou le fait d'omettre les articulations possibles avec le plan d'études de référence ou avec d'autres plans (de service, de transition, etc.).

Le PPI reste un outil et, comme tout outil, sa valeur dépend en très grande partie de l'usage éthique et technique que l'on en fait. Il incombe donc aux acteurs du système éducatif et scolaire de savoir quand, pourquoi et comment l'utiliser. Lorsqu'il s'agit de penser le trajet d'un élève d'un point d'apprentissage à un autre, certains supports s'avèrent plus utiles que d'autres. À l'instar de la boussole, le PPI peut être utile lorsque les objectifs du plan d'études doivent être adaptés ou rejoints en utilisant d'autres voies. Chacun s'accordera cependant sur le fait que le PPI ne doit pas se superposer au plan d'études lorsqu'il n'a pas lieu de le faire. En effet, si la boussole s'avère utile pour la navigation en haute mer ou pour une excursion en montagne, elle ne l'est pas pour circuler en ville, et personne ne songerait raisonnablement à l'utiliser pour se déplacer dans un lieu déjà balisé. Les intervenants doivent donc choisir d'utiliser le PPI sous la forme qui convient, dans les conditions qui conviennent.

NOTES

1. Le titre de ce chapitre est emprunté à Bowers (1997).
2. Plusieurs autres appellations désignent ce dispositif : le plan d'intervention individualisé (PII), le plan d'intervention personnalisé (PIP), le plan de programmation individualisé (PPI), le plan individualisé par objectifs (PIPO), etc. Dans le présent chapitre, nous avons privilégié le terme « projet pédagogique individualisé » (PPI).
3. *Projectum* (de *projicere*).
4. Les pratiques varient en ce qui concerne le coordonnateur. La fonction de cette personne, qui a pour responsabilité d'animer la rencontre et de rédiger le document écrit, est toutefois particulièrement cruciale (Poirier, Boisvert et Parent, 1997). Parfois, en Suisse par exemple, ni le cadre réglementaire intercantonal ni les bases cantonales ne se prononcent sur ce point ; toutefois, l'usage veut que ce soient généralement les enseignants spécialisés qui en aient la responsabilité. Aux États-Unis (IDEA, 2004) ou en France (*Loi n° 2005-102 du 11 février 2005*), la tâche est confiée à un coordonnateur externe, c'est-à-dire n'intervenant pas auprès de l'élève, avec le risque que l'équipe enseignante ne se sente pas toujours concernée (Gilbert, 2007).
5. Le PPI conserve certaines caractéristiques du cadre théorique d'inspiration béhavioriste dont il est issu. Il réfère à un parcours échelonné, tourné vers un but observable et mesurable, qui soutient la construction progressive des connaissances à l'aide de séquences ordonnées. Cooper (1996) estime que l'accent porté sur la dimension observable constitue un réel avantage, car celle-ci clarifie les attentes à l'égard des apprentissages à réaliser et facilite tant la communication que l'évaluation du projet.
6. À noter cependant qu'il est important de ne pas faire attendre les propositions d'amélioration et d'adaptation du projet, même entre deux bilans périodiques. En effet, comme le rappelle Chavaroche (2009), l'élève continue à exister entre deux temps d'analyse de son projet...
7. Cette première vague de travaux a été qualifiée de « normative » par Smith (1990), car elle cherchait à vérifier la conformité des pratiques eu égard aux directives édictées en matière de contenu et de structure attendue des projets. Il faut savoir que les gouvernements qui, dans les années 1980-1990, ont introduit le PPI dans leurs dispositifs juridiques ont encadré sa mise en œuvre de façon souvent assez contraignante (Gauthier, 2006). Certains ont édicté des lignes directrices précises portant sur le contenu et la structure attendue des projets. Ces lignes directrices étaient fortement marquées par les principes issus de la pédagogie par objectifs.
8. Cette liste de conseils aux familles est accessible à l'adresse suivante : <http://www.pacer.org/parent/php/php-c27.pdf>.
9. Une liste d'aménagements est proposée à l'adresse suivante : <http://www.pacer.org/parent/php/php-c49a.pdf>.

CHAPITRE 12

La résistance à l'apprentissage

Un concept en construction pour penser l'accessibilité en pédagogie

Béatrice Noël-Lepelletier

INTRODUCTION

Depuis la Déclaration de Salamanque (UNESCO, 1994), la logique éducative intégrative se transforme progressivement en logique inclusive. Pour favoriser l'évolution des représentations et des pratiques, de nouveaux concepts, comme l'accessibilité, aident à penser les réponses à apporter à tous les élèves, quelles que soient leurs particularités. En pédagogie, à quels principes et quelles pratiques cette nouvelle notion renvoie-t-elle ? S'il est admis que l'accessibilité interroge les pédagogues, qu'en est-il des élèves ? Sont-ils disposés à jouer le jeu de cette accessibilité ?

En effet, certains élèves, notamment ceux qui peinent à apprendre, manifestent parfois une forme de *résistance à l'apprentissage*. Ce terme se retrouve dans le discours savant des fondateurs tels que Rousseau et Dewey et chez les contemporains tels qu'Astolfi et Meirieu. Cependant, cette notion apparaît ambiguë : elle désigne un phénomène tantôt positif tantôt négatif, attribué à l'élève ou à l'enseignant et renvoie à diverses réalités. La résistance à l'apprentissage n'est-elle qu'une métaphore ? Celle-ci est-elle susceptible d'éclairer nos démarches éducatives ? Nous cherchons ici à faire progresser la notion de résistance à l'apprentissage vers le statut de concept, en vue d'apporter des éléments de compréhension au phénomène qui touche les élèves pour qui l'apprentissage ne va pas de soi ou semble peu accessible. Notre propos articule *accessibilité* et *résistance* et répond à la question suivante : en quoi la clarification de la notion de *résistance* favorise-t-elle la compréhension de la situation des élèves en difficulté face à l'apprentissage ?

La démarche méthodologique est double. Elle comporte une exploration théorique articulée à une observation du terrain. Dans un premier temps, nous revenons sur la définition de l'accessibilité et les limites qu'opposent certains élèves. Dans un second temps, nous soulignons diverses acceptions de la notion de résistance dans le discours des pédagogues. Force est de constater qu'une clarification s'impose pour l'éducation. Nous convoquons alors six disciplines (histoire, philosophie, physique, psychanalyse, psychologie sociale, neurosciences) pour retenir des caractéristiques susceptibles de s'appliquer à l'éducation. Dans un troisième temps, nous rendons compte d'une étude empirique auprès de 16 collégiens face à l'acte d'écrire. La démarche métacognitive employée permet de dégager quatre points de résistance possible liés à l'expression des sentiments éprouvés. L'analyse des paroles des élèves fournit des critères utiles à l'élaboration de grilles d'observation ou d'autoévaluation ainsi que des pistes de médiation pour l'enseignant. En conclusion, nous apportons une définition de la résistance à l'apprentissage susceptible de développer l'*accessibilité* dans les pratiques pédagogiques.

1. L'ACCESSIBILITÉ : DÉFINITION ET MISE À L'ÉPREUVE

Les textes réglementaires provoquent une évolution des représentations et des pratiques professionnelles, notamment dans le champ de l'éducation. La notion d'*accessibilité* est un exemple de l'évolution du vocabulaire *en faveur des élèves les plus vulnérables*. Dans un premier temps, nous explorons la Déclaration de Salamanque et cadre d'action pour l'éducation et les besoins éducatifs spéciaux (UNESCO, 1994) pour repérer l'évolution conceptuelle à laquelle nous sommes invités depuis 1994. Dans un deuxième temps, nous proposons une définition de l'accessibilité en nous appuyant sur la déclaration de Madrid : « Non-discrimination plus action positive font l'inclusion sociale », adoptée en 2002 par le Congrès européen des personnes handicapées pour préparer l'Année européenne des personnes handicapées de 2003[1]. Enfin, nous relatons deux situations d'élèves qui évoquent un phénomène de résistance face aux tentatives d'action positive de la part de l'éducateur.

1.1. Retour conceptuel sur la Déclaration de Salamanque

Dans la Déclaration de Salamanque, de nouveaux mots apparaissent. Attardons-nous sur quatre couples de mots qui nous engagent à changer de paradigme : intégration et inclusion ; différence et particularité ; handicap et potentiel ; accueil et accès.

1. De *l'intégration,* nous passons progressivement à *l'inclusion.* Notons que dans le cadre d'action pour l'éducation et les besoins éducatifs spéciaux, le principe d'inclusion n'apparaît qu'une seule fois, au côté du principe de participation et de celui d'intégration, qui reste dominant. Remarquons que la nuance entre les deux termes n'est pas explicitée dans ce texte.
2. Progressivement, nous sommes invités à penser les réponses à apporter à tous les élèves. Il s'agit de les considérer quelles que soient leurs *particularités,* et non plus malgré leurs *différences.* En effet, la différence renvoie à l'écart à une norme et est ainsi susceptible de maintenir les discriminations. En revanche, le terme «particularité» semble mieux correspondre au principe d'éducation pour tous, prôné dans le cadre d'action joint à la Déclaration de Salamanque.
3. Les derniers mots de l'introduction du cadre d'action pour l'éducation et les besoins éducatifs spéciaux invitent les acteurs de l'école à sortir d'une logique débilitante qui met l'accent sur le *handicap* des enfants plutôt que sur leur *potentiel.*
4. Dans ce contexte, l'école intégratrice (qui n'est pas encore nommée inclusive) doit faire bien plus qu'*accueillir* tous les enfants, y compris les plus défavorisés ou les plus vulnérables. Elle doit trouver les moyens de réussir leur éducation. Pour cela, le texte utilise dix fois la notion d'*accès* : accès à l'école, aux nouvelles technologies, aux programmes d'éducation continue. Le terme d'accessibilité n'apparaît pas, mais il va finir par s'imposer dans le champ de l'éducation, au niveau du langage savant et de la formation, pour étayer la réflexion sur nos pratiques éducatives. Certains parlent alors d'accessibilité pédagogique.

Ces quatre repères conceptuels posés, examinons ce que l'accessibilité signifie lorsque, dépassant le domaine de l'architecture et des transports, cette notion s'intéresse également à la pédagogie.

1.2. L'accessibilité en pédagogie

À l'expression « accessibilité pédagogique », nous préférons celle d'*accessibilité en pédagogie*. En effet, la pédagogie contient par son suffixe *-agogie* l'idée de *conduite*[2], de *guidage*, de *direction donnée*[3]. Le pédagogue guide, indique le chemin, rend accessible le parcours. Par principe, la pédagogie favorise l'« accessibilité ». La question est de savoir comment la mettre en œuvre dans le champ de la pédagogie.

En 2002, la Déclaration de Madrid encourage les acteurs de l'éducation à abandonner leurs vieilles représentations. Pour accompagner ce changement de paradigme, la notion d'accessibilité s'impose désormais pour penser les réponses pédagogiques. Nous formulons quatre caractéristiques de l'accessibilité en pédagogie : un droit, une logique, un principe, une démarche.

1. L'accessibilité est un droit de l'élève. Ce droit s'oppose à l'idée de « charité ». En nous appuyant sur les différents rapports[4] que l'apprenant entretient avec la situation d'apprentissage, nous pouvons décliner ce droit en quatre dimensions : droit à l'espace matériel de l'apprentissage, droit au savoir, droit aux relations aux autres, droit à la connaissance de soi et à l'épanouissement personnel.
2. L'accessibilité relève d'une logique pour tous. Celle-ci s'oppose à une logique ségrégative préconisant des actions adaptées « pour un petit nombre ».
3. L'accessibilité pose le principe d'un environnement scolaire facilitateur, c'est-à-dire apte à anticiper, à éliminer les barrières et à réviser les normes. Ce principe s'oppose à celui de la détermination, qui considère la déficience comme une caractéristique de la personne et qui oblitère son potentiel.
4. L'accessibilité renvoie à la différenciation comme démarche pédagogique et didactique. Celle-ci met en œuvre les trois premières caractéristiques et abandonne l'idée préconçue qu'il existerait une pédagogie spécifique à développer pour les élèves ayant des besoins éducatifs particuliers. Elle cherche à varier les modalités de travail et à s'adapter au potentiel des élèves.

Ainsi définie, l'accessibilité interroge les pédagogues. Mais qu'en est-il des élèves ? Sont-ils tous disposés à jouer le jeu de cette accessibilité ? Relatons ici deux situations qui posent la question d'un éventuel phénomène de résistance des élèves face à la proposition pédagogique.

1.3. Les paroles d'élèves évocatrices d'un phénomène de résistance

Dans le cadre d'un dispositif de remédiation, quatre ou cinq élèves repérés en difficulté étaient encouragés à exprimer ce qu'ils pensaient et ressentaient avant, pendant et après l'activité. Grâce à cette démarche métacognitive, des propos parfois étonnants, voire provocateurs ont été formulés. Voici à titre d'exemples ceux de Margot et ceux de Robin.

Margot, élève de 6e, malentendante non diagnostiquée à l'époque des faits, peine à décoder, à faire du sens et à produire un texte. Elle semble avoir acquis une sorte de résignation (Seligman, 1975) face aux travaux scolaires. Dans un souffle, elle lâche : « *De toute façon, je ne comprends jamais rien, je n'ai jamais rien compris, je ne comprendrai jamais rien.* » Les paroles de Margot ne suggèrent-elles pas une force d'inertie acquise à la suite d'expériences d'apprentissage douloureuses ?

Robin, quant à lui, réagit vivement lorsque son attention est attirée sur son écriture et la difficulté à la décrypter. Il s'insurge et rétorque : « *De toute façon, maman, elle me comprend !* [...] *Ce n'est tout de même pas vous* [l'enseignante spécialisée] *qui allez me faire changer d'écriture !* » En évoquant la notion de « pouvoir », Robin nous met sur la piste de la confrontation de forces contraires qu'implique la situation d'apprentissage, voire de remédiation. N'y aurait-il pas, de la part de certains élèves en difficulté, une forme de résistance aux efforts déployés par les enseignants pour rendre accessibles les savoirs ?

Ces questions ne sont pas nouvelles : Pestalozzi (1799) se les posait en son temps. En effet, il relate dans sa *Lettre de Stans* combien il s'est trouvé désarmé devant la « force sauvage » des orphelins qu'on lui avait confiés. Certes, on ne retrouve pas le terme « résistance » dans les écrits du pédagogue suisse[5]. En revanche, Pestalozzi nous laisse en héritage une pédagogie « bienveillante » pour réagir au phénomène que chaque pédagogue contemporain est susceptible de percevoir à son tour. Mais de quel phénomène s'agit-il exactement ?

2. LA RÉSISTANCE : UNE NOTION POUR L'ÉDUCATION

Une première investigation consiste à partir de la définition du langage courant. Ce terme, issu du vocabulaire guerrier, désigne « pour une chose matérielle, le fait de s'opposer à l'action d'un agent extérieur et la capacité de conserver son intégrité sous l'effet de causes de destruction » (Rey, 2000, p. 3205).

Mais la métaphore est-elle acceptable et acceptée dans le champ de la pédagogie ? Pour répondre à cette question, nous faisons tout d'abord un rapide état des lieux de l'utilisation du mot « résistance » en pédagogie, sur le terrain, puis dans le discours savant. Ensuite, nous explorons différents champs scientifiques qui ont défini le concept en lui donnant différentes caractéristiques. Enfin, nous interrogeons la métaphore introduite dans le champ de l'éducation.

2.1. Le point de vue des éducateurs

En 2010, une enquête (Noël-Lepelletier, 2012) auprès de 27 enseignants de collège a montré que le terme « résistance » n'est pas utilisé dans le langage courant de la pratique enseignante. En revanche, la notion renvoie massivement à un phénomène négatif évoquant le refus ou l'opposition aux propositions des enseignants. « *La résistance, oui, oui, ça leur parle !* »

Par ailleurs, l'exploration du discours savant révèle plusieurs ambiguïtés. En effet, la notion dans le champ de la pédagogie renvoie à un large éventail d'acceptions ayant une connotation soit positive soit négative (Noël-Lepelletier, 2012). Chez les fondateurs, Rousseau (1762/1830), par exemple, évoque la *résistance des choses* et la *résistance qu'il convient d'opposer aux corps étrangers*. Il pose les bases de la résistance à l'aliénation en affirmant chez l'enfant sa *qualité d'agent libre*. Il invite les éducateurs à le préparer à *résister à l'opinion commune, aux évidences, à la servitude, aux flatteries et aux menaces*. Mais Rousseau reconnaît également la résistance négative de *l'enfant impérieux qui résiste aux conseils* et se rebelle. De même, Dewey (1913/2004) évoque, de façon positive, une résistance des pouvoirs de l'esprit contre les obstacles tels que le désir, l'effort, l'intérêt et, de façon négative, la résistance de l'élève au contrôle de l'éducateur. Chez les contemporains comme Astolfi (1992, 1997/2009), Develay (1992), De Vecchi (1992/2000), De Vecchi et Carmona-Magnaldi (1996), Giordan et De Vecchi (1987), Giordan (1998), Perrenoud (1998, 2004) et surtout Meirieu[5] (1987, 1995, 2005, 2007 ; Meirieu et Develay, 1992), nous répertorions dix acceptions différentes. Chacune d'elles renvoie à une polarité soit positive soit négative. Ces auteurs évoquent *la résistance des enseignants* : de leurs représentations (–) ou de leurs pratiques (–). Ils s'intéressent également à *la résistance des élèves* : de leurs représentations (–), face au réel (+/–), à l'entreprise pédagogique (–) et à l'emprise de l'autre pour devenir sujet (+). Enfin, Meirieu traite de *la résistance de l'institution* pour la conquête de l'autonomie des citoyens (+) et pour la défense des valeurs démocratiques (+).

En quoi un concept aussi complexe peut-il nous aider à mieux enseigner ? En quoi la notion de résistance peut-elle engager les enseignants à mettre en œuvre l'accessibilité, notamment en faveur des élèves les plus vulnérables ?

2.2. Exploration de quelques champs scientifiques

Dans ce travail de conceptualisation de la notion de résistance pour la pédagogie, nous interrogeons six disciplines : l'histoire, la philosophie, les sciences physiques, la psychanalyse, la psychologie sociale, les neurosciences. Ces disciplines utilisent le concept et y attachent des caractéristiques. Ce croisement des acceptions nous aidera à cerner les caractéristiques utiles dans le champ qui nous intéresse. Nous tentons de voir comment la métaphore peut être acceptée dans le champ de la pédagogie.

En histoire, nous convoquons quatre figures de la résistance : Antigone, héroïne de Sophocle (Ve siècle av. J.-C.) ; Marie Durand (XVIIIe siècle), figure de la résistance huguenote ; David Thoreau (XIXe siècle), père de la désobéissance civile ; Jean Moulin (XXe siècle), chef de la Résistance en France sous l'Occupation. Ces quatre figures renvoient à l'idée que la résistance est une réaction (active ou passive) inaliénable que les humains développent pour défendre des valeurs face à un oppresseur (Noël-Lepelletier, 2012).

La philosophie nous apporte le concept de « conatus » que Spinoza (1842) définit dans l'*Éthique*. Pour le philosophe des Lumières, le conatus est la force qui pousse à persévérer dans son être. Cette force relève de la détermination de l'être à se conduire de façon autonome, à choisir la joie et à s'opposer à la tristesse. Dans le conatus sont contenues les idées d'affirmation de soi et de résistance. Spinoza nous invite à penser une force de résistance comme principe de vie. Nous reprenons également chez Ricoeur (1990) l'idée de l'identité hétérogène et polarisée qui conduit la personne à s'interroger sur les trois dimensions de son identité : 1) sa « mêmeté », être visible, identifiable dans le temps, qui questionne « ce que je suis » ; 2) son « ipséité », être invisible, fidèle, responsable, qui s'intéresse à « qui je suis » ; 3) son « identité narrative », être qui se raconte et assure la dialectique entre l'accomplissement et le maintien de soi et qui renvoie à « ce que je dis de moi » (de Boer, 1995, p. 45). De cet apport philosophique nous retenons la dimension conative du phénomène, c'est-à-dire que le phénomène de résistance est lié à l'effort de la personne pour persévérer, c'est-à-dire s'affirmer et se maintenir. Ce phénomène de résistance serait lié aux sentiments perçus entre joie et tristesse.

Depuis l'Antiquité, les sciences physiques ont construit progressivement le concept de résistance en étudiant les phénomènes liés au mouvement. Nous nous intéressons ici aux caractéristiques que Newton (1689/1759) précise dans ses lois, à savoir : l'*inertie*, la *force motrice* et la *réciprocité*. L'inertie selon Newton est la force inhérente au corps et procède de la résistance au changement. La force motrice qui provoque le mouvement est la résultante de forces en jeu. Cette caractéristique met l'accent sur les forces extérieures agissantes. Enfin, la réciprocité implique que l'action et la réaction sont égales et opposées : une action forte engendre une forte réaction, une action faible engendre une faible réaction. La dynamique, au sens donné par Newton, nous propose ainsi quatre paramètres à prendre en compte dans le phénomène de résistance : 1) l'impulsion ou la force initiale ; 2) les obstacles du milieu liés à la trajectoire qui mène au but ; 3) la réciprocité des interactions entre l'objet et l'agent ; 4) les propriétés internes de l'objet en termes d'inertie et de conductivité (défini par Ohm, 1840, cité par Giancoli, 1993). L'apport de Newton invite ainsi à penser le rapport entre les forces en présence.

La psychanalyse nous permet d'investiguer du côté des phénomènes affectifs. Selon la théorie de Freud (1916/1970), la résistance est la force qui s'oppose à la conscientisation et qui participe du phénomène de refoulement. Il s'agit d'un mécanisme de transfert, c'est-à-dire de reproduction des tensions antérieures. Pour l'analyste, cette manifestation affective constitue un indicateur pour comprendre la personne et un point d'appui pour favoriser la conscientisation de cette résistance. De l'éclairage de la psychanalyse nous retenons que la résistance est susceptible d'être conscientisée pour servir de point d'appui en vue de la résolution.

En psychologie sociale, l'exploration du concept de résistance nous amène à préciser ce qu'est une attitude, celle de la résistance au changement et de la dissonance cognitive. Premièrement, selon Allport (1935), l'attitude est une prédisposition à agir : c'est une posture de la pensée. Les attitudes dépendent des expériences vécues. Elles relèvent d'une évaluation des sentiments positifs ou négatifs.

Deuxièmement, la résistance au changement, selon Kurt Lewin (1947/2002), est un ensemble de forces qui s'opposent aux forces qui impulsent le changement. La résistance au changement se développe avec la perception de la rupture d'un équilibre et déclenche un besoin de retour à l'équilibre. Lewin insiste sur la nécessité de limiter la pression qu'implique tout changement, de favoriser l'expression des besoins, de prendre en compte les émotions et, enfin, de s'appuyer sur la sécurité qu'apporte le groupe d'appartenance. Troisièmement, selon Festinger (1957/1985), la dissonance cognitive est chez une personne la prise de conscience d'un conflit interne entre ses attitudes et son comportement, notamment lorsqu'elle fait une erreur. La personne cherche alors à retrouver la cohérence entre ses croyances et ses actes, quitte à modifier sa vision des choses pour maintenir son intégrité. L'apport de la psychologie sociale permet de repérer dans le phénomène de résistance l'impact de la nouveauté, la délicate gestion de l'erreur et l'importance de la sécurité apportée par le groupe.

Enfin, l'éclairage de la neuropsychologie vient conforter l'idée que le phénomène de résistance relève d'une régulation des émotions et des sentiments. La résistance est naturelle et permanente. Le neuropsychologue Antonio Damasio (1995/2006, 1999, 2003) donne raison à Spinoza : il insiste sur le fait que c'est notre corps qui est le guide de notre esprit et non l'inverse. Le principe de survie oblige l'être vivant à changer tout en résistant aux changements trop violents. Les signaux perceptifs « plaisir et douleur » sont nos premières sentinelles pour repérer ce qui est bon pour nous. Les travaux de Damasio montrent que nous sommes dans une évaluation permanente de ce qui maintient notre équilibre interne et contribue à notre épanouissement. Corps et esprit sont inséparables. Les neurosciences nous apprennent que la polarité des émotions joue un grand rôle dans le fonctionnement synaptique. La tristesse entraîne une faible production d'images avec une hyperattention. Dans ces conditions, le fonctionnement cérébral est réduit, coûteux, entravé, douloureux. Au contraire, la joie favorise une production rapide d'images avec peu d'attention. Le fonctionnement cérébral est alors optimal, facile, fluide et agréable. L'évaluation de nos émotions-sentiments influence ainsi l'activité synaptique, c'est-à-dire la transmission des messages. Selon notre activité cérébrale, nous allons soit affaiblir des synapses, soit les renforcer et les multiplier. Cette modification des connexions, appelée plasticité synaptique, permet l'adaptation et les apprentissages. « Plasticité » ne veut pas dire « instabilité ». Il s'agit de trouver un équilibre entre résistance et modification. L'apport des neurosciences confirme les affirmations précédentes: la résistance est naturelle, variable en permanence, réversible et liée aux sentiments.

D'une science à l'autre, nous avons suivi l'itinéraire de l'évolution de la notion de résistance et collecté quelques caractéristiques utiles pour rendre la métaphore pertinente dans le champ de l'éducation.

2.3. De la métaphore au concept de résistance pour l'éducation

Nous proposons de rassembler et d'organiser les caractéristiques recensées dans les différents champs scientifiques pour les soumettre à l'analogie dans le contexte de l'apprentissage scolaire. Selon Van der Maren (2004), la démarche analogique permet d'emprunter une représentation d'un phénomène connu pour en éclairer un second dans un autre domaine. En l'occurrence, nous rapprochons les quatre paramètres de la résistance établis en sciences physiques pour les transposer aux sciences humaines et, plus précisément, à l'éducation: 1) L'impulsion renvoie à la proposition pédagogique liée à la tâche. L'élève se pose la question: «Est-ce que je peux faire ce qui est demandé?» 2) Les obstacles à dépasser impliquent un calcul entre l'effort à fournir et l'intérêt pour le but à atteindre. L'élève s'interroge: «Est-ce que cela vaut la peine?» 3) La réciprocité des interactions correspond à la sécurité apportée par les pairs et l'enseignant. L'élève s'inquiète: «Est-ce que les autres m'apportent de l'aide?» 4) Les propriétés internes de l'objet concernent l'élève lui-même et convoquent son idéal et son épanouissement personnel.

L'analogie établie selon ces quatre paramètres favorise la reconnaissance du terme dans le champ de l'éducation. Par ailleurs, l'apport des autres disciplines enrichit le concept en construction.

2.4. Les dimensions de la résistance à l'apprentissage

Nous regroupons les caractéristiques retenues dans les différentes disciplines en quatre dimensions: conative, affective, pédagogique et cognitive. Premièrement, la résistance à l'apprentissage comporte une dimension conative. Elle relève d'une force inaliénable, passive ou active. Elle provient de la tension que ressent l'élève face au dilemme: changer pour s'accomplir tout en restant soi-même. Deuxièmement, la résistance à l'apprentissage présente une dimension affective. Cette force provient d'une évaluation permanente des sentiments face à la nouveauté: l'évaluation négative provoque une activité neuronale difficile et réduite; l'évaluation positive provoque une activité neuronale aisée et optimale ; l'inversion des tendances reste possible grâce à la plasticité cérébrale. Troisièmement, la résistance à l'apprentissage implique une dimension pédagogique : ce phénomène souvent combattu par les enseignants peut être considéré au contraire comme un phénomène naturel relevant de la situation d'apprentissage, révélateur du déséquilibre ressenti par l'élève et en partie lié à leur propre action. Dans cette logique, la résistance n'est plus à vaincre ; elle doit au contraire être ramenée à la conscience de l'élève et de l'enseignant qui propose la situation d'apprentissage. C'est ici que se pose la question de la quatrième dimension : la dimension cognitive. En effet, sur quoi peut porter l'évaluation des sentiments qui relèvent de la sphère privée ? L'analogie est-elle susceptible de servir de guide à la prise de conscience de leurs sentiments-sentinelles ? C'est ce que l'observation sur le terrain a permis de mettre en évidence.

3. LA DÉMARCHE MÉTACOGNITIVE RÉVÉLATRICE D'UN PROCESSUS

Afin de nous prémunir de propositions théoriques trop rapidement esquissées, nous avons mené une observation impliquant des élèves et des enseignants en situation. Nous faisons dialoguer la théorie avec le terrain pour saisir l'inattendu et rendre la proposition vivante.

3.1. Méthodologie

Quatre enseignantes spécialisées ont collaboré à ce dispositif d'observation. Des entretiens avec ces collaboratrices et des réunions préliminaires ont eu lieu en amont et en aval du dispositif d'observation en vue de recueillir des représentations, d'établir la réciprocité dans les interactions, de préciser les modalités de travail avec les élèves, d'ouvrir le travail à la critique et de préciser la visée praxéologique de la recherche. Des entretiens entre chaque enseignante et les quatre élèves ayant accepté le cycle des séances ont été réalisés avant et après l'observation, pour clarifier la démarche et recueillir les représentations des élèves.

Le corpus étudié est constitué de l'enregistrement des paroles de 16 élèves durant trois séances de remédiation dont le support était la production d'écrit, selon trois modalités : collective, en binôme et individuelle. Dans une démarche métacognitive, les collaboratrices ont sollicité les élèves « avant, pendant et après la tâche ». Deux outils ont facilité l'expression et guidé la réflexion des élèves : une planche de 20 émoticônes et un curseur d'évaluation des sentiments susceptible de varier entre un pôle négatif et un pôle positif. Au total, l'observation prend en compte 12 séances de travail. Le corpus est constitué ainsi des 36 pauses métacognitives enregistrées. Les élèves échangent, chacun à son tour, sur leur ressenti face à la tâche, au but, aux autres et à soi-même. De ce corpus émergent les quatre thèmes induits par le questionnement métacognitif, qui révèlent effectivement une évaluation des sentiments polarisée et réversible.

3.2. L'identification des sentiments

Les réflexions des élèves permettent de distinguer et d'identifier des sentiments susceptibles de s'inviter dans le processus d'apprentissage.

Pour le rapport à la tâche, les élèves expriment une tension entre difficulté et facilité, évocatrice d'une évaluation de leur sentiment de compétence. Leurs propos soulignent des tensions à différents niveaux : la disponibilité cognitive, le rappel des représentations mentales liées à la consigne, l'élaboration de l'idée, la maîtrise du code, le contrôle et le maintien de l'attention. Par exemple, dans un premier temps, Jeanne témoigne d'un fonctionnement entravé plutôt lié à l'élaboration des idées : « *Ben, je ne sais pas, ça se mélange et après je n'y arrive pas à écrire.* » Puis, dans un deuxième temps, elle rend compte de la fluidité de son fonctionnement : « *J'aurais pu écrire encore, peut-être pas trois pages, mais bien plus.* »

Pour le rapport au but, les élèves expriment une tension entre ennui et intérêt, évocatrices d'une évaluation du sentiment de pertinence. Leurs propos révèlent différents niveaux de cible et une variabilité selon la progression de la production. Premièrement, nous distinguons la cible hédonique, correspondant à une stratégie récréative : « *Ça va me plaire !* » ou « *Ça m'énerve, je n'aime pas.* » Deuxièmement, la cible pragmatique, centrée sur la production impliquant une stratégie de résultat conforme à la demande : « *Je vais chercher à ne pas faire de fautes* » ou « *Ben, je trouve ça trop facile* [...] *Là, ça n'a pas de sens.* » Troisièmement, la cible métacognitive, portant sur la prise de conscience de l'apprentissage et relevant d'une stratégie d'autorégulation : « *On peut prendre un peu les idées des autres* [...] *ça nous fait repenser des idées.* » Quatrièmement, la cible coactive, qui entre en concurrence avec les objectifs de la tâche. Cette cible relève d'une stratégie d'évitement, comme en témoigne le retrait d'Amory, qui reconnaît être préoccupé par des problèmes familiaux.

Pour le rapport aux autres, les élèves expriment une tension entre peur et confiance, évocatrices d'une évaluation du sentiment de sécurité-vulnérabilité. Les échanges soulignent la variabilité de ce sentiment en fonction de la constitution du groupe. Dans un groupe classe, le pouvoir grégaire, difficile à dénoncer, impulsé par certains meneurs est subi par les élèves les plus vulnérables. Les autres constituent une masse hostile, perçue comme un obstacle à l'expression des singularités: *les élèves ont peur de montrer leurs travaux*. Au contraire, le petit groupe facilite la *décontraction* et la libération du potentiel de chacun. Toutefois, deux conditions apparaissent nécessaires: d'une part la congruence, d'autre part la réciprocité et la complémentarité entre pairs. Enfin, les interactions avec l'enseignant restent déterminantes. L'analyse des paroles des collaboratrices montre que la prédisposition à interpréter ou modifier le choix des élèves, à réduire leur marge de liberté, à rabattre leur plaisir et à leur attribuer les erreurs provoque le retrait des élèves. Une autorité de type dominant semble ainsi renforcer la vulnérabilité des élèves. En revanche, la prédisposition à entretenir une réciprocité (transparence et partage des intentions) dans les interactions asymétriques entre l'enseignante et les élèves renvoie à une autorité de type bienveillant, qui instaure la sécurité et favorise la participation.

Pour le rapport à soi, les élèves expriment une tension entre contrainte ou liberté, évocatrices d'une évaluation du sentiment d'épanouissement. Les propos des élèves rejoignent le principe du conatus, qui fait préférer l'autonomie à l'assujettissement. L'organisation des expressions fait émerger un système de sous-tensions: 1) se renfermer ou se manifester; 2) se crisper ou se détendre; 3) se soumettre ou choisir. Ces différentes attitudes sont susceptibles de constituer des indicateurs du processus de subjectivation des élèves.

À l'issue de l'identification des sentiments des élèves et de la catégorisation de leurs manifestations orales, nous obtenons des critères susceptibles d'entrer dans l'élaboration de grilles d'observation.

3.3. L'hypothèse d'un processus résistance-médiation

Concernant le phénomène de résistance, le croisement des données théoriques et des données empiriques permet d'émettre une hypothèse de processus. Premièrement, l'impulsion pédagogique implique des obstacles à dépasser par l'élève. Deuxièmement, elle crée chez lui des déséquilibres. Troisièmement, ces déséquilibres entraînent un système de tensions. Quatrièmement, ces tensions donnent lieu à une évaluation des sentiments. Cinquièmement, ces sentiments peuvent révéler des besoins conatifs tels que les besoins de réussite, de connaissance et de cohérence, de reconnaissance et de réalisation de soi.

Sixièmement, ces besoins conatifs sont susceptibles d'être conscientisés par l'élève. De son côté, l'enseignant qui a le souci de les reconnaître doit pouvoir les traduire en besoins éducatifs, par exemple : l'étayage, pour le rapport à la tâche ; la clarification des buts, pour le rapport au but ; la réciprocité et la reconnaissance, pour le rapport aux autres ; l'autonomie, pour le rapport à soi. Septièmement, la prise en compte des besoins éducatifs implique de développer des interactions médiatisantes telles que Feuerstein (1996) les a définies : nous retenons en particulier les médiations du sentiment de compétence, de la clarification des buts, de l'intentionnalité, du partage, de l'autorégulation et de l'individuation. Dans ce processus, la présentation de la consigne (avant), l'étayage (pendant) et la restitution (après) sont les moments clés de la rencontre entre l'enseignant et l'élève où se confrontent des logiques conatives différentes : vont-elles s'opposer ou se stimuler ? Autrement dit, l'élève peut-il lever ses résistances grâce aux efforts d'accessibilité de l'enseignant ? La résistance de l'un renvoie aux mesures d'accessibilité que prend l'autre pour rendre les obstacles surmontables et atténuer les difficultés éprouvées.

À l'issue de ce travail d'analyse, nous pouvons ajouter une cinquième caractéristique à la pratique de l'accessibilité en pédagogie, à savoir la démarche métacognitive, qui favorise la prise de conscience des résistances chez l'élève comme chez l'enseignant. Pour cela, notre travail contribue à dégager des critères pour constituer des grilles d'autoévaluation destinées aux élèves et des grilles d'observation destinées aux enseignants.

4. UNE DÉFINITION DE LA RÉSISTANCE POUR L'ÉDUCATION

Pour conclure, revenons sur le concept d'accessibilité en pédagogie. Ce concept renvoie à une volonté et à une combinaison d'actions menées généralement par toute une équipe d'éducateurs en faveur de tous les élèves, sans exception. L'objectif est de rendre accessible l'espace matériel de l'apprentissage, le savoir et les relations aux autres et à soi-même. Cette volonté des enseignants se trouve en confrontation avec celle des élèves, êtres vivants et sujets apprenants, qui oscillent entre changer et persévérer. Ce noble projet ne peut faire l'économie d'un travail sur les points de résistance que l'apprentissage génère différemment chez chacun. Nos travaux contribuent à instrumenter les enseignants dans ce sens, d'une part, et à clarifier ce que signifie la résistance dans le champ de l'éducation, d'autre part. Nous apportons une définition en sept points: 1) une force inaliénable; 2) un phénomène inhérent à la situation d'apprentissage; 3) une réponse proportionnelle aux obstacles de la situation (intensité, nombre, durée); 4) une résultante de forces liées aux expériences passées; 5) un processus lié aux émotions-sentiments, mais heureusement tout à fait réversible; 6) une attitude évaluable dans une démarche métacognitive pour prendre conscience de son rapport à la tâche, au but, à autrui et à soi-même; 7) un précieux indicateur pour le pédagogue «bienveillant» qui recherche les médiations les plus appropriées. Dans cette logique, c'est toujours le bien de l'élève que celui-ci vise et non pas la réalisation d'un projet qu'il a sur son élève, aussi généreux soit-il, comme l'a souligné Pestalozzi dans sa *Lettre de Stans* (1799).

Retenons également que l'accessibilité repose sur l'émotion majeure sans laquelle le processus d'apprentissage ne peut ni s'amorcer ni persévérer, à savoir la joie partagée.

NOTES

1. Forum européen des personnes handicapées, <http://www.confederationconstruction.be/cbbh/OLD%20SITE/2003/rapann_2002/MADRID%20DECLARATION-FR-final.pdf>, consulté le 26 juin 2016.
2. Selon le *Trésor de la langue française informatisé* (TLFi) le mot «pédagogie» s'est construit à partir du suffixe *-agogie,* tiré du grec *agôgia,* lui-même dérivé de l'adjectif *agôgos,* «qui transporte, qui conduit».
3. Du verbe grec *agó*: diriger, amener, guider.
4. D'après les travaux de Charlot (1997/2002) sur le *rapport au savoir* et ceux de Lafortune, Jacob et Hébert (2000) sur la métacognition.
5. D'après un échange avec Michel Soëtard, qui a traduit les textes de Pestalozzi en français.
6. Meirieu a notamment écrit un ouvrage intitulé *Pédagogie: le devoir de résister* (2007).

CHAPITRE 13

Que faudrait-il pour que l'école n'exclue plus ?

Francine Pellaud

INTRODUCTION

Intégration, inclusion... ces termes sont-ils compatibles avec les objectifs actuels de l'école ? Le sont-ils avec l'image que l'enseignant a de lui-même et de son rôle ? Avec la conception de ce que signifie « apprendre » dans les instituts de formation des enseignants et donc, dans les écoles ? Et avec les ambitions de notre société, sans parler de celles des parents pour leurs chères petites têtes blondes ou brunes ?

Autant de questions qui forment l'environnement dans lequel l'enfant en difficulté va ou ne va pas être intégré ou inclus. S'il est intéressant de se poser les vraies questions sur les processus de marginalisation qui opèrent au sein du monde scolaire, il semble également pertinent de s'arrêter sur les paradigmes qui jalonnent une institution qui a bien de la peine à s'émanciper des schémas véhiculés par l'école de Jules Ferry. Ceci d'autant plus que la société dans laquelle nous évoluons, guidée par un rendement économique axé sur la croissance, ne cesse de viser une excellence essentiellement fondée sur la réussite scolaire. Or, comme le résume très bien Perrenoud (1984, p. 207), pour survivre dans l'école actuelle, « l'envie d'apprendre n'est pas nécessaire, l'envie d'avoir le moins d'ennuis possible suffit ». Nous pouvons ajouter à ce constat que, pour réussir des études, même supérieures, l'envie de comprendre n'est pas nécessaire, une bonne mémoire suffit, ainsi qu'une capacité à « jouer son rôle d'élève ».

Nous avons mis l'enfant au cœur de la relation pédagogique, mais pas au cœur de l'école ni du système scolaire :

1. Nous demandons à l'enfant de se concentrer et de s'investir dans une tâche, mais nous lui apprenons à « zapper » d'une discipline à l'autre.
2. Nous observons chaque jour la capacité des enfants à se passionner pour une activité ou une cause, à s'y investir et à développer des stratégies pour accéder à ce qui les passionne, mais nous ne leur laissons jamais le temps de se passionner pour une thématique.
3. Nous voulons que les enfants développent leur sens de l'abstraction, mais nous oublions qu'il faut d'abord maîtriser le concret pour s'en abstraire.
4. Nous voulons des enfants créatifs et ouverts aux savoirs que nous leur apportons, mais nous les enfermons dans des schémas et des modèles, et nous ne nous intéressons guère à ce qui pique leur curiosité.
5. Nous enseignons les outils – français, maths, langue seconde, sciences – comme des fins en soi, en oubliant le contexte de leur production et de leur utilisation, ce qui leur donne leur raison d'être.

Enfin et surtout, notre vision de l'intelligence est formatée par une évaluation du quotient intellectuel (QI) qui repose essentiellement sur des normes, des modèles logico-mathématiques, voire des valeurs, issus de notre culture occidentale. Quelle place laissons-nous aux formes d'intelligence divergentes qu'évoque Gardner (1983) lorsqu'il décrit les « intelligences multiples » ?

Les récents travaux portant sur certains types de difficultés, tels le syndrome d'Asperger (Temple Grandin, 2010), les enfants à haut potentiel (HP) (Giordan et Binda, 2006) et les enfants « dys » (dyscalculie, dyslexie, dyspraxie ; Magos, 2010), remettent en question cette notion d'« intelligence » et ouvrent peu à peu des portes qui enfermaient la normalité dans une courbe de Gauss reflétant 70 % de la population. Mais élargir cette « courbe de la normalité », tenir compte d'autres formes d'intelligence, en un mot, rendre « normaux » une grande partie de ceux que l'on considérait jusqu'à présent comme des enfants à « besoins particuliers » nécessite des réaménagements dans la manière d'enseigner, et donc de former les enseignants.

Bien des pistes ont déjà été tracées, sans pour autant être suivies. Ainsi, qu'en est-il du « sens donné aux savoirs scolaires » revendiqué par les grands penseurs de la pédagogie de notre époque que sont Develay, Giordan, Meirieu ou Perrenoud, pour ne citer que les plus connus ? Et des « fils rouges » proposés par la formation générale dans le Programme d'études romand (PER)[1] ? Que dire de la place de l'erreur, de l'utilisation des conceptions ou d'une créativité qu'on ne cesse de formater ? Les difficultés scolaires ne tiennent-elles pas aussi à la manière dont l'école propose les contenus ? Et qu'en est-il de l'évaluation qui conduit immanquablement à la sélection ? Comme le disait déjà Trocme-Fabre en 1999 :

> Notre système éducatif doit franchir d'urgence la frontière d'un débat resté beaucoup trop théorique. Le rôle majeur à confier à l'école est d'accompagner le questionnement de l'enfant et de ne plus faire taire ce questionnement au nom des programmes. Combien de temps tolérerons-nous encore que l'école soit le premier rouage de l'exclusion ? (p. 51)

La lecture d'une centaine de travaux d'étudiants réalisés dans le cadre du module de didactique générale du Master en enseignement spécialisé dispensé à la HEP BEJUNE[2] met au jour des réflexions récurrentes portant sur ces questions, ainsi que des pistes pour une conception différente de la manière d'enseigner. Tantôt réalisés dans des institutions spécialisées, tantôt en accompagnement ambulatoire ou simplement dans des classes ordinaires, ces exemples illustrent également des éléments forts des théories les plus récentes portant sur l'acte d'apprendre. Nous avons choisi un exemple particulièrement éloquent et regroupant bon nombre de ces réflexions comme fil rouge pour mettre au jour ces éléments qui émanent de la pratique de terrain.

1. UN ÉLÉMENT DE BASE : LA PRISE EN COMPTE DES CONCEPTIONS DES ÉLÈVES

Les travaux demandés aux étudiants s'articulent autour de la mise en œuvre pédagogique des modèles didactiques « classiques » de l'apprendre. Un accent tout particulier est mis sur la prise en compte des conceptions des élèves, non seulement comme « point de départ » situant un niveau de connaissances du sujet, mais réellement pour voir si la déconstruction-reconstruction des conceptions préconisée par les modèles post-constructivistes, tel le modèle allostérique de l'apprendre développé par Giordan et De Vecchi (1988), apporte réellement les réponses attendues lors de difficultés d'apprentissage.

L'exemple que nous avons choisi pour illustrer nos propos, issu d'un travail réalisé par une étudiante, a été vécu lors de périodes de soutien pédagogique ambulatoire (SPA). Le cas de figure, classique, évoque une situation où l'enseignante de soutien, Marie, reçoit une fois par semaine, en dehors de la classe, un élève qui présente des difficultés d'apprentissage, soit en français, soit en mathématiques. Il s'agit en l'occurrence d'un enfant de 8-9 ans :

> *Un jour, l'enseignante me demande de travailler un texte accompagné de son questionnaire à choix multiple, lequel avait été complètement « raté » par l'enfant. L'objectif que nous poursuivions depuis plusieurs semaines avec S. était axé sur la compréhension en lecture. J'ai donc volontiers accepté la requête de l'enseignante. S. et moi avons plongé dans un texte traitant de la vanille.*
>
> *Avant de commencer la lecture, j'avais demandé à S. ce qu'il connaissait sur le sujet, puisqu'il avait déjà lu le texte auparavant. Il m'a dit : « Je sais juste que la vanille, c'est un truc qui est jaune. » Je n'ai rien ajouté à ce propos et nous avons démarré et abouti l'activité, travaillant le vocabulaire et la compréhension des phrases. La fin de la leçon arrivant, je lui ai demandé ce qu'il pouvait dire de ce qu'il avait appris sur la vanille. Sa réponse : « C'est un truc des pays chauds, un truc qui est jaune. » Ma réflexion personnelle : « Une heure de perdue… »*

À la suite de ce premier constat d'échec, Marie analyse parfaitement la séquence menée par sa collègue, ainsi que celle qu'elle-même a réalisée :

> *Sans se soucier de l'intérêt de l'enfant pour le sujet, sans attendre que celui-ci se pose de réelles questions, sans se rendre compte du décalage instauré entre l'enseignant et l'enfant, la leçon a été menée jusqu'au bout, une leçon vide de sens […] Le seul objectif réussi était d'avoir terminé un questionnaire, et que sa maîtresse serait contente.*

Nous pouvons ajouter que lorsque Marie demande à S. de lui dire ce qu'il sait de la vanille, c'est en référence à ce qu'il est censé avoir appris à travers le texte. Connaissant son « métier d'élève », S. répond d'ailleurs dans ce sens. A posteriori, on comprend aisément qu'il ne fait pas référence à ses propres conceptions, mais bien à un éventuel apprentissage scolaire.

Les séquences suivantes donnent à Marie l'occasion de mettre à l'épreuve bien des pratiques éprouvées, censées permettre à cet élève d'acquérir quelques notions sur la vanille, notamment sur sa couleur, qui n'est pas le jaune :

> *Lors de la deuxième séquence, nous sommes allés chercher des informations sur Internet. Pendant toute la leçon, S. a cliqué par-ci, par-là, et a trouvé une foule d'informations et d'images sur la vanille (les fleurs, les gousses, les crèmes et les glaces jaunes (!), la culture, la récolte, les pays, etc.). À chaque instant, je lui répétais : « Tu vois, la gousse n'est pas jaune, elle est d'abord verte puis noire… Oui, la fleur, peut-être jaune pâle, mais ce n'est pas la fleur que l'on utilise pour faire la crème. Dis-moi, de quelle couleur est cette gousse de vanille ? Oui !... Bravo ! Tu vois… tu sais ! » Etc.*

S. semblait prendre plaisir à cette investigation et cette fois, l'information semblait passer. Mais à la fin de cet exercice, que Marie qualifie elle-même de fondamentalement behavioriste, l'élève conclut en répondant à sa question sur ce qu'il sait maintenant de la vanille : « *Ça vient des pays chauds, c'est une plante… et c'est jaune.* »

Les constructivistes soutiennent l'idée « que les apprenants ne sont pas des réceptacles passifs de l'information, mais qu'au contraire, ils construisent activement leurs connaissances et leurs compétences par interaction avec l'environnement et réorganisation de leurs structures mentales » (De Corte, 2010, p. 43). Selon Resnick (1989), « l'apprentissage s'effectue non pas en enregistrant l'information, mais en l'interprétant » (p. 2). Et donc, après le couac des deux premières leçons, c'est de manière naturelle qu'une approche de style constructiviste s'est imposée. Marie apporte donc une gousse de vanille (noire) ainsi que du sucre vanillé (blanc). L'enfant peut alors observer, goûter, découper la gousse et expliquer avec ses mots ce qu'il voit, sent et goûte. Il constate par lui-même que rien n'est jaune dans la vanille. Néanmoins, le peu d'entrain que met S. dans ces activités et le peu d'intérêt qu'il porte au sujet font pressentir à l'enseignante qu'encore une fois, la prégnance de ses conceptions aura résisté à l'enseignement. Ce qui se confirme. En plus des pays chauds et de la couleur jaune, S. évoque le mot « gousse ».

2. L'IMPORTANCE DE L'ENVIRONNEMENT DIDACTIQUE

Marie analyse la situation de la manière suivante :

> *Si l'on se réfère au modèle allostérique et aux différents facteurs nécessaires à l'apprendre (Giordan et Pellaud, 2008), on peut encore constater l'absence d'un bon nombre d'entre eux lors des premières interventions :*
> *– ni de questionnement ni d'intérêt de la part de l'élève ;*
> *– aucun objectif défini à propos de la vanille ;*
> *– aucun lien avec des savoirs antérieurs ;*
> *– aucun sens, aucun plaisir à aborder ce sujet ;*
> *– aucun appui sur les conceptions ;*
> *– aucune confrontation réelle malgré une petite déstabilisation ;*
> *– aucune mobilisation du savoir.*

Forte de ces constats, Marie reprend tout depuis le début :

> *Je lui ai demandé de me parler de ce que lui connaissait de la vanille. Alors il m'a raconté, les yeux pétillants... les glaces en été avec ses frères et sœurs, les aventures à la piscine, les crèmes de la Migros et aussi celle de la Coop*[3]*, celles avec de la crème Chantilly par dessus, les quatre heures après l'école, sa petite sœur qui s'en met partout... ses conceptions ! Je lui alors demandé quel lien pouvait bien exister entre la vanille du texte (et donc de la gousse que j'avais apportée auparavant) et la vanille de la crème. Il m'a répondu que ce n'était pas la même chose, qu'une était noire et l'autre jaune, mais que ça avait la même odeur. Je lui ai alors rappelé que pour faire de la crème à la vanille, on utilisait généralement des gousses de vanille. Il m'a regardé d'un œil dubitatif et m'a alors dit que la vanille était d'abord verte (pas mûre), puis noire, puis devenait jaune. « Mais comment est-ce possible ? » lui ai-je demandé. « Je ne sais pas... c'est comme ça ! » a-t-il répondu. « C'est magique alors ? » « Euh... ouais, sûrement ! »*

Ce n'est qu'à partir de ce moment que l'enseignante comprend ce que recèle véritablement la conception d'une vanille « jaune » et le fossé qui existe entre le savoir encyclopédique apporté par l'école et la connaissance empirique et affectivement connotée de l'enfant. La prégnance d'une conception jaune de la vanille est si forte qu'elle est capable de déformer les informations reçues, pour les adapter. Dès lors, S. montre qu'il a bien compris que la vanille était d'abord verte, puis noire, mais il rajoute qu'elle devient jaune, puisque c'est le résultat qu'il observe en mangeant sa crème. Dès lors, l'enseignante met un objectif simple, mais qui a du sens pour l'élève : comprendre pourquoi la vanille n'est pas jaune, mais la crème peut l'être. Et c'est par la réalisation de deux recettes de crème, l'une contenant des œufs et l'autre non, que l'élève parviendra à transformer sa conception de la vanille et à donner du sens à l'ensemble de ce qu'il aura appris sur ce fruit :

> *Comme le dit Giordan (1998), les conceptions permettent l'identification de situations nouvelles en activant les savoirs antérieurs. Elles sont un outil indispensable à toutes nouvelles acquisitions de savoir. Les séances précédentes avaient donc peu de chance de faire avancer S., puisque ses conceptions avaient « simplement » été ignorées. Le lien qu'il pouvait faire avec sa propre réalité, la délicieuse crème jaune à la vanille, avait été écarté, malgré sa correspondance avec le premier paragraphe du texte lu en classe. Les objectifs n'appartenaient qu'à la maîtresse !*

Cette dernière réflexion recèle en elle plusieurs questions essentielles : à quoi cela sert-il d'apprendre ? Pourquoi ces savoirs-là et pas d'autres ? Dans le cas précis, pourquoi la vanille et pas un autre aliment ? Quelles sont les finalités de ce type d'enseignement ? En l'occurrence, ce n'est pas tant la connaissance liée à un fruit exotique que la compréhension d'un texte écrit en français qui semble primordiale. Dès lors, le support n'a que peu d'importance. Pourquoi ne laisse-t-on pas aux élèves le choix de la thématique ? Pourquoi ne les responsabilise-t-on pas quant aux objectifs d'apprentissage, à savoir : lire un texte en français et être capable de le comprendre assez bien pour en faire ressortir des éléments liés à des connaissances, tout cela en leur permettant d'acquérir des connaissances sur des sujets qui les intéressent vraiment ?

Marie pousse plus loin l'analyse des conceptions de S. :

> *Regardons les trois éléments retenus par S. après plusieurs* semaines :
> – *une plante des pays chauds : S. est originaire d'un pays chaud et s'était posé la question de savoir si ces plantes poussaient dans son pays, ce qui avait fait l'objet d'une petite recherche sur le Web ;*
> – *le nom de « gousse » : ce terme l'avait un peu gêné, ce mot signifiant « pénis » dans sa langue maternelle ;*
> – *la couleur jaune : en référence à ses dégustations de crème ou de glace.*
> *Tous ces éléments qui sont en relation avec son vécu ont pu résonner en lui. Nous voyons par là que ce sont ses propres conceptions qui lui ont*

permis de produire du sens pour ces éléments précis et donc de les garder en tête. Il n'a également pas renoncé à son idée première, la couleur de la vanille, n'ayant rien de concret pour adapter sa propre perception.
De plus, lors de cette quatrième séance, les conceptions de S. ayant été non seulement largement exprimées, mais également largement reçues, la porte s'est ouverte, l'intérêt de l'enfant s'est manifesté. Il semblait dès lors plus facile d'envisager la suite de manière constructive.

Cette analyse, extrêmement pertinente, montre combien le fait de se sentir d'une part écouté et d'autre part concerné par la thématique est important. Ce n'est que dans de telles situations que les liens peuvent être tissés et les savoirs ancrés.

La nécessité de réaliser concrètement les crèmes en classe montre également le besoin de cet enfant en particulier, mais de bien d'autres enfants avec lui, de passer par l'expérimentation. Perd-on du temps lors de telles « incartades » dans le programme ? Tout dépend de la manière dont on envisage ce que doivent représenter les apports de l'école dans la vie de l'enfant. En partant d'un événement qui a un sens véritable pour l'enfant, qui lui permet de comprendre qu'il n'y a nulle « magie », mais bien des éléments explicables dans toute transformation, on l'amène à anticiper sur des objectifs scientifiques tout aussi fondamentaux que la compréhension de texte en français. Par exemple, qu'est-ce que la pose d'une hypothèse (c'est la vanille qui donne la couleur jaune à la crème) au sein d'une démarche expérimentale, et comment la vérifie-t-on ? On peut cependant aller plus loin, et parler des différents ingrédients à l'origine de la crème et de son impact sur la santé si on en mange trop. On peut entrer dans des recherches comparatives, pour voir l'influence des œufs dans d'autres recettes, que ce soit au niveau de la couleur ou de la texture, notamment lorsque l'œuf cuit… phénomène de transformation chimique tout à fait intéressant ! Enfin, lire une recette, maîtriser sa chronologie ainsi que les différentes mesures auxquelles elle se réfère, voilà autant de compétences transversales dont la maîtrise de la langue et des mathématiques n'est pas absente.

3. DONNER DU SENS AUX SAVOIRS

Ces différents éléments nous conduisent à une question d'importance : comment transférer les objectifs d'apprentissage pour passer de ceux que l'école considère comme nécessaires à ceux dont l'élève a besoin pour élargir sa compréhension du monde ? En d'autres termes, comment donner du sens aux savoirs scolaires ?

À travers son exemple, Marie montre à plusieurs reprises le manque de sens dont souffre le thème de la vanille pour S. Certes, on ne peut pas adapter complètement le programme au gré des élèves. Apprendre à accepter des contraintes, à faire un travail qui ne nous intéresse pas toujours fait également partie des apprentissages dont l'élève a besoin pour grandir, devenir adulte, et assumer son rôle au sein d'une société dans laquelle il ne sera pas toujours le chef… Tout d'abord, rappelons, à l'instar de Giordan (1998), que partir des conceptions des élèves ne signifie pas y rester. Nous pouvons développer l'expression et ajouter que partir des intérêts des enfants, ce n'est pas y rester non plus. En d'autres termes, c'est profiter de la motivation intrinsèque que les jeunes peuvent manifester autour d'une thématique pour leur proposer des apprentissages auxquels ils ne *peuvent* pas penser[4]. Certes, de telles démarches obligent l'enseignant à sortir des chemins bien balisés des fiches déjà préparées et des moyens d'enseignement prescrits pour découvrir, avec ses élèves, des objets d'études qu'il ne connaît pas forcément. Ceci nécessite un certain courage, une confiance en soi et en sa capacité à faire atteindre, quels que soient le sujet ou les objectifs fixés. Mais c'est aussi souvent l'occasion de développer, de manière naturelle, une approche systémique qui donne du sens aux apprentissages. Comme le rappelle Develay (1996, p. 27) : « L'école enseigne des savoirs démontés sans donner les clés qui permettent de les remonter selon des logiques autres que disciplinaires […] S'obliger à l'interdisciplinarité autour de questions d'actualité forcément complexes est un défi que le système scolaire doit relever s'il ne veut pas enseigner des savoirs qui apparaîtront de plus en plus désuets. »

En Suisse, nous avons la grande opportunité d'avoir, dans le PER, des capacités transversales et une formation générale (FG). Ces deux éléments, qui ne sont pas évalués, offrent l'opportunité de créer des fils rouges qui traversent les domaines disciplinaires en les reliant. La FG place ainsi ses finalités en dehors des connaissances : « La FG permet de clarifier et de rendre opérationnels des apports qui ne relèvent pas uniquement des disciplines scolaires[5]. » Cette ouverture à des thématiques variées, faisant référence, notamment, aux questions socialement vives, donne la possibilité de véritablement partir de ce qui intéresse les élèves. D'ailleurs, à nombre d'endroits, ce même plan d'études incite les enseignants à « utiliser les questions que se posent les élèves afin de maintenir et renforcer leur curiosité naturelle[6] ». Ce n'est donc pas tant le plan d'études qui confine l'enseignant et les élèves dans des objets extérieurs à l'enfant que les moyens d'enseignement. « Il suffit » alors d'être capable de s'en passer pour parvenir à atteindre les objectifs prescrits à travers pratiquement n'importe quel sujet, celui-ci ne devenant qu'un support, voire un alibi.

4. LA PLACE DE L'ERREUR

À travers son travail, Marie nous montre clairement que les difficultés qu'éprouve S. proviennent essentiellement d'un environnement didactique qui ne l'amène pas à développer son potentiel en tant qu'apprenant. La preuve en est qu'une fois ses conceptions prises en compte, il est capable de mémoriser les connaissances abordées et de les mobiliser à bon escient[7]. Dans la situation initiale, S. est soumis à un enseignement de type transmissif, dans lequel l'erreur est considérée comme une faute, qui plus est, une faute dépendant uniquement de l'élève, puisque c'est son incapacité à mémoriser correctement une information qui conduit à ce résultat.

En tentant de découper le savoir en objectifs « plus simples », atteignables par l'élève, Marie entre dans une approche behavioriste. N'ayant toujours pas pris en compte les conceptions de S., c'est elle-même qui se retrouve en situation d'échec, le séquençage de l'approche n'ayant pas abouti aux objectifs qu'elle s'était fixés.

En dernier recours, elle prend les erreurs de S. comme des indications, des outils qu'elle va utiliser pour proposer à S. de déconstruire ses conceptions afin d'en construire de nouvelles. L'erreur n'est plus une faute, un élément à corriger, mais bien un passage obligé vers une connaissance plus grande, plus approfondie, plus « juste ».

Ce statut de l'erreur est extrêmement important. De lui dépend la vision que l'élève aura de lui-même en situation d'échec. S'il se rend compte qu'elle est un passage obligé, il peut alors conserver de lui-même une image positive autant que l'apprendre (tableau 1) :

Tableau 1 – Statut de l'erreur (d'après Astolfi, 1997 / 2009, complété par Pellaud, 2014)

	La faute	Le bogue	L'obstacle	L'outil/obstacle
Statut de l'erreur	Déniée, stigmatisée, considérée comme faute		Positivée	
Origine de l'erreur	Vient de l'élève.	Vient de l'enseignant : défaut de planification.	Difficulté objective à s'approprier le contenu enseigné.	Environnement didactique non favorable à la transformation des conceptions de l'élève.
Mode de traitement	Évaluation *a posteriori* pour la sanctionner.	Traitement *a priori* pour la prévenir.	Travail *in situ* pour la traiter.	Travail *proactif* pour l'anticiper, *in situ* pour la travailler à partir de l'élève, *a posteriori* pour mobiliser la conception transformée.
Modèle didactique de référence	Transmissif	Behavioriste	Constructiviste	Allostérique
Importance donnée	Au savoir		À l'apprenant	

Comme le relève Astolfi (1997/2009), « apprendre c'est toujours prendre le risque de se tromper. Quand l'école l'oublie, le bon sens populaire le rappelle, qui dit que seul celui qui ne fait rien ne commet jamais d'erreurs » (p. 23). Prendre en compte les conceptions des élèves et positiver l'erreur au lieu de la stigmatiser sont deux éléments essentiels pour permettre à l'élève de construire sa confiance en lui. Sans cette confiance, l'élève a tous les risques de se laisser aller et d'abandonner la partie.

5. CHANGER L'IMAGE QUE L'ENSEIGNANT A DE SON MÉTIER

La plupart des travaux rédigés par les étudiants au Master d'enseignement spécialisé mettent en évidence une difficulté majeure : celle de passer de « l'enseignant qui sait tout », et qui transmet ses connaissances, à l'enseignant qui favorise le questionnement, qui laisse à l'élève le temps de découvrir, le temps de se tromper, et qui lui offre l'environnement favorable, à travers des outils qui lui sont adaptés, pour transformer ses conceptions. Cet enseignant, parfois « perturbateur », parfois « accompagnateur », souvent « dédramatiseur » vis-à-vis de l'erreur commise ou appréhendée, de la discipline enseignée, voire de l'école elle-même, doit également être un « metteur en scène » des savoirs, un « préparateur » à l'acte d'apprendre. Ce n'est que dans ces conditions qu'il devient alors réellement un « développeur d'autonomie » (Pellaud, 2011). Ce changement radical de l'image de l'enseignant, qui s'accompagne de pratiques pédagogiques très différentes, exige plusieurs deuils que le futur enseignant devrait avoir l'occasion de faire dès sa formation initiale :

> Pour devenir metteur en scène de situations d'apprentissages signifiants, l'enseignant doit faire le deuil d'une identité, celle de l'homme-orchestre, seul détenteur et transmetteur de savoirs [...] En coulisses, le maître est à la fois infiniment présent et infiniment absent. Présent en plaçant chaque acteur dans le rôle qui lui convient le mieux, en fonction de ses aptitudes et compétences ; absent afin de laisser à chaque élève le temps de se construire (Rouiller, 1998, p. 4).

Ainsi, bien que le triangle pédagogique proposé par Houssaye (1988) mette clairement à égale distance l'élève, le savoir et l'enseignant, dans la pratique habituelle d'une classe, ce dernier se trouve encore et toujours au centre de la relation. Cette position dominante et valorisante est encore renforcée, dans l'imaginaire collectif, par le fait que l'enseignant se doit de tout savoir, de tout maîtriser. Ce besoin de maîtrise, culturellement ancré dans nos sociétés occidentales, paralyse la plupart des enseignants. Ainsi, peu d'enseignants du primaire osent aborder des sujets scientifiques avec leurs élèves, simplement parce qu'ils ne connaissent pas assez le sujet. Il en va de même avec la philosophie et le développement durable, et si l'on voit de plus en plus d'« échanges de compétences » entre collègues se développer à l'intérieur des écoles, c'est également parce que les uns « maîtrisent » mieux que d'autres certains domaines. Dès lors, comment aborder de manière systémique et interdisciplinaire des objets d'études, si on n'enseigne plus soi-même certaines disciplines ?

En prenant le risque de découvrir certains sujets avec ses élèves, on laisse la possibilité à ces derniers de nous enseigner des choses que l'on ne connaît pas. Quelle fierté alors d'avoir pu trouver des informations que l'enseignant ignore, d'avoir pu lui montrer qu'on est capable d'y parvenir ! Quelle opportunité de construire sa confiance en soi et en ses propres capacités à apprendre ! Voilà où se situe l'autonomie que devraient viser les enseignants pour leurs élèves. Dans cette vision, la maîtrise que l'enseignant doit tenter d'atteindre n'est plus celle du sujet, mais celle de l'environnement didactique à construire en fonction des conceptions, celle de la recherche d'informations et des outils dont elle a besoin. Ainsi, il joue réellement son rôle d'accompagnateur et de préparateur de l'acte d'apprendre.

Mais il doit alors faire le deuil de ce piédestal, posé sur un savoir académique, sur lequel, à l'instar du professeur d'université, il pense encore avoir accès en commençant ses études.

Cette vision de la maîtrise conduit à des questionnements qui sortent du domaine purement pédagogique pour entrer dans la réflexion politique. Aujourd'hui, les futurs enseignants sont avant tout sélectionnés sur leur propre réussite scolaire. Pourtant, lorsqu'on a eu soi-même des difficultés à appréhender les mathématiques, les sciences, le français, et que l'on a réussi à dépasser ces obstacles, n'est-on pas mieux préparé à accompagner des élèves qui éprouvent de telles difficultés ? N'est-ce pas finalement un handicap d'avoir été un « bon élève » lorsqu'on veut aider ceux qui ne le sont pas ?

CONCLUSION

Si nous questionnons les élèves sur la finalité de l'école, nous obtenons des réponses du type : « pour faire un métier plus tard », « parce qu'on est obligé », « pour avoir de bonnes notes », « pour faire des études »... Le plaisir n'est jamais évoqué ; la compréhension du monde, très peu. Malgré ce peu de motivation intrinsèque pour apprendre, la plupart des élèves « s'en sortent bien », acceptant tacitement les règles qu'impose le « métier d'élève ».

Les élèves présentant des difficultés, qu'elles soient liées à l'apprentissage, à un déficit avéré, au respect des normes ou à un comportement inadéquat, doivent nous permettre de remettre en question cette vision d'une école calquée sur le modèle universitaire. Faire de l'école un lieu qui a du sens pour les élèves, comme le proposent Develay (1996) ou Giordan (2002), qui ne prépare pas seulement aux études supérieures, mais à la vie, comme le souhaitent Morin (1999a, 1999b), Morin, Motta et Ciurana (2003), Perrenoud (2011), Pellaud (2011) et bien d'autres, ne doit pas rester qu'un vœu pieux. Nous avons les connaissances et l'expérience nécessaires pour y parvenir.

Reste qu'une vraie volonté politique de donner à l'éducation scolaire la place essentielle qu'elle devrait occuper dans le développement de citoyens autonomes et responsables doit encore voir le jour. De même, il est essentiel que l'ensemble du corps enseignant, les maîtres de stage, les formateurs et autres responsables de la formation initiale des enseignants amènent ces derniers à quitter cette vision monolithique d'un prof omniscient dont l'autorité repose sur son savoir. Changer le regard sur ce que signifie « apprendre » à l'école, sur ce qu'on y apprend et sur la manière dont ces apprentissages sont proposés est donc un passage obligé, si l'on veut voir le nombre d'élèves en difficulté diminuer au fil du temps.

> [L]es esprits formés par les disciplines perdent leurs aptitudes naturelles à contextualiser les savoirs, ainsi qu'à les intégrer dans leurs ensembles naturels. L'affaiblissement de la perception du global conduit à l'affaiblissement de la responsabilité (chacun tendant à n'être responsable que de sa tâche spécialisée), ainsi qu'à l'affaiblissement de la solidarité (chacun ne ressentant plus son lien avec ses concitoyens) (Morin, 1999a, p. 18).

NOTES

1. Le PER est l'équivalent des programmes scolaires français.
2. Les Hautes Écoles pédagogiques (HEP) forment les futurs enseignants primaires et secondaires. L'acronyme BEJUNE désigne les trois cantons de Berne, du Jura et de Neuchâtel, qui ont créé une HEP commune.
3. La Migros et la Coop sont les principales chaînes de grandes surfaces en Suisse.
4. Un exemple pratique, vécu en classe 1 et 2 Harmos, est proposé dans Pellaud (2011, p. 152-161).
5. PER, Présentation générale du plan d'études romand, 2010, <http://www.plandetudes.ch/pg2-sommaire, consulté le 25 mars 2014>.
6. PER, Initiation à la démarche scientifique, MSN 16, <http://www.plandetudes.ch/web/guest/MSN_16/>.
7. Fier de la réalisation d'une crème à la vanille jaune (contenant des œufs) et d'une autre blanche, S. va les faire goûter à ses camarades en leur expliquant d'où provient la couleur jaune que nous avons associée à tort à la vanille.

CHAPITRE 14

Le Chef-d'œuvre pédagogique

Le choix de la complexité face aux défis de demain

Jean François Manil et
Léonard Guillaume

INTRODUCTION

Contexte d'émergence du propos

Depuis plus de 20 ans, nous engageons les élèves dans des pratiques qui sont finalisées par la préparation et la présentation d'un chef-d'œuvre pédagogique en fin de scolarité primaire.

Les deux écoles-témoins ont un projet pédagogique spécifique orienté vers la construction de savoirs, la pédagogie du projet, la construction identitaire (Pourtois et Desmet, 1997/2003), la solidarité dans les apprentissages, la culture de paix.

En Fédération Wallonie-Bruxelles, les responsables légaux des enfants en âge de scolarité ont le libre choix de l'établissement scolaire. Ainsi, les spécificités pédagogiques des deux écoles conduisent des parents à y inscrire leurs enfants pour diverses raisons: proximité, échec dans des établissements précédents, démotivation pour l'apprentissage, projet pédagogique, restructuration identitaire, bien-être, recherche d'autres perspectives sociétales, cohérence éducative. Ce chapitre rend compte des aspirations évoquées lors des entretiens préalables avec les parents ou adultes responsables. L'hétérogénéité du public est donc voulue, choisie, assumée et régulée.

Origine des données

Dans le cadre de nos thèses respectives, l'une traitant de la résilience scolaire, l'autre de l'écosystème de l'apprenant, les données ont été recueillies d'une part lors d'entrevues avec d'anciens élèves et leurs parents, d'autre part par l'enregistrement spontané de témoignages sur dictaphone. Le premier échantillon était constitué exclusivement d'anciens élèves étant arrivés en cours de scolarité primaire en présentant un fracas identitaire avéré, soit 42 cas âgés de 14 à 26 ans. Le second englobait l'ensemble du public scolaire primaire, soit un roulement d'une septantaine d'élèves sur deux années, ce qui apporta plus de 800 témoignages.

D'autre part, les axes pédagogiques fondamentaux ont été identifiés dans les textes fondateurs ou descriptifs : projet d'établissement, articles pédagogiques, recherches spécifiques.

Enfin, notre statut d'enseignant nous a permis d'adopter une posture d'observateur participant.

Méthodologie

Nous avons adopté une triple démarche ; l'une herméneutique (Violet, 2007), l'autre d'analyse de contenu (Bardin, 2007), la troisième d'observateur externe.

La première a permis de déceler et d'identifier les appuis théoriques sur lesquels se développe la pratique observée ; la deuxième, d'isoler les indices spécifiquement verbalisés au sujet de la pratique du Chef-d'œuvre pédagogique ; la troisième, d'affiner le propos par des observations directes.

Ces démarches à la fois inductives et déductives inscrivent cette recherche dans le modèle de Kolb (1984), qui soutient que la connaissance peut émaner du va-et-vient entre observation réflexive, expérience et conceptualisation.

1. HISTORIQUE SUCCINCT

Évoquer le Chef-d'œuvre dans le contexte scolaire ou de formation nécessite dans un premier temps de le présenter sous un angle historique. De qui sommes-nous les héritiers, nous qui engageons des élèves de 12 ans dans la réalisation et la présentation d'un tel ouvrage ?

L'histoire commence au Moyen-âge avec les Compagnons du devoir. Leur devise, « Ni s'asservir, ni se servir, mais servir », affiche leur idéal et pose les bases de l'éthique qui les gouverne. Par la suite, le compagnonnage s'est organisé jusqu'à être reconnu comme « réseau de transmission des savoirs et des identités par le métier » sur la liste représentative du patrimoine culturel immatériel de l'humanité (UNESCO, 2010).

L'ancrage pédagogique apparaît par l'entremise de Freinet, qui inclut le Chef-d'œuvre dans la pédagogie qu'il développe. Il détermine quelques conditions de production de ceux-ci (Freinet et Petitcolas, 1949):

> Conformément à toute notre pédagogie de vie:
> - L'enfant éprouve le besoin de produire des chefs-d'œuvre [...] l'essentiel c'est qu'ils soient des chefs-d'œuvre pour l'enfant, que dans sa conception d'enfant ils soient dans une certaine mesure des sommets qu'il sera fier d'avoir atteints.
> - Nous lui en donnons le plus possible les moyens matériels [...]
> - Nous mettons en valeur, en classe et hors de classe, les résultats qui sont l'expression active des personnalités, qui mobilisent tout leur être, et constituent, de ce fait, le meilleur des stimulants.
> - Nous nous abstenons de juger les chefs-d'œuvre selon des normes scolaires. Il ne s'agit pas pour nous de savoir si le travail effectué a appris quelque chose de nouveau aux enfants et si le chef-d'œuvre leur est utile, scolairement parlant. En face du chef-d'œuvre, nous tâchons de dépouiller notre tenace esprit scolastique. Nous cesserons d'avoir la réaction primaire de celui qui, en présence d'un beau Tableau, se préoccupe moins de la beauté, qui seule importe, que de sa signification (p. 4).

On le comprend, Freinet et Petitcolas développent cette pratique en insistant fortement sur l'adéquation qu'il y a à respecter entre l'ouvrage réalisé et la manière de le juger.

Plus tard, Pepinster (2005) parlera de cohérence entre mode d'apprentissage et mode d'évaluation et présentera le Chef-d'œuvre pédagogique comme preuve (et non épreuve) suffisante pour quitter l'école primaire. Dès 1987, cet inspecteur de l'Éducation nationale belge s'indigne de la pratique de l'examen cantonal (examen standardisé permettant l'obtention du diplôme d'école primaire). Il fait « l'objection de conscience à la notation » (Houssaye, 2007) et trouve des alliés au sein d'une école bruxelloise. Une enseignante accepte de lancer ses élèves dans la réalisation d'un travail individuel à présenter aux condisciples. Les deux écoles font partie de son inspectorat et il est l'initiateur de l'une d'elles.

À sa suite, nous définissons le Chef-d'œuvre comme étant un projet personnel unique, non reproductible, réalisé dans une structure portante et favorisante. Cette pratique est à la fois scolaire et initiatique. À une époque où disparaissent les rituels marquant les étapes d'une vie, le Chef-d'œuvre pédagogique souligne le passage de l'enfance à l'adolescence.

2. ANCRAGES THÉORIQUES

Selon Pourtois et Desmet (1997/2003), la pédagogie du Chef-d'œuvre répond au besoin de considération de l'être humain. Ces auteurs parlent d'excellence, de fierté, d'apothéose, de couronnement, d'initiation, autant de termes qui traduisent pour l'apprenant la recherche d'une augmentation de son capital d'honneur et de prestige. Le regard des autres est nécessairement empreint de considération, chacun étant invité à exceller dans son domaine de prédilection.

Ces auteurs évoquent également la pédagogie du Chef-d'œuvre dans le contexte du travail social qui invite les participants à concrétiser et mettre en œuvre leur savoir ainsi qu'à prouver leurs capacités.

Cette pratique est exigeante, car elle implique efforts, doutes, anxiété et remises en question permanentes. En outre, elle nécessite la consultation de références, d'experts et de collaborateurs multiples. Si elle requiert de la solidarité, elle ne peut faire l'économie de confrontations, voire de conflits. La tâche du travailleur social est alors de soutenir, guider, informer, solliciter, ouvrir des pistes, donner des idées et, surtout, croire aux compétences et aux ressources des personnes.

Selon Frackowiak et Meirieu (2008):

> la pédagogie du chef d'œuvre est une pédagogie qui met, au centre du travail pédagogique, l'exigence de perfection. Elle considère que l'exigence de perfection est ce qu'il y a de plus formateur pour l'élève en ce sens qu'elle met l'enfant, l'élève, l'homme dans une posture qui lui permet d'accéder à l'humanité dans ce qu'elle a de plus fondateur:
>
> Cette pratique utilise trois grandes démarches proposées depuis le XIXe siècle: la démarche expérimentale (qui consiste à émettre des hypothèses et à les vérifier, à observer ce que l'on voit

> pour en dégager des conclusions), la démarche documentaire (qui consiste à chercher, confronter, opposer, démontrer) et la démarche créative (qui consiste à aller à la rencontre de la création, sans démagogie, et permet de s'engager, se projeter comme sujet, de s'inscrire dans un groupe et dans une histoire) (p. 93-97).

Dans cette même perspective, Meirieu (2006) se dit favorable à la mise en place systématique de ce qu'il appelle « une pédagogie du chef-d'œuvre ». Dans celle-ci, le dépassement de soi et l'exigence du maître font alliance pour permettre à un sujet de se construire. Les « Travaux personnels encadrés » étaient l'occasion de la mettre en œuvre et de rompre avec le paradigme taylorien dans lequel, là encore, nous nous enfermons.

Selon Guillaume (2001), la pratique du Chef-d'œuvre poursuit un objectif autrement plus vaste que l'acquisition des connaissances de base. La mission de l'école est de donner aux futurs adultes des clés d'accès aux connaissances et aux informations. Mais pour traiter ces informations, encore faut-il les avoir à sa portée, à son niveau de compréhension. C'est sans doute, continue l'auteur, parce que notre société n'a pas été capable de préparer les enfants et les adultes à « saisir, traiter, comparer, critiquer, utiliser et communiquer » (p. 7) les informations que l'ensemble de la population se trouve à ce point désemparé pour comprendre les événements qui se déroulent dans le monde. Plus que la connaissance (dont l'importance n'est certainement pas à nier quand elle est au service d'un projet), c'est la démarche qui semble ici essentielle, parce qu'elle est transférable et qu'elle constitue le moteur d'accès à de nouveaux savoirs. Par ailleurs, Guillaume voit dans la pratique du Chef-d'œuvre une cohérence entre sa vision de l'école et de la société. Il lui semble important, dans la mission qui est confiée aux enseignants, de réfléchir sur sa façon d'enseigner en mettant en relation trois axes fondamentaux : l'axe du philosophique (les valeurs), l'axe de la didactique (dispositifs et attitudes enseignantes), l'axe du pédagogique (préparer et présenter).

3. DU PENSER À L'AGIR

Nous avons fait du Chef-d'œuvre pédagogique et de la préparation d'exposés interactifs deux éléments essentiels d'apprentissage. Lors de la communication de ses recherches, en fin de scolarité primaire, chaque enfant montre qu'il maîtrise les outils que l'on est en droit d'attendre de lui avant d'aborder sa scolarité secondaire. Cette prestation est régie par une centaine de consignes formulées en problématiques, défis, questionnements qu'il s'agit d'explorer et de concrétiser en cours de réalisation.

La diversité des sujets développés ces dernières années témoigne du caractère complexe des activités : les énergies renouvelables, le cœur et la circulation sanguine, le feu et les pompiers, le village de Saint-Gérard, Rome au temps de César, les renards, le chocolat, les volcans, la guerre de 1940-1945 en Belgique, Christophe Colomb, la bande dessinée, la construction d'une maison… En amont de ce travail, les élèves doivent préparer et présenter des « exposés interactifs » en duo ou en trio, à raison de deux par année. C'est l'occasion d'organiser des apprentissages formels à propos de consignes ciblées. Citons entre autres :

- la rédaction de plusieurs résumés suivant les techniques apprises en classe ;
- la comparaison de documents différents traitant du même sujet ;
- l'utilisation d'un atlas géographique pour situer un lieu en rapport avec la thématique ;
- la réalisation d'un diagramme en camembert pour traiter un sondage d'opinion ;
- l'utilisation du dictionnaire pour expliciter du vocabulaire spécifique ;
- la maîtrise du concept de « ligne du temps » pour positionner des éléments liés au sujet ;
- l'argumentation de points de vue contraires ;
- la réalisation d'une interview ;
- l'organisation de la structure de l'exposé par un « diagramme en constellation » ;
- la lecture d'un roman et son appropriation par la réalisation de plusieurs types de résumés ;
- la réalisation de mini-dossiers qui seront distribués à chacun ;
- la collecte de questions auprès des condisciples ;
- la création de mots croisés ;
- la réalisation d'une bibliographie complète.

En outre, certaines aptitudes sont particulièrement mises en évidence à l'école, à travers la pratique du Chef-d'œuvre pédagogique :

- avoir de l'audace ;
- faire preuve d'autonomie ;
- baigner dans une culture du questionnement ;
- être capable de communiquer ;
- être doté d'un esprit critique ;
- être chercheur ;
- maîtriser la pensée complexe ;
- avoir une bonne estime de soi ;
- être créatif ;
- faire preuve d'émancipation ;
- savoir coopérer ;
- savoir se dépasser et être tenace.

4. LA DYNAMIQUE DU CHEF-D'ŒUVRE PÉDAGOGIQUE

Les items spécifiques issus de nos données indiquent qu'une dynamique propre émane de cette pratique. En effet, d'après les élèves, la classe, l'école, les professeurs, les situations d'apprentissage sont autant d'occasions d'être heureux, d'avoir du plaisir, de s'engager, d'être fier, d'être confiant, d'oser, de grandir. Les apprenants sont ainsi emmenés dans des processus qui sont sécurisés par un tempo soutenu et un climat affectif riche.

La présentation au grand groupe a plusieurs fonctions : elle valorise le travail fourni et elle fait apprendre aux autres, tout en participant à la construction d'une culture commune. Elle est impulsée par de multiples productions socialisées : réaliser une grande affiche cernant les points jugés essentiels, résumer l'un ou l'autre point de vue, inventer un texte en respectant des contraintes précises, mettre en question des concepts, présenter diverses approches, bref, exposer ses savoirs.

Nous pensons que, libérée des aspirations de rendement, la route des personnes qui apprennent ou désirent apprendre se complexifie, mais se départit de la hiérarchisation. Tous réussissent le Chef-d'œuvre. Ce choix incite à quitter le statut de « distributeur d'activités » qui réduirait la posture des formés à celle de « consommateurs de prêt-à-porter pédagogique », pour entraîner les apprenants dans une dynamique d'appropriation de clés, de concepts leur permettant de réinvestir les acquis de formations dans leur quotidien respectif. Les consignes proposées en sont le guide.

Toute situation riche, donc complexe, entraîne les participants dans une alternance d'essais et d'erreurs devant conduire à l'apprentissage. L'erreur doit alors faire sens: elle fait partie de la démarche scientifique, elle donne fondamentalement l'occasion de progresser alors qu'elle est souvent présentée comme un échec, une faute. Cela implique qu'il faille organiser un espace où le projet (d'apprendre) peut éclore, un projet où le plus grand éventail de ressources existe (référentiels, aides personnalisées, relances, organisation des groupes...). Le Chef-d'œuvre pédagogique s'inscrit dans cet espace.

La question du sens interroge aussi la *logique de l'obéissance passive*. Il devient fondamental d'inciter tous les apprenants à se poser la question du pourquoi et à l'explorer à plusieurs.

Donner une valeur à ce que l'on apprend (sur ce que l'on veut nous faire apprendre) dépasse alors la simple exécution, la simple fonctionnalité. Les témoignages d'anciens élèves évoquent régulièrement, au-delà des contenus disciplinaires, les acquisitions essentielles à la construction de l'identité. Les notions d'entraide et de coopération prennent ici tout leur sens, dans la mesure où l'apprentissage (la réussite) des uns n'est en aucun cas légitimé par l'échec des autres. Les travaux de groupes matérialisent donc les valeurs essentielles que sont la solidarité et l'altérité, qui, à notre sens, ne peuvent se concevoir que par des pratiques telles que le Chef-d'œuvre, qui les font vivre tous les jours.

5. QUELQUES COROLLAIRES

5.1. L'audace et l'autonomie: deux clés importantes pour se lancer dans la vie active

La prise de parole en public se révèle une tâche impossible pour nombre d'adultes. L'esprit d'initiative ne peut s'acquérir que si l'autonomie a été largement respectée et l'indépendance favorisée dès le plus jeune âge. En présentant des mini-conférences, les enfants sont sollicités pour devenir audacieux et autonomes.

La pratique du Chef-d'œuvre pédagogique s'inscrit dans une logique de recherche documentaire amenant les apprenants à se poser des questions, à rechercher des éléments de réponse dans des sources diversifiées, à affiner leur capacité à lire de plusieurs manières, à traiter les informations recueillies, à rédiger des documents, à relier différents champs disciplinaires, puis à communiquer les résultats de leurs recherches.

La culture du questionnement et des recherches qui y font suite plonge les apprenants dans les réalités complexes de notre monde (Morin, 1999a). L'appréhension de ces réalités ne peut se faire que si on est doté d'outils essentiels: la capacité à conceptualiser, analyser, comparer, critiquer ou transmettre des informations.

À travers les exigences de rigueur et de solidarité, l'enfant se sent grandir et accède pas à pas au monde des adolescents, puis des adultes. Le regard des autres (condisciples et instituteurs), empreint de considération, favorise la consolidation d'une image positive de soi qui, évidemment, se répercute sur le comportement social, mais également sur le développement psychologique et l'envie de grandir. Le Chef-d'œuvre pédagogique est reconnu comme un outil essentiel de la construction de l'estime de soi.

S'émanciper et être créatif: voilà deux comportements aux antipodes de la docilité et de la reproduction mécanique. Il est impossible d'envisager le Chef-d'œuvre pédagogique dans une logique de formatage et de soumission. L'esprit d'entreprendre se nourrit d'audaces, de prises de risques, de zones de liberté, mais aussi d'erreurs, de ténacité et d'efforts.

5.2. L'approche de la recherche documentaire et la construction de l'esprit critique

La recherche documentaire est organisée dès les classes maternelles et constitue – au même titre que la préparation des exposés – un axe majeur de développement cognitif. Lors des entretiens avec les anciens élèves, ces pratiques sont évoquées en termes d'acquisitions durables. Les recherches documentaires proposées génèrent des attitudes variées: faire face à des réalités complexes, traiter les informations, les décoder, aiguiser son questionnement, développer son esprit critique, se construire une opinion, exercer sa liberté de pensée, s'approprier des savoirs, acquérir l'esprit de synthèse.

À ce sujet, Gibert (1993) affirme qu'il faut préparer l'enfant à faire face à une pléthore d'informations pas toujours objectives, à savoir les lire, les trier, les analyser, les contrôler, les critiquer, afin de ne pas être réduit à adopter l'opinion des autres, faute d'être capable de construire la sienne. Dans le champ scolaire, ces compétences ne peuvent s'exercer que par des pratiques qui les construisent tous les jours.

Pour ce faire, nous insistons sur la comparaison de documents traitant du même sujet en identifiant les informations identiques ou différentes, voire contradictoires. Ce type de démarche est proposé très régulièrement tout au long du cursus scolaire. Les apprenants sont mis en situation de se poser perpétuellement des questions, en émettant des doutes sur tout ce qu'ils reçoivent comme information.

Ce contexte d'apprentissage correspond à la description qu'en fait Barth (1993):

- l'apprentissage est un processus constructif;
- apprendre, c'est établir des liens entre les nouvelles informations et les connaissances antérieures;
- apprendre, c'est réorganiser ses connaissances grâce à de nouvelles acquisitions et les structurer;
- ce sont bien les processus d'apprentissage qui sont sollicités ici, davantage que des connaissances formelles, ces processus étant transférables et constiuant des moteurs d'accès à de nouveaux savoirs.

Par ailleurs, nous organisons des sorties à caractère culturel s'intégrant dans les dispositifs relatifs aux réalisations d'exposés. Pour optimaliser ces sorties, un canevas d'activités en cinq étapes a été développé (Guillaume, 2008):

1. *Se questionner*: incontournable, cette première approche consiste à inviter les enfants à se poser des questions sur le sujet et à les collecter individuellement. Cette phase est essentielle pour plusieurs raisons. Tout d'abord, selon Bachelard (1993), toute nouvelle acquisition ne peut s'ancrer que sur une représentation antérieure. Ensuite, elle sera un élément moteur dans la recherche qui suivra. Les questions seront réparties et distribuées dans des trios préalablement organisés.
2. *Rechercher de la documentation et en prendre connaissance*: la diversité des documents est un gage d'intérêt et témoigne de la complexité de notre monde. Ces documents sont regroupés en pochettes d'un volume de lecture plus ou moins équivalent. À l'intérieur des groupes, on actionne la recherche des réponses aux questions posées. La lecture sélective permet d'isoler les informations recherchées. Il s'agit ensuite de préparer une intervention devant le grand groupe.

3. *Mini-conférence*: chacun des groupes est invité à présenter le fruit de ses recherches en répondant aux questions attribuées, en illustrant son propos des documents utilisés, en pointant des informations insolites, contradictoires...
4. *Se rendre sur place*... et profiter de la visite.
5. *De retour en classe, dresser la liste de ce qu'on a appris*: cette étape réflexive contribue à la fixation des connaissances.

Ces recherches, suscitées par un état propice aux interrogations, de curiosité permanente, ne peuvent être efficaces que si elles sont alimentées par une grande diversité de référents (Guillaume, 2006). L'usage d'un manuel scolaire unique véhicule une conception modélisante de l'enseignement: son utilisation favorise, dans le cas des disciplines « opératoires » (mathématiques, grammaire), la découverte guidée de règles qui constitueront une référence sûre en vue des exercices présentés par la suite. Pour ce qui est des disciplines « descriptives » (sciences, histoire, géographie), on trouvera une synthèse claire, des résumés de notions jugées importantes et des exemples significatifs, agrémentés d'illustrations plus ou moins pertinentes.

Une tout autre façon d'organiser les apprentissages peut être substituée à cet usage: transformer les savoirs en situations à faire vivre, en problèmes à résoudre, en projets à mener, en défis à comprendre; bref, une conception plus axée sur la construction des savoirs. Dans ces situations, il importe que les élèves se créent du sens, se posent de nombreuses questions, fassent des hypothèses, s'approprient des savoirs, puis les transfèrent sur d'autres champs. Il sera alors nécessaire d'utiliser des référentiels diversifiés: manuels variés, écrits contradictoires, ouvrages de référence, autant d'outils au service de pensées divergentes, de mises en débats, de l'apprentissage de l'altérité... et de celui de la citoyenneté.

5.3. La gestion de l'hétérogénéité

Nous avons décrit les caractéristiques de l'hétérogénéité chez les apprenants (Guillaume et Manil, 2006): culture, besoin et motivation, rapport au savoir, relations avec l'école, mode d'acquisition, obstacles à l'apprentissage, acquis antérieurs. Considérer qu'elle est une richesse plutôt qu'une tare engagera l'enseignant dans une dynamique valorisant la prise en compte des différences. Celui-ci cherchera à varier ses stratégies et son enseignement pour tenter de faire éclore toutes les intelligences.

La pratique du Chef-d'œuvre pédagogique est une réponse didactique pour rencontrer cette hétérogénéité. Elle intègre les quatre modèles de différenciation que nous avons détaillés (Guillaume et Manil, 2006) :

1. *La différenciation par tâches et consignes,* telle qu'elle est pensée à l'école, se concrétise par des variations dans les actions à poser et les représentations à construire sur l'objet d'apprentissage. Par action, il est signifié le ou les gestes que l'on voudrait voir poser, voire le but à atteindre. Par représentation, on veut parler des traces de recherche (tentatives de formalisation). Cette pratique de différenciation prend tout son sens à travers la centaine de consignes proposées.
2. *La différenciation sociale* permet d'acquérir des attitudes efficaces qui s'aiguisent progressivement, en créant avec d'autres partenaires et en écoutant leurs critiques. Si la différenciation sociale n'est pas directement intégrée au processus de réalisation d'un chef-d'œuvre pédagogique, elle en est un préliminaire important. Les enfants confrontent leurs conceptions personnelles au point de vue des autres membres du groupe : ils se trouvent donc face à des informations ou des compréhensions contradictoires qui les perturbent.

   Ces conflits génèrent des interactions qui font naître de nouveaux questionnements. Ces interactions jouent un rôle constructeur dans l'acquisition des compétences cognitives individuelles. L'organisation des groupes, quant à elle, relève de la responsabilité des enseignants.

   La différenciation sociale peut être envisagée ici comme outil de stratégie cognitive où chacun se voit attribuer un rôle en fonction des champs d'apprentissage plus ou moins spécifiques :
   - tel sera scripteur (pour apprendre à écrire) ;
   - tel lira à haute voix (pour apprendre à lire) ;
   - tel sera collecteur de documents (pour apprendre à gérer un dossier) ;
   - tel sera porte-parole du groupe pour présenter la généralisation (pour apprendre à s'exprimer en public) ;
   - tel sera mandaté pour échanger des informations avec d'autres groupes (pour apprendre à communiquer).

Elle peut également être envisagée comme *outil de stratégie identitaire.* Il s'agit ici de différencier non plus le rôle, mais le statut qu'on va donner aux enfants, étant donné que certains d'entre eux sont en peine avec la construction de leur personnalité, de leur estime de soi.

Les missions spécifiques que l'on confie à ces enfants peuvent être considérées comme des offres de stratégies identitaires vers une reconnaissance sociale plus grande, point de départ de transformations et d'acquisitions plus larges (Huber, 1999), ce qui répond au besoin humain fondamental de reconnaissance : le fait de provoquer un regard des autres empreint de considération pour consolider une image positive de soi a des répercussions inévitables sur le comportement social.

3. *La différenciation par choix personnel* s'inscrit dans une cohérence de pratiques et de valeurs. En quittant les oripeaux de l'autoritarisme et de la discipline imposée, on met en place le principe de la reconnaissance de l'autorité (*auctoritas*) et celui du respect généré par une compétence reconnue. Le rapport au savoir clairement affiché (mis en cohérence) génère lui-même des attitudes d'autonomie dans les groupes d'apprenants. La présence adulte permanente n'est pas une condition indispensable au bon fonctionnement des activités d'apprentissage.

   Toutefois, l'investissement du responsable doit être très visible. La rigueur dont il doit témoigner tous les jours permettra aux élèves de devenir autonomes. Contrairement à ce que d'aucuns pourraient penser, l'enseignement que nous proposons est teinté de contraintes, d'exigences, d'accompagnement, de sécurité, sans lesquels nos classes deviendraient vite inefficaces, voire invivables.

   Cette offre de choix se décline à tous les niveaux de réalisation du Chef-d'œuvre pédagogique : lors du choix du sujet, lors de la sélection des documents, lors du choix des consignes, lors de l'organisation de la présentation et de la sélection des supports, dans l'organisation des traces écrites... Cette liberté est perçue par les participants comme une reconnaissance de leur compétence, condition essentielle d'une autonomie accrue.
4. *La différenciation référentielle* se décline sous deux formes : l'une à forte implication de l'adulte – donc maîtrisée et organisée par celui-ci –, l'autre à forte implication de l'apprenant. Dans le premier type, il appartient au responsable d'apprentissage de

diversifier au maximum les référents qui sont utilisés et donc de multiplier ainsi les regards, les subjectivités. Le deuxième type consiste à organiser des situations de construction de référentiels ou « actes de formalisation », de dossiers « traces » qui seront mis en patrimoine de manière collective ou personnelle.

5.4. Le Chef-d'œuvre pédagogique et les examens externes

Vouloir évaluer des compétences risque fort d'amener l'enseignant vers une évaluation fermée et formelle (Guillaume et Manil, 2011 ; Houssaye, 2014). Par contre, nous souscrivons à l'idée de les affiner, de les mettre en branle, de les construire dans le cadre d'un projet d'apprentissage sensé pour l'enfant. En exemple, « pouvoir résumer » est pour nous une connaissance à mettre au service d'un projet plus large. Dès lors, lire un roman et en faire le résumé pour que sa lecture donne envie de le découvrir semble plus pertinent que de faire une lecture « silencieuse » assortie de questionnements externes.

La démarche proposée à travers le Chef-d'œuvre pédagogique tient de la tâche sensée et complexe à effectuer, à faire aboutir et à présenter, et non pas d'une compétence à certifier. Il est d'ailleurs vraisemblable que les exigences soient supérieures par ce biais. Ajoutons que ces dernières sont adaptables, mais non dérogeables. Par ce fait, tous les enfants sont poussés vers la réussite. Il leur est demandé de réaliser des tâches précises, de montrer qu'ils connaissent et utilisent des savoirs dans le cadre d'un projet qui prend sens pour eux ; surtout, tout est mis en œuvre pour qu'ils y arrivent. En empruntant ce chemin, les élèves sont en situation de répondre à des consignes et contraintes situées à l'opposé des compétences à certifier : répondre aux questions de condisciples, traquer des informations contradictoires, organiser sa présentation de manière cohérente, libeller son cheminement pour résoudre un problème, formaliser des règles...

L'ensemble sera intégré pour aboutir, en fin de scolarité primaire, à la présentation d'un chef-d'œuvre pédagogique qui, en outre, sera déterminante dans l'octroi du Certificat d'études de base. Il est une finalité, en ce sens qu'il implique tous les partenaires éducatifs à réfléchir en continuité sur les exigences et leurs implications pratiques à mettre en amont dès les classes maternelles. Si les épreuves externes deviennent une finalité (ce qui semble être le cas actuellement), nous risquons d'entrer, comme le dit Albert Jacquard (2006), dans une vision tayloriste de l'enseignement : « l'école risque d'être perçue comme une chaîne de production dont la fonction serait de fournir des individus à l'intelligence formatée» (p. 169) dont les épreuves externes indiqueront l'indice d'acquisition, l'utilité de ces connaissances ne se manifestant guère qu'à l'occasion de ces examens.

CONCLUSION : LA PUISSANCE DU RÉEL

Nos écoles ont fait l'objet de plusieurs recherches universitaires, particulièrement axées sur le devenir des anciens élèves (Bonifacio et Ndombe, 2007 ; Burion, 2010 ; Guillaume, 2010 ; Le Flao, 2003 ; Manil, 2010 ; Rogiers, 2002). D'après celles-ci, il est très clair que la pratique du Chef-d'œuvre pédagogique laisse des souvenirs positifs prégnants. Cette pratique est évoquée sous trois aspects essentiels : la projection dans le futur, l'intégration scolaire et la perspective humaniste.

1. *Projection dans le futur.* La pédagogie du projet aide l'enfant à se projeter dans le temps, à s'engager dans l'avenir. Le projet va à l'encontre du fatalisme ; il est un moyen de lutter contre l'impuissance et la régression. Il crée le désir de construire et vise le changement par la représentation positive d'un avenir mieux maîtrisé (Pourtois et Desmet, 1997/2003, p. 239-240).

   La perception du vouloir grandir se dessine en regard de l'investissement fait par l'adulte : outre l'échéance des présentations proprement dites, les élèves verbalisent très clairement l'utilité de l'activité pour leur futur. Nous relevons entre autres les habiletés liées à la prise de parole, la notion d'effort nécessaire, la confiance en soi :
   - *Le jour où je serai à l'université, je pourrai utiliser ça* (Isabelle).
   - *C'était faire un effort pour arriver à un but* (Florent).
   - *Les anciens venaient à l'école et expliquaient* (Kevin).
   - *C'est grâce aux exposés que j'ai pris confiance en moi. Je n'arrivais pas à parler devant une caméra, et, grâce aux exposés, parler à toute la classe… Parler et développer d'autres sujets avec d'autres personnes, je ne savais pas le faire avant* (Anne-Sophie).
   - *Par volonté de réussir* (Ryan).
   - *Pour voir de quoi on était capable* (Irénée).
2. *Intégration scolaire et rencontre de la différence.* La dimension collective est très prégnante : de nombreux témoignages évoquent une certaine réhabilitation sociale grâce aux pratiques liées au

Chef-d'œuvre pédagogique. Ainsi, les modèles de reconnaissance de Honneth (2008) apparaissent très clairement : sollicitude personnelle, considération cognitive, estime sociale.

Ces trois modèles structurent les relations de reconnaissance sociale. Les relations primaires (amour, amitié) donnent accès à la confiance en soi, l'expérience de la reconnaissance juridique (droits), au respect de soi, et l'expérience de la solidarité, à l'estime de soi. Sans un certain degré de confiance en soi, d'autonomie légalement garantie et d'assurance quant à la valeur de ses propres capacités, on ne peut imaginer aucune forme réussie de réalisation de soi :

- L'expérience de *la sollicitude personnelle* s'accompagne d'une relation maternelle réussie, condition première au bon établissement de liens affectifs avec les partenaires de la classe.
- *La considération cognitive* s'accompagne d'une forme de reconnaissance institutionnelle : l'appartenance légitime à un groupe social – le groupe classe en l'occurrence. Les droits juridiques font prendre conscience que l'être humain peut aussi se respecter lui-même, parce qu'il mérite le respect des autres sujets.
- L'expérience de *l'estime sociale* s'accompagne d'un sentiment de confiance quant aux prestations que l'on assure ou aux capacités que l'on possède, dont on sait qu'elles ne sont pas dépourvues de valeur aux yeux des autres membres de la société. C'est le cas lors de chacune des communications.
- Toujours selon Honneth (2008), la solidarité se conditionne alors par des relations d'estime symétriques entre les sujets individualisés (et autonomes) ; s'estimer en ce sens, c'est s'envisager réciproquement à la lumière de valeurs qui donnent aux qualités et aux capacités de l'autre un rôle significatif dans la pratique commune. Des liens de ce type constituent des relations de « solidarité », parce qu'ils suscitent non seulement une tolérance passive, mais un véritable sentiment de sympathie pour la particularité individuelle de l'autre personne.

3. *Perspective humaniste.* La pédagogie du Chef-d'œuvre peut jouer un rôle dans la construction de la citoyenneté de demain, en ce sens qu'elle intègre des motivations humanitaires, psychologiques, sociologiques, philosophiques et psychopédagogiques. Interrogés sur ce sujet, ces élèves nous disent (extraits choisis) :

- *Je trouve le Chef-d'œuvre extraordinaire, car ça prouve que vous pouvez réussir !* (Marius).
- *C'est un projet très «apprentif» pour le secondaire : il faut savoir faire tout seul !* (Esteban).
- *Cela nous permet d'apprendre des choses sur soi, à améliorer notre français et travailler en développant notre intelligence* (Lovann).
- *C'est un des meilleurs moments de l'année !* (Daniel).
- *C'est la chose qu'il ne faut pas rater. Cela nous laisse un bon souvenir juste avant d'aller en humanités* (Laure).
- *On montre à nos parents tout ce qu'on est capable de faire* (Mathilde).

Cette pédagogie peut être une sérieuse solution de rechange aux pratiques traditionnelles générant la hiérarchisation et l'exclusion. Elle peut être qualifiée d'utopique et d'humaine : «utopique», car elle peut être un «lieu où l'on se sent bien», mais aussi une réalité qui s'est construite en opposition aux actions dominantes (Chalmel, 2004) ; «humaine», car elle permet aux apprenants d'ancrer leur savoir dans la culture et, ainsi, de considérer que l'école obligatoire joue bien le rôle qui lui est attribué : faire apprendre et grandir et non sélectionner.

Le Chef-d'œuvre pédagogique est une pratique capable de soutenir l'école face aux défis qu'elle doit actuellement relever. En ce sens, nous faisons le pari d'une inscription de la dynamique proposée dans une école influençant la société : les apprenants renvoyant vers leur milieu de vie les différents concepts vécus dans leur scolarité.

CHAPITRE 15

Enseigner l'histoire de l'immigration pour déconstruire les assignations identitaires

Alexia Panagiotounakos,
Université de Genève

INTRODUCTION

Le 9 février 2014, 50,3 % des votants suisses ont accepté une initiative populaire intitulée « Contre l'immigration de masse[1] ». Cette dernière prévoit l'introduction de quotas annuels concernant l'admission d'étrangers en Suisse, y compris les frontaliers[2] et les demandeurs d'asile. Alors qu'aucune initiative visant à limiter la population étrangère sur le sol national n'avait été acceptée par le peuple suisse jusqu'à présent, celle-ci met les autorités helvétiques en difficulté sur la scène politique internationale. En effet, la mise en application de cette initiative entraîne *de facto* une nouvelle négociation des accords de libre circulation avec l'Union européenne. Les débats suscités dans l'espace public, à l'échelle nationale et internationale, restent vifs.

Dans le cadre de notre recherche doctorale, nous collaborons avec des enseignants du secondaire obligatoire du canton de Genève afin d'étudier en classe la mise en place d'un enseignement portant sur l'histoire de l'immigration en Suisse. S'intéresser à l'enseignement de l'histoire de l'immigration dans un contexte aussi polémique peut sembler constituer une réponse à la demande sociale implicite d'une éducation citoyenne des élèves ou d'une gestion des problèmes occasionnés par la présence des immigrés sur sol national. Or, « il n'y a pas de problème des immigrés, il n'y a qu'un problème de l'immigration » (Noiriel, 2001, p. 337). Il existe en effet une confusion entre l'enseignement de l'immigration et la gestion des problèmes qui sont posés par le processus migratoire. Dans une étude portant sur cette thématique en France, Falaize *et al.* (2008) relèvent un certain nombre de pratiques scolaires qui, probablement motivées par les meilleures intentions de la part des enseignants, cristallisent d'importants enjeux identitaires. Il n'est pas rare, en effet, que les enseignants, en cherchant à valoriser les identités de leurs élèves, procèdent en réalité à une « assignation à résidence identitaire » en attribuant aux élèves une culture fondée sur leurs origines supposées, qu'ils soient immigrés ou nationaux. Une erreur fondamentale est à la source de ce phénomène, à savoir une conception figée et naturalisée des cultures et des identités, considérées comme des réalités immobiles, clairement distinctes les unes des autres. Les élèves qui en seraient ainsi devenus des représentants idéaux typiques se voient attribuer le statut d'experts de cette culture, qu'ils sont parfois invités à présenter en classe. Cette attribution identitaire forcée ignore la complexité du processus migratoire et réifie les cultures. Si la différence supposée des élèves est manifestement perçue positivement par l'enseignant, elle n'en est pas moins clairement signifiée comme une différence.

Nous considérons que les enjeux d'appartenance identitaire mis en exergue par le processus migratoire sont majeurs, car ils interrogent les fondements et le fonctionnement d'un groupe social. Or, le questionnement sur les appartenances identitaires exige une mise à distance des modes de pensée dominants, inscrits culturellement et socialement. Pour ce faire, il est nécessaire de penser le lien entre appartenance nationale et processus de stigmatisation sociale en mobilisant une triple approche sociologique, psychosociale et historique.

1. RECONNAÎTRE LA MULTIPLICITÉ DES APPARTENANCES CONTRE LA CATÉGORISATION SOCIALE

L'histoire, en tant que discipline académique et scolaire, doit s'interroger sur les liens qu'elle établit entre les contenus qu'elle transmet ou rend visible dans l'espace public et la construction identitaire qu'elle sous-tend : s'agit-il d'adopter une perspective particulière, à l'échelle régionale ou nationale, ou propose-t-elle une histoire connectée qui prend en compte une certaine communauté de destin de l'humanité ? Inscrit-elle les élèves dans une généalogie valorisant les « racines » et les « origines », ou cherche-t-elle à transmettre une solidarité dans la coprésence de l'humanité, au-delà des frontières nationales ?

Étudier l'histoire de l'immigration en classe suppose la prise en compte d'une double altérité. D'une part, toute société humaine se construit dynamiquement par la rencontre et la confrontation avec des Autres. Ce n'est donc pas la présence d'élèves immigrés dans une classe qui légitime l'étude de l'immigration en tant qu'objet historique, mais le fait qu'elle représente un processus universel dans l'histoire de l'humanité. D'autre part, étudier le passé tout en s'inscrivant dans un présent signifie également, pour l'élève, se confronter à une altérité humaine. L'histoire, en tant que démarche intellectuelle, suppose un effort de décentration constant: tantôt, face à l'étude d'une situation du passé, un sentiment d'étrangeté et d'incompréhension peut venir en empêcher l'intelligibilité, tantôt une impression de trompeuse familiarité voit des systèmes de valeurs et de représentations actuels se mobiliser pour expliquer un passé différent. Il s'agit ainsi de replacer le passé étudié dans son contexte spécifique, avec son univers mental propre, et d'être en mesure de donner du sens à la comparaison entre passé et présent.

Or, penser l'Autre génère des stéréotypes; l'étude de figures collectives du passé n'échappe pas à ce phénomène[3]. Ce mécanisme trouve ses sources dans le processus de catégorisation sociale que Tajfel (1972) considère comme étant la condition *sine qua non* de survie pour l'individu ou le groupe social. Cet auteur entend par catégorisation «les processus psychologiques qui tendent à ordonner l'environnement en termes de catégories: groupes de personnes, d'objets, d'événements (ou groupes de certains de leurs attributs), en tant qu'ils sont soit semblables soit équivalents les uns aux autres pour l'action, les intentions ou les attitudes d'un individu» (p. 272). L'individu a besoin de simplifier la réalité afin de pouvoir systématiser un environnement qu'il ne serait pas en mesure d'appréhender, au quotidien, dans sa complexité. C'est donc une condition naturelle des relations intragroupes et intergroupes que de produire des stéréotypes, perception rapide et économique d'un monde polymorphe et changeant.

Outre sa fonction compréhensive, la catégorisation sociale répond principalement à des enjeux identitaires forts, notamment le besoin de préserver une identité positive face à un Autre, individu ou groupe social. Il y aurait ainsi trois aspects fondamentaux dans le processus de catégorisation sociale des individus ou des groupes sociaux: d'une part, la dimension intrinsèquement comparative des jugements portés sur les caractéristiques, réelles ou attribuées, entre un Nous et un Eux; d'autre part, l'attribution subjective de caractéristiques à un individu en fonction de sa classe d'appartenance, ses caractéristiques personnelles réelles comptant moins que celles dont est affublé le groupe auquel il est identifié; enfin, un double mouvement d'exagération des différences intercatégorielles et de diminution des différences intracatégorielles. L'Autre, individu ou groupe, est de la sorte assigné à une identité, en général plus ou moins dévalorisante, processus qui le dépouille de sa propre compétence à se définir lui-même.

Or, dans ce processus de catégorisation, l'objet à qualifier, ici un individu de nationalité étrangère, doit pouvoir s'intégrer dans les structures déjà existantes qui sont à disposition du sujet catégorisant. Dans un monde dominé par l'organisation nationale, la manière la plus économique et rapide de le qualifier consiste à le ramener à sa nationalité ou à sa condition d'immigré, en évacuant d'autres caractéristiques identitaires qui seraient peut-être bien plus pertinentes pour le décrire.

Ainsi, définir un individu par son appartenance nationale revient à valider la différence intercatégorielle, par conséquent à perpétuer une vision nationalisée du monde, et à ramener les individus non nationaux à une figure abstraite: celle de l'Étranger ou de l'Immigré, objet de stéréotypes et de préjugés sociaux forts. L'identité personnelle de l'individu, complexe et dynamique, se confond alors avec son identité sociale, elle-même connotée négativement. Sachant que la catégorisation sociale est un système produisant également une certaine orientation sociale assignant une place particulière aux individus en société, la perception des migrants uniquement sous l'angle de leur appartenance nationale contribue à les placer en marge du groupe social considéré comme référent, soit la communauté nationale.

Au-delà de la catégorisation sociale, limiter l'individu à une seule facette identitaire revient à nier la multiplicité de ses expériences collectives. En effet, tout groupe humain (famille, école, milieu professionnel, club de sport) se constitue une mémoire collective partagée par ses membres. Chaque individu s'inscrit ainsi, simultanément ou successivement, dans plusieurs groupes d'appartenances dont il porte les mémoires (lire à ce propos Halbwachs, 1925/1994, 1950/1997). L'interaction entre l'individu et son groupe d'appartenance est néanmoins complexe et dynamique. En effet, celui-là n'est pas le simple dépositaire de la mémoire collective; il participe à sa construction en y apportant des éléments de son vécu personnel et la mobilise afin de fixer ses souvenirs personnels.

Le statut de la mémoire collective est ainsi double: d'une part, elle comprend partiellement les mémoires individuelles des membres du groupe sans toutefois se confondre avec elles; d'autre part, elle est nécessaire à la fixation des souvenirs individuels. En effet, la mémoire collective, telle que l'envisage Halbwachs, sert essentiellement de support à l'individu pour mobiliser et pérenniser ses souvenirs personnels en offrant un cadre social dans lequel viennent s'insérer les souvenirs personnels. Les souvenirs étant ravivés par le partage avec autrui, l'individu isolé ne serait pas en mesure d'entretenir la mémoire d'événements en dehors d'une pratique collective.

L'interaction entre mémoire collective et mémoire individuelle dépasse le cadre de la pérennisation du souvenir personnel. En effet, chaque mémoire individuelle est considérée comme un point de vue sur la mémoire collective, ce dernier dépendant de la place occupée par l'individu dans le groupe, place qui varie en fonction des relations entretenues avec d'autres milieux par l'individu. Ainsi, il semble nécessaire que l'individu participe pour le moins à deux groupes sociaux, soit deux mémoires collectives, puisqu'il doit impérativement avoir une position externe pour penser le contenu d'une mémoire collective. L'appartenance mémorielle multiple devient ainsi une condition *sine qua non* pour participer à un groupe social et entretenir sa mémoire collective. Ce n'est que parce que l'individu partage une mémoire collective A différente de la mémoire collective B qu'il peut consciemment appréhender le contenu de la mémoire collective B.

Ces considérations dépassent le cadre de la mémoire et du partage d'une identité sociale, car ces inscriptions mémorielles déterminent également les pensées et actions dans le quotidien. D'après Lahire (1998), le poids du passé domine le processus de prise de décision d'un individu afin d'agir dans le présent. Les *habitus*[4] tendent à favoriser les contextes déjà existants afin de pouvoir continuer à s'exercer sans générer de conflit entre l'individu et l'environnement dans lequel il est immergé. Si l'individu manifeste ainsi une disposition à agir d'une certaine manière dans des circonstances déterminées, elle est principalement le fruit de son passé et des *habitudes*[5] qu'il aura apprises et validées. Le présent délimite ce qui, du passé de l'individu, est actualisable en vue d'une action. Si l'individu a vécu dans un milieu homogène, il n'aura développé qu'un seul schème d'action, soit une manière de penser et d'agir en fonction d'un contexte donné. En revanche, si un individu a assimilé différents schèmes d'action, par la confrontation avec des formes de vie hétérogènes ou contradictoires, il sera en mesure de mobiliser un répertoire de pensées et d'actions plus étendues, parmi lesquelles il pourra choisir celui qui convient le mieux au contexte présent, et sera moins soumis à un certain déterminisme d'action et de pensée.

Affirmer la multiplicité d'appartenances des individus, en tant qu'objets et sujets d'apprentissage, est ainsi triplement nécessaire: c'est reconnaître, d'une part, leur particularité, en ce qu'ils se définissent socialement par un croisement spécifique de plusieurs mémoires collectives non figées, et leur garantir d'autre part une plus grande autonomie d'action et de pensée. C'est, enfin, promouvoir une identité dynamique et flexible qui évite des crispations identitaires. L'être humain n'est pas que le produit d'un héritage vertical provenant de ses ancêtres, qui le figerait dans une appartenance culturelle unique, exclusive. Les moyens de communication et de transports modernes le mettent en contact avec ses contemporains plus rapidement et plus aisément qu'auparavant. Si l'être humain revendique principalement son héritage culturel vertical, il est nécessaire qu'il prenne conscience de cet autre héritage, horizontal, qui le rend cosolidaire du reste de l'humanité, et qu'il l'assume. Maalouf (1998) distingue ainsi, d'une part, ce que l'homme pense et prétend être, un membre d'une certaine communauté plus ou moins restreinte, et d'autre part ce qu'il est réellement, à savoir « des êtres tissés de fils de toutes les couleurs, qui partagent avec la vaste communauté de leurs contemporains l'essentiel de leurs références, l'essentiel de leurs comportements, l'essentiel de leurs croyances » (p. 138).

2. INSTRUMENTALISATION DU PASSÉ ET CONSTRUCTION IDENTITAIRE

L'héritage vertical à tendance exclusive évoqué par Maalouf est principalement le fait d'une construction identitaire rendue possible par une certaine instrumentalisation du passé, réalisée sous couvert de « faire de l'histoire ». Or, l'histoire ne propose pas d'excaver le passé sous une forme objective, définitivement vraie, avec l'illusion de pouvoir décrire exactement la réalité des événements survenus. Elle est une démarche réflexive menée sur des événements du passé par le biais d'un questionnement socialement et historiquement situé dans un contexte contemporain, qui détermine en partie le *regard* posé par l'historien sur son objet. Si les événements du passé sont par définition immuables, l'interprétation qui en est proposée varie et évolue en fonction du positionnement de l'historien.

Parler d'identité implique de s'intéresser aux mémoires individuelles et collectives. Il est possible de distinguer, d'une part, la *mémoire biographique*, qui concerne les événements vécus personnellement par un individu portés par lui et ses descendants directs, et d'autre part la *mémoire culturelle*, instituée artificiellement, qui synthétise schématiquement le passé en recensant les faits qui ont été investis de sens par un groupe social particulier. Lorsque ce groupe atteint une certaine importance, il est possible de parler de *mémoire historique* (Halbwachs, 1950/1997).

Au cours de la deuxième moitié du XIXe siècle, l'Europe voit émerger des entités politiques particulières, les États-nations, qui ont assis leur légitimité sur les principes d'homogénéité culturelle – la *mêmeté* – et de continuité historique – l'*ipséité*. Ces deux conditions étaient indispensables à la *reconnaissance*, dans sa double acception d'identification et de valorisation, de l'existence des nations (Noiriel, 2007). En sélectionnant des manifestations culturelles les plus anciennes possible et en les articulant entre elles afin de se composer une identité nationale à la fois homogène et continue, les nations nouvellement créées pouvaient revendiquer un certain prestige dû à une supposée ancienneté d'existence et légitimer ainsi, notamment, des prétentions territoriales.

L'étude du processus de formation des États-nations démontre bien le caractère fondamentalement construit et arbitraire de leur identité nationale, qui n'avait, à l'origine, rien d'évident (voir à ce sujet Thiesse, 2001). Dans ce contexte, la mémoire culturelle devenue mémoire historique tend à présenter un récit lisse et linéaire de l'histoire d'un groupe humain, défini sur un espace géographique délimité, afin de répondre aux impératifs de mêmeté et d'ipséité. Ce qui, d'un point de vue mémoriel, relève de la construction identitaire d'un groupe se traduit, au niveau national, par l'instauration d'une doxa historique entretenue par l'État. Ce dernier produit en effet des modes de pensée propres (Sayad, 1999)[6], qui façonnent les catégories du quotidien, lesquelles sont notamment perpétuées par l'école et les autres institutions étatiques à travers lesquelles l'individu appréhende le monde. L'individu est ainsi déterminé dans ses pensées et ses actions par des *habitus* qui tendent à reproduire des pratiques déjà instituées, mais également une certaine appréhension et une certaine interprétation.

La « culture » d'un pays et son organisation sociale sont à considérer comme un produit de l'État, qui confère à un arbitraire culturel les apparences du naturel en les instituant dans les choses et les esprits (voir Bourdieu, 1980, 1994). Par conséquent, l'arbitraire culturel s'exerce également dans l'établissement des normes juridiques. L'État remplit principalement une fonction discriminante qui s'exerce relativement à l'appartenance nationale, distinction qui est devenue essentielle dans le contexte des États-nations.

De par leur appartenance à la nation, les citoyens bénéficient de certains privilèges politiques, économiques et sociaux dont sont exclus les non-nationaux et qui justifient en retour les normes et les contraintes auxquelles ils sont soumis (voir à ce propos Elias et Scotson, 1965/1997/2001). Pour se légitimer lui-même, l'État entretient une certaine *amnésie historique* (Sayad, 1999) qui nie le caractère construit, dynamique et impermanent de la « culture nationale », fruit d'innombrables échanges et interactions culturelles au cours du temps. En postulant une homogénéité culturelle nationale, à la fois passée et présente, l'État légitime son existence en se présentant comme garant de l'ordre social établi qui justifie son monopole de l'exercice de la violence physique et symbolique. Puisque la construction des États-nations au XIXe siècle fonde leur existence sur le principe des nationalités, ces dernières sont érigées en catégories « naturelles » existant intrinsèquement, ce qui les soustrait fondamentalement à un réel examen critique.

De nombreuses études historiques ont remis en question cette conception du passé et démontrent la permanence des mouvements migratoires et des échanges culturels entre sociétés (voir notamment Geary, 2002/2006 ; Hoerder, 2002 ; Liauzu, 1996). Nier l'existence des migrations dans le passé produit une double conséquence dans le présent : d'une part, elle postule une impossible homogénéité culturelle entre les membres d'une nation et implique une contrainte pour les nouveaux membres souhaitant s'y intégrer ; d'autre part, elle peut contribuer aux discours discriminant et délégitimant les migrations actuelles. L'étude de l'histoire de l'immigration doit favoriser une rupture avec cette amnésie historique en permettant l'examen critique de catégories se présentant comme évidentes, alors qu'elles sont situées historiquement et culturellement.

3. L'APPARTENANCE NATIONALE COMME (DÉ)LÉGITIMATION DES DROITS

L'organisation politique sous forme d'États-nations a validé de nouvelles assignations identitaires considérées sous le prisme de l'appartenance nationale. Cette convention relativement récente est aujourd'hui considérée comme une évidence, malgré son caractère arbitraire. Les frontières organisent les relations entre pays et modèlent de nouvelles formes d'exclusion et de domination, internes et externes. Les États reconnaissent en effet à leurs ressortissants un certain nombre de droits politiques et sociaux. En période de crise économique, ce dispositif n'est pas remis en question en tant que tel, mais il y a une redéfinition des critères de légitimité d'accès aux droits sociaux. Pour Tabin (1999), l'intégration des citoyens au sein d'une même entité nationale – *l'intégration de* la nation – n'est possible qu'en refusant à d'autres individus la pleine participation à celle-ci – *l'intégration à* la nation. La catégorisation entre nationaux et non-nationaux dessine une frontière juridique claire : l'étranger, parce qu'il ne fait pas partie de la nation, ne peut pas prétendre aux mêmes droits et devoirs que les citoyens.

Il n'est pas possible de comprendre les enjeux actuels des discours sur l'immigration en considérant cette question uniquement sous un angle politico-législatif. La présence d'étrangers sur le sol national relève en effet de processus psychosociaux complexes. Il est nécessaire pour cela de distinguer deux figures : l'Étranger et l'Autre, qui tous deux s'opposent au Nous. L'Étranger représente le voyageur temporaire, destiné à repartir. Sa différence par rapport au Nous interpelle, mais elle est généralement perçue positivement, en ce qu'elle illustre la diversité et la richesse d'une humanité unique. Le caractère temporaire de sa présence le préserve des enjeux identitaires et des questions posées par son intégration ou son exclusion au Nous. L'Autre, en revanche, est présent au sein du groupe constitué par le Nous et constitue une figure construite en négatif à partir des éléments déterminants pour l'identité du Nous : il sert principalement à définir et construire le Nous et est à la fois un produit et un processus psychosocial lié aux préjugés sociaux du Nous. Ces deux figures sont soumises à une certaine exclusion du Nous, relative à leur statut : si l'Étranger est institué par un cadre légal et s'inscrit dans la sphère de la reconnaissance juridique, l'Autre s'inscrit dans la sphère de la reconnaissance sociale. L'Étranger est privé de droit, alors que l'Autre est privé d'estime.

Dans le contexte des sociétés modernes, l'immigré représente une figure particulière de l'Étranger. En tant que travailleur provisoire, il est soumis à la barrière formelle du droit, ce qui le soustrait des enjeux de reconnaissance sociale, du moins dans un premier temps. La figure de l'immigré isolé devient cependant sociale du fait de la récurrence du phénomène, ce qui l'instaure comme groupe et le soumet par conséquent au processus de déni de reconnaissance sociale, et non uniquement juridique. L'immigration moderne constitue ainsi un paradoxe : légalement prévue pour être provisoire, elle représente en réalité une situation durable. L'immigré, initialement perçu comme une force de travail modulable en fonction des besoins de l'économie du pays d'accueil, s'y installe et revendique une reconnaissance juridique et sociale de son existence. La non-appartenance nationale est mobilisée dans les discours publics afin de légitimer l'exclusion des non-nationaux des droits politiques, mais également des droits sociaux. Parce que les étrangers ne fournissent pas de contrepartie en tant que citoyens dans le pays d'accueil, les droits sociaux dont ils font usage sont considérés comme leur étant accordés illégitimement.

La reconnaissance des droits des étrangers, de leur légitimité à revendiquer des droits, ne s'arrête pas à la sphère politique ou sociale : elle se construit aussi culturellement. Certains discours actuels mettent notamment en avant le manque d'intégration des étrangers, à qui l'on reproche de se naturaliser uniquement pour pouvoir bénéficier des avantages qu'offre la citoyenneté suisse sans adhérer sincèrement aux « valeurs suisses » ou à la « culture suisse ». Or le concept de « culture » est rarement explicité lorsqu'il est brandi comme critère à l'intégration des étrangers. C'est un concept nomade : Kroeber et Kluckhohn (1952) en ont relevé plus de 160 définitions émanant de dix domaines scientifiques. Les nombreuses citations compilées dans leur étude illustrent les divergences parfois importantes dans l'acception de ce concept.

Dans l'espace public, le flou entourant la notion de « culture » permet ainsi de mettre l'accent tantôt sur des critères concrets, tels que la maîtrise de la langue ou la connaissance des institutions politiques, tantôt abstraits, tels que les « valeurs », elles-mêmes objet de représentions stéréotypes de la part des nationaux. Dans une société nationale, l'extranéité représente un statut juridique relevant de la sphère politique, au sens de la non-appartenance nationale, mais elle tend à devenir, implicitement, une assignation d'appartenance reposant sur une conception figée et essentialisée de l'identité : l'Étranger est cet individu qui, venant d'ailleurs, serait habité par une culture trop différente pour pouvoir s'intégrer dans la société nationale. En renvoyant systématiquement l'Étranger à son origine ou à sa « culture », les discours le figent dans une identité qui le détermine indéfiniment et lui interdit l'intégration dans la société nationale. Alors que le caractère universel de l'humanité est reconnu et affirmé, le relativisme culturel qu'il implique reste difficile à accepter dans le domaine des relations intergroupes : les enjeux identitaires poussent tout groupe social à s'attribuer une identité valorisante, soumettant par là même les différentes pratiques culturelles à une hiérarchisation au niveau de l'estime sociale.

Lorsque les discours présents dans l'espace public reprochent aux étrangers, naturalisés ou non, leur manque d'intégration, que celui-ci soit attribué à une supposée mauvaise volonté ou à une « culture » trop différente, ils révèlent cette confusion, au niveau des représentations, entre le domaine juridique – soit le respect des lois – et le domaine culturel, qui relève d'un ensemble de valeurs symboliques auxquelles l'Étranger doit adhérer. Ils se fondent sur une vision erronée de l'intégration, qui doit être considérée comme un processus dynamique entre la société d'accueil et le migrant, celle-là offrant à celui-ci les conditions matérielles et symboliques pour participer pleinement à son fonctionnement politique, économique et social.

CONCLUSION

La modification de la législation en matière d'immigration qui est provoquée par l'acceptation de l'initiative du 9 février 2014 en Suisse est problématique à plusieurs niveaux. Tout d'abord, elle signifie une négation de certains droits fondamentaux des individus, puisqu'elle légitime légalement le renvoi d'étrangers établis de longue date et le refus au regroupement familial. En précisant que l'accès aux prestations sociales peut également être limité, elle défend une vision ethnique de la nation qui tend à réserver les droits sociaux aux seuls nationaux. Ensuite, elle pose l'intérêt économique global de la Suisse comme critère déterminant pour l'octroi des autorisations de séjour et défend en cela une conception utilitariste de l'immigration, perçue uniquement sous l'angle économique, qui évacue complètement la dimension humaine. En précisant en outre que les demandeurs doivent bénéficier d'une source de revenus suffisante et autonome, elle renvoie directement à la limitation du droit aux prestations sociales. Enfin, elle exige également du migrant une « capacité d'intégration », condition dont le manque de clarté est hautement problématique de par la multiplicité des interprétations qu'elle permet, de la plus ouverte à la plus restrictive.

Dans une étude portant sur les étrangers dans les États italiens au XVIIIe siècle, l'historienne Simona Cerutti (2012) relève qu'ils étaient soumis au même régime juridique particulier, la procédure sommaire, que « les pauvres, les veuves, les mineurs, les orphelins, les paysans, les soldats, les salariés, les pèlerins, les marchands ». Ces catégories ne se caractérisent pas par leur lieu d'origine (par opposition au lieu de résidence où s'appliquait ladite justice), mais bien par leur inscription – ou plutôt faudrait-il dire leur non-inscription – dans un groupe social. Alors que la justice ordinaire plaçait en effet les témoins dans une position centrale de la procédure, ce qui exigeait de la part des plaignants de pouvoir mobiliser des ressources relationnelles locales, la procédure sommaire proposait une procédure allégée visant à résoudre uniquement les points litigieux entre les plaignants, sans mobilisation de témoins, afin de limiter l'impact de l'inscription sociale dans la reconnaissance des droits. L'étude d'autres figures étrangères révèle que leur processus d'intégration se traduisait principalement par la reconnaissance de nouveaux droits, sans impliquer le renoncement à leur différence « culturelle ».

Transposée au contexte actuel, cette étude éclaire la construction sociale sous un autre angle. Plutôt que de penser l'extranéité comme une caractéristique identitaire liée à l'origine des individus, ne conviendrait-il pas de la considérer comme une condition sociale d'incertitude et d'instabilité ? L'organisation du monde en entités nationales impose une classification des individus en fonction de leur origine. Parallèlement, celle-ci est devenue l'élément principal dans l'attribution d'une identité aux individus, qui sont principalement perçus sous l'angle de leur culture, considérée comme figée et immuable. Considérer l'extranéité non pas sous son angle politique-national, mais selon une perspective sociale de participation aide à comprendre pourquoi l'intégration des étrangers est jugée difficile et insatisfaisante. Celle-ci devrait signifier la reconnaissance d'une inscription sociale, et non d'un changement d'appartenance identitaire. C'est bien la mobilisation actuelle du critère de l'appartenance nationale – qui recouvre en réalité une stigmatisation de la différence culturelle – et la restriction de certains droits politiques et sociaux qu'elle impose aux étrangers qui semblent être l'obstacle principal à leur intégration, non leur origine.

NOTES

1. Le texte complet de l'initiative peut être consulté ici: <http://www.admin.ch/ch/f/porc/vi/vis413t.html>.
2. Personnes de nationalité étrangère résidant en zone frontière et qui occupent en emploi en Suisse. Les frontaliers sont particulièrement l'objet de discours stigmatisants dans le canton de Genève.
3. Voir à ce propos l'étude de Dalongeville (2001) sur la figure des Barbares dans l'enseignement de l'histoire.
4. Lahire mobilise le concept d'*habitus* tel que développé par Bourdieu (1980).
5. Pour Lahire, les habitudes sont des schèmes d'action involontaires, façonnés par le passé. Elles fonctionnent comme un abrégé d'expérience, fruit d'une répétition volontaire ou imposée, qui est activé par une situation du présent en fonction de sa similitude avec une situation du passé dans laquelle l'individu a agi.
6. Sayad définit la pensée d'État comme une «forme de pensée qui reflète, à travers ses propres structures (structures mentales), les structures de l'État, ainsi faites corps» (p. 5).

Conclusion générale

Lise Gremion,
Serge Ramel et
Jean-Claude Kalubi

En matière d'intégration et d'inclusion scolaires[1], les politiques des pays occidentaux se sont ajustées depuis les années 1960 pour soutenir juridiquement les nouvelles pratiques d'intégration des élèves présentant des besoins spécifiques et, plus généralement, l'éducation pour tous. Les données d'observation indiquent ainsi qu'au cours des réformes scolaires qui se sont succédé depuis un demi-siècle, le droit de tous les élèves à la scolarisation s'est concrétisé par le développement de mesures diverses favorisant l'accueil de nouveaux publics d'élèves sur les bancs de l'école.

Parallèlement, le champ des connaissances relatif aux caractéristiques et besoins spécifiques des élèves s'est développé, en favorisant la revendication du droit de chacun de ces élèves à bénéficier d'une scolarité non seulement adaptée, mais intégrée aux classes ordinaires, grâce à l'élaboration de plans d'intervention personnalisés, d'accompagnements et d'aides spécifiques différenciés. Cette évolution a fortement contribué à transformer les réalités de l'enseignement et le rôle des acteurs scolaires, ainsi qu'à réactualiser l'idée d'une *École pour tous*. Toutefois, au long de ce demi-siècle, de nombreuses recherches soulignent avec une régularité déconcertante que les écarts entre les prescrits des politiques publiques et les pratiques quotidiennes dans les établissements scolaires perdurent. Malgré le principe d'éducabilité sous-jacent des discours sur l'intégration, voire sur l'inclusion scolaire, les statistiques en matière d'éducation produites par les États occidentaux, ainsi que plusieurs travaux, montrent de façon récurrente que la discrimination des élèves les plus vulnérables (surtout sur le plan socioéconomique) prend d'autres formes, mais n'a pas régressé au cours des dernières décennies. Les usages et les pratiques, sous le couvert d'un discours politique restant en surface des problématiques rencontrées sur le terrain, changent parfois de forme sans se modifier sur le fond (Ramel et Doudin, 2009).

Quand bien même le mouvement qui vise l'inclusion paraît soutenu par de nombreux États, la sériation des élèves de condition modeste ou appartenant à des groupes minoritaires peut subtilement contribuer sans discontinuité à leur discrimination (Gremion, 2012). Ainsi, bien que des enfants scolarisés dans des structures séparées aient rejoint les classes ordinaires en bénéficiant de mesures d'accompagnement qui favorisent leur intégration, dans le même temps, un nombre toujours croissant d'élèves de l'école publique sont désignés comme nécessitant des mesures spécifiques qui contribuent à leur stigmatisation plutôt qu'à leur inclusion scolaire (Kalubi, 2012).

Ces effets antagonistes ne sont pas nouveaux dans l'école ordinaire. Ils sont perceptibles dès les débuts de son histoire où l'obligation scolaire proclamée comme un droit à la scolarité ordinaire pour tous s'accompagne rapidement de l'ouverture de classes séparées pour les « indisciplinés », ces « récalcitrants » scolaires, enfants de familles pauvres qui résistent à la volonté d'instruire et que les premières grandes lois sociales (*Loi sur les fabriques* ou *Factory Act*) contraignent à se rendre à l'école plutôt que de continuer à travailler pour subvenir aux besoins de leurs familles (Ruchat, 2003; Gremion, 2012).

À la fin de la Seconde Guerre mondiale, et à l'aune de la Déclaration universelle des droits de l'homme, qui défend l'égalité des droits de tous les êtres humains et une volonté forte de lutter contre leur discrimination, l'éducation de tous vise alors le maintien de la paix en favorisant la compréhension et la tolérance entre tous les groupes raciaux et religieux. Pourtant, avec la reprise économique, s'ouvrent en nombre les classes pour « arriérés scolaires » afin d'éviter les « pertes de temps » que provoquent ces élèves « moins doués » (Hutmacher, 1992; Ruchat, 2003; Schoeni et Bucher, 1990). Et ce sont toujours les enfants de milieux et de groupes culturellement et économiquement désavantagés qui, « pour leur bien », constituent la population principale de ces classes. Dans le contexte de la lutte pour les droits civiques américains, l'affaire *Brown v. Board of Education* offre une première victoire à ceux qui luttent contre la discrimination scolaire. Pourtant, il faut encore près de 15 ans pour qu'un article de Dunn (1968) crée un fort retentissement, en dénonçant la surreprésentation des enfants afro-américains et hispano-américains encore et toujours marginalisés dans ces classes, marginalisation qu'il décrit comme une nouvelle forme de ségrégation, soit comme une discrimination inconstitutionnelle.

De nombreux événements contemporains, comme ceux qui se développent particulièrement en Europe et en Amérique du Nord (décolonisation, reconnaissance des droits des peuples à leur autodétermination, mouvement dit de *normalisation*, etc.) soutiennent, outre l'ouverture des institutions, la défense du droit de chacun de vivre au plus près de sa communauté. Ils contribuent ensemble à l'avènement des premières déclarations internationales, puis des premières lois promouvant le droit de tous les élèves non seulement à l'éducation, mais également à l'accès et à l'intégration dans l'école ordinaire (Kalubi et Gremion-Bucher, 2015). Or, malgré les multiples déclarations et lois des quatre dernières décennies, certaines catégories d'enfants issus de milieux défavorisés forment toujours le groupe le plus représenté dans les programmes scolaires à exigence faible. Qu'il s'agisse de ces programmes, de structures encore séparées ou encore de mesures d'aide au sein de la classe qui mettent l'accent sur les difficultés des élèves, les mesures contribuent plutôt à leur stigmatisation et à leur fragilisation.

De nombreuses recherches ont été publiées sur les raisons particulières qui conduisent ces enfants dans les marges du système scolaire. Leurs caractéristiques et compétences individuelles, mais aussi la structure scolaire, les rôles de ses agents et leurs pratiques ont été étudiés pour tenter d'expliquer comment, dans une école qui se veut égalitaire, une partie des élèves sans pathologie avérée sont conduits hors du cursus ordinaire, quelle que soit la forme que prend cette exclusion. Comment la prise en compte de ces résultats a-t-elle été investie dans la mise en place des dispositifs actuels de formation et de renforcement des capacités chez les enseignants ? Quelles modalités, quelles conditions sont au cœur des décisions actuelles d'intégration ou de discrimination des élèves en âge de scolarisation ?

Les recherches qui soutiennent le mouvement de l'intégration et de l'inclusion scolaire rappellent que, pour prendre forme, ce projet ne peut se limiter à un élan généreux. Sans devenir une contrainte excessive, la visée d'une école pour tous pose comme fondement le postulat de l'éducabilité de chacun tout en respectant ses potentiels et ses particularités. En ce sens, les programmes de formation de l'ensemble des personnels scolaires sont appelés à accompagner l'évolution des pratiques et à permettre de réinventer des approches de gestion des « différences » en classe, conformément aux spécificités et aux « besoins particuliers » identifiés pour chacun des élèves. Le questionnement qui va de pair avec cette posture radicale pose un choix démocratique pour une école plus équitable qu'égalitaire, qui donne à chaque élève l'accessibilité à la formation, à un avenir social, ainsi qu'à la participation pleine et effective à la vie de la communauté. Dans cette logique communautaire, personnels scolaires et direction ne peuvent s'engager dans un processus viable sans s'assurer la participation tant des élèves que de leurs parents ou représentants. Favoriser l'école de tous et pour tous s'inscrit ainsi dans la légitimité du droit de chacun à la non-discrimination et dans la lutte pour que la voix des plus faibles soit entendue et défendue.

NOTE

1. D'un côté ou de l'autre de l'Atlantique, ces mots se recouvrent souvent, la réalité scolaire montrant que, dans tous les systèmes, les pratiques de soutien et d'aide à l'élève correspondent encore dans les faits à une sortie des élèves concernés hors de la classe ordinaire. C'est pourquoi les deux termes utilisés ici supposent des pratiques qui ne sont pas entièrement inclusives, bien qu'elles portent cette dénomination selon le contexte.

Bibliographie

ALBA, R., LOGAN, J.R., LUTZ, A. et STULTS, B. (2002). « Only English by the third generation ? Mother-tongue loss and preservation among the grandchildren of contemporary immigrants », *Demography, 39*, 467-484.

ALCALDE, A.I., *et al.* (2006). *Transformando la escuela : comunidades de aprendizaje*, Barcelone : Grao.

ALLENBACH, M. (2010). « Diversité des pratiques des intervenants à l'école », *Prismes, 13*, 37-39.

ALLENBACH, M. (2015a). « Diversité des pratiques et construction des rôles des intervenants à l'école », dans J.-C. Kalubi et L. Gremion-Bucher (dir.), *Intégration/Inclusion scolaire et nouveaux défis dans la formation des enseignants.* Montréal, Éditions Nouvelles AMS, p. 103-126.

ALLENBACH, M. (2015b). « Faire alliance : un métier ? Défis et paradoxes des intervenants à l'école », dans *Actes du 2e colloque du Laboratoire sur l'Accrochage Scolaire et les Alliances Educatives*, 14-16 mai 2014. Luxembourg, <https://www.hepl.ch/cms/accueil/formation/unites-enseignement-et-recherche/pedagogie-specialisee/lasale.html>.

ALLPORT, G. (1935). « Attitudes », dans *Handbook of Social Psychology* (p. 798-844). Worchester, MA: Clark University Press.

AMERICAN PSYCHIATRIC ASSOCIATION. (2013). *Diagnostic and statistical manual of mental disorders* (5e éd.). Arlington, VA: American Psychiatric Publishing.

ANDERSON, L.F. et HENDRICKSON, J.M. (2007). « Early-career EBD teacher knowledge, ratings of competency importance, and observed use of instruction and management competencies », *Education and Treatment of Children, 30*(4), 43-65.

Anyon, J. (1997). « L'origine sociale des élèves et le programme caché des activités scolaires », dans J.-C. Forquin (dir.), *Les sociologues de l'éducation américains et britanniques*. Paris, Bruxelles : De Boeck/INRP.

Apple, M. et Beane, J.A. (2005). *Escuelas democráticas*. Madrid : Morata.

Archambault, J. et Chouinard, R. (2009). *Vers une gestion éducative de la classe* (3e éd.). Montréal : Gaëtan Morin.

Argyris, C. et Schön, D.A. (2002). *Apprentissage organisationnel : théorie, méthode, pratique*. Paris : De Boeck Université.

Armstrong, F. (2001). « Intégration ou inclusion ? L'évolution de l'éducation spéciale en Angleterre : une étude de cas », *Revue française de pédagogie, 134*, 87-96.

Astolfi, J.-P. (1992). *L'école pour apprendre*. Paris : ESF.

Astolfi, J.-P. (1997/2009). *L'erreur, un outil pour enseigner*. Paris : ESF.

Avenir social. (2012). *Synthèse de la 1re étape du tour de Romandie des travailleurs sociaux en milieu scolaire*, <http://www.avenirsocial.ch/cm_data/Etape_1_Fribourg.05.03.12.pdf>.

Avramidis, E. et Kalyva, E. (2007). « The influence of teaching experience and professional development on Greek teachers' attitudes towards inclusion », *European Journal of Special Needs Education, 22*(4), 367-389.

Avramidis, E. et Norwich, B. (2002). « Teachers' attitudes towards integration/inclusion : A review of the literature », *European Journal of Special Needs Education, 17*(2), 129-147.

Bachelard, G. (1993). *La formation de l'esprit scientifique*. Paris : Vrin.

Baker, P.H. (2005). « Managing student behaviour : How ready are the teachers to meet the challenge ? », *American Secondary Education, 33*(3), 51-64.

Bandura, A. (1986). *Social Foundations of Thought and Action : A Social Cognitive Theory*. Englewood Cliffs, NJ : Prentice Hall.

Bandura, A. (2007). *Auto-efficacité : le sentiment d'efficacité personnelle* (2e éd. ; traduit par J. Lecomte). Bruxelles : De Boeck Université.

Bardin, L. (2007). *L'analyse de contenu*. Paris : Presses universitaires de France.

Barth, B.-M. (1993). *Le savoir en construction*. Paris : Retz.

Barthélémy, V. (2005). *Histoire de la vie scolaire : de son évaluation à la construction d'un mode de fonctionnement collégial*. Paris : Éditions L'Harmattan.

Bateson, G. (1956). « Toward a theory of schizophrenia », *Behavioral Science, 1*(4), 251-254.

Baumberger, B., Doudin, P.-A. et Martin, D. (2009). « Études de l'usage des mesures de pédagogie spécialisée en Suisse latine », *Formation et pratiques d'enseignement en questions, 9*, 117-134.

Beaupré, P., Roy, S., Bédard, A., Fréchette L.-E. et Ouellet, G. (2004). « La participation de l'élève et de ses parents à la démarche de plan d'intervention », *Revue francophone de la déficience intellectuelle, 15*, 46-49.

Becker, H.S. (1983). « Studying urban schools », *Anthropology and Education Quarterly, 14*(2), 99-108.

Becker, H.S. (1997). « Les variations dans la relation pédagogique selon l'origine sociale des élèves », dans J.-C. Forquin (dir.), *Les sociologues de l'éducation américains et britanniques* (p. 257-270). Paris, Bruxelles : De Boeck/INRP.

Bélanger, N. et Taleb, K. (2006). « Une mise en scène du rôle des comités d'identification de l'enfance en difficulté en Ontario français », *Éducation et sociétés, 18*, 219-236.

Benoit, V. et Angelucci, V. (2011). « Réflexions autour du concept de coenseignement en contexte inclusif », *Éducation et francophonie, 39*(2), 105-121.

Bernard, P.-Y. (2015). *Le décrochage scolaire*, 3e éd., Paris : Presses universitaires de France, « Que sais-je ? ».

Berzin, C. (2007). « La scolarisation des élèves en situation de handicap au collège : le point de vue des enseignants », *Carrefours de l'éducation, 24*(2), 3-19.

Bissonnette, S. et Richard, M. (2010). « Les modalités d'efficacité de la formation continue », *Vivre le Primaire, AQEP, 23*(3), 24-36.

Blanc, P. (2011). *La scolarisation des enfants handicapés : rapport au président de la République*, <http://www.ladocumentationfrancaise.fr/var/storage/rapports-publics/114000307.pdf>.

Blanchet, A. et Gotman, A. (2008). *L'entretien*. Paris : Armand Colin.

Blaya, C. et Beaumont, C. (2007). *La formation initiale des enseignants et enseignantes en matière de gestion des comportements agressifs et/ou de violence à l'école : un tour d'horizon international.* Communication présentée lors de la Journée conférence sur la violence à l'école, Sherbrooke.

Bless, G. (2004). « Intégration scolaire : aspects critiques de sa réalisation dans le système scolaire suisse », dans M. De Carlo-Bonvin (dir.), *Au seuil d'une école pour tous*. Lucerne : Édition SZH/CSPS, p. 13-26.

Bohrer, I. (2009). « Le travail social en milieu scolaire. Un vrai boom… et un défi pour Avenir social », *Actualité sociale. La revue spécialisée du travail social, 21*, 19-20.

Bonifacio, L. et Ndombe, M. (2007). *Accrochage scolaire à la Maison des Enfants de Buzet : impact de la famille et de l'école.* Mémoire de maîtrise, Université de Mons-Hainaut, Mons.

Bonvin, P. et Gaudreau, N. (2015). « Prévenir et gérer les problèmes de comportement en classe : préparation perçue de futurs enseignants suisses et québécois », *La Revue suisse de l'éducation, 37*(3), 481-501.

Booth, T. et Ainscow, M. (2002). *Index for Inclusion : developing learning and participation in school.* Bristol : Centre for Studies on Inclusive Education.

Borgogno, V. (1990). « Le discours populaire sur l'immigration : un racisme pratique ? », *Peuples méditerranéens, 51*, 7-30.

Bourdieu, P. (1980). *Le sens pratique*. Paris : Minuit.

Bourdieu. P. (1994). *Raisons pratiques : sur la théorie de l'action*. Paris : Seuil.

Bourgeois, E. (2012). « Piaget's constructivism and adult learning », dans P. Jarvis (dir.). *Routledge International Handbook of Adult Learning.* Londres : Routledge, p. 340-347.

Bourgeois, E. et Buchs, C. (2012). « Conflits sociocognitifs et apprentissage en formation », dans P. Caspar et P. Carré (dir.), *Traité des sciences et techniques de la formation*. Paris : Dunod, p. 291-308.

Boutinet, J.-P. (1990). *Anthropologie du projet*. Paris : Presses universitaires de France.

Boutinet, J.-P. (2010, mai). *Accompagnement des élèves : des pratiques nouvelles à mettre en place ?* Conférence donnée dans le cadre du séminaire d'accompagnement personnalisé en lycée professionnel CRDP, Dijon, France.

Bowers, T. (1997). « Not just a piece of paper : Education 3-13 », *International Journal of Primary, Elementary and Early Years Education*, *25*(3), 47-51.

Bradley, R., Doolittle, J. et Bartolotta, R. (2008). « Building on the data and adding to the discussion : The experiences and outcomes of students with emotional disturbance », *Journal of Behavioral Education*, *17*(1), 4-23.

Bransford, J.D., Brown, A.L. et Cocking, R.R. (dir.). (1999). *How People Learn : Brain, Mind, Experience, and School*. Washington : National Academy Press.

Brodeur, M., *et al.* (2008). « Amélioration du français : mobiliser les connaissances pour prévenir les difficultés d'apprentissage en lecture », *Éducation Canada*, *48*(4), 10-13.

Brouwers, A. et Tomic, W. (2001). « The factorial validity of scores on the Teacher Interpersonal Self-Efficacy Scale », *Educational and Psychological Measurement*, *61*(3), 433-445.

Brunner, J. (1991). *Car la culture donne forme à l'esprit*. Paris : Eshel.

Buchs, C. (2011). « Menaces des compétences dans l'apprentissage coopératif », dans F. Butera, C. Buchs et C. Darnon (dir.), *L'évaluation, une menace ?* Paris : PUF, p. 85-93.

Burion, C. (2010). *La Maison des Enfants de Buzet : recherche exploratoire auprès de quatorze anciens sortis il y a plus de dix ans*. Mémoire de maîtrise, Faculté de psychologie et des sciences de l'éducation, Université de Mons-Hainaut, Mons.

Calderón, R., Fibbi, R. et Truong, J. (2013). *Situation professionnelle et besoins en matière de formation continue des enseignants des cours de langue et culture d'origine (LCO) : une enquête dans six cantons BE, GE, JU, LU, SO, VD*. Berne/Neuchâtel : RC consulta/Forum suisse pour l'étude des migrations et de la population.

Campion, C.-L. et Debré, I. (2012). Rapport d'information fait au nom de la Commission sénatoriale pour le contrôle de l'application des lois (1) sur l'application de la loi n° 2005-102 du 11 février 2005, pour l'égalité des droits et des chances, la participation et la citoyenneté des personnes handicapées, <http://www.senat.fr/rap/r11-635/r11-6351.pdf>.

Carli, A., *et al.* (2003). « Asserting ethnic identity and power through language », *Journal of Ethnic and Migration Studies*, *29*(5), 865-883.

CARRASCO, S., PÀMIES, J. et BERTRAN, M. (2009). « Familias inmigrantes y escuela : desencuentros, estrategias y capital social », *Revista complutense de educación*, *20*(1), 55-78.

CARRINGTON, S. (1999). « Inclusion needs a different school culture », *International Journal of Inclusive Education*, *3*(3), 257-268.

CARRINGTON, S. et Robinson, R. (2004). « A case study of inclusive school development : A journey of learning », *International Journal of Inclusive Education*, *8*(2), 141-153.

CARRINGTON, S. et SAGGERS, B. (2008). Service-learning informing the development of an inclusive ethical framework for beginning teachers », *Teaching and Teacher Education*, *24*(3), 795-806.

CENTRE SUISSE DE PÉDAGOGIE SPÉCIALISÉE (2006). *Lignes directrices sur la qualité des offres en pédagogie spécialisée pour les 0-20 ans*, <http://edudoc.ch/record/93509/files/CSPS_lignesdirectrices_qualite.pdf>.

CERIT, Y. (2013). « Relationship between teachers' self-efficacy beliefs and their willingness to implement curriculum reform », *International Journal of Educational Reform*, *22*(3), 252-270.

CERUTTI, S. (2012). *Étrangers : étude d'une condition d'incertitude dans une société d'Ancien Régime*. Paris : Bayard.

CHALMEL, L. (2004). *Utopies et pédagogies*. Waldersbach : Musée Oberlin.

CHAMBERS, D. et FORLIN, C. (2010). « Initial teacher education and inclusion : A triad of inclusive experiences », dans C. Forlin (dir.), *Teacher Education for Inclusion*, Londres : Routledge, p. 74-83.

CHARLOT, B. (1997/2002). *Du rapport au savoir : éléments pour une théorie*. Paris : Anthropos.

CHARTIER, M. et PAYET, J.-P. (2014). « "Comment ça se passe à la maison ?" Troubles du rôle professionnel dans l'entretien enseignant-parents », *Revue française de pédagogie*, *187*, 23-33.

CHARTIER, M., RUFIN, D. et PELHATE, J. (2014). « La construction des compétences interactionnelles de l'enseignant dans l'entretien individuel avec les parents : entre souci de la relation et exigence d'efficacité », *Education et Sociétés*, *34*.

CHAVAROCHE, P. (2009). *Le projet individuel : repères pour une pratique avec les personnes gravement handicapées mentales*. Toulouse : Eres.

CHEONG CHENG, Y. (1996). « A school-based management mechanism for school effectiveness and development », *School Effectiveness and School Improvement*, *7*, 35-61.

CHEVALLARD, Y. (1991). *La transposition didactique : du savoir savant au savoir enseigné*. Grenoble : La Pensée sauvage.

CHOUINARD, R. (1999). « Enseignants débutants et pratiques de gestion de classe », *Revue des sciences de l'éducation*, *25*(3), 497.

Clot, Y. (2005). « Le développement du collectif : entre l'individu et l'organisation du travail », dans R. Teulier et P. Lorino (dir.), *Entre connaissance et organisation : l'activité collective. L'entreprise face au défi de la connaissance*, Paris : La Découverte, p. 187-199.

Clot, Y. (2006). *La fonction psychologique du travail.* Paris : Presses universitaires de France.

Centre National d'Études et de Formation pour l'Enfance Inadaptée. (2005). *Les besoins éducatifs particuliers : textes fondamentaux européens et internationaux.* Suresnes : CNEFEI.

Comer, J.P. (2009). *What I Learned in School : Reflections on Race, Child Development and School Reform.* San Francisco : Jossey-Bass.

Comité d'orientation de la formation du personnel enseignant (2002). *Offrir la profession en héritage.* Québec : Gouvernement du Québec.

Commission fédérale pour les questions de migration (2008). *La notion d'intégration dans la loi : recommandations de la Commission fédérale pour les questions de migration.* Berne : Confédération suisse.

Conférence des directeurs de l'instruction publique – CDIP (2007). *Standards de qualité des cantons pour la reconnaissance des prestataires dans le domaine de la pédagogie spécialisée du 25 octobre 2007.* Berne : CDIP.

Conférence des directeurs de l'instruction publique – CDIP (2008). *Règlement concernant la reconnaissance des diplômes dans le domaine de la pédagogie spécialisée (orientation éducation précoce spécialisée et orientation enseignement spécialisé) du 12 juin 2008.*

Conférence intercantonale de l'instruction publique – CIIP (2012). *État de situation de la pédagogie spécialisée dans les cantons romands et au Tessin.*

Cooper, P. (1996). « Are individual education plans a waste of paper ? », *British Journal of Special Education, 23*(3), 115-119.

Corcoran, T.B., Shields, P.M. et Zucker, A.A. (1998). *Evaluation of NSF's Statewide Systemic Initiatives (SSI) Program : The SSIs and Professional Eevelopment for Teachers.* Menlo Park, CA : SRI International.

Crahay, M., Wanlin, P., Issaieva, E. et Laduron, I. (2010). « Fonctions, structuration et évolution des croyances (et connaissances) des enseignants », *Revue française de pédagogie, 172*, 85-129.

Cros, F. (dir.). (2007). *L'agir innovationnel : entre créativité et formation.* Bruxelles : De Boeck.

Csikstentmihalyi, M. (2006). *La créativité : psychologie de la découverte et de l'invention.* Paris : Laffont.

Cudré-Mauroux, A. (2011). « Self-efficacy and stress of staff managing challenging behaviours of people with learning disabilities », *British Journal of Learning Disabilities, 39*(3), 181-189.

Curonici, C., Joliat, F. et McCulloch, P. (2006). *Des difficultés scolaires aux ressources de l'école.* Bruxelles : De Boeck.

Dalongeville, A. (2001). *L'image du Barbare dans l'enseignement de l'histoire : l'expérience de l'altérité*. Paris : Éditions L'Harmattan.

Damasio, A. (1995/2006). *L'erreur de Descartes*. Paris : Odile Jacob.

Damasio, A. (1999). *Le sentiment même de soi : corps, émotions, conscience*. Paris : Odile Jacob.

Damasio, A. (2003). *Spinoza avait raison : joie et tristesse, le cerveau des émotions*. Paris : Odile Jacob.

Darnon, C., Butera, F. et Mugny, G. (2008). *Des conflits pour apprendre*. Grenoble : Presses universitaires de Grenoble.

de Boer, T. (1995). « Identité narrative et identité éthique », dans J. Greisch (dir.), *Paul Ricœur : l'herméneutique à l'école de la phénoménologie*, Paris : Beauchesnes, p. 43-58.

De Corte, E. (2010). « Les conceptions de l'apprentissage au fil du temps », dans H. Dumont, D. Istance et F. Benavides (dir.), *Comment apprend-on ? La recherche au service de la pratique*. Paris : OCDE.

De Haro, R. (2009). « Educación intercultural : posibilidades y dificultades para desarrollar una escuela para todos », dans A. García (dir.), *El Diálogo Intercultural*, Murcie : Editum, p. 219-243.

De Vecchi, G. (1992/2000). *Aider les élèves à apprendre*. Paris : Hachette.

De Vecchi, G. et Carmona-Magnaldi, N. (1996). *Faire construire des savoirs*. Paris : Hachette.

Deaudelin, C., Dussault, M. et Brodeur, M. (2002). « L'impact d'une stratégie d'intégration des TIC à l'école primaire chez les enseignants », *Revue des sciences de l'éducation*, *28*(1), 391-410.

Decuyper, S., Dochy, F. et Van den Bossche, P. (2010). « Grasping the dynamic complexity of team learning : An integrative model for effective team learning in organisations », *Educational Research Review*, *5*(2), 111-133.

Delaire, G. (1997). *La vie scolaire : principes et pratiques*. Paris : Nathan.

Demailly, L. (2009). « Fortunes et ambiguïtés de l'accompagnement », *Empan*, *74*, 21-28.

Demailly, L., Deubel, P., Gadrey, N. et Verdière, J. (1998). *Évaluer les établissements scolaires, enjeux, expériences et débats*. Paris : L'Harmattan.

Develay, M. (1992). *De l'apprentissage à l'enseignement*. Paris : ESF.

Develay, M. (1996). *Donner du sens à l'école*. Paris : ESF.

Dewey, J. (1913/2004). *L'école et l'enfant*. Paris : Fabert.

Dewey, J. (1993). *Logique : la théorie de l'enquête*. Paris : Presses universitaires de France.

Dickens-Smith, M. (1995). *The Effect of Inclusion Training on Teacher Attitude Towards Inclusion*. Report. ED381486.

Dishion, T.J., McCord, J. et Poulin, F. (1999). « When interventions harm : Peers group and problem behaviour », *American Psychologist*, *54*, 755-764.

DODIER, N. et CAMUS, A. (1997). « L'hospitalité de l'hôpital : l'accueil et le tri des patients aux urgences médicales », *Communications*, *65*, 109-119.

DOISE, W. et MUGNY, G. (1981). *Le développement social de l'intelligence.* Paris : Interéditions.

DOUDIN, P.A., CURCHOD-RUEDI, D. et MOREAU, J. (2011). « Le soutien social comme facteur de protection de l'épuisement », dans P.-A. Doudin, D. Curchod-Ruedi, L. Lafortune et N. Lafranchise (dir.), *La santé psychosociale des enseignants et des enseignantes,* Québec : Presses de l'Université du Québec, p. 11-32.

DOUDIN, P.-A. et RAMEL, S. (dir.). (2009). « Intégration et inclusion scolaire », *Formation et pratiques d'enseignement en question, 9.*

DOUDIN, P.-A., CURCHOD-RUEDI, D. et LAFORTUNE, L. (2010). « Inclusion et santé des enseignants », dans N. Rousseau (dir.), *La pédagogie de l'inclusion scolaire : pistes d'action pour apprendre tous ensemble* (2e éd.), Québec : Presses de l'Université du Québec, p. 426-446.

DOUDIN, P.-A., CURCHOD-RUEDI, D., MEYLAN, N. et MOREAU, J. (2011). « Troubles internalisés et externalisés de l'élève et risque de manque d'équité à l'école » dans D. Curchod-Ruedi, P.-A. Doudin, L. Lafortune et N. Lafranchise (dir.), *La santé psychosociale des élèves,* Québec : Presses de l'Université du Québec, p. 14-30.

DOUDIN, P.-A., MEYLAN, N. et CURCHOD-RUEDI, D. (2013). « Le soutien social à l'école : un facteur de protection pour les enseignants et leurs élèves », dans F. Bacro (dir.), *La qualité de vie : approches psychologiques,* Rennes : Presses universitaires de Rennes, p. 65-81.

DOUGLAS, M. (1999). *Comment pensent les institutions.* Paris : La Découverte.

DUBÉ, F., DUFOUR, F., VIOLA, S. et MEUNIER, H. (2013). *Connaissances, croyances, attitudes et sentiment d'efficacité personnelle à l'égard de l'éducation auprès des élèves ayant des besoins spéciaux.* Communication présentée au 2e colloque international « De l'intégration à l'inclusion scolaire : regards croisés sur les défis actuels de l'école », Haute école pédagogique, Bienne.

DUBET, F. (2002). *Le déclin de l'institution.* Paris : Seuil.

DUBOIS, N. (1996). « Le *locus of control* », dans J.-C. Deschamps et J.-L. Beauvois (dir.). *Des attitudes aux attributions : sur la construction sociale de la réalité,* vol. 2, Grenoble : Presses universitaires de Grenoble, p. 227-236.

DUCETTE, J.P., SEWELL, T.E. et POLINER SHAPIRO, J. (1996). « Diversity in education : Problems and possibilities », dans F. B. Murray (dir.), *The Teacher Educator's Handbook,* San Francisco : Jossey-Bass, p. 323-381.

DUCHESNE, H. (2002). « Les connaissances, croyances et attitudes reliées au droit à l'éducation pour les élèves franco-manitobains ayant des besoins spéciaux », *Revue des sciences de l'éducation, 28*(3), 537-563.

DUFOUR, F., *et al.* (2012). *Évolution du sentiment d'efficacité personnelle des étudiants en adaptation scolaire et sociale.* Communication présentée au 80e congrès de l'Association francophone pour le savoir (ACFAS), Montréal.

DUFOUR, F., MEUNIER, H. et CHÉNIER, C. (2014). « Quel est le sentiment d'efficacité personnelle d'étudiants en enseignement en adaptation scolaire et sociale dans le cadre du stage d'intégration à la vie professionnelle, le dernier stage de la formation initiale ? », dans L. Portelance (dir.), *Développement et persévérance professionnels dans l'enseignement : oui, mais comment ?* Québec : Presses de l'Université du Québec, p. 75-92.

DUMAS, J.E. (2002). *Psychopathologie de l'enfant et de l'adolescent.* (4e éd.). Bruxelles : De Boeck Supérieur.

DUNN, L. (1968). « Special education for the mildly retarded : Is much of it justifiable ? », dans *Exceptional Children, 35*, 5-22.

DUSSAULT, M., VILLENEUVE, P. et DEAUDELIN, C. (2001). « L'échelle d'autoefficacité des enseignants : validation canadienne-française du *Teacher Efficacy Scale* », *Revue des sciences de l'éducation, 27*(1), 181-194.

DUTTON TILLERY, A., VARJAS, K., MEYERS, J. et SMITH COLLINS, A. (2009). « General education teachers' perceptions of behavior management and intervention strategies », *Journal of Positive Behavior Interventions, 12*(2), 86-102.

ELIAS, N. et SCOTSON, J.L. (1965/1997/2001). *Logiques de l'exclusion : enquête sociologique au cœur des problèmes d'une communauté* (traduit par P.-E. Dauzat). Paris : Fayard.

ELLIOTT, J. (1991). *Action Research for Educational Change.* Buckingham : Open University Press.

ENGESTRÖM, Y. et SANNINO, A. (2010). « Studies of expansive learning », *Educational Research Review, 5*, 1-24.

EPSTEIN, J.L. (2001). *School, Family, and Community Partnerships : Preparing Educators and Improving Schools.* Boulder, CO : Westview.

EPSTEIN, J., *et al.* (2008). *School, Family, and Community Partnerships : Your Handbook for Action.* Thousand Oaks, CA : Corwin.

ESTERLE, M. (2012). « La relation parents-école : incompréhensions et paradoxes », *Le dossier de la Ligue de l'enseignement, 4*, 14-18.

EVANS, C., WEISS, S.L. et CULLINAN, D. (2012). « Teacher perceptions and behavioral strategies for students with emotional disturbance across educational environments », *Preventing School Failure, 56*(2), 82-90.

EVERTSON, C.M. et WEINSTEIN, C.S. (dir.). (2006). *Handbook of Classroom Management.* Hillsdale, NJ : Erlbaum.

FALAIZE, B., ABSALON, O., HÉRAUD, N. et MÉRIAUX, P. (2008). *Enseigner l'histoire de l'immigration à l'école.* Paris : Cité nationale de l'histoire de l'immigration.

FAMILIES AND ADVOCATES PARTNERSHIP FOR EDUCATION – FAPE (2001). *Planning your child's individualized education program (IEP) : Some suggestions to consider.* Document n° 25. Minneapolis : FAPE.

FEILER, A. et GIBSON, H. (1999). « Threats to the inclusive movement », *British Journal of Special Education, 26*(3), 147-152.

Fernet, C., Guay, F., Senécal, C. et Austin, S. (2012). « Predicting intraindividual changes in teacher burnout : The role of perceived school environment and motivational factors », *Teaching and Teacher Education, 28*(4), 514-525.

Festinger, L. (1957/1985). *A Theory of Cognitive Dissonance.* Palo Alto : Stanford University Press.

Feyfant, A. (2012). « Enseignement primaire : les élèves à risque (de décrochage) », *Dossier d'actualité. Veille et Analyses, 80*, 1-18.

Fibbi, R. (Ed.). (2013). *Migration et intégration : focus sur la Suisse Romande* (vol. 8). Neuchâtel : Forum suisse pour l'étude des migrations et de la population.

Fibbi, R. et Matthey, M. (2010). « Relations familiales et pratiques langagières des petits-enfants de migrants italiens et espagnols en Suisse », *Hommes et migrations, 1288*, 58-70.

Fisher, D. et Fretz, N. (2001). « Access to the core curriculum : Critical ingredients for student success », *Remedial and Special Education, 22*, 148-157.

Fives, H. et Buehl, M.M. (2010). « Examining the factor structure of the teachers' sense of efficacy scale », *The Journal of Experimental Education, 78*, 118-134.

Forlin, C. (2010). « Teacher education for inclusion », dans R. Rose (dir.). *Confronting Obstacles to Inclusion : International Responses to Developing Inclusive Schools*, Abingdo : Routledge, p. 155-170.

Forlin, C., Loreman, T., Sharma, U. et Earle, C. (2009). « Demographic differences in changing pre-service teachers' attitudes, sentiments and concerns about inclusive education », *International Journal of Inclusive Education, 13*(2), 195-209.

Fortin, M.-F. (2010). *Fondements et étapes du processus de recherche : méthodes quantitatives et qualitatives.* Montréal : Chenelière Éducation.

Fougeyrollas, P., *et al.* (1998). *Classification québécoise : processus de production du handicap.* Québec : RIPPH/SCCIDIH.

Fournier, E. (2012). *Novice elementary teachers' perspectives teaching mainstreamed special needs students : Implications for leadership, preservice education, and professional development.* Thèse de doctorat, University of Calgary.

Frackowiak, P. et Meirieu, P. (2008). *L'éducation peut-elle être encore au cœur d'un projet de société ?* La Tour d'Aigues : L'Aube.

France, ministère de l'Education nationale (2012). Repères et références statistiques sur les enseignements, la formation et la recherche [RERS 2012]. Vanves : Ministère de l'Education nationale et ministère de l'Enseignement supérieur et de la Recherche.

France, ministère de l'Éducation nationale (2013). *Le référentiel de compétences des métiers du professorat et de l'éducation*, <http://www.education.gouv.fr/pid25535/bulletin_officiel.html?cid_bo=73066>.

France, ministère de l'Éducation nationale (2014). *Géographie de l'école*, <http://www.education.gouv.fr/cid56332/geographie-de-l-ecole.html>.

France, ministère de l'Éducation nationale, Direction de l'évaluation, de la prospective et de la performance – DEPP (2012). *La scolarisation des jeunes handicapés, note d'information 12.*

France, ministère de l'Éducation nationale, Inspection générale de l'éducation nationale – IGEN. (2006). *Le métier de CPE aujourd'hui: quelques repères*, <http://www.snes.edu/IMG/pdf/3_texte_ig_signe_j_p_delahaye_mars_06_avec_intro_snes.pdf>.

Fraser, N. (2005). *Qu'est-ce que la justice sociale? Reconnaissance et distribution.* Paris: La Découverte.

Freinet, C. et Petitcolas, J. (1949). «Brevets et chefs-d'œuvre», *L'Éducateur: dossier pédagogique de l'école moderne, 14*, 1-16.

Freire, S. (2007). «Creating inclusive learning environments: Difficulties and opportunities within the new political ethos», *Journal of Deaf Studies and Deaf Education, 14*(1), 131-135.

Freud, S. (1916/1970). «*Introduction à la psychanalyse*», Paris: Payot.

Friedrich, A.A., Mendez, L.M.R. et Mihalas, S.T. (2010). «Children, research, and public policy», *School Psychology Review, 39*(1), 122-136.

Fritz, J.J., Miller-Heyl, J. et Kreutzer, J.C. (1995). «Fostering personal teaching efficacy through staff development and classroom activities», *Journal of Educational Research, 88*, 200-208.

Gable, R.A., Tonelson, S.W. et Walker-Bolton, I. (2010). *A survey of classroom skills of special education teachers, general education teachers, and state directors of special education for students with emotional disabilities in Virginia.* Communication présentée au colloque Summit on better serving students with emotional disabilities, Charlottesville, VA.

Gao, W. et Mager, G. (2011). «Enhancing preservice teachers' sense of efficacy and attitudes toward school diversity through preparation: A case of one U.S. inclusive teacher education program», *International Journal of Special Education, 26*(2), 92-107.

Gardner, H. (1983). *Les intelligences multiples.* Paris: Retz.

Gardou, C. (2006). *Fragments sur le handicap et vulnérabilité: pour une révolution de la pensée et de l'action.* Toulouse: Erès.

Garreta, J. (2009). «Escuela y familias inmigradas: relaciones complejas», *Revista complutense de educación, 20*(2), 275-291.

Gartin, B.C. et Murdick, N.L. (2005). «IDEA 2004: The IEP», *Remedial and Special Education, 26*(6), 327-331.

Gaudreau, N. (2011). «La gestion des problèmes de comportement en classe inclusive: pratiques efficaces», *Éducation et francophonie, 39*(2), 122-144.

Gaudreau, N. (2012). *Programme de formation à la gestion positive des situations de classe (GPS).* Québec: Communications éducatives NG inc.

Gaudreau, N. (2013). « Soutenir la mise en œuvre de nouvelles pratiques éducatives par l'accompagnement des enseignants et le développement de leur sentiment d'efficacité personnelle », dans J. Pharand et M. Doucet (dir.), *En éducation, quand les émotions s'en mêlent !* (p. 174-197). Québec : Presses de l'Université du Québec.

Gaudreau, N. et Frenette, É. (2014). « Efficacité perçue d'un programme de formation continue sur la gestion des comportements difficiles en classe », *Revue québécoise de psychologie, 35*(3), 1-26.

Gaudreau, N., Frenette, É. et Thibodeau, S. (2015). « Élaboration de l'échelle du sentiment d'efficacité personnelle des enseignants en gestion de classe (ÉSEPGC) », *Revue Mesure et Évaluation en éducation, 32*(2), 31-60.

Gaudreau, N., *et al.* (2012). « Le sentiment d'efficacité personnelle des enseignants et leurs pratiques de gestion de la classe et des comportements difficiles des élèves », *Revue canadienne de l'éducation, 35*(1), 82-101.

Gaudreau, N., *et al.* (2013). « Classroom behaviour management : The effets of in-service training on elementary teachers' self-efficacy beliefs », *McGill Journal of Education, 48*(2), 359-382.

Gauthier, Y. (2004). « Plan d'enseignement individualisé dans les écoles de l'Ontario : analyse de cas des enfants surdoués et d'enfants en troubles d'apprentissage », *Brock Education, 13*(2), 6-19.

Gauthier, Y. (2006). « Enfance en difficulté : représentations des enseignants franco-ontariens à l'égard des plans d'enseignement individualisés », *Brock Education, 16*(1), 78-92.

Geary, P.J. (2002/2006). *Quand les nations refont l'histoire : l'invention des origines médiévales de l'Europe* (traduit par J.-P. Ricard). Paris : Flammarion.

Genard, J.-L. (2007). « Responsabilité et solidarité : État libéral, État-Providence, État réseaux », dans M.-H. Soulet (dir.), *La solidarité à l'heure de la globalisation*, Fribourg : Academic Press Fribourg, p. 75-94.

Gerson, W.D. (2012). *Impact of disability awareness and self-efficacy on preschool teachers' attitudes toward inclusion in Orthodox Jewish day schools.* Thèse de doctorat, Yeshiva University, New York.

Giancoli, D. (1993). *Physique générale (II) : électricité et magnétisme.* Bruxelles : De Boeck.

Gibbs, S. et Gardiner, M. (2008). « The structure of primary and secondary teachers' attributions for pupils' misbehaviour : A "preliminary cross-phase and cross-cultural investigation », *Journal of Research in Special Educational Needs, 8*(2), 68-77.

Gibert J. (1993). « La documentation pour quoi faire ? », *Le Nouvel Educateur, 49*, 1-7.

Giddens, A. (2005). *La constitution de la société.* Paris : Presses universitaires de France.

Gifford-Smith, M., *et al.* (2005). "Peer influence in children and adolescents : Crossing the bridge from developmental to intervention science », *Journal of Abnormal Child Psychology, 33*, 255-265.

GILBERT, P. (2007). « Évaluer pour construire le Projet personnalisé de scolarisation : place du guide d'évaluation "GEVA" », *La Nouvelle revue de l'adaptation et de la scolarisation, 39*, 9-19.

GILLES, J.-L., POTVIN P. et TIÈCHE CHRISTINAT, C. (2012). *Les alliances éducatives pour lutter contre le décrochage scolaire.* Berne : Peter Lang.

GIORDAN, A. (1998). *Apprendre !* Paris : Belin.

GIORDAN, A. (2002). *Une autre école pour nos enfants.* Paris : Delagrave.

GIORDAN, A. et BINDA, M. (2006). *Accompagner l'enfant intellectuellement précoce.* Paris : Delagrave.

GIORDAN, A. et DE VECCHI, G. (1987). *Les origines du savoir.* Neuchâtel-Paris : Delachaux et Niestlé.

GIORDAN, A. et DE VECCHI, G. (1988). *L'enseignement scientifique : comment faire pour que « ça marche » ?* Nice : Z'éditions.

GIORDAN, A. et PELLAUD, F. (2008). *Comment enseigner les sciences.* Paris : Delagrave.

GIST, M., BAVETTA, A. et STEVENS, C. (1990). « Transfer training method : Its influence on skill generalization, skill repetition, and performance level », *Personnel Psychology, 43*(3), 501-523.

GIUDICI, A. et BÜHLMANN, R. (2014). *Les cours de langue et culture d'origine (LCO) : un choix de bonnes pratiques en Suisse.* Berne : CDIP.

GIULIANI, F. et PAYET, J.-P. (2014). « Les logiques scolaires de la proximité aux familles », *Éducation et sociétés, 34*, 5-21.

GOFFMAN, E. (1968). *Asiles : études sur la condition sociale des malades mentaux.* Paris : Minuit.

GOFFMAN, E. (2002). *L'arrangement des sexes.* Paris : La Dispute.

GORDON, L.M. (2001). *High teacher efficacy as a marker of teacher effectiveness in the domain of classroom management.* Communication présentée à l'assemblée annuelle du California Council on Teacher Education, San Diego.

GOUPIL, G. (1991). *Le plan d'intervention personnalisé en milieu scolaire.* Boucherville : Gaëtan Morin.

GOUPIL, G. (2003). « Les plans d'intervention, de services et de transition », dans M.J. Tassé et D. Morin, *La déficience intellectuelle*, Boucherville : Gaëtan Morin, p. 107-123.

GOUPIL, G., *et al.* (2000a). *Analyse descriptive des plans d'intervention personnalisés.* Montréal : Université du Québec à Montréal.

GOUPIL, G., *et al.* (2000b). « Analyse des plans d'intervention personnalisés », *Revue francophone de la déficience intellectuelle, numéro spécial*, 46-49.

GOUVERNEMENT DES ÉTATS-UNIS D'AMÉRIQUE (2004). *Individuals with Disabilities Education Improvement Act of 2004 – IDEA. Pub L. No. 108-446, § 601 et seq., 118 Stat. 2647.*

GOUVERNEMENT DU QUÉBEC (2012). *Loi sur l'instruction publique, L.R.Q., c. I-13.3, version du 15 juin 2012.*

GRECO, J. (2003). « Les contraintes sociales sont-elles solubles dans les choix de vie ? », *Dossier Rhône-Alpes, 130*, 15-16.

GREENE, R. *et al.* (2002). « Are students with ADHD more stressful to teach ? Patterns of teacher stress in an elementary school sample », *Journal of Emotional and Behavioral Disorders*, *10*(2), 79-89.

GREMION, L. (2012a). *Les coulisses de l'échec scolaire. Étude sociologique de la production des décisions d'orientation de l'école enfantine et primaire vers l'enseignement spécialisé.* Thèse de doctorat, Université de Genève.

GREMION, L. (2012b). « La "déviance scolaire" : une étiquette qui marginalise les enfants de familles défavorisées », *Langage et pratiques*, *50*, 28-37.

GREMION, L. (2016). « "Tu sais, tu ne nous apprends rien !" : ethnographie des coulisses professionnelles de la discrimination scolaire », dans J.-P. Payet (dir.), *Ethnographie de l'école. Les coulisses des institutions scolaires et socio-éducatives*, Rennes : Presses universitaires de Rennes, p. 141-161.

GREMION, L. et PARATTE, M. (2009). « Intégration scolaire : de quoi parle-t-on au juste ? Une étude de cas dans un collège secondaire », dans P.-A. Doudin et S. Ramel (dir.), *Revue des HEP de Suisse romande et du Tessin, Formation pratique d'enseignement en question*, 9, 159-176.

GRENOT-SCHREYER, M., FISHER, M. et STAUB, D. (2001). « A framework for understanding inclusive education », dans M. Grenot-Schreyer, M. Fisher et D. Staub (dir.), *Lessons Learned in Inclusive Education*, Baltimore/Toronto : Paul H. Brookes, p. 1-18.

GRISHAM-BROWN, J.L., *et al.* (2002). « Teaching IEP goals and objectives in the context of classroom routines and activities », *Exceptional Children*, *6*(1), 18-27.

GUILLAUME, L. (2001). *Exposés interactifs des élèves. Pourquoi ? Comment ?* Bruxelles : Labor.

GUILLAUME, L. (2006). « Du bon usage d'un manuel scolaire ou de l'exploitation de référentiels diversifiés ? », *Dialogue*, *121*, 6-10.

GUILLAUME, L. (2008). « Non, la curiosité n'est pas un vilain défaut », *L'école fondamentale*, *4*, 28-31.

GUILLAUME, L. (2010). *Traces de scolarité : le cas de l'école communale de Saint-Gérard.* Mémoire de maîtrise, Université de Rouen.

GUILLAUME, L. et MANIL, J.-F. (2006). *La rage de faire apprendre : de la remédiation à la différenciation.* Paris : Jourdan.

GUILLAUME, L. et MANIL, J.-F. (2011). *Penser la société à travers l'école : pour une école plus humaine.* Lyon : Chronique sociale.

GUSKEY, T.R. (2002). « Does it make a difference ? Evaluating professional development », *Educational Leadership*, *59*(6), 45-51.

GUSKEY, T.R. (2014). « Planning professional learning », *Educational Leadership*, *71*(8), 10-16.

HALBWACHS, M. (1925/1994), *Les cadres sociaux de la mémoire.* Paris : Alcan/Albin Michel.

HALBWACHS, M. (1950/1997). *La mémoire collective.* Paris : Presses universitaires de France/Albin Michel.

Heath, N.L., *et al.* (2004). « Inclusion on the final frontier : A model for including children with emotional and behaviour disorders (E/BD) in Canada », *International Journal of Inclusive Education*, *8*(3), 241-259.

Heider, F. (1944). « Social perception and phenomenal causality », *Psychological Review*, *51*(6), 358.

Hirschman, A.O. (1995). *Défection et prise de parole*. Paris : Fayard.

Hoerder, D. (2002). *Cultures in Contact : World Migrations in the Second Millennium*. Durham : Duke University Press.

Hoffman, L.L., Hutchinson, C.J. et Reiss, E. (2009). « On improving school climate : Reducing reliance on rewards and punishment », *International Journal of Whole Schooling*, *5*(1), 13-24.

Hollenweger, J. et Lienhard, P. (2011). *Procédure d'évaluation standardisée (PES) : instrument du concordat sur la pédagogie spécialisée pour la détermination des besoins individuels en vue de l'attribution de mesures renforcées. Manuel*. Berne : CDIP.

Honneth, A. (2008). *La lutte pour la reconnaissance*. Paris : Cerf.

Houssaye, J. (1988). *Le triangle pédagogique : théorie et pratiques de l'éducation scolaire*. Berne : Peter Lang.

Houssaye, J. (2014). *La pédagogie traditionnelle*. Paris : Fabert.

Houssaye, J. (dir.). (2007). *Nouveaux pédagogues, pédagogues de demain ?* Paris : Fabert.

Huber, M. (1999). *Apprendre en projets*. Lyon : Chronique sociale.

Hughes, E.C. (1996). *Le regard sociologique : essais choisis*. Paris : EHESS.

Hustler, D., *et al.* (2003). *Teachers' perceptions of continuing professional development* (Research Report RR429). DFE Research Brief.

Hutmacher, W. (1992). « L'école peut-elle se considérer partie du problème de l'échec ? », dans B. Pierrehumbert (dir.). *L'échec scolaire : échec de l'école ?* Lausanne : Delachaux et Niestlé, p. 43-48.

Jacquard, A. (2006). *Mon utopie*. Paris : Stock.

Jatala, S.J. et Seevers, R.L. (2006). « Nature and use of curriculum in special education », *Academic Exchange Quarterly*, *10*(1), 192-196.

Jeffrey, D. et Sun, F. (2006). *Enseignants dans la violence*. Québec : Presses de l'Université Laval.

Jones, H.A. et Chronis-Tuscano, A. (2008). « Efficacy of teacher in-service training for attention-deficit/hyperactivity disorder », *Psychology in the Schools*, *45*(10).

Joule, R.V. et Beauvois, J.-L. (2002). *Petit traité de manipulation à l'usage des honnêtes gens*. Grenoble : Presses universitaires de Grenoble.

Kalubi, J.-C. (2012). « La communication en contexte d'intégration scolaire : dix enseignements dégagés à partir de l'utilisation des aides techniques », dans J. Viens, *et al.* (dir.), *Pour des technologies accessibles aux élèves handicapés ou en difficulté d'apprentissage ou d'adaptation*, Montréal : Éditions Nouvelles, p. 105-121.

KALUBI, J.-C. et Gremion-Bucher, L. (2015). « Conclusion. L'intégration scolaire : avant tout une exigence d'équité et de justice sociale », dans J.-C. Kalubi et L. Gremion-Bucher (dir.), *Intégration/inclusion scolaire et nouveaux défis dans la formation des enseignants*. Montréal : Éditions Nouvelles.

KAUFFMAN, J.M. et LANDRUM, T.J. (2009). *Characteristics of Emotional and Behavioral Disorders of Children and Youth* (9e éd.). Upper Saddle River, NJ, Prentice Hall.

KAUFMANN, J.M. (1997). *Characteristics of Emotional and Behavioral Difficulties of Children and Youth*. (6e éd.). Upper Saddle River, NJ, Prentice Hall.

KAUFMANN, J.-C. et SINGLY, F. (2008). *L'entretien compréhensif*. Paris, Armand Colin.

KEMMIS, S. et MCTAGGART, R. (1988). *Cómo planificar la investigación-acción*, Barcelone, Laertes.

KERR, M.M. et NELSON, C.M. (2010). *Strategies for Addressing Behavior Problems in the Classroom* (6e éd.). Upper Sadler River, NJ, Pearson.

KETTERLIN-GELLER, L.R., *et al.* (2007). « Recommendations for accommodations, implication of (in)consistency », *Remedial and Special Education 28*(4), 194-206.

KING, G.A., *et al.* (2005). « Planning successful transitions from school to adult roles for youth with disabilities », *Children's Health Care, 34*(3), 195-216.

KING, G.A., *et al.* (2006). « The effectiveness of transition strategies for youth with disabilities », *Children's Health Care, 35*(2), 155-178.

KIRKPATRICK, D.L. et KIRKPATRICK, J.D. (2005). *Evaluating Training Programs* (3e éd.). Oakland : Berrett-Koehler.

KIRKPATRICK, J.D. et KIRKPATRICK, W.K. (2013). « Creating a post-training evaluation plan », *TD Magazine, 67*(6), 26-28.

KOKKINOS, C.M. (2007). « Job stressors, personality and burnout in primary school teachers », *British Journal of Educational Psychology, 77*(1), 229-243.

KOKKINOS, C.M., PANAYIOTOU, G. et DAVAZOGLOU, A. M. (2004). « Perceived seriousness of pupils' undesirable behaviours : The student teachers' perspective », *Educational Psychology, 24*(1), 109-120.

KOLB, D. (1984). *Experiential Learning as the Science of Learning and Development*. Englewood Cliffs, NJ : Prentice Hall.

KRATOCHWILL, T.R., CLEMENTS, M.A., et KALYMON, K.M. (2007). « Response to intervention : Conceptual and methodological issues in implementation », dans S.R. Jimerson, M.K. Burns et A.M. VanDerHeyden (dir.), *The Handbook of Response to Intervention : The Science and Practice of Assessment and Intervention*. New York : Springer.

KROEBER, A.L. et KLUCKHOHN, C. (1952). *Culture : A Critical Review of Concepts and Definitions*. New York : Vintage.

KULINNA, P.H., COTHRAN, D.J. et REGUALOS, R. (2006). « Teachers' reports of student misbehavior in physical education », *Research Quarterly for Exercise and Sport, 77*(1), 32-40.

LAFORTUNE, L., HÉBERT, D. et JACOB, S. (2000). *Pour guider la métacognition.* Québec: Presses de l'Université du Québec.

LAHIRE, B. (1998). *L'homme pluriel: les ressorts de l'action.* Paris: Nathan.

LANCASTER, J. et BAIN, A. (2007). «The design of inclusive education courses and the self-efficacy of pre-service teacher education students», *International Journal of Disability, Development and Education, 54*(2), 245-256.

LANCASTER, J. et BAIN, A. (2010). «The design of pre-service inclusive education courses and their effects on self-efficacy: A comparative study», *Asia-Pacific Journal of Teacher Education, 38*(2), 117-128.

LATORRE, A. (2003). *La investigación-acción: conocer y cambiar la práctica educativa.* Barcelone: Graó.

LE FEVRE, D.M. (2014). «Barriers to implementing pedagogical change: The role of teachers' perceptions of risk», *Teaching and Teacher Education, 38*, 56-64.

LE FLAO, D. (2003). *Une école innovante: le cas de la Maison des enfants de Buzet. Étude exploratoire auprès de seize anciens élèves et de leurs parents.* Mémoire de maîtrise, Université de Mons-Hainaut, Mons.

LE MOIGNE, J.-L. (1995). *Les épistémologies constructivistes.* Paris: Presses universitaires de France.

LEBLANC, J. (2000). *Le plan de rééducation individualisé (PRI).* Montréal: Chenelière Éducation.

LEBLANC, L., *et al.* (2007). «School social climate and teachers' perceptions of classroom behavior problems: A 10-year longitudinal and multilevel study», *Social Psychology of Education, 10*(4), 429-442.

LÉGISLATION FRANÇAISE. *Loi nº 2005-102 du 11 février 2005 pour l'égalité des droits et des chances, la participation et la citoyenneté des personnes handicapées.* Version consolidée du 28 avril 2012.

LEIVA, J.J. et ESCARBAJAL, A. (2011). «La participación de las familias inmigrantes como fundamento pedagógico en la construcción de la interculturalidad en la escuela», *Educatio Siglo XXI, 29*(2), 389-416.

LÉONTIEV, A. (1975). *Activité, conscience, personnalité.* Moscou: Éditions du Progrès.

LEPLAT, J. (2002). «De l'étude de cas à l'analyse de l'activité», *Perspectives interdisciplinaires sur le travail et la santé, 4*(2).

LEVIN, B.B. et ROCK, T.C. (2003). «The effects of collaborative action research on preservice and experienced teacher partners in professional development schools», *Journal of Teacher Education, 54*(2), 135-149.

LEWIN, K. (1947/2002). «Décisions de groupe et changement social», dans A. Levy (dir.), *Psychologie sociale, textes fondamentaux anglais et américains,* Paris: Dunod, vol. 2, p. 498-519.

LEYSER, Y., ZEIGER, T. et ROMI, S. (2011). «Changes in self-efficacy of prospective special and general education teachers: Implication for inclusive education», *International Journal of Disability, Development and Education, 58*(3), 241-255.

LIAUZU, C. (1996). *Histoire des migrations en Méditerranée occidentale*. Paris: Complexes.

LIN, H.-L., GORRELL, J. et TAYLOR, J. (2002). « Influence of culture and education on U.S. and Taiwan preservice teachers' efficacy beliefs », *The Journal of Educational Research*, *96*(1), 37-46.

LITTLE, E. (2005). « Secondary school teachers' perceptions of students' problem behaviours », *Educational Psychology*, *25*(4), 369-377.

LOREMAN, T., DEPPELER, J. et HARVEY, D. (2011). *Inclusive Education: Supporting Diversity in the Classroom* (2e éd.). Sydney: Allen and Unwin.

LUBART, T. (2005). *Psychologie de la créativité*. Paris: Armand Colin.

MAALOUF, A. (1998). *Les identités meurtrières*. Paris: Grasset.

MACKINNON, D. (2000). « Equity, leadership and schooling », *Exceptionality Education Canada*, *10*, (1/2), 5-21.

MACSUGA, A.S. et SIMONSEN, B. (2011). « Increasing teachers' use of evidence-based classroom management strategies through consultation: Overview and case studies », *Beyond Behavior*, *20*(2), 4-12.

MAGOS, I. (2010) « Pas bête mais dys », *L'école des parents*, *6*, 1-5.

MAIN, S. et HAMMOND, L. (2008). « Best practice or most practiced? Pre-service teachers' beliefs about effective behaviour management strategies and reported self-efficacy », *Australian Journal of Teacher Education*, *33*(4), 28-39.

MAIO, G.R. et HADDOCK, G. (2010). *The psychology of attitudes and attitude change*. Thousand Oaks, CA: Sage.

MAISONNEUVE, J. (1993). *Introduction à la psychosociologie*. Paris: Presses universitaires de France.

MANIL, J.-F. (2010). *Plaisir et souffrance dans l'apprentissage*. Mémoire de maîtrise, Université de Rouen.

MANIL, J.-F. (2011). *Petite causerie pédagogique: aujourd'hui, le chef-d'œuvre pédagogique*, < http://www.gben.be/spip.php?article211 >.

MARCEL, J-F., *et al.* (2007). *Coordonner, collaborer, coopérer: de nouvelles pratiques enseignantes*. Bruxelles: De Boeck.

MARKOW, D., MOESSNER, C. et HOROWITZ, H. (2006). *The MetLife survey of the American teacher: Expectations and experiences*, <http://files.eric.ed.gov/fulltext/ED496558.pdf>.

MARTINET, M.A., RAYMOND, D. et GAUTHIER, C. (2001). *Formation à l'enseignement: les orientations, les compétences professionnelles*. Québec: gouvernement du Québec.

MARTÍNEZ GONZÁLEZ, R.A. et ÁLVAREZ BLANCO, L. (2005). « Fracaso y abandono escolar en Educación Secundaria Obligatoria: implicación de la familia y los centro escolares », *Aula Abierta*, *85*, 127-146.

MARTÍNEZ GONZÁLEZ, R.A., RODRÍGUEZ RUÍZ, B. et GIMENO ESTEO, J.L. (2010). « Áreas de cooperación entre los centros docentes y las familias: estudio de caso », *Educatio Siglo XXI*, *28*(1), 127-156.

MARTINI-WILLEMIN, B.-M. (2008). *Projet scolaire et participation sociale de personnes présentant une déficience intellectuelle*. Thèse de doctorat, Université de Genève.

MARTUCCELLI, D. (2002). *Grammaires de l'individu*. Paris : Gallimard.

MARZANO, R.J., MARZANO, J.S. et PICKERING, D.J. (2003). *Classroom Management that Works : Research-based Strategies for Every Teacher*. Alexandria, VA : ASCD.

MASSANARI, C. B. (2002). *Connecting the IEP to the General Curriculum : A Talking Paper*. Des Moines, IA : Mountain Plains Regional Resource Center (ED 469 280).

MASSÉ, L., *et al.* (2013). « Impact of a school consulting programme aimed at helping teachers integrate students with behavioural difficulties into secondary school : Actors' points of view », *Emotional and Behavioural Difficulties*, *18*(3), 327-343.

MASSÉ, L., DESBIENS, N. et LANARIS, C. (2006). *Les troubles du comportement à l'école : prévention, évaluation et intervention*. Montréal : Gaëtan Morin.

MAVROPOULOU, S. et PADELIADU, S. (2010). « Teachers' causal attributions for behaviour problems in relation to perceptions of control », *Educational Psychology : An International Journal of Experimental Educational Psychology*, *22*(2), 191-202.

McCORMICK, J. et BARNETT, K. (2011). « Teachers' attributions for stress and their relationships with burnout », *International Journal of Educational Management*, *25*(3), 278-293.

McGREGOR, G. et VOGELSBERG, R.T. (1998). *Inclusive Schooling Practices : Pedagogical and Research Foundations. A Synthesis of the Literature that Informs Best Practices About Inclusive Schooling*. Baltimore / Toronto : Paul H. Brookes.

MEHAN, H., HERTWECK, A. et MEIHLS, J.L. (1986). *Handicapping the Handicapped*. Stanford, CA : Stanford University Press.

MEIRIEU, P. (1987). *Apprendre... Oui, mais comment ?* Paris : ESF.

MEIRIEU, P. (1995). *La pédagogie entre le dire et le faire*. Paris : ESF.

MEIRIEU, P. (2005). *Lettre à un jeune professeur*. Paris : ESF.

MEIRIEU, P. (2006). *Il faut faire rêver la France sur son École... ou se résigner à ce que les Français en désespèrent*, <http://www.cafepedagogique.net/lemensuel/larecherche/Pages/2006/analyses_75_PMeirieuIlfautfairereverlaFrancesursonEcoleouseresigneracequelesFranaisendesesperent.aspx>.

MEIRIEU, P. (2007). *Pédagogie : le devoir de résister*. Paris : ESF.

MEIRIEU, P. ET DEVELAY, M. (1992). *Émile, reviens vite... ils sont devenus fous*. Paris : ESF.

MEMMI, D. (2008). « Mai 68 ou la crise de la domination rapprochée », dans D. Damamme *et al.* (dir.), *Mai-juin 68*, Ivry-sur-Seine : L'Atelier, p. 35-46.

MÉNARD, L., *et al.* (2011). *Projet de recherche sur l'impact des activités formelles de formation et d'encadrement pédagogiques sur les nouveaux enseignants des cégeps et leurs étudiants.* Rapport de recherche. Université du Québec à Montréal.

MERCER, J. (1969). *Labeling the Mentally Retarded.* Berkeley : University of California Press.

MERTON, R.K. (1965). *Éléments de théorie et de méthode sociologique.* Paris : Plon.

MICHNOWICZ, L.L., MCCONNELL, S.R., PETERSON, C.A. et ODOM, S.L. (1995). « Social goals and objectives of preschool IEPs : A content analysis », *Journal of Early Intervention, 19*(4), 273-282.

MOLINER, L., *et al.* (2007). « Asamblea de madres y padres : construyendo una escuela intercultural inclusiva. Quaderns », *Digitals.net : Revista de nuevas tecnologías en la educación, 53.*

MOLINER, O. et TRAVER, J. (2013). « Strategies of family involvement to build a more inclusive intercultural school », dans N. Trépanier et L. Roy (dir.), *Plaidoyer pour une école communautaire/Making a case for community schools,* Montréal : Éditions Nouvelles, p. 331-334.

MOLINER, O., SALES, A. et TRAVER, J.A. (2011). « Trazando procesos de cambio desde un modelo educativo intercultural inclusivo », dans O. Moliner (dir.), *Prácticas inclusivas : experiencias, proyectos y redes,* Castellón : Publicacions de la Universitat Jaume I, p. 29-40.

MOREAU, A. (2006). « *Enseignant inclusif* », dans N. Rousseau et S. Bélanger, *La pédagogie de l'inclusion scolaire,* Québec : Presses de l'Université du Québec, p. 80-97.

MORIN, E. (1998). *Quels savoirs enseigner dans les lycées.* Conférence au Ministère de l'Éducation. Paris : CNDP.

MORIN, E. (1999a). *Les sept savoirs nécessaires à l'éducation du futur.* Paris : Seuil/ UNESCO.

MORIN, E. (1999b). *La tête bien faite.* Paris : Seuil.

MORIN, E., MOTTA, R. et CIURANA, E.-R. (2003). *Éduquer pour l'ère planétaire.* Paris : Balland.

MOTTET, G. (2013). *À l'« École de la diversité » : enquête sur la fabrique d'une politique éducative.* Thèse de doctorat, Université de Genève.

MUGNY, G., QUIAMZADE, A. et FALOMIR-PICHASTOR, J.-M. (2011). « Menaces identitaires dans la transmission des connaissances », dans F. Butera, C. Buchs et C. Darnon (dir.), *L'évaluation, une menace ?* Paris : Presses universitaires de France, p. 55-65.

MUIJS, D., AINSCOW, M., CHAPMAN, C. et WEST, M. (2011). *Collaboration and Networking in Education.* Londres : Springer.

MULLER, D., FAYANT, M.-P. et LASTREGO, S. (2011). « Évaluation et comparaison sociale », dans F. Butera, C. Buchs et C. Darnon (dir.), *L'évaluation, une menace ?* Paris : Presses universitaires de France, p. 13-23.

MYARA, N. (2011). *Cahier des charges fonctionnel pour la conception et l'évaluation des plans d'intervention*. Thèse de doctorat, Université de Montréal.

NADEAU, M.-F., NORMANDEAU, S. ET MASSÉ, L. (2012). « Efficacité d'un programme de consultation pour les enseignants du primaire visant à favoriser l'inclusion scolaire des enfants ayant un TDAH », *Revue canadienne des sciences du comportement*, *44*(2), 146-157.

NATIONAL FAMILY ADVOCACY AND SUPPORT TRAINING PROJECT (2001). *School accommodations and modifications*. Document n° 49. Minneapolis : PACER Center.

NATIONAL FAMILY ADVOCACY AND SUPPORT TRAINING PROJECT (2006) *Individualized education program (IEP)*. Minneapolis : PACER Center.

NATIONAL FAMILY ADVOCACY AND SUPPORT TRAINING PROJECT (2010). *Attending meetings to plan your child's IEP*. Minneapolis : PACER Center.

NEWTON, I. (1689/1759). *Principes mathématiques de la philosophie naturelle, traduction de Madame La Marquise du Châtelet* (tome 1). Paris : Lambert.

NOËL-LEPELLETIER, B. (2012). *Résistance(s) à l'apprentissage : les collégiens face à l'acte d'écrire*. Thèse de doctorat, Université de Nantes.

NOIRIEL, G. (2001). *État, nation et immigration*. Paris : Belin.

NOIRIEL, G. (2007). *À quoi sert l'« identité nationale » ?* Marseille : Agone.

NOLET, V. et MCLAUGHLIN, M. J. (2005). *Accessing the General Curriculum : Including Students with Disabilities in Standards-based Reform*. Thousand Oaks, CA : Corwin.

NUMA-BOCAGE, L. (2006). « Développement de compétences et analyse en groupe de situations d'apprentissage vécues par les maîtres en formation initiale », *L'Éducation en débats : analyse comparée*, *4*, 131-152.

NUMA-BOCAGE, L. (2007). « La médiation didactique, un concept pour penser les registres d'aide de l'enseignant », *Carrefours de l'éducation*, *23*, 55-70.

NUMA-BOCAGE, L. (2015). « Médiation didactique et concepts de la didactique professionnelle pour la formation des enseignants : un exemple dans la gestion des débats en cycle 2 », *Le français aujourd'hui*, *188*(1), 53-61.

O'NEILL, S.C. et STEPHENSON, J. (2011). « The measurement of classroom management self-efficacy : A review of measurement instrument development and influences », *Educational Psychology*, *31*(3), 261-299.

OHLHAUSEN, M., MEYERSON, M. et SEXTON, T. (1992). « Viewing innovations through the efficacy-based change model : A whole language application », *Journal of Reading*, *35*, 536-541.

OLMO, L. et RODRÍGUEZ, L. (2010). « Propuesta de intervención para la mejora de la convivencia entre las familias marroquíes y los centros escolares de Castilla la Mancha », dans A. Manzanares (dir.), *Organizar y dirigir en la complejidad : instituciones educativas en evolución*, Madrid : Wolters Kluwer, p. 43.

PAILLÉ, P. et MUCCHIELLI, A. (2012). *L'analyse qualitative en sciences humaines et sociales*. Paris : Armand Colin.

Palmer, D. (2011). « Sources of efficacy information in an inservice program for elementary teachers », *Science Education, 95*(4), 577-600.

Pastré, P. (1994). « Le rôle des schèmes et des concepts dans la formation des compétences », *Performances humaines et techniques, 71*, 21-28.

Pastré, P. (2002). « L'analyse du travail didactique professionnelle », *Revue française de pédagogie, 138*, 9-17.

Pastré, P. (2011). « *La didactique professionnelle : approche anthropologique du développement chez les adultes* », Paris : Presses universitaires de France.

Pastré, P., Mayen, P. et Vergnaud, G. (2006) « La didactique professionnelle », *Revue française de pédagogie, 154*(1), 145-198.

Payet, J.-P. (1995). *Collèges de banlieue : ethnographie d'un monde scolaire*. Paris : Armand Colin.

Payet, J.-P. (2015). « Collaborer avec les parents : la symétrisation de la relation enseignants-parents à l'épreuve de la gestion des risques sociaux », dans J.-P. Payet et A. Purenne (dir.), *Tous égaux ? Les institutions à l'ère de la symétrie*, Paris : L'Harmattan, p. 121-141.

Payet, J.-P. et Giuliani, F. (2014). « La relation école-familles socialement disqualifiées au défi de la constitution d'un monde commun : pratiques, épreuves et limites », *Éducation et sociétés, 34*.

Payet, J.-P., Giuliani, F. et Laforgue, D. (dir.). (2008). *La voix des acteurs faibles : de l'indignité à la reconnaissance*. Rennes : Presses universitaires de Rennes.

Payet, J.-P., *et al.* (2011). « L'agir scolaire entre régulations et incertitudes : vers une typologie des postures enseignantes de la relation à autrui », *Éducation et sociétés, 27*, 23-37.

Pelgrims-Ducrey, G. et Doudin, P.-A. (2000). « La discrimination des garçons : biais dans le processus de réorientations scolaire », *Psychoscope, 5*, 11-15.

Pellaud, F. (2011). *Pour une éducation au développement durable*. Paris : QUAE.

Pellaud, F. (2014). Document réalisé pour le cours *Gestion de l'erreur*, HEP/PHFR.

Pepinster, C. (2005). « À propos du chef-d'œuvre pédagogique : évaluation et facettes multiples du savoir enfin en cohérence », *Pratiques d'éducation nouvelle, 3*, 69-73.

Perrenoud, P. (1984). *La fabrication de l'excellence scolaire*. Genève-Paris : Droz.

Perrenoud, P. (1998). *L'évaluation des élèves : de la fabrication de l'excellence à la régulation des apprentissages. Entre deux logiques*. Bruxelles : De Boeck Université.

Perrenoud, P. (2004). « Qu'est-ce qu'apprendre ? » *Enfance et psy, 24*, 9-17.

Perrenoud, P. (2011). *Quand l'école prétend préparer à la vie...* Paris : ESF.

Pestalozzi, J.H. (1799). *Lettre de Stans* (traduit par M. Soëtard), <http://www.meirieu.com/PATRIMOINE/lettredestans.pdf>.

Petitpierre, G. (2000). « Qui sont les usagers ?> *Pédagogie spécialisée, 3*, 1.

PETITPIERRE, G. et GYGER, J. (2012, juillet). *Goals and objectives of adults with PIMD personalized programmes.* Communication présentée au 13e Congrès mondial IASSID (International Association for the Scientific Study of Intellectual Disabilities), Halifax, Canada.

PINÇON, M. et PINÇON-CHARLOT, M. (1989). *Dans les beaux quartiers.* Paris: Seuil.

PIRET, A., NIZET, J. et BOURGEOIS, E. (1996). *L'analyse structurale.* Bruxelles: De Boeck.

POIRIER, N. et GOUPIL, G. (2011). «Étude descriptive sur les plans d'intervention pour des élèves ayant un trouble du développement», *Revue des sciences de l'éducation de McGill = McGill Journal of Education, 46*(3), 459-472.

POIRIER, N., BOISVERT, D. et PARENT, G. (1997). «Les rôles valorisés par les coordonnateurs des plans de service individualisés (PSI)», *Revue francophone de la déficience intellectuelle, 8*(2), 143-157.

PORTES, A. et RUMBAUT, R. (dir.). (2001). *Legacies: The Story of the Immigrant Second Generation.* Los Angeles/New York: University of California Press.

POULOU, M. (2005). «The prevention of emotional and behavioural difficulties in schools: Teachers' suggestions», *Educational Psychology in Practice, 21*(1), 37-52.

POULOU, M. (2007). «Personal teaching efficacy and its sources: Student teachers' perceptions», *Educational Psychology, 27*(2), 191-218.

POULOU, M. et NORWICH, B. (2002). «Cognitive, emotional and behavioural responses to students with emotional and behavioural difficulties: A model of decision-making», *British Educational Research Journal, 28*(1), 111-138.

POURTOIS, J.-P. et DESMET, H. (1997/2003). *L'éducation postmoderne.* Paris: Presses universitaires de France.

POURTOIS, J.-P. et DESMET, H. (2013). À propos des cités de l'éducation. *La revue internationale de l'éducation familiale, 34*(2).

PRETTI-FRONTCZAC, K. et BRICKER, D. (2000). «Enhancing the quality of individualized education plan (IEP) goals and objectives», *Journal of Early Intervention, 23*(2), 92-105.

PRUD'HOMME, L., RAMEL, S. et VIENNEAU, R. (coord.). (2011). «Valorisation de la diversité en éducation», *Éducation et francophonie, 39*(2).

PULZER-GRAF, P. (2014). *Quel rôle pour le renfort pédagogique dans l'intégration ?* Lausanne: URSP.

RAMEL, S. et DOUDIN, P.-A. (2009). «Introduction», *Formation et pratiques d'enseignement en questions, 9*, 5-7.

RAYOU, P. (2012). «Malentendus sociocognitifs: la construction sociale du décrochage scolaire. Comment lutter contre le décrochage scolaire ?» *Le dossier de la Ligue de l'enseignement, 4*, 11-13.

Rebetez, F. (2011). *Processus d'apprentissage collectif et développement de compétences collectives au sein d'équipe de projet* (canevas de thèse). Université de Genève.

Redding, S. (2005). « Improving student learning outcomes through school initiatives to engage parents », dans R.A. Martínez González, H. Pérez Herrero et B. Rodríguez Ruiz (dir.). *Family-School-Community Partnerships Merging into Social Development*. Oviedo : Grupo SM.

Redding, S. (2006). « Qué piensan padres y profesores de la escuela y unos de otros », *Cultura y Educación*, *18*(3-4), 267-281.

Reeves, D.B. (2010). *Transforming Professional Development into Student Results*. Alexandria, VA: ASCD.

Resnick, L.B. (1989). « Introduction », dans L. B. Resnick (dir.), *Knowing, Learning, and Instruction : Essays in Honor of Robert Glaser*, Hillsdale, NJ : Erlbaum, p. 1-24.

Rey, A. (2000). *Dictionnaire historique de la langue française*. Paris : Le Robert.

Rice, E.H., Merves, E. et Srsic, A. (2008). « Perceptions of gender differences in the expression of emotional and behavioral disabilities », *Education and Treatment of Children*, *31*(4), 549-565.

Ricoeur, P. (1990). *Soi-même comme un autre*. Paris : Seuil.

Rivkin, S.G., Hanushek, E.A. et Kain, J.F. (2002). *Teachers, Schools and Academic Achievement*. Dallas : University of Texas-Dallas Texas Schools Project.

Robbes, B. (2009, janvier). *La pédagogie différenciée : historique, problématique, cadre conceptuel et méthodologie de mise en œuvre*, <http://www.meirieu.com/ECHANGES/bruno_robbes_pedagogie_differenciee.pdf>.

Robinson, V., Hohepa, M. et Lloyd, C. (2009). *School Leadership and Student Outcomes : Identifying What Works and Why*. Wellington : Learning Media for the Ministry of Education.

Rodger, S. (1995). « Individual education plans revisited : A review of the literature », *International Journal of Disability, Development and Education*, *42*(3), 221-239.

Rogiers, A. (2002). *Petit cartable devient grand, traces tenaces ou coup de vent ? De la ténacité des empreintes d'une école primaire d'Éducation Nouvelle face aux ruptures dues à la transition vers l'enseignement secondaire*. Mémoire de maîtrise, Université catholique de Louvain-La-Neuve.

Romi, S. et Leyser, Y. (2006). « Exploring inclusion preservice training needs : A study of variables associated with attitudes and self-efficacy beliefs », *European Journal of Special Needs Education*, *21*(1), 85-105.

Ross, J.A. (1994). « The impact of an in-service to promote cooperative learning on the stability of teacher efficacy », *Teaching and Teacher Education*, *10*(4), 381-394.

Ross, L. (1977). « The intuitive psychologist and his shortcomings : Distortions in the attribution process », *Advances in Experimental Social Psychology*, *10*, 173-220.

Rouiller, J. (1998). « Du maître transmetteur de savoirs à l'enseignant susciteur d'apprentissages, il y a peut-être un deuil identitaire difficile à faire », *L'Éducateur, 5,* 4-6.

Rousseau, J.-J. (1762/1830). *Œuvres complètes : Émile, ou De l'éducation* (tome 1). Paris : Armand-Ambrée.

Rousseau, N. (dir.). (2010). *La pédagogie de l'inclusion scolaire* (2e éd.). Québec : Presses de l'Université du Québec.

Royer, E. (2005). « The gap between research and practice : Achieving effective in-service training for teachers working with EBD students », dans P. Clough, P. Garner, J.T. Pardeck et F. Yuen (dir.), *Handbook of Emotion and Behavioral Difficulties,* Londres : Sage, p. 373-380.

Royer, E. (2006). *Le chuchotement de Galilée.* Québec : Corporation École et comportement.

Royer, E. (2010, 3 avril). « L'amélioration de la formation des enseignants est déterminante », *Le Monde.*

Ruchat, M. (2003). *Inventer les arriérés pour créer l'intelligence : l'arriéré scolaire et la classe spéciale, histoire d'un concept et d'une innovation psychopédagogique 1874-1914.* Berne : Peter Lang.

Sales, A., Moliner, O. et Traver, J. (2010). « *La construcción de la escuela intercultural inclusiva desde procesos de investigación-acción* », Castellón : Servicio de Publicaciones de la Universitat Jaume I.

Sales, A., Traver, J. et García, R. (2011). « Action research as a school-based strategy in intercultural professional development for teachers », *Teaching and Teacher Education, 27,* 911-919.

Savolainen, H., Engelbrecht, P., Nel, M. et Malinen, O.-P. (2012). « Understanding teachers' attitudes and self-efficacy in inclusive education : Implications for pre-service and in-service teacher education », *European Journal of Special Needs Education, 27*(1), 51-68.

Sayad, A. (1999). « Immigration et "pensée d'État" », *Actes de la recherche en sciences sociales, 129,* 5-14.

Schoeni, M.J. et Bucher, L. (1990). *Essai sur l'influence de l'industrialisation sur le discours scolaire.* Université de Genève : FAPSE. Non publié.

Scruggs, T.E. et Mastropieri, M.A. (1996). « Teacher perceptions of mainstreaming-inclusion, 1958-1995 : A research synthesis », *Exceptional Children, 63*(1), 59-74.

Seligman, M. (1975). *Helplessness : On Depression, Development, and Death.* San Francisco : W.H. Freeman.

Sharma, U., Forlin, C. et Loreman, T. (2008). « Impact of training on pre-service teachers' attitudes and concerns about inclusive education and sentiments about persons with disabilities », *Disability and Society, 23,* 773-785.

Simon, B.S. et Epstein, J.L. (2001). « School, family and community partnerships : Linking theory to practice », *Urban Education, 39*(3), 290-315.

SKAALVIK, E.M. et SKAALVIK, S. (2007). « Dimensions of teacher self-efficacy and relations with strain factors, perceived collective teacher efficacy, and teacher burnout », *Journal of Educational Psychology, 99*, 611-625.

SKAALVIK, E.M. et SKAALVIK, S. (2010). « Teacher self-efficacy and teacher burnout: A study of relations », *Teaching and Teacher Education: An International Journal of Research and Studies, 26*(4), 1059-1069.

SMITH, F. (1990). « Individualized education programs (IEPs) in special education: From intent to acquiescence », *Exceptional Children, 57*, 6-14.

SMITH, T.E.C. (2005). « IDEA 2004: Another round in the reauthorization process », *Remedial and Special Education, 26*(6), 314-319.

SÖDER, M. (1980). « School integration of mentally retarded: Analysis of concepts, research and research needs », dans National Swedish Board of Education (NBE), *Research and Development Concerning Integration of Handicapped Pupils into the Ordinary School System*, Stockholm: NBE, p. 1-30.

SOLES, T., BLOOM, E.L., HEATH, N.L. et KARAGIANNAKIS, A. (2008). « An exploration of teachers' current perceptions of children with emotional and behavioural difficulties », *Emotional and Behavioural Difficulties, 13*(4), 275-290.

SORIANO, V. (2006). *Plan individuel de transition école/emploi*. Bruxelles: European Agency.

SPINOZA, B. (1842). *Œuvres* (traduit par E. Saisset). Paris: Charpentier.

STOUGHTON, E. H. (2007). « "How will I get them to behave?": Pre-service teachers reflect on classroom management », *Teaching and Teacher Education, 23*(7), 1024-1037.

STRAUSS, A. (1992). *La trame de la négociation: sociologie qualitative et interactionnisme*. Paris: L'Harmattan.

SUISSE, OFFICE FÉDÉRAL DE LA STATISTIQUE (2010). *Elèves et étudiants 2008/09. Neuchâtel: OFS.*

SUISSE, OFFICE FÉDÉRAL DE LA STATISTIQUE (2012). *Elèves et étudiants 2010/11. Neuchâtel*: OFS.

TABIN, J.-P. (1999). *Les paradoxes de l'intégration: essai sur le rôle de la non-intégration des étrangers pour l'intégration de la société nationale*. Lausanne: EESP.

TAJFEL, H. (1972). « La catégorisation sociale », dans S. Moscovici (dir.), *Introduction à la psychologie sociale*, Paris: Larousse, p. 272-300.

TAKAHASHI, S. (2011). « Co-constructing efficacy: A "communities of practice" perspective on teachers' efficacy beliefs », *Teaching and Teacher Education, 27*(4), 732-741.

TAPPER, K. et BOULTON, M.J. (2004). « Sex differences in levels of physical, verbal, and indirect aggression amongst primary school children and their associations with beliefs about aggression », *Aggressive Behavior, 30*(2), 123-145.

TEMIZ, T. et TOPCU, M.S. (2013). « Preservice teachers' teacher efficacy beliefs and constructivist-based teaching practice », *European Journal of Psychology of Education – EJPE* (Springer Science et Business Media B.V.), *28*(4), 1435-1452.

TEMPLE GRANDIN, M. (2010). *Le monde a besoin de toutes sortes d'esprits*. Conférence TED. <https://www.ted.com/talks/temple_grandin_the_world_needs_all_kinds_of_minds?language=fr>.

THIESSE, A.-M. (2001). *La création des identités nationales*. Paris: Seuil.

THOMAS, W. (2002). «The definition of the situation», dans N. Rousseau (dir.), *Self, Symbols, and Society: Classic Readings in Social Psychology*, Lanham, MD: Rowman and Littlefield, p. 103-115.

THOMAZET, S. (2006). «De l'intégration à l'inclusion: une nouvelle étape dans l'ouverture de l'école aux différences», *Le français aujourd'hui*, *152*(1), 19-27.

THOMAZET, S., PONTÉ, P. et MÉRINI, C. (2011). «L'enseignant spécialisé chargé de l'aide à l'école primair», *Recherches en éducation*, *11*, 106-116.

THOMPSON, V. F. (2012). *The relationship between professional development, efficacy and teachers' attitudes toward inclusion of students with disabilities*. Thèse de doctorat, Walden University, Minneapolis.

TITONE, C. (2005). The philosophy of inclusion: Roadblocks and remedies for the teacher and the teacher educator. *Revue de la pensée éducative = The Journal of Educational Thought (JET)*, 7-32.

TOMA, C. (2011). «Compétition et rétention de l'information», dans F. Butera, C. Buchs et C. Darnon (dir.), *L'évaluation, une menace?* Paris: Presses universitaires de France, p. 167-176.

TOULLENC-THÉRY, M. et BRISSIAUD, M. (2012). «Scolarisation d'un élève en situation de handicap: le cas d'un accompagnement délicat effectué par un auxiliaire de vie scolaire (AVS)», *La nouvelle revue de l'adaptation et de la scolarisation*, *57*, 139-154.

TRAVER, J.A., SALES, A. et MOLINER, O. (2010). «Ampliando el territorio: algunas claves sobre la participación de la comunidad educativa», *Revista Iberoamericana sobre calidad, eficiencia y cambio en educación – REICE*, *8*(3), 96-119.

TREMBLAY, P. (2012). «*Inclusion scolaire: dispositifs et pratiques pédagogiques*», Bruxelles: De Boeck.

TRÉPANIER, N.S. et BEAUREGARD, F. (2013). «Pour une école communautaire: des éléments clés pour mieux la comprendre et l'analyser», dans N. S. Trépanier et L. Roy (dir.), *Plaidoyer pour une école communautaire/ Making a Case for Community Schools*, Montréal: Éditions Nouvelles, p. 5-53.

TROCME-FABRE, H. (1999). *Réinventer le métier d'apprendre*. Paris: Éditions d'Organisation.

TSCHANNEN-MORAN, A. et HOY, A.W. (2001). «Teacher efficacy: Capturing an elusive construct», *Teaching and Teacher Education*, *17*, 783-805.

TSCHANNEN-MORAN, M. et HOY, A.W. (2007). «The differential antecedents of self-efficacy beliefs of novice and experienced teachers», *Teaching and Teacher Education*, *23*(6), 944-956.

TURNBULL, A.P., TURNBULL, R. et KYZAR, K. (2009). « Cooperación entre familias y profesionales como fuerza catalizadora para una óptima inclusión : enfoque de los Estados Unidos de América », *Revista de Educación, 349*, 69-99.

UHLIG, J. et DEBROT, P. (2009). *Exploration et analyse de la créativité dans la pratique du travail social*. Genève : Haute école de travail social.

ULRICH, R. E. (1971). « The learning village : A behavioral approach to early education », *Educational Technology, 11*(2), 32-45.

UNESCO (1994). *Déclaration de Salamanque et cadre d'action pour l'éducation et les besoins spéciaux*. Paris: UNESCO.

UNESCO (2005). *Guidelines for Inclusion : Ensuring Access to Education for All*. Paris : UNESCO.

UNESCO (2010). *Liste du patrimoine culturel et immatériel* ET *Registre des meilleures pratiques de sauvegarde*, <http//www.unesco.org/culture/ich/fr/listes>.

VAN DER MAREN, J.-M. (2004). *Méthodes de recherche pour l'éducation*. Bruxelles : De Boeck.

VAN REUSEN, A.K. et BOS, C.S. (1994). « Facilitating student participation in individualized education programs through motivation strategy instruction », *Exceptional Children, 60*(5), 466-475.

VAN ZANTEN, A. (2001). *L'école de la périphérie : scolarité et ségrégation en banlieue*. Paris : Presses universitaires de France.

VANEY, L. et DEBRUÈRES, C. (2002). « Intégration scolaire (partie 1) », *Bulletin de l'Insieme-Genève, 174*.

VERMERSCH, P. (2006). *L'entretien d'explicitation*. Issy-les-Moulineaux : ESF.

VIENNEAU, R. (2002). « Pédagogie de l'inclusion : fondements, définition, défis et perspectives », *Éducation et francophonie, 30*(2), 257-286.

VILLAS-BOAS, M.A. (2005). « The mismatch between results on parental involvement and teachers' attitudes : Is convergence ahead ? », *Aula Abierta, 85*, 205-224.

VIOLA, S. (2011). *Articulation théorie pratique chez les étudiants en enseignement : dispositif pédagogique pour une formation efficiente*. Actes du VIe colloque « Questions de pédagogies dans l'enseignement supérieur », Les courants de la professionnalisation : enjeux, attentes, changements, Angers, 315-322.

VIOLET, D. (2007). « Épistémologie : ontologie et phénoménologie », *Esprit critique, 9*(1).

VYGOTSKI, L.S. (1931/1994). « La collectivité comme facteur de développement de l'enfant handicapé », dans K. Barisnikov et G. Petitpierre (dir.), *Vygotski, défectologie et déficience mentale*, Neuchâtel : Delachaux et Niestlé, p. 155-194.

WANG, M.C., HAERTEL, G.D. et WALBERG, H.J. (1993). « What helps students learn ? », *Educational Leadership, 51*(4), 74-79.

WATERS, M.C. (1990). *Ethnic Options : Choosing Identities in America*. Berkeley : University of California Press.

WEI, R.C., *et al.* (2009). *Professional learning in the learning profession : A status report on teacher development in the United States and abroad*. Dallas : National Staff Development Council.

WEINER, B. (2003). « The classroom as a courtroom. *Social Psychology of Education*, *6*, 3-15.

WOODS, P. (1990). *L'ethnographie de l'école*. Paris : Armand Colin.

WOOLFOLK, A. (2007). *Educational psychology* (10e éd.). Boston : Pearson Education.

WOOLFOLK, A.E. et HOY, W.K. (1990). « Prospective teachers' sense of efficacy and belief about control », *Journal of Educational Psychology*, *82*, 81-91.

WUBBELS, T. (2011). « An international perspective on classroom management : What should prospective teachers learn ? », *Teacher Education*, *22*(2), 113-131.

Politique et politiques publiques

sous la direction de Linda Cardinal

L'étude de la politique a pris un nouvel essor dans le contexte des débats sur la mondialisation, les nouvelles revendications citoyennes et les transformations de l'État-providence. Dans ce contexte, tant la recherche sur les régimes politiques, les idées et les processus politiques que celle sur les politiques publiques contribuent à renouveler notre regard sur l'évolution des sociétés contemporaines. Les politiques publiques sont aujourd'hui au cœur de l'action politique et étatique. Elles viennent circonscrire les orientations et les objectifs privilégiés par les gouvernements et par l'action citoyenne et collective. L'analyse politique devient plus complexe et dynamique embrassant une plus grande diversité de phénomènes politiques, sociaux, économiques, culturels et identitaires. La collection *Politique et politiques publiques* constitue un lieu idéal pour accueillir des ouvrages qui font avancer la réflexion sur ces questions au Canada et ailleurs dans le monde.

Ont paru dans la même collection :

Linda Cardinal et Sébastien Grammond (dir.), *Une tradition et un droit : Le Sénat et la représentation de la francophonie canadienne*, 2017.

Hélène Knoerr, Alysse Weinberg et Aline Gohard-Radenkovic (dir.), *L'immersion française à l'université : Politiques et pédagogies*, 2016.

E.-Martin Meunier (dir.), *Le Québec et ses mutations culturelles : Six enjeux pour le devenir d'une société*, 2016.

Anne Gilbert, Luisa Veronis, Marc Brosseau et Brian Ray, (dir.), *La frontière au quotidien*, 2014.

Pour une liste complète des titres de la collection, voir :

https://press.uottawa.ca/collections/politique-politiques-publiques-et-mondialisation.html

www.ingramcontent.com/pod-product-compliance
Lightning Source LLC
LaVergne TN
LVHW012335130926
847902LV00028B/398